경영통계

Business Statistics_second edition

저자 | Norean R. Sharpe / Richard D. De Veaux / Paul F. Velleman

역자 | 김정섭 / 박종우 / 안태호 / 유영관

Pearson

Authorized translation from the English language edition, entitled **BUSINESS STATISTICS: A FIRST COURSE**, 2nd Edition, ISBN: 0321838696 by SHARPE, NOREAN R.; DE VEAUX, RICHARD D.; VELLEMAN, PAUL F., published by Pearson Education, Inc,

*잘못된 책은 교환해 드립니다.

저자 소개

Norean Radke Sharpe

Norean Radke Sharpe(버지니아 대학교 박사)는 경영통계학자이며 경영대학원의 통계학 교수로서 경영학과 학생들이 직면하는 문제들과 그들의 요구사항들을 이해한다. 그녀는 조지타운 대학교의 McDonough 경영대학원에서 학생들을 가르치고 있으며, 현재 선임 부학장과 학부장을 맡고 있다. 조지타운 대학교에 합류하기 전에는 14년간 Babson College에서 학부생과 MBA 학생들에게 경영통계와 경영과학을 가르쳤다. 경영학과에 오기 전에는 Bowdoin College에서 수년간 통계학을 가르쳤으며 예일 대학교에서 연구를 수행한 바 있다. Norean은 최근 발간된 "*A Casebook for Business Statistics: Laboratories for Decision Making*"의 공동저자이며, 주로 통계학 교육 분야와 여성 과학자들에 대해 30편이 넘는 논문들을 발표해 왔다. Norean은 현재 학술지 *Cases in Business, Industry, and Government Statistics*의 부편집장을 맡고 있다. 그녀의 주 연구분야는 경영 예측과 통계학 교육이다. 또한 그녀는 보스턴(Boston) 지역의 수학과 공학 분야에서의 다양성과 지원을 위한 비영리기관인 DOME(Diversity and Outreach in Mathematics and Engineering)의 공동창립자이기도 하다. 그녀는 과학과 수학 분야에서 여성들과 소외된 학생들의 참여를 높이기 위해 수년간 힘써 왔고, 두 명의 자녀가 있다.

Richard D. De Veaux

Richard D. De Veaux(스탠포드 대학교 박사)는 세계적으로 알려진 교육자, 컨설턴트, 그리고 강연자이다. 그는 펜실베니아 대학교의 Wharton 경영대학원, 프린스턴 대학교의 공학대학원, 그리고 Williams College에서 통계학을 가르쳤다. 프린스턴 대학교 재직 시 Lifetime Award for Dedication and Excellence in Teaching 상을 수상했다. 그는 1994년부터 Williams College의 통계학 교수로 재직하고 있으며, 2006학년도에 William R. Kenan Jr. Visiting Professor of Distinguished Teaching 방문교수로 프린스턴 대학교로 돌아와 1년간 연구년을 보냈다. Dick은 프린스턴 대학교에서 토목공학과 수학으로 학사학위를, 스탠포드 대학교에서 무용교육학(Dance Education) 석사와 통계학 박사학위를 받았으며 유명한 수리통계학자인 Persi Diaconis 교수와 연구하였다. 그의 주요 연구분야는 과학과 산업분야에서의 대용량 데이터 분석과 데이터 마이닝이다. Dick은 미국품질학회(American Society for Quality)의 Wilcoxon 상과 Shewell 상을 수상했고, 미국통계학회(American Statistical Association)와 국제통계협회(International Statistical Institute)의 회원이다. 또한 Dick은 *Fortune*지 선정 500대 기업들인 American Express, Hewlett-Packard, Alcoa, DuPont, Pilsbury, General Electric, Chemical Bank 등을 컨설팅하는 등 산업분야에서 유명하다. 그는 교육, 연구, 컨설팅 분야의 공로를 인정받아 미국통계학회 보스턴 지회에 의해 2008년 "최고의 통계학자(Statistician of the Year)"로 선정되었다. 여가시간에 그는 사이클과 수영에 열중한다. 그는 두왑(doo-wop) 그룹인 'the Diminished Faculty'의 창단 멤버이자 베이스 주자이고, 많은 지역 합창단과 오케스트라 공연에서 독주자로 자주 무대에 선다. Dick은 네 아이의 아버지이다.

Paul F. Velleman

Paul F. Velleman(프린스턴 대학교 박사)은 혁신적인 통계교육으로 세계적인 명성을 가지고 있다. 그는 Data Desk® 소프트웨어 패키지를 설계했으며, 수상 경력에 빛나는 ActivStats® 멀티미디어 소프트웨어의 설계자이자 개발자이다. 그는 이 소프트웨어 개발을 통해 통계학 교육에서의 혁신적인 컴퓨터 사용으로 EDUCOM 메달을 받았으며, 대학 수학에서의 혁신적인 기술 사용으로 ICTCM 상을 수상하기도 하였다. 그는 위의 두 소프트웨어를 지원하는 Data Description사(www.datadesk.com)의 창립자이자 CEO이다. 그는 또한 인터넷 사이트인 Data and Story Library(DASL; lib.stat.cmu.edu/DASL/)를 통해 통계학 교육에 필요한 데이터들을 제공하고 있다. Paul은 David Hoaglin과의 공저로 "*ABCs of Exploratory Data Analysis*"를 출판하였다. Paul은 1975년부터 코넬 대학교 노사관계대학(School of Industrial and Labor Relations, ILR)의 통계학 교수로 재직하고 있다. 그의 주 연구분야는 통계 그래프와 자료 분석방법이다. Paul은 미국통계학회와 미국과학진흥협회(American Association for the Advancement of Science)의 회원이다. Paul의 교수, 기업가, 그리고 경영자로서의 경험은 그의 저서에 독특한 시각을 제공한다.

Richard De Veaux와 Paul Velleman은 David Bock과 함께 *Intro Stats*(4판, Pearson, 2014), *Stats: Modeling the World*(3판, Pearson, 2010), *Stats: Data and Models*(3판, Pearson, 2012)와 같은 성공적인 대학 입문용 및 고등학교 AP과정용 서적들을 저술했다.

저자 서문

"어떻게 하면 더 나은 의사결정을 내릴 수 있을까?" 경영학을 공부하는 학생이라면 누구나 품는 물음이다. 우리는 바로 이 짧은 물음에 답하기 위해 이 책의 저술에 나섰다. 통계학자인 동시에 기업인이기도 하며 컨설턴트이기도 한 우리는 오늘날의 치열한 경쟁에서 살아남고 번영하려면 통계학 지식이 반드시 필요하다는 사실도 잘 안다. 학자로서 우리는 경영학을 공부하는 학생들이 통계학을 배우는 방식과 현업에서 의사결정을 내리는 데 통계학을 사용하는 방식 사이에 괴리가 있음을 보아왔다. 이러한 괴리를 좁히기 위해 우리는 학생들이 통계학을 실무적으로 유용하며 흥미로운 과목으로 받아들이도록 힘썼다. 업무상 의사결정을 내리는 데 필요한 정보를 제공하는 데이터에는 전하고자 하는 이야기가 담겨 있으며 통계학의 역할은 의사결정자가 그 이야기를 듣고 다른 사람들에게 전달하는 데 도움을 주는 것이다.

여타 교과서와 마찬가지로 이 책도 여러 개념과 기법을 가르친다. 그러나 다른 교과서들과는 달리 그런 개념과 기법을 배우는 이유도 가르치며, 그런 개념과 기법을 적용하여 분석한 결과들은 반드시 현업에의 의사결정이라는 맥락 속에서 보고되어야 함을 강조한다. 이런 과정을 통해, 학생들은 통계적으로 사고하고, 의사결정의 질을 향상하기 위해 통계적 분석을 사용하며, 그리고 분석 결과를 다른 사람들에게 효과적으로 전달하고 논의할 줄 알게 된다. 이를 위해서는 최근의 실재 데이터가 필요하다. 그래서 우리는 강의를 진행할 때 언제나 현재 통용되는 업무상 문제라는 맥락을 의식하며 최근의 사례들을 사용하여 관련 개념을 가르치려고 애쓴다.

이번 판의 새로운 점

이번 판의 가장 중요한 목표는 주제를 더 명확하고 짜임새 있게 구성하고 풍부한 예와 연습문제를 제시하여 우리가 전달하고자 하는 바가 통계학을 사용하여 훌륭한 업무 수행에 필요한 정보를 제공하는 방식과 항상 연계되도록 하는 것이다.

예시문제. 각 장의 절마다 거의 빠짐없이 적절한 예시문제를 제시하여 해당 절에서 다룬 개념과 기법을 설명하고 적용해 본다.

절별 연습문제. 장별 연습문제는 절별로 주제에 맞춘 하나의 개념만으로 구성된 문제들을 먼저 제시한다. 학생들은 해당 절의 연습문제를 풀면서 해당 주제에 대한 이해도를 점검하기 쉽다. 이러한 절별 연습문제가 끝난 다음 추가로 학생들이 스스로 어떤 개념과 절차를 사용하여야 할지 파악해야 하는 문제들을 추가로 제시한다.

최근 데이터와 새로운 예시문제. 가능한 한 실재 데이터를 사용하여 가르친다. 예시문제와 연습문제는 책의 전체에 걸쳐 오래된 것은 신선한 것들로 바꾸었다. 새로운 예시문제들은 뉴스나 최근의 경제 및 기업에서 벌어지는 사건들을 반영한다.

장별 요약의 재구성. 각 장의 요약, "무엇을 배웠는가?"는 구성을 바꾸어 학습목표들을 구체적으로 제시하고, 각 학습목표에 달성에 필요한 주요 개념들과 능력을 제시하였다. 학생들이 시험을 준비하는 데 더욱 효과적으로 도움을 얻을 수 있을 것이다.

사례연구. 이전 판과 마찬가지로 각 장의 끝에는 "짧은 사례"가 하나 혹은 둘이 있다. 이와 더불어 주요 파트에는 대규모 데이터 셋과 컴퓨터를 사용하여 개방형 질문에 대답하여야 하는 문제도 있다(데이터 셋은 CD에 있음).

엑셀 활용에 대한 보강과 소프트웨어 활용 안내의 정비. 소프트웨어 도움 절은 개조식으로 쉽게 정비하였다. 엑셀 화면과 엑셀 2010에 따른 내용을 필요한 곳마다 추가하였다. 또한 각 절마다 필요한 경우 XLSTAT와 Excel 추가기능을 포함시켰다.

변하지 않은 점: 통계적 사고

이번 개정판을 쓰면서 예시문제들을 바꾸고 개선을 시도했지만, 어느 곳에서도 초판을 쓸 당시의 사명을 잊지는 않았다. 업무상 의사결정에서 통계적 사고의 중요성을 다루고 통계학이 현업에서 어떻게 사용되는지를 보여주는 현대적인 경영통계 교과서를 집필하는 사명 말이다.

이전 판을 사용한 교수들이 한 학기 경영통계 과목에 적합하다고 인정한 전체적인 구성은 바꾸지 않았다. 주제를 다룰 때 데이터를 먼저 제시하는 "데이터 우선주의"도 그대로 유지했다. 이렇게 하는 것이 학생들에게 학습동기를 제공할 뿐 아니라 실재 업무에서 주제를 이해하는 데 필요한 토대도 제공하기 때문이다.

오늘날 통계학 수업과 통계 분석은 소프트웨어를 사용하여 수행한다. 이 때문에 우리는 계산을 쉽게 하는 수식보다는 의미의 이해를 쉽게 하는 직관적 수식을 선호하고 실재 데이터를 아주 많이 사용한다. 소프트웨어를 사용하지 않으면 이런 수업 방식은 진행하기 어렵다. 그러나 무엇보다도 중요한 점은, 소프트웨어 사용의 가치를 이해하면 계산보다는 통계적 사고에 집중할 수 있다는 것이다. 우리는 수많은 예시문제와 연습문제를 제시할 텐데, 이들 각 문제에 흥미를 느끼게 하는 질문은 "어떻게 정답을 찾아낼 것인가?"가 아니라 "그 답을 어떻게 해석할 것이며, 그 해석이 더 나은 의사결정을 내리는 데 어떤 도움이 될까?"이다. 이 책의 모든 장은 이러한 통계적 사고로 긴밀히 연결된다. 경영통계학 입문 과목은 어지러울 정도로 많은 새로운 용어와 개념 그리고 기법을 다룬다. 우리는 학습을 향상하는 데 역점을 두고 이런 내용들을 구성했다. 하지만 학생들은 항상 핵심을 잊지 않아야 한다. 즉, 어떻게 하면 데이터가 말하는 바를 이해하여 세상에 대해 더 많이 배우고 더 나은 결정을 내릴 수 있을까 하는 화두 말이다. 이런 관점으로 공부에 임하면, 자료를 그래프로 표현하여 그것을 통해 파악하는 패턴들이 추론을 위해 준비할 때 생각하는 패턴들과 다르지 않음을 쉽게 깨닫게 된다. 그리고 또한 데이터로부터 추론하는 많은 방법들이 결국은 핵심 개념들의 응용에 불과하다는 사실도 쉽게 알게 된다. 나아가서 이러한 기본 개념들과 기법들을 더 복잡하고 심지어 더 현실적인 상황으로 확장할 때도 앞에서 습득한 새로운 사고방식이 여전히 핵심적 역할을 한다는 점이 자연스럽게 다가온다.

우리의 목표: 학생이 읽는 교과서!

아무리 좋은 교과서도 읽히지 않으면 무용지물이다. 몇 가지 방법으로 이번 개정판을 학생들이 접근하기 쉽게 했다.

- **가독성 강조 :** 일상적인 대화를 하듯이 쉽게 접근할 수 있는 문체를 유지하려고 애썼으며 흥미를 유지하기 위해 일화들을 소개했다. 이전 판을 채택했던 교수들에 의하면 (놀랍게도) 학생들은 스스로 미리 책을 읽었다고 한다. 학생들 스스로도 (놀랍게도) 이 교과서를 실제로 즐겼다고 전해왔다.

- **가정과 조건의 확인 강조 :** 모든 통계분석 절차에는 어떤 가정이나 조건이 따른다. 이 교과서는 그 어느 교과서보다도 가정이나 조건의 확인을 더 강조한다. 우리는 이 책의 예시문제와 연습문제 모두에서 가정과 조건의 충족 여부 확인을 거듭 강조한다.

- **데이터의 시각화와 탐색 강조 :** 그래프 등을 사용한 데이터의 시각적 표현의 중요성에 대한 우리의 일관적인 강조는 데이터 이해가 주요 주제인 앞 부분의 몇몇 장에서부터 고급 모델 수립에 관한 후반부 장들에 걸쳐서 분명히 드러난다. 데이터를 시각적으로 검토하는 것이 얼마나 중요한지는 예시문제에서 흔히 느낄 수 있을 것이며 이 점은 연습문제에서도 다시 부각된다. 데이터는 시각적으로 적절하게 표현하면 구조나 패턴이 드러나며 흔히 간과하기 쉬운 특이치나 비정상적인 특성이 드러나기도 한다. 이런 패턴을 발견하면 데이터에 대해서 새로운 질문이 떠오르며, 결과적으로 그러한 패턴을 반영하여 적절한 통계분석 과정을 정하고 나아가서 올바른 결정을 내릴 수 있다. 책의 전반에 걸쳐 많은 데이터의 시각적 표현이 많이 제시되며 이들은 심지어 아주 고급 통계적 추론들의 근거가 되는 단순한 패턴들도 단순한 예시문제들에서 파악하려는 패턴들과 같음을 생생하게 보여준다. 이는 이 책에서 다루는 여러 개념들 사이의 연관성을 파악하는데 유용하다.

- **일관성 :** 우리는 학생들에게 어떤 방식대로 공부하라고 권하면서 막상 그런 방식에 따라 가르치지 않는 실수를 피하려고 애쓴다. 가령 어떤 기법을 적용하여 데이터를 분석할 때 먼저 시각적으로 표현하고 그 기법을 적용하기에 요구되는 가정들이나 조건들의 충족 여부를 확인하는 것이 매우 중요하다고 이미 강조했다. 그래서 책의 전반에 걸쳐 시종일관 이렇게 하는 모범을 보이려고 노력한다. (가령, 마지막 장 "다중회귀분석"에서도 여전히 이 시각화와 가정 및 조건의 충족 여부의 확인을 요구하며, 실제로 그 방식을 따르고 있음을 볼 수 있을 것이다.) 이와 같은 일관적인 학습 방식은 이들 기본적인 원칙을 더욱 확고히 하고 나아가서 고급 주제를 다루는 데 필요한 기초를 닦는 데

도움이 된다.

- **교과서는 읽어야 한다:** 이 교과서에서는 중요한 개념, 정의, 모범 해법 등을 항상 별도로 정리하지는 않는다. 그런 만큼, 반드시 책을 읽어야 한다. 이를 위해 가능하면 즐겁게 읽을 수 있게 하려고 노력했다. 본문은 읽지 않고 죽 훑으면서 정의만 읽는다든지, 예시문제와 풀이를 대충 보는 방식으로는 이해할 수 없다. (이런 공부 방식은 통계학 공부에 통한 적이 없다. 이 책은 이런 방식으로는 공부할 수 없도록 되어 있다.)

주제의 범위와 순서 및 강의 원칙

경영통계학에서 다루어야 할 주제는 학생들이 대학과정을 공부하는 데, 그리고 장래에 업무를 수행하는 데 필요한 내용이어야 한다. 그러나 이들 주제의 순서와 상대적 중요성은 정해져 있지 않다. 이 교과서도 주제들과 그것들의 소개 순서는 다른 교과서와 일치하지는 않는다. 주제들을 가르치는 순서는 교수자가 판단할 일이지만 우리가 선택한 순서에 따르는 것을 강력히 추천한다. 우리는 학생들이 통계적 추론을 통하여 데이터로부터 새롭고 중요한 사실을 발견할 수 있음을 깨닫게 하려는 목적과 그러한 추론에 필요한 개념들과 기법들에 관한 지식을 학생들이 학기가 진행되면서 논리적으로 자연스럽게 습득할 수 있게 하려는 원칙에 따라 주제의 순서를 정했다. 예를 들면, 통계적 추론 개념은 평균에 대해서보다 비율에 대해서 먼저 가르친다. 사람들은 대부분 여론 조사나 광고 등을 보면서 경험적으로 비율을 훨씬 더 많이 접한다. 비율을 시작으로 정규분포를 따르는 모집단에 대한 추론을 가르치고 그 다음에 t-분포를 따르는 모집단에 대한 추론을 가르친다.

우리는 연관성과 상관관계 그리고 회귀분석 개념을 일찍 소개한다. 우리의 강의 경험에 의하면 이들 기본 개념을 일찍 가르치면 학생들은 학기 초반에 이미 통계학이 유용하며 공부를 하는 데나 현실적으로 밀접한 관계가 있다고 받아들인다. 미리 이들 방법을 사용하여 데이터를 탐색하면서 배운 이들 기본 개념을 익혀놓으면 학기 후반에 추론에 관해 공부할 때 이해가 자연스럽고 상대적으로 쉽다.

우리는 강조해야 할 사항을 정할 때 GAISE(통계학 교육의 평가 및 지침, Guidelines for Assessment and Instruction in Statistics Education Report) 보고서를 참고하였다. 이 보고서는 학생들이 통계학을 배우는 가장 좋은 방법에 관한 대규모 연구의 결과물이다 (www.amstat.org/education/gaise/). 이 보고서의 권고사항은 미국통계학회가 공식적으로 채택하고 권장한다. 이 지침서에는 통계학 교육을 위한 세부적인 제안들이 있으며 특히 다음을 촉구한다.

1. 통계를 이해하고 사용하는 능력을 강조하고 통계적 사고를 개발해야 한다.
2. 실재 데이터를 사용해야 한다.
3. 단순히 기법이나 절차를 가르치기보다는 개념의 이해를 중시해야 한다.
4. 학생이 능동적으로 배우도록 학습환경을 조성해야 한다.
5. 소프트웨어를 사용하여 개념을 이해하고 데이터를 분석하도록 해야 한다.

6. 성취도 평가를 학습 과정의 일부로 포함해야 한다.

이런 의미에서 볼 때 이 교과서는 철저하게 현대적이다.

구성 요소

교과서는 단어의 단순한 나열이 아니다. 교과서는 많은 요소가 유기적으로 결합된 하나의 큰 그림이다. 이 교과서의 여러 요소는 개념을 이해하는 데 효과적인 실재 상황을 보여주고, 학생들이 개념을 적용하여 문제해결을 촉진하는 데 도움을 주며 소프트웨어를 통계적 분석의 도구로 통합한다. 이런 모든 요소는 학생들이 경영통계학이라는 큰 그림을 이해하는 데 유용하다.

흥미로운 모두 일화. 각 장은 흥미로운 짧은 일화로 시작한다. 이들 중 일부는 저자들의 컨설팅 경험에서 발굴하였다. Amazon.com, Zillow.com, Keen Inc. 등 기업에 대한 일화는 각 장에서 소개할 내용을 보여주고 이해를 심화하는 데 일조하며 오늘날 기업에서 의사결정을 내리는 데 통계적 사고가 사활적으로 중요함을 생생하게 보여준다. 우리는 이 모두 일화에서 소개하는 기업과 관련된 데이터를 분석하면서 해당 장의 주제를 설명한다.

예시문제

예시문제. 각 장의 절마다 거의 빠짐없이 적절한 예시문제를 제시하여 해당 절에서 다룬 개념과 기법을 설명하고 적용해본다. 새로운 이론적 개념이나 기법을 이해하고 기억하는 가장 좋은 방법은 그것이 현업에서 적용되는 것을 보는 것이다. 이 책의 전체에 걸쳐서 제시되는 예시문제들을 통해 바로 이런 것을 볼 것이다.

계획

실행

보고

길잡이 문제. 통계적 질문의 답이 단순한 하나의 숫자인 경우는 거의 없다. 통계학의 목적은 데이터를 가지고 세상을 이해하고 의사결정의 질을 높이는 것이다. 이 목적을 위해 장마다 몇몇 문제를 제시하고 그 풀이 과정을 단계적으로 보여준다. 이러한 문제는 두 열로 구성되며 오른쪽 열은 풀이 과정을 단계적으로 세세하게 보여주며 왼쪽 열은 각 단계의 내용을 기술한다. 전체 분석 과정은 3단계로, **계획**−**실행**−**보고**로 이루어진다. 처음의 계획 단계에서는 실무적으로 알고 싶은 바를 명확하게 규정하고 사용할 수 있는 데이터를 기술한다. 그 다음의 실행 단계에서는 필요한 계산을 수행한다. 마지막 단계는 계획 단계에서 알고자 했던 바에 대한 구체적인 답을 기술하는 보고이다. 통계적 분석을 필요로 하는 업무상 질문을 다루는 것이 통계 분석의 목표임을 강조하기 위해 보고 단계를 형식을 갖춘 간단한 요약 보고 형태로 제시한다. 그 내용은 문제의 맥락 안에서 분석 결과를 요약하고 그 결과에 따른 권고사항으로 이루어진다. 문제의 현실감을 유지하기 위해 가능한 한 분석이나 모형의 한계점도 포함한다. 사실 이와 같은 분석이나 권고의 한계점에 대한 언급은 반드시 필요하다.

짧은 사례

짧은 사례. 각 장에는 하나 이상의 짤막한 사례가 있다. 이들은 실재 데이터를 제시하고 학생들에게 이를 사용하여 하나의 질문에 답하게 하거나 결정을 내리게 한다. 학생들 스스로 목적을 정의하고 풀이과정을 계획하여 분석을 마친 다음 결론을 보고하여야 한다. 해당 데이터는 다양한 소프트웨어에 적합한 버전을 교과서에 첨부된 CD나, 웹사이트, 혹은

MyStatLab에서 찾을 수 있다.

사례연구

사례연구. 각 부(part)의 끝에 사례연구가 있다. 데이터 CD나 웹사이트 그리고 MyStatlab에서 찾을 수 있으며 규모가 충분히 커서 현실적이다. 학생들은 이 데이터를 사용하여 실재 업무와 차이가 없는 개방형질문에 답하여야 한다. 해당 부(결국 책의 모든 부)에 속하는 장들에서 배운 방법들을 모두 동원하여 현실감 있는 문제를 푸는 기회를 갖는 것이다. 해당 대규모 데이터 셋을 컴퓨터를 사용하여 분석해야 할 것이다.

무엇이 잘못될 수 있는가?

무엇이 잘못될 수 있는가? 각 장에는 "무엇이 잘못될 수 있는가?"라는 혁신적인 절이 있으며, 이는 통계학과 통계 분석에서 볼 수 있는 가장 흔한 실수와 오해를 부각한다. 통계학을 처음 사용하는 사람들이 저지르는 가장 흔한 실수는 계산 실수가 아니라 기법을 잘못 사용하는 것이다. 이 책에서 논의하는 실수들은 대부분 저자들이 실제 업무 상황에서나 강의실에서 경험한 것들이다. 학생들을 통계학적 오류를 식별하는 도구들로 무장시키고 통계학의 의도적 혹은 비의도적 오용을 적발할 수 있도록 훈련하는 것도 이 책의 목표이다. 이런 목표에 맞추어 연습문제의 일부에서는 이런 실수나 오용에 대한 이해도를 점검한다.

직접 해보기. 우리는 통계분석에서 필요한 계산을 위해 소프트웨어를 사용하도록 권장한다. 그러나 필요한 계산을 가끔씩 손으로 직접 해보는 것도 교육적으로 매우 소중하다. 손수계산 상자에서는 손으로 하기에는 아주 복잡하지 않은 수식들을 분해하여 학생들이 전과정을 손수 계산해보도록 안내한다.

현실성 점검

현실성 확인. 우리는 통계학은 데이터를 가지고 세상을 이해하고 의사결정을 하는 이론과 기법이라는 점을 꾸준히 상기시킨다. 신중하게 계산했다고 아무리 확신감이 들더라도, 분석 결과가 말이 안 되는 경우라면, 분석 과정에 실수를 범했을 가능성이 크다. 실수는 흔히 잠깐만 생각해보면 발견할 수 있다. 그래서 우리는 학생들에게 결과를 해석하기 전에 잠시 중단하고 결과가 현실적으로 말이 되는지 확인하라고 요구한다.

표기법. 책의 전반에 걸쳐 우리는 정확한 의사전달을 강조한다. 적절한 표기 기호는 통계학에서 어휘의 일부이지만, 초심자에게는 큰 부담이 될 수도 있다. 대수학에서 문자 n은 임의의 변수를 나타낸다는 사실은 모든 사람이 안다. 그러므로 통계학에서는 n은 표본의 크기를 나타내는 기호로만 사용된다는 사실은 의외로 다가온다. 통계학자들은 여러 문자와 기호에 특정한 의미를 부여한다 (b, e, n, p, q, r, s, t와 z, 그리고 여러 그리스 문자는 특정 의미를 지닌다). 통계학 학습에서 이들 문자와 기호의 의미를 정확하게 아는 것은 매우 중요하다.

확인문제. 실제로는 모르면서도 고개를 끄덕이면서 시인하기 쉽다. 그래서 우리는 장마다 여러 곳에서 질문을 던져서 제대로 이해했는지 확인한다. 이들 질문은 대부분 단순하다. 대부분 아주 간단한 계산만으로도 확인할 수 있다. 확인문제에 대한 답은 각 장의 연습문제 다음에 있으므로 쉽게 확인해볼 수 있다. 이들 질문은 또한 수업 중 토론에도 유용하다.

수학상자. 여러 장에는 통계학적 개념과 기법들의 수학적 기초를 제시한다. 학생들마다 배우는 방식이 다를 수 있으며 누구든지 한 가지가 아니라 여러 길을 통해 내용을 더 잘 이해할 수 있다. 우리는 본문과 별도로 수학을 사용하여 증명하고 유도하며 정당화하기도 한다. 더 깊이 이해하고 싶은 학생들을 위해 개념과 기법의 수학적 토대를 제시한다. 물론 본문도 논리적으로 내용을 전개하므로 반드시 수학에 의존하지 않고도 이해할 수 있다.

무엇을 배웠는가? 각 장의 끝에는 그 장의 주요 학습목표를 요약하여 보여준다. 학습목표라는 맥락에서 개념들을 복습하고 소개된 용어들을 정의하며 핵심 학습내용을 이루는 기법과 능력 목록을 제시한다. 이들은 학습 지침으로 매우 훌륭하다. 여기서 요약된 개념, 용어, 기법, 능력을 이해하고 갖춘 학생은 시험준비가 잘 되었다고 봐도 될 것이다.

통계분석의 올바른 사용. 통계학은 단순히 숫자를 수식에 집어넣는 기법이 아니다. 통계분석은 대부분 상당한 판단이 필요하다. 이러한 판단을 위한 최선의 지침은 정직하고 윤리적으로 진실을 알려고 노력하여야 한다는 것이다. 이 지침을 조금이라도 위반하면 결정의 질이 좋지 않거나 심지어 해로울 수도 있다. 각 장에서 제시하는 "통계분석의 올바른 사용"은 통계분석에 필요한 일부 판단을 보여주고 오류를 적발하여 이들을 미국통계학회 윤리지침에 의거하여 평가하고 통계학적으로 그리고 윤리적으로 올바른 대안을 제안한다.

절별 연습문제. 장별 연습문제는 절별로 주제에 맞춘 하나의 개념만으로 구성된 문제들을 먼저 제시한다. 해당 절의 주제에 대한 이해도를 점검할 수 있는 곳이다. 이들은 절별로 정리되어 있으므로 개념이나 기법에 대한 의문이 생기면 쉽게 해당 본문으로 돌아가 확인하는 데 편리하다.

장별 연습문제. 모든 절별 연습문제가 끝난 다음에 장별 연습문제가 제시된다. 이들 문제는 절별 연습문제보다 더 현실적이고 현실 세계에 대한 종합적 이해로 연결된다. 여러 절의 개념과 기법들을 결합할 수도 있다. 가능한 한 오늘날의 실재 문제와 관련이 깊은 문제를 제시하려 힘썼다. 최근의 언론 매체나 연구 논문 등에서 많이 가져왔다. 관련 데이터는 CD, 이 책의 웹사이트, MyStatLab에 최대한 확보하려고 노력했다. 이들 데이터 소스를 활용하여 더 많은 분석을 해볼 수 있다. Ⓣ로 시작하는 문제는 교과서에 첨부된 CD에 해당 데이터가 있음을 나타낸다(물론 www.pearsonhighered.com/sharpe에도 있음). 문제는 가능하면 주제별로 쉬운 문제에서 어려운 문제 순으로 배치하려고 노력했다.

데이터 및 소스. 예시문제와 연습문제에 사용된 대부분의 데이터는 실재 원천에서 가져왔다. 가능한 한 수집한 원래 데이터를 가공하지 않고 그대로 제시한다. 보안이나 사생활 침해 우려로 값을 바꾸거나 이름을 약간 바꾼 경우도 있지만 맥락이나 현실감을 잃지 않도록 애썼다. 인터넷에서 구할 수 있는 데이터에 대해서는 그 주소를 제시했다. 사용자들도 알다시피 URL은 웹사이트가 변화하면서 깨질 수 있다. 이로 인한 영향을 최대한 줄이기 위해 주소 트리에서 가능한 한 높은 위치의 주소를 제공한다. 그러므로 실재 데이터를 찾으려면 하부를 탐색해야 할 수도 있다. 더욱이, 온라인으로 제공되는 데이터는 최신 데이터가 추가됨에 따라 바뀔 수도 있다. 교과서에서 사용하는 대체로 첨부된 CD와 이 책의 웹사이트(www.pearsonhighered.com/sharpe)에 있다.

비디오. 이 책의 저자들이 각 장의 특장점을 설명하는 비디오가 있다. 이 비디오도 책과 마찬가지로 학생 친화적인 내용 전개 방식과 비평적 사고를 강조한다. 이외에도 개념을 다루는 "10 비즈니스 인사이트 비디오"에서는 데커스(Deckers), 사우스웨스트 항공(Southwest Airlines), 스타우드(Starwood) 등 여러 기업에서 실제로 사용되는 통계학 개념들을 집중적으로 소개한다. 비디오들에는 자막도 있다. 이들은 온라인 MyStatLab 과정에서 시청할 수 있다.

기술적 도움. 기업에서 통계 분석은 다양한 컴퓨터 통계 패키지를 사용하여 수행된다. 그러나 경영대학이나 경영학과에서 가장 많이 사용하는 소프트웨어는 엑셀(Excel)이다. 책의 전반에 걸쳐 엑셀 출력을 보여주며 필요하다고 판단한 유익한 사용법을 제시한다. 각 장의 끝에 가장 널리 쓰이는 소프트웨어들을 사용하는 방법을 설명이 딸린 출력과 함께 요약하여 제시한다. 그런 다음 개조식으로 Excel, JMP, Minitab, SPSS, 그리고 Excel 추가 기능의 일종인 XLStat 각각에 대한 사용법을 제시한다. 물론 이것들은 이들 소프트웨어의 사용설명서를 대체하지는 못하고 단지 어디에서 해당 기능을 찾을 수 있는지만 보여준다.

CD의 내용물. 교과서에 첨부된 CD에는 다음을 비롯한 추가 정보와 자료가 들어 있다.

- Ⓣ로 시작하는 문제에 사용되는 데이터.
- 추가 주제 : 책에는 실리지 않은 주제가 여덟 장에 실려 있다. (자세한 내용은 목차를 보라)

차 례

Business Statistics

PART 01

자료 조사와 수집

통계학과 변동

CHAPTER 01

여기 보이는 것처럼, 파이낸셜 타임즈(*Financial Times*)의 웹사이트를 보면 다양한 통계자료로 가득차 있다. 분명 파이낸셜 타임즈의 저자들은 이 모든 정보가 중요할 것이라고 생각할 것이다. 하지만 이것이 통계의 전부일까?

이 웹사이트에는 많은 사실들이 포함되어 있을 것이다. 하지만 앞으로 알아갈 통계는 단순한 그래프와 표 이상으로 훨씬 더 흥미롭다.

"왜 통계를 배워야 하나요?"라고 질문할 수 있다. "나는 통계를 직접 하지 않고 통계를 잘 하는 사람을 고용할 거예요."라고 말할 수도 있다. 물론 틀린 말은 아니지만, 풍부한 자료를 기반으로 의사결정을 내리는 것은 다른 이에게 위임하기에는 너무나도 중요한 일이다. 그래서 당신이 책임자라면 주변의 데이터를 해석하고 자신만의 의미 있는 결론에 다다를 수 있게 되기를 원할 것이다. 그리고 통계학을 공부하다 보면 통계학을 공부한다는 것은 생각한 것보다 훨씬 더 중요하고 흥미로운 일이라는 것을 알게 될 것이다.

1.1 통계학이란?

"통계학에 감명받았다는 것은 그 사람이 진정한 지식인이라는 표시이다."
—조지 버나드 쇼(George Bernard Shaw)—

주위를 둘러보면 매 순간마다 누군가가 우리에 대한 다양한 데이터를 모으고 있는 것을 보게 된다. 슈퍼마켓에서 우리가 구매하는 물품들부터 인터넷 서핑을 하는 동안 우리가 클릭하는 것들까지 그 모든 데이터들은 수집되고 있다. 그리고 UPS(United Parcel Service)는 그들이 전 세계로 운송하는 모든 우편물의 경로를 추적하고 거대한 데이터베이스에 저장한다. 만약 당신이 UPS를 통해 우편물을 보내거나 받는다면 그 데이터베이스의 일부에 접속해 우편물이 어디에 있는지 확인할 수 있다. 이 거대한 데이터베이스는 무려 17테라바이트나 된다. — 이것은 미국 국회 도서관의 모든 책들을 저장할 수 있는 양이다. — 이러한 데이터로 과연 무엇을 할 수 있을까?

Q: 통계학이란 무엇인가?
A: 통계학은 우리가 세계를 이해할 수 있도록 고안된 도구와 방법들을 이용한 추론 방법이다.

Q: 통계자료는 무엇인가?
A: 통계자료는 데이터를 통해 계산된 값이다.

Q: 그렇다면 데이터(data)는 무엇인가?
A: 잠깐! 정확한 질문은 "데이터들은 무엇인가?"가 돼야 한다. 왜냐하면 데이터(data)는 데이텀(datum)의 복수형이기 때문이다.

Q: 그럼 데이터들은 무엇인가?
A: 데이터들은 의미가 있는 값이다.

통계학은 우리가 살고 있는 복잡한 세상을 이해하는 데 도움을 준다. 통계학자들은 식품의약국, FDA(Food and Drug Administration)에서 유전공학식품의 위험성과 신약의 위험성을 평가하기도 하고, 어떤 지역의 AIDS의 발병률이나 슈퍼마켓의 신규고객 확보율을 예측하기도 한다. 그리고 그들은 과학자, 사회학자, 경영자들이 실업률과 관련된 환경적 요소들의 인과관계를 이해할 수 있도록 돕기도 한다. 또한 풍부한 조기교육이 학교를 다니는 학생의 성적에 얼마나 영향을 주는지, 비타민 C가 질병을 예방하는 데 얼마나 도움이 되는지를 예측한다. 어떤 자료로 세상을 이해하기 위해서는 통계학이 반드시 필요하다.

만약 '비즈니스 윤리에 대한 학생들의 인식'을 분석하려 한다면 국내에 있는 모든 학생들, 아니면 전 세계의 모든 학생들 각각의 설문을 받을 필요가 있을까? 그것은 매우 큰 비용이 들어갈 것이다. 그렇다면 어떻게 할 수 있을까? 연구를 포기해야 할까? 아니다. 학생이라는 집단을 대표할 수 있는 작은 그룹의 응답을 받아 연구를 진행하는 방법이 있을 것이다. 이처럼 통계는 우리가 가진 적은 정보로 세상 전체를 이해할 수 있도록 도와준다. 표본을 추출하는 방법에 대해서는 제3장에서 구체적으로 살펴볼 것이며, 특정집단을 통해 전체를 일반화하는 것이 바로 이 책 전체를 통해 살펴볼 주제이다. 이 책을 통해 데이터로부터 결론을 이끌어낼 수 있는 능력이 길러지길 바라며, 아래와 같은 비즈니스 차원의 결정에서도 적절하게 대답할 수 있게 되기를 기대한다.

- 서로 다른 나라에 있는 대학생들은 경영윤리에 대해서 다르게 인식하는가?
- 판매에 있어서 광고의 효과는 무엇인가?
- 공격적인 고성장 뮤추얼펀드는 기존의 보수적인 펀드보다 더 높은 수익률을 가져다주는가?
- 회사의 수익과 이익률에는 계절적인 주기가 존재하는가?
- 판매대의 위치와 시리얼 판매량 사이의 관계는 어떠한가?
- 회사의 분기별 예측은 신뢰할 만한가?
- 고객들이 가진 공통적인 특징이 있는가? 그리고 왜 그들이 이 회사의 상품을 선택하는가? 또 이 회사의 고객이 아닌 사람들이 가진 공통적인 특징이 있는가?

이러한 질문에 대하여 응답할 수 있는지는 변동(Variation)에 대하여 이해하고 있는지에 달려 있다. 변동의 개념은 통계학에서 필수적인 것이다. 데이터로부터 결론을 이끌어내기 위한 열쇠는 바로 우리 주변의 변동에 대해서 이해하는 것이다.

데이터는 변화하고 사람들은 모두 다르다. 경제적인 환경도 매달 변하고 있다. 우리는 모든 것을 확인할 수 없고 혼자서 모든 것을 측정할 수도 없다. 또한, 우리가 측정하는 것은 불완전하다. 왜냐하면 우리가 가진 데이터는 세상의 극히 일부분이기 때문이다. 변동은 통계가 무엇인지를 설명하는 중심에 놓여 있다. 그것을 이해하는 것이 통계의 핵심일 것이다.

1.2 어떻게 이 책이 도움이 될 것인가?

이 책 통계학 책은 당신이 기대하는 것과는 다를 수 있다. 이 책은 수학의 공식이나 계산보다는 그래프와 이해를 강조하고 있다. 숫자들을 공식에 대입하는 방법을 배우는 대신에 모델을 개발하는 과정을 배울 것이며 분석한 데이터와 분석방법들의 한계점들을 이해하게 될 것이다. 각 장에서는 실제 데이터와 실제 비즈니스 상황들을 사용하여 어떻게 데이터를 이용하고 의사결정을 할 것인지 실질적으로 배울 수 있을 것이다.

그래프

잠시 눈을 감고 책을 아무 쪽이나 임의로 펴보아라. 그곳에 표나 그래프가 있는가? 여러 번 이 과정을 반복하면 다양한 방식으로 표현된 자료들을 볼 수 있을 것이다.

그래프와 표는 자료가 말하는 바를 이해하는 데 도움이 된다. 따라서 이 책에 있는 이야기와 자료, 그리고 새로운 통계학 기법들은 그래프를 통하여 보다 쉽게 이해할 수 있을 것이다.

과정

이 책은 경영환경에 있어서 통계학을 사용하여 의사결정을 하는 것을 돕기 위해 문제에 대해서 생각해보고 결과를 찾는 과정과 그 결과를 보여주는 과정, 찾아낸 결과들을 다른 이들과 이야기해보는 것으로 구성된 3단계 과정들을 다루고 있다. 그 3가지 단계는 **계획**, **실행**, **보고**로 구분할 수 있다.

계획 첫 번째 과정은 **계획**이다. 자신이 어디를 향하고 있고 왜 그곳을 향하는지 알아야 한다. 문제를 명백히 정의하고 목표를 이해하면 일의 수고가 줄어들 것이다.

실행 **실행**은 대부분이 학생들이 통계학이라고 생각하는 부분이다. 기계적인 통계치를 계산하는 과정과 그래프를 만드는 과정은 중요하다. 그러나 계산은 보통 실행의 과정에서 가장 중요하지 않은 부분이다. 실제로, 계산은 컴퓨터가 하기 때문에 가장 중요한 부분은 계산한 그 결과들이 무엇을 말하고 있는지를 이해하는 것이다.

보고

보고 과정은 당신이 데이터를 통해 배운 내용이다. 당신이 결과들을 다른 이가 이해할 수 있도록 설명하지 못한다면, 당신의 일은 아직 끝난 것이 아니다.

먼저 사건에 대한 사실들을 얻어내라. 그 후에는 당신은 그것들을 원하는 만큼 편집할 수 있다. 사실은 변하지 않지만 하지만 통계학은 보다 유연하기 때문이다.
–마크 트웨인(Mark Twain)–

예시문제

대부분의 개념 설명의 끝부분에서 배웠던 것을 바로 적용해볼 수 있는 간단한 예시문제가 있을 것이다. 그리고 예시문제를 푼 다음에는 각 장의 마지막 단원 연습문제를 풀게 될 것이다. 이 연습문제들은 그 장에서 배웠던 모든 통계기법들을 숙지하도록 도와줄 것이다.

길잡이 문제

각각의 장에서 배우는 새로운 개념들을 **길잡이 문제**를 통해서 적용해 볼 것이다. 이러한 문제들은 어떻게 문제에 접근하고 풀어가는지를 계획, 실행, 보고의 도구를 사용해서 알려줄 것이다. 길잡이 문제는 분석을 어떻게 계획하고 알맞은 통계적 기법을 사용하고 통계적 수치의 의미에 대해서 어떻게 보고하는지를 보여줄 것이다. 이러한 단계적으로 풀어가는 문제들을 통해서 문제의 해결책을 어떻게 찾아내는지를 보여주고 현업에서 경영자들이나 고객들이 바라는 문제에 대한 해결책을 찾아내는 것도 도울 것이다. 그리고 길잡이 문제의 오른쪽 열에는 모범 해답이 있을 것이고 또한 왼쪽 열에는 배경지식과 토론할 내용들이 적혀 있을 것이다.

확인문제

각 장의 중간에는 **확인문제**가 실려 있다. 확인문제는 많은 계산 없이 간단히 풀 수 있는 몇몇 짧은 문제들로 이루어져 있는데, 이것들을 활용해서 각 장에서 설명하는 개념을 이해하고 있는지 점검해보자. 문제에 대한 정답은 각 장의 끝에서 찾을 수 있다.

통계분석의 올바른 사용

통계는 대개 판단을 필요로 하고 통계 분석에 기초한 결정들은 사람들의 건강과 심지어 생명에까지도 영향을 미칠 수 있다. 정부의 의사결정들은 국민들이 어떻게 대우받을지에 대한 정책 결정에 영향을 미친다. 과학 분야와 산업계에서는, 데이터에 대한 해석이 소비자의 안전과 환경에 영향을 줄 수 있다. 그리고 비즈니스 업계에서는, 데이터에 대한 잘못된 이해가 치명적인 결정을 내리게 만들 수 있다. 통계적 판단의 중심이 되는 원칙은 실제 세상을 참되게 이해하는 도덕적 탐색이다. 사회의 모든 영역에서 데이터의 통계적 분석이 윤리적이고 공평한 방법으로 이행되는 것은 매우 중요하다. 선입관, 불공평한 데이터 수집, 혹은 통계적 결과에 영향을 주고자 하는 의도적인 왜곡은 사업과 사회에 해롭다.

2장부터 각 장의 본문 말미에 제시한 **통계분석의 올바른 사용**이란 시나리오에서 윤리적 이슈들을 마주칠 것이다. 이러한 이슈들에 대해서 생각해보고 어떻게 처리할 것인지 생각해 보라. 그리고 나서 시나리오 다음에 이어지는 이슈의 해결책을 읽어보라. 우리는 윤리적 이슈들에 대해 미국통계협회(American Statistical Society)가 개발한 가이드라인을 연관시켰다. 이러한 시나리오들은 토론에 적합한 주제가 될 수 있다. 그리고 이 책은 한 가지 해결책을 제시하지만, 다른 해결책들에 대해 생각해 보는 것도 바람직할 것이다.

무엇이 잘못될 수 있는가?

통계학의 흥미로운 과제 중 하나는 수학이나 다른 과학 과목과 달리 통계학은 정답이 여럿일 수 있다는 것이다. 이 때문에 재판에서 두 명의 통계학자가 상반되는 주장을 정직하게 펼 수 있다. 그리고 이것은 일부 사람들이 통계학을 사용하면 무엇이든 증명할 수 있다고 생각하는 까닭이기도 하다. 그러나 이런 생각은 사실과 다르다. 사람들은 통계학을 사용하면서 실수를 하기도 하고 통계를 오용하여 다른 사람들을 오도하기도 한다. 그렇지만 대부분의 실수는 고칠 수 있다. 물론 계산 실수를 말하는 것은 아니다. 실수는 보통 상황에 맞지 않은 방법을 사용하거나 결과를 잘못 해석하는 것을 말한다. 그래서 각 장마다 '**무엇이 잘못될 수 있는가?**'란 절을 통해 우리가 오랫동안 컨설팅과 강의를 하면서 목격한 가장 흔한 실수들을 피할 수 있도록 돕겠다.

짧은 사례

많은 연구자들이 자기가 사용하는 통계기법들을 확실하게 이해하지 못한다. 이것은 레시피에 대한 확실한 이해 없이 레시피만 보고 요리를 하겠다는 아마추어 요리사를 고용한 것과 같다. 통계기법을 확실하게 이해한 다음 사용하는 일류의 자세는… 통계적 실수를 줄일 것이다.
－더 이코노미스트(*The Economist*) 2004.6.3. "부실할 통계가 과학을 망신시킨다."

거의 모든 장의 마지막 부분에는 실제 데이터를 사용하는 한두 문제를 제시한다. 여러분은 문제에서 던지는 한 가지 질문을 파고들어 분석하든가 의사결정을 내려야 한다. 이러한 "짧은 사례"는 개방형 (그러므로 더욱 현실적인) 문제를 해결하는 여러분의 능력을 시험하기 위한 좋은 방법이다. 여러분은 목표를 정의하고, 과정을 계획하며, 분석을 완성하고, 그리고 결론을 보고해야 한다. 이러한 짧은 사례들은 **길잡이 문제**에서 제시된 방법들을 적용하는 훌륭한 기회가 될 것이며 결론 작성을 연습하며 통계분석 결과를 포함하는 의사소통 기술을 향상시킬 수 있는 기회가 될 것이다. 이러한 사례 연구들을 위한 데이터 파일은 이 책에 포함된 CD에 담겨 있다.

사례연구

각 파트(part, 部)의 끝에는 해당 파트에서 배운 바를 종합할 수 있도록 도와주는 사례가 있다. 이러한 좀 더 개방적인 프로젝트는 수업에서 습득한 지식을 실제 경영현장에서 활용하는 데 필요한 능력을 습득하는 데 도움이 될 것이다.

기술적 도움: 컴퓨터 활용

이 책에서 다루는 통계 분석은 계산을 요한다. 이 책에서는 그러한 계산에 필요한 공식들을 모두 제시하지만, 대개는 직접 계산하기보다는 전자계산기 혹은 컴퓨터를 사용한다. 통계 문제를 계산하기 위한 가장 쉬운 방법은 바로 통계 소프트웨어를 사용하는 것이다. 여러 통계 소프트웨어가 널리 사용되며, 소프트웨어마다 세부 사용법은 다르지만, 모두 같은 기초 정보를 처리하여 같은 결과를 가져온다. 이 책에서는 한 가지 통계 프로그램을 채택하기보다는 일반적인 결과물과 당신이 알아야 하는 공통적인 특징들을 제시한다. 또한 Excel, Minitab, SPSS, JMP 네 가지 소프트웨어 사용법을 제시한다.

무엇을 배웠는가?

각 장의 말미에 그 장의 학습목표들을 간단히 요약한 "**무엇을 배웠는가**"를 보게 될 것이며, 또한 각 장에서 접한 **용어**들에 대한 정리도 포함되어 있다. 이 정리들은 그동안 배운 내용들을 확인할 수 있도록 도와줄 것이다. 통계적 기법과 개념 이해가 잘 되었다면 이제 직접 통계학을 활용할 준비가 된 것이다!

연습문제

경고: 통계학은 읽고 듣기만 해서는 익힐 수 없다. 통계학을 익힐 수 있는 방법은 직접 해보는 것이다. 연습문제는 각 장의 마지막에 있을 것이고 그 장에서 배웠던 내용을 익히고 사용하도록 되어 있다. 몇몇 연습문제들은 Ⓣ라고 표시되어 있다. 이러한 문제들에 사용되는 데이터는 이 책의 웹사이트, www.aw-bc.com/sharpe이나 책에 수록된 CD 디스크에서 찾을 수 있으며 문제들을 풀기 위해 컴퓨터 프로그램을 사용할 수도 있다.

연습문제는 각 장의 맨 끝 부분에서 가장 먼저 찾을 수 있도록 구성하였다. 연습문제의 내용은 각 장의 내용을 읽어본 후에 답할 수 있도록 되어 있고, 각 장에서 배웠던 학습주제들을 통합하여 기억할 수 있도록 하였다. 그리고 비슷한 연습문제를 짝으로 배치하였다. 그래서 문제를 푸는 데 어려움이 있다면 짝이 되는 비슷한 문제를 풀어봄으로서 이해를 도울 수 있게 하였다. (*역자: 원서에는 정답을 실었으나 번역서에서는 생략하였다.)

선택하여 볼 수 있는 부가적인 내용들

이 책의 몇몇 장에는 (*) 별표가 되어 있다. 이것은 부가적인 내용이며 선택사항이다. 책의 다른 내용을 이해하는 데 아무런 지장이 없을 것이다. 참고적인 의미로 읽어주면 좋겠다.

이 책을 시작하며

한 가지 충고하고 싶은 내용이 있다. 내용들만 보아서는 책을 결코 이해할 수 없다. 이 책은 개념과 식을 정리하는 것에 대한 책이 아니다. 이 책은 보다 깊은 내용을 담고 있다. 따라서…

완벽한 이해를 위해 이 책을 꼭 정독하기를 권한다.

데이터

CHAPTER 02

아마존닷컴

아마존닷컴은 1995년 7월, 이미 당시에 “세계에서 가장 큰 서점”이라고 홍보하면서 영업을 시작했다. 사업계획은 다소 특이했는데, 4~5년 동안은 흑자를 낼 계획이 없었다. 닷컴 버블이 터지자 일부 주주가 불평했지만, 느리지만 꾸준히 지속적으로 성장하여 2002년에 처음으로 흑자를 냈다. 그 후로 아마존은 계속 흑자를 내면서 성장했다. 고객도 꾸준히 늘어서 2004년에는 200개 이상의 나라에서 4,100만 명이 넘는 단골 고객을 확보했으며, 비즈니스 위크지가 선정하는 가장 가치 있는 브랜드 목록에 74위로 뽑혔다. 취급하는 상품도 급속하게 늘어서 40만 달러짜리 목걸이에서 티베트산 야크 치즈, 세계에서 가장 큰 책에 이르기까지 상상할 수 있는 거의 모든 것을 판다. 2010년에는 인터넷을 통해 전 세계적으로 거의 350억 달러에 달하는 판매 실적을 거두었다.

아마존의 연구개발부는 고객에게 최상의 서비스를 제공하고 최대한 판매 실적을 늘리기 위해 지속적으로 웹사이트를 모니터링하고 개선한다. 데이터를 수집하고 분석하여 최선 대안을 찾는 식으로 실험하면서 웹사이트를 개선한다. 데이터 마이닝 및 고객화 팀의 전 이사 로니 코하비(Ronny Kohavi)는 “데이터는 직관을 이긴다. 직관에 따르는 대신에 바로 웹사이트에서 실험을 통하여 고객이 방문하여 남기는 데이터에서 그들의 판단을 듣는다.”고 말했다.

아마존은 최근 다음과 같이 말했다. “아마존닷컴에서는 중요한 결정의 대부분은 데이터에 기반하여 내린다. 정답과 오답, 더 좋은 답과 더 나쁜 답이 존재하고 수학으로 그것들을 식별한다. 우리는 이런 식으로 결정을 내리기를 가장 좋아한다.”[1] 데이터에 기반하여 결정을 내리는 이런 방식을 수학보다는 통계학으로 부르고 싶을 수도 있겠지만, 분명한 것은, 아마존닷컴의 의사결정 도구의 핵심은 데이터 분석, 예측, 통계적 추론이라는 사실이다.

아마존에서 데이터는 왕이다. 인터넷 사용자가 웹 서핑을 하는 동안 마우스를 누른 흔적들과 구매 데이터는 아마존에서 가장 중요하다. 그것들은 아마존이 각 고객들이 웹사이트를 통해 하고자 하는 것들을 특징짓고 고객에 맞게 개인화할 수 있는 데 도움을 준다.
–로니 코하비(RONNY KOHAVI) 전 아마존 데이터 마이닝 및 고객정보 담당이사

오래전의 작은 마을의 가게 주인들은 고객을 개인적으로 잘 알고 있었다. 그래서 만약 당신이 취미용품을 파는 상점에 들어갔다면, 주인은 당신이 가진 리오넬(Lionel, LLC)사의 모형 기차 세트와 잘 어울리는 새로 출시된 다리 모형에 대해 말했을지도 모른다. 또 양복점의 재단사는 당신 아버지의 신체 사이즈를 알고 있었고, 미용사는 당신 어머니가 좋아하는 머리스타일을 알고 있었다. 주변에 아직 그런 상점들이 남아 있지만, 사람들은 점점 전화 또는 인터넷을 통해 구매할 수 있는 대형 상점을 더 많이 이용하게 되었다. 그런데 신기하게도 새 운동화를 구입하기 위해 800번으로 시작하는 대형 상점의 수신자부담 전화를 걸면 고객 서비스 담당자가 당신의 이름을 알고 있거나 6주 전에 구입한 양말에 대해 질문할 것이다. 아니면 그 상점은 10월경에 겨울에 조깅을 하는 사람을 위해 헤드워머를 제공한다는 메일을 보낼 수도 있다. 이 상점은 고객이 수백만 명이고, 당신은 신분을 밝히지도 않았다. 그런데 영업담당자는 당신이 어디 사는 누구이고, 전에 무엇을 샀는지 어떻게 알고 있을까?

이러한 모든 질문에 대한 대답은 데이터이다. 고객, 거래, 판매에 관한 데이터를 수집하여 상품 목록을 추적하고 고객이 어떤 제품을 선호하는지 알 수 있다. 이러한 데이터를 통해 고객이 미래에 구입할 제품을 예측하고, 이를 바탕으로 각 제품의 재고를 조율한다. 데이터를 통해 상점들은 50년 전에 이루어졌던 개인적 관심을 바탕으로 이루어졌던 제품 판매방식을 모방하여 고객 서비스를 향상할 수 있다.

2.1 데이터란?

기업은 항상 데이터에 의존하여 계획을 세우고 효율성을 높이고 품질을 향상하려 한다. 더욱이, 요즘은 글로벌 시장에서 경쟁하기 위해 그 어느 때보다도 더 데이터에 의존한다. 이제 대부분의 기업들은 제품의 매매를 비롯하여 사실상 조직에서 이루어지는 모든 거래내역 정보를 가지고 있다. 이러한 정보들은 컴퓨터로 기록되고 저장되며 이렇게 정보가 저장된 전자적 저장소를 **데이터 웨어하우스**(data warehouse)라고 부른다.

지난 수십 년 동안 데이터 웨어하우스는 전과 비교할 수 없이 커졌고 컴퓨터의 성능이 발달하면서 데이터 웨어하우스에 저장된 정보에 접근하고 그것을 사용해 결정을 내리는 일을 거의 동시에 할 수 있게 됐다. 예를 들어, 신용카드 거래 시, 그 거래내역은 정보를 분석하는 중앙컴퓨터에 전송된다. 그리고 구매승인 가부 결정이 중앙컴퓨터에서 내려지고 몇 초 안에 거래장소로 전송된다.

[1] 아마존닷컴 2010년 연차보고서

기업들은 또한 자신의 업무와 다른 사업 부분에 관한 결정을 위해서도 데이터를 사용한다. 고객의 과거 행동을 연구하고 그들의 반응을 예측하여 고객에게 보다 나은 서비스를 제공하고 시장에서 보다 효과적으로 경쟁하고 싶어 한다. 이러한 데이터를 사용하는 과정, 특히 또 다른 결정과 예측을 할 수 있게 하는 **거래 데이터**(transactional data)(회사의 거래 내역 조사를 위해서 기록되는 데이터)를 사용하는 과정을 **데이터 마이닝**(data mining) 혹은 예측 분석이라고 부른다. 더 일반적인 용어로 하면 **경영분석**(business analytics)(때로는 단순 분석)이라고 하는데, 이 분석은 데이터에 기반하여 업무상 의사결정을 내리기 위한 분석과 기업의 현 상태를 파악하기 위한 분석 모두를 포함한다.

대기업에서는 이러한 경영분석을 받아들여 사용하고 있다. 캐피탈원(Capital One)의 CEO 겸 창업자인 리처드 페어뱅크(Richard Fairbank)는 신용카드 거래가 고객의 행동을 이해할 수 있는 열쇠임을 깨닫고 신용카드 산업에 변혁을 일으켰다. 컴퓨터 과학을 전공한 리드 헤스팅스(Reed Hastings)는 넷플릭스(Netflix)사의 설립자 겸 최고경영자이다. 넷플릭스사는 새로운 영화를 추천하고 고객의 취향에 맞게 웹사이트를 수정하기 위해 고객정보를 분석한다. 넷플릭스사는 그들이 추천하는 정보의 정확성을 10% 이상 높일 수 있는 사람에게 $100만의 상금을 제공한다고 했었는데, 결국 그 상은 2009년 예측 분석과 데이터 마이닝 기술을 이용한 통계학자와 컴퓨터 과학자 팀에게 돌아갔다고 한다. 오클랜드의 야구팀은 선수를 평가할 때 스카우터와 야구 전문가들이 평가하는 100년 넘게 이어진 전통적 방식 대신에 선수들의 이전 기록을 분석하여 선수들을 평가한다. 책과 영화로 소개된 작품 머니볼은 구단의 자원이 매우 제한적이었음에도 불구하고 경영분석방법을 통해 부유한 팀들과 경쟁할 수 있는 팀을 어떻게 만들었는지를 보여주는 내용이다.

데이터가 무엇인지 더 잘 이해하기 위해서 아마존이 모았을지도 모르는 가상 기록을 살펴보자.

105-2686834-3759466	B0000010AA	10.99	Chris G.	902	보스턴	15.98	캔자스	일리노이
Samuel P.	Orange County	105-9318443-4200264	105-1872500-0198646	N	B000068ZVQ	Bad Blood	Nashville	Katherine H.
캐나다	Garbage	16.99	오하이오	N	시카고	N	11.99	메사추세츠
B000002BK9	312	Monique D.	Y	413	BOOOOOI5Y6	440	103-2628345-9238664	Let Go

표 2.1 맥락이 없는 데이터의 예. 위의 값들이 무엇을 의미하는지는 맥락을 알지 못하는 상태에서는 섣불리 분석할 수 없다.

> **다섯 개의 W(The W's):**
> 누가(Who)
> 무엇을(what)
> 언제(when)
> 어디서(where)
> 왜(why)

이 데이터가 무엇을 나타내는지 추측해보자. 여간 어렵지 않다. 이 데이터는 맥락(context)이 없기 때문이다. 데이터는, 숫자로만 구성됐든지, 문자로만 구성됐든지, 아니면 숫자와 문자(혼합형)로 구성됐든지 간에, 그것들이 무엇을 나타내는지 알 수 없다면 쓸모가 없다.

신문기자들은 좋은 기사는 가장 중요한 단락이 "다섯 개의 W: 누가(who), 무엇을(what), 언제(when), 어디서(where), (가능하다면) 왜(Why)"를 충족시켜야 한다고 말한다. 그리고 종종 "어떻게(how)"까지 그 리스트에 더하기도 한다. 이러한 질문들에 답하는 것

주문번호	이름	주(state)/나라	가격	지역번호	전에 다운받은 앨범	기념품 수령 여부	ASIN 번호	가수
105-2686834-3759466	Katherine H.	오하이오	10.99	440	Nashville	아니오	B0000015Y6	Kansas
105-9318443-4200264	Samuel P.	일리노이	16.99	312	Orange country	예	B000002BK9	Boston
105-1872500-0198646	Chris G.	메사추세츠	15.98	413	Bad Blood	아니오	B000068ZVQ	Chicago
103-2628345-9238664	Monique D.	캐나다	11.99	902	Let Go	아니오	B0000010AA	Garbage
002-1663369-6638649	Katherine H.	오하이오	10.99	440	Best of Kansas	아니오	B002MXA7Q0	Kanas

표 2.2 도표의 예. 변수 이름은 맨 윗줄에 있다. 일반적으로 표가 누구에 관한 것인지는 표의 가장 왼쪽 열에 나타나 있다.

은 데이터 값에 맥락(context)을 제공하여 그 데이터에 의미를 부여한다. 처음에 나온 두 가지 질문에 대한 대답은 중요하다. "누가"와 "무엇"을 대답할 수 없는 데이터는 데이터가 아닐 뿐더러 유용한 정보도 될 수 없다.

그 데이터가 누구에 관한 것이고 무엇을 측정한 것인지를 문맥에 추가할 수 있다면 데이터의 의미는 분명해지고 그 값들을 통해 위와 같은 **데이터 표**(data table)를 만들 수 있다.

〈표 2.2〉의 행을 살펴보자. 이제 이것이 아마존에서 다운받은 앨범과 관련이 있는 다섯 건의 구매기록임을 알 수 있다. 일반적으로 데이터 표의 가로 행은 개별 **사례**(case)의 속성을 기록한 것이고 이러한 속성을 **변수**(variable)라고 부른다.

이러한 사례들은 상황에 따라 각각의 다른 이름으로 구분된다. 설문조사에 대답하는 사람들은 **응답자**(respondent)라고 한다. 실험에 응하는 사람들을 **피실험자**(subject) 또는 (실험에서 그들의 역할이 차지하는 중요성을 알리기 위해) **참가자**(participant)라 부르기도 한다. 그리고 동물, 식물, 인터넷 사이트, 다른 무생물의 경우는 **실험 단위**(experimental unit)라고 부른다. 이것 외에도 종종 이런 사례들을 각자의 이름 그대로 부르기도 한다: 고객, 경제의 사분기, 회사 등이 그 예이다. 데이터베이스에서 가로 행은 **레코드**(records)라고 부른다. 이 예에서는 구매기록을 들 수 있다. 아마도 가장 일반적인 용어는 **사례**(case)일 것이다. 〈표 2.2〉에서 사례는 개별 주문이다.

각 열의 제목(변수의 이름)은 무엇을 기록하고 있는지를 말해준다. 〈표 2.2〉의 행은 무엇을 의미하는가? 여기서 조심해야 할 것은 사람이 포함되어 있음에도, 사례는 사람과 일치하지 않을 수 있다. 예를 들어 〈표 2.2〉 각각의 행들을 보면 같은 사람이지만 두 가지의 다른 주문을 한 경우가 있음을 볼 수 있다. 표에서 누구에 관한 것인지 알기 위해서는 보통 가장 왼쪽 세로 열을 보면 알 수 있다. 이 예제에서는 주문번호가 사례들을 식별할 수 있는 변수이다.

데이터를 직접 수집한다면 사례가 어떤 것이고 변수가 어떻게 정의되는지 알 수 있을 것이다. 하지만 종종 다른 사람이 수집한 데이터를 보게 될 때도 있다. 그것을 메타데이터라 부르는데 이것은 회사의 데이터베이스 관리자 또는 회사의 정보기술부서에서 비롯된 것이다. **메타데이터**(metadata)는 일반적으로 어떻게, 언제, 어디서 (가능하면 왜) 데이터가 수집되었는지에 관한 정보를 담고, 그리고 각 사례가 '누구'인지와 모든 변수들의 정의들을 포함한다.

〈표 2.2〉와 같은 데이터 표는 일반적으로 **스프레드시트**(spread sheet)라고 불린다. 이 용어는 회계장부 담당자가 거래내역을 기록하는 계산용지인 스프레드시트를 컴퓨터로 옮기면서 그 이름이 유래되었다. 데이터는 일반적으로 회계사가 지출과 수입에 관한 기록을 유지하기 위해 기록한 장부에 나와 있었다. 회계사가 만드는 스프레드시트의 경우 세로 열은 소비와 수입에 관한 기록이었고 가로 행은 청구서와 영수증 같은 거래기록이었다. 오늘날은 회계에 관한 정보가 포함되지 않더라도 적당한 크기의 데이터를 스프레드시트의 형태로 유지하는 것이 보통이다. 스프레드시트에 기록된 데이터는 통계 분석 프로그램으로 옮기기 쉽기 때문이다.

데이터 표와 스프레드시트가 비교적 적은 양의 데이터에는 적합하지만 회사들이 일상적으로 유지해야 하는 복잡한 데이터와 같은 경우에는 어울리지 않는다. 가로 행에는 고객이 들어가고 세로 열에는 제품이 들어간 아마존의 스프레드시트를 상상해보자. 아마존은 수백만 고객과 수천 가지 제품을 가지고 있다. 하지만 아주 적은 고객만이 수십 가지 이상의 제품을 구입했을 것이고 대부분의 칸은 비어 있을 것이다. 그것은 정보를 저장하는 데 아주 비효율적인 방법이다.

따라서 다양한 데이터베이스의 구조들이 더 복잡한 데이터를 저장할 수 있게 설계된다. 가장 일반적인 것이 관계형 데이터베이스이다.

관계형 데이터베이스(relational database)에서는 서로 다른 데이터를 담은 여러 데이터 표를 논리적으로 연결하여 마치 모든 표에 담긴 정보가 하나의 표에 담긴 듯이 취급할 수 있다. 데이터 표는 데이터베이스론에서 사용하는 관계(relation)라는 개념의 실제 예이다. 관계란 특정 사례들의 집합으로서 각 사례의 모든 변수(데이터베이스론의 용어로는 "필드 field"라고 한다)의 정보를 담고 있다. 예를 들어 다음 쪽의 〈표 2.3〉에서 맨 위의 표는 고객의 번호와 이름 그리고 인구통계학적 정보를 나타내는 필드 7개로 구성된 관계의 실제 예이다. 마찬가지로, 가격, 재고상황, 이전의 기록들에 관한 정보를 포함한 판매된 모든 제품에 관한 두 번째 데이터 표도 관계의 한 실제 예이다. 마지막으로 매일의 거래 내역은 3번째 데이터 표에 기록이 되었는데 이 데이터 표에서는 고객이 구입한 상품이 사례로서 기록된다. 관계형 데이터베이스에서는 이 세 가지 관계를 서로 연결할 수 있다. 예를 들어 어느 고객이 어떤 상품을 구입했는지 알아볼 수 있고, 어떤 상품을 누가 구입했는지도 역시 알아볼 수 있게 된다. 〈거래 내역〉 관계와 〈고객〉 관계는 '고객 번호' 필드로 연결되고 〈거래 내역〉 관계와 〈상품〉 관계는 '상품 번호' 필드로 연결되기 때문이다.

대부분의 통계 분석은 하나의 데이터 표를 대상으로 실시한다. 하지만 많은 경우 데이터는 관계형 데이터베이스에서 가져와야 한다. 데이터베이스에서 데이터를 검색하고 다운로드하려면 해당 데이터베이스 소프트웨어를 사용할 줄 알아야 하는 경우가 많다. 그래서 이제 책의 남은 부분에서는 모든 데이터는 이미 데이터 표나 열은 변수를 나타내고 행은 사례인 스프레드시트로 다운로드되어 있다고 가정한다.

〈고객〉

고객 번호	이름	도시	주	우편번호	가입 연도	골드회원 여부
473859	R. De Veaux	Williamstown	MA	01267	2007	아니오
127389	N. Sharpe	Washington	DC	20052	2000	예
335682	P. Velleman	Ithaca	NY	14580	2003	아니오
…	…	…	…	…	…	…

〈상품〉

제품 번호	이름	가격	현재 재고 유무
SC5662	silver cane	43.50	예
TH2839	Top hat	29.99	아니오
RS3883	Red Sequined shoes	35.00	예
…	…	…	…

〈거래 내역〉

거래 번호	날짜	고객 번호	제품 번호	수량	배송 방법	무료 배송 여부
T23478923	9/15/08	473859	SC5662	1	UPS 2nd DAY	아니오
T23478924	9/15/08	473859	TH2839	1	UPS 2nd DAY	아니오
T63928934	10/20/08	335682	TH2839	3	UPS GROUND	아니오
T72348299	10/22/08	127389	RS3883	1	FED Ex Ovnt	예

표 2.3 관계형 데이터베이스는 세 가지 분리된 관계들을 고객 번호와 제품 번호로 통합하여 새로운 정보를 분석할 수 있게 한다.

예시문제 변수와 *W*들을 파악하기

칼리(Carly)는 한 신용카드 은행의 마케팅 관리자이다. 그녀는 3개월 전에 고객들에게 우편으로 발송한 판촉 제안이 고객의 신용카드 사용에 영향을 미쳤는지 알고 싶어서 정보기술 부서에 고객별로 다음과 같은 정보를 요청했다: 우편이 도착하기 전 3개월 동안 카드로 결제한 총지출(이전 지출); 우편이 도착하고 나서 3개월 동안 카드로 결제한 총지출(이후 지출); 고객의 나이(연령대); 그들이 어떤 종류의 소비활동에 지출을 했는지(소비 종류); 고객이 웹사이트에 등록되었는지 여부(등록 여부); 그들이 어떤 제안을 받았는지(제안 종류), 그리고 각 고객이 자신이 소비한 분야에 지출한 금액(소비분야 지출). 그녀는 처음 여섯 행이 다음과 같은 스프레드시트를 받았다.

계좌 ID	이전 지출	이후 지출	연령대	소비 종류	등록 여부	제안 종류	소비분야 지출
393371	$2698.12	$6261.40	25-34	여행	아니오	없음	$887.36
462715	$2707.92	$3397.22	45-54	소매	아니오	기프트 카드	$5062.55
433469	$800.51	$4196.77	65+	소매	아니오	없음	$673.80
462716	$3459.52	$3335.00	25-34	서비스	예	마일리지 2배	$800.75
420605	$2106.48	$5576.83	35-44	여가	예	마일리지 2배	$3064.81
473703	$2603.92	$7397.50	< 25	여행	예	마일리지 2배	$491.29

문제 : 사례와 변수를 식별하라. 이 데이터에서 최대한 많은 *W*들을 찾고 그것에 대해 설명해라

답 : 사례는 신용카드 은행의 고객들이다. 그리고 데이터는 지난 6개월(고객에게 우편이 간 시점을 기준으로 앞의 3개월과 뒤의 3개월) 동안의 신용카드 은행의 내부기록이다. 변수로는 고객의 계좌 ID 그리고 우편을 보내기 전(이전 지출)과 보낸 후(이후 지출)의 고객의 카드 사용에 따른 청구금액을 비롯하여 고객의 나이와 고객이 어떤 종류의 소비활동에 지출을 했는지(소비 종류), 그들이 웹사이트에 등록했

는지의 여부(등록 여부), 그들이 어떤 종류의 제안을 받았는지(제안 종류), 그리고 그들이 자신이 소비한 분야에 지출한 카드 사용액(소비 분야 지출)이 있다.

2.2 변수의 유형

변수는 서로 다른 역할을 하고 있다. 따라서 변수로 무엇을 하고 그것이 무엇을 말해주는지를 알기 위해서는 변수의 유형을 아는 것이 중요하다. 만약 변수가 범주로 구분되고 얼마만큼 그 범주 내에 사례들이 포함되어 있는지를 보여준다면 그것을 **범주형 변수**(categorical variable) 혹은 **질적 변수**(qualitative variable)라고 부른다. 만약 변수가 단위로 표현되는 수치를 나타내거나 측정되는 것의 양을 나타낸다면 그것을 **양적 변수**(quantitative variable)라고 부른다. 변수를 범주형과 양적 변수로 분류하는 것은 그 변수로 무엇을 하고자 하는지 결정하는 것에 도움을 준다. 하지만 그렇게 분류하는 것은 종종 변수 그 자체보다는 변수를 통해 알고자 희망하는 것에 더 집중하게 하기도 한다. 그것은 변수를 어떻게 생각하고 어떻게 다루는지를 (분석의 이유) 결정하는 문제라고도 할 수 있다.

서술적으로 응답할 수 있는 질문의 경우는 대개 범주형 변수이다. 예를 들어, '어떤 종류의 뮤추얼펀드에 투자합니까?'에 대한 질문이나 '회사가 어떤 종류의 광고를 사용합니까?'에 대한 대답은 범주형 변수에 포함된다. 범주형 변수의 중요하고도 특별한 경우는 두 가지의 반응(보통 '예', '아니오')만이 존재할 때이다. 이러한 경우는 "주식 투자를 했습니까?" 혹은 "이 웹사이트에서 제품을 구매했습니까?"와 같은 질문에 대한 답변으로 얻어질 수 있다.

변수가 숫자가 아니라면 그것은 분명 범주형이다(아니면, 그 범주는 한 번 더 해석되어야 한다). 하지만 변수가 숫자라면 주의해야 한다. 변수가 어떤 것의 양(수치)을 기록한 것이라면 그것은 양적 변수로 여겨진다. 그렇지 않다면 그것은 범주형 변수라고 할 수 있다. 예를 들어, 지역번호는 숫자이지만 지역번호 값은 양(수치)을 뜻하는 것이 아니다(옆의 지역번호에 관한 설명을 살펴보자). 지역번호로 할당된 숫자는 전화번호를 지역별로 범주화한 것이기 때문이다. 따라서 지역번호는 범주형 변수로 여긴다.

양적 변수에서 **단위**(unit)는 각 변수가 어떻게 측정됐는지 말해준다. 더 중요한 것은, 엔(yen), 큐빗(cubits), 캐럿(carats), 옹스트롬(angstroms), 나노초(nanoseconds), 시간당 마일수(mph), 섭씨 온도(℃) 같은 단위들은 측정값의 규모를 알려줘서 두 값에 얼마만큼의 차이가 있는지 비교하여 알게 한다는 것이다. 단위가 없다면 측정된 값은 의미가 없다. 만약 당신이 1년에 5,000만큼의 봉급을 받는 것을 약속했다고 가정하자. 만약 봉급이 유로, 달러, 엔, 에스토니아 화폐단위 크룬 중 어떤 것으로 지불될지 모른다고 생각하면 별로 좋아하지 않을 것이다.

변수의 종류가 명확할 때도 있다. 하지만 어떤 변수는 두 가지 질문에 모두 답을 할 수 있으며 용도에 따라 달리 분류될 수 있다. 예를 들어, '나이'라는 변수는 그 대답이 수

범주형 또는 양적 변수?

다음을 유의해두자. 지역번호에 관해 "무엇", "왜"라는 것을 파악하고자 했을 때 그에 대한 답은 처음에 생각했던 것만큼 찾기가 쉽지 않다.

지역번호가 처음 소개되었을 때를 생각해보자. 다이얼이 닳고 마모되는 것을 막기 위해 가장 작은 숫자들(다이얼하기 쉬운 숫자들)이 큰 도시에 배정되었다. 그래서 뉴욕시는 212번을, 시카고는 312번을, LA는 213번을, 필라델피아는 215번을 받았다. 하지만 뉴욕에서 멀리 떨어진 지방도시는 607번, 줄리엣은 815번, 샌디에이고는 619번을 받았다. 그 당시에는 지역번호의 숫자가 그 지역의 인구를 추측하는 데 쓰일 수 있었다. 하지만 전화의 다이얼이 버튼식으로 바뀌면서 새로운 지역의 지역번호는 인구와 관계없이 할당되었고 이제 지역번호는 범주형 변수일 뿐이다.

이해가 필요한 아리송한 변수의 이름들

예전의 통계문서들을 보면 변수들이 수수께끼 같은 아리송한 대문자로 기록되어 있음을 볼 수 있다. 이것은 1960년대로 거슬러 올라가는데 그때는 컴퓨터 프로그램이 컴퓨터용 천공카드시스템으로 구동되던 시절이었다. 초기의 천공카드는 오로지 대문자만 사용할 수 있게 되어 있어서 그 시절의 통계 프로그램 역시 변수의 이름을 정할 때 6~8개의 대문자를 이용해서 이름을 정할 수밖에 없었다. 그래서 변수의 이름들이 PRSRF3와 같은 이름을 가지게 되었다. 하지만 현대의 통계 프로그램에서는 이러한 제약이 없으므로 대문

자를 이용한 수수께끼 같은 변수이름을 사용하지 않아도 된다.

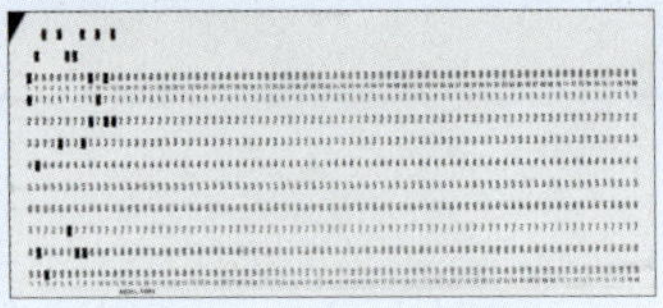

량적이라면 양적 변수로 생각될 것이다. 의사들은 양적 변수로서의 '나이'를 필요로 할 것이다. 단위를 연수(年數)로 설정할 수도 있겠지만 신생아, 유아들의 경우 '월'이나 '일'처럼 더 세분화된 단위가 필요할 수도 있다. 반면에 아마존에서 당신의 '나이'를 물어볼 경우 그들은 그것을 범주화하여 어린이(12세 이하), 청소년(13세부터 19세까지), 청장년(20세부터 64세), 그리고 노년(65세 이상)으로 나눌 것이다. '당신에게 어떤 종류의 CD 광고를 보내줘야 하는지'와 같은 정보만 필요할 경우, 이와 비슷한 많은 경우에 이런 범주형 나이만으로도 충분할 것이다. 따라서 이러한 경우에 아마존은 '나이'를 질적 변수(혹은 범주형 변수)로 만들 것이다.

질문	범주 혹은 응답
주식에 투자하십니까?	__ 예 __ 아니오
어떤 광고방법을 쓰십니까?	__ 신문 __ 인터넷 __ 우편물
몇 학년이십니까?	__ 1학년 __ 2학년 __ 3학년 __ 4학년
이 수업을 다른 사람에게 추천하시겠습니까?	__ 절대 안 할 것이다 __ 안 하고 싶다 __ 조금 하고 싶다 __ 매우 하고 싶다
제품에 대해 얼마나 만족하십니까?	__ 매우 불만족 __ 조금 불만족 __ 조금 만족 __ 매우 만족

표 2.4 범주형 변수의 여러 예시

아마존이 고객에게 무료배송과 같은 특별 조건을 제시하고자 할 때, 최근에 고객들의 구매가 어떻게 배송되었는지 분석할 것이다. 그들은 아마 다음 각 배송항목들에 대해 구매 횟수를 세는 것부터 시작할 것이다: 육로 배송, 익일 항공, 야간 항공 배송. 배송방법과 같은 범주형 변수를 요약할 때 같은 범주에 속하는 사례를 세는 것은 아주 자연스러운 방법이다. 4장에서는 범주형 변수를 요약하고 표현하는 방법을 심층적으로 다루며, 5장에서는 이와 다른 요약 및 표시 방법을 요하는 양적 변수를 다룬다.

배송방법	구매 횟수
육로	20,345
익일	7890
야간	5432

표 2.5 운송방법에 대한 범주형 변수의 요약은 각각의 범주 사례들의 수를 나타낸다.

식별자

당신의 학번은 무엇인가? 아마도 학번이 숫자이겠지만, 그것이 양적 변수인가? 아니다. 그것은 단위가 없다. 그럼 그것이 범주형 변수인가? 그렇다. 하지만 아주 특별한 종류이다. 학번에서 얼마나 많은 범주가 있고 각 범주에 얼마나 많은 개체들이 있는지 살펴보면 개체만큼 많은 범주가 있지만 각 범주에는 한 명밖에 없다. 각 학번을 가진 사람은 오직 한 명이다. 학번과 같은 범주의 수를 세기는 쉽지만 그다지 흥미 있는 과정은 아닐 것이다. 이런 것이 **식별자 변수**(identifier variable)이다. 아마존은 당신이 재접속할 때 당신이 누구인지 알고 싶어 하지 다른 고객과 혼동하고 싶어 하지는 않는다. 따라서 그들은 당신에게 특별한 식별자를 배정하는 것이다.

각 식별자 값에 속하는 개체는 하나이므로 식별자 변수는 범주들에 대한 유용한 정보를 전혀 주지 않는다. 하지만 방대한 정보를 다루는 오늘날, 개체들을 정확하게 구별해내는 식별자 변수 덕분에 출처가 다른 정보들을 통합하고 비밀을 보장하고 개체마다 특별한 표식을 부여할 수 있다. 사실상 거의 대부분 회사의 데이터베이스는 관계형 데이터베이스이다. 〈표 2.3〉의 식별자는 고객 번호, 제품 번호, 그리고 거래 번호이다. UPS 추적번호나 주민등록번호, 그리고 아마존 ASIN과 같은 변수는 식별자의 다른 예들이다.

식별자를 분석하는 헛수고를 피하려면 어떤 때에 '변수'가 식별자 역할을 하는지 알아야 한다. 아마존 ASIN 번호의 평균이 2007년과 2008년 사이에 10% 증가했다는 것은 아무런 정보도 아니다. 이것은 범주형 변수를 양적 변수처럼 분석하는 것과 똑같다.

따라서 변수의 종류를 정하는 데 융통성이 있어야 한다. 변수에 대해서 던지는 질문의 유형에 따라 변수의 역할이 달라질 수 있으므로 변수의 유형을 경직적으로 분류하면 오류를 일으킬 수 있다. 예를 들어, 연례 보고서에서 아마존은 '매출과 연도'라는 변수를 언급한다. 아마존에서 회의 중 경영진이 2005년에 판 책의 수를 물어볼 때 '연도'는 무슨 역할을 하는가? 여기에는 2005라는 행은 하나뿐이며, '연도'가 그것을 식별해낸다. 따라서 그것은 식별자 변수 역할을 한다. 식별자로서의 역할로 볼 때, 이것을 같은 해의 아마존의 다른 데이터, 혹은 일반 경제적 상황과 맞춰보고 싶을 것이다. 하지만 분석자들은 또한 시간의 경과에 따른 매출증가율도 추적하고 싶어 한다. 이러한 역할로 볼 때에는 '연도'는 시간을 측정한 것이다. 이럴 때 '연도'는 단위가 '연수(年數)'인 양적 변수가 된다.

다른 데이터 유형

다음은 설문조사의 질문이다.

> "당신이 받은 서비스에 대해 얼마나 만족하는가?"
> 1) 만족하지 않음 2) 약간 만족 3) 어느 정도 만족 4) 극히 만족

여기서 변수는 범주형인가 양적인가? 지각한 만족 정도의 서열이 분명이 존재한다. 번호가 높을수록 더 만족한다. 여기서 평균 4점을 받은 직원이 평균 2점인 직원보다 잘하고 있는 것이다. 그런데 그 직원은 다른 직원보다 정확히 2배 잘하고 있는 것인가? 번호의 값은 엄격하게는 숫자가 아니므로 고객 만족도를 순수한 양적 변수로 취급하는 것은 경계해야 한다. 위의 예처럼 범주형 수치에 내재적인 순서가 있다면 범주형 변수는 **서열 변수**라고 한다. 이와 반대로 내재적인 순서가 없는 범주형 변수는 **명목 변수**라고 부른다. 수치는 개별적으로 정렬(예 회사를 위해 일한 기간으로 직원의 순위를 매기는 것) 혹은 그룹으로 묶여서 정렬(예 1학년, 2학년, 3학년, 4학년)될 수 있다. 여기서 정렬 순서는 절대적인 것이 아니다. 순서는 정렬의 목적에 따라 달라질 수 있다. 예를 들어, 유아, 어린이, 청소년, 성인, 노년이라는 범주는 서열적인가? 이것을 나이를 기준으로 정렬한 것이라면 확실히 서열적이고 그 범주의 순서를 정하는 방식도 분명하다. 그렇지만 아마존처럼 구매량을 기준

으로 정렬한다면 10대나 성인도 상위 그룹[2)]에 위치할 수 있다.

횡단면 데이터 및 시계열 데이터

년도	총수입 ($백만)
2002	3288.9
2003	4075.5
2004	5294.2
2005	6369.3
2006	7786.9
2007	9441.5
2008	10,383.0
2009	9774.6

표 2.6 스타벅스의 총 연간 총수입 (2002~2009년)

〈표 2.6〉의 '총수입'이라는 양적 변수는 시계열 데이터의 예이다. **시계열**(time series)이란 시간의 흐름에 따라 일정한 구간으로 나눈 단일 변수를 의미한다.

시계열 데이터는 비즈니스 상황에서 흔하게 나타난다. 대표적인 측량 단위는 월, 분기, 혹은 년(年)이다. 하지만 사실상 일정하게 나뉜 시간의 구간이라면 그 어떤 것도 가능하다. 일정 기간 동안 수집된 변수는 통계적 분석에서 어려운 문제들이 있는데 특별히 시계열 데이터를 위해 고안된 방법은 이 책의 범위를 벗어난다.

반면에 이 책에서 다루는 대부분의 방법들은 횡단면 데이터에 알맞다. **횡단면 데이터**(cross-sectional data)란 한 시점에서 수집된 여러 변수이다. 스타벅스(2010년 기준 16,000개 지점)의 판매 수입, 고객의 수, 지난달 지출에 대해 정보를 어느 고정된 시점에 수집한다면 이것은 횡단면 데이터이다. 횡단면 데이터는 '날짜'와 같은 시간 정보도 포함하고 있지만 시간 구간을 나눠 일정 기간에 획득한 데이터가 아니기 때문에 시계열 데이터는 아니다. 데이터 유형에 따라 분석방법이 다르므로 데이터가 횡단면 데이터인지 시계열 데이터인지 식별할 수 있는 것은 중요하다.

예시문제 변수 종류 구별하기

문제 : 14쪽의 예시에 나오는 칼리(Carly)는 데이터 분석을 계속하기 전에 데이터가 양적 변수인지 질적 변수인지, 그리고 시계열 데이터인지 횡단면 데이터인지 구별해내야 한다. 그리고 양적 변수라면 양적 변수들의 단위는 무엇인지, 질적 변수는 명목적인지 서수적인지 구별해보라.

답 : 계좌 ID − 범주형(명목적, 식별자)
이전 지출 − 양적(단위 $)
이후 지출 − 양적(단위 $)
연령대 − 범주형(서수적). 더 정확한 정보가 있다면 양적 변수가 될 수도 있다.
소비 종류 − 범주형(명목적)
등록 여부 − 범주형(명목적)
제안종류 − 범주형(명목적)
소비분야 지출 − 양적(단위 $)

이 데이터들은 횡단면적이다. 단일 변수에 대해 일정 기간 동안 수집한 연속적인 데이터가 없다

2) 전문적으로는 측정값이 '0'이면 실제로 측정 대상도 존재하지 않으면, 측정값은 '절대 0' 속성이 있다고 하고, 절대 0 속성이 있으면 비율이 의미를 지닌다. 이런 속성이 있는 척도를 비율척도라고 한다. 반면, 측정값이 절대 0 속성이 없는 양적 척도는 등간척도(interval scale)라고 한다. 그 예가 섭씨 온도와 화씨 온도이다. −4°F란 값이 존재하므로 측정 대상이 0°F라도 에너지가 전혀 없지는 않다. 이를 보면 섭씨 온도와 화씨 온도의 경우 0도를 임의로 정했음을 알 수 있다. 이 경우 비율이 의미를 잃는다. 예를 들어 80°F와 40°F는 섭씨로는 각각 26.67°C와 4.44°C이다. 화씨 온도로 측정한 비율은 2배이지만 섭씨 온도로 측정한 비율은 6배이다.

2.3 데이터의 출처: 어디서, 어떻게, 언제

데이터를 분석하기 위해서는 반드시 누가(who), 무엇을(what) 그리고 왜(why) 했는지 알아야 한다. 이 세 가지를 모르면 분석을 시작할 충분히 준비가 되어 있지 않다. 당연히 더 많이 알수록 더 많이 이해하므로 항상 더 많이 알고 싶어 한다. 여건이 된다면 어디서(where), 어떻게(how) 그리고 언제(when) 했는지에 대한 데이터도 알고 싶을 것이다. 1947년에 기록된 데이터는 그 전 해에 기록된 데이터와 다른 의미를 가질 수 있기 때문이다. 또한 아부다비(아랍에미리트의 수도)에서 측정된 수치는 멕시코에서 같은 것을 측정한 것과 다른 의미를 가질 수 있다.

어떻게 데이터를 수집했는지를 알면 그것이 통찰인지 아니면 터무니없는 소리인지 알 수 있다. 조금 뒤에 살펴보겠지만 인터넷에서 하는 자발적인 응답을 유도하는 설문조사로 수집한 데이터는 거의 언제나 쓸모가 없다. 최근의 한 인터넷 여론조사에서 응답자의 84%가 '비우량 대출자들이 구제금융을 받아야 합니까?'라는 질문에 대해 '아니오'라고 답했다. 전체 23,418명의 응답자 중 84%가 실제로 위와 같이 답했다고 하더라도 그 사람들이 더 큰 어떠한 집단의 의견을 대변한다고 간주하는 것은 위험하다. 손에 있는 데이터만으로 전체 집단에 대한 추론을 하려면, 손에 있는 그 데이터가 전체 집단을 내표한다는 것을 확실히 해야 한다. 유효한 추론을 위한 설문을 작성하는 효과적인 방법은 3장에서 논한다.

유효한 데이터를 모으는 다른 방법은 요인, 즉 변수를 적극적으로 조작하면서 실험을 하면서 어떤 일이 일어나는지 관찰하는 것이다. 신용카드 회사에서 보내는 스팸 메일 수준의 신용카드 가입 권유 메일들이 사실은 그 회사 마케팅 팀에서 하는 실험의 일환이다. 그들은 광고 메일 발송에 선택된 그룹에게 한 가지 제안을 변형한 여러 버전을 보내서 전체 고객에게 가장 효과가 있을 것 같은 아이디어를 얻는다.

가끔 얻고자 하는 답변을 이미 다른 사람 혹은 기관이 해놓은 경우도 있다. 내부적으로 회사들은 그들 고유의 데이터베이스나 데이터 웨어하우스에서 데이터를 분석한다. 그들은 또 다른 사람들이 얻어놓은 데이터로 보충하거나 혹은 그 데이터에 전적으로 의존하기도 한다. 많은 회사, 비영리기구, 정부기관은 인터넷을 통해 방대한 데이터를 수집한다. 기관들은 때때로 자신들이 모은 데이터에 접근하거나 내려받는 것에 대해 돈을 요구하기도 한다. 미국 정부는 미국에서 일어나는 거의 전반적인 부분에 대해 정보를 모으고(예시를 보고 싶으면 www.census.gov 또는 www.usa.gov에 들어가 보라), 유럽연합(ec.europa.eu/eurostat)은 유럽 전반에 걸쳐 데이터를 수집한다. 세계보건기구와 같은 국제기구나 갤럽사와 같은 설문조사기관 역시 다양한 분야에 대한 정보를 제공한다. 하지만 이런 데이터들은 일반적으로 기획된 설문조사나 실험에서 얻어지지 않는다. 그것들은 당신이 하고 싶어 하는 분석과는 대부분 다른 목적으로 수집된다. 그래서 그곳엔 데이터들이 많지만 그것을 일반화하는 것은 조심해야 한다. 그 데이터들이 어떻게, 언제, 어디서, 왜 수집되었는지에 대한 정보는 없으니 말이다. 관심을 보이는 그 집단을 대표할 수 있는 방식으로 데이터들이 얻어지지 않는 이상, 그것에서 결론을 끌어내는 것은 오류를 유발할 수 있다. 우연한 데이터들이 매혹적이고, 흥미롭고, 때로는 유용할 것처럼 보이겠지만 유효한 일반화는 언제나 적절하게 고안된 설문과 실험에서 나온다는 것을 염두에 둬야 한다.

인터넷에는 데이터의 세계가 있다

오늘날 가장 정보가 풍부한 곳은 인터넷이다. 조금만 연습하면 어떠한 분야에 관한 정보든 인터넷에서 얻을 수 있다. 이 책에서 쓰는 많은 데이터들도 인터넷에서 구한 것이다. 인터넷은 데이터 출처로서 좋은 점과 나쁜 점을 모두 가지고 있다. 좋은 점은 우리가 제시하는 정보보다 훨씬 최근 정보를 얻을 수 있다는 것이고, 단점은 사이트가 커지거나, 옮겨가거나 혹은 폐쇄되면서 인터넷 주소로 표시된 출처가 불분명해질 수 있다는 것이다.

이런 경우에 해줄 수 있는 최선의 조언은 이에 해당하는 웹사이트 주소를 제공하거나 검색엔진을 사용하기 위한 검색어를 제공하는 것이다.

여기서 주의할 점이 있다. 인터넷에서 구한 데이터는 대부분 그 구조가 우리가 사용하는 통계 소프트웨어에 맞지 않는다. 인터넷에서 본 데이터가 표준 형태라 하더라도 그것을 복사해서 통계 프로그램에 붙여 넣으면 한 개의 세로 열에 모두 들어 있을 수 있어서 그 프로그램을 사용하여 정리해야 할 수도 있다. 그리고 큰 숫자의 자릿수를 나타내는 쉼표나 통화 기호($, €, ¥, £)는 지우는 것이 좋다. 이것을 제대로 인식하여 다룰 수 있는 통계 프로그램은 별로 없다.

이 책은 전반적으로 데이터를 소개할 때마다 육하원칙을 담고 있는 별도의 노트(note)를 제공할 것이며 가능하다면 데이터의 출처 역시 제시할 것이다. 어떤 데이터 분석이든 그 첫 걸음은 왜 그 데이터를 분석하는지, 즉 무엇을 알고 싶은지, 데이터 표의 각 행이 무엇을 가리키는지, 표의 열에 위치한 각 변수가 무엇을 기록하는지를 아는 것이다. 이것들이 바로 '왜', '누가' 그리고 '무엇을'에 해당한다. 이것을 알아내는 것이 '계획' 단계의 핵심이며 데이터 분석을 시작하기에 앞서 이 세 가지를 확실히 하여야 한다.

예시문제 데이터 출처 식별하기

칼리는 초기 분석에서 기본적으로 그녀의 동료 잉메이에게 여행과 여가담당부서에서 온 고객 표본을 이메일로 보내달라고 요청했다. 또 그들의 카드 이용 실태와 가계 인구통계 정보 역시 요청하였다. 칼리는 다른 동료인 그렉에게도 그들이 고객에게 제안할 '여행 마일리지 2배 이벤트'에 대한 조사방법을 설계해 달라고 요청했다. 이 조사에서 임의로 뽑힌 고객들은 다음 세 가지 제안 중 한 가지를 받는다.

(1) 기본 여행 마일리지 두 배 제안

(2) 어느 항공사에서나 사용 가능한 마일리지 두 배 제안

(3) 제안 없음.

문제 : 세 가지 데이터(칼리의 원래 데이터, 잉메이와 그렉의 데이터)에 대해 그것들이 각각 설계된 설문조사로 얻은 것인지, 설계된 실험으로 얻은 것인지 아니면 다른 방법으로 얻은 것인지 말하라.

답 : 칼리의 데이터는 설문이나 실험이 아닌 거래 데이터에서 얻은 것이다. 잉메이는 설계된 설문, 그렉은 설계된 실험에서 데이터를 얻었다.

확인문제

상업용재산보험에 특화된 한 보험회사가 교회와 학교들과 체결한 보험계약 데이터베이스를 따로 갖고 있다. 다음은 그 데이터베이스의 일부이다.

증권번호	무사고기간 (년)	순대물보험료 (달러)	책임보험료 (달러)	총자산가치 (달러)	지역나이 (중앙값)	학교 적용여부	담당구역	보장범위
4000174699	1	3107	503	1036	40	적용되지 않음	AL580	전체
8000571997	2	1036	261	743	42	적용되지 않음	PA192	특정범위
8000623296	1	438	353	344	30	적용되지 않음	ID60	전체
3000495296	1	582	339	270	35	적용	NC340	전체
5000291199	4	993	357	218	43	적용되지 않음	OK590	전체
8000470297	2	433	622	108	31	적용되지 않음	NV140	전체
1000042399	4	2461	1016	1544	41	적용	NJ20	전체
4000554596	0	7340	1782	5121	44	적용되지 않음	FL530	전체
3000260397	0	1458	261	1037	42	적용되지 않음	NC560	전체
8000333297	2	392	351	177	40	적용되지 않음	OR190	전체
4000174699	1	3107	503	1036	40	적용되지 않음	AL580	전체

1. 육하원칙 중 최대한 많은 것을 서술하여라.
2. 각 변수를 범주형 혹은 양적인지 분류하고, 양적 변수에 대해서는 단위를 정하여라.

무엇이 잘못될 수 있는가?

- **데이터가 무엇을 나타내는지 생각해보기도 전에 관련 변수가 범주형인지 양적인지 속단하지 말라.** 같은 변수라도 다르게 기능할 수 있다.
- **값이 숫자란 이유로 해당 변수를 양적 변수라고 생각하지 말라.** 범주를 숫자로 표시할 수도 있다. 그것이 수량적 의미가 있다고 착각하면 안 된다. 맥락을 보라.
- **항상 의심하라.** 데이터를 분석하는 하나의 이유는 진실을 알아내기 위함이다. 데이터의 맥락을 알았다 하더라도 진실은 조금 다를 수 있다. 맥락은 데이터를 어떻게 해석하는지를 좌우하기 때문에 그 부분에서 영향력을 행사하고 싶어하는 사람은 맥락을 비틀 수도 있다. 학생들의 통계학 선호도 조사에서 학생 전체에 대해 조사한 것처럼 보일지라도 실은 특정 통계학 웹사이트에 접속한 통계학에 관심 있는 학생들의 의견만을 조사했을 수도 있다. 또 질문이 특정 응답을 유도하도록 설계되었을 수도 있다.

통계분석의 올바른 사용

사라 포터만(Sarah Potterman)은 교육심리학 전공 박사과정 학생이며, 학습장애가 있는 아이들의 읽기능력을 향상시킬 수 있도록 돕는 데 추천되는 다양한 교육법의 효과에 대해 연구하고 있다. 조사되는 방법들 중에는 유추에 기초한 발음 중심 어학교수법을 사용하는 쌍방향 소프트웨어 시스템이 있다. 사라는 연구를 위해 이 소프트웨어를 개발한 회사, RSPT에 그 시스템을 무료로 얻고자 연락했다. RSPT는 그녀가 자사의 제품을 다른 교육법들과 비교연구하는 데 관심을 표했고, 그들의 방법이 가장 효과적일 것으로 확신했다. 그 회사는 사라에게 무료로 소프트웨어를 제공하는 것뿐만 아니라 데이터 수집과 분석비용을 감당할 수 있는 연구후원자금을 관대히 제공하기로 했다.

윤리적 이슈 연구자와 회사 모두 연구 결과에 관심을 가지는 연구비 후원에 대해 주의를 기울여야 한다(ASA 윤리 가이드라인 H).

윤리적 해결책 RSPT 회사는 사라 포터만이 어떤 특정한 연구 결과를 얻도록 압력을 가해선 안 된다. 두 당사자는 연구가 시작되기 전에 연구 결과가 RSPT사의 쌍방향 소프트웨어 시스템이 가장 효과적이지 않다는 결론이 나더라도 연구가 발표돼야 한다는 내용을 계약서에 명기해야 한다.

짐 호플러(Jim Hopler)는 최고 수준의 풀 서비스 증권중개회사의 지역 사무실 운영관리자이다. 온라인 중개자들과의 심화되는 경쟁으로 인해, 짐의 회사는 고객을 상대하는 직원, 즉 브로커들을 통해 차별적인 고객 서비스를 제공하는 것에 중점을 두었다. 특히, 그들의 브로커들이 제공하는 탁월한 자문 서비스를 강조하고자 했다. 해당 지사의 브로커들이 제공하는 자문 서비스에 대해 고객들을 상대로 한 설문조사의 결과는 20%는 나쁨, 5%는 평균 이하, 15%는 평균, 10%는 평균 이상, 그리고 50%는 뛰어남으로 평가했다고 나타났다. 회사의 승인과 함께, 짐과 그의 경영 팀은 지역 사무실에서 최상의 자문 서비스를 제공하고자 하는 노력으로 몇 가지 변화들을 적용했다. 그들의 목표는 그들의 자문 서비스를 뛰어나다고 평가하는 고객들의 비율을 증가시키는 것이었다. 변화가 적용된 이후에 실시된 설문조사는 다음의 결과를 나타냈다: 5% 나쁨, 5% 평균 이하, 20% 평균, 40% 평균 이상, 그리고 30% 뛰어남. 이러한 결과를 논의함에 있어, 경영 팀은 그들의 자문 서비스를 뛰어나다고 평가한 고객들의 비율이 50%에서 30%로 감소한 것에 대해 염려를 표했다. 경영 팀의 한 사람은 데이터를 요약하는 방법에 있어 다른 방식을 제안했다. 설문의 척도를 1 = 나쁨 ~ 5 = 뛰어남으로 입력하고 평균을 계산해보니 결과의 평균이 3.65에서 3.85로 증가하는 것을 발견했다. 짐은 지역 사무실에서 제공되는 자문 서비스의 수준이 향상된 결과를 보이는 것에 매우 기뻐했다. 본사에 보낸 그의 보고서에서 그는 고객 설문조사의 평균 수준만을 포함시켰다.

윤리적 이슈 평균을 취함으로써, 짐은 고객 만족도가 향상된 것을 볼 수 있었다. 그러나 그들의 목표는 그들의 서비스를 뛰어나다고 평가한 고객들의 비율을 증가시키는 것이었다. 짐은 이러한 결과에 맞춰 그들의 본래 연구를 수정하였다(ASA 윤리 가이드라인 항목 A와 관련하여).

윤리적 해결책 짐은 연구 결과에 설문조사의 각 응답 항목별 평가 비율을 제시해야 한다. 그는 또한 평균도 보고할 수 있다. 그는 보고서에 데이터를 확인하는 다른 분석방법이 어떠한 결과를 의미하는지 그리고 왜 그런 차이를 보이는지에 대한 설명을 포함시킬 수 있다. 그는 설문조사 참가자들을 대상으로 "평균 이상"과 "뛰어남"에 대한 인식 차이를 탐구해볼 수도 있다.

무엇을 배웠는가?

학습목표

- **자료는 양적이든, 범주형이든 값을 가지며, 맥락과 함께 파악해야 한다는 것을 이해한다.**
  - 누가, 무엇을, 왜, 어디서, 언제, 어떻게 – 의문사(W)들은 자료의 맥락을 확실히 하는 데 도움이 된다.
  - 데이터에 근거하여 무언가 유용한 것을 말하려면 '누가', '무엇을' 그리고 '왜'라는 질문에 대한 답을 알아야 한다. '누가'는 사례를 나타낸다. '무엇을'은 변수이다. 그리고 변수는 각각의 사례에 대한 정보를 제공한다. '왜'는 변수를 어떻게 다루어야 하는지를 결정할 수 있게 도와준다.
  - 가지고 있는 자료들을 '누가', '무엇을' 등의 질문을 가지고 확인해보라. 또한 사례와 변수를 구별할 수 있는지 확인해보라.
- **변수가 범주형 변수인지 양적 변수인지 구별할 수 있다.**
  - 범주형 변수는 각 사례가 어떤 범주에 속하는지 식별한다. 고객 ID처럼 하나의 변수에 하나의 대상이 짝지어지는 식별자 변수가 아닌 이상 보통은 각 범주에 속하는 사례의 수가 관심사항이다.
  - 양적 변수는 측정치나 어떤 것의 양을 기록한다. 그리고 양적 변수는 단위가 있어야 한다.
  - 변수를 통해 알고자 하는 것에 따라서 같은 변수를 범주형 변수로, 때로는 양적 변수로 다루기도 한다. 즉, 어떤 변수들은 범주형 혹은 양적 변수로 단정지어서 구분할 수 없다.
- **데이터의 출처와 데이터를 수집한 이유를 파악하라. 그 출처와 이유는 데이터를 통해서 무엇을 알아낼 수 있는지를 이해하는 데 도움을 준다.**

용어정리

경영분석 통계 분석과 모델링을 사용해서 사업의 결정을 이끌어내는 과정

사례 데이터 표의 행에서 보통 찾을 수 있는 그 어떤 것이나 또는 누구를 말하고자 하는 것인지 알려주는 항목

범주형(질적) 변수 범주를 이름 짓는 변수는(단어든, 숫자든) 범주형 혹은 질적 변수라 불린다.

맥락 맥락은 이상적으로는 '누가' 측정되고, '무엇이' 측정되고, '어떻게' 자료가 수집되고, '어디에서' 자료가 수집되고, '언제', '왜' 연구가 행해졌는지를 말해준다.

횡단면 데이터 시간에 따라 변화하는 상황으로부터 얻어진 자료이지만 단일 시점에서 측정된 자료로서 시계열의 횡단면 데이터라고 부른다.

데이터 기록된 값들로서 데이터는 맥락과 함께 파악해야 한다.

데이터 마이닝 다양한 통계 처리 및 분석 도구를 이용하여 거대한 데이터베이스나 데이터 웨어하우스를 분석하는 과정

데이터 표 행은 사례를 나타내고, 열은 변수를 나타내는 데이터의 배열

데이터 웨어하우스 회사나 다른 기관에 의해 수집된 정보들을 담은 커다란 데이터베이스로서 보통 거래내역을 기록하는 장소이지만 데이터 마이닝을 통해서 통계적 분석을 할 수 있다.

실험 단위 연구에서 데이터 값으로 기록되는 대상이다. 실험 단위가 사람일 경우에는 피실험자 혹은 참가자라고 부른다.

식별자 변수	사례들을 식별하는 데 사용되는 변수로서 각 사례마다 값이 고유한 범주형 변수
메타데이터	데이터베이스에 있는 변수에 대한 보조적인 정보, 주로 '어떻게', '언제', '어디에서'(가능하다면 '왜'까지) 자료가 수집되는지를 포함하는 정보이다. 또한 메타데이터에서 "누가"는 각 사례를 나타내며 그리고 모든 변수의 정의들을 포함한다.
명목 변수	어떤 변수가 취하는 값이 범주들의 이름으로만 쓰이는 경우 그 변수를 명목 변수라고 한다.
서열 변수	어떤 범주형 변수가 취하는 값들 사이에 어떤 순서가 있으면 그 변수를 서열 변수라고 한다.
참가자	인간 실험단위. 피실험자라고 불린다.
양적 변수	어떤 변수가 취하는 값이 어떤 단위를 사용하여 측정한 수치일 때 그 변수를 양적 변수라고 한다.
레코드	데이터베이스에 포함된 각 사례의 정보
관계형 데이터베이스	관계형 데이터베이스는 정보를 저장하고 또 그 정보를 검색하여 이용한다. 데이터베이스 안에서 정보는 서로 관계되어 있는 데이터 표에 저장된다.
응답자	설문조사에 응답하거나, 반응하는 사람
스프레드시트	스프레드시트는 회계부서에서 데이터 표들을 관리하고 저장하기 위해서 사용하는 틀이다. 엑셀이 스프레드시트 프로그램의 가장 일반적인 예이다.
피실험자	인간 실험단위. 참가자라고도 불린다.
시계열	시간에 걸쳐 측정된 데이터. 보통 시간 간격은 동일하게, 혹은 규칙적으로 배열된다. (예시: 매주, 매 분기, 매년)
거래 데이터	회사나 기관의 개별 거래들을 기록하기 위해 수집된 데이터
단위	달러, 시간, 그램과 같은 측정의 기준으로서 받아들여진 양이나 분량.
변수	한 변수는 여러 사례들에게 공통적인 한 가지 특성에 관한 정보를 나타낸다.

기술적 도움: 컴퓨터상의 데이터

우리는 보통 통계를 위한 컴퓨터 프로그램, 소프트웨어를 사용한다. 여러 소프트웨어들이 있지만 모두 근본적으로 같은 것들을 수행한다. 통계 프로그램을 사용하기 위해서 통계의 기본 원리들을 숙지하고 있다면, 여러 통계 프로그램들을 매우 쉽게 사용할 수 있을 것이다.

예를 들어, 컴퓨터 통계 프로그램에 데이터를 입력하기 위해서 컴퓨터에 다음과 같은 명령들을 내려야 한다.

- 어디서 데이터를 찾을 것인가. 이것은 컴퓨터 디스크에 저장된 데이터베이스 파일을 지정하는 것을 의미한다. 또는 스프레드시트 프로그램이나 인터넷 사이트에 있는 데이터를 단순히 복사하여 입력하는 것을 의미한다. 데이터는 대개 데이터 표 형식으로 저장돼 있어야 한다. 대부분의 컴퓨터 통계 프로그램들은 데이터 표에서 개체들을 구분해주는 구획 표시가 있는 데이터 표를 선호한다.
- 어디에 데이터를 입력할 것인가(이것은 대개 컴퓨터가 자동적으로 처리한다).
- 변수들을 무엇으로 부를 것인가. 몇몇 데이터 표는 첫 행에 변수명이 있으며 통계 프로그램은 대개 데이터 표의 첫 행을 변수 명으로 인식한다.

짧은 사례

신용카드 회사

모든 신용카드 회사들과 마찬가지로, 이 회사도 회원들의 카드 사용 거래를 통해서 돈을 번다. 따라서 회사의 수익성은 카드 사용량에 직접적으로 좌우된다. 회원들의 카드 사용량을 늘이기 위해, 회사는 카드 회원들에게 여러 혜택을 제공하며, 시장조사자들은 어떠한 혜택이 가장 큰 효과를 가져오는지 연구한다.

책의 CD에 있는 Credit_Card_Bank 파일에는 이러한 시장조사자들이 사용한 한 데이터베이스의 일부분이 저장돼 있다. 각 고객별로 여러 변수들이 포함돼 있다.

이 데이터 파일을 분석하고 데이터들의 W(의문사)들을 가능한 한 많이 적어보라. 그리고 각 변수들이 질적 변수인지 양적 변수인지 구분하라. 만약 양적 변수이면, 단위까지 정의해보라.

연습문제

2.1절

1. 부동산학 전공 학생이 최근 지역의 주택거래 정보를 수집했다. 데이터베이스의 처음 6줄이 아래에 나와 있다. 세로 열은 주택 식별번호인 주택 ID, 주택이 소재한 구역, 우편번호, 주택 부지면적, 주택의 건축연도, 총 시장가치, 그리고 주거면적(제곱피트)이다.

a) 이 데이터 표에서 가로 행은 무엇과 일치하는가? 참가자, 피실험자, 사례, 반응자, 실험 단위라는 용어들 중에 이것의 역할을 어떻게 가장 잘 묘사할 수 있는 용어를 선택하여라.

b) 각각의 행에서 얼마나 많은 변수가 측정되는가?

주택 ID	구역	우편번호	부지면적 (에이커)	건축연도	총 시장가치	주거면적 (제곱피트)
413400536	Greenfield Manor	12859	1.00	1967	100400	960
4128001474	Fort Armhert	12801	0.09	1961	132500	960
412800344	Dublin	12309	1.65	1993	140000	1620
41280015522	Ganite Springs	10598	0.33	1969	67100	900
412800352	Arcady	10562	2.29	1955	190000	1224
412800322	Ormsbee	12859	9.13	1997	126900	1056

2.2절

3. 연습문제 1번의 부동산 데이터 표에 대하여,

a) 각 변수에 대해 범주형 변수인지 양적 변수인지 구분하고, 양적 변수라면 단위는 무엇인가? 범주형 변수라면, 이것이 서열적인지 명목적인지 구분하라.

b) 이 데이터는 시계열인가 아니면 횡단면 데이터인가? 간단히 설명하라.

2.3절

5. 연습문제 1번의 부동산 데이터에서 데이터는 설문조사를 위해서 설계된 것으로 보이는가, 아니면 실험을 위해 설계된 것으로 보이는가? 또한 이 데이터를 통해서 결론을 도출하는 것에 대해 어떤 문제점들이 생길 수 있겠는가?

단원 연습문제

7. 데이터가 실린 뉴스나 잡지 기사를 찾아라. (예를 들어, 월스트리트 저널(*The Wall Street Journal*), 파이낸셜 타임즈(*Financial Times*), 블룸버그 비즈니스위크(*Bloomberg Businessweek*), 포춘(*Fortune*)) 기사에서 논의된 데이터에 대해, 위에 있는 질문처럼 데이터가 어떤 목적으로 설계되었는지 또한 이 데이터를 통해서 결론을 도출하는 것에 문제점은 없는지 파악해보라. 그리고 그 보고서에 그 기사의 복사본도 포함하라.

9번 문제부터 25번 문제에 있는 데이터에 대해서, "어떻게", "언제", "어디에서"와 같은 의문사들을 찾아보라. 그리고 변수들을 찾고, 각 변수가 범주형인지 양적인지 구별하고, 양적 변수들에 대해서는 측정된 단위를 나타내라(혹은 단위가 제공되지 않았다면 제공되지 않았다고 표시하라). 또한 데이터가 설문조사에서 얻게 된 것인지 실험에서 얻은 것인지 구분하라. 마지막으로 데이터가 시계열인지 횡단면인지 구분하라. 이 데이터를 통해서 결론을 도출할 때 생기는 문제점이 있다면 역시 보고하라.

9. 판매. 미국의 한 거대 회사는 다양한 판매촉진활동이 국내 판매와 어떻게 연관되어 있는지 알고자 한다. 분석가들은 다양한 형태의 광고에 사용된 비용($천 달러)과 3년 동안(2010~2012년) 월별 판매액($천만 달러)을 측정하기로 하였다.

11. 판매 2. 연습문제 9번의 회사는 국가경제 지표가 그들의 판매실적에 미치는 영향에도 관심이 있다. 이 회사는 9번 문제와 같은 조사기간 동안(2010~2012년)의 그들의 분기별 판매실적($천만 달러)을 비교하기 위해 실업률(%)과 물가상승률(%)을 분기별로 측정하기로 하였다.

13. MBA 허가. 미국 북동부의 한 학교는 MBA과정의 여학생 감소를 걱정하고 있다. 이 학교는 지원자의 성별, 나이, 합격 여부, 입학 여부, 입학하지 않았다면 입학하지 않은 이유 등 입학처에서 각 지원자에 대한 데이터를 수집하기로 결정했다. 이번 조사에서 학교 측의 목적은 합격했지만 입학하지 않은 여학생들의 공통점을 찾아내는 것이다.

15. 제약회사. 어떤 제약회사의 과학자들은 일반적인 감기치료에 효험이 있는 허브를 연구하고 있다. 이를 위해 실험을 수행했다. 먼저 지원자들을 감기 바이러스에 노출시키고 나서, 일부에게는 허브 성분이 담긴 용액을 주고 나머지 일부에게는 감기에 아무 영향이 없다고 알려진 설탕용액을 주었다. 며칠 후, 그들은 각 환자의 상태를 0에서 5까지의 감기 심각성 정도를 사용하여 평가했다. 평가 후 그들은 그 성분의 아무런 장점도 발견하지 못했다.

17. 포도원. 경영분석가들이 포도 재배 농민들에게 도움을 주기 위해서 표본으로 선택된 몇몇 재배 농민 집단에게 포도원에 대한 몇 가지 질문이 적혀 있는 설문지를 보냈다: 면적(에이커), 포도원을 운영한 기간, 어디서 재배하고 있는지, 자라고 있는 포도의 품종, 포도의 평균가격, 총수입, 이익률

19. EPA. 환경보호국(EPA)은 자동차의 연료효율을 조사했다. 자동차 제조업자에게 수집한 데이터는 제조업자(포드, 도요타 등), 차 종류(승용차, SUV 등), 중량, 마력, 시내와 고속도로 주행에 대한 가스 마일리지(mpg)에 대한 내용이었다.

21. 복권. 주의 지원을 받은 미국의 복권게임에 대한 연구에서는 주 이름들과 주들이 복권게임을 운영하고 있는지의 여부를 조사했다. 또한 복권게임을 운영하는 주를 위해 이 연구가 나타내는 복권의 양과 당첨되기 위해 필요한 응모 횟수와 당첨 티켓을 거머쥘 확률을 보여주었다.

23. 주식시장. 미국 북동부의 경영대학의 MBA과정에서 통계학을 수강하는 학생들을 대상으로 한 대규모의 온라인 설문조사는 그들에게 주식시장에서의 총 개인 투자액(달러), 현재 가지고 있는 주식의 종류와 양, 뮤추얼펀드에 투자한 총 금액(달러), 그리고 그들이 투자한 뮤추얼펀드의 이름을 물었다. 이 데이터는 교실의 삽화를 위한 집계에 사용되었다.

25. 2011년 인디. 주행코스의 길이가 약 4,022미터인 인디애나폴리스 스피드웨이 자동차 경기장에서는 1911년 이래 거의 해마다 미국의 현충일에 경기가 열린다. 많은 관심 속에 열린 1911년의 첫 번째 경주에서 논란이 있었다. 랄프 멀포드(Ralph Mulford)는 경기진행요원이 일등으로 완주했음을 알리며 흔드는 깃발을 보고도 500마일을 끝냈다는 것을 확신하기 위해서 3바퀴를 더 돌았다. 하지만 그가 경주를 마쳤을 때, 레이 해론(Ray Harroun)이라는 다른 선수가 우승 트로피를 받았고 멀포드의 항의는 무시되고 말았다. 우승자 해론의 500마일 경주 평균 속도는 시속 120.06킬로미터였다. 다음 표는 인디애나폴리스 500마일 최초 몇 경기와 최근 3경기의 기록이다.

연도	승자	차(car)	시간 (hrs)	속도 (mph)	차량 수
1911	Ray Harroun	maroon model 32	6.7022	74.602	32
1912	Joe Dawson	national	6.3517	78.719	8
…					
2005	Dan Wheldon	dallara/honda	3.1725	157.603	26
…					
2009	Helio Castroneves	dallara	3.3262	150.318	3
2010	Dario Franchitti	dallara/honda	3.05:3	161.623	10
2011	Dan Wheldon	dallara/honda	2.56:1	170.625	98

스프레드시트의 데이터를 정리할 때, 이것을 데이터 표 형태로 변환하는 것이 중요하다. 연습문제 27번부터 29번의 사례들에 대해서 이러한 데이터를 당신이라면 어떻게 정리할지 보여라. 각 열의 이름을 지적하고 각 행에 어떤 내용을 기입할지 정하라.

27. 담보대출금. 담보대출 성과에 대한 연구. 대출금액, 대출자 이름

29. 회사 실적. 재정계획을 위해 수집된 데이터 : 주별 매출, 주(그 해의 주의 순번), 지난해의 계획으로 예상되는 매출, 예상 판매량과 실제 판매량의 차이.

다음 연습문제 31번부터 34번의 예시에서, 데이터가 시계열 데이터인지 횡단면 데이터인지 표시하라.

31. 차 판매량. 어떤 자동차 판매점의 9월 영업사원별 판매량(대)

32. 모터사이클 판매량. 2012년 각 달마다 판매된 모터사이클의 수

33. 단면도. 한 해 동안 매주 한 제재소에 들어오는 나무의 평균 지름.

34. 프로야구 월드 시리즈. 각 팬들의 나이를 기록하는 3번째 월드 시리즈 게임에서의 팬들의 참가율

확인문제 정답

1. 누가—교회, 학교에 대한 보험증권들
   무엇을—보험증권번호, 무사고기간, 순대물보험료(달러), 책임보험료(달러), 총자산가치(달러), 지역 나이, 학교 적용여부, 담당구역, 보장범위
   어떻게—회사가 기록한다.
   언제—주어지지 않음

2. 보험증권번호 : 식별자(범주형)
   무사고연수 : 양적
   순자산보험료 : 양적(달러)
   순배상보험료 : 양적(달러)
   총보험가액 : 양적(달러)
   지역나이중위수 : 양적
   학교여부 : 범주형(예/아니오)
   구역 : 범주형
   보장범위 : 범주형

설문조사와 표본추출

CHAPTER 03

로퍼(Roper)사의 여론조사

여론조사는 비교적 최근에 시작된 사회적 현상이라고 할 수 있다. 1948년 11월 대통령 선거를 앞두고 설문조사기업 갤럽(Gallup), 로퍼(Roper), 크로슬리(Crossley)는 여름부터 가을까지 투표 의향이 있는 유권자들을 대상으로 전화 여론조사를 실시했는데, 이 기간 내내 토마스 듀이(Thomas Dewey)가 해리 트루먼(Harry Truman)을 이긴다고 예측했다. 10월에는 결과가 너무나 뻔해 보이자 포춘(*Fortune*)과 로퍼는 다가오는 대통령 선거 여론 변화에 대해서는 더 이상 분석하지 않겠다고 선언했다.

하지만 예상과 다르게 해리 트루먼이 이 선거에서 이겼고, 듀이가 당선되었다는 헤드라인이 적혀 있는 전날 밤에 인쇄된 시카고 트리뷴(*Chicago Tribune*) 신문을 들고 있는 트루먼의 사진은 전설이 되었다.

선거 후 설문조사에 대한 국민의 신뢰는 땅에 떨어졌지만, 엘모 로퍼(Elmo Roper)는 적극적으로 설문조사를 옹호했다. 엘모 로퍼는 최초의 설문조사 회사 중 하나인 로퍼사의 주역이자 설립자였고, 전국적인 설문조사에서 과학적 표본추출기법을 최초로 사용한 포춘사 설문조사의 책임자였다.

그는 설문조사를 버릴 게 아니라, 1948년의 여론조사에서 무엇이 잘못됐는지를 배워서 설문조사산업의 선구자들이 조사방법을 향상해야 한다고 주장했다. 실수를 인정하는 그의 솔직한 입장은 의사결정의 도구로서 설문조사의 신뢰를 회복하는 데 도움이 되었다.

로퍼는 은퇴할 때까지 자신에게 남은 두 개의 과제, 즉 상업적 시장조사와 여론조사의 발전을 위해 노력했다. 그는 여론조사 기록보관 장소로 윌리엄스 대학에 여론조사 연구를 위한 로퍼 센터(Roper Center for Public Opinion Research)를 건립했다. 센터 건립에는 다른 설문조사 선두 기업인 갤럽과 크로슬리도 참여했다. 현재는 코네티컷 대학에 위치한 로퍼 센터는 세계적인 사회과학 데이터 보관소 중 하나이다. 로퍼사의 시장조사의 노력은 로퍼 조사연구협회(Roper Research Associates)로 시작되었는데, 나중에는 로퍼 기구(Roper Organization)로 바뀌었다가 2005년에 GfK에 인수되었다. GfK는 Gesellschaft für Konsumforschung("소비자 연구를 위한 사회")의 약자로 1934년 독일에서 설립됐고, 지금의 GfK는 "Growth from Knowledge"을 나타낸다. GfK는 70개국, 130개 이상의 기업과 전 세계적으로 7,700명이 넘는 직원이 있는 세계에서 4번째로 큰 국제 시장조사기관이다.

합병 후 출범한 GfK 로퍼 컨설팅(GfK Roper Consulting)은 여러 나라에서 사업하는 기업에게 필수적인, 세계의 문화, 경제, 사회적 정보를 수집하기 위한 조사를 해마다 실시한다. 많은 기업이 전 세계의 다양한 시장에서 판매 및 광고와 관련된 의사결정을 위해 GfK 로퍼가 제공하는 정보를 사용한다. 어떻게 GfK 로퍼의 연구진은 그들이 얻은 응답들이 모든 고객의 진짜 의도를 반영하는 것이라고 판단하는 것일까? 물론, 그들은 모든 사람들을 대상으로 조사하지는 않는다. 하지만 그들은 설문조사에 응한 응답자에게만 조사의 결론을 제한하는 것을 원치 않는다. GfK 로퍼가 하는 조사처럼 부분적인 데이터를 전 세계로 일반화하는 것은 시장조사자, 투자가, 여론조사원들이 매일 하는 일이다. 이를 현명하게 하려면, 세 가지 근본적인 아이디어가 필요하다.

3.1 표본추출의 3가지 아이디어

아이디어 1: 표본 – 전체의 일부분만 조사한다

우리는 **모집단**(population), 즉 모든 개인을 아우르는 집단에 대해 알고 싶어 한다. 그러나 모집단 전체를 조사하는 것은 불가능하지는 않지만 비현실적이다. 그래서 모집단에서 뽑은 작은 집단의 개인들을 조사하는 선에서 만족해야 한다. 로퍼사의 조사원들이 관심 있는 모집단은 전 세계 모든 사람이지만, 그 많은 사람을 다 조사하기란 비현실적이고, 비용 측면에서도 비효율적이며, 실현가능성도 없다. 따라서 모집단에서 뽑은 **표본**(sample)을 조사하는 것이다.

W(의문사)와 표본추출

관심을 두는 모집단은 일반적으로 조사의 이유(Why)에 의해 결정된다. 표본의 참가자나 사례들은 우리가 정하는 '누가'(Who)가 될 것이다. 우리가 정하는 표본의 '언제'(When)와 '어떻게'(How) 표본을 조사하는지는 실용성에 따라 달라질 수 있다.

당신은 매일 표본을 추출한다. 예를 들면, 오늘 저녁 식사로 먹을 야채 수프가 어떤 맛인지 알고 싶으면 한 숟가락 떠서 후후 불면서 맛을 본다. 맛을 알아보기 위해 수프 전체를 먹지 않는다. 숟가락에 담긴 수프의 맛이 모집단(냄비 전체의 수프)의 맛을 대표한다고 믿는다. 이런 맛보기의 저변에 깔린 생각은 작은 표본이라도 적절하게 뽑으면 더 큰 모집단을 대표할 수 있다는 것이다.

전 세계를 대상으로 실시하는 GfK 로퍼 보고서®(GfK Roper Reports®)의 설문조사는 전체 모집단에 대해 알기 위해 작은 집단을 선택하여 질문하도록 설계된 **표본조사**(sample survey)의 예이다. 그런데 대부분의 사람들은 로퍼의 조사와 같은 전 세계적 조사에서 뽑힌 적이 없을 것이다. 그렇다면 어떻게 조사자들은 여론조사의 표본이 모집단 전체를 나타낸다고 주장할 수 있을 것인가? 사실 모집단을 대표하는 표본을 뽑기란 이론적으로는 간단하지만 실제로는 어렵다. 여론조사나 설문조사는 아주 흔하게 실패하는데 이는 표본이 모집단을 대표하는 데 실패하기 때문이다. 예를 들면, 전화 조사는 발신자 확인 장치를 가진 사람들에게서는 응답을 못 받을 수도 있고, 조사자가 전화를 했을 때 조사에 응답할 가능성이 높은 사람은 은퇴자나 집에만 있는 사람들일 수 있어서 한쪽에 치우친 표본을 선택하게 될 것이다. 이렇게 모집단의 몇몇 특성을 경시하거나 과장한 표본은 편향됐다고 말한다. 표본이 **편향되어 있다면**(biased), 뽑은 표본의 특성과 대표하려는 모집단의 특성이 다르기 때문에 잘못된 정보를 생성할 수 있다. 그래서 편향된 표본을 기반으로 결론을 내는 것은 결함이 생길 수밖에 없다. 그리고 표본이 뽑힌 뒤에는 표본의 편향을 수정할 수 있는 방법은 없으며 편향된 표본에서는 유용한 정보를 얻을 수 없다.

모집단의 특성을 가장 잘 반영하는 대표표본을 만들기 위해서는, 개개인을 엄선하여 표본으로 뽑는 것이 좋아 보일 수도 있다. 하지만 최선의 전략은 그 방법보다는 확실히 다른 방법을 사용하는 것인데, 바로 표본에 포함할 개인들을 임의로 뽑는 것이다.

아이디어 2: 임의화

수프 문제로 돌아가서 생각해보자. 냄비(모집단)에 소금 약간을 첨가한다고 하자. 휘젓기 전에 냄비의 윗부분을 표본으로 삼으면, 당신은 전체 수프가 짜다는 잘못된 정보를 얻을 것이다. 반대로 만약 냄비 밑을 표본으로 삼으면, 수프가 싱겁다는 잘못된 정보를 얻을 것이다. 수프를 휘저으면, 냄비 전체의 염도는 임의적으로 조절되고, 냄비 전체의 짠 정도를 더 잘 나타낼 수 있게 된다. 이러한 계획적인 **임의화**(randomize)는 훌륭한 통계학 도구 중 하나이다.

임의화는 표본추출에 영향을 미치는, 조사자가 인식하는 요인뿐만 아니라 인식하지 못한 요인으로부터도 보호할 수 있다. 당신이 보지 않는 사이에 친구가 수프에 완두콩 한 줌을 넣었다면 완두콩은 냄비 바닥으로 가라앉고 다른 야채와 섞이게 된다. 당신이 수프를 휘저어서 임의화하지 않는다면, 위에서 뜬 숟가락에 완두콩은 없을 것이다. 소금을 넣었을 때처럼 휘저으면 전체 냄비에서 완두콩도 임의화되고, 완두콩이 있었다는 것을 모르더라도 표본의 맛이 전체 냄비의 맛을 더 잘 나타내게 한다. 따라서 임의화는 조사자가 모르고 있는 요인들로 인한 영향으로부터 표본추출과정을 보호한다.

표본조사에서도 수프 휘젓기와 비슷하게 모집단에서 임의로 참가자들을 뽑는다. 임의화는 표본추출에 영향을 미치는 다른 요인들을 제거하고 모집단의 특성을 고루 반영하는 **평균적인 표본**을 추출하도록 돕는다.

임의화에서 확보해야 하는 핵심 특성은 "공평성"이다. 임의화의 여러 측면에 관해서는

7장에서 다루는데, 표본의 공평성을 보장하려면 모집단의 각 개체가 표본에 뽑힐 기회가 동일한 표본추출방법을 사용하여야 한다.

- **왜 표본을 모집단과 일치시키지 않는가?** 임의로 추출하기보다 소득 수준, 연령, 지지 정당, 결혼 여부, 자녀 수, 거주지 등 연구와 관련된 모든 특성을 포함하는 표본을 설계하려고 시도는 할 수 있다. 하지만 중요할지도 모르는 특성들을 모두 생각해내기는 분명히 불가능하다. 설령, 그렇게 할 수 있더라도 이러한 특성을 모두 갖춘 표본과 모집단을 일치시킬 수는 없을 것이다.

선정한 표본이 모집단을 얼마나 잘 대표할 수 있을까? 다음은 미국 재향군인회의 데이터베이스에 있는 350만 명의 자선단체 기부자 명단을 이용한 예시이다. 모집단에서 임의로 각 8,000명씩 2개의 표본을 추출하였다. 〈표 3.1〉은 7개 변수의 평균과 비율을 보여준다.

	A	B	C	D	E	F	G	H
1		나이(세)	백인(비율)	여자(비율)	자녀(명)	소득구간(1~7)	재산구간(1~7)	자택보유율
2	표본 1	61.4	85.12	56.2	1.54	3.91	5.29	71.36
3	표본 2	61.2	84.44	56.4	1.51	3.88	5.33	72.3

I 표 3.1 미국 척추마비 재향군인회에서 추출한 각 8,000명인 두 표본을 대상으로 구한 7개 변수의 평균과 비율. (마이크로소프트 엑셀 2010을 이용해 만들었다) 이 두 표본의 각 변수의 평균과 비율이 매우 비슷하다는 사실은 두 표본 모두 전체 모집단을 대표할 수 있음을 보여준다.

두 표본의 각 변수는 거의 일치한다. 이를 통해서 모집단 임의화를 얼마나 잘했는지를 알 수 있다. 위의 표본들을 미리 따로 뽑아놓지 않았다. 그러나 임의화의 결과 두 표본의 각 변수의 값이 서로 거의 일치한다. 두 표본 사이에 차이가 거의 없으므로 모집단의 나머지 부분과도 큰 차이가 없다고 가정할 수 있다.

표본조사에서 임의 표본을 여러 개 추출하면, 표본들은 서로 다르기 때문에 변수들의 값도 다를 것이다. 비록 오류가 발생하지 않았더라도, 표본들 사이의 차이는 발생하는데 그 차이를 **표본오차**(sampling error)라고 한다.

아이디어 3: 중요한 것은 표본의 크기다

표본이 전체를 대표할 수 있다는 생각이 그리 놀랍지는 않을 것이다. 또한 임의로 표본을 추출하면 공평한 표본을 얻을 수 있다는 생각도 마찬가지로 타당하게 들릴 것이다. 그러나 표본추출과 관련하여 세 번째 중요한 생각에는 흔히 사람들이 놀란다. 그 세 번째 생각은 바로 모집단의 크기에 상관없이 **표본의 크기**가 데이터에서 도출할 수 있는 결론을 결정한다는 것이다. 표본이, 모집단을 잘 대표하려면, 모집단의 상당히 큰 비율을 차지해야 한다고 생각하는 사람들이 많지만, 사실 전적으로 중요한 것은 **표본의 크기**(sample size)이다. 모집단의 크기는 전혀 문제가 되지 않는다.[1] 한 대학에서 소속 학생 100명짜리 임의 표본

[1] 엄밀히 말하자면 사실이 아니다. 모집단이 표본의 약 10배보다 작은 경우에는 문제가 될 수 있다. 일반적인 경우와 같이 표본이 모집단의 아주 작은 부분이면 전혀 문제되지 않는다.

이 전교생 전체를 대표하는 정도나 유권자 100명짜리 임의 표본이 우리나라 유권자 전체를 대표하는 정도와 별 차이가 없다. 이는 아마 표본조사설계에서 가장 믿기 어려운 점일 것이다.

냄비의 수프를 다시 생각해보자. 몇 사람만이 아니라 대규모 행사의 만찬을 위해 수프를 만든다면 냄비는 더 커져야 하지만 수프의 맛을 판단할 때 쓰는 숟가락이 더 커질 필요는 없다. 아무리 큰 냄비라도 충분히 휘저을 수 있다면 전에 쓰던 일반 숟가락으로도 동일한 정보를 얻을 수 있다. 바로 임의화의 위력이다. 표본이 모집단에서 차지하는 비율이 얼마인지는 문제가 되지 않는다. **표본 크기** 그 자체가 중요하다. 이 아이디어는 표본조사설계의 핵심인데, 표본의 크기가 모집단을 얼마나 정확히 측정할 수 있는가와 필요한 조사비용 사이의 균형을 결정하기 때문이다.

그렇다면 표본은 얼마나 커야 하는가? 그 답은 무엇을 추정하는지에 따라 달라지지만 너무 작은 표본은 모집단을 대표하지 못한다. 수프에 정확히 무엇이 들어 있는지 알고 싶다면 냄비에 들어 있는 수프 전체를 잘 나타낼 수 있는 대표적인 표본을 위해 여러 번 충분히 시식을 해야 할 것이다. 설문조사에서도 마찬가지이다. 모집단에서 특정 범주에 속하는 개체의 비율을 알고자 하는 조사라면 응답자가 최소 몇 백 명 정도는 필요하다.[2)]

- **전문가는 무엇을 할까**? 여론 및 시장 조사 회사의 전문가들은 어떻게 할까? 오늘날 가장 일반적인 여론조사 방법은 전화통화이다. 고객과 전화로 질의응답을 진행하기 위해 가정용 전화와 연결된 전화교환국의 국번호에 이어 나머지 번호를 임의로 컴퓨터로 생성한다. 이렇게 하여 여론조사원은 전화번호부에 등재되지 않은 전화번호로도 고객과 접촉할 수 있다. 조사원은 전화를 받은 사람이 조사에 적합한 사람인 경우 설문조사에 응답하도록 권유한다(예를 들어, 보통 성인들만 대상으로 설문조사를 진행하고 응답자는 전화번호로 등록된 주택의 거주자이어야만 한다). 만약 조사에 적합하지 않는 응답자인 경우에는 다른 적절한 대체 응답자를 요청한다. 인터뷰를 할 때, 조사자들은 조사대상 목록의 첫 번째 이름을 선호하여 생길 수 있는 편향을 막기 위해 가능한 대답(예를 들면 제품명)들의 목록을 임의의 순서로 열거하여 조사를 진행한다.

이러한 방법이 효과가 있을까? 여론과 언론 조사를 실시하는 퓨 리서치센터(The Pew Research Center)에서는 한 설문조사에 대한 보고서에서 다음과 같이 말했다.

> 인터뷰를 5일간 진행하면, 오늘날 설문조사는 대다수의 가구(76%)와 다양한 방법을 통해 접촉할 수 있다. 그리고 지난 7년간 가구들과의 접촉률은 낮아지지 않았다. 하지만 응답자의 바쁜 일정과, 회의적인 태도, 노골적인 거절 때문에 인터뷰는 표준 설문조사 절차를 사용하여 연결된 가구 중 38%에서만 완료될 수 있었다.

그럼에도 불구하고, 여러 연구들은 선택된 표본 가구들 중 실제로 응답한 가구들이 전체 모집단의 실제 모습을 간략하게 요약할 수 있는 정보를 제공할 수 있음을 보였다.

---

2) 이 내용의 세부설명과, 설문조사에서 표본의 크기를 결정하는 방법에 대해서는 9장에서 다룬다.

전수조사 – 과연 타당할까?

왜 애써 적당한 표본 크기를 정할까? 새로운 지역에 상점을 열려고 할 때 왜 표본조사로 주민들의 관심사와 욕구를 이해하려고 할까? 모집단 자체를 표본으로 하는 것이 더 좋지 않을까? 전체 모집단을 표본으로 삼은 조사를 **전수조사**(census)라고 부른다. 비록 전수조사가 모집단에 대한 최고의 정보를 제공하는 것처럼 보이지만, 그렇지 않을 수도 있는 몇 가지 이유가 있다.

첫째, 전수조사를 완료하기가 어려울 수 있다. 찾기 어렵거나 조사가 힘든 사람들은 항상 존재한다. 데이터를 수집할 때, 휴가를 즐기러 멀리 가 있는 사람에게도 연락을 취해야 할까? 전화번호나 우편주소가 없으면 어떻게 할 것인가? 이와 같은 경우, 사람들의 정확한 위치를 찾기 위한 비용은 예산을 초과할 수도 있다. 또한 전수조사는 명백하게 현실적으로 불가능할 수도 있다. 호스티스(Hostess®)사의 트윙키(Twinkies®)(미국의 유명한 스펀지케이크, 역자)의 품질관리자는 품질을 결정하기 위해 생산라인의 모든 트윙키를 맛보고 싶지 않다. 어느 누구도 트윙키를 다 먹을 수 없다는 사실을 알고 있을 뿐만 아니라, 이는 호스티스사가 트윙키를 통해서 이윤을 추구할 수 없게 할 것이다. 판매할 트윙키가 하나도 남지 않을 테니까.

둘째, 조사대상이 되는 모집단이 바뀔 수 있기 때문이다. 가령, 전수조사가 진행되는 동안 새로운 아기가 태어나고, 사람들은 여행을 가며, 생을 마감한다. 조사기간 동안의 뉴스에 등장하는 사건과 광고 선전은 사람들의 판단과 선호도에 급격한 변화를 일으킬 수 있다. 따라서 짧은 시간 동안 조사된 표본이 실제로 더 정확한 정보를 생성할지도 모른다.

마지막으로, 전수조사는 번거로울 수 있다. 전수조사는 일반적으로 조사원 팀과 모집단의 협력을 필요로 한다. 조사원 팀과 모집단의 협력이 있더라도, 오류를 방지하는 것은 거의 불가능하다. 예를 들면, 전수조사는 모두를 측정하려고 하기 때문에 미국 전수조사에서는 너무 많은 대학생들을 중복 기록하게 된다. 대부분의 미국 대학생들이 가족과 학교가 제출하는 보고서의 양쪽에 모두 포함되어 있기 때문이다. 이런 종류의 과소, 과대 측정은 미국 전수조사 전체에서 쉽게 찾을 수 있는 모습이다.

예시문제 **표본추출 조건의 파악**

한 비영리기관은 역사가 깊은 주립극장을 인수하고 매력적인 공연을 통해서 많은 후원금이 모이기를 희망한다. 그 기관은 티켓을 구입할 가능성이 높은 고객들의 특징을 파악하기 위한 표본조사의 설계를 위해서 학생들에게 도움을 청했다. 학생들은 극장의 전산화 발권 시스템에 연결해서 티켓 구매자 7,345명의 인구통계학적 정보를 사용하기로 하였다.

문제 : 조사의 모집단은 누구인가?

이 사례에서 전수조사는 어떤 것인가? 전수조사는 가능한가?

답 : 모집단은 모든 잠재적 티켓 구매자이다.

전수조사는 모든 잠재적인 구매자를 조사해야 할 것이다. 따라서 그들이 누구인지 알 수 없으며, 그들에게 접촉할 수 있는 방법 또한 없다.

3.2 모집단과 모수

GfK 로퍼 리포츠 월드와이드사(GfK Roper Reports Worldwide)는 50세가 넘은 사람들 중 60.5%가 식품 안전을 걱정하지만, 십대는 43.7%만 그렇다는 조사 결과를 발표했다. 이 조사 결과는 무엇을 의미하는가? 로퍼사의 연구원들이 전수조사를 하지 않았다는 것은 뻔하다. 그러므로 식품 안전을 걱정하는 십대들의 비율을 정확하게는 알 수 없다. 그렇다면 십대가 응답한 비율 43.7%는 무엇을 의미하는가?

> **통계량**
> 데이터를 가지고 계산할 수 있는 모든 양을 '통계량'이라고 부른다. 그러나 실제로는 대개 표본에서 하나의 통계량을 구하여 모수를 추정하는 데 사용한다.

표본 결과를 모집단 전체로 일반화하려면 실제를 나타내는 모형(model)이 필요하다. 이러한 모형은 완전하거나 완벽할 필요는 없다. 이것은 엔지니어들이 비행기의 모형을 풍동(항공기의 모형이나 부품을 시험하는 통 모양의 장치, 역자)에서 시험함으로써 실제 비행기가 항공역학적으로 어떻게 작동하는지 알 수 있듯이 모형의 데이터는 실제 데이터와 정확히 일치하지는 않더라도 우리가 얻어야 하는 결과들을 줄 수 있다. 단, 이러한 모형은 현실 그 자체는 아니라는 사실을 기억하는 것이 중요하다. 그러나 이런 모형이 없다면, 우리가 사회 전체에 대해서 알 수 있는 것은 우리가 가지고 있는 데이터로부터 얻은 결과로 제한될 수밖에 없다.

> **모수**
> 모집단 모형의 모수는 알려져 있지 않고 일반적으로 알 수도 없다. 모수를 추정하기 위해서 표본을 추출하고 표본 통계량을 사용한다.

모형들은 수학을 사용하여 현실을 표현한다. 이러한 모형들의 핵심적인 숫자들을 **모수**(parameter)라고 부른다. 때때로 모집단을 표현하는 모형에 사용된 모수를 **모집단 모수**(population parameter)라고 하기도 한다.

그러나 데이터를 잊어서는 안 된다. 모집단의 모수를 추정하려면 데이터가 필요해서다. 데이터를 가지고 계산한 요약치를 **통계량**(statistic)이라고 한다. 모집단 모수를 추정하는 데 사용하는 통계량은 특히 흥미롭다. 통계량을 그것으로 추정하는 모수와 등치시키는 경우 그 통계량을 **표본 통계량**(sample statistic)이라고 부른다.

모집단을 대상으로 조사할 수 없기 때문에 표본을 뽑는다. 표본에서 계산한 통계량이 상응하는 모수를 정확하게 추정하는 것이 이상적이다. 이 경우 표본이 모집단을 **대표**한다고 한다.

확인문제

1. 효과적인 설문조사를 위한 여러 가지 주장이 있다. 다음의 주장들은 왜 잘못된 것일까?
   a. 전수조사가 표본조사보다 항상 더 낫다.
   b. 식사를 마치고 떠나려는 고객을 붙잡고 음식의 품질에 대한 의견을 묻는 것은 좋은 방법이다.
   c. 학생이 3,000명인 학교에서 표본으로 100명을 뽑았다. 주민이 30,000명인 마을에서 동일한 정도의 정확도를 확보하려면, 표본으로 1,000명이 필요하다.
   d. 인기 있는 웹사이트(www.statsisfun.org)에서 통계학 선호에 대한 설문조사를 했는데 12,357개의 답변을 얻었다. 응답자의 대부분은 통계학을 선호한다고 말했다. 이 정도 표본의 크기이면 대부분의 미국인들이 통계학을 선호한다고 확신할 수 있다.
   e. 통계학을 선호하는 모든 미국인들의 실제 비율을 우리는 '모집단 통계량'이라고 부른다.

3.3 일반적인 표본추출방법의 설계

표본을 추출할 때는 모집단의 모든 개체가 뽑힐 기회가 같아야 한다고 한 적이 있다. 그러면 표본은 공평하지만 모집단을 대표한다고 보장하기엔 충분하지 않다. 자사의 제품을 구입한 고객들이 작성하여 제출한 한 장짜리 제품등록 양식들에서 100장짜리 표본을 임의로 뽑는 경우를 생각해보자. 제품등록 양식의 반은 온라인을 통해 제출되었고, 나머지는 우편으로 제출되었다. 동전을 던져서 앞면이 나오면 우편으로 제출된 양식 중에서 뽑고, 뒷면이 나오면 온라인으로 제출된 양식 중에서 뽑기로 했다. 그러면 각 고객이 뽑힐 기회는 같다. 하지만 이렇게 추출한 표본은 모두 온라인 제출 고객이든가 우편 제출 고객이므로 전체 고객을 대표한다고 할 수 없다.

단순임의표본

크기가 n인 표본은 모집단에서 추출한 n 개체들의 조합(combination)이다. 그러므로 모집단을 대표하는 표본을 얻으려면 n 개체로 구성된 모든 조합이 표본으로 채택될 확률이 같은 추출방법을 써야 한다. 이런 방법을 **단순임의추출법**이라고 하고 이렇게 추출한 표본을 **단순임의표본**(Simple Random Sample: SRS)이라고 한다. 단순임의추출법은 표본의 자료를 다루는 이론의 토대이며 다른 표본추출법을 평가하는 기준이다.

모집단에서 표본을 추출하려고 해도 모집단의 명단이 없는 경우가 흔하다. 표본추출 시 사용하는 개체들의 명단을 **표집틀**(sampling frame)이라고 한다. 예를 들어 어떤 상점이 꾸준히 오는 모든 고객의 의견을 조사하려고 해도 그런 고객 명단이 없으면 대안으로 "자주 방문하는 고객리스트"를 표집틀로 사용할 수가 있다.

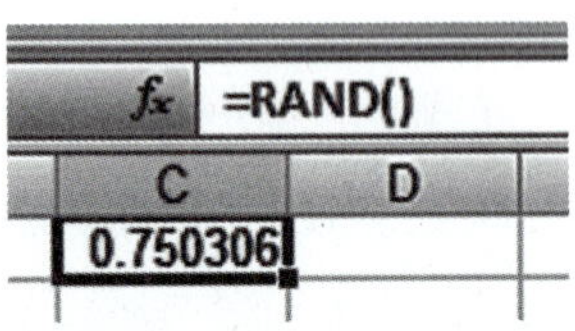

매번 다른 답?

엑셀의 RAND() 기능은 놀랍다. 스프레드시트를 다시 열 때마다 임의의 숫자들로 구성된 새 열을 만들 수 있다. 하지만 걱정하지 않아도 된다. 한번 열을 섞으면 새로운 숫자는 무시할 수 있다. 그리고 섞음을 통해 얻은 순서는 계속 변경되지 않는다. (위의 이미지는 마이크로 소프트의 엑셀 2010로 만들어졌다.)

물론, 표집틀과 모집단 사이에 차이가 있으면(사실상 거의 언제나 그렇다), 그 차이를 충분히 고려하여야 한다. "자주 방문하는 고객"과 "꾸준한 고객" 사이에 의견의 차이가 없을까? 상점을 꾸준히 이용하지만 최근에는 이용하지 않은 고객은 의견이 어떨까? 표집틀에 관하여 앞서 언급한 질문들의 대답은 표본조사의 목적에 따라 달라지고 조사의 결론에 영향을 미칠 수 있다.

표집틀이 있다면 임의화(randomize)하여 단순임의표본을 추출할 수 있다. 편리하게도 요즘에는 스프레드시트나 통계 프로그램 그리고 인터넷을 통해서 난수(random number)를 쉽게 구할 수 있다. 이러한 프로그램들이 존재하기 전에는 난수를 얻기 위해서 종이 쪽지들에 수를 적어 상자 속에 넣고 섞은 다음 수를 뽑는 과정을 반복했다. 그러나 요즘은 쉽다. 표집틀을 임의화하는 가장 쉬운 방법은 난수 목록을 표집틀의 첫 열 바로 왼쪽 열에 붙이고 난수를 기준으로 정렬하여 최상단에서 시작하여 필요한 만큼 취하면 된다.

임의로 뽑힌 표본들은 일반적으로 서로 다르다. 표본추출 과정을 반복하면, 그 때마다 뽑힌 난수들이 다를 것이며 이에 따라 표본도 다를 것이다. 표본이 다르면 측정하는 변수의 값도 다를 것이다. 이러한 표본들 사이의 차이를 **표집변동**(sampling variability)이라고 부른다. 놀랍게도 표집변동은 문제가 아니라 기회이다. 만약 한 모집단의 여러 표본들 사

예시문제 **임의표본추출**

34쪽의 예시문제를 다시 보자. 학생들은 데이터베이스에서 티켓 구매자 200명을 임의로 뽑는다. 이것은 다음과 같이 하면 할 수 있다. 먼저, 주립극장 데이터베이스의 자료를 스프레드시트에 복사한다. 그 다음, 엑셀 명령 RAND()을 사용하여 난수를 생성한다. (자료의 첫 열 첫 행 바로 왼쪽 셀에 =RAND()를 입력하고 자료의 마지막 행까지 채우기 기능 사용하여 난수를 모두 얻는다.)
그런 다음, 맨 왼쪽의 난수열을 기준으로 하여 자료를 올림차순으로 정렬한 다음 첫 행의 고객에서 시작하여 아래로 내려가면서 200명을 채울 때가지 인터뷰를 계속한다. 이런 식으로 하면 뽑힌 응답자 중 일부가 접촉이 되지 않거나 응답을 거부할 경우에 대비하여 더 많은 응답자를 확보할 수 있다.

문제 : 표집틀은 무엇인가?

고객 데이터베이스의 레코드가 7,345개가 아니라 30,000개라면, 같은 정보를 얻기 위해서는 표본이 얼마나 더 커야 하는가?

다른 200명짜리 표본을 추출하였더니 설문조사의 질문들에 대한 응답이 앞의 조사에서와 다르다면 이들 차이를 무엇이라고 부르는가?

답 : 표집틀은 고객 데이터베이스이다.

모집단의 크기는 상관없이 표본의 크기가 문제이다. 조사를 위해서는 똑같이 200명의 표본이 필요할 것이다.

표본 간의 응답의 차이는 표본오차(sampling error) 또는 표집변동(sampling variability)이라고 부른다.

표본오차 VS. 편향

이 장 앞부분에서 표본들 사이의 변동을 표본오차라 하고 이것이 실수의 종류처럼 들리게 한다고 언급했지만 그렇지는 않다. 표본은 상황에 따라 달라진다. 그래서 표본오차는 예상할 수 있는 것이다. 반면에 편향은 피하기 위해 노력해야 한다. 편향은 모집단에 대한 조사자의 관점을 왜곡하는 표본추출방법을 의미한다. 그래서 편향은 오류를 야기한다. 편향이 더욱 나쁜 건, 추후의 분석에서 수정할 수 없는 오류를 가져온다는 사실이다.

이에 차이가 작다면, 아마도 모집단의 변동도 작을 것이다. 반대로, 표집변동이 크면 모집단의 변동도 클 것이다. 이후 장들에서 우리는 측정하려는 대상에 대해 더 잘 이해하기 위해 표집변동에 시간과 관심을 쏟을 것이다.

단순임의추출법은 표본을 공평하게 뽑는 유일한 방법은 아니다. 더 복잡한 표본추출방법을 쓰면 돈과 시간을 절약하거나 표본추출에 따른 여러 문제들을 피해 갈 수도 있다. 하지만 이 모든 표본추출방법의 공통점은 사람에 의한 선택보다는 우연에 의해서 표본이 선택된다는 것이다.

층화추출법

모집단이 큰 경우, 특히 넓은 지역에 흩어져 사는 주민을 모집단으로 하는 표본조사에 흔히 사용하는 방법으로 **층화추출법**(stratified sampling)이 있다. 이 방법에서는 우선 모집단을 속성들을 기준으로 여러 조각으로 나누는데 이 조각들을 층(strata)이라고 부른다. 각 층은 기준 속성 측면에서 균질하고, 다른 층들과는 이질적이다. 최종 표본은 각 층을 단순임의추출한 다음 결합하여 얻는다.

층화하는 이유는 다음과 같다. 대형 쇼핑몰에서 앞으로 열 대표매장에 대한 고객의 의견을 알아보기 위해서 설문조사를 실시한다고 하자. 이 조사에서 고객 모집단의 40%는 남성이고 60%는 여성이다. 그리고 대표매장에 대한 남성과 여성의 견해가 다를 것이라고 추측한다. 고객 100명을 대상으로 단순임의추출을 시행하면 남성 70명 그리고 여성 30명 혹은 남성 35명, 여성 65명이 뽑힐 수도 있을 것이다. 이렇게 되면 새로운 대표매장의 매력도 추정치는 표본에 따라 크게 다를 수도 있다. 그래서 표본변동을 줄이기 위해서 대표표본을 남성 40명 여성 60명으로 고정하고 남성 40명과 여성 60명을 단순임의추출한다. 이 방법을 쓰면 표본의 성비가 모집단의 성비와 같게 되어 모집단의 의견을 더 정확하게 대표할 것이다.

층화의 기준으로는 조사의 목적에 따라 인종, 수입, 나이 또는 다른 여러 속성을 사용할 수 있다. 층으로 나누어서 각 층의 임의표본을 추출하여 모집단의 특징을 파악하는 층을 사용할 수 있을 것이다. 각 층 내에서 개체를 임의로 추출하여 표본에 추가할 때 그 개체는 이미 표본에 있는 개체들과 유사할 것이며, 이에 따라 표본 데이터에서 구한 통계량의 변동도 줄어든다. 이와 같은 표본변동의 감소가 바로 층화표본추출법의 최대 장점이다. 그러나 층화추출방법으로 구한 데이터의 분석 방법에 대한 논의는 이 책의 수준을 넘으므로 다루지 않는다.

집락 및 다단추출법

모집단을 균질한 층으로 나누기가 비현실적일 수도 있고, 심지어는 단순임의추출법조차도 사용하기 힘든 경우가 있다. 예를 들어, 문장 길이에 따라 제품사용설명서의 이해도에 차이가 있는지 평가하고 싶다고 하자. 여기서 단순임의추출법은 효과적이지 못하다. 이 방법을 사용한다면 2,482번째 문장, 576번째 문장과 같은 식으로 각 문장에 번호를 붙여서 표본을 추출해야 하는데 이는 우스꽝스럽다.

이때는 모든 페이지가 가독성이 비슷하다고 여겨지면 임의로 여러 페이지를 뽑아서 그 페이지들의 문장의 길이만 측정하는 방법이 문장마다 모두 번호를 매겨서 작업하는 것보다 훨씬 수월한 방법이 될 것이다.

모집단을 대표하는 집락(cluster)들로 모집단을 나누면 표본추출이 현실적으로 쉬워진다. 이런 집락들 가운데 임의로 몇 개 선택하여 각각에 대해 전수조사하는 방식을 **집락추출법**(cluster sampling)이라고 한다. 각 집락이 모집단을 공평하게 나타낸다면 집락추출법은 편향되지 않은 불편표본(unbiased sample)을 추출한다.

층화추출법과 집락추출법의 차이를 알아보자. 층화추출법에서는 모집단을 서로 다른 부분 집단들을 나타내는 각기 균질한 층들로 나눈 다음 각 층마다 단순임의추출하여 표본을 얻는다. (물론 각 층을 나타내는 집단들은 서로 다르므로 층들은 서로 이질적이다.) 이렇게 하면 표본변동이 감소한다. 이와 반대로, 집락들끼리는 거의 균질적이고 각 집락은 전체 모집단과 비슷하다. 집락추출법을 사용하면 비용을 줄일 수 있고 이 덕분에 다른 추출법으로는 예산 제한으로 인하여 불가능한 경우에도 표본조사를 할 수도 있다.

여러 표본추출법을 함께 사용하기도 한다. 예를 들어서 제품설명서의 가독성을 평가하기 위해 표본조사를 하는 경우, 일반적으로 제품을 당장 사용하는 데 필요한 절차를 설명하는 "빠른 시작" 장(章)에는 읽기 쉬운 부분이 많지만, "문제 해결" 장(章)에는 읽기 어려운 부분이 많다. 그러므로 어느 한 장(章)에 치우쳐 뽑지 않도록 해야 한다. 즉, 공평한 표본을 뽑아야 한다. 이를 위해서는 우선 각 장에서 한 절씩 임의추출한 다음 각 절에서 임의로 몇 쪽씩 뽑는 방식을 사용할 수 있다. 이렇게 뽑은 모든 쪽들의 전체 문장이 너무 많으면 다시 각 쪽에서 임의로 몇 문장씩 뽑을 수 있다. 이 방법을 정리하면 먼저 설명서를 각 장별로 층으로 나누고, 각 층들을 대표하는 절을 임의로 선택한다. 선택한 각 절에서

층 또는 집락?

우리는 모집단을 같은 특징을 가진 개인들의 모음인 층으로 나눌 수 있다. 그래서 개인들은 같은 층 안으로는 동질적이고 다른 층에 대해서는 이질적이다(층은 흔히 나이, 인종, 성별에 따라 구분된다). 대조적으로 집락은 겉보기에 동질적인 그룹인 것처럼 보이지만 집락 안은 동질적이지 않고 다양한 성질을 가진 개인들로 이루어진 그룹이다.

페이지들을 집락으로 선택한다. 마지막으로 각 집락 내에서 문장을 단순임의추출한다. 이처럼 여러 가지 방법을 결합한 표본추출 방법을 **다단추출법**(multistage sampling)이라고 부른다. 대부분의 전문 설문조사기관들과 시장조사 회사들은 단순임의추출뿐만 아니라 층화추출법 및 집락추출법을 결합하여 사용하기도 한다.

예시문제 더 복잡한 표본추출방법 설계

극장의 경영진은 시외에 사는 주민들을 극장 행사에 더 많이 참여시키고 싶다. 그들은 일반적으로 티켓 구매자의 약 40%가 시외 주민이라고 알고 있다. 극장에 오는 이 고객들은 극장 인근 시내 식당에서 저녁을 사먹거나 여관에서 자기도 해서 지역경제에 도움을 주기도 한다. 경영진은 인근 상인들이 이런 사실을 알면 극장을 통해 광고할 거라고 희망하면서 이번에 실시할 조사에 시외 고객들이 꼭 표본에 포함되기를 바란다. 표본조사에 사용할 데이터베이스에는 우편번호가 포함되어 있다. 조사를 의뢰받은 통계학 동아리 학생들은 시외 우편번호를 가진 80명의 티켓 구매자들과 시내 우편번호를 가진 120명을 표본으로 결정했다.

문제 : 학생들은 무슨 표본추출법을 택했는가?

시내 고객 120명과 시외 고객 80명을 뽑는 것의 장점은 무엇인가?

답 : 시내 고객 120명과 시외 고객 80명으로 구성된 층화표본추출법.

층화함으로써 시외 티켓 구매자들의 모집단 비율을 반영할 수 있는 장점이 있다. 또한 표본과 표본 간의 표집변동이 감소하며 추정치가 좀 더 정확하게 된다.

계통추출법

체계적인 순서로 표본을 추출하기도 하는데 이런 방법을 **계통추출법**(systematic sampling)이라고 한다. 한 예로, 알파벳 순서로 회사의 직원 명단에서 매 10번째 직원을 뽑는 방식을 들 수 있다. 이런 식으로 구한 표본이 임의표본이려면 맨 처음 뽑는 개체는 명단의 첫째 개체가 아니라 임의로 선정하여야 한다. 그 다음부터는 미리 정한 일정한 간격으로 뽑는다. 표본을 뽑는 순서가 어떤 식으로든 응답에 영향을 준다고 믿을 이유가 없다면 계통추출법으로 대표표본을 얻을 수 있다. 그리고 계통추출법은 단순임의추출법보다 비용이 훨씬 적게 든다. 계통추출법을 사용할 때는 체계적인 추출방식이 측정한 변수와 아무런 관련이 없다는 가정을 위배하지 않는지 확인해야 한다.

제품사용설명서의 가독성에 대한 앞의 표본추출 예시를 사용하여 계통추출법을 구체적으로 적용해 보자. 제품사용설명서에서 한 절을 임의로 택한 다음, 그 절에서 임으로 3쪽을 뽑아 그것에 포함된 73문장에서 10문장을 뽑고자 한다고 하자. 단순임의표본을 뽑기 위해서 각 문장에 번호를 매기기보다는 일정한 간격으로 문장을 뽑는 게 더 쉬울 것이다. 간격은 간단히 계산할 수 있다. 73/10=7.3이므로 매 7번째 문장을 뽑으면 된다. 물론 첫 번째 뽑을 문장은 임의로 정해야 한다. 매 7번째 문장을 뽑는 방식으로 10문장을 추출하려면 70문장이 필요하다. 여분의 3문장은 시작 그룹에 포함시켜 처음 10문장에서 임의로 첫째 표본을 뽑고 이어서 매 7번째 문장을 뽑아서 문장의 길이를 기록하면 된다.

확인문제

2. 샌프란시스코에서 도쿄로 가는 비행기의 승객 300명을 대상으로 임의표본조사를 하려고 한다. 다음에 설명하는 추출방법은 무슨 추출법인가?
   a. 매 10번째 탑승하는 승객들을 선택한다.
   b. 탑승객 목록에서 임의로 1등석 승객 5명과 기타 승객 25명을 임의로 선택한다.
   c. 좌석번호를 임의로 30개 만들어서 그 좌석들에 앉는 승객을 조사한다.
   d. 임의로 좌석의 위치를 선택한다. (오른쪽 창가, 오른쪽 중앙, 오른쪽 복도 좌석, 등) 그리고 그 좌석들에 앉는 모든 승객들을 조사한다.

길잡이 문제 시장수요 조사

미국의 한 경영대학원의 창업 과목에서 학생들이 팀을 짜서 신제품을 제안하고, 학교가 제공하는 종자돈으로 캠퍼스에 제품을 판매하는 사업을 시작하려고 한다. 종자돈을 지출하기 앞서 각 팀은 다음 과제를 마쳐야 한다: "시장조사를 실시하여 여러분이 판매하려는 제품의 캠퍼스 내 예상 수요를 정하라" 당신 팀의 제품은 500조각 퍼즐로 학교 캠퍼스 지도이다. 시장조사방법을 설계하고 중요한 사항들에 대해 토의하라.

계획	**준비** 조사의 목적과 목표를 명시한다.	우리 팀은 우리가 제안하는 캠퍼스 지도의 500조각 퍼즐에 대한 학생들의 구입 의향을 알아보기 위한 조사를 설계했다.
	모집단과 모수 조사해야 할 모집단과 표집틀을 식별한다. 중요한 모수들은 무엇인가?	모집단은 우리 학교의 학생들이 된다. 표집틀로 사용하기 위해 현재 등록된 모든 학생들의 명단을 구했다. 중요한 모수는 제품을 구입할 가능성 있는 학생들의 비율이다. 이 단계에서 응답자들에 대한 몇 가지 추가적인 인구통계학적 정보들도 수집한다.
	표본추출계획 표본추출방법 및 계획된 표본의 크기(n)을 명시한다. 실제 표본추출절차를 명시한다. 표집틀은 무엇인가? 표본추출방법에 대한 설명은 동일한 방식으로 동일한 모집단에서 다른 표본을 뽑을 누군가가 절차를 똑같이 따라 할 수 있을 정도로 완벽해야 한다. 추출 절차는, 설령 실제로는 결코 반복되지는 않을지라도, 정확하게 기술하는 게 기본이다. 또한 절차에서 당신이 물어볼 질문 역시 중요하기에 질문의 문구도 명확하게 작성한다. 이 단계에서 질문은 조사의 전반적인 목표 달성에 도움이 되는 유용한 것인지 확인해야 한다.	우리는 학생 200명을 단순임의표본으로 선택할 것이다. 표집틀은 교무과에서 받은 전교생 명단이다. 제품에 대한 모든 학생들의 관심이 거의 비슷하다고 생각했기 때문에 성별이나 학년으로 층화하지 않기로 결정했다. 우리는 학생들에게 다음을 물어보기로 하였다: 당신은 재미로 퍼즐을 맞춥니까? 그 다음 퍼즐 시제품을 보여주면서 "만약 이 퍼즐을 \$10에 판다면, 이것을 구매하시겠습니까?"라고 추가 질문을 할 것이고 또한 응답자의 성별과 학급도 같이 기록하기로 하였다.
실행	**표본추출 실시** 언제, 어디서, 어떻게 표본추출을 실시할지 정한다. 어떻게 응답자와 접촉할지, 응답자의 응답을 장려하기 위해 제공되는 인센티브는 어떻게 할 것인지, 무응답을 어떻게 처리할 것인가에 대한 방	설문조사는 가을학기의 중간인 10월에 실시한다. 등록한 전교생 명단을 가지고 있고, www.random.org에서 제공하는 난수와 학생들의 이름을 나란히 정렬하여 임의화했다. 전화나 이메일을 통해서 선택된 학생들과 연락하여 인터뷰 약속을 할 것이다. 학생이 참여하는 것을 꺼리는 경우에는 200명을 채울 때까지 임의 명단에서 다음 학생을 택

	법 등과 같은 조사의 다른 세부사항을 정한다.	할 것이고 각자 유사한 조건에서 퍼즐을 볼 수 있도록 따로 마련한 사무실에서 학생들과 만나기로 하였다.
보고	**요약 및 결론** 보고서는 조사를 설계하는 데 필요한 모든 요소들에 대한 논의를 포함해야 한다. 특별한 상황이나 주의를 기울일 필요가 있는 모든 요소는 논의하는 게 훌륭한 습관이다.	메모 회신: 설문조사 계획 퍼즐의 시장수요 조사를 위한 우리 팀의 계획은 학생들의 단순임의 표본을 필요로 한다. 조사대상이 퍼즐의 시제품을 볼 필요가 있기 때문에 선택된 응답자들과 만나야 한다. 이를 위해 사무실을 하나 준비했다. 또한 학년별 혹은 성별간 관심 수준에 차이가 실제로 있는지 여부를 확인할 수 있도록 인구통계학적 정보도 수집할 것이다.

현실에서의 표본추출

지금까지 우리는 다소 이상적인 상황에서 실시하는 표본추출에 대해서 논의했다. 현실에서는 좀 혼란스러울 수 있다. 현실에서 고려해야 할 몇 가지 사항을 보자.

> **표본은 무엇인가?**
>
> 설문조사의 모집단은 왜? 라는 질문을 통해 결정된다. 조사를 설계할 때, 응답을 받고자 선택하는 개인들을 "표본"이라고 한다. 하지만 불행하게도 실제 표본은 응답을 얻을 수 있는 선택된 개인들이다. 즉 이론적인 표본과 실제 표본의 의미는 약간의 차이가 있다. 이러한 차이가 잘 설계된 연구의 결과를 저해할 수 있다는 것을 아는 것이 매우 중요하다

모집단을 명료하게 정의하기란 예상만큼 쉽지 않은 경우도 있다. 예를 들면, 회사에서 자사의 쇼핑몰에 대한 "고객"들의 의견을 알고자 하는 경우에, 누구를 표본으로 추출해야 하는가? 쇼핑몰에서 물건을 구매한 고객들에게만 물어봐야 하는가? 아니면 쇼핑몰의 부대시설인 식당만 이용한 사람들도 고객에 포함시켜야 하는가? 쇼핑몰에서 구매 없이 단지 많은 시간을 보내는 10대들은 어떻게 해야 하는가? 또한 실제 환경에서는, 심지어 모집단이 명확한 경우에도, 적절한 표집틀을 설정할 수 없는 경우도 있다.

일반적으로 실제 표집틀은 조사자가 정말 알고 싶은 집단과 다르다. 예를 들면, 선거 여론조사에서는 실제로 투표할 의향이 있는 사람들에서 표본을 추출하기를 원한다. 하지만 선거일 전에 그 표본이 실제로 투표여부를 확실히 파악하는 것은 까다로운 일이다. 표집틀 밖의 유권자들의 여론은 알 수 없다. 표집틀은 표본조사로 알 수 있는 것을 제한하는 한계이다.

표적표본(target sample)도 현실에서는 그대로 실시할 수 없는 한계가 있다. 표적표본은 조사자가 설계한 표본추출 계획에 따라 선정된 개인들이다. 조사자는 이들에서 응답을 얻고자 한다. 현실에서는 표적표본 모두에서 응답을 받을 가능성은 거의 없다("저녁식사 시간인 것은 잘 압니다. 하지만 그저 몇 가지 질문에 응답하시는 걸 꺼리시지는 않을 것으로 생각합니다. 단지 20여분 정도 걸릴 것입니다. 아, 바쁘신 모양이지요?".....무반응) 앞의 예시에서 볼 수 있듯이 무응답은 많은 조사에서 골치 아픈 문제이다.

표본설계는 보통 표적표본을 구하기 위해 만들어진다. 그러나 현실에서는 표본설계에서 선택된 모든 사람에게서 응답을 받지는 못한다. 따라서 현실에서는 표본은 실제 응답자들로 구성된다. 표적표본이 아니라 실제 응답자들에게서만 데이터를 얻어 결론을 내릴 수 있다. 불행하게도, 이들은 표집틀도 모집단도 대표하지 않을 수 있다.

실제 조사에서 단계가 진행될수록 조사할 수 있는 표본은 더 제한될 수 있다. 조사의 대상은 계속해서 바뀌고, 각 제약은 편향을 초래할 수 있다. 표본조사를 잘 설계하려면 어떻게 하면 표본과 모집단을 일치시킬 수 있을지 고민해야 한다. 단순임의표본은 모집단을 대표하는 표본이다. 다른 추출방법으로 추출한 표본은 항상 대표표본은 아닐 수도 있다.

개인이나 심지어 위원회도 조사에 대한 결정을 내릴 때, 응답을 해줄 대상이 누구이며, 그리고 그런 대상이 제공한 응답이 흥미로울지 또는 업무상 의미 있는 후과를 제공할 것인지와 같은 질문에 대해 철저하게 생각하지 않는 경우가 흔하다. 이런 질문을 던지고 철저하게 따져보는 것은 조사를 수행할 때 반드시 거쳐야 하는 핵심적인 단계이다.

3.4 타당한 설문조사

타당한 설문조사를 위해서는 표본을 추출하여 질문을 던지는 것으로는 부족하다. 조사자들은 관심을 두는 모집단에 관해서 필요한 정보를 반드시 얻을 수 있다는 자신감을 느끼고 싶어 한다. 즉, 타당한 설문조사를 원한다.

설문조사의 타당성을 확보하려면 다음 네 가지를 점검해야 한다.

- 조사에서 알고자 하는 것은 무엇인가?
- 조사에 적합한 응답자는 누구인가?
- 조사 목적에 적합한 질문은 무엇인가?
- 조사의 결과로 무엇을 할 것인가?

이 질문들을 너무나 당연해 보일 수 있지만 피해야 할 구체적 함정들이 있다.

조사의 목적을 명확히 해야 한다. 의사결정자들이 조사를 통해 알고자 하는 바에 대해서 별 생각 없이 조사를 수행하기로 결정하는 실수를 저지르는 경우가 너무나 잦다. 조사 전에 어떤 모집단에 대해서 무엇을 알고자 하는지를 확실히 알아야 한다. 이것이 확실하지 않으면, 설문조사가 타당한지조차 판단할 수 없다. 목적이 명확하지 않다면 설문지 그 자체도 오류의 원인이 될 수 있다. 설문지를 통해 생기는 아마 가장 일반적인 오류는 불필요한 질문을 하는 것이다. 불필요한 질문이 많아 응답이 길어질수록 끝까지 응답하는 사람이 줄어들 것이고, 이에 따라 비응답편향이 커질 것이다. 그래서 조사자는 설문조사의 질문마다 그것이 조사 목적을 달성하는 데 정말 필요한지, 그리고 응답들이 있다면 그것들로 무엇을 할지 자신에게 물어봐야 한다. 질문에 대한 응답들이 마땅히 쓸 데가 없으면 아예 질문하지 말아야 한다.

적합한 표집틀을 사용해야 한다. 타당한 설문조사는 조사에 적합한 응답자에게서 적합한 응답을 얻는다. 이를 위해서 조사에 적합한 표집틀이 있는지 확인해야 한다. 또한 모집단과 표본의 선택이 적절한지도 확인해야 한다. 사업기반을 확장하고자 하는 기업에서는 시장조사를 위해서 즉시 사용할 수 있는 표집틀인 무상수리 보증 등록카드를 보낸 고객에게 설문조사를 할 수도 있지만, 이 회사가 자사의 제품을 더 매력적으로 만드는 방법을 알고 싶은 경우에는 자사의 제품을 거부하고 경쟁사의 제품을 선호하는 고객들을 대상으로 설문조사를 할 필요가 있다. 경쟁사의 제품을 선호하는 고객들은 회사가 시장점유율을 높이려면 자사 제품에 필요한 변화를 알려줄 수 있는 적합한 모집단이다. 이를 통해 1948년 대통령 선거 여론조사에서의 오류를 다시 살펴보면 이 오류는 전화로 표본을 추출해서 생겼을 가능성이 크다. 그 당시 전화는 트루먼에게 투표할 가능성이 작은 소수의 부자들이나 가입할 수 있었다.

또한 얻고자 하는 정보를 응답자가 실제로 알고 있는지 확인하는 것도 중요하다. 자사의 제품을 이용하는 고객 중 경쟁제품에 대해 모르는 고객이 있을 수 있기 때문이다. 따라서 경쟁제품에 대해 모르는 고객에게 경쟁제품과 자사의 제품을 비교하도록 질문하면 유용한 정보를 얻지 못할 것이다.

대략적인 질문보다 구체적인 질문을 해야 한다. 질문은 구체적으로 하는 것이 좋다. "당신은 보통 TV에서 본 TV 광고를 기억하십니까?"라는 질문은 "당신은 지난밤에 본 광고 중 얼마나 많은 TV 광고를 기억할 수 있습니까?"라는 질문보다 덜 유용하다. 질문을 구체적으로 서술한다면 "지난밤에 당신이 본 TV 광고 중 기억할 수 있는 것을 모두 적어주십시오."가 좀 더 구체적이고 유효할 것이다.

편향을 주의한다. 표집틀이 적합하더라도, 표본의 편향이 발생할 수 있으니 조심해야 한다. 일반적으로 비싼 상품을 구입하는 고객일수록 설문조사에 응답할 가능성이 낮다. 응답을 하지 않는 것은 비응답 편향(nonresponse bias)으로 이어진다. 우편 설문조사로 보낸 모든 우편이 응답되어 돌아올 것이라고 예상할 수는 없지만, 응답하지 않는 사람들에게 공통적인 특징이 있는 경우에는 그 표본은 더 이상 모집단을 대표하지 않는다. 온라인 설문조사와 같이 응답자의 자발적 참여를 하는 설문조사에서는 자발적 응답 편향(voluntary response bias)의 어려움을 겪는다. 조사하고자 하는 것들에 대해 한쪽으로의 강한 감정(매우 강한 동의/매우 강한 부정)을 가진 사람들이 응답할 가능성이 높기 때문이다. 반면, 어느 쪽으로도 강한 감정이 없고 무덤덤한 사람들은 굳이 귀찮게 응답하지 않을지 모른다.

질문의 문구에 세심해야 한다. 질문의 문구는 매우 신중하게 선택해야 한다. 응답자가 질문을 이해하지 못하거나 조사자의 의도를 이해하지 못할 수도 있다. 예를 들자면 "당신 가족 중에 포드 트럭을 소유한 사람이 있습니까?" 여기서 단어 "가족"은 불분명하다. 오직 배우자와 자녀만인가 아니면 부모와 형제들도 포함해야 하는가? 혹은 사돈 식구들과 6촌까지 포함해야 하는가? 또한 "당신의 트윙키(Twinkie)는 신선했습니까?"와 같은 질문은 사람들마다 매우 다르게 해석될 수도 있다.

답변 항목의 표현을 주의해야 한다. 응답자와 설문조사원들이 부정확한 응답을 초래할 수 있다. 질문이 정치적 혹은 사회적으로 민감한 경우에 특히 그렇다. 또한 질문이 모든 가능한 대답을 고려하지 않은 경우에도 부정확한 응답이 산출된다. 예를 들어, 진위형 질문 혹은 선다형 질문에서, 제시된 답 말고 다른 가능한 답이 있거나, 응답자가 설문조사의 질문에 올바른 응답을 모르는 경우도 포함된다. 1948년 4명의 주요 대통령 후보자[3]가 있었지만 일부 설문조사 응답자 중 그들 모두의 이름을 모르는 응답자들도 있었다. 그래서 단순히 "당신은 누구에게 투표할 예정입니까?"라는 질문은 주목을 덜 받는 후보의 수치를 실제보다 적게 표시하게 했을 수도 있고 "왈라스에 대해 어떻게 생각하십니까?"라는 단순한 질문은 그가 누구인지 모르는 유권자로 인해 부정확한 결과를 산출하게 했을 수도 있다. 이러한 의도적으로 혹은 비의도적으로 생긴 부정확한 응답을 **측정오차**(measurement error)라고 부른다. 측정오차를 줄이는 방법은 응답의 범위를 제공하는 것이다. 그러나 응답의 범위를 제공하면서도 문장들은 중립적인 용어로 표현해야 한다.

조사에서 측정오차를 줄이는 가장 좋은 방법은 **예비조사**(pilot test)를 하는 것이다. **예비조사**에서는 표집틀에서 작은 표본을 추출하고, 설문지 초안을 사용한다. 예비조사에서 설문지의 결함이 발견될 수 있다. 예를 들어, 우리 저자가 속한 한 학교에서 교직원을 감축하는 시기에, 조사자가 교직원들에게 교직원의 감소에 대해 어떻게 느끼는지 조사하였다고 한다. 선택지는 "좋은 생각이다"에서 "매우 싫다"까지였다. 다행히도, 예비조사 결과 모든 구성원이 "매우 싫다"나 심지어 더 부정적인 응답을 보였다. 그래서 선택지를 "싫다"에서 "퇴직할 준비가 됐다"까지로 조정했다.

예시문제 설문조사 설계

앞의 극장을 운영하게 된 비영리단체는 후원금 조성을 위한 설문조사 설계를 위해 통계학 학술모임 학생들에게 도움을 구하였다. 학생들은 모집단, 표집틀, 전화로 연락하는 대상 표본 그리고 실제 표본 간의 차이가 있음을 지적하고 설문조사 설계를 수정할 필요가 있음을 언급하였다.

문제 : 모집단, 표집틀, 대상 표본 그리고 표본은 어떻게 다른가?

답 : 모집단은 비영리단체를 후원하는 티켓을 구매하는 모든 잠재적 구매자이다.

표집틀은 이전에 티켓을 구매한 사람들로만 구성되어 있다. 이전 단체의 후원 프로그램 티켓을 사지 않은 사람들은 조사되지 않는다. 이는 경영진이 과거에 티켓을 구매하지 않은 사람들에게 극장의 프로그램을 더 매력적으로 만드는 방법에 대한 해결책을 찾을 수 없게 할 수 있다.

대상 표본은 데이터베이스에 전화번호가 있는 전화로 연락 가능한 사람들이다. 그래서 전화번호부에 기록되지 않은 번호이거나 전화번호의 제공을 거절한 사람들과는 연락할 수 없다. 또한 발신자 확인 장치를 가진 사람들과 연락하는 것은 더 어려울 수도 있다.

실제 표본은 데이터베이스에서 임의로 선택된 이전 고객들 중 전화로 연락할 수 있고, 설문조사하기로 동의한 개인들이다.

[3] 해리 트루먼, 토마스 듀이, 스트롬 서먼드(Strom Thurmond), 그리고 헨리 왈라스(Henry Wallace).

3.5 부적합한 표본추출

표본조사 설계가 잘못되면 수집한 데이터는 쓸모없다. 아주 간편한 추출방법으로 구한 표본은 심각하게 편향될 수 있고, 잘못된 표본추출방법으로 인한 편향은 바로잡을 수 없다. 그러므로 표본설계에 주의를 기울이는 게 현명하다. 부적합한 표본에 근거하여 작성한 보고서를 식별하는 것도 현명하다.

자발적 응답 표본추출법

아주 흔한 위험한 표본추출방법 중 하나로 **자발적 응답 표본추출법**(voluntary response sampling)을 들 수 있다. 이 방법에서는 수많은 사람들을 조사에 초대하고 조사에 응한 모든 사람들의 응답을 조사에 반영한다. 자발적 응답 표본추출법은 방법은 시청자 전화 참여 프로그램, 900번 번호 서비스(미국의 정보·오락을 제공하는 유료 전화 서비스), 인터넷 설문조사, 국회의원에게 보내는 청원 편지 등에 많이 쓰인다. 자발적 응답 표본은 거의 언제나 편향되어 있어서 이에 따라 도출한 결론은 거의 언제나 사실과 다르다.

자발적 응답 표본조사에서 표집틀을 정의하는 것은 어렵다. 자발적 응답 표본추출에서 실제로 표집틀은 특정 웹사이트를 자주 방문하는 인터넷 사용자 집단이나 특정 TV 쇼 시청자 집단 같은 집단이다. 그러나 이러한 표집틀은 실제 조사하고자 하는 모집단과 일치하지 않는다.

설령 표집틀이 흥미롭더라도 자발적 응답 표본은 흔히 주장이나 동기가 강한 사람들, 특히 부정적으로 주장이 강한 사람들 쪽으로 편향된다. 지역 공항을 사용한 적이 있는 여행객들에게 그들의 경험을 토대로 설문조사를 하는 웹사이트에 방문하여 응답해달라고 요청하는 것은 이용했던 항공편이 정시에 도착해서 이에 대한 불만이 없는 고객들보다는 오래 기다렸던 고객, 항공편이 취소됐던 고객, 수화물을 잃은 고객들의 불평을 듣고자 요청하는 것과 거의 진배없다. 이에 따른 자발적 응답 편향은 설문조사 자체를 무효화한다.

편의 표본추출법

표본조사 구실을 못하는 또 다른 잘못된 표본추출방법 중 하나는 편의 표본추출법이다. 이름에서 알 수 있듯이 **편의 표본추출법**(convenience sampling)에서는 조사자가 편하게 접근할 수 있는 개인을 표본으로 정한다. 불행하게도 편리하게 선정된 이 그룹은 모집단을 대표하지 않을 가능성이 크다. 다음은 캘리포니아주 오렌지카운티의 주택 구매 희망자 437명을 대상으로 실시한 설문조사 내용 중 일부이다.

> 구매자의 2%를 제외한 거의 모든 가정에는 컴퓨터가 적어도 1대 있고, 62%는 2대 이상 있다. 컴퓨터가 1대인 구매 희망자들 중 99%가 인터넷을 사용하고 있다. 〈제니퍼 하이거(Jennifer Hieger), "주택 구매자 가정의 모습; 두 명의 자녀 그리고 PC", 오렌지카운티 레지스터(*Orange County Register*, 미국 일간지), 2001년 7월 27일〉

인터넷 설문조사

인터넷 설문조사는 쓸모없는 경우가 많다. 자발적 응답으로 이루어지는 설문조사와 같이 잘 정의된 표집틀을 가지고 있지 않기 때문이다. 또 모든 사람들이 인터넷을 사용하고 그리고 그 사이트에 방문할 것이라는 보장이 없다. 그렇기 때문에 유용하지 않은 정보를 얻게 될 것이다. 정확한 조사를 위해서 사용하지 않는 것을 추천한다.

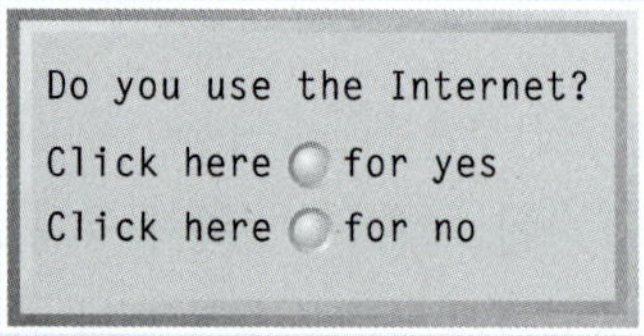

일간지에 실렸던 이 설문조사는 추가로 기사의 뒷부분을 읽어보면 인터넷을 통해 실시되었다고 적혀 있었다. 인터넷을 통한 데이터 수집은 편리하며, 단순임의표본추출법보다는 확실히 쉽다. 하지만 본 조사에 근거하여 모든 가정이 컴퓨터가 있고 인터넷에 연결되어 있다고 결론지어서는 안 된다.

쇼핑몰에서 실시한 많은 설문조사도 같은 문제로 어려움을 겪는다. 쇼핑몰에 있는 고객들이 반드시 관심 대상 모집단을 대표한다고 볼 수 없다. 쇼핑몰 구매자는 전체 모집단에 비해 더 부유하고 10대 자녀와 은퇴자 비율이 더 높은 경향이 있기 때문이다. 설상가상으로, 조사자들은 조사하기에 '안전'해 보이거나 인터뷰하기 쉬운 사람들을 표본으로 선택하는 경향이 있다.

편의 표본추출법은 단지 초보자들만 주의해야 할 문제가 아니다. 사실 편의 표본추출은 경제계에도 널리 퍼져 있는 문제이다. 기업이 자사의 제품이나 서비스에 대한 고객의 의견을 알고 싶을 때, 가장 쉽게 표본을 추출할 수 있는 사람들에게로 눈을 돌릴 텐데 바로 자사의 고객들이다. 하지만 이러한 방법으로는 자사의 제품을 구입하지 않은 사람들이 그 제품과 서비스에 대해 어떻게 생각하는지 절대 알 수 없을 것이다.

부적합한 표집틀

불완전한 표집틀을 통한 단순임의추출법은 편향을 초래한다. 표집틀에 포함된 개인들이 포함되지 않는 다른 개인들과 다를 수 있기 때문이다. 한 사업장의 직원들 중에서 표본을 추출하는 것은 쉽겠지만, 여러 사업장이 있고 사업장에 따라서 직원의 만족도, 훈련, 직무명세서 등이 다르다면, 그 표본은 편향될 수 있다. 또한 휴대전화만 사용하는 사람들이 늘어남에 따라 집 전화로 하는 시장조사와 여론조사가 편향될 수 있다는 심각한 걱정이 여론조사원들 사이에 퍼져 있다.

미포함

모집단의 일부가 조사에서 아예 제외되거나 표본에서의 비율이 모집단에서의 비율보다 작은 경우와 같은 **미포함**(undercoverage) 편향은 조사의 질을 떨어트린다. 미포함은 여러 가지 이유로 발생할 수 있지만, 언제나 편향을 초래할 수 있는 잠재적 원인이다. 발신자를 걸러내기 위해 발신번호가 표시되는 전화기를 사용하는 (그리하여 무작위로 전화를 거는 시장조사원들이 통화하기 어려운) 고객들은 보통 전화기를 사용하는 고객들과 구매 선호도에 차이가 있을까? 이것이 미포함이 만드는 여러 문제들 중 하나이다.

예시문제 설문조사 설계의 일반적인 실수들

극장 이사회가 고객의 의견을 알기 위한 세 가지 제안을 생각하였다. 첫 번째 제안은 극장의 이전 고객에게 전화하지 않고 조사원을 극장 입구에 배치하여 극장의 이용객들에게 의견을 묻는 것이고, 다른 또 하나의 제안은 극장 웹사이트에 설문지를 올리고 고객들이 응답하도록 하는 것으로 훨씬 간단한 방법이다. 마지막 세 번째 제안은 전화번호를 임의로 뽑아서 전화하지 말고, 과거 고객 명단에서 매 200번째 고객들에게 전화하는 것이다.

문제 : 세 가지 제안이 각각 무슨 표본추출방법인지 파악하고 각 방법의 장단점을 설명해보라.

답 : 입구에서 고객에게 의견을 묻는 것은 편의 표본추출법이다. 이는 값싸고 빠르지만 조사가 현재 공연 중인 특정 공연의 유형과 공연의 질에 의해 편향될 가능성이 있다.

웹사이트에 초대하여 응답받는 것은 자발적 응답 표본추출법이다. 이 방법은 웹사이트를 자주 방문하고 응답하기로 결정한 고객들만 조사된다. 그래서 나이가 많아 인터넷을 잘 사용하지 않는 고객들이나 집에 인터넷이 안 되는 고객들의 의견이 반영될 가능성이 낮다.

고객 명단의 매 200번째 이름을 표본추출하는 방법은 계통추출법이다. 이 방법은 단순임의추출법보다는 좀 쉬울 것이다. 명단에 있는 이름의 순서가 질문들과 관련이 없다면, 이는 사용할 수 있다. 그러나 고객 명단이 고객들이 처음 입장권을 구입한 순서대로(고객들의 이름과 다른 정보들이 이때 데이터베이스에 추가됨) 기록이 되어 있다면 의견과 이름의 순서 사이에 관련이 있어 적절하지 못한 방법이 될 수 있다.

무엇이 잘못될 수 있는가?

- **무응답.** 모든 사람들에게 응답을 받을 수 있는 설문조사는 없다. 이것의 문제는 응답한 사람들과 응답하지 않은 사람들이 다를 수 있다는 것이다. 조사하고자 하는 변수에 대하여 응답자들과 무응답자들 사이에 차이가 있다면, 응답의 결여는 결과를 편향되게 만들 것이다. 그래서 때로는 응답률이 낮은 우편을 이용한 대규모 조사보다는, 설문조사의 규모를 더 작게 해서 임의로 표본을 추출해서 조사하는 것이 더 높은 응답률을 보장받을 수 있는 방법이 될 것이다.
- **길고 지루한 설문조사.** 너무 긴 설문지는 거절될 가능성이 커서, 응답률을 낮추고 조사의 결과를 편향시킨다. 설문지는 가능한 한 짧게 하라.
- **응답 편향.** 응답 편향은 응답자들이 조사자의 의도를 만족시키는 응답을 하려는 경향과 편파적인 질문 문구로 인한 후과를 포함한다.
- **편향된 조사.** 어떤 사안에 대한 객관적인 정보 수집이 아닌 다른 목적을 위해 가장한 설문조사이다. 보통 질문을 하기 전에 사안의 일면을 제시한다. 예를 들면 질문은 다음과 같다.

  쇼핑몰에서 막 개장한 가게에서 파는 물건은 대부분 외국의 노동력 착취 환경에서 만들어진다는 사실은 국산 제품을 파는 시내 가게가 아니라 새로 개장한 쇼핑몰에서 구입하려는 당신의 의사결정에 영향을 미칠까요?

  이 질문은 정보 수집을 위해서가 아니라, 새로운 가게에 대한 악감정을 유포하기 위해서 고안한 것이다.

편향에 대한 마음 자세

- **설문조사에서 편향을 솎아내자.** 설문조사를 설계하는 경우에는 데이터를 수집하기 전에 혹시 자신에게는 드러나지 않을지도 모르는 편향이 없는지 다른 사람들에게 물어보자. 편향된 질문과 편향된 표본으로 이루어진 설문조사를 복구할 수 있는 방법은 없다.
- **이미 편향된 조사에서는 표본의 크기가 크면 클수록 더 큰 쓸모없는 조사를 제공할 것이다.** 즉, 정말 큰 표본은 정말 큰 쓸모없는 연구를 제공한다.
- **편향을 줄이는 데 시간과 자원을 쓰자.** 편향을 줄이는 데 쓰는 자원은 다른 용도로 쓰는 것보다 훨씬 가치가 있다.
- **가능하다면 예비조사를 하자.** 표본을 추출하려는 모집단에서 예비로 미리 뽑은 소규모 표본으로 조사를 실시하라. 착오, 오해, 혼란 또는 다른 있을 수 있는 편향을 찾으려고 노력하라. 문제가 발견되면 설문지를 다시 설계하라.
- **항상 표본추출방법을 상세하게 보고하자.** 이렇게 하면 내가 예상하지 못한 편향을 다른 사람이 찾을 수 있을지도 모른다.

통계분석의 올바른 사용

래카왁스 리버 그룹(Lackawax River Group)은 공업 및 농업 폐기물로 인해 수년간 오염돼온 래카왁스 강의 재생과 보존 사업을 지속하고자 주정부 지원금을 신청하려고 한다. 쉽지는 않았지만 교육과 지역사회 참여를 통해 이 사업에 대한 지역사회의 지지를 확보하자, 이사회는 보다 강력한 증거를 주정부에 제시하려고 한다. 이를 위해 강의 재생과 보존 프로젝트의 확장에 대한 지역 주민들의 태도에 대한 설문조사를 하기로 결정했다.

이사회는 자금 제한과 지원금 신청 마감일이 임박해와 압박을 받던 중, 그들의 멤버 중 한 명인 해리 그린트리(Harry Greentree)가 이 프로젝트를 맡기로 자원하여 기뻤다. 해리는 지역에 유기농식품 상점을 운영하는데, 자기 고객들을 표본으로 삼아 다음 한 주 동안 인터뷰하는 것에 동의했다. 이사회의 유일한 걱정은 상점의 고객들이 체계적인 방법, 가령 상점에 방문하는 매 다섯 번째 손님을 인터뷰하는 방법으로 선택하는 것이었다. 해리는 이 요청에 동의했고 래카왁스 리버 그룹을 열성적으로 돕고자 하였다.

윤리적 이슈 (의도적이지 않더라도) 편향된 결과를 도출하는 것. 유기농식품을 소비하는 사람들은 일반 대중보다 환경문제에 더 관심이 많을 수 있다고 예상할 수 있다(미국통계학회 윤리 지침 C에 저촉된다).

윤리적 해결책 해리는 설문 결과가 일반화될 수 없는 편의 표본추출방법을 사용하고 있다. 만약 래카왁스 리버 그룹이 그들의 표본추출방법과 설문조사 설계방식을 개선할 수 없다면(가령, 전문성 부족이나 시간 부족으로 인해), 그들은 자세한 연구 결과를 발표할 때 자신의 표본추출방법의 약점에 대해 공개적으로 밝혀야 한다. 결과들을 보고할 때, 결과가 편의 추출방법으로 얻어졌다는 것을 적고 결과의 부적절한 사용으로 인한 문제에 대해 책임지지 않는다는 점을 밝혀야 한다.

무엇을 배웠는가?

학습목표

- 표본추출의 세 가지 아이디어를 이해한다.
  - 전체의 일부분을 조사 : 표본은 모집단에 관한 정보를 줄 수 있다.
  - 대표표본을 얻기 위해서 임의 추출을 한다.
  - 표본의 크기가 정말 중요하다. 표본에서 얻는 통계량의 정확성을 결정하는 것은 표본의 크기이지 표본이 모집단에서 차지하는 비율이 아니다.
- 난수표, 인터넷 사이트에서 얻은 난수, 그리고 컴퓨터 프로그램으로 생성한 난수 목록을 이용하여 단순임의표본을 추출할 수 있다.
  - **단순임의추출법**에서는 n명으로 이루어진 모든 그룹이 표본으로 채택될 기회가 같다.
- 다른 표본추출방법의 정의를 안다.
  - **층화추출법**은 모집단을 층이라고 부르는 각기 균질적인 부분 집단들로 나눈 다음, 각 층 안에서 임의로 표본을 추출하므로 표본변동을 줄일 수 있다.
  - **집락추출법**은 모집단과 유사하지만 서로 이질적인 부분 집단들 중 몇 개를 임의로 선택해서 전수조사를 실시하므로 표본조사가 쉬워진다.
  - **계통추출법**은 일부 상황에서 유용한 방법이며 종종 가장 저렴한 방법이다. 그러나 표본의 첫 개체는 임의로 추출하여야 한다.
  - **다단추출법**은 여러 다른 임의 표본추출방법을 혼합해서 사용하는 방법이다.
- 편향의 원인을 파악하고 방지하자.
  - **무응답 편향**은 표본으로 뽑힌 개인이 응답하지 않거나 응답할 수 없을 때 발생할 수 있다.
  - **응답 편향**은 응답자의 답변이 질문의 문구나 조사자의 행동과 같은 표본추출법과 무관한 영향을 받을 가능성이 있을 때 발생한다.
  - **자발적 응답 표본**은 거의 항상 편향되어 있어서 피해야 하고 의심해보아야 한다.
  - **편의 표본**은 자발적 응답 표본과 유사한 이유로 결점이 있을 가능성이 있다.
  - **미포함**은 모집단의 특정 하위 집단에서 조사에 필요한 충분한 수만큼 선택되지 않았을 때 발생한다.

용어정리

편향	모집단을 대표하기 위한 표본추출방법의 체계적 실패
전수조사	모집단 전체를 대상으로 정보를 수집하려는 시도
집락	모집단의 부분집합으로서 개체들을 묶어서 확장한 표본 단위이다. 비용이나 현실적 사정 때문에 집락으로 묶는데, 모집단을 대표한다고 여겨지는 자연스런 집단인 경우가 흔하다.
집락추출법	몇몇 집락을 임의로 선택하여 각 집락을 전수조사하여 모두 표본으로 삼는 추출방법
편의 표본추출법	조사자가 접근하기 편리한 개인들로만 표본을 추출하는 방법
측정오차	모든 자료에 있는 우연하거나 고의적인 응답의 부정확성
다단추출법	몇 가지 표본추출방법을 혼합한 표본추출방법
무응답 편향	표본으로 선택된 사람들의 상당수가 응답을 하지 않았을 때 발생하는 편향

모수	전국 대학생의 주당 평균 학습시간처럼 모집단을 표현하는 모형에서 그 값이 숫자인 속성을 모수라고 한다. 일반적으로 모수의 값은 알기 어려워서, 표본 데이터를 사용하여 추정한다.
예비조사	조사방법이 제대로 설계되었는지 확인하기 위해 미리 시행하는 소규모 조사
모집단	관심의 대상인 모든 개체 혹은 사례의 집합
임의화	모집단의 모든 개체가 표본으로 뽑힐 기회가 동등한 표본추출방법으로, 표본추출 과정에서 생기는 편향을 막기 위한 방어책이다.
대표표본	계산된 통계량이 정확하게 모집단의 모수와 일치하는 표본
응답 편향	설문조사 설계의 요소들 가운데 응답에 영향을 주는 모든 것
표본	모집단의 일부로서 모집단의 어떤 정보를 얻을 목적으로 조사한다.
표본 크기	표본으로 뽑힌 개체의 수
표본조사	전체 모집단에 대해서 연구하고자 하는 무언가를 알기 위해 모집단에서 표본을 뽑아서 표본을 조사하는 방법
표집틀	표본을 추출할 대상의 목록. 관심 모집단 안에 있는 개체라도 표집틀에 속하지 않은 것은 어떤 표본에도 포함될 수 없다.
표본추출 변동성 (혹은 표본추출오류)	임의로 추출한 표본들이 서로 다른 자연적인 경향
단순임의표본	크기가 같은 모든 부분 집단이 표본으로 채택될 기회가 같은 표본
	표본으로 선택될 동등한 기회를 가지고 있는 모집단의 n개의 요소들로 이루어진 각각의 집합
통계량, 표본 통계량	표본추출된 데이터에 대해 계산된 값으로 특히 추정한 모수가 통계량과 일치할 때 표본 통계량이라는 용어를 사용한다.
층	내부적으로 동질적인 모집단의 부분집합이며 다른 층들과는 이질적이다.
층화추출법	모집단을 몇 개의 동질적 층으로 나눈 뒤 각 층에서 임의로 표본을 추출하는 방법
계통추출법	표집틀에서 개인들을 체계적으로 선택하여 뽑은 표본
자발적 응답 편향	개인이 표본으로 참여할지 안 할지를 스스로 선택할 때 발생하는 편향
자발적 응답 표본	응답 여부와 참여 여부를 스스로 결정하도록 초대받은 개인들로 이루어진 표본. 자발적 응답 표본은 일반적으로 가치가 없다.
미포함	모집단의 어떤 부분집단을 대표하는 표본이 표본 전체에서 차지하는 비율이 그 부분집단이 모집단에서 차지하는 비율보다 더 작도록 편향을 초래하는 표본추출법

기술적 도움 : 임의추출법

컴퓨터로 생성한 난수들은 임의표본(random sample)을 만들기에 충분히 좋은 방법이다. 그렇다고 인터넷에 존재하는 진정한 임의수들을 사용하지 않을 이유는 없다. 컴퓨터기반 표집틀을 사용하여 특정 크기의 단순임의표본을 추출하는 간편한 방법을 소개하겠다. 표집틀은 예컨대, 스프레트시트, 통계 프로그램, 혹은 데이터베이스의 세로 열에 나열된 이름들의 목록, 혹은 식별 번호들의 배열이 될 수 있다.

1. 표집틀 목록보다 몇 자리수가 많은 난수들을 발생시켜라. 이 난수들은 중복될 가능성이 거의 없다. (가령, 엑셀에서는, RAND 함수를 사용하여 0과 1 사이의 난수들로 세로 열을 채운다. 자리수가 많으므로 그것들은 거의 확실히 겹치지 않는다.)

2. 발생된 난수들을 임의로 표집틀 목록에 있는 개별 값들에 배정하라. 예를 들어, 그것들을 인접한 세로 열에 입력하라.
3. 난수 목록을 기준으로 난수 목록과 표집틀 목록을 함께 정렬하라.
4. 정렬된 표집틀 세로열의 첫 n 개의 값들은 이제 전체 표집틀의 단순임의표본 n 개의 값이 된다.

EXCEL/XLSTAT

- 엑셀 리본 메뉴 맨 위에서 XLSTAT 탭을 선택하라.
- 리본메뉴 가장 왼편에, 데이터 준비(Preparing data)를 클릭하라.
- 데이터 표본추출(Data Sampling) 옵션을 선택하라.
- 여러분의 데이터의 셀 범위를 입력하라.
- 드롭다운 목록의 표본추출 유형을 선택하라. XLStat에서 가능한 표본추출 유형들은 XLSTAT 도움 매뉴얼에 설명돼 있다.

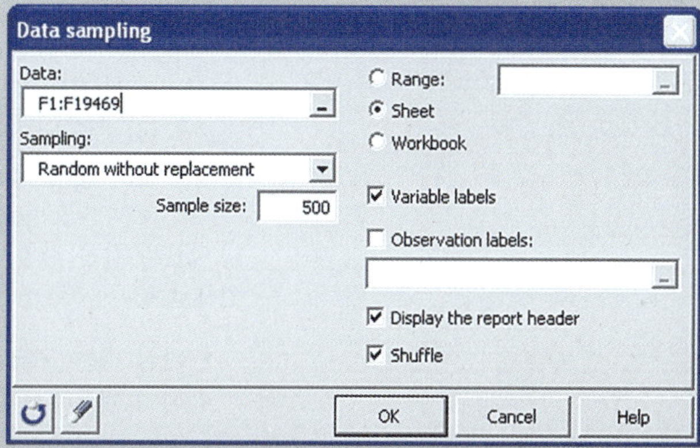

짧은 사례

시장조사 연구

당신은 새로운 제품의 성공 가능성을 조사해야 하는 마케팅 팀의 일원이다. 당신 팀은 소비자의 임의표본을 대상으로 이메일을 통해 대화식 설문조사를 하기로 결정했다. 새로운 제품에 대해 당신이 필요한 정보를 얻을 수 있는 짧은 설문지를 만들어보라. 당신의 표집틀에서 단순임의추출을 사용해 200명의 표본을 선택하라. 당신이 어떻게 데이터를 수집하고 그리고 그 응답들은 어떻게 당신의 시장 연구에 도움이 될지 논의해보라.

GfK Roper의 전 세계 설문조사

GfK 로퍼 컨설팅사는 여러 다른 문화권들에 더 효과적으로 광고하고 판매하기 위해 여러 나라 사람들의 태도를 이해하고자 하는 다국적기업들을 위해 시장조사를 실시한다. 매년 약 30개 나라의 사람들에게 수백 개의 질문을 하는 전 세계적 여론조사를 실시한다. 응답자들은 음식에 대해 다양한 질문들을 답하게 된다. 몇몇 질문은 단순히 예/아니오(동의/반대)형이다 : 당신의 외모에 대한 다음 각 진술에 동의하는지 반대하는지 말씀해주세요: (동의 = 1; 반대 = 2; 모르겠다 = 9)

당신의 외모는 당신의 감정에 영향을 미친다.
나는 새로운 혁신적인 스킨케어 기술에 매우 관심이 있다
자기 외모에 신경을 쓰지 않는 사람은 자신에 신경을 쓰지 않는다.

다른 질문들은 5점 척도로 질문한다(아래 내용에 얼마나 동의 또는 반대하는지 다음의 척도를 사용하여 말씀해주세요; 완전히 반대한다 = 1; 어느 정도 반대한다 = 2; 반대도 동의도 안 한다 = 3; 어느 정도 동의한다 = 4; 완전히 동의한다 = 5; 모르겠다 = 9).

이러한 질문들의 예는 다음과 같다

나는 성분, 지방 함유량, 그리고 칼로리를 확인하기 위해 라벨을 꼼꼼히 읽는다.
나는 패스트푸드 섭취를 피하려고 노력한다.
나는 항상 새로운 음식을 찾는다.

다음과 같은 사항에 유의하면서 이와 같은 전 세계적 규모의 설문조사 설계에 대해 생각해보라.

- 관심 있는 모집단은 무엇인가?
- 이 표집틀에서 단순임의표본을 정하기 어려운 이유는 무엇인가?
- 편향을 일으킬 가능성이 있는 것은 무엇인가?
- 일부 나라에서는 모든 연령대의 남성과 여성을 대표할 수 있을 만큼 표본을 충분히 확보하기 어려운 이유는 무엇인가?
- 어떤 표집틀이 적합할까?

연습문제

3.1절

1. 다음 문장이 참인지 거짓인지 밝히고 그 이유를 설명하라.

a) 비편향 표본을 택하면 표본오차를 줄일 수 있다.

b) 임의추출은 표본이 모집단을 대표할 수 있도록 하는 데 유리하다.

c) 표본오차는 표본들 사이의 차이를 말하고 표본변동이라고도 한다.

d) 임의추출에 의지하기보다 모집단의 특성을 가지는 표본을 추출하는 것이 더 바람직하다.

3.2절

3. 소비자변호단체가 식품업에 종사하는 사람들이 식품 안전에 대해 얼마나 알고 있는지 측정하고자 한다. 특히 미국에서 식품 안전이 전에 비해 나아졌다고 믿는 식품업 종사자들의 비율을 측정하고 싶다. 그들은 쉐프스 콜라보레이티브(chef's collaborative)라는 단체의 회원들 이름이 알파벳순으로 나와 있는 명단을 기준으로 엑셀을 사용해 임의로 회원들의 순서를 섞는다. 그 후에 새로운 명단을 보고 150명과 연락이 될 때까지 계속 연락을 시도한다. 다음에 답하라.

a) 모집단은 무엇인가?

b) 표집틀은 무엇인가?

c) 관심 대상인 모수는 무엇인가?

d) 어떤 표본추출 방법을 이용하는가?

3.3절

5. 이 장에서 다뤘듯이, GfK 로퍼 컨설팅은 다국적 회사가 각기 전 세계 소비자들의 태도를 이해하는 데 도움을 주고자 전 세계적인 소비자 조사를 실시한다. 인도에서는 13~65세 사이의 1,000명을 인터뷰하였다(www.gfkamerica.com). 남녀 각각 500명씩 접촉하도록 표본을 설계했다.

a) 그들은 단순임의추출을 사용하는가? 그것을 어떻게 알 수 있는가?

b) 어떤 종류의 표본설계를 사용한다고 생각하는가?

7. 연습문제 3번에서 식품업 종사자들의 식품 안전 인식도를 측정하고자 했던 소비자변호단체가 다른 표본추출 방법을 사용하기로 결정했다. 아무렇게나 섞은 회원 목록에서 임의로 선택하는 대신에, 회원 명단을 알파벳순으로 정렬한 뒤 150명을 접촉할 때까지 매 10번째 회원들을 대상으로 조사하였다. 그들이 사용한 표본추출법은 무엇인가?

9. 경제잡지 포춘(*Fortune*)사에서 선정한 500대 기업 모두의 인적자원 임원들에게 설문지를 보냈더니 23%가 회신했다. 그들은 이 설문조사가 그들의 업무에 크게 방해가 되지 않았다고 응답했다. 이 설문조사에 대해서 다음에 답하라.

a) 모집단은 무엇인가?
b) 관심 대상 모수는 무엇인가?
c) 표집틀은 무엇인가?
d) 표본은 무엇인가?
e) 임의화 여부와, 표본추출법은 무엇인가?
f) 편향을 초래한 잠재적 요인과 이 조사의 결과를 모집단으로 일반화하는 데 어려움을 주는 어떤 문제가 짚이는가?

3.4절

11. 연습문제 3번에서 소비자변호단체의 한 인턴이 최근 라스베가스에서 열린 "21세기의 식품안전" 심포지엄에 참가한 150명의 회원들에게 전화를 거는 방법으로 설문조사를 단순화하려고 결정했다. 그는 이 150명의 전화번호를 알고 있으므로 그들과 연락하는 것은 쉬울 것이다. 인턴은 심포시엄에 가장 먼저 등록한 사람부터 차례대로 전화를 걸려고 한다. 그는 그들에게 읽어줄 질문지를 다음과 같이 준비했다.

"우리가 라스베가스의 심포지엄에서 알게 되었듯이, 식품안전은 식당업계에게는 그 무엇보다도 중요합니다. 식품안전에 관한 가이드라인을 개발하고 음식 전문가들을 교육하기 위해 식품안전위원회가 기울인 엄청난 노력을 감안하면, 미국의 식품안전이 개선됐다는 데 동의하십니까?"

다음 질문에 답하라.

a) 모집단은 무엇인가?
b) 표집틀은 무엇인가?
c) 표본추출 절차나 조사 자체에 어떤 문제라도 보이면 지적하라. 그 문제가 앞으로 미칠 수 있는 영향은 무엇인가?

13. 유선방송과 인터넷 서비스를 제공하는 소규모 회사인 퍼시픽 TV(PTV)의 한 인턴이 고객이 새로운 서비스에 $50의 돈을 지불할 의향이 있는지를 평가하는 설문조사에 사용할 수도 있는 질문을 2개 제안했다.

질문 1 : 퍼시픽 TV사가 월 회비 $50로 최신식 고속 인터넷 서비스 출시하면, 서비스에 가입하시겠습니까?

질문 2 : 당신은 매일 마시는 커피 한 잔 값보다 싼 $50가 고속 인터넷 서비스의 월 회비로 적정하다고 봅니까?

a) 당신 생각에 이 두 질문 문구가 적절한가? 적절하거나 적절하지 않으면 그 이유를 밝혀라.
b) 더 적절한 문구를 사용하여 질문을 써보라.

14. 다음은 연습문제 13번의 추가 질문이다.

질문 3 : 당신은 다이얼-업 방식으로 접속하는 인터넷 서비스의 느린 속도 때문에 웹서비스의 재미가 줄어든다고 생각합니까?

질문 4 : 고속 인터넷 서비스는 아이들의 교육에 점점 중요해집니다. 고속 인터넷 서비스가 출시되면 가입하시겠습니까?

a) 당신 생각에 이 두 질문 문구가 적절한가? 적절하거나 적절하지 않으면 그 이유를 밝혀라?
b) 둘 중 어느 것이 더 중립적 문구로 작성되었는가? 설명하라.

3.5절

15. 다음 진술이 참인지 거짓인지 말하라. 거짓이면 그 이유를 설명하라.

a) 시청자에게 방송국으로 전화를 걸어 최근 사회문제에 관한 의견을 알려달라고 요구하는 지방 TV방송국의 한 뉴스 프로그램은 전형적으로 편향된 자발적 응답 표본을 얻게 된다.
b) 편의 표본은 일반적으로 모집단을 대표할 수 없다.
c) 측정오차는 표본오차와 같다.
d) 예비조사는 질문의 부적합 표현을 식별하는 데 유용하다.

17. 마케팅 수업시간에 교황의 미국방문 모습을 담은 DVD의 시장조사를 위해 도시에 거주하는 모든 가톨릭신자들을 대상으로 설문조사를 하고자 한다. 도시 내에는 총 17개의 가톨릭 성당이 있는데 이 17개 성당의 모든 신자들이 적혀 있는 명단을 얻으려 하기보다 임의로 3개의 성당을 선택했다. 그리고 이들 성당들에게, 현재 신자들의 명단이 적힌 리스트를 요청하고 임의로 100명에게 연락하려 한다.

a) 이 문제에서 사용한 표본추출방법은 무엇인가?
b) 이 문제에서 사용한 방법에는 어떤 오류가 있는가?

단원연습문제

19. 소프트웨어 사용권. 웹사이트 www.gamefrqs.com이 사이트를 방문한 사람들을 대상으로 "소프트웨어나 게임을 설치할 때 이용약관에 관한 조항들을 읽어본 적이 있으십니까"라는 질문을 하였다. 98,574명의 응답자들 중 63.47%는 그런 조항

을 읽어본 적이 없다고 대답했다—이 사실은 소프트웨어 제작자들이 중요하다고 생각할지 모른다.

a) 여기서 사용한 표본의 종류는 무엇인가?
b) 63.47%(소프트웨어 이용약관을 읽지 않는다고 답한 사람의 비율)란 수치는 얼마나 신뢰할 수 있는가?

21. 갤럽. 갤럽사의 홈페이지(www.galluppoll.com)에서 갤럽의 설문조사자들은 항상 그날의 설문조사 결과를 게시한다. 이 조사 결과의 가장 마지막 부분을 내려 보면, 다음과 같은 설명이 적힌 말을 찾을 수 있다:

이 결과는 전국의 18세 이상의 성인 1,008명을 대상으로 2012년 4월 2일에서 5일 사이에 전화조사를 통해 얻은 결과이다. 표본추출 오류에 덧붙여, 질문에 사용되는 언어와 설문조사를 실시하는 데 발생하는 현실적인 어려움이 전체의 의견을 추측하는 데 오류나 편향된 결과를 발생시켰을 수도 있다.

a) 이 설문조사에서, 모집단을 말하여라.
b) 갤럽은 컴퓨터 프로그램을 통해 임의로 추출된 번호로 전화해서 설문조사를 한다. 여기서 표집틀은 무엇인가? 이렇게 얻은 표본이 모집단을 대표한다고 할 수 있을까?
c) "설문조사를 실시하는 데 발생하는 실질적인 어려움"이란 무엇을 말한다고 생각하는가?

23–30. **설문조사의 세부사항.** 앞으로 나올 통계조사보고서에서 다음과 같은 항목들을 찾아라. 만약 모르겠으면 모르겠다고 말하라. 이런 상황은 설문조사를 읽을 때 종종 발생한다.

a) 모집단
b) 찾고자 하는 모집단 모수
c) 표집틀
d) 표본
e) 표본추출방법(임의화 여부도 포함하여 말하라)
f) 편향을 초래한 잠재적 요인과 이 조사의 결과를 모집단으로 일반화하는 데 어려움을 주는 어떤 문제가 짚이는가?

23. 대체의학. 소비자협회가 사용자들에게 그들이 대체의학 약품을 사용하였는지, 그리고 만약 그렇다면 그것이 효과가 있었는지를 조사하였다. 대체의학 약품 사용자의 대략 20%가 그들의 상태가 호전되었다고 답했다.

25. 주점에서의 조사. 설문조사자들이 주점 명단에서 임으로 택한 주점 밖에서 기다리면서 주점에서 나오는 손님들 중 매 10번째 손님마다 음주운전이 심각한 문제라고 생각하는지 물었다.

27. 독성 폐기물. 환경보호국에서 한 오래된 산업폐기물의 매립장 근처 16곳에서 토양샘플을 채취하여 독성 화학물질이 있는지 검사했다. 위험한 수준의 유해물질은 발견되지 않았다.

29. 품질관리. 과자를 포장하는 회사가 품질 수준을 유지하기 위해 하루에 생산된 것들 중 10상자를 임의로 뽑아서 봉지들의 무게를 측정한다. 그리고 나서 한 봉지를 열어서 그 안에 든 내용물을 검사한다.

31. 즉석 여론조사. 지방 TV 방송국은 다가오는 시장선거에서 당선자를 예측하기 위해 "즉석 여론조사"를 실시하였다. 저녁 뉴스 시청자들에게 자기가 투표할 후보를 전화로 알려달라고 요청하고, 결과는 심야 뉴스에서 발표했다. 전화 투표 결과를 근거로 Amabo가 52%를 얻어 이길 것으로 예측했으나 실제 투표에서는 Amabo는 46%를 얻었다. 방송국의 예측 실패가 편향의 결과나 표본추출상의 오류라고 생각하는가? 설명하라.

33. 유선방송국 시장조사. 지역의 유선방송국인 퍼시픽 TV는 주변의 소도시 15곳에 있는 고객들에게 유선방송 선로를 통해 초고속 인터넷 서비스를 제공하는 방안을 고려하고 있다. 월 요금으로는 50달러를 생각하고 있는데, 이 서비스를 출시하기 전에, 고객들이 과연 이 요금을 받아들일지 알고 싶다. 한 인턴 직원이 수요를 평가하기 위해 몇 가지 대안을 준비했다. 아래 각 대안에 대하여 어떤 표본추출법이 사용되는지 그리고 혹시 어떤 편향을 초래할지 지적하라.

a) 신문에 큰 광고를 내서 고객들에게 퍼시픽 TV 웹사이트에 그들의 의견을 게재해 달라고 요청한다.
b) 임의로 한 도시를 선택하고 그 도시의 모든 케이블 TV 가입자들을 대상으로 전화로 조사한다.
c) 모든 고객에게 설문지를 우편으로 보내고 그것을 작성하여 다시 보내달라고 한다.
d) 각 도시에서 고객 20명을 임의로 추출한다. 그들에게 설문지를 보내고 그들이 일주일 내에 설문지를 작성하여 제출하지 않으면 전화로 확인한다.

35. 놀이기구 이용객. 놀이공원에서 새로운 롤러코스터를 개장했다. 그 롤러코스터는 너무나 인기가 좋아서 손님들이 2분 동안 타기 위해서 3시간까지 기다린다. 놀이공원에 입장하고 놀이기구를 타기 위해서 많은 돈을 지불한 손님들이 이런 상황에 대해 어떻게 생각할지 걱정이 되어 롤러코스터 대기줄에

서 임의로 한 분을 뽑은 후 매 10번째마다 손님을 임의로 추출해서 설문조사를 했다.

a) 이렇게 구한 표본은 무슨 표본인가?
b) 이렇게 구한 표본은 대표표본일까?
c) 표집틀은 무엇인가?

37. 놀이기구 이용객 2. 35번 문제에서 보았던 롤러코스터를 타기 위해 줄을 서 있던 사람들에게, 그들이 롤러코스터를 타기 위해서 긴 시간을 기다릴 만한 가치가 있는지 그리고 롤러코스터를 더 많이 만들었으면 좋겠는지에 관해 물어보았다. 어떤 편향이 이 설문조사에서 문제를 일으킬 것인가?

39. (어쩌면) 편향된 질문들. 다음 각 질문이 편향적인지 검토하라. 만약 질문이 편향적이라고 생각하면 어떻게 편향적인지 지적하고 더 나은 질문을 제안해보라

a) 환경을 오염시키는 회사들에게 의무적으로 정화비용을 지불하도록 해야 할까?
b) 회사는 엄격한 복장규정을 실시해야 할까?

41. 전화 설문조사. 설문조사를 실시할 때마다 조사자는 미포함 오류를 피할 수 있도록 주의해야 한다. 한 도시의 전화번호부에서 500명의 이름을 선택하고, 최소한 200명은 접촉할 수 있을 것으로 예상하면서, 정오에서 오후 4시 사이에 전화를 걸어 전화를 받은 사람과 인터뷰한다.

a) 이 문제에서 단순임의표본을 사용하기 어려운 이유는 무엇일까?
b) 더 편리한 임의표본추출방법을 제시하여라.
c) 최종 표본에 포함될 것 같은 가구와 배제될 것 같은 가구들은 어떤 가구들일까?
d) 이와 달리, 아마 오전 혹은 저녁이 될 것 같은데, 성인이 전화를 받고 인터뷰를 할 때까지 각 전화번호에 계속 전화를 한다고 가정하자. 이렇게 하면 표본조사 설계가 어떻게 향상될까?
e) 임의의 번호로 전화를 걸어주는 기계가 있다. 이것이 어떻게 조사의 설계를 개선할까? 여전히 조사에서 배제되는 사람이 있을까?

43. 잔돈. 당신은 지금 수중에 잔돈이 얼마 있는가? 한번 세어보라.

a) 잔돈을 얼마 가지고 있는가?
b) 일주일 동안 매일 점심을 먹으러 갈 때 잔돈을 확인하고 그 평균을 구한다고 가정하자. 이렇게 구한 평균으로 추정하는 모수는 무엇인가?
c) 친구 10명 각자에게 1주일 동안 매일 수중에 있는 잔돈의 평균을 물어보고 그들이 답한 관측치 10개의 평균을 구하였다. 여기서 모집단은 무엇인가? 여기서 구한 평균으로 추정하는 모수는 무엇인가?
d) 이들 10개의 관측치를 평균한 값이 당신이 속한 학급 각 학생들의 평균 잔돈(모집단)을 대표한다고 할 수 있는가? 그리고 당신의 학교와 나라까지 대표할 수 있다고 생각하는가? 그렇게 생각하는 이유를 말해보라.

45. 회계. 분기별 회계감사 기간 사이에, 회사가 회계절차상에 문제가 있는지 확인하려 한다. 회계부서의 직원이 하루에 대략 120건 주문에 대한 구매대금을 지불한다. 그리고 그 다음 날 관리자가 이들 거래가 적절하게 처리되었는지 확인하기 위해 이들 거래 가운데 10건을 다시 점검한다.

a) 관리자가 사용할 수 있는 표본추출법을 제안해보라.
b) 회사가 도매와 소매 영업을 모두 한다면 서로 다른 기장 절차가 필요하게 된다. 그렇다면 표본추출법을 어떻게 수정하겠는가?

47. 품질관리. 새미 살사(Sammy's Salsa)라는 지방의 작은 회사는 살사소스를 하루에 20상자를 만든다. 한 상자에는 소스 병 12개가 들어가고 제조 날짜와 뱃치(batch) 번호가 새겨진다. 제품의 품질을 유지하기 위해, 하루를 마감하기 전에 새미 살사는 살사소스 3병을 뽑아서 내용물의 무게를 달고 맛을 본다. 새미 살사가 표본을 추출하는 데 도움이 되는 방법을 생각해보라. 오늘 생산된 상자의 번호는 07N61에서 07N80까지이다.

a) 당신이 선택한 표본추출법을 상세히 설명하라.
b) 맛을 검사하기 위해 난수를 이용하여 세 병을 뽑는 방법을 설명하라.
c) 임의추출법을 사용했는가? 어떻게 사용했는지 설명하라.

49. 표본추출방법. 아래 각 상황을 살펴보고 제시된 표본추출방법이 적합한지 설명하라.

a) 지역의 의사 가운데 몇 %가 저소득층 환자를 받아들이는지 알고 싶어서 지방의 업종별 전화번호부 명단으로부터 의사를 임의로 50명 추출하여 의사가 근무하는 병원에 전화를 건다.
b) 지역의 업체 가운데 몇 %가 다음 달에 종업원을 추가로 고

용할 것인지 알고 싶다. 업종별 전화번호부에서 임의로 한 페이지를 선택하여 거기에 나온 모든 회사에 전화를 건다.

확인문제 정답

1. a) 모집단의 모든 구성원을 대상으로 전수조사를 하는 것이 쉽지 않고 시간이 너무 오래 걸리게 된다. 또한 조사 도중에 상황이 변해서 응답에 영향을 미칠 수도 있다. 따라서 잘 설계한 표본을 뽑는 게 흔히 더 낫다.
   b) 그 음식점의 음식들을 좋아하지 않는 사람들은 그곳에서 먹기 위해 줄을 서 있지 않을 것이다. 그러므로 이 표본추출법의 표본은 편향될 것이다. 그래서 좋은 방법이 아니다.
   c) 아니다, 표본의 크기만이 중요하다. 모집단에서 차지하는 비율은 중요하지 않다.
   d) 이 웹사이트에 자주 접속하는 학생들은 전체 학생들보다 일반적으로 통계학에 대해 보다 열의가 있을 것이다. 표본이 크더라도 편향을 없애지 못한다.
   e) 그것은 모집단의 "모수"이다. "통계량"은 표본을 설명한다.

2. a) 계통추출법
   b) 층화추출법
   c) 단순임의추출법
   d) 집락추출법

범주형 자료의 표현과 기술

CHAPTER 04

주식회사 킨(Keen, Inc.)

주식회사 킨(Keen)은 물놀이용 샌들을 생산하는 회사로 시작하였다. 킨사의 샌들은 특허를 받은 독특한 발가락 보호 디자인으로 빠르게 인기를 끌었다. (그 발가락 보호 디자인은 검은색 완충장치로 강이나 산길을 다닐 때 발가락을 보호한다.) 최근에 킨사의 브랜드는 야외활동에 탁월한 300가지 이상의 신발뿐만 아니라 다양한 가방과 양말까지 출시했다.

킨사가 창업 후 9년간에 이룬 성장과 비슷한 성장을 경험한 기업은 거의 없다. 이러한 성장에 대해서 놀라운 점은 킨사는 주로 신발과 아웃도어 용품 전문 매장과 온라인 매장을 통해 다른 경쟁자들보다 비교적 적은 광고로 성과를 이루어냈다는 것이다.

2004년 쓰나미 재앙 이후 킨사는 광고 예산의 거의 대부분을 삭감하고 희생자를 돕는 일과 피해현장의 복구 등 사회적 사명을 다하기 위해 백만 달러 이상을 킨 재단의 설립에 기부했다. 이러한 자선활동과 지역개발사업은 킨사의 브랜드 가치를 높이는 데 중요한 역할을 했다. 사실 브랜드 가치를 높이는 것을 떠나서 킨사는 이전부터 환경보존과 사회적 캠페인을 지원하기 위한 자선 프로그램들을 진행해왔었다.

누가	킨사의 웹사이트를 방문하는 고객들
무엇을	출처(킨사의 웹사이트에 방문하는 경로)
언제	2011년 11월
어디서	전 세계에서
어떻게	구글 애널리틱스를 통해 수집한 자료를 통해
왜	고객들의 웹사이트 이용 형태와 그들이 웹사이트에 어떻게 접근하는지 이해하기 위해서

킨사는 대부분의 기업들과 마찬가지로 고객이 자사의 웹사이트에 방문하여 남긴 흔적들에서 데이터를 모은다. 고객이 사이트를 방문하고, 뒤이어 수행하는 각 행동(페이지를 바꾸거나 데이터를 입력하는 등)은 웹 로그 데이터로 기록된다. 이 로그들은 잠재적으로 가치가 있는 많은 정보들을 담고 있다. 하지만 그 로그들은 사용하기 어려운 단점이 있다. 로그를 간단히 보자면 다음과 같다.

245.240.221 - - [14/Jan/2012 : 15 : 20: 06−0800]" GET http://www.Keenfootwear.com/us/en/product/ss12/shoes/men/waterfront/Newport%20h2/midnight/%20navy!daphnehttp://www.google.com/"Mozilla/5.0WebTV/1.2(compatible ; MSIE 2.0)"

킨사는 데이터를 다루는 능력이 없다면, 데이터를 요약하기 위해서 반드시 제3자에게 의지해야 할 것이다. 킨사는 다른 많은 중소기업들처럼 데이터 로그를 모으고 요약하기 위해 **구글 애널리틱스**(Google Analytics)를 사용한다.

모든 데이터표가 위와 같은 로그 형식으로 되어 있다고 상상해보자. 방문하는 사람의 데이터 한 건마다 정보가 위의 로그처럼 나타날 것이다. 2011년 11월 킨사의 웹사이트에는 301,518명이 방문했다. 이 데이터는 긴 표로 표현될 것이다. 로그 형식이나 복잡한 표로 표현된 데이터가 가지는 문제는 데이터를 보고 어떤 맥락으로 흘러가는지 그리고 어떤 의미를 담고 있는지 알 수 없다는 것이다. 데이터를 모으고 본다는 것은 그로부터 무언가를 알아내기 위해서다. 그렇기 때문에 데이터의 패턴, 관계, 경향, 예외적인 상황 등을 보여주는 데이터 표현방법이 필요하다.

4.1 범주형 변수의 요약

데이터 분석의 세 가지 규칙

데이터를 분석할 때 반드시 지켜야 할 세 가지 규칙이 있다.

1. **그림을 그려라.** 데이터의 시각화는 우리가 표의 숫자만 보고는 발견하지 못하는 것들을 발견하게 하거나 분석계획을 수립하는 데 도움을 주고, 데이터 속에 숨은 패턴과 관계를 보다 명확히 생각할 수 있게 해줄 것이다.
2. **그림을 그려라.** 치밀하게 계획하고 작성한 그림은 데이터 분석에 많은 일을 할 것이다. 그림은 중요한 특징과 패턴을 보여줄 것이고 또한 일반적이지 않은 데이터 값이나 기대하지 않았던 패턴과 같이 예상하지 못했던 것을 드러낼 수도 있다.
3. **그림을 그려라.** 데이터에서 알아낸 것들을 다른 사람에게 보고할 때 가장 좋은 방법은 잘 선택한 그림과 함께 보고하는 것이다.

앞의 세 가지는 데이터 분석을 위한 규칙이다. 최근에는 기술의 발전 덕분에 데이터를 시각화하기가 한층 쉬워졌다. 위의 세 가지 규칙을 따르지 않을 이유가 없다. 〈그림 4.1〉

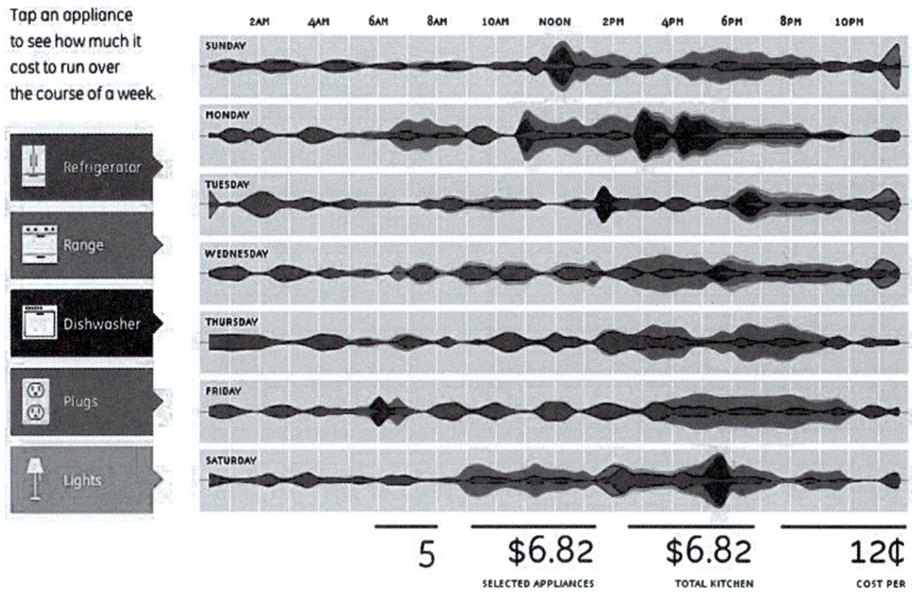

그림 4.1 GE사 가전제품의 1주일 동안 전기사용량을 보여주는 그림 (visualization.geblogs.com/visualization/kitchen/)

은 데이터를 시각화한 다양한 모습을 보여준다.

자료의 시각화도 어떻게 하는가에 따라 정보전달의 효과에 차이가 난다. 4장에서는 데이터를 왜곡하지 않으며 시각화하는 데 필요한 일반적인 원칙들을 알아본다.

도수분포표(frequency table)

출처	방문자수
Google	172,932
직접 접속	61,258
이메일	27,115
Bing	11,620
bbs.iyve.cn	10,363
Yahoo	9,577
기타	8,653
총계	**301,518**

표 4.1 킨사 웹사이트에 접근하는 여러 범주들의 도수를 나타낸 도수분포표

킨사는 소비자들이 어떻게 자사의 웹사이트를 찾아내는지 알고 싶을 것이다. 그들은 그 정보를 사용하여 광고예산을 여러 검색엔진들에 배정하고, 고객이 될 가능성이 가장 큰 소비자들에게 노출될 수 있는 곳에 광고를 낼 것이다. "출처" 변수에 킨사의 웹사이트에 온 각 방문이 어디에서 왔는지를 기록한다. 출처의 범주는 킨사의 웹사이트 주소를 브라우저에 직접 입력했음을 나타내는 "직접 접속"을 제외하고는 모두 검색엔진이다. 데이터를 제공한 301,518건의 방문기록을 파악하기 위해 "출처" 변수의 데이터를 요약하고 다른 사람들도 이해하기 쉽도록 시각화할 것이다.

어떤 변수이든지 시각화하려면 그 값들을 체계적으로 정돈해야 한다. "출처"와 같은 범주형 자료는 정돈하기 쉬운데, 각 범주에 해당하는 사례를 세기만 하면 된다. 〈표 4.1〉은 **도수분포표**(frequency table)라고 하는데 변수의 이름 아래 각 범주를 나열하고 각 범주에 해당하는 사례들을 집계한 결과를 기록한 표이다. 해당 사례의 수가 많은 순서대로 범주들을 정렬해보면 데이터를 조금 더 쉽게 이해할 수 있다. 예를 들어 〈표 4.1〉을 보면 킨사의 웹사이트에 접속할 때 가장 많이 사용된 검색엔진은 '구글(Google)'임을 쉽게 알 수 있다.

도수분포표에 기입된 각 범주에는 이름표를 붙인다. 위의 사례에서는 범주 이름표로 '구글(Google)', '직접 접속', '이메일' 등을 붙였다. 심지어 수천 개의 사례들도 변수의 범

주가 아주 많지 않다면 읽기 쉬운 도수분포표를 만들 수 있다. 하지만 범주가 수십, 수백 개인 도수분포표는 매우 읽기 힘들 것이다. 그래서 도수분포표에 있는 범주들 중 가장 아래에 위치한 '기타' 범주에 주목할 필요가 있다. 범주가 너무 많을 때는 종종 여러 변수의 값을 '기타' 범주로 합치기도 한다. 다분히 주관적인 판단에 의한 결정이지만 10개 이상의 범주를 만드는 것보다는 더 좋은 방법이다.

범주에 해당하는 사례의 수도 유용하지만, 각 범주에 해당하는 사례들이 차지하는 **비율**을 알고 싶을 때도 있다. 그래서 도수라고 부르는 각 범주에 해당하는 사례의 수를 전체 사례의 수로 나누어 비율을 구하기도 한다. 비율은 보통 그 값에 100을 곱하여 **백분율**로 나타내곤 한다. **상대도수분포표**(표 4.2)는 각 범주의 값이 아니라 범주의 **비율**을 보여준다. 두 가지 표 모두 사례들이 범주들 사이에 어떻게 분포하는지 보여준다. 이런 식으로, 가능한 범주들의 이름을 붙이고 각 범주의 빈도를 보여주므로 분포를 나타낸다.

범주	방문자수(%)
Google	57.35
직접 접속	20.32
이메일	8.99
Bing	3.85
bbs.iyve.cn	3.44
Yahoo	3.18
기타	2.87
총계	**100.00%**

표 4.2 표 4.1에 대한 상대도수분포표

예시문제 도수분포표 및 상대도수분포표 만들기

전미풋볼리그(NFL)의 결승전 "수퍼볼"은 수천만 명이 시청하는 미국의 전국적 연례행사이다. 그렇기 때문에 경기 중 광고를 방송하려면 엄청난 광고료를 지불해야 한다. 2012년에는 30초 광고료가 약 $3천5백만이었다. 광고료가 비싼 만큼 경기 중 광고들은 세간의 이목을 끌 수 있어야 한다. 그래서 광고회사들은 보다 참신하고 때로는 재미도 있어야 한다는 압박감을 느낀다.

이러한 광고 경쟁 때문에 TV중계방송에서 슈퍼볼 경기보다는 광고를 더 집중하여 보는 사람들도 있다. 갤럽사는 최근 슈퍼볼 경기 전에 미국 성인 1,008명을 대상으로 슈퍼볼 경기와 광고 중 어느 것을 보는 것을 더 좋아하는지를 조사했다. 다음은 응답자 중 40명의 응답이다.

시청 안함	경기	광고	시청 안함	경기
경기	시청 안함	광고	경기	경기
광고	광고	경기	시청 안함	광고
경기	모름/무응답	광고	경기	경기
시청 안함	경기	경기	시청 안함	경기
경기	시청 안함	시청 안함	경기	시청 안함
시청 안함	광고	광고	경기	시청 안함
모름/무응답	시청 안함	경기	경기	경기

문제 : 위 자료를 이용해 도수분포표를 만들어라. 또한 도수와 상대도수를 모두 나타내기 위해 백분율도 표에 표시하여라.

답 : 갤럽사의 슈퍼볼 관련 질문에는 네 가지의 응답이 나오게 된다. 각각을 세어서 표에 표시하면 다음과 같다.

응답	도수	비율(%)
광고	8	20
경기	18	45
시청 안함	12	30
모름/무응답	2	5
총계	**40**	**100**

4.2 범주형 변수의 시각화

면적 원칙(The Area Principle)

> **100.01%?**
> 상대도수분포표의 퍼센트들을 모두 더했는데 그 합이 정확이 100.00퍼센트가 아닌 경우를 보게 될 것이다. 이 불일치는 각 퍼센트를 반올림했기 때문이다. 그래서 퍼센트가 있는 도수분포표에는 이 차이의 원인을 알리는 각주를 볼 수도 있다.

도수분포표가 있으므로 데이터 분석의 세 가지 규칙을 따를 준비가 되었다. 하지만 그저 아무 그림이나 만들 수는 없다. 잘못된 그림은 자료에 대한 이해를 돕기는커녕 왜곡할 수도 있다. 예를 들어 〈그림 4.2〉를 보자. 〈그림 4.2〉는 〈표 4.1〉을 바탕으로 작성한 그래프이다. 각 출처를 거친 방문의 상대도수들에 대해서 어떤 인상이 드는가?

소비자들의 압도적 다수가 구글을 통해서 킨사의 웹사이트를 방문하는 것이 사실이긴 하지만, 〈그림 4.2〉를 보면 거의 모든 소비자들이 구글을 통해서 방문하는 것처럼 보인다. 무엇이 잘못되었을까? 〈그림 4.2〉에서 샌들의 길이는 표에서의 비율에 맞게 그려졌다. 하지만 눈은 샌들 그림의 다른 측면보다 면적이나 더더욱 부피에 영향을 받기 쉽다. 실제 자료에서는 구글을 통해 접속하는 소비자는 직접 접속하는 소비자의 약 3배 정도 많다. 샌들의 길이는 이와 같은 비율로 대략 3배 정도 길다. 하지만 그 면적은 약 3배를 훨씬 넘는다. 도수분포표에서 확인할 수 있듯이 이것은 정확하지 못한 정보이다.

그림 4.2 샌들의 길이가 정확하게 수치와 일치한다 하더라도 우리가 받는 느낌은 실제 수치와 다를 것이다. 사람들은 샌들의 길이보다 전체적인 면적을 먼저 인지하기 때문이다. 실제로 구글(Google)을 통해 웹사이트에 접속한 사람의 비율은 60%에도 미치지 못한다.

데이터를 시각화한 가장 좋은 그림은 기본적인 데이터 시각화 원칙인 '**면적 원칙**(Area Principle)을 지킨다. 면적 원칙이란 그래프의 일부가 차지하는 면적은 그것이 나타내는 값과 일치해야 한다는 것이다.

막대 차트(Bar Chart)

〈그림 4.3〉은 면적의 원칙을 지킨 차트이다. 막대들은 〈그림 4.2〉의 샌들들만큼 보기에 즐겁지는 않지만 시각적으로 더 정확한 인상을 준다. 모든 막대는 폭이 같으므로 각 막대의 높이가 그 면적을 정한다. 그리고 각 막대의 면적은 해당 범주의 집계된 값에 비례한다. 그렇기 때문에 〈그림 4.2〉에서와 다르게

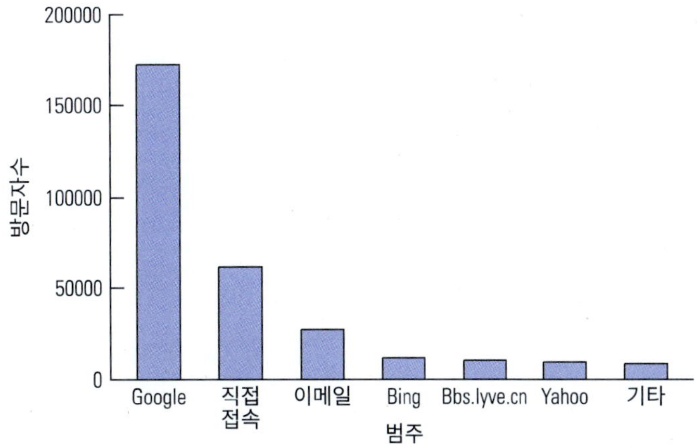

그림 4.3 킨사의 웹사이트 방문자를 방문경로를 기준으로 나눈 그래프이다. 면적 원칙이 지켜졌기 때문에 실제 분포와 일치한다.

막대 차트는 접속자의 절반에 가까운 수가 구글 탐색이 아닌 다른 경로로 접속했음을 쉽게 알아볼 수 있다. 또한 구글 탐색으로 접속한 경우가 직접 접속한 경우보다 2배를 약간 넘는다는 것도 쉽게 볼 수 있다. 막대 차트를 보면 이와 같은 비교는 쉽고 자연스럽다.

막대 차트(bar chart)는 범주형 변수의 분포를 눈앞에 펼쳐 보여주어, 각 범주에 속하는 사례의 수와 나란히 인접한 다른 범주에 속하는 사례의 수를 비교하기에 편리하다. 막대 차트의 막대들은 필요하면 어떤 순서대로든 재배열할 수 있음을 나타내기 위해 막대들 사이에 약간의 공간이 있어야 한다. 막대들은 하나의 동일한 수평축 위에 해당 범주 이름과 함께 배치한다. 변수의 이름은 흔히 수평축의 부제목으로 쓰인다.

막대 차트는 오른쪽 그림처럼 보통 수직으로 그리지만,

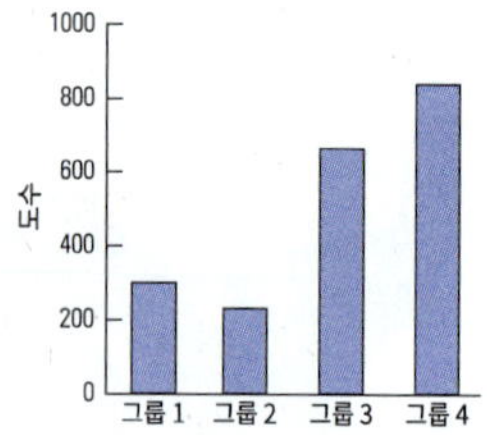

이 차트처럼 수평으로 그리는 경우도 있다.[1)]

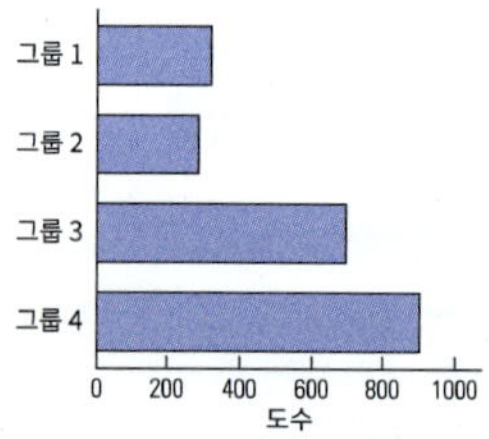

검색엔진들을 통한 접속자 수의 상대적 비율에 주의를 끌고 싶다면 도수를 상대도수로 교체하여 〈그림 4.4〉처럼 **상대도수 막대 차트**(relative frequency bar chart)를 그리면 된다.

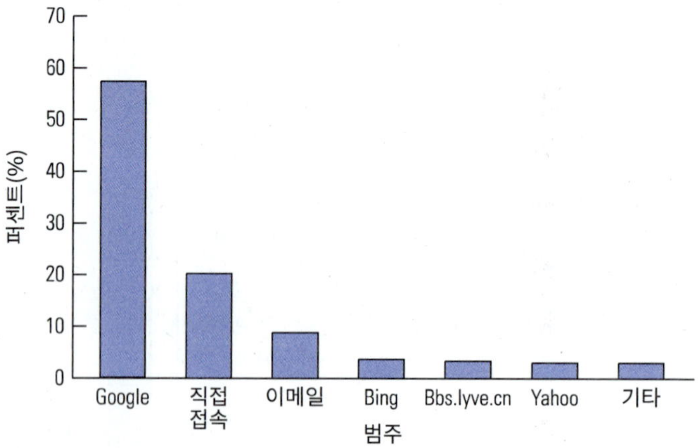

| 그림 4.4 상대도수 막대 차트는 일반 막대 차트(그림 4.3)와 같아 보이지만 실제 수치를 나타내는 막대 차트와 달리 각 범주별 비율을 나타낸다.

---

1) 엑셀(Excel)에서는 수직으로 그려진 그래프는 세로 막대 차트(Column Chart)로, 수평으로 그려진 그래프는 가로 막대 차트(Bar Chart)로 표현한다.

파이 차트(Pie Chart)

전체 그룹이 어떻게 여러 개의 범주로 나누어지는지 보여주는 또 다른 일반적인 시각화 방식은 파이 차트이다. **파이 차트**(pie chart)는 전체 사례 집단을 하나의 원으로 보여준다. 그리고 각 범주에 속하는 사례들이 전체 사례에서 차지하는 비율에 비례하여 원을 쪼갠다.

파이 차트는 전체 사례 집단이 더 작은 사례 집단으로 나누어지는지를 한눈에 보여준다. 우리는 파이를 2등분, 4등분, 8등분하는 데 익숙하므로 파이 차트는 1/2, 1/4, 1/8에 가까운 상대도수를 인식하는 데 효과적이다. 예를 들어 〈그림 4.5〉에서 구글을 나타내는 조각이 전체의 절반보다 약간 크다는 것을 쉽게 파악할 수 있다. 하지만 다른 비교들은 어렵다. 예를 들어 '야후(Yahoo)'를 통해 접속한 소비자가 많은지 아니면 '기타' 다른 방식으로 접속한 소비자가 많은지는 알기 힘들다. 두 범주를 나타내는 조각이 거의 같아 보이기 때문이다. 이런 비교는 보통 막대 차트에서 더 쉽다(〈그림 4.4〉와 비교해보라).

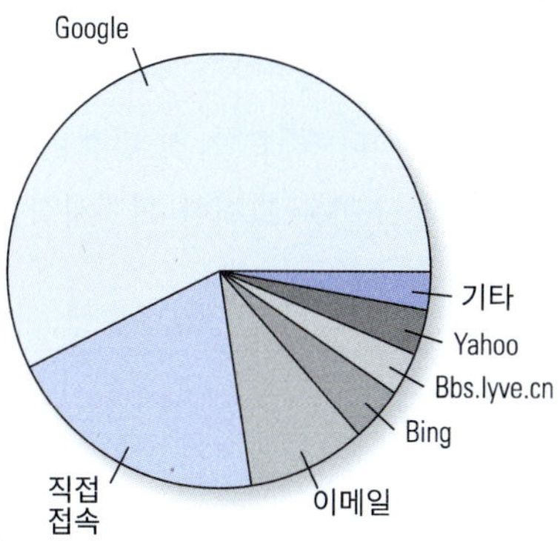

그림 4.5 파이 차트는 각 접속경로를 통한 방문자의 비율을 나타낸다. 이 파이 차트는 Microsoft Excel 2010을 이용해 만들었다.

- **그리기 전에 충분히 생각하라.** 데이터 분석의 첫 번째 규칙은 그림 그리기다. 하지만 어떤 종류의 그림을 그려야 하는가? 아직은 많은 방법들을 배우지 않았으므로 선택지가 별로 없다. 통계학에는 막대 차트나 파이 차트 외에도 많은 시각화 방법이 있다. 앞으로 논의할 각 시각화 방법은 어떤 상황에서 가장 적합한지를 아는 것은 데이터 분석에서 결정적으로 중요한 첫 단계이다. 시각화 방법의 선택 결정은 분석하고자 하는 데이터의 유형과 전달하고자 희망하는 내용에 부분적으로 좌우된다.

  선택한 분석방법이 데이터에 적합한지는 언제나 확인해야 한다. 막대 차트나 파이 차트는 그리기 전에 반드시 **범주형 데이터 조건**(Categorical Data Condition), 즉 데이터가 도수인지 범주별 비율인지 확인해야 한다.

예시문제 막대 차트 만들기

문제 : 60쪽의 슈퍼볼에 관련한 설문조사에서 얻은 40명의 응답 결과를 사용하여 막대 차트를 만들어라

답 : 60쪽의 표에 나온 도수들을 막대의 높이로 표현하라.

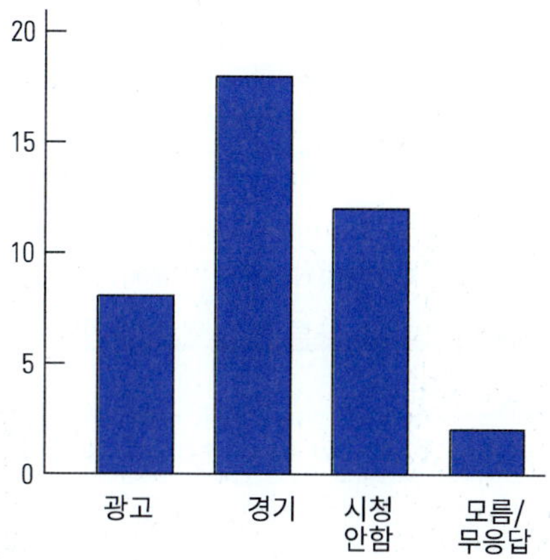

파이 차트나 상대도수 막대 차트를 만들고 싶다면 범주들이 겹치지 않도록 해서 한 개체가 여러 범주에 속하는 것으로 집계되지 않도록 해야 한다. 범주들이 겹치면 비율의 총합이 100%를 초과하여 차트를 왜곡한다. 킨사의 데이터를 예로 보면, 킨사의 웹사이트에 도달한 방문은 반드시 단 하나의 출처를 거치므로 범주들이 겹치지 않는다. 따라서 파이 차트나 막대 차트를 그리기에 적합한 데이터이다.

이 과목 내내 통계학을 제대로 한다는 것은 적합한 방법들을 선택한다는 뜻임을 보게 될 것이다. 이 말은 당면한 상황에 대해 생각을 해야 한다는 뜻이다. 중요한 첫 단계는 계획한 분석 유형이 적합한지 확인하는 것이다. 범주형 데이터의 조건은 그러한 확인사항들의 첫 번째 것일 뿐이다.

4.3 두 범주형 변수의 탐구: 분할표

누가	전 세계를 대상으로 GfK 로퍼 컨설팅이 실시한 설문조사의 응답자들
무엇을	음식과 건강에 관한 인식과 관련된 질문들에 대한 응답
언제	2005년 가을(2006년 발행)
어디서	전 세계
어떻게	GfK 로퍼 컨설팅사가 설계한 다단 추출법을 사용하여 자료를 수집함
왜	음식 및 화장품과 이것들이 건강에 미치는 영향에 대한 인식의 문화적 차이를 알기 위해

3장에서 우리는 GfK 로퍼 컨설팅사가 건강, 음식, 건강보조식품에 대한 소비자들의 태도에 관한 정보를 모으는 방법을 보았다. 식품회사들이 문화가 다른 여러 나라에서 효과적으로 식품을 판매하려면 국가별 소비자들의 자국 음식 선호도를 아는 것은 중요하다. 다음은 로퍼사가 실시한 설문조사 중 "나는 우리나라 농산품이나 전통식품과 요리를 아주 좋아한다"라는 서술에 대한 응답을 도수분포표로 정리한 것이다.

자국 음식을 선호하는가?	도수	상대도수
매우 그렇다	2346	30.51%
그렇다	2217	28.83%
보통이다	1738	22.60%
그렇지 않다	811	10.55%
전혀 그렇지 않다	498	6.48%
모르겠다	80	1.04%
총합	**7690**	**100.00%**

표 4.3 "나는 우리나라 농산품이나 전통식품과 요리를 아주 좋아한다"에 대한 응답을 집계하여 상대도수와 함께 정리한 도수분포표 (응답자의 소속 국가: 중국, 프랑스, 인도, 영국, 미국)

파이 차트(그림 4.6)는 반 이상의 응답자가 위의 서술에 동의함을 분명히 보여준다.

하지만 국가마다 다른 방법으로 마케팅 전략을 사용하고 싶다면 국가별 선호도의 차이가 궁금할 것이다.

그 차이를 알아보기 위해 두 범주형 변수 "자국 음식 선호도"와 소속 "국가"를 함께 볼 필요가 있다. 이것을 위한 편리한 도구로, 데이터를 이들 두 변수를 포함한 이원배치표(two-way table)인 분할표가 있다. 〈표 4.4〉가 바로 그것이다. 이렇게 개인들이 각 변수의

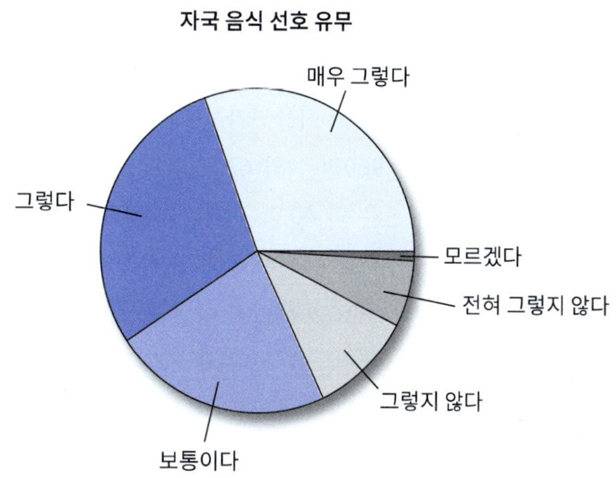

그림 4.6 응답자 과반이 자국 음식을 선호함을 분명히 알 수 있다.

해당 값에 따라 집계되지만 다른 변수의 영향을 받으며 분할된다는 의미를 반영하여 이런 2차원 표를 **분할표**(contingency table)라고 한다.

		자국 음식 선호도						
		매우 그렇다	그렇다	보통이다	그렇지 않다	전혀 그렇지 않다	모르겠다	총합
국가	중국	518	576	251	117	33	7	**1502**
	프랑스	347	475	400	208	94	15	**1539**
	인도	960	282	129	65	95	4	**1535**
	영국	214	407	504	229	175	28	**1557**
	미국	307	477	454	192	101	26	**1557**
	총합	**2346**	**2217**	**1738**	**811**	**498**	**80**	**7690**

표 4.4 국가별 자국 음식 선호도를 나타내는 분할표. 표 하단의 "총합"에 있는 데이터는 〈표 4.3〉에 있는 값이다.

표의 테두리는 각 변수의 범주별 합계이다. 위 표의 경우 맨 우측 열과 맨 아래 행이 해당한다. 이 중 마지막 행은 자국 음식 선호도별 도수분포 합계이며 맨 우측 열은 국가별 도수의 합계이다. 분할표의 가장자리에 있는 변수별 도수분포를 '**주변분포**(marginal distribution)'라고 부른다. 분할표에서 각 변수의 주변분포는 각 변수의 도수분포를 따로 구했을 때의 값과 같다.

분할표에서 행과 열이 교차하는 각 **셀**(cell)의 값은 두 범주형 변수 각각에 대한 응답을 모두 반영한다. 예를 들어 〈표 4.4〉를 보면 '영국'에서 '보통이다'라고 답변한 사람이 504명임을 알 수 있다. 또한 '매우 그렇다' 열에서 가장 큰 수인 960명은 '인도'에서 얻은 응답임을 알 수 있다. 그렇다면 위의 조사에 의하면 영국인이 인도인이나 중국인보다 자국 음식을 덜 선호할까? 이런 질문에 대답하기 위해서는 비율(%)을 사용하는 편이 낫다.

위에서 보았듯이 960명이 '인도'에서 '매우 그렇다'라고 답변했음을 알 수 있다. 이 응답자들을 비율로 표시할 수 있다. 그런데 무엇에 대한 비율일까? 설문에 응한 총 인원에 대한 비율인가? (이때 960명은 약 12.5%) 아니면 인도 응답들에 대한 비율인가? (이때 960명은 약 62.5%) 혹은 '매우 그렇다'고 대답한 응답자들에 대한 비율인가? (이때 960명은 약 40.9%) 이런 비율들은 상황에 따라 모두 타당한 값이 될 수 있다. 또한 모두 잠재적으로 유용하고 흥미롭다. 대부분의 통계 프로그램에서는 **총합 비율**(total percent), **열 비율**(row percent), **행 비율**(column percent) 가운데 하나를 선택할 수 있게 한다. 하지만 프로그램들은 위의 세 가지 비율을 각 셀에 한꺼번에 계산해준다. 이런 모든 비율을 계산한 결과표(표 4.5)는 매우 많은 정보를 담고 있지만 이해하기 어렵다.

		자국 음식 선호도						
		매우 그렇다	그렇다	보통이다	그렇지 않다	전혀 그렇지 않다	모르겠다	총합
국가	중국	518	576	251	117	33	7	1502
	% 행	34.49	38.35	16.71	7.79	2.20	0.47	100.00%
	% 열	22.08	25.98	14.44	14.43	6.63	8.75	19.53%
	% 총합	6.74	7.49	3.26	1.52	0.43	0.09	19.53%
	프랑스	347	475	400	208	94	15	1539
	% 행	22.55	30.86	25.99	13.52	6.11	0.97	100.00%
	% 열	14.79	21.43	23.01	25.65	18.88	18.75	20.01%
	% 총합	4.51	6.18	5.20	2.70	1.22	0.20	20.01%
	인도	960	282	129	65	95	4	1535
	% 행	62.54	18.37	8.40	4.23	6.19	0.26	100.00%
	% 열	40.92	12.72	7.42	8.01	19.08	5.00	19.96%
	% 총합	12.48	3.67	1.68	0.85	1.24	0.05	19.96%
	영국	214	407	504	229	175	28	1557
	% 행	13.74	26.14	32.37	14.71	11.24	1.80	100.00%
	% 열	9.12	18.36	29.00	28.24	35.14	35.00	20.24%
	% 총합	2.78	5.29	6.55	2.98	2.28	0.36	20.24%
	미국	307	477	454	192	101	26	1557
	% 행	19.72	30.64	29.16	12.33	6.49	1.67	100.00%
	% 열	13.09	21.52	26.12	23.67	20.28	32.50	20.24%
	% 총합	3.99	6.20	5.90	2.50	1.31	0.34	20.24%
	총합	2346	2217	1738	811	498	80	7690
	% 행	30.51%	28.83%	22.60%	10.55%	6.48%	1.04%	100.00%
	% 열	100.00%	100.00%	100.00%	100.00%	100.00%	100.00%	100.00%
	% 총합	30.51%	28.83%	22.60%	10.55%	6.48%	1.04%	100.00%

I 표 4.5 자국 음식 선호도 및 국가별 도수가 포함된 또 다른 분할표. 표를 통해 두 변수가 함께 고려된 도수의 크기뿐만 아니라 각각의 비율 또한 알 수 있다. 또한 각 도수마다 세 가지 선택사항(행, 열, 총합 대비 비율)이 모두 표현되어 있다. 이런 형식의 표는 대부분 정보가 너무 많다.

총합에 대한 비율만 알고 싶으면 그것들만 뽑아서 간단한 〈표 4.6〉을 얻을 수 있다.

		자국 음식 선호도						
		매우 그렇다	그렇다	보통이다	그렇지 않다	전혀 그렇지 않다	모르겠다	총합
국가	중국	6.74	7.49	3.26	1.52	0.43	0.09	19.53
	프랑스	4.51	6.18	5.20	2.70	1.22	0.20	20.01
	인도	12.48	3.67	1.68	0.85	1.24	0.05	19.96
	영국	2.78	5.29	6.55	2.98	2.28	0.36	20.25
	미국	3.99	6.20	5.90	2.50	1.31	0.34	20.25
	총합	30.51	28.83	22.60	10.55	6.48	1.04	100.00

표 4.6 소속 국가와 자국 음식 선호도의 조합별 총합 비율

이 비율들은 모든 응답자 중 각 셀에서 교차하는 두 가지 변수에 모두 해당되는 응답자의 비율을 보여준다. 예를 들어 〈표 4.6〉을 통해 '매우 그렇다'라고 응답한 '미국'인의 비율은 3.99%이며 '그렇다'라고 응답한 인도인들보다 약간 비율이 높다는 것을 확인할 수 있다. 이 사실이 과연 유용한가? 정말 알고 싶던 정보일까?

항상 무슨 비율을 말하려고 하는지 주의하라. 이러한 확인 과정은 진짜 알고자 하는 비율을 구하는 데 필요한 행과 열의 정보를 찾게 해줄 것이다.

무엇을 나타내는 비율(%)인가?

백분율은 의미가 헷갈리는 경우가 있다. "자국 음식 선호도에 대해서 '모르겠다'라고 대답한 사람들 중에서 인도인의 비율은 몇 퍼센트인가?"라는 질문을 받으면 '모르겠다' 열만 보면 알 수 있음은 거의 확실하다. 이 질문 자체가 고려 대상을 그 열의 인원으로 한정하는 듯이 보이므로 '모르겠다' 열의 80명 가운데 각 국가 소속 사람의 수에 집중하는 게 현명하다. 해당 비율은 열 비율에서 찾을 수 있을 것이며, 그 값은 80명 중 4명, 즉 5.00%일 것이다.

그러나 "'모르겠다'라고 답한 인도인은 몇 퍼센트인가?"라는 질문은 앞의 질문과 다르니 조심해야 한다. 이 질문의 진짜 의미는 "표본 전체의 몇 퍼센트가 인도인이면서 '모르겠다'라고 대답했는가?"이다. 그래서 일단 '누구(who)'는 응답한 모든 사람들이다. 그러므로 분모는 7,690명이며, 답은 총합 비율인 4/7690 = 0.05%이다.

마지막으로 "인도 사람들의 몇 퍼센트가 '모르겠다'라고 대답했는가?"란 질문을 받으면, 앞의 두 질문과 다른 세 번째 질문을 받은 것이다. 이 경우, '누구(who)'는 인도 사람들이다. 그러므로 분모는 인도인 1,535명이고 답은 행 비율인 4/1535 = 0.26%이다.

조건부 분포(Conditional Distribution)

더 흥미로운 질문들이 있는데 이것들은 무언가 조건이 걸린 질문이다. 예를 들어, 인도인의 몇 퍼센트가 설문의 서술을 전적으로 동의하는지 그리고 이 비율은 영국인 가운데 전적으로 동의한 비율과 비교하면 어떨까? 또한 내용의 변경 없이, 어떤 응답자가 그 서술에 전적으로 동의할 확률이 그 사람의 국적에 따라 다를까?라는 질문으로 표현할 수도 있다. 이 질문은 두 가지 방법으로 접근할 수 있다. 첫째 방법은 자국 음식 선호도가 국가에

따라 어떻게 다른지 보는 것이다. 이것은 표에서 행 비율(row percentages)들을 살펴보면 된다.

		자국 음식 선호도						
		매우 그렇다	그렇다	보통이다	그렇지 않다	전혀 그렇지 않다	모르겠다	총합
국가	인도	960	282	129	65	95	4	1535
		62.54	18.37	8.40	4.23	6.19	0.26	100%
	영국	214	407	504	229	175	28	1557
		13.74	26.14	32.37	14.71	11.24	1.80	100%

| 표 4.7 인도와 영국의 자국 음식 선호도를 나타낸 조건부 분포. 이 표는 행 비율을 보여준다.

행을 하나씩 살펴보면, 응답자가 해당 행 국가의 국민이라는 조건하에서 그들의 자국 음식 선호도 분포를 알 수 있다. 각 행에서 모든 비율의 합은 100%이며 각 범주의 비율은 그 범주에 동의한 응답자 수를 해당 국가의 총 응답자의 수로 나눈 값이다. 첫 행의 경우 사실상 응답자들은 인도인밖에 없다는 조건하에 응답의 분포를 보는 셈이다.

이러한 형태의 분포는 다른 변수에 건 조건을 충족하는 사례들만의 분포를 표현하므로 **조건부 분포**(conditional distribution)라고 부른다. 〈그림 4.7〉에서 왼쪽 차트는 국가=인도'라는 조건을 충족하는 사례들의 자국 음식 선호도 조건부 분포이고, 오른쪽 차트는 '국가=영국'이라는 조건을 충족하는 사례들의 자국 음식 선호도 조건부 분포이다.

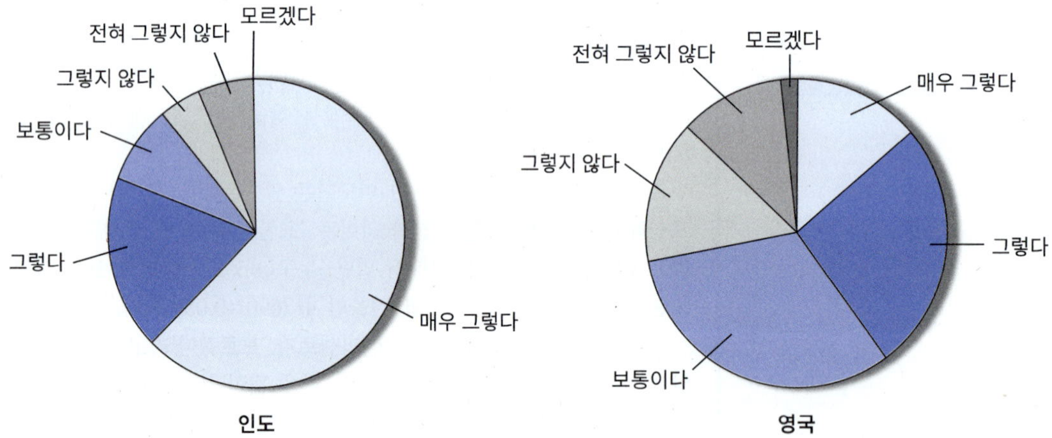

| 그림 4.7 영국인들과 인도인들의 자국 음식 선호도 조건부 분포를 나타내는 파이 차트이다. '인도인'들 중 설문에 '그렇다(혹은 매우 그렇다)'라고 응답한 비율이 '영국인'들 중 '그렇다(혹은 매우 그렇다)'라고 응답한 응답자의 비율보다 높은 것을 알 수 있다.

물론 이와 반대로 자국 음식 선호도를 조건으로 건 질문을 할 수도 있다. 자국 음식 선호도 범주별로 두 나라 응답자 수의 분포는 어떨까? 〈표 4.7〉의 열 비율을 보면 이에 답할 수 있다.

각 행의 비율이 어떻게 변하는지 보면 설문에 응한 응답자들의 분포가 국가에 따라 차이가 남을 확인할 수 있다. 그 차이들을 더 생생하게 보려면 조건부 분포를 그리면 된다.

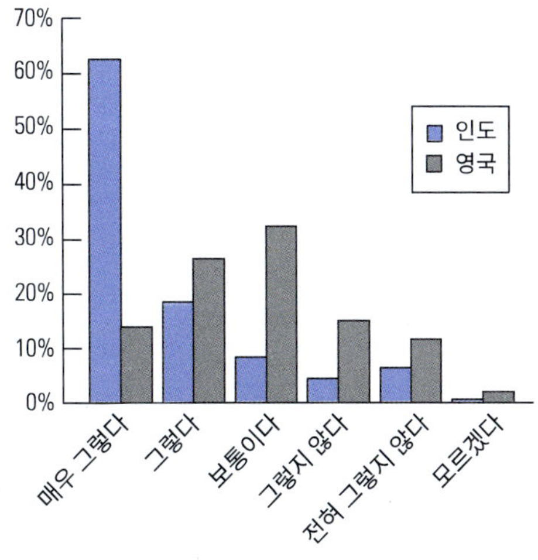

그림 4.8 묶은 세로 막대 차트는 인도인들과 영국인들의 자국 음식 선호도의 조건부 분포를 보여준다. 묶은 막대 차트는 파이 차트보다 두 나라의 비율(%)을 비교하기가 용이하다.

〈그림 4.8〉은 인도인들과 영국인들의 자국 음식 선호도를 범주별로 묶은 세로 막대 차트로 그린 것이다. 인도인들이 영국인들보다 자국 음식을 더 선호함이 명확하게 드러난다. 이 자료는 GfK 로퍼사의 의뢰 기업을 포함한 식품업체들에게 인도인들이 수입품으로 여기는 식품에 대한 수용도가 낮을 것이고, 동시에 영국인들은 인도인들보다는 수입식품에 대한 수용도가 높다는 사실을 알려준다. 때문에 이 자료는 해외 마케팅을 수행하고자 하는 식품업체들에게 아주 가치 있는 정보가 될 수 있다.

변수들은 서로 다양한 방식으로 연관될 수 있고 연관성의 강도도 다양할 수 있다. 두 변수들이 서로 어떻게 연관되어 있는지 알아볼 수 있는 가장 좋은 방법은 변수들이 서로 연관되어 있지 않은지를 확인해보는 것이다.[2] 분할표에서 변수 두 개 중 어떤 한 변수의 분포가 또 다른 변수의 모든 범주 대에서 동일하다면 두 변수는 서로 **독립적**(independent)이라고 한다. 다시 말해서 두 변수 사이에 관련이 없다는 것이다. 독립성을 확인하는 방법은 책의 뒤편에서 정식으로 다룬다. 여기서는 분포들을 단순히 비교해본다.

예시문제 분할표와 묶은 막대 차트

앞에 다루었던 갤럽의 성(性)별 슈퍼볼 시청 설문의 응답을 분할표로 나타낸 것이다.

	성별		
	여성	남성	총합
경기	198	277	475
광고	154	79	233
모름/무응답	4	4	8
시청 안함	160	132	292
총합	516	492	1008

2) 이런 식의 역방향 추론은 과학이나 통계학에서 의외로 자주 등장한다.

문제 : 시청자들이 슈퍼볼 시청에서 관심 있어 하는 것과 성별 사이에 연관성이 있는가?

답 :

남성 :	여성 :
경기 = 277/492 = 56.3%	경기 = 198/516 = 38.4%
광고 = 79/492 = 16.2%	광고 = 154/516 = 29.8%
시청 안함 = 132/492 = 26.8	시청 안함 = 160/516 = 31.0%
모름/무응답 = 4/492 = 0.8%	모름/무응답 = 4/516 = 0.8%

두 가지 변수들의 분포를 묶음 막대 차트로 나타내면 다음과 같다.

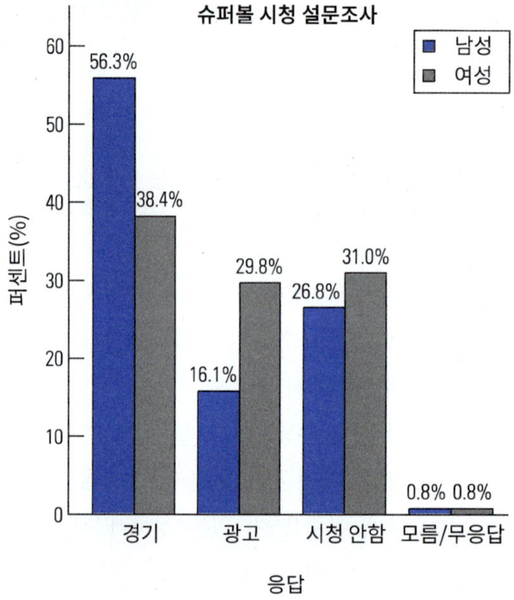

위의 설문조사에 따르면 성별로 슈퍼볼을 시청하지 않을 것이라고 응답한 비율을 보면 여성은 31%이고 남성은 26.8%로, 여성이 남성에 비해 수퍼볼 시청에 약간 관심이 낮다. 즉, '성별'과 '시청 안 함' 두 변수는 큰 연관성이 없다고 볼 수 있다. 그러나 수퍼볼 TV 중계를 보겠다고 답한 응답자들의 경우 성별에 따라 경기를 보겠다는 사람과 광고를 보겠다고 한 응답자의 비율에 큰 차이가 있다. 경기를 보겠다고 답한 응답자들의 비율과 광고를 보겠다고 답한 응답자들의 비율의 차이는 여성(38.4%−29.8%)보다 남성(56.3%−16.1%)이 훨씬 더 크다. 이는 시청을 계획 중인 사람들 사이에서는 시청자의 성별과 시청자가 보고자 하는 것 사이에는 연관성이 있다는 것을 알려준다.

확인문제

어떤 안경점이 재고의 균형을 맞추기 위해 매장에서 고객에 관한 데이터를 아래와 같이 수집했다.

		눈 상태			
		근시	원시	이중초점렌즈 필요	총합
성별	남성	6	20	6	32
	여성	4	16	12	32
	총합	10	36	18	64

1 여성 고객 중 원시의 비율은 얼마인가?
2 근시인 고객 중 여성의 비율은 얼마인가?
3 전체 고객 중 원시인 여성의 비율은 얼마인가?
4 눈의 상태의 분포는 무엇인가?
5 남성의 눈 상태에 관한 조건부 분포는 무엇인가?
6 근시인 고객 중 여성의 비율과 전체 고객들 중 여성의 비율을 비교해보라.
7 '눈의 상태'와 '성별'은 종속적인 것 같은가? 설명하라.

적층(積層) 막대 차트(Stacked Bar Charts)

로퍼사의 설문조사 자료를 앞에 그렸던 파이 차트 대신 적층 막대 차트로 표현할 수 있다. **적층 막대 차트(stacked bar chart)는** 각 범주의 비율을 나타내는 막대 토막을 탑을 쌓듯이 쌓아서 전체 비율을 나타낸다. 적층 막대 차트를 통해 두 나라 사이에 설문에 대한 응답의 분포가 매우 다름을 확인할 수 있으며, 이 차이는 자국 음식 선호도와 국가가 무관하지 않음을 보여준다.

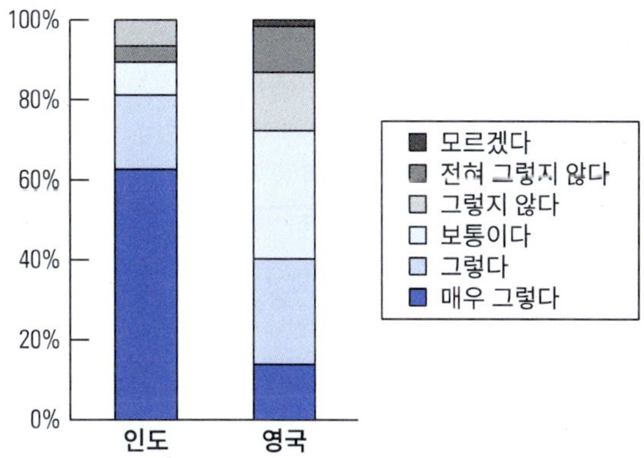

그림 4.9 인도와 영국 각 나라별 총 응답자 수는 다르지만 응답자 수를 비율로 변환했으므로 두 막대의 높이는 같다. 그림 4.7의 파이 차트와 비교해보라.

길잡이 문제 식품안전

다국적 식품 기업들에서 식품의 저장과 식품안전은 중요한 사안이다. GfK의 한 고객 식품회사가 식품안전에 대한 사람들의 관심이 연령에 상관없이 같은지 알고 싶어 했다. GfK가 5개국의 1,500명에게 "나는 내가 구입하는 식품이 얼마나 안전한지 신경이 쓰인다."라는 서술에 동의하는지 물었다. 소비자들의 식품안전의식과 연령 사이의 관계를 의뢰사에게 보고하라.

계획

준비

- 연구목표와 목적을 명시한다.
- 변수들을 파악하고 정의한다.
- 데이터 수집기간을 제시한다.

데이터 유형에 적합한 분석방법을 결정한다.

의뢰사는 식품안전에 관한 질문에 대한 응답이 어떻게 분포하는지, 또한 응답이 응답자의 연령과 관련이 있는지 알고 싶어 한다. GfK는 2005년 가을에 이 질문에 대한 데이터를 모았고 조사결과를 2006년에 보고했다.

변수는 식품안전이며, 답변의 (모르겠다)를 포함하여 '매우 그렇다'부터 '전혀 그렇지 않다'에 이르는 겹치지 않는 범주들에 동의하는 수준으로 구성하였다. 연령은 처음에 12그룹으로 구성되었는데 아래의 다섯 개의 그룹으로 통합하였다.

유소년: 13-19세
청소년: 20-29세
청년: 30-39세
청장년: 40-49세
장년: 50대 이상

식품안전과 연령이라는 변수들은 서열 변수이다. 각 연령대 사이의 차이를 찾기 위해 분할표와 묶은 막대 차트를 작성하는 게 적당하다. 연령대에 따른 식품안전 의식의 분할표는 다음 '실행' 단계에 나와 있다.

실행

실행방안 이와 같이 데이터 양이 많을 때엔 컴퓨터 프로그램을 사용하여 도표화하고 시각화한다.

		식품안전 의식						
		매우 그렇다	그렇다	보통이다	그렇지 않다	전혀 그렇지 않다	모르겠다	총합
연령대	유소년	16.19	27.50	24.32	19.30	10.58	2.12	100%
	청소년	20.55	32.68	23.81	14.94	6.98	1.04	100%
	청년	22.23	34.89	23.28	12.26	6.75	0.59	100%
	청장년	24.79	35.31	22.02	12.43	5.06	0.39	100%
	장년	26.60	33.85	21.21	11.89	5.82	0.63	100%

묶은 막대 차트는 여러 그룹들을 비교할 때 특히 유용하다.

아래의 묶은 막대 차트는 연령대 그룹별로 범주별 응답비율(%)을 보여준다.

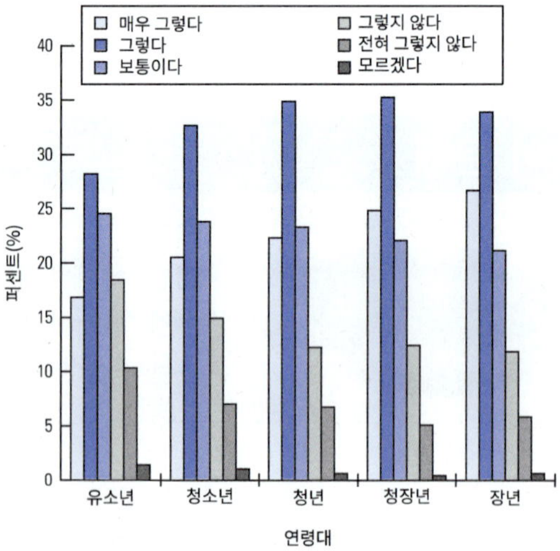

보고

요약 및 결론 조사 맥락에 맞추어 차트와 분석 결과를 요약하라. 가능하다면 적절한 제안을 하고 추가로 필요한 분석에 대해서도 설명하라.

메모

Re: 연령대에 따른 식품안전 의식 조사

저희 GfK로퍼사가 진행한 설문조사에서 얻은 데이터를 분석한 결과

식품안전 의식은 전반적으로 연령대가 높아질수록 증가함을 알 수 있었습니다.
하지만 아직 이 추세가 다른 나라에도 적용되는지는 분석하지 않았습니다. 만일 고객님의 기업에서 이에 대해 관심이 있으시다면 국가별 추세를 분석하는 것을 추천 드립니다.
첨부된 표와 분석들은 결과에 대한 근거자료입니다.

무엇이 잘못될 수 있는가?

- **면적 원칙을 어기지 말라.** 이것은 아마 그림으로 나타내는 과정에서 발생하는 가장 일반적인 실수일 것이다. 면적 원칙의 위반은 보통 내용과 관련 없는 심미적 욕심으로 치장하는 중에 발생한다. 아래의 예시는 '자국 음식 선호도' 데이터를 가지고 만든 두 종류의 파이 차트이다.

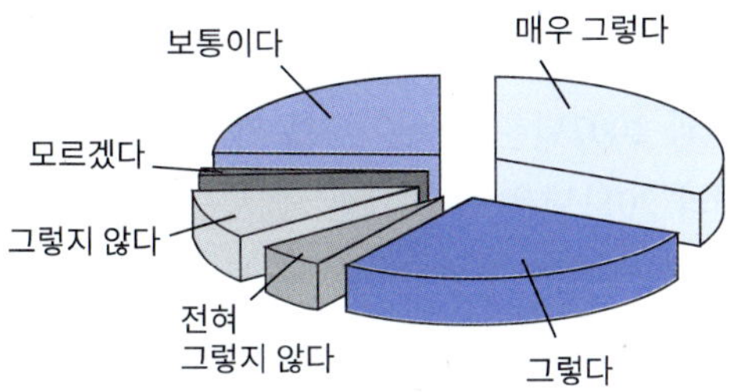

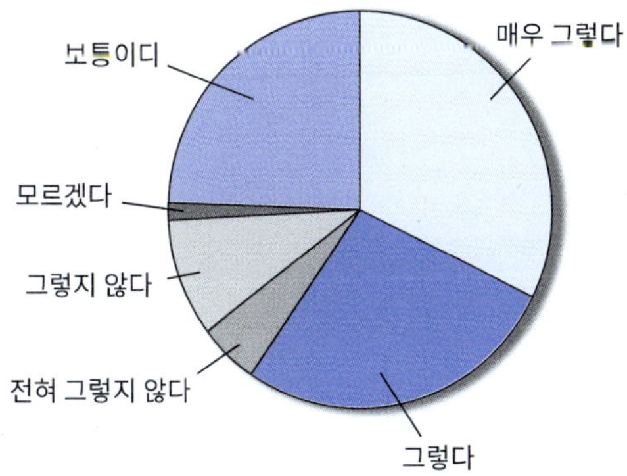

왼쪽 차트는 오른쪽 것보다 보는 이들의 흥미를 더 끈다. 하지만 파이 차트는 이렇게 기울여서 입체화하면 면적 원칙이 위배되어 파이 차트의 주 기능인 범주들 간의 비교가 어려워진다.

- **정직하게 표현하라.** 아래 파이 차트는 미국 질병관리센터가 위험한 행동을 하는 고등학생들에 대한 데이터를 가지고 작성한 것이다. 이 차트의 오류가 무엇인가?

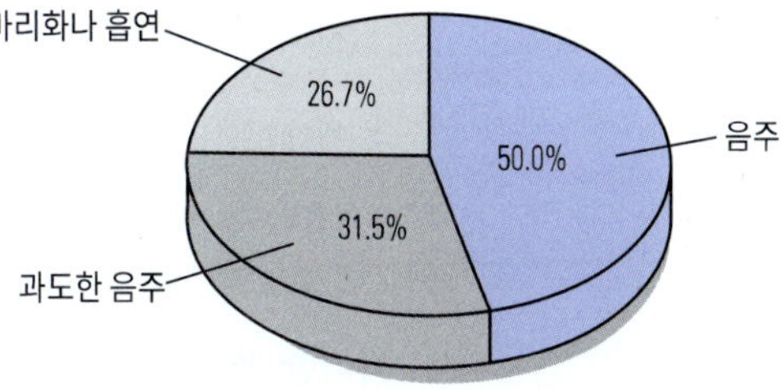

모든 비율을 더해보거나 50%라고 적혀 있는 조각을 주시하라. 제대로 작성된 것처럼 보이는가? 다음과 같이 짚어보라 : 이것들은 무엇들의 비율인가? 조각으로 쪼개지기 전의

"전체"가 있는가? 파이 차트에서는 조각들의 합이 반드시 100%가 되어야 한다. 또한 각 개인(개체)은 오직 한 범주에만 포함되어야 한다. 물론 기울어져 있어서 오류를 찾기 더 어렵다.

아래에 또 다른 예시가 있다. 2006~2011년 미국 휴대폰 사용자들의 기간별 평균 문자메시지 사용 횟수이다.

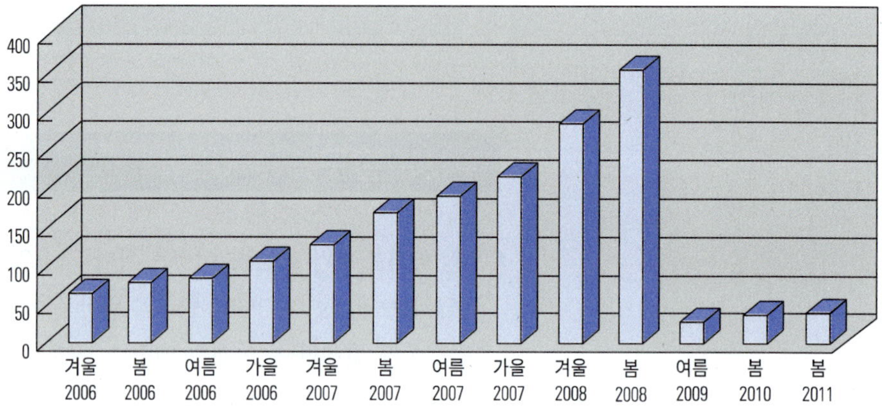

차트를 보면 2009년 여름부터 문자메시지 사용 횟수가 급감하였다. 하지만 이것은 아마 실제 사용자들은 경험상 동의하기 어려울 것이다. 사실, 이 그래프에는 몇 가지 문제점이 있다. 2006년과 2007년은 네 분기 자료가 사용되어서 자연스럽지만 2008년은 두 분기만 있고 2010년과 2011년은 봄 자료만 있는 듯하다. 분기별 평균 문자 사용 횟수의 추이를 기대하는 사용자에게는 매우 잘못된 정보일 것이다. 이러한 결함만도 치명적인데, 이 그래프의 최악의 오류는 보이지 않는 곳에 있다. 최악의 실수는 자료를 보고하는 회사가 2009년에 문자 사용 횟수를 분기 평균에서 월 평균으로 바꿔서 보고했다는 것이다. 즉, 마지막 세 개 막대의 실제 자료는 분기 평균이 아니라 월 평균이다. 그러므로 이전 기간과 일관성을 유지하려면 각 값에 4를 곱하여 막대의 높이를 결정했어야 한다.

- **비율은 조건들을 명확히 파악하여 혼동하지 말라.** 조건부 분포나 결합분포의 비율들은 비슷하게 들리지만 실제로는 전혀 다르다(표 4.5 참조).
  - 프랑스인 중 '매우 그렇다'라고 응답한 사람의 비율은 22.55%이다(347/1549).
  - '모르겠다'라고 응답한 사람 중 프랑스인은 18.75%이다(15/80).
  - 전체 응답자 중 프랑스인이고 '매우 그렇다'라고 대답한 사람의 비율은 4.51%이다(347/7690).

각 예에서 비율을 찾기 전에 조건을 걸어 해당 그룹을 축소하는 단어들의 사용에 주목하자(프랑스인, '모르겠다'라고 응답한 사람, 전체 응답자 등). 이러한 조건들은 비율을 구하기 위해서 분자로 삼아야 하는 응답자들과 분모로 삼아야 하는 대상을 제한하여 한정한다. 이러한 조건들의 차이를 명확하게 파악해야 한다.

- **변수별로 파악하는 것도 잊지 말아야 한다.** 분할표를 작성하거나 조건부 분포를 그릴 때 주변분포도 검토해야 한다. 각 범주에 속하는 사례의 수를 아는 것이 중요해서이다.

- **충분히 많은 개체(사례)를 조사한 것인지 확인해야 한다.** 비율은 충분히 많은 개체(사례)를 사용하여 구한 값인지 확인해야 한다. 아래와 같은 보고서를 작성하지 않도록 조심해야 한다:

  조사한 기업 가운데 66.67%가 외부 컨설턴트를 고용함으로써 성과가 향상되었다. 나머지 한 기업은 파산했다.

- **자신의 사례를 과장하지 말라.** 독립성은 매우 중요한 개념이지만 두 변수가 완전히 독립적인 경우는 드물다. 그러므로 하나의 변수가 다른 하나의 변수에 어떠한 영향도 끼치지 않는다고 결론지을 수 없다. 보통 독립적이라고 말할 때에는 우리가 실시한 조사에서는 다른 변수에게 미치는 영향이 거의 관찰되지 않았다는 것을 알 수 있을 뿐이다. 그래서 다른 그룹을 대상으로 다른 환경에서 수행된 연구에서는 다른 결과가 나올 수 있다.

- **무엇을 나타내는 비율인지 정확히 파악해라.** 무엇을 나타내는 비율인지 정확히 파악하지 못하면 잘못 해석하여 전혀 이해할 수 없는 결과를 나타낼 수 있다. 다른 여러 범주를 포함하여 비율을 구하고자 할 때 비율들을 잘못 결합하여 엉뚱한 결과가 나오지 않도록 주의해야 한다. 다음 절은 한 예를 보여준다.

심슨의 역설(Simpson's Paradox)

아래의 예시는 다른 그룹들을 결합해서 비율을 구하면 믿기 힘든 엉뚱한 결과가 나올 수 있음을 보여주는 예이다. 한 회사에 피터와 카트리나라는 두 영업담당자가 있다. 피터는 예상 판매량의 83%를 본인이 달성했으므로 78%를 달성한 카트리나보다 더 유능한 영업사원이라고 주장한다. 〈표 4.8〉은 각자가 달성한 최근 120건의 전화 판매 결과를 제품별로 구분하여 보여준다. 각 제품별 판매율을 보면, 인쇄용지 판매에서도 카트리나는 95%를 달성하여 90%를 달성한 피터보다 높고, USB 메모리 판매에서도 50%를 달성한 피터보다 성과가 높았다. 어떻게 이럴 수가 있을까?

이러한 현상을 '**심슨의 역설**(Simpson's Paradox)'이라고 부른다. 이 명칭은 1960년대에 이러한 현상을 설명하였던 통계학자(Edward H. Simpson)의 이름에서 유래했다. 이 현상은 드물지만 잘 알려진 몇 사례가 있다. 위의 예시에서처럼 서로 다른 그룹, 즉 인쇄용지 판매실적과 USB 메모리 판매실적을 무심코 결합하여 전체 비율을 계산하면 이런 문제가

	제 품		
판매 담당자	인쇄용지	USB 메모리	전체 판매량
피터	90/100	10/20	100/120
	90%	50%	83%
카트리나	19/20	75/100	94/120
	95%	75%	78%

표 4.8 각 제품군에 있는 비율들을 보자. 누가 인쇄용지 판매에서 더 좋은 성과를 달성했는가? 누가 USB 메모리에서 더 좋은 성과를 달성했는가? 그리고 누가 전체적으로 더 좋은 성과를 달성했는가?

생길 수 있다. (여기서 '결합'이란 두 비율의 합을 가리키는 게 아니라, 두 제품의 판매량은 판매량끼리 합하고 판매 목표량은 판매 목표량끼리 합한다는 뜻임 – 역자) 카트리나는 판매가 어려운 USB 메모리에 더 집중해서 전체 성과에서의 판매율이 USB 메모리 판매량의 영향을 많이 받았다. 피터는 비교적 판매하기 쉬운 인쇄용지를 더 많이 판매하였다. 이처럼 영업담당자별로 두 제품의 판매 패턴이 서로 다를 때 두 제품을 결합하여 비율을 계산하면 잘못된 결론을 내릴 수 있다. 두 사람의 상사는 피터가 더 좋은 성과를 냈다고 쉽게 결론짓지 않도록 조심해야 한다.

참고로 2장에서 소개한 변수 유형을 이 문제에 적용해보면, 변수는 세 가지로 그 중 두 가지는 '영업담당자'와 '제품'으로 명목 자료이고 나머지 하나는 '판매율'로 비율 자료이다. 변수 영업담당자의 측정치('수준'이라고도 함)는 '피터'와 '카트리나'이며 제품의 수준은 '인쇄용지'와 'USB 메모리'이다.

심슨의 역설의 교훈은 두 그룹을 결합할 때는 비교가 가능한 개체들을 비교가 가능한 척도로 측정하여야 한다는 것이다. 이 예에서처럼 인쇄용지 판매에 주력한 피터의 성과 자료와 USB 판매에 집중한 카트리나의 자료를 무심코 결합하면 두 사람의 판매율 순위가 개별 제품에서와 전체 판매율에서 엇갈릴 수 있다. 우리가 비교하는 변수는 영업담당자의 판매율이다. 앞에서 이미 보았듯이 영업담당자의 전체 제품에 대한 판매율을 비교하기 위해 두 제품을 결합할 때 특히 조심해야 한다. 이를 일반화하면, 한 변수(이 경우 '영업담당자')의 사례들(이 경우 '피터'와 '카트리나')을 ('판매율'을 기준으로)비교하기 위해 다른 변수(이 경우 '제품')의 모든 수준(이 경우 '인쇄용지'와 'USB 메모리')을 결합하는 경우 특히 조심해야 한다. 이런 경우에는 다른 변수의 모든 수준을 결합하여(이 경우 '전체 판매량' 비율을 구하는 것) 비교하기보다 수준(이 경우 제품)별로 비교하는 게 낫다. 즉, 그렇게 개별 수준별 비교가 의미 있으며, 모든 수준을 결합한 값으로 비교하는 것은 의미가 없을 수 있다.

성차별?

심슨의 역설의 유명한 예 중 하나는 캘리포니아 주립대 버클리 캠퍼스(University of California at Berkeley) 대학원 지원자들의 남녀 합격률을 조사하는 과정에서 나타났다. 사이언스(*Science*)지에 게재된 논문에 따르면 남성의 합격률은 약 45%인 반면 여성의 합격률은 30%에 그쳤다. 명백한 성차별 증거처럼 보인다. 하지만 데이터를 단과대학(공과대학, 법학전문대학, 약학대학 등) 수준으로 나누어보면, 각 단과대학에서는 양성간의 합격률이 비슷하였다. 일부 단과대학에서는 여성 합격자 비율이 더 높았다. 합격률이 낮은 전공에 여성 지원자들이 많이 지원했다. 예를 들어 법학대학이나 약학대학의 경우 합격률은 10%에 미치지 못한다. 반면 남성 지원자들은 합격률이 50%에 달하는 공과대학이나 자연과학에 많이 지원하는 경향을 보였다. 전체 지원자와 전체 합격자 수준으로 데이터를 결합하여 비율을 계산했을 때 여성 지원자들의 합격률이 낮았다. 즉, 성별로 전체 지원자와 합격자를 각각 합산하여 계산한 성별 합격률은 성차별 증거로는 의미가 없다.

통계분석의 올바른 사용

라일 에르하르트(Lyle Erhart)는 지난 3년간 한 선도적인 고객관계 관리(CRM) 소프트웨어 개발 회사의 영업부서에서 일해 왔다. 그는 최근 금융 서비스 기업들의 CRM 도입 프로젝트의 성공요인들을 분석한 연구결과를 접했다. 라일은 흥미롭게 그 연구보고서를 읽었으며 자사의 CRM 소프트웨어 제품이 프로젝트들에 채택된 것을 보고 더욱 흥미를 느꼈다. 2012년 최우수 CRM 제품들을 채택한 프로젝트들의 CRM 유형별(운영용 vs. 분석용) 성공률을 보여주는 표가 있었다. 라일은 신속히 자사 제품과 주요 경쟁사의 제품에 대한 결과를 찾았다. 그리고 그는 아래와 같은 표로 결과들을 요약했다:

	라일의 회사	주요 경쟁사
운영용	20개 중 16개의 성공	80개 중 68개의 성공
분석용	100개 중 90개의 성공	20개 중 19개의 성공

처음에 그는 약간 실망했다. 자사의 잠재고객들은 대부분 운영용 CRM에 관심이 많았기 때문이다. 그는 이 보고서의 결과를 영업사원들에게 배포하여 그들이 잠재고객들을 방문할 때 활용할 수 있도록 하고 싶었다. 숙고 끝에, 그는 연구 결과를 결합할 수 있음을 알아챘다. 자사 제품을 채택한 프로젝트의 성공률은 120개 중에 106개(>88%)였으며, 주요 경쟁사 제품을 채택한 프로젝트의 성공률보다 높았다. 라일은 그제야 흡족해했다.

윤리적 이슈 라일은 의도적이었든 아니었든 심슨의 역설(Simpson's Paradox)로부터 이익을 보았다. 비율을 합산함으로써, 그는 그 결과를 그의 회사에 유리한 쪽으로 변경시켰다(ASA의 윤리지침 A항에 저촉된다).

윤리적 해결책 원래의 결과가 달라질 수 있기 때문에 라일은 비율을 합산해서는 안 된다. 만약 그가 이 정보를 그의 영업팀에 알리고자 한다면, 그는 합산하지 않은 값을 알려주어야 한다.

무엇을 배웠는가?

학습목표

- 범주형 자료의 도수분포표를 만들고 해석할 수 있다.
  - 각 범주에 속하는 사례 수를 세어 범주형 자료를 요약할 수 있다. 범주형 자료의 요약 결과는 비율로도 표현한다.
- 막대 차트나 파이 차트를 작성하고 해석할 수 있다.
  - 면적 원칙을 적용하여 명목 데이터를 막대 차트나 파이 차트로 표현할 수 있다.
- 분할표를 만들고 해석할 수 있다.
  - 두 범주형 변수의 관련성을 알아보기를 원할 때 분할표라고 불리는 이원배치표에 도수 혹은 비율을 입력하여 그 관계를 알아낼 수 있다.
- 막대 차트와 파이 차트의 주변분포를 구하고 해석할 수 있다.
  - 각 변수에 대한 표의 가장자리에서 찾을 수 있는 주변분포를 알아볼 수 있고, 다른 변수의 각 범주 안에서 변수의 조건부 분포도 찾아볼 수 있다.
  - 한 변수의 다른 변수에 대한 조건부 분포를 비교하여서 변수들 사이의 연관성을 설명할 수 있다. 만약 하나의 변수가 다른 범주들에 대해서 항상 동일한 조건부 분포를 갖는다면 두 변수는 독립적이다.

용어정리

면적 원칙 자료의 시각적 표현에서 두 자료의 값이 같으면 해당 시각적 표현들의 면적도 같아야 한다.

막대 차트(상대도수 막대 차트) 범주형 변수에서 각 범주의 도수나 백분율을 막대로 표현한 차트로서 범주 간의 시각적 비교가 쉽다.

셀(Cell) 두 범주형 변수의 값을 나타내는 분할표의 교차점

열 비율	분할표에서 특정 셀의 값이 해당 열의 합에서 차지하는 비율
조건부 분포	어떤 변수의 분포로서 다른 관련 변수(들)에 조건을 걸어, 고려하여야 할 개체들의 수를 줄인 다음 계산하여 구한다.
분할표	둘 이상의 범주형 변수들의 각 값들의 조합에 해당하는 도수들을 나타낸 표
분포	변수의 분포는 다음과 같은 두 목록으로 구성된다. • 변수가 취할 수 있는 모든 가능한 값 • 각 값의 상대도수
도수분포표(상대도수분포표)	범주형 변수의 범주들을 나열하는 표이자 각 범주들의 도수(비율)을 알려주는 표이다. 행 비율은 도수분포표의 셀 안에 포함된 각 행들의 비율이고 열 비율은 도수분포표의 셀 안에 포함된 각 열들의 비율이다.
독립변수	두 변수 X와 Y는, Y가 취할 수 있는 각 범주를 조건으로 걸고 구한 변수 X의 조건부 분포가 같으면 서로 독립이다.
주변분포	분할표의 보통 오른쪽 가장 끝 열이나 가장 밑의 행에서 찾을 수 있는 분포로서 도수나 도수에 대한 비율들의 총합을 알려주는 분포
파이 차트	전체를 하나의 원으로 표현하고 각 범주들의 비율에 따라서 쪼갠 차트
행 비율	분할표에서 특정 셀의 값이 해당 행의 합에서 차지하는 비율
적층 막대 차트	변수의 각 범주 내에서 범주형 변수의 조건분포를 보여주는 차트
심슨의 역설	그룹들의 평균(또는 비율)을 결합하여 구한 전체 평균(또는 비율)이 각 그룹의 평균(또는 비율)과 모순이 되는 현상
총합 비율	분할표의 셀의 값(개체수)이 총합(총 개체수)에서 차지하는 비율

기술적 도움 : 컴퓨터상에 명목 데이터 나타내기

통계 소프트웨어마다 약간 다른 막대 그래프를 만들지만, 그것들은 모두 유사한 특징들을 갖는다:

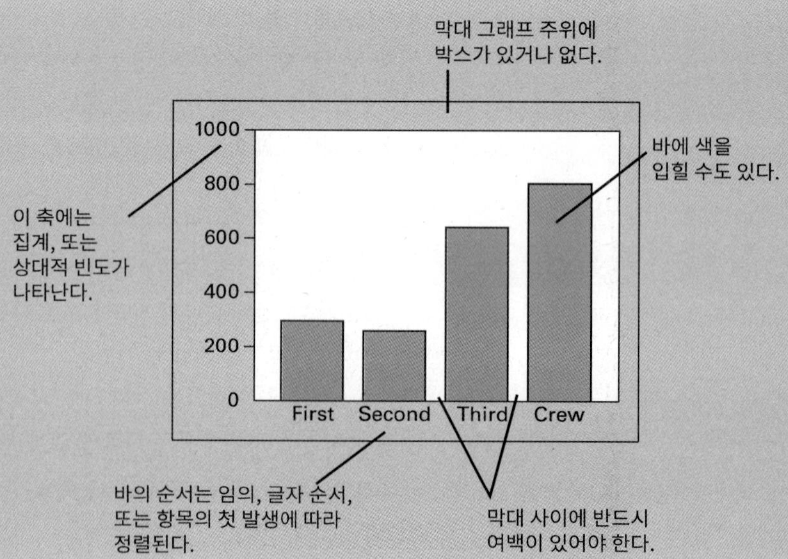

때로는 추가 정보를 나타내기 위해 각 바의 맨 위에 계수 또는 비율이 표시될 수도 있다. 통계 소프트웨어는 내정값(default)에 따라 임의로 항목 이름에 따라 정렬하기도 하는데 예를 들어, 많은 소프트웨어들은 항목들을 알파벳순으로 정렬하거나 데이터에 위치한 순서대로 정렬한다. 어느 것도 가장 좋은 선택이 아닌 경우도 흔하다.

EXCEL

막대 그래프 만들기:

- 엑셀에서 막대 그래프에 사용될 변수들을 선택하라.
- 삽입 리본 메뉴에서 **세로 막대형** 그래프를 선택하라.
- 적절한 그래프를 선택하라.

막대 그래프를 파이 그래프로 변경하기:

- 그래프를 선택한 후 마우스 오른쪽 버튼 메뉴에서 **차트 종류 변경**을 선택하라. 차트 유형 창이 뜰 것이다.
- 파이 그래프 유형을 선택하라.
- **확인** 버튼을 클릭하라. 엑셀이 막대 그래프를 파이 그래프로 변경시킬 것이다.

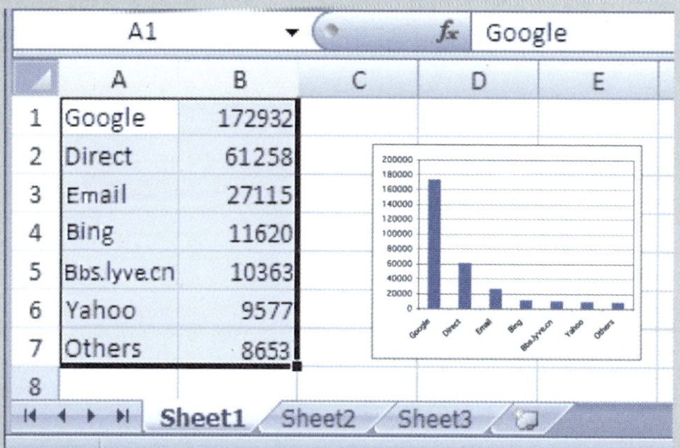

XLSTAT

막대 그래프 또는 파이 그래프 만들기:

- Visualizing data를 선택하라, 그리고 나서 Univariate plots를 선택하라.
- Qualitative variable 필드에서 당신의 데이터의 셀 범위를 입력하라. 여기서 변수는 명목 변수이어야 한다.
- Charts (2) 탭에서 그래프의 유형을 선택하라.
- 분리된 또는 나란한 막대 그래프를 만들기 위해선, 세로 열 변수들을 Qualitative variable 필드에 입력하고 가로 행 변수들을 Subsamples 필드에 입력하라; Chart (2) 탭에서 Stacked bars 그리고 Cluster bars를 선택하라.

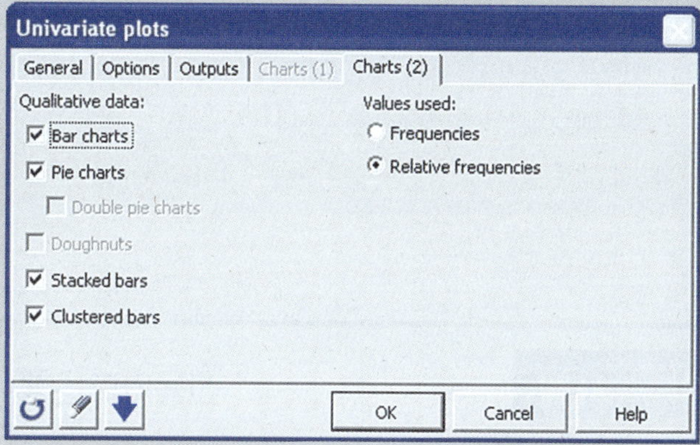

JMP

JMP는 막대 그래프를 빈도표와 함께 만든다.

- 분석 메뉴에서, **분포**를 선택하라.
- 분석 창에서 변수의 이름을 "Y, Columns" 표시 옆의 빈 변수 창에 입력하고; **확인**을 클릭하라.
- 파이 그래프를 만들기 위해서는, 그래프 메뉴에서 차트를 선택하라.
- 차트 창에서 변수 이름을 세로 열 목록에서 선택한 후, "Statistics" 버튼을 클릭하라, 그리고 드롭 다운 메뉴에서 "N"을 선택하라.
- X-축에 같은 변수의 이름을 배정하기 위해서 "Categories, X, Levels" 버튼을 클릭하라.
- 옵션에서 "**막대 그래프**"라고 표시된 두 번째 버튼을 클릭하고 그리고 드롭 다운 메뉴에서 "**파이**"를 선택하라.

MINITAB

막대 그래프 만들기:

- 그래프 메뉴에서 **막대 그래프**를 선택하라.
- 그리고 난 후 옵션에서 단일(simple), 군집(cluster), 또는 더미(Stack) 차트를 선택한 후 **확인**을 클릭하라.
- **단일(simple)** 막대 그래프를 만들기 위하여, 다이얼로그 박스에 그래프 칸에 변수의 이름을 입력하라.
- 상대도수 그래프를 만들기 위해, **차트 옵션**을 클릭하고, 그리고 **Y를 퍼센트로 표시**를 선택하라.

- 차트 다이얼로그에서, 당신이 나타내고 싶은 변수의 이름을 "명목 변수" 박스에 입력하라.
- **확인**을 클릭하라.

SPSS

막대 그래프 만들기:

- 그래프 메뉴에서 **차트 작성기**를 열어라.
- **갤러리** 탭을 클릭하라.
- 차트 유형에서 **막대 차트**를 선택하라.
- 캔버스의 적절한 위치에 막대 차트를 드래그하라.
- X-축 영역에 명목 변수를 드래그하라.
- **확인**을 클릭하라.

추가설명

비슷한 순서로 차트 유형에서 **파이 그래프**를 선택하면 파이 그래프를 만들 수 있다.

짧은 사례

신용카드은행

2장에서 Credit_Card 데이터의 의문사(W)들을 정의해봤다. 그 데이터의 명목 변수들을 빈도표, 막대 그래프, 그리고 파이 그래프로 나타내 보라. 이러한 변수들에 대해 은행은 무엇을 알고 싶어 할까?
은행의 고객들에게 정보를 제공하는 데에 어떠한 표와 그래프가 가장 유용할까? 당신의 분석과 결과를 요약해주는 짧은 사례 보고서를 작성해보라.

연습문제

4.1절

1. 기업의 인사팀에서 직원 512명의 교육수준을 조사하기로 하였다. 회사 내부 자료에 따르면 최종학력이 고등학교 졸업(고졸)인 직원은 164명, 전문대 졸업(전문대졸)인 직원은 42명, 학사학위 소지자(학사)는 225명, 석사학위 소지자(석사)는 52명, 박사학위 소지자(박사)는 29명이었다.

a) 도수분포표를 만들어라.
b) 상대도수분포표를 만들어라.

4.2절

3. 연습문제 1번의 자료를 참고하여 다음 질문에 답하라.

a) Y축이 도수를 나타내는 막대 차트를 만들어라.
b) Y축이 상대도수를 나타내는 상대도수 막대 차트를 만들어라.
c) 파이 차트를 만들어라.

5. 연습문제 1번 문제의 자료를 참고하여 다음 질문에 답하라.

a) 2문장~4문장 정도로 이 자료의 분포를 간략히 기술하라.
b) 다른 회사들의 직원 교육수준에 대해서도 어떤 결론을 내릴 수 있을까?

4.3절

7. 연습문제 1번 문제의 자료에 추가하여 직원들의 근속기간을 추가로 조사하였다(근속기간). 근속기간은 3가지 수준으로 범주화하였다. 1년 이내, 1~5년, 5년 이상.
두 가지 변수를 동시에 표현하면 다음과 같다.

	고졸	전문대졸	학사	석사	박사
1년 이내	10	3	50	20	12
1 - 5년	42	9	112	27	15
5년 이상	112	30	63	5	2

a) 근속기간의 주변분포를 구하라. (힌트: 행들의 총합을 찾아라)
b) a)번에서 구한 교육수준의 주변분포가 연습문제 1번의 교육수준의 분포와 같은지 확인하라.

9. 연습문제 7번의 자료를 참고하여 다음 질문에 답하여라.

a) 연습문제 7번의 분할표에서 열 비율을 구하라.
b) a)에서 구한 열 비율을 보면, 근속기간의 분포가 교육수준마다 같아 보이는가? 간략하게 답하라.
c) 각 교육수준마다 근속기간을 보여주는 적층 막대 차트를 작성하라.
d) 열 비율과 적층 막대 차트 중 어느 것을 사용하면 근속기간 분포의 차이를 파악하기가 더 쉬운가?

단원 연습문제

11. 뉴스 속 차트. 경제 주간잡지 매경이코노미와 한경BUSINESS, 경제경영 일간지 매일경제신문과 한국경제신문, 그리고 일간지 등에서 범주형 자료로 작성한 막대 차트를 찾아서 다음 질문에 답해보라.

a) 필요한 제목이나 정보가 명확한가?
b) 면적 원칙을 위반하지 않았는가?
c) 차트와 함께 실린 기사는 변수에 대한 다섯 가지 W에 대하여 말하고 있는가?
d) 관련 기사는 데이터를 올바르게 해석하는가?

13. 뉴스 속 표. 경제 주간잡지 매경이코노미와 한경BUSINESS, 경제경영 일간지 매일경제신문과 한국경제신문, 그리고 일간지 등에서 도수분포표를 찾아서 다음 질문에 답해보라.

a) 필요한 제목이나 정보가 명확한가?
b) 비율과 도수 중 어느 것을 나타내는가?
c) 차트와 함께 실린 기사는 변수에 대한 다섯 가지 W에 대하여 말하고 있는가?
d) 관련 기사는 데이터를 올바르게 해석하는가?

15. 미국 시장점유율. 2011년 4월 18일자 월스트리트저널의 기사에서 2010년 주요 탄산음료회사들의 시장점유율을 다음과 같은 파이 차트로 요약했다.

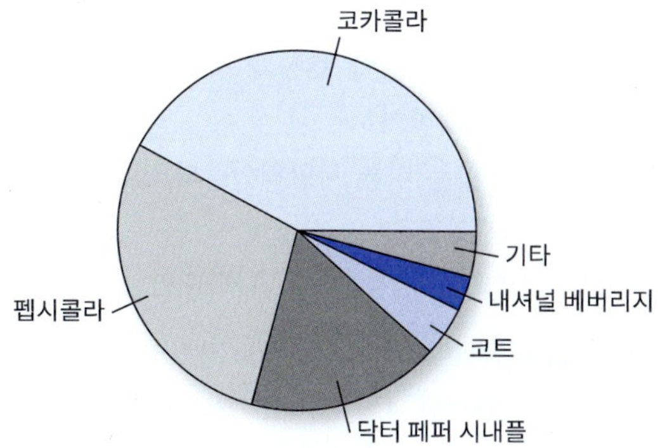

a) 이 차트는 해당 자료를 적절하게 표현하는가? 설명하라.
b) 시장점유율이 가장 큰 회사는?

17. 미국 시장점유율. 다음은 연습문제 15번의 데이터를 막대 차트로 표현한 것이다.

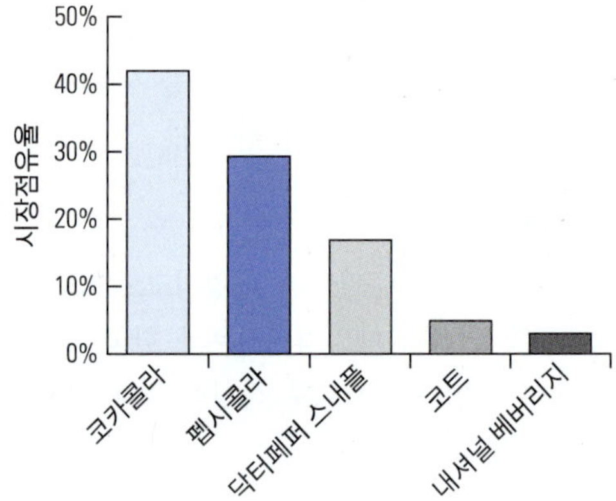

a) 이 막대 차트와 연습문제 15번의 파이 차트를 비교했을 때 시장점유율의 상대적 비율을 더 잘 표현하는 것은 어느 쪽인가?
b) 뭔가가 누락되어서 오해를 일으킬 수도 있다면, 그것은 무엇인가?

19. 보험회사. 한 보험회사가 자사의 보험계약들의 보험금 지급액과 비용 구조를 조정한다. 특별히 관심을 두는 것은 심장질환이나 고혈압으로 약을 복용하는 고객들에 대한 위험분석이다. 다음 표는 미국질병관리센터(The Center for Disease Control and Prevention, www.cdc.gov)가 발표한 최근 1년간의 사망원인이다.

사망원인	비율(%)
심장질환	30.3
암	23.0
순환기 질환과 뇌졸중	8.4
호흡기 질환	7.9
사고	4.1

a) 최근 1년간 사망원인의 약 38%가 심장질환과 호흡기질환이라는 결론은 타당한가?
b) 표에 나와 있지 않는 다른 사망원인들의 비율은 몇 퍼센트인가?
c) 이 자료를 적절하게 시각적으로 나타내라.

21. 웹 기반 회의(Web conferencing). 시스코 시스템스(Cisco Systems Inc.)는 2007년 4월 웹엑스 커뮤니케이션스(WebEx Communications)를 $32억에 인수하는 계획을 발표하면서 웹기반 회의의 밝은 전망을 과시했다. 2006년 당시 웹기반 회의 시스템 시장의 두 선두주자는 웹엑스와 마이크로소프트였는데 이들의 점유율은 각각 58.4%와 26.3%였다. 이 자료를 적합한 그래프로 나타내고 이를 뉴스기사 같은 2~3문장으로 설명해 보라.

23. 소기업 지수. 웰스파고/갤럽 중소기업지수(The Wells Fargo /Gallup Small Business Index)를 측정하기 위해 2011년 10월 604개 소기업 소유주들에게 다음과 같은 질문을 했다. "앞으로 자금이 필요할 때 귀사는 신용대출을 받기가 얼마나 어렵거나 쉬울 것으로 생각합니까?" 결과는 다음과 같았다. 응답자 중 22%는 "매우 어려움", 21%는 "어려움", 28%는 "보통", 11%는 "쉬움", 그리고 11%는 "매우 쉬움"이라고 대답했다.

a) 문제에서 열거한 비율에 대해서 무엇을 파악할 수 있는가? 잘못된 점이 있다면 설명하라.
b) 이 자료를 막대 차트로 나타내고 관련 정보를 분명하게 표시하라.
c) 이 자료를 표현하는 데 파이 차트가 효과적일까? 이유를 설명하라.
d) 소기업 경영자들이 느끼는 2011년 말경 신용대출 받기의 어려움을 2문장으로 써보라.

25. 환경위해성. 다음은 국제유조선주연맹(The International Tanker Owners Pollution Federation Limited, www.itopf.com)이 조사한 1974년~2010년에 있었던 407건의 유조선 기름유출 사고의 원인들의 막대 차트와 파이 차트이다. 이 차트들의 내용을 간단히 서술하라. 파이 차트가 이 자료의 시각화 수단으로 적합한지 아닌지 설명하라.

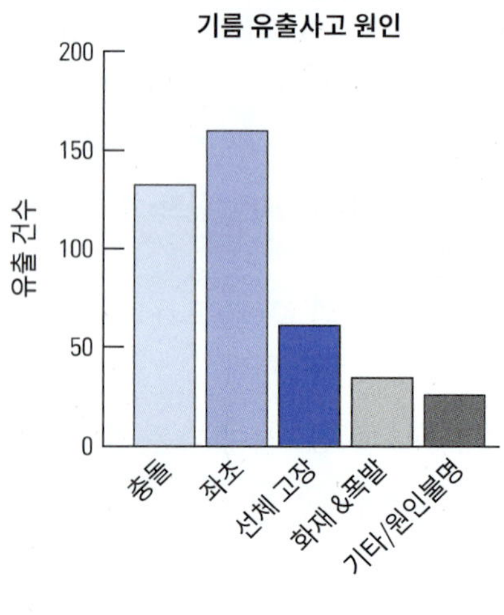

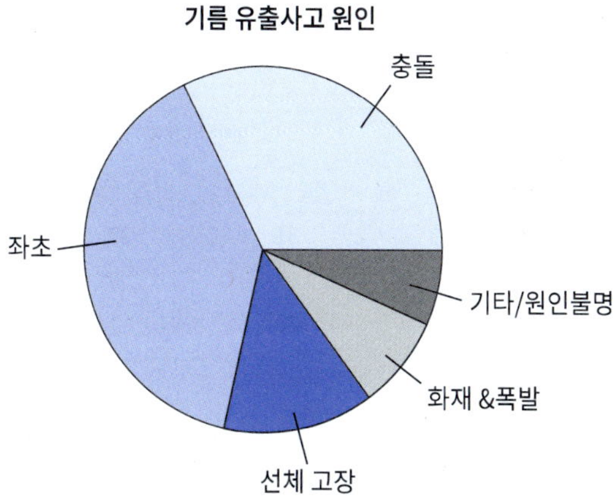

27. 부의 중요성. GfK 로퍼사는 "당신에게 부를 얻는 것은 얼마나 중요합니까?"라는 질문의 설문조사를 세계 각지에서 실시하였다. 조사 결과 부를 얻는 것이 평균 이상의 중요성을 갖는다고 응답한 사람들의 비율은 중국이 71.9%, 프랑스가 59.6%, 인도가 76.1%, 영국이 45.5%, 그리고 미국이 45.3%였다. 나라별 응답자 수는 대략 1,500명이었다. 다음은 이 자료들을 표현한 막대 차트이다.

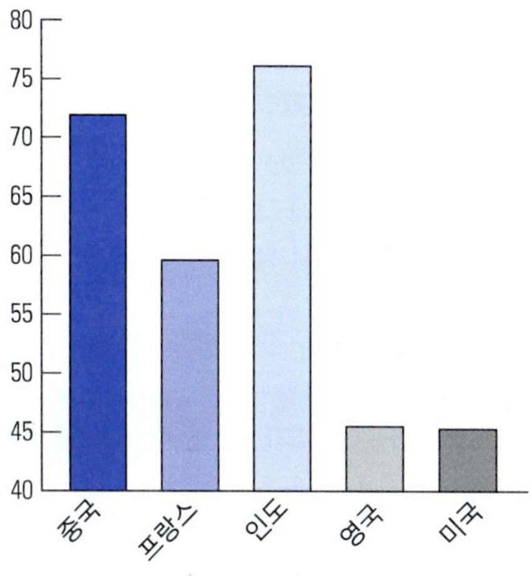

a) 인도인 가운데 부를 얻는 것이 중요하다고 말한 응답자의 비율은 미국인 가운데 그렇다고 답한 응답자의 비율보다 얼마나 더 큰가?
b) a)의 답이 차트에서 받은 인상과 같은가? 설명하라.
c) 이 막대 차트를 어떻게 개선할 수 있을까?
d) 비율을 적합하게 나타내는 막대 차트를 만들어라.
e) 부의 중요성에 관한 나라별 인식에 관해서 몇 문장으로 기술하라.

29. 구글의 수익구조. 구글의 주요 수입원은 구글 웹사이트를 통한 광고 수입, 구글 네트워크를 구성하는 수천 개의 제3자 웹사이트들을 통한 광고 수입, 저작권 등 수입이다. 다음은 구글의 2007~2011년의 수입원별 수입 비율을 나타낸다.

	2007	2008	2009	2010	2011
구글 웹사이트	64%	66%	67%	66%	69%
구글 네트워크의 웹사이트	35%	31%	30%	30%	28%
기타 수익	1%	3%	3%	4%	3%

a) 이 비율들은 열비율인가 행비율인가?
b) 이 자료를 가지고 적합한 차트를 작성하라.
c) 이 표에 나타난 정보를 간략하게 요약하라.

31. 주식 성과. 다음은 신용평가 회사 스탠다드 앤 푸어스(Standard & Poors)가 선정한 S&P 500의 500대 기업 중 470개의 기업 주가의 2011년 10월 24일(이 날 S&P 500지수는 전일 대비 1.23% 상승했다) 하루 동안 등락과 2011년 초 대비 주가 등락을 나다낸다. (숫자는 기업의 수이다)

		연초부터 현재까지	
		주가 상승	주가 하락
2011년 10월 24일	주가 상승	164	233
	주가 하락	48	25

a) 주가가 연초 대비 오른 기업들의 비율은 몇 퍼센트인가?
b) 주가가 연초 대비 오르고, 이 날에도 오른 기업들은 몇 퍼센트인가?
c) 주가가 연초 대비 내리고, 이 날에도 내린 기업들은 몇 퍼센트인가?
d) 주가가 2가지 기간 중 한 기간은 오르고 다른 한 기간은 내린 기업들은 몇 퍼센트인가?
e) 주가가 10월 24일에 전일 대비 오른 기업들 가운데 연초 대비 오른 기업들은 몇 퍼센트인가?
f) 주가가 10월 24일에 전일 대비 내린 기업들 중에서 연초 대비 오른 기업들은 몇 퍼센트인가?
g) 하루 동안의 주가 변동과 연초 대비 주가 변동 사이에 어떤 관계가 있는 것 같은가?

33. 부동산. 사우스캐롤라이나, 그린빌의 부동산 중개업자들은 그린빌에서 일어난 모든 주택거래를 조사하였다. 그들의 조사에 따르면 2010년의 주택거래는 전년 대비 약 3.7% 감소하였

다. 다음 표는 그린빌 지역에서 2009년과 2010년의 5개월 동안 거래된 주택 수를 나타낸다.

	8월	9월	10월	11월	12월
2010	475	466	502	423	495
2009	607	597	596	581	447

a) 2009년 10월에 거래된 주택의 수는 전체 10달 동안의 주택 거래량의 몇 퍼센트인가?
b) 2010년 5달 동안 거래된 주택의 수는 전체 10달 동안의 주택 거래량의 몇 퍼센트인가?
c) 12월에 거래된 주택의 수는 전체 10달 동안의 주택 거래량의 몇 퍼센트인가?
d) 11월 거래량 비율은 2009년과 2010년 사이에 어떻게 변했는가?

35. 영화등급. 영화등급평가제도는 미국영화협회(Motion Picture Association of America, MPAA)와 전미 극장소유주협회(Nation Association of Theatre Owners, NATO)가 자발적으로 운영하며 영화의 등급은 분류기준심사위원회(The Classification and Ratings Administration, CARA)에 속한 부모들로 구성된 위원회가 정한다. 이 위원회는 1960년대에 영화 내용을 어떤 식으로든 규제해야 한다는 부모들의 격렬한 항의에 따라 만들어졌으며 첫 번째 등급평가는 1968년도에 이루어졌다. 다음은 2011년도에 나온 영화 279편의 장르별 등급이다.

	등급				
장르	전체 관람가	13세 관람가	15세 관람가	18세 관람가	총합
액션/어드벤처	3	19	23	18	63
코미디	1	8	13	34	56
드라마	2	13	36	65	116
스릴러/공포	0	1	20	23	44
총합	6	41	92	140	279

a) 액션/어드벤처에서 각 등급이 차지하는 비율을 구하라.
b) 스릴러/공포 영화에서 각 등급이 차지하는 비율을 구하라.
c) 4개 장르의 등급들을 비교하기에 편한 차트를 작성하라.
d) '장르'와 '등급'은 독립적인가? 이 자료가 나타내는 영화 등급과 장르 사이의 관계에 대하여 간단히 기술하라.

37. MBA. 다음은 미국의 한 대학 MBA 입학생들을 출신 국가에 따라 분류한 자료이다.

		MBA 과정		
		주간 MBA	야간 MBA	총합
출신 국가	아시아/환태평양	31	33	64
	유럽	5	0	5
	라틴 아메리카	20	1	21
	중동아시아/아프리카	5	5	10
	북아메리카	103	65	168
	총합	164	104	268

a) MBA 과정 입학생의 몇 퍼센트가 북아메리카 출신인가?
b) 주간 MBA 과정 입학생의 몇 퍼센트가 북아메리카 출신인가?
c) 야간 MBA 과정 입학생의 몇 퍼센트가 북아메리카 출신인가?
d) 출신 국가별 입학생 비율의 주변분포를 구하라?
e) 과정별 열 비율을 추가하고 과정별 출신 국가의 조건부 분포를 나타내라.
f) 학생들의 '출신 국가'와 'MBA 과정'은 독립적인가? 설명하라.

Ⓣ **39. 흥행영화.** 다음은 미국영화협회(Motion Picture Association of America: MPA, www.mpaa.org)가 2002년부터 2011년까지 미국에서 10년 동안 연도별 흥행 상위 20개 영화의 등급을 조사하여 나타낸 표이다(표에서 숫자는 해당되는 영화의 수임).

		상영등급				
		전체 관람가	13세 관람가	15세 관람가	18세 관람가	총합
년도	2011	1	4	11	4	20
	2010	1	9	9	1	20
	2009	0	7	12	1	20
	2008	2	4	10	4	20
	2007	1	5	11	3	20
	2006	1	4	13	2	20
	2005	1	4	13	2	20
	2004	1	6	10	3	20
	2003	1	3	11	5	20
	2002	1	6	13	0	20
	총합	10	52	113	25	200

a) 이들 총 200개 영화 중 몇 퍼센트가 '전체관람가'급인가?

b) 2005년 20개 중 몇 퍼센트가 '전체관람가'급인가?

c) 이들 총 200개 영화 중 2010년에 나온 '13세 관람가' 영화의 비율은 몇 퍼센트인가?

d) 2007~2011년에 나온 영화 중 '13세 관람가'급 영화의 비율은 몇 퍼센트인가?

e) 2002~2006에 나온 영화 중 '13세 관람가'급이거나 '18세 관람가'급인 영화의 비율은 몇 퍼센트인가?

f) 2002~2006년 영화들에 대해 등급의 조건부 분포와 2007~2011년 영화들에 대해 등급의 조건부 분포를 비교하고 그 차이를 간단히 서술하여라.

41. 문신. 아래 자료는 텍사스대학교 병원에서 문신이 C형 간염 전염률을 높이는지 알아보기 위해 626명을 상대로 조사한 결과이다. 문신을 한 피실험자에게는 문신업소에서 했는지 아니면 다른 곳에서 했는지 물어보았다. 적절한 차트를 작성하고 문신 여부와 C형 간염과의 연관성을 간단히 기술하라

	문신업소	다른 곳	문신 없음
C형 간염 있음	17	8	18
C형 간염 없음	35	53	495

43. 여성 CEO. 창업교육으로 유명한 뱁슨 칼리지(Babson College)와 커먼웰스 연구소(Commonwealth Institute)는 여성 CEO의 교육수준과 그들이 속한 기업의 매출액 규모를 아래 표와 같이 발표하였다.

최종학력과 기업의 매출액 규모			
	$1,000만 미만	$1,000만~ $5,000만 미만	$5,000만 이상
고등학교	8%	4%	8%
대졸	48%	42%	33%
대학원	44%	54%	59%
총합	100%	100%	100%

a) 매출액이 $5,000만 이상인 기업들 중 CEO의 최종학력이 고졸인 기업의 비율은 몇 퍼센트인가?

b) 이 표를 통해 이들 모든 CEO들 중 대학원을 졸업한 사람 비율을 알 수 있는가? 설명하라.

c) 매출액이 $1,000만 미만인 기업들 중에서 CEO의 최종학력이 고졸보다 높은 경우의 비율은 몇 퍼센트인가?

d) 기업의 매출 규모와 여성 CEO의 최종학력 사이의 관련성을 서술하라.

45. 영화관람객과 인종. 미국영화협회는 영화 관객들의 인구통계학적인 변화를 알고자 관객들의 인종을 조사한다. 다음 표는 2010년 기준 인종별 총인구와 영화관람자 수와 판매된 영화 티켓수이다(단위: 백만).

	백인	히스패닉	흑인	기타	총합
인구	204.6	49.6	37.2	18.6	310
영화관람객	88.8	26.8	16.9	8.5	141
티켓수	728	338	143	91	1300
총합	1021.4	414.4	197.1	118.1	1751

a) 인종의 주변분포를 구하라.

b) 인구, 관람객 수, 티켓 수 각각을 기준으로 각 인종의 조건부 분포를 구하라.

c) 인구 수, 관람객 수, 티켓 수 등 세 집단과 인종들 사이의 관련성을 기술하라.

47. 여성 비즈니스 센터. 뱁슨 칼리지와 여성센터협회가 미국의 여성 비즈니스센터 현황을 조사하였다. 다음은 설립연한별 위치의 분포이다.

	위치	
설립 연한	도심	비도심
5년 이내	74%	26%
5년 이상	80%	20%

a) 이 비율들은 열 비율, 행 비율, 총합 비율 가운데 어느 것인가?

b) 그래프를 이용하여 위치에 따른 여성 비즈니스센터의 비율을 비교하여라.

49. 보험회사 2. 의료보험을 취급하는 한 보험회사가 최근의 자료를 보고 걱정이 생겼다. 대형병원에서 수술을 받은 환자들이 여러 가지 이유로 퇴원을 미룬다는 의심이 생겼다. 이렇게 입원이 길어지면 보험회사로서는 비용이 증가한다. 다음은 고객들의 두 가지 수술(큰 수술, 간단한 수술)과 병원(소형병원, 대형병원)에서의 퇴원 지연 자료이다.

		퇴원 연기	
		대형병원	소형병원
수술	큰 수술	120/800	10/50
	작은 수술	10/200	20/250

a) 전반적으로 퇴원을 연기한 환자들은 몇 퍼센트인가?
b) 수술 유형에 따라 퇴원을 연기한 환자들의 비율이 다른가?
c) 대형병원과 소형병원 각각의 퇴원 연기율은 몇 퍼센트인가?
d) 병원 유형과 수술 유형 등 네 가지 각각의 퇴원 연기율은 몇 퍼센트인가?
e) 이 보험회사는 수술 후 부작용을 피하기 위해 환자들에게 대형병원 이용을 권장하려고 생각중이다. 이렇게 할 필요가 있다고 생각하는가?
f) 이러한 혼란이 일어난 이유를 서술하라.

51. 대학원 입학. 사이언스지(*Science*)의 1975년의 기사를 보면 캘리포니아 주립대학 버클리 캠퍼스 대학원 합격률에 성차별이 있음을 보여주는 명확한 증거가 있다는 내용이 있다. 다음은 버클리 대학원의 네 가지 교육과정의 지원자 대비 남녀 합격자 수를 나타낸 표이다.

교육과정	남성 합격자	여성 합격자
1	511/825	89/108
2	352/560	17/25
3	137/407	132/375
4	22/373	24/341
총합	**1022/2165**	**262/849**

a) 전체 지원자 대비 합격자의 비율은 몇 퍼센트인가?
b) 전반적으로 남성의 합격률이 여성의 합격률보다 높은가?
c) 각 교육과정별 남성과 여성의 합격률을 비교하여라.
d) a~c)에서 한 비교들 가운데 어느 것이 가장 타당하다고 생각하는가?

52. 심슨의 역설. 실무에서 있을 수 있는 심슨의 역설의 사례를 만들어 보라. 조건부 분포에 근거하여 내리는 결론과 주변 분포에 근거하여 내리는 결론 사이의 모순을 설명하라.

확인문제 정답

1. 50.0%
2. 40.0%
3. 25.0%
4. 근시 15.6%, 원시 56.3%, 이중초점렌즈 필요 28.1%
5. 근시 18.8%, 원시 62.5%, 이중초점렌즈 필요 18.8%
6. 근시인 고객 중 40%가 여성이고 또한 전체 고객 중의 50%가 여성이다.
7. 근시인 고객들 중 여성인 고객의 비율이 남성의 비율에 비해 더 적게 나타났기 때문에 '눈의 상태'와 '성별'은 서로 독립적이지 않다(그러나 표본의 수가 적다).

양적 데이터의 표현

CHAPTER 05

AIG

AIG(American International Group)는 한때 세계 18위의 거대 기업이었다. AIG는 약 100년 전, 중국 상하이에 보험업으로 진출했던 코넬리우스 반데 스타(Cornelius Vander Starr)에 의해 설립되었다. 중국에 보험 상품을 판매한 첫 서양인으로써 그는 사업을 빠르게 성장시켰다. 하지만 모택동과 인민해방군이 상하이를 점령했던 1949년, 중국에서 철수하게 되고 당시 시장을 전 세계적으로 넓히면서 성장하고 있던 뉴욕으로 기업을 이전하였다. 2004년에 AIG의 주식가격은 사상 최고점인 $76.77를 기록하였고 당시 시가총액은 약 $3천억에 육박하였다.

AIG의 웹사이트에는 "2007년 초 AIG의 총 자산은 약 $3조이며 $1천 1백억의 매출을 기록하였고 약 130개국에 약 7천400만 명의 고객과 116,000명의 종업원을 보유한 기업이었다. 그러나 그로부터 18개월 후 AIG는 도산 직전의 상황에 처해져 있다는 것을 발견하였고 긴급하게 정부의 지원을 필요로 하게 되었다."라고 기록하고 있다. 결국 AIG는 2008년 경제 위기 당시 금융기관의 자산 및 자본을 구매하기 위해 만들어진 미국 정부의 부실자산구제프로그램(TARP: Troubled Asset Relief Program)의 최대수혜자가 되었다. TARP는 금융분야를 강화시키고 1930년대의 대공황을 반복하지 않기 위해 개설된 프로그램이다. 프로그램 하에서 많은 은행들은 TARP로 받은 정부의 지원금을 빠르게 상환했으나 $1,700억을 받은 AIG는 그렇지 않았다. 2009년에 AIG의 주식 가치는 99% 이상 하락했고 3월 초 AIG의 주가는 $0.35를 기록하게 되었다. 그런데 같은 달 AIG는 주가하락에도 자사의 금융 서비스 부문의 직원들에게 $2억 1천8백만을 보너스로 지불한 것을 공개하면서 논쟁에 휘말리게 되었다. AIG는 이 사건을 통해 더 큰 주가 하락과 $3천억에 육박하는 투자자들의 투자를 잃게 되었다. 주식을 분석하는 포트폴리오 매니저들은 일반적으로 주가의 변동성을 확인하고 주식의 매매를 결정하기 위해서 주가와 수량을 확인한다. 그렇다면 AIG의 데이터에서는 사전에 나타나는 경고신호가 없었을까?

AIG 주식의 변동성과 움직임에 대해서 알아보기 위해 〈표 5.1〉을 보자. 〈표 5.1〉은 위기가 오기 전 6년간 월 평균 주가이다(달러 기준).

	Jan.	Feb.	Mar.	Apr.	May	June	July	Aug.	Sept.	Oct.	Nov.	Dec.
2002	77.26	72.95	73.72	71.57	68.42	65.99	61.22	64.10	58.04	60.26	65.03	59.96
2003	59.74	49.57	49.41	54.38	56.52	57.88	59.80	61.51	59.39	60.93	58.73	62.37
2004	69.02	73.25	72.06	74.21	70.93	72.61	69.85	69.58	70.67	62.31	62.17	65.33
2005	66.74	68.96	61.55	51.77	53.81	55.66	60.27	60.86	60.54	62.64	67.06	66.72
2006	68.33	67.02	67.15	64.29	63.14	59.74	59.40	62.00	65.25	67.02	69.86	71.35
2007	70.45	68.99	68.14	68.25	71.78	71.75	68.64	65.21	66.02	66.12	56.86	58.13

표 5.1 2002년부터 2007년까지 AIG의 월 평균 주가

위의 표를 통해 아주 많은 것을 이야기하기엔 어렵다. 아마 주가가 대략 어느 수준인지 확인할 수 있는 정도이다.

5.1 양적 데이터의 표현

누가	월별
무엇을	월 평균 AIG의 주식가격(달러)
언제	2002년 ~ 2007년
어디서	뉴욕 증권거래소
왜	AIG 주식의 변동을 조사하기 위해

데이터 분석과 시각화의 첫 번째 규칙을 생각해보자. 표를 통해 어떤 그림을 그릴 수 있겠는가? 아마 막대 차트나 파이 차트는 아닐 것이다. 이 두 개의 차트들은 명목변수를 시각화하는데 사용된다. 하지만 AIG의 주가는 단위가 달러인 양적 변수이다.

히스토그램

다음은 AIG의 월평균 주가를 히스토그램으로 나타낸 것이다.

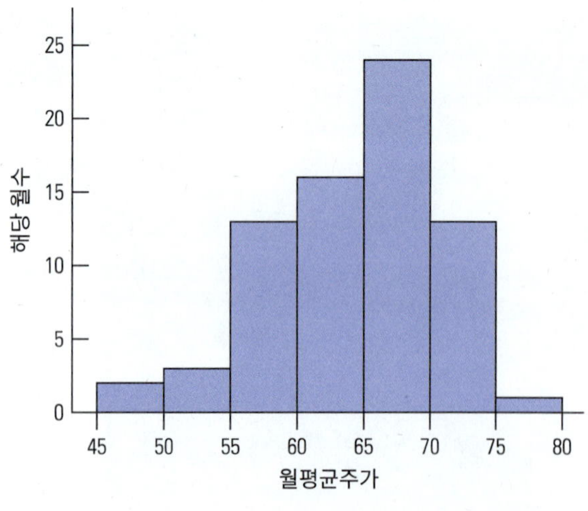

그림 5.1 다음은 AIG의 월평균 주가이다. 히스토그램은 주가의 분포를 각 막대들의 개수를 통해 나타내고 또한 그 막대들 안에 얼마나 많은 개월이 포함되었는지를 막대의 높이를 통해 나타낸다.

막대 차트와 마찬가지로 **히스토그램**(histogram)은 각 범위에 해당하는 사례의 수를 막대의 높이를 통해 보여주고 있다. 〈그림 5.1〉의 월 평균 주가에 대한 히스토그램은 막대의 넓이를 $5로 나타내고 있다. 예를 들어 가장 높은 막대는 24달간 주식가격이 $65에서 $70 사이에 분포함을 보여준다. 이런 방법으로 히스토그램은 전체적인 주가의 분포를 한눈에 보여준다. 데이터 간의 실제 빈 공간이 없음에도 그 사이에 약간의 공간을 두는 막대 차트와 다르게 히스토그램에서는 막대 사이에 공간을 두지 않는다. 히스토그램에서 막대 사이의 **빈 공간**(gap)은 그 범위에 해당하는 값이 없음을 나타낸다. 빈 공간은 분포의 중요한 특징이 될 수 있기 때문에 그것을 유심히 볼 필요가 있다.

명목변수에서는 각 범주마다 막대가 존재하며 넓이는 의미를 갖지 않는다. 명목 변수의 차트에서 할 수 있는 유일한 조작은 편의를 위해 각 범주를 결합하는 일이다. 하지만 양적 변수에서는 각 막대의 넓이를 결정해야 한다.

직접 해보기

히스토그램을 직접

- **히스토그램을 직접 그려보시오.** 손으로 직접 히스토그램을 그려볼 일이 거의 없지만 이를 통해 히스토그램이 어떤 과정으로 그려지는지 이해하게 된다면 매우 유익할 것이다. 이 문제에서는 손으로 그리는 방식 대신 컴퓨터를 이용해서 손으로 그리는 것과 같은 방식으로 히스토그램을 만들어볼 수 있다.

가격범위	해당 월수
45-50	2
50-55	3
55-60	13
60-65	16
65-70	24
70-75	13
75-80	1

1단계. 데이터를 표로 만들어서 정리하자. 모든 데이터를 포함할 수 있는 범위나 간격으로 나누자. 범위의 수는 얼마나 많은 데이터를 가지고 있느냐에 달려 있다. 데이터 수가 적다면(25개 이하의 수준) 5개 정도가 적당할 것이다. 반대로 데이터가 많다면 20개 혹은 그 이상이 필요할 수도 있다.

아마 막대의 넓이나 간격을 보기 좋게 만들고 싶을 것이다(범위나 넓이가 5나 0으로 끝나는 것이 일반적이다. 예를 들어 35-40, 40-45 등이 있다). 이제 2개의 열을 그리자. 하나는 범위를 나머지 하나는 도수를 표시한다. 이것은 명목변수의 도수분포와 같다. 하지만 지금은 범주 대신 동일한 넓이를 가진 범위를 기입한다. 그 후에 경계선에 놓여 있는 값을 더 작은 범위에 넣을 것인지 큰 범위에 놓을 것인지 정해야 한다. 대부분의 히스토그램 소프트웨어에서는 경계선에 있는 값을 더 큰 범위에 포함시킨다. 때문에 40이라는 값은 35-40이 아닌 40-45에 포함되게 된다. 물론 선택을 변경하는 것도 가능하다. 사실 엑셀에서는 경계에 있는 값을 더 작은 범위에 포함시킨다. 그래서 5라는 값은 5-10이 아닌

0-5에 포함된다.

2단계. 빈 종이 위에 범위를 x축(가로축)에 표시한다. 이때 범위 사이에 빈 공간이 없게 한다. 그 후 도수를 y축(세로축)에 표시한다.

3단계. 각 범위 위에 해당하는 도수의 수준에 가로선을 그리자. 그 후 각 범위 경계선을 따라 해당하는 도수 수준까지 세로 선을 그리도록 하자.

히스토그램을 통해 대부분의 AIG의 주식가격은 $60 수준에 형성되어 있음을 확인할 수 있었다. 또한 약간의 분산은 있지만 대부분 $55에서 $75 수준에 분포하고 있음을 할 수 있었다. 단지 매우 적은 월수에서 평균가격이 $55 아래에 분포하고 있었다. 히스토그램이 통계적 그림임을 인지하는 것이 중요하다. 현재의 이 히스토그램은 가격들을 시간의 개념과 무관하게 단순히 개월 수를 모아서 그렸을 뿐이며 그 분포를 보여줄 뿐이다. 이후에서는 시간의 개념을 더할 것이다.

이 분포의 모양이 예측한 것과 비슷하게 나타났는가? 그림을 그리기 전에 분포의 모양을 상상해보는 것이 때로는 좋은 생각이 될 수 있다. 이러한 상상이 그리는 과정에서의 오류나 데이터 자체의 오류로 인해 잘못 그리는 것을 방지해줄 것이다.

만약 우리의 중점이 각 값이 어떻게 분포하는지에 대한 전반적인 패턴을 보는데 맞춰져 있다면 세로축에 사건의 수가 아닌 해당하는 비율을 표시하는 상대도수 히스토그램을 그려보는 것도 좋은 방법이다. 히스토그램의 모양은 완전히 같을 것이다. 다만 세로축의 명칭만 달라질 것이다. **상대도수 히스토그램**(relative frequency histogram)은 범위에 해당하는 사건의 수 대신 비율을 넣었기 때문에 면적의 원칙의 측면에서 신뢰할 만하다.

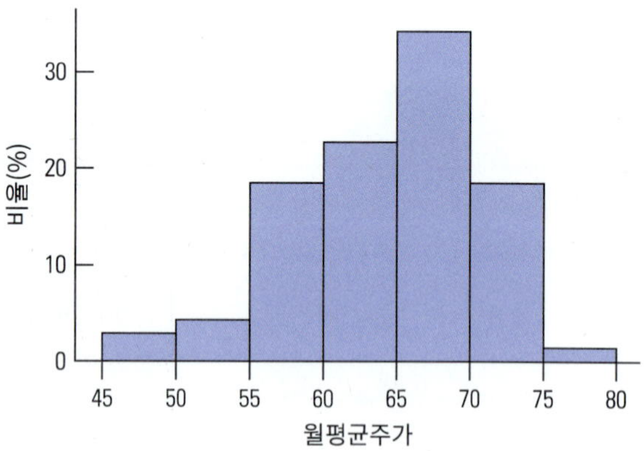

I 그림 5.2 상대도수 히스토그램은 위의 도수분포 히스토그램과 같은 모양이다. 다만 y축이 사건의 수가 아닌 비율을 나타내는 것이 다르다.

예시문제 히스토그램 만들기

1. 음악 다운로드 사이트의 재무담당 최고책임자(CFO)로서 당신은 새로운 앨범의 다운로드를 제공할 수 있는 권리를 획득했다. 새 앨범이 잘 팔리고 있는지 보기 위해 24시간 동안의 시간당 다운로드 횟수에 대한 데이터를 수집하였다.

시간	다운로드 횟수	시간	다운로드 횟수
12:00 AM	36	12:00 PM	25
1:00 AM	28	1:00 PM	22
2:00 AM	19	2:00 PM	17
3:00 AM	10	3:00 PM	18
4:00 AM	5	4:00 PM	20
5:00 AM	3	5:00 PM	23
6:00 AM	2	6:00 PM	21
7:00 AM	6	7:00 PM	18
8:00 AM	12	8:00 PM	24
9:00 AM	14	9:00 PM	30
10:00 AM	20	10:00 PM	27
11:00 AM	18	11:00 PM	30

문제 : 위의 표에 대한 히스토그램을 그리시오.

답 : 범위의 넓이를 5로 하는 도수분포표를 그리고 경계선에 있는 값을 큰 범위에 넣으면

다운로드횟수	해당 시간대의 수
0-5	2
5-10	2
10-15	3
15-20	5
20-25	6
25-30	3
30-35	2
35-40	1
총합	**24**

도수분포표를 토대로 히스토그램을 만들면 다음과 같다.

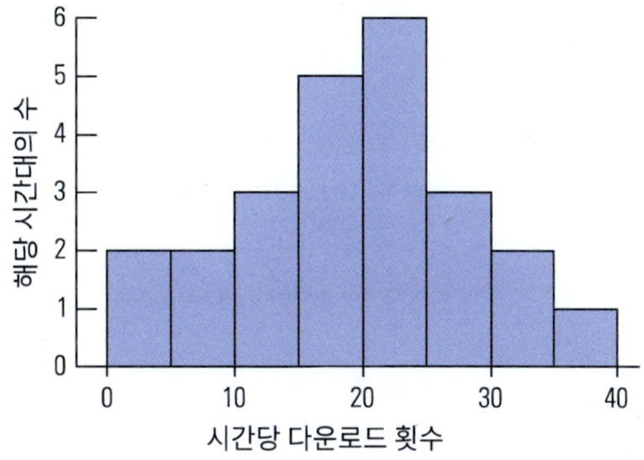

줄기–잎 그림

히스토그램은 양적 데이터의 분포를 이해하기 쉽게 요약해서 보여준다. 하지만 그 안에 있는 데이터 각각을 보여주지 못한다. **줄기–잎 그림**(stem-and-leaf displays)은 히스토그램과 같은 원리이지만 해당하는 각 데이터 값을 제공한다. 데이터가 아주 많지 않을 때 줄기-잎 그림은 손으로 그리기 쉽다.[1] 때문에 작은 데이터 집단을 한눈에 보는데 매우 훌륭한 방법이다. 아래 그림은 같은 데이터에 대한 히스토그램과 줄기-잎 그림이다.

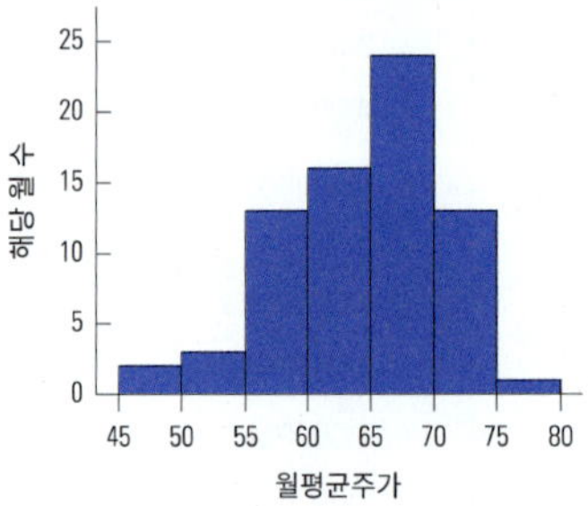


```
4 | 99
5 | 134
5 | 5667888999999
6 | 0000011122222344
6 | 5555666677778888888899999
7 | 00001111222334
7 | 7
```

| 그림 5.3 AIG의 월평균 주식가격을 히스토그램(왼쪽)과 줄기–잎 그림(오른쪽)으로 나타냈다. 줄기–잎 그림은 보통 손으로 그린다. 그래서 대부분 작은 데이터집단을 시각화하는데 사용된다. 큰 데이터집단은 히스토그램을 사용한다.

직접 해보기

줄기–잎 그림

- **어떻게 줄기–잎 그림을 활용할까?** 줄기-잎 그림은 각각의 숫자를 두 부분으로 나눈다: 줄기는 실선 왼쪽에 표시되고 잎은 실선 오른쪽에 표시된다. AIG의 데이터를 줄기-잎 그림으로 표현하기 위해서는 각 주가들을 간단히 표현해야 한다. \$67.02는 먼저 두 자리수인 \$67로 변환되고 이 후에 6|7로 나누어진다. 그러므로 5|134는 \$51, \$53, \$54를 나타내는 것이고 히스토그램의 \$50-55 구간을 표시하게 된다. 〈그림 5.3〉의 줄기-잎 그림은 범위의 넓이가 5로 되어 있다. 넓이를 10으로 표현하게 되면 범위의 크기가 증가한다.

```
5 | 1345667888999999
```

넓이를 10으로 표현한 방식은 범위의 개수를 4개로 줄여주지만 \$60~70 구간이 너무 복잡해진다.

```
4 | 99
5 | 1345667888999999
6 | 000001112222223445555566667777788888889999
7 | 00011112223347
```

때때로 줄기-잎 그림은 가장 큰 수를 맨 위에 표현하기도 한다.

---

1) 저자들은 줄기-잎 그림이 기업의 회의에서 데이터의 적당한 표현 방법이 없을 때 사용하기 좋은 방법이라고 말한다. 줄기-잎 그림은 시각적으로 빨리 그 분포를 파악할 수 있어서 이를 통해 얻는 통찰력은 종종 꽤 유용하기 때문이다.

7	7
7	00001111222334
6	555556666777788888889999
6	0000011122222344
5	5667888999999
5	134
4	99

가장 작은 숫자를 맨 위에 적는 것이 히스토그램과 줄기-잎 그림의 관련성을 쉽게 보여주기는 하지만 다른 선택도 가능하다.

4장에서는 파이 차트나 막대 차트를 만들기 전에 명목 데이터의 조건을 확인하는 방법을 배웠다. 5장에서는 줄기-잎 그림과 히스토그램을 만들기 전에 **양적 데이터의 조건**(quantitative data condition)을 확인할 필요가 있다. 양적 데이터는 단위가 알려진 양적 변수의 값이어야 한다.

막대 차트와 히스토그램이 비슷해 보이지만 같은 표현방식은 아니다. 명목 데이터를 히스토그램으로 표현할 수 없으며 양적 데이터를 막대 차트로 그릴 수 없다. 시각화하기 전에 항상 데이터가 어떤 형식인지 확인해야 한다.

5.2 모 양

분포를 히스토그램이나 줄기-잎 그림으로 시각화 할 때 그것을 통해 무엇을 말할 수 있겠는가? 분포를 묘사할 때 **모양**(shape), **중심**(center), **산포**(spread) 이 세 가지에 대해 생각해보아야 한다.

분포의 모양을 최빈값과 대칭 그리고 빈 공간과 이상치를 통해 묘사할 수 있다.

최빈값은 무엇인가?

최빈값은 보통 가장 많이 나타나는 값으로 정의된다. 이 정의는 명목 데이터에서 적당하다 왜냐하면 오직 각 범주에 해당하는 사건의 수만 세면 되기 때문이다. 하지만 양적 변수에서는 최빈값의 의미가 더 모호하다. 예를 들어 AIG의 데이터에서 최빈값은 무엇인가? 두 가지 가격이 정확히 같지 않다. 하지만 일곱 달 동안의 가격이 $68~69 사이에 형성되어 있다. 이것이 최빈값이 될 수 있을까? 그렇진 않을 것이다. 약간은 임의적인 부분이 있기 때문이다. 양적 데이터에서는 최빈값을 단일 값이 아닌 히스토그램에서 가장 높은 부분이라는 의미에서 사용한다.

최빈값

히스토그램이 하나의 중심이 되는 최고점을 갖는가? 아니면 여러 개의 분리된 최고점을 갖는가? 이 최고점을 **최빈값**(mode)[2]이라고 부른다. 공식적으로 최빈값은 가장 많이 나타나는 단일값을 의미하지만 실제로 많이 사용하지는 않는다. 대부분의 경우 최고점의 중간값을 최빈값이라고 부른다. AIG의 주식가격은 $65 부근에서 하나의 최빈값을 갖는다(그림 5.1). 때때로 분포의 모양을 묘사하기 위해서도 최빈값을 사용한다. AIG의 주식가격에 대한 히스토그램처럼 하나의 최고점을 갖는 모양을 **단봉형**(unimodal)이라고 부르며 두 개의 최고점을 갖는 히스토그램을 **양봉형**(bimodal), 세 개 이상의 최고점을 갖는 것을 **다봉형**(multimodal)이라고 부른다. 다음의 예는 양봉형 분포이다.

2) 기술적으로 최빈값은 최고점의 아래에 있는 x축의 값을 이야기한다. 하지만 비공식적으로 최고점의 중간에 있는 값을 최빈값이라고 말한다.

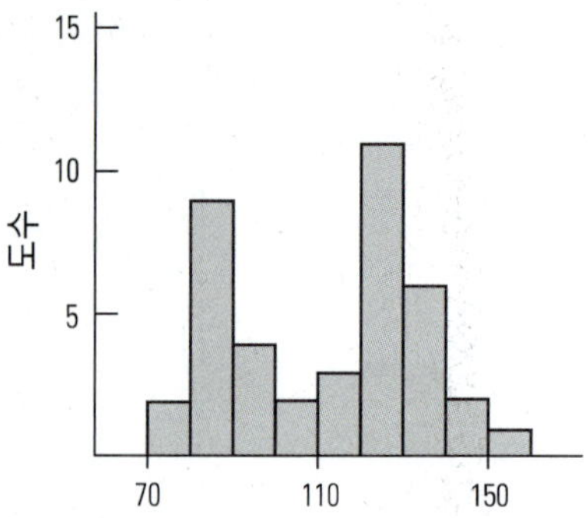

그림 5.4 두 개의 최빈값을 갖는 양봉형 분포

양봉형 히스토그램은 종종 데이터 안에 2개의 그룹이 존재하는 것을 나타내는 지표가 된다. 이러한 접근법은 다른 양봉형 지표를 보았을 때에도 유용할 것이다.

최빈값을 갖지 않고 모든 막대들이 비슷한 높이로 표현되는 분포는 **균등분포**(uniform)라고 부른다(이 내용은 8장에서 더 자세하게 다룰 것이다).

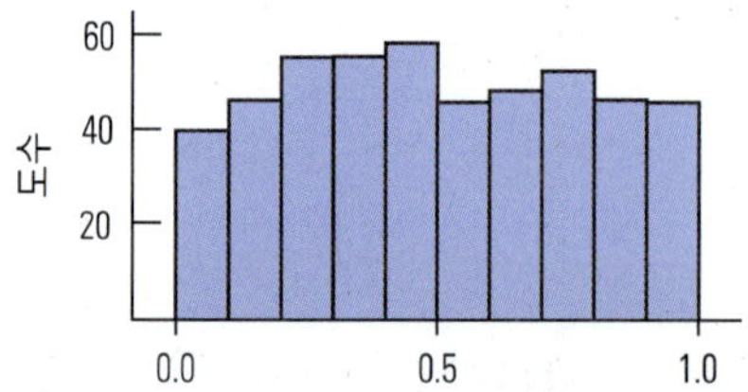

그림 5.5 균등 분포에서는 막대들이 대부분 비슷한 높이로 표현된다. 이 히스토그램은 최빈값을 갖지 않는 것으로 보인다.

대칭

히스토그램을 중간의 세로선에 따라 〈그림 5.6〉처럼 접어보도록 하자. 혹은 〈그림 5.7〉처럼 한쪽에 값이 남더라도 접어보도록 하자. 히스토그램을 반으로 접었을 때 마치 거울에 비친 모습처럼 거의 비슷하게 포개진다면 그 분포는 **대칭**(symmetric)이라고 부른다.

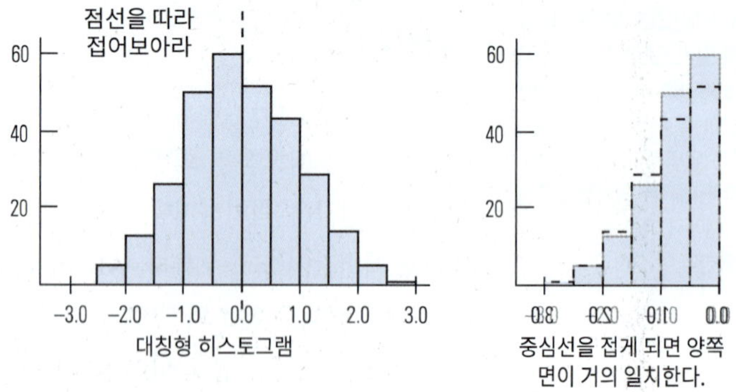

그림 5.6 대칭을 띄는 히스토그램은 중간을 기준으로 접게 되면 양쪽이 거의 일치하게 된다.

> **수량(amounts)**
> 수량은(달러, 직원 수, 대기시간 등)은 음수일 수도 없고 상한 값을 가질 수도 없다. 그래서 수량을 나타내는 분포는 오른쪽으로 편향된 모습을 보인다.

보통 분포의 얇은 끝부분을 **꼬리**(tail)라고 부른다. 만약 한쪽 꼬리가 다른 쪽보다 멀리 뻗어 있다면 꼬리가 긴 쪽으로 **편향된 비대칭분포**(skewed distribution)라고 부른다.

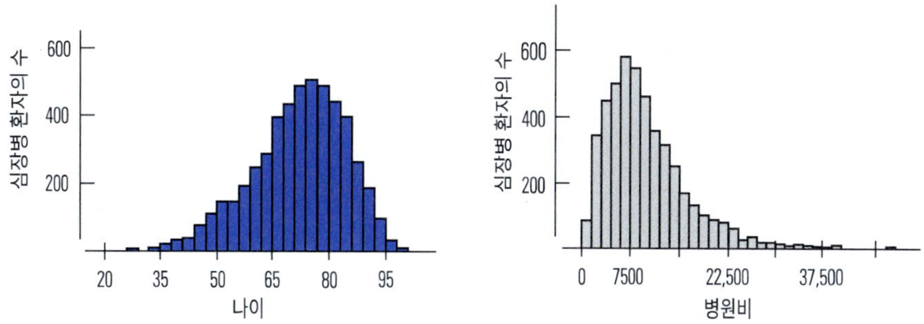

그림 5.7 일 년 동안 뉴욕의 모든 여성 심장병환자에 대한 연령(왼쪽)과 병원 비(오른쪽)를 보여주는 두 개의 편향된 히스토그램이다. 연령에 대한 히스토그램(파란색)은 왼쪽으로 편향되어 있고 병원 비용에 대한 히스토그램(회색)은 오른쪽으로 편향되어 있다.

이상치

분포에서 어떤 특징들이 눈에 띄게 보여지는가? 때때로 이런 특징들이 데이터에 대해 흥미로운 사실을 알려줄 때가 있다. 그래서 데이터를 볼 때 전반적인 분포에서 비정상적으로 멀리 떨어진 **이상치**(outlier)가 있는지 항상 살펴보아야 한다. 예를 들어, 만약 미국인의 재산에 대해 연구를 하고 있는데 빌 게이츠(Bill Gates)가 표본에 포함되어 있다면 빌 게이츠 재산 규모는 확실히 이상치가 될 것이다. 왜냐하면 그의 재산은 명확하게 이례적인 수준이기 때문이다. 이러한 이상치들이 있는지 찾아내야 한다.

이상치는 이 책에서 다루는 모든 방법에 영향을 미칠 수 있다. 그래서 항상 이상치에 대해 주시하고 있어야 한다. 하나의 이상치가 데이터의 가장 유익한 정보가 될 수 있으며 혹은 반대로 오류가 될 수도 있기 때문이다. 또한 어떤 모양이든 이상치에 대해 아무런 언급 없이 그 데이터를 지워서는 안 된다. 만약 이상치를 찾아서 데이터를 수정을 했다면 그것에 대해서 결론부분에서 언급해야 한다. 이상치가 유효하더라도 그것이 결과를 왜곡시킨다면, 이상치를 제거하고 이상치를 제외한 연구 결과를 보고하고 싶을 것이다. 이 내용들에 관해서 이제 곧 어떤 데이터가 이상치로 판단되었을 때 그것을 처리하는 것에 대해 실제에 근거한 방법과 몇 가지 조언을 배울 것이다.

- **본인의 판단을 사용하라.** 당신은 분포의 특징을 설명하기 위해 개인적인 판단에 따른 결정을 내리는가? 정말 당신이 보는 히스토그램이 두 개의 하위집단을 가지고 있는 것인가, 아니면 범위의 넓이를 바꾸면 두 집단을 하나의 집단으로 모을 수 있는가? 혹은 히스토그램의 끝에 있는 이상치가 정말 유효하지 않은가, 아니면 단지 히스토그램 꼬리의 끝부분의 가장 큰 값일 뿐인가? 이러한 판단들은 다른 사람들이 정당하게 데이터의 내용을 반대할 수 있는 합법적인 요소들이다. 이상치에 대한 처리에는 자동화된 계산방법도, 정형화된 공식도 존재하지 않는다. 가지고 있는 데이터를 이해하고 이상치들이 어떻게 해서 생겨났는지 알아야 한다. 데이터에 대해 정직하게 이해하려고 하는 노력만이 결정에 대한 지침이 될 수 있다.

  히스토그램의 범위의 넓이를 다양하게 설정해보면 어떤 특징들이 지속적으로 나타나는지 확인해볼 수 있다. 어떤 소프트웨어들은 히스토그램을 다양한 시선에서 보기 위해 범위의 넓이를 변환시킬 수 있는 기능도 가지고 있다. 만약 각 범위에 해당하는 사례의 수가 너무 적다면 몇 개의 값만 옆의 범위로 옮겨주면 최빈값의 개수도 달라질 수 있을 것이다. 데이터가 어떻게 만들어졌고, 질문을 통해 무슨 답을 듣고 싶었는지 잘 고민해보아야 한다.

예시문제 분포의 모양을 묘사하시오

문제 : 교재 p.91의 예시의 분포의 모양을 묘사해보시오

답 : 이상치가 없고, 대칭이며 단봉형인 분포

5.3 중 심

〈그림 5.1〉의 AIG의 주식가격을 다시 한번 보자. 그 당시에 주가를 대변할 수 있는 하나의 숫자를 골라야 한다면 어떤 것을 골라야 하겠는가? 히스토그램이 단봉형이고 대칭인 것처럼 보일 때는 아마 히스토그램의 꼭대기에 해당하는 값을 고를 것이다. 일반적인 가격은 아마 $65 근처가 될 것이다.

표기법 주의!

막대나 다른 상징들을 통해서 그 수량의 평균을 나타낸다.

만약 조금 더 정확하고 계산된 숫자를 원한다면 평균값을 사용할 수 있을 것이다. AIG의 예에서 히스토그램을 통해 예측한 평균 주식가격은 $64.48이다. 평균값을 어떻게 계산하는지는 이미 알려져 있으나 평균값 계산을 설명하면서 이 책 전체에서 사용하게 될 개념들을 설명하기에 좋은 예시가 될 것 같다. 보통 일반적인 변수를 라고 하며, 그리스 알파벳의 Σ(시그마)를 "합계"의 기호로 사용한다. 따라서, 평균을 구하는 식을 위의 기호를 활용하여 나타내면 다음과 같다.[3)]

$$\bar{y} = \frac{Total}{n} = \frac{\Sigma y}{n}$$

위의 식은 변수의 모든 값을 더한 후(Total, Σy) 데이터의 개수(n)로 나누는 것을 의미한다. 그렇게 나온 값을 y의 **평균**(mean)[4)]이라고 부른다.

평균값은 보통 단봉형 분포의 요약이지만 편향된 분포나 이상치가 존재하는 데이터를 잘못 설명할 수도 있다. 〈그림 5.1〉의 AIG의 월별 주식가격의 히스토그램은 단봉형이고

3) 변수를 x로 하여 평균을 구하는 식을 $\bar{x} = \frac{Total}{n} = \frac{\Sigma x}{n}$로 표현해놓은 곳도 볼 수 있을 것이다. 보통 하나의 변수를 y라고 표현하기보다는 x로 표현하는 경우가 더 많다. x는 보통 다른 변수(보통 y)를 예측하는 변수로 많이 사용되기 때문이다. 하지만 변수가 한 가지만 있을 경우 두 가지 기호 모두 사용 가능하다. 대부분의 계산기는 단일 변수를 x로 표현한다.

4) 데이터를 평균한 후에 그 값이 논리적으로 평균(average)이라 불리는 값이 될 것이라고 생각할 것이다. 하지만 평균(average)라는 용어는 구어적으로 많이 사용된다. 예를 들어 평균(average) 주택 구매자라는 단어에서 사용되는 평균이라는 용어는 실제로 모든 값을 더한 후 도수만큼 나눈 평균의 개념으로 사용되는 말이 아니다. 물론 실제로 평균 값을 구하는 다우존스 공업평균지수(the Dow Jones Industrial Average)나 타율(batting average)에서 평균(average)이라는 용어를 사용하지만 이 책을 통해서 평균이라는 용어는 보통 Mean으로 사용한다.

조금 왼쪽으로 편향되어 있고 거의 대칭을 띠고 있다. 반면 같은 기간 동안의 월별 주식 거래량을 보면 매우 다른 이야기를 해볼 수 있다. 〈그림 5.8〉은 단봉형이지만 2개의 빈 공간(Gap)이 존재하는 심하게 우측으로 치우쳐진 히스토그램이다. 월 평균 주식 거래량은 1억 7천 10만 주이다. 이 수치를 〈그림 5.8〉의 히스토그램에 적용해보자. 전형적인 월별 주식거래량보다 높아 보이지 않는가? 사실 3분의 2 이상이 평균보다 작은 값을 갖는다. 이런 상황에서는 중앙값(median)을 사용하는 것이 더 나을 수 있다. 중앙값은 히스토그램을 2개의 동일한 크기의 영역으로 구분해준다. 중앙값은 데이터를 크기 순서대로 정렬했을 때 가운데에 있는 값을 말한다. 중앙값은 보통 비용이나 수익처럼 한 방향으로 편향되기 쉬운 변수에 사용된다. 중앙값은 특이한 모양의 분포에 적합하다. AIG의 월별 거래량에서 중앙값은 1억 3천 590만 주이다. 이는 분포를 더 적절히 요약해준다.

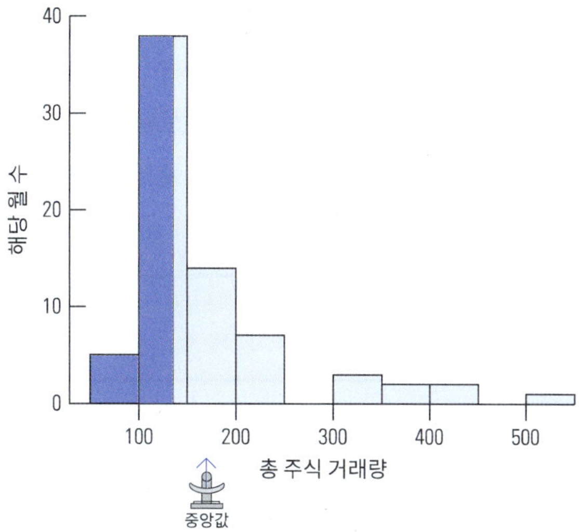

그림 5.8 중앙값은 히스토그램의 영역을 135.9백만 주에서 절반으로 나누어준다. 왜냐하면 이 분포는 오른쪽으로 편향되어 있기 때문이다. 평균값인 170.1백만 주는 중앙값 보다 크다. 우측의 데이터들이 평균을 중앙값에서 멀어지게 한다.

지금까지 설명한 차이점만이 중앙값과 평균을 구분해주는 차이일까? AIG의 월 평균 주식가격은 $64.48이다. 하지만 편향된 비대칭분포에서는 이야기가 조금 다르다. 〈그림 5.8〉의 월 평균 주식거래량처럼 오른쪽으로 편향된 비대칭분포에서는 평균이 중앙값보다 더 크다(170.1과 135.9를 비교해보자). 이 두 값은 데이터를 조금 다르게 요약한다. 그 차이는 분포의 전체적인 모양 때문에 나타난다.

직접 해보기

중앙값 찾기

n개로 이루어진 표본의 중앙값을 찾는 것은 매우 쉽다. 우선 값들을 순서대로 정렬해야 한다. 만약 n이 홀수라면 중앙값은 값들의 중간에 있는 값이다. 순서대로 정렬한 데이터의 뒤쪽부터 세었을 때 $\frac{n+1}{2}$의 자리에 있는 값이 중앙값이다. 반면에 n이 짝수일 경우에는 중간에 있는 값이 2개일 것이다. 이러한 경우 중앙값은 $\frac{n}{2}$과 $\frac{n}{2}+1$에 위치한 두 값의 평균이다.

아래 2가지 예를 보도록 하자

14.1, 3.2, 25.3, 2.8, −17.5, 13.9, 45.8으로 이루어진 집합이 있다고 가정해보자. 중앙값을 찾기 위해 먼저 값들을 순서대로 정렬해야 한다. −17.5, 2.8, 3.2, 13.9, 14.1, 25.3, 45.8의 순서대로 정렬될 수 있으며 7개의 값으로 이루어진 것을 확인할 수 있다. 이때 중앙값은 (7+1)/2=4, 4번째에 있는 13.9가 중앙값임을 알 수 있다.

위와 같은 집합에 35.7이라는 값이 추가된 집합이 있다고 가정해보자. 이 집합은 −17.5, 2.8, 3.2, 13.9, 14.1, 25.3, 35.7, 45.8의 순서대로 정렬 될 수 있을 것이다. 또한 원소의 개수(n)가 짝수이기 때문에 이때의 중앙값은 8/2=4번째와 (8/2)+1=5번째 값의 평균인 (13.9+14.1)/2=14.0이 중앙값이 된다.

평균은 히스토그램의 균형점이 될 수 있다. 마치 시소의 중간에서 먼 곳에 앉아있는 아이처럼, 히스토그램의 중간에서 멀어진 막대가 평균값에 더 큰 영향력(leverage)를 갖게 되며 평균을 해당하는 값의 방향으로 움직이게 한다. 적은 수의 이상치나 긴 꼬리로 인해 옮겨진 요약(summary)이 분포의 중간을 의미한다고 주장하기엔 무리가 있다. 때문에 편향된 데이터에서는 분포의 요약으로 중앙값을 사용하는 것이다.

그러나 단봉형에 대칭을 띄는 분포에서는 평균이 더 유용한 값을 산출할 수 있는 기회와 더 좋은 통찰을 제공한다.

예시문제 **평균과 중앙값 찾기**

문제 : 91페이지의 데이터에서 일반적인 시간당 다운로드 횟수는 얼마인가?

답 : 시간당 평균 다운로드 횟수는 시간당 18.7회이며 중앙값은 시간당 19.5회이다. 분포가 단봉형을 띠며 대칭에 가까우므로 평균과 중앙값이 비슷함을 알 수 있다. 평균값을 중앙값보다 작게 만들 수 있는 다운로드 횟수가 적은 시간(새벽 시간대)이 몇몇 있지만 두 값 모두 분포를 요약할 수 있는 값으로 적당하다.

5.4 분포의 산포(Spread of the Distribution)

위에서 AIG의 일반적인 주식가격이 약 $65 정도에 형성되는 것을 보았다. 하지만 평균이나 중앙값만 알고 있다면 전체적인 분포에 대하여 이야기 할 수 없을 것이다. 주식가격이 중심에서 얼마나 멀리 떨어져 있지 않은지는 흥미롭지 않다.[5] 데이터가 다양 할수록 중심에 대한 평균이나 중앙값으로는 데이터를 파악하는데 한계가 있다. 때문에 데이터의 중간(평균, 중앙값)을 찾았듯이 데이터가 어떻게 흩어져 있는지를 알 필요가 있다.

산포의 정도를 측정하는 간단한 방법 중 하나는 양 끝의 차이인 **범위**(range)를 측정하는 것이다.

범위(Range) = 최대값(max) − 최소값(min)

---

5) 주식투자 결정에 있어서도 도움이 되지 못할 것이다.

AIG의 주식가격 데이터에서 범위는 \$77.26−\$49.41=\$27.85이다. 범위는 데이터의 산포를 설명하는 단일 값이다. 만약 다른 값들과 다른 일반적이지 않은 값이 데이터에 포함된다면 범위(range)는 그 값의 영향을 받을 것이다. 이 때는 데이터의 중앙에 집중함으로써 그 문제를 피할 수 있다.

사분위수(Quartiles)는 데이터들을 절반으로 그 데이터들을 다시 절반으로 나누어 4등분으로 구분한 값이다. 그래서 제1사분위수(Q1) 아래에 데이터의 1/4이 존재하며 제3사분위수(Q3) 위에 또 데이터의 1/4이 존재하게 된다. **사분위수 범위**(Interquartile range: IQR)는 데이터의 절반의 중간에 초점을 맞추어 분포의 산포를 묘사한다. 사분위수 범위는 두 사분위수의 차이로 정의된다.

$$IQR = Q3 - Q1$$

직접 해보기

사분위수 찾기

사분위수는 이론적으로는 찾기 매우 쉽지만 실제로는 어렵다. Q1(제1사분위수), Q2(중앙값), Q3(제3사분위수)는 데이터를 4등분한다. 때문에 데이터의 25%는 Q1에 위치하거나 혹은 그 아래에 위치한다. 문제는 사분위수를 구하려고 할 때 표본의 크기가 완벽하게 4로 나누어지지 않을 때 발생한다. 데이터를 4등분하는 방법이 하나만 있는 것은 아니다. 통계 프로그램인 SAS는 사분위수를 구하는 5개 이상의 방법을 제공한다. 다른 방법으로 계산한 사분위수들이 보통은 크게 다르지 않다. 아래에는 사분위수를 구할 때 가장 많이 쓰이는 2가지 방법을 서술해 놓았다.

1. **Tukey 방법**

   분류된 데이터를 중앙값을 기준으로 두 그룹으로 구분한다. 만약 n이 홀수이면 중앙값을 양쪽에 모두 포함시킨다. 그 후에 각 그룹의 중앙값을 찾으면 그 수가 사분위수이다.

   예) {14.1, 3.2, 25.3, 2.8, −17.5, 13.9, 45.8}로 이루어진 집합의 사분위수 구하기

   우선 데이터를 크기순서대로 나열하면 {−17.5, 2.8, 3.2, 13.9, 14.1, 25.3, 45.8}이 된다. 이때 중앙값은 13.9가 된다. 그러므로 위의 데이터 셋을 {−17.5, 2.8, 3.2, 13.9}와 {13.9, 14.1, 25.3, 45.8} 두 그룹으로 나눌 수 있다. 각 두 그룹의 중앙값은 3.0=(2.8+3.2)/2, 19.7=(14.1+25.3)/2이다. 그러므로 주어진 집합의 사분위수는 Q1=3.0, Q3=19.7이 된다.

2. **TI 계산기 방법**

   위에 묘사한 Tukey 방법과 비슷하지만 집합의 중앙값을 포함하지 않고 각 그룹의 중앙값을 구하는 것이다. 즉, {−17.5, 2.8, 3.2, 13.9, 14.1, 25.3, 45.8}을 {−17.5, 2.8, 3.2}와 {14.1, 25.3, 45.8} 두 그룹으로 나눌 수 있다. 이때 사분위수는 Q1=2.8, Q3=25.3이 된다.

   두 방식의 차이가 IQR에 어떻게 영향을 미치는지 확인해보자.

> Tukey 방식으로 구한 IQR = Q3 − Q1 = 19.7 − 3.0 = 16.7이며,
> TI 방법으로 구한 IQR = 25.3 − 2.8 = 22.5이다.
>
> 두 방법으로 구한 사분위수 모두 집합에 포함된 값이거나 혹은 인접한 두 값의 평균이다. Excel이다 다른 수학 프로그램에서 사분위수는 보통 채워진 중앙값이다. 때문에 사분위수가 단순한 평균값과 다를 수 있다. 위의 두 방법과 또 다른 값이 나올 수 있다는 것이다. 하지만 사분위수(Q1, Q2, Q3)가 데이터 집합을 대략적으로 4등분 해준다는 개념은 같다.

> **한 줄 서기**
>
> 왜 은행은 여러 개의 창구를 가지고 있음에도 불구하고 고객들을 여러 줄이 아닌 한 줄로 대기하게 하는가? 한 줄 서기가 평균 대기시간을 조금이나마 줄여주기 때문이다. 하지만 그 차이는 매우 작다. 고객이 인지하는 한 줄로 대기하는 것의 실제 차이점은 예상하는 대기시간의 변동이 더 작다는 것이다. 고객들 역시 대기시간이 한결 같은 것을 더 선호한다.

AIG 데이터를 보면 중앙값을 기준으로 각각 36개의 값들이 위치해 있다. 데이터를 순서대로 정렬한 후에 Q1을 찾기 위해 18번째 값과 19번째 값의 평균을 구한 결과 Q1 = (59.96 + 60.26)/2 = 60.11이며 Q3를 찾기 위해 54번째 값과 55번째 값의 평균을 구한 결과 Q3 = (68.99 + 69.02)/2 = 69.01이다. 또한 IQR = 8.90임을 알 수 있다.

IQR은 일반적으로 분포의 산포 즉 산포의 정도를 표현하는 합리적인 지표이다. 하지만 두 개의 사분위수만 이용해서 구한 값이므로 각각 값들이 어떻게 분포하는지는 표현하지 못한다.

산포를 나타내는 더 확실하고 더 자주 사용되는 지표는 표준편차이다. 표준편차는 각각의 값들이 평균에서 얼마나 떨어져 있는지를 고려한다. 평균과 마찬가지로 표준편차는 대칭분포에 적합하며 이상치의 영향을 받는다.

이름에서 알 수 있듯이 표준편차는 각각 데이터 값의 평균으로부터의 편차를 통해 산출할 수 있다. 만약 편차들의 평균을 구하려고 한다면 양수(+)인 편차와 음수(−)인 편차가 서로 상쇄되어 편차의 평균은 0이 될 것이다. 그렇기 때문에 편차 제곱의 평균[6]을 구하여 산포를 나타내며 **분산**(variance)이라고 부르고 s^2로 표기한다.

$$s^2 = \frac{\sum (y - \bar{y})^2}{n-1}$$

분산은 통계에서 산포를 측정할 때 중요한 역할을 하지만 문제점을 하나 가지고 있다. 원래 데이터의 단위가 무엇이든, 분산은 제곱된 단위를 사용하게 된다. 데이터의 산포를 데이터와 같은 단위로 알기 위해서 분산에 제곱근을 취하게 된다. 분산의 제곱근을 **표준편차**(standard deviation)라고 한다.

$$s = \sqrt{\frac{\sum (y - \bar{y})^2}{n-1}}$$

AIG의 주식가격 데이터에서 표준편차는 \$6.12이다. (s = \$6.12)

6) 기술적인 이유로 분산을 구할 때 편차 제곱의 합을 n이 아닌 $n-1$로 나눈다.

예시문제 산포의 묘사

문제 : 91페이지의 데이터를 통해 시간당 다운로드 수의 산포를 묘사해보자.

답 : 다운로드 횟수의 범위(range)는 36−2=34회/시, 사분위수는 13과 24.5이므로 IQR은 11.5회/시이다. 표준편차는 8.94회/시간이다.

직접 해보기

표준편차 구하기

표준편차를 구하기 위해서는 먼저 평균($\bar{y}$)을 알아야 한다. 그 후 각 값과 평균 사이의 차이인 **편차**를 구하고($y-\bar{y}$), 각 편차의 제곱을 구해야 한다($y-\bar{y})^2$. 그 후 모든 편차 제곱을 더한 후 $n-1$로 나누면 분산(s^2)을 구할 수 있다. 분산의 제곱근이 표준편차(s)이다.

[4, 3, 10, 12, 8, 9, 3]로 이루어진 집합에서 평균($\bar{y}$)은 7이다. 따라서 편차를 구하면 아래 표와 같다.

기본값	편차	편차 제곱
4	−3	9
3	−4	16
10	3	9
12	5	25
8	1	1
9	2	4
3	−4	16

편차의 제곱을 모두 더하면: 80(9+16+9+25+1+4+16)이고,

$n-1$(6)로 나누면: $s^2=13.33(80/6)$,

마지막으로 제곱근으로 표준편차를 구하면: $s=\sqrt{13.33}=3.65$

확인문제

변동에 대해 생각해보자

1. 미국 통계청에서 가계수입에 대한 전수조사 데이터를 요약하기 위해 중앙값을 발표했다. 왜 그들은 평균이 아닌 중앙값을 사용하였을까? 평균을 발표하게 되면 생기는 단점은 무엇이 있을까?

2. 당신은 1갤런의 연료로 31마일을 가는 신형 자동차를 구입하였다. 하지만 모든 자동차들의 연비는 다 다를 것이다. 만약 모든 자동차들의 연비의 사분위수 범위를 측정한다면, 사분위수를 나누는 기준을 30mpg, 3mpg, 0.3mpg 중 어느 것으로 정해야 하며 그 이유는 무엇인가?

3. MP3 플레이어를 판매하는 기업이 있다. 그곳에서 생산하는 MP3 플레이어의 평균 수명은 약 5년이다. 만약 당신이 해당 기업의 공장의 품질 관리팀에서 일하고 있다면 MP3 수명의 표준편차가 2년이 되어야 할까? 2개월이 되어야 할까?

5.5 모양, 중심, 산포의 요약

양적 변수에 대해서 무엇을 표현할 수 있을까? 중심과 산포, 모양 등에 대해서 이야기 할 수 있을 것이다. 하지만 중심에 대해서 어떤 측정값을 제시해야 하고 산포에 대해 어떤 측정값을 제시해야 할까? 그 기준은 생각보다 간단하다.

- 만약 분포의 모양이 편향되어 있다면 편향에 대해 설명하고 중앙값과 IQR을 제시하자. 평균과 표준편차를 함께 제시한다면 왜 평균과 중앙값에 차이가 있는지 설명해야 한다. 평균과 중앙값이 일치하지 않는다는 것은 분포가 편향되어 있을 것임을 나타낸다. 히스토그램을 사용하면 이러한 것들을 설명하기 한결 편할 것이다.
- 만약 대칭이며 단봉형인 분포라면, 평균과 표준편차를 제시하거나 중앙값과 IQR을 제시하여도 무방하다. 대칭을 띄는 단봉형의 데이터의 경우 대부분 IQR이 표준편차보다 조금 더 클 것이다. 만약 그렇지 않다면 데이터가 정말 대칭인지, 단봉형인지 혹은 이상치가 존재하지 않는지 다시 확인해봐야 할 것이다.
- 만약 여러 개의 최빈값이 존재한다면 왜 그렇게 되었는지 이해하려고 노력해야 한다. 최빈값이 여러 개로 나누어진 이유를 이해했다면 데이터를 최빈값을 기준으로 나누는 것도 좋은 방법이 될 수 있다.
- 만약 명확하게 일반적이지 않은 측정값이 존재한다면 그것에 대해 설명해야 한다. 만약 평균과 표준편차를 제시한다면, 일반적이지 않은 측정값을 포함해서 계산한 평균 및 표준편차와 그것을 빼고 계산한 평균 및 표준편차를 모두 제시하도록 하자. 차이점이 드러날 것이다.
- 항상 중앙값은 IQR과 함께 제시하고 평균은 표준편차와 함께 제시하도록 하자. 짝지어 제시하는 것이 하나의 값만 제시하는 것보다 유용하다. 분포의 산포에 대한 정보 없이 중심에 대해서만 제시하는 것은 분포에 대해서 더 많은 것을 알 수 있다는 것을 의미한다. 반면에 산포에 대해서만 제시하는 것은 중요한 정보를 누락시키는 일이다.

예시문제 **데이터 요약하기**

문제 : 91페이지의 다운로드 데이터의 모양과 중심과 산포에 대해 이야기해보자.

답 : 24시간 동안 시간당 다운로드 횟수의 분포는 단봉형에 거의 대칭이다. 시간당 평균 다운로드 횟수는 18.7회이며 표준편차는 8.94이다. 또한 새벽시간에 다운로드가 거의 없는 몇 시간이 존재하지만 이상치로 보기에 크게 특이한 관측은 아니다.

5.6 다섯 수치 요약(five-number summary)과 상자그림(boxplots)

간단히 분포를 요약하는 좋은 방법 중 하나는 다섯 수치 요약이다. **다섯 수치 요약**은 분포의 중앙값, 사분위수(Q1, Q3), 최대값, 최소값을 제시하는 방법이다. 예를 들어 2002년부터 2007년 사이의 AIG 주식거래량 분포는 다음과 같다(단위: 백만 주).

최대값	515.62
Q3	182.32
중앙값	135.87
Q1	121.04
최소값	83.91

표 5.2 2002년부터 2007년까지 AIG 주식 거래량의 다섯 수치요약이다.

다섯 수치 요약은 분포의 전체적인 모양을 요약해서 표현할 수 있다. 예를 들어, 사분위수(Q1, Q3) 사이에는 데이터의 절반이 분포하고 있음을 알 수 있기 때문에 해당 기간 중 절반은 121.04(백만)에서 182.32(백만) 주가 거래되었음을 알 수 있다. 또한 가장 많이 거래되었을 당시엔 500(백만) 주 이상이 거래되었고 가정 적게 거래되었을 때에는 83.32(백만) 주가 거래되었음을 알 수 있다. 최대값과 최소값이 보기 드문 경우인 것일까? 혹은 단순히 가장 바쁘거나 한가한 날일까? 질문의 해답을 찾기 위해 요약표를 가지고 조금 더 분석해볼 필요가 있다.

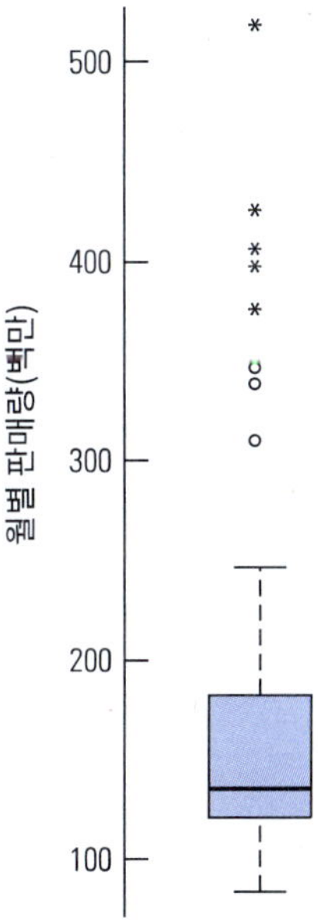

그림 5.9 2002년부터 2007년까지 AIG 주식 거래량에 대한 상자그림이다.
(단위: 백만 주)

양적 데이터의 다섯 수치요약을 보면 그 정보를 **상자그림**(boxplot)으로 표현할 수 있다(그림 5.9). 상자그림은 분포의 몇몇 특징을 보기 쉽게 해준다. 중앙의 상자는 사분위수 사이에 있는 절반의 데이터를 의미한다. 즉, 상자의 가장 윗부분은 Q3이며 가장 아랫부분은 Q1이 된다. 또한 상자의 길이는 IQR(Q3－Q1)과 같다(AIG 데이터에서는 61.28이다). 중앙값은 수평선으로 표시된다. 만약 중앙값이 사분위수의 중앙부분에 위치하고 있다면 데이터의 절반은 거의 대칭을 이루고 있다고 볼 수 있다. 반면 중앙값이 사분위수의 중앙에 위치하지 않는다면, 분포가 편향되어 있음을 알 수 있다. 극단적인 경우엔 중앙값이 사분위수와 같은 위치에 그려질 수도 있다.

상자에서 뻗어 나온 선은 이상치를 고려하지 않은 최대값까지 닿아 있다. 상자그림에서는 두 사분위수에서 1.5 IQR 이상 떨어져 있는 값은 이상치로 표시한다(AIG의 데이터에서 1.5 IQR＝1.5 × 61.28＝91.92이다). 편향여부를 확인하고, 특별히 주의를 기울이기 위해 이상치는 모두 개별적으로 표현된다. 이상치들은 측정 과정의 실수로 생겼거나 데이터에서 가장 흥미로운 사건이 될 수 있다. 이 규칙은 이상치에 대한 정의가 아니며 단순히 특이한 사건들을 지목해줄 뿐이다. 또한 이상치에 대한 정교한 분석을 대체할 수 없으며, 정말 특별한지 판단할 수 없다.

상자그림은 쉽게 그릴 수 있다. 먼저 중앙값과 사분위수를 축 위에 표시한 후에 3개의 짧은 선을 그려준다. AIG 데이터에서는 약 121(Q1), 136(중앙값), 182(Q3)가 될 것이다. 축은 수평으로 그릴 수도 있지만 보통 〈그림 5.9〉처럼 수직으로 그리게 된다. 그 후 사분위수를 나타내는 선을 연결하여 상자를 그리고 각 사분위수에서 1.5 IQR이 떨어져 있는 "울타리(fence)"를 확인한다. AIG데이터에서 울타리는 121.04－1.5 × 61.28＝29.12(아래쪽)와 182.32＋1.5 × 61.28＝274.24(위쪽)가 될 것이다. 이 울타리들은 어떤 값들이 이상치로 표시되는지 결정하기 위한 것이기 때문에 최종 상자그림엔 그리지 않을 것이다. 그 후 울타리 안에 포함되는 값들 중 가장 크고 작은 값까지 수염(whiskers)을 그린다. AIG의 데이터에서 아래쪽 울타리보다 작은 값은 없으며(최소값이 83.91) 위쪽 울타리 바깥으로

이상치 구별을 위한 1.5 IQR 규칙

각 사분위수로부터 1.5 IQR 이상 떨어져 있는 값은 이상치로 표시된다. 어떤 상자그림의

경우 3 IQR 이상 떨어져 있어야 이상치로 표시될 수도 있다. 상자그림의 창시자인 통계학자 John W. Tuckey는 왜 1.5 IQR을 이상치의 기준으로 삼았냐는 질문에 1 IQR을 기준으로 하면 너무 작고, 2 IQR을 기준으로 하면 너무 크기 때문이라고 답변하였다.

는 8개의 사건들이 있다. 마지막으로 이상치들을 개별적으로 그려준다. 몇몇 상자그림들은 사분위수에서 3 IQR 이상으로 멀리 떨어진 이상치들을 특별한 기호로 표시하기도 한다(〈그림 5.9〉 참조).

상자그림에 분포의 특징들이 모두 표현되지 않지만 많은 것을 볼 수 있다. 또한 상자그림은 여러 분포들을 나열하고 비교할 때 매우 유용하다.

〈그림 5.9〉의 상자의 모양을 보면 분포의 중앙 부분이 오른쪽으로 편향된 것처럼 보인다(그림에서는 위쪽으로). 또한 각 수염의 길이가 같지 않음을 통해 분포의 나머지 부분 또한 오른쪽으로 편향된 것처럼 보인다. 상자그림은 이상치를 표현하고 강조하는데 매우 유용하다.

예시문제 이상치를 구분하기 위한 상자그림 규칙

문제 : 91페이지의 히스토그램에는 이상치의 기준이 제시되어 있지 않다. 1.5 IQR 규칙을 사용하여 이상치를 구분해보자.

답 : 사분위수는 13과 24.5이므로 IQR은 11.5이다. 따라서 1.5IQR은 17.25이다. 1.5 IQR 규칙에 의하여 이상치는 24.5+17.25=41.25회/시 이상이거나 13−17.25=−4.25회/시 이하의 값이어야 한다. 이때 가장 큰 데이터 값은 36회/시이며 다운로드 횟수는 음수가 될 수 없으므로 91페이지의 데이터에는 이상치가 존재하지 않는다.

길잡이 문제 신용카드사 고객

기업들은 때로 특정 고객들의 니즈(needs)에 초점을 맞추기 위해 그들의 고객들을 유사한 니즈나 소비패턴을 가진 고객 그룹으로 세분화하곤 한다. 어떤 대형 신용카드사는 카드 사용고객의 잠재적 성장능력을 알기 위해 특정 그룹이 매월 그들의 카드로 어느 정도의 금액을 결재하는지 알고자 한다. 각 고객들이 최근 3개월간 그들의 카드로 소비하는 금액을 아래에 데이터로 나타내었다. 하나의 변수에 대한 분석은 히스토그램이나 여러 통계량보다 상자그림이 유용할 것이다. 해당 세분 시장의 소비패턴에 대해서 요약해보자.

계획 **준비** 변수와 데이터의 시간적 틀, 분석의 목적을 정의한다.

알고자 하는 세분시장에 있는 500명의 카드 소지자들의 최근 3개월간 월 평균 결재 금액(단위: 달러)을 요약하고자 한다. 양적 데이터 이므로 여러 통계량과 히스토그램과 상자그림을 사용할 것이다.

실행 **실행방안** 데이터의 특성과 데이터를 통해 알고자 하는 것을 바탕으로 적절한 시각화 방법을 선택한다.

현실성 확인 데이터를 통해 보고자 하는 것과 히스토그램이 예상한 모양으로 나왔는지 그렇지 못했는지를 확인하는 것은 항상 좋은 생각이다. 일반적인 카드 사용금액은 수백 달러 수준이다. 이정도 수준이면 예상한 수준으로 볼 수 있다. 즉 측정이 잘 이루어졌다.

때때로 이상치들은 히스토그램보다 상자그림을 통해 보는 것이 더 쉽지만 히스토그램이 분포의 모양에 대해서 더 자세히 제공하고 있음을 알아

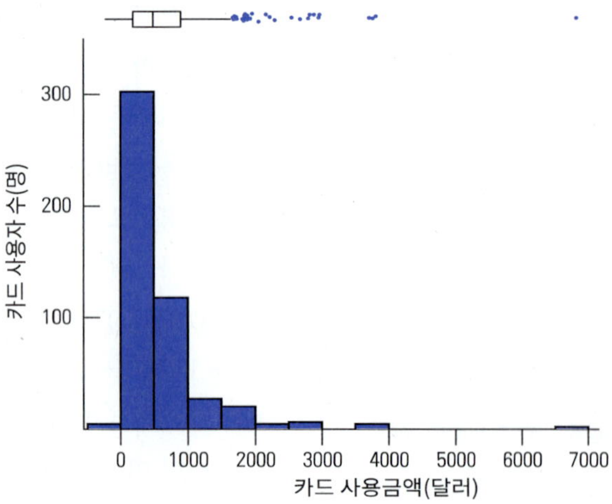

야 한다.

위의 두 그림들은 몇몇 이상치들과 함께 우측으로 매우 편향된 비대칭 분포의 모양을 보여준다.

월별 카드사용금액 요약	
고객수	500
평균	544.749
중앙값	370.65
표준편차	661.244
IQR	624.125
Q1	114.54
Q3	738.665

평균이 중앙값보다 훨씬 큰 것을 볼 수 있다. 이 데이터는 대칭을 띠는 분포가 아니다.

보고

해석 모양과 중심, 분포의 산포를 요약하자. 또한 분포의 대칭성, 최빈값의 수, 이상치 혹은 결측치(gap)에 대하여 설명해야 한다.

추천 결론과 함께 추천할 만한 활동과 분석을 덧붙여 주자

메모

Re: 세분고객그룹의 소비에 대한 보고

해당 세분 고객 그룹의 최근 3개월간 월 평균 카드 사용금액에 대한 분포는 단봉형이며 우측으로 편향된 모양입니다. 그렇기 때문에 데이터를 중앙값과 사분위수 범위(IQR)을 사용하여 요약해 드립니다.

월평균 카드 사용금액의 중앙값은 $370.65입니다. 카드 소지자의 절반이 $114.54에서 $738.67 사이의 금액을 사용하고 있습니다. 또한 몇몇 이상치들이 보입니다. 가장 큰 값은 $6745입니다.

또한 매우 적은 수의 음(-)의 값을 갖는 소비자들이 보입니다. 아마 사용한 금액보다 많은 금액을 결재한 고객으로 추정됩니다. 하지만 단순 데이터의 오류일 수 있으니 확인해보시기 바랍니다.

향후 분석은 최근 3개월간의 소비 금액이 1년 중 다른 기간과 비슷한 모양이 되는지 확인해볼 필요가 있습니다. 이를 통해 소비 형태에 계절적 패턴이 있는지 확인해볼 수 있으며, 만약 패턴이 존재한다면 광고에 의한 효과인지 다른 요인에 의한 것인지 확인해볼 수 있을 것입니다.

5.7 여러 그룹의 비교

앞서 보았듯이 주식 거래량은 월별로 또는 일별로 매우 큰 차이를 보인다. 하지만 조금 멀리서 데이터를 바라보면 데이터를 이해하고 모델화하고 예측을 도와주는 분포의 패턴을 찾을 수 있다. AIG의 월별 주식 거래량과 가격에 대한 요약을 보도록 하자. 혹은 일별 주식 가격을 가지고 주, 월, 계절, 년 단위로 분류해서 볼 수도 있다. 분포의 모양은 데이터를 어떻게 분류하느냐에 따라 달라질 수 있다. 분포를 비교하는 것은 패턴과 차이와 흐름을 파악할 수 있게 해준다.

"큰 그림" 먼저 보도록 하자. 월 평균 값을 보기보다 일별 종가를 기준으로 2002년과

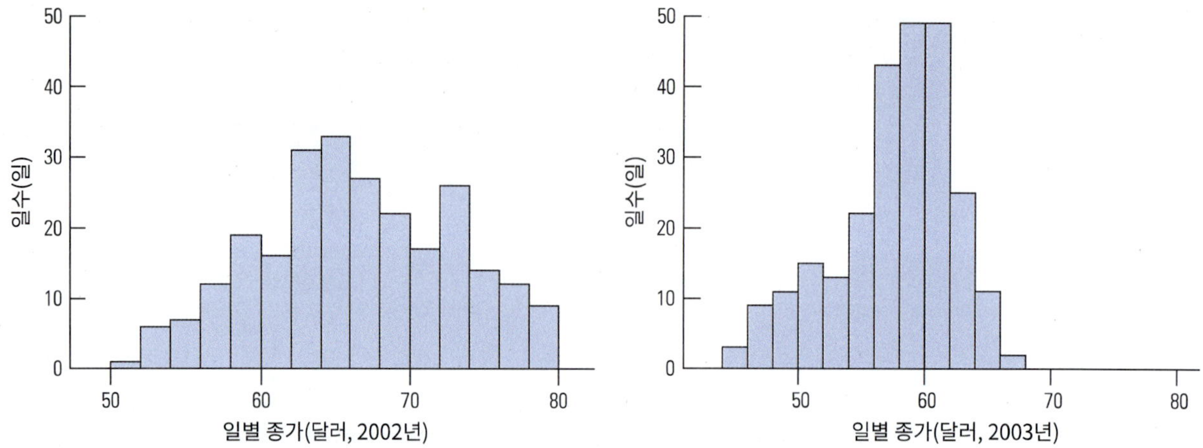

| 그림 5.10 2002년과 2007년의 뉴욕 증권거래소에서의 AIG 주식 일별 종가에 대한 분포이다. 두 분포가 어떻게 다른가?

2003년의 분포를 보도록 하자.

2003년의 주식가격이 2002년의 주식가격보다 일반적으로 낮다고 이야기하기엔 다소 어려움이 있다. 2002년의 주식가격의 분포는 대칭이며 그 중심이 $60대 후반에 형성되어 있다. 반면에 2003년의 분포는 왼쪽으로 편향되어 있으며 분포의 중심이 $60 아래에 형성되어 있다. 두 히스토그램의 단위와 범위를 동일하게 표현하였기 때문에 쉽게 비교할 수 있다. 만일 단위나 범위를 동일하게 하지 않는다면 매우 다른 중앙과 분포를 갖는 히스토그램이라도 비슷하게 보일 수 있다.

두 그룹을 비교할 때 히스토그램은 매우 유용하다. 하지만 만약에 다년간의 가격들을 비교하고 싶을 때는 어떨 것인가? 히스토그램은 하나 혹은 두 개의 분포를 보여줄 때 가장 좋다. 반면에 여러 그룹(둘 이상)을 비교할 때에는 상자그림이 더 유용하다. 상자그림은 자세한 정보는 숨기고 전체적인 요약된 정보를 보여줌으로써 표현할 수 있는 정보와 표현의 간결함 사이의 균형을 이루고 있다. 또한 상자그림은 나란히 나열하기 쉽기 때문에 다양한 그룹을 쉽게 비교할 수 있다.

여러 상자그림들을 나란히 정렬함으로써 어떤 그룹의 범위, 중앙값, IQR이 더 큰지, 데이터 중앙에 분포하는 50%의 데이터들이 어디에 분포해 있는지를 확인할 수 있다. 또한 상자 내에서 중앙값의 위치와 위, 아래 수염 길이의 차이를 통해 분포가 대칭을 띠고 있는지 그렇지 않은지를 확인할 수 있다. 마지막으로 상자그림의 비교를 통해서 이상치를 비교할 수 있고 중앙값과 IQR을 통해 추세 및 동향에 대해 파악할 수 있다.

길잡이 문제 AIG의 주식가격과 거래량

2008/2009년의 금융위기의 초기부터 AIG의 주식 가격이 어떻게 변동하였는지 알아보고자 한다. 월별 주식거래량에 대한 상자그림을 통해 일정한 추세를 보는 것이 좋은 방법이 될 것이다. 또한 분포의 중심 외에도 산포에 대해서도 확인할 수 있다. 주식 거래량이 매년 일정한지 혹은 특정 연도에 더 많이 퍼져 있는지도 확인할 수 있다.

계획

준비 변수를 정의하고 데이터의 시간적 틀을 알리고, 목적을 밝힌다.

2002년부터 2009년 사이에 뉴욕 증권거래소에서 거래된 일일 주식가격을 비교하고자 한다.

일일 주식가격은 양적변수이며 달러로 측정 가능하다. 년도 별로 일일 주식가격의 분포를 비교하기 위해서 주식가격을 연도별로 나누어서 나란히 정렬된 상자그림으로 표현할 수 있다.

실행

실행방안 AIG주식가격 데이터에 대한 상자그림을 나란히 정렬하자.

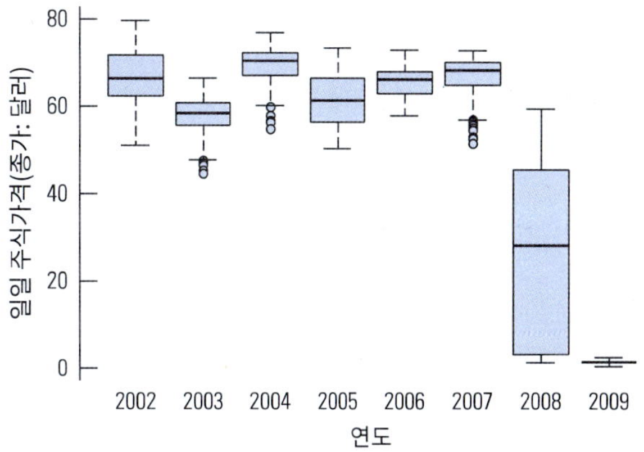

2008년에 무슨일이 일어났는가? 2008년의 주식가격 변화를 더 자세히 살펴보도록 하자. 아래의 그림은 2008년의 주식 가격을 월별로 구분해 놓은 상자그림이다.

앞의 상자그림을 보고 추가로 필요한 상자그림을 그려보자.

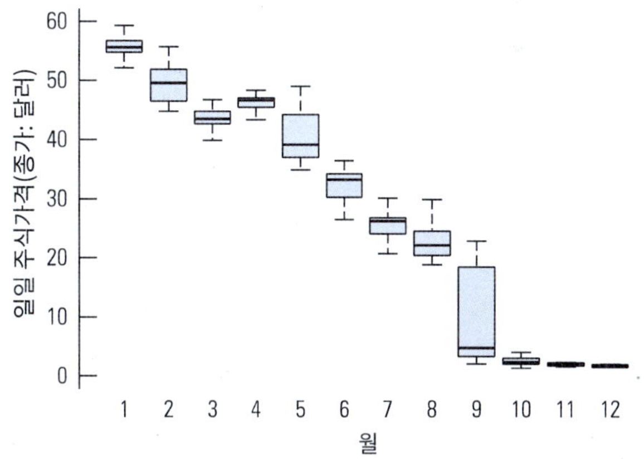

보고

결과 데이터에 대해 알게 된 정보들을 보고하고 추가적인 활동 혹은 분석을 추천하도록 한다.

메모

Re: AIG 주식가격에 대한 연구

2002년부터 2009년 사이에 뉴욕 증권거래소에서 거래된 일일 주식가격을 분석하고 연구하였습니다. 제시해드린 도표처럼 2002년부터 2007년 사이의 주식가격은 비교적 일정합니다. 2003년에 조금 낮아지긴 하지만 곧 회복되며 일반적으로 \$60 위에 머무르는 것으로 나타났습니다. 그 후 2008년에 주식가격은 급락하였고 2009년 동안에

AIG의 주식가격은 큰 변동이 없었습니다. 2008년의 월별 상자그림은 주가의 하락이 2008년 한 해 동안 지속적이었음을 보여주며 2008년 9월에 가장 큰 폭으로 하락했음을 보여줍니다. 많은 분석가들은 2008년 9월이 금융 붕괴의 시작이었음을 지적하지만 AIG의 주가에서 문제가 오랜 기간 지속돼 왔음을 알 수 있습니다. 10월과 11월, 12월에는 큰 변동 없이 주가가 매우 낮은 수준을 유지했습니다.

예시문제 상자그림 비교하기

문제 : 91페이지의 데이터를 보고 오전과 오후의 다운로드 횟수를 상자그림을 통해 비교해보자.

답 : 일반적으로 오전보다 오후에 다운로드 횟수가 더 많다. 오후 다운로드 횟수의 중앙값은 약 22회이며 오전 다운로드 횟수의 중앙값은 약 14회이다. 또한 오후 다운로드 횟수는 오전보다 더 일정하다. 오후 다운로드 횟수의 전체적인 범위(range)는 약 15이며 이는 오전 다운로드 횟수의 IQR과 비슷한 크기이다. 오전 다운로드 횟수의 분포가 높은 곳까지 퍼져 있기는 하지만 두 분포 모두 대체적으로 대칭으로 분포하고 있다.

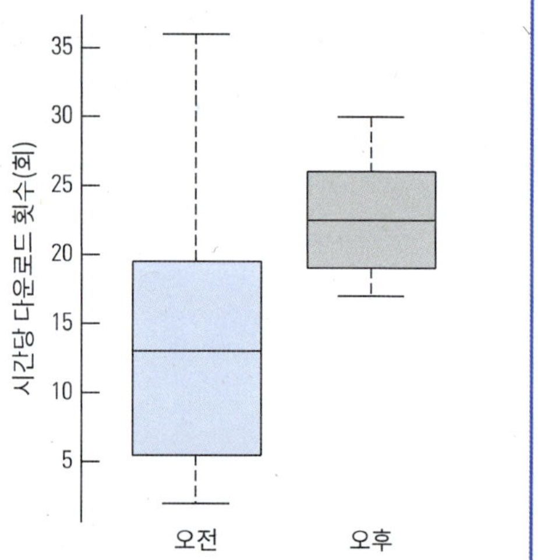

5.8 이상치 확인하기

앞의 자료를 통해 2008년에 AIG의 주식가격이 급락하였음을 확인하였다. 비슷한 패턴이 나타나는지 확인하기 위해 일일 주식거래량을 나타낸 월별 상자그림을 확인해보자.

데이터들 가운데 두드러지는 데이터는 주목해볼 필요가 있다. 상자그림에서는 데이터 군집과 멀리 떨어져 있는 사건들은 이상치로 표기해주는 규칙이 있다. 하지만 이 규칙은 명확한 정의가 없는 대략적인 규칙이다. 그렇기 때문에 이 규칙으로는 이상치를 어떻게 분석해야 하는지 알 수 없으며 데이터와 그 상황에 대한 깊이있는 생각과 분석을 대체할 수 없다.

그렇다면, 이상치는 어떻게 해석하고 활용해야 할까. 우선 이상치를 데이터의 맥락 속에서 이해해야 한다. 일단 이상치로 분류되면 그 값을 반드시 조사해봐야 한다. 어떤 이상치들은 비현실적이거나 단순한 오류로 생겨난 것들일 수 있다. 소수점의 자리가 잘못 표기되었거나 숫자의 순서를 바꾸어 기입했거나 중복기입 되거나 혹은 숫자를 옮겨적는 과정에서의 실수이거나, 단위가 틀렸거나 하는 등의 실수 등이 있다. 예를 들어 AIG의 주식거래량에 대한 데이터를 보고 어느날의 주식거래량이 2주 단위라고 파악할 수 있는데 사실은 그 표는 백만단위를 생략한 것이고 실제 거래량은 2백만 주이다. 오류를 발견했다면

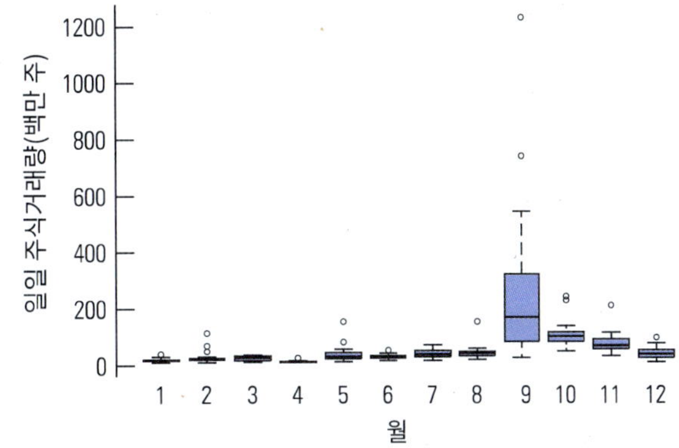

그림 5.11 1월의 가장 높은 주식거래량은 1월에 이상치로 분류된 3천 8백만 주이다. 2월에는 3개의 이상치가 존재하며 1억 주 이상의 거래량을 보이기도 한다. 대부분의 경우 그 달의 가장 높은 값은 이상치로 분류되어 있다. 하지만 그 중 어떤 값들도 중앙값이 1억 7천만 주인 9월의 다운로드 횟수에서는 이상치로 분류되지 않는다. 반대로 일반적인 9월의 주식거래량은 다른 달에서 일반적이지 않은 수준이다. 1월의 가장 거래량이 많은 날도 9월 혹은 10, 11월에도 특별히 거래량이 많은 날이 아니지만 1월엔 주목할 만한 날이다.

반드시 알맞게 다시 수정해야 한다.

많은 이상치들이 있는데 이 이상치들은 틀린 것이 아니다. 단지 다를 뿐이다. 이상치와 같은 특별한 경우는 일반적인 데이터의 요약을 통해서 배우는 것보다 더 많은 것을 배우게 한다. 차트나 요약된 통계치들 그리고 데이터를 통해 얻고자 하는 결론을 변화시키는 이상치를 찾았을 때 할 수 있는 가장 안전한 대처는 이상치를 포함하는 분석과 포함하지 않는 분석을 모두 실시해 보고 차이를 가져온 원인에 대해서 생각해보는 것이다.

9월 중 가장 눈에 띄는 주식거래량을 보이는 두 날은 언제인가? 바로 2008년 9월 15일과 16일이다. 15일에는 7억 4천만 주가 거래되었다. 그리고 이것은 한 회사가 다음날 10억 주의 주식을 거래하는 것으로 눈에 띄는 거래 기록이 이어졌다. 다음은 미국의 투자신문인 바론즈(Barren's)가 보도한 9월 16일의 기사이다.

뉴욕증권거래소에서 기록할 만한 많은 양의 주식거래가 이루어져 나스닥 거래는 7월의 기록을 갱신

하루 동안 81억 4천 주의 주식 거래가 이루어진 진기록은 오늘 93억 1천 주의 주식 거래량으로 갱신이 되었다. 가장 많은 주식거래를 한 회사는 아메리칸 인터네셔널 그룹(American International Group)으로 1억 1천 1백만 주를 거래했으며. AIG의 주식 거래량은 뉴욕증권거래소 전체 거래량의 12%를 차지했다.

출처: "뉴욕 증권거래소에서 기록할 만한 많은 양의 주식 거래가 이루어져 나스닥 거래는 7월의 기록을 갱신", 바론즈: 다우존스 경영 금융 주간지(*The Dow Jones Business and Financial Weekly*),

예시문제 이상치를 구분과 데이터를 요약

문제 : 한 부동산에 관한 보고서에는 버지니아의 작은 마을에 있는 단독 주택들의 가격에 대한 내용이 실려 있다. (천의 자리에서 반올림) 이 마을의 주택가격에 대해서 간략히 서술하여라.

155,000	329,000	172,000	122,000	260,000
139,000	178,000	339,435,000	136,000	330,000
158,000	194,000	279,000	167,000	159,000
149,000	160,000	231,000	136,000	128,000

답 : 상자그림은 이상치를 보여준다.

주택 가격의 이상치들 중 최대값은 $339.4백만이다.

하지만 인터넷으로 조사해보면 미국에서 가장 비싼 주택 가격은 2011년 2월에 거래된 캘리포니아 주의 로스알터스(Los Altos)주의 한 주택 가격으로 $100백만이었다. 이를 통해서 $339.4백만이라는 가격은 오류임을 확신할 수 있다.

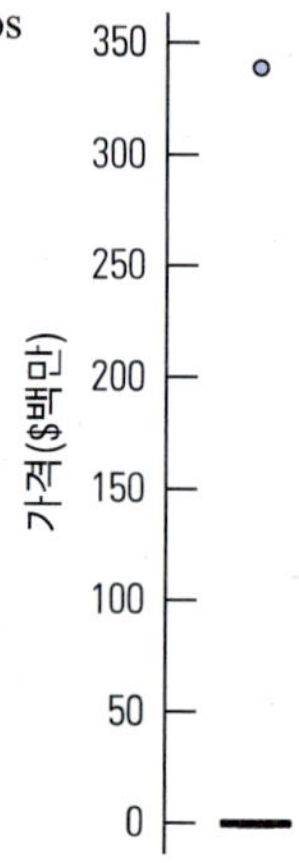

히스토그램과 통계치를 통해서 좀 더 알아보면

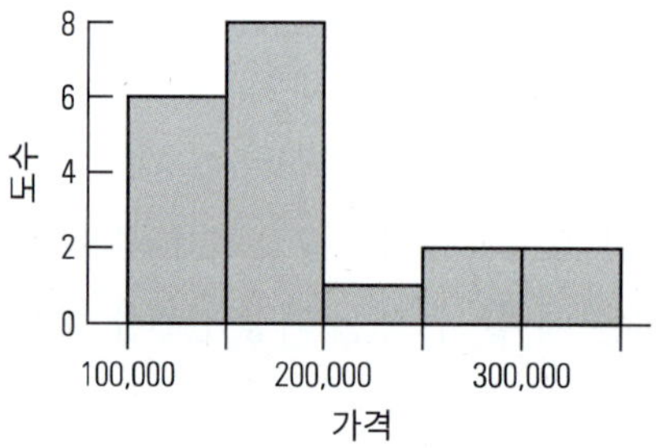

가격의 분포가 오른쪽으로 강하게 편향되어 있고 가격의 중앙값은 $160,000이다.

최소값은 $122,000이고 그리고 이상치를 제외한 최대값은 $330,000이다. 1사분위수는 $144,000, 3사분위수는 $212,500이므로 사분위수 범위(IQR)는 $68,500이다.

5.9 표준화

경제잡지 포브스(*Forbes*)는 미국에서 가장 큰 258개 비상장기업들의 순위를 조사하였다. '크다'라는 말은 어떤 의미인가? 포브스는 '크다'라는 말을 측정하기 위한 두 가지 방법을 제시하였는데 그 방법은 수익($B, 10억 달러)과 종업원 수였다. 하지만 포브스는 조사에서 회사들의 순위를 측정하는 데 수익만을 사용하였다. 그렇다면 종업원 수는 기업의 크기를 측정하는 방법은 될 수 없는 것인가? 어떻게 해야 이 수익과 종업원 수 두 방법으로 비교할 수 있을까? 수익이 $20B인 기업과 50,000명의 종업원 수를 가진 기업의 크기는 어떻게 비교해야 할까? 어떤 기업이 더 큰 기업인가? 이 경우 두 기업은 같은 단위를 사용하지 않았다. 그래서 서로 직접 비교할 수 없다. 직접 비교를 위해서는 각 변수들을 먼저 표준화해야 한다. 표준화를 통해서 우리는 오렌지와 사과를 비교하는 실수를 피할 수 있다. "이 값은 어떻게 표준 값과 비교될 수 있는가?", "이 두 값은 어떻게 다른 것인가?"와 같은 질문들은 평균으로부터의 거리나 평균으로부터 얼마의 표준편차만큼 떨어져 있는지 차이를 구하는 표준화과정을 통해서 해결될 것이다.

여기 포브스에 의해서 조사된 두 기업이 있다.

- US 푸드 서비스(US Foodservice, 11위 다양한 식품을 취급하는 기업) : \$19.81B의 수익과 26,000명의 종업원 수
- 토이저러스(Toys"R"Us, 21위 장난감 유통업체) : \$13.72B의 수익과 69,000명의 종업원 수

이렇게 표기하면 어떤 기업이 더 많은 수익을 내고 있고 더 많은 종업원을 고용하고 있는지 알 수 있지만 어떤 기업이 포브스가 순위를 매긴 258개의 기업 중에서 더 높은 순위에 있는지 알기는 어렵다.

표준화하는 방법

먼저 258개의 각 모든 기업들에 대한 평균과 표준편차를 구해야 한다.

	평균 (모든 기업)	표준편차 (모든 기업)
수익(\$B)	6.23	10.56
종업원수	19,629	32,055

그 다음 각 값이 평균과 얼마나 차이가 있는지 알 수 있는 편차를 표준편차로 나눈다.

$$z = \frac{(y - \bar{y})}{s}$$

이렇게 구한 값을 **표준화 값**(standardized value)이라고 하고 z로 표기한다. 이 값은 보통 z**점수**(z-score)라고 부른다. z점수는 표준편차를 단위로 해서 각 값들이 평균에서 얼마만큼 떨어져 있는지를 알려준다.

먼저 수익의 z점수를 살펴보자.

US 푸드 서비스의 수익의 z점수를 계산하기 위해서 먼저 US 푸드 서비스 수익의 값(19.81)에서 평균인 (6.23)을 빼고 모든 기업들의 수익의 표준편차인 (10.56)으로 나눈다.

$$z = (19.81 - 6.23)/10.56 = 1.29$$

이 수치가 의미하는 것은 US 푸드 서비스의 수익은 평균으로부터 1.29 표준편차만큼 떨어져 있다는 것이다. 종업원 수에 대해서도 z점수를 살펴보면

$$z = (26{,}000 - 19{,}629)/32{,}055 = 0.20$$

US 푸드 서비스의 종업원 수는 다른 나머지 기업들과 비교했을 때 US 푸드 서비스의 수익만큼 많지 않다. 종업원 수는 평균에서 0.20 표준편차만큼 떨어져 있다.

토이저러스의 경우도 살펴보자.

수익에 대해서는 $z = (13.72 - 6.23)/10.56 = 0.71$ 그리고 종업원 수에 대해서는 $z = (69{,}000 - 19{,}629)/32{,}055 = 1.54$

이 수치들로 보았을 때 어느 기업이 더 큰 기업인가? 수익 측면에서 본다면 US 푸드서비스가 더 큰 기업이고 종업원 수 측면에서 본다면 토이저러스가 큰 기업이다.

수익과 종업원 수 중 한 방법으로 꼭 비교를 해야 한다고 정해져 있는 것은 아니다. 표준화는 다른 단위로 측정된 변수들도 비교할 수 있게 해준다. 이 예의 경우, 토이저러스가 더 큰 기업이라고 주장할 수도 있다. 수익의 z 점수가 0.71로 US 푸드 서비스의 1.29보다 작지만 종업원 수의 z 점수는 1.54로 US 푸드 서비스의 0.20보다 크다.

z 점수로 표준화하기

- 평균을 0으로 만든다.
- 표준편차를 1로 바꾼다.
- 분포의 모양(Shape)을 바꾸지 않는다.
- 단위를 제거한다.

수익과 종업원 수, 이 두 변수를 결합하여 어떻게 비교하는지에 대한 방법은 명확하지 않다. 하지만 포춘지의 조사는 하나의 사례가 될 것이다. 경제잡지 포춘지는 일하기 좋은 기업들의 순위를 조사하였다. 포춘지의 2009년의 조사에서는 소프트웨어 기업 SAS가 1등의 영광을 차지하였다. 어떻게 SAS는 1위를 하였을까? 먼저 순위 선정을 위해서 조사를 진행한 전문가들은 기업 경영을 50개의 측면으로 세분화하고 조사를 실시하였다. 이 조사에서 SAS는 50개의 측면에서 모두 우수하였을까? 물론 아닐 것이다. 그러나 변수들을 결합하여 비교하기 전에 변수들을 표준화시킨 후 그 결과들을 결합해서 보았을 때 가장 우수한 기업이 SAS였으므로 1위로 선정되었을 것이다. 그들의 방법론이 어떻든 간에 말이다.

예시문제 표준화에 의해 값 비교하기

문제 : 한 부동산 전문가는 110페이지의 부동산 보고서만큼 주택 가격에 대한 더 많은 정보를 알아내었다. 이 자료들을 통해서 350건의 최근 주택거래의 가격 평균은 \$175,000이고 가격의 표준편차는 \$55,000 주택의 크기(단위: sq.ft 제곱피트)에 대한 평균은 2100sq.ft이고 표준편차는 650sq.ft임을 구하였다. 이 마을에 가격이 \$340,000 주택과 크기는 5000sq.ft인 주택 중 어느 주택이 다른 주택들에 비해서 특이한가?

답 : 비교를 위해서 z 점수를 계산해보면 가격이 \$340,000인 주택은

$$z = \frac{y - \bar{y}}{s} = \frac{(340{,}000 - 175{,}000)}{55{,}000} = 3.0$$

마을 전체 주택들의 평균 가격보다 3 표준편차만큼 떨어져 있다.

크기가 5000sq.ft 주택은

$$z = \frac{y - \bar{y}}{s} = \frac{(5000 - 2100)}{650} = 4.46$$

이 주택은 마을 전체 주택들의 평균 크기보다 4.46 표준편차만큼 떨어져 있다. 따라서 가격이 \$340,000인 주택보다 이 주택이 더 특이하다고 할 수 있다.

5.10 시계열 데이터

2007년 AIG의 일일 주가를 나타내는 히스토그램은 가격에 있어서 양봉형 분포를 보여준다. 두 개의 봉오리는 약 일일 주가가 약 $57인 것과 약 $70인 봉오리 이렇게 두 개로 나누어진다. 〈그림 5.12〉의 히스토그램은 변수의 분포에 대한 정보를 제공한다. 그러나 시계열 데이터를 분석함에 있어서는 시간의 흐름에 따른 패턴(pattern)을 분석하는 것이 좋다. 〈그림 5.13〉은 2007년 AIG 일일주가의 패턴을 보여준다.

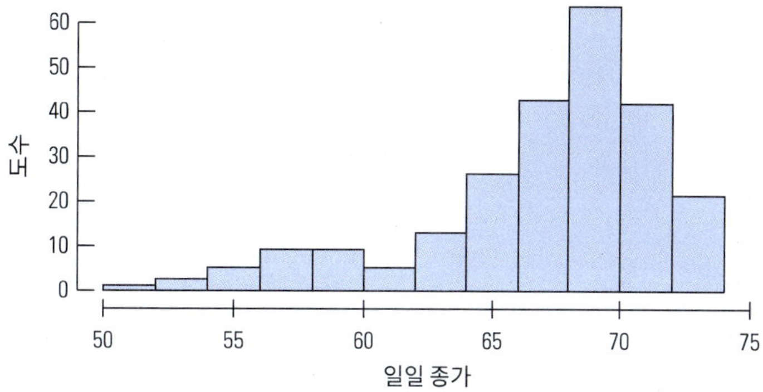

그림 5.12 2007 AIG 일일주가의 분포를 보여주는 양봉형 분포를 가진 히스토그램이다. 하지만 이 히스토그램은 주가가 시간에 따라 어떻게 변했는지에 관한 정보는 제공해주지 못한다.

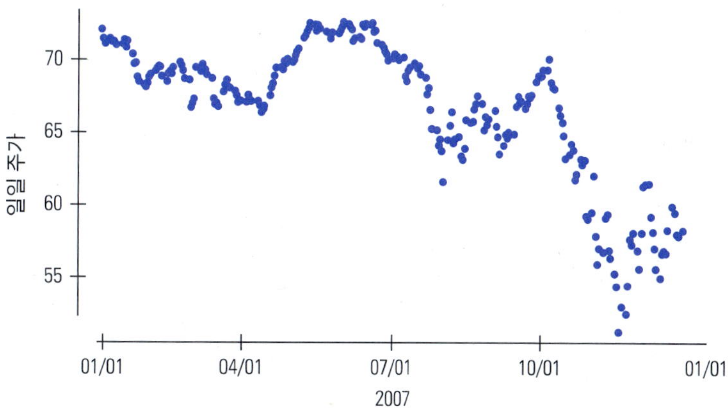

그림 5.13 AIG주가의 시계열 그림은 주가 변동에 대한 전반적인 패턴을 보여준다.

시간에 따른 값의 변화를 보여주는 그림을 **시계열 그림**(time series plot)이라고 한다. 시계열 그림은 히스토그램이나 상자그림으로 볼 수 없는 패턴을 보여준다. 주가가 2007년 봄에 반등하기는 했지만 7월 이후로 주가는 $60 이상으로 계속 변동함을 볼 수 있다. 10월까지 이 패턴은 명확하다.

시계열 그림은 점과 점으로 이어진 많은 변화들을 보여준다. 금융 잡지들을 보면 〈그림 5.13〉처럼 점들로 이어진 시계열 그림을 자주 접하게 될 것이다.

시계열 그림을 볼 때 점과 점으로 이루어진 변동들을 단순화시켜서 보는 것이 좋다. 단순화시켜서 보게 되면 과거의 변동들을 보면서 기본적인 패턴들을 이해하기 쉬워지고 이 값들이 시계열 그림의 중심과 산포를 중심으로 어떻게 변화하는지를 알게 될 것이다. 시계열 그림의 패턴을 단순화시키는 많은 방법들이 있다. 각 변수의 값들을 평준화시키거나(local bumps) 추세선(long-term trends)을 그리는 방법이 있다. 또한 주어진 어느 시점에서도 일정한 값을 도출하는 공식을 사용하는 방법도 있다.

점과 점으로 이루어진 변동들을 단순화시켜서 보게 되면 장기적 패턴을 보다 쉽게 이해할 수 있게 된다. 〈그림 5.15〉는 〈그림 5.13〉과 〈그림 5.14〉의 일일 주가를 많은 통계학 프로그램이 가지고 있는 전형적인 단순화 기능을 사용하여 나타낸 것이다. 단순화는 데이터의 전체적인 주요 추세를 파악하고 패턴에서 벗어난 부분들을 쉽게 찾아낼 수 있게 한다.

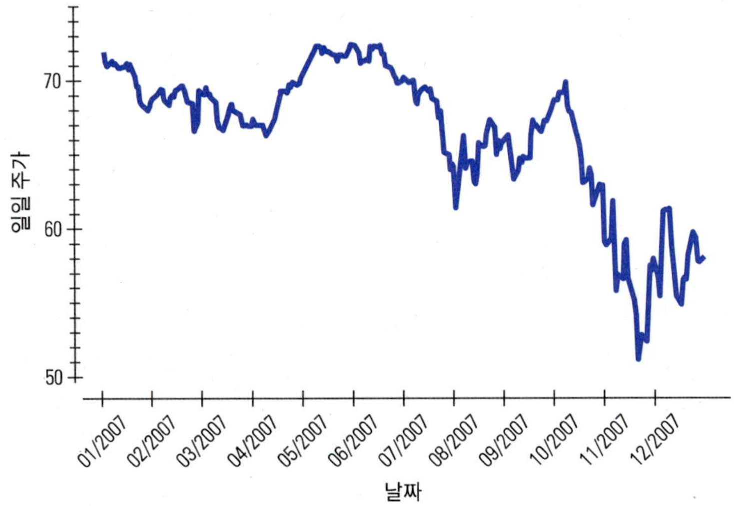

그림 5.14 그림 5.13의 일일 주가에 대한 변동들을 나타내는 모든 점들을 선으로 연결한 것이다. 이를 통해 때때로 기본적인 데이터의 패턴을 파악할 수 있다.

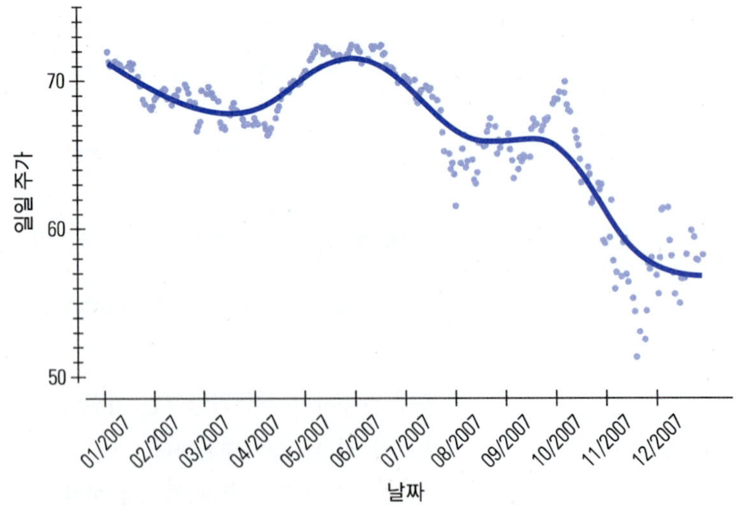

그림 5.15 그림 5.13의 일일 주가에 대한 변동들을 단순화시킨 표이다. 단순화는 데이터의 장기적 패턴을 파악하기 쉽게 만든다.

시계열 그림의 패턴을 파악하면 이 패턴을 통해 미래의 패턴도 예측하고 싶어질 것이다. 때때로 이것은 이치에 맞는 말이다. 뉴욕증권거래소에서 1년 동안 거래되는 주식거래는 몇몇 일정한 패턴을 갖는다. 하지만 주식시장 파생상품들의 만기가 겹치는 트리플 위칭 데이(triple witching day)에는 주식 거래량이 급변하므로 조금 더 많이 거래량을 예측하는 것이 좋으며 반대로 크리스마스와 새해의 첫날인 1월 1일에는 주식 거래량을 조금 적게 예측하는 것이 안전할 것이다.

그리고 미래를 예측하기에 위험한 몇몇 패턴들도 있다. 만약 주가가 계속 오르고 있는 상황이라면 얼마나 오랫동안 이 상황이 계속될 것인가? 영원히 가격이 오르는 주가는 없다. 그리고 일관적으로 주가 변동을 예측하는 분석 전문가도 없다. 주가, 실업률, 그리고 다른 경제적, 사회적, 심리적 수치들은 물리적인 양들보다 예측하기 어렵다. 높이와 속도와 방향이 정해진 공의 경로는 쉽게 예측할 수 있지만 이자율은 예측하기는 쉽지 않다.

패턴을 예측하는 데에 있어 비통계적으로 강한 이유가 없다면 어떠한 추세가 영원히 지속될 것이라는 생각을 버려야 한다. 통계적 모델은 종종 데이터의 범위를 넘어 미래를 예측하도록 하는 실수를 하게 한다. 언제, 얼마나, 그리고 얼마나 많이 패턴들이 지속될 것인가 정의하기 위해서는 충분한 심사숙고가 필요하다.

〈그림 5.13〉과 〈그림 5.14〉를 통해서 다음달에 어떤 변화가 있을지 추측해보자. 10월부터 12월까지의 주가의 하락은 주가에 있어 문제가 있을 것이라는 전조인가? 혹은 12월에 AIG의 주가가 다시 주식을 안정적으로 거래할 수 있는 약 $60까지 상승한 것은 AIG 주가의 변동이 다시 안정을 찾았다는 신호인가? 이 패턴을 보았을 때는 11월 초에 $51에 주식을 산 사람은 염가에 사게 된 것이다. 2008년도 AIG 주가의 시계열 그림을 살펴보자.

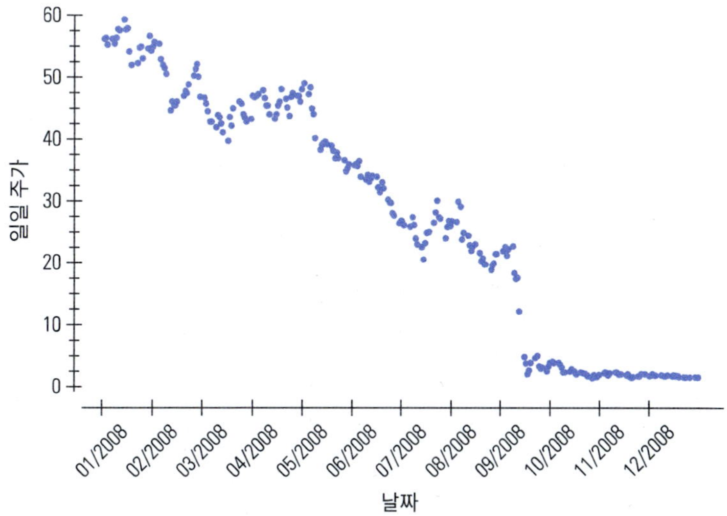

그림 5.16 AIG의 일일주가를 나타낸 시계열 그림은 2008년 AIG의 주가 변동을 보여준다.

2008년 봄 이후로 주가는 점차 떨어졌고 9월의 주가는 원래 주가의 99%를 상실한 가격이 되었다. 정부의 긴급 구제가 있은 후 AIG은 10주를 하나의 주로 합치는 주식병합을 겪었지만 2012년 현재로 다시금 원래의 주식 상태를 회복하게 되었다.

예시문제 시계열 그림 그리기

문제 : 91페이지 예시문제의 다운로드 횟수는 시계열 데이터이다. 시간대별 다운로드 수에 관한 시계열 그림을 그리고 관찰되는 패턴을 말하여라.

답 : 하루 동안의 다운로드 횟수는 자정에 시간당 36회로 가장 많은 다운로드 횟수를 기록하였고 새벽 5~6시에 급격히 감소하였다. 새벽 5~6시 2시간 동안 최소 다운로드 횟수를 기록하다가 점차 증가하여 정오에 시간당 20회까지 증가하였다. 그리고 정오부터 저녁까지 시간당 평균 20회의 다운로드 횟수를 기록하다가 저녁 7시 이후 약간의 증가를 보인다. 하지만 자정과 정오 두 시점을 기준으로 데이터를 나누어 분석하게 되면 전체 패턴은 찾을 수 없게 된다.

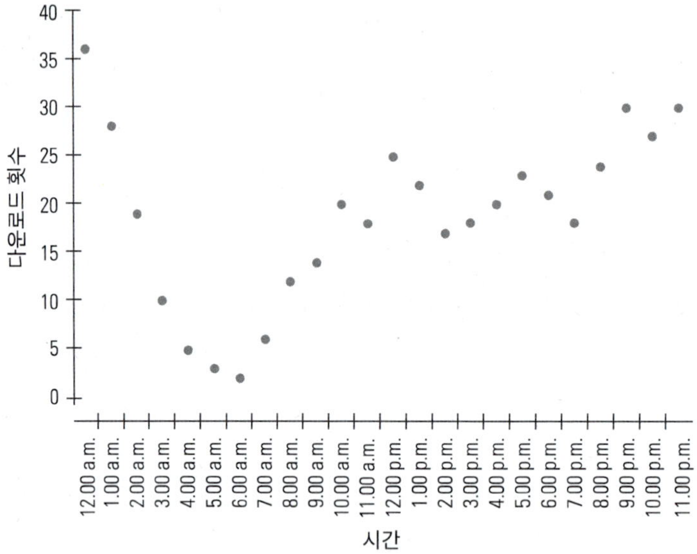

이번 장 초반부에 보았던 히스토그램(그림 5.1)은 월평균주가의 분포를 상당히 잘 표현하고 있다. 정해진 기간 동안의 가격이 상당히 일정하기 때문이다. 시계열 데이터가 **정상적**(stationary)[7]일 때 (강한 추세나 변동의 변화가 없을 때) 히스토그램은 시계열 그림과 함께 데이터에 대한 유용한 정보를 제공할 수 있게 된다. 그러나 시계열 데이터가 2007년 이후 AIG의 주가처럼 정상적이지 않은 경우에는 히스토그램은 정상적일 때보다 적은 정보를 제공하게 된다.

시계열 그림은 데이터의 변화를 묘사할 수 있는 가장 좋은 표현방법이다. 대부분의 시계열 데이터들은 계절과 일정 주기에 따른 추세와 규칙적인 변동을 나타낸다.

---

7) 데이터가 정상적이라는 말은 추세가 없을 때 평균이 일정하다는 뜻과 산포의 정도가 변하지 않을 때 분산이 일정하다는 뜻으로 구분해서 생각하는 경향이 있다. 하지만 정상적이라는 말은 따로 언급이 없더라도 평균과 분산 등 모든 통계적 특성들에 대해서 시간이 지남에도 일정한 것을 뜻한다.

무엇이 잘못될 수 있는가?

데이터들을 표현한 그림은 그 데이터에 대한 이야기를 나타낼 수 있어야 한다. 그러기 위해서는 명확한 언어로 표현해야 하며 어떤 변수를 사용할 것인지, 각 축이 나타내는 것은 무엇인지 데이터의 값은 무엇인지 설명해야 한다. 이 원칙들은 항상 지켜야 한다.

양적 변수(quantitative)를 요약하기 위해서는 몇 가지 규칙이 있다. 데이터의 몇몇 특징에 대해서 주의해야 하는데 여기 몇 가지 조언들이 있다.

- **명목 변수(categorical variable)의 히스토그램은 만들지 말라.** 명목 변수가 포함하고 있는 숫자는 양을 의미하는 것이 아니기 때문에 명목 변수는 히스토그램으로 표현하지 않는 것이 좋다. 다음은 몇몇 종업원들의 보험증권번호를 히스토그램으로 나타낸 것이다. 이 히스토그램은 매우 유용하지 못하다. 보험증권번호는 명목 변수이기 때문이다. 명목 변수를 히스토그램이나 줄기-잎 그림으로 표현하는 것보다는 막대 차트나 파이 차트로 표현하는 것이 더 유용하다.

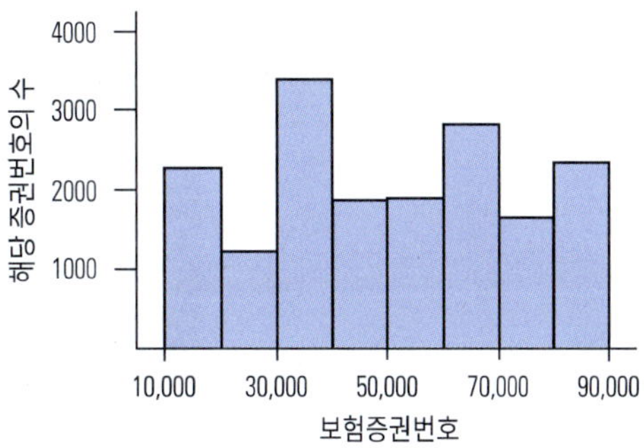

그림 5.17 보험증권번호와 같은 명목 변수를 히스토그램으로 표현하는 것은 좋은 방법이 아니다.

- **데이터에 대한 알맞은 범위를 선택하라.** 컴퓨터 프로그램은 히스토그램 상자들의 범위를 선택하는데 있어서 유용한 기능을 가지고 있다. 컴퓨터 프로그램을 이용하면 필요에 따라 편리하게 범위를 조정할 수 있다. 〈그림 5.18〉은 AIG의 주가를 나타낸 히스토그램이 상자들의 범위에 따라서 어떻게 변하는지를 보여준다.
- **범위를 일치시켜라.** 데이터를 표현하는 그림은 부분들이 서로 상호 일치해야 한다. 데이터의 중간에서 범위를 변경하거나 범위가 다른 두 변수를 함께 표현하는 것은 좋은 방법이 아니다. 2개의 그룹들을 비교할 때 범위가 일치되어 있는지 반드시 확인하라.
- **명확하게 표기하라.** 변수의 이름과 축의 이름을 명확하게 표기해야 독자들이 데이터에 대해서 오해 없이 이해할 수 있다.

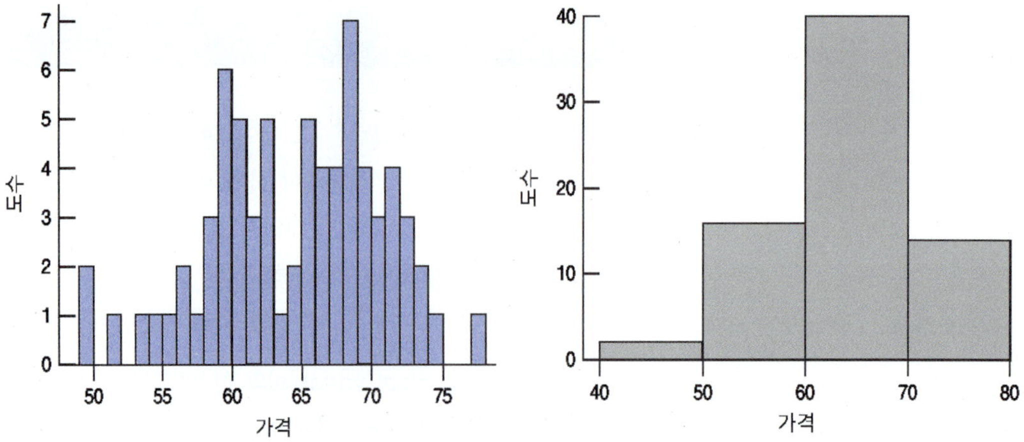

| 그림 5.18 히스토그램 상자의 범위를 변화시킴에 따라서 다음과 같은 다른 모습의 히스토그램이 만들어진다.

여기 데이터를 잘못 표현한 대표적인 예가 있다. 이것은 대학 학비 인상에 대한 신문기사인데 시계열 그림을 사용하였다. 그러나 이 기사의 그림에는 독자에게 오해를 불러일으키는 부분들이 있다. 먼저 주어진 시계열 그림을 보고 무엇이 잘못되었는지를 생각해보라.

무엇이 잘못되었는가? 이 시계열 그림은 전체적으로 잘못되었다.

- 가로 축의 범위가 일정하지 않다. 두 개의 선 시간의 경과에 따른 추세를 나타내고 있는

데 대학학비의 변화를 나타내는 그래프는 1965년부터 시작이고 대학의 순위는 1989년부터 시작하고 있다. 이 두 그래프를 같이 비교하려면 시작 시점이 같아야 한다.

- 세로축의 이름이 명확하게 표기되어 있지 않다. 이는 두 그래프가 서로 다른 범위를 사용했다는 사실을 감춘다. 대학학비는 달러로 표기해야 하고 대학의 순위는 순위로 표시해야 한다.

이 두 개의 그래프는 3가지 규칙을 위반했다. 그리고 이로 인해 데이터의 내용을 정확하게 이해하기가 더 어려워졌다. 두 세로축에 대한 일치하지 않는 범위는 실제로는 같은 지점을 향해야 하지만 그러지 못하고 있다. 대학 순위는 그래프를 보면 하락한 것처럼 보이지만 사실은 대학 순위는 15위에서 6위로 증가한 것이다. 하지만 이 그래프는 이러한 내용을 전달해주지 못한다.

- **현실성을 확인하라 컴퓨터의 계산을 너무 신뢰하지 마라.** 계산된 수치들이 이치에 맞는지 확인해보라. 예를 들어, 히스토그램의 중앙이 데이터의 평균처럼 보이는가? 산포에 대해서 먼저 생각해야 한다. 가정용 일반 승용차들의 연비의 사분위범위(IQR)가 50mpg라는 것은 틀린 것이다. 데이터를 정확하게 이해하기 위해서는 산포에 대해서 생각해야 한다. 산포에 관해시 나타내는 단위인 표준편차가 0일 경우도 있다. 하지만 이는 관측값이 모두 동일한 크기라는 뜻이므로 비현실적이다. 표준편차와 사분위범위(IQR)가 0이라면 데이터 표현에 관해서 무엇인가 잘못되었다는 신호이다.
- **명목 변수를 양적인 수치로 계산하지 않는다.** 우편번호의 평균, 주민등록번호의 평균은 의미가 없는 수치이다. 변수가 명목 변수라면 퍼센트와 같은 수치들을 이용해서 데이터를 표현하는 것이 좋다. 컴퓨터 프로그램을 이용하는 경우 프로그램들은 숫자들의 의미에 관해서 판단해 주지 못하므로 이러한 실수를 저지르기가 쉽다.
- **두 가지 이상의 모양을 주의하라.** 데이터의 분포가 여러 모양이라면 그 데이터를 여러 그룹으로 다시 분할하는 것이 좋다. 데이터의 분포가 여러 모양이면 데이터의 중심과 산포를 파악할 수가 없다.
- **이상치를 조심하라.** 데이터가 이상치를 가지고 있지만 단봉형 분포를 보이지 않는다면 이상치를 제외하고 데이터를 계산하고 나중에 개별적으로 보고하는 것이 좋다. 데이터를 변환하는 과정에서 오류가 발생해서 생기는 이상치인 경우에는 그 이상치를 제외하고 수정해야 한다. 앞서 말한 이 두 가지 방법을 사용할 수 없는 경우라면 중앙값과 사분위범위(IQR)를 선택하여 중심과 산포를 계산하는 것이 좋다.

통계분석의 올바른 사용

베스 툴리(Beth Tully)는 작은 중서부 도시에 위치한 커피숍인 제나 카페(Zenna's Café)를 소유하고 있다. 제나 카페를 2002년에 개업한 이후, 그녀는 지속적으로 그녀의 사업을 성장시켰고 그리고 현재는 그녀만의 커피 제품을 지역의 다수의 식당과 마트에 공급하고 있다. 그녀는 지역에서 최상급으로 평가 받는 아라비카 커피 상품을 제공하는 소형로스터를 사용한다. 최상 품질의 커피를 제공하는 것에 더해, 베스는 또한 그녀의 사업이 사회적 책임을 다하길 원한다. 이것을 위해, 그녀는 커피 농부들에게 공정한 가격을 지불하고, 파나마, 코스타리카, 과테말라에 자선 목적으로 후원금을 내고 있다. 뿐만 아니라, 그녀는 그녀의 직원들이 지역 사회 활동에 참여하도록 독려한다. 최근 유명한 다국적 커피 체인 브랜드가 그녀의 사업 지역 근처에 매장을 열기로 공표했다. 이 커피 체인은 공정무역으로 인증된 몇 안 되는 커피 제품들을 제공하며 그리고 국제 사회의 정의를 위해 노력한다. 따라서, 베스는 제나 카페의 사회적 책임 노력을 특히 그들의 지역 사회에 대한 헌신을 강조함으로써 대중에게 알리는 것을 시작할 필요가 있다고 생각했다. 그녀는 3달 전부터 그녀의 직원들이 주당 지역 봉사에 참여한 시간에 대한 자료들을 수집하기 시작했다. 그녀는 총 12명의 직원을 데리고 있었고, 그 중 10명은 풀타임 직원이었다. 대부분의 직원들은 주당 2시간이 안 되는 시간을 봉사에 참여했다. 그러나 베스는 파트타임 직원 한 명이 주당 20시간 이상 봉사에 참여하는 것을 발견했다. 그녀는 그녀의 직원들이 집단으로써는 매달 평균 15시간의 시간을 봉사에 참여하는 것을 확인했다(중앙값은 8시간이었다). 그녀는 평균 시간을 보고하기로 계획했고 그리고 많은 사람들이 제나 카페의 지역 사회 공헌 정도에 감명을 받을 것이라고 믿었다.

윤리적 이슈 데이터에 있는 이상치가 베스와 제나 카페에 이익이 되도록 평균에 영향을 미쳤다(ASA의 윤리 가이드라인 C 항목과 관련하여).

윤리적 해결책 베스의 데이터는 매우 편향됐다. 평균 봉사 시간을 높이는 이상치 값(한 명의 파트타임 직원)이 존재한다. 그러므로 평균을 보고하는 것은 잘못된 것이다. 또한 파트타임 직원에 해당하는 값을 제거하는 것이 보다 정당할 수 있다(12명 중 10명은 풀타임 직원이다). 베스는 다음을 실행하는 것이 보다 윤리적일 것이다: (1) 평균을 보고한다, 그러나 이상치 값에 대해서도 논한다, (2) 풀타임 직원들만의 평균을 보고한다, 또는 (3) 평균 대신 중앙값을 보고한다.

무엇을 배웠는가?

학습목표

- 변수의 분포를 히스토그램으로 표현하고 해석할 수 있다
  - 변수의 분포를 묘사하는 용어 모양(shape), 중심(center), 산포(spread)의 의미를 이해한다.
- 분포의 모양을 묘사할 수 있다
  - 대칭분포는 중심을 기준으로 양쪽이 거울에 비춘 것처럼 같은 모양을 보인다.
  - 비대칭분포는 한쪽보다 다른 한쪽이 더 치우쳐 있다.
  - 단봉분포는 하나의 최빈값을 가진다. 최빈값이 2개이면 양봉분포이고 그 이상이면 다봉분포라고 한다.
  - 이상치는 데이터의 나머지 값들보다 비정상적으로 떨어진 값이다.
- 분포의 평균과 중앙값을 계산하고 상황에 맞게 중심을 나타내는데 알맞은 값을 사용할 수 있다.
  - 평균은 데이터 전체의 합을 데이터의 개수로 나눈 값이며 단봉분포나 대칭분포의 중심을 나타내는 데에 적합하다.
  - 중앙값은 데이터를 크기순으로 배열했을 때 그 가운데에 있는 값이며 비대칭분포나 이상치를 가진 분포의 중심을 나타내는 데에 적합하다.

- 표준편차와 사분위범위(IQR)를 계산하고 상황에 맞게 산포를 나타내는데 알맞은 값을 사용할 수 있다.
  - 표준편차는 각 데이터 값에 평균을 뺀 편차의 제곱들의 합의 평균인 분산에 제곱근을 취한 값이며 단봉분포나 대칭분포의 산포를 나타내는 데에 적합하다.
  - 사분위범위(IQR)는 사분위수 간 차이를 말하는 값이며 비대칭분포나 이상치를 가진 분포의 산포를 나타내는 데에 적합하다.
- 다섯 수치요약의 다섯 수치를 찾고 그 수치들로 상자그림을 만들 수 있다.
  - 다섯 수치요약의 다섯 수치는 중앙값, 사분위수(제1사분위수, 제3사분위수), 최대값, 최소값을 말한다.
  - 상자그림에서 중앙 상자의 양 끝은 사분위수를 나타내고 상자를 가로지르는 수평선은 중앙값을 나타낸다. 그리고 "수염"은 이상치가 아닌 최대값과 최소값까지 뻗어 있는 선이다.
  - 상자그림은 각 사분위수부터 1.5 IQR 떨어져 있는 값은 이상치로 표시한다.
- 상자그림을 이용해서 분포들을 비교할 수 있다.
  - 상자그림은 이용하면 중심을 나타내는 중앙값, 산포를 나타내는 사분위범위(IQR)를 비교하는 데 용이하다.
  - 싱자그림은 이상치를 따로 구분하여 표기하기 때문에 다른 분포들과 비교할 때 이상치가 영향을 미치지 않는다.
- 서로 다른 단위로 측정이 된 변수들이라고 할지라도 값을 표준화하는 과정을 통해서 비교할 수 있다.
  - z점수를 통해서 값을 표준화할 수 있다. z점수는 편차를 표준편차로 나눈 값이다.
  - z점수는 단위가 없기 때문에 다른 단위로 측정된 변수들을 함께 비교할 수 있다.
  - 평균으로부터 얼마의 표준편차만큼 떨어져 있는가를 비교하는 방법은 통계학에서의 기본적인 개념이므로 이 책의 과정 동안 여러 번 복습하게 될 것이다.
- 시계열 데이터에 대한 시계열 그림을 만들고 해석할 수 있다.
  - 시계열 그림을 통해 시간의 흐름에 따른 데이터의 추세와 데이터들의 중심으로부터 산포의 변화들을 살펴볼 수 있다.

용어정리

양봉분포 두개의 최빈값을 갖는 분포를 말한다.

상자그림 중앙의 상자와 이상치가 아닌 값들까지 이어진 수염을 통해서 다섯 수치 요약의 다섯 수치들을 표현하는 그림이다. 상자그림은 서로 다른 데이터들의 분포를 비교하는데 용이하다.

중심 분포의 중간지점을 말한다. 보통 평균이나 중앙값을 통해 수치적으로 파악할 수 있다.

분포 변수의 분포는
- 명목 변수가 아닌 값을 측정할 수 있는 변수를 사용해야 한다.
- 각 변수의 값은 도수나 상대도수로 표현해야 한다.

다섯 수치 요약 다섯 수치는 요약은 다음 다섯 가지로 구성된다.
- 중앙값
- 사분위수(제1사분위수, 제3사분위수)

	• 최대값, 최소값
히스토그램(상대도수 히스토그램)	히스토그램은 인접한 막대들을 이용해서 양적변수의 값들의 분포를 나타낸다. 또한 각각의 막대는 구간으로 나누어진 값들의 도수를 나타낸다.
사분위범위(IQR)	제3사분위수와 제1사분위수와의 차이를 말한다. IQR = Q3 − Q1
평균	중심을 나타내는 하나의 값 $\bar{y} = \Sigma y/n$
중앙값	데이터를 크기 순서대로 정렬했을 때 가운데에 있는 값
최빈값	변수의 분포의 모양에서 가장 높은 꼭대기에 있는 값으로서 히스토그램의 범위가 변함에 따라서 최빈값의 위치도 변한다.
다봉분포	2개 이상의 최빈값을 갖는 분포를 말한다.
이상치	다른 데이터들과 관련 있는 것처럼 보이지 않게 떨어져 있는 극단적인 값, 이상치는 비정상적인 값으로서 추가 조사가 필요하거나 단지 실수로 생긴 값일 수 있는데 이상치가 생기는 이유를 명확히 말할 수 있는 방법은 없다.
사분위수	제1사분위수(Q1) 아래에 데이터의 1/4이 존재하고 제3사분위수(Q3) 위에 또 데이터의 1/4이 존재하도록 중앙값과 사분위수들로 데이터를 4등분하는 수를 말한다.
범위	주어진 데이터에서 최대값과 최소값의 차이를 말한다. 범위 = 최대값 − 최소값
데이터의 재표현 혹은 변환	데이터를 재표현 혹은 변환하기 위해서는 로그(log), 제곱근, 역수(reciprocal) 등 여러 수학적 연산과정을 거친다. 데이터의 재표현과 변환은 데이터의 분포를 좀 더 대칭형으로 만들고 산포의 정도를 거의 비슷하게 만든다.
모양	분포의 시각적으로 보이는 모습이며 분포의 모양을 묘사하기 위해서는 2가지가 필요하다. • 1개의 최빈값을 가지는가? vs. 여러 개의 최빈값을 가지는가? • 대칭분포인가? vs. 비대칭분포인가?
비대칭분포	만약 분포의 모양에서 한쪽 꼬리가 다른 쪽보다 멀리 뻗어 있다면 그 분포는 꼬리가 긴 쪽으로 편향된 비대칭분포이다.
산포	중심으로부터 데이터들이 얼마만큼 빽빽이 모여 있는가를 묘사하는 정도이다. 산포를 나타내는 척도로는 사분위범위(IQR)과 표준편차가 있다.
표준편차	산포를 나타내는 척도이다. 표준편차 s를 구하는 식은 $s = \sqrt{\frac{\Sigma(y-\bar{y})^2}{n-1}}$ 이다.
표준화 값	각 데이터 값에 평균을 뺀 차이를 나타내는 값인 편차를 표준편차로 나누어 구하는 z점수를 이용하여 표준화 값을 구한다. 표준화 값은 단위가 없다.
정상적	시계열 데이터의 통계적 특성이 시간이 지남에도 변하지 않는다면 그 시계열 데이터는 정상적이라고 한다.
줄기-잎 그림	줄기-잎 그림은 양적 데이터의 값을 자리수를 구분한 뒤 앞자리를 줄기 뒷자리를 잎이라 하여서 데이터의 분포를 묘사한다.
대칭분포	데이터의 분포가 거울에 비친 것처럼 완벽히 포개지는 모양일 때 이를 대칭분포라고 한다.
꼬리	데이터의 분포에서 일반적으로 양끝에 있는 부분을 꼬리라고 한다.
시계열 그림	시간의 흐름에 따라 값이 변하는 데이터를 표현하는 그림이다. 이렇게 연속적인 값들을 하나의 선으로 연결하면 시간의 흐름에 따른 추세를 보다 명확하게 파악할 수 있다.

균등분포 최빈값을 갖지 않고 모든 막대들이 비슷한 높이로 표현되는 분포

단봉분포 하나의 최빈값을 갖는 분포를 말하며 단봉분포는 언덕 모양의 히스토그램의 모양을 묘사하는 데 유용한 용어이다.

분산 표준편차를 제곱한 값이다.

z 점수 표준편차를 단위로 해서 평균에서 얼마만큼 떨어져 있는가를 나타내는 척도로서 z 점수의 평균은 0이고 표준편차는 1이다.

기술적 도움: 양적 변수들을 요약하고 나타내기

데이터를 나타내는 거의 모든 소프트웨어들은 히스토그램을 만들 수 있지만 몇몇 소프트웨어들이 어느 구역에서 막대가 시작돼야 하는지 그리고 데이터 영역을 어떻게 구분해야 하는지 결정하는 것을 더 잘 한다(다음 페이지를 참고하라).

많은 통계 소프트웨어들은 이미 구성된 측정의 요약을 제공한다. 그 결과는 다음과 같이 보일 것이다.

변수: 몸무게
모집단 = 234
평균 = 143.3 **중앙값** = 139 **표준편차** = 11.1 **사분범위** = 14

이와 다르게, 어떤 소프트웨어는 여러 변수들과 측정 요약을 하나의 표로 보여줄 것이다.

변수	모집단	평균	중앙값	편차	사분범위
몸무게	234	143.3	139	11.1	14
키	234	68.3	68.1	4.3	5
표준 점수	234	86	88	9	5

결과를 읽고 계산된 요약을 확인하는 것은 보통 쉽다. 당신은 어떠한 컴퓨터 소프트웨어가 만든 통계량의 요약을 읽을 수 있어야 한다.

소프트웨어들은 대개 당신이 필요한 것 이상으로 더 많은 통계량 요약을 제공한다. 물론, 이것들 중 어떤 것은 이상치를 가지거나 비대칭 데이터로 인해 적절하지 않을 수도 있다. 히스토그램이나 줄기-잎 그림이 정확한지 체크하고 어떤 통계량 요약을 사용할 지 결정하는 것은 당신의 역할이다.

일반적으로, 소프트웨어들은 "정확도"를 위해 많은 소수점 자리로 통계량의 결과를 나타낸다. 물론, 최초의 측정에서 데이터가 정확도를 가지는 것은 드물다. 소수점 이하 여섯째, 또는 일곱째 자리의 수까지 계산하는 것에서 그 소수점 이하 수들이 항상 의미를 갖는 것은 아니다. 일반적으로, 이러한 값들을 반올림하는 것은 좋은 방법이 되며 최초의 데이터의 정확도를 높인다.

양적 변수를 요약하고 나타내는 것은 통계 소프트웨어에서 할 수 있는 가장 쉬운 것 중에 하나이다.

세로 단위는 계수 또는 비율이 된다. 때로 그것이 어떤 것인지 명시되지 않는 경우도 있다. 그러나 둘 중 어떠한 경우에도 히스토그램의 모양은 변하지 않는다.

대부분의 소프트웨어들은 당신을 위해 막대의 수를 자동적으로 결정한다. 물론 당신이 그 결정을 수정할 수 있다.

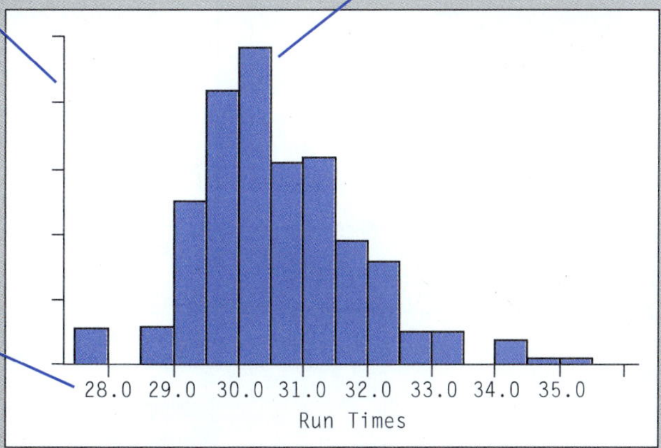

가로 축은 각각의 막대가 무엇을 나타내는지 분명하게 표시돼야 한다. 당신은 각각의 막대의 상한계와 하한계를 말할 수 있어야 한다.

EXCEL

엑셀에서 히스토그램을 만들기 위해서는, 데이터 분석의 추가 기능을 사용해야 합니다. 만약 당신이 그것을 설정하지 않았다면, 옵션에서 설정부터 해야 합니다.

- 데이터 리본 메뉴에서, 분석도구 추가 기능을 선택하시오.
- 이 메뉴에서, 히스토그램을 선택하시오.
- 당신이 히스토그램을 그리고자 하는 데이터의 범위를 지정하시오.
- 계급 구간을 설정하시오.
- 만약 세로 첫 번째 열에 이름을 가진다면 **이름표**를 체크하시오.
- **차트 출력**을 체크하고 **확인**을 클릭하시오.
- 출력된 그래프의 아무 막대를 마우스 오른쪽 버튼 클릭하시고 드롭다운 메뉴에서 **데이터 계열 서식**을 선택하시오.
- 데이터 계열 서식 창에서, 사이드 메뉴의 **계열 옵션**을 선택하시오.
- 간격 너비를 **간격 없음**으로 슬라이드 하시고, **닫기**를 클릭하시오.
- 왼편의 피벗 테이블에서, 마우스를 사용하여 표의 아래 부분을 "기타" 계열까지 포함되도록 드래그 하시오.
- 각각의 계열 이름을 수정하기 위해 세로 열 A에 적절한 이름으로 수정하시오.
- 범례나 축 이름을 삭제하기 위해서는 범례, 축 위에서 오른쪽 마우스 버튼을 클릭하시오.
- 위 순서대로, AIG의 데이터 모음을 사용하여 <그림 5.1>을 다시 만들 수도 있습니다.

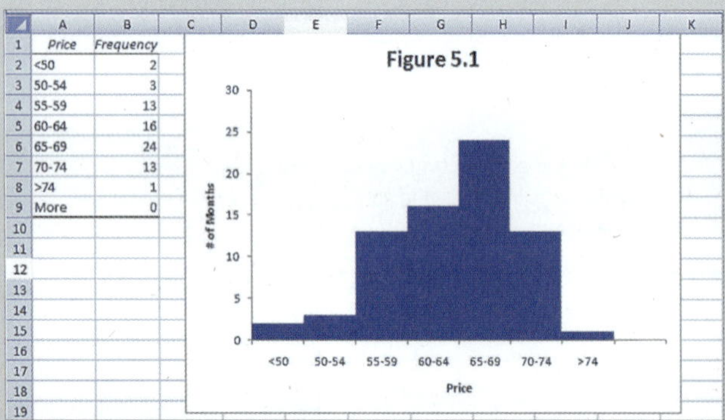

이와 달리, 당신 스스로 계급 구간을 설정할 수 있으며 각 계열에 포함되는 빈도를 엑셀의 FREQUENCY(데이터 열, 계열 열) 함수 기능을 사용하여 계수할 수도 있습니다. 엑셀 매뉴얼이나 도움말을 사용하면 더 자세히 알 수 있습니다.

XLSTAT

히스토그램 만들기:

- XLStat 리본 탭에서 Visualizing data를 선택하시오 그리고 난 후 히스토그램을 선택하시오.
- 당신의 데이터 영역을 데이터 필드에 입력하시오.

주의: 당신은 옵션 탭에서 계열의 수를 선택하거나 특정한 계열 영역을 설정할 수 있습니다. 만약 당신 스스로의 계열을 특정한다면, XLStat은 아래 그림과 같이 첫 번째 계열에 하한계와 그리고 잇따른 계열들이 상한계를 갖는 것을 필요로 합니다.

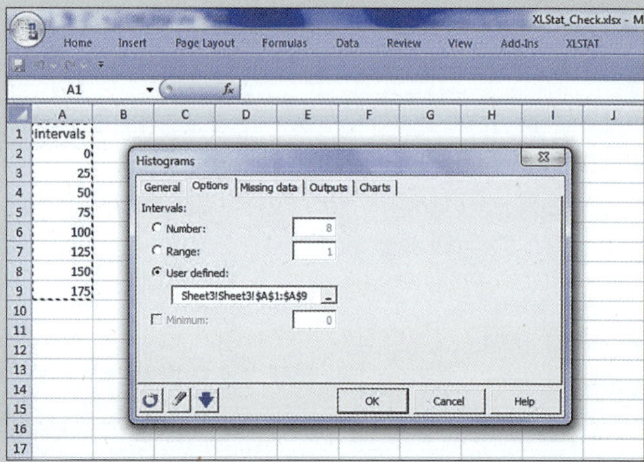

히스토그램 명령은 또한 통계량의 요약을 보여줍니다; 대화 창의 Outputs 탭 메뉴에 어떤 통계량이 요약될지 선택해야 합니다.

박스 그림(Box Plot)과 줄기-잎 그림 만들기:

- Visualizing data를 선택한 후에 Univariate plots를 선택하시오.
- Quantitative data 영역에 당신의 데이터 범위를 입력하시오.
- Chart(1) 탭에서 차트의 유형을 선택하시오.

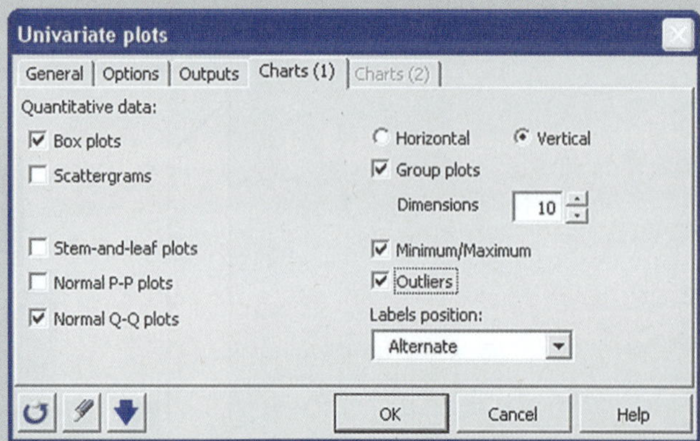

JMP

히스토그램을 만들고 통계량 요약 찾기:

- Analyze 메뉴에서 Distribution을 선택하시오.
- Distribution 창에서, 당신이 분석하고자 하는 변수의 이름을 "Y, Columns" 옆 빈 창으로 드래그 하시오.
- **확인**을 클릭하시오. JMP는 변수들의 표시와 함께 기본적인 통계량 요약을 계산해줍니다.

박스 그림 만들기:

- Fit y By x를 선택하시오. 지속적 응답 변수를 Y, Response에, 그리고 그룹의 이름을 갖는 명목 그룹 변수를 X, Factor에 할당하고 **확인**을 클릭하시오. JMP는 (다른 것들과 함께) 데이터의 점도표(dotplots)를 제공할 것입니다. 빨강 삼각형을 클릭하고, Display Options에서 박스 그림을 선택하시오. 주의 : 만약 변수들이 잘못된 유형이라면, 박스 그림은 보여지지 않을 것입니다.

MINITAB

히스토그램을 만들기:

- 그래프 메뉴에서 **히스토그램**을 선택하시오.
- 그래프 유형에서 "Simple"늘 선택하고 **확인**을 클릭하시오.
- "Graph variables" 박스에 당신이 보여주고자 하는 양적 변수의 이름을 입력하시오. **확인**을 클릭하시오.

박스 그림 만들기:

- 그래프 메뉴에서 **박스 그림**을 선택하고 데이터 유형을 특정하시오.

통계량 요약 계산하기:

- Stat 메뉴에서 **Basic Statistics**를 선택하시오. Basic Statistics 하위 메뉴에서, **Display Descriptive Statistics**를 선택하시오.
- 변수 목록 박스로부터 변수 박스로 변수들을 배정하시오. MINITAB은 기술통계량 표를 만들어줍니다.

SPSS

SPSS에서 히스토그램과 박스 그림을 만들기 위해서는 그래프 메뉴에서 도표 작성기를 사용해야 합니다.

- **갤러리** 탭을 클릭하시오.
- 차트 유형에서 **히스토그램** 또는 **상자도표**를 클릭하시오.
- 당신이 그리고자 하는 그래프의 아이콘을 캔버스로 드래그 하시오.
- Y-축 영역에 척도 변수를 드래그 하시오.
- **확인**을 클릭하시오.

나란한 박스 그림을 만들기 위해서, x-축 영역에 명목 변수를 드래그 하고 **확인**을 클릭하시오.

통계량 요약 계산하기:

- **분석** 메뉴의 하위 메뉴 **기술 통계량**에서 **데이터 탐색**을 선택하시오. 데이터 탐색 창에서, 종속 변수에 하나 이상의 변수를 배정하고 **확인** 버튼을 클릭하시오.

짧은 **사례**

호텔 사용률

호텔 산업에 있는 많은 사업들은 수요의 강한 계절 변동을 경험한다. 이러한 산업에서 성공을 위해 수요의 패턴을 이해하고 변동을 예측하는 것이 중요하다. Occupancy_Rates 파일은 2000년 1월부터 2007년 12월까지 하와이, 호놀룰루의 월별 호텔 사용률(% 용량)을 담고 있다.

데이터를 분석하여 이 기간에 호텔 사용률의 패턴에 대하여 호놀룰루의 호텔 체인 경영자를 위한 보고서를 준비해보라. 숫자로 된 결과 요약과 그래프 표기를 포함하고 당신이 확인한 패턴에 대해 요약해보라. 데이터의 특이한 점에 대해 논의해보고 가능하다면 그것에 대해 설명해보라. 호텔 매니저가 그러한 점을 미래 계획을 위해 중요시해야 하는지에 대해서도 논해보라.

가치주와 성장주

주식시장의 투자자들은 얼마나 공격적으로 투자할지에 대해 선택을 한다. 이러한 투자자들을 돕기 위해, 주식은 "성장주" 또는 "가치주"로 구분된다. 성장주는 일반적으로 지속적으로 성과를 내고 앞으로도 좋은 성과를 낼 것으로 예상되는 하이 퀄리티의 기업들을 의미한다. 가치주란 반대로 기업의 내재된 가치(주가순자산비율)에 비하여 낮은 가격을 갖는 기업을 나타낸다. 투자자들은 이러한 낮은 가격이 최근의 부정적 사건에 대한 과장된 반응일 것이라는 기대로 가치주에 투자한다.

Returns 데이터에는 성장주와 가치주로 구분된 2,500개의 주식의 1975년 1월부터 1997년 6월까지의 월별 수익 데이터가 있다. 이 두 종류의 주식의 수익을 분석하고 각각의 장점과 단점에 대해서 논의해보라. 둘 중 어떤 유형이 최고의 투자인지 명확한가? 간략히 논의해보라.

연습문제

5.1절

1. 인터넷 음악 사이트의 마케팅 팀은 음악사이트를 주로 이용하는 고객이 누구인지를 알고자 설문조사를 실시하였다. 높은 응답률을 위해서 $50 상당의 음원다운로드 이용권을 제공하여 25명의 고객에게 인구통계학적 정보를 요구하는 설문조사를 보냈다. 이 설문조사의 변수들 중 하나는 고객의 나이이다. 25명의 고객의 나이는 다음과 같다.

20	32	34	29	30
30	30	14	29	11
38	22	44	48	26
25	22	32	35	32
35	42	44	44	48

a) 막대의 넓이가 10년 간격인 데이터의 히스토그램을 만들어보아라.
b) 막대의 넓이가 5년 간격인 데이터의 히스토그램을 만들어보아라.
c) 막대의 넓이가 5년 간격인 데이터의 상대도수히스토그램을 만들어보아라.
d) *줄기에는 십의 자리수를 사용하고 도표의 상단에 젊은 고객들을 넣어서 데이터의 줄기-잎 그림을 만들어보아라.

5.2절

3. 연습문제 1의 a에서 만든 히스토그램을 이용하여 다음에 답하여라.

a) 분포가 단봉분포인가 혹은 다봉분포인가?
b) 최빈값은 어디에 있는가?
c) 분포는 대칭적인가?
d) 이상치가 있는가?

5.3절

5. 연습문제 1의 데이터를 이용하여 다음에 답하여라.

a) 평균 나이가 중앙값보다 작거나, 크거나, 혹은 중앙값과 같은 크기가 될 것으로 예상하는가? 설명해보라.
b) 평균 나이를 구하라.
c) 나이의 중앙값을 구하라.

5.4절

7. 연습문제 1의 데이터를 이용하여 다음에 답하여라.

a) 계산기를 이용하여 사분위수를 구하라.
b) Tukey 방법(99쪽 참고)을 이용하여 사분위수를 구하라.
c) 문제 b)의 사분위수를 이용하여 IQR을 구하라.
d) 표준편차를 구하라.

5.5절

9. 히스토그램은 신용카드회사에서 한 마케팅 부서가 조사한 5,000명의 고객에 대한 12월 요금($)을 보여준다. (음의 값은 한 달 동안의 요금보다 더 많은 신용거래를 받은 고객을 나타낸다.)

a) 분포의 모양, 중심, 산포, 특이점에 대한 설명을 간단히 작성해보라.
b) 평균 또는 중앙값이 커질 것이라고 예상하는가?
c) 중심, 평균, 중앙값 중에 더 적절한 요약이 되는 것은 어떤 것인가? 설명해보라.

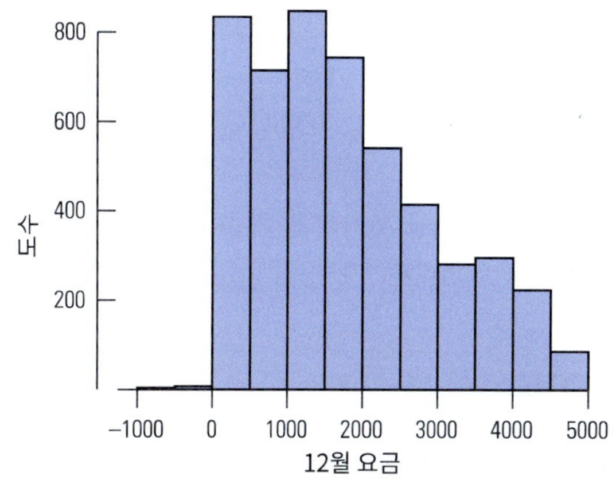

5.6절

11. 연습문제 1의 데이터를 이용하여 다음에 답하여라.

a) 연습문제 7의 문제(b)의 사분위수를 이용하여 상자그림을 그려보아라.

b) 상자그림을 통해 이상치가 발견되는가?

c) 어떤 나이가 이상치로 간주되는가?

13. Adair 포도원은 뉴욕주의 뉴펄츠(New Paltz)에 위치한 10 에이커 크기의 포도밭이다. 그곳의 와인 양조장은 200년 역사의 네덜란드식 건물로 돼 있으며, 일층에는 와인 저장실과 2층에는 시음실과 기념품 가게가 위치해 있다. 그곳은 상대적으로 규모가 작아 확장 공사를 고려하고 있는데, 그들의 크기가 다른 포도원에 비해 얼마만한지 궁금해한다. 아래의 히스토그램은 뉴욕주 북쪽에 위치한 36개의 와인 양조장의 크기(에이커 단위)를 보여준다.

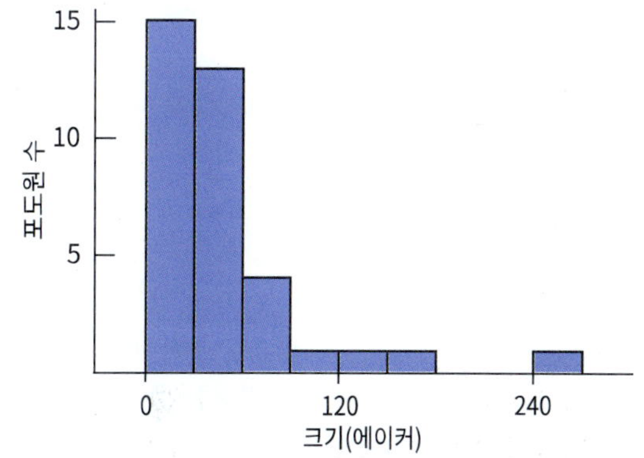

그리고 다음은 뉴욕주 북쪽에 위치한 포도원의 통계량 요약을 나타낸다.

변수	N	평균	표준편차	최소값	Q1	중앙값	Q3	최대값
에이커	36	46.50	47.76	6	18.50	33.50	55	250

a) 통계량 요약을 보고, 이 분포가 대칭인지 비대칭인지 설명해보아라.

b) 통계량 요약을 보고, 이상치가 있는지 설명해보아라.

c) 이러한 통계량 요약을 사용하여, 상자그림을 그려보아라. 박스 그림을 완성하기 위해서 어떠한 추가적인 정보가 더 필요한가?

5.7절

15. 연습문제 1의 조사에서는 또한 고객들이 남성인지 여성인지 물어보았다. 다음은 이에 대한 표이다.

나이	성별	나이	성별	나이	성별	나이	성별	나이	성별
20	남성	32	여성	34	여성	29	남성	30	남성
30	여성	30	남성	14	남성	29	남성	11	남성
38	여성	22	남성	44	여성	48	여성	26	여성
25	남성	22	남성	32	여성	35	여성	32	여성
35	여성	42	여성	44	여성	44	여성	48	여성

남성과 여성의 나이를 비교하여 상자그림을 그리고, 발견한 분포의 특징을 한 문장으로 정리해보라.

17. 다음은 두 곳에 위치한 지역음식점의 2년 동안 주간 매출($)에 대한 상자그림이다. 위치 #1은 구매자가 가게에 도보로 올 수 있는 거리에 거주하는 것으로 알려져 있는 대도시 지역이다. 위치 #2는 구매자가 가게를 방문하기 위해 차를 이용해야만 하는 교외 지역이다. 두 도시가 비슷한 인구를 가지고 있고, 두 가게는 비슷한 면적이라고 가정한다. 이러한 데이터가 보여주는 것을 논의하여 간략한 보고서를 작성하여라.

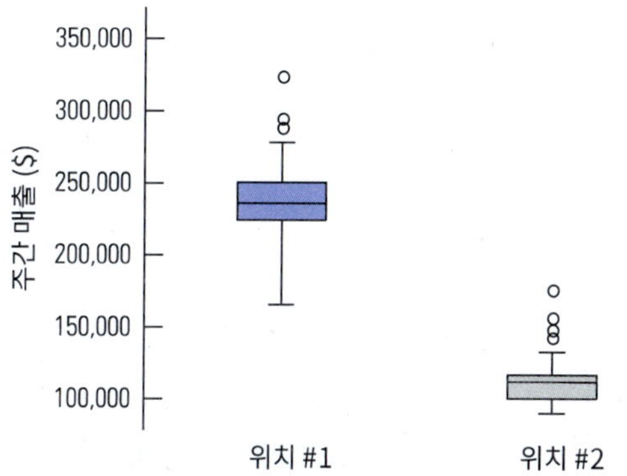

5.9절

19. 연습문제 1의 나이에 대한 데이터를 참조하여 다음에 답하여라.

a) 연습문제 5의 문제(b)에서의 평균과 연습문제 7의 문제(d)

에서의 표준편차를 이용하여 최소나이와 최대나이를 표준화하여라.

b) 표준화된 최소 나이와 최대나이 중에서 평균에서 가장 멀리 떨어진 쪽은 어느 쪽인가?

c) z 점수가 3으로 표준화된 나이는 표준화되기 전 몇 살인가?

5.10절

21. 다음은 시계열데이터인가? 만약 그렇지 않을 경우 이유를 설명해보라.

a) 마이크로소프트사의 분기별 실적

b) 교육수준에 의한 2010년 8월의 실업

c) 뉴코(NesCo)에서 일하는 근로자가 교육훈련에 사용한 시간

d) 하루에 신코(SynCo)의 직원이 매 시간마다 보내는 이메일의 수

단원 연습문제

23. 경영현장에서의 통계. 월스트리트 저널, 비즈니스 위크 등의 기사에서 출판산업의 특징을 나타내는 변수의 분포에 대한 히스토그램을 찾아보아라.

a) 찾은 기사는 W's를 식별하는가?

b) 데이터에 대하여 표시가 적절한지 여부를 토론해보라.

c) 변수와 그 분포에 대하여 히스토그램이 나타내는 것이 무엇인지 토론해보라.

d) 찾은 기사는 데이터를 정확하게 설명하고 해석하는가? 설명해보라.

25. 셔츠의 치수. 의류 제조업체는 다른 치수를 가진 셔츠를 얼마나 생산해야 하는지 계획하기 위해서 남자들의 목 치수를 조사하고자 한다. (셔츠의 치수는 일반적으로 측정된 목 사이즈보다 반 인치 정도 크고 반 인치에 가깝게 반올림된다.) 다음 히스토그램은 유타(Utah)에서 실시한 건강연구를 위한 248명의 임의의 자원봉사자들의 목 치수 분포를 보여준다.

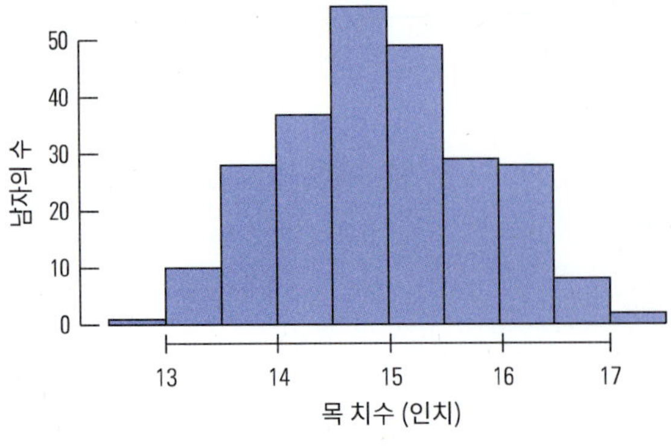

a) 분포의 모양, 중심, 산포, 특이점에 대하여 짧은 설명을 작성해보라.

b) 목 치수의 대부분의 값을 포함할 수 있는 두 개의 막대는 무엇인가?

c) 목 치수에 반 인치를 추가하고, 셔츠 사이즈에 가장 가까운 반 인치를 반올림하면, 가장 인기 있는 두 개의 셔츠 치수들은 무엇인가?

27. 뮤추얼펀드. 2011년 S&P(Standard and Poor)의 S&P 500지수는 2010년의 지수에 비해서 0.003%의 손실을 기록하고 마감되었다. 다음은 2012년 1월, 머니 매거진(*Money Magazine*)이 발표한 선호하는 70개의 뮤추얼펀드의 목록이다. (money.cnn.com/magazines/moneymag/bestfunds/index.html).

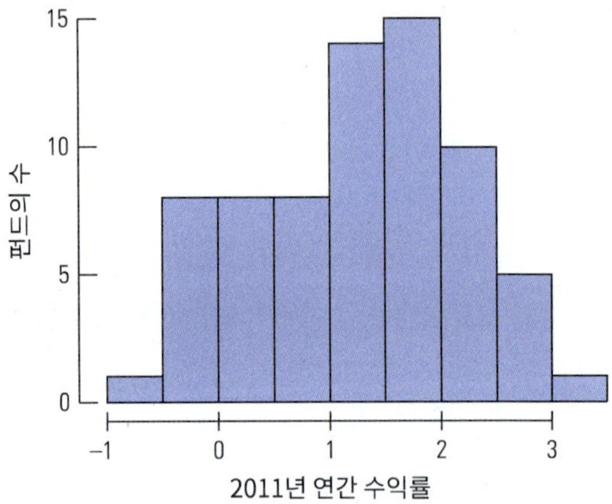

위의 히스토그램은 70개 뮤추얼펀드의 2011년 연간 수익률에 대한 히스토그램이다.

a) 모양, 중심, 산포, 특이점에 관해서 히스토그램의 분포를 묘사하여라.

b) 70개의 뮤추얼펀드들은 S&P 500지수와 비교하여 효과를 거두었는가?

29. 뮤추얼펀드2. 연습문제 27의 데이터를 이용하여 다음의 질문들에 답하여라.

a) 이 데이터에 대한 다섯 수치요약을 구하라.

b) 이 데이터에 대한 중심과 산포의 적절한 측정도구를 찾아라.

c) 이 데이터에 대한 상자그림을 만들어 보아라.

d) 상자그림이 명확하지 않은 히스토그램에서 오히려 무엇을 볼 수 있는가?

***31. 포도밭.** 제공되는 데이터는 연습문제 13에서의 데이터를 포함한다. 포도원의 크기를 줄기-잎 그림으로 만들어보라. 줄

기-잎 그림에서 볼 수 있는 데이터의 특이한 특징을 지적해 보자.

33. 그레츠키(Gretzky). 북아메리카 프로 아이스하키 리그(National Hockey League)에서 20시즌 동안 웨인 그레츠키(Wayne Gretzky)는 지금까지 프로 하키 경기를 했던 다른 사람들보다 50% 더 많은 점수를 획득하였다. 이전의 기록 보유자인 고르디 하우(Gordie Howe)보다 더 적은 280번의 경기를 하는 동안 그는 놀라운 위업을 달성하였다. 각 시즌 동안 그레츠키의 경기 수는 다음과 같다.

79, 80, 80, 80, 74, 80, 80, 79, 64, 78, 73, 78, 74, 45, 81, 48, 80, 82, 82, 70

*a) 줄기-잎 그림을 만들어보라.

b) 상자그림을 그려보라.

c) 이 분포에 대해서 간단히 설명해보라.

d) 이 분포에서 볼 수 있는 특이한 특징은 무엇인가? 그것을 어떻게 설명할 수 있는가?

35. 그레츠키2. 연습문제 33에서 보았던 웨인 그레츠키의 각 시즌에 대한 하키경기의 데이터를 다시 한번 보라.

a) 이 분포의 중심을 요약하기 위해서 평균 혹은 중앙값을 사용할 것인가? 이유를 설명해보라.

b) 실제로 평균을 찾지 않고, 평균이 중앙값보다 낮거나 혹은 높을 것으로 기대하는가? 설명해보라.

c) 연습문제 33의 데이터를 토대로 다음 히스토그램을 만들었다. 이에 대한 견해를 밝혀보라.

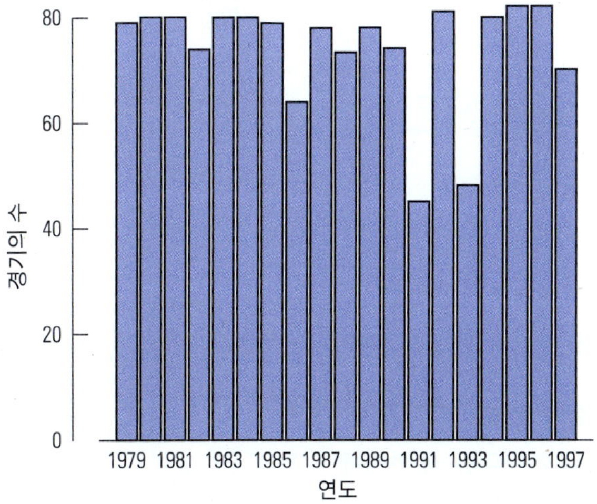

T 37. 피자가격. 달라스에 있는 어떤 브랜드의 냉동피자의 3년 동안 주간 가격은 책에 수록된 데이터파일로 제공되었다. 가격 데이터를 이용하여 다음의 질문에 답하여라.

a) 이 데이터에 대한 다섯 수치요약을 구하라.

b) 이 데이터에 대한 범위와 IQR을 구하라.

c) 이 데이터에 대한 상자그림을 만들어보라.

d) 데이터의 분포에 대해서 설명해보라.

e) 특이한 관측치가 있다면 설명해보라.

T 39. 가솔린 사용. 미국 에너지정보청(The U.S. Energy Information Administration, EIA)은 컬럼비아의 특별구역과 각 주들에 대한 부문별 총 에너지 소비에 대한 데이터를 수집하였다. 다음 자료는 대중교통에 사용되는 2009년 1인당 에너지 소비량을 보여준다. (1인당 휘발유 소비량은 갤런을 단위로 환산한다.) 적절한 시각적 표현과 통계치를 사용해서 2009년 각 주들의 휘발유 소비량에 대한 보고서를 작성하여라.

주	가솔린 사용	주	가솔린 사용
앨라배마	903.02	몬태나	993.75
알래스카	2519.25	네브래스카	851.36
애리조나	729.01	네바다	781.36
아칸소	912.18	뉴햄프셔	708.48
캘리포니아	759.76	뉴저지	907.19
콜로라도	785.78	뉴멕시코	920.69
코네티컷	611.98	뉴욕	497.17
델라웨어	736.26	노스캐롤라이나	715.43
D.C.	305.93	노스다코타	1206.92
플로리다	716.31	오하이오	707.93
조지아	921.32	오클라호마	1039.91
하와이	886.00	오리건	799.36
아이다호	767.26	펜실베이니아	690.55
일리노이	680.13	로드아일랜드	520.03
인디애나	828.39	사우스캐롤라이나	940.88
아이오와	895.72	사우스다코타	1034.41
캔자스	882.09	테네시	870.28
켄터키	977.79	텍사스	1045.34
루이지애나	1254.23	유타	836.85
메인	819.77	버몬트	753.23
메릴랜드	731.31	버지니아	864.16
메사추세츠	621.97	워싱턴	853.09
미시간	637.82	웨스트버지니아	797.12
미네소타	807.33	위스콘신	681.95
미시시피	1071.46	와이오밍	2085.79
미주리	854.01		

T 41. 골프장. 한 신생기업은 새로운 골프장을 건설할 계획이다. 골프장 홍보를 위해 회사는 버몬트 주의 골프장 코스보다 어려운 그들 골프장의 새로운 코스를 광고하려고 한다. 골프 코

스의 난이도를 측정하는 방법 중 하나는 길이이다. 길이는 모든 18개의 티(tee)에서 홀(hole)까지의 총 거리를 야드(yard)로 환산하여 측정한다. 여기 버몬트 주의 모든 골프장의 길이에 대한 히스토그램과 통계요약들이 있다.

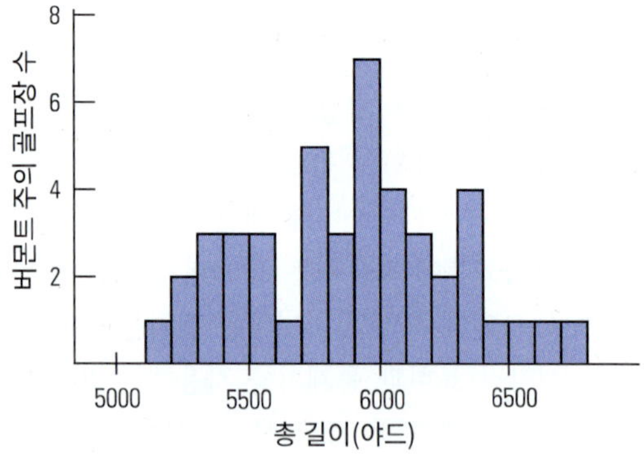

총 수	45
평균	5892.91야드
표준편차	386.59
최소값	5185
Q1	5585.75
중앙값	5928
Q3	6131
최댓값	6796

a) 이러한 길이들의 범위는 무엇인가?
b) 이 데이터의 IQR을 구하라.
c) 이러한 데이터를 설명하기 위해서 사용하는 통계요약은 무엇인가?
d) 이러한 데이터(모양, 중심, 산포)에 대한 설명을 간단히 작성하여라.

Ⓣ **43. 음식 매출.** 미국 북동부에 있는 식품점 체인에서 18개의 상점을 위해 1주일 동안의 매출액($)을 조사했다. 상점은 도시가 위치하고 있는 크기에 따라 달라진다.

a) 제공된 데이터로부터 주간 매출액에 대한 알맞은 통계적 그림을 그려보라.
b) 주간 매출에 대한 대표값으로 중앙값과 평균을 구하고 그 값의 차이가 왜 생기는지 말해보라.
c) 주간 매출액의 분포에 대하여 알고 있다는 것을 감안할 때, 중앙값과 평균 중 어느 것이 상점의 매출을 요약하는 더 나은 척도가 되는가? 그 이유를 설명해보라.
d) IQR과 표준편차와 함께 주간 매출액 분포의 산포를 요약해 보라.
e) 이 분포에 대해서 알고 있다는 것을 감안할 때, IQR과 표준편차 중 어느 것이 상점의 매출의 산포를 요약하는 데에 더 나은 척도가 되는가? 이유를 설명해보라.
f) 데이터에서 이상치를 제거할 수 있다면, 평균, 중앙값, 표준편차, IQR을 어떻게 변화할지 예측할 수 있는가?

Ⓣ **45. 아이팟 고장률.** MacInTouch(www.macintouch.com/reliability/ipodfailures.html)는 독자들을 대상으로 그들의 아이팟의 고장률을 조사하였다. 8,926명의 아이팟 소유자들 중에 1,416명은 고장이 있다라고 답한 반면에 7,510명은 문제가 없다라고 답하였다. 책과 동봉된 CD에 있는 데이터를 이용하여 17개의 아이팟 모델들 각각에 대한 고장률을 계산하여라. 고장률에 대한 적절한 그림을 만들고 분포를 간단하게 설명하라. (고장률을 계산하기 위해서, 고장난 아이팟의 수를 각 모델에 대한 고장의 수와 고장나지 않은 수의 합으로 나누고, 그 다음 100을 곱한다.)

47. 휘발유 가격. 다음은 미국 중서부의 주유소에서 주간 휘발유 가격에 대한 상자그림이다. (갤런당 $로 가격이 정해진다.)

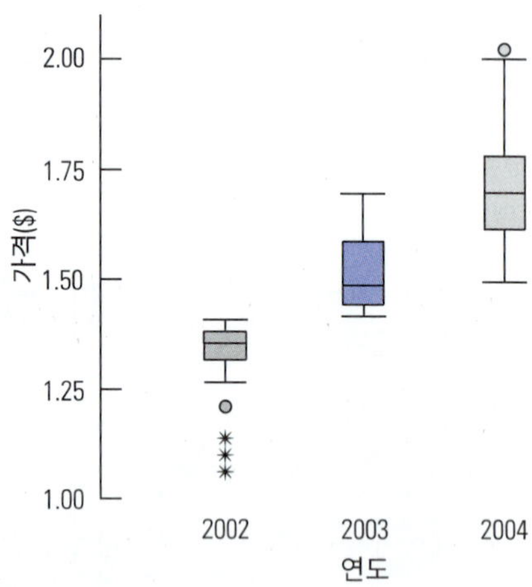

a) 3년 동안의 가격에 대한 분포를 비교해보라.
b) 어느 해에 가격이 가장 심하게 변동하는가? 설명해보라.

Ⓣ **49. 와인 가격.** 다음 상자그림은 뉴욕 북부의 핑거 호(Finger Lakes)의 지류인 세 호수에 위치한 포도원에서 생산된 와인의 케이스 가격($)을 표시한다.

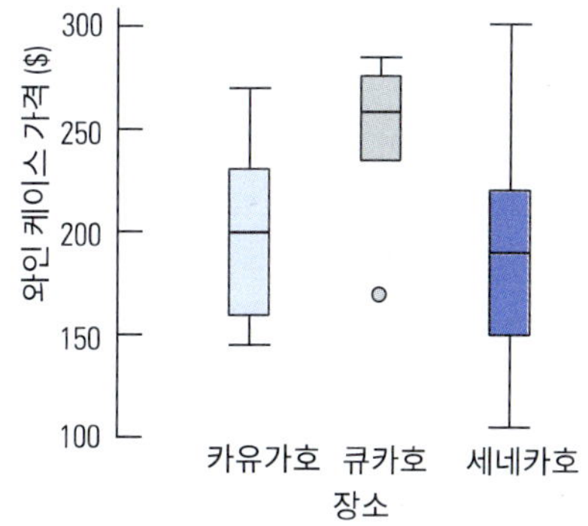

a) 어떤 호수지역이 가장 비싼 와인을 생산하는가?
b) 어떤 호수지역이 가장 싼 와인을 생산하는가?
c) 어떤 지역에서 와인이 일반적으로 더 비싼가?
d) 이러한 가격들을 설명하는 몇 개의 문장을 작성해보라.

51. 더비 경주마의 속도. 말이 얼마나 빨리 달리는가? 그래프와 같이 켄터키 더비에서 우승한 경주마들의 속도는 시간당 30마일을 능가한다. 이 그래프는 특정 속도보다 느리게 달린 켄터키 더비 우승 경주마들의 비율을 보여준다. 시간당 33마일보다 느리게 달려서 결승점에 도달한 경주마들은 거의 없고 우승한 말들 중 약 95%는 시간당 37마일보다 느리게 달려 결승점에 도달하였다. (이와 같은 누적도수 그래프를 오자이브(ogive)라고 한다.)

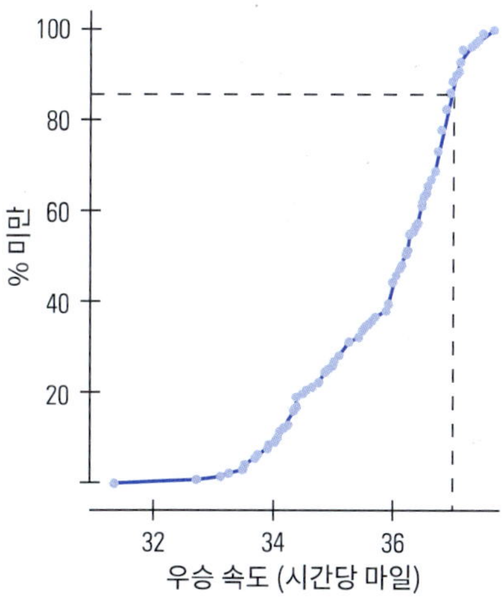

a) 우승 속도의 중앙값을 추정해보라.
b) 사분위수를 추정해보라.
c) 범위와 IQR을 추정해보라.
d) 이러한 속도에 대한 상자그림을 만들어보라.
e) 켄터키 더비 우승 경주마의 속도에 대한 몇 가지 문장을 작성해보라.

53. 시험 점수. 세 개의 학급은 모두 같은 시험을 보았다. 아래에 각 학급의 시험점수에 대한 히스토그램이 있다.

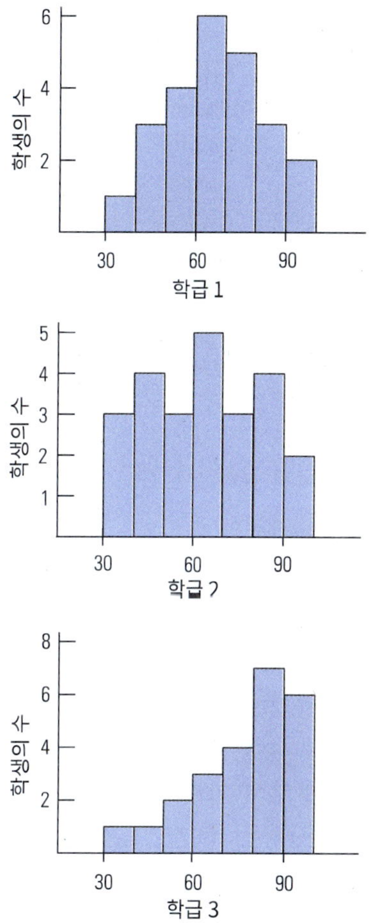

a) 가장 높은 평균점수를 받은 학급은 어느 학급인가?
b) 가장 높은 중앙값을 가진 학급은 어느 학급인가?
c) 평균점수와 중앙값의 점수가 가장 다른 학급은 어느 학급인가? 평균과 중앙값 중 어느 것이 더 높은가? 이유를 설명해보라.
d) 가장 작은 표준편차를 가진 학급은 어느 학급인가?
e) 가장 작은 IQR을 가진 학급은 어느 학급인가?

Ⓣ **55. 품질관리.** 어떤 컴퓨터 생산공장의 엔지니어들은 PC보드에 구멍을 뚫는데 정확성을 높이기 위해 두 가지 방법을 시험했다. 그들은 10개의 보드에 작업을 하면서 각각 두 종류의 다른 속도에서 얼마나 빨리 드릴링 머신을 설정할 수 있는지를 시험했다. 결과를 평가하기 위해서 그들은 구멍을 뚫고자 목표한 위치의 구멍의 중심에서 실제 뚫어진 구멍의 중심까지의 거리를 인치로 측정했다. 다음은 데이터와 통계요약을 보여주는 표이다.

	빠름	느림
	0.000101	0.000098
	0.000102	0.000096
	0.000100	0.000097
	0.000102	0.000095
	0.000101	0.000094
	0.000103	0.000098
	0.000104	0.000096
	0.000102	0.975600
	0.000102	0.000097
	0.000100	0.000096
평균	0.000102	0.097647
표준편차	0.000001	0.308481

실험의 결과를 요약하여 보고서를 작성해보라. 분포에 대한 적절한 시각적, 언어적 표현을 포함하고, 가장 정확한 방법을 엔지니어들에게 추천해보라.

57. 고객 데이터베이스. 자선단체는 자선사업을 위한 돈을 모금하기 위해서 우편으로 수집한 수백만 명의 기부자 데이터베이스를 가지고 있다. 데이터베이스의 변수 중 하나는 칭호로, 주소라벨에 인쇄되어 있는 사람의 칭호를 포함한다. 가장 일반적인 ~씨, 여사, 부부뿐만 아니라 대사, 부인, 제국의 황제, 추기경 등 이전과 같이 몇 가지 다른 이름들도 있다. 전체에는 각 숫자 코드에 해당하는 100개 이상의 서로 다른 칭호들이 있다. 단체의 모금활동을 분석업무를 맡은 직원은 변수 칭호를 위해 다음과 같은 통계요약을 보여주었다.

코드	칭호	코드	칭호
000	씨	127	공주
001	여사	128	사장님
1002	부부	129	남작
003	양	130	교주
004	의사	131	왕자와 공주
005	부인	132	제국의 황제
006	병장	135	M. ET MME. (부부)
009	RABBI(라비)	210	선생님
010	교수	…	…
126	왕자		

평균	54.41
표준편차	957.62
중앙값	1
IQR	2
n	94,649

a) 54.41의 평균은 무엇을 의미하는가?

b) 중심과 산포의 측정이 이 표와 같은 차이가 생기는 일반적인 이유는 무엇인가?

c) 이 데이터는 일반 데이터들과 무엇이 다른가?

59. 뮤추얼펀드 유형. 연습문제 27에 있는 70개의 뮤추얼펀드는 네 가지 유형으로 분류된다. : 미국 국내 주식형 펀드, 채권펀드, 국제 펀드, 기타 펀드. 적절한 표현을 사용하여 네 가지 유형의 연간 수익률을 비교하고, 차이점에 대하여 간단한 요약을 작성해보라.

61. 주택판매. 다중 목록 서비스(the multiple listing service, MLS)에 나열된 각 주택들은 순차적인 ID번호가 할당된다. 한 부동산 중계업자는 인근 도시에 있는 한 부동산 중계업체에 의해 판매되는 주택의 무작위 표본에서 MLS 번호를 조사하기로 결정했다. 분석을 시작하기 위해, 중개업자는 ID번호의 히스토그램을 다음과 같이 생성하였다.

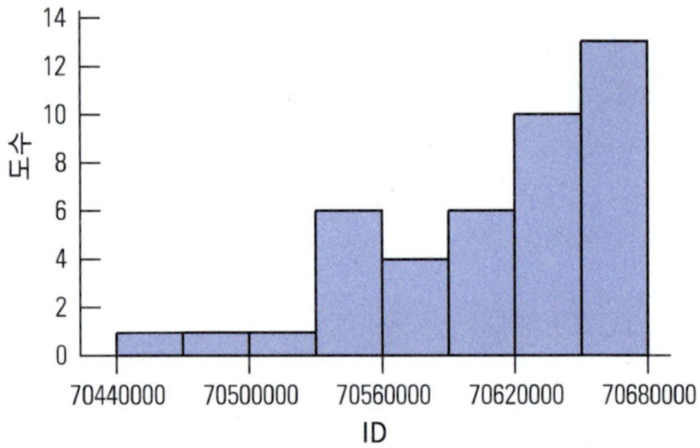

a) 히스토그램을 통해 보여지는 분포에 대해 어떤 설명을 할 수 있는가?

b) 61번 문제의 데이터에 대한 올바른 표현을 하기 위해서는 어떤 조언이 필요한가?

***63. 허리케인.** 허리케인 카트리나가 기록적인 재산 손실 피해를 초래하여 허리케인으로 인한 재산손실 보험에 가입하는 것은 점점 더 어려워지고 있다. 많은 기업들이 보험 정책을 갱신하거나 새로운 정책을 작성하는 것을 거부했다. 제공된 데이터는 미국 국립 허리케인 센터에서 1850년부터 2000년 까지 매년 발생한 허리케인의 총 횟수를 포함한다. 일부 과학자들은 한편 최근 몇 년 동안 허리케인의 수가 급증하였다고 주장한다.

a) 이 데이터에 대한 히스토그램을 만들어보아라.

b) 데이터의 분포를 설명해보라.

c) 이 데이터의 시계열 그림을 만들어보아라.

d) 위의 시계열 그림에 대해서 토론해보라. 이 시계열 그림은 적어도 2000년까지 허리케인 수에 급증에 대한 과학자들의 주장을 뒷받침하는가?

65. 생산성 연구. 생산성국립센터는 작업자의 효율성에 대한 연구 내용을 발표했다. 최근 보고서에서 그들은 다음과 같은 생산성의 급격한 상승을 보여주는 그래프를 포함하였다. 이것에 대해 어떤 질문을 할 수 있는가?

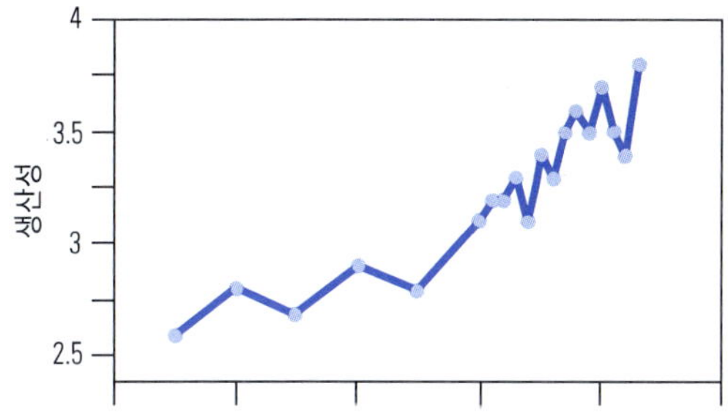

67. 연습문제 42와 연결되는 문제이므로 생략.

Ⓣ **69. 식량 소비.** 국제연합식량농업기구(FAOSTAT)는 전 세계 200개국의 200개가 넘는 식량과 농작물에 대한 생산과 소비에 대한 정보를 수집한다. 여기에 두 개의 표가 있다. 하나는 육류 소비(연간 1인당 kg)에 대한 것이고, 하나는 주류 소비(연간 1인당 갤런)에 대한 것이다. 아일랜드는 55.80갤런으로 가장 많은 주류 소비자인 반면에 미국은 267.30파운드로 가장 많은 육류 소비자인 것을 볼 수 있다. z점수를 이용하여 주류와 육류 모두 가장 많이 소비하는 국가를 찾아보아라.

국가	주류	육류	국가	주류	육류
호주	29.56	242.22	룩셈부르크	34.32	197.34
오스트리아	40.46	242.22	멕시코	13.52	126.50
벨기에	34.32	197.34	네덜란드	23.87	201.08
캐나다	26.62	219.56	뉴질랜드	25.22	228.58
체코 공화국	43.81	166.98	노르웨이	17.58	129.80
덴마크	40.59	256.96	폴란드	20.70	155.10
핀란드	25.01	146.08	포르투갈	33.02	194.92
프랑스	24.88	225.28	슬로바키아	26.49	121.88
독일	37.44	182.82	한국	17.60	93.06
그리스	17.68	201.30	스페인	28.05	256.82
헝가리	29.25	179.52	스웨덴	20.07	155.32
아이슬란드	15.94	178.20	스위스	25.32	159.72
아일랜드	55.80	194.26	터키	3.28	42.68
이탈리아	21.68	200.64	영국	30.32	171.16
일본	14.59	93.28	미국	26.36	267.30

Ⓣ **71. 휘발유 가격.** 제공되는 데이터는 미국 에너지부에서 얻은 전국 주유소의 표본으로부터 1990년 8월 20일부터 2012년 1월 2일까지의 소매 휘발유 가격(센트/갤런)에 대해 조사한 내용이다.

a) 데이터에 대한 히스토그램을 만들고, 분포에 대하여 설명해보라.

b) 데이터의 시계열 그림을 만들고, 추세에 대하여 설명해보라.

c) 데이터에 대한 더 적절한 것을 보여주는 시각적 표현은 어느 것인가?

73. 2010년의 실업률. 아래의 히스토그램은 2001년 1월부터 2010년 1월까지의 매달 미국의 실업률을 보여준다.

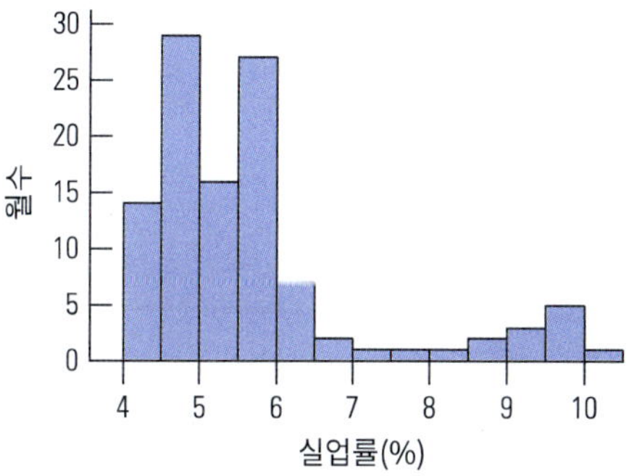

여기에 같은 데이터에 대한 시계열 그림이 있다.

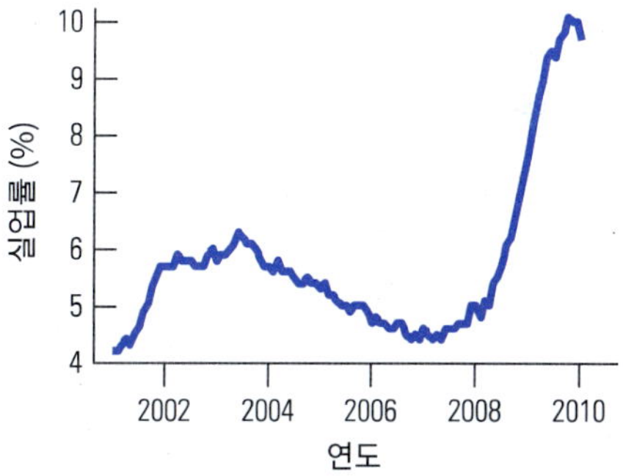

a) 시계열 그림과 비교하여 히스토그램에서만 볼 수 있는 데이터의 특징은 무엇인가?

b) 히스토그램과 비교하여 시계열 그림에서만 볼 수 있는 데이터의 특징은 무엇인가?

c) 데이터에 대해 더 적절한 것을 보여주는 표현은 어느 것인가? 설명해보라.

d) 미국의 2010년 동안 실업률에 대해 간략하게 설명을 작성해보라.

75. 자산. 아래의 히스토그램은 포브스가 선정한 미국 내 최고 회사 79개 기업의 자산에 대한 히스토그램이다

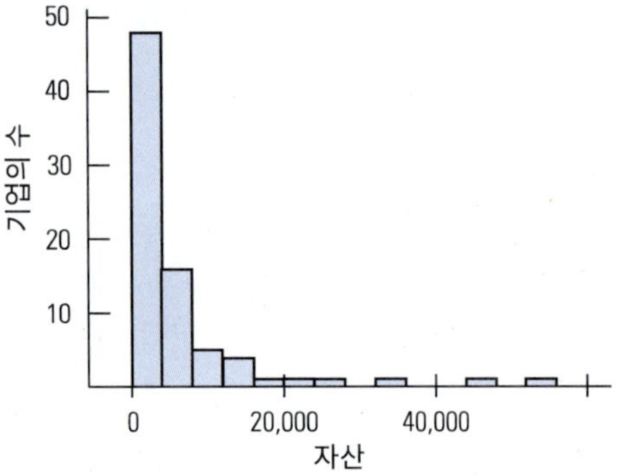

a) 이 분포의 어떤 측면이 중심과 산포를 요약하거나 토론하는 것을 어렵게 만드는가?

b) 이 데이터를 훨씬 더 잘 이해하기 위해 무엇을 제안할 수 있는가?

확인문제 정답

1. 가계수입의 분포는 아마 오른쪽으로 치우쳐 있고 대칭적이지 않아 왜곡이 있을 것이다. 그래서 중앙값이 중심의 측정에 더 적절하다. 평균은 상위 높은 가계수입을 가진 가구들의 영향을 받아 중앙값만큼 일반적인 가계수입의 중심을 표현하지 못할 것이다. 가계 수입의 평균을 측정하면 아마 대부분의 가구의 일반 가계 수입보다 높은 값이 측정될 것이다.

2. 사분위범위를 30mpg로 나누게 되면 30mpg 범위 안에 모든 차의 50%가 속하게 된다. 하지만 범위가 크므로 다양한 연비를 가진 자동차들이 분류되지 못하고 한 범주에 묶일 가능성이 많다. 그래서 3mpg로 사분위범위를 나누게 되면 이상적일 것이다. 3mpg의 범위 안에서 다양한 연비들이 여러 범주에 묶여서 분류될 것이다. 0.3mpg로 사분위범위를 나눠게 되면 그 변화의 폭이 너무 작아서 자동차의 특성이나 운전자 그리고 주행 도로의 상태에 따라 변할 수 있는 미세한 값이므로 사분위범위를 나누기에는 부적절하다.

3. 일관성이 있는 제품을 만드는 것은 품질에 있어서 매우 중요하다. 소비자들은 평균 MP3의 수명인 5년에 거의 가깝게 제품을 사용하기를 원한다. 표준편차가 2년이라는 것은 제품 수명주기의 변동이 2개월보다 더 크다는 것을 의미한다. 그래서 품질관리팀은 품질에 있어서 변동이 적은 2개월의 표준편차를 선호해야 한다.

상관관계와 선형회귀분석

CHAPTER 06

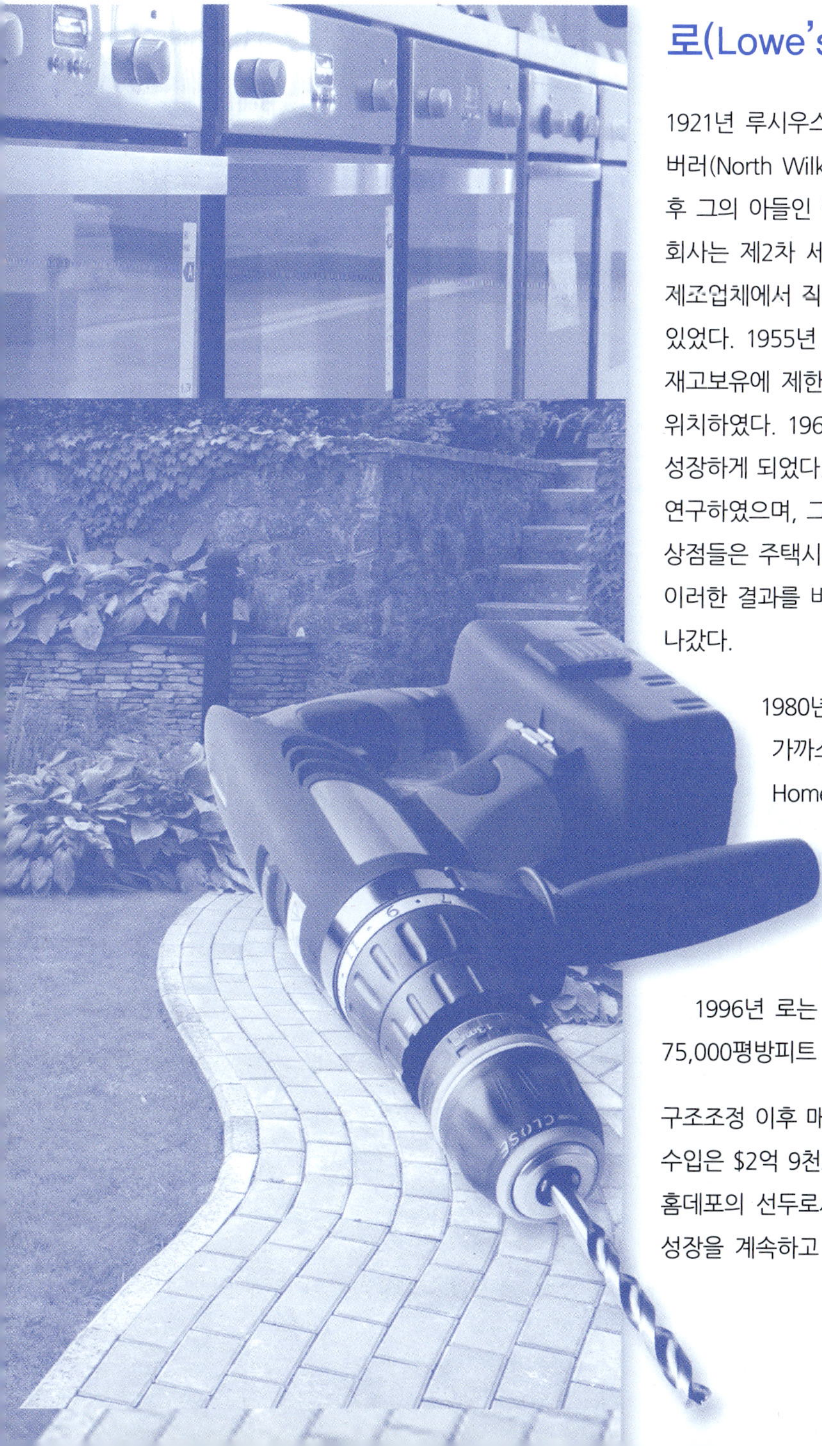

로(Lowe's)

1921년 루시우스 로(Lucius S. Lowe)는 노스캐롤라이나 주 노스 윌크스버러(North Wilkesboro)에 건축용품 및 생활용품 상점을 열었다. 그가 죽은 후 그의 아들인 짐(Jim)과 사위인 칼 버천(Carl Buchan)이 상점을 인수했다. 회사는 제2차 세계대전 이후 버천의 지도하에 확장하였다. 로는 재료를 제조업체에서 직접 구입하는 방식으로 고객에게 더 낮은 가격으로 제공할 수 있었다. 1955년 로는 6개의 상점을 가지게 되었는데 대부분의 상점은 재고보유에 제한이 있는 소매점이었고 철로 근처의 목재 집하장 뒤에 위치하였다. 1960년대 후반, 로는 50개 이상의 상점과 약 $1억의 매출로 성장하게 되었다. 1970년대 후반, 신규 주택 건설이 거의 중단될 때에 시장을 연구하였으며, 그 결과 손수 주택을 건축하는 주택보유자들을 대상으로 하는 상점들은 주택시장 침체기에도 불구하고 운영이 잘되었다는 것을 알아냈다. 이러한 결과를 바탕으로 그들은 사업의 포커스를 변경하고 상점을 확장시켜 나갔다.

1980년대 후반 로는 300개 이상의 상점을 보유했지만 그 상점들은 가까스로 평균 20,000평방피트 정도에 이르렀고, 홈데포(The Home Depot)는 대형 상점 시대를 개척해가며 로의 성장을 위협하였다. 1989년 로는 시장을 연구하였고 대형 상점을 개발하는데 전념하였다. 1991년 회사상점의 절반에 가까운 폐쇄, 재배치, 리모델링 등에 들어가는 비용을 충당하기 위해 $7천1백30만의 구조조정비용을 지원받았다.

1996년 로는 400개 이상의 상점을 갖게 되었고 그 크기는 단위당 평균 75,000평방피트 이상이 되었다.

구조조정 이후 매출은 $31억에서 $86억으로 급격하게 성장했다. 1996년 순수입은 $2억 9천2백20만에 이르렀다. 회사는 그들은 2인자 위치를 강화하고 홈데포의 선두로서의 위치를 위협하기 위해 전력을 다함으로써 급격한 성장을 계속하고 있었다.

2000년, 로의 회장 겸 CEO인 밥 틸만(Bob Tillman)은 열대우림에서 공급되는 목재제품의 판매는 없을 것이라는 정책을 발표하였다. 로는 2004년에 온실가스의 배출을 줄이기 위한 방법에 대한 뛰어난 공헌으로 소매업파트너 에너지스타(Energy Star retail partner)에 선정되었고, 2007년에 미국 환경 보호청의 스마트웨이 트랜스포트 파트너십(Smart Way Transport Partnership)에서 환경우수상을 차지하였다. 로는 2012년부터 미국과 전 세계에서 홈데포 다음으로 두 번째로 큰 건축용품 공급망이 되었다.

누가	연도
무엇을	로스의 순 매출액과 미국의 주택개선에 대한 비용
단위	매출액과 주택개선 비용 모두 백만 달러
언제	1985-2010
어디서	미국
왜	주택개조시장에서 상대적인 로스의 매출을 평가하기 위해

로는 주택 세입자와 보유자 모두를 대상으로 판매를 한다. 미국인들이 주택개선에 어느 정도의 지출을 하는지 알면 로의 매출을 예측하는 데 도움이 될 수 있다. 아래 그림은 로의 연간 순 매출액과 대비하여 미국 통계국에서 측정한 주택지의 개선과 수리에 주택보유자가 지출한 돈의 양을 보여준다.[1)]

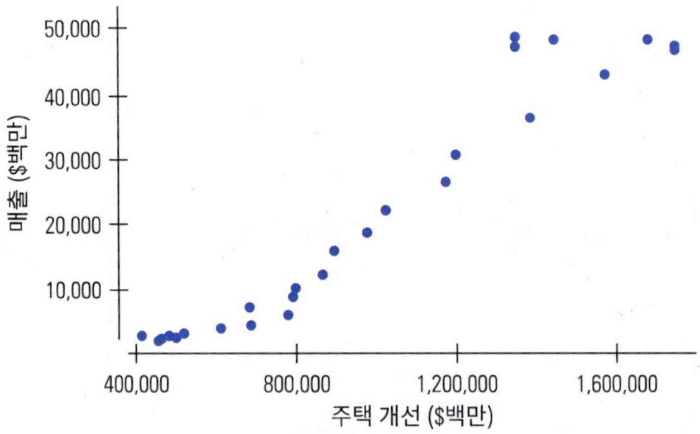

그림 6.1 1985년에서 2010년까지의 로의 연간 순 매출액(백만 달러)과 주택의 개선과 수리(백만 달러)의 연간 지출 규모.

이 관계에 대한 요약을 물어본다면 당신은 무슨 말을 할 것인가? 분명히 주택 개선비용이 증가할 때 로의 매출은 증가하였다. 이 그림은 다른 것들과 대비하여 하나의 양적 변수를 나타내는 **산점도(Scatterplot)**의 예이다. 산점도를 살펴봄으로써 패턴, 동향, 관계, 그리고 다른 값들과 떨어져 있는 이상치를 종종 볼 수 있다. 이처럼 산점도는 두 양적 변수들 사이의 관계에 대해 관찰하는 가장 좋은 방법이다.

데이터로부터 우리가 배우고자 하는 핵심은 보통 변수들 사이의 관계이다.

- 소비자 신뢰는 원유 가격과 관련되어 있는가?
- 매출이 증가함에 따라 고객만족에는 무슨 일이 일어났는가?
- 판매와 관련된 광고에 지출된 돈은 증가하였는가?
- 주식의 판매량과 그 가격의 사이의 관계는 무엇인가?

1) http://www.census.gov/construction/c30/privpage.html 인구조사는 신규 및 다른 주택에 대한 모든 민간 건설 비용을 수집한다. 기존 주택의 개선에 소요되는 금액을 얻기 위해 새로운 주택에 대한 비용은 차감한다.

이와 같이 두 양적 변수들 사이의 관계에 대한 질문과 그들 사이의 연관성이 있는지에 대한 질문이 있다. 산점도는 이러한 연관성들을 그리는 가장 이상적인 방법이다.

6.1 산점도 살펴보기

누가	미국에 있는 도시들
무엇을	인당 혼잡비용과 성수기의 고속도로 속도
단위	인당 혼잡비용 (1년 1인당 $); 성수기의 고속도로 속도(마일)
언제	2000
어디서	미국
왜	고속도로 정체와 그것이 사회와 기업에 미치는 효과 사이의 관계를 조사하기 위해

미국의 교통 시스템을 통해 제공된 이동성에 대해 연구한 텍사스의 교통 연구소는 교통 혼잡과 사회와 기업에 영향을 미치는 교통혼잡비용에 대한 연간보고서를 발행한다. 〈그림 6.2〉는 미국의 65개 도시에서 성수기의 고속도로 속도(마일)에 대비하여 연간 교통지연에 대한 인당 혼잡비용($)을 보여준다.

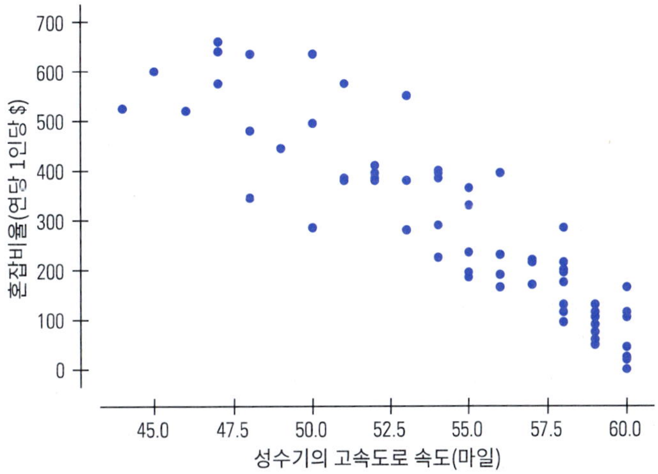

그림 6.2 미국의 65개 도시에서 성수기의 고속도로 속도(마일)에 대한 연간 교통 체증에 대한 비용(1년 1인당 $)

사람들은 모두 산점도를 볼 수 있다. 하지만 산점도에서 무엇을 보고 찾아내야 하는지 묻는다면 대답하기 어려워할 것이다. 당신은 무엇을 보고 있는가? 고속도로의 속도에 대한 혼잡비용의 산점도를 설명해보자.

방향(Direction)을 찾아라: 양의 방향이거나 음의 방향 혹은 둘 다 아닌 다른 부호인가?

당신은 연관성의 **방향**(direction)이 중요하다고 말할 수 있다. 성수기의 고속도로속도가 올라갈수록 혼잡비용은 내려간다. 좌측 위  로부터 우측 아래로 실행하는 패턴은 **음**(negative)의 방향이라고 한다. 반대방향  의 패턴은 **정**(positive)의 방향이라고 한다.

형태(Form)를 찾아라: 직선, 곡선, 아니면 특이한 형태, 혹은 패턴이 없는가?

두 번째로 산점도에서 찾을 수 있는 것은 그 **형태**(form)이다. 직선 관계의 경우 그 형태는 일반적으로 일관되게 펼쳐진 점들이나 무리의 직선 형태로 나타난다. 예를 들어 교통 혼잡의 산점도는 몇 개의 점들이 그것에서 멀리 벗어났지만 기본적인 **선형**(linear)형태이다.

산점도는 다양한 종류의 많은 패턴을 보여주며, 종종 직선이 되지 않을 수 있다. 하지만 직선 패턴은 통계에 가장 일반적이고 가장 유용하다.

관계가 지속적으로 증가하거나 감소하는 동안  완만한 곡선이지만 직선이 아니라면, 종종 그것을 올바르게 할 수 있는 방법을 찾을 것이다. 그러나 예를 들어  와 같이 위아래로 곡선이 급격하다면 더욱 더 진보된 방법이 필요하다.

강도(Strength)를 찾아라: 얼마나 흩어져 있는가?

산점도에 찾을 수 있는 세 번째 특징은 관계의 **강도**(strength)이다.

극단적인 예로 점들이 일관된 형태로 빽빽한 무리  로 나타나 있는가? (직선인지 곡선인지, 모든 방향으로 구부러져있는지 여부) 혹은 다른 극단적인 예로 점들이 추세나 패턴을 거의 식별할 수 없을 만큼 가변적이고 확산되어 있는가?  교통혼잡도는 일반적으로 직선형태의 주위에 있는 적당한 분산을 보여준다. 이것은 비용과 속도 사이에 적당히 강한 선형관계가 있다는 것을 나타낸다.

특이한 특징(Unusual Features)을 찾아라: 특이한 관측이나 하위집단이 있는가?

마지막으로, 예상하지 못한 것을 찾는다. 흔히 산점도에서 발견하는 것 중 가장 흥미로운 발견은 당신이 찾으려고 생각하지 못한 것이다. 놀라운 한 예로 산점도의 전반적인 패턴에서 멀리 떨어져 있는 특이한 관측 또는 **이상치**(outlier)가 있다. 이러한 점들은 대개 흥미롭고 특별한 관심을 받는다. 도표의 나머지 부분과 다른 방향으로 떨어져 있는 점이나 추세를 보이는 하위집단 또는 무리를 볼 수 있을 것이다. 그것이 일반적인 것과 다른 이유에 대한 문제를 제기해야 한다. 그것은 모든 것을 전체적으로 보는 것보다 데이터를 하위집단으로 분할해서 살펴봐야 하는 단서가 된다.

예시문제 산점도를 만들어보자

미국의 첫 번째 자동차 사고는 1896년 뉴욕에서 일어난 자동차와 자전거를 탄 사람이 충돌한 것이다. 자전거와 자동차의 사고는 보험회사의 중대한 관심사이다. 1932년 이후 미국에서 약 53,000명의 사람들이 자전거를 타다가 교통사고로 죽었다. 이와 같은 인구통계학적 정보는 정부기관을 통해 이용할 수 있다. 이러한 정보는 보험사가 적절한 요금을 설정하기 위해서 이용할 수 있고, 재고의 안전장비를 계획해야 하는 소매업체, 그리고 그들의 고객에게 보여주기 위해 유용하게 이용될 것이다. 인구통계학적 개요는 시간에 따라 변화할 때 더욱더 시급한 관심사가 된다. 아래에 1998년부터 2008년까지 10년 동안의 매년 자전거 타다 사망한 사람들의 평균연령에 대한 데이터가 있다. (출처: 국립 고속도로 교통안전기관, www-nrd.nhtsa.dot.gov/ Pubs/ 811156.PDF)

연도	평균연령
1998	32
1999	33
2000	35
2001	36
2002	37
2003	36

2004	39
2005	39
2006	41
2007	40
2008	41

문제 : 산점도를 만들고 그것이 무엇을 말하는지 요약해보라.

답 :

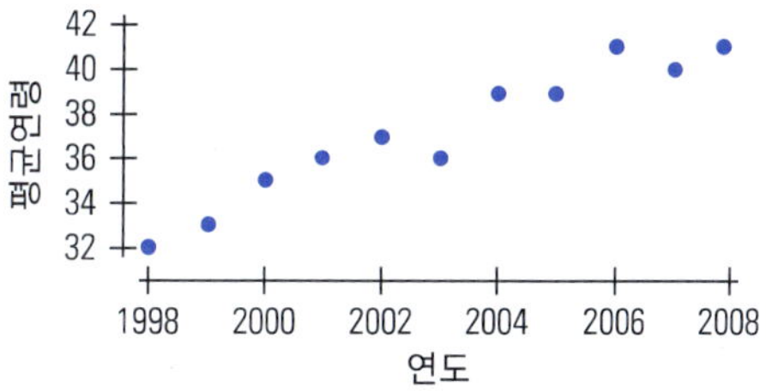

자전거 교통사망자의 평균 연령은 이 기간 동안 거의 선형적으로 증가하였고, 추세는 강하다.

6.2 산점도에서 변수로 할당된 역할

▌데카르트는 그의 명언인 "*cogito, ergo, sum*: 나는 생각한다. 그러므로 나는 존재한다."로 유명한 철학자다.

산점도는 최초의 현대 수학표현 중 하나이다. 값을 표시하는 면을 정의하기 위해 두 개의 축을 직각으로 사용하는 아이디어는 르네 데카르트(René Descartes, 1596~1650)로부터 기원을 찾을 수 있고, 이러한 방식으로 그가 정의한 면은 공식적으로 데카르트 평면이라고 불린다.

데카르트가 명시한 두 개의 축은 산점도의 특징이 된다. 관례상, 위에서 아래로 있는 축을 y축이라고 하고, 좌우로 있는 축은 x축이라고 한다. 이러한 용어는 표준에 따른 것이다.[2]

산점도를 만들기 위해 두 양적 변수를 x축에 하나, y축에 다른 하나를 할당한다. 그래프와 같이 축을 명확하게 표시해야 하고, 축과 숫자에 대한 범위를 표시해야 한다. 산점도는 양적 변수들을 나타낸다. 각 변수들은 단위를 가지고 있으며, 일반적으로 각 축의 근처에 표시한다. 각 점은 두 변수의 값에 해당하는 위치에 배치된다. 수평적 위치는 x값에 의해 지정되고, 수직적 위치는 y값 변수에 의해 지정된다. 이것들을 모두 합한 것이 좌표라고 하고 값은 (x, y)라고 쓴다.

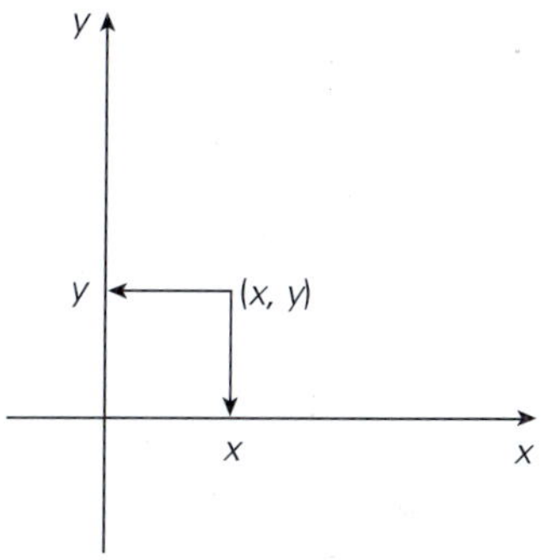

이 장에서 보았던 것과 같이 컴퓨터 프로그램에 의해 만들어진 산점도는 일반적으로 $x=0$, $y=0$인 두 축

[2] 이 축들은 세로좌표와 가로좌표라고도 불린다. 그러나 통계학자들은 일반적으로 이 용어를 사용하지 않기 때문에 기억하지 않을 수 있다. 통계학(그리고 모든 통계 컴퓨터 프로그램)에서 축은 일반적으로 x(가로좌표)와 y(세로좌표)라고 불리며, 대개 해당하는 변수의 이름으로 표시된다.

이 만나는 점인 원점을 보여주지 않는다. 두 변수가 0의 양쪽 옆이나 근처의 값을 갖는 경우에 원점은 면의 일부가 될 것이다. 값이 0에서 멀리 떨어져 있는 경우에도 원점을 포함할 필요가 없다. 사실은 데이터가 포함된 데카르트 평면 부분에 초점을 맞추는 것이 훨씬 낫다. 고속도로에 관한 예를 통해서 0마일 근처의 속도는 어디에도 없었다. 그래서 컴퓨터는 축과 만나지 않는 〈그림 6.2〉와 같은 산점도를 그렸다.

어떤 변수가 x축에 있고, 어떤 변수가 y축에 있어야 할까? 도표를 만드는 방법을 통해 그 관계에 대해 알 수 있다. 종종 다음과 같은 질문을 해야 한다.

- 로의 직원만족도는 생산성과 관련되어 있는가?
- 로의 매출이 증가할 때 주식 가격에도 반영되었는가?
- 주거개선이 로의 매출과 관련이 있다는 것 이외에 다른 요인은 무엇이 있는가?

이러한 모든 예에서 하나의 변수는 **설명**(explanatory)이나 **예측변수**(predictor variable)의 역할을 하는 반면에, 다른 하나는 **응답변수**(response variable)의 역할을 한다. x축에 설명변수, y축에는 응답변수를 배치한다.

표기법 주의!

x와 y는 문자도 소유하지만 산점도의 축에 표시되는 것만을 위한 것이 아니다. 통계학에서 x축과 y축(수식에서 그 표기법을 선택)에 대한 변수의 할당은 종종 예측변수 또는 응답변수로서의 자신의 역할에 대한 정보를 전달한다.

산점도를 만들 때, 그것을 볼 사람들이 이 방법을 생각할 것이라고 가정할 수 있다. 따라서 어떤 축에 어떤 변수를 배치할지 신중하게 선택해야 한다.

변수를 위해 선택한 역할은 변수 그 자체보다는 그것을 어떻게 생각하는지와 더 관련이 되어 있다. x축에 있는 변수는 반드시 그것이 설명이나 예측을 의미하지 않고, y축에 있는 변수는 그것에 아무런 대응을 하지 않을 수 있다. 여기서는 서행 차선의 이동이 지연에 더 많은 비용이 들 것이라고 생각하고, 성수기의 고속도로 속도에 대한 1인당 혼잡비용을 도표로 그렸다. 하지만 아마도 고속도로 개선에 1인당 $500를 지출하는 것이 속도를 증가시킬 수 있다. 그것을 살펴보면 설명변수로 1인당 혼잡 비용, 응답변수로는 고속도로 속도를 선택할 것이다.

x와 y 변수는 때때로 **독립변수**(independent)와 **종속변수**(dependent)라고도 불려진다. 이러한 견해는 y변수가 x변수에 의존하며, x변수는 y변수의 응답을 일으키기 위해 독립적으로 작용한다는 것이다. 그러나 이러한 명칭은 통계학에서 다른 용도로 쓰이는 같은 용어와 모순이 된다. 역할을 논의할 때, 때때로 "설명" 혹은 "예측 변수" 그리고 "응답 변수"의 용어를 사용하지만, 대신에 종종 그냥 x변수와 y변수라고 말하기도 한다.

예시문제 변수에 역할을 할당하기

문제 : 자전거와 자동차 사고 피해자의 나이를 조사할 때, 도표의 x축에 연도, y축에 평균 나이를 넣는 것이 왜 가장 이치에 맞는가? (138쪽의 예제를 참조하시오.)

답 : 사고 피해자의 나이가 시간의 흐름에 따라 어떻게 변화하는지를 알고 싶다. 그래서 예측을 위한 근거로 연도와 예측된 변수로는 피해자의 평균나이가 기준이 된다고 생각한다.

6.3 상관관계 이해

누가	80개의 중간 규모 미국 은행
무엇을	회사(기업가치)와 회사에 의해 투자된 자본(투자자본)의 양에 대한 가치의 추정
단위	기업가치와 투자자본 모두 백만 달러
언제	2010
어디서	미국
왜	투자된 자본의 양과 미국 은행의 전반적인 크기 사이의 관계를 이해하기 위하여

회사의 기업가치(EV)는 기업의 전체 가치의 척도이다. 자사의 보통주의 가치만을 포함하는 시가총액과 달리 기업 가치는 회사의 모든 구성요소가 포함된다. 회사에 관심을 가질 수 있는 모든 관계자들과 합의를 한 후 기업을 구입하기 위해 지불해야 할 가격으로 기업가치를 생각할 수 있다.

투자자본(IC)의 양은 기업에서 모든 주주와 채권자들이 만든 총 투자와 동일하다. 물론 높은 기업가치의 대기업은 높은 투자자본을 갖는 경향이 있지만 그 관계가 정확하지는 않다. 아래에 기업가치에 대한 투자자본의 도표를 보여주는 80개의 중간규모 미국은행의 산점도가 있다.

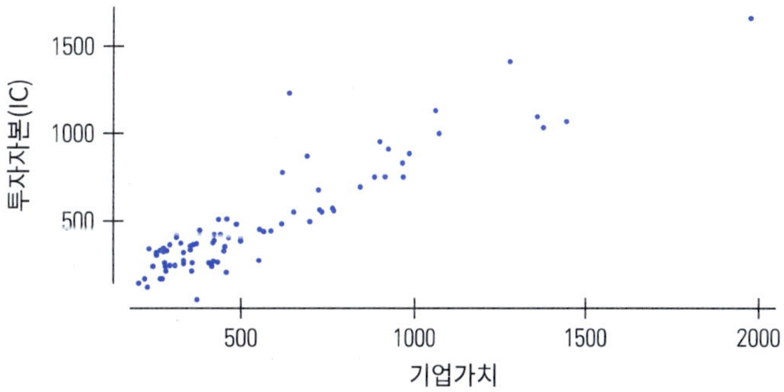

그림 6.3 80개의 중간규모의 미국 은행의 기업가치(EV)에 대한 투자자본(IC)의 도표

이전의 장에서 단위를 제거하는 방법을 보았으며, $z_x = \left(\frac{x-\bar{x}}{s_x}\right)$와 $z_y = \left(\frac{y-\bar{y}}{s_y}\right)$를 구하고 각 변수들을 표준화할 수 있다. 다음으로, **상관계수**(correlation coefficient)의 강도를 측정하는 것을 계산해 볼 수 있다.

$$r = \frac{\sum z_x z_y}{n-1}.$$

표기법 주의!

문자 r은 상관관계에서 항상 이용된다. 그래서 통계학에서 다른 용도로 사용할 수 없다. "r"을 볼 때마다 그것은 상관관계를 가정하는 것이 좋다.

x와 y가 쌍으로 되어 있다는 점에 유의해야 한다. 각 분기마다 우리는 교체비용과 개선비용이 있으며 이들의 상관관계를 찾기 위하여 표준화된 값으로 각 표준화된 값을 곱하고 그 외적(crossproducts)들을 더한다. 그 다음에 $n-1$의 숫자로 전체를 나눈다.[3)]

투자자본과 기업가치의 상관계수는 0.913이다. 변수 x와 y의 측면에서 상관관계에 대한 다른 수식들이 있는데 일반적인 두 가지는 다음과 같다:

$$r = \frac{\sum(x-\bar{x})(y-\bar{y})}{\sqrt{\sum(x-\bar{x})^2 \sum(y-\bar{y})^2}} = \frac{\sum(x-\bar{x})(y-\bar{y})}{(n-1)s_x s_y}.$$

이러한 수식들은 손으로 상관관계를 계산하는 것을 더 편리하게 할 수 있지만, 표준점

3) 동일한 $n-1$은 표준편차를 계산하기 위해 사용된다.

수(z-score)를 사용한 형태가 상관관계의 의미를 이해하기에 가장 적합하다.

상관관계의 조건

상관관계(correlation)는 두 개의 양적 변수 사이의 선형관계의 강도를 측정한다. 상관관계를 사용하기 전에 세 가지 조건을 확인해야 한다.

- **양적 변수 조건**(Quantitative Variables Condition) : 상관관계는 양적 변수에만 적용된다. 양적 변수로 가장한 명목 변수를 상관관계에 적용하면 안 된다. 변수의 단위와 무엇을 측정한지를 알고 있는지 확인한다.
- **직선 조건**(Linearity Condition) : 물론 어느 변수 쌍에 대한 상관계수를 계산할 수 있다. 하지만 상관관계는 선형 관계의 강도를 측정하는 것이므로, 만약 관계가 충분한 직선이 아니라면 오해의 소지가 있다. "충분한 직선"은 무엇일까? 이 질문은 통계적인 형식에 얽매이지 않는 것처럼 들릴지 모르지만, 이것이 진정한 핵심이다. 관계가 선형인지 아닌지 여부를 입증할 수 없다. 심지어 이론에서도 변수 사이의 관계가 완벽하게 선형인 경우는 거의 없고, 실제 데이터의 산점도는 완벽하게 직선인 것이 있을 수 없다. 조건에 미치지 못하는 산점도가 얼마나 비선형으로 보이는가? 이것은 당신이 생각해야 하는 개인적인 의견이다. 기본적인 관계가 곡선이라고 생각하는가? 만약 그렇다면 그 강도에 대한 상관관계의 요약은 잘못된 것이다.
- **이상치 조건**(Outlier Condition) : 특이한 관측치는 상관관계를 왜곡시킬 수 있고, 작은 상관관계를 크게 보이게 하거나, 다른 한편으로는 큰 상관관계를 숨길 수 있다. 그것은 심지어 양의 상관관계를 음의 상관계수로 보이게 하거나 그 반대일 수도 있다. 이상치를 보는 것은 종종 이상치가 있는 것과 없는 것 모두의 상관관계를 살펴보기 위한 좋은 방법이다.

이러한 조건들은 산점도를 통해 쉽게 확인할 수 있다. 많은 상관관계는 뒷받침할 자료와 도표가 없이 보고된다. 여전히 조건들에 대해서 생각해야 하며, 조건들을 직접 확인할 수 없는 경우 상관관계의 해석 또는 다른 사람의 해석을 수용하는 것에 주의해야 한다.

직접 해보기

상관계수 찾기

손으로 상관계수를 찾기 위해서 표준점수가 아닌 원래 단위의 수식을 이용할 것이다. 이를 통해 먼저 각 데이터 값을 표준화해야 하는 작업을 하지 않아도 된다. 변수들에 대한 통계요약인 $\bar{x}$, $\bar{y}$, s_x, s_y이 주어진다. 그 다음 표준편차를 위해 했던 것과 같이 편차를 찾는다. 하지만 지금의 x와 y는 $(x-\bar{x})$와 $(y-\bar{y})$이다. 각 데이터의 쌍에 대하여 편차를 곱하면 $(x-\bar{x})\times(y-\bar{y})$이다. 모든 데이터의 쌍들에 결과물을 더한다. 마지막으로, 상관계수를 얻기 위하여 $(n-1)\times s_x\times s_y$의 결과물을 더한 것으로 나누어준다.

다음과 같이 데이터 쌍을 다음과 같이 가정해보자.

x	6	10	14	19	20
y	5	3	7	8	12

그리고 $\bar{x}=14$, $\bar{y}=7$, $s_x=-6.20$, $s_y=3.39$이다.

x의 편차	y의 편차	편차 간의 곱
6 - 14 = - 8	5 - 7 = - 2	- 8 × - 2 = 16
10 - 14 = - 4	3 - 7 = - 4	16
14 - 14 = 0	7 - 7 = 0	0
19 - 14 = 5	8 - 7 = 1	5
21 - 14 = 7	12 - 7 = 5	35

편차 간의 곱들을 더한다. : $16+16+0+5+35=72$

마지막으로, $(n-1)\times s_x \times s_y=(5-1)\times 6.20\times 3.39=84.07$로 나눈다.

이 비율이 바로 상관계수이다. :

$$r=72/84.07=0.856$$

확인문제

2002년부터 2011년 동안 반도체 회사인 싸이프레스와 인텔의 분기별 주가는 0.50의 상관관계가 있었다.

1. 상관관계에서 결론을 내리기 전에 무엇을 보고 싶은가? 그 이유는 무엇인가?
2. 만약 당신의 동료가 유로로 동일한 가격을 추적하는 경우 상관관계가 어떻게 변경되는가? 당신은 결론을 도출하기 위해서 유로와 미국달러 사이의 환율을 알 필요가 있을까?
3. 두 가격을 표준화한다면 상관관계에 어떤 영향을 미칠 것인가?
4. 일반적으로, 특정한 날에 인텔의 주가가 상대적으로 낮은 경우, 싸이프레스의 주가 또한 낮을 것 같은가?
5. 특정한 날에 인텔의 주가가 높은 경우 싸이프레스의 주가 또한 확실히 높은가?

길잡이 문제 고객지출

한 신용카드 회사는 고객이 더 많은 카드를 사용하기를 희망하여 최고의 고객에게 장려금을 제공한다. 그들은 얼마나 자주 장려금을 제공해야 하는지 궁금해한다. 반복적인 장려금 제공이 신용카드 사용의 증가를 초래할 수 있는가? 이 의문점을 검토하기 위해 분석가들이 그들의 고객들 중 가장 신용카드를 많이 사용하는 고객들의 부문에서 184명을 임의로 표본을 추출하고 고객이 2개월 동안 받은 장려금을 조사하였다.

계획

준비 목적에 대해 언급한다. 조사를 위한 양적 변수들을 확인한다. 각 변수를 정의하고 수집한 데이터의 기간을 보고한다.

목적은 그들이 장려금을 받은 두 달 동안 고객 요금의 양 사이의 관계를 조사하는 것이다. 고객들 중 가장 신용카드를 많이 사용하는 고객들의 부문에서 임의로 표본을 추출하였다. 측정된 변수들은 두 달의 이자가 포함된 전체 신용카드요금($)이다.

✔ **양적 변수 조건**. 두 변수들은 양적 변수이다. 두 요금은 달러로 측정된다.

	산점도를 만들고 규모와 단위를 식별하기 위해 축의 표시를 명확히 한다.	사례와 마찬가지로 두 개의 양적 변수를 가지고 있으므로 산점도를 만들 수 있다. 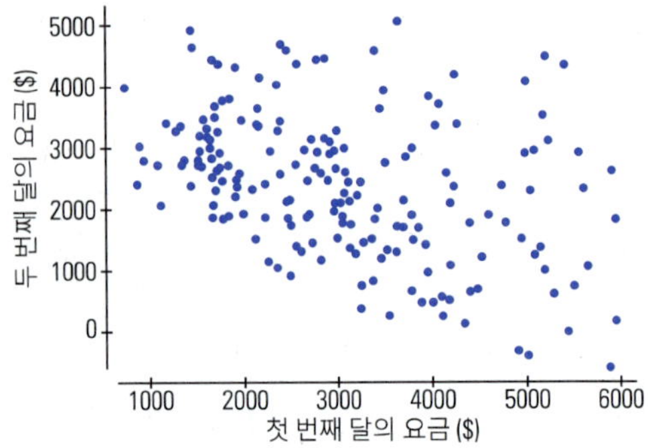
	확인 조건들을 확인하라	✔ **선형조건.** 산점도는 충분히 직선이다. ✔ **이상치조건.** 분명한 이상치가 없다.
실행	**실행방안** 조건들이 충족이 되면 기술과 상관관계를 계산한다.	상관관계는 −0.391이다. 음의 상관관계계수가 산점도에서 확인되었다.
보고	**결론** 특이한 점들이나 특징과 함께 방향, 형태, 도표의 강도를 설명한다. 적절한 맥락에서 해석을 명시해야 한다.	**메모** **Re: 신용카드지출** 장려금 프로그램으로부터 데이터의 일부를 조사했다. 특히 프로그램을 처음 만든 후 두 달 동안의 비용을 보았다. 첫 번째 달과 두 번째 달의 비용 사이에 음의 관계가 있음에 주목하였다. 상관관계는 적당히 강한 −0.391이었고 실질적인 변화를 나타낸다. 관찰된 패턴이 음의 패턴임에도 불구하고 이러한 데이터는 이 행동의 원인을 찾는 것을 허용하지 않는다는 결론을 내렸다. 첫 번째 달에 일부 고객들은 그들의 지출을 증가시킬 가능성이 있었지만, 그 다음 달에는 이전의 지출패턴으로 되돌아오게 되었다. 이는 고객들이 두 번째 달까지 그들의 소비를 증가시켜가며 그들의 행동을 변화하지 않는다는 것을 의미한다. 고객의 사전 장려금 지출패턴에 대한 데이터 없이는 더 이상 말하기 어렵다. 여기서 보이는 패턴이 지속될지 여부를 결정하는데 도움이 되기 위하여 추가 연구를 제안하고 연구 기간을 연장하는 것을 제안하였다.

상관관계 속성

상관관계가 관계를 측정하는데 널리 사용되고 있기 때문에 기본 속성 중 일부를 기억해두는 것이 좋다. 여기에 상관계수에 대한 유용한 사실목록이 있다.

- **상관계수의 부호는 관계의 방향을 알려준다.**
- **상관관계는 항상 −1과 +1의 사이이다.** 상관관계는 −1.0 또는 +1.0과 정확하게 같을 수도 있지만 주의해야 한다. 그것은 하나의 직선상에 모든 데이터 점이 정확하게

> **얼마나 강한 것이 강한 것인가?**
> "약하다", "적당하다", "강하다"가 무엇을 의미하는지에 대한 의견이 분분하다. 같은 상관관계도 어떤 맥락에서는 강하다고 할 수 있고 다른 맥락에서는 약하다고 할 수 있다. 경제지수와 주식시장가격 사이에서 0.7의 상관관계는 흥미로운 것이지만, 약물복용과 혈압 사이에서 0.7의 상관관계는 제약회사의 실패라고 볼 수 있다. 이러한 용어들을 조심스럽게 사용하여 상관관계를 보고해야 하며 산점도를 보여주고 그 강도를 스스로 판단할 수 있게 해야 한다.

정렬한 것을 의미하기 때문에 이러한 값들은 실제 데이터에서 흔치 않다.

- **상관관계는 x와 y를 대칭적으로 여긴다.** x와 y의 상관관계는 y와 x의 상관관계와 같다.
- **상관관계는 단위가 없다.** 데이터의 단위가 고객만족, 작업자 효율성, 생산성 등과 같이 다소 애매모호한 경우 이 사실은 특히 중요하다.
- **상관관계는 어느 한 변수의 중심이나 규모가 변화하는 것에 의해 영향을 받지 않는다.** 상관관계는 표준점수에 의존하기 때문에 어느 한 변수의 단위나 기준점이 변화하는 것은 상관계수에 영향을 주지 않는다.
- **상관관계는 두 변수들 사이의 선형관계의 강도를 측정한다.** 변수들이 강하게 관련되어 있지만 관계가 선형이 아닌 경우 여전히 작은 상관관계를 가질 수 있다.
- **상관관계는 비정상적인 관측에 민감하다.** 하나의 이상치는 작은 상관관계를 크게 만들 수 있고, 큰 상관관계를 작게 만들 수 있다.

상관관계 표

때로는 표에 배열된 데이터의 집합에서 변수의 각 쌍 사이의 상관관계를 볼 수 있다. 표의 변수들의 이름과 칸들은 상관관계를 담고 있다.

	Volume	Close	Net Earnings
Volume	1.000		
Close	0.396	1.000	
Net Earnings	0.477	0.464	1.000

표 6.1 1985년부터 2007년 동안 분기별 측정된 변수들에 대한 상관관계 표
Volume = 로의 상장 주식 수
Close = 로 주식의 종가
Net Earnings = 로의 분기 동안 보고된 순이익

상관관계 표는 압축되어 있고 한눈에 많은 요약정보를 알려준다. 이는 큰 데이터집합을 살펴보는 것을 시작하는 효율적인 방법이 될 수 있다. 상관관계 표의 대각선 칸은 항상 정확히 1.000의 상관관계를 나타내며 위와 같이 표의 상반부는 하반부와 같이 대칭적이다. 그래서 관례적으로 하반부만 표시된다. 이 같은 표는 편리하지만 선형성과 특이한 관측치를 확인해야 하고, 표에서 오해의 소지가 있거나 아무런 의미가 없는 상관관계를 확인해야 한다. 〈표 6.1〉의 변수들은 선형의 연관성이 있다고 확신할 수 있는가? 상관관계 표는 종종 통계소프트웨어 패키지에 의해 생성된다. 다행히 이 같은 소프트웨어는 당신이 살펴보려 하는 모든 산점도를 만드는 간단한 방법을 제공한다.[4)]

4) 상관관계 표와 같이 배열된 산점도의 표는 때로는 산점도 행렬, SPLOM라고 부르며, 쉽게 통계패키지를 사용하여 만들어진다.

예시문제 상관계수 찾기

문제 : 138쪽의 자전거사고 데이터에서 평균 나이와 연도의 상관관계는 무엇인가?

답 : 아래의 방법에 따라 직접해보자.

$\bar{x}=2003,\ s_x=3.32$

$\bar{y}=37.18,\ s_y=3.09$

다음과 같이 편차 외적의 합계가 구해졌다.

$$\sum(x-\bar{x})(y-\bar{y})=99$$

분자에 외적의 합을 놓고 분모에 $(n-1)\times s_x \times s_y$을 놓으면 다음과 같다.

$$\frac{99}{(11-1)\times 3.32\times 3.09}=0.965$$

평균 나이와 연도의 상관계수는 0.965이므로 강한 선형관계를 나타낸다. 이것은 시계열이기 때문에 강한 경향을 나타낸다.

6.4 숨어 있는 변수와 인과관계

교육연구자들은 전국적인 조사에서 초등학교 학생들의 키와 읽기능력 사이의 강한 연관성을 발견하였다. 키가 큰 아이들은 높은 읽기점수를 가지는 경향이 있다. 학생들의 키가 읽기점수 상승의 원인이 된다는 것은 무슨 의미인가? 두 변수들 사이에 상관관계가 아무리 강하더라도, 하나의 변수가 다른 변수에 영향을 미친다는 관측데이터를 보여주는 가장 간단한 방법은 없다. 높은 상관관계는 x변수가 y변수에 영향을 미친다고 생각하게 한다. 확실히 하기 위해 다시 생각해보자.

아무리 강한 상관관계, 아무리 큰 r값이더라도, 아무리 직선 형태라 하더라도 하나의 변수가 다른 변수에 영향을 미친다는 결론을 단독으로 내릴 수 있는 방법은 없다. **잠복변수**(lurking variable)와 같이 어떤 다른 변수가 당신이 관찰한 변수들 모두에 영향을 미칠

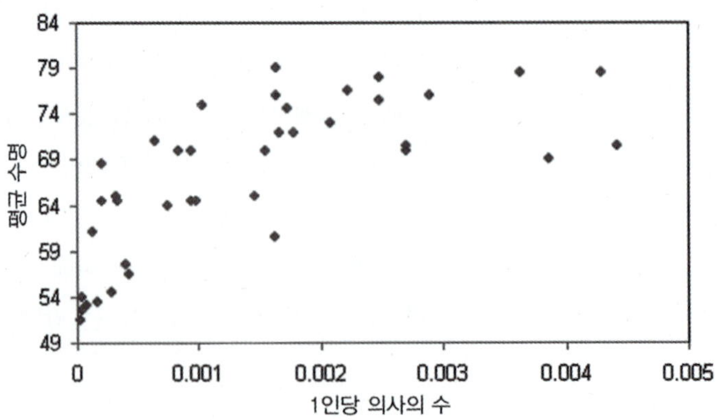

그림 6.4 40개국의 평균 수명과 1인당 의사의 수는 상당히 강하고 양의 관계이며 다소 선형적인 0.705의 상관관계를 보여준다. (Microsoft Excel 2010에서 만든 산점도)

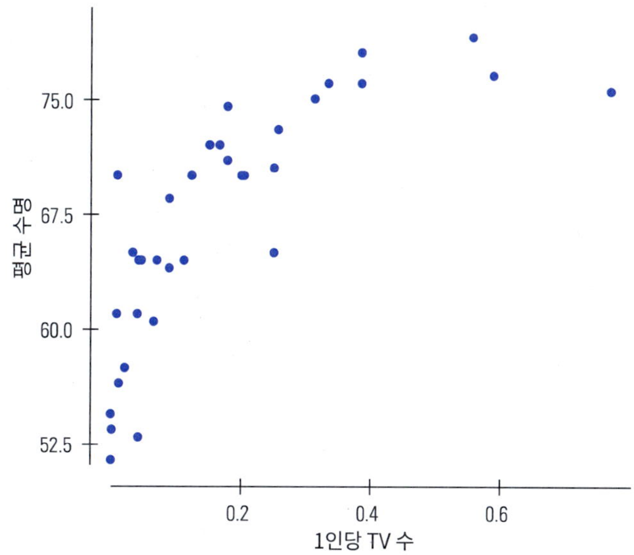

| 그림 6.5 평균 수명과 텔레비전의 수는 비록 선형은 아니지만 강한 양의 관계를 보여준다.

가능성이 있나. 읽기점수 예시에서 당신은 이미 잠복변수가 아이의 나이임을 짐작할 수 있다. 나이가 많은 아이들은 키가 크며 높은 읽기능력을 가지고 있다. 그러나 명확하게 잠복변수가 없는 경우에도 높은 상관관계가 인과관계를 암시한다고 생각하는 유혹에 저항해야 한다. 여기에 다른 예가 있다.

세계 각 40개국에 대한 평균 수명(한 해 동안 남자와 여자의 평균)을 보여주는 이 산점도는 각 국가의 1인당 의사의 수에 대비하여 그렸다. $r=0.705$의 강한 양의 관계는 인당 의사의 수가 많을수록 건강관리와 긴 생애, 더 높은 평균 수명을 향상시킬 것이라는 기대와 일치하는 것 같다. 그렇다면 아마 평균 수명을 증가시키기 위해서 개발도상국에 더 많은 의사를 보내야 할 것이다.

만약 의사의 수를 증가시키면 평균 수명을 증가시킬 수 있는가? 이 말은 즉, 더 많은 의사를 추가하는 것이 높은 평균 수명의 원인이 된다는 것인가? 관계에 대한 또 다른 설명이 있을까? 〈그림 6.5〉는 다른 산점도를 보여준다. 평균 수명은 여전하지만 이번에는 예측변수가 의사의 수가 아닌 각 국가의 1인당 텔레비전의 수이다. 이 산점도의 양의 관계는 이전의 도표에서의 관계보다 강한 관계로 보인다. 상관관계를 계산할 경우 먼저 이 도표를 직선으로 곧게 해야 하지만, 이 도표에서도 높은 평균 수명과 1인당 텔레비전이 관련되어 있는 것은 분명하다. 텔레비전의 수를 증가하는 것이 수명을 연장한다는 결론을 내려야 하는가? 만약 그렇다면 개발도상국에 의사대신 텔레비전을 보내야 한다. 평균 수명과의 강한 관련이 있는 것뿐만 아니라 텔레비전은 의사보다 더 적은 비용이 든다.

이 추론은 무엇이 잘못되었는가? 의사가 높은 평균 수명에 영향을 준다는 결론을 내릴 때 다소 성급했다. 아마 여기에 잠복변수가 있을 것이다. 생활수준이 높은 국가들은 더 긴 평균 수명과 많은 의사가 있다. 높은 생활수준이 다른 변수들의 변화를 일으킬 수 있을까? 만약 그렇다면 생활수준의 향상은 생명연장, 의사의 수 증가, 텔레비전의 수를 증가시킬 것으로 예상할 수 있다. 이 예에서 상관관계로부터 인과관계를 추론하는 실수로 인해 얼마나 쉽게 함정에 빠지는지 볼 수 있다. 알다시피 의사나 텔레비전은 평균 수명을 증가시킨다. 그러나 그렇게 생각하는 것과 관계없이 이 데이터를 통해 그런 말을 할 수 없다. 아무리 당신이 내린 결론이 명백하더라도 상관관계에서 x가 y에 영향을 미친다는 결론을 내리는 유혹에 저항해야 한다.

예시문제 인과관계의 이해

문제 : 보험회사의 분석가는 자전거사고 사망자의 나이에 대한 데이터가 실제로 자전거를 타는 사람들 전체인구가 노년으로 접어들고 있기 때문이라고 하며, 고령의 사람들이 자전거를 안전하게 타는 습관의 변화 때문이 아니라고 한다. (138쪽 참조) 그 변수를 사용할 경우에 자전거를 타는 사람들의 평균 나이를 무엇이라고 부를 것인가?

답 : 그것은 잠복변수가 될 것이다. 자전거를 타는 전체인구가 고령화되고 있는 경우, 사고 증가는 자전거를 타는 사람들의 평균나이로 이어질 것이다.

6.5 선형모델

이제 다시 1985년에서 2010년 사이의 로의 매출과 주택개선비용의 관계에 대한 예시로 돌아가자. 〈그림 6.1〉에서 강한 정(+)의 선형관계를 보았고, 상관관계의 강도를 요약할 수 있었다. 이 관계에서 상관관계는 0.964이다.

"통계학자는 예술가처럼 자신의 모델과 사랑에 빠지는 나쁜 습관이 있다."
–유명한 통계학자인 조지 박스(George Box)

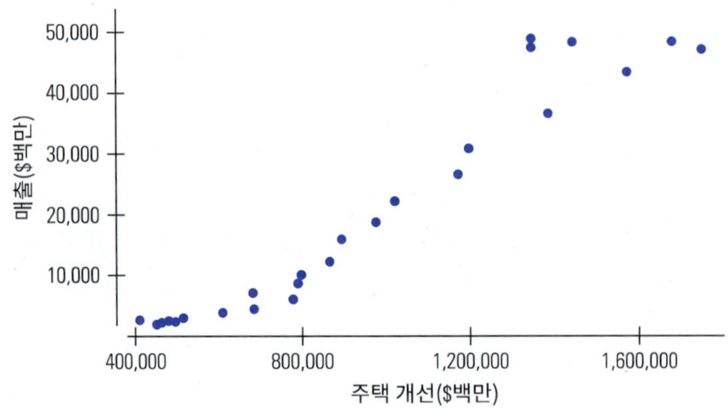

이것은 꽤 강한 관계이지만 강도는 오직 일부에 불과하다. 로의 경영진은 인구조사관리국에서 추정한 다음해의 주택개선비용을 기초로 하여 매출을 예측한다. 이것은 합리적인 사업적 의문점이지만 답변을 위해서는 추세에 대한 모델이 필요하다. 상관관계는 변수들 사이의 강한 선형관계가 있을 것 같다고는 말해주지만 그 관계가 무엇인지는 말해주지 않는다.

물론 더 많은 말을 할 수 있다. 선과의 관계를 모델화할 수 있고 방정식을 제시할 수 있다. 로의 판매와 주택개선 사이의 관계인 〈그림 6.1〉을 보면 관계를 설명하기 위한 선형모델을 찾을 수 있다. **선형모델**(linear model)은 데이터를 통해 나온 단순한 직선 방정식이다. 산점도의 점들은 모두 선에 일치하지는 않지만 그 직선은 몇 개의 매개변수와 일반적인 패턴을 요약할 수 있다. 이 모델은 변수들이 얼마나 연관되어 있는지 이해하는 데 도움이 된다.

잔차

양의 값인가 음의 값인가?

음의 잔차는 예측 값이 너무 커 과대평가한 것을 의미한다. 또한 양의 잔차는 모델이 과소평가한 것을 보여준다. 이것들은 사실 처음에 반대로 보일 수도 있다.

모델이 완벽하지 않다는 것을 이미 알고 있다. 어떤 선을 그리더라도 그 많은 점들이 모두 직선을 통해 지나가는 것은 아니다. 최적의 선은 심지어 점들 중 하나도 선에 닿지 않는 것일 수도 있다. 그렇다면 어떻게 "최적"의 선이 될 수 있는가? 어떻게든 다른 선보다 모든 점에 가까이 오는 선을 찾으려 한다. 점들 중 일부는 선의 위에 있고 일부는 아래에 있을 것이다. 선형모델은 $\hat{y} = b_0 + b_1x$ 라고 쓸 수 있다. b_0과 b_1은 데이터로부터 추정되는 수이며, $\hat{y}$(발음하면 y-hat)은 **예측된 값**(predicted value)이다. 관찰된 y값과 예측된 값을 구별하기 위하여 모자(hat)를 사용한다. 이 둘의 차이는 **잔차**(residual)라고 불린다.

$$e = y - \hat{y}$$

표기법 주의!

"모자를 씌운다는 것"은 모델에 의해 예측된 무언가를 나타내기 위한 표준 통계 표기법이다. 변수 이름이나 기호 위에 모자를 볼 때마다 당신은 그 변수 또는 기호의 예측된 형태를 추정할 수 있다.

잔차 값은 모델에 의해 예측된 값이 관찰된 값으로부터 얼마나 멀리 떨어져 있는지를 알려준다. 잔차를 찾기 위해서 항상 관찰된 값에서 예측된 값을 뺀다.

이제 남은 의문점은 옳은 선을 어떻게 찾느냐는 것이다.

"최적"의 선

산점도를 통해 선을 그릴 때 잔차의 일부는 양의 값을 가지며 일부는 음의 값을 가진다. 모든 양과 음의 잔차가 상쇄되는 것까지 추가해서는 얼마나 선에 잘 맞는지를 평가할 수 없다. 모든 점에서 가장 가까운 선을 찾을 필요가 있고 이를 위해서는 모든 거리가 양의 관계인지 확인해야 한다. 분산을 측정하기 위해 표준편차를 계산할 때에도 이와 같은 문제에 직면하게 된다. 그리고 그것이 양의 관계인지 확인하기 위해 잔차를 제곱한다. 모든 잔차 제곱의 합이 더 작을수록 적합한 데이터를 그린 것이다. 다른 선은 어쩌면 더 크거나 더 작은 다른 합계를 만들 수 있다. **최적의 선**(line of best fit)은 종종 **최소제곱선**(least square line)이라 불리는 잔차 제곱의 합계가 가장 작은 선이다.

잔차에서 본 것처럼 이 선은 데이터가 직선선형모델이 될 수 있는 것 중 모델 주위의 데이터의 편차가 가장 작은 것이라는 특수한 특성을 가진다. 다른 선은 이와 같은 특성이 없다. 수학적으로 말하면 이 선은 잔차 제곱의 합을 최소화 한 것이라고 말할 수 있다. 이 "최소제곱선"을 찾는 것이 어렵다고 생각할 수 있지만, 놀랍게도 그것은 어렵지 않다. 물론 1805년에 르장드르(Legendre)가 그것을 발표했을 때, 그것은 흥미로운 수학적 발견이긴 했지만 말이다.

6.6 상관관계와 선

직선은 다음과 같이 쓰여질 수 있다.

$$y = b_0 + b_1 x$$

만약 모든 (x, y)의 쌍을 그린다면 그들은 정확히 직선상에 지나갈 것이다. 선형 모델을 위해 이러한 형태를 이용할 것이다. 물론 실제데이터라면 이 점들은 선에서 떨어져 있을 것이다. 따라서 예측 값 $\hat{y}$을 이용하여 $\hat{y} = b_0 + b_1 x$의 모델을 작성한다. 그것은 데이터 값이 아닌 선을 지나치는 예측 값이기 때문이다. 좋은 모델의 경우 데이터 값은 선의 주위에 밀접하게 분산되어 있다. 로의 매출데이터 사례에서의 선은 다음과 같다.

$$\widehat{\text{매출}} = -19{,}693 + 0.0418\ \text{개선}$$

이것은 무엇을 의미하는가? 이 **기울기**(slope) 0.0418은 미국시민에 의한 개선에 드는 $1백만의 추가적인 지출이 $0.0418백만 증가 또는 로의 매출 $41,800의 증가와 평균적으로 관련되어 있다고 말한다. 기울기는 항상 x단위당 y단위로 표현된다. 그것은 예측변수 한 단위의 변화에 따라 응답변수가 어떻게 변하는지 말해준다. 그래서 기울기를 개선의 $1백만의 개선당 $0.0418백만의 매출이라고 말할 것이다.

x변수가 0인 경우 **절편**(intercept)은 선의 값이다. −19,693의 절편 값은 무엇을 의미하는가? 절편은 종종 예측을 위한 시작 값으로 제공된다. 예측 변수가 어떤 상황에서 무언가를 의미하지 않는 한 0값을 해석하지 않는다. 로의 모델은 주거개선에 대한 연간 지출이 $50에서 $100억 사이에 있는 연도를 기준으로 한다. 만약 그러한 지출이 전혀 없다면 그것은 적절하지 않을 것이다. 이 경우 절편을 해석하지 않는다.

최초는 누구였는가?

역사상 가장 유명한 원작자에 대한 분쟁 중 하나는 "최소제곱"의 방법에 대한 가우스(Gauss)와 르장드르(Legendre)의 논쟁이다. 르장드르는 1805년에 데이터를 통한 최적의 선을 찾는 해결책을 발표한 첫 번째 사람이었다. 같은 시기, 가우스는 그 해결책을 오랫동안 알고 있었다고 주장했다. 이 사실은 가우스가 최초라는 것이 옳았을지도 모른다는 증거가 될 수도 있지만, 그는 그것을 게시하는 것에 신경 쓰지 않았고, 다른 과학자들과 그 중요성을 소통하지 않았다.[5] 나중에 가우스는 "우리의 방법"이라는 해결책을 언급했지만 르장드르와의 관계에는 도움이 되지 않았다.

예시문제 선형모델의 방정식 해석

문제 : 자전거 사고 사망자의 데이터는 선형패턴을 보여준다. 연도로부터 자전거사망자의 평균나이를 예측하는 선형 방정식은 다음과 같다.

$$\widehat{\text{평균나이}} = -1766.52 + 0.90\ \text{연도}$$

자전거 사망자의 평균나이와 연도의 관계에 대한 모델이 무엇을 말하는지 해석해보라. 절편의 의미는 무엇인가?

답 : 자동차와의 사고로 인해 사망한 자전거를 타는 사람들의 평균나이는 10년 동안 연간 0.9년이 증가했다고 이러한 데이터의 관찰로 알게 되었다. 이 경우 연도 0이 없으므로 절편은 아무 의미가 없다.

어떻게 최소제곱선의 기울기와 절편을 찾을 수 있는가? 그 공식은 간단하다. 이 모델은 이전에 사용했던 통계 요약으로 만들어진다. 선형관계의 강도를 말해주는 상관관계와 단위를 말해주는 표준편차, 그리고 선이 어디에 위치한지를 말해주는 방법이 필요하다.

5) Stigler, Steven M., "가우스와 최소제곱의 발명," 『통계학연보』, 9(3), 1981, 465−474.

확인문제

대형 컴퓨터 체인의 모든 할인점의 월별 매출($1,000)과 직원들의 수의 산점도는 적당한 분산이 있고 이상치가 없는 직선의 관계를 보여준다. 매출과 직원의 상관관계는 0.85이며, 최소제곱모델의 방정식은 다음과 같다.

$$\widehat{\text{매출}} = 9.564 + 122.74 \text{ 직원}$$

6. 122.74의 기울기는 무엇을 의미하는가?
7. 기울기의 단위는 무엇인가?
8. 텍사스의 댈러스에 있는 할인점은 신시내티에 있는 할인점보다 10명 이상의 직원을 더 보유하고 있다. 얼마만큼의 매출이 더 기대되는가?

선의 기울기는 다음과 같이 계산된다.

$$b_1 = r\frac{s_y}{s_x}$$

우리는 이미 상관관계가 관계의 강도와 부호를 말해준다는 것을 보았다. 그래서 기울기가 이 부호를 이어받는 것 역시 놀라운 일이 아니다. 만약 상관관계가 양의 관계라면 산점도는 왼쪽 하단에서 오른쪽 상단으로 이어질 것이고 선의 기울기는 양일 것이다. 상관관계는 단위가 없지만 기울기는 단위가 있다. x와 y가 어떤 단위로 어떻게 측정되는가는 상관관계에는 영향을 미치지 않지만 기울기의 변화를 가져온다. 기울기는 이 두 표준편차의 비율로부터 단위를 얻는다. 각 표준편차는 변수 각자의 단위가 있다. 따라서 기울기 단위는 비율이며 항상 x단위당 y의 단위로 표현된다.

어떻게 절편을 찾을 수 있는가? 만약 x값이 평균인 점에 대한 y값을 예측해야 한다면 당신은 무엇을 말할 것인가? 최적의 선은 x값이 $\bar{x}$인 점에 대한 y를 예측한다. 이 식에 대입하여 찾아낸 기울기를 사용하면 다음과 같다.

$$\bar{y} = b_0 + b_1\bar{x}$$

그리고 다음과 같은 식으로 변경할 수 있다.

$$b_0 = \bar{y} - b_1\bar{x}$$

로(Lowe's)의 데이터에 대한 회귀계수 찾기

통계요약:

매출: $\bar{y} = 19{,}373.62$; $s_y = 18{,}062.03$

개선: $\bar{x} = 934{,}201.58$; $s_x = 416{,}406.57$

상관관계 = 0.976

그래서, $b_1 = r\frac{s_y}{s_x} = (0.964)\frac{18{,}062.03}{416{,}406.57}$

$= 0.0418$(개선비용 백만 달러당 매출 백만 달러)

그리고,

$b_0 = \bar{y} - b_1\bar{x} = 19{,}373.62 - (0.0418)934{,}201.58 = -19{,}676$

컴퓨터 결과물로부터의 방정식은 $-19{,}693$의 절편이 있다. 이 차이는 반올림오차 때문이다. 반올림한 통계요약을 사용한 계산을 표시했지만 손으로 계산하는 경우에는 항상 중간 단계의 모든 숫자를 남겨두어야 한다.

주거 개선을 위해 지출한 국가지출금액에 대한 로의 매출을 예측하기 위해 추정된 선형 모델을 사용하는 것은 쉽다. 예를 들어 2007년 합계는 \$1,676,749였다. 로의 매출을 추정하기 위해 모델의 x값에 이 값을 대입한다.

$$\widehat{\text{매출}} = -19{,}693 + 0.0418 \times 1{,}676{,}749 = 50{,}395$$

실제로 매출은 48,283(백만 달러)이었고, 48,283−50,395=−2,112(백만 달러)의 잔차는 예측된 모델보다 2007년에 로가 예측한 것이 얼마나 잘못되었는지를 말해준다.

일반적으로 최소제곱선은 **회귀선**(regression line)이라고도 불려진다. 이 이름은 "회귀"는 대개 "최소제곱으로 적합한 선형모델"을 의미한다. 분명히 회귀와 상관관계는 밀접하게 관련되어 있다. 상관관계를 위해 했던 것처럼 회귀에 대한 동일한 조건들을 확인해야 한다.

1. **양적변수 조건**
2. **직선 조건**
3. **이상치 조건**

다음 장에서는 여기에 두 가지가 더 추가될 것이다.

상관관계에서의 회귀를 이해하기

회귀선의 기울기는 x와 y의 단위에 따라 달라진다. 그 단위는 즉 x단위당 y의 단위이다. $b_1 = r\dfrac{s_y}{s_x}$ 이기 때문에 단위는 기울기로 표현된다. 상관관계는 단위가 없지만 각 표준편차는 변수 각자의 단위로 측정된다. 주택개선에 대한 로의 매출의 회귀를 보면 기울기는 개선비용의 \$1백만당 수백만 달러의 매출이다.

예측변수와 응답변수를 모두 표준화하고 z_x에 z_y를 회귀한다면, 회귀방정식에 무슨 일이 있는지 알아보기에 유용할 것이다. 이 표준화된 두 변수들은 표준편차가 1이고 평균은 0이다. 즉, $\bar{x}$와 $\bar{y}$가 0이기 때문에 기울기는 r이며 절편은 0이다.

이것은 표준화된 변수들의 회귀에 대해 다음과 같은 간단한 식을 알려준다.

$$\hat{z}_y = r z_x$$

일반적으로 회귀를 하기 위해 변수들을 표준화하지는 않는 경우에도 이것이 무엇을 의미하는지에 대해 생각하는 것은 유용할 것이다. 표준점수는 회귀방정식이 무엇을 하고 있는지를 이해하기에 좋은 방법이다. 방정식은 x의 평균에서 벗어난 각각의 표준편차를 말하며, 그래서 y가 y의 평균에서 벗어난 r표준편차가 될 것이라고 예측한다.

좀 더 구체적으로 보자. 로의 예시에서 상관관계는 0.964이므로 다음과 같은 식을 알 수 있다.

$$\hat{z}_{매출} = 0.964\ z_{개선}$$

이 말은 즉, 개선에 지출한 비용의 한 표준편차의 변화는 모델에서 매출의 표준편차 0.964의 변화와 일치한다는 것을 의미한다.

6.7 평균으로의 회귀

다른 사람들도 동일한 방법으로 데이터에 맞는 선을 찾았지만 "회귀"에 대한 말을 처음 한 사람은 갈톤(Sir Francis Galton)이다.

최초의 회귀

갈톤(Sir Francis Galton)은 아들의 키와 아버지의 키가 회귀선으로 관련되어 있다고 하였다. 그의 선에서 기울기는 1보다 작다. 즉, 키가 큰 아버지의 아들은 키가 크지만, 자신의 아버지의 키가 평균 이상이어도 아들의 키는 평균 키를 상회하였다. 키가 작은 아버지의 아들은 키가 작지만, 일반적으로 자신의 아버지와 마찬가지로 평균에서 멀리 떨어지

새로 전학 오는 한 남학생이 있다고 가정하고 당신이 그의 키를 인치로 추측해야 한다면 당신은 어떻게 추측할 수 있는가? 가장 좋은 추측은 평균 남자학생들의 키가 될 것이다. 이제 이 학생이 평균평점(GPA)에서 약 2 표준편차 위인 3.9점이라 말했다고 가정한다.

이것이 당신의 추측에 변화를 줄 것인가? 아마 아닐 것이다. 평점과 키 사이의 상관관계는 거의 0이므로 평점 값을 아는 것은 아무것도 말해주지 않으며 추측을 변화시키지 않는다. (표준화된 회귀 방정식인 $\widehat{z_y} = rz_x$에 따르면 평균으로부터 0×2 표준편차를 이동해야 한다고 말하기 때문에 방정식 역시 이를 증명한다.)

반면에 학생의 키가 센티미터로 측정되어 평균에서 2 표준편차 위라고 들었다면 그의 키를 인치로 알 수 있을 것이다. 인치로 측정된 키와 센티미터의 키 사이에는 완벽한 상관관계 (r=1)가 있고, 인치로 측정된 키의 평균 위 2표준편차 역시 알 것이다.

만약 그 학생의 신발크기가 평균의 2 표준편차 위라고 들었다면 어떻게 되는가? 당신은 여전히 그가 평균 키라고 추측되는가? 키와 신발크기 사이의 양의 상관관계 때문에 당신은 그의 키를 평균보다 크게 추측할 것이다. 그 추측은 평균에서 2 표준편차 위일 것이라고 할 것이다. 상관관계가 없을 때 추측되는 값은 전체의 평균에서 멀리 이동하지 않을 것이다. 완벽한 상관관계가 있을 때에 추측되는 값은 전체의 2 표준편차만큼 이동시킨다. 이러한 극단 사이의 상관관계는 평균에서 위의 0과 2 사이의 어딘가로 이동해야 한다. (정확하게는 평균에서부터 r×2 표준편차만큼 이동하는 것이 최고의 추측이다.)

x가 평균에서 2 표준편차 위인 경우, r이 1.0보다 클 수 없기 때문에 y에서 2 표준편차보다 더 많이 이동할 수 없는 것을 주의해라. 따라서 각각의 예상된 y값은 이에 상응하는 표준편차 범위 내의 x값보다 평균에 가까운 경향이 있다. 이 선형모델의 속성은 **평균으로의 회귀**(regression to the mean)라고 한다. 선이 회귀선이라고 불리는 이유이다.

수학상자

최적선의 방정식

최적선의 방정식은 어디에서 왔는가? 어떤 선의 방정식을 작성하기 위해서는 선의 점과 기울기를 알아야 한다. 평균 x가 평균 y와 대응할 것이라는 예상은 논리적이며 사실 그 선은 $(\bar{x},\ \bar{y})$의 점을 거쳐 지나간다. (이것을 보여주는 것 역시 어려운 일이 아니다.)

지 않는다. 갈톤은 기울기를 평균으로의 "회귀"라고 해석하였다. 그리고 "회귀"는 선을 찾기 위해 사용되었던 방법에 대한 표현으로 널리 받아들여지게 되었다.

기울기에 대해 생각하기 위해서 표준점수를 다시 한번 확인하고 몇 가지를 기억해내야 한다.

1. 표준분포의 평균은 0이다. 이것은 표준점수에 가장 적합한 선은 원점(0,0)을 통과하여 지나간다는 것을 말한다.
2. 표준분포의 표준편차는 1이기 때문에 분산은 1이다.

   이것은 $\frac{\Sigma(z_y-\bar{z}_y)^2}{n-1}=\frac{\Sigma(z_y-0)^2}{n-1}=\frac{\Sigma z_y^2}{n-1}=1$을 의미하며 이 사실은 매우 중요하다.
3. 상관관계는 $r=\frac{\Sigma z_x z_y}{n-1}$이고, 이것 또한 중요하다.

최적선의 기울기를 찾으려는 목적을 기억해라. 선이 원점을 통과하여 지나가기 때문에 최적선의 방정식은 $\hat{z}_y=mz_x$의 형태가 될 수 있다. 오차 제곱의 합을 최소화하는 *m*값을 찾아야 한다. 그 합계를 $n-1$로 나누고 최소화한다. 이것은 평균제곱오차(MSE)이다.

최소화하면, $MSE=\frac{\Sigma(z_y-\hat{z}_y)^2}{n-1}$이고,

$\hat{z}_y=mz_x$이기 때문에, $MSE=\frac{\Sigma(z_y-mz_x)^2}{n-1}$이다.

이항식을 제곱하면 $=\frac{\Sigma(z_y^2-2mz_xz_y+m^2z_x^2)}{n-1}$

합계를 다시 작성하면, $=\frac{\Sigma z_y^2}{n-1}-2m\frac{\Sigma z_xz_y}{n-1}+m^2\frac{\Sigma z_x^2}{n-1}$이다.

4. (2)에서 (3)을 뺀다. $=1-2mr+m^2$

   마지막 이 표현은 이차방정식이다. $y=ax^2+bx+c$ 형태의 포물선은 $x=\frac{-b}{2a}$이 있는 전환점에서 최소에 도달한다. $m=\frac{-(-2r)}{2(1)}=r$을 선택함으로써 오차제곱의 평균을 최소화할 수 있다.

표준점수에서 최적선의 기울기는 상관관계 *r*이다. 이 사실은 중요한 두 가지의 추가적인 결과를 가져온다.

표준점수에서 *r*값이라는 기울기는 z_x의 1 표준편차의 차이가 $\hat{z}_y$에서 *r* 표준편차의 차이에 해당하는 것을 의미한다. 원래의 *x*와 *y*값으로 다시 바꿔 말하면, "*x*의 1 표준편차 이상은 $\hat{y}$의 *r*표준편차 위이다."라고 말할 수 있다.

회귀선의 기울기는 $b=\frac{rs_y}{s_x}$이다.

오차제곱의 합(SSE)을 최소화하는 $m=r$을 선택할 것을 알고 있다. 그런데 그 합이 얼마나 작게 나올까? (4)의 식은 오차제곱의 평균이 $1-2mr+m^2$라고 한다. $m=r$일 때, $1-2mr+m^2=1-2r^2+r^2=1-r^2$이다. 이것은 회귀선으로 설명되지 않는 변동성비율이다. 변동성의 $1-r^2$은 설명이 되지 않기 때문에 *x*로 설명되는 *y*의 변동성비율은 r^2이다. 이 중요한 사실은 모델의 강도를 평가하는데 도움이 된다.

또 다른 추가정보는 r^2이 모델로 설명된 변동성비율이므로 r^2은 최대 100%이라는 것이다. 만약 $r^2\leq 1$이고 $-1\leq r\leq 1$이라면, 상관관계는 항상 -1과 $+1$ 사이에 있다는 것을 증명하는 것이다.

상관관계는 왜 *r*인가?

갈톤은 상관관계에 관한 자신의 원본 논문에서 상관계수라고 부르는 "상관관계의 지수"에 대하여 *r*을 사용했다. 그는 변수들을 표준화한 후 *x*에 대한 *y* 또는 *y*에 대한 *x*의 회귀에서 계산했다. 그가 (표준화된) 회귀를 표현하기 위하여 *r*을 사용한 것은 매우 분명하다.

6.8 모델 확인

선형회귀모델은 모든 통계학에서 가장 널리 사용되는 모델로 우리가 모델에서 원하는 것을 모두 갖추고 있다. 쉽게 추정되는 두 매개변수, 모델이 데이터에 얼마나 잘 맞는지에 대한 의미 있는 측정, 그리고 새로운 값을 예측할 수 있는 것이다. 실수를 방지하는 것을 돕기 위해 잔차의 도표에서 자체적으로 확인하는 것 또한 가능하다. 대부분의 모델은 구체적인 **가정**(assumptions)이 사실인 경우에만 유용하다. 물론 가정이 사실인지 확인하는 것은 어렵다—대개 불가능하다—. 이것이 가정을 추정하는 이유이다. 그러나 가정이 적절한지 여부는 확인해야 한다. 다행히 가정에 대한 정보를 제공하는 조건들을 확인할 수 있다. 선형모델의 경우 상관관계를 사용하는 이 장의 앞부분에서 확인한 것과 같이 확인할 수 있다.

선형모델은 양적 데이터로만 의미가 통한다. **양적 데이터 조건**(quantitative data condition)은 확인하기 쉽다. 하지만 숫자로 기록된 명목 데이터에 속지 말아야 한다. 신용카드 계좌번호로부터 우편번호를 예측하지는 않는 것처럼 말이다.

회귀모델은 변수들 사이의 관계를 사실상 선형이라고 가정한다. 만약 직선관계와 함께 곡선관계를 모델화한다면 ⊥ 내가를 받게 될 것이다.

산점도를 확인해라!

산점도를 확인한다. 산점도의 형태는 선형이어야 한다. 그렇지 않으면 그 형태로는 변수들에 대한 회귀분석을 사용할 수 없다. 그리고 이상치를 조심해야 한다.

지금까지 두 변수들 사이의 기본관계가 진정으로 선형인지 입증할 수 없었지만, 산점도의 검사는 **선형가정**(Linearity Assumption)이 합리적인지 여부를 결정하게 한다. 상관관계에서 사용한 **선형조건**(Linearity Condition)은 가정을 정확하게 하기 위해 설계되었으며 산점도가 적당히 직선처럼 보인다면 만족된다. 산점도가 충분한 직선이 아니라면 중지해야 한다. 그것이 서로 관련되어 있는 경우에도 두 변수들에 대한 선형모델을 사용할 수 없다. 두 변수들은 선형 관계가 있어야 하며 그렇지 않으면 모델은 아무 의미가 없다. 일부 비선형관계는 산점도를 선형으로 만들기 위해 데이터를 다시 표현하지 않아도 된다.

이상치를 조심해라. 선형가정은 최적의 선을 왜곡하기에 충분히 멀리 떨어져 있는 점들이 없다고 거짓말을 해야 한다. 특별한 주의가 필요한지 확인하기 위해 **이상치 조건**(Outlier Condition)을 확인한다. 외부에 떨어져 있는 값은 큰 잔차를 가질 수 있고, 그 제곱은 훨씬 더 큰 영향력을 미친다. 외부에 떨어져 있는 점은 회귀모델을 급격하게 변화한다. 변수들 사이의 기본 관계 방향에 대해 오해의 소지가 있는 비정상적인 관측은 기울기의 부호를 바꿀 수도 있다.

선형회귀에 적합한 경우 일반적으로 만들어지는 또 다른 가정은 잔차는 서로 독립적이라는 것이다. 엄격하게 선에 딱 맞는 가정을 필요로 하는 것은 아니지만, 데이터를 일반화하기 위해서 그것은 중요한 가정이고 추론을 논의할 때 다시 살펴봐야 하는 것이다. 모든 가정에서와 같이 **독립가정**(Independent Assumption)이 사실이라고 확신할 수는 없다. 하지만 모집단에서 임의로 표본을 추출하는 경우에는 그것을 확인할 수 있다.

또한 독립성의 오류를 암시하는 패턴과 추세, 응집의 증거로 회귀 잔차의 표시를 확인할 수 있다. 시계열을 가지는 특별한 경우 독립가정의 위반은 오류가 서로 상관관계가 될 수 있다(자기상관). 모델이 만든 오늘의 오류는 어제 만들어진 오류와 유사하다. 시간(일반적으로 시계열에 대한 x)에 대한 잔차를 도표로 만들고 패턴을 찾음으로써 이러한 가정들의 위반을 확인할 수 있다.

우리의 목표가 단지 관계를 설명하고 탐구하는 것이라면 독립성은 필수적인 것이 아니다. (그래서 그것과 관련된 조건이 공식적으로 확인될 수 있음을 주장하지 않는다.) 그러나 가지고 있는 데이터를 넘어서 다른 상황들에 대한 추론을 할 때(제14장에서) 이것은 중요한 가정이 될 것이다. 그래서 특히 시계열에 대해서 지금이라도 생각해보는 연습이 필요하다.

왜 잔차는 e인가?

r이 이미 상관관계에 대해 사용되는 것이기도 하지만, 사실 e는 "오류(error)"의 약자이다. 데이터 점이 잘못되었다는 것은 아니지만 통계학자들은 종종 모델에 의해 설명되지 않는 변동성을 오류라고 부른다.

데이터의 산점도와 함께 조건들을 항상 확인해야 하지만 회귀모델에 더 적합하게 하면 더 많은 것을 배울 수 있다. 잔차의 추가정보는 모델이 얼마나 합리적인지, 얼마나 모델이 적합한지를 결정하는데 도움이 된다. 그래서 잔차를 도표로 만들고 조건을 다시 확인해야 한다. 잔차는 모델화되지 않은 데이터의 일부이다. 이것을 아래와 같이 쓸 수 있다.

$$\text{데이터} = \text{예측} + \text{잔차}$$

또는,

$$\text{잔차} = \text{데이터} - \text{예측}$$

또는, 이전에 보았던 것과 같이 기호로 쓸 수 있다.

$$e = y - \hat{y}$$

잔차 대 x값의 산점도는 패턴이 없는 도표여야 한다. 어떤 방향이나 형태 등 아무 흥미로운 특성이 없어야 한다. 아무런 굴곡을 보여주지 않게 수평으로 뻗어 있어야 하고 이상치가 없어야 한다. 만약 비선형, 이상치, 혹은 잔차의 무리를 보게 된다면 회귀모델이 놓친 무언가를 찾을 수 있다.

주거개선비용에 대한 로의 매출의 회귀 잔차를 살펴보자.[6)]

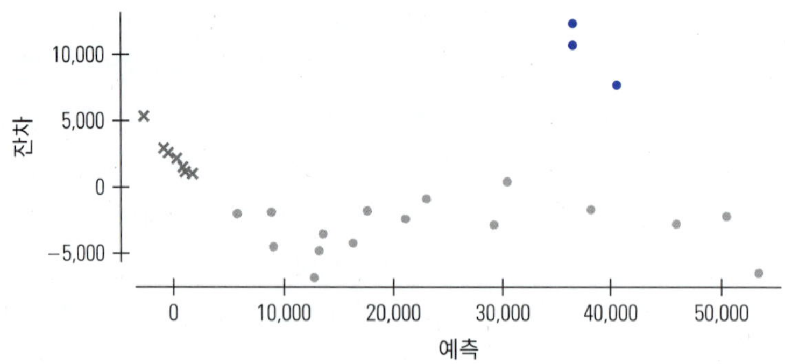

| 그림 6.6 1985년부터 2010년까지의 주거개선비용에 대한 로의 매출을 예측한 회귀모델의 잔차. 이 그림에서 세 개의 집단이 있다는 것을 볼 수 있다. 그것들을 식별할 수 있는가?

6) 대부분의 컴퓨터 통계학 패키지는 〈그림 6.6〉에서 했던 것처럼 예측 값에 대한 것보다는 x에 대한 잔차를 그린다. 기울기가 양수인 경우 산점도는 축 레이블을 제외하고 실질적으로 동일하다. 기울기가 음수인 경우는 두 산점도는 좌우가 바뀐다. 우리가 걱정하는 모든 도표에서의 패턴은 더 좋은 패턴이거나, 패턴의 부족이기 때문에, 둘 중 어느 하나의 도표는 유용하다.

잔차는 뚜렷한 세 개의 집단으로 분류가 된다는 놀라운 점이 있다. 첫 번째는 가파르게 감소하는 추세로, 이것은 주거개선이 회귀모델이 예측하는 것만큼 빨리 매출을 증가시키지 않는다는 것을 뜻한다. 두 번째는 상당히 평평한 추세, 그리고 세 번째는 위쪽에 있는 세 개의 이상치 무리로 눈에 띄게 도드라진 것이다. 세 개의 집단을 식별해보면, 진한 회색의 x가 1985년부터 1992년 사이에 있는 것이고, 연한 회색 점은 1993년부터 2007년, 그리고 파란색 점은 2008년부터 2010년 사이에 있는 것을 알 수 있다. 로가 대형 상점으로 전환시키는 구조조정계획을 시작한 것이 1991년을 상기해보라. 이 분석은 그것이 성공적인 비즈니스 의사결정이지만 선형 조건을 유지하고 있는 1993년에서 2007년 동안 별도의 선형모델에 맞춰야 한다고 제안한다. 2008년에 금융위기의 시작과 함께 미국의 주택 개선에 대한 지출은 큰 하락이 있었다. 다소 놀랍게도 로는 이와 같은 매출감소를 겪지 않고 아주 일정한 매출을 유지했다.

균등 확산 조건
산포가 모든 값에 대해 동일하게 흩어져 있는 것을 요구하는 조건이다. 종종 예측 값에 대한 잔차의 도표를 사용하여 확인된다. 동일한 분산의 기본가정은 등분산성(homoscedasticity)이라고도 불린다.

잔차는 조건을 확인하는 것을 도와줄 뿐만 아니라 모델이 얼마나 잘 되어 있는지를 말해줄 수 있다. 데이터가 모델에 더 적합해질수록 선 주위에서 벗어나는 잔차는 더 적어진다. 잔차의 표준편차 s_e는 회귀선 주위에 점들이 얼마나 퍼뜨려져 있는지에 대한 측정을 알려준다. 물론 이것을 이해하기 위해서 잔차는 동일한 기본확산을 모두 공유해야 한다. 그래서 선 주위의 표준편차가 모델을 적용할 때마다 동일하다고 가정해야 한다

선 주위의 표준편차에 대한 새로운 가정은 **균등 확산 조건**(Equal Spread Condition)이라는 새로운 조건을 준다. 물어볼 만한 가치가 있는 관련된 질문으로는 도표가 일관된 확산을 가지는지 혹은 그것이 펼쳐져 있는지에 대한 질문이다. 잔차의 확산이 어디에서나 동일한지를 확인해야 한다. x에 대한 y의 원래 산점도 또는 잔차의 산점도를 확인할 수 있으며, 두 도표 모두를 확인할 수 있다. 당신이 대부분 예상하고 있는 다음과 같은 방법으로 **잔차의 표준편차**(standard deviation of the residual)를 추정한다.

$$s_e = \sqrt{\frac{\sum e^2}{n-2}}$$

$\bar{e}=0$이기 때문에 잔차의 평균은 뺄 필요가 없다. 왜 $n-1$이 아닌 $n-2$로 나누는 것일까? 평균을 추정할 때는 s로 $n-1$을 사용했다. 지금은 기울기와 절편을 모두 추정하고 있다. 그것은 패턴을 닮았고 실제로 그렇다. 추정한 각 매개변수에 대해 한 번 더 빼준다.

주택개선의 합계가 \$892,825백만일 때 1999년 로의 매출을 예측하면, 회귀 모델에 따른 예측 값은 \$17,672백만이다. 실제 값은 약 \$15,906백만이다. 그래서 잔차는 15,906－17,627＝－1721이다. 회귀분석에서 s_e의 값은 4896이고, 잔차는 실제 값에 못 미치는 표준편차인 1721/4896＝0.35이다. 2 표준편차 이내에 있기 때문에 잔차에 대한 크기는 매우 일반적이다.

예시문제 **잔차 검사**

아래의 그림은 예측된 값을 도표로 그린 150쪽의 예에서 발견된 선형모델에 대한 잔차의 산점도이다.

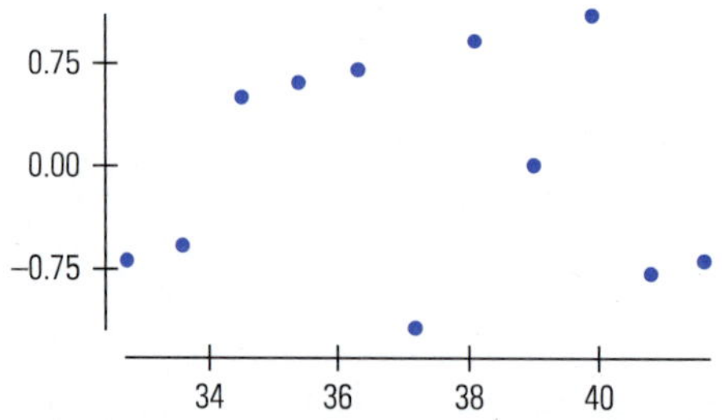

문제 : 도표에 그려진 값이 어떻게 계산되는지 보여주고, 이 도표가 모델에 대해 무엇을 제시하는지 말해보라.

답 : 예측된 값은 선형모델의 연도를 대입하여 매년 발견해낸 평균나이의 값이다. 잔차는 실제 평균 나이와 매년 예측된 값 사이의 차이이다. 도표는 세 개의 거의 유사한 패턴의 형태에 남아 있는 일부 패턴을 보여준다. 이 패턴에 대한 이유를 확인하는 추가적인 분석을 할 수 있다.

6.9 모델과 R^2의 변화

모델이 얼마나 잘 맞는지를 평가하는 핵심은 잔차의 변화이다. 응답변수의 변화와 잔차의 변화를 비교해보자. 로의 매출은 18,062(백만 달러)의 표준편차를 가지고 있다. 잔차의 표준편차는 4,896(백만 달러)이다. 만약 상관관계가 1.0이고 모델이 완벽하게 매출 값을 예측하는 경우, 잔차는 모두 0이고 아무런 변화가 없을 것이다. 이보다 더 좋은 모델은 없을 것이다.

다른 한편으로 만약 상관관계가 0이라면 아무리 매출을 위해 개선에 돈을 소요하더라도 모델은 단순하게 평균인 19,374(백만 달러)의 매출을 예측한다. 그 예측에서 잔차는 관찰된 매출 값에서 평균을 뺀 것이 된다. 평균을 빼는 것은 확산을 변화시키지 않기 때문에

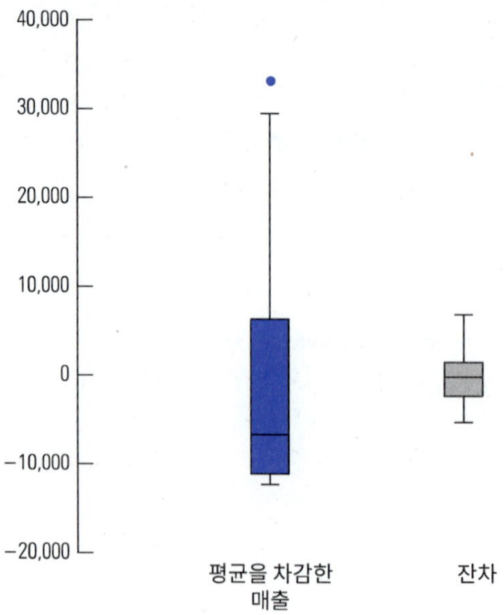

그림 6.7 회귀분석에서 잔차의 변동성과 매출의 변동성을 비교. 확산을 쉽게 비교할 수 있도록 평균은 차감되었다. 잔차에 남아 있는 편차는 모델에 의해 설명되지 않지만 원래 데이터에서의 편차보다 적다.

> **r과 R^2**
>
> 0.80의 상관관계는 0.40의 상관관계보다 두 배로 강한가? R^2의 관점에서 생각하면 그렇지 않다. 0.80의 상관관계는 0.80^2=64%의 R^2을 의미한다. 0.40의 상관관계는 0.40^2=16%의 R^2을 의미한다. 이는 변동성의 4분의 1만큼만 설명을 한다는 것이다. 0.80의 상관관계는 R^2의 관점에서 0.40의 상관관계보다 4배 강하며 4배의 변동성을 설명한다.

> **일부 극단적인 이야기**
>
> 한 대기업은 단백질들을 구별할 수 있는 방법을 개발했다. 이렇게 하기 위해 99.99%와 99.98%의 R^2의 회귀를 구분했다. 이 응용에서 99.98%는 구분하기에 충분하지 않았다. 어떤 금융서비스 회사의 사장은 R^2이 2% 이하의 회귀를 갖음에도 불구하고 이 값은 경쟁사에 비해 높기 때문에 더 성공적이라고 보고했다.

이 잔차는 원래의 데이터와 동일한 변동성을 가질 것이다.

회귀모델이 얼마나 잘 되어 있는가? 〈그림 6.7〉을 살펴보아라. 잔차의 편차는 데이터에서보다 작지만 0보다 크다. 이것을 알고 있는 것은 좋지만 얼마나 많은 편차가 여전히 잔차에 남아 있는가를 알아보아야 한다. 만약 당신이 잔차에 남아 있는 편차의 일부에 0%와 100% 사이의 숫자를 넣는다면 무엇을 말할 수 있는가?

모든 회귀모델은 0의 상관관계와 완벽한 상관관계의 두 극단의 사이 어딘가에 속한다. 모델이 어디에 위치하는지 측정하려 한다. 이를 위해 상관관계를 사용할 수 있는가? −0.5 상관관계의 회귀모델은 +0.5 상관관계의 회귀모델과 같다. 그 두 상관관계는 단지 방향이 서로 다른 것이다. 그러나 상관계수를 제곱하는 경우 0과 1 사이의 값을 얻을 것이고 방향은 중요하지 않다. 상관관계의 제곱인 r^2은 모델에 의해 설명되는 데이터 편차의 일부이다. 그리고 $1-r^2$은 잔차에 원래 남아 있는 편차의 일부이다. 로의 매출에 대한 모델의 경우 $r^2=0.0964^2=0.929$이고, $1-r^2$은 0.071이다. 따라서 매출의 변동성인 7.1%만이 잔차에 남아 있다고 할 수 있다.

관습에 따라 모든 회귀분석에서는 R^2을 대문자로 쓰며 "R-제곱"이라고 읽는다. R^2이 0인 것은 모델에 어떠한 데이터의 변동도 없다는 것을 의미한다. 즉, 모든 잔차에 여전히 남아 있다는 것을 의미한다. 그것은 무슨 일이 있어도 그 모델을 사용하는 것을 어려운 일이라는 뜻이다.

R^2은 전체의 일부분이기 때문에 종종 백분율을 갖게 된다.[7] 로의 매출 데이터의 경우 R^2은 92.9%이다. 회귀모델을 해석할 때 R^2이 무엇을 의미하는지 보고해야 한다. 선형모델에 따르면 로 매출 변동성의 92.9%는 주택개선비용의 변화에 의해 설명된다.

R^2은 모델의 잠재적인 유용성에 대한 중요한 정보를 제공한다. 만약 R^2 값이 매우 낮은 경우 그 모델은 y를 예측하기에 유용하지 않을 수 있다. 그리고 0에 가까운 R^2 값은 단지 예측된 값으로 y의 평균값을 사용할 뿐이라는 것을 말해준다. 잔차의 표준편차는 잠재적인 유용성에 대한 자세한 정보를 제공한다. 나중에 보게 되듯이 x로부터 개별 y를 예측하기 위한 표준편차는 보다 결코 작지 않다. (그리고 평균으로부터 멀리 떨어진 점을 예측할 때 그것은 대체로 더 클 것이다.) 예측을 얼마나 잘했는지 비교하여 s_e가 큰 경우 그 모델은 문제가 될 수 있다. 예측 값으로부터 약 $\pm 2s_e$를 생각하는 것은 경험을 바탕으로 한 좋은 방법이다. 만약 그 간격이 너무 넓으면 모델은 충분히 유용하지 않다.

- 어떻게 R^2이 정말로 모델에 의해 설명되는 변동의 일부분이라고 볼 수 있는가? 그것은 간단한 계산이다. 매출의 분산은 $18,062^2=326,236,964$이다. 잔차를 데이터로 취급하는 경우 잔차의 분산은 23,009,562이다.[8] 매출의 분산의 일부분으로 그것은 0.071 또는 7.1%이다. 즉 모델에 의해 설명되지 않는 분산의 일부분인 것이다. 이 부분은 R^2을 위해 얻은 100%−7.1%=92.9%의 값으로 설명된다.

---

[7] 반면 일반적으로는 −1.0과 1.0 사이의 소수 값으로 상관계수를 갖는다.

[8] 이전에 논의했던 s_e는 제곱과 완전히 같지 않지만 매우 비슷하다.

확인문제

직원의 수에 대한 매출($000)의 회귀로 다시 한 번 돌아가 보자.

$$\widehat{\text{매출}} = 9.564 + 122.74\ \text{직원}$$

R^2값은 71.4%로 보고된다. 잔차의 표준편차는 0.51($000)이다.

9. 매출과 직원의 관계에 대해 R^2값은 무엇을 의미하는가?

10. 매출과 직원의 상관관계는 양의 관계인가가 음의 관계인가? 그것을 어떻게 알 수 있는가?

11. 매출을 달러가 아닌 유로로 측정하는 경우 R^2값이 변하는가? 기울기는 어떻게 되는가?

12. 직원의 평균수에 대하여 특정상점의 매출을 예측하려 할 때 이 모델은 유용한가? 설명해보라.

R^2은 얼마나 커야 하는가?

제곱의 합

잔차 제곱의 합 $\Sigma(y-\hat{y})^2$은 때때로 SSE(오차제곱의 합)이라고 쓴다. $\Sigma(y-\hat{y})^2$를 부를 때는 SST(제곱의 총합)라고 하고, $R^2 = 1 - \frac{SSE}{SST}$ 이다.

R^2 값은 항상 0%와 100%의 사이에 있다. 그러나 "좋은 R^2"이란 무엇인가? 분석하는 데이터의 종류와 그것으로 무엇을 하고 싶은지에 따라 그 대답이 달라진다. 상관관계와 마찬가지로 자동적으로 회귀가 "좋다"라고 판단되는 R² 값은 없다. 과학적인 실험에서의 데이터는 종종 80%~90%의 범위와 그 이상의 R^2을 갖는다. 그렇지만 관찰연구와 설문조사에 따른 데이터는 신뢰할 만한 응답을 측정하기 어렵기 때문에 종종 상대적으로 약한 연관성을 갖는다. 30%~50% 또는 그 이하의 R^2 값은 유용한 회귀의 증거로 간주될 수 있다. 잔차의 표준편차는 얼마나 많은 분산이 선 주위에 있는지를 말해줌으로써 회귀의 유용성에 대한 많은 정보를 준다.

앞에서 살펴본 바와 같이, 100%의 R^2 값은 선 주위에 분산이 없고 선과 정확하게 일치하며 s_e는 0일 것이다. 모든 분산은 잔차가 아무것도 남아 있지 않는 모델에 의해 설명될 것이다. 이것은 매우 훌륭해 보이지만, 실제 데이터에 의한 사실이라고 하기에는 너무 좋다.[9)]

예시문제 R^2 이해

문제 : 150쪽의 예시에 있는 자전거 사망연령 대 연도의 회귀에 대한 R^2을 찾고 해석하시오. (힌트: 계산은 간단하다.)

답 : r =0.965의 상관관계가 주어졌다. R^2은 이것의 제곱인 0.9312이다. 그것은 자전거 사망의 평균연령 변화의 93.1%가 시간이 지남에 따라 증가하는 나이의 추세에 의해 설명될 수 있다는 것을 말해준다.

6.10 사실 검증: 회귀가 타당한가?

통계학은 갑자기 나온 것이 아닌 데이터를 근거로 둔 것이다. 통계분석의 결과는 일반적인 상식을 보다 강화해준다. 분석한 결과가 놀랍다면 당신이 무언가 새로운 것을 배운 것이거나 혹은 분석이 잘못된 것이다.

9) 100%의 R^2을 본다면 무슨 일이 있었는지 조사해보는 것이 좋다. 실수로 같은 것을 측정하는 두 개의 변수로 회귀했을 것이다.

회귀분석을 수행할 때마다 계수에 대해서 생각하고 그것을 이해했는지 여부를 물어봐야 한다. 기울기는 타당한가? 기울기의 방향은 올바른가? 회귀방정식이 타당한가? 등을 물어보는 작은 노력은 당신이 오류를 포착하거나, 데이터에 대해 어리석고 터무니없는 말을 하지 않도록 도와줄 것이다. 컴퓨터로 산출된 액면 그대로의 값으로 이것이 이치에 맞다고 가정하는 것은 너무 쉬워서 믿을 수가 없다.

때문에 항상 의심하고 그 대답이 타당한지 스스로 물어봐야 한다.

길잡이 문제 　주택 크기와 가격

부동산중개업자는 주택의 가격을 결정하는 가장 중요한 요소는 위치라는 것을 알고 있다. 하지만 주택의 가격을 결정하는 데 도움을 주는 다른 요소는 어떤 것들이 있는가? 화장실은 몇 개인가? 마당의 크기는 어떠한가? 한 학생이 뉴욕 주 북부에 있는 수천 가구의 사용 가능한 데이터를 공개적으로 모았다. 주택 가격을 조사하기 위해 1,057개 주택에서 임의로 추출된 표본을 그려보았다. 수집한 변수들은 총 거실 면적(평방피트), 화장실의 개수, 침실의 개수, 지역의 크기(에이커), 주택의 수명(연도) 등이었다. 이제 거실면적에 의해 측정되는 집의 크기가 판매가격을 얼마나 잘 예측할 수 있는지에 대해 조사할 것이다.

계획

설정 연구의 목적을 언급한다.

뉴욕 북부 주택의 거실면적으로 그 주택의 판매가격을 얼마나 잘 예측할 수 있는지 알아내려 한다.

변수들과 그 상황을 확인한다.

두 양적 변수에는 거실면적(평방피트)과 판매가격($)이 있다. 이 데이터는 2006년 뉴욕 북부의 공적인 자료이다.

모델 상관관계에서 했던 것처럼 회귀를 위한 동일한 조건을 확인할 필요가 있다. 그렇게 하기 위해서 그림을 그린다. 산점도를 먼저 살펴보지 않고 회귀에 맞추려 하면 안 된다.

✔ **양적변수조건**

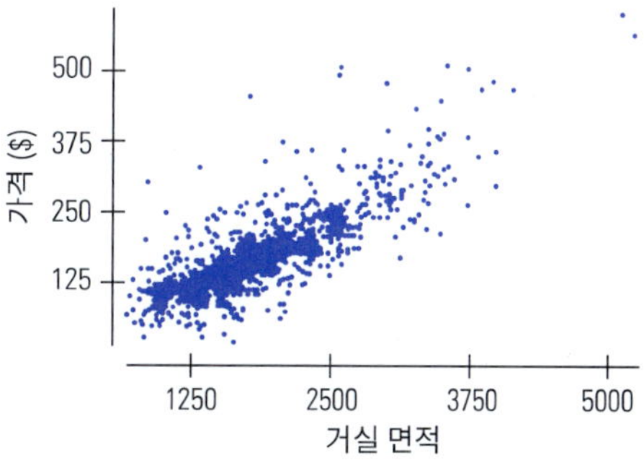

선형, 동일한 분산, 그리고 이상치 조건을 점검하라.

✔ **선형조건** 산점도는 상당히 강한 양의관계를 나타내는 두 변수를 보여준다. 도표는 상당히 선형으로 보인다.

✔ **동일한 분산 조건** 산점도는 x값들을 가로질러 일관된 분산을 보여준다.

✔ **이상치 조건** 상대적으로 큰 면적의 고가 주택들은 몇 가지 이상치가 있음을 나타낸다. 몇몇 작은 집들은 집의 크기에 비해 싸기도 하다. 나중에 이 모델에 대한 영향을 확인한다.

조건들을 만족시키는 두 양적 변수를 가지고 있고, 회귀선과 함께 그 관계를 모델화할 것이다.

실행

기법 통계패키지를 사용하여 회귀선의 방정식을 찾아라. 의미 있는 변수의 이름을 사용하여 모델의 방정식을 써야 하는 것을 기억해라.

소프트웨어는 다음과 같은 결과물을 만들어낸다.

종속 변수: 가격
1057개의 총 사례
결정계수(R squared) = 62.43%
s = 57930과 1000-2 = 998 df

변수	계수
절편	6378.08
거실면적	115.13

일단 모델을 가지게 되면 잔차를 도표로 그리고 동일한 분산 조건을 다시 확인해라.

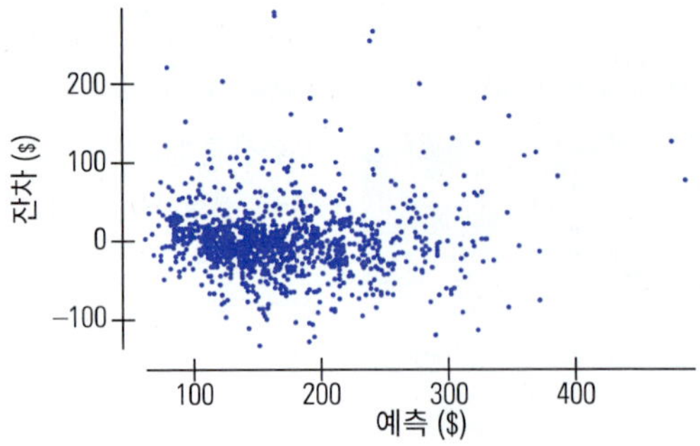

잔차 도표는 일반적으로 패턴이 없다. 크기가 작음에도 불구하고 상대적으로 비싼 몇몇 집들이 눈에 띄지만, 그것을 따로 떼어놓고 모델을 재정비하더라도 기울기나 절편은 변화하지 않기 때문에 그것들을 그대로 놔두어도 된다. 적은 변화를 가진 주택은 다소 저렴한 경향이 있지만, 분산은 전체에 걸쳐서 거의 동일하다.

보고

결론 적절한 상황에서 당신이 발견한 내용을 해석한다.

메모

Re: 주택 가격에 대한 보고

주택의 크기가 판매 가격을 얼마나 잘 예측하는지를 조사해보았다. 데이터는 뉴욕 북부의 1057가구의 최근 판매로부터 얻을 수 있었다. 모델은 다음과 같다.

$$\widehat{가격} = \$6376.08 + 115.13 \times 거실\ 면적$$

즉, $6376.08의 기준으로부터 주택은 뉴욕 북부의 평방피트당 $115.13에 대한 비용이다.

이 모델은 통계와 부동산의 관점 모두에서 합리적이다. 비록 주택의 크기가 주택의 가격에 영향을 미치는 유일한 요인이 아니라는 것을 알고 있지만 모델은 주택의 크기가 판매가격 변화의 62.4%를 차지한다.

사실 검증으로 몇 가지 부동산 가격 사이트(www.realestateabc.com, www.zillow.com)를 확인하였고, 이 지역의 주택은 평방피트당 평균 $100에서 $150이라는 것을 알았다. 그래서 그 모델은 그럴듯하다고 할 수 있다.

물론 모든 주택가격이 이 모델에 의해 잘 예측되는 것은 아니다. 이러한 몇몇의 주택들 없이 모델을 계산하지만 회귀모델에 미치는 그 영향은 작았다. 이것을 통해 주택가격이 시장에서 제대로 책정되어 있는지 여부를 평가하는 것은 적절하다고 생각한다. 향후의 분석에서는 다른 요인도 고려하는 것이 더 좋을 것이다.

무엇이 잘못될 수 있는가?

- **"연관성(association)"을 의미하는 경우 "상관관계(correlation)"라고 말하지 마라.** "상관관계"라는 단어를 얼마나 자주 들어봤는가? 잘못 사용되는 용어를 듣는 경우는 매우 흔하다. 이것은 가장 흔히 잘못 사용되는 통계용어 중의 하나이고, 통계학을 얼마나 잘못 사용하는지를 보여준다는 얘기가 된다. 실제로 더 일반적인 용어인 연관성을 의미할 때, 많은 사람들이 구체적인 용어인 상관관계를 사용한다는 것이 그 문제점들 중 하나이다. 연관성은 두 변수 사이의 관계를 설명하는데 사용되는 애매모호한 용어이다. 상관관계는 양적 변수들 사이의 선형 관계의 강도와 방향을 설명하는데 사용되는 명확한 용어이다.
- **명목 변수의 상관관계를 계산하지 마라.** 양적 변수의 조건을 확인해야만 한다. 명목 변수의 상관관계를 계산하는 것은 이치에 맞지 않는다.
- **연관성이 선형인지 확인하라.** 양적 변수들 사이의 연관성이 모두 선형은 아니다. 상관관계는 심지어 아주 강한 비선형 관계를 놓칠 수 있다. 그리고 선형 회귀모델은 선형이 아닌 관계에 대해서는 결코 적합하지 않다. 한 기업은 고객이 온도제어가 불완전한 오븐을 사용할 수 있음을 우려하여 자신의 동결-건조의 재구성된 방법으로 만들어진 브라우니의 품질에 있어서 굽는 온도의 영향에 대해 평가하기 위해 실험[10]을 수행하였다. 기업은 권장된 오븐온도인 325°F의 온도에서의 변화에 따른 브라우니 품질의 민감성을 알아내려 한다. 실험을 통해 훈련된 맛 감별자인 패널이 평가한 맛의 점수와 굽는 온도 사이에 −0.05의 상관관계와 −0.02의 기울기의 회귀가 있다는 것을 알았다. 그래서 회사의 관리층에게 그 둘 사이에는 아무런 관계가 없다고 말하였다. 요령 있는 사원은 박스 위에 적힌 안내문이 온도에 대해서는 걱정하지 말라고 이야기하기 전에 먼저 산점도를 보라고 할 것이다.

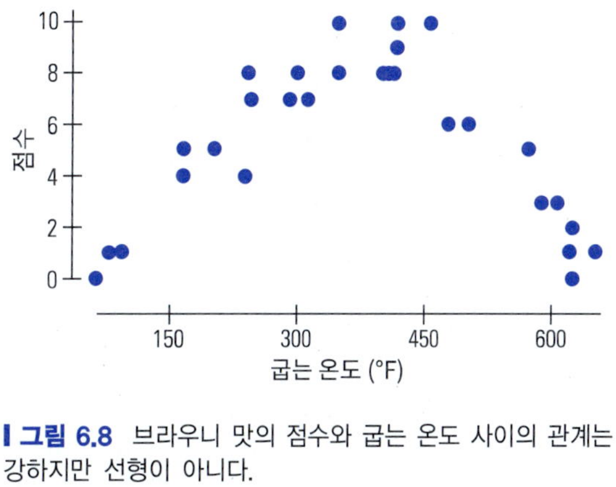

그림 6.8 브라우니 맛의 점수와 굽는 온도 사이의 관계는 강하지만 선형이 아니다.

도표는 실제로 강한 연관성을 보여주지만 선형은 아니다. 선형성 조건을 점검하는 것을

[10] 기업제품의 품질에 기업의 통제에 대한 외부 환경 변수의 영향을 평가하기 위한 실험은 1980년대 미국에서 시작하여 일본 품질 전문가 다구치 박사(Dr. Genichi Taguchi)에 의해 주장되었다.

잊지 말아야 한다.

- **이상치들에 주의하라.** 특별한 관측의 배경에 대한 조사 없이 상관계수와 회귀모델을 안전하게 분석할 수 없다. 다음에 예제가 있다. 코미디언들의 IQ와 신발크기 사이의 관계는 놀랍게도 0.50의 강한 양의 상관관계를 보여준다. 가정을 확인하기 위해서 먼저 산점도를 봐야 한다.

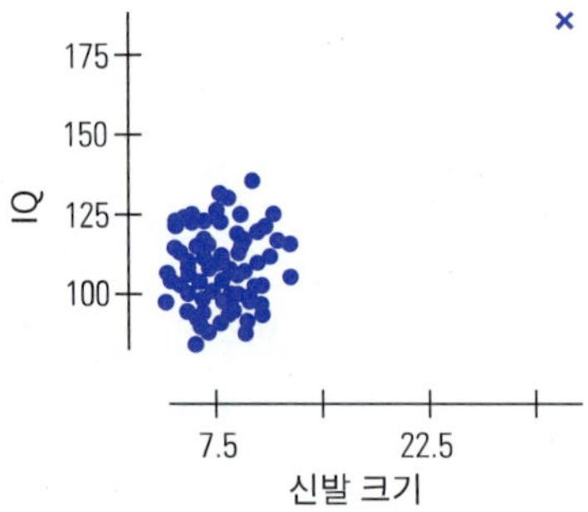

그림 6.9 IQ vs. 신발 크기

이 "연구"에서 둘 사이의 상관관계에 대해서 무슨 말을 할 수 있는가? 상관관계는 0.50이다. 그러나 오른쪽 상단에 있는 점은 어디에 속하는가? 이상치는 신발 크기가 매우 크고 재미있는 "천재"로 널리 인정받는 광대(Bozo the Clown)이다. 이 광대를 빼면 상관관계는 거의 0에 가깝다. 심지어 하나의 특이한 관측치가 전체의 상관관계 값을 지배할 수 있다. 이것이 비정상적인 관측 상태를 확인해야 하는 이유이다.

- **상관관계(Correlation)와 인과관계(Causation)를 혼동하지 마라.** 일단 강한 상관관계를 가지게 되면 예측변수가 응답변수를 변화시킬 것이라고 설명하려 할 것이다. 산점도에 회귀선을 넣는 것은 더욱 그렇게 하도록 유혹할 것이다. 사람들은 모든 일에 대해 원인과 결과를 찾는 경향이 있다. 두 변수가 관련되어 있다는 이유만으로 그것이 어떤 하나가 다른 것의 원인이라는 것을 의미하지 않는다.

암의 원인이 흡연인가?

두 변수들의 상관관계가 인과관계에 의한 경우에도 상관관계 자체가 무엇이 무엇의 원인이 된다고 말할 수는 없다.

피셔(Ronald Aylmer Fisher, 1890-1962)는 20세기의 위대한 통계학자들 중 하나였다. 피셔는 담배회사가 비용을 부담한 법정에서 흡연과 암의 인과관계는 상관관계의 기초가 될 수도 있다고 증언했다.

"그것은 가능하다. 그리고 폐암은 … 담배흡연의 원인 중 하나인가? 나는 그것이 제외될 수 있다고 생각하지 않는다. … 암으로 진전될 수 있는 증상으로는 경미하지만 만성적인 염증이 포함된다. …

통증의 원인은 … 일반적으로 담배를 피우는 것과 동반되며 그런 방식으로 가벼운 아픔에 대해 약간의 보상을 받는다. 그리고 … 흡연을 더 자주하는 것과 연관될 가능성이 없다."

아이러니하게도, 흡연이 암의 원인이라는 증거는 피셔 자신이 개발한 실험설계와 분석의 원리에 따라 수행된 실험에서 알아냈다.

산점도, 상관계수, 회귀모델은 인과관계를 증명하지 않는다. 한 예로, 이것이 미국의 보건국이 담배에 경고라벨을 붙이기까지 너무 오랜 시간이 걸린 부분적인 이유이다. 흡연의 증가가 폐암의 수준을 증가시키는 것과 관련되어 있다는 것에 많은 증거가 있었지만, 실제로 흡연이 폐암을 유발한다는 증거가 발견되기까지는 수년이 걸렸다. (담배회사는 이것을 큰 이점으로 사용했다.)

- **잠복변수를 조심하라.** 화재로 인해 발생하는 집의 손해($)에 대한 산점도는 현장에서 소방관의 수와 강한 상관관계를 보여준다. 분명히 그 손해의 원인은 소방관이 아니다. 그리고 소방관은 실제로 모든 주변에 물을 분사하고 구멍을 자르는 등 손해를 일으키지만 이것은 화재가 났을 때 소방서에 전화하면 안 된다는 것을 의미하는가? 물론 그것은 아니다. 불꽃의 크기와 같은 기본변수는 더 많은 손해와 더 많은 소방관을 이끌어낸다. 이렇게 관계의 뒤에서 다른 두 변수에 영향을 미치는 것을 결정하는 숨겨진 변수를 **잠복변수**(lurking variable)라고 한다. 종종 뒤에 숨어 있는 변수를 찾음으로써 데이터의 숨겨진 정체를 폭로할 수 있다.
- **직선을 비선형 관계로 맞추지 마라.** 사실 선형회귀는 오직 선형 관계일 때에만 적합하다.
- **특별한 점에 주의하라.** 데이터 값은 회귀에 있어서 특별하거나 비정상적인 두 가지가 될 수 있다. 그들은 대량의 데이터로부터 표현된 선형 패턴으로부터 멀리 떨어진 y값을 가질 수 있다. 이것들이 이상치라고 불리는 것이다. 그것은 비록 회귀한다 하더라도 그 점은 직선패턴에서 멀리 떨어져 있으므로 이상치가 될 수 있다. 그 점이 가장 크거나 가장 작은 y값이 아니더라도 말이다. 또한 점들은 x값에 대해서 비정상적일 수 있다. 이러한 점들은 직선에 강력한 영향력을 발휘할 수 있다. 이러한 흔치 않은 종류의 점들은 주의가 필요하다.
- **데이터의 범위를 넘어서 추정하지 마라. 선형 모델은 관찰된 x값의 범위 이내에서 관계의 요약에 대한 적당한 일을 할 것이다.** 일단 관계에 대한 모델이 그려지면 그것을 사용할 것이다. 하지만 원본 데이터의 범위에서 너무 멀리 벗어나 있는 x값에 대한 y값을 예측하는 것을 조심하라. 이 모델은 더 이상 존재하지 않을 수 있다. 그래서 데이터에서 너무 멀리 벗어난 추정을 하는 것은 위험하다.
- **R^2만을 기반으로 모델을 선택하지 마라.** R^2이 비록 선형관계의 강도를 측정하고 있지만 높은 R^2은 회귀분석의 적절성을 설명하지 못한다. 하나의 특이한 관측이나 두 그룹으로 분리된 데이터는 실제로 선형회귀모델이 부적절할 때 R^2이 상당히 큰 것처럼 보일 수 있다. 반대로 낮은 R^2값은 하나의 이상치의 원인일 수 있다. 대부분의 데이터는 단일 점을 제외하고 대략 직선을 따라 약간씩 떨어져 있을 것이다. 항상 산점도를 자세히 검토해야 한다.

통계분석의 올바른 사용

치아위생제품(전동칫솔, 구강세척기 등)을 제조하는 유명 회사에 고용된 한 광고 에이전시는 새로운 광고 캠페인을 위한 아이디어를 브레인스토밍하기 위해 창의적인 팀과 함께 협력했다. 트리샤 사임즈(Trisha Simes)는 그녀가 이 고객을 위해 일한 경력이 있기 때문에 팀을 이끌도록 임명됐다. 첫 번째 회의에서, 트리샤는 그녀의 팀에게 고객이 좋은 치아 관리의 미적 혜택에 대한 메시지를 강조하지 않는 방법으로 그들의 경쟁사와 차별화되길 원한다는 것을 알려주었다. 그들이 아이디어를 브레인스토밍을 하는 동안, 팀의 한 멤버인 브래드 존스(Brad Jones)는 최근의 CNN의 치실 사용과 심장병 위험 감소와의 "상관관계"에 대한 뉴스 방송을 떠올렸다. 적절한 치아 관리의 건강 혜택을 장려하는 것의 가능성에 대해 고려해본 결과, 그 팀은 이 아이디어를 실행하기로 결정했다. 다음 회의에서 팀의 여러 멤버들은 치아 위생이 건강에 미치는 긍정적 효과에 대해 그들이 찾은 기사와 의료적, 과학적 자료의 수와 인기에 놀라지 않을 수 없었다. 한 멤버는 잇몸병이 심장병과 뇌졸중뿐만 아니라 당뇨와 암에도 관련 있다는 기사에 대해 소개했다. 트리샤는 그들의 고객의 경쟁사들이 왜 이러한 연구 결과를 아직 활용하지 않았는지에 의문스러웠지만 그녀의 팀은 이미 이것을 핵심 메시지로 정해 광고 캠페인을 계획하는 것을 시작했다.

윤리적 이슈 상관관계가 인과관계를 의미하는 것은 아니다. 잠재 변수의 영향은 연구되지 않았다. 예를 들어, 건강관리를 잘하는 사람들이 치실을 사용할 가능성이 더 높고 그리고 또한 심장병의 위험이 적을 것이다(ASA 윤리 가이드라인, 항목 C와 관련하여).

윤리적 해결책 상관관계 결과로부터 인과관계를 유추하는 것을 삼가야 한다.

질 해스웨이(Jill Hathway)는 직업을 바꾸고자 하고 새로운 사업을 시작하는 것에 관심이 있다. 대기업에서 20년간 중간 관리자로 일해온 뒤, 질은 그녀의 기업가 정신을 발휘하기 원하고 자신의 사업을 시작하고자 한다. 그녀는 현재 작은 남서부 도시에 살고 있으며 헬스와 피트니스 관련 사업을 고려하고 있다. 그녀는 필라테스 원(Pilates One) 프랜차이즈를 포함하여 여러 개의 가능성을 고려하고 있다. 필라테스 원 프랜차이즈가 제공한 자사 정보에는 프랜차이즈 성공(수입, 이윤, 투자 대비 이익)에 관련 있는 지역의 다양한 인구통계학적 특성(나이, 성별, 소득수준)이 담긴 데이터가 포함돼 있다. 필라테스 원은 상대적으로 새로운 프랜차이즈이며 적은 몇몇 지역에만 위치해 있다. 그럼에도 불구하고, 그 회사는 잠재적 프랜차이즈 가맹점주들이 의사결정하는 것을 돕기 위한 다양한 그래프와 데이터 분석 결과들을 제공했다. 질은 필라테스 원의 사업 위치로부터 20마일 부근의 40대 이상의 여성들의 비율과 프랜차이즈 투자 대비 수익 관계를 보여주는 그래프와 회귀분석을 유심히 보았다. 그녀는 그 두 변수 간에 정의 관계가 있음을 확인했다. 약간의 조사를 통해, 그녀는 그녀의 도시에 있는 40대 이상의 여성 비율이 필라테스 원이 운영되고 있는 다른 도시들에 비해 더 높은 것을 발견했다(이것은 부분적으로 은퇴 후 남서부 지역으로 이주하는 많은 은퇴자 때문이다). 그녀는 그리고 나서 회귀 식을 사용하여 그녀의 지역에 필라테스 원의 예상 투자 대비 수익을 계산해 보고 결과에 매우 만족스러웠다. 그러한 객관적인 데이터와 함께, 그녀는 필라테스 원이 그녀가 해야 할 사업이라고 확신했다.

윤리적 이슈 필라테스 원은 적은 수의 관찰만을 기초한 분석을 보고하고 있다. 질은 x-값의 범위를 넘어서 확대 추론하고 있는 것이다(ASA 윤리 가이드라인, C 항목과 관련하여).

윤리적 해결책 필라테스 원은 자신들의 분석이 적은 수의 관찰에 기초했다는 것에 대한 주의문을 포함시켜야 한다. 그리고 그들의 회귀식이 다른 지역이나 분석에 사용된 x-값의 범위를 넘어서는 성공 예측에 사용되지 말아야 한다고 경고해야 한다.

무엇을 배웠는가?

학습목표

- 두 양적 변수들 사이의 관계를 보여주기 위해 산점도를 만든다.
  - 관계의 멀리 떨어져 방향, 형태, 강도 그리고 전반적인 패턴에서 있는 이상치를 살펴본다.
- 관계의 형태가 선형이라면 상관관계의 강도를 r이라고 요약한다.
  - 상관관계의 부호는 관계의 방향을 알려준다.
  - $-1 \leq r \leq 1$이다. -1 또는 1의 상관관계는 완벽한 선형관계이다. 0의 상관관계는 선형관계가 부족한 것이다.

- 상관관계는 단위가 없기 때문에 데이터의 이동이나 확대, 표준화, 또는 심지어 변수를 바꾸는 것은 수치에 영향을 주지 않는다.
- 상관관계가 크다는 것은 인과관계를 의미하는 것이 아니다.

■ 최소제곱회귀모델과 선형관계의 모델

- 최적 회귀선은 모든 점을 통과하지 않지만 잔차 제곱의 합이 가장 최소가 된다는 의미에서 최고의 절충안이다.
- 기울기는 x단위 변화에 대한 y의 변화를 말해준다.
- R^2은 선형회귀모델에 의해 설명되는 y의 변화의 일부를 보여준다.

■ 데이터에서 발생하는 경우 평균으로의 회귀를 인지한다.

- 한 변수의 평균에서 한 표준편차의 편차는 다른 평균에서의 r표준편차의 편차와 일치할 것이다. r은 1보다 클 수 없기 때문에 평균을 향해 변화한다고 예측한다.

■ 모델의 품질을 평가하기 위해 선형모델에서 잔차를 조사한다.

- 예측된 값을 그릴 때 잔차는 패턴이 없어야 하며 확산에 변화가 없어야 한다.

용어정리

연관성
- **방향** : 양의 방향이나 연관성은 일반적으로 한 변수가 증가함에 따라 다른 것도 증가한다는 것을 의미한다. 한 변수가 증가할 때 다른 변수는 감소하는 경우는 연관성이 음인 경우이다.
- **형태** : 가장 관심을 가지는 형태는 직선이지만 산점도에서 볼 수 있는 다른 패턴도 분명히 설명해야 한다.
- **강도** : 산점도는 기본 관계의 주위에 약간의 분산이 있는 경우 강한 연관성을 보여준다고 한다.

상관계수 선형관계의 강도와 방향의 수치적인 측정

$$r = \frac{\sum z_x z_y}{n-1}$$

설명 또는 독립변수(x 변수) 설명, 예측 또는 y변수를 설명하는 변수

절편 절편 b_0은 y단위의 시작 값이다. x가 0일 때는 $\hat{y}$값이다.

$$b_0 = \bar{y} - b_1\bar{x}$$

최소 제곱 잔차를 제곱한 것의 합이나 잔차의 분산이 최소화되는 고유의 선을 구체화하는 기준

선형모델(최적의 선) 최소제곱으로 적합한 $\hat{y} = b_0 + b_1 x$ 형태의 선형모델 또는 회귀선으로 불린다. 선형모델을 해석하기 위해서는 변수와 단위를 알아야 한다.

잠복변수 두 변수 사이의 상관관계를 설명하고, 두 변수들에 동시에 영향을 미치는 x와 y 이외에 다른 변수

이상치 산점도에서 볼 수 있는 전반적인 패턴에 맞지 않는 점

예측된 값 y에 대한 예측은 데이터의 각 x값으로부터 찾는다. 예측된 값인 $\hat{y}$는 회귀방정식에 x값을 대입함으로써 발견할 수 있다. 예측된 값은 최적의 선 위의 값이다. 점 $(x, \hat{y})$는 최적의 선에 정확하게 놓여 있다.

회귀선 종종 최적의 선이라고도 불리는 최소제곱기준을 만족하는 특정한 선형방정식

평균으로의 회귀 상관관계는 절대 값 1보다 항상 작기 때문에 각각의 예측된 y는 그에 상응하는 x보다 평균에서보다 더 적은 표준편차를 가지는 경향이 있다.

잔차 실제 데이터 값과 회귀 모델에 의해 예측된 값 사이의 차이 또는 일반적으로 임의의 모델에 의해 예측된 것.

응답 또는 종속변수(y 변수) 산점도를 설명하거나 예측하는 것을 의미하는 변수

R^2
- x와 y의 상관관계의 제곱
- x의 최소제곱 선형회귀에 의해 설명되는 y의 변화의 비율.
- 선형으로 관계된 y로부터 x의 회귀가 얼마나 성공적인지에 대한 전반적인 측정

산점도 동일한 경우에 측정된 두 양적 변수들 사이의 관계를 보여주는 그래프

기울기 b_1의 기울기는 x단위당 y단위이다. x 하나의 단위의 차이는 y의 예측된 값에서 b_1단위의 차이와 관련되어 있다.

$$b_1 = r\frac{s_y}{s_x}$$

잔차의 표준편차 s_e는 다음과 같이 구할 수 있다.

$$s_e = \sqrt{\frac{\sum e^2}{n-2}}$$

기술적 도움: 상관관계와 회귀분석

모든 통계 소프트웨어는 회귀분석의 결과에 대한 표를 만든다. 이러한 표들은 소프트웨어마다 조금씩 다를 수는 있지만 모든 것들은 본질적으로 같다고 할 수 있다 - 그리고 모든 것들은 우리가 지금 단계에서 알아야 하는 것 이상을 포함하고 있다. 모든 컴퓨터 회귀 표는 아래와 같이 보이는 부분들을 포함하고 있다.

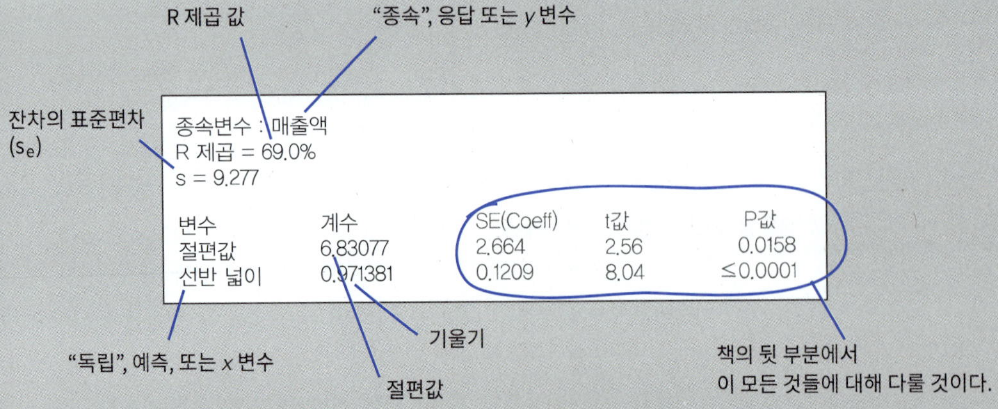

기울기와 절편 계수는 위 표와 같이 주어진다. 보통 기울기는 x변수의 이름과 함께 명칭되고 절편값은 "절편" 또는 "상수"로 명칭된다. 그러므로 회귀식은 다음과 같다.

$$\widehat{\text{매출액}} = 6.83077 + 0.97138(\text{선반 넓이})$$

EXCEL

엑셀에서 산점도 만들기:

- 데이터 리본 메뉴에서 데이터 분석 추가 기능을 선택하시오.
- 메뉴에서, **회귀 분석**을 선택하시오.
- 산점도를 그리고자 하는 데이터 영역을 지정하시오.
- 만약 첫 번째 세로 열에 데이터 이름이 있다면 이름표에 체크하시오.
- **선적합도** 박스에 체크하고 확인을 클릭하시오.
- 엑셀이 새로운 시트에 회귀분석 결과와 산점도를 출력할 것입니다.
- 상관관계는 셀 B4에 나타납니다.
- 기울기와 y절편 값은 각각 셀 B18, 셀 B17에 나타납니다.
- 산점도에서 수정하고자 하는 영역을 마우스 오른쪽 클릭하여 수정하거나 제거할 수 있습니다.
- 예를 들어, 예측값을 제거하기 위하여, 점들 중 하나를 마우스 오른쪽 버튼 클릭한 후에 **삭제**를 선택하면 됩니다.
- 최소 자승 회귀선을 추가하기 위하여, 데이터를 마우스 오른쪽 버튼 클릭하고 **추세선 추가**를 클릭하시오.

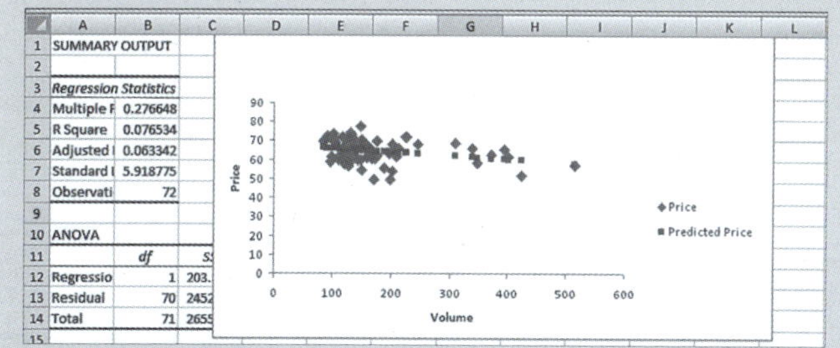

XLSTAT

산점도 만들기:

- **데이터 시각화**(Visualizing data)를 선택하고 그리고 나서 **산점도**(Scatter plots)를 선택하시오.

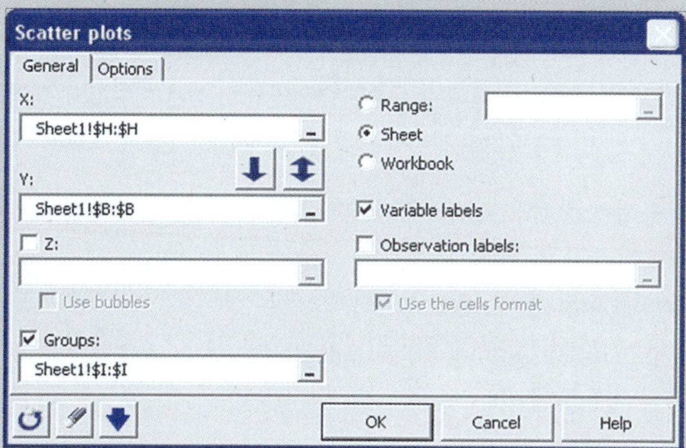

- X와 Y의 셀 영역을 명시하시오.
- 출력된 산점도 상에서 산점도를 클릭하고 Chart Tools Layout 탭을 선택하시오.
- 추세선을 추가하기 위해 **추세선(Trendline)** 버튼을 선택하시오.

회귀분석:

- **모델링 데이터(Modeling data)**를 선택하고 그리고 나서 **선형 회귀(Linear regression)**을 선택하시오.
- 양적(Quantitative) 필드에 응답 변수의 셀 범위를 입력하시오.
- **양적(quantitative)** 박스에 체크하시오.
- 예측 변수의 셀 영역을 적절한 필드에 입력하시오.

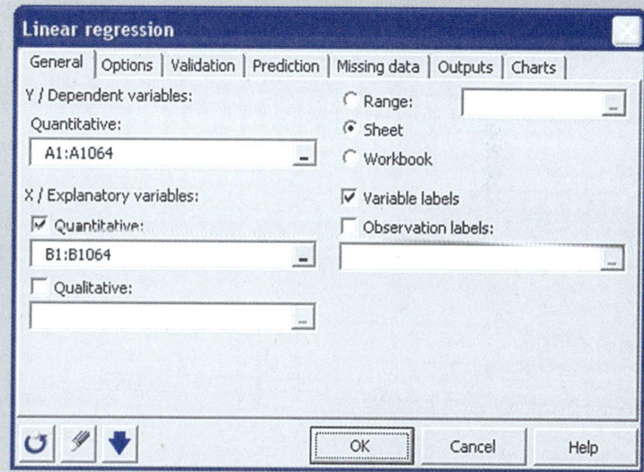

- 잔차의 산점도를 만들기 위해, 선형 회귀(Linear Regression) 메뉴 창의 **차트(Charts)** 탭을 선택하시오.

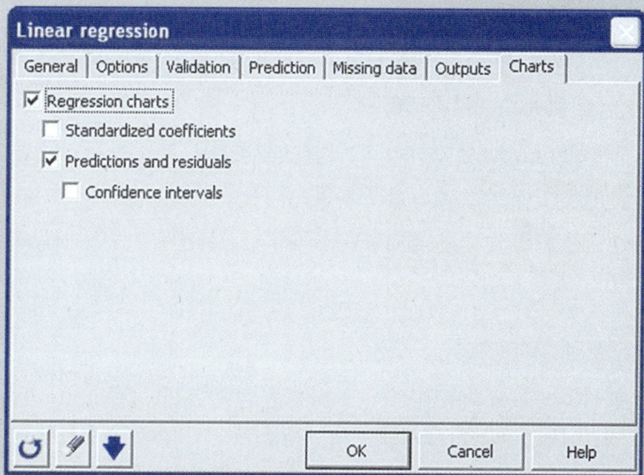

- **회귀 차트**(Regression charts) 그리고 **예측과 잔차**(Predictions and residuals)를 선택하시오.

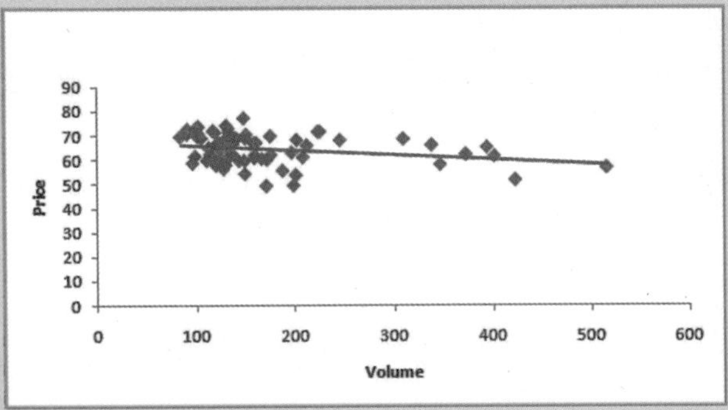

아직 끝이 아닙니다. 엑셀은 항상 산점도의 원점(0, 0)을 보여주기 위해 산점도 축의 단위를 조정합니다. 그러나 대부분의 데이터는 원점 근처에 있지 않으며 따라서 위의 그림과 같이 한쪽에 점들이 몰려 있는 산점도가 출력될 것입니다.

- *Y*축의 이름을 마우스 오른쪽 버튼 클릭하시오. 드롭 다운 메뉴에서 형식(Format)을 선택하시오.
  눈금(scales)를 선택하시오.
- *Y*축의 최소값을 설정하시오.
- *X*축도 같은 방법으로 설정하시오.

JMP

산점도 만들기와 상관관계 계산하기:

- 분석(Analyze) 메뉴에서 Fit X by Y를 선택하시오.
- Fit X by Y 메뉴 창에서, Y변수를 “Y, Response” 박스로 드래그하고, X변수를 “X, Factor” 박스로 드래그하시오.
- 확인 버튼을 클릭하시오.

JMP가 산점도를 출력하면, 산점도 제목 옆의 빨간 삼각형을 클릭하여 옵션 메뉴를 나타내시오.

- Density Ellipse를 선택하고 .95를 선택하시오. JMP는 데이터 근처에 타원을 만들고 상관관계 탭을 나타냅니다.
- 상관관계 옆의 파란 삼각형을 클릭하여 상관관계 계수가 포함돼 있는 표를 나타내시오.

회귀분석 실시하기:

- 분석(Analyze) 메뉴에서 Fit Y by X를 선택하시오. Column 선택 박스에서 *y*변수를 명시하고 “Y, Response” 버튼을 클릭하시오.
- *x*변수를 명시하고 “X, Factor” 버튼을 클릭하시오.
- 산점도를 만들기 위해 확인 버튼을 클릭하시오.
- 산점도 메뉴 창에서, “Bivariate Fit…” 이라고 명칭된 제목 옆의 빨간 삼각형을 클릭하고 “Fit Line”을 선택하시오. JMP는 산점도 상에 최소 자승 회귀선을 그리고 산점도 아래에 회귀분석의 결과를 보여주는 표를 나타냅니다.

MINITAB

산점도 만들기:

- 그래프(Graph) 메뉴에서 산점도(Scatterplot)을 선택하시오.
- 그래프 유형에서 “Simple”을 선택하고 확인 버튼을 클릭하시오.
- 표에 *Y*변수와 *X*변수의 변수 이름을 입력하고 확인 버튼을 클릭하시오.

상관관계 계수 계산하기:

- Stat 메뉴에서 Basic Statistics를 선택하시오.
- Basic Statistics 하위 메뉴에서 상관관계(Correlation)을 선택하시오. “변수(Variables)” 박스에 최소 두 개의 양적 변수들의 이름을 명시하시오.
- 상관관계 표를 계산하기 위해 확인 버튼을 클릭하시오.

SPSS

SPSS에서 산점도를 만들기 위해, 그래프 메뉴에서 도표 작성기를 여시오. 그리고:

- 갤러리 탭을 클릭하시오.
- 차트 유형에서 산점도를 선택하시오.
- 산점도를 캔버스로 드래그하시오.
- *y*축 영역에 응답 변수로 사용하고 싶은 변수를 드래그하시오.
- *x*축 영역에 예측 변수로 사용하고 싶은 변수를 드래그하시오.
- 확인 버튼을 클릭하시오.

상관관계 계수 계산하기:

- 분석 메뉴에서 상관분석을 선택하시오.
- 상관관계 하위 메뉴에서, 이변량 상관을 선택하시오.
- 이변량 분석 메뉴창에서, 화살표 버튼을 사용하여 분석에 사용하고자 하는 변수들을 변수 목록에 추가하시오. 상관 계수 필드 영역에 Pearson 옵션을 반드시 체크하시오.

회귀 분석을 하기 위해서, 분석 메뉴에서

- 회귀 분석 > 선형을 선택하시오. 선형 회귀 메뉴창에서, 종속 변수(*y*)와 독립 변수(*x*)들을 지정하시오.
- 도표 버튼을 클릭하여 산점도 출력을 위한 옵션 설정을 하시오. 확인 버튼을 클릭하시오.

짧은 **사례**

연비

끊임없이 상승하고 있는 휘발유 가격으로 인해 운전자와 자동차 회사 모두 자동차의 연비 상승을 원하고 있다. 미국 정부에서 제공한 최근 정보는 연비를 증가시키기 위한 다음의 간단한 방법들을 제안해준다(www.fueleconomy.gov 참고): 급가속 하지 않기, 60mph 속도 이상으로 운전하지 않기, 공회전 줄이기, 그리고 자동차의 무게 줄이기. 자동차 무게 100파운드가 증가할수록 연비는 2%까지 감소하게 된다. 한 마케팅 담당자는 새로운 소형 자동차 디자인을 위해 자동차의 연비(갤런당 마일로 측정된)와 자동차의 무게 사이의 관계에 대해 연구하고 있다. Fuel_Efficiency 데이터 파일에는 아래 변수들에 대한 데이터가 저장돼 있다.[11)]

- 자동차의 제조
- 자동차의 모델
- 엔진 크기(L)
- 실린더
- 제조사 제시 판매 금액
- 도시 연비(mpg)
- 고속도로 연비(mpg)
- 무게(파운드)
- 제조사의 국가 및 유형

무게, 제조사 판매 금액, 엔진 크기, 그리고 연비(도시, 고속도로) 간의 관계를 보고서 형식으로 기술해보아라. 미국에서만 연비가 갤런당 마일(mpg)로 측정된다. 전세계 다른 지역에서는 100km당 리터로 측정된다. 갤런당 마일(mpg)를 1/100km로 변환하기 위해선 235.215/mpg로 계산하라. 100km당 리터로 변수들을 바꿔보고 결과들을 비교해보라. 잔차들의 산점도를 만들어보는 것도 잊지 마라.

미국 경제와 홈디포(Home Depot) 주가

Home_Depot 파일은 홈디포 주가 데이터를 포함하는 경제적 변수들이 저장돼 있다. 경제 분석가, 투자가, 그리고 기업 경영자들은 주식 시장에 인플레이션 압력과 고용 변동이 미치는 영향에 대해 평가하기 위해 미국 경제 지표들을 사용한다. 인플레이션은 대개 이자율을 통해 추적된다. 많은 다른 유형의 이자율이 존재하긴 하지만, 여기서 우리는 미국의 25개 주요 은행의 프라임 대출의 월별 이자율을 사용하고자 한다. 프라임 이자율은 은행이 단기 사업 대출에 주로 사용한다. 또한, 우리는 6개월 양도성예금증서(CD) 이자율, (계절 조정된) 실업률, 단기 국채 이자율을 제공한다. 2006년부터 2008년까지의 홈디포의 주식 종가와 다음의 변수들의 관계를 분석해보라.[12)]

- 실업률(%)
- 은행 프라임 이자율(%)
- 양도성예금증서(CD) 이자율(%)
- 단기국채 이자율(%)

위 각각의 변수들과 홈디포 주식 종가와의 관계를 보고서 형식으로 기술해보라. 분석에서 산점도와 상관관계 표를 사용하는 것을 잊지 마라. 필요 시 변수의 단위들을 변경하라.

---

11) 데이터의 출처는 www.Edmonds.com이며 2004년 모델부터의 데이터이다.

12) 출처: 실업률－미국 노동통계국(www.bls.gov/cps/home.htm#data를 참고).
이자율－미연방은행(www.federalreserve.gov/releases/H15/update/를 참고).
홈디포 주가는 HD/Investor Relations 웹사이트(ir.homedepot.com/quote.cfm 참고).

생활비

어느 다국적기업의 경영자는 한동안 다른 나라에서 거주해야 한다. 회사들은 보통 해외에 거주하는 경영진들을 적절히 대우하기 위해 생계비 지수를 사용한다. Numbeo.com 웹사이트는 전 세계 200개 도시의 독립적 데이터를 무료로 제공한다. Cost_of_living_2012 파일에는 4개의 지표들이 포함돼 있다(뉴욕을 기준으로 비교한 물가의 퍼센트로): 종합 생계비 지수, 주택 임대료 지수, 장바구니 물가지수, 외식 물가지수. 가령 주택 임대료 지수 60의 의미는 해당 도시의 비교 가능한 아파트 임대 평균 비용이 2012년 뉴욕의 임대료에 비해 60%였다는 것을 의미한다.

이러한 각각의 항목들 간의 관계를 분석해보라. 필요한 조건 모두 증명하고 관계에 대해 가능한 한 최대한 자세히 설명해보라(방향, 형태, 강도에 대해 살펴보는 것을 잊지 마라). 관찰 시 특이한 점들을 모두 밝혀보라.

상관관계와 선형 회귀 분석에 기초하여, 이러한 도시들에서 어떤 지수가 가장 정확한 예측 변수가 될 것인가? 어떤 지수가 가장 최악의 예측 변수일까? 관계들 중 놀랄 만한 관계는 있는가? 당신의 결론에 대해 설명하는 짧은 보고서를 작성해보라.

뮤추얼펀드

미국증권거래위원회(SEC)에 의하면, 뮤추얼펀드는 주식, 채권, 그리고 다른 유가 증권들을 묶어 놓고 전문적으로 관리되는 투자 모음이라 정의된다. 펀드 매니저는 투자 포트폴리오를 관리하고 수익과 손실을 추적한다. 그리고 그 수익의 배당금은 뮤추얼펀드 내의 개인 투자자들에게 배당된다. 첫 번째 그룹 펀드는 1924년에 시작됐지만 이러한 펀드의 형태는 1929년 주식시장 붕괴로 인해 확산이 느려졌다. 미 의회는 1933년에 증권법과 1934년에는 증권거래법을 통과시켰고 투자자들이 펀드와 유가증권 그리고 펀드 매니저에 대해 고지되도록 만들었다. SEC는 투자 회사법을 기안했고 모든 펀드들을 SEC에 등록하도록 가이드라인을 제시했다. 1960년대 말에, 펀드들은 $480억 자산 규모에 달했고 2007년 10월에는 8,000개 이상의 뮤추얼펀드들이 $12조 이상의 자산을 관리하고 있었다.

투자자들은 대개 과거 성과에 기반하여 뮤추얼펀드들을 선택하고 많은 중개인들, 뮤추얼펀드 회사들, 그리고 다른 웹사이트들은 관련 자료들을 제공한다. Mutual_funds_returns 파일에는, 3개월 수익, 1년, 5년, 10년 단위의 연간 수익 그리고 다양한 유형의 64개 펀드의 시작 시점부터의 수익 데이터들이 담겨 있다. 이러한 과거 데이터 중 어떠한 데이터가 최근 3개월의 성과를 가장 잘 예측하는가? 최근 3개월 수익을 예측하는 회귀 모형과 산점도를 분석하고 당신의 결론을 보여주는 짧은 보고서를 작성해보라.

상관관계와 회귀모델에 대한 계산은 중간결과를 어떻게 반올림하는지에 따라 매우 민감하게 변할 수 있다. 계산기를 사용하여 중간결과를 적어서 답을 구할 경우 통계소프트웨어를 사용했던 것과는 조금 다른 답을 얻을 것이다. 또한 다른 프로그램을 사용하면 다른 결과가 나오게 된다. 그 답은 숫자가 다를 수 있는데, 이것을 너무 걱정하지 않아도 된다. 의미 있는 숫자는 처음 몇몇이다. 뒤의 숫자는 근본적으로 중간결과를 반올림한 임의의 결과일 것이다.

연습문제

6.1절

1. 작은 서점에서 다음의 데이터를 수집하였다.

판매직원의 수	매출(1000$)
2	10
3	11
7	13
9	14
10	18
10	20
12	20
15	22
16	22
20	26
$\bar{x} = 10.4$ $SD(x) = 5.64$	$\bar{y} = 17.6$ $SD(y) = 5.34$

a) 판매직원의 수에 대한 매출의 산점도를 준비하시오.
b) 연관성의 방향에 대해 무슨 말을 할 수 있는가?
c) 관계의 형태에 대해 무슨 말을 할 수 있는가?
d) 관계의 강도에 대해 무슨 말을 할 수 있는가?
e) 산점도는 이상치를 보여주는가?

6.2절

3. 대형 다국적 기업의 인적자원부서는 일한 경력에 따른 평균 급여를 예측하고자 한다. 직원들의 표본을 통해 급여($1000)와 경력에 대한 데이터를 수집하였다.

a) 설명 또는 예측 변수는 어떤 변수인가?
b) 응답변수는 어떤 변수인가?
c) y축에 있는 변수는 어떤 변수인가?

6.3절

5. 상관관계에 대한 조건을 충족한다고 가정하면 다음 중 어느 것이 진실인가? 만약 거짓인 경우 간략하게 설명하라.

a) −0.98의 상관관계는 강한 음의 관계를 나타낸다.
b) x의 모든 값에 2를 곱하면 상관관계는 두 배가 될 것이다.
c) 상관관계의 단위는 y의 단위와 동일하다.

6.4절

7. 대기업이 연습문제 1의 서점을 인수하는 것을 고려하고 있다. 연습문제 1에서 볼 수 있는 관계를 검토한 회사의 분석가는 상점을 인수하는 경우 높은 매출을 촉진하기 위해서 더 많은 직원을 고용해야 한다고 제안했다. 그의 결론은 정당한가? 당신은 다른 설명을 제시할 수 있는가? 적절한 통계용어를 사용해보라.

6.5절

9. 진실 혹은 거짓. 거짓인 경우 간략하게 설명하라.

a) 산점도에서 선형모델은 대부분의 점들을 통과하는 것을 선택한다.
b) 잔차는 관측된 y값에서 선형모델에 의해 예측된 y값을 뺀 것이다.
c) 최소제곱은 가장 큰 잔차의 제곱이 가능한 한 가장 작은 것을 의미한다.

6.6절

11. 연습문제 1에 있는 서점의 매출데이터의 상관관계는 0.965이다.

a) 직원의 수가 평균 위의 2 표준편차인 경우, 얼마나 많은 표준편차가 당신이 예측한 매출의 평균 위 또는 아래에 있는가?
b) 매출의 어떤 값이 그에 해당하는가?
c) 직원의 수가 평균 아래의 1 표준편차인 경우, 얼마나 많은 표준편차가 당신이 예측한 매출의 평균 위 또는 아래에 있는가?
d) 매출의 어떤 값이 그에 해당하는가?

13. 연습문제 1에 있는 서점의 경우, 관리자는 판매직원의 수로부터 매출을 예측하려고 한다.

a) 기울기 b_1을 추정치를 찾아라.
b) 이 맥락에서 그것은 무엇을 의미하는가?
c) 절편 b_0을 찾아라.
d) 이 맥락에서 그것은 무엇을 의미하는가? 그것은 의미있는 것인가?
e) 판매직원의 수로부터 매출을 예측하는 방정식을 작성해보라.
f) 18명의 사람이 일을 할 경우 얼마의 매출을 예측할 수 있는가?
g) 실제로 매출이 $25,000일 때, 잔차의 값은 얼마인가?
h) 매출을 과대평가하거나 과소평가했는가?

6.7절

15. CEO는 "올해의 신인 중역임원"의 수상자가 종종 다음해보다 덜 인상적인 성과를 드러내는 것을 불평하였다. 그는 수상이 실제로 더 태만해지는 것을 장려하는지 궁금했다. 당신은 더 나은 설명을 할 수 있는가?

6.8절

17. 연습문제 1에 있는 서점의 판매직원수와 매출의 회귀를 위한 잔차는 다음과 같다.

판매 직원 수	잔차
2	0.07
3	0.16
7	−1.49
9	−2.32
10	0.77
10	2.77
12	0.94
15	0.20
16	−0.72
20	−0.37

a) 잔차의 단위는 무엇인가?
b) 회귀를 찾기 위한 최소제곱기준에 따라 어떤 잔차가 합계를 가장 최소화하는가?
c) 그 합이 최소가 되기 위해서는 어떤 잔차가 기여하는가?

6.9절

19. 연습문제 1의 서점에 대한 회귀모델에서 R^2의 값은 무엇이며 그것이 무엇을 의미하는가?

6.11절

21. 한 도시의 소규모 회사의 직원의 수에 대한 데이터를 분석할 때, 연구자들은 총수의 제곱근을 구했다. 합리적으로 대칭되는 결과 값의 일부는 다음과 같다.

4, 4, 6, 7, 7, 8, 10

본래 값은 얼마였으며, 그것은 어떻게 분포되어 있는가?

단원 연습문제

23. 연관성. 변수의 각 쌍의 데이터를 수집하였다고 가정하고 산점도를 만들려고 한다. 어떤 변수를 설명변수로 사용하고 어떤 변수를 응답변수로 사용해야 하는가? 그 이유는 무엇인지 말해보라. 또한 산점도를 보고 무엇을 기대할 수 있는가? 그 방향과 형태에 대해서 토론해보자.

a) 휴대전화 요금 : 문자메시지의 수와 비용
b) 자동차 : 연료 효율(주행거리), 판매량(자동차의 수)
c) 매주 : 아이스크림 콘의 매출, 에어컨의 매출
d) 제품 : 가격($), 수요(하루당 판매된 수)

25. 산점도. 아래 제시한 산점도 가운데 어느 것인가?

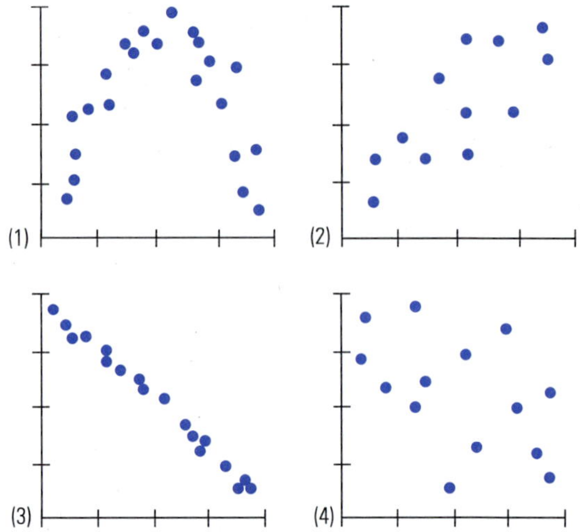

a) 거의 없거나 전혀 아무 관계가 없는 어느 것인가?
b) 음의 관계는 어느 것인가?
c) 선형 관계는 어느 것인가?
d) 적당히 강한 관계는 어느 것인가?
e) 매우 강한 관계는 어느 것인가?

27. 제조. 도자기 공장은 하루에 여덟 개의 큰 배치에 도자기를 구울 수 있다. 때때로 공정 중에 여러 조각으로 깨지게 된다. 문제를 보다 더 잘 이해하기 위해서 공장은 3일 동안 각 배치마다 깨진 조각의 수를 기록하였고 산점도를 작성하였다.

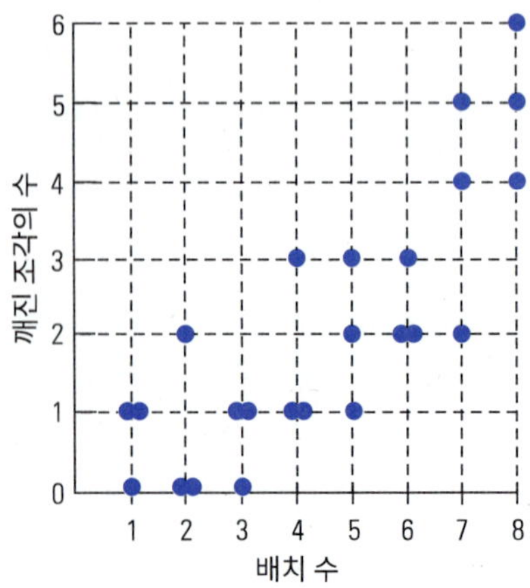

a) 조사된 도자기의 24개의 배치에서 깨진 조각 수의 분포를 나타내는 히스토그램을 만들어보자.
b) 히스토그램에서 보여준 것과 같이 분포에 대해서 설명해보자. 산점도보다 히스토그램에서 더 명백하게 보여주는 특성은 어떤 것인가?

29. 연결. 여기에 몇 가지 산점도가 있다. 계산된 상관관계는 −0.923, −0.487, 0.006, 0.777이다. 어느 산점도와 어느 상관관계가 어울리는가?

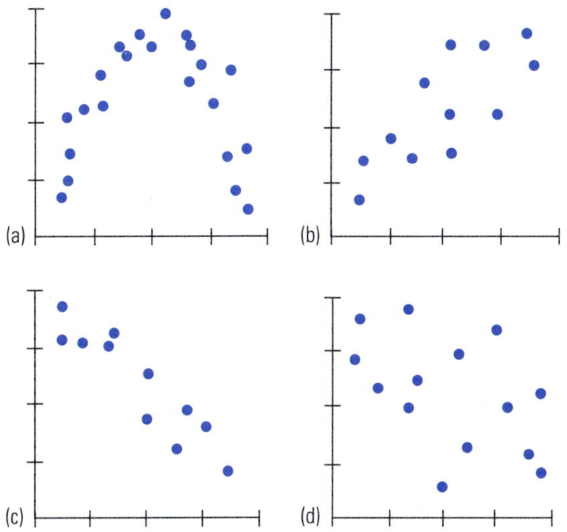

Ⓣ 31. 피자의 매출과 가격. 최근 39주 동안 달라스의 도시에서 추출된 표본에 의해 요금이 부과된 냉동피자의 평균 가격(달러/단위)에서 주간 매출(파운드)을 예측하기 위해 적합한 선형 모델은 다음과 같다.

$$\widehat{\text{매출}} = 141{,}865.53 - 24{,}369.49 \text{ 가격}$$

a) 설명변수는 무엇인가?
b) 응답변수는 무엇인가?
c) 이 상황에서 기울기는 무엇을 의미하는가?
d) 이 상황에서 y절편은 무엇을 의미하는가? 그것은 의미 있는 것인가?
e) 피자의 평균 가격이 \$3.50인 경우 매출은 얼마가 될 것이라고 예측되는가?
f) \$3.50의 가격에 의한 매출이 60,000파운드로 밝혀졌을 경우 잔차는 얼마가 되는가?

Ⓣ 33. 축구 연봉. 여기에 미국 미식축구연맹(NFL)의 총 팀의 연봉과 팀의 성과 사이의 관계가 있다. 2009~2010년의 시즌 동안 리그의 총 32개 팀의 연봉으로부터 정규시즌 경기 16개 중 승리를 예측하는 선형모델은 다음과 같다.

$$\widehat{\text{승리}} = 5.106 + 0.027 \text{ 연봉}$$

a) 설명변수는 무엇인가?
b) 응답변수는 무엇인가?
c) 이 상황에서 기울기는 무엇을 의미하는가?
d) 이 상황에서 y절편은 무엇을 의미하는가? 그것은 의미 있는 것인가?
e) 한 팀이 다른 팀들의 연봉보다 \$1천만 이상을 받는 경우, 평균적으로 그들이 얼마나 더 많은 경기를 승리할 것이라고 예측하는가?
f) 한 팀이 \$1억 5천만의 연봉과 8번의 경기에서의 승리를 원한다면, 그들은 예측된 것보다 더 좋아졌는가 아니면 악화되었는가?
g) f에서 팀의 잔차는 얼마가 될 것인가?
h) 이 모델의 R^2은 1.37%이며, 잔차의 표준편차는 3.02 경기이다. 승리를 예측하기 위한 이 모델을 실제로 사용하는 것에 대해서 말해주는 것은 무엇인가?

Ⓣ 35. 피자의 매출과 가격 2. 연습문제 31에서 평균 매출은 52,697파운드(표준편차=10,261파운드)이고, 매출과 가격 사이의 상관관계는 −0.547이었다. 특정 주에 가격이 평균 가격보다 1 표준편차 높았다면, 얼마나 많은 피자가 그 주에 판매되었다고 예측하는가?

37. 포장재. CEO는 회사의 주력제품을 위한 속이 비치는 새로운 포장재가 성공했다고 연례 주주회의에서 발표했다. 실제로 그는 "포장재와 매출 사이에는 강한 상관관계가 있다"라고 말했다. 통계적인 근거로 이 말을 비판해보라.

39. 지역별 매출. 주요 제약회사의 한 영업 관리자는 지역별로 집단으로 나누어 96명의 영업직원들에 대한 지난해의 매출 데이터를 분석하였다. (1=미국 대서양 연안, 2=미국 중서부, 3=미국 서부, 4=미국 남부, 5=캐나다, 6=이외 다른 나라들). 또한 1−6의 지역에 대한 매출(단위: \$1,000)을 도표로 그리고 강한 음의 상관관계를 확인했다.

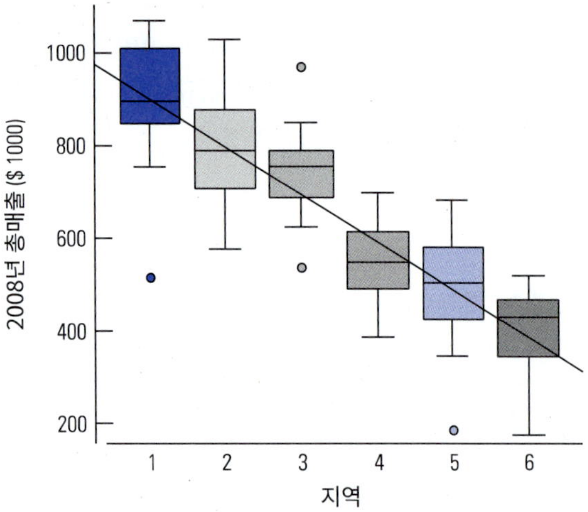

회귀를 데이터에 알맞게 맞추고 다음을 발견했다.

$$\widehat{\text{매출}} = 1002.5 - 102.7 \text{ 지역}$$

R^2은 70.5%이다.

이 모델을 해석하고 이 분석에서 관리자가 어떤 결론을 내릴 수 있는지 설명해보라.

41. 탄소 발자국. 2008년의 자동차에 대한 산점도는 탄소 발자국(연간 CO_2의 톤수)과 미국 정부에 의해 보고된 새로운 환경보호기관(EPA)의 가족 세단형 자동차 82대의 고속도로 주행거리의 비교를 보여주는 산점도이다(www.fueleconomy.gov/feg/byclass.htm). 주행거리가 가장 높고 탄소발자국이 가장 낮은 자동차는 도요타의 프리우스이다.

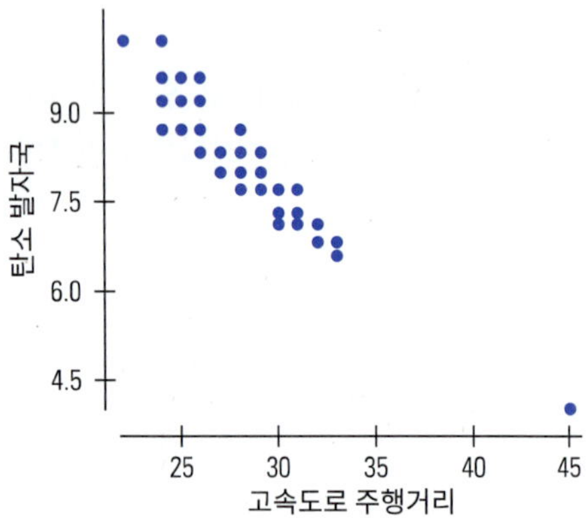

a) 상관관계는 −0.947이다. 연관성을 설명해보라.

b) 가정 및 조건은 상관관계를 계산하기 위해 충족할 만한가?

c) 기술을 사용하여 프리우스가 다른 것을 포함하지 않는 경우 데이터의 상관관계를 찾아보아라. 그런 식으로 변하는 이유를 설명할 수 있는가?

43. 부동산. 주택의 방의 수는 주택의 가격과 관련되어 있는가? 여기에 현재 판매중인 주택의 임의의 표본에 대한 산점도가 있다.

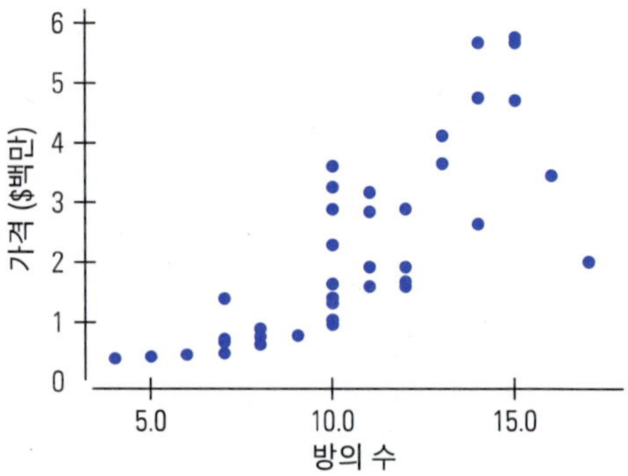

a) 여기에 연관성이 있는가?

b) 상관관계에 대한 가정과 조건을 확인해라.

45. GDP성장. 개발도상국의 경제성장은 선진국의 성장과 관련되어 있는가? 여기에 세계은행(www.ers.usda.gov/data/macroeconomics)에 의해 집단으로 나누어진 180개의 국가 중에서 개발도상국의 성장 대 선진국의 성장(국내 총생산에서의 %)에 대한 산점도가 있다. 각 점들은 1970년에서 2011년 중 하나를 나타낸다. 회귀 분석의 결과물은 다음과 같다.

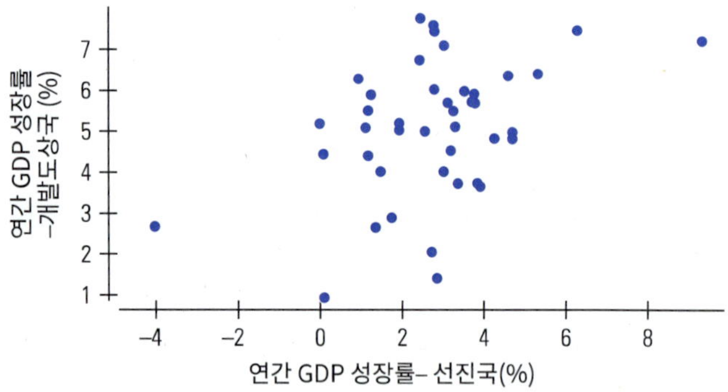

종속변수: 개발도상국 GDP 성장
R²=17.54%
s=1.502

변수	계수
절편	4.12
선진국 GDP성장	0.335

a) 선형모델에 대한 가정과 조건을 확인하여라.

b) 이 상황에서 R^2의 의미를 설명하라.

c) 이 모델의 사례는 무엇인가?

47. GDP성장 2. 연습문제 45의 선형모델에서 GDP성장에 대한 데이터에 알맞게 다음을 작성하라.

a) 회귀선의 방정식을 작성하라.
b) 절편의 의미는 무엇인가? 이 상황에서 그것은 의미가 있는가?
c) 기울기의 의미를 해석하라.
d) 선진국이 4% 성장한 해에 개발도상국에서는 얼마의 성장을 예상할 수 있는가?
e) 2007년에 개발도상국이 7.72%의 비율로 성장하는 동안 선진국은 2.45%의 성장을 경험했다. 이것은 당신이 예측했던 것보다 더 많은가 아니면 더 적은가?
f) 올해의 잔차는 무엇인가?

49. 참석률 2011. 아메리칸 리그 야구경기는 타격이 약한 투수들은 타석에 서지 않는 지명타자 규칙에 의해 진행된다. 야구구단주들은 지명타자 제도가 더 많은 득점을 이끌며 이는 더 높은 관중 참석을 가져온다고 믿는다. 팀이 더 많은 득점을 하는 경우 더 많은 팬들이 경기에 참석한다는 것의 증거가 되는가? 2011년 시즌 동안 모든 메이저리그 경기에서 수집된 데이터는 득점과 홈 참석률 사이의 상관관계는 0.327라고 한다. (espn.go.com/mlb/attendance).

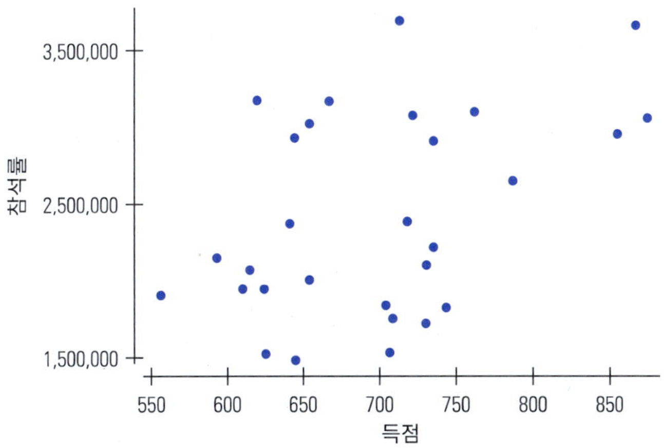

a) 산점도는 상관관계를 계산하기 위해 적절하다고 나타내는가? 설명해보라.
b) 참석률과 득점 사이의 관계를 설명해보라.
c) 이 관계는 팀이 더 많은 득점을 한다면 더 많은 팬들이 경기에 올 것이라는 구단주들의 생각을 증명하는가?

51. 2009년에서 2010년의 학비. 모든 50개의 주에서는 4년제 대학 및 종종 전문대학이라고 불리는 2년제 대학을 통해 공공 고등교육을 제공한다. 학비는 널리 두 가지 유형으로 다양하게 요금이 정해진다. 당신은 두 가지 유형의 요금이 부가된 학비 사이의 관계를 찾을 수 있는가?

a) CD에 있는 2009, 2010년의 4년제와 2년제 공립대학과 4년제 사립대학, 그리고 종합 대학교의 학비와 주 내에 거주자들에게 부과된 수수료에 대한 데이터를 사용하여, 2년제 공립대학에 부과되는 학비에 대한 4년제 공립대학의 평균 학비를 산점도로 그려보아라. 또한 관계를 설명해보라.
b) 당신이 기대했던 관계의 방향이 있는가?
c) 같은 상태에서 2년제 대학의 학비에 대한 4년제 대학의 학비를 예측하는 회귀 방정식은 무엇인가?
d) 선형모델이 적절한가?
e) 평균적으로 얼마나 더 많은 주들이 이 모델에 따라 2년데 대학과 비교하여 4년제 대학에 더 연간 학비를 부과하는가?
f) 이 모델에서 R^2값은 무엇인가? 그것이 무엇을 말하는지 설명해보라.

53. 뮤추얼펀드 자금흐름. 1990년대에 투자의 본질이 당일거래자와 기술을 사용한 정보의 빠른 흐름으로 바뀜으로써 뮤추얼펀드의 월간 수익률(%)과 뮤추얼펀드(백만 달러)로 유입되는 돈 사이의 관계가 바뀌었다. 다음 장에서 이후의 년도에 대한 검사를 할 것이며 여기에서는 오직 1990년대의 값을 사용하여 다음의 질문에 대답한다. (회귀의 가정과 조건이 충족되었다고 가정한다.)

최소제곱 선형회귀는 다음과 같다.

$$\widehat{\text{자금흐름}} = 9747 + 771 \text{ 수익}$$

a) 선형모델에서 절편을 해석한다.
b) 선형모델에서 기울기를 해석한다.
c) 0%의 시장수익률을 가진 달의 예상된 자금흐름은 무엇인가?
d) 이번 달 동안 기록된 자금흐름이 $50억인 경우 이 선형모델을 사용한 잔차는 무엇인가? 이 달의 모델은 과소평가되거나 과대평가되었는가?

55. 잔차 도표. 데이터에 맞는 선형모델의 적합성에 대해 나타내는 다음 잔차의 도표들이 각각 무엇을 의미하는가?

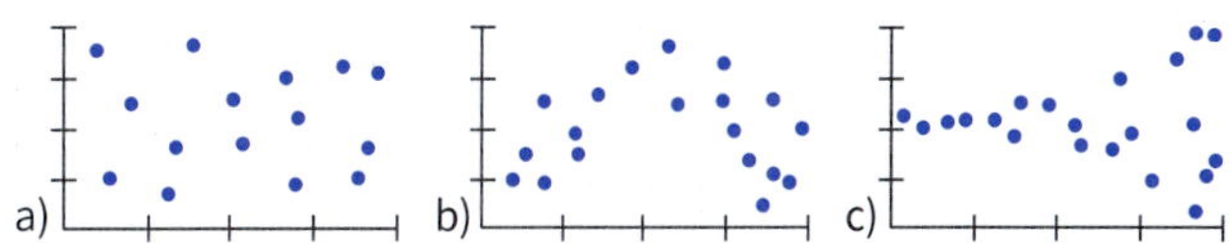

57. 소비자 지출. 많은 신용카드은행의 분석가들은 연속된 2개월의 소비자의 요금과 은행의 카드 사이의 관계에 대해서 자세히 살펴보려 한다. 임의로 150명의 고객을 선택하여 2월($)

의 요금에 대한 3월($)의 요금을 회귀하였고, 79%의 R^2과 $730.20의 절편, 0.79의 기울기를 찾아냈다. 회사의 공인회계사(CPA)와 데이터를 확인한 후 그 분석가는 그 모델이 구별된 다른 1개월의 예측을 하는 데 유용하다고 결론지었다. CD의 데이터를 검토하고 그 결론에 대한 자신의 의견을 말해보라.

59. 기울기는 무엇인가? 당신이 이전의 달의 광고(천 달러)에 대해 지출하는 돈에서 매출(백만 달러)을 예측하는 회귀모델을 작성하는 경우, 기울기는 0.03 또는 300, 3000에 근접할 가능성이 높은가? 설명해보라.

61. 잘못된 해석. 회사를 위해 연간 매출을 예상하기 위해서 광고에 소비되는 금액을 사용하여 회귀모델을 만든 광고 대행업자는 아래의 두 가지를 작성하였다. 현재 계산이 제대로 되고 있다고 가정하고 각각의 해석에 어떤 문제가 있는지 설명해보라.

a) 93%의 R^2은 선형모델이 적합하다는 것을 보여준다.

b) 이 회사가 광고에 $150만을 지출한다면 연간 매출은 $1,000만이 될 것이다.

63. 비즈니스 입학. 비즈니스 학교의 입학 사무실에서 한 분석가는 평균평점(GPA)에 의해 측정되는 학생의 학부성적에서 졸업 당시 초봉으로 측정되는 성공을 예측하는 유효한 선형모델을 개발했다고 주장한다. 이 상황에서 4개의 회귀 조건들은 각각 어떻게 확인하는지 설명해보라.

Ⓣ **65. 중고 BMW 가격.** 비즈니스 연구자는 현금이 필요해 자신의 차를 팔기로 결정하였다. 자동차는 1990년대 후반에 몇 년간의 과정을 통해 만들어진 큰 가치가 있는 BMW이다. 그는 대리점을 통하여 판매를 하는 것보다 자신이 직접 판매하고자 한다. 그래서 그는 그의 자동차 연도 모델의 중고판매가격을 예측하고자 한다.

a) 제공된 중고 BMW 840의 데이터에 대한 산점도를 만들어 보아라.

b) 연도와 가격 사이의 관계를 설명해보라.

c) 선형모델이 적합하다고 생각하는가?

d) 컴퓨터 소프트웨어는 $R^2 = 57.4\%$라고 한다. 연도와 가격 사이의 상관관계는 무엇인가?

e) 이 상황에서 R^2의 의미를 설명해보라.

f) 이 모델의 중고 BMW 840의 가격변화를 100% 설명하지 못하는 이유는 무엇인가?

Ⓣ **67. 생활비지수.** 전 세계적인 생활비지수 도시순위 설문조사는 하나의 지수로 세계에서 가장 비싼 도시의 생활비를 결정한다. 이 지수는 뉴욕을 100으로 하고 뉴욕의 생활비에 대한 비율로 다른 도시의 생활비를 나타낸다. 예를 들어, 2007년에 도쿄의 생활비지수는 122.1이다. 이것은 뉴욕보다 22% 높은 것을 의미한다. 아래의 산점도는 2007년의 가장 비싼 15개의 도시에 대하여 2006년의 지수대비 2007년의 지수의 도표를 보여준다.

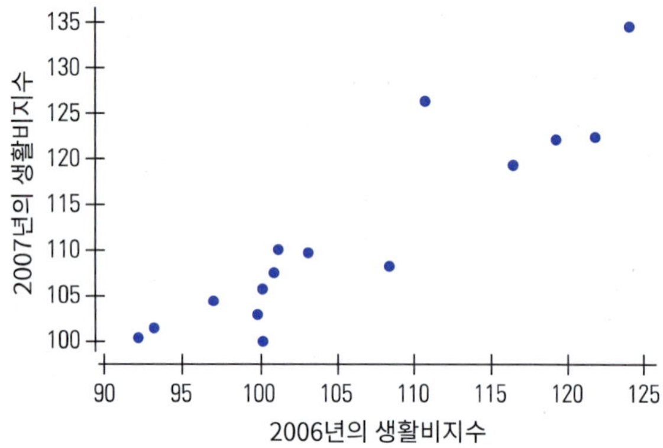

a) 2007년과 2006년의 생활비 사이의 관계를 설명해보라.

b) 회귀 방정식에 대한 R^2은 0.837이다. R^2값을 해석해보라.

c) 제공된 데이터를 사용하여 상관관계를 찾아보아라.

d) 모스크바의 2007년 생활비를 예상하고 잔차를 찾아보아라.

Ⓣ **70. 미국의 출산율.** 표는 1965년부터 미국의 15-44세의 여성 1,000명당 출산의 수를 보여준다.
(국립보건 통계센터, www.cdc.gov/nchs/)

연도	1965	1970	1975	1980	1985
비율	19.4	18.4	14.8	15.9	15.6
연도	1990	1995	2000	2005	
비율	16.4	14.8	14.4	14.0	

a) 산점도를 만들고 출산율의 일반적인 경향에 대해서 설명해보라. (1900년 이후 연도 입력: 65, 70, 75 등)

b) 회귀선의 방정식을 찾아보아라.

c) 선이 적절한 모델인지 확인해보고 설명하라.

d) 선의 기울기를 해석해보라.

e) 표는 5년 간격의 비율을 보여준다. 1978년의 비율을 무엇일지 추정해보라.

f) 1978년의 출산율은 실제로 15.0이였다. 당신의 모델은 얼마나 비슷한가?

g) 2010년의 출산율을 예측하고 그 예측에 대한 당신의 생각

을 말해보라.

h) 2010년의 기초데이터는 정상출산비율이 여성 1,000명당 13을 나타낸다. 예측했던 것보다 높은가 아니면 낮은가? 잔차는 무엇인가?

i) 2025년의 출산율을 예측하고 그 예측에 대한 당신의 의견을 말해보라.

확인문제 정답

1. 수치가 양적인 것을 알고 싶다. 두 수치의 산점도를 살펴보고 선형조건과 이상치 조건이 만족하고 있는지 확인해야 한다.
2. 그것은 변하지 않는다.
3. 그것은 변하지 않는다.
4. 그것은 좀 더 부족하게 될 가능성이 많다. 양의 상관관계는 인텔의 낮은 종가와 싸이프레스의 낮은 종가가 관련되어 있다는 것을 의미한다.
5. 아니다. 일반적인 상관관계는 양의관계이지만, 매일의 종가는 다를 수 있다.
6. 평균적으로 추가적인 직원마다 $122,740의 월 매출을 증가시킨다.
7. 1명의 직원당 $1,000
8. 한 달에 $1,227,400
9. 지원 수의 차이는 월 매출 변동의 71.4%를 차지한다.
10. 그것은 양의 관계이다. 상관관계와 기울기는 같은 부호를 가진다.
11. R^2은 변하지 않고, 기울기는 변한다.
12. 그렇다. 0.51의 잔차의 표준편차와 함께 2($000)도 $\pm 2s_e$이다.

CASE Study

사/례/연/구

미국의 재향군인회

자선단체들은 종종 그들이 하는 일의 재원으로 개인의 기부금에 의존하며, 국가의 재향군인들의 조직도 예외가 아니다. 미국의 재향군인회(Paralyzed Veterans of America: PVA)는 60여 년 전 국회의 공인된 재향군인 서비스 조직으로써 설립되었다. 이곳은 척수부상이나 기능장애를 경험한 재향군인들을 위해 다양한 서비스를 제공한다. 제공하는 서비스는 의료, 연구, 교육, 접근성 및 법률자문 등을 포함한다. 2008년 이 조직의 총 수익 $1억 3천 5백만은 99% 이상이 기부금에서 나오고 있다.

기부금에 심하게 의존하는 조직은 다각적인 모금 프로그램을 필요로 하고, PVA는 여러 가지 방법으로 기부를 요청한다. 웹사이트(www.pva.org)에서 사람들은 매달마다 누군가를 추모하거나 경의를 표하며, PVA 온라인 상점에서 쇼핑을 하여 일회성 기부를 할 수 있다. 또한 그들의 골프대회, 전국적인 재향군인 휠체어 게임, 자선 자전거대회 등과 같은 자선행사 중 하나를 지원할 수 있다.

전통적으로 PVA의 자금모집의 주요 방법 중 하나는 주소 라벨과 인사말 카드의 사용이다. (이 방법은 여전히 사용되고 있지만 최근 몇 년 동안 감소하고 있다.) 일반적으로 이러한 선물은 기부에 대한 요청과 함께 약 6주마다 잠재적인 기부자에게 보내졌다. 그렇게 확실히 자리를 잡은 기부자에게서 PVA는 상대적으로 적은 비용으로 생산한 기증품을 보냈을 때, 약 5%의 응답률을 기대할 수 있다. 이로써 조직은 자금을 잘 유지할 수 있었다.

하지만 모금은 필요비용의 28%를 차지한다. 그래서 PV는 곧 있을 캠페인에 기부를 할 가능성이 있는지 여부와 기부될 기증품의 규모가 어떤지, 기부자가 누구인지 알기를 원한다. 당신의 DVD에서는 이 조직이 운영하는 데이터의 부분과 매우 유사하게 설계된 데이터를 포함하는 사례연구1의 데이터 세트이다. 여기에 일부 변수들에 대한 설명이 있다. 실제 데이터 세트에서는 각 기부자에게 수백 개 이상의 변수가 있을 것이라는 점을 기억해라.

변수 이름	단위(해당된다면)	설명	비고
연령	연도		
자신의 집	H = 맞다; U = 아니다 또는 알 수 없다.		
자녀	총 수		
소득		1 = 가장 낮다; 7 = 가장 높다	국가의 평균과 백분위수에 근거하여
성별	M = 남자; F = 여자		
총 재산		1 = 가장 낮다; 9 = 가장 높다	국가의 평균과 백분위수에 근거하여
다른 조직에 기증품	총 수	같은 기간에 다른 자선단체의 기증품의 수	
기증품의 수	총 수	이 기간에 이 조직에의 기증품의 수	
기증품의 간격	월	첫 번째 기증품과 두 번째 기증품 사이의 간격	
가장 작은 기증품	$	이 기간에 가장 작은 기증품	제곱근 또한 참고
가장 큰 기증품	$	이 기간에 가장 큰 기증품	제곱근 또한 참고
이전의 기증품	$	이전의 캠페인에서의 기증품	제곱근 또한 참고

변수 이름	단위(해당된다면)	설명	비고
평균의 기증품	$	기증품 총 개수로 나눈 기부 총액	제곱근 또한 참고
현재의 기증품	$	이 캠페인에서 조직에의 기증품	제곱근 또한 참고
제곱근(가장 작은 기증품)	제곱근($)	가장 작은 기증품의 제곱근	
제곱근(가장 큰 기증품)	제곱근($)	가장 큰 기증품의 제곱근	
제곱근(이전의 기증품)	제곱근($)	이전의 기증품의 제곱근	
제곱근(평균의 기증품)	제곱근($)	평균의 기증품의 제곱근	
제곱근(현재의 기증품)	제곱근($)	현재의 기증품의 제곱근	

데이터가 무엇을 말하고 있는지를 보자. 현재 기증품과 다른 변수들 사이의 어떤 흥미로운 관계가 있는가? 다음 광고용 우편물 캠페인에 어떤 사람이 응답할 것인지를 예측하기 위해 데이터를 사용할 수 있는가?

> 변수가 매우 편향되거나 변수들 사이의 관계가 직선이 아닌 경우 상관계수를 보고하는 것이 적절하지 않은가를 상기하자. 당신은 이러한 변수들(기증품에 관련된 모든 변수들의 제곱근은 주어진다.)의 변환된 버전 또는 오히려 값 그 자체보다 그 값의 순위에 기초한 상관관계를 고려할지도 모른다.

제안된 연구계획과 질문

이 조직의 기부자에 대해 발견한 것을 보고서로 작성한다. 보고서는 계획, 실행, 보고의 개요에 따라야 한다. 각각의 변수에 대한 기본적인 설명(모양, 중심, 확산)과 어떤 흥미로운 특징에 대해 지적하고, 변수들 사이의 관계를 탐구하는 것을 포함한다. 특히 현재의 기증품과 다른 변수들 사이의 흥미로운 어떤 관계에 대해서 설명해야 한다. 아래 지침의 질문들을 사용하라.

- 대부분의 기업에서 발견되는 일반적인 하나는 고객의 연령분포인가?
- 더 자주 기부하는 사람들이 평균적으로 가장 작은 선물을 하는가?
- 다른 조직에 기부하는 사람들이 이 조직에 기부하는 경향이 있는가?

소득과 재산 순위 사이의 관계를 설명하라. 이 관계를 어떻게 설명할 수 있는가? (힌트: 연령 분포를 살펴보아라.)

다른 변수가 있는 경우 어떤 변수가 현재의 기증품과 관련이 있는 것 같아 보이는가? 조직이 다음 캠페인을 위한 기증품을 예측하기 위해 이러한 변수 중 하나를 사용할 수 있다고 생각하는가?

선택사항 : 이 파일은 현재 캠페인에 기부하지 않은 사람들을 포함한다. 만약 이 캠페인에 기부한 사람들만을 고려하는 경우 위의 질문에 답을 할 수 있는가?

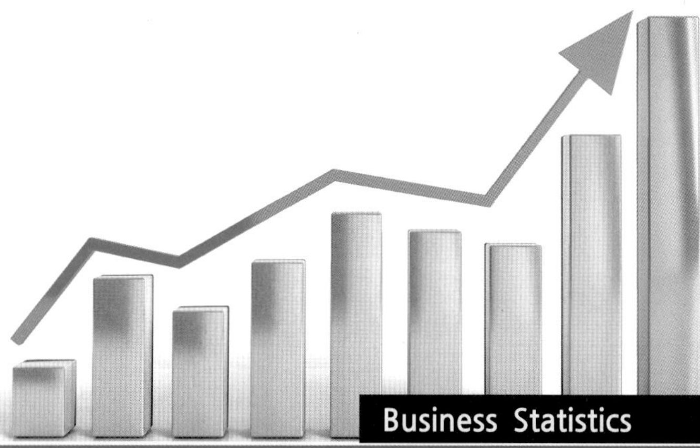

Business Statistics

PART 02

모델링과 추론

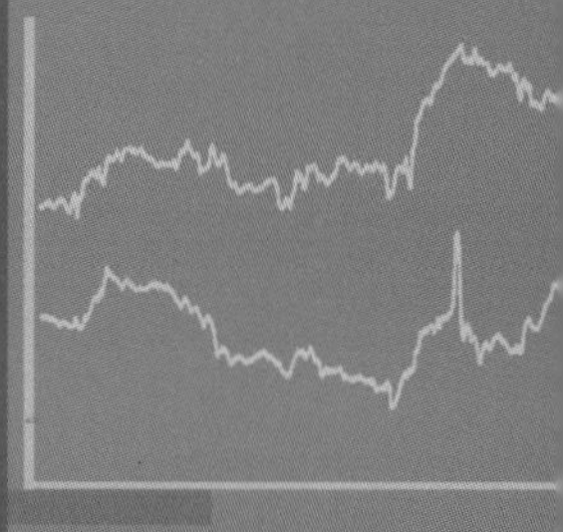

임의(Randomness)선택과 확률

CHAPTER 07

신용보고서와 FICO(Fair Isaacs Corporation)

아마 FICO에 대해서 들어본 적은 없지만 그들은 당신을 알고 있을 것이다. 대출신청을 하고 신용카드를 발급 받을 때, 심지어는 구직활동을 할 때마다 당신의 신용등급은 사용된다. 그리고 FICO 등급은 가장 널리 사용되는 신용등급이기 때문에 FICO는 아마도 그러한 결정에 연관될 수밖에 없을 것이다. FICO는 지능적인 데이터를 이용하여 비즈니스 의사결정에 도움을 줄 수 있을 것이라는 아이디어를 가지고 1956년도에 설립되었다. 오늘날, FICO는 그들의 서비스는 전 세계의 회사들에게 연간 1,800억 건의 결정에 대한 정보를 제공한다.

신용점수가 350점에서 850점 정도라면 신용점수는 "가치 있다"라고 평가된다. 이것은 신용에 관한 기록들과 지난 행동들을 기초로 만들어진 신용위험에 대한 평가이다. 모든 종류의 대출기관은 정해진 기간 내에 지불할 것인지, 빚을 성실하게 갚지 않을 것 인지와 같은 행동들을 예측하기 위해서 신용점수를 이용한다. 구체적으로 명시된 기준은 없지만 일반적으로 750점 이상은 훌륭한 것으로 평가되고, 이들은 최우대 대출금리로 대출을 받을 수 있다. 620점 이하는 일반적으로 위험한 신용등급을 가진 사람으로 평가되고, 대부분은 대출승인이 거절되거나 상대적으로 높은 이율로 "서브프라임(Subprime)" 대출을 받게 된다.

지금까지는 신용점수가 정확한 정보를 바탕으로 만들어진 것인지 확인할 수 없었지만, 2000년에 캘리포니아가 모기지론 신청자에게 그들의 신용점수를 볼 수 있도록 해준 이후로는 바뀌었다. 오늘날의 신용정보회사는 공정신용거래법(FACTA)을 통해 고객들이 직접 자신의 신용점수를 볼 수 있고, 미국정부에 소비자 접근권한을 제공하기 위해 좀 더 개방적으로 관리하고 있다. 지금은 적어도 1년에 한 번은 무료로 신용 보고서에 접근할 수 있다.[1]

1) 본 장에서 소개한 신용점수는 교육적인 목적으로 사용한 것이다. 진짜 신용점수는 FICO에 적당한 가격을 제시한 후에 알 수 있다.

회사들은 생존을 위해서는 반드시 위험을 관리해야 하지만 본질적으로 위험이라는 불확실성을 늘 가지고 있다. 한 은행이 대출을 제시간에 갚을 수 있는지는 확실히 알 수 없다. 예측할 수 없는 사건이 발생했을 때 무엇을 할 수 있을까? 각각의 결과들을 확실하게 예측할 수는 없지만, 장기적으로 임의현상은 지속적이고 예측 가능한 패턴으로 자리 잡았다.

7.1 임의현상과 확률

고객이 신용카드회사에 전화를 하면 상담사와 연결하기 전에 카드번호를 요구 받게 된다. 연결이 이루어지면 상담사의 모니터에는 그 카드의 구매기록과 그 고객의 인구통계학적 정보들이 검색되고 보여진다. 만약 그 고객의 FICO 신용점수가 최소 750 이상이 된다면 그 상담사는 아마 플래티넘 카드와 같은 서비스를 유도할 것이다.

물론 어느 고객이 전화할지 회사는 알지 못한다. 전화가 오는 것은 임의현상의 한 예이다. **임의현상**(random phenomena)으로 개별적인 결과를 예측할 수는 없지만, 그들의 장기적인 행동의 특성을 이해할 수 있다. 다음 전화가 플래티넘 카드를 발급받을 만한 자격이 있는 사람의 전화인지, 아니면 자격이 없는 사람이 전화를 할지 알지 못한다. 하지만 콜센터로 전화가 올 때, 회사는 플래티넘 카드를 받을만한 자격이 있는 사람의 확률은 계산할 수 있을 것이다. 장기적으로 보았을 때 패턴을 〈그림 7.1〉과 같이 그려볼 수 있다.

콜센터로 전화가 올 때 그 회사는 전화를 건 사람들의 자격요건을 기록할 것이다. 예를 들어보자. 첫 번째 전화를 건 고객은 적합한 자격을 가졌고, 그 다음 다섯 번의 고객의 자격요건은 부적합, 적합, 적합, 부적합, 부적합이다. 첫 번째 전화를 받았을 때는 100%의 확률로 적합한 자격을 가진 고객의 전화를 응대한 것이 된다. 두 번째는 부적합한 고객이기

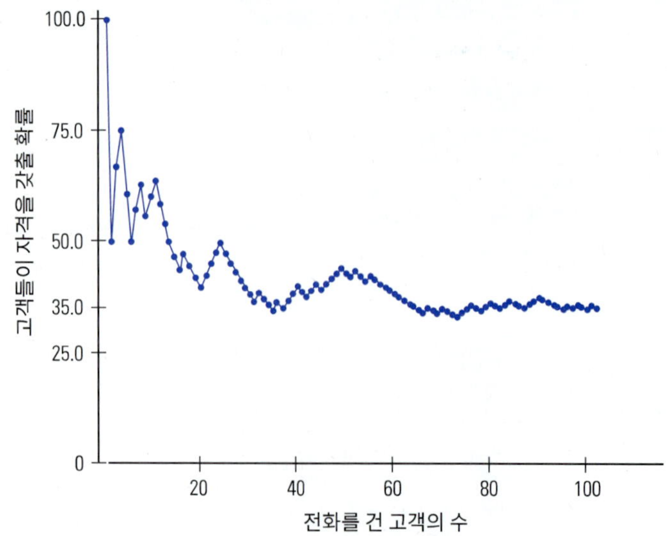

그림 7.1 카드사의 고객들이 플래티넘 카드의 자격을 갖출 확률

전화	FICO 점수	자격 여부	자격을 갖출 확률
1	750	예	100
2	640	아니오	50
3	765	예	66.7
4	780	예	75
5	680	아니오	60
6	630	아니오	50
:	:	:	:

표 7.1 6번째까지 고객들의 FICO 점수를 보여주며 그 고객들이 플래티넘 카드를 발급받을 자격이 있는지 여부와 확률을 나타내고 있다.

에 누적 평균은 50%로 낮아지게 된다. 이런 방법으로 계속하여 계산하면 세 번째 전화는 적합한 고객이므로 67%가 되고, 네 번째 전화는 적합한 고객이므로 75%가 된다. 계속하여 전화를 건 고객이 적합한지 부적합한지 여부를 퍼센트로 나타낸 것이 〈표 7.1〉이다. 새로운 전화가 올 때마다 누적된 비율의 격차는 점점 좁혀지게 되다가 결국에는 거의 일직선으로 그려지게 된다. 그래프를 보면 최종적으로 플래티넘 카드를 발급받을 수 있는 고객이 콜센터로 전화를 할 확률은 약 35% 정도이다. 장기적인 행동에 대해서 이야기할 때, 임의현상에 대해서 설명하기 더 쉬워진다. 어떠한 종류의 임의현상에서 각각의 시도나 **시행**(trial)은 **결과**(outcome)를 만들어낸다. 콜 센터의 경우 각각의 걸려온 전화는 시행이다. 각 시행에 무언가 발생하고 어떤 일이 일어나든지 결과를 가져온다. 다음은 전화를 걸어온 고객들이 플래티넘 카드 발급의 자격이 있는지 없는지를 보여준다.

현상(Phenomenon)은 시행(trials)으로 구성되어 있고, 모든 시행은 **결과**(outcome)를 가진다. 결과가 모여서 하나의 **사건**(event)이 된다.

결과나 결과의 조합에 대해서 보다 일반화된 용어인 **사건**(event)이라는 용어를 사용한다. 예를 들면 전화를 건 고객의 신용등급을 여섯 가지로 나누고 등급을 1부터 6까지 매긴다고 하자. 신용등급이 4, 5, 6인 세 가지 결과는 고객이 최소 신용등급이 4 이상일 사건을 구성하는 요소들이다.

종종 가능한 모든 결과를 수집할 수 있는 특별한 사건, **표본공간**(sample space)에 대해서 이야기한다. 표본공간을 S라고 나타내기도 하고, 그리스 문자인 Ω를 사용한 것을 볼 수 있다. 어떤 기호를 사용하든지 표본공간은 가능한 모든 결과를 포함하는 것을 이야기 한다. 콜센터의 경우, Q=적합한 고객(qualified), N=부적합고객(not qualified)이라고 한다면, S(표본공간)={Q, N}이 된다. 만약 두 개의 전화를 함께 본다면 표본공간은 4개의 결과를 가진다. S={QQ, QN, NQ, NN}. 만약 두 번의 전화에서 적합한 고객이 최소한 한 명 이상일 때를 알고 싶다면 QQ, QN, NQ 세 가지의 결과를 주목해야 한다. 그러한 사건을 A로 정하고 A={QQ, QN, NQ}라고 할 수 있다.

사건(event)의 **확률**(probability)은 장기적인 상대도수(relative frequency)이다. 상대도수는 분수이므로 35/100로 쓸 수 있고, 십진법으로는 0.35로 쓰며 백분율로는 35%라고 쓴다.

비록 특정한 하나의 결과를 예상하는 것은 불가능하겠지만, 장기적인 행동에 대해서는 할 이야기가 많아진다. 〈그림 7.1〉을 보자. 자격을 갖춘 적합한 고객이 전화를 걸 확률을 물어본다면 35%라고 대답할 수 있을 것이다. 장기적으로 전화를 건 고객이 플레티넘 카드의 자격을 갖출 비율은 약 35%이다. 그리고 이것을 우리는 **확률**(probability)의 의미로 사용한다.

매우 간단히 보이지만 임의현상이 언제나 이렇게 간단하게 계산이 될까? 적합한 고객이 전화를 거는 빈도가 45%와 25% 사이를 계속해서 맴돌고 있다면 어떨까? 시행들이 **독립적**(independence)인 경우, 즉, 하나의 시행이 다른 시행에 영향을 미치지 않는 경우 임의현상은 단순화될 수 있다. 제4장에서 범주형 변수의 값이 다른 범주형 변수 값에 영향을 주지 않는 경우 두 개의 독립변수라고 불렀다. (변수들을 통해 상대도수 분포를 비교하여 독립을 확인한다.) 한 고객이 적합한 것이 다른 고객에게 영향을 미친다는 이유가 없기 때문에 이것은 독립적인 시행이다. 독립성의 공식적인 정의에 대해서는 추후에 더 자세히 살펴보도록 하겠다.

대수의 법칙

반복되고 독립적인 사건의 장기적인 상대도수는 결국 시행의 수가 증가함에 따라 진정한 상대도수를 만든다.

다행스럽게도 독립적인 사건에 있어서 대수의 법칙을 사용할 수 있다. **대수의 법칙**(Law of Large Numbers: LLN)이란 어떤 사건들이 독립적이고 전화의 수가 하루 또는 한 달, 한 해에 걸쳐 증가하면, 플래티넘 카드의 자격을 갖춘 적합한 고객의 전화에 대한 장기적인 상대도수가 하나의 값에 점점 더 가까워진다는 법칙이다.

대수의 법칙은 상대도수가 장기적으로는 정착된다는 것을 보장하기 때문에 확률의 값이 정당하다는 것과 그것이 정착되는 수가 사건의 확률이라는 것을 알 수 있다. 콜센터의 경우 P(적합)=0.35라고 적는다. 사건의 결과를 반복적으로 관찰한 것을 토대로 한 것이기 때문에 이 확률의 정의는 **상대도수에 의한 확률**(empirical probability)이라고 한다.

7.2 평균의 실재하지 않는 법칙

"슬럼프? 나는 슬럼프 속에 있지 않다. 단지 그 슬럼프를 극복할 뿐이다."
－요기 베라(YOGI BERRA)

반복되는 사건들의 빈도가 장기적으로는 하나의 수로 수렴하는 것이 분명하다고 생각할 것이다. 대수의 법칙의 발견자 역시 그렇게 생각했었다. "심지어 가장 어리석은 남자도 보다 더 많이 관찰할수록 하나의 목적에서 벗어나는 위험이 적다는 것을 확신한다"
－야곱 베르누이(JACOB BERNOULLI, 1713)

대수의 법칙에 따르면 임의사건의 상대도수는 결국에는 하나의 수로 수렴하게 된다. 그러나 이것을 "평균의 법칙"이라고 오해하기도 한다. 아마도 "장기적"이라는 개념을 이해하는 것이 힘들기 때문일 것이다. 예를 들어 사람들은 많은 시행을 해도 나타나지 않는 임의사건의 결과가 마땅히 발생해야 하는 것이라고 믿는다. 주식 매입에서 "다우의 개" 전략은 다우존스산업 평균지수를 구성하는 30개의 주식 가운데에서 가장 최악의 성과를 내는 주식 10주를 사라고 추천한다. 이러한 주식들은 다음 연도에 반드시 더 좋은 성과를 낼 것이기 때문이다. 하지만 예상과는 달리 결국에 상대도수는 하나의 수가 아닌 그 결과의 확률에 가까워진다는 것을 알게 된다. 그래서 이제 이 말이 옳은 것인지 틀린 것인지 확인해볼 것이다. 월 스트리트 위크의 전 주인인 루이스 루케이저(Louis Rukeyser)는 "다우의 개" 전략은 이론이 약속대로 작동하지 않았고 그 전략은 효과가 없다고 말한다.

사실, 우리는 임의의 사건들의 단기적인 움직임에 대해서는 거의 알지 못한다. 독립적인 임의사건들은 각각의 결과를 예측하는 것을 불가능하게 만든다. 상대도수들은 오직 장기적일 때에만 균일해진다. 그리고 대수의 법칙에 따르면 장기적이라는 말은 긴 것을 말한다. (사실 무한대로 길다는 뜻이다.) 대수의 법칙에서 말하는 "대"는 무한대로 크다는 뜻이다. 임의사건의 연속은 단기적으로 보상할 수 없으며 올바른 장기적인 확률로 돌아갈 필요가 없다. 시행한다면 가까워지는 값을 찾을 수가 없다. 모든 단기적인 편차들은 장기적인 편차에 압도될 것이다. 만약 결과의 확률이 변하지 않고 사건이 독립적이라면 아무리 다른 시행에서 일어났다고 하더라도 결과의 확률이라도 항상 같을 것이다.

많은 사람들이 단기적으로 균일하게 해야 한다는 말인 소위 평균의 법칙과 대수의 법칙을 혼동한다. 그러나 평균의 법칙이 더 이상 존재하지 않는 경우에도 사람들이 마치 이것이 맞는 것처럼 말하는 것을 듣게 될 것이다. 지난 6번의 타석에서 삼진아웃을 당한 타자가 다음 타석에는 좋은 타자인가? 주식시장이 지난 3시즌 동안 침체된 상태인 경우 오늘은 주식상황이 좋아질 것인가? 아니다. 이것은 임의현상들이 작동하는 방법이 아니다. 단기적인 것에 대한 평균의 법칙은 없으며 “소수의 법칙”이 아니다. 이러한 “법”에 대한 믿음이 좋지 않은 비즈니스 의사결정으로 이어질 수 있다.

키노(Keno)와 평균의 법칙

물론 때때로 예측한 것으로부터의 분명한 이동이 확률을 의미한다고 생각할 수 있는데 사실은 아니다. 10개 동전이 연속으로 모두 앞면이 나왔다면 아마도 그 동전은 양쪽이 모두 앞면일 것이다.

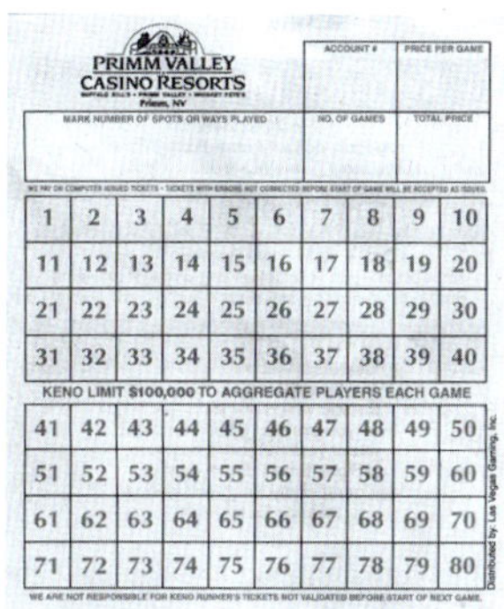

키노(Keno)는 1부터 80까지의 숫자를 뽑는 간단한 카지노 게임이다. 복권을 추첨하는 것처럼 숫자들은 아마 동등한 확률로 뽑힐 것이다. 보상은 당신이 선택한 카드 속 숫자와 얼마나 많이 일치하느냐에 달려 있다. 통계학을 전공한 어떤 학생들은 그룹을 만들어서 리노(Reno)의 현장을 가보기로 했다. 그들은 신중하게 이틀 동안의 게임결과를 기록해나갔다. 그리고 돌아와서 결과를 분석해봤는데 몇몇의 숫자들이 다른 숫자들보다 자주 뽑힌다는 것을 알게 되었다. 그들은 평균의 법칙에 그들의 돈을 배팅하기보다 대수의 법칙에 따라 전에 자주 나오는 숫자들에 배팅하였다. 그들은 $50,000 이상의 돈을 챙긴 후에 카지노로부터 쫓겨났고 다시는 오지 말라고 부탁 받았다. 우연치 않게 그 그룹의 핵심 인물은 현재 월 스트리트에서 일하고 있다.

게다가 룰렛 도박을 하는 어리석은 사람이 그 게임을 계속한다면 나쁘게 기록된 결과들이 결국 그를 붙잡을 것이다.
－임의의 속임수에 넘어간 나심 니콜라스 탈레브(NASSIM NICHOLAS TALEB)

당신이 평범한 동전 6개를 던졌는데 6개 모두 앞면이 나왔다. 동전의 뒷면이 나와야 한다고 생각하지 않는가? 당신이 그 동전을 소비하고 당신의 친구가 그 동전을 받았다고 한다. 그 친구가 동전을 던졌을 때 연속으로 뒷면이 나올 것이라 예측할 수 있는가? 물론 아니다. 각각 던지는 행위는 하나의 사건이다. 그 동전은 과거 사건의 결과를 기억하지 못한다. 그래서 미래 사건에 대하여 특정한 결과가 나와야 한다고 생각할 수 없다. 이를 연습문제를 통해서 살펴보자. 우리는 컴퓨터로 100,000번의 동전실험을 시뮬레이션하였다. 100,000번의 던지기에서 앞면이 최소 5번 이상 나오는 횟수가 2,981번이다. 평균의 법칙은 앞면이 연속으로 5번 나온 이후 다음 번 던지기에서는 대개 뒷면이 나와야 한다고 한다. 실제로 다음 던지기에서 앞면이 1,531번 뒷면이 1,431번 나왔다. 확률로 말하면 앞면이 나올 확률은 51.9%였다. 이와 유사한 시뮬레이션을 쉽게 해볼 수 있다.

확인문제

1. 주식시장의 임의적인 변동을 본 적이 있는가? 그럼에도 불구하고 몇몇 투자가들은 주가가 내려간 바로 직후에 주식을 사야 한다고 생각한다. 그들은 주식이 반드시 오를 것이라 믿기 때문이다. 이것이 왜 틀린 말인지 이유를 설명해보라.

7.3 확률의 다양한 종류

모델 기반(이론적인) 확률

경험에 의거한 상대도수에 의한 확률에 대해서 논의해보고자 한다. 이 확률은 사건의 확률로써 사건이 일어나는 상대도수를 의미한다. 이 확률을 정의하기 위한 여러 가지 방법이 있다. 확률은 처음에 도박에 관심 있는 프랑스 수학자들에 의해서 처음으로 광범위하게 연구되었다. 그들은 실험을 통해서라기보다는 게임을 하고 그 과정에서 돈을 잃는 경험을 통해서 확률의 수학적 모델을 발전시켰다. 그 모델을 간단히 만들기 위해서 그들은 다양한 결과가 동등하게 나오는 게임을 관찰하기 시작했다. 다행히도 많은 도박게임은 이와 같았다. 잘 섞인 카드 패에서 52장의 카드 중 어떤 것을 뽑아도 각각 확률은 같다. 주사위를 던졌을 때 각 면이 나오는 확률도 모두 같다.

> $P(A) = \dfrac{\text{사건 A가 일어나는 결과의 수}}{\text{모든 결과의 수}}$
>
> 이것을 사건의 **이론적 확률**(Theoretical Probability)이라고 부른다.

결과가 똑같은 가능성을 가지고 있을 때 그 확률은 계산하기 쉽다. 그것은 1을 가능한 결과의 수로 나눈 것이다. 그래서 주사위를 굴려서 숫자 3이 나올 확률은 1/6이고 잘 섞어진 52장의 카드 중에서 스페이드의 에이스 카드를 뽑을 확률은 1/52이 된다.

똑같은 가능성을 가진 결과로 이루어진 사건에 관한 확률을 찾는 것은 간단하다. 사건이 포함된 모든 결과를 세면 된다. 사건의 확률은 사건의 결과의 수를 가능한 결과의 총수로 나눈 것이다.

> **같은 가능성을 가진다?**
>
> 왜 이렇게 되는지를 이해하기 위해서 방금 복권을 구매한 사람에게 인터뷰를 했다. "당신이 복권에 당첨될 확률이 어느 정도 될 것이라고 생각하십니까?" 대답은 이러했다. " 아마 50대 50일 것입니다." 충격을 받은 질문자는 다시 물었다. "어떻게 그렇게 되나요?" 그 사람은 다시 대답했다. "제가 당첨되거나 당첨되지 않을 확률이기 때문입니다." 이 이야기의 교훈은 사건이 항상 동일한 가능성을 지니지 않는다는 것이다.

예를 들어 퓨 리서치(Pew Research)[2]는 설문조사를 위해서 10,190개의 전화번호를 임의로 눌러서 전화를 했다. 초기의 결과는 다음과 같다.

결과	전화의 수
답이 없음	311
바쁨	61
자동응답기	1336
답신 전화	189
다른 연락이 없음	893
연락된 전화번호	7400

전화번호는 임의로 생성되었다. 그래서 각각 똑같은 가능성을 가지고 있다. 연락이 될 확률을 찾기 위해서 연락이 된 수를 총 전화 통화수로 나누어보았다.

$$7400/10,190 = 0.7262$$

[2] www.pewinternet.org/pdfs/PIP_Digital_Footprints.pdf

그러나 임의사건이 항상 동일한 가능성을 가질 것이라는 착각에 빠지지 말자. 특히 복권처럼 매우 큰 보상이 있는 경우에는 그 확률이 매우 적다. 그럼에도 불구하고 사람들은 계속해서 복권을 산다.

개인적 확률

내년 말에 금 한 온스에 $2,000 이상에 팔 수 있을 확률이 어느 정도 되겠는가? 겉으로 보기에 타당한 숫자를 찾아낼 수 있을 것이다. 물론 예측에 관해서 얼마나 확신을 가지든지 확률은 0과 1 사이에 있어야 한다. 어떻게 이 확률을 찾아냈는가? 확률에 관한 논의에서 두 가지 방법으로 확률을 정의했다. 1) 상대도수나 장기간에 걸쳐서 그 사건이 일어난 시간의 비율의 관점, 2) 사건에서 결과의 수를 결과의 총 수로 나눈 것이다. 그러나 어느 정의도 $,2000보다 비싸게 금을 판매할 확률에 적용할 수 없다.

장기간에 나타나는 상대도수에 토대를 두어야 함을 간과하고 불확실성의 정도를 표현할 때 확률이라는 언어를 사용하고 있다. 한 사건의 개인적인 평가는 결과에 대한 불확실성을 나타낸다. 그 불확실성은 상품 시장에 대한 지식에 근거한 것이지만 장기간에 걸친 행동의 근거가 된다고 할 수 없다. 이러한 종류의 확률을 주관적, 혹은 **개인적 확률**(personal probability)이라고 부른다.

개인적 확률이 경험에 근거한 것일 수도 있지만, 장기적으로 나타나는 상대도수나 확률이 동일한 사건의 근거가 되지 않는다. 정의된 이 두 가지의 확률처럼 다음 장에서 다룰 실증적 확률과 이론적 확률 모두 같은 법칙을 만족해야 한다.

7.4 확률 법칙

몇몇 사람들의 경우, "50/50"이라는 말은 "나는 잘 모르겠어요", "무엇이든지"와 같은 막연한 무언가를 의미한다. 그러나 확률에 대해 논의할 때 50/50이라는 말은 두 가지의 결과가 동일한 가능성을 가진 확률이라는 정확한 의미를 가진다. 확률에 대해 애매하게 말하는 것은 당신을 곤경에 부딪치게 할 수 있다. 그래서 확률이 어떻게 작용하는지에 대한 몇몇의 공식적인 법칙을 만드는 것이 현명하다. 다음의 이 법칙들은 실증적, 이론적 확률 또는 개인적 확률을 다룰 때 적용되는 법칙이다.

표기법 주의!

사건을 표시할 때 대문자로 표기한다. (예를 들면 사건 A, 사건 B) 그래서 P(A)는 "사건 A의 확률"을 의미한다.

법칙 1. 만약에 어떤 사건이 일어날 확률이 0이라면 그 사건은 일어나지 않을 것이다. 마찬가지로 확률이 1이라면 그 사건은 항상 일어난다는 뜻이다. 그 사건이 일어날 가능성이 없더라도 그 확률은 음수가 될 수 없으며, 그 사건이 일어날 것을 확신한다고 하더라도 그 확률이 1보다 클 수 없다. 정리하면 이와 같다.

야구는 90%의 정신력이다. 그리고 나머지는 신체적 능력이다.
－요기 베라(YOGI BERRA)

확률은 0과 1 사이의 숫자이다.
어떠한 사건 A에 대해서 $0 \le P(A) \le 1$

법칙 2. 임의현상이 오로지 한가지의 가능한 결과를 가지고 있다면 이것은 흥미로운 것이거나 임의가 아니다. 그래서 시행할 수 있는 모든 결과에 대해서 확률을 배분해야 한다. 이치에 맞게 분류하려면 어떻게 해야 하는가? 예를 들어서 어떤 특정 주식의 행태를 고려해보자. 하루에 일어날 수 있는 결과들은 다음과 같다.

A : 주가는 오를 것이다.
B : 주가는 떨어질 것이다.
C : 주가는 일정할 것이다.

이러한 결과들에 확률을 할당할 때, 이용할 수 있는 모든 확률을 배분해야 한다. 무언가는 항상 발생하므로 그 무언가가 일어날 확률은 1이다. 이것을 **확률 할당 법칙**(Probability Assignment Rule)이라고 부른다.

일어날 수 있는 모든 결과들 집합의 확률은 반드시 1이다.

$$P(\mathrm{S})=1$$

S는 일어날 수 있는 모든 결과의 확률을 합한 것을 나타내며 **표본공간**(sample space)라고 한다.

법칙 3. 당신이 수업에 정시에 도착할 확률을 0.8이라고 가정해보자. 그렇다면 정시에 도착하지 않을 확률은 무엇인가? 그것은 바로 0.2이다. 하나의 사건을 나타내는 A와 A가 아닌 사건으로 이루어진다. A가 아닌 사건의 집합을 "여사건"이라고 부르고 A^C으로 표시한다. 이것 **여사건 법칙**(Complement Rule)이라고 한다.

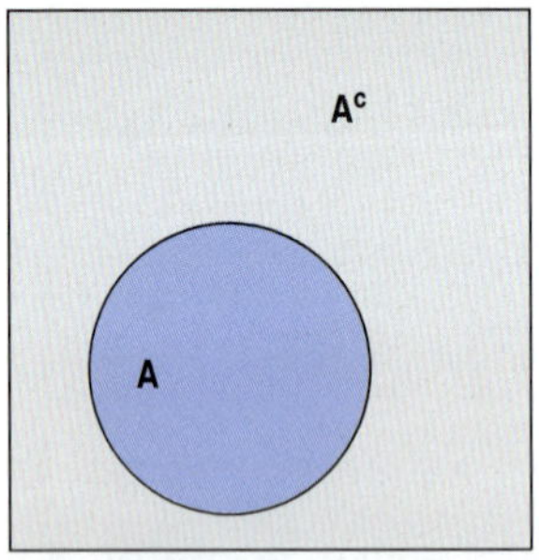

사건 A와 사건 A의 여사건 A^C는 합쳐서 표본공간 S를 이룬다.

어떤 사건이 일어날 확률은 1에서 그 사건이 일어나지 않을 확률을 뺀 것이다.

$$P(\mathrm{A})=1-P(\mathrm{A}^C)$$

예시문제 여사건 법칙의 적용

리(Lee)의 조명가게는 조명기구를 판매하고 있다. 몇몇 고객들은 단지 상품을 살펴보기만 할 뿐이다. 그래서 리는 고객들이 물건을 구매할 가능성을 평가하기 위해서 1주일간 모든 고객들의 행동을 기록했다. 리는 1주일간 1,000명의 고객이 방문했고 300명이 구매한다는 것을 알아냈고, 고객이 구매할 확률은 0.30이라고 결론을 내렸다.
문제:

문제 : 만약 P(구매)=0.30이라면, 고객들이 구매하지 않을 확률은?

답 : 구매하지 않는다는 것은 구매하는 것의 여사건이므로

$$\begin{aligned} P(\text{구매하지 않음}) &= 1-P(\text{구매}) \\ &= 1-0.30=0.70 \end{aligned}$$

고객들이 물건을 구매하지 않을 확률은 70%이다.

법칙 4. 고객이 플래티넘 카드를 받을 자격을 갖추고 있는지 아닌지는 임의의 결과이다. 자격을 갖출 확률이 0.35라고 가정해보자. 다음 두 고객이 자격을 갖출 확률은 어떻게 되는가? **곱셈 법칙**(Multiplication Rule)에서는 두 개의 독립된 사건이 일어날 확률을 찾기 위해서 그 확률들을 곱한다고 한다. 두 개의 독립된 사건에 A와 B에 대해서 A와 B 모두 일어날 확률은 두 사건들의 확률을 곱한 것이다.

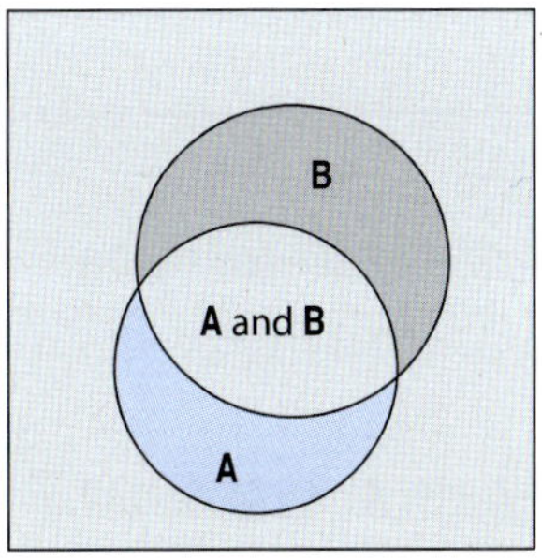

A 사건과 B 사건이 공통된 부분을 가지고 있을 때 그 공통된 사건 (A와 B)은 교집합이라고 한다.

사건 A와 B가 독립적이라면
P(A **그리고** B) = P(A) × P(B)**이다.**

그러므로 A={고객 1이 자격을 갖춤}이고 B={고객 2가 자격을 갖춤}일 때, 모두 자격을 갖출 확률은 다음과 같다.

$$0.35 \times 0.35 = 0.1225$$

물론 확률을 계산하기 위해서 두 사건이 독립적이라는 가정을 해야만 한다. 이번 장에서 곱셈 법칙을 좀 더 일반적으로 확대해보자.

예시문제 곱셈 법칙의 사용

리(Lee)는 고객이 물건을 구매할 확률이 30%라는 것을 알고 있다.

문제 : 고객들의 행동이 독립적이라고 가정한다면 다음 두 고객이 상점에 들어와서 구매할 확률은 얼마인가?

답 : 두 사건이 독립적이기 때문에 곱셈의 법칙을 사용할 수 있다.

P(첫 번째 고객이 구매를 하고 두 번째 고객이 구매한다)
= P(구매) × P(구매)
= 0.30 × 0.30 = 0.09

두 명의 고객 모두 구매할 확률은 약 9%이다.

법칙 5. 카드 회사 직원이 더 많은 선택권을 가지고 있다고 하자. A: 특별한 여행을 제공. B: 플래티넘 카드를 제공. C: 새로운 어피니티 카드(사용할 때마다 자선 단체 같은 곳에 일정한 금액이 기부되는 신용카드)에 대한 정보를 제공. 만약 이 중에 한 가지만을 할 수 있다고 한다면 그때 그 결과들은 연결되지 않은 것이거나 **상호배반적**(mutually exclusive)인 것이다. 두 사건이 상호배반적인지 아닌지 보기 위해서는 사건들을 구성요소로 분리하고 어떤 결과를 공통적으로 가지고 있는 확인해야 한다. 예를 들어 카드회사 직원이 특별한 여행을 제공하는 것과 어피니티 카드를 제공하는 것을 둘 다 선택할 수 있다면 그것은 상호배반적인 것이 아니다. 이 **덧셈 법칙**(Addition Rule)은 한 사건이 발생할 확률을 얻기 위해 연결되지 않은 사건들의 확률을 더할 수 있다.

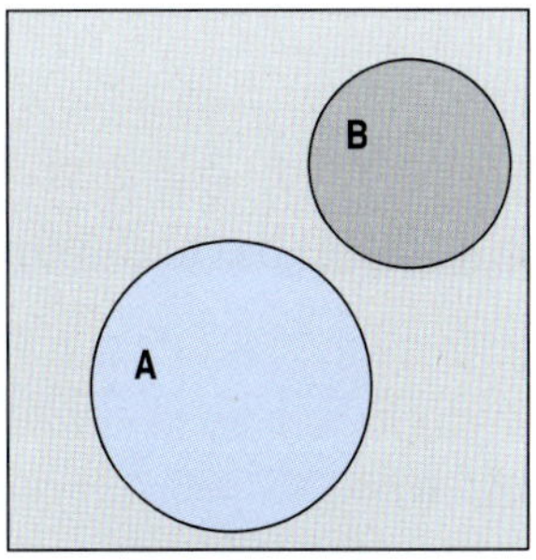

상호배반적인 사건 A와 B

A와 B가 서로 연결되지 않는다면
P(A **또는** B) = P(A) + P(B)**이다.**

이렇게 하여 플래티넘 카드를 제공받거나 어피니티 카드를 위한 정보를 보내는 것의 확률은 두 확률의 합으로 구할 수 있다. 이는 두 사건이 상호배반적이기 때문이다.

예시문제 덧셈 법칙의 사용

몇몇 고객들은 물건을 보고 바로 사기도 하지만 리(Lee)의 조명가게의 새로운 인터넷 사이트를 살펴본 후에 상품을 구매하는 것을 선호하기도 한다. 고객 행동을 추적해본 결과 리는 고객들이 이러한 방법으로 구매할 확률이 9% 정도 된다고 판단했다. 또한 고객들이 매장을 방문할 때 물건을 구매할 확률이 30% 정도 된다고 알고 있다.

문제 : 매장을 방문하는 고객들이 물건을 전혀 구매하지 않을 확률은 얼마인가?

답 : '구매하지 않는다', '매장에서 구매한다', '온라인으로 구매한다'가 모두 상호배반적인 사건이기 때문에 덧셈 법칙을 사용할 수 있다.

P(매장에서 구매하거나 온라인으로 구매) = P(매장에서 구매) + P(온라인 구매)
= 0.30 + 0.09 = 0.39

P(구매하지 않는다)=P(P(매장에서 구매하거나 온라인구매)의 여사건)
= 1 − P(매장에서 구매하거나 온라인구매)
= 1 − 0.39 = 0.61

표기법 주의!

보통 사건 (A 또는 B)를 (A∪B)로 표기한다. ∪ 기호가 의미하는 것은 '합'이고 사건 A 또는 사건 B의 결과를 나타낸다. 이와 비슷하게 ∩ 기호는 두 사건 사이의 공통된 부분을 나타내는데 사용한다. 두 사건 A와 B가 교차하는 것, 중복되는 것을 의미한다. 이를 사건 (A 그리고 B), 사건 (A∩B)라고 표기한다.

법칙 6. 다음 두 명의 고객이 플래티넘 카드의 자격을 갖추고 있을 확률을 알고 싶다고 가정하자. P(A)=P(B)=0.35라는 것을 알고 있지만 P(A 또는 B)는 단순히 P(A)+P(B)이 아니다. 이 경우에서 사건 A와 B는 상호배반적인 사건이 아니기 때문이다. 두 명의 고객이 모두 자격을 갖춘 경우도 있기 때문이다. 그래서 새로운 확률의 법칙이 필요하다.

사건 A와 B의 확률을 단순히 더할 수 없다. 두 명의 고객 모두 자격을 갖출 경우를 중복해서 계산하기 때문이다. 그래서 사건 A와 B의 확률에 두 명의 고객 모두 자격을 갖추는 경우의 수를 빼서 확률을 계산한다. 다시 말하면

P(고객 A 또는 고객 B 자격 갖춤) =
P(고객 A가 자격 갖춤) + P(고객 B가 자격 갖춤) − P(고객 A와 B 모두 자격 갖춤)
= (0.35) + (0.35) − (0.35 × 0.35) (두 사건이 독립적이기 때문이다)
= (0.35) + (0.35) − (0.1225)
= 0.5775

이 방법은 일반적으로 널리 쓰여질 수 있다. 두 사건의 확률을 더한 다음 중복이 되지 않기 위해서 그들의 교집합의 확률을 뺀다. 상호배반적인 사건이 아니더라도 사용할 수 있는 **일반화된 덧셈 법칙**(General Addition Rule)이다.

P(A 또는 B) = P(A) + P(B) − P(A 그리고 B)
사건 A와 B가 상호배반적이든 아니든 간에 어떤 사건에도 사용할 수 있다.

예시문제 일반화된 덧셈 법칙의 사용

리(Lee)는 두 명의 고객이 함께 매장에 들어올 때 그들의 행동은 독립적이지 않음을 알게 되었다. 사실 두 고객이 모두 구매할 확률은 20%다.

문제 : 두 명의 고객이 함께 매장을 방문했을 때 최소 1명이 구매할 확률은 얼마인가?

답 : 두 사건이 독립적이지 않음을 알고 있다. 그래서 일반화된 덧셈 법칙을 사용해야 한다.

$$\begin{aligned} P(\text{두 명 모두 구매}) &= P(\text{A가 구매 또는 B가 구매}) \\ &= P(\text{A가 구매}) + P(\text{B가 구매}) - P(\text{A와 B 모두 구매}) \\ &= 0.30 + 0.30 - 0.20 = 0.40 \end{aligned}$$

확인문제

2. 성공한 회사들도 가끔씩 높은 불량률을 가진 제품을 만들기도 한다. 한 유명한 예는 애플사의 작은 저장 디스크 드라이브를 가진 40GB 클릭 휠 아이팟이 있다. Macintouch.com에 따르면 이 기기 중에 30%가 결과적으로 불량이었다. 불량이 독립적이라고 가정하는 것이 합리적이다. 이러한 불량 기기를 파는 상점을 본적이 있는가?

a) 특정 40GB 클릭 휠 아이팟이 불량일 확률은 얼마인가?

b) 2개의 40GB 클릭 휠 아이팟이 모두 불량인 상태로 팔리게 될 확률은 얼마인가?

c) 매장에서 판매한 첫 번째 불량품이 그날 세 번째로 판 상품일 확률은 얼마인가?

d) 특정한 날 매장에서 판매하는 5개의 상품 중 최소 하나의 불량품이 있을 확률은 얼마인가?

길잡이 문제 M&M의 현대 시장조사

1941년 M&M의 밀크 초콜릿 캔디는 2차 세계대전 때 갈색, 노란색, 오렌지색, 빨간색, 초록색, 그리고 보라색의 6가지 색깔로 미군 병사들에게 소개되었다. M&M의 제품을 생산하는 회사인 마스는 그 이후 몇 년 동안 새로운 색을 마케팅 및 광고 이벤트로 여러 번 출시해왔다. 1980년 M&M의 제품은 16개국에 국제적인 판매를 시작하였다. 1995년에는 새로운 색을 출시하기 위해서 전 세계적인 설문조사를 실시하였다. 그 조사에서 1,000만 명 이상의 사람들은 파란색에 투표를 하였다. 그들은 심지어 뉴욕의 엠파이어스테이트 빌딩의 조명을 이용하여 파란색의 추가를 도와달라고 광고를 하기도 하였다. 2002년에는 새로운 색의 조사를 위해서 인터넷을 사용하였다. 세계 200여 국의 아이들은 인터넷, 전화 혹은 우편을 통하여 설문조사에 응답하였다. 수백만의 응답자들은 보라색, 핑크색, 암회색을 선택하였다. 그 중에서 승자는 보라색이었다. 짧은 시간 동안 보라색은 세계적으로 판매되었다. (2010년에는 갈색, 노란색, 빨간색, 파란색, 오렌지색 그리고 초록색이 있었음에도 불구하고) 미국에서는 42%의 사람들이 보라색에 투표했고 37%는 암회색 그리고 19%가 핑크색에 투표했다. 그러나 일본에서는 투표자의 38%가 핑크색에 36%가 암회색에 그리고 16%가 보라색에 투표했다. 그렇다면 일본에서 조사된 퍼센트를 이용하여서 몇 가지 문제를 풀어보자.

1. 일본에서 진행된 M&M의 설문조사에서 핑크색과 암회색 중 하나를 선호하는 응답자를 임의로 선택할 확률은 얼마인가?
2. 2명의 응답자를 임의로 뽑을 경우 두 사람 모두 보라색을 선택할 확률은 얼마인가?
3. 3명의 응답자를 임의로 뽑을 경우 적어도 1명이 보라색을 선호할 확률은 얼마인가?

계획

준비 한 사건의 확률은 장기적인 상대도수다. 이것은 사건의 많은 반복 시행을 지켜보고, 똑같은 가능성을 지닌 사건으로부터 추론하거나 혹은 다른 여러 정보를 이용하는 등 몇 가지 방법으로 결정될 수 있다. 여기 3가지 반응의 상대도수에 대해서 이야기한 것들이 있다.

M&M의 웹사이트는 일본인 응답자들의 색에 대한 응답의 비율을 발표했다. 이것들은 응답자들이 각각 선호하는 색을 선택할 확률을 알려준다.

P(핑크색) = 0.38

P(암회색) = 0.36

P(보라색) = 0.16

확률이 타당하다는 것은 확실히 해야 한다. 여기

각각의 확률은 0과 1 사이에만 존재하지만 합계가 1이 되지 않는다.

	서는 그렇지 않다. 투표를 하면서 실수를 했거나 몇몇의 응답자들은 주어진 3가지 색 이외의 색을 선택했기 때문이다. 다른 나라의 조사 결과도 비슷한 결함을 보였다. 색에 대한 선호가 없는 사람이나 다른 색을 적은 사람이 투표한 것을 볼 수 있다.	나머지 응답자의 10%는 색의 선호를 표시하지 않거나 다른 색을 적은 사람들이다. 이것을 '기타'에 넣고 P(기타) = 0.10를 추가한다. 이 추가와 함께 확률에 대한 정당한 근거를 가질 수 있다.

문제 1. 일본 M&M 조사의 임의로 선택한 응답자가 핑크색이나 암회색 중 하나의 색을 선호할 확률은 얼마인가?

계획	**준비** 요구하는 조건을 확인하고 사용하기 위해서 어떤 법칙을 선택할지 결정하라	'핑크색'과 '암회색'의 사건은 각각의 결과이다. (응답자들은 두 가지 색을 선택할 수 없다.) 그래서 이 사건들은 상호배반적이며, 일반화된 덧셈 법칙을 적용할 수 있다.
실행	**실행방안** 풀이 과정을 보아라.	P(핑크색이나 암회색) = P(핑크색) + P(암회색) − P(핑크색과 암회색 모두 선택) = 0.38 + 0.36 − 0 = 0.74 응답자들은 한 색만을 선택할 수 있기 때문에 핑크색과 암회색 모두를 선택할 확률은 0이다.
보고	**결론** 적절한 상황에서 결과를 해석해보라.	응답자가 핑크색이나 암회색을 선택할 확률은 0.74이다.

문제 2. 2명의 응답자를 임의로 선택할 경우 두 사람 모두 보라색을 선호한다고 응답할 확률은 얼마인가?

계획	**준비** '모두'라는 단어는 *P*(A 그리고 B)을 원한다는 것을 암시하며 이것은 곱셈 법칙을 필요로 한다. 요구하는 조건을 확인해보자.	**독립성** 한 응답자의 선택이 다른 응답자의 선택에 영향을 줄 가능성이 낮다. 그래서 그 사건은 독립적이라고 하며 곱셈 법칙을 사용할 수 있다.
실행	**실행방안** 풀이 과정을 보아라. 두 응답자 모두 보라색을 선택하기 위해서는 각각의 응답자는 반드시 보라색을 선택해야 한다.	P(모두 보라색을 선택) = P(첫 번째 응답자가 보라색을 선택하고 그리고 두 번째 응답자가 보라색을 선택) = p(첫 번째 응답자가 보라색을 선택) × p(두 번째 응답자가 보라색을 선택) = 0.16 × 0.16 = 0.0256
보고	**결론** 적절한 상황에서 결과를 해석해보라.	두 응답자 모두 보라색을 선택한 확률은 0.0256이다.

문제 3. 3명의 응답자를 임의로 선택할 경우 적어도 1명이 보라색을 선호할 확률은 얼마인가?

계획	**준비** '적어도 1명'이라는 말은 여사건 법칙을 알려주는 힌트이며 여기에 가장 좋은 방법이 있다. '적어도 1명이 보라색을 선호한다'는 사건의 여사건은 '아무도 보라색을 선호하지 않는다'이다. 다음 조건을 확인해보자.	P(적어도 1명이 보라색 선택) = P({아무도 보라색을 선택하지 않음}^{C}) = 1 − P(아무도 보라색을 선택하지 않음) **독립성.** 임의로 3명의 응답자를 선택하기 때문에 이 사건은 독립적이며 곱셈 법칙을 사용할 수 있다.
실행	**실행방안** 곱셈 법칙을 사용하여 P(아무도 보라색을 선택하지 않음)를 계산할 수 있다.	P(아무도 보라색을 선택하지 않음) = P(첫 번째 응답자가 보라색을 선택하지 않음)

	×P(두 번째 응답자가 보라색을 선택하지 않음) ×P(세 번째 응답자가 보라색을 선택하지 않음) = [P(아무도 보라색을 선택하지 않음)]^3 P(아무도 보라색을 선택하지 않음) = 1 − P(보라색을 선택) = 1 − 0.16 = 0.84 그 다음 얻고자 했던 확률을 구하기 위해서 여사건 법칙을 사용할 수 있다. P(아무도 보라색을 선택하지 않음) = (0.84)^3 = 0.5927 P(적어도 1명이 보라색을 선택) = 1 − P(아무도 보라색을 선택하지 않음) = 1 − 0.5927 = 0.4073
보고 **결론** 적절한 상황에서 결과를 해석해보라.	적어도 1명의 응답자가 보라색을 선택할 확률은 약 40.7%이다.

7.5 결합확률과 분할표

상품 행사의 일환으로 한 체인점에서는 고객들에게 이름, 집 주소, 전화번호, 그리고 이메일 주소와 같은 개인 정보를 받으면서 세 가지 상품 중에서 어떤 것을 가장 받고 싶은지를 설문조사했다. 다음 〈표 7.2〉에서 이를 분할표로 정리해보았다.

	MP3	카메라	자전거	총합
남성	117	50	60	227
여성	130	91	30	251
총합	247	141	90	478

표 7.2 478명의 고객에 대한 상품 선호도

주변 확률(marginal probability)은 확률을 계산하기 위해 주변 빈도(행의 총합 또는 열의 총합)를 사용한다.

만약 이 고객들 중에서 임의로 한 사람을 뽑아서 상품을 준다고 했을 때 여성이 뽑힐 확률은 상대도수에 해당하는 것이다. (478명의 고객 가운데서 1명을 뽑을 확률은 모두 똑같은 가능성을 가지기 때문이다.) 총 고객 478명 중에서 여성 251명의 확률은 다음과 같다.

$$P(\text{여성}) = 251/478 = 0.525$$

이것을 **주변확률**(marginal probability)이라고 한다. 왜냐하면 표의 주변에서 구해지는 합계를 통해서 알아낼 수 있기 때문이다. 이와 같은 방법은 더 복잡한 사건에도 적용될 수 있다. 예를 들면 카메라를 선호한 여성이 당첨될 확률은 얼마인가? 그들의 선호도에 따르면 91명의 여성이 카메라를 선호하고 있다. 그래서 확률은 다음과 같다.

$$P(\text{여성이며 카메라를 선호}) = 91/478 = 0.190$$

두 사건이 함께 일어날 확률을 알려주기 때문에 이러한 확률을 **결합확률**(joint probability)이라고 한다. 선호하는 상품이 자전거인 고객이 당첨될 확률은 다음과 같다.

$$P(\text{자전거 선호}) = 90/478 = 0.188$$

예시문제 주변 확률

리(Lee)는 남성과 여성은 서로 다른 종류의 상품을 구매할 것이라고 생각했다(192쪽의 예를 참고하라). 다음 표는 100명의 고객이 구매한 상품의 종류를 나타낸 것이다.

	일반 전등	패션 전등	총합
남성	40	20	60
여성	10	30	40
총합	50	50	100

문제 : 고객 중에서 1명을 선택했을 때 여성일 확률은 얼마인가? 임의로 한 고객을 선택했을 때 그 고객이 패션 전등을 구매한 남성일 확률은 얼마인가?

답 : 표의 주변의 총합에서 고객의 40%가 여성이므로 여성 고객을 뽑을 확률은 0.40이다. 패션 전등을 구매한 남성의 수를 표에서 찾아보면 100명 중 20명이다. 그래서 패션 전등을 구매한 남성을 뽑을 확률은 0.20이다.

7.6 조건부 확률

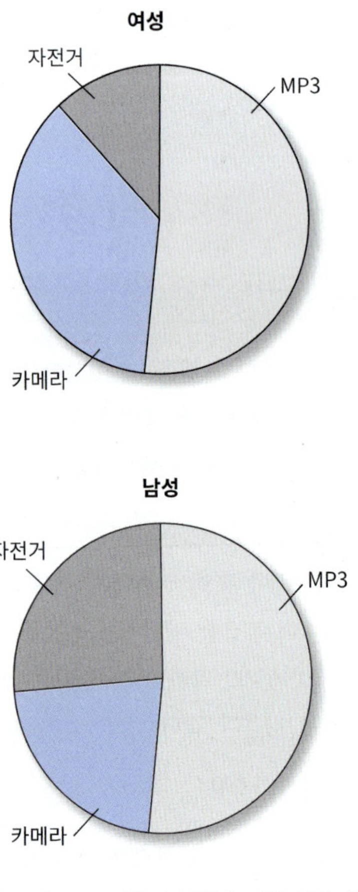

그림 7.2 여성과 남성에 대한 상품 선호도의 조건부 분포

표본 공간이 478명의 모든 고객이기 때문에 확률로 상대도수의 개념을 사용할 수 있다. 만약에 선택된 고객이 여성이라는 것을 미리 안다면 어떻게 될 것인가? 선택된 고객의 선호하는 상품이 자전거인 확률은 변하는가? 틀림없이 그럴 것이라고 생각할 것이다. 파이 차트는 여성이 남성보다 자전거를 선호할 가능성이 적다는 것을 보여준다. 여성에게만 초점을 집중하게 되면 표에서 여성의 열만 보게 되며 이 열은 여성에 대한 조건부 분포를 알려준다. 251명의 여성 중에서 오직 30명만이 선호하는 상품으로 자전거를 말했다. 여성을 선택한 것을 고려하여 선택된 고객이 자전거를 원할 확률을 다음과 같이 쓸 수 있다.

$$P(\text{자전거} \mid \text{여성}) = 30/251 = 0.120$$

표의 맨 위 열에서 남성에게 주어진 상품의 조건부 분포를 확인할 수 있다. 227명의 남성 중에서 60명이 선호하는 상품이 자전거라고 말했다. 이를 확률로 표현해보면 $P(\text{자전거} \mid \text{남성}) = 60/227 = 0.264$이며, 여성이 자전거를 선호할 확률보다 2배 이상 높은 것을 알 수 있다. (그림 7.2 참조)

일반적으로 조건부 분포로부터 사건의 확률을 구하고자 할 때 $P(B \mid A)$라 쓰고 "주어진 A사건에 대한 B의 확률"이라고 읽는다. 주어진 조건을 고려하는 확률을 **조건부 확률**(conditional probability)이라고 부른다.

구한 확률을 살펴보자. 단순히 숫자를 세는 것에는 익숙했지만 확률을 이용하지는 못했다. 상품으로 자전거를 선택한 여성이 30명 있고 251명의 여성 고객이 있다. 그래서 여성이면서 자전거를 선호하는 고객을 뽑을 확률을 30/251로 구할 수 있다. 주어진 사건 A

가 일어났을 때 사건 B가 일어날 확률을 구하기 위해서 사건 A의 결과에 대한 관심을 제한한다. 그 다음 B가 발생한 그 결과의 일부를 찾을 수 있다. 공식으로 적어보면 다음과 같다.

$$P(\text{B} \mid \text{A}) = \frac{P(\text{A 그리고 B})}{P(\text{A})}$$

표기법 주의!

$P(\text{B} \mid \text{A})$는 주어진 사건 A가 일어났을 때 사건 B의 조건부 확률이다.

이 공식을 〈표 7.2〉의 분할표의 확률들을 이용해서 직접 적용해볼 수 있다.

$$P(\text{자전거} \mid \text{여성}) = \frac{P(\text{자전거 그리고 여성})}{P(\text{여성})} = \frac{30/478}{251/478} = \frac{0.063}{0.525} = 0.120$$

조건부 확률의 공식은 한 가지 제한이 필요하다. 이 공식은 주어진 사건의 확률이 0보다 클 경우에만 성립한다. 만약 $P(\text{A})$가 0이라면 공식을 성립되지 않는다. 왜냐하면 주어진 사건 A가 반드시 성립해야 사건 A에 대한 조건부 확률이 만들어지게 되는 것이므로 A의 확률이 0이면 이것은 모순이 되고 만다.

법칙 7. 사건 A와 사건 B가 일어날 확률에 대한 곱셈 법칙을 기억하라.

$$P(\text{A 그리고 B}) = P(\text{A}) \times P(\text{B})$$

이것은 사건 A와 B가 독립적일 때 사용한다. 하지만 지금 독립적인 사건이 아니어도 사용할 수 있는 더욱 일반화된 법칙을 사용하려고 한다.

조건부 확률에 대한 방정식은 사건 A와 사건 B의 확률을 포함한다. 방정식을 재배열하는 것은 독립적이지 않은 복합 사건을 위한 **일반화된 곱셈 법칙**(General Multiplication Rule)을 사용할 수 있게 한다.

$$P(\text{A 그리고 B}) = P(\text{A}) \times P(\text{B} \mid \text{A})$$

어떤 두 사건 A와 B에 대해서도 성립

두 사건 A와 B의 확률은 사건 A가 일어나고 B가 일어날 확률을 곱한 것이다. 즉, 사건 A가 일어날 확률과 주어진 사건 A에 대하여 사건 B가 일어나는 조건부 확률을 곱한 것과 같다.

물론 어떤 사건을 A라고 부르고 어떤 사건을 B라고 부르는 것과는 아무 상관이 없다. 이것은 반대로 말할 수 있어야 하며 실제로 그렇게 할 수 있다.

$$P(\text{A 그리고 B}) = P(\text{B}) \times P(\text{A} \mid \text{B})$$

사건이 독립적이다라는 말의 의미를 다시 한번 생각해보자. 4장에서 독립적이라는 것은 어떤 사건의 결과가 다른 사건의 확률에 영향을 미치지 않는 것임을 배웠다. 지금 배운 조건부 확률에 대한 표기법으로 하나의 형식적 정의를 작성할 수 있다. 사건 A와 B는 언제든지 **독립적**(independent)이다.

$$P(\text{B} \mid \text{A}) = P(\text{B})$$

지금 우리는 독립적인 사건들에 대한 곱셈 법칙이 단지 일반화된 곱셈 법칙의 특별한 경우라는 것을 보게 될 것이다. 일반화된 법칙에서는 사건이 독립적이든지 아니든지 다음과 같이 말한다.

$$P(\text{A 그리고 B}) = P(\text{A}) \times P(\text{B} \mid \text{A})$$

하지만 사건 A와 B가 독립적일 때 $P(\text{B} \mid \text{A})$를 $P(\text{B})$로 쓸 수 있고, 다음과 같이 간단한 공식을 정리할 수 있다.

$$P(\text{A 그리고 B}) = P(\text{A}) \times P(\text{B})$$

때때로 사람들은 독립적인 사건의 정의로 이러한 문장을 사용하지만 좀더 직관적인 정의를 찾을 수 있다. 사건들이 독립적일 때 한 사건이 일어날 확률은 다른 사건이 일어날 확률에 영향을 끼치지 않는다는 사실이다.

좀 더 쉬운 예를 들어보면 자전거를 뽑을 확률과 고객의 성별은 독립적인가? $P(\text{자전거}) = 0.189$와 동일한지 아닌지를 확인해야 한다.

$$P(\text{자전거} \mid \text{남성}) = \frac{P(\text{자전거 그리고 남성})}{P(\text{남성})} = \frac{0.126}{0.475} = 0.265$$

독립
이번 장에서 꼭 이해하고 기억해야 할 핵심개념은 독립에 대한 의미와 정의이다.

이 확률이 동일하지 않기 때문에 상품에 대한 선호도와 고객의 성별이 독립적이지 않다는 것을 알 수 있다. 표의 결합확률 중 적어도 한 확률이 주변확률의 곱과 같지 않을 때 이 변수들은 독립적이지 않는 것이라고 말한다.

- **독립적** vs. **배타적**. 배타적인 사건은 독립적인 사건인가? 두 개념은 사건들은 분리하고 구분한다는 점에서 비슷한 개념 같지만, 사실 배타적인 사건은 독립적인 사건이 될 수 없다.[3] 그 이유를 살펴보자. 두 개의 배타적인 사건 {A학점을 받음}, {B학점을 받음}을 고려해보자. 이 두 사건은 공통의 결과를 가지고 있지 않기 때문에 배타적이라고 할 수 있다. A학점을 받았다고 가정해보자. 이제 B학점을 받을 확률은 얼마인가? 두 학점을 모두 받을 수는 없으므로 그 확률은 반드시 0이 된다.

  어떤 의미인지 생각해보자. 첫 번째 사건(A학점을 받는 것)이 일어난다는 사실은 두 번째 사건(B학점을 받는 것)이 일어날 확률을 0으로 변하게 한다. 즉 일어나지 않게 된다. 그래서 이 사건은 독립적이지 않다.

  상호 배타적인 사건은 독립적인 사건이 될 수 없다. 그 사건들은 공통의 결과를 가지고 있지 않는다. 그래서 한 사건이 일어나는 것은 다른 사건이 일어나지 않는다는 것을 의미한다. 배타적인 사건을 독립적인 사건으로 취급하여 독립적인 사건에 대한

[3] 엄밀히 말하면 두 배타적인 사건은 독립적이 될 수 있지만 사건의 확률이 0일 때에만 가능하다. 실제로는 일어날 가능성이 없는 일에 대한 자료를 수집하지 않기 때문에 이 경우를 무시할 수 있다.

곱셈 법칙을 적용하는 일반적인 실수를 하지 않도록 하자.

예시문제 조건부 확률

문제 : 198쪽의 표를 사용하여 고객이 패션전등을 구매할 경우 그 고객이 여성일 확률은 얼마인가?

답 : P(여성 | 패션전등) = P(여성 그리고 패션전등) / P(패션전등)
= 0.30/0.50 = 0.60

7.7 분할표(Contingency Table) 만들기

때때로 분할표가 없는 확률들을 접할 때가 있다. 그런 경우 그 확률에 해당하는 간단한 분할표를 만들어서 문제를 풀어갈 수 있다.

뉴욕 북부에 있는 부동산의 조사는 주택 가격을 2가지 범주로 나누었다. ($175,000 미만은 "낮음"으로 표기하고 $175,000 이상은 "높음"으로 표기한다.) 또한 주택에 최소한 2개의 욕실이 있는지의 여부에 대해서 "있음" 또는 "없음"으로 표시하도록 했다. 조사 결과 주택의 56%는 최소한 2개의 욕실이 있었고, 62%는 주택 가격이 $175,000 미만이었으며, 22%는 욕실이 최소한 2개며 주택 가격이 $175,000 미만으로 나타났다. 이 정보들을 이용해서 분할표를 만들 수 있다. 퍼센트를 확률로 변환하여 표기하면 다음과 같다.

		최소한 2개의 욕실		
		있음	없음	총합
가격	낮음	0.22		0.62
	높음			
	총합	0.56		1.00

확률 0.56과 0.62는 주변확률이다. 그래서 표에서 주변에 넣었다. 최소한 2개의 욕실이 있고 주택가격이 $175,000 미만인 22%의 주택은 무엇인가? 그것은 결합확률이며 표의 안쪽에 속하는 것이다.

표의 칸들이 배타적인 사건을 나타내기 때문에 확률은 항상 총합 칸의 행 또는 열을 합하여 구할 수 있다.

		최소한 2개의 욕실		
		있음	없음	총합
가격	낮음	0.22	0.40	0.62
	높음	0.34	0.04	0.38
	총합	0.56	0.44	1.00

이제 분할표를 이용해서 간단하게 다른 확률들도 구할 수 있게 되었다. 예를 들어 $175,000 이상의 주택이며 최소한 2개의 욕실을 가진 주택의 확률은 얼마인가?

P(최소한 2개의 욕실 | \$175,000 이상의 가격)

= P(최소한 2개의 욕실 그리고 \$175,000 이상의 가격) / P(\$175,000 이상의 가격)

= 0.34/0.38 = 0.895 또는 89.5%

확인문제

3. 슈퍼마켓이 하루 중 가장 바쁜 시간과 하루의 고객을 알아내기 위해 설문조사를 진행하였다. 설문조사는 응답자들에게 다음과 같은 두 가지의 질문을 하였다. 첫 번째 질문은 고객들이 주중에 방문하는지 주말에 방문하는지를 묻는 질문이고, 두 번째 질문은 오후 5시 이전에 방문하는지 5시 이후에 방문하는지를 물어보는 것이다. 조사는 다음과 같이 나타났다.

- 고객의 48%는 오후 5시 이전에 방문했고, 27%는 주중(월요일−금요일)에 방문했다.
- 5시 이전에 방문한 고객의 7%는 주중에 방문한 고객이다.

a) 시간과 요일의 변수에 대한 분할표를 만들어보아라.
b) 주중에 방문하고 5시 이전에 방문한 고객이 임의로 선택될 확률은 얼마인가?
c) 시간과 요일은 배타적인 사건인가?
d) 시간과 요일은 독립적인 사건인가?

7.8 확률 나무

몇몇 결정은 확률의 미묘한 평가를 포함한다. 자연 상태의 다양한 확률을 감안할 때, 분석가들은 의사결정 과정을 통해 생각하는 것을 돕는 확률 나무(probability tree) 또는 **나무 다이어그램**(tree diagram)이라 불리는 그림을 사용한다. 확률 나무는 사건의 순서를 나무가지가 뻗어나가는 것처럼 묘사해서 보여준다. 확률 나무의 이러한 점은 분석가들이 몇몇 가능한 시나리오들을 비교할 수 있게 한다. 여기 만들어진 예시가 있다.

스마트폰과 같은 개인 전자기기는 점점 더 유용해지고 있다. 이러한 기기들의 부품을 제조하는 것은 도전적인 일이며, 동시에 소비자들은 더 많은 기능을 요구하고 더 견고해지기를 원한다. 현미경과 극미소 물체의 간헐적인 성능 고장을 일으키는 결함은 제작기간 동안 발생할 수 있다. 결함은 항상 발생한다. 그래서 제조공정을 담당하는 품질 엔지니어는 결함의 수를 항상 감독해야 하고 생산 공정에 이상이 생길 것 같으면 조치를 취해야 한다.

결함의 수가 임계치를 넘어섰고 생산공정에 이상이 생겼다고 선언되어 엔지니어를 생산라인에 불렀다고 가정하자. 그녀는 두 가지 조치를 취할 수 있다. 하나는 부품을 조립하는 로봇을 조금만 조정하여 여러 문제를 해결할 수 있고, 다른 하나는 더 복잡한 문제를 해결하기 위해서 전체 생산라인을 중단하고 정확한 문제의 원인을 찾는 것이다. 로봇을 조정하는 것은 대략 1시간만 생산을 중단하면 되지만, 생산라인 전체를 중단시키는 것은 최소한 다음 교대가 있을 때까지의 시간인 8시간이 필요했다. 당연히 그 공장의 관리자는 간단한 조정만 하기를 원했다. 그러나 문제의 심각성이나 원인을 정확히 알지 못한 채 조정만으로 성공여부를 확신할 수 없었다.

엔지니어가 간단한 조정만 할지 여부를 예측하려면 결정을 돕기 위해 확률 나무를 이용할 수 있다. 경험에 기초하여 세 가지 가능한 문제들을 생각했다. (1) 마더보드에 불완전한 접속이 있을 것이다. (2) 메모리에 불완전한 접속의 원인이 될 것이다. (3) 몇몇의 경우는 조립라인에서 배치가 잘못된 경우이다. 과거의 경험을 통해 이러한 문제들이 얼마나 자주 발생하는지, 간단한 조정만으로 각각의 문제들을 해결할 가능성이 얼마나 되는지 알고 있다. 마더보드에 문제가 있는 경우는 드물게 10%, 메모리에 문제가 있는 경우는 약 30%, 그리고 배치에 문제가 있는 경우는 흔히 발생하는 60%이다. 우리는 이를 토대로 확률 나무의 첫 가지를 시작할 수 있다.

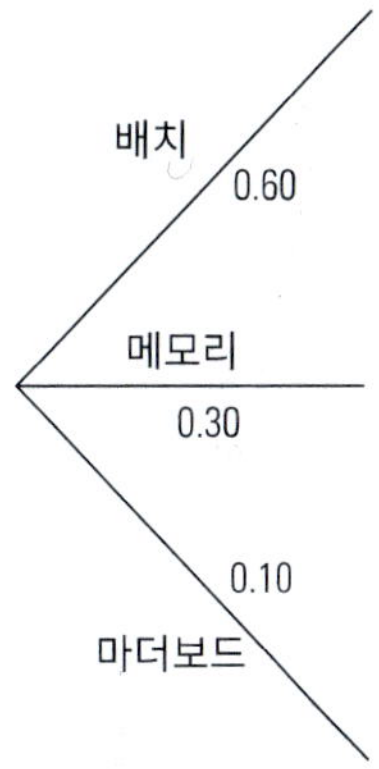

| 그림 7.3 가능한 문제들과 그들의 확률

모든 가능성을 살펴보았고 그리하여 확률의 합은 1인 것을 알았다. 이 그림으로 간단한 조정으로 문제를 해결할 수 있는 조건부 확률을 추가할 수 있다. 대부분의 경우 엔지니어는 자신의 경험에 의존하거나 이 확률들을 결정하기 위해 팀을 구성할 것이다. 예를 들어 마더보드의 접속 문제가 단순한 조정으로 해결될 가능성이 없는 것을 알고 있다. *P*(고침 | 마더보드)=0.10. 몇몇의 토의를 거친 후 그 팀은 *P*(고침 | 메모리)=0.50, 그리고 *P*(고침 | 배치)=0.80라고 결정했다. 문제 유형을 나타내는 확률 나무 각각의 가지의 끝에 두 가지 가능성(고침 또는 못 고침)을 그릴 수 있고 가지에 조건부 확률을 작성한다.

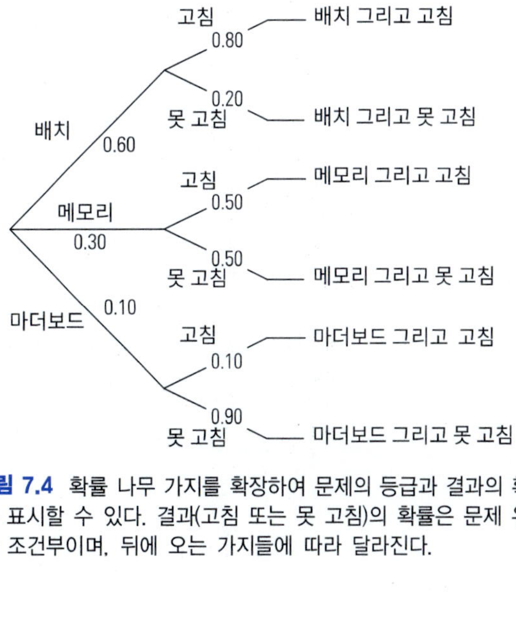

| 그림 7.4 확률 나무 가지를 확장하여 문제의 등급과 결과의 확률을 모두 표시할 수 있다. 결과(고침 또는 못 고침)의 확률은 문제 유형에 대한 조건부이며, 뒤에 오는 가지들에 따라 달라진다.

두 번째 가지의 끝에 두 가지들의 조합에 해당하는 결합 사건을 적을 수 있다. 예를 들어 가장 위의 가지는 배치에서 발생한 문제의 조합이며, 그 문제는 간단한 조정으로 해결되는 사건들의 결합이다. 각각의 결합 사건에 대한 결합 확률을 계산하기 위해 일반화된 곱셈 법칙을 사용할 수 있다. 예를 들면 다음과 같다.

$$P(\text{배치 그리고 고침}) = P(\text{배치}) \times P(\text{고침} \mid \text{배치})$$
$$= 0.60 \times 0.80 = 0.48$$

해당하는 사건의 옆에 이 확률을 적을 수 있다. 모든 가지의 조합에 대해 확률을 적으면 〈그림 7.5〉와 같다.

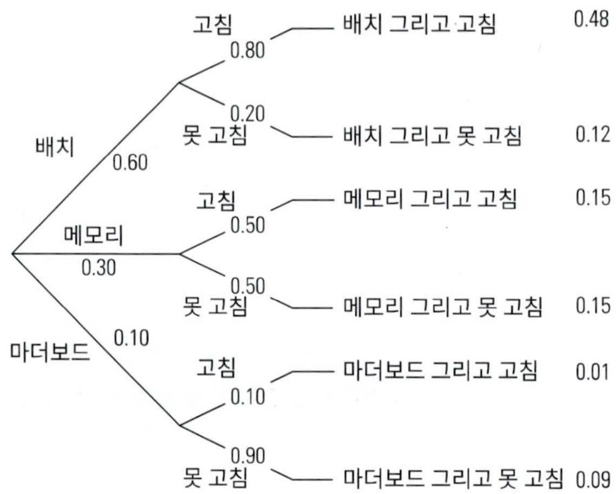

| 그림 7.5 사건을 의미하는 나무의 각 가지를 따라 확률을 곱함으로써 복합사건의 확률을 구할 수 있다. 다만 이것은 일반화된 곱셈 법칙을 이용한 것이다.

맨 오른쪽의 모든 확률들은 모두 배타적이다. 왜냐하면 모든 마디에서 모든 선택들은 배타적인 대안들이기 때문이다. 그리고 이러한 대안들은 모든 가능성이 있으므로 맨 오른쪽에 있는 확률의 합은 1이 되어야 한다.

최종 결과들은 배타적이기 때문에 복합 사건에 대한 확률을 찾는데 주어진 확률의 조합을 추가할 수 있다. 다시 엔지니어의 문제로 돌아와서 단순한 조정으로 문제가 해결될 확률은 얼마인가?라는 질문에 맨 오른쪽에 있는 고침이라고 된 모든 결과로 그 확률을 구할 수 있다. 고침이라고 된 사건들은 모두 3개이다. 이 셋을 더하면 0.48+0.15+0.01=0.64이다. 그래서 단순한 조정으로 문제가 해결될 확률은 64%이다. 또한 생산라인을 오랫동안 멈춰야 하는 보다 주의 깊은 조사를 요구하게 될 확률은 36%이다.

*7.9 조건부 확률의 조건을 반대로 하기: 베이즈 정리(Bayes' Rule)

앞의 이야기 속 엔지니어는 단순한 조정만 하기로 결정했고, 운이 좋게도 엔지니어의 판단은 유효했다. 이제 그녀가 생각하는 문제가 어떤 것이었는지 다음 교대하는 품질 엔지니어에게 보고해야 한다. 배치의 문제나 마더보드의 문제일 가능성이 더 있는가? 이 문제들의 확률에 대해서 사전에 알고 있지만 더 많은 정보를 가지고 있으므로 그것은 변할 것이다. 각각의 가능한 문제들의 확률은 얼마인가? 실제로 그 문제는 일어나는가?

불행히도 〈표 7.5〉의 확률들을 읽을 수 없다. 예를 들어 확률 나무는 P(고침 그리고 배치)=0.48이라는 것을 알려주지만 P(배치 | 고침)을 알기를 원한다. P(고침 | 배치)=0.80이라는 것을 알고 있지만 이것은 같은 것이 아니다. 조건부 확률 상황에서 조건의 순서를 바꾼다고 그것이 유효하다고 볼 수 없다. 확률로 돌아가기 위해서 조건부 확률의 정의에 대해서 다시 살펴볼 필요가 있다.

$$P(\text{배치} \mid \text{고침}) = \frac{P(\text{배치 그리고 고침})}{P(\text{고침})}$$

확률 나무로부터 분자의 확률을 찾을 수 있다. 그리고 분모의 확률은 확률 나무의 맨 오른쪽 가지 끝에 고침에 해당하는 모든 확률들을 더해서 계산할 수 있다. 수식에 그 값을 넣음으로써 엔지니어는 다음을 구할 수 있다.

$$P(\text{배치} \mid \text{고침}) = \frac{0.48}{0.48 + 0.15 + 0.01} = 0.75$$

모든 문제의 60%가 배치의 문제 때문이라는 것을 알고 있었지만, 이제 그녀는 그 문제가 해결되었음을 알고 있고 더 많이 알고 있다. 간단한 조정으로 문제를 해결할 수 있는 것에 대한 추가적인 정보를 통해서 배치 문제의 확률을 0.75까지 늘릴 수 있다.

일반적으로 이 문제를 해결하기 위한 가장 쉬운 방법은 확률 나무로부터 알맞은 확률을 읽는 것이다. 그러나 조건부 확률의 반대를 찾기 위해 일반적인 공식을 작성할 수 있다. 이것을 이해하기 위해서 예를 다시 한번 복습해보자. A_1={배치}, A_2={메모리}, A_3={마더보드}는 세 가지 문제의 유형을 나타낸다. B={고침}은 단순한 조정으로 문제를 해결했음을 의미한다. 그리고 $P(B \mid A_1)=0.80$, $P(B \mid A_2)=0.50$, $P(B \mid A_3)=0.10$임을 알고 있다. 세 가지 가능한 문제 유형들에 대한 반대확률 $P(A_i \mid B)$를 찾고자 한다. 조건부 확률의 정의로부터 (다른 세 가지 문제의 유형들에 대해서도) 다음을 알 수 있다.

$$P(A_i \mid B) = \frac{P(A_i \text{ 그리고 } B)}{P(B)}$$

여전히 이것들 중 하나를 모르지만 $P(A_i$ 그리고 $B)=P(B \mid A_i)P(A_i)$임을 찾기 위해 조건부 확률의 정의를 다시 한번 사용할 수 있다. 결국 세 가지 사건의 확률을 합함으로써 $P(B)$를 찾을 수 있다.

$$P(\mathrm{B}) = P(\mathrm{A}_1 \text{ 그리고 B}) + P(\mathrm{A}_2 \text{ 그리고 B}) + P(\mathrm{A}_3 \text{ 그리고 B}) = P(\mathrm{B} \mid \mathrm{A}_1)P(\mathrm{A}_1) + P(\mathrm{B} \mid \mathrm{A}_2)P(\mathrm{A}_2) + P(\mathrm{B} \mid \mathrm{A}_3)P(\mathrm{A}_3)$$

일반적으로 n사건에 대한 A_i는 상호 배타적(각각의 쌍의 교집합은 없다)이고 하나도 빠뜨리지 않고 모든 경우의 수를 포함한다. 그래서 우리는 이런 공식을 도출할 수 있다.

$$P(\mathrm{A}_i \mid \mathrm{B}) = \frac{P(\mathrm{B} \mid \mathrm{A}_i)\ P(\mathrm{A}_i)}{\sum_j P(\mathrm{B} \mid \mathrm{A}_j)\ P(\mathrm{A}_j)}$$

이 공식은 베이즈 정리로 알려져 있다. 이 공식을 만든 사람은 목사인 토마스 베이즈(Thomas Bayes 1702~1761)였는데 역사가들조차도 처음에 베이즈가 이 공식을 만들었는지 몰랐다고 한다. 조건부 확률의 반대를 찾으려고 할 때 확률 나무를 그려서 알맞은 확률을 가지의 처음부터 차근차근 찾아가면 된다. 그러나 이 공식은 그 수고를 덜어주는 일반적인 공식이다.

무엇이 잘못될 수 있는가?

- **'확률의 합은 1은 넘지 않는다'는 것을 알자.** 확률의 할당이 타당해지기 위해 모든 가능한 결과에 대한 확률의 합은 반드시 1이어야 한다. 만약에 합이 1보다 작다면 또 다른 범주인 "기타"를 추가해야 하며 남아 있는 확률을 넣어야 한다. 반대로 만약에 그 합이 1보다 크다면 결과가 중복되었는지 확인해보라. 중복되어 있다면 당신은 상대도수를 헤아려 확률을 할당할 수 없다.
- **두 사건이 배타적이 아니라면 확률을 더하지 마라.** 덧셈 법칙을 사용하기 위해 두 사건은 배타적이어야 한다. 80세 미만이거나 여성일 확률은 80세 미만일 확률과 여성일 확률을 더한 값이 아니다. 그 합은 1이 넘을 것이다.
- **사건이 독립적이지 않다면 확률을 곱하지 마라.** 70세 이상이고 은퇴한 고객을 임의로 뽑을 확률은 고객이 70세 이상일 확률과 은퇴한 고객의 확률을 곱한 것이 아니다. 고객이 70세 이상인 것을 알면 그 고객이 은퇴를 했을 확률에 영향을 미친다. 그러므로 당신은 이 확률들을 곱할 수 없다. 독립적이지 않은 두 사건의 확률을 곱하는 것은 많은 사람들이 확률문제를 다룰 때 가장 많이 하는 일반적인 실수이다.
- **배타적이라는 말과 독립적이라는 말을 혼동하지 마라.** 배타적인 사건은 독립적일 수가 없다. 만약에 사건 A={당신이 승진} 그리고 사건 B={당신이 승진하지 못함}라면 A와 B는 배타적이다. 그러나 서로 독립적인가? 사건 A가 사실인 경우 사건 B의 확률에 영향을 미치는가? 그렇다. 사건 A가 사실이라면 B는 사실이 될 수 없다. 그래서 이 두 사건들은 독립적이지 않다.

통계분석의 올바른 사용

전국적으로 사업을 하고 있는 한 미용실 프랜차이즈는 마사지 스파 서비스를 포함하는 것을 고려하고 있다. 경영팀은 두 가지 서비스 제공(안면 마사지 또는 안마)을 통해 마사지 시장에 진입하는 것의 가능성을 조사하고자 한다. 경영팀의 한 멤버인, 쉐리 트래퍼(Sherrie Trapper)는 마사지 산업이 출판한 잡지에서 미용실 고객들이 구매할 가능성이 있는 서비스의 유형에 대해 보여주는 결과를 찾았다: 마사지 서비스를 제공하는 미용실을 방문하는 고객의 80%는 헤어 스타일링 서비스 때문이다. 그들 중, 50%는 또한 안면 마사지 서비스를 구매할 것이다. 반면에, 마사지 서비스를 제공하는 미용실을 방문하는 고객의 90%는 헤어 스타일링 서비스 또는 안마 서비스를 구매하기 위해서다. 쉐리는 이 결과를 어떻게 해석해야 할지 잘 몰랐지만 그들의 미용실 사업에 안면 마사지보다는 안마 서비스를 제공해야 한다고 주장했다. 왜냐하면 결과에서 90%란 수치가 50%보다 높기 때문이었다.

윤리적 이슈 쉐리는 그녀가 무엇을 주장하고 있는지 이해하지 못한다. 그녀는 조건부 확률을 단순 확률과 혼동하고 있으며 따라서 이 정보를 다른 경영팀 멤버들을 설득하는 데 사용해서는 안 된다(ASA 윤리적 가이드라인, 항목 A와 관련하여).

윤리적 해결책 쉐리는 그 출판된 결과들의 모든 세부사항들을 팀의 멤버들과 공유해야 한다. 그녀가 제시하고 있는 확률은 비교 불가능한 것이기 때문이다(하나는 조건부 확률이고 다른 하나는 결합 확률이다).

무엇을 배웠는가?

학습목표

- 확률의 할당이 타당한지 아닌지를 결정하기 위해서 확률에 대한 사실을 적용한다.
  - 확률은 장기적인 상대도수다.
  - 각각의 확률은 반드시 0과 1 사이의 값이다.
  - 모든 결과에 대한 확률의 합은 반드시 1이다.
- 대수의 법칙과 평균의 법칙에 대한 일반적인 이해들이 틀렸다는 것을 이해한다.
- 확률의 법칙과 그것을 적용하는 방법을 알아보자.
  - **여사건 법칙**은 P(A가 아님)$=P(A^C)=1-P(A)$이다.
  - 독립적인 사건들에 대한 **곱셈 법칙**은 주어진 사건 A와 B가 독립적인 경우 P(A 그리고 B)$=P(A)\times P(B)$이다.
  - **일반화된 곱셈 법칙**은 모든 사건 A와 B에 대하여 P(A 그리고 B)$=P(A)\times P(B \mid A)$이다.
  - 배타적인 사건들에 대한 **덧셈 법칙**은 모든 사건 A와 B에 대하여 P(A 또는 B)$=P(A)+P(B)$이다.
  - **일반화된 덧셈 법칙**은 모든 사건 A와 B에 대하여 P(A 또는 B)$=P(A)+P(B)-P$(A 그리고 B)이다.
- 분할표를 만들고 읽는 방법에 대해서 알아보자.
- 독립적이다라는 뜻을 정의하고 사용하는 방법을 알아보자.
  - 만약 $P(A \mid B)=P(A)$라면 사건 A와 B는 독립적이다.
- 조건부 확률을 이해하고 계산하기 위해서 확률 나무그림을 만들고 사용하는 방법을 알아보자.
- 조건부 확률을 계산하기 위해서 베이즈 정리를 사용하는 방법을 알아보자.

용어정리

덧셈 법칙 A와 B가 배타적인 사건일 때 A 또는 B의 확률은 $P(\text{A 또는 B}) = P(\text{A}) + P(\text{B})$이다.

여사건 법칙 사건이 발생할 확률은 1에서 사건이 일어나지 않을 확률을 뺀 것이다.

$$P(\text{A}) = 1 - P(\text{A}^{\text{C}})$$

조건부 확률

$$P(\text{B} \mid \text{A}) = \frac{P(\text{A 그리고 B})}{P(\text{A})}$$

$P(\text{B} \mid \text{A})$는 주어진 사건 A가 일어났을 때 사건 B의 확률이라고 읽는다.

배타적 또는 상호배반적인 사건 서로 공통된 결과를 갖지 않을 때 두 사건은 서로 상호배반적이라고 한다. 사건 A와 B가 배타적이라면 사건 A가 발생하면 사건 B는 발생하지 않는다. 배타적인 사건은 상호배반적이라고도 불린다.

상대도수에 의한 확률 아주 오랫동안 매우 많은 시행을 거쳐 상대도수에 의해서 구해진 확률을 상대도수에 의한 확률이라고 한다.

사건 결과의 모음이다. 일반적으로 확률을 사건과 연관 짓기 위해서 사건을 식별한다. 이러한 사건들을 A, B, C와 같이 굵은 대문자로 표기한다.

일반화된 덧셈 법칙 어떤 종류의 두 사건 A와 B에 대해서 A 또는 B의 확률은 다음과 같다.

$$P(\text{A 또는 B}) = P(\text{A}) + P(\text{B}) - P(\text{A 그리고 B})$$

일반화된 곱셈 법칙 어떤 종류의 두 사건 A와 B에 대해서 A와 B의 확률은 다음과 같다.

$$P(\text{A 그리고 B}) = P(\text{A}) \times P(\text{B} \mid \text{A})$$

독립(비공식적으로) 한 사건이 발생할 경우 다른 사건의 확률을 변화시키지 않는다면 두 사건은 독립적이다.

독립(공식적으로 사용되는) $P(\text{B} \mid \text{A}) = P(\text{B})$일 때 사건 A와 B는 독립적이다.

결합확률 두 사건이 모두 일어날 확률이다.

대수의 법칙 장기적으로 많은 반복을 시행했을 때, 독립적인 사건들은 시행 회수가 증가함에 따라 진짜 상대도수로 수렴하게 된다.

주변확률 결합확률 표에서 주변확률은 각 변수의 확률분포이다. 보통 표의 맨 오른쪽의 열 또는 아래의 행에서 찾을 수 있다.

곱셈 법칙 사건 A와 B가 독립적일 때 A와 B의 확률은 $P(\text{A 그리고 B}) = P(\text{A}) \times P(\text{B})$이다.

결과 어떤 시행에 대한 결과는 측정되고 관찰된 값이며 혹은 그 시행의 개별적인 사례에 대해 보고된 것이다.

개인적 확률 확률이 주관적이고 한 개인의 믿음의 정도를 나타내는 경우 개인적 확률이라고 부른다.

확률 사건의 확률은 사건이 발생할 가능성을 보고하는 0과 1 사이의 값이다. 확률은 동등한 가능성이 있는 결과와 같은 모델에서 구할 수 있고, 사건 발생의 장기적인 상대도수를 통해서 구할 수도 있다. 또한 주관적인 신념의 정도로 구할 수 있다. 사건 A의 확률을 $P(\text{A})$라고 적는다.

확률 할당 법칙 전체 표본 공간의 확률은 반드시 1이다.

$$P(\text{S}) = 1$$

임의현상 어떤 결과가 일어날 수 있는지 알고 있다면 그 현상은 임의지만, 특정한 값이 일어나는 것은 아니다.

표본 공간 모든 가능한 결과값의 모음이다. 표본공간의 확률 값은 1이다.

이론적 확률 제한되지 않지만 동등한 가능성이 있는 결과와 같은 수학적인 모델에서 구한 확률을 이론적 확률이라고 한다.

시행 임의현상의 한 번의 시도나 실현을 시행이라 한다.

확률 나무 조건부사건이나 조건부를 통해 생각하는데 도움이 되는 확률을 나타내는 것이다.

짧은 **사례**

시장세분화

"시카고 여성 패션 연구"[4]의 데이터는 시카고 도심 지역의 가구들을 표본으로 자기 기입 설문조사 방식을 활용하여 수집됐다. 마케팅 관리자들은 그들의 고객들에게 품질이 얼마나 중요한지 알고자 한다. 한 컨설턴트는 과거 조사에 기초한 보고서에서 전국적으로 30%의 소비자들이 품질보다 수량에 더 큰 관심을 두는 것을 밝혔다. 어느 한 백화점의 마케팅 관리자는 당사 백화점의 고객들은 다를 것이며 고객들이 연령대에 따라 다른 관점을 가진다고 예상하고 있다. Market_Segmentation[5] 파일의 데이터를 조건부 확률, 주변확률, 결합확률을 사용하여서 당신이 발견한 결과들에 대해서 마케팅 관리자에게 보고서를 작성해보라.

다음의 사항을 주의하라. 그 마케팅 관리자는 백화점을 방문하지 않았거나 거의 방문하지 않는 고객들보다는 "자주" 방문하는 고객들의 의견에 더 관심이 있을 것이다. 이러한 "자주" 방문하는 고객들은 백화점의 수익에 큰 비중을 기여한다. 당신이 분석을 하고 보고서를 작성할 때 이 점을 반드시 기억하라.

변수와 질문	분류
연령 : 다음 연령대 중 귀하는 어디에 해당합니까?	18 - 24살 25 - 34 35 - 44 45 - 54 55 - 64 65 이상
백화점 방문 빈도 : 귀하는 백화점 X에서 얼마나 자주 여성 의류를 구매합니까?	0. 절대-거의 안 한다 연 1 - 2회 연 3 - 4회 연 5회 이상
품질 : 같은 가격이라면, 나는 보통 여러 개의 낮은 가격과 품질의 물건을 사기보다는 하나의 품질 좋은 물건을 사는 편이다.	1. 확실히 그렇지 않다. 2. 대체로 그렇지 않다 3. 약간 그렇지 않다 4. 약간 그렇다 5. 대체로 그렇다. 6. 확실히 그렇다.

[4] 1997년 밥슨 칼리지(Bobson College)의 K. Matsuno, D. Kopcso, and D. Tigert에 의해 만들어진 시장조사 문제(Bobson Case Series #133-C97A-U)임을 밝힌다. Kenichi Matsuno의 허가 아래 재출판됨.

[5] 정수로 코딩된 버전은 Market_Segmentation_Coded 파일에 있다

연습문제

7.1절

1. 다음 예시의 사건이 독립적인 사건인지 간단히 설명하라.

a) ATM기계를 사용하는 고객들의 성별
b) 같은 반 학생들의 주민등록번호 마지막 자리 숫자
c) 첫 번째 중간고사와 두 번째 중간고사 그리고 기말고사에 받은 점수

7.2절

3. 복권에 당첨되기 위해서 숫자를 선택할 수 있다. 5개의 번호를 선택하는 일반적인 형태를 고려해보자. 어떤 숫자의 조합이 복권의 당첨될 확률을 높이겠는가? 효과를 높이는 방법이 있다면 왜 그런지 설명해보라. 그 방법을 못 찾았다면 적절한 통계학 용어를 사용하여 그 이유를 설명해보라.

a) 복권에 응모할 때 항상 1, 2, 3, 4, 5로 응모한다.
b) 컴퓨터나 계산기를 사용하여 난수를 생성하고 응모한다.

7.4절

5. 당신과 당신의 친구는 자동차를 점검받기로 결정하였다. 75%의 자동차가 검사에 통과한다고 한다. 당신의 자동차가 검사에서 통과하는 사건과 친구의 차가 통과하는 사건이 독립적이라면 다음의 질문에 답하여라.

a) 당신의 자동차가 검사에서 통과할 확률은 얼마인가?
b) 당신의 자동차가 검사에서 통과하지 못할 확률은 얼마인가?
c) 당신과 친구의 자동차가 모두 검사에서 통과할 확률은 얼마인가?
d) 적어도 한 대가 검사에서 통과할 확률은 얼마인가?

7.5절

7. 다음 분할표는 지구 온난화에 대한 유권자들의 의견(심각하지 않음 VS 심각함)을 보여주며, 유권자들은 정당소속(민주당, 공화당, 무소속)으로 분류되어 있다.

		지구 온난화 의견		
		심각하지 않음	심각함	총합
정당 소속	민주당	60	440	500
	공화당	290	210	500
	무소속	90	110	200
	총합	440	760	1200

a) 임의로 선택된 유권자가 지구온난화가 심각한 문제라고 생각할 확률은 얼마인가?
b) a에서 어떤 종류의 확률을 찾을 수 있는가?
c) 임의로 선택된 유권자가 공화당 소속이고 지구온난화가 심각한 문제라고 생각할 확률은 얼마인가?
d) c에서 어떤 종류의 확률을 찾을 수 있는가?

7.6절

9. 연습문제 7번의 표를 활용해서 문제를 풀어보자.

a) 공화당 소속인 유권자들 중에서 임의로 선택할 때 그 유권자가 지구온난화가 심각한 문제라고 생각할 확률은 얼마인가?
b) 임의로 선택된 유권자가 지구온난화를 심각한 문제라고 생각한다고 할 때 공화당 소속일 확률은 얼마인가?
c) P(심각한 문제 | 민주당)는 얼마인가?

7.7절

11. 정부조사에 따르면 30%의 성인들은 온라인 뱅킹을 한다고 한다. 성인들 중 40%는 50대 미만이고, 또한 50대 미만이면서 온라인 뱅킹을 이용하는 성인은 25%라고 한다.

a) 온라인 뱅킹을 하지 않는 성인의 확률은 얼마인가?
b) 문제에서 언급한 25%의 확률은 어떤 종류의 확률인가?
c) 모든 결합 확률과 주변확률을 보여주는 분할표를 만들어라.
d) 50대 미만인 개인이 온라인 뱅킹을 이용할 확률은 얼마인가?
e) 온라인 뱅킹을 사용하는 것과 나이는 독립적인 사건인가? 설명해보라.

7.8절

13. 웹사이트 실험. 서밋 프로젝트는 아웃도어 제품과 서비스를 전문으로 하는 많은 회사를 위해 마케팅 서비스와 웹사이트 관리를 제공하고 있다(www.summitproject.com). 고객들의 웹사이트에서 행동을 파악하기 위해 이 회사는 다른 종류의 서비스 제공과 웹사이트 디자인을 실험했다. 이러한 실험의 결과는 웹사이트를 방문하는 동안 고객들이 제품을 구매할 확률을 최대화시키는 것을 도와준다. 다른 종류의 서비스 제공하는 것은 고객들에게 즉시 할인을 해주거나, 무료배송을 제공하는 것, 또는 이벤트 기간이 아닐 때에는 아무것도 제공하지 않는 것을 포함한다. 최근의 실험에서 고객들이 즉시할인

을 받았을 때 구매할 확률은 6%이고, 무료배송을 제공했을 때에는 5%, 아무것도 제공하지 않는 경우에는 2%였다. 20%의 고객이 할인 서비스를 제공받았고, 추가적으로 30%의 고객들이 무료배송을 제공받았다고 가정해보자.

a) 이 실험에 대한 확률 나무를 만들어보자.
b) 웹사이트를 방문한 고객이 물건을 구매할 확률은 얼마인가?
c) 한 고객이 물건을 구매했다고 하자. 그렇다면 그 고객이 무료배송 서비스를 제공받았을 확률은 얼마인가?

7.9절

15. 미국 인구조사 데이터에 따르면 미국 노동인구 중에 백인의 비율은 68%이고 흑인의 비율은 11% 그리고 히스패닉, 라틴 또는 다른 인종의 비율은 21%였다. 백인 중에서 남성은 54%, 여성은 46%이며, 흑인 중에서 남성은 52%, 여성은 48%이다. 히스패닉, 라틴 다른 인종 중에서 남성은 58%, 여성은 42%이다.

a) 투표를 주관하는 기관에서는 각각 인종집단으로부터 응답자들의 성별비율을 알기를 원한다. 미국인 노동자를 임의로 뽑을 때, 다음 확률 나무를 완성해보라.

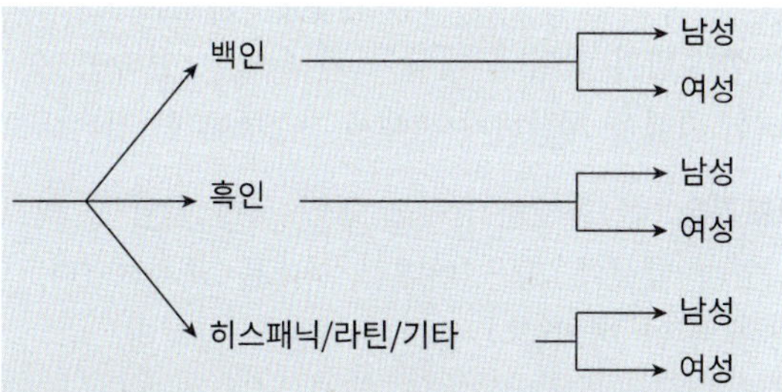

b) 임의로 뽑은 노동자가 흑인 여성일 확률은 얼마인가?
c) 임의로 뽑은 노동자에 대해서 P(여성 | 백인)은?
d) 임의로 뽑은 노동자에 대해서 P(백인 | 여성)은?

단원 연습문제

17. 어떤 의미일까? 1. 다음 문제에 답하라.

a) 카지노는 룰렛이 정말로 임의로 돌려진다고 주장한다. 이 주장이 의미하는 것이 무엇인가?
b) 한 보고자는 연방의 한 은행이 그들의 다음 회의에서 이자율을 0.25% 정도 삭감할 확률이 50%라고 말했다. 이 말이 의미하는 것은 무엇인가?

19. 항공기 안전. 항공사가 훌륭한 안전기록을 가지고 있음에도 불구하고 충돌이 일어난 후 다음 주에 항공사들은 종종 승객수의 감소를 보고한다. 아마도 사람들은 비행위험에 두려움을 느끼기 때문일 것이다.

a) 여행사는 평균의 법칙으로 인해 두 비행기가 몇 주 이내에 충돌하는 일은 매우 희박하다고 말한다. 그리고 충돌 직후가 가장 안전한 시간이라고 말하는데 어떻게 생각하는가?
b) 만약에 항공사가 가장 장기간 안전 비행을 기록했다고 자랑스럽게 발표했다면 비행기를 타는 것을 꺼릴 것인가? 항공사는 충돌을 할 예정인가?

21. 화재 보험. 보험 회사는 연간 화재 보험 배상액을 조사해 보았다.

a) 이웃의 집을 재건하기 위한 $300의 배상액을 수락하는 것을 왜 꺼려하는가?
b) 보험 회사는 왜 이러한 제안을 할 수 있는가?

23. 장난감 회사. 장난감 회사는 회전게임을 만든다. 그리고 어떤 확률이 그 게임에 관련되는지 결정해야 한다. 회전판의 플라스틱 화살은 색깔들을 가리키며 회전을 멈춘다. 이 색깔은 다음에 무슨 일이 일어날지를 결정한다. 이러한 확률을 알고 있으면 게임을 하는 사람들이 그 게임에서 얼마나 쉽게 이기는지 또는 어렵게 이기는지를 결정하는 것을 도우며, 평균 게임이 얼마나 지속될지도 예측할 수 있다. 다음 표는 회전게임의 확률들에 대해서 그 확률을 할당한 것이다. 이것이 가능한가? 왜 그런지 설명해보라.

회전 게임의 확률

	빨간색	노란색	초록색	파란색
a)	0.25	0.25	0.25	0.25
b)	0.10	0.20	0.30	0.40
c)	0.20	0.30	0.40	0.50
d)	0	0	1.00	0
e)	0.10	0.20	1.20	−1.50

25. 품질 관리. 타이어 제조업자는 타이어의 2%가 결함이 있기 때문에 최근 리콜을 하겠다고 발표했다. 만약 타이어 4개로 구성된 새로운 타이어를 샀다면, 타이어 중 적어도 한 개가 결함이 있을 확률은 얼마인가?

27. 자동차 보증. 보증정책을 발전시키기 위해 한 자동차 1년 동안 새 자동차의 17%가 한 번의 수리가 필요하며, 7%는 두 번의 수리, 그리고 4%는 세 번 이상의 수리가 필요하다고 견적을 냈다. 이 회사로부터 새 자동차를 산다면 그 자동차가 수리를 필요로 할 확률은 얼마인가?

a) 한 번도 수리하지 않을 확률은 얼마인가?
b) 딱 한 번만 수리할 확률은 얼마인가?
c) 여러 번 수리할 확률은 얼마인가?

29. 자동차 보증 2. 연습문제 27번에서 제시한 자동차 수리 확률을 다시 한번 살펴보자. 만약 2대의 새 자동차를 구매한다고 하면 다음의 확률은 얼마인가?

a) 2대 모두 수리가 필요하지 않을 확률은 얼마인가?
b) 2대 모두 수리가 필요할 확률은 얼마인가?
c) 적어도 한 대의 수리가 필요할 확률은 얼마인가?

31. 자동차 보증 3. 연습문제 27번에서 자동차가 수리받을 확률을 계산하기 위해 곱셈 법칙을 사용했다.

a) 그 접근 방식이 타당한 방식이 되려면 자동차의 어떤 것이 사실이 되어야 하는가?
b) 이 가정이 타당하다고 생각하는가? 그 이유를 설명하라.

33. 부동산. 부동산 광고는 매매로 나온 집들 중에서 64%는 차고가 있고, 21%는 수영장이 있고, 17%는 차고와 수영장 모두를 가지고 있다고 한다. 다음 집들에 대한 확률을 구하라.

a) 수영장이나 차고가 있는 집을 살 확률은?
b) 수영장과 차고가 모두 없는 집을 살 확률은?
c) 수영장은 있지만 차고는 없는 집을 살 확률은?

35. 마스 제품 정보. 마스(Mars)사는 그들의 제품인 M&M 초콜릿 중에서 보라색과 노란색이 전체 상품의 20%를 차지하고, 빨간색은 20%, 오렌지색과 파란색과 초록색은 각각 10%씩을 차지하고, 나머지는 갈색이라고 한다.

a) M&M 초콜릿을 임의로 선택했을 때 다음 확률을 구하라.
   i) 뽑은 것이 갈색일 확률은 얼마인가?
   ii) 뽑은 것이 노란색이거나 오렌지색일 확률은 얼마인가?
   iii) 뽑은 것이 초록색이 아닐 확률은 얼마인가?
   iv) 뽑은 것이 줄무늬일 확률은 얼마인가?

b) 기존의 색깔 분포를 가진 M&M 초콜릿이 무한대로 공급된다고 가정하고, 만약 3개의 M&M을 연속해서 뽑을 때 다음 확률을 구하라.
   i) 연속해서 뽑은 초콜릿이 모두 갈색일 확률을 얼마인가?
   ii) 3번째로 뽑은 초콜릿이 처음으로 빨간색일 확률은 얼마인가?
   iii) 연속해서 뽑은 초콜릿이 모두 노란색이 아닐 확률은 얼마인가?
   iv) 연속해서 뽑은 초콜릿 중에 최소한 하나라도 초록색일 확률은 얼마인가?

37. 마스 제품 정보 심화. 연습문제 35번에서 다양한 색의 M&M 초콜릿을 뽑을 확률을 계산했다.

a) 1개의 초콜릿을 뽑을 때, 빨간색을 뽑는 사건과 오렌지색을 뽑는 사건은 배타적인 사건인가? 독립적인 사건인가? 혹은 둘 다 아닌가?
b) 2개의 초콜릿을 순서대로 뽑았을 때, 1번째로 빨간색을 뽑는 사건과 2번째도 빨간색을 뽑는 사건은 배타적인 사건인가? 독립적인 사건인가? 혹은 둘 다 아닌가?
c) 배타적인 사건이 독립적인 사건이 될 수 있는가? 설명해보라.

39. 세무사. IRS감사에 대한 최근 연구에 따르면 $500만 미만의 부동산을 가진 모든 부동산 납세신고의 7명 중 1명이 감사의 대상이 되지만, $500만 이상의 부동산을 가진 사람은 감사의 대상이 될 확률이 50%까지 증가한다고 한다. 세무사에게 재산이 $500만 이상인 3명의 고객이 찾아왔다고 가정하고, 다음 확률을 구하라.

a) 3명 모두 감사의 대상일 확률은 얼마인가?
b) 아무도 감사의 대상이 아닐 확률은 얼마인가?
c) 최소한 1명이 감사의 대상이 될 확률은 얼마인가?
d) 이러한 확률을 계산하기 위해서 가정해야 할 것은 무엇인가?

41. 정보기술. 한 회사는 근무일 동안 오는 메일 중 약 15%가 중단되었기 때문에 최근 이메일 서버를 교체하였다. 업무를 하는 5일 동안 이메일이 중단될 확률을 구하라.

a) 월요일에 중단이 되고 화요일에 다시 중단될 확률은 얼마인가?
b) 화요일에 처음으로 중단될 확률은 얼마인가?
c) 매일 중단될 확률은 얼마인가?
d) 업무를 하는 5일 중에 적어도 한 번 이상 중단될 확률은 얼마인가?

42. 정보기술 2. 중간 규모의 웹 디자인과 유지보수 회사에서 컴퓨터의 57%는 Windows PC를 사용하고, 29%는 Mac, 그리고 나머지는 Unix 기반의 컴퓨터를 사용한다고 한다. 각각의 컴퓨터의 사용자가 정보기술의 도움을 얻기 위하여 회사에 연락할 가능성이 모두 동일하다고 가정할 때, 연속으로 걸려온 3통의 전화에 대한 다음 확률을 구하라

a) 3통의 전화가 모두 Mac 사용자일 확률은 얼마인가?

b) 3통의 전화가 모두 Windows PC 사용자가 아닐 확률은 얼마인가?

c) 최소한 1명이 Unix 기반의 컴퓨터 사용자일 확률은 얼마인가?

d) 모두 Unix 기반 컴퓨터의 사용자일 확률은 얼마인가?

45. 미국의 경제상황. 2011년 9월의 갤럽여론조사는 미국의 성인 1,500명에게 현재의 경제상황이 "매우 좋음", "좋음" "보통", "나쁨"인지를 조사하였다. 그 결과는 아래의 표와 같다.

현재 미국의 경제 상황	
응답	응답자의 수
매우 좋음/좋음	135
보통	585
나쁨	780
총합	1500

응답한 1,500명의 성인들 중 1명을 임의로 선택할 때 다음 확률을 구하라.

a) 선택한 응답자가 "나쁨"이라고 응답했을 확률은 얼마인가?

b) 선택한 응답자가 "보통" 또는 "나쁨"이라고 응답했을 확률은 얼마인가?

47. 언론의 자유. 2011년 11월에 수행된 언론의 자유에 대한 최근 조사에서, 갤럽은 112개국의 응답자들에게 연락했다. 응답자들을 상대로 그 나라에 언론의 자유가 있는가에 대한 질문을 하였고 아래에 있는 표는 캐나다의 조사결과이다.

캐나다에서의 언론의 자유에 대한 설문조사	
반응	응답자 수
자유가 있다	910
자유가 없다	81
잘 모르겠다/응답 거절	20
총합	1011

a) 1,011명의 사람들 중 임의로 한 응답자를 선택했을 때 "자유가 없다"라고 응답할 확률은 얼마인가?

b) 임의로 한 응답자를 선택했을 때 "잘 모르겠다/ 응답거절"이라고 응답할 확률은 얼마인가?

b) b에서 확률을 계산했던 방법과 다른 방법으로 계산해보라. (힌트: 여사건 법칙을 사용하라.)

http://www.gallup.com/poll/150515/People-Perceive-Media-Freedom-Differently-Worldwide.aspx

49. 입찰 계약. 한 건설회사의 관리자는 2개의 큰 계약의 입찰을 담당하고 있다. 계약#1이 성사될 확률은 0.8이라고 알고 있다. 만약 계약#1이 성사된다면 계약#2가 성사될 확률은 0.2가 될 것이며, 만약 계약#1이 성사되지 못한다면 계약#2가 성사될 확률은 0.4가 될 것이다.

a) 확률 나무를 그려보아라.

b) 두 계약 모두 성사될 확률은 얼마인가?

c) 경쟁회사는 이 회사가 계약#2을 성사했다는 것을 알고 있지만, 계약#1에 대해서는 아무것도 모르고 있다. 계약#2가 성사될 때 계약#1도 성사될 확률은 얼마인가?

51. 컴퓨터 신뢰도. 최근의 조사에 따르면 노트북의 인기가 증가하고 있다. 미국에서 컴퓨터 판매의 절반은 노트북이다. 대학의 한 상점에서 데스크탑 컴퓨터와 노트북을 판매하였고, 지난 학기에 판매 비율이 노트북이 56%, 데스크탑 컴퓨터가 44%였다. 두 종류의 컴퓨터의 신뢰도는 상당히 달랐다. 그러나 첫 해 동안 데스크탑 컴퓨터의 5%가 수리가 필요했고, 반면에 노트북의 15%가 수리가 필요했다.

a) 이 상황에 대한 확률 나무를 그려보아라.

b) 지난 학기 상점에서 판매된 컴퓨터의 수리가 필요한 확률은 얼마인가?

c) 컴퓨터가 수리를 해야 한다고 할 때 그 컴퓨터가 노트북일 확률은 얼마인가?

53. 커피하우스 조사. 2011년 민텔조사는 소비자들이 커피하우스에서 머무른 시간에 대해 조사하였고, 연령대에 따라서 아래의 표와 같이 조사 결과를 분류했다.

	총합	18~24세	25~34세	35~44세	45~54세	55~64세	65세+
작년보다 덜 머문다	499	78	93	102	104	68	48
작년과 머문 시간이 같다	522	82	109	106	89	75	67
작년보다 더 많이 머문다	114	30	30	18	19	11	6
총합	1135	190	232	226	212	154	121

출처: 2011 Mintel Report. Reprinted by permission of Mintel, a leading market research company. www.mintel.com

a) 임의로 선택한 응답자가 작년보다 더 많은 시간을 커피하우스에 머물렀다고 응답했을 확률은 얼마인가?

b) 선택한 응답자가 25살 미만일 확률은 얼마인가?

c) 선택한 응답자가 25살 미만이며, 작년보다 더 많은 시간을

커피하우스에 머물렀을 확률은 얼마인가?

d) 선택한 응답자가 25살 미만이거나, 작년보다 더 많은 시간을 커피하우스에 머물렀을 확률은 얼마인가?

55. 전자상거래. 한 전자상거래 업체가 전자상거래 시 보안에 대한 고객들의 염려를 파악하기 위해서 이메일 설문조사를 실시했다. 42명의 응답자 중에서 24명은 걱정이 된다고 하였고 18명은 걱정되지 않는다고 하였다. 걱정이 된다고 말한 응답자 중 8명은 남성이었고, 걱정이 안 된다고 말한 응답자 중에서 6명이 남성이었다. 응답자들을 임의로 선택할 때 다음 조건부 확률들을 각각 구하라.

a) 응답자가 보안에 대해 걱정되지 않는다고 할 때 그 응답자가 남성일 확률은 얼마인가?

b) 응답자가 여성일 때 그 응답자가 보안에 대해 걱정하지 않을 확률은 얼마인가?

c) 응답자가 보안에 대해서 걱정할 때 그 응답자가 여성일 확률은 얼마인가?

57. 제약회사. 미국의 한 제약 회사는 혈압과 콜레스테롤을 모두 낮춰주는 약을 제조하고 판매하는 것을 고려하고 있다. 그 회사는 이 상품에 대한 수요를 미리 알아보고 싶어한다. 표는 미국의 성인남성들의 혈압과 콜레스테롤에 대한 결합확률을 나타내는 표이다.

		혈압	
		높음	정상
콜레스테롤	높음	0.11	0.21
	정상	0.16	0.52

a) 미국 성인남성이 혈압과 콜레스테롤 모두 정상일 확률은 얼마인가?

b) 미국 성인남성이 고혈압일 확률은 얼마인가?

c) 미국 성인남성이 고혈압이고 높은 콜레스테롤 수치를 가질 확률은 얼마인가?

d) 미국 성인남성이 높은 콜레스테롤 수치를 가지고 있는 것을 알고 있는 경우, 그 남성이 혈압이 높을 확률은 얼마인가?

59. 제약회사 2. 연습문제 57번에서 제시된 표가 마케팅 관리자용으로 만들어진 것을 감안하였을 때, 고혈압과 높은 콜레스테롤 수치는 독립적인가? 설명해보라.

61. 커피하우스 조사 2. 연습문제 53번의 커피하우스 조사자료를 다시 한번 살펴보자.

a) 임의로 1명을 뽑을 때 그 사람이 연령대가 18~24세이고 작년보다 커피하우스에 머문 시간이 많은 사람일 확률은 얼마인가?

b) 18~24세의 사람들 중에서 작년보다 커피하우스에 머문 시간이 적다고 대답했을 확률은 얼마인가?

c) 작년과 같은 시간을 커피하우스에 머문 사람이 35~44세의 연령대일 확률은 얼마인가?

d) 응답자가 작년보다 더 많은 시간을 보냈다고 했을 때 그 사람이 적어도 65세일 확률은 얼마인가?

e) 적어도 65세인 사람이 작년과 같은 시간을 커피하우스에서 보낼 확률은 얼마인가?

f) 설문조사에서 물었던 시간에 대한 질문과 나이는 독립적인가?

63. 부동산 2. 연습문제 33번의 부동산 조사에서 매매로 나온 집들 중에서 64%는 차고가 있고 21%는 수영장이 있으며, 17%는 차고와 수영장 모두 갖추고 있다고 한다.

a) 매매로 나온 집 중에서 차고는 가지고 있지만 수영장은 없을 확률은 얼마인가?

b) 만약 집에 차고가 있다면 수영장도 있을 확률은 얼마인가?

c) 차고가 있는 것과 수영장이 있는 것은 독립적인 사건인가? 설명하라.

d) 차고가 있는 것과 수영장이 있는 것은 상호 배타적인 사건인가? 설명하라.

65. 부동산 가격. 다음의 표는 2011년 12월에 워싱턴 D.C지역에 있는 부동산의 목록과 가격을 나타낸 것이다.

워싱턴 D.C의 부동산 가격

가격	침실 수	층 수	차고 수	욕실 수
$1.8MM	3	3	1	3
$1.1MM	2	2	1	3
$430K	1	1	0	1
$339K	1	1	0	1
$255K	0	1	0	1
$200K	0	1	0	1
$169K	0	1	0	1

a) 가격이 $500K 이하인 적은 집의 비율은 얼마인가?

b) 침실의 수와 부동산 가격은 독립적인가? 설명하라.

67. 중고차. 한 학생이 중고차 구매에 대해서 조사해보기로 했다. 그래서 웹사이트에 $18,000과 $20,000 사이 가격대의 중고 지프차를 사고 싶다고 광고를 했다. Kelly's BlueBook.com 로부터 그녀의 집에서 반경 30마일 안에 있는 곳들에서 149개의 구매 제의가 들어왔다. 중고차를 팔고자 하는 사람들이 연락을 할 확률과 그녀가 연락을 할 확률이 동일하다고 가정한다.

		가격		
	제조업체	$18,000-$18,999	$19,000-$19,999	총합
자동차	Commander	3	6	9
	Compass	6	1	7
	Grand Cherokee	33	33	66
	Liberty	17	6	23
	Wrangler	33	11	44
	총합	92	57	149

a) 처음으로 전화한 사람이 지프 리버티의 소유자일 확률은 얼마인가?

b) 처음으로 전화한 사람이 $18,000~$18,999 가격대의 시프 리버티의 소유주일 확률은 얼마인가?

c) 처음으로 전화한 사람이 지프 리버티를 제공한다고 했을 때 그 차의 가격이 $19,000 미만일 확률은 얼마인가?

d) 가격이 $19,000 이상인 차의 판매 제안을 거절한다고 가정하고, 처음 온 전화가 원하는 조건의 지프 리버티를 제안할 확률은 얼마인가?

확인문제 정답

1. 다음날 주가가 오를 확률은 이전의 결과에 영향을 받지 않는다.

2. a) 0.30
   b) $0.30(0.30) = 0.09$
   c) $(1-0.30)^2(0.30) = 0.147$
   d) $1-(1-0.30)^5 = 0.832$

3. a)

		주중에 매장 방문		
		예	아니오	총합
5시 이전에 방문	예	0.07	0.41	0.48
	아니오	0.20	0.32	0.52
	총합	0.27	0.73	1.00

   b) P(5시 이전 | 주중) = P(5시 이전 그리고 주중) / P(주중) = 0.07/0.27 = 0.259
   c) 배타적인 사건이 아니다. 고객들은 두 종류의 행동 모두 할 수 있고 그 확률은 7%이다.
   d) 독립적인 사건이 되기 위해서는 P(5시 이전 | 주중)－P(5시 이전)이 되어야 한다. P(5시 이전 | 주중)= 0.259이지만, P(5시 이전) = 0.48이다. 그래서 두 사건은 독립적인 사건이 아니다.

확률변수와 확률모델

CHAPTER 08

메트로폴리탄 생명보험

미국의 남북전쟁이 한창인 1863년, 뉴욕의 기업가들은 남북전쟁에서 장애와 부상을 입어 고통 받는 군인들을 지키기 위해 새로운 회사를 설립하기로 결심했다. 종전 후, 그들은 사업 방향을 생명보험을 판매하는 것으로 변경했다. 새로운 회사의 대다수 고객들이 뉴욕의 "대도시(metropolitan)" 지역에 있어서 회사의 이름을 메트라이프(Metlife)로 지었다.

1870년대 경제 불황의 시대에 많은 생명보험 회사들은 폐업했지만, 영국의 성공적인 프로그램을 본 뜬 메트라이프는 살아남았다. 산업주의의 확산과 영국 보험 대리점의 판매방식을 기회로 활용하여 하루에 700개 정도의 새로운 보험증서를 등록하였다.(하루에 700개의 보험을 판매했다.) 1909년 무렵에 메트라이프는 미국 최대 생명보험사가 되었다.

1930년도 대공황 시대에 메트라이프는 결핵의 위험에 대비하기 위해 미국의 주요 도시의 빈민층에 대한 교육에 초점을 맞추고 공중 보건 캠페인을 추진하여 공공 서비스를 확대했다. 주식시장이 아닌 도시와 농장 모기지에 주로 투자를 하였기 때문에 메트라이프는 1929년 대공황의 충격에서 살아남았으며, 전후 미국 주택 붐에 많은 투자를 하였다. 그들은 엠파이어스테이트 빌딩(1929)과 록펠러 센터(1931)의 주요 투자자였다. 2차 세계대전 동안에는 전쟁 채권에 총 자산의 절반 이상을 투자하여 연합군의 가장 큰 기부자였다.

오늘날 메트라이프는 생명보험뿐만 아니라, 연금과 투자를 관리한다. 2000년도에는 주식상장과 함께 2001년에 메트라이프 은행을 세워 소매금융 업무도 시작하였다. 회사의 마스코트는 만화 "피너츠(Peanuts)"의 개(dog) 캐릭터인 스누피(Snoopy)를 사용하여 잘 알려졌다.

보험회사는 모든 시간에 내기를 한다. 예를 들자면, 보험회사는 고객이 긴 인생을 산다는 데 건다. 아이러니하게도, 고객은 자신이 곧 죽을 것이라고 건다. 고객과 보험회사 모두가 사업을 유지하기 원한다면, 내기를 위한 "적정 가격"을 찾는 것이 중요하다. 물론 고객을 위한 적정한 가격은 여러 요인에 따라 달라지며, 그 누구도 고객이 얼마나 오랫동안 살 것인지를 정확하게 예측할 수 없다. 그러나 회사가 고객의 충분한 내기의 평균을 낸 경우에는, 이익을 분배하기 전에 보험증서의 상환 시 기대할 수 있는 금액을 비교적 정확하게 추정할 수 있게 만든다. 이를 효과적으로 하기 위해 확률모델을 이용하여 상황을 모델로 만든다. 결과적 가능성들을 이용하여, 회사는 위험과 불확실성을 포함한 거의 모든 상황에 대한 공정가격을 찾을 수 있다.

다음은 간단한 예이다. 보험회사에서는 고객이 사망할 경우에 \$100,000, 영구적 장애를 입은 경우 \$50,000를 지급하는 "사망과 장애"라는 보험증서를 제시한다. 이 보험증서는 연간 \$500의 보험료를 청구한다. 과연 이 회사의 판매 계획은 이익이 있을까? 이 질문에 대답하려면, 회사에서는 고객이 사망 또는 장애를 당할 확률을 알아야 한다. 이와 같은 수리적 정보 및 적정한 모델을 통해 회사에서는 이 보험증서에 대한 기대값을 산출할 수 있다.

8.1 확률변수의 기대값

보험 회사의 위험을 모델화하려면, 몇 가지 용어를 정의해야 한다. 임의의 사건의 결과에 기반을 두기 때문에 회사가 개별 보험증서에 지불해야 하는 총 금액은 **확률변수**(random variable)의 예이다. 이 경우 임의의 확률변수를 나타내기 위해 대문자 X를 사용한다. 가질 수 있는 특정 값은 소문자 x로 나타낸다. 보험회사의 경우 x는 \$100,000(사망할 경우), \$50,000(장애를 얻을 경우) 또는 \$0(둘 다 일어나지 않을 경우)가 될 수 있다. 모든 결과를 나열할 수 있기 때문에, 이 확률변수를 **이산 확률변수**(discrete random variable)라고 부른다. 어떤 값(한쪽 혹은 양쪽의 경계가 있는)이라도 취할 수 있는 확률변수는 **연속 확률변수**(continuous random variable)라고 한다. 연속 확률변수는 높이 및 무게와 같은 물리량과 이익, 수익, 지출과 같은 통화량을 모델화하는데 사용되며, 일반적인 실무에 적합하다.

때로는 확률변수를 이산 확률변수로 할지, 연속 확률변수로 처리할지 여부가 분명하지만, 다른 때에는 선택이 더 미묘하다. 연령을 예로 들자면, 가장 가까운 십 년을 단위로 측정한다면 10대, 20대, 30대 등등으로 이산 확률변수로도 볼 수 있다. 하지만 과학적 맥락에서는 보다 정확하게 측정하며, 연속 확률변수로 처리될 수도 있다.

이산 및 연속 확률변수 모두에 대해 가능한 모든 값과 그와 관련된 확률의 집합을 확률변수에 대한 **확률모델**(probability model)이라고 부른다.

이산 확률변수의 경우 표에서 볼 수 있는 모든 값들을 나열할 수 있거나 수식으로 설명할 수 있다. 예를 들어 주사위를 던져서 나올 수 있는 값을 모델화한다면 X를 보이는 주사위의 숫자로 할 수 있다. X에 대한 확률모델은 다음과 같다.

$$P(X=x)=\begin{cases} 1/6 & \text{만약 } x=1,\ 2,\ 3,\ 4,\ 5 \text{ or } 6\text{이라면} \\ 0 & \text{그렇지 않으면} \end{cases}$$

표기법 주의!

확률변수에 대한 가장 일반적인 문자는 *X*, *Y*, 그리고 *Z*이며, 다른 어떤 대문자로도 쓸 수 있다.

한 해의 사망률을 1,000분의 1, 다양한 종류의 장애를 얻는 경우를 1,000분의 2라고 가정하자. 손실금을 *X*라고 한다면, 이는 취할 수 있는 값이 단 3개만 있기 때문에 이산 확률변수다. 〈표 8.1〉과 같이 *X*에 대한 확률모델을 표시할 수 있다.

보험계약자의 결과	지급금 x (비용)	확률 $P(X=x)$
사망	100,000	1/1000
장애	50,000	2/1000
둘 다 아닌 경우	0	997/1000

표 8.1 보험증서에 대한 확률모델

물론, 주어진 연도 동안 무슨 일이 일어날지는 정확히 예상할 수는 없지만, 무슨 일들이 일어날지는 말할 수 있다. – 이 경우, 우리가 기대하는 것은 보험증서의 이익이다. 보험증서의 기대값은 확률모델의 **모수**(parameter)이다. 사실 기대값은 평균이다. 예상 값을 $E(X)$(때로는 평균을 나타내기 위해 μ로) 표기한다. 이는 데이터 값의 평균이 아니다. 따라서 이를 추정할 수 없다. 그 대신, 확률변수에 대한 확률모델에서 직접 계산한다. 그것은 데이터가 아닌 모델로부터 나오기 때문에, 모수 μ로 표시한다. ($\bar{y}$나 $\bar{x}$가 아니다.)

보험 회사가 기대하는 것을 확인하기 위해, 결과의 몇 가지 간편한 숫자를 생각해보자. 예를 들어 정확히 1,000명의 고객이 있고 1년의 결과는 확률모델을 정확하게 따른다고 가정해보자. : 1명은 사망하고, 2명은 장애를 얻으며, 997명은 멀쩡하게 살고 있다. 그렇다면 예상 지급은 다음과 같다.

$$\mu = E(X) = \frac{100{,}000(1)+50{,}000(2)+0(997)}{1{,}000} = 200$$

표기법 주의!

확률변수에 대한 기대값 (혹은 평균)은 $E(X)$ 혹은 μ로 쓴다. (확률변수의 평균이자 확률로 계산되며, $\bar{y}$나 $\bar{x}$로 표시되는 데이터 값 집합의 평균과 혼동하지 말자.)

예상되는 보험증서당 지급액은 $200이다. 하나의 분수로 적혀진 예상 값 대신에 분수를 나눠서도 다시 작성할 수 있다.

$$\begin{aligned}\mu = E(X) &= \$100{,}000\left(\frac{1}{1{,}000}\right) + \$50{,}000\left(\frac{2}{1{,}000}\right) + \$0\left(\frac{997}{1{,}000}\right) \\ &= \$200\end{aligned}$$

이 방식으로 작성은 각 보험증서에 대해 사망에 경우 1/1,000의 확률로 $100,000를 지급해야 하고, 장애의 경우 2/1,000의 확률로 $50,000를, 997/1,000의 확률로 지급할 필요가 없다는 것을 볼 수 있다.

따라서 (이산) 확률변수의 **기대값**(expected value)은 그것이 발생할 확률과 각 확률값을 곱한 다음 이것들을 더하면 된다.

이산 확률변수의 기대값의 일반적인 공식은 다음과 같다.[1)]

$$E(X) = \sum x \ P(x)$$

가능한 모든 결과가 합계에 포함되어 있는지 확인해야 한다. 유효한 확률모델임을 검증해야 한다. – 우선 각각의 확률이 0과 1 사이 값을 취해야 하고 확률의 총 합계는 반드시 1이어야만 한다. (제7장 확률의 규칙을 상기해보자.)

예시문제 **확률변수의 기대값 계산**

문제 : 기금 모금을 위한 복권을 개당 \$3에 500개를 판매한다. 1등의 상금은 \$250이고 4개의 2등 상금은 \$50라고 한다면, 이때 복권 한 개에 대한 기대값은 얼마인가? (복권 구입비용은 계산하지 않는다.)
비용을 포함한다면 복권의 기대값은 얼마인가? (이 값을 안다면, 복권을 구입하는 것은 이치에 맞는가?)
기금 모금 단체는 기금 목표액을 \$1,000로 하고 있다. 그들은 이 목표를 이룰 것으로 예상되는가?

답 : 복권의 1등은 1/500의 확률로 \$250, 4개의 2등은 4/500의 확률로 \$50, 495/500의 확률은 꽝이다. 따라서 $E(X) = (1/500) \times \$250 + (4/500) \times \$50 + (495/500) \times \$0 = \$0.5 + \$0.4 + \$0 = \$0.9$이다.
비용을 포함한다면 기대값은 $\$0.9 - \$3 = -\$2.1$로, 한 개의 복권을 구입한다면 \$2.1를 잃게 될 것이다.(\$3를 잃거나 \$250 혹은 \$50를 얻을 것이다.) \$2.1라는 평균 액수는 복권 한 개당 이익이다. 따라서 기금 모금단체는 $500 \times \$2.1 = \$1,050$를 모을 것으로 예상된다.

8.2 확률변수의 표준편차

물론 이 기대값(혹은 평균)은 실제 보험계약자에게 실제로 일어난 것은 아니다. 그 어느 보험증서도 회사에게 \$200의 비용을 들게 하지 않는다. 실제로 임의의 사건을 겪기에 일부 보험계약자는 큰 지급금을 받을 수로 있고, 다른 이들은 아무것도 못 받는다. 보험 회사는 이 변화를 예측해야 하기 때문에, 확률변수의 표준편차를 알아야 한다.

데이터에서는 우선 각 데이터에 대해 평균과의 편차를 계산하고 이를 제곱하여 표준편차를 산출한다. (이산) 확률변수의 **표준편차**(standard deviation)를 계산할 때도 이와 비슷하게 계산을 한다. 먼저, 평균(혹은 기대값)과 각 지급금의 편차를 찾는다. (표 8.2를 참고)

보험계약자의 결과	지급금 x (비용)	확률 $P(X=x)$	편차 $(x-EV)$
사망	100,000	1/1000	(100,000 − 200) = 99,800
장애	50,000	2/1000	(50,000 − 200) = 49,800
둘 다 아닌 경우	0	997/1000	(0 − 200) = −200

표 8.2 기대값과 각 지급금(비용)의 편차

그 다음, 각 편차를 제곱한다. **분산**(variance)은 제곱한 편차의 기대값이다. 이를 확인하기 위해서는 각 제곱한 편차의 값에 확률을 곱하고 합산한다.

[1] 연속 확률변수에 대한 기대값의 계산은 이와 비슷하지만 계산에는 미적분이 필요하며, 이는 교재의 범위를 벗어난다.

$$Var(X) = 99{,}800^2\left(\frac{1}{1{,}000}\right) + 49{,}800^2\left(\frac{2}{1{,}000}\right) + (-200)^2\left(\frac{997}{1{,}000}\right)$$
$$= 14{,}960{,}000$$

마지막으로, 제곱근을 구해서 표준편차를 얻는다. :

$$SD(X) = \sqrt{14{,}960{,}000} \approx \$3867.82$$

보험 회사는 보험증서당 \$3867.82의 표준편차를 가진 \$200를 평균 지급금으로 예측할 수 있다.

생각해보자. 각 보험증서에 대한 대금은 \$500이고 예상되는 지급 금액은 \$200이다. 이는 \$300를 버는 쉬운 방법 같다. (실제로 회사는 대부분(997/1000의 확률) \$500를 번다.) 그러나 위험을 기꺼이 감수하고, 자신의 모든 친구에게 이 보험을 판매할 것인가? 문제는 때로는 회사가 큰 손실을 입는 것이다. 1/1000의 확률로 \$100,000를 지급해야 하고 2/1000의 확률로 \$50,000를 지급해야 한다. 이는 회사가 취하고자 하는 것보다 더 많이 위험할 수 있다. \$3867.82의 표준편차는 이익의 불확실성을 암시하고, \$300의 평균 이익에 대한 폭(그리고 위험)은 꽤 크게 보인다.

다음은 이 인수에 대한 공식이다. 확률모델의 모수이기 때문에, 분산과 표준편차는 각각 σ^2와 σ로 쓸 수 있다.(때로는 확률변수의 이름을 아래 첨자로 쓴다.) 두 가지 종류의 표시 방식을 모두 인지해야 한다.

$$\sigma^2 = Var(X) = \sum (x-\mu)^2 P(x), \text{ 그리고}$$
$$\sigma = SD(X) = \sqrt{Var(X)}$$

예시문제 **확률변수의 표준편차 계산**

문제 : 앞의 복권 예시에서, 복권 한 개당 예상 이득은 \$2.1인 것으로 나타났다.
표준편차는 얼마인가? 표준편차는 복권의 당첨 가능성에 무엇을 의미하는지 의견을 제시하라.

답 : $\sigma^2 = Var(X) = \sum(x-E(X))^2P(X) = \sum(x-2.10)^2P(x)$

$$= \sum(250-2.10)^2\frac{1}{500} + (50-2.10)^2\frac{4}{500} + (0-2.10)^2\frac{495}{500}$$

$$= \sum 61{,}454.41 \times \frac{1}{500} + 2{,}294.41 \times \frac{4}{500} + 4.41 \times \frac{495}{500}$$

$$= 145.63$$

따라서 $\sigma = \sqrt{145.63} = \$12.07$

\$2.10의 평균에 비해 큰 변화를 가지고 있으며, 이는 작은 확률로 크게 당첨되지만 많은 확률로 꽝을 뽑을 것을 의미한다.

길잡이 문제 컴퓨터 재고

컴퓨터 회사의 재고 책임자는 힘든 두 주를 보냈다. 최근에 창고 하나에 화재가 나서, 보관되어 있는 모든 컴퓨터에 재활용되었다는 표시를 했어야 한다. 긍정적인 측면에서, 지난주에 가장 중요한 고객에게 컴퓨터 두 대를 간신히 배송했다. 그러나 재고 책임자는 비서가 화재에 대해 듣지 못했고, 실수로 물류 센터에 손상된 컴퓨터를 트럭 한 대 분량만큼 수송한 것을 알았다. 지난주에 발송된 컴퓨터의 30%가 손상된 것으로 밝혀졌다. 재고 책임자는 가장 큰 고객에게 두 개의 손상된 컴퓨터가 배송되었는지, 두 개의 멀쩡한 컴퓨터가 배송되었는지, 두 개 중 한 개만 손상된 컴퓨터를 받았는지 알 수 없다. 물류센터에 있는 컴퓨터는 무작위로 선택되어 배송되었다.

고객이 두 개의 손상되지 않은 컴퓨터를 받았을 경우, 모두 괜찮다. 만약 고객이 손상된 컴퓨터 한 대를 받았다면, $100를 반환해야 하며 교체해줄 수 있다. 그러나 두 컴퓨터가 모두 손상된 경우, 고객은 이달의 모든 거래를 취소할 것이며, 회사는 $10,000를 잃을 것이다. 이 시나리오에서 손실의 기대값과 표준편차는 얼마인가?

계획

준비 문제를 기술하라.

우리는 중요한 고객에게 손상된 컴퓨터의 배송에 대한 잠재적 결과를 분석하고자 한다. 우리는 우리가 잃게 될 금액의 기대값과 표준편차를 살펴볼 것이다.

X를 손실 금액이라고 하자. 우리는 U를 손상되지 않은 컴퓨터를 받은 것으로, D를 손상된 컴퓨터를 받은 것으로 표시하자. 세 가지 가능성이 있다. ; 손상되지 않은 컴퓨터 2대(U와 U), 손상된 컴퓨터 2대(D와 D), 손상된 컴퓨터 한 대와 손상되지 컴퓨터 한 대(UD 또는 DU). 컴퓨터는 무작위로 선택되었고, 창고의 수가 많기 때문에 독립성을 가정할 수 있다.

실행

모델 확률변수의 가능한 값을 나열하고, 확률모델을 결정하기 위해 필요한 모든 값을 계산한다.

사건은 독립적이기 때문에, 우리는 곱셈 규칙(7장)을 사용할 수 있다.

$P(UU) = P(U) \times P(U) = 0.7 \times 0.7 = 0.49$

$P(DD) = P(D) \times P(D) = 0.3 \times 0.3 = 0.09$

따라서, $P(UD \text{ or } DU) = 1 - (0.49 + 0.09) = 0.42$

X의 가능한 값에 대해 다음과 같은 모델을 갖는다.

결과	X	P(X=x)
두 대가 손상	10000	P(DD) = 0.09
한 대가 손상	100	P(UD 또는 DU) = 0.42
둘 다 손상이 없는	0	P(UU) = 0.49

실행방안 기대값을 찾는다.

$$E(X) = 0(0.49) + 100(0.42) + 10000(0.09) = \$942.00$$

분산을 찾는다.

$$Var(X) = (0-942)^2 \times (0.49) + (100-942)^2 \times (0.42) + (10000-942)^2 \times (0.09) = 8,116,836$$

표준편차를 찾는다.

$$SD(X) = \sqrt{28,116,836} = \$2849.01$$

보고

결론 결과를 해석한다.

메모

Re: 손상된 컴퓨터

우리의 중요한 고객에 대한 두 컴퓨터의 배송은 몇 가지 심각한 부정적인 영향을 미칠 수 있다. 약 50%의 확률로 두 개의 완벽한 컴퓨터를 받게 된다고 하더라도, 9%의 확률로 두 개의 손상된 컴퓨터를 받게 될 것이며 이는 이달의 나머지 주문을 취소할 것이다. 예상되는 손실은 $942이고 표준편차는 $2849.01라고 분석되었다.

큰 표준편차는 실수로부터 $10,000의 손실이 실제 일어날 수도 있다는 사실을 반영한다.

두 숫자는 적당한 것으로 보인다. $942의 기대값은 극단적인 0과 $10,000 사이에 있으며, 결과 값에 큰 변화가 있다.

8.3 기대값과 분산의 특성

보험 회사의 예시에서, 예상되는 지급 금액은 보험증서당 $200이고 이에 대한 표준편차는 약 $3,868이다. 따라서 예상되는 이익은 보험증서당 $500−$200=$300이다. 회사에서 보험료를 $50 내려서 $450로 하기로 결정했다고 가정해보자. 예상되는 이익은 보험증서당 평균 $50가 내려가서 $450−$200=$250가 될 것은 매우 분명하다.

표준편차는 얼마일까? 데이터에서 값을 더하거나 뺀다면, 평균은 변하지만 분산이나 표준편차는 변하지 않는 것에 대해 알고 있다. 이는 확률변수에서도 마찬가지이다.[2)]

$$E(X \pm c) = E(X) \pm c,$$
$$Var(X \pm c) = Var(X),$$
$$SD(X \pm c) = SD(X)$$

만약에 회사에서 사망의 경우 $100,000에서 $200,000, 장애의 경우 $50,000에서 $100,000로 지급 금액을 두 배로 늘리기로 결정한다면 지급액의 분산도 늘어날 것이다. 일반적으로, 확률변수에 각 값에 정수의 배만큼 늘리면, 평균은 정수의 배만큼 증가하고 분산은 정수의 제곱만큼 커진다.

$$E(aX) = aE(X), \text{ 그리고 } Var(aX) = a^2 Var(X)$$

마지막 공식에 제곱근을 취하는 것은 표준편차에 정수의 절대 값을 곱한다는 것을 보여준다.

$$SD(aX) = |a| SD(X)$$

이 보험 회사는 단 한 사람이 아닌 더 많은 사람들에게 보험증서를 판매한다. 앞의 식은 단 한 사람의 보험증서 하나에 대한 평균과 분산을 어떻게 계산하는지를 살펴보았다. 고객의 집합이 있을 때는 평균과 분산에 어떻게 될 것인가? 고객 그룹의 이익은 개인의 이익의 총합이다. 따라서 기대값과 분산을 어떻게 합하는지를 알아야 한다. 우선 에크(Ecks)와 웨이(Wye) 두 고객에 대한 간단한 예를 생각해보자. 각 보험증서에 예상 지급액

2) 이 절(장)의 규칙은 이산 및 연속 확률변수 모두에 해당한다.

은 \$200으로 \$200+\$200=\$400가 두 보험증서의 예상 지급액이 된다는 것은 너무 쉽게 예상할 수 있다. 즉, **확률변수의 기대값 가산 법칙**(Addition Rule for Expected Values of Random Variables)이다. 확률변수의 합(혹은 차)의 기대값은 그것들의 기대값의 합(혹은 차)이다.

$$E(X \pm Y) = E(X) \pm E(Y)$$

분산은 또 다른 문제이다. 두 사람의 보험 가입 위험은 한 사람의 보험 가입 위험의 두 배일까? 두 고객이 같은 해에 사망 혹은 장애를 입을 것이라고 기대하지 않을 것이다. 위험을 분산했기 때문에 표준편차는 더 작아야 한다. 사실, 이는 보험의 기본 원칙이다. 많은 보험증서들의 위험을 분산함으로써, 회사는 아주 작은 표준편차를 유지하고 비용을 더 정확하게 예측할 수 있다. 총 예상 지급금이 같고 사건들은 독립적이라고 예상한다면, 한 명의 고객보다 수천 명의 고객이 보험에 가입하는 것이 덜 위험하다. 동시에 많은 고객에게 영향을 미치는 허리케인이나 지진 같은 최악의 사건들은 독립적 추측과 종종 보험 회사도 파괴한다.

그러나 합계의 표준편차는 얼마나 작을까? 확률변수가 독립적이면, **(독립된) 확률변수의 가산 법칙**(Addition Rule for Variances of (Independent) Random Variables)임이 밝혀졌다. : 두 개의 독립된 확률변수의 합 또는 차에 대한 분산은 각 분산의 합이다.

만약 X와 Y가 독립적이라면, $Var(X \pm Y) = Var(X) + Var(Y)$이다.

수학상자

통계학에서 피타고라스의 정리

변동성을 측정하기 위해 종종 표준편차를 사용한다. 그러나 독립적 확률변수를 추가할 때는 그것의 분산을 이용한다. 피타고라스의 정리에 대해 생각해보자. (오직)직각삼각형에서 빗변의 길이의 제곱은 다른 두 변의 길이의 제곱의 합과 같다.

$$c^2 = a^2 + b^2$$

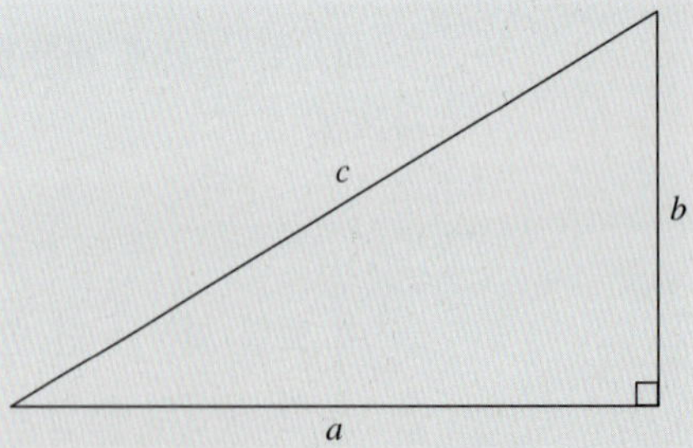

(오직) 독립 확률변수들에서 표준편차의 합의 제곱은 각 표준편차의 제곱의 합과 같다.

$$SD^2(X+Y) = SD^2(X) + SD^2(Y)$$

분산의 경우 더 간단하다.

$$Var(X+Y) = Var(X) + Var(Y),$$

표준편차 공식도 자주 쓰인다.

$$SD(X+Y)=\sqrt{Var(X)+Var(Y)}$$

에크(Ecks)와 웨이(Wye)의 경우 보험 회사는 독립적인 결과를 예상할 수 있다. 따라서 (에크의 지급액을 X, 웨이는 Y를 사용한다.)

$$\begin{aligned} Var(X+Y) &= Var(X)+Var(Y) \\ &= 14{,}960{,}000+14{,}960{,}000 \\ &= 29{,}920{,}000 \end{aligned}$$

두 독립적 보험증서의 분산과 지급금이 두 배로 커진 하나의 보험증서의 분산을 비교해보자. 회사에서 에크만 두 배만큼 보장하기로 한 경우에, 분산은 다음과 같을 것이다.

$$Var(2X) = 2^2 Var(X) = 4 \times 14{,}960{,}000 = 59{,}840{,}000$$

비록 예상 지급금은 같지만, 분산은 두 독립적 보험증서들에 비해 2배나 커졌다.

물론 분산은 제곱 단위이다. 회사는 $ 단위의 표준편차를 아는 것을 더 선호한다. 두 개의 독립적 보험증서 지급금의 표준편차는 $SD(X+Y)=\sqrt{Var(X+Y)}=\sqrt{29{,}920{,}000}=$ \$5469.92이다. 그러나 지급금이 두 배로 커진 단일 보험증서에 대한 표준편차는 두 보험증서의 표준편차의 두 배이다.

$SD(2X) = 2SD(X) = 2(\$3867.82) = \$7735.64$, 이는 두 개의 독립적 보험증서의 표준편차의 합보다 약 40%만큼 크다.

회사에 두 고객이 있다면, 예상되는 연간 총 지급액(비용)은 \$400이고 표준편차는 약 \$5,470이다. 만약 회사에서 한 보험증서에 지급액을 두 배로 늘리면, 연간 총 지급액은 \$400이나, 표준편차는 약 40%나 증가한다. 많은 개인 고객들을 가입시켜서 위험을 분산하는 것은 보험과 증권에 기본 원칙 중 하나이다.

기대값과 분산의 합과 차에 대한 규칙을 살펴보자.

- 두 확률변수의 합의 기대값은 기대값의 합이다.
- 두 확률변수의 차의 기대값은 기대값의 차이다.

$$E(X \pm Y) = E(X) \pm E(Y)$$

- 확률변수가 독립적이면, 두 변수의 합 또는 차의 분산은 항상 분산의 합이다.

$$Var(X \pm Y) = Var(X) + Var(Y)$$

두 개의 확률변수의 차이를 계산할 때도 반드시 분산을 더해야 하는가? 맞다! 두 보험증서에 대해 생각하자. 두 고객의 지급금의 평균과 표준편차를 알고 싶다고 가정해보자. 각 보험증서의 예상 지급금이 \$200이기 때문에 예상되는 차이는 \$200－\$200＝\$0이다. 분산을 빼는 것으로 차이의 분산을 계산한다면, 분산으로 $0의 분산이 나오지만 이는 이해가 되지 않는다. 차이는 항상 정확히 $0일 수 없다. 지급금의 차이의 범위는 $100,000에서 −$100,000로 분산은 $200,000이다. 분산의 차이는 분산의 합계만큼 증가한다. 회사에서 두 고객이 있다면, 지급금의 차이는 평균은 $0이고 표준편차는 약 $5470이다.

- **확률변수에서** $X+X+X=3X$**인가**? 어쩌면 맞을 수도 있지만 조심해야 한다. 살펴본 것과 같이, $300,000를 지급해주는 보험에 한 사람이 가입한 것과 $100,000를 지급해주는 보험에 세 명의 사람이 가입한 것의 위험은 같지 않다. 각 사례에서 동일한 확률변수에 다른 결과를 나타낼 때, 같은 기호로 작성하는 함정에 빠지기 쉽다. 이런 흔한 실수를 하지 말자. 반드시 각각의 경우는 다른 확률변수로 기입해야 한다. 각 확률변수가 비슷한 상황을 설명한다고 해도 이는 각 결과가 같음을 의미하지 않는다. 진정한 의미로는 $X_1+X_2+X_3$이다. 이 방식으로 작성해야 한다. 그 합이 반드시 3배가 아니라는 것은 명백하다.

예시문제 확률변수의 합

투자자는 하나 또는 두 개의 다른 투자 펀드에 $1,000의 투자를 생각하고 있다. 역사적으로, 펀드는 연 5%의 이익을 제공하고 표준편차는 3%이다.

문제 : 두 펀드가 독립적이라고 가정한다면, 하나의 펀드에 $1,000를 투자하는 것과 두 개의 펀드에 $500씩 투자하는 것의 상대적 장단점은 무엇인가? 두 가지 전략에서 이익의 평균과 표준편차를 비교하라.

답 : 하나의 펀드에 $1,000를 투자해서 얻는 값을 X라고 하자.

$$E(X)=0.05\times 1,000=\$50 \text{ and } SD(X)=0.03\times 1,000=\$30$$

두 개의 펀드에 각 $500를 투자해서 얻는 값을 W라고 하자. W_1과 W_2는 각 펀드의 금액이다.

$$E(W_1)=E(W_2)=0.05\times 500=\$25.\ \text{따라서 } E(W)=E(W_1)+E(W_2)=\$25+\$25=\$50.$$

두 전략의 기대값은 같다. $1,000를 투자하여 평균 $50를 버는 것으로 기대된다.

$$\begin{aligned} SD(W) &= \sqrt{SD^2(W_1)+SD^2(W_2)} \\ &= \sqrt{(0.03\times 500)^2+(0.03\times 500)^2} \\ &= \sqrt{15^2+15^2} \\ &= \$21.213 \end{aligned}$$

하나의 펀드에 투자하는 것은 $30, 나눠서 투자하는 것은 $21.213의 표준편차를 얻는다. 기대값은 동일하다. 하나의 펀드에 투자하는 것보다는 나눠서 투자하는 것이 변동을 줄인다. 반면에, 하나의 펀드에 모두 투자하는 것은 매우 높거나 매우 낮은 수익을 얻을 확률이 높다. 어느 전략이 더 좋은지는 개인의 취향에 따라 달라진다.[3]

---

3) 독립사건에 대한 가정은 매우 중요하지만 항상(혹은 어느 정도) 합리적인 것은 아니다. 2010년 3월 3일 CNN Money의 기사는 다음과 같다.

> "오직 경제 상황이 정상으로 돌아가기 시작할 때…… 투자자와 투자는 다시 독립적으로 이동할 수 있다. 이는 다양화가 다시 영향을 미칠 때이다……."
>
> http://money.cnn.com/2010/03/03/pf/funds/diversification.moneymag/index.htm

확인문제

1. 매표소에서 야구장 표를 사는데 걸리는 시간은 평균 100초이며, 표준편차는 50초라고 가정하자. 당신이 매표소에 도착했을 때, 당신 앞에 두 명이 기다리고 있었다.
   a. 표를 사기 위해 얼마나 기다릴 것으로 예상되는가?
   b. 대기시간의 표준편차는?
   c. 두 고객에 대한 표준편차를 찾는데 어떤 가정을 했는가?

8.4 이산 확률모델

확률변수의 평균과 표준편차를 계산하는 방법을 살펴보았다. 그러나 평균을 기준으로 하는 계획은 평균적으로 잘못된 것이다. 이는 스탠포드 대학교수인 샘 새비지(Sam Savage)의 책 『평균의 결함』에서 말하는 것이다. 불행하게도 많은 경영주는 작년 판매액의 평균, 지난달에 방문한 평균 고객 수 등 오로지 평균을 기준으로 의사결정을 한다. 평균에 의존하는 것보다는 확률모델로 상황을 모델화하여 훨씬 더 융합할 수 있다. 확률모델은 의사결정자들이 성과와 결정의 결과 둘 다를 더 정확하게 예측할 수 있게 도와주는 중요하고 중추적인 역할을 할 수 있다.

이 절에서는 다양한 경영 현상을 모델화하는 방법에 대한 프레임워크(framework)를 제공하는 몇 개의 매우 간단한 모델을 볼 것이다.

균일 모델

확률에 대해 처음 배운 7장에서는, 사건이 일어날 가능성이 동등한 경우에 대해 살펴보았다. 예를 들어, 주사위를 하나 던지면 1에서 6까지 나온다. 각각의 결과가 일어날 확률은 1/6으로 모두 같기 때문에 주사위 던지기에 대한 확률모델은 균일하다. 이와 유사하게 가능한 결과가 $1 \sim n$인 확률변수가 있다면 i에 대한 각 값의 확률은 $P(X=i)=1/n$이고, X를 **이산 균일 분포**(Discrete Uniform distribution), $U[1, \cdots, n]$라고 한다.

베르누이 시행(Bernoulli Trials)

구글은 웹 브라우저 크롬을 설계할 때, 웹사이트 표시의 문제가 일어날 확률을 최소화하기 위해 노력했다. 제품의 출시 전에 문제가 일어날 수 있는 것들을 발견하기 위해 많은 웹사이트를 대상으로 테스트했다. 웹 브라우저는 비교적 새로운 것이지만 이와 같은 품질 관리 검사는 전 세계 제조업에서 공통적으로 거의 100년 동안 쓰였다.

크롬의 개발자는 웹사이트를 샘플링하여 브라우저에서 제대로 웹사이트를 표시하는지 아니면 문제가 있는지 여부를 기록한다. 웹사이트를 검사하는 행위를 시행(trial)이라 부른다. 두 가지 결과(웹사이트가 제대로 표시한다, 안 한다)가 있다. 개발자는 특정 웹사이트가 제대로 표시되는 것이 다른 사이트와 독립적인지에 대한 생각을 했다. 이러한 상황은 자주 발생하며, 이를 베르누이 시행(Bernoulli trials)이라고 한다. 요약하자면 다음과 같다.

다니엘 베르누이(Daniel Bernoulli, 1700 ~1782)는 7장에서 나온 야콥(Jakob)의 조카이다. 그는 베르누이 시행이라고 부르는 계산을 최초로 사용하였다.

- 시행에 대해서는 (성공과 실패라는) 두 가지 결과만 있다.
- 모든 시행에서 성공 확률은 p로 표시되며, 확률은 동일하다. (실패 확률은 $1-p$, 종종 q로 표시한다.)
- 시행은 독립적이다. 한 웹사이트가 제대로 표시되지 않음을 발견하는 것이 다음 웹사이트에 일어날 일을 변하게 하진 않는다.

동전 던지기, 예/아니요로 답하는 문항의 설문조사, 농구의 자유투까지도 베르누이 시행의 일반적인 예이다. 베르누이 시행은 매우 다목적으로 쓰이며 다양한 실생활의 상황을 모델화하는데 사용될 수 있다. 다른 상황에서 특정한 질문을 요청하는 것은 다른 확률변수를 생기게 할 것이며, 결국 다른 확률모델일 것이다.

물론 크롬 개발자는 표시되지 않는 웹사이트를 찾기를 원하며, 브라우저의 모든 문제를 해결 할 수 있었다. 따라서 그들에게 결함 있는 웹사이트를 찾은 것이 "성공"이다. "성공"과 "실패"의 꼬리표는 종종 임의로 적용되기에 이것이 특정 상황에서 무엇을 의미하는지를 확실히 알아야 한다.

기하학적 모델

첫 번째 웹사이트가 제대로 표시되지 않았을 때, 두 번째 테스트에서 표시될 확률은 어느 정도인가? 처음 "성공(웹사이트가 제대로 표시되지 않는 것)"할 때까지의 시행(웹사이트) 횟수를 X라고 표시하자. X가 2라면, 첫 번째 웹사이트는 제대로 표시되었을 것이다. (확률은 $1-p$이다.) 그리고 다음 두 번째는 제대로 표시되지 않았을 것이다. (성공이며 확률은 p이다.) 시행은 독립적이기 때문이 이 확률들은 곱해질 수 있으며, $P(X=2)=(1-p)(p)$ or qp이다. 어쩌면 다섯 번째 시행 전까지 성공하지 않을 수도 있다. 그 확률은 얼마인가? 4번을 연속으로 실패하고 나서 성공해야 한다. 따라서 $P(X=5)=(1-p)^4(p)$ or q^4p. 다음 페이지의 수학 상자에서 더 많은 설명이 있으니 참고하자.

첫 번째 성공을 달성하기 위해 얼마나(얼마나 많은 시행)해야 하는지를 알고 싶어할 때, 확률을 알려주는 모델을 **기하학적 확률모델**(geometric probability model)이라고 한다. 기하학적 모델은 하나의 모수(parameter)인 성공 확률인 p에 의해 완전히 명시된다. 그것들을 Geom(p)로 표시한다.

기하학적 분포는 구글에게 자사 소프트웨어의 중요한 무언가를 알려줄 수 있다. 완전히 버그가 없는 복잡한 프로그램은 없다. 따라서 프로그램을 공개하거나 업그레이드하기 전에, 개발자들은 일반적으로 버그가 없는지 있는지 여부를 파악하고 있으며 다음 버그가 발견될 때까지 얼마나 걸리겠는가. 다음 오류가 표시되기 전까지의 페이지 수의 기대값이 충분히 많다면, 그 프로그램은 출시 준비가 된 것이다.

표기법 주의!

베르누이 시행을 처리할 때, 두 단어를 신중하게 사용해야 한다. p는 성공할 확률을 의미하고, q는 실패할 확률을 의미한다. (q=1−p이다.)

베르누이 시행에 대한 기하학적 확률모델: Geom(p)

p = 성공할 확률 ($q = 1 - p$ = 실패할 확률)

X = 첫 번째 성공할 때까지의 시행 횟수

$$P(X=x) = q^{x-1}p$$

기대값: $\mu = \frac{1}{p}$

표준편차: $\sigma = \sqrt{\frac{q}{p^2}}$

수학상자

기하학적 확률변수의 기대값을 찾아보자.

성공 확률이 p인 기하학적 모델을 이용하여 확률변수 X의 평균(기대값)을 찾기를 원한다.

먼저 확률을 적는다.

X	1	2	3	4	…
$P(X=x)$	p	qp	q^2p	q^3p	…

기대값은: $E(X) = 1p + 2qp + 3q^2p + 4q^3p + \cdots\cdots$

p를 $1-q$로 바꾼다면: $= (1-q) + 2q(1-q) + 3q^2(1-q) + 4q^3(1-q) +$

간략히 하면: $= 1-q+2q-2q^2+3q^2-3q^3+4q^3-4q^4+\cdots\cdots$

$= 1+q+q^2+q^3+\cdots\cdots$

이는 초항이 1이고 공비가 q인 무한등비급수이다. :

$$= \frac{1}{1-q}$$

마지막으로 $E(X) = \frac{1}{p}$

독립성

베르누이 시행의 중요한 조건 중 하나는 시행이 독립적이라는 것이다. 때로는 그것은 합리적인 가정이다. 예시가 사실일까? 관련된 사이트들이 비슷한 문제가 있다고 생각하는 것은 쉽지만 사이트들이 무작위로 선택되었다면, 문제를 가지고 있는 하나가 다른 것과 독립적인지 여부를 확인해야 한다.

10% 조건(The 10% Condition) : 베르누이 시행은 독립적이어야 한다. 이론적으로는 무한히 큰 모집단에서 표본을 선택할 필요가 있다. 그러나 모집단이 유한하다면, 표본이 모집단의 10%보다 작게 선택되더라도 괜찮다. 구글의 경우, 수백만의 웹사이트 목록이 있기 때문에 대부분의 표본이 10%의 조건을 쉽게 충족한다.

이항모델

구글에서 5개의 웹사이트를 테스트 한다고 가정하자. 정확히 두 개의 문제(두 번의 성공)가 생길 확률은 얼마인가? 기하학적 모델을 공부할 때는 첫 번째 성공이 나올 때까지 걸리는 시간을 물어봤었다. 이제는 다섯 번의 시도 중 정확히 두 번의 성공할 확률을 찾고자 한다. 여전히 베르누이 시행에 대해 말하고 있지만, 다른 질문을 하고 있다.

5번의 시행 중 관심이 있는 성공 횟수를 X라고 나타낸다. $P(X=2)$을 알아내고자 한다. 관심 있는 확률변수가 일련의 베르누이 시행의 성공 횟수일 때, 이를 이항 확률변수라고 한다. 이 이항 확률모델에서는 두 가지 모수를 규정해야 한다. : 시행 횟수인 n, 성공 확률인 p, 이항식은 (n, p)라고 표시한다.

개발단계에서 10%의 웹사이트에서 문제가 발생한다고 가정하자. 따라서 $p=0.10$이다. (제품 개발단계 초기에서는 제품 출시 때보다 결함의 수가 많은 것은 흔하다.) 다섯 번의 시도에서 정확히 두 번의 성공은 두 번의 성공과 세 번의 실패를 의미한다. 적절한 확률은 $(p)^2(1-p)^3$이다. 하지만 불행하게도 그렇게 쉬운 것은 아니다. 저 계산은 두 번의 성공 다음 세 번의 실패가 순서대로 일어날 확률이다. 하지만 두 번 성공하는 다른 방법을 찾을 수 있다. 예를 들어 2, 4번째 웹사이트 테스트에서 성공한다면 순서의 확률은 $(1-p)\,p\,(1-p)\,p\,(1-p)$이고 이는 $p^2(1-p)^3$와 같다. 사실 두 번의 성공과 세 번의 실패이기 때문에 성공과 실패의 순서를 고려하지 않으면, 확률은 항상 동일하다. 확률은 $(p)^2(1-p)^3$이다. 순서에 상관없이 다섯 번의 시도 중 두 번의 성공의 확률을 찾기 위해서는 결과가 발생할 수 있는 다양한 방법을 반드시 알아야 한다.

다행히, 동일한 횟수의 성공이 일어날 수 있는 순서는 서로 분리되어 있다. (예를 들면, 처음 두 번의 시도에서 성공한다면, 나머지 시도에서는 성공할 수 없다.) 따라서 먼저 모든 순서들을 찾은 다음 확률들을 합산할 수 있다. 확률은 모두 동일하기 때문에, 순서의 개수를 찾은 다음, 그 개수에 $(p)^2(1-p)^3$을 곱하면 된다.

n번의 시도에서 k번의 성공을 할 수 있는 각각의 순서를 "조합(combination)"이라고 한다. 발생할 수 있는 방법의 총 수는 $\binom{n}{k}$ 혹은 ${}_nC_k$라 쓰고 "n개에서 k개를 뽑는 조합"이라고 읽는다.

$$\binom{n}{k} = {}_nC_k = \frac{n!}{k!(n-k)!} \quad \text{여기서 } n! = n\times(n-1)\times\cdots\times 1$$

다섯 번의 시도 중 두 번 성공은

$$\binom{5}{2} = \frac{5!}{2!(5-2)!} = \frac{5\times4\times3\times2\times1}{2\times1\times3\times2\times1} = \frac{(5\times4)}{(2\times1)} = 10$$

다섯 개의 웹사이트에서 두 개의 성공은 10가지 방법이 있고 각각의 확률은 $(p)^2(1-p)^3$이다. 정확히 다섯 번의 시도 중 두 번 성공할 확률은 특정 방법의 확률에 방법의 개수를 곱하면 된다.

$P(\text{다섯 번의 시도 중 정확히 두 번의 성공})=10p^2(1-p)^3 = 10(0.10)^2(0.90)^3 = 0.0729$

일반적으로 n번의 시도 중 정확히 k번의 성공은 다음과 같다.

$$P(X=k)=\binom{n}{k}p^k q^{n-k}$$

단일 웹사이트에 문제가 나올 확률이 0.10인 경우, 100개의 사이트를 테스트한다면 문제가 있는 사이트의 예상 개수는 얼마인가? 아마 10개라고 말했을 것이다. 각 값에 확률을 곱해서 더하는 공식을 사용하지 않았다고 가정한다. 사실 이항 확률변수에서 기대값을 찾는 더 간단한 방법이 있다. 성공 확률에 n을 곱하면 된다. 즉, $E(X)=np$이다. 다음 수학상자에서 이를 증명한다.

표준편차는 덜 분명하고 직관에 의존할 수 없다. 다행히 표준편차의 수식 역시 단순하게 요약된다. $SD(X)=\sqrt{npq}$ 공식이 어떻게 되는지 알고 싶으면 수학상자를 보면 된다.

웹사이트의 예시에서 $n=100$, $E(X)=np=100(0.10)=10$이다. 따라서 100번의 시도 중 10번 성공한다고 예상할 수 있다. 표준편차는 $\sqrt{100\times0.10\times0.90}=3$웹사이트이다.

요약하면 **이항 확률모델**(Binomial probability model)은 지정된 수의 시도 중 성공 횟수의 분포를 설명한다.

베르누이 시행에 대한 이항 모델: (n, p)

n = 시도횟수

p = 성공할 확률 ($q=1-p$ = 실패할 확률)

X = n번의 시도 중 성공한 횟수

$$P(X=x)=\binom{n}{x}p^x q^{n-x},\quad \binom{n}{x}=\frac{n!}{x!(n-x)!}$$

평균 $=\mu=np$

표준편차 $=\sigma=\sqrt{npq}$

수학상자

이항 모델의 평균과 표준편차

이항 모델의 평균과 표준편차의 공식을 유도하기 위해 가장 기초적 상황을 시작한다. 성공 확률이 p인 하나의 베르누이 시행을 생각하자. 성공 횟수에 대한 평균과 분산을 찾아보자.

성공 횟수에 대한 확률모델은 다음과 같다.

X	0	1
$P(X=x)$	q	p

기대값을 찾자:

$$E(X)=0q+1p$$
$$E(X)=p$$

분산은:

$$Var(X)=(0-p)^2q+(1-q)^2p$$

$$= p^2q + q2p$$
$$= pq(p+q)$$
$$= pq(1)$$
$$Var(X) = pq$$

시도가 한 번보다 많으면 어떻게 될까? 이항 모델은 일련의 독립적인 베르누이 시행의 성공 횟수를 단순히 계산한다. 즉, 이항 확률변수인 Y의 평균과 표준편차를 찾을 수 있다.

$$Y = X_1 + X_2 + X_3 + \cdots + X_n$$
$$E(Y) = E(X_1 + X_2 + X_3 + \cdots + X_n)$$
$$= E(X_1) + E(X_2) + E(X_3) + \cdots + E(X_n)$$
$$= p + p + p + \cdots + p \text{ (}n\text{의 개수만큼)}$$

생각하는 대로 평균은 $E(Y) = np$이다. 그리고 시도는 독립적이기 때문에 분산은

$$Var(Y) = Var(X_1 + X_2 + X_3 + \cdots + X_n)$$
$$= Var(X_1) + Var(X_2) + Var(X_3) + \cdots + Var(X_n)$$
$$= pq + pq + pq + \cdots + pq \text{ (역시 }n\text{의 개수만큼)}$$
$$Var(Y) = npq$$

표준편차는 $SD(Y) = \sqrt{npq}$ 이다.

길잡이 문제 미국 적십자

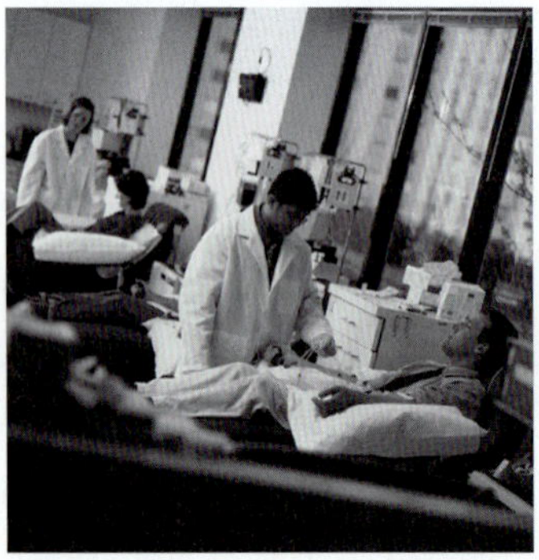

미국에서는 2초마다 혈액을 필요로 한다.

미국 적십자는 대기업처럼 운영하는 비영리단체이다. 적십자는 미국 전역의 3000여 개 병원에 다양한 고품질의 혈액 제제, 혈액 기증자 및 환자 검사 서비스를 제공한다. 적십자는 4백만 명의 기증자의 혈액을 모으고 수백만 명의 환자에게 혈액을 제공하여 고객의 요구를 충족시키는데 헌신한다.[4)]

수요와 공급의 균형 조정은 건강 기준에 부합하는 기증자를 찾는 실행 계획뿐만 아니라, 환자와 기증자의 혈액형이 동일해야 한다는 사실 때문에 복잡하다. RH-O형을 가진 사람들을 "보편적 기증자"라고 부르는데 RH-O형을 가진 사람은 그 어떤 혈액형을 가진 환자에게 제공할 수 있기 때문이다. 단 6%의 사람만 RH-O형이기에 현재 관리와 계획은 어려운 과제이다. 이는 특히 사실이다. 이 때문에 주요 품목을 더 혹은 덜 생산하거나 구매하는 계획을 통해 공급을 균형 잡는 제조업체와 달리 적십자는 무작위로 더 또는 덜 나타날 자원봉사 기증자로부터 공급을 얻는다. (적어도 혈액형의 관점에서) 다양한 혈액형 샘플의 조달을 모델화하는 것은 적십자 관리자가 혈액 할당을 계획하는데 도움이 된다.

다음은 필요한 계획의 종류 중 작은 예이다. 혈액 기증 센터에 도착하는 다음 20명의 기부자 중 몇 명이 보편적 기증자로 예상되는가? 구체적으로 보편적 기증자의 평균과 표준편차는? 2명 혹은 3명이 보편적 기증자인 확률은?

문제 1. 보편적 기증자의 수에 대한 평균과 표준편차는?
문제 2. 두 명 혹은 세 명이 보편적 기증자인 확률은?

4) 출처: www.redcross.org

계획	**준비** 질문을 기술한다. 베르누이 시행을 확인한다. **변수** 확률변수를 정의한다. **모델** 모델을 명시한다.	20명의 기증자 중 보편적 기증자의 평균과 표준편차 그리고 보편적 기증자가 2명 혹은 3명일 확률을 알아보고자 한다. ✔ 두 가지 결과가 있다. 성공: RH-O형 실패: 다른 혈액형들 ✔ p = 0.06 ✔ **10% 조건**: 모든 가능한 기증자의 10% 미만이 나타났다. X를 n(=20)명 중 RH-O을 가진 기증자 수라 하자. 이항식(20, 0.06)과 모델 X를 모델화할 수 있다.
실행	**실행방안** 기대값과 표준편차를 찾는다. 두 번 또는 세 번의 성공 확률을 계산한다.	$E(X) = np = 20(0.06) = 1.2$ $SD(X) = \sqrt{npq} = \sqrt{20(0.06)(0.94)} \approx 1.06$ $P(X=2 \text{ or } 3) = P(X=2) + P(X=3)$ $= \binom{20}{2}(0.06)^2(0.94)^{18}$ $+\binom{20}{3}(0.06)^3(0.94)^{17}$ $\approx 0.2246 + 0.0860$ $= 0.3106$
보고	**결론** 맥락에서 결과를 해석한다.	**메모** **회신: 헌혈** 무작위로 선택된 20명의 혈액 기증자 그룹에서, 보편적 기증자의 평균은 1.2, 표준편차는 1.06일 것으로 예상된다. 20명 중 정확히 2명 혹은 3명이 보편적 기증자일 확률은 약 31%이다.

포아송 모델

모든 이산적 사건은 베르누이 시행으로 모델화할 수 있다. 때때로 우리는 단순히 시간과 공간의 특정 간격으로 발생하는 사건의 수에 관심을 보인다. 예를 들자면, 10분 안에 가게에 도착하는 고객의 수, 1분 동안 웹사이트의 방문자수, 특정 크기의 모니터에 발생할 결함의 수를 모델화할 수 있다. 이와 같은 경우에는 발생 횟수는 **포아송 모델**(Poisson model)로 모델화될 수 있다. 포아송 모델의 모수인 분포의 평균은 일반적으로 λ로 표시된다.

> 시메온 드니 포아송(Simeon Denis Poisson)은 희귀사건에 관심이 있던 프랑스의 수학자이다. 그는 원래 성공 확률인 p는 매우 작고, 시행의 수인 n이 매우 큰 경우 이항 모델에 근접하도록 자신의 모델을 도출하였다. 포아송의 공헌은 확률을 찾을 수 있는 간단한 근사법(근산)을 제공했다는 것이다. 수식을 볼 때 이항에 대한 한 연결을 볼 필요는 없다.

> 20세기 초 기네스 맥주회사의 품질관리 화학자였던 고셋(W. S. Gosset)은 11장, 12장의 방법을 개발하였고, 이는 업계에서 포아송 모델을 처음으로 사용한 사람 중 한 명이다. 그는 모델을 사용하여 효모 세포의 수를 예측해서 재고를 얼마나 비축해야 되는지 알 수 있었다. 포아송은 발생횟수로 구성되어 있는 데이터를 고려하는데 좋은 모델이다. 이는 사건이 독립적이고 사건의 평균값이 일정하게 유지되어야만 한다.

사건에 대한 포아송 확률모델: 포아송(λ)

λ = 사건의 평균 횟수
X = 사건의 횟수

$$P(X=x) = \frac{e^{-\lambda}\lambda^x}{x!}$$

기대값 : $E(X) = \lambda$

표준편차 : $SD(X) = \sqrt{\lambda}$

예를 들어, 오후 1시부터 5시까지 중소기업의 웹사이트에 분당 평균 4번의 조회수를 보인다는 데이터가 있다. 방문할 어느 조회수의 확률을 찾기 위해 포아송 모델을 사용할 수 있다. 1분 동안의 조회수의 수를 X라고 한다면, 주어진 분당 평균 4번을 이용한다면, $P(X=x)=\frac{e^{-\lambda}\lambda^{x}}{x!}=\frac{e^{-4}4^{x}}{x!}$이다. 따라서 1분 동안 조회수가 0일 확률은 $P(X=0)=\frac{e^{-4}4^{0}}{0!}=e^{-4}=0.0183$(상수 e는 자연 로그의 밑수이고 약 2.71828이다.)

포아송 모델의 흥미롭고 유용한 특징은 바로 간격의 범위에 따라 크기를 조정한다는 것이다. 예를 들어, 30초 동안 웹사이트의 조회수가 0일 확률을 알고 싶어한다고 가정하자. 평균은 분당 4회이기 때문에, 30초는 2회이다. 따라서 $\lambda=2$인 모델을 대신 사용할 수 있다. Y를 30초 동안의 조회수라고 한다면:

$$P(Y=0)=\frac{e^{-2}2^{0}}{0!}=e^{-2}=0.1353$$

(0!=1인 것을 잊지 말자.) 포아송 모델은 고객의 도착, 스포츠의 호조 그리고 질병 집중 지역 등과 같은 현상을 모델화하는 데 사용되어 왔다.

희귀한 사건이 서로 긴밀하게 일어날 때마다 혹은 어디든지, 사람들은 사건이 우연히 발생했는지, 아니면 근본적인 변화가 비정상적인 사건을 일으켰는지 알고 싶어한다. 포아송 모델은 발생 확률을 찾기 위해 사용될 수 있고 판단하기 위한 기초가 될 수도 있다.

e와 복리

상수 e는 2.7182818……이다. (소수점 7자리까지 표시) e는 이자가 복리이고 더 자주 받을 경우에 얼마나 돈을 벌 수 있을지 계산하면서 개발되었다. 연이자 100%로 단리일 경우, 연말에는 처음 돈의 두 배가 있을 것이다. 그러나 이자가 복리이고 매달 말에 지급된다면, 매달 100%의 12분의 1만큼 벌 것이다. 연말에는 $(1+1/12)^{12}$ = 2.613배를 얻을 것이다. 만약 이자를 매일 지급받는다면 $(1+1/365)^{365}$ =2.714배를 얻을 것이다. 만약 이자를 매초마다 받는다면 $(1+1/31536000)^{31536000}$ =2.7182818배를 얻을 것이다. 바로 e가 이렇게 개발되었다. 만약 이자를 복리로 지속적으로 얻을 수 있다면, 원래의 e배를 얻을 것이다. 즉, n이 클수록 $(1+1/n)^{n}$의 한계는 e다. 이 예기치 않은 결과는 1683년에 야콥 베르누이(Jacob Bernoulli)에 의해 발견되었다.

확인문제

로퍼 월드와이드(Roper Worldwide)는 전화 설문조사를 위해 무작위로 선택된 가구 중 76%가 연결될 수 있다고 보고했다.

2. 전화를 거는 것을 베르누이 시행으로 간주하는 이유에 대해 설명하시오.

3. 1,000개의 표본 가구 목록에서 성공적인 연결의 수를 모델화 할 때 사용하는 모델은 어떤 것인가? (기하학적 또는 이항)

4. 로퍼는 연락이 된 후에 단 38%만 인터뷰 하는 것에 동의한다고 보고하였다. 따라서 무작위로 선택된 가구에서 완성된 인터뷰를 할 수 있는 확률은 0.29이다. (78% 중 38%) 8장에서 배운 모델 중 로퍼에서 처음으로 완성된 인터뷰를 얻을 때까지 전화를 건 가구의 수를 모델화 할 때 사용하는 모델은 무엇인가?

예시문제 확률모델

벤처 캐피털 회사는 신기술에 투자를 했던 잠재적인 투자자들의 목록을 가지고 있다. 평균적으로 투자자들은 매번 5% 확률로 투자한다. 새로운 고객은 많은 개발도상국에서 수용의 증가를 발견하고 있는 금융 거래를 하는 휴대전화 어플리케이션에 대한 투자자를 찾는데 관심이 있다. 회사의 애널리스트(투자분석가)는 잠재적인 투자자들에게 전화연락을 시작했다.

문제 :

1. 전화 연락을 한 첫 번째 사람이 투자할 확률은 얼마인가?
2. 전화 연락을 한 다섯 명 중 단 한 명도 투자에 관심이 없을 확률은 얼마인가?
3. 투자에 관심 있는 사람을 찾을 확률이 적어도 0.50가 될 때까지 몇 번의 전화 연락을 해야 할까?
4. 투자의 관심 있는 사람을 찾을 때까지 평균적으로 몇 번의 전화 연락을 해야 할까?
5. 10명의 투자자들과 전화 연락을 할 경우에 정확히 2명이 관심을 보였을 확률은 얼마인가?
6. 이 질문들에 대한 답안을 할 때 어떤 가정을 해야 하는가?

답 :

1. 각 투자자들이 투자하고자 하는 확률은 5% 또는 1/20이기 때문에 전화 연락을 한 첫 번째 사람이 투자에 관심을 가질 확률은 1/20이다.
2. P(첫 번째 사람이 관심이 없다)$=1-1/20=19/20$. 시행이 독립적이라는 가정을 했을 때, P(아무도 관심이 없다)$=P$(첫번째 사람이 관심이 없다) × P(두 번째 사람이 관심이 없다) × …… × P(다섯 번째 사람이 관심이 없다)$=(19/20)^5=0.774$
3. 시행착오를 거치면 $(19/20)^{13}=0.513$이고 $(19/20)^{14}=0.488$이다. 따라서 14명에게 전화 연락을 하면 아무도 관심이 없을 확률이 0.50 밑으로 떨어진다. 그러므로 누군가가 관심을 보일 확률은 0.50보다 커진다.
4. 기하학적 모델을 사용하고, X를 관심을 보인 사람이 있을 때까지 한 전화연락 횟수라고 하면, $E(X)=1/p=1/(1/20)=20$.
5. 이항 모델을 사용해서, Y를 10명에게 전화 연락을 했을 때, 관심을 보인 사람의 수라고 하자, 따라서,
   $P(Y=2)=\binom{10}{2}p^2(1-p)^8=\frac{10\times 9}{2}(1/20)^2(19/20)^8=0.0746$
6. 시행은 독립적이고 잠재적 투자자들이 투자에 관심이 있을 확률은 모두 동일하다고 가정한다.

8.5 연속 확률변수

이산 확률변수는 사건, 범주, 소규모 계산의 모델화에 제격이다. 그러나 업계에서는 종종 바로 처리할 수 없는 수량을 측정한다. 예를 들면, 컴퓨터의 배터리가 충전될 때까지의 시간은 2시간에서 4시간 사이에 그 값이 있을 수 있다.

확률변수가 간격 사이에 어떤 값이라도 취할 수 있을 때는 더 이상 이산 확률모델을 사용하여 모델화할 수 없고, 대신 연속 확률모델을 사용한다. 연속 확률변수의 경우에는 그 확률모델의 분포가 곡선으로 표시될 수 있다. 그 곡선을 **확률 밀도 함수**(Probability density function, PDF)라고 하고, 일반적으로 $f(x)$라고 표시한다. 아마 정규 또는 종 모양의 곡선을 본적이 있을 것이다. 기술적으로는 정규 확률 밀도 함수라고 알려져 있다.

밀도 함수는 두 가지 조건을 반드시 충족해야 한다. 가능한 모든 값은 반드시 음수가 아니어야 하고, 곡선 아래의 전체 영역은 정확히 1.0이어야만 한다. 7장에 나와 있는 확률 할당 규칙에 해당하는 총 확률에 대한 조건(정확히 1.0)은 반드시 어딘가에 할당해야 한다.

어떤 밀도 함수는 확률변수가 간격 안에 있을 확률을 제공할 수 있다. 그러나 밀도 함수 $f(x)$에 속하는 a에서 b 사이에 있을 확률인 X는 a와 b의 사이의 값이지, $f(a)$와 $f(b)$의

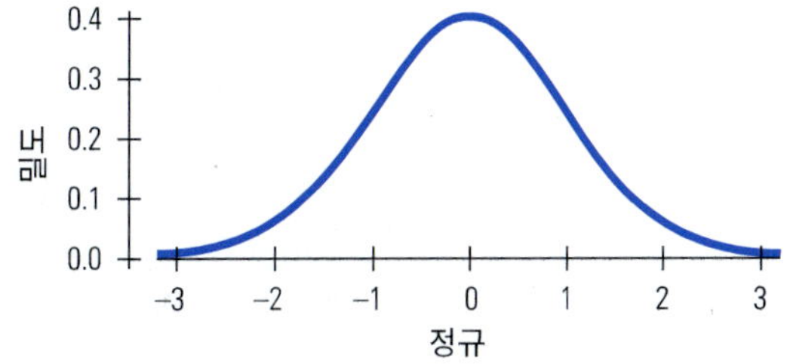

그림 8.1 표준 정규 밀도 함수(평균이 0이고 표준편차가 1). 모든 구간에서 표준점수를 찾는 확률은 곡선에 속해 있는 간격의 영역이다. 예를 들어 표준점수가 −1에서 1 사이에 속할 확률은 약 68%이다. 이는 밀도 함수에서 대략적으로 보거나 표 또는 기술로 더 정확하게 찾을 수 있다.

값이 아니라는 것을 기억해야 한다.

일반적으로, 그 영역을 찾는 것은 미적분이나 수치 해석을 필요로 하고, 이는 이 책의 위를 벗어난다. 그러나 설명할 모델의 경우에는 확률은 표(정규) 또는 단순 계산(균등)으로 찾는다.

가능한 많은 수(사실은 무한이다.)의 연속 분포가 있다. 그러나 가장 일반적으로 비즈니스 현상을 모델화하는데 사용되는 단 두 개로 균등모델과 정규 모델을 설명할 것이다.

균등 모델(uniform model)

우리는 이미 균등 모델의 이산적 버전(변형)을 본 적이 있다. 연속 균등은 모든 사건은 같은 확률이어야 한다는 원칙을 공유하지만, 연속 모델에서는 각 값의 확률은 0이기 때문에 특정 값의 확률에 대해서는 말할 수 없다. 대신, 연속 확률변수 X에 대해서는 X의 확률은 해당 간격의 길이에 따라 달라진다고 말한다. 당연히 연속 균등 확률변수의 밀도함수는 평면처럼 보인다.(그림 8.2를 보자.)

a와 b의 간격으로 정의되는 **연속 균등 확률변수**(Continuous uniform random variable)의 밀도 함수는 다음 식에 의해 설명될 수 있다. (이 역시 그림 8.2를 참고하라)

$$f(x)=\begin{cases}\dfrac{1}{b-a} & \text{만약 } a \le x \le b\text{라면}\\ 0 & \text{그렇지 않으면}\end{cases}$$

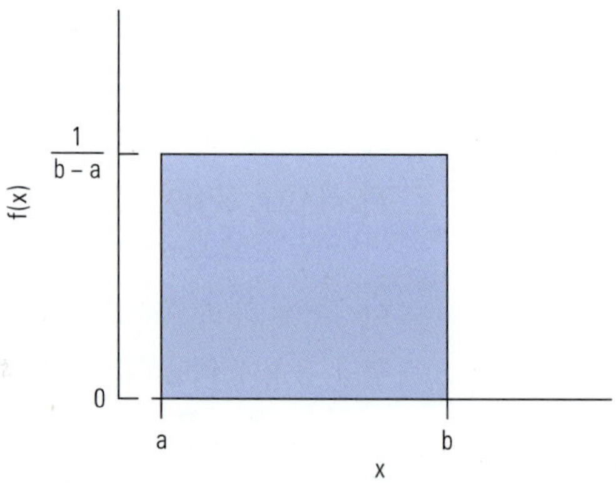

그림 8.2 a와 b 사이의 간격이 있는 연속 균등 확률변수의 밀도 함수

〈그림 8.2〉에서 a와 b 사이의 임의의 간격에 있을 확률 X는 같은 길이인 임의의 다른 간격의 확률과 같음을 쉽게 알 수 있다. 사실, 확률은 단지 전체 길이에서 간격의 길이($b-a$)에 대한 비율이다. 바꿔 말하면:

$[a, b]$ 간격 사이에 있는 ($c \le d$)인 c와 d의 대한 값은

$$P(c \le X \le d)=\frac{(d-c)}{(b-a)}$$

예를 들어, 버스 정류장에 도착했고 다음 버스가 오는데 얼마나 오래 걸릴지를 모델화

한다고 가정해보자. 신호는 버스가 20분마다 도착한다고 하지만 다른 정보는 제공되지 않았다. 20분 중 어디에서나 동일하게 도착할 가능성이 있다고 가정할 수 있다. 따라서 밀도 함수는 다음과 같다.

$$f(x) = \begin{cases} \dfrac{1}{20} & \text{만약 } 0 \le x \le 20 \text{라면} \\ 0 & \text{그렇지 않으면} \end{cases}$$

그리고 〈그림 8.3〉처럼 보일 것이다.

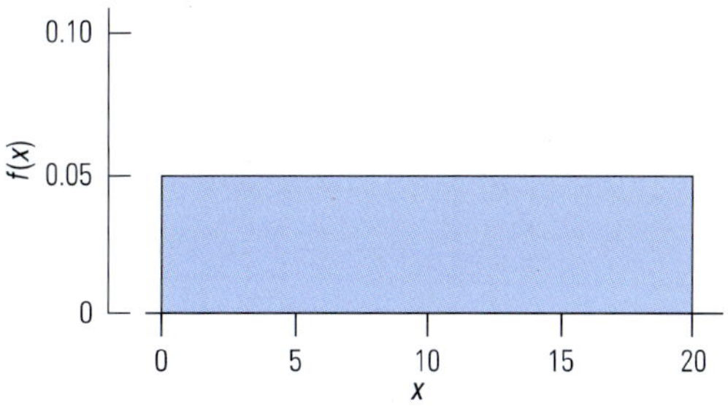

그림 8.3 구간 [0, 20]에서 연속 균등 확률변수의 밀도 함수. 분포의 평균(균형 점)이 10분임을 알 수 있다.

데이터 분포의 평균은 히스토그램의 균형점인 것처럼, 모든 연속 확률변수의 평균은 밀도 함수의 균형점이다. 〈그림 8.3〉을 보면, 종점들 사이에 중간인 10분이 균형점임을 볼 수 있다. 일반적으로 기대값은:

$$E(X) = \frac{a+b}{2}$$

간격 (a, b)에 대한 균등 분포이다. a=0, b=20으로 기대값은 10분일 것이다.

분산과 표준편차는 덜 직관적이다:

$$Var(X) = \frac{(b-a)^2}{12}, \quad SD(X) = \sqrt{\frac{(b-a)^2}{12}}$$

이러한 수식을 사용하여 기대값이 10분인 버스 대기의 표준편차는 $\sqrt{\frac{(20-0)^2}{12}} = 5.77$분이다.

어떻게 모든 값이 확률 0을 가질 수 있을까?

먼저, 연속 확률변수의 모든 값의 확률이 0인지는 비논리적인 것처럼 보일 수 있다. 표준 정규 확률변수 Z를 살펴보자. 정규 모델은 연속 모델이다. Z가 0에서 1 사이에 있을 확률이 0.3413인 것을 (표, 웹사이트 또는 컴퓨터 프로그램에서) 찾을 수 있다.

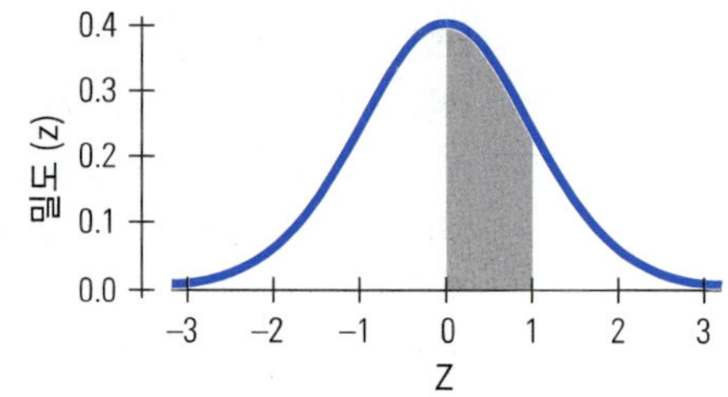

정규 확률 밀도 함수의 0과 1 사이(붉은 부분)의 영역이다. Z가 0과 1/10 사이에 있을 확률은 얼마인가?

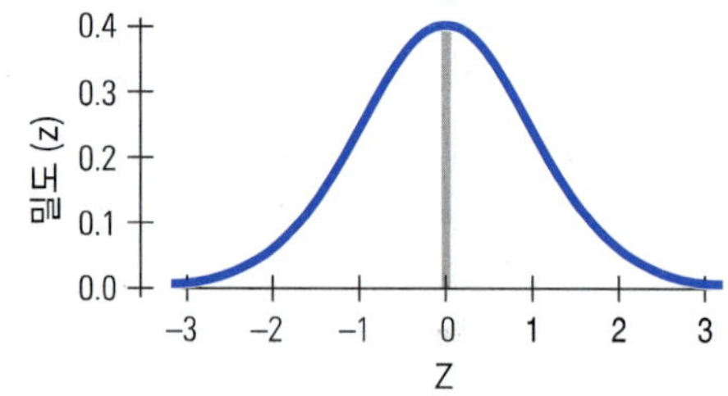

영역은 0.0398이다. Z가 0과 1/100 사이에 속해 있을 확률은 얼마인가? 확률은 0.0040으로 높지 않다. 계속 진행된다면, 확률은 점점 낮아질 것이다. Z가 0과 1/100,000 사이에 있을 확률은 0.0001보다 낮다.

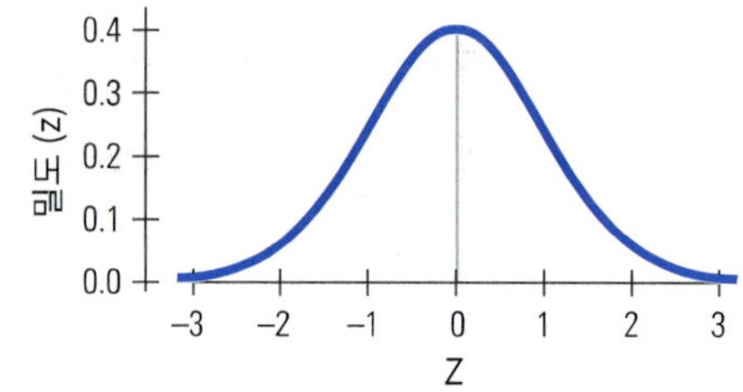

그런데 Z가 정확히 0일 확률은 얼마인가? $x=0$의 곡선 바로 밑은 영역이 없다. 따라서 확률은 0이다. 간격은 정의 확률만 있지만 괜찮다. 실제 생활에서 정확히 0.0000000000 또는 다른 값을 절대로 의미하지 않는다. 만약 "정확히 164파운드"라고 말한다면, 실제로 163.5에서 164.5파운드를 의미할 수도 있고, 심지어 163.99에서 164.01파운드일 수도 있다. 그러나 현실적으로 164.000000000……. 파운드를 의미하지는 않는다.

정규 모델

표기법 주의!

$N(\mu, \sigma)$는 항상 정규 모델을 표시하는 것이다. "뮤"로 발음되는 μ는 그리스 문자 "m"이고, 항상 모델의 평균을 의미한다. "시그마"로 발음되는 σ는 그리스 소문자 "s"이고, 항상 모델의 표준편차를 의미한다.

정규 모델은 통계를 통해 나타난다. **정규 모델**(Normal model)은 단봉형태와 거의 대칭인 분포에 적합하다. 아마 정규 모델은 전에 본 적이 있을 것이다. 그리고 "종 모양의 곡선"을 본 적이 있다면, 그것은 정규 모델일 가능성이 있다. 정규 모델은 평균과 표준편차인 두 개의 모수에 의해 정의된다. 규칙에 따라 모수(parameter)를 그리스 문자로 나타낸다. 예를 들면, 모델의 평균을 "m"과 동일한 그리스 문자 "μ"로 나타내고, 모델의 표준편차는 "s"와 동일한 그리스 문자 "σ"로 나타낸다.

따라서 평균이 μ이고 표준편차가 σ인 정규 모델을 나타내기 위해 $N(\mu, \sigma)$라고 쓴다.

모든 μ와 σ의 조합에 대해 다른 정규 모델이 있다. 그러나 우리의 데이터를 표준화 할 경우에 먼저 우리가 5장에서 했듯이 평균을 빼서 평균을 0으로, 표준편차를 나눠서 1로 표준점수를 만든다. 우리는 평균이 0이고 표준편차가 1인 모델을 필요하다. 우리는 이를 **표준 정규 모델**(Standard Normal model) (또는 **표준 정규 분포**(Standard Normal distribution), 〈그림 8.1〉에 나와 있다.)라고 부른다.

물론, 모든 데이터 집합에 대해 정규 모델을 사용할 수 없다. 히스토그램이 먼저 단봉형과 대칭이 아닌 경우, 표준점수는 정규 모델에 의해 모델화되지 않는다. 그리고 표준화는 분포의 모양을 변하지 않기에 표준화는 도움이 되지 않는다. 따라서 정규 모델을 사용하기 전에 반드시 데이터의 히스토그램을 확인해야 한다.

68–95–99.7 규칙

표준점수

데이터에서: $z = \frac{y - \bar{y}}{s}$

모델에서: $z = \frac{y - \mu}{\sigma}$

정규 모델은 극단적인 값이 평균으로부터 얼마나 떨어져있는지를 알려줄 수 있기 때문에 유용하다. 우리는 모든 표준점수에 대한 이러한 값을 찾는 방법을 확인할 수 있지만 지금은 대략적으로 분포된 값이 얼마인지 알려주는 68-95-99.7 **규칙**[5]이라고 불리는 간단한 규칙이 있다.

종 모양의 분포에서 약 68%의 값은 평균으로부터 1 표준편차의 범위에 속하고, 약 95%의 값은 평균으로부터 2 표준편차의 범위에 속한다. 그리고 약 99.7%(거의 모든) 값이 평균으로부터 3 표준편차의 범위에 속한다. (그림 8.4)

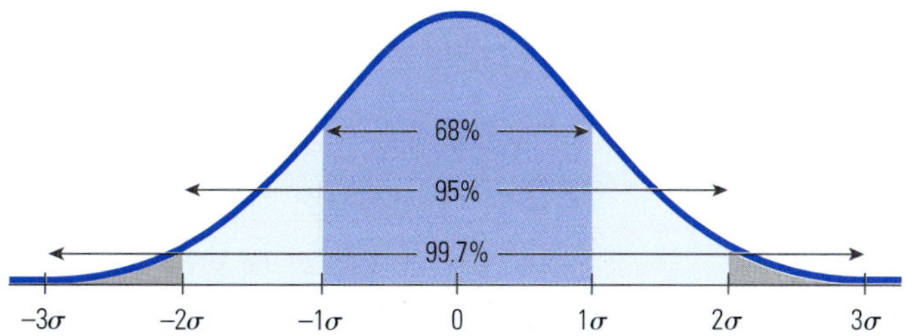

그림 8.4 종 모양의 분포의 1, 2, 3 표준편차에 도달하는 68–95–99.7 규칙이다.

다른 백분율 찾기

평균에서 적어도 1 표준편차 바깥에 있을 확률을 구하는 것은 간단하다. 평균에서 1 표준편차 안에 속해 있을 확률이 68%임을 알고 있다 따라서 32%가 밖에 있다. 정규 모델은 대칭이기 때문에 32%의 절반(16%)은 평균으로부터 1 표준편차보다 크다. 그런데 평균에서부터 1.8 표준편차보다 클 확률을 알고 싶다면? 이미 표준점수가 1보다 클 확률은 단지 16%에 지나지 않다는 것을 알고 있다. 이와 비슷한 논리로 표준점수가 2보다 클 확률은

[5] 수학자 아브라함 드무아브르(Abraham De Moivre)가 1733년에 규칙을 최초로 인식하였고, 데이터의 경험적 관찰에 기초하기 때문에 때때로 **경험법칙**(Empirical Rule)이라고 불린다. 그러나 규칙을 정의하는 3가지 숫자인 68-95-99.7 규칙이라고 부르는 것이 기억하는데 더 도움이 된다.

단지 2.5%에 지나지 않다. "16%와 2.5% 사이"에 대해 더 정확한 대답을 할 수 있을까?

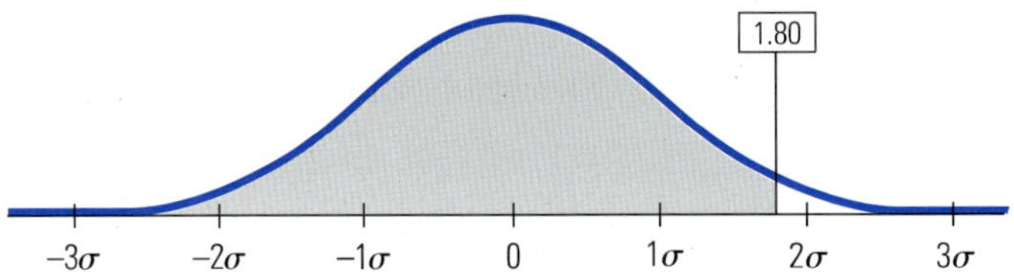

z	.00	.01
1.7	0.9554	0.9564
1.8	0.9641	0.9649
1.9	0.9713	0.9719

그림 8.5 정규 백분위 표(부록의 Z표)는 표준 정규 분포에서 특정 표준점수의 값 이하일 백분율을 찾을 수 있다.

최근에는 정규 표에서 백분율을 찾는 것은 거의 필수적이지 않다. 대부분의 경우 계산기, 컴퓨터 또는 웹사이트를 이용할 수 있다.

값이 평균으로부터 정확히 0, 1, 2 또는 3 표준편차 떨어져 있지 않은 경우, 정규 백분위 표에서 찾아볼 수 있다.[6] 표는 표준 정규 모델을 사용한다. 그래서 표를 사용하기 전에 데이터를 표준점수로 변환해야 한다. 만약 데이터 값이 평균보다 1.8 표준편차만큼 크다면, 표준점수로 표준화 한 다음에 1.80의 표준점수와 연관된 값을 찾으면 된다. 표를 사용하는 경우에는 〈그림 8.5〉와 같이, 맨 왼쪽의 세로줄에서 첫 번째와 두 번째 자리 수(1.8)과 맨 윗줄에서 세 번째 자릿수(0)을 찾을 수 있다. 표에서는 0.9641의 백분율을 제공한다. 즉, 표준점수가 1.80보다 적을 확률이 96.4%라는 것을 의미한다. 모든 면적의 합은 항상 1이고 $1-0.9641=0.0359$이기 때문에 정규 모델에서 표준점수가 1.80보다 클 확률은 단지 3.6%인 것을 알 수 있다. 표준점수와 관련된 확률은 계산기, 통계 소프트웨어 및 다양한 웹사이트에서도 찾을 수 있다.

정규 분포 계산 연습

정규 모델의 값과 관련된 백분율을 찾는 것은 어렵지 않다. 그러나 약간의 연습은 유용할 수 있다. 대부분의 사람들은 이런저런 표준화된 시험을 본 적이 있고 아마도 원점수와 같은 성과의 "백분위"에 많이 초점을 맞췄을 것이다. SATs, GMATs, LSATs 같이 표준화된 시험의 성적은 정규 모델로 모델화되어서 주로 원점수와 백분위로 발표된다. 예시로, SAT 점수를 백분위로 어떻게 변환하는지를 살펴보자.

예시 1

문제: SAT(수학 능력 시험)는 단봉형과 대칭 형태이고, 전체 평균 500, 표준편차 100을 갖도록 설계 분포를 갖는다. 어느 한 해에 평균과 표준편차가 적은 수(small amount)로 인해 목표 값과 다를 수 있지만 좋은 전반적인 근사치로 이 값을 사용할 수 있다.

SAT시험에서 600점을 받았다고 가정해보자. 68-95-99.7 규칙에서 SAT 시험을 본 학생들 중에 어디에 있을까?

해법: 분포가 단봉형와 대칭 형태이기 때문에 정규 모델로 분포를 모델화할 수 있다. 또한 점수의 평균은 500, 표준편차는 100임을 알고 있다. 따라서 N(500, 100) 모델을 사용할

[6] 부록의 Z표를 보자. 대부분의 계산기와 컴퓨터 통계 패키지도 이 작업을 수행한다.

것이다. 이는 분포를 그리는 시점에서 좋은 연습이 된다. 우리가 알고 싶어하는 백분위의 점수를 찾고 그림에서 표시한다. 계산을 완료하면 그림에서 합리적인 백분위에 위치하는지 확인해야 한다.

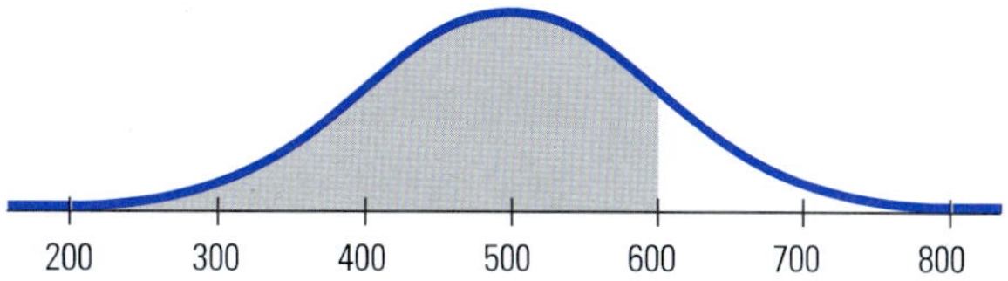

600점은 평균으로부터 1 표준편차만큼 크다. 즉, 68-95-99.7 규칙의 한 지점에 해당한다. 시험을 본 사람들 중 약 32% (100% - 68%)가 평균에서 1 표준편차 범위의 밖에 있지만, 그 중의 절반만 높은 쪽에 있다. 따라서 시험을 본 사람 중 약 16%(32%의 절반)이 600점보다 높은 점수이다.

예시 2

문제: SAT 점수가 거의 $N(500, 100)$에 가깝다고 가정하고, SAT 점수가 450에서 600점 사이에 있을 확률은 얼마인가?

해법: 첫 번째 단계는 각 값과 관련된 표준점수를 찾는 것이다. 주어진 점수를 표준화하면 600점은 $z = (600 - 500)/100 = 1.0$, 450점은 $z = (450 - 500)/100 = -0.50$이다.

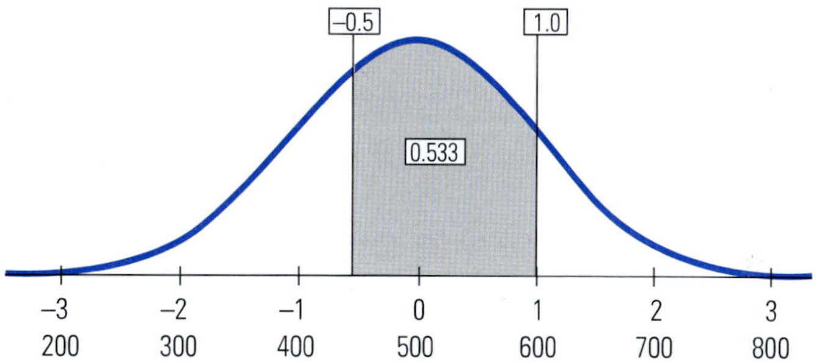

우리는 그림 아래에 있는 축에 원래 값 또는 표준점수, 심지어 다음 그림에서 볼 수 있듯이 두 개를 사용하여 표시할 수 있다. 표 Z에서 $z \leq 1.0 = 0.8413$로 1.0보다 적을 확률이 84.13%이라는 의미를 찾을 수 있다. 그리고 $z \leq -0.5 = 0.3085$로 -0.5보다 적을 확률이 30.85%임을 의미한다. 따라서 표준점수들 사이의 있을 확률은 84.13%-30.85% = 53.28%이다. 정규 모델은 SAT 점수가 450과 600 사이에 있을 확률은 약 53.3%일 것으로 추정한다.

표준점수에서 영역을 찾는 것은 정규 모델을 사용하는 가장 간단한 방법이다. 그러나 때로는 영역에서 시작하고 역방향으로 해당하는 표준점수에서 원래 데이터 값을 찾는 것을 요청 받는다. 예를 들어, 정규 모델에서 일분위수(Q1, 25%)에 해당하는 표준점수는 얼마인가? 첫 번째 예제에서 표준점수를 알고, 백분위를 찾기 위해 표 또는 기술을 사용했다. 이제 25%가 되는 절단 값(cut point)을 찾아보자. 그림을 그리고 왼쪽의 25% 영역에 음영 처리를 하자. 표 Z에서 영역이 0.2500인 곳을 찾자. 정확한 영역은 없지만, 0.2514가 가장 근사치의 수이다. 표 왼쪽 가장자리에 −0.6과 맨 위에 .07에 나타난다. 일분위수(Q1,

25%)에 대한 표준점수(z)는 약 -0.67이다. 컴퓨터와 계산기는 보다 더 정확하게(그리고 더 쉽게) 절단 값(cut point)을 할 수 있다.[7]

예시 3

문제: 대학에서는 상위 10% 이내의 SAT 점수를 가진 사람만 입학을 허가한다고 가정하자. 얼마나 높은 SAT 점수를 얻어야 자격에 적합한가?

해법: 대학에서는 상위 10%만 선발한다. 따라서 절단 값(cut off) 점수는 90 백분위이다. 다음과 같이 대략적인 그림을 그려보자.

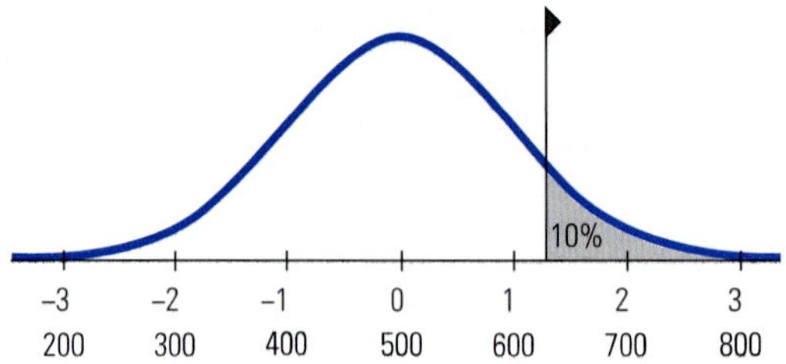

	0.07	0.08	0.09
1.0	0.8577	0.8599	0.8621
1.1	0.8790	0.8810	0.8830
1.2	0.8980	0.8997	0.9015
1.3	0.9147	0.9162	0.9177
1.4	0.9292	0.9306	0.9319

그림에서 표준점수는 1과 1.5 사이에 있는 것을 볼 수 있다. (제대로 10% 영역을 추정한 경우) 따라서 절단 값(cut off) 점수는 600~650 정도이다. 기술을 사용하여 10% 영역을 선택할 수 있고 직접 표준점수를 찾을 수 있다. 표 Z와 같은 표를 이용하면 표 안쪽의 0.90(최대한 가까운; 0.8997은 0.9015보다 더 가깝다)을 찾을 수 있고 그에 대응하는 표준점수를 찾을 수 있다. (위의 표를 참고) 표 왼쪽 가장자리에 1.2와 맨 위에 .08에 나타난다. 이 두 개를 합치면 1.28임을 알 수 있다. 이제, 원래의 표준점수를 원래의 단위로 환산하면 된다. 표 Z에서 절단 값(cut point)은 $z=1.28$이다. 1.28의 표준점수는 평균에서 1.28 표준편차만큼 크다. 표준편차가 100이기 때문에, 128 SAT 점수가 된다. 절단 값(cut off)은 평균인 500점보다 128점 큰 점수 또는 628점이다. 학교에서는 상위 10%의 SAT 점수를 원하기 때문에 절단 값(cut off)은 628이다. (실제로 SAT 점수는 10점 단위로 발표되기 때문에 적어도 630점을 받아야 한다.)

7) 우리는 예시에서 더 정확한 값들을 종종 사용할 것이다. 만약 표에서 값을 찾는다면 컴퓨터 패키지를 사용하는 반 친구보다 소수점 자릿수에 동일한 숫자를 정확히 얻을 수는 없을 것이다.

길잡이 문제 　시리얼 회사

시리얼 제조업체는 상자에 시리얼을 채우는 기계가 있다. 상자에는 "16온스"라고 표시되어 있다. 따라서 회사는 각 상자마다 그만큼의 시리얼이 들어가 있기를 원한다. 그러나 포장 과정이 완벽하지 않기에 약간의 변동이 있을 것이다. 기계가 정확하게 16온스로 설정되어 있고 정규 모델을 적용(또는 적어도 분포가 대략적으로 대칭)한다면, 상자의 약 절반은 중량부족일 것이고 이는 소비자들을 불행하게 만들거나 회사의 평판을 나쁘게 만들고, 소송이 일어날 수도 있을 것이다. 중량부족 상자를 방지하기 위해 제조업체는 평균을 16.0온스보다 조금 더 많게 설정할 수 있다. 포장 기계와 과거의 경험을 바탕으로, 이 회사는 상자에 시리얼의 양이 0.2온스의 표준편차를 가진 정규모델에 적합하다고 생각한다. 제조업체는 각 상자에 16.3온스를 평균으로 설정하기를 결정했다. 이 시리얼 상자에 대한 일련의 질문에 대답하기 위해 모델을 사용하자.

문제 1. 상자들이 중량부족일 경우의 비율은 얼마인가?

계획	**준비** 변수와 목적을 기술한다.	변수는 상자 안에 있는 시리얼의 무게이다. 상자가 중량부족일 비율을 확인하고자 한다.
	모델 정규 모델이 적합한지 확인한다.	우리는 데이터가 없기 때문에 히스토그램을 만들 수 없다. 그러나 기계에서 무게의 분포가 정규임을 믿는다고 전해진다.
	사용할 정규 모델을 명시한다.	$N(16.3,\ 0.2)$ 모델을 사용한다.
실행	**실행방안** 정규 모델의 그래프를 확인한다. 그림에서 관심 있는 값을 찾고, 표시한 뒤 적합한 영역을 음영처리 한다.	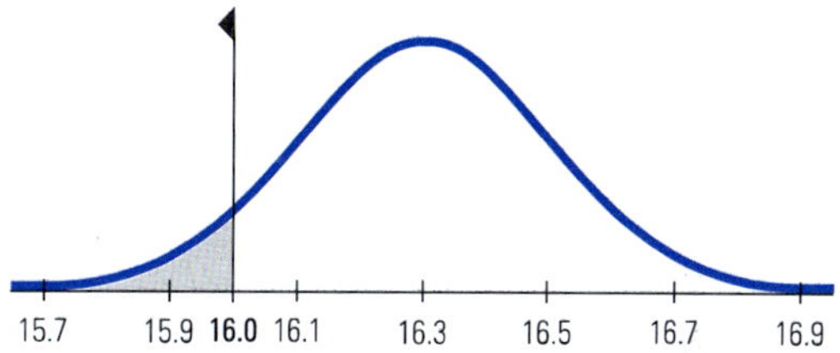
현실성 점검	그림에서 중량부족 상자의 비율을 추정한다. (이것은 나중에 대답이 합리적인지 확인하기 위해 도움이 될 것이다.)	(이는 낮은 비율(아마도 10% 미만)처럼 보인다.) 우리는 16온스 미만인 상자의 비율을 알고자 한다.
	절단 값(cut off) 값을 표준점수로 변환한다.	$z=\frac{y-\mu}{\sigma}=\frac{16-16.3}{0.2}=-1.50$
	정규 표 또는 계산기와 소프트웨어를 사용하여 영역을 찾는다.	영역$(y<16)$ = 영역$(z<-1.50)=0.0668$
보고	**결론** 문제의 결론을 기술한다.	우리는 약 6.7%의 상자가 16온스 미만의 시리얼이 들어갈 것으로 추정한다.

문제 2. 회사 고문 변호사들은 6.7%는 너무 높다고 말한다. 그들은 중량부족 상자의 비율이 4%를 넘어서는 안 된다고 주장한다.

계획	**준비** 변수와 목적을 기술한다.	변수는 상자의 있는 시리얼의 중량이다. 기계의 설정을 결정하기를 원한다.
	모델 정규 모델이 적합한지 확인한다.	데이터가 없다. 따라서 히스토그램을 만들 수도 없다. 그러나 정규 모델이 적합하다고 한다.
	사용할 정규 모델을 명시한다. 이번에는 평균 이 주어지지 않는다!	시리얼 중량의 평균인, μ를 모른다. 이 기계의 표준편차는 0.2온스이다. 따라서 모델은 $N(\mu,\ 0.2)$이다.

현실성 점검 우리는 μ=16.3온스로 기계를 설정했을 때, 6.7%의 상자가 중량부족이라는 것을 이미 알아냈다. 우리는 중량부족 비율을 약간 줄이기 위해 평균을 얼마나 올려야 하는지를 알고자 한다.

단, 4%의 상자만 16온스 이하여야 한다고 들었다.

실행

실행방안 이 정규 모델의 그래프를 그린다. 중앙은 μ이다. (평균을 모르기 때문에) 그리고 16온스 이하의 영역을 음영처리 한다.

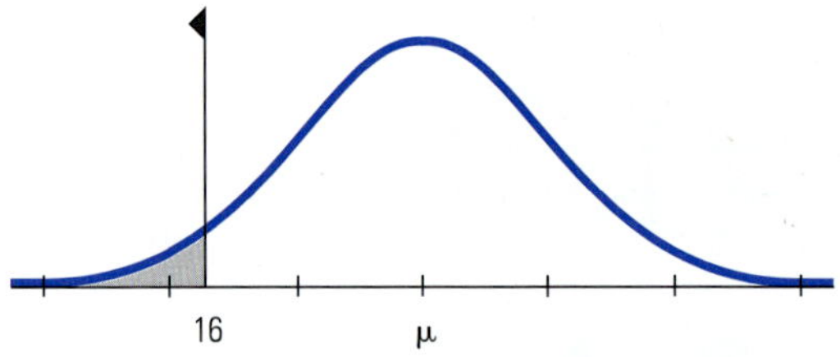

정규 표, 계산기 혹은 소프트웨어를 사용하여 하위 4%에 해당하는 표준점수를 찾는다.

평균 왼편 0.04에 해당하는 표준점수는 z = -1.75이다.

이 정보를 이용하여 μ를 찾는다. 이는 16이 평균으로부터 표준편차의 1.75배만큼 떨어져 있다.

16은 평균으로부터 표준편차의 1.75배만큼 적어야 하기 때문에, 조정해야 하는 평균은 16 + 1.75 * 0.2 = 16.35이다.

보고

결론 문제의 결론을 기술한다.

회사에서는 시리얼 상자당 평균을 16.35온스로 기계를 설정해야 한다.

문제 3. 회사의 사장은 이 계획을 거부했다. 사장은 줄곧 회사는 무료 시리얼을 덜 줘야 한다고 말해왔다. 사장의 목표는 기계가 16.2온스 이상으로 설정되지 않고, 중량부족 상자의 비율이 단 4%가 되는 것이다. 이를 이룰 수 있는 유일한 방법은 표준편차를 줄이는 것이다. 이를 달성하기 위해서 표준편차는 얼마가 되어야 하는가? 그리고 기계의 평균은 얼마인가?

계획

준비 변수와 목적을 기술한다.

변수는 시리얼 상자의 무게이다. 우리는 중량부족 상자가 단 4%가 되는 표준편차를 결정하고자 한다.

모델 정규 모델이 적합한지 확인한다.

이 회사는 무게는 정규 모델로 설명된다고 믿고 있다.

사용할 정규 모델을 명시한다. 이번에는 σ가 주어지지 않는다.

현재 우리는 평균을 알지만, 표준편차는 모른다. 따라서 모델은 $N(16.2,\ \sigma)$이다.

현실성 점검 우리는 표준편차가 0.2온스보다 반드시 적어야 한다는 것을 알고 있다.

실행

실행방안 이 정규 모델의 그래프를 그린다. 중앙은 16.2이다. 그리고 관심 있는 영역을 음영처리 한다. 우리는 16온스 왼편의 영역이 4%이기를 원한다.

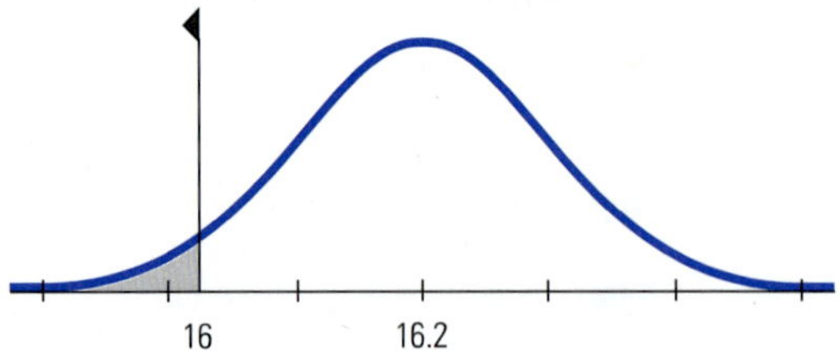

하위 4%에 해당하는 표준점수를 찾는다.

우리는 최하 4%의 해당하는 표준점수를 이미 알고 있다. z = -1.75

σ를 해결한다. (평균 16.2온스에서 16 이하일 확률이 1.75*σ임을 주목하면 1.75*σ는 0.2온스가 되어야 한다. 이 방정식으로 시작할 수 있다.)

$$z = \frac{y-\mu}{\sigma}$$

$$-1.75 = \frac{16-16.2}{\sigma}$$

$$1.75\sigma = 0.2$$

$$\sigma = 0.114$$

보고	결론 문제의 결론을 기술한다. 예상했듯이 표준편차는 전보다 낮아졌다. – 사실 아주 조금 낮아졌다.	회사에서는 시리얼 상자 기계의 표준편차가 0.114온스가 되게 해야 한다. 이는 기계가 상자를 채울 때 더 일관되어야 한다는 것을 의미한다. (거의 2배 수준으로)

정규의 합

정규 모델이 이렇게 자주 나타나는 또 다른 이유는 특별한 속성을 가지고 있기 때문이다. 속성 중 중요한 하나는 두 개의 독립적인 정규 확률변수의 합이나 차이도 정규라는 것이다.

작은 오디오를 제조하는 회사가 있다. 생산 라인의 끝에는 오디오가 포장되고 배송 준비를 하는 단계이다. 이 과정에서 1단계를 "포장"이라 부른다. 작업자는 오디오의 모든 구성 요소(본체, 스피커 2개, 전원 코드, 안테나, 와이어들)를 모아서 각 비닐 봉투에 넣어야 한다. 그리고 다음 장소에서 모든 것은 보호용 폼(form) 안에 있다. 포장된 폼(form)은 2단계로 이동하는데 작업자들은 폼(form)과 설명서 묶음을 보드지 상자에 담고, 상자를 닫고, 봉인한 후 배송을 위해 라벨을 붙인다. 이를 "상자꾸리기"라고 부른다. 포장과 상자꾸리기에 필요한 시간은 어느 값도 취할 수 있기 때문에 연속 확률변수로 모델화해야 한다. 특히, 이 회사에서는 포장 단계에서 필요한 시간은 단봉형과 대칭형이고 평균이 9분, 표준편차는 1.5분인 정규 모델에 의해 설명될 수 있다고 말한다. (그림 8.6을 보자) 상자꾸리기 단계에서도 평균 6분, 표준편차 1분인 정규로 모델화 할 수 있다.

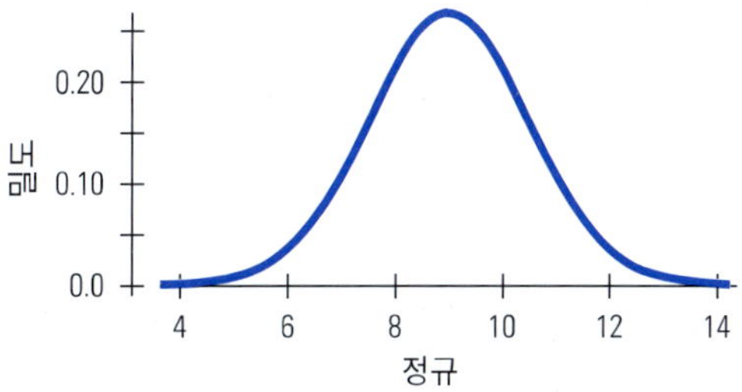

그림 8.6 평균 9분, 표준편차 1.5분인 포장 단계에 대한 정규 모델

회사에서는 포장과 상자꾸리기 모두를 하는 데 걸리는 총 시간에 관심이 있기 때문에, 그들은 두 확률변수의 합을 모델화하기를 원한다. 다행히, 독립적인 정규 모델에 다른 정규 모델을 더하는 특수한 속성은 독립적 확률변수들의 합 또는 차에 대한 질문에 정규 확률의 지식을 적용할 수 있다. 정규의 속성을 사용하기 위해, 변수는 독립적이고 정규 분포로 모델화될 수 있다는 두 가지 가정을 확인해야 한다.

길잡이 문제 오디오 제품 포장

작은 오디오를 제조 및 선적하는 회사를 생각해보자.

오디오를 포장하는 데 필요한 시간은 평균 9분, 표준편차 1.5분인 정규 모델로 설명되고, 상자꾸리기에 필요한 시간은 평균 6분, 표준편차 1분인 정규 모델로 설명된다. 오디오 2개를 포장하는 데 20분이 넘게 걸릴 확률은? 포장 단계가 상자꾸리기 단계보다 더 오래 걸릴 확률은 얼마인가?

문제 1. 오디오 2개를 포장 완료하는 데 20분이 넘게 걸릴 확률은?

계획	**준비** 문제를 명시한다.	우리는 오디오 2개를 포장 완료하는데 20분이 넘게 걸릴 확률을 추정하고자 한다.
	변수 확률변수를 정의한다.	P_1은 첫 번째 오디오를 포장하는데 걸리는 시간이라고 하자. P_2는 두 번째 오디오를 포장하는데 걸리는 시간이라고 하자 T는 오디오 두 개를 포장하는데 걸리는 총 시간이라고 하자.
	필요한 변수에 대한 적합한 수식을 작성한다.	$T = P_1 + P_2$
	모델의 가정에 대해 생각한다.	✔ **정규 모델 가정.** 포장 시간은 정규 모델로 모델화하기에 충분하고 두 정규 확률변수의 합도 정규라는 것을 알고 있다. ✔ **독립성 가정.** 오디오 하나에 대한 포장 시간은 다음 오디오의 포장 시간에 영향을 미칠 것이라고 생각되는 이유는 없다. 따라서 두 개가 독립적이라는 합리적인 가정을 할 수 있다.
실행	**실행방안** 기대값을 찾는다. (예측되는 값은 항상 두 단계가 더한 값이다.)	$E(T) = E(P_1 + P_2)$ $= E(P_1) + E(P_2)$ $= 9 + 9 = 18$분
	변수를 찾는다.	시간은 독립적이기 때문에
	독립적인 확률변수의 합을 위해 변수를 더한다. (일반적으로, 우리는 이것이 사실이 되기 위해 변수가 정규가 될 필요는 없다. - 단지 독립적이어야 한다.)	$Var(T) = Var(P_1 + P_2)$ $= Var(P_1) + Var(P_1)$ $= 1.5^2 + 1.5^2$ $Var(T) = 4.50$
	표준편차를 찾는다.	$SD(T) = \sqrt{4.50} \approx 2.12$분
	이제 우리는 다음 정규 모델의 모든 확률변수들의 합 또한 정규라는 사실을 사용한다.	시간 T에 대한 N(18, 2.12) 모델을 모델화할 수 있다. 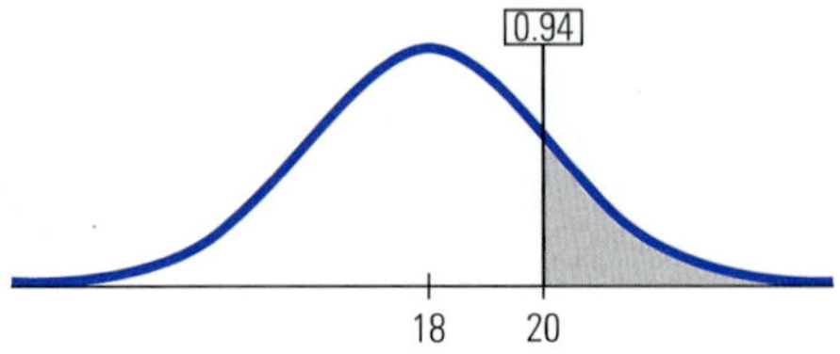

총 시간에 대한 정규 모델의 그림을 그리고 20분 이상인 영역을 음영처리 한다.

20분에 대한 표준점수를 찾는다.

$$z = \frac{20-18}{2.12} = 0.94$$

확률을 찾기 위해 기술 또는 표를 사용한다.

$$P(T > 20) = P(z > 0.94) = 0.1736$$

보고

결론 결과를 해석한다.

메모

Re: 컴퓨터 시스템 포장

모델을 구축하기 위해 과거 기록을 이용하여, 두 개의 오디오를 포장하는데 20분 이상 걸릴 확률은 17%보다 약간 높다.

문제 2. 포장 단계가 상자꾸리기 단계보다 더 오래 걸릴 확률은 얼마인가?

계획

준비 문제를 명시한다.

포장 단계가 상자꾸리기 단계보다 더 오래 걸릴 확률을 추정하고자 한다.

변수 확률변수를 정의한다.

P를 오디오를 포장하는데 걸리는 시간

B를 오디오를 상자꾸리기 하는데 걸리는 시간

D를 포장과 상자꾸리기의 차이라고 하자.

필요한 변수에 대한 적합한 수식을 작성한다.

$D = P - B$

우리는 무엇을 찾으려고 하는가? 두 수량을 차감하고 차이가 양수인지 음수인지 확인해서 어느 것이 더 큰지 확인할 수 있다.

상자꾸리기보다 포장이 더 오래 걸리는 시스템이라 $P > B$이고 따라서 D는 양수이다. 우리는 $P(D > 0)$을 찾고자 한다.

가정에 대해 생각하는 것을 잊어서는 안 된다.

✔ **정규 모델 가정.** 우리는 확률 변수들이 정규 모델로 모델화 할 수 있고, 두 정규 확률변수의 차이도 정규라는 것을 알고 있다.

✔ **독립성 가정.** 오디오 하나에 대한 포장 시간이 상자꾸리기 시간에 영향을 줄 것이라고 생각되는 이유는 없다. 따라서 두 개가 독립적이라는 합리적인 가정을 할 수 있다.

실행

실행방안 기대값을 찾는다.

$$\begin{aligned} E(D) &= E(P - B) \\ &= E(P) - E(B) \\ &= 9 - 6 = 3\text{분} \end{aligned}$$

독립 확률변수의 차이에서 분산은 개별 분산의 합이다.

시간은 독립적이기 때문에

$$Var(D) = Var(P-B) = Var(P) + Var(B) = 1.5^2 + 1^2$$

$$Var(D) = 3.25$$

표준편차를 찾는다.

$$SD(D) = \sqrt{3.25} \approx 1.80\text{분}$$

사용할 모델을 기술한다.

우리는 D를 N(3, 1.80)으로 모델화 할 수 있다.

시간의 차이에 대한 정규 모델을 그린다. 그리고 차이가 0보다 큰 부분을 음영처리 한다.

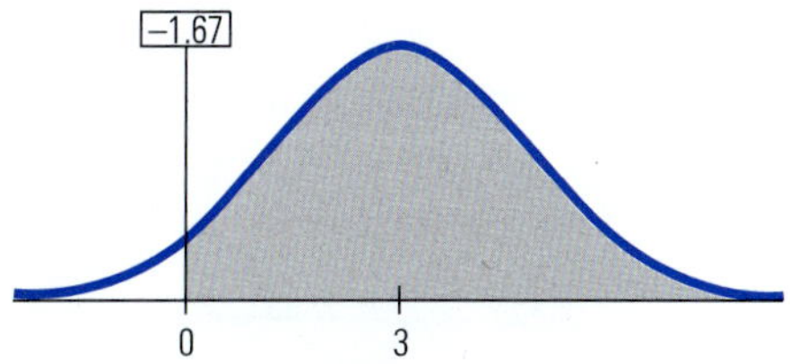

표준점수를 찾은 다음, 표나 기술을 사용하여 확률을 찾는다.

$$z = \frac{0-3}{1.80} = -1.67$$

$$P(D > 0) = P(z > -1.67) = 0.9525$$

보고	**결론** 결과를 해석한다.	메모 Re: 컴퓨터 시스템 포장 두 번째 분석에서, 우리는 포장 단계가 상자꾸리기 단계보다 시간이 더 걸릴 확률은 95%가 조금 넘는 것으로 나타났다.

이항의 정규 모델(The Normal Model for the Binomial)

정규 모델은 연속 모델이긴 하지만, 가능한 사건의 개수가 큰 경우에는 종종 이산 사건에 대한 근사치로서 사용된다. 특히, 이항 확률변수가 특이한 사건인 독립 변수의 합에 대해 좋은 모델이다. 이항 확률을 계산하는데 정규 모델이 어떻게 사용될 수 있는지의 예시이다. 테네시 적십자에서는 올해 RH-O형 혈액이 적어도 1850 유닛(혈액 단위)만큼 필요한 것으로 예측했다고 가정해보자. 기증자 32,000명의 혈액을 수집할 것으로 추정하고 있다. 테네시 적십자의 필요를 충족할 확률은 얼마나 될까? 우리는 바로 이런 확률을 계산하는 방법을 배웠다. $n=32000$, $p=0.06$의 이항 모델을 사용할 수 있다, 32,000명의 기증자 중 정확히 RH-O형 혈액형 1,850단위를 얻는 확률은 $\binom{32000}{1850}\times 0.06^{1850}\times 0.94^{30150}$이다. 지구에 있는 그 어떤 계산기도 이를 계산할 순 없다(10만 자리 이상의 숫자이다).[8] 그리고 이는 시작에 불과하다. 문제는 적어도 1850 유닛이라고 했기 때문에 우리는 1851, 1852 유닛이 될 확률을 다시 구해야 하고 이는 32000 유닛까지 계산해야 한다.

우리는 이 같이 큰 숫자의 시도를 처리할 때, 확률을 직접 계산하는 것은 지루한 일(완전히 불가능)이다. 그러나 정규 모델이 당신을 구할 수 있다.

이항 모델은 평균 $np=1920$ 그리고 표준편차는 $\sqrt{npq}\approx 42.48$이다. 같은 평균과 표준편차를 이용하여 정규 모델의 대략적인 분포를 시도할 수 있다. 놀랍게도 충분히 매우 좋은 근사치로 밝혀졌다. 평균과 표준편차를 사용하여 확률을 찾을 수 있다.

$$P(X\geq 1850)=P\left(z\geq \frac{1850-1920}{42.48}\right)\approx P(z\geq -16.50)\approx 0.95$$

약 95%의 확률로 적십자는 충분한 RH-O형 혈액을 구할 수 있다.

이항 확률을 추정하기 위해 정규 모델을 항상 사용할 수 있을까? 아니다. 이는 표본의 크기에 따라 달라진다. 경품이 나올 확률이 20%인 시리얼 상자에서 경품을 찾는다고 가정하자. 다섯 상자를 산다면 경품을 찾을 실제 이항 확률은 0번은 33%, 1번은 41%, 2번은 20%, 3번은 5%, 4번은 1% 마지막으로 5번은 0.3%이다. 바로 밑의 히스토그램은 확률모델이 왜곡된 것으로 보인다. 이는 정규 모델을 사용하여 이런 확률을 추정해서는 안 된다는 것을 명확히 보여준다.

연속성 수정

이산 사건의 집합을 모델로 연속 모델을 사용하는 경우에는 **연속성 수정**이라고 불리는 조정을 해야 할 수도 있다. 정규 모델인 이항 분포(50, 0.2)에 가깝다. 정규 모델에서 X가 10일 확률은 얼마가 되는가? 정규 확률모델에서 모든 특정 값의 확률은 0이다. 이는 우리가 원하는 답은 아니다.

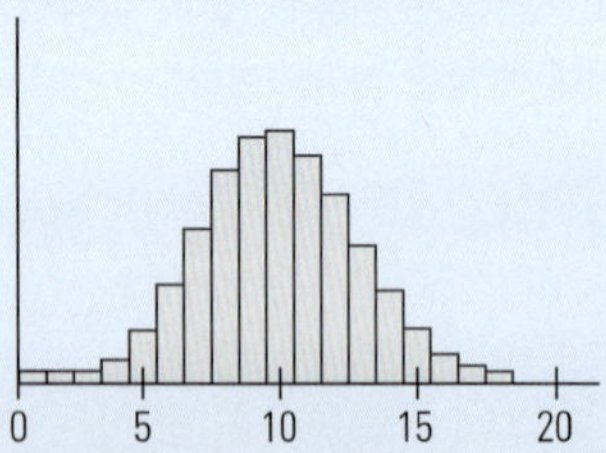

X가 실제로 이산이기 때문에, 0, 1, 2, ⋯, 50의 정확한 값은 정의 확률이다. 히스토그램은 보정의 비밀을 가지고 있다. 히스토그램에서 X=10에 해당하는 막대를 보자. 이는 9.5에서 10.5이다. 우리가 정말 원하는 것은 정규 곡선 아래에 9.5에서 10.5 사이의 영역을 찾는 것이다. 따라서 이산 사건의 근사치를 구하기 위해 정규 모델을 사용할 때, 왼쪽 및/혹은 오른쪽의 다음 값의 반만큼 가야 한다. $\mu=10$이고 $\sigma=2.83$인 이항식 (50, 0.2)에서 $P(9.5\leq X\leq 10.5)$을 찾아서 $P(X=10)$의 근사치를 구할 수 있다.

$$\begin{aligned}P(9.5\leq X\leq 10.5) &\approx P\left(\frac{9.5-10}{2.83}\leq z\leq \frac{10.5-10}{2.83}\right)\\ &= P(-0.177\leq z\leq 0.177)\\ &= 0.1405\end{aligned}$$

이에 비해, 정확한 이항 확률은 0.1398이다.

8) Binom(32000, 0.06)을 계산기로 찾는다면, 분명히 계산기는 근사치를 찾을 수 있을 만큼 똑똑하다.

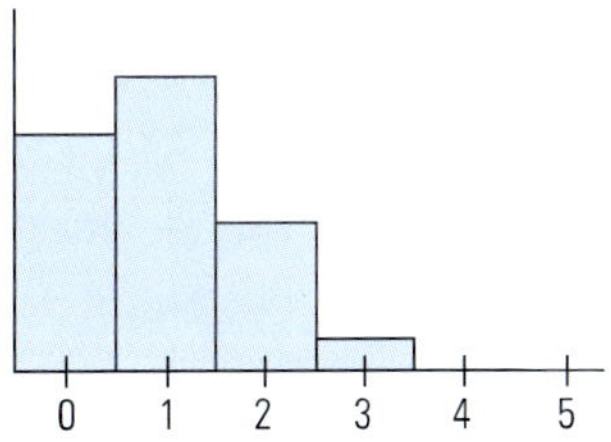

시리얼 50상자를 열었을 때, 경품이 나올 횟수를 계산한다면, 아래의 히스토그램을 얻을 수 있다. 예상대로, 중심은 $np = 50(0.2) = 10$이고, 중심 주위에 상당한 대칭으로 나타난다.

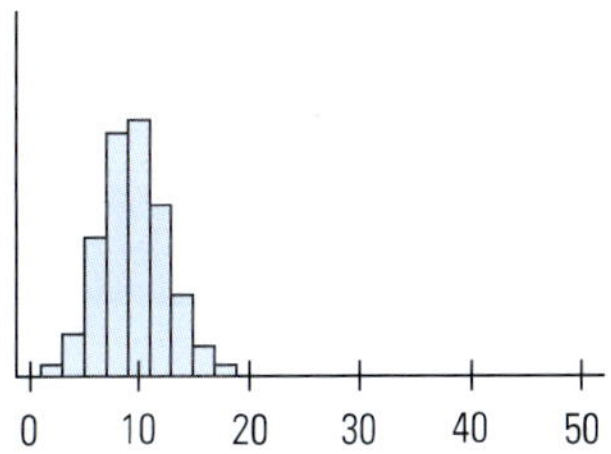

좀 더 자세히 살펴보자. 세 번째 히스토그램(위의 사이드 바에서)은 같은 분포를 보여주지만, 이번에는 10개의 경품의 기대값을 중심으로 다소 집중되어 있다. 이는 확실히 정규에 가깝게 보인다. 많은 표본의 크기로 인해 정규 모델이 유용한 근사치가 될 수도 있다.

정규 모델은 충분한 수의 시행에서만 이항에 가까운 만큼의 근사치가 된다. 그리고 "충분한 크기"가 의미하는 것은 성공 확률에 따라 달라진다. 성공 확률이 매우 낮은(또는 매우 높은) 경우에는 더 많은 표본이 필요하다. 적어도 10번의 성공과 10번의 실패를 예상한다면 정규 모델은 꽤 잘 작동하는 것으로 밝혀진다. 즉, 우리는 성공/실패 조건을 확인한다.

성공/실패 조건(Success/Failure Condition): 적어도 10번의 성공과 10번의 실패가 예상되는 이항 모델은 거의 정규 모델이다.

$$np \geq 10 \text{ 그리고 } nq \geq 10$$

왜 10번일까? 실제로는 9번이다. 다음 수학상자에 나와 있다.

수학상자

마법의 숫자 10이 어디서 나오는지는 쉽게 알 수 있다. 정규 모델이 작동하는 방법을 기억해야 한다. 문제는 정규 모델이 양방향으로 무한히 연장한다는 것이다. 그러나 이항 모델에서는 0에서 n번의 성공 횟수가 반드시 있어야 한다. 따라서 이항 분포의 근사치를 구하기 위해 정규 모델을 사용할 때, 그것의 끝부분을 잘라야 한다. 정규 모델의 중심이 0에서 멀리 떨어져 있는지 아닌지, 그리고 제거된 끝부분의 n이 무시할 만한 작은 값인지 아닌지는 매우 중요하지 않다. 정규 모델은 작은 확률이기 때문에 표준편차는 3 이상이어야 한다.

따라서 평균은 0에서부터 최소한 3 표준편차이며, 그리고 n에서부터 최소한 3 표준편차가 되어야 한다. 0의 끝을 보자.

다음을 요구한다. : $\mu - 3\sigma > 0$

다르게 말하면 다음과 같다. :	$\mu > 3\sigma$
이항 분포에서는:	$np > 3\sqrt{npq}$
제곱을 취하면:	$n^2p^2 > 9npq$
단순화하면:	$np > 9q$
$q \leq 1$이기 때문에 다음을 요구한다. :	$np > 9$

간단히 말하자면, 성공/실패 조건에서 주어진 정규 근사치를 사용하기 위해 np(그리고 다른 끝부분에 대한 nq)는 일반적으로 적어도 10이어야 한다.[9)]

무엇이 잘못될 수 있는가?

- **확률모델은 여전히 단지 모델이다.** 모델은 유용하지만 현실적이지 않다. 모델의 가정에 대해 생각하자. 데이터에 대해 의심하듯 확률도 의심하라.
- **모델이 잘못되면 그 이외의 모든 것도 잘못된다.** 확률변수의 평균 또는 표준편차를 찾기 전에, 확률모델이 합리적인지 확인하자. 우선, 확률은 모두 0과 1 사이에 있어야 하고, 총합은 반드시 1이어야 한다. 만약 그렇지 않다면, 확률을 잘못 계산했거나 확률변수의 값을 생략했을지도 모른다.
- **모두가 정규 모델이라고 가정하지 말자.** 확률변수가 연속적이거나 평균과 표준편차를 안다는 것이 정규 모델이 유용하다는 것을 의미하진 않는다. 정규성 가정이 정당화 될 수 있는지에 대해 반드시 생각해야 한다. 실제로 정규 모델을 적용하면 안 될 때 사용한다면 잘못된 답변과 오해의 소지가 있는 결론으로 이어질 것이다.
- **독립적이지 않은 변수에 대해 조심하라.** 두 확률변수의 기대값을 더할 수 있다. 그러나 오직 독립적인 확률변수의 분산만 더할 수 있다. 사람들에게 수면시간과 깨어 있는 시간을 물어보는 문항이 있는 설문조사가 있다고 가정하자. 사람들의 답변을 통해 수면시간과 깨어 있는 시간의 평균과 표준편차를 구할 수 있다. 예상되는 총 값은 반드시 24시간이어야 한다. 사람들은 자거나 깨어 있거나 둘 중 하나이다. 총 시간은 정확히 24시간이기 때문에 평균을 더하는 것은 괜찮지만 전체의 표준편차는 0이 될 것이다. 깨어 있는 시간은 수면시간에 달려 있기 때문에 우리는 분산을 더할 수 없다. 분산을 더하기 전에 변수가 독립적인지를 확인해야 한다.
- **독립적인 확률변수의 경우들을 같은 변수처럼 보이게 표기해서는 안 된다.** 다른 확률변수와 같이 각각의 경우를 썼는지 확인하라. 각 확률변수가 비슷한 상황을 설명하는 것이 임의

9) 마지막 단계를 살펴보면, 최악의 경우 $np > 9$가 필요한 것으로 볼 수 있다. q(또는 p)가 1에 가깝다면, 이항 분포 모델은 상당히 왜곡된다. q와 p가 0.5에 가깝다면 — 예를 들어, 0.4와 0.6 사이 — 이항 분포 모델은 거의 대칭이 된다. 그리고 $np > 5$이면 충분히 안전하다고 할 수 있다. 항상 10개의 예상된 성공과 실패를 예측함에도 불구하고, p값이 0.5 근처에 있는지 항상 주의하라.

의 결과가 동일하게 나오는 것을 의미하지 않기 때문이다. 이는 대수학에서 본 변수가 아니라 확률변수다. $X+X+X$보다는 $X_1+X_2+X_3$이라고 써야 한다.

- **잊지 말자:** 독립 확률변수의 분산은 더하지만, 표준편차는 그렇지 않다.
- **잊지 말자:** 독립 확률변수의 분산은 그들간에 차이가 있는 경우에도 더해야 한다.
- **베르누이 시행을 할 때 명심하자.** 먼저 필요조건을 확인해야 한다. : 시행의 가능한 결과는 두 가지이다. (성공 그리고 실패), 일정한 성공 확률과 독립성이 있어야 한다. 10% 조건은 독립성을 위해 합리적인 대체재를 제공한다는 것을 기억하자.
- **정규 근사치에 소문자 n을 쓰면 안 된다.** 이항 모델 대신에 정규 근사치를 사용할 때는 적어도 10번의 성공과 실패가 예상되어야 한다.

통계분석의 올바른 사용

커트 윌리엄스(Kurt Williams)는 새로운 회사은퇴연금계좌를 개설하려 하고 있으며 다양한 투자 옵션들을 찾아보는 것에 관심이 있다. 커트는 스스로 어떻게 그의 돈을 투자해야 할지에 대해 약간의 아이디어들이 있었지만, 그는 전문가의 조언을 구하는 것이 최고의 방법이라고 생각했다. 그래서 그는 제임스, 모건, 에드워즈(James, Morgan, Edwards) 투자회사의 재정 고문인 케이스 클링맨(Keith Klingman)과 약속을 잡았다. 그들의 첫 번째 회의에 앞서, 커트는 케이스에게 그의 투자를 심플하게 유지하길 선호하고 그의 자금을 오직 두 개의 펀드에만 동일하게 투자하길 희망한다고 밝혔다. 또한 그는 고수익을 위한 약간의 리스크는 감수할 수 있다고 말했지만 또 시장의 증가하고 있는 변동성으로 인한 너무 큰 리스크를 감수하는 것도 염려스럽다고 말했다. 그들의 대화 이후에, 케이스는 그들의 첫 번째 회의를 준비하기 시작했다. 과거의 성과에 기초하여, 그 회사는 그들이 투자자들에게 제공하는 다양한 펀드의 연간 수익과 표준편차를 예상한다. 커트가 그의 자금을 단 두 개의 펀드에만 투자하길 원했기 때문에, 케이스는 두 개의 펀드의 다른 조합들로 구성된 회사은퇴연금계좌의 예상 연간 수익과 편차(측정된 리스크)에 대한 수치들을 편집하기로 했다. 만약 X와 Y가 두 개의 펀드의 예상 수익들을 나타낸다면, 케이스는 특정한 회사은퇴연금계좌의 연간 수익을 $\frac{1}{2}X+\frac{1}{2}Y$로 나타낼 수 있다. 예상 연간 수익, $E(\frac{1}{2}X+\frac{1}{2}Y)$은 매우 명확했고, 케이스는 표준편차를 구하기 위한 복잡한 공식을 기억하려 했다. 그는 먼저 분산을 계산해야 한다는 것을 기억했고, 약간의 조사를 한 후에, 수식 $Var(\frac{1}{2}X+\frac{1}{2}Y)=\frac{1}{2}Var(X)+\frac{1}{2}Var(Y)$로 표기하기로 했다. 그의 계산을 끝낸 후에, 그는 두 다른 주식 펀드의 여러 조합이 몇몇의 최고 예상 연간 수익과 상대적으로 낮은 표준 편차를 제공한다는 것을 발견했다. 그는 여러 자산의 혼합된 구성이, 가령 주식 펀드와 채권 펀드와 같은 구성이 낮은 표준 편차를 가진다고 예상했다. 그는 그의 회사가 주식 펀드들에 있어 더 좋은 수익을 냈기 때문에 이러한 결과들에 만족스러웠다. 케이스는 이러한 결과를 보여주는 수치들이 커트가 주식 펀드에만 투자할 때 가장 좋은 성과를 낼 것이라는 것을 깨닫게 도울 것이라 확신했다.

윤리적 이슈 케이스는 펀드들이 독립적이라는 잘못된 가정을 내렸다. 유사한 펀드들은 정의 상관관계를 가질 확률이 높다(예, 두 개의 주식 펀드는 같은 방향으로 성과를 낼 것이다) 반면 서로 다른 유형의 펀드들은 부의 상관관계를 가질 것이다(예, 주식과 채권 펀드는 반대 방향으로 성과를 낼 것이다). 공분산을 고려하지 않음으로써, 케이스의 분산(또한 표준편차) 계산은 정확하지 않다. 그는 두 주식 펀드로 구성된 투자안의 분산을 과소평가했을 것이다(따라서 변동성도 과소평가되었다). (ASA 윤리 가이드라인, 항목 A와 B와 관련하여)

윤리적 해결책 케이스는 이러한 펀드들이 독립적이지 않다는 것을 인식해야 한다. 그가 분산을 어떻게 계산해야 할지에 대해 불확실했던 점은 그의 계산 결과에 대해 그가 주의하도록 했어야 했다; 그 대신 그가 주식 펀드를 팔고자 했던 욕구가 그의 판단을 편향되게 만들었다. 그는 이러한 수치들을 커트에게 사실처럼 제시해서는 안 된다.

무엇을 배웠는가?

학습목표

- 확률모델이 확률과 어떻게 관련 있는지를 이해한다.
  - 이산 확률변수의 경우, 확률모델은 각각의 가능한 결과에 확률을 할당한다.
- $\mu = \sum xP(X=x)$인 확률변수에서 평균 혹은 기대값과 $\sigma = \sqrt{\sum(x-\mu)^2 P(x)}$ 에서 표준편차를 어떻게 찾는지 알아본다.
- 확률변수의 변화와 비례 축소(scaling)의 결과를 예측한다. 특히,

  $E(X \pm c) = E(X) \pm c$ $\quad$ $E(aX) = aE(X)$

  $Var(X \pm c) = Var(X)$ $\quad$ $Var(aX) = a^2 Var(X)$

  $SD(X \pm c) = SD(X)$ $\quad$ $SD(aX) = |a|SD(X)$
- 확률변수를 더하거나 빼는 경우에 기대값이 더하거나 빼는 것을 이해한다. : $E(X \pm Y) = E(X) \pm E(Y)$. 그러나 독립적인 무작위 변수를 더하거나 빼는 경우 분산은 더한다. :

  $$Var(X \pm Y) = Var(X) \pm Var(Y)$$
- 균등, 이항, 기하학 그리고 포아송 분포의 특성과 모수를 설명할 수 있어야 한다.
- 백분위를 찾기 위한 정규 모델에 68-95-99.7 규칙을 적용하는 방법을 알아본다.
- 적어도 10번의 성공과 10번의 실패를 기대할 때 어떻게 정규 모델을 이용해서 이항모델의 근사치를 구하는지 알아본다.

용어정리

68-95-99.7 규칙(경험적 규칙) 정규 모델에서 68%의 값은 평균으로부터 1 표준편차의 범위에 속하고, 약 95%의 값은 평균으로부터 2 표준편차의 범위에 속한다. 그리고 약 99.7%의 값이 평균으로부터 3 표준편차의 범위에 속한다.

확률변수의 기대값에 대한 가산 규칙 $E(X \pm Y) = E(X) \pm E(Y)$

(독립적) 확률변수의 변수에 대한 가산 규칙 (통계학의 피타고라스 정리)

X와 Y가 독립적인 경우, $Var(X \pm Y) = Var(X) \pm Var(Y)$ 그리고

$SD(X \pm Y) = \sqrt{Var(X) + Var(Y)}$

베르누이 시행 연속된 n번의 시행을 베르누이 시행이라고 한다.

1. 정확히 두 가지의 가능한 결과가 있다. (일반적으로 성공 및 실패로 표시된다.)
2. 성공 확률은 일정하다.
3. 시행은 독립적이다.

이항 확률모델 이항 모델은 연속된 시행의 성공 횟수를 계산하는 확률변수에 적합하다.

확률변수를 상수로 변경 $E(X \pm c) = E(X) \pm c$ $\quad$ $Var(X \pm c) = Var(X)$ $\quad$ $SD(X \pm c) = SD(X)$

$E(aX) = aE(X)$ $\quad$ $Var(aX) = a^2 Var(X)$ $\quad$ $SD(aX) = |a|SD(X)$

연속 확률변수 어떤 값도 취할 수 있는 확률변수 (아마도 한쪽 혹은 양쪽에 경계가 있을 것이다.)

이산 확률변수 뚜렷한 결과의 한정된 수[10] 중 하나의 값을 취할 수 있는 확률변수

기대값 확률변수의 기대값은 이론적으로 장기간의 평균값이며, 모델의 중심이다. μ 또는 $E(X)$로 표시되며, (확률변수가 이산일 경우) 이는 변수 값과 확률의 결과물을 합산하여 찾을 수 있다.

$$\mu = E(X) = \sum xP(x)$$

기하학적 확률모델 첫 번째 성공할 때까지의 베르누이 시행 횟수를 계산하는 확률변수에 적합한 모델

정규 모델 가장 일반적인 연속 확률모델로, 정규 모델은 단봉형과 대칭형태인 폭넓고 다양한 현상을 모델화하는데 사용된다. 또한 정규 모델은 크기가 n이고 np와 nq가 10 이상인 이항 모델의 근사치를 구할 때 사용된다. 그리고 다양한 조건하에서 합계 및 평균의 분포에 대한 모델로 사용된다.

정규 백분위 백분위는 표준점수 혹은 그 이하에서 찾을 수 있는 표준 정규 분포의 백분율을 제공하는 표준점수에 해당한다.

모수(Parameter) μ와 σ이 평균과 표준편차를 표현하는 것과 같은 모델의 수치적 값의 속성

포아송 모델 고객이 대기열에 도착하거나 콜센터에 전화가 오는 것과 같이 사건의 발생 횟수를 모델화하는 데 주로 사용되는 이산 모델

확률 밀도 함수(pdf) 연속 확률변수 X의 확률 분포를 나타내는 함수 $f(x)$. 간격 A에 있을 확률 X는 $f(x)$의 곡선 아래의 영역 중 간격 A 사이의 영역이다.

확률모델 $P(X=x)$로 표시하고, 각 값의 확률 P와 이산 확률변수 X를 연결하는 함수 또는 연속 확률변수의 값들의 간격이다.

확률변수 임의의 사건의 결과로서 여러 다른 값 중 하나라고 가정한다. 확률변수는 X와 같이 대문자로 표시된다.

확률변수의 표준편차 모델의 확산을 설명하는 것이고 분산의 제곱근이다.

표준 정규 분포 $N(\mu, \sigma)$에서 평균이 0이고 표준편차가 1인 정규 분포

균등 모델 이산 균등 분포에서는 n값의 집합에서 각 값의 확률은 $1/n$이다. 연속 균등 확률변수에서는 임의의 간격의 확률은 그 길이에 비례한다.

분산 확률변수의 분산은 평균으로부터 기대값의 제곱 편차이다. 이산 확률변수에서는 다음과 같이 계산된다. $\sigma^2 = Var(X) = \sum (x-\mu)^2 P(x)$

---

10) 기술적으로는, 셀 수 있을 만큼의 무한한 결과가 있을 수 있다. 본질적으로는, 정의 정수(1, 2, 3, 4, 5……)와 같이 순서대로 목록을 상상할 수 있는 것을 의미한다.

짧은 **사례**

투자 옵션들

한 젊은 창업가는 투자자들로부터 $30,000를 투자받았다. 그리고 그녀는 지금으로부터 일 년 후 그녀의 사업을 시작할 것을 계획하며 자금 유치를 지속적으로 하는 동안 이 금액을 투자하고자 한다. 그녀는 각각의 투자 옵션들의 리스크를 이해하고 상당한 주의를 기울이고자 한다. 금융계에 있는 그녀의 동료들과 이야기를 나눈 후에, 그녀는 그녀에게 3가지 선택이 있다고 믿는다: (1) 그녀는 양도성 예금증서(CD) $30,000를 구매할 수 있다; (2) 그녀는 균형 잡힌 포트폴리오를 가지는 뮤추얼펀드에 투자할 수 있다; 혹은 (3) 그녀는 높은 변동성을 가지긴 하지만 큰 잠재수익을 가지는 성장주에 투자할 수 있다. 그녀의 각 옵션들은 경제의 상황에 따라 그녀의 $30,000 투자자금에 각기 다른 수익을 가져다 줄 것이다.

다음 해에 그녀는 양도성 예금증서(CD)가 경제 상황이 어떻든지 간에 일정한 연간 수익률을 가진다는 것을 안다. 만약 그녀가 균형 잡힌 뮤추얼펀드에 투자한다면, 그녀는 경제 상황이 좋다는 가정하에 최대 12%의 수익을 벌 수 있고 반대로 경제 상황이 나쁘면 4%를 잃을 수 있다고 예상한다. 마지막으로, 만약 그녀가 $30,000 전부를 성장주에 투자한다면, 경험 있는 투자자들은 그녀가 호경기에는 최대 40%까지 벌 수 있지만 불경기에는 40%까지 잃을 수 있다고 조언한다.

경제 상황이 좋을 것이라는 가정과 함께 이러한 수익을 예측하는 것은 도발적이다. 그러므로 대개 문제에 있어 불확실한 모수 값들의 범위를 사용하여 계산되는 "민감도 분석"을 실시해야 한다. 이러한 조언에 따라 이 투자자는 양도성 예금증서(CD)의 이자율의 범위, 뮤추얼펀드 수익의 범위, 성장주의 수익의 범위 측정값을 계산하기로 결정했다. 추가적으로, 경제 상황이 좋을 것이라는 가정도 불확실하기 때문에 그녀는 이러한 확률 또한 다르게 할 것이다.

다음 해의 경제 상황이 좋을 것이라는 확률을 0.3, 0.5, 또는 0.7로 가정하자. 이 투자자가 정보에 근거한 결정을 하도록 하기 위해, 그녀의 투자 각각의 예상 가치와 변동성을 다음의 성장률의 범위를 사용하여 평가해보자:

- 양도성 예금증서(CD) : 3년짜리 양도성 예금증서(CD)의 현재 연간 이자율을 찾아보고 그 값의 ±0.5% 범위를 사용하라.
- 뮤추얼펀드 : 호경기의 경우 8%, 10%, 12%의 값을, 불경기의 경우 −0%, −2%, −4%의 값을 사용하라.
- 성장주 : 호경기의 경우 10%, 25%, 40%의 값을, 불경기의 경우 −10%, −25%, −40%의 값을 사용하시오.

당신이 분석한 시나리오 각각의 투자 대안 옵션들의 예상 수익과 불확실성에 대해 논의해보라. 각각의 옵션의 변동성을 비교하는 것을 잊지 말아라.

연습문제

8.1절

1. 회사의 직원 데이터베이스는 직원의 건강보험에 부양 자녀를 포함시킬지 여부를 포함하고 있다.

a. 이 변수는 이산 변수인가, 연속 변수인가?
b. 취할 수 있는 가능한 값은 무엇인가?

3. 서점에서 책을 0, 1, 2권 구입할 고객의 확률이 각각 0.5, 0.3, 0.2라고 가정하자. 고객이 구매할 책의 예상 권수는 얼마인가?

8.2절

5. 연습문제 3번에서 책 구매의 표준편차를 찾자.

7. 치아 교정 전문의는 세 가지 금융상품을 가지고 있으며, 각 서비스의 요금은 다르다. 그는 30%의 환자들은 금융 수수료가 $10인 첫 번째 상품을 이용할 것이고, 50%의 환자들은 금융 수수료가 $20인 두 번째 상품을 이용할 것이고, 마지막으로 20%의 환자들은 금융 수수료가 $30인 세 번째 상품을 이용할 것이라고 추정한다.

a. 서비스 수수료의 기대값은 얼마인가?
b. 서비스 수수료의 표준편차는 얼마인가?

8.3절

9. 독립적 확률변수인 X와 Y의 평균과 표준편차는 다음과 같다. a부터 d까지의 변수에 대한 평균과 표준편차를 구하라.

a. $3X$
b. $Y+6$
c. $X+Y$
d. $X-Y$

	평균	표준편차
X	10	2
Y	20	5

11. 중개인(브로커)은 서로 다른 금융상품 X와 Y의 기대값을 계산했다. $E(X)=\$100$, $E(Y)=\$90$, $SD(X)=\$12$, $SD(Y)=\$8$이다. 다음을 구하시오,

a. $E(X+10)$, $SD(X+10)$
b. $E(5Y)$, $SD(5Y)$
c. $E(X+Y)$, $SD(X+Y)$
d. c번 문제를 풀 때, 어떤 가정을 해야 합니까?

8.4절

13. 미국으로 입국하는 여행자는 공항에 있는 여러 출입국 관리소들 중 무작위로 하나에서 비자와 여권을 검사 받는다. 만약 6개의 출입국 관리소로 갈 확률이 동일할 경우에 여행자가 출입국 관리소로 갈 확률을 균등 모델로 모델화 할 수 있는가?

15. 미국 인구조사국(The U.S. Census Bureau)의 2007년 기업 소유주에 대한 설문조사에서는 비농업부분 사업 중 28.7%가 여성이 소유하는 것으로 나타났다. 지역 기업에 전화를 할 때, 국가의 비율이 지역의 비율과 같다고 가정하자. 여성이 소유한 기업을 찾을 때까지 얼마나 많은 통화를 해야 하는지 궁금하다. 어떤 확률모델을 사용해야 하는가? (모수도 지정하시오.)

17. 의류 제조업체는 단추 결함(깨졌거나, 잘못 꿰맸거나, 없는 경우)의 확률이 0.002라고 알고 있다. 관리자는 시간당 6개의 단추가 있는 셔츠 50벌을 검사한다. 포아송 확률모델을 사용하여:

a. 단추에 결함을 하나도 발견하지 못할 확률은 얼마인가?
b. 적어도 하나 이상의 결함을 발견할 확률은 얼마인가?

19. 2007년 마지막 분기에 뮤추얼펀드 64개 집합의 평균 수익은 2.4%이고, 표준편차는 5.6%이다. 모델화하는데 정규 모델을 사용할 수 있다면, 몇 퍼센트의 펀드가 각 영역에 포함될 것으로 기대되는가?

먼저 그림을 그려야 한다.

a) 수익이 8.0% 이상
b) 수익이 2.4% 이하
c) 수익이 −8.8%~13.6%
d) 수익이 19.2% 이상

21. 평균 2.4%, 표준편차 5.6%인 정규 모델로 모델화한 문제 19번의 64개 뮤추얼펀드에서 절단 값(cutoff)을 찾으시오

a) 상위 50%
b) 상위 16%
c) 하위 2.5%
d) 중간 68%

단원 연습문제

23. 새로운 웹사이트. 온라인으로 영양제를 판매하는 웹사이트를 방금 개설했다. X를 고객이 웹사이트에 방문하는 동안 보는 페이지의 수라고 가정하자.

a) 웹사이트의 총 페이지가 N개라고 가정할 때, 이 확률변수가 취할 수 있는 가능한 값은 무엇인가?

b) 이 확률변수는 이산 확률변수인가 연속 확률변수인가?

25. 면접. 경력 서비스 회사를 통해 4개의 회사에 하계 인턴십에 대한 예비면접을 준비했다. 각 회사에서는 후속면접 장소로 이동하도록 요청하거나 안 할 것이다. X를 발생할지도 모르는 후속면접의 총수와 동일한 확률변수라고 하자.

a) X의 가능한 모든 값을 나열하시오,

b) 이 확률변수는 이산 확률변수인가 연속 확률변수인가?

c) 이 확률변수에 대한 모델로 균등모델이 적합하다고 생각하는가? 간략하게 설명하시오.

27. 복권. 아이오와주에는 $1인 티켓을 구입하고, 0에서 9까지 숫자 중 3개를 선택하는 'Pick 3'라는 복권이 있다. 고객은 우승자를 뽑는 유형도 선택해야 한다. 유형 중 하나로 Straight/Box라고 불리는 방법은 순서에 상관없이 세 개의 숫자가 일치한 경우 당첨이다. 하지만 순서가 정확한 경우의 당첨금이 더 크다. 세 가지 숫자가 다를 경우에, 확률과 당첨금은 다음과 같다.;

	확률	당첨금액
Straight/Box 순서까지 정확히	1/1000	$350
Straight/Box 순서에 상관없이	5/1000	$50

a) Straight/Box 구매자가 당첨 시 기대할 수 있는 금액을 찾으시오.

b) 당첨금액의 표준편차를 찾으시오

c) 복권 구입비용은 $1이다. 문제 a) 답에서 $1를 뺀다면, 복권의 결과는 무엇인가?

29. 통근. 통근 길에 다섯 개의 신호등을 통과해야 하며, 신호등이 붉은색인 경우 멈춰야 한다. 수개월 동안의 기록을 관리한 후, 통근 길에 걸릴 수 있는 붉은 신호등의 개수에 대한 확률모델을 다음과 같이 개발했다.

X= 빨간 신호등 수	0	1	2	3	4	5
확률 $P(X=x)$	0.05	0.25	0.35	0.15	0.15	0.05

a) 통근 길에 얼마나 많은 붉은 신호가 나올 것으로 기대하는가?

b) 표준편차는 얼마인가?

31. 낚시 대회. 스포츠 용품 제조업체는 두 낚시 대회에서 지역 소년을 후원하게 되었다. 그들은 소년이 첫 대회에서 우승할 확률은 0.4라고 주장한다. 만약 첫 대회에서 우승할 경우, 두 번째 대회에서 우승할 확률은 0.2로 추정된다. 첫 번째 대회에서 진 경우에 두 번째 대회에서 우승할 확률은 0.3이라고 추측한다.

a) 그들의 추측에 따르면, 두 대회는 독립적인가? 답을 설명하시오.

b) 두 대회 모두 질 확률은 얼마인가?

c) 두 대회 모두 우승할 확률은 얼마인가?

d) 소년이 우승하는 대회의 수를 확률변수 X라고 하자. 모델 X의 확률을 찾아라.

e) X의 기대값과 표준편차는 얼마인가?

33. 배터리 리콜. 회사는 최근 배터리 배치(batch, 한 회분)에서 제조 결함이 있음을 발견했고, 리콜을 발표했다. 10개의 배터리가 리콜에 해당되며, 그 중 3개가 작동을 안 한다. 10개 중 무작위로 2개의 배터리를 선택한다.

a) 독립의 가정이 충족되는가를 설명하시오.

b) 선택한 배터리 중 정상인 개수에 대한 확률모델을 만들어라.

c) 정상인 배터리의 예상 개수는?

d) 표준편차는?

35. 통근 2. 통근하는 사람은 다섯 개의 신호등이 각각 평균 14.8초, 표준편차는 9.2초라는 것을 발견했다. 다섯 신호등에서 기다리는 총 시간에 대한 평균과 표준편차를 찾고자 한다. 이 경우에 무엇을 가정해야 하는가?

37. 보험회사. 보험회사는 $6,000의 표준편차를 가진 주택보유자 종합 보험이 $150의 연간 이익을 낸다고 추정한다.

a) 표준편차는 왜 큰가?

b) 만약 단 두 명의 주택보유자만 보험에 가입하였다면, 연간 이익의 평균과 표준편차는 얼마인가?

c) 만약 천 명의 주택보유자가 보험에 가입하였다면, 연간 이익의 평균과 표준편차는 얼마인가?

d) 어떤 상황이 보험에 대한 독립성의 가정을 침해할 수 있는가?

39. 자전거 판매. 자전거 상점은 보도용 어린이 자전거 두 모델에 대해 특별한 가격을 제공할 계획이다. 기본 모델은 $120, 고급 모델은 $150의 이익을 얻을 수 있다. 과거의 경험에서 기본 모델의 판매는 평균 5.4개, 표준편차는 1.2개이고 고급 모델의 판매는 평균 3.2개 표준편차는 0.8개로 나타난다. 조립하는 데 드는 비용은 $200이다.

a) 확률변수를 정의하고 그것을 사용하여 자전거 상점의 순이익을 나타내라.
b) 당기 순이익의 평균은 얼마인가?
c) 당기 순이익의 표준편차는 얼마인가?
d) 평균을 계산하는 데 어떤 가정을 해야 하는가? 표준편차의 경우는?

41. 영화 대여. 넥플릭스와 경쟁하기 위해 영화 대여가게의 주인은 우편을 통해 DVD를 배달하기로 결정했다. 주인은 새로 출시된 타이틀을 얼마나 많이 구입해야 하는지를 결정하기 위해, 신중하게 반환시간을 관찰했다. 거의 모든 고객들이 지역사회에 있기 때문에, 주인은 그의 친구들에게 DVD를 보내 배달시간을 테스트했다. 주인은 배달시간이 평균은 1.3일, 표준편차는 0.5일임을 알아냈다. 또한 고객이 가게에 오는 시간과 가게에 다시 돌아오는 시간이 같다는 점에 주목했다.

a) DVD의 왕복 배송시간(고객에게 발송하고 가게에 다시 우편으로 발송되는 것까지)의 평균과 표준편차를 찾으시오.
b) 상점 주인은 그에게 반환되는 DVD를 우편으로 보내기 위해 준비하는데 하루가 걸리지만, 상황에 따라 때때로 이를 방해한다. 준비시간의 평균은 1.1일이고 표준편차는 0.3일이다. a번의 왕복 배송 시간과 결합하여 시간의 평균과 표준편차를 구하시오.

43. 이베이. 수집가는 대량의 액션 피규어를 구입하고 이것들을 이베이에 판매하고 있다. 그는 19개의 헐크 피규어를 가지고 있다. 최근 경매에서 비슷한 피규어의 평균 판매가격은 $12.11이고 표준편차는 $1.38이다. 그는 또한 평균 판매가격이 $10.19이고 표준편차는 $0.77인 13개의 아이언맨 피규어도 가지고 있다. 그의 상품 등록비용은 품목당 $0.55이고, 판매자 수수료는 판매가격의 8.75%이다. 그는 제품 모두가 재판매 등록을 하지 않고도 다 판매된다고 가정한다.

a) 확률변수를 정의하고, 그 확률변수를 이용하여 수집가의 순이익에 대한 확률변수를 만드시오,
b) 순이익의 평균(기대값)을 구하시오.
c) 순이익의 표준편차를 구하시오.
d) 이베이에 판매하는 것에 대한 독립성을 가정해야 하는가? 설명하시오.

45. 베르누이 시행. 다음과 같은 상황을 조사하기 위해 베르누이 시행을 기초로 확률모델을 사용할 수 있을까? 설명하시오.

a) 의사는 매주 주사위 한 개를 굴려서 그의 사무실 직원 6명에게 주차장 선택의 우선권을 준다.
b) 의료 연구 실험실은 120명에게 수집한 혈액 샘플을 가지고 있다. 전체 인구 중에 43%가 A형임을 고려하면, 샘플 중에 A형일 확률은?
c) 남자 13명과 여자 23명의 노동자 중에 다섯 명의 승진 모두를 남자로 하려고 한다. 승진에 성별이 아닌 능력이 기준이 될 확률은 얼마인가?
d) 우리는 제안된 예산이 통과할 가능성이 얼마나 되는지 확인하기 위해 3,000명의 주주 중 500명에게 여론조사를 한다.
e) 회사는 자사 포장의 약 10%가 제대로 밀봉되지 않음을 발견했다. 24개 포장의 경우에 3개 이상이 밀봉이 제대로 안 되어 있을 확률은 얼마인가?

47. 클로징 세일(Closing sales). 한 판매원이 자신의 판매 상황에서 물건을 판매할 확률은 일반적으로 80%이다. 각각의 상황이 독립적이라고 가정하고 아래 상황에 대한 확률을 구하시오.

a) 다섯 번째 시도에서 처음으로 판매에 실패한다.
b) 네 번째 시도에서 처음으로 판매를 한다.
c) 두 번째 시도에서 처음으로 판매를 한다.
d) 처음 세 번의 시도에서 처음으로 판매를 한다.

49. 부작용. 새로운 약을 시험하는 연구원은 사용자의 7%가 부작용이 있다는 것을 발견했다. 의사가 첫 번째 부작용을 발견하기 전까지 얼마나 많은 환자에게 약을 처방할 것으로 예상되는가?

51. 픽셀 누락. 대형 LCD 스크린을 제조하는 회사는 그들의 스크린의 모든 픽셀을 만들 때 세심한 주의를 기울이지 않는 것을 알고 있다. 6피트 * 10피트(72인치 * 120인치)의 판을 작은 스크린으로 자를 때, 평균 4.7의 비어 있는 픽셀을 찾는다. 회사는 비어 있는 픽셀의 발생이 독립적이라고 생각한다. 회사의 보증정책은 2개 이상의 빈 픽셀이 있는 스크린은 교환해 주는 것으로 명시되어 있다.

a) 평방피트당 빈 픽셀의 평균 개수는 얼마인가?

b) 평방피트당 빈 픽셀의 표준편차는 얼마인가?

c) 2피트 * 3피트의 스크린에서 적어도 하나의 결함이 발견된 확률은?

d) 2피트 * 3피트의 스크린에서 많은 결함으로 인해 제품을 교환 받을 확률은?

53. 태풍 보험. 보험회사는 태풍 보험과 관련된 리스크의 평가를 필요로 한다. 1990년부터 2011년 사이에 플로리다는 27번의 대형 태풍(레벨3 또는 그 이상)을 맞았다. 태풍은 독립적이고 평균이 변하지 않는 경우에, 플로리다에서 1년 동안 아래의 일이 발생할 확률은 얼마인가?

a) 태풍을 한 번도 맞지 않는다.

b) 정확히 1번 맞는다.

c) 1번 이상 맞는다.

55. 프로 테니스. 세레나 윌리엄스는 그녀의 언니 비너스와 붙은 윔블던 결승전에서 67%의 성공적인 퍼스트서브를 했다. 만약 그녀가 같은 비율로 다음 경기에 서브를 계속하고, 첫 번째 경기에서 서브를 6번 한다면, 다음과 같은 확률을 알아내라.

a) 6번의 퍼스트서브가 모두 성공할 경우

b) 정확히 4번의 퍼스트서브가 성공할 경우

c) 적어도 4번의 퍼스트서브가 성공할 경우

57. 만족도 조사. 케이블 제공업체는 자사가 제공하는 새로운 디지털 TV서비스에 얼마나 만족하는지 확인하기 위해 특정한 국번을 쓰는 고객과의 전화통화를 원한다. 452번 국번의 모든 전화번호는 452-0000부터 452-9999까지 10,000개이다. 그들이 동일한 확률로 번호를 선택하는 경우 다음을 구하라.

a) 선택의 모델화를 하기 위해 어떤 분배를 사용해야 하는가?

b) 선택한 번호가 짝수일 확률은?

c) 선택한 번호의 끝이 000일 확률은?

59. 웹 방문자. 웹사이트 관리자는 저녁시간에 분당 약 세 명의 사람이 장바구니를 확인하고 온라인으로 구매를 하는 것으로 알고 있다. 관리자는 각각의 구매는 독립적이라고 믿으며, 분당 구입 수를 모델화하고 싶어한다.

a) 분당 구입 수를 모델화하기 위해 어떤 모델을 써야 할 것인가?

b) 1분 동안 적어도 한 번의 구매가 이뤄질 확률은 얼마인가?

c) 2분 동안 아무도 구매를 하지 않을 확률은 얼마인가?

61. $N(0.024,\ 0.056)$인 연습문제 19번의 뮤추얼펀드의 정규모델에 대한 2007년 마지막 분기 수익에 따르면, 이 펀드의 집단 중 몇 퍼센트가 다음의 수익을 얻을 것으로 기대되는가?

a) 6.8% 이상의 수익

b) 0%에서 7.6%의 수익

c) 1% 이상의 수익

d) 0% 이하의 수익

63. $N(0.024,\ 0.056)$인 연습문제 19번의 뮤추얼펀드의 정규모델에 대한 2007년 마지막 분기 수익에 따르면, 다음에 대한 절단 값(cut off) 값은 얼마인가?

a) 펀드 중 최상위 10%

b) 최하위 20%

c) 중간 40%

d) 최상위 80%

65. 뮤추얼펀드, 끝. 마지막으로 연습문제 19번의 뮤추얼펀드 수익에 대한 정규 모델 $N(0.024,\ 0.056)$을 생각하자.

a) 수익의 40백분위를 나타내는 값은 얼마인가?

b) 99번째 백분위를 나타내는 값은 얼마인가?

c) 펀드의 집단에 대한 분기 수익률의 IQR(Inter Quartile range)은 얼마인가?

67. 모수(parameter). 모든 정규 모델은 평균과 표준편차인 모수에 의해 규정된다. 여기 설명되어 있는 각 모델에 대해서 모수의 빠진 부분을 찾으시오. 반드시 그림을 그리는 것으로 시작해야 한다.

a) $\mu=$ 20, 30 이상은 45%; $\sigma=$?

b) $\mu=$ 88, 50 이하는 2%; $\sigma=$?

c) $\sigma=$ 5, 100 이하는 80%; $\mu=$?

d) $\sigma=$ 15.6, 17.2 이상은 10%; $\mu=$?

69. SAT 또는 ACT? 매년 수천 명의 고등학생은 대입 과정에서 사용되는 표준화된 시험인 SAT 또는 ACT를 치른다. SAT의 합산된 최고점은 1,600점이고, ACT 종합 점수의 최고점은 36점이다. 두 시험은 매우 다른 범위를 사용하기 때문에 성과의 비교는 어렵다. (통상적인 간편한 규칙은 SAT= 40*ACT +150이다. 즉, ACT 점수에 40을 곱하고 150을 더해서 SAT 합산 점수를 추정한다.) 한 해의 SAT 합산 점수는 N(1,000, 200), ACT는 $N(27,\ 3)$으로 모델화 할 수 있다고 가정하자. 한 대학진학자는 SAT를 쳐서 1,260점을 받았고, 다른 학생은 ACT를 쳐서 33점을 받은 경우에 표준점수를 사용하여 학생

들의 점수를 비교하라. 어느 학생이 상대적으로 높은 점수를 획득했는가? 설명하시오.

71. 주장. 두 회사는 핸드폰 배터리를 생산한다. 한 회사는 평균 제품수명이 2년이라고 주장하는 반면에 다른 회사는 평균 제품수명이 2.5년이라고 주장한다. (핸드폰의 월별 평균 사용 시간(분)은 가정하자.

a) 어떤 회사의 제품을 구매할지 결정하기 전에 제품수명의 표준편차도 알고 싶어한다. 왜 그런지 설명하시오.
b) 첫 번째 회사 제품의 표준편차는 1.5개월, 두 번째 회사 제품은 9개월이라고 가정하자. 이는 배터리 구매에 대한 결정에 어떠한 영향을 미칠 것인지를 설명하시오.

73. CEO들. 경영 간행물은 최근 산업의 CEO들에게 총 경력에 대한 연구를 발표했다. 연구에서 평균은 제시되지만, 표준편차는 안 나와 있다. 6개월, 6년, 16년 중 가장 가능성이 높은 표준편차는 무엇인가? 알맞은 표준편차와 그 이유를 설명하시오.

75. 연비. 최근 환경보호국(EPA)에서는 고속도로 주행 시 자동차 모델의 연비를 평균 24.8mpg(miles per gallon), 표준편차는 6.2mpg라고 추정했다. 정규 모델을 적용할 수 있다고 가정하자.

a) 자동차 연비에 대한 모델을 그려라. mpg에 대해 68-95-99.7 규칙을 정확하게 표시하라.
b) 중심에서 68%로 예측되는 자동차의 구간을 찾아라.
c) 31mpg 이상의 연비인 자동차의 확률은?
d) 자동차의 연비가 31에서 37.2mpg일 확률은?
e) 최하 2.5%인 자동차의 mpg는?

77. 76번과 이어지는 문제이므로 생략.

79. 경영 설문조사. 중간 관리자 200명에게 실시한 설문조사는 주당 교육시간에 대한 분포가 평균 3.66시간, 표준편차가 4.93시간임을 보여준다.

a) 정규 모델에 따르면, 관리자의 몇 퍼센트가 평균보다 1 표준편차 이하로 교육을 할까?
b) 이 데이터에 따르면, 이는 무엇을 의미하는지를 설명하시오.
c) 이 데이터를 정규 모델로 사용하는 것이 어떤 문제가 있는지를 설명하시오.

확인문제 정답

1. a) 100+100=200초
   b) $\sqrt{50^2+50^2}=70.7$초
   c) 두 고객에 대한 시간은 독립적이다.
2. 결과는 두 개다. (연결됨, 연결되지 않음), 연결된 확률은 0.76으로 일정하다. 그리고 임의의 전화는 독립적이어야 한다.
3. 이항 (이항 모델)
4. 기하학 (기하학적 모델)

표본비율의 분포와 모비율의 신뢰구간

CHAPTER 09

신용카드사 MBNA의 마케팅 이야기

1981년 델라웨어주 당국은 이자율 상한을 대폭 올렸다. 그러자 은행을 비롯한 많은 대출기관이 서둘러 델라웨어주로 몰려들어 본사를 설립했다. 이들 가운데는 금융지주회사인 Maryland Bank National Association도 있었는데 이 회사는 자사의 약칭을 사명으로 하는 신용카드사 MBNA를 설립했다. MBNA는 1982년에 델라웨어주 오글타운 지역에서 한때 슈퍼마켓이었던 건물에서 직원 250명으로 출발하여 20년 동안에 폭발적으로 성장했다.

MBNA의 이런 비약적인 성장에 기여한 요인은 많이 있지만, 제휴카드 제도의 도입이 특히 중요하다. 동창회, 스포츠팀, 이익단체, 노동조합 등과 같은 단체들의 공식적인 지지를 얻어서 그들의 회원을 카드회원으로 모집하자는 발상이었다. MBNA는 이들 단체에게 그들의 회원들이 자사 카드를 사용함에 따른 영업 수익의 아주 작은 부분을 기부하겠다면서 그들을 설득했다. MBNA는 성장을 거듭하여 2006년에는 델라웨어주의 민간부문에서 가장 많은 인원을 고용한 기업이 되었다. 전성기에는 카드회원이 5천만 명을 넘었고 신용카드 대출 잔액이 $821억이나 되어 미국에서 세 번째로 큰 카드사가 되었다.

공화당 소속 델라웨어주 하원의원 마이크 캐슬은 "미국 기업 역사에서 MBNA처럼 단기간에 그렇게 눈부시게 성장한 기업이 많다고는 생각하지 않는다"며 MBNA의 이러한 놀라운 성과를 기린다.[1] MBNA는 2005년에 Bank of America에게 $350억에 매각되었다. Bank of America는 인수 후 MBNA 브랜드를 잠깐 유지하다가 2007년부터 모든 카드를 자사의 이름으로 바꿔 발행하고 있다.

---

1) *Delaware News Online*, January 1, 2006.

오늘날 미국 신용카드산업은 MBNA가 설립된 초기와는 달리 경쟁이 매우 치열하다. 카드사들은 너나없이 신규고객을 끌어들이는 한편 기존 고객한테서 최대한 많은 이익을 내려고 끊임없이 새로운 방법을 모색하며 대형 카드사 중에는 회원이 수백만이나 되는 곳도 많다. 대형 카드사들은 새로운 아이디어가 있으면 거의 언제나 모든 고객이 아니라 일부 고객을 상대로 설문조사나 실험을 통하여 먼저 시험해본다.

신용카드사가 고객을 상대로 이익을 내는 방법은 세 가지다. 모든 거래에 일정률로 부과하는 수수료, 고객이 완납하지 않은 대금에 매기는 이자, 회비(연회비, 연체료, 등)이다. 이 세 가지 수익을 창출하려고 카드사의 마케팅부서는 고객의 카드 사용을 부추기는 방안을 끊임없이 모색한다.

대상	한 은행의 신용카드 회원
무엇	카드회원이 다음 달에 카드 사용액을 800달러 이상 늘릴지 여부
때	2008년 2월
장소	미국
목적	판촉안의 비용과 효과 예측

한 카드사의 마케팅 담당자가 항공사 제휴카드 소지자에게 다음 달에 카드 사용액을 $800 늘리면 마일리지 적립을 두 배로 올려주는 판촉안을 고려하고 있었다. 이 판촉안의 비용과 수익을 예측하기 위해 재무부서는 실제로 고객 가운데 얼마가 대상이 될 수 있을지 알아야 했다. 이를 위해 마케팅 담당자는 고객 가운데 1,000명을 무작위로 선정하여 이 판촉안을 제안했다. 이 고객들 가운데 211명(21.1%)의 카드사용액이 실제로 $800 이상 증가하였다. 또 다른 담당자가 1,000명을 무작위로 선정하여 이 판촉안을 제안했더니 그 가운데 202명(20.2%)이 카드사용액을 전달보다 $800 이상 늘렸다.

이들 두 표본은 같지 않다. 그러므로 측정한 값이 표본에 따라 다르다는 사실은 안다. 그러면 그러한 값이 표본들 사이에서 얼마나 다를까?

표본비율, 즉 표본 가운데 어떤 기준을 충족한 개체의 비율은 도대체 왜 표본마다 다른가? 하나의 모집단에서 추출한 두 개의 표본을 상대로 같은 변수를 측정하는데 어째서 표본 간에 그 결과가 다를 수 있는가? 이 질문에 대한 답은 통계적 추론의 근본적인 이론적 기반이다. 이들 두 표본비율은 서로 다른 가입자 표본에서 구한 것이다. 표본마다 선정된 고객들이 다르므로 비율 또한 표본마다 다르기 마련이다.

9.1 표본비율의 분포

상상해보라

우리가 보는 것은 단지 추출한 표본뿐이다. 그러나 모형이나 시뮬레이션을 사용하여 가능한 모든 표본을 추출한다고 가정하고 그렇게 해서 얻은 결과를 상상해보면 더 많이 알 수 있다.

표본들 사이에 비율이 얼마나 다를 수 있는지 알고 싶다. 계획, 실행, 보고에 대해서는 이미 설명했다. 변동성에 관해 더 많이 알려면 이 세 가지에다 상상(想像)을 추가해야 한다. 표본조사를 하면 실제로 추출한 표본에서 구한 결과만 볼 수 있다. 하지만 다른 가능한 **모든** 단순임의표본을 추출해서 그것들 각각의 비율을 모두 구했더라면 어떤 결과를 보았을지 상상해볼 수 있다. 그 모든 표본비율을 히스토그램으로 나타내면 어떤 모습일까?

카드 소지자들을 대상으로 1,000명짜리 표본을 많이 추출하면 각 표본에서 카드사용액을 $800 이상 늘린 고객의 비율을 알 수 있고 이들 비율을 가지고 히스토그램을 작성할 수 있다. 이렇게 작성한 히스토그램의 중심은 어디일 것 같은가? 물론 알 수 없다. 그러나 논리적으로 추론해보면 그 중심은 바로 모집단의 참 비율, 즉 모비율과 일치한다. 모비율은 아마 결코 알 수 없을 것이다. 그러나 이 모비율은 표본비율의 분포와 신뢰구간에 관한 논의에서 매우 중요하다. 그래서 p라는 이름을 붙여 사용하겠다.

사실 단순히 상상하는 데 그치지 않고 그 이상도 할 수 있다. 바로 시뮬레이션을 해보는 것이다. 고객이 1,000명인 모든 표본을 실제로 추출할 수는 없다. 그러나 컴퓨터를 사용하면 일정 크기의 모집단에서 1,000개체짜리 표본을 추출하는 가상실험을 쉽게 반복할 수 있다. 이런 방식으로 실제 모집단에서 표본을 많이 추출하는 과정을 배울 수 있다. 시뮬레이션은 임의추출에 따라 표본비율들이 어떻게 변하는지 이해하는 데 도움이 된다.

사건의 결과가 두 가지인 경우 통계학에서는 그 가운데 하나는 "성공"으로 부르고 나머지 하나는 "실패"로 부르는 관행이 있다. 이를 카드회원을 대상으로 한 표본조사에 적용하면 "성공"은 회원이 카드사용액을 최소한 \$800 늘린다는 뜻이고 "실패"는 그렇지 않다는 뜻이다. 시뮬레이션에서는 성공의 참 비율이 어떤 특정 값이라고 가정하고 임의표본들을 추출하여 표본의 성공비율을 기록한다. 각 표본의 성공비율을 기호 $\hat{p}$로 나타내기로 한다.

시뮬레이션에서 얻은 표본의 성공 비율은 표본마다 다를 것이다. 그러나 그 비율들이 변하는 양상은 실제 모집단에서 추출한 표본들의 성공 비율이 변하는 양상을 보여준다. 시뮬레이션에서는 모집단의 성공 비율, 즉 모비율을 설정할 수 있으므로 각 표본비율이 그렇게 설정한 모비율에 얼마나 근접하는지 볼 수 있다. 아래 제시된 히스토그램은 $p=0.21$, 즉 모비율이 0.21인 경우 1,000명짜리 표본 2,000개 각각에서 카드사용액을 \$800 이상 늘린 고객의 비율 2,000개를 사용하여 작성한 것이다. (모비율을 알 수 있는 이유는 시뮬레이션에서 그것을 임의로 정할 수 있어서다.)

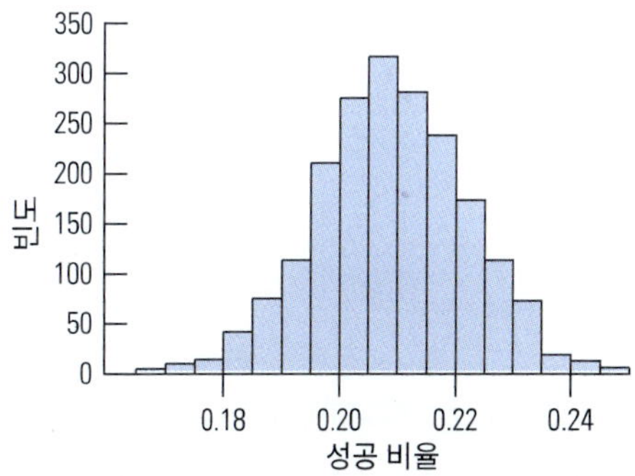

그림 9.1 시뮬레이션을 사용하여 모비율 $p=0.21$인 모집단에서 추출한 크기가 1,000인 표본 2,000개의 표본비율($\hat{p}$)의 분포

표본을 추출하는 원천인 모집단의 모비율(p)은 0.21로 변하지 않지만 각 표본의 비율($\hat{p}$)은 같지 않다. 의아하게 여겨질 수도 있지만 실제로는 전혀 이상하지 않다. 표본마다 하나의 표본비율($\hat{p}$)을 얻으므로 모든 표본비율이 모비율과 같으리라고는 기대할 수 없다. 또한, 표본비율은 각기 독립적인 임의표본에서 구하므로 모든 표본비율이 서로 같을 것이라고도 기대하지 않는다. 표본비율($\hat{p}$)은 표본마다 바뀌지만 아무렇게나 바뀌는 것이 아니라 우리가 모형을 세워서 이해할 수 있는 양상으로 바뀐다. 매우 흥미로운 현상이다.

예시문제 **표본비율의 분포**

어떤 슈퍼마켓에서 고객이 스스로 구매품을 스캔하고 신용카드로 값을 치르는 자율계산대들을 설치했다. 이 제도는 이미 많은 곳에서 시행되지만 가끔 고객이 어려움을 겪는 경우가 있으므로 도우미 직원이 필요하다. 관리자가 도우미 한 사람당 자율계산대를 몇 개씩 담당하도록 하는 것이 좋을지 알고 싶어서 자율계산대 사용에 도움이 필요한 고객의 비율을 추정하고자 한다. 이 관리자는 30일 동안 날마다 자율계산대에서 도움이 필요한 고객의 비율을 구하여 히스토그램을 작성하였다.

문제 : 1. 도움이 필요한 고객의 비율이 날마다 별 차이가 없다면 히스토그램이 어떤 모습을 띨 것 같은가?
2. 도움이 필요한 고객의 비율이 날마다 별 차이가 없다는 가정은 합당한가?

답 : 1. 중심이 모비율인 정규분포 형태를 띨 것이다.
2. 그렇지 않을 수도 있다. 예를 들면, 주말에 장을 보는 사람들은 주중에 규칙적으로 장을 보는 사람들에 비해 자율계산대 사용 경험이 상대적으로 적어서 도움이 더 많이 필요할 수도 있다.

9.2 표본비율의 확률분포

표본비율($\hat{p}$)의 행태에서 기대 이상의 규칙적 양상을 볼 수 있다. 〈그림 9.1〉에 제시된 히스토그램의 모습은 봉우리가 하나이고 대칭이다. 또한, 모습이 종을 닮았으므로 정규분포가 표본비율의 분포를 나타내는 데 적합할 수 있음을 의미한다. 표본비율의 확률분포를 나타내는 모형으로 정규분포가 적합하다는 사실은 통계학에서 일찍이 발견된 소중한 성과 가운데 하나이다.

〈그림 9.1〉에 제시된 분포는 한 시뮬레이션의 결과일 뿐이다. 시뮬레이션으로 구한 표본비율의 수가 많을수록 분포의 모습은 더 부드러운 종 모습을 띤다. 한 모집단에서 추출할 수 있는 모든 표본의 (표본)비율의 확률분포를 비율의 **표본분포**(sampling distribution)라고 한다. 일반적으로 표본에서 구하는 통계량의 확률분포를 표본분포라고 한다. 표본비율도 통계량이므로 (표본)비율의 표본분포는 표본비율의 확률분포와 같은 개념이다. (표본)평균의 표본분포도 표본평균의 확률분포와 같은 개념이다.

표기법 주의 !

기호 p는 모비율, 즉 모집단의 성공 비율을 나타내기 위해 사용하고 $\hat{p}$는 표본비율 나타내기 위해 사용한다. 또한, q는 모집단의 실패 비율($q = 1 - p$)을 나타내기 위해 사용하고, $\hat{q}$는 표본의 실패 비율을 나타내기 위해서 사용한다.

실제로 표본비율의 행태를 나타내는 모형으로 정규분포를 사용할 수 있다. 정규분포를 사용하면 표본비율이 임의의 두 값 사이에 놓일 확률을 알 수 있다. 그러나 이를 위해서는 모형으로 사용할 정규분포의 평균과 표준편차를 알아야 한다.

표본비율은 모비율을 중심으로 그 주위에 분포한다는 사실을 이미 알고 있다. 표본비율에 관한 한 가지 중요한 사실 덕분에 표본비율의 표준편차를 계산할 수 있다. 모비율 p와 표본의 크기 n을 알면 표본비율의 표준편차는 다음 공식으로 계산할 수 있음이 밝혀졌다.

$$SD(\hat{p}) = \sqrt{\frac{p(1-p)}{n}} = \sqrt{\frac{pq}{n}}$$

전체 신용카드 회원 가운데 월 사용액을 \$800 이상 늘린 사람의 비율이 0.21이라면 표본의 크기가 1,000인 경우 표본비율의 표준편차는 다음과 같이 계산할 수 있다.

$$SD(\hat{p}) = \sqrt{\frac{p(1-p)}{n}} = \sqrt{\frac{0.21(1-0.21)}{1000}} = 0.0129 \text{ 또는 약 } 1.3\%$$

이제 이 장의 모두에서 제기한 질문에 답했다. 표본비율의 변동성을 알려면 모비율과 표본의 크기만 알면 된다.

앞에서 크기가 1,000인 두 표본의 표본비율이 각각 21.1%와 20.2%인 경우를 보았다. 표본비율의 표준편차가 1.3%이므로 이들 두 표본비율은 1 표준편차만큼도 차이가 나지 않는다. 다시 말하면 이들 두 표본은 별로 다르지 않다. 크기가 1,000인 두 표본의 표본비율 21.1%와 20.2%는 둘 다 모비율 21%와 사실상 같다. 표본비율들 사이의 차이를 **표본오차**(sampling error)라고 부른다는 사실은 3장에서 이미 보았다. 그런데 이 차이는 실제로는 오차가 아니다. 표본이 다르므로 예상할 수 있는 **변동성**(variability)일 뿐이다. **표본변동성**(sampling variability)이 더 적합한 용어일 듯하다.

표본 크기의 효과

표본 크기(n)는 표본비율의 표준편차($SD(\hat{p})$)의 분모이므로 표본이 클수록 표본의 표준편차는 작아진다. 업무상 타당한 결정을 하려면 표준편차가 작아야 한다. 그러나 표본이 클수록 비용이 많이 든다. 이 상충관계는 통계학에서 피할 수 없는 근본적인 사항이다.

〈그림 9.1〉을 다시 보면서 앞의 시뮬레이션에서 정규분포가 얼마나 타당한지 살펴보자. $p=0.21$이면 표준편차는 약 0.013임은 이미 알고 있다. 정규분포의 68-95-99.7 법칙에 의하면 표본 가운데 68%는 그 (표본)비율이 모비율 0.21로부터 1 표준편차 이내에 있다. 앞의 시뮬레이션 결과는 이 예측과 얼마나 일치할까? 2,000개 표본비율의 실제 표준편차는 0.0129, 즉 1.29%이다. 그리고 시뮬레이션에서 추출한 2,000개의 표본 가운데 1,346개의 (표본)비율은 0.197과 0.223 (0.21에서 좌우 1 표준편차만큼 떨어진 값) 사이에 있다. 68-95-99.7법칙에 따르면 68%이고 실제로는 1346/2000=67.3%이다.

이제 표본비율의 분포를 정하는 데 필요한 모든 정보가 있다. 즉, 표본비율의 평균과 표준편차를 알고 있다. 바로 모비율 p와 $\sqrt{\frac{pq}{n}}$ 이다. 따라서 표본비율의 분포는 정규분포 $N\left(p, \sqrt{\frac{pq}{n}}\right)$이다.

이 분포가 앞의 시뮬레이션의 경우에는 잘 통했다. 그러면 항상 그럴까? 항상 그렇지는 않지만 간단한 조건만 만족되면 정규분포가 표본비율의 확률분포 모형으로서 타당하다는 사실은 수학적으로 어렵지 않게 보일 수 있다. 표본비율의 분포로 정규분포가 유용한 경우를 확인하는 조건을 제시하겠다. (이 조건은 현실적으로 대부분 만족된다.)

표본비율의 확률분포

추출된 값들이 독립적이고 표본이 충분히 크면 표본비율($\hat{p}$)은 평균이 $\mu(\hat{p}) = p$이고 표준편차가 $SD(\hat{p}) = \sqrt{\frac{pq}{n}}$ 인 정규분포를 따른다.

확인문제

1. 어떤 쇼핑몰의 푸드코트가 한눈에 들어오는 위치인 3층에 커피숍을 열 계획을 세우고 있다. 쇼핑몰 고객들이 과연 그 위치를 좋아할지 알고 싶어서 100명을 임의로 선정하여 의견을 물어보려고 한다. 물론 이렇게 해서 구하는 값은 단 하나의 표본비율 $\hat{p}$이다. 만약 추출할 수 있는 모든 100명짜리 표본의 (표본)비율들로 히스토그램을 작성하면 어떤 모습을 띨까?
2. 히스토그램의 중심은 어디일까?
3. 쇼핑몰 고객의 약 절반은 그 위치를 좋아할 것이라고 생각한다면 표본비율의 표준편차는 얼마일까?

표본비율 $\hat{p}$의 확률분포는 몇 가지 이유로 매우 유용하다. 첫째, 정규분포가 표본비율의 분포를 나타내는 모형으로서 적합하며 표본의 크기가 클수록 더욱 그러하다는 사실은 수학적으로 증명되어 있으므로, 표본을 많이 뽑아서 표본비율을 많이 구할 필요도 없고 시뮬레이션도 할 필요가 없다. 앞에서 소개한 정규분포는 표본비율의 확률분포 모습을 잘 알려준다. 둘째, 정규분포는 수리모형이므로 표본비율의 값들 가운데 임의의 구간에 속하는 비율을 계산할 수 있다. 교과서 부록에 있는 표준정규분포표나 엑셀 혹은 공학용 계산기와 같은 도구를 사용하면 임의의 구간에 속하는 표본비율의 비율을 쉽게 구할 수 있다

정규분포는 표본비율의 확률분포 모형으로 얼마나 적합한가?

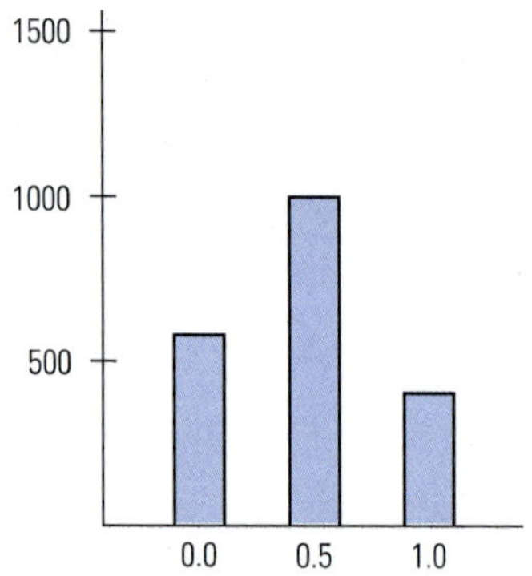

그림 9.2 표본의 크기가 2인 경우 표본비율이 취할 수 있는 값은 3가지밖에 없다. 이 경우 정규분포는 표본비율을 나타내기 위한 모형으로서 적합하지 않다.

시뮬레이션을 통해 구한 표본비율들이 68-95-99.7 법칙을 따름을 보았다. 그러면 모든 표본비율이 이 법칙을 따를까? 우리가 여기서 주장하는 바에 관해 잠시 생각해보자. 어떤 모집단에서 크기(n)가 일정한 표본을 반복적으로 추출하여 (표본)비율($\hat{p}$)을 많이 구하면 이들 값은 모집단의 평균(p) 주위에 위치하며, 이들 값의 히스토그램은 정규분포로 잘 표현할 수 있다.

으레 그렇듯이 반드시 숨은 함정이 있다. 예를 들어 표본의 크기가 2인 경우를 보자. 그러면 가능한 성공의 수는 0 또는 1이 아니면 2뿐이고 (표본)비율은 0또는 0.5 아니면 1이다. 한 변수가 취할 수 있는 값이 세 가지밖에 없는 경우에 그 변수의 값들로 작성한 히스토그램이 정규분포 모습을 띨 수는 없다(〈그림 9.2〉 참조).

정녕 숨은 함정이 있다. 정규분포가 표본비율을 표현하는 모형으로서 적합하다는 주장은 근사적으로 참이다. (그래도 큰 문제는 없다. 어차피 모형이란 근사적으로 참이면 되니까.) 또한, 표본이 클수록 정규분포는 (표본)비율의 분포를 더 잘 나타낸다.[2] 표본의 크기가 1이나 2인 경우는 그렇지 않지만 큰 표본들의 (표본)평균의 분포를 히스토그램으로 나타내보면 그 모습이 놀라울 만큼 흡사하게 정규분포 모습을 띤다.

예시문제 표본평균의 확률분포

타임워너사는 케이블, 전화, 인터넷 서비스를 제공한다. 이 회사의 일부 고객은 몇 가지 서비스를 묶은 패키지 상품에 가입한다. 이 회사는 전국적으로 고객의 30%가 패키지 서비스에 가입해 있고 이들은 또한 세 가지 서비스 모두에 가입해 있다고 가정하자. 애리조나주 피닉스시에 있는 이 회사의 대리점 사장은 자기의 영업 지역에서도 마찬가지인지 알고 싶다.

문제 : 패키지 상품 가입률이 이 지역에서도 마찬가지라고 가정하자. 이 사장이 자기의 고객 명단에 무작위로 100명을 뽑는다고 하고 다음 물음들에 답하라.

1. 이렇게 뽑힌 고객 가운데 패키지 상품에 가입한 사람의 비율을 얼마일까?
2. 표본비율의 표준편차는 얼마인가?
3. 표본비율들이 이루는 분포는 어떤 모습을 띨까?
4. 표본으로 뽑힌 100명 가운데 49명이 패키지 상품 가입자라면 아주 의외적인가? 설명하라. 이런 높은 비율이 나온 원인은 무엇일까?

답 :

1. 전국적으로 30%의 고객이 패키지 상품 가입자이므로 이 지역의 패키지 상품 가입율도 30%일 것으로 예상한다.

[2] 엄격히 말하면, 표본의 크기가 커질 때 극한값 차원에서 이 주장은 참이다.

2. 표준편차는 $SD(\hat{p}) = \sqrt{\frac{pq}{n}} = \sqrt{\frac{(0.3)(0.7)}{100}} = 0.046$이다.
3. 정규분포
4. 49명이 패키지 상품에 가입했다면 패키지 상품 가입률은 0.49이다. 표본비율의 평균은 0.30이고 표준편차는 0.046이다. 그러므로 $\frac{(0.49-0.30)}{0.046}=4.13$, 즉 표본비율은 평균에 비해 4 표준편차보다 더 크다. 단순임의표본의 표본비율이 이렇게 큰 값을 가진다는 것은 아주 이례적이다. 이 표본이 아주 특이하거나 아니면 이 지역의 패키지 상품 가입률이 전국적 패키지 가입률과 다르다고 볼 수밖에 없다.

가정과 조건

모형은 대부분 어떤 특정한 가정들이 충족될 때 유용하다. 정규분포가 표본비율의 모형으로서 적합한 경우는 다음과 같은 두 가정이 충족될 경우이다.

독립성 가정: 표본에 추출된 개체들의 값은 서로 독립적이어야 한다.

표본 크기 가정: 표본의 크기(n)는 충분히 커야 한다.

물론 가정들에 대해 할 수 있는 일은 가정들이 사실일 것 같은지 확인하는 것이며, 이 과정은 필요하다. 그러나 가정들의 충족 여부를 따지는 데 필요한 정보를 제공하는 관련 조건들을 점검할 수도 있다. 정규분포를 표본비율의 분포를 나타내는 모형으로 사용하기에 앞서 독립성 가정을 고려하고 다음과 같은 관련 조건들을 점검해야 한다.

랜덤화 조건: 실험을 통하여 수집한 자료라면 처치를 받은 피험자는 무작위로 지정되었어야 한다. 서베이를 한 경우라면 표본은 단순임의표본이라야 한다. 이외 다른 표본추출방법을 사용했다면 표본이 편향되지 않았어야 하고 수집한 자료는 모집단을 대표할 수 있어야 한다.

10% 조건: 추출한 개체를 도로 모집단에 집어넣고 다음 개체를 추출하는 복원추출 방식을 사용하지 않고 표본을 추출한 경우라면 표본 크기(n)는 모집단 크기의 10%보다 크지 않아야 한다. 만약 표본 크기가 모집단 크기의 10%보다 크다면 이 책에서 다루는 방법보다 수준이 높은 방법을 사용하여 신뢰구간을 조정해야 한다.

성공/실패 조건: 성공횟수(np)도 10보다 크고 실패횟수(nq)도 10보다 크도록 표본 크기(n)는 충분히 커야 한다는 조건을 말한다.[3] 굳이 수식을 동원하지 않고 쉽게 말하면, 의미 있는 결론을 낼 수 있으려면 성공과 실패 두 가지 다 최소한 10번씩은 일어나야 한다는 뜻이다. 은행의 신용카드 판촉 예에서 월간 카드 사용액을 $800 이상 늘리는 고객을 "성공"이라고 불렀다. 표본조사에서 성공은 211건이었고 실패는 789건이었다. 두 가지 다 10 이상이므로 이 조건이 충족되기에 성공도 실패도 확실히 충분하다.[4]

---

[3] 여기서 사용된 10이란 숫자를 채택한 연유는 249쪽의 수학상자에서 보았다.

[4] 성공/실패 조건은 우리가 기대하는 성공과 실패의 숫자를 말하지만 실재로 벌어진 성공과 실패의 수가 각각 10 이상이면 그 숫자를 사용할 수 있다.

이 두 조건은 상충하는 듯이 보인다. 성공/실패 조건이 만족되려면 표본이 커야 한다. 얼마나 커야 할지는 모비율(p)에 좌우된다. p가 0.5에 가까우면 표본의 크기는 20쯤이면 된다. 그러나 p가 0.01이면 표본의 크기는 최소한 1,000이어야 한다. 그런데 10% 조건은 표본은 모집단의 큰 부분이어서는 안 된다는 말이다. 그러나 다행히도 이 두 조건의 이러한 상충적 요구는 현실적으로는 대개 문제를 일으키지 않는다. 성인 국민 전체를 대상으로 하는 표본조사라든지 제조업체의 1일 총 생산량 중에서 일부를 표본으로 취하는 경우처럼 모집단은 표본의 10배보다 훨씬 큰 경우가 많다.

예시문제 **표본비율에 대한 가정과 조건**

타임워너사의 서베이를 수행하는 분석가가 전하는 바에 따르면 불행히도 자기가 접촉을 시도한 고객들 가운데 단지 20명만이 응답했고 이들 20명 가운데 8명이 패키지 상품 가입자였다.

문제 :

1. 해당 지역에서 패키지 상품 가입자 비율이 0.30이라면 평균적으로 20명 가운데 몇 명이 패키지 상품에 가입했을 거라고 예상하는가?
2. 표본비율의 분포가 정규분포의 모습을 띨 것으로 예상하는가? 설명하라.

답 :

1. 예상되는 패키지 상품 가입자는 $0.30 \times 20 = 6$명이다.
2. 그렇지 않다. 6은 성공/실패 조건의 10보다 작기 때문에 표본비율 분포의 모형으로서 정규분포를 사용하는 데 신중해야 한다. (실제 관측된 성공의 수는 8인데, 이 역시 10보다 작다.)

길잡이 문제 압류 건수

한 주택자금융자업체가 최근에 캘리포니아주 중부지역에서 90건의 주택담보채권을 매입했다. 이 회사 소속 한 직원이 이 채권들의 부도 위험성을 분석하고 있다. 이 지역에서 주택담보융자금 잔액이 있는 주택 보유자들 가운데 약 13%는 1년 이내에 채무 불이행 상태에 빠지고 그들의 주택은 압류된다는 사실을 직원은 잘 알고 있다. 회사가 그 채권들을 매입할 때 재무팀은 90건 가운데 채무 불이행 상태에 빠질 것은 많아야 15건일 거라고 가정했다. 15건이 넘으면 회사는 손해를 보게 된다. 회사가 최근에 매입한 주택담보채권의 부도로 인하여 담보로 잡힌 주택이 압류되는 건수가 15채를 넘을 확률은 얼마인가?

계획

준비 분석 목표를 명시하라.

최근에 매입한 주택담보채권 90건 가운데 부도가 15건을 초과할 확률을 구해야 한다. 15건은 90건의 16.7%이므로, 부도율이 13%일 때 16.7%가 넘는 채권이 부도가 날 확률을 구해야 한다.

모형 조건들을 확인하라.

✔ **독립성 가정** 주택담보채권의 담보 주택이 넓은 지역에 퍼져 있으면 한 주택 소유자의 부도가 다른 주택 소유자의 부도 확률에 영향을 미치지 않을 것이다. 그러나 만약 담보 주택들이 좁은 지역에 밀집해 있다면 독립성 가정은 충족되지 않을 것이고 부도확률 추정은 틀릴지 모른다.

✔ **랜덤화 조건** 90건의 주택담보채권은 그 지역 주택담보채권의 단순임의표본으로 볼 수 있다.

✔ **10% 조건** 주택담보채권 90건은 총 주택담보채권의 10%보다

		적다. ✔ 성공/실패 조건 np = 90(0.13) = 11.7 ≥ 10 nq = 90(0.87) = 78.3 ≥ 10
	모수와 표본비율의 확률분포를 명시하라.	모비율은 p = 0.13이다. 조건들이 충족되었으므로 표본비율($\hat{p}$)의 확률분포로 정규분포를 사용한다. 이 정규분포의 평균은 0.13이고 표준편차는 0.035이다. $SD(\hat{p}) = \sqrt{\frac{pq}{n}} = \sqrt{\frac{(0.13)(0.87)}{90}} \approx 0.035$ $\hat{p}$의 확률분포는 N(10.13, 0.035)이다. P($\hat{p}$ > 0.167)를 구해야 한다.
	그림으로 나타내라. 모형을 대략적으로 그리고 관심 영역을 표시하라. 이 문제의 경우 16.7%의 우측 영역이다.	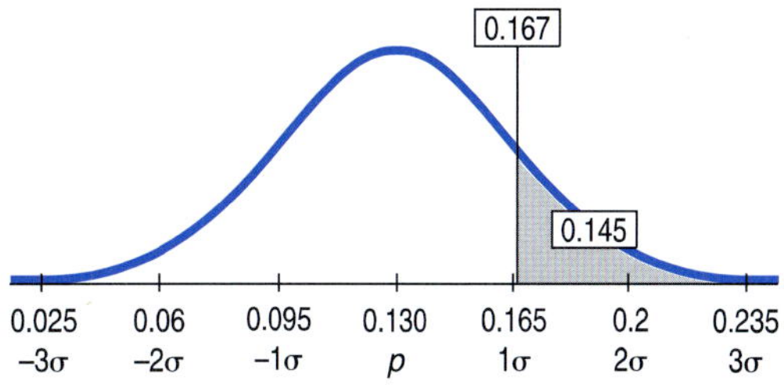
실행	**계산과정** z값 임계값을 구하기 위한 자로 표준편차를 사용하라. 표준정규분포표나 컴퓨터 프로그램 혹은 계산기를 사용하여 확률을 계산하라.	$z = \frac{\hat{p} - p}{SD(\hat{p})} = \frac{0.167 - 0.13}{0.035} = 1.06$ P($\hat{p}$ > 0.167) = P(z > 1.06) = 0.1446
보고	**결론** 구한 확률을 문제의 맥락에 맞추어 해석하라.	메모 주제: 주택담보채권 부도율 최근에 매입한 90건의 주택담보채권이 해당 지역 전체 주택담보채권의 단순임의표본이라고 가정하면 압류건수가 재무팀이 손익분기점으로 결정한 15건을 초과할 확률은 약 14.5%이다.

9.3 중심극한정리

비율은 범주형 변수를 요약한다. 무작위로 표본을 추출하면 그 결과는 표본마다 다르다. 정규분포 모형은 그러한 모든 변동을 요약하기에는 믿기 어려울 정도로 단순한 방법처럼 보인다. 표본평균에 대해서 적용할 수 있는 이런 단순한 모형도 있을까? 그렇다. 표본평균의 분포 역시 정규분포로 표현할 수 있음이 밝혀졌다. 또한, 표본평균이 정규분포를 따를 수밖에 없음이 이론적으로 증명되었다. 표본비율과 마찬가지로 표본평균에 대해서도 시뮬레이션을 통해 통찰을 얻을 수 있다.

표본평균 시뮬레이션

양적 변수를 가지고 간단한 시뮬레이션을 보이겠다. 우선 하나의 주사위로 시작한다. 이 주사위를 10,000번 던지면 눈의 수의 히스토그램은 어떤 모습을 띨까? 다음은 주사위를 10,000번 던진 시뮬레이션의 결과이다.

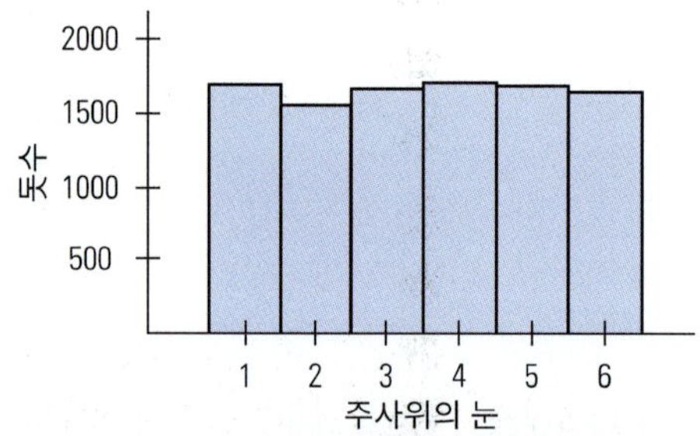

이런 분포는 **균일분포**(uniform distribution)라고 부른다. 확실히 정규분포는 아니다. 이번에는 한 쌍의 주사위를 동시에 던지고 나온 눈의 평균을 기록하자. 이를 10,000번 시행하여 얻은 평균 10,000개의 히스토그램은 어떤 모습일까? 결과를 보기 전에 잠시 상상해 보라. 두 개의 주사위를 던질 때 그 나온 눈의 평균이 1일 가능성이 3일 가능성과 같을까? 3.5일 가능성과도 같을까? 결과를 보자.

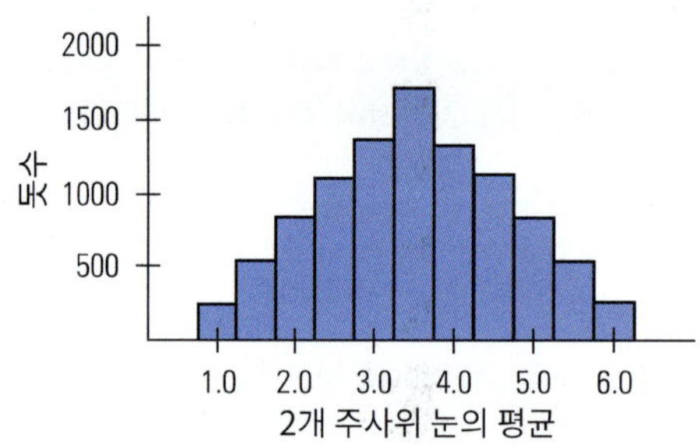

주사위 두 개 눈의 평균이 1인 경우보다는 3.5인 경우가 훨씬 가능성이 크다. 6인 경우보다도 3.5인 경우가 물론 훨씬 가능성이 크다. 이들 가능성에 해당하는 확률을 굳이 정확하게 계산할 것도 없이, 평균이 1인 경우는 두 주사위의 눈이 모두 1인 경우밖에 없다는 사실은 쉽게 알 수 있다. 그러나 눈의 합이 7(즉, 평균이 3.5)인 두 눈의 조합은 훨씬 더 많다. 이 분포는 이름도 있다. **삼각형분포**가 그것이다.

세 주사위를 던질 때 나오는 눈의 평균의 히스토그램은 어떤 모습을 보일까?

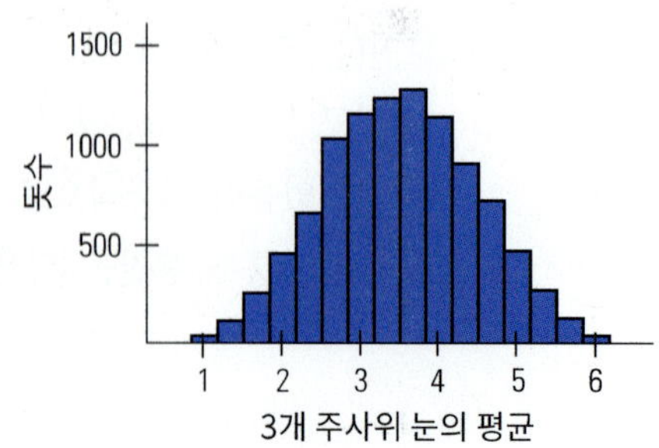

어떤 현상이 벌어지는가? 우선 양 극단에 가까운 평균값이 나타날 가능성은 점점 더 작아진다. 주사위 세 개를 던져서 구한 눈의 평균이 1(또는 6)이려면 세 개 주사위의 모두의 눈이 1(또는 6)이어야 한다. 세 개의 주사위 눈이 모두 1(또는 6)인 경우는 두 개의 주사위가 1(또는 6)인 경우보다 가능성이 작다. 그러므로 분포는 중앙으로 쏠린다. 분포의 모양에는 어떤 현상이 벌어지는가?

시뮬레이션을 계속해 표본이 더 큰 경우에 어떤 현상이 벌어지는지 보자. 다음은 다섯 개의 주사위를 10,000번 던져서 구한 평균들의 히스토그램이다.

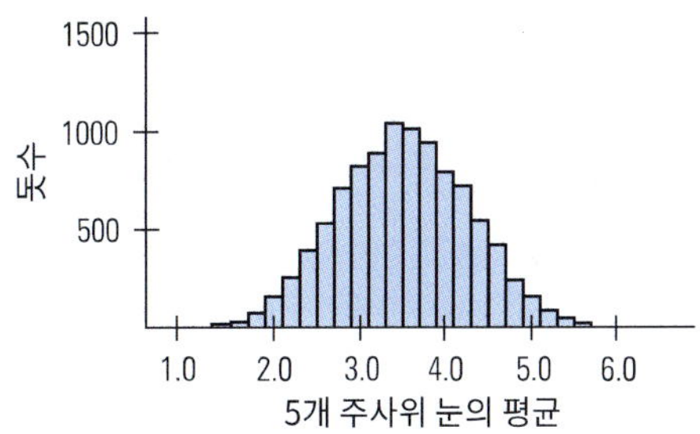

점점 더 분명한 패턴이 나타난다. 두 패턴이 나타난다. 첫째 사실은 7장에서 본 대수의 법칙에서 이미 알고 있다. 표본의 크기(즉 주사위의 수)가 커질수록 각 표본평균은 모평균에 더 가까워진다. 그래서 그래프는 모집단 3.5에 더 가까이 홀쭉하게 밀집하는 모습을 보인다. 그런데 새로운 놀라운 사실은 그래프의 전체적인 모습이다. 종 모양으로 변한다. 사실은 정규분포로 수렴한다.

확신이 드는가? 이번에는 주사위 수를 확 키워 20개로 시뮬레이션을 해보자. 스무 개의 주사위를 10,000번 던져서 나오는 눈의 평균들의 히스토그램은 다음과 비슷한 모습을 띤다.

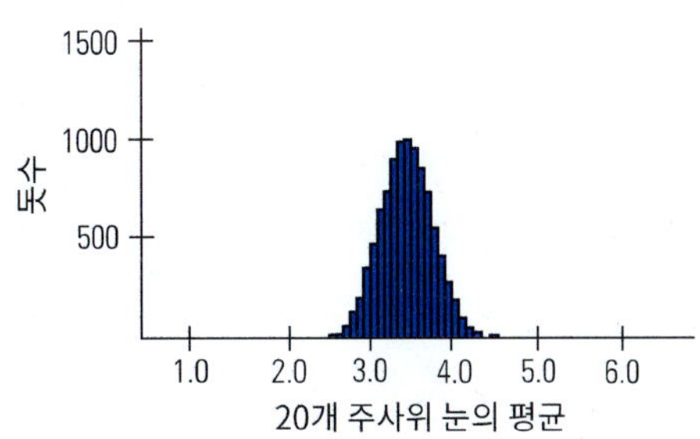

이리하여 정규분포 모양을 다시 본다(퍼짐 정도가 얼마나 작아졌는지도 주목하라). 주사위 던지기 실험 이외에도 이런 현상이 일어날 것으로 믿어도 될까? 어떤 종류의 표본평균들에 대해서 정규분포가 그 확률분포의 모형으로서 적합한가? 정규분포는 놀랍게도 다양한 경우에 표본평균의 확률분포 모형으로서 적합하다는 사실이 밝혀졌다.

중심극한정리

주사위 던지기 시뮬레이션은 특수한 상황으로 보일 수도 있겠다. 하지만 이 시뮬레이션에

피에르시몽 라플라스, 1749–1827

"확률론은 실제로는 상식을 산수로 환원한 것 이상 외에 아무것도 아니다."
—라플라스, 확률론의 해석이론(*Theorie Analytique Des Probabilities*), 1812

피에르시몽 라플라스

라플라스는 당대에 가장 뛰어난 과학자이며 수학자 가운데 한 사람이었다. 확률론과 통계학에 크게 기여했을 뿐 아니라 수학, 물리학, 천문학 분야에도 새로운 저술을 많이 냈다. 특히 그의 성운 가설은 우리가 오늘날 이해하는 태양계의 형성을 설명하는 초기 이론들 가운데 하나이다. 그는 또한 미터법의 수립에 선구적 역할을 했다.

하지만 그는 자신의 재능과 업적에 도취되어 거만했으며 그로 인하여 동료들의 거부감을 자아냈다. 실제로 한 수학자가 파리 아카데미를 방문하여 라플라스가 스스로를 프랑스에서 가장 뛰어난 수학자라는 말을 여기저기 퍼뜨린다고 전할 정도였다. 라플라스의 말이 사실이긴 했지만 동료들의 거부감은 수그러들지 않았다.

서 본 것은 거의 모든 상황에서 반복적으로 추출한 표본들의 평균에 대해서도 사실임이 밝혀졌다. 표본비율의 분포를 다룰 때 단지 몇 가지 조건만 확인하면 되었다. 평균에 대해서는 그 결과가 더욱 놀랍다. 사실상 아무런 조건이 없다고 해도 무방하다.

반복하면, 어떤 표본평균의 분포도 표본의 크기가 커지면 정규분포로 수렴한다. 유일한 조건은 표본으로 추출되는 개체가 무작위적으로 선택되고 측정값들이 서로 독립적이어야 한다는 것이다. 심지어는 모집단의 분포에도 신경을 쓸 필요가 없다.[5] 이 놀라운 사실은 삐에르시몽 라플라스가 1810년에 상당히 일반적인 형식으로 증명했으며, 직관과는 거리가 멀었으므로 (최소한 수학계에서는) 상당한 반향을 불러일으켰다. 라플라스의 이 증명 결과를 **중심극한정리**(Central Limit Theorem, CLT)라고 부른다.[6]

많은 경우 임의표본의 (표본)평균의 확률분포는 표본의 크기가 증가함에 따라 정규분포에 수렴할 뿐만 아니라, **이 사실은 모집단의 분포가 어떠한 모습을 띠든지 상관없이 유효하다.** 모집단이 한쪽으로 치우치거나 봉우리가 두 개인 경우에도 중심극한정리에 의하면 반복적으로 추출한 임의표본의 평균은 표본이 커지면 정규분포를 따르는 경향이 있다. 물론 모집단이 정규분포에 가까울수록 이 정리가 더 잘 그리고 더 빨리 통한다는 사실을 알게 되더라도 놀랍지 않을 것이다. 애당초 정규분포를 따르는 모집단에서 추출한 자료는 그 자체가 정규분포를 따른다. 표본의 크기가 1이면 표본평균은 관찰한 값 그 자체이다. 그러므로 당연히 이 값들은 정규분포를 따른다. 그러나 예컨대 5장의 CEO자료처럼 모집단의 분포가 매우 비대칭적이라고 해보자. 이 경우에도 중심극한정리는 통한다. 물론 표본의 크기가 몇십 혹은 몇백이어야 할 수도 있다.

예를 들어, 변수가 취할 수 있는 값이 0과 1뿐인 진정한 양봉 모집단을 생각해보자. 중심극한정리에 의하면 심지어 이런 모집단에서 추출한 표본의 평균도 정규분포를 따를 것이다. 잠깐! 범주에 속하는 개체에는 1을 부여하고 속하지 않는 개체에는 0을 부여하는 어떤 범주형 변수를 생각해보자. 이 경우 표본은 0과 1로 이루어진다. 표본평균은 범주에 속하는 개체의 수를 세어 그 값을 표본의 크기(n)로 나누면 나온다. 이 표본평균은 바로 범주에 속하는 개체("성공")의 비율, 즉 **표본비율**($\hat{p}$)이다. 결국 표본비율도 표본평균처럼 정규분포를 따른다는 사실은 별로 놀랍지 않다. 표본비율이 정규분포를 따른다는 것은 실제로 중심극한정리가 통하는 하나의 특수한 예에 불과하다. 물론 모집단이 이처럼 극단적인 양봉 분포를 보일 때는 표본의 크기가 어느 정도 커야 한다. 바로 이런 경우에 성공/실패 조건을 고려해야 한다.

중심극한정리(CLT)

무작위표본의 평균의 분포는 정규분포로 근사화할 수 있다. 표본이 클수록 근사화의 정확도가 높다.

5) 엄격히 말하면, 자료를 추출한 모집단의 분산이 유한해야 한다.

6) 여기서 "중심"이란 "근본적"이라는 의미이며 분포의 중앙과는 아무런 관련이 없다.

주의 사항! 우리는 실제 세계와 마법 같은 수학모형 세계를 부드럽게 미끄러지듯 넘나들었다. 실제 세계에서는 임의표본을 추출하여 표본자료를 확보한다. 수학모형은 실제 세계에서 관찰하는 표본평균과 표본비율의 행태를 기술하기 위해 사용한다. 그러나 실제 세계에서 구한 표본 자료에 근거하여 이 수학모형을 구하는 것은 아니다. 이론적으로 가능한 모든 임의표본을 추출한 다음 각 표본의 (표본)평균을 확보했다고 가정하고 이러한 가상의 (표본)평균들의 분포를 기술하기 위해 수학모형을 동원한다. 즉, 우리가 다루는 분포는 두 가지이다. 하나는 실제 세계에서 구한 표본자료의 분포이다. 이런 분포는 히스토그램(양적 자료의 경우)이나 막대그래프(범주형 자료의 경우) 따위를 사용하여 시각적으로 나타낼 수 있다. 다른 하나는 표본분포나 표본비율과 같은 통계량의 분포를 중심극한정리를 근거로 정규분포로 나타내는 수학모형 세계의 **표본분포**(sampling distribution)이다. 이 두 가지를 혼동하면 안 된다.

예를 들면, 중심극한정리에 의하면 표본이 충분히 크면 표본을 구성하는 자료는 정규분포를 따른다, 라고 잘못 생각해서는 안 된다. 사실 표본이 점점 커지면 표본을 구성하는 자료의 분포는 점점 더 모집단의 분포를 닮아갈 것이다. 모집단의 분포가 비대칭이면 표본 자료의 분포도 비대칭일 것이고, 모집단의 분포가 양봉이면 표본 자료의 분포도 양봉일 것이다. 따라서 표본 자료의 분포는 표본이 커진다고 반드시 정규분포에 수렴하지 않는다. 앞으로 1,000년 동안 CEO 연봉의 표본을 수집할 수 있겠지만 이 자료들로 히스토그램을 작성해보면 결코 정규분포처럼 보이지는 않을 것이다. 오른쪽으로 긴 꼬리를 보일 것이다. 중심극한정리는 하나의 표본에서 구한 자료의 확률분포에 대한 이론이 아니다. 하나의 모집단에서 무작위로 추출한 수많은 표본의 (표본)평균과 (표본)비율의 분포에 관한 이론이다. 물론 이러한 표본들을 실제로 모두 추출하는 일은 없다. 그러므로 중심극한정리는 가상적인 분포, 즉 통계량의 분포를 나타내는 수학적 모형에 관한 이론이다.

중심극한정리는 모집단의 분포가 대칭적이지도 않으면서 동시에 단봉이 아니면 표본의 크기가 충분히 커야 적용할 수 있다. 그러나 중심극한정리는 이러한 한계가 있음에도 놀랍고 강력한 결과이다.

예시문제 중심극한정리

264쪽의 예에서 슈퍼마켓의 관리자는 매일 자율계산대를 이용하는 고객 500명을 추출하여 이들의 구매금액을 조사한다. 그가 조사한 바에 의하면 구매금액의 분포는 단봉이지만 일부 고객이 특이하게 많이 구입하므로 고액 쪽으로 꼬리를 보인다. 그는 조사기간 30일 동안 매일 평균 구매액을 계산하고 그 평균 구매액의 히스토그램을 작성한다.

문제 :

1. 이 히스토그램은 어떤 모습을 띨까?
2. 고객 가운데 500명을 추출하지 않고 매일 첫 10명의 고객을 택하여 평균 구매액을 계산하여 히스토그램을 작성하면 이것은 앞의 히스토그램과 어떻게 다를 것 같은가?

답 :

1. 정규분포 모습을 띨 것이다. 500명은 충분히 큰 표본이므로 모집단의 분포가 비대칭이더라도 중심극한정리에 의하여 표본평균은 정규분포를 따를 것이다.

2. 모집단이 상당히 비대칭이므로 중심극한정리가 적용되려면 표본의 크기가 상당히 커야 한다. 하지만 표본의 크기가 10에 불과하므로 표본평균들의 분포가 정규분포 모습을 보이지 않을 수도 있다.

표본의 크기 — 수확 체감

표본평균의 표준편차는 표본의 크기의 제곱근에 비례하여 줄어든다. 표본의 크기가 4인 임의표본의 평균은 개별 자료 값들의 표준편차의 절반이다$\left(\frac{1}{\sqrt{4}}=\frac{1}{2}\right)$. 표준편차를 다시 반으로 줄이려면 표본의 크기는 16이어야 하고 또다시 절반으로 줄이려면 표본의 크기는 64이어야 한다. 실제로 무작위 표본추출은 매우 효과적이며 평균들의 표준편차는 평균을 구할 때 사용된 자료 값들의 표준편차보다 작다. 이것이 평균을 취하는 것의 위력이다.

여건만 허락한다면 표본평균의 표준편차를 실제로 통제하여 표본평균으로부터 미지의 모평균에 대해 많이 알 수 있다. 보다시피 제곱근에 비례한다는 점 때문에 표본으로부터 모집단에 대해 정보를 도출하는 데 한계가 있다. 이 점은 **수확체감의 법칙**의 한 예이다.

9.4. 신뢰구간

표기법 주의!

$\hat{p}$는 모비율 p의 추정치를 나타내는 통계량이고 q는 $1-p$의 약어이며 $\hat{q}=1-\hat{p}$임을 상기하라.

기업은 생산계획과 재고계획을 수립하기 위해 경제에 대해 다양한 예측을 한다. 한 가지 중요한 지표로 전반적인 경제 상황에 대한 소비자들의 신뢰지수가 있다. 소비자 신뢰지수를 지속해서 추적하면 기업은 자기가 생산하는 제품의 수요가 올라갈지 내려갈지 판단하는 데 도움을 얻을 수 있다. 갤럽의 여론조사는 주기적으로 성인들을 대상으로 임의표본을 선정하여 미국 경제 상황이 호전되고 있다고 보는지, 악화하고 있다고 보는지, 아니면 보합세를 유지하고 있다고 보는지 묻는다. 2012년 4월(4월 22일에 끝나는 주)에 3,440명에게 물었더니 1,445명(표본비율 $\hat{p}=1445/3440=42\%$)만이 경제 상황이 호전되고 있다고 응답했다. 갤럽은 물론 우리도 이렇게 관찰된 비율이 모비율 p에 가깝기를 바라지만, 동시에 다른 3,440명을 상대로 조사를 했더라면 정확하게 같이 42%의 비율이 나오지 않았을 것을 안다. 실제로 갤럽은 며칠 뒤에 다른 성인들을 대상으로 조사를 했는데 약간 다른 비율이 나왔다.

이 장에서 지금까지 학습한 바에 따라, 우리는 두 개의 임의표본이 약간 다른 결과를 내놓더라도 놀랄 일이 아니라는 점을 안다. 우리는 다른 임의표본들에 대해서가 아니라 2012년 4월에 미국의 모든 성인 가운데 미국 경제가 호전되고 있다고 생각하는 사람들의 비율에 대해 무언가 말하고 싶다. 표본분포는 표본에서 얻은 정보를 모집단에 대한 정보로 일반화하는 능력의 열쇠가 될 것이다.

미국 성인을 대상으로 한 표본의 확률분포에 대해 무엇을 알고 있는가? 이 확률분포의 중심은 모비율, p, 즉 미국의 모든 성인 가운데 경제가 호전되고 있다고 생각하는 사람의 비율이라는 사실을 안다. 하지만 p를 모른다. 아마 42.0%가 아닐 것이다. 그것은 표본에서 구한 비율이다. 우리가 아는 바는 표본비율의 확률분포의 중심은 모비율 p이고 표준편차는 $\sqrt{\frac{pq}{n}}$ 라는 사실이다. 또한 중심극한정리에 의해 표본의 크기가 충분히 크면 표본비율의 확률분포는 정규분포에 가깝다는 점도 안다.

우리는 모비율 p를 모른다. 그러므로 표본비율의 표준편차의 참값을 구할 수 없다. 그래서 알고 있는 바를 사용하여 표준편차를 추정한다. 별것 아니게 들릴 수도 있지만, 이 추정치에는 특별한 이름이 붙어 있다. 표본분포의 표준편차 추정치는 **표준오차**(standard error, SE)라고 부른다. 표본비율, $\hat{p}$를 사용하여 다음과 같이 표준오차를 구한다.

$$SE(\hat{p}) = \sqrt{\frac{\hat{p}\hat{q}}{n}} = \sqrt{\frac{(0.42)(1-0.42)}{3440}} = 0.008$$

갤럽 조사의 표본 크기 3,440은 충분히 크므로 표본비율의 분포는 〈그림 9.3〉과 비슷한 모습일 것이란 점을 안다.

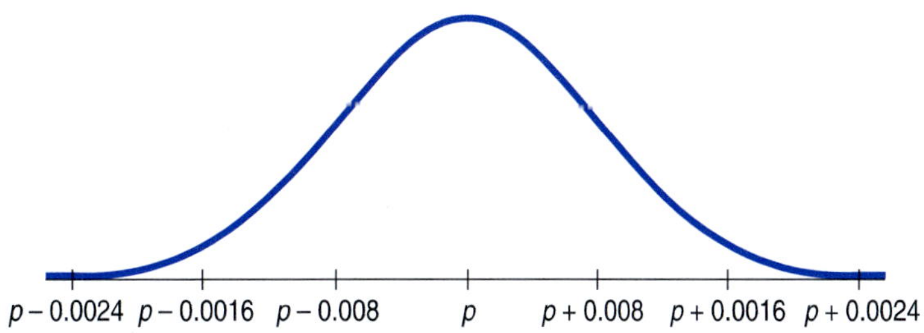

그림 9.3 표본비율의 확률분포의 중심은 모비율 p와 같으며 표준편차는 0.008이다.

표본비율($\hat{p}$)의 확률분포는 평균은 모비율 p이고 표준편차는 우리가 추정하는 $\sqrt{\frac{\hat{p}\hat{q}}{n}}$ 인 정규분포이다. 정규분포이므로 2012년 4월 미국 성인을 대상으로 3,440명짜리 표본을 모두 추출했더라면 이 가운데 68%는 표본비율이 모비율 p로부터 1 SE 이내에 있었을 것이다. 또한, 이들 모든 표본 가운데 95%는 표본비율이 $p \pm 2$ SE 사이의 값이었을 것이다. 그런데 이 그림에서 우리의 표본비율은 어디에 있는가? 그리고 p의 값은 무엇인가? 우리는 여전히 모른다.

표본비율에 관하여 아는 사실도 있다. 임의표본 가운데 95%는 표본비율 $\hat{p}$가 모비율 p로부터 2 SE 이상 떨어져 있지 않다는 사실을 안다. 그래서 역으로 표본비율 $\hat{p}$의 관점에서 보기로 하자. 내가 $\hat{p}$라면, 모비율 p가 나에게서 2 SE 이상 떨어져 있지 않을 확률이 95%이다. 내가 나의 위치에서 좌우 양 방향으로 2 SE, 구체적으로 2*0.008만큼 팔을 벌리면 95% 자신 있게 모비율 p가 내 팔 안으로 들어올 것이라고 말할 수 있다. 물론 나는 모비율 p의 값은 모르고 내 팔로 만든 구간 안에 p가 들어오더라도 여전히 그것이 모비율인지 알 수 없다. 내가 할 수 있는 최선은 내 팔 안에 진짜 모비율이 포함될 확률을 기술하는 것뿐이다.

그림 9.4 $\hat{p}$을 중심으로 양쪽으로 2 SE만큼 팔을 뻗으면 95%는 모비율 p를 붙잡을 수 있다는 자신감이 생긴다.

모비율에 대해 주장할 수 있는 바는 무엇인가?

그러면 p에 대해 정말 무슨 말을 할 수 있을까? 다음 목록은 우리가 말할 수 있기를 바라는 바와 그 대부분에 대해 그렇게 할 수 없는 이유들이다.

1. **"모든 미국 성인 가운데 42.0%는 경제가 호전되고 있다고 생각했다."** 모집단의 비율에 대해 확실한 진술을 할 수 있으면 좋겠지만 그렇게 하기에는 충분한 정보가 없다. 모비율과 표본비율이 같다고는 결코 확신할 수 없다. 사실은 거의 확실하게 다르다. 관측치는 상수가 아니다. 표본마다 (표본)비율은 다를 것이다.

2. **"모든 미국 성인 가운데 42.0%가 미국 경제가 호전되고 있다고 생각한 것은 아마 사실일 것이다."** 그렇지 않다. 사실, 모비율이 얼마이든 정확하게 42.0%는 아닐 것이 꽤 확실하다. 그러므로 이 진술은 참이 아니다.

3. **"미국 성인 가운데 정확하게 몇 퍼센트가 미국 경제가 호전되고 있다고 생각했는지는 모른다. 그러나 그 비율이 42.0% ± 2 × 0.8% 구간에 있다는 점은 안다. 즉, 그 비율은 40.4%에서 43.6% 사이에 있다."** 이 진술은 참에 좀 더 가깝다. 그러나 여전히 확신할 수 없다. 모비율이 확실히 이 구간에 있을지는 알 수 없다. 아니면 다른 어떤 구간에 있을지도 확실하게는 모른다. (물론, "0~100% 사이에 있다"는 주장은 언제나 참이지만 이는 모비율에 대한 아무런 정보도 제공하지 않으므로 아무 쓸모 없다. −옮긴이)

4. **"미국 성인 가운데 미국 경제가 호전되고 있다고 생각하는 사람의 정확한 비율은 모른다. 그러나 40.4%에서 43.6%에 이르는 구간에 아마 참 비율이 있을 것이다."** 빠져나갈 구멍을 두 개나 팠다. 첫째 구멍은 특정 값 대신에 구간을 제시한 것이고, 둘째는 그 구간이 "아마" 참 값을 포함할 수도 있다고 생각한 것이다.

마지막 진술은 참이다. 하지만 확고하지 못하다. "아마"라는 표현으로 나타낸 바를 숫자로 대치하면 좀 더 분명해질 수 있다. $\hat{p}$를 100번 구하여 각 $\hat{p}$에서 좌우로 2 SE만큼 뻗어서 구간을 만들면 그 가운데 95개는 모비율을 포함함을 보았다. 그러므로 이번이 그런 95개 경우 가운데 하나라고 볼 수 있으므로 이번에 만든 구간이 참값을 포함할 것이라고 95% 자신할 수 있다. 이 구간이 참값을 포함할 확률에 구체적인 값을 부여한 다음, 모수가 어디에 있을지 그리고 그것이 어떤 범위에 속할 거라는 확실성에 대한 최선의 추측을 제시했다.

5. "**우리는 미국 성인 가운데 40.4%에서 43.6%의 사람들이 미국 경제가 호전되고 있다고 생각했다는 데 95% 확신한다.**" 이것이 우리의 신뢰구간에 대한 적절한 해석이다. 완벽하지는 않지만 우리가 할 수 있는 최선이다.

이 책에서 논의되는 각 신뢰구간은 모두 이름이 있다. 앞으로 다룰 장들에서 여러 가지 신뢰구간을 보게 될 것이다. 둘 이상의 표본에 관한 것도 있고, 비율이 아닌 다른 통계량에 관한 것도 있으며, 정규분포가 아닌 다른 분포를 사용하는 것도 있다. 이제까지 여기서 계산하고 해석한 구간은 **단비율 z신뢰구간**(one-proportion z-interval)[7]의 한 예이다. 이것에 대한 정식 정의는 다음 몇 쪽에서 내리겠다.

"95% 신뢰"의 진정한 의미는?

우리가 구한 구간이 참비율을 포함할 것이라고 95% 확신한다는 진술의 의미는 무엇인가? 엄격히 말하면, "이와 크기가 같은 표본들의 95%는 모비율을 포함하는 신뢰구간을 낳을 것이다"란 뜻이다. 이것은 정확하지만 좀 딱딱한 표현이다. 그래서 때로는 "모비율이 우리가 구한 구간에 포함될 것이라고 95% 확신한다"라고 말하기도 한다. 우리가 직면하는 불확실성은 우리 수중에 있는 특정 표본이 모비율을 포함하는 신뢰구간을 낳는 표본들 가운데 하나인지, 아니면 포함하지 못하는 5%에 해당하는 표본들 가운데 하나인지 알 수 없다는 점이다. 이 장에서 우리는 (표본)비율들이 같지 않은 이유를 보았다. 다른 여론조사기관들에서도 성인들을 대상으로 표본조사를 했다면 그들 역시 경제가 호전되고 있다는 응답을 좀 받았을 테지만 각 기관이 얻은 표본비율은 거의 틀림없이 갤럽이 구한 것과 다를 것이다. 각 기관이 모비율을 추정하려고 구간을 구하면 그 중앙은 각자가 구한 (표본)비율일 것이다. 그래서 각자 서로 다른 신뢰구간을 얻게 된다.

〈그림 9.5〉는 시뮬레이션을 통해 구한 20개의 표본을 사용하여 만든 신뢰구간들을 보여준다. 파란색 점은 각 표본에서 경제가 호전되고 있다고 생각하는 성인들의 비율이고 회색 선분은 각 표본을 사용하여 구한 신뢰구간이다. 파란색 수평선은 경제가 호전되고 있다고 생각하는 사람들의 모비율이다. 시뮬레이션을 통해 구한 신뢰구간들 가운데 대다수는 모비율을 포함함을 볼 수 있다. 여섯째 하나만 모비율을 포함하지 않는다. (표본마다 바뀌는 것은 신뢰구간임에 유의하라. 모비율을 나타내는 파란색 수평선은 움직이지 않는다.)

---

7) 사실 이 신뢰구간은 너무나 흔히 사용되기 때문에 그냥 간단히 "비율의 신뢰구간"이라고 불리는 경우도 있다.

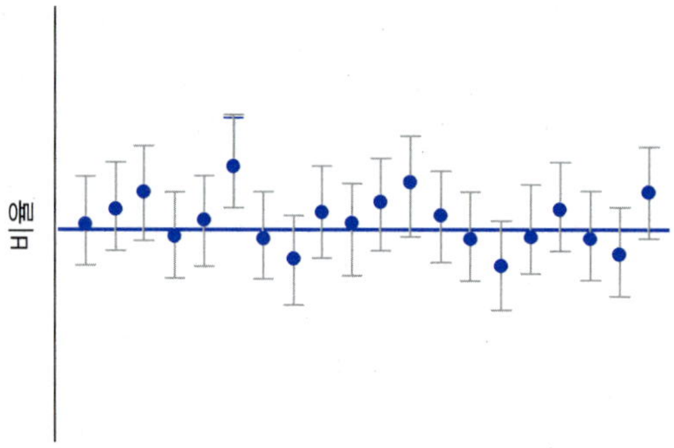

그림 9.5 파란색 수평선은 2012년 4월에 미국 전체 성인들 가운데 미국경제가 호전되고 있다고 생각하는 사람들의 비율이다. 여기에 표시된 시뮬레이션을 통해 구한 20개의 표본 가운데 단 하나를 제외하고 모두 모비율을 포함하는 95% 신뢰구간을 낳았다.

물론 표본을 어마어마하게 많이 추출하고 각각의 (표본)비율을 구할 수는 있다. (이 시뮬레이션은 그들 가운데 극히 일부를 비슷하게 보여준다.) 각 표본을 사용하여 신뢰구간을 구할 수 있다. 엄청나게 많은 신뢰구간 무더기이다. 우리 손에 있는 것은 그런 무더기에서 한 개를 뽑은 것일 뿐이다. 우리 손에 있는 신뢰구간은 모비율을 포함했는가? 이것은 결코 알 수 없다. 2012년 4월에 미국 성인 가운데 경제가 호전되고 있다고 생각하는 사람들의 비율을 결코 알 수 없기 때문이다. 그러나 중심극한정리 덕분에 신뢰구간 무더기 가운데 95%는 모비율을 포함하고 단지 나머지 5%만이 모비율을 포함하지 않는다고 확신할 수 있다. 이 때문에 우리는 수중에 있는 신뢰구간이 모비율을 포함한다고 95% 자신한다.

예시문제 모비율의 95% 신뢰구간 구하기

어떤 중규모 도시의 상공회의소가 신규 지역의 구역지정법을 개정하는 안을 지지한다. 새로운 안은 상가와 주택지역을 섞어서 개발하는 것을 허용한다. 이 안에 대한 투표는 앞으로 3주 후에 잡혀 있다. 상공회의소 의장은 이 개정안에 대한 과반수 지지를 확보할 수 없을지 모른다고 걱정한다. 그래서 투표할 가능성이 높은 사람들을 상대로 지지율 조사를 실시하도록 했다. 투표할 가능성이 높은 사람들 가운데 516명을 무작위로 선정하여 지지여부를 물었더니 289명이 찬성하겠다고 응답했다.

문제 :

a. 개정안에 찬성할 유권자들의 비율에 대한 95% 신뢰구간을 구하라. (68-95-99.7법칙을 사용하라)

b. 상공회의소 의장에게 어떻게 보고할 것인가?

답 :

a. $\hat{p} = \frac{289}{516} = 0.56, \quad SE(\hat{p}) = \sqrt{\frac{\hat{p}\hat{q}}{n}} = \sqrt{\frac{(0.56)(0.44)}{516}} = 0.022$

모비율 p의 95% 신뢰구간은 다음과 같이 구할 수 있다.

$\hat{p} \pm 2SE(\hat{p}) = 0.56 \pm 2(0.022) = (0.516,\ 0.604)$ 또는 51.6% ~ 60.4%.

b. 표본이 투표할 사람들을 제대로 대표한다는 전제하에, 이 개정안에 찬성표를 던질 계획인 사람들의 비율이 51.6%에서 60.4% 사이에 있을 거라고 95% 자신한다.

9.5 오차의 한계: 확실성 대 정확성

조금 전에 우리는 특정 신뢰수준에서 2012년 4월에 미국의 모든 성인 가운데 경제가 호전되고 있다고 생각한 사람들의 실제 비율을 포함하는 신뢰구간을 하나 찾았다고 주장했다. 그 신뢰구간은 다음과 같이 모비율 추정치를 중심으로 좌우로 동일한 값을 빼고 더해서 구했다.

$$\hat{p} \pm 2\, SE(\hat{p})$$

$\hat{p}$에서 신뢰구간의 상한이나 하한까지의 거리를 **오차의 한계**(margin of error, ME)라고 부른다. 일반적으로 신뢰구간은 다음과 같은 모습을 보인다.

$$\text{추정치} \pm \text{오차의 한계(ME)}$$

앞에서 구한 95% 신뢰구간의 오차의 한계는 2 표준오차(SE)이다. 더 확신하고 싶다면 어떻게 될까? 더 확신하고 싶으면 모비율 p가 신뢰구간에 더 자주 포함되어야 할 것이다. 이를 위해서는 신뢰구간이 더 넓어야 한다. 예를 들면, 99.6% 확신하고 싶다면 오차의 한계는 3 표준오차가 되어야 할 것이다.

그림 9.6 $\hat{p}$을 중심으로 3 SE만큼 양쪽으로 이동하여 구간을 잡으면 99.7%는 모비율 p를 포함한다는 확신이 생긴다. 이 구간의 폭을 〈그림 9.4〉의 구간의 폭과 비교해보라.

더 강하게 확신하고 싶을수록 오차의 한계는 더 커져야 한다. 어떤 비율이든지 0%에서 100% 사이에 있다고 100% 확신할 수 있지만, 이런 신뢰구간은 별로 소용이 없다. 아니면 예컨대 (41.98%, 42.02%)처럼 구간의 폭을 좁힐 수도 있다. 그렇지만 이 정도로 정확하게 제시된 진술을 참이라고 강하게 확신하기란 어려울 것이다. 모든 신뢰구간은 확실성, 즉 참일 가능성과 정확성 사이의 타협 결과이다. 확실성을 높게 설정하면 정확성이 낮아지고, 정확성을 높이려면 확실성을 낮추어야 한다.

확실성과 정확성은 항상 상충한다. 이 상충관계를 해소할 수 있는 간단한 해결책은 없다. 그러나 다행히도 대부분의 경우에 확실성과 정확성을 모두 충분한 수준에서 유지하면서 유용한 진술을 할 수 있다. 신뢰수준은 자료를 사용하여 정하는 것이 아니라 연구자가

자의적으로 선택한다. 가장 일반적으로 사용하는 신뢰수준은 90%, 95%, 99%이지만 이 외 어떤 값이라도 사용할 수 있다. (그러나 실제로 가령 92.9%라든지 97.2%와 같은 값을 사용하면 의심을 받을지도 모른다.)

임계값

표기법 주의!

임계값임을 나타내기 위해 문자에 별표를 상첨자로 추가한다. 통상적으로 정규분포를 모형으로 사용할 때 "z"를 사용한다. 그러므로 z*는 언제나 정규분포를 기반으로 하는 하나의 임계값이다.

이 절에서 논의를 위해 사용한 예에서 오차의 한계는 2 표준오차였으며 이렇게 구한 신뢰구간의 신뢰도는 95%이다. 신뢰구간의 폭이 넓어질수록 신뢰도는 높아진다. 신뢰도를 바꾸려면 표준오차 앞에 곱하는 계수를 새로운 신뢰도에 상응하는 값으로 바꾸어야 한다. 바로 이 계수의 값을 **임계값**(critical value)라고 한다. 이 때 기반으로 삼는 모형은 정규분포이므로 이 계수는 z^*로 표기한다. 하나의 신뢰도가 제시되면 그것에 상응하는 임계값을 컴퓨터나 전자계산기 또는 표준정규분포표를 사용하여 구할 수 있다. 부록에 표준정규분포표가 수록되어 있다.

흔히 사용하는 일부 신뢰수준 및 상응하는 임계값

CL	z^*
90%	1.645
95%	1.960
99%	2.576

엄밀히 말하면 95% 신뢰도에 상응하는 임계값은 $z^*=1.96$이다. 다시 말하면 정규분포를 따르는 확률변수는 평균으로부터 좌우로 1.96 표준편차만큼 벌어진 구간에 속하는 값을 취할 확률이 95%이다. 지금까지는 68-95-99.7법칙에 따라 $z^*=2$를 사용해왔는데 2가 1.96에 매우 가까우면서 외우기도 쉽기 때문이다. $z^*=2$로 하는 경우와 $z^*=1.96$으로 하는 경우의 차이는 보통 매우 적어서 무시하기도 하는데 $z^*=1.96$이 정확하다.[8)]

신뢰도로 95%가 아니라 90%도 충분하다고 해보자. 그러면 임계값은 얼마여야 하는가? 더 작은 오차의 한계를 사용해도 된다. 이렇게 하면 신뢰구간의 폭이 좁아져서 진술의 정확도가 높아지는 효과가 있다. 하지만 이런 효과를 상쇄시키는 부작용도 있다. 바로 진술이 틀릴 가능성이 커진다는 점이다. 즉, 신뢰구간이 실제의 값을 포함하지 않는 경우가 증가한다. 구체적으로 신뢰도가 90%인 경우, 상응하는 임계값은 1.645이다. 정규분포를 따르는 확률변수는 평균으로부터 좌우로 1.645 표준편차만큼 벌어진 구간에 속하는 값을 취할 확률이 90%이기 때문이다. 이와 반대로 상사가 더 높을 신뢰도를 요구하는 경우를 보자. 99% 신뢰할 수 있는 신뢰구간을 원한다면 좌우로 2.576 표준편차만큼 벌어진 구간

8) 1.96이라는 값은 흔하지는 않지만 통계학에서는 아주 중요하므로 어떤 사람에게 "1.96"이라는 말을 하고 그 사람의 반응을 보면 그 사람이 통계학 과목을 수강했는지 알 수 있다는 말도 있다.

을 제시해야 한다. 앞의 경우보다 신뢰구간의 폭이 넓어진다.

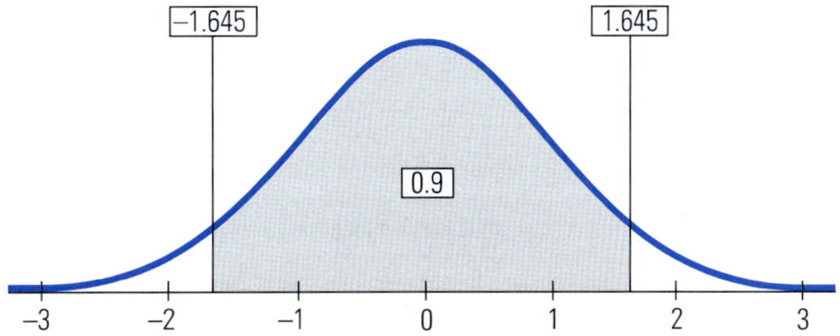

그림 9.7 정규분포를 사용하는 경우 90% 신뢰구간에 상응하는 임계값은 1.645이다. 관찰하는 값의 90%는 평균으로부터 좌우 1.645표준편차 이내에 속한다.

예시문제 신뢰도에 상응하는 신뢰구간 구하기

상공회의소 의장은 95% 신뢰도는 너무 낮다며 99% 신뢰구간을 원한다.

문제 : 99% 신뢰구간을 구하라. 개정안이 통과될 것이라고 안심시킬 수 있을까? 설명하라.

답 : 278쪽의 예에서 95% 신뢰도에 상응하는 임계값으로 2를 사용했다. 더 정확한 값은 1.96이다. 99% 신뢰도에 상응하는 임계값은 2.576이다. 그러므로 99% 신뢰구간은 다음과 같다.

$$\hat{p} \pm 2.576\ SE(\hat{p}) = 0.56 \pm 2.576(0.022) = (0.503,\ 0.617)$$

이 신뢰구간은 (50.3%, 61.7%)로 이전보다 넓다.

개정안이 통과되려면 최소한 50%는 되어야 한다. 이 결과를 보면 개정안이 통과될 가능성이 99%인 것처럼 보인다. 그러나 설문조사에 응한 (표본) 유권자들이 실제로 투표할 사람들을 잘 대변하고 유권자들이 실제 투표에서도 설문조사에서와 동일하게 투표한다는 전제로 이렇게 말할 수 있다.

9.6 가정과 조건

경제에 대한 미국 성인들의 견해에 대해 앞에서 내린 진술은 표본비율의 행태를 표현하는 모형으로 정규분포를 사용하였기 때문에 가능했다. 그렇다면 이 경우 정규분포를 사용한 것이 적합한가?

이미 보았다시피 모든 통계모형은 어떤 가정들을 전제로 한다. 그런 가정들이 충족되지 않는다면 모형은 부적합하고, 따라서 그 모형에 근거하여 내린 결론은 틀릴 수도 있다. 모비율에 대한 신뢰구간은 표본비율의 행태를 나타내기 위해 정규분포를 사용하므로 점검해야 할 가정과 조건은 9.2절에서 논의한 가정 및 조건과 같다. 이미 논의했지만, 이 사항은 너무 중요하므로 다시 따져보기로 한다.

하나의 가정이 사실인지는 결코 확신할 수 없지만 그렇게 가정하더라도 괜찮은지는 논리적 분석을 통하여 판단할 수 있다. 자료가 있으면 그 자료가 관련된 조건을 충족하는지 확인함으로써 가정이 적절한지 결정할 수 있는 경우도 있다. 그러나 우리가 원하는 바는 수중의 자료에 국한된 진술이 아니라 같거나 유사한 방법으로 더 많은 자료를 구할 경우 그러한 자료들에도 일반적으로 통하는 진술이다. 그러므로 우리가 상정하는 가정은 수중의 자료에 국한한 것이 아니라 그 자료가 모집단을 얼마나 잘 대표하는지에 대한 것이다.

모비율에 대한 신뢰구간을 구하고 그 구간을 신뢰하기에 앞서 확인하여야 할 가정과 조건은 다음과 같다.

독립성 가정

독립성 가정이 충족된다고 여겨도 무방한지 점검해야 한다. 충족되지 않는다고 의심할 수 있는 이유를 찾으려고 시도할 수도 있다. 자료의 값들이 어떤 식으로 서로 영향을 미치고 있다고 믿을 만한 이유가 있을지도 모른다고 생각해볼 수 있다. (예컨대, 표본으로 선정된 성인들 가운데 일부가 친척은 아닐까?) 이런 조건을 확인하려면 상황에 대한 정보와 지식이 필요하다. 자료를 세심히 들여다본다고 확인할 수 있는 성질의 것은 아니다. 하지만 자료가 있으면 다음 두 가지 조건은 확인할 수 있다.

- **랜덤화 조건**: 자료는 무작위로 추출했는가? 실험을 통하여 수집한 경우라면 제대로 된 무작위 실험을 했는가? 적절하게 무작위한 방법으로 자료를 수집하면 자료들 사이의 독립성을 확보하는 데 유리하다.

- 10% **조건**: 표본은 거의 언제나 비복원 추출된다. 보통 가능한 한 표본은 크게 하고자 한다. 그러나 모집단이 작다면, 마지막 몇몇의 개체에서 성공이 일어날 가능성은 처음의 몇몇 개체에서 성공이 일어날 가능성과 다를 수 있다. 예를 들면, 여성들은 이미 거의 다 추출된 경우라면 나머지에서 여성을 추출할 가능성은 처음보다 낮아진다. 표본이 모집단의 10%를 초과하는 경우에는 이 책에서 다루는 방법들보다 수준이 높은 고급 기법들을 사용하여 오차의 한계를 조정하는 것이 좋다. 그러나 10% 미만이라면 그렇게 하지 않아도 된다.

표본 크기 가정

추론을 위해 정규분포를 모형으로 사용하는 이론적 근거는 중심극한정리이다. 그러므로 정규분포가 표본비율의 확률분포로 적합하려면 중심극한정리가 요구하는 만큼 표본이 충분히 커야 한다. 모비율이 극단 값(즉, 0이나 1)에 가까울수록 표본이 커야 한다. 이 요구사항의 충족 여부는 다음 조건을 점검하면 쉽게 확인할 수 있다.

- **성공/실패 조건**: 표본이 최소한 10개의 "성공"과 10개의 "실패"는 포함할 거라고 예상할 수 있어야 한다. 벌어질 수 있는 두 가지 가능성 가운데 하나를 실제로는 나쁜 경우라도 관행적으로 (대개 우리가 세는 경우를) "성공"이라고 부르고 나머지 가능성은 "실패"라고 부른다고 앞에서 언급한 적이 있다. 그러므로 $n\hat{p} \geq 10$과 $n\hat{q} \geq 10$은 쉽게 확인할 수 있다.

단비율 z–신뢰구간

관련 조건들이 충족되면 모비율 p에 대한 신뢰구간을 쉽게 구할 수 있다. 신뢰구간을 구하는 공식은 $\hat{p} \pm z^* \times SE(\hat{p})$이며 모비율의 표준편차의 추정치는 $SE(\hat{p}) = \sqrt{\frac{\hat{p}\hat{q}}{n}}$ 공식으로 계산한다.

예시문제 모비율에 대한 신뢰구간 추정에 필요한 가정과 조건

앞에서 상공회의소 의장에게 신뢰구간을 보고했다.

문제 : 이 신뢰구간을 구하는 데 필요한 가정과 조건은 충족되었는가?

답 : 추출한 표본은 단순임의표본이므로 응답자들 사이의 응답은 독립적이라고 가정하며, 따라서 랜덤화 조건은 충족된다. 표본에 뽑힌 총 516명은 그 지역의 규모를 고려할 때 전체 유권자의 10% 미만일 것으로 가정해도 무방하므로 10% 조건도 충족된다. 응답자 가운데 289명은 찬성할 것 같다고 대답했으므로 나머지 227명은 찬성하지 않는다고 대답했다. 이 두 값은 모두 10보다 훨씬 크므로 성공/실패 조건도 충족된다.
신뢰구간을 구하는 데 필요한 모든 조건들이 충족되는 것으로 확인된다.

길잡이 문제 여론조사

영화 *Up in the Air*에서 배우 조지 클루니의 일은 사람들에게 해고 결정을 전하는 것이다. 해고 소식을 접한 사람들이 보이는 반응은 이상하게 전개되기도 한다. 2009년 봄 프랑스에서는 일본 기업 소니의 프랑스 법인 직원들이 공장을 폐쇄하기로 결정하고 그곳을 방문한 사장을 공장에 하룻밤 감금하고 정문을 굵은 통나무로 봉쇄했다. 사장은 해고 보상에 대한 협상을 재개한다는 약속을 하고 그 다음날 풀려났다. 비슷한 상황이 프랑스에 진출한 3M과 캐터필러 공장에서도 벌어졌다. 일간지 르 파리지앵(*Le Parisien*)이 2009년 4월에 실시한 여론조사에서 프랑스인 45%는 근로자들의 그런 행동을 지지했다. 주간지 파리마치(*Paris Match*)가 2009년 4월 2-3일에 실시한 유사한 조사에서는 응답자 가운데 30%는 "찬성하고" 63%는 "이해하거나 공감한다"고 반응했다. 단지 7%만이 이러한 "보스내핑(bossnapping, 납치 · 감금을 뜻하는 동사 "kidnap"에서 "kid"를 상관을 뜻하는 "boss"로 대체한 것으로 보임–옮긴이)을 비난했다.

파리마치의 여론조사는 프랑스 성인 1,010명을 무작위로 추출하여 시행했다. 프랑스인들 가운데 보스내핑을 적극적으로 지지하지는 않지만 공감하는 사람들의 비율에 대해 어떤 결론을 내릴 수 있는가?

이 질문에 대답하기 위해 프랑스인 가운데 보스내핑에 공감하는 사람들의 비율에 대한 신뢰구간을 구해보자. 다른 통계조사 절차와 마찬가지로 모비율에 대한 신뢰구간의 작성과 요약 과정도 계획, 실행, 보고라는 3단계 절차를 따른다.

조사 대상 집단	프랑스 성인
조사 내용	보스내핑에 공감하는 사람들의 비율
조사 시기	2009년 4월 2일-3일
조사 지역	프랑스
조사 방법	프랑스 여론 조사원(l'Ifop)이 파리마치의 의뢰를 받아 성인 남녀 1010명을 무작위로 추출.
조사 목적	보스내핑에 대한 여론 파악

계획	**준비** 문제의 맥락을 분명하게 기술하라. 추정하고자 하는 모수가 무엇인지 분명히 파악하라. 추정 대상 모집단을 파악하라. 신뢰수준을 선택하라.	신뢰도 95%로 프랑스 성인 가운데 보스내핑에 공감하는 사람들의 비율(p)을 포함할 가능성이 있는 구간을 구하고자 한다. 프랑스 성인 1,010명을 무작위 추출하였더니 그 가운데 63%가 보스내핑에 공감한다고 응답했다.

모형 정규분포가 적합한 모형인지 판단하기 위해 필요한 가정들과 조건을 확인하라.

✔ **독립성 가정:** 프랑스의 여론조사기관 l'Ifop 이 무작위로 선정된 성인들에게 전화로 의견을 물었다. 어떤 응답자도 다른 응답자에게 영향을 미칠 수 있을 것 같지는 않다.

✔ **랜덤화 조건:** l'Ifop가 전체 프랑스 성인 가운데 무작위 표본을 추출했다. 그들의 무작위 표본 추출 방법의 자세한 내용은 모르지만 그들을 믿을 수 있다고 본다.

✔ **10% 조건:** 표본은 반드시 비복원 방식으로 추출되었지만 표본에 포함되지 않은 프랑스 성인 남녀가 훨씬 더 많다. 표본은 분명히 모집단의 10%보다 적다.

✔ **성공/실패 조건:**

$n\hat{p} = 1010 \times 0.63 = 636 \geq 10$

$n\hat{q} = 1010 \times 0.37 = 374 \geq 10$

통계량의 확률분포를 기술하고 추정 방법을 결정하라.

정규분포 조건을 모두 만족하는 것으로 판단되었으므로 단비율 z-신뢰구간 추정 방법을 사용한다.

실행

계산과정 신뢰구간을 구한다. 우선, 표준오차를 구한다. (모비율 p를 모르고 대신 표본비율 $\hat{p}$을 사용하므로 "표준오차"라고 부른다는 점을 명심하라.)

$n = 1010,\ \hat{p} = 0.63$

$$SD(\hat{p}) = \sqrt{\frac{(0.63)(0.37)}{1010}} = 0.015$$

그 다음, 오차의 한계를 구하라. 비공식적으로 임계값으로 2를 쓰지만 1.96이 더 정확하다.[9)]

표본비율은 정규분포를 따르므로 신뢰도 95%에 상응하는 임계값 $z^* = 1.96$이다. 오차의 한계(ME)는 다음과 같다.

$$ME = z^* \times SE(\hat{p}) = 1.96 * 0.015 = 0.029$$

신뢰구간을 명시하라.

그러므로 95% 신뢰구간은 다음과 같다:

$$0.63 \pm 0.029 \text{ 또는 } (0.601,\ 0.659).$$

현실성 점검

구한 신뢰구간이 현실성이 있는지 확인하라. 신뢰구간의 중심에 대해서는 강한 심증을 가질 수 없지만, 구간의 폭은 주로 표본의 크기—특히 표본비율이 0.5에 가까울 때는—에 좌우된다.

이 신뢰구간은 표본비율을 중심으로 좌우로 대략 3% 펼쳐져 있다. 이 폭(3%)은 표본비율이 0.5에 가깝고 표본의 크기가 1,000일 때 예상할 수 있는 값과 거의 같다. ($1.96 \times \sqrt{(0.5)(0.5)/1000} = 0.031$)

보고

결론 구한 신뢰구간을 문제의 맥락에 맞추어 해석하라. 이 신뢰구간이 모비율을 포함하리라는 데 95% 자신한다.

메모

주제: 보스내핑에 대한 여론조사 결과

여론조사기관 l'Ifop이 프랑스 성인 1,010에게 최근의 보스내핑 행위를 인정하는지, 공감하는지, 또는 반대하는지를 물었습니다. 모든 프랑스 성인 가운데 보스내핑을 적극적으로 지지하지는 않지만 공감하는 사람들의 비율을 정확히 알 수는 없지만 이 조사를 근거로 60.1%에서 65.9% 사이에 달할 것으로 95% 자신할 수 있습니다. 이런 행위는 공공 안전에 대한 위협으로 우려를 자아내므로 반복적으로 조사를 수행하여 더 최신 자료를 확보할 필요가 있습니다. 또한 앞으로의 홍보활동을 위하여 이런 결과를 유념해야 하겠습니다.

9) 전자계산기를 사용하면서 반올림을 하지 않으면 표준오차는 0.0151944이고 오차의 한계는 0.0297804일 것이다.

확인문제

방금 추정한 프랑스 성인 가운데 보스내핑에 공감하는 사람들의 비율에 대한 95% 신뢰구간에 대해 더 생각해보자.

4. 신뢰도를 98%로 올리려면 신뢰구간은 좁아져야 할까, 넓어져야 할까?

5. 오차의 한계는 ±3%였다. 표본의 크기를 늘리지 않고 이를 ±2%로 줄이면 신뢰도는 올라갈까, 내려갈까?

6. 더 많은 사람들에게 의견을 물었더라면 오차의 한계는 더 컸을까, 더 작았을까?

9.7 표본 크기 결정

어떤 신뢰구간이든 정확도, 즉 구간의 폭과 신뢰도 사이에 균형을 맞추어야 한다. 정확하면 좋고 신뢰도가 높으면 마음이 편하겠지만 이 둘은 상충한다. 모비율이 10%에서 90% 사이에 있음을 나타내는 신뢰구간은 비록 그것이 모비율을 포함할 거라는 데 강한 믿음이 가지만 별로 소용이 없을 것이다. 반면에 43%에서 44% 사이에 모비율이 있을 거라는 신뢰구간은 매우 정확하여 걱정을 덜어주지만 신뢰도가 35%밖에 되지 않는다면 전혀 안심할 수 없다. 신뢰도가 80% 이하인 조사보고는 매우 드물다. 흔히 사용하는 신뢰도는 95%나 99%이다.

오차의 한계는 조사를 계획하는 단계에서 결정하는 것이 바람직하다. 신뢰구간을 계산할 때가 돼서야 오차의 한계를 결정하는 일은 피해야 한다. 신뢰도를 희생하지 않으면서 좁은 신뢰구간을 구하려면 표본비율의 분산이 작아야 한다. 표본비율의 분산을 작게 하려면 표본의 크기를 키워야 한다.

> **어떤 $\hat{p}$를 사용해야 하는가?**
>
> 경험 혹은 어쩌면 이전의 조사에 따라서 모집단의 비율에 대한 추정치가 있는 경우가 종종 있다. 그렇다면 표본의 크기를 결정할 때 그 추정치를 $\hat{p}$의 값으로 사용하라. 그렇지 않다면 $\hat{p}=0.5$를 사용하는 편이 신중한 결정이다. 이렇게 하여 구한 표본의 크기는 모집단의 비율이 어떤 값이든 상관없이 가장 크다. 최악의 상황을 가정한 결정이다.

어떤 회사가 고객에게 신규 서비스를 제공하려고 계획하고 있다. 담당 상품관리자가 고객 가운데 그 신규 서비스를 구매할 고객의 비율을 95% 신뢰수준에서 3% 오차 이내로 추정하고자 한다. 이 담당자는 표본의 크기를 얼마로 결정해야 하는가?

다음의 오차의 한계 공식을 활용하자.

$$ME = z^* \sqrt{\frac{\hat{p}\hat{q}}{n}}$$

$$0.03 = 1.96\sqrt{\frac{\hat{p}\hat{q}}{n}}$$

이 관리자는 n, 즉 표본의 크기를 구해야 한다. 이 식에서 알 수 있듯이 n을 구하려면 표본비율 이 필요하다. 아직 표본을 구하지 않았으므로 $\hat{p}$의 값을 알 수가 없다. 그러나 추측은 할 수 있다. 최악의 상황－표준오차(따라서 n)가 가장 커지는 상황－은 $\hat{p}$가 0.5인 경우이다. 그러므로 $\hat{p}=0.5$를 사용하면 분명히 안전할 것이다.

이 경우 표본의 크기를 구하기 위한 방정식은 다음과 같다.

$$0.03 = 1.96\sqrt{\frac{(0.5)(0.5)}{n}}$$

이 방정식을 n에 대해 풀기 위해 다음과 같이 양 변을 $\sqrt{n}$으로 곱한 다음 0.03으로 나눈다.

$$0.03\sqrt{n} = 1.96\sqrt{(0.5)(0.5)}$$

$$\sqrt{n} = \frac{1.96\sqrt{(0.5)(0.5)}}{0.03} \approx 32.67$$

다음과 같이 위 식의 양변을 제곱하면 n을 구할 수 있다.

$$n \approx (32.67)^2 = 1067.1$$

이렇게 풀면 소수 값이 나올 것이다. 올림하면 안전하다. 이 회사는 95% 신뢰수준에서 오차의 한계를 3%로 하려면 1,068 고객의 응답이 필요하다.

표본이 클수록 비용과 노력이 많이 드는 단점이 있다. 표준오차는 표본 크기의 제곱근에 반비례하므로 표준오차(또한 오차의 한계)를 절반으로 줄이려면 표본의 크기를 4곱절로 늘려야 한다.

대체로 오차의 한계는 5% 이하이면 받아들여지지만 상황에 따라서는 더 큰 값이나 작은 값이 요구될 수도 있다. 오차의 한계는 마케팅을 고려하여 결정할 수도 있고 수용할 수 있는 재무 리스크의 수준에 따라 결정될 수도 있다. 그러나 오차의 한계를 줄이기 위해 대규모 표본을 추출하는 것은 어려울 수 있다. 가령 2,400명을 상대로 설문조사를 하는 데는 시간이 많이 걸리며, 조사가 1주 이상 걸리면 마치 움직이는 표적을 명중시키려는 일처럼 될 수도 있다. 새로운 사태가 발생하거나 새로운 상품이 등장하여 조사를 진행하는 동안에 소비자의 의견이 바뀔 수도 있기 때문이다.

표본 크기는 설문을 받거나 전화를 받는 사람의 수가 아니라 실제로 응답을 하는 사람의 수라는 사실에 유의해야 한다. 어떤 조사이든 응답률이 낮으면 자발적으로 응답하는 사람들의 의견이 주로 수집되어 전체 모집단의 의견을 추론하는 데는 거의 쓸모없는 자료를 모으는 것이 될 수 있으므로 주의해야 한다. 표본을 키우기보다는 응답률을 높이는 데 자원을 투입하는 것이 늘 현명한 방법이다. 적당한 규모의 표본에서 전부 혹은 거의 전부 응답을 받을 수 있으면 유용한 결과를 얻을 수 있다.

비율은 설문 조사만을 통해서 얻는 것은 아니다. 신용카드사는 신용카드 가입 제안을 받아들일 비율을 추정하기 위해 고객 주소록 목록에서 대규모 표본을 추출한다. 예비 조사 시에도 50,000명 이상의 고객에게 가입 제안서를 발송하기도 한다. 이들 대부분은 회신하지 않는다. 즉, 응답하지 않는다. 하지만 이 경우 응답률이 낮은 것이 곧 표본의 크기가 작음을 의미하지는 않는다. 사실 응답하지 않은 사람들은 다른 식으로 응답한 셈이다. 가입 제안에 "미안하지만 필요 없어요"라고 거부의 뜻을 전달한 것이다. 신용카드사의 입장에서는 응답률[10]이 곧 표본비율 $\hat{p}$이다. 일반적으로 우편제안에 대한 응답률이 1% 미만이므로 의미 있는 결정을 도출하려면 오차의 한계가 매우 작아야 하며, 0.1% 정도로까지 작아

10) 주의 : 이와 같은 마케팅 조사에서는 모든 개별 고객이 응답-"수용" 또는 "거부"-하는 셈이다. 수용하는 고객만 응답하므로 응답률이 곧 수용률이다. 일반적인 서베이에서의 응답률과는 다르다.

야 하는 경우도 흔하다. 이 때문에 대규모 표본이 필요하며 신용카드사는 표본의 크기를 결정할 때 신중을 기해야 한다. 선거 여론 조사 예에서 $p=0.5$를 사용했다. 이렇게 하는 것이 안전하기도 하고 실제로 p가 0.5에 가깝다고 믿기 때문이다. 하지만 신용카드사가 $p=0.5$를 사용하면 아주 터무니없는 결과를 얻게 될 것이다. 그래서 이렇게 하지 않고 경험상 예상할 수 있는 p 값을 사용하여 표본의 크기를 계산한다.

왜 n=1000인가?

여론조사에서 흔히 사용하는 표본의 크기는 1,000이다. 이 경우 95% 신뢰수준에서 p가 0.5에 가까울 때 오차의 한계는 대략 3%이다. 그러나 기업이나 비영리조직은 우편을 통한 캠페인에 대한 반응을 추정할 때 이보다 훨씬 큰 표본을 추출한다. 이러한 우편물에 응답을 하는 비율이 흔히 5% 이하로 아주 낮기 때문이다. 응답률이 이렇게 낮으면 오차의 한계가 3%이면 정확도가 충분하지 않다. 오차의 한계는 0.1%로 설정하는 편이 더 유용하며 이 경우 표본은 훨씬 더 커야 한다.

목표 오차 한계는 표본의 크기에 얼마나 영향을 미치는가?

어떤 신용카드사가 새로운 신용카드에 대해 시장조사를 하기 위해 우편물을 발송하려고 한다. 이를 통해 전국적으로 가입할 고객의 비율을 추정하고자 한다. 95% 신뢰도에서 오차의 한계를 0.1% 이내로 하려면 얼마나 많은 우편물을 발송해야 하는가? 과거 유사한 우편 캠페인의 경험에 비추어 보면 약 0.5%의 고객들이 가입 권유를 받아들였다. 이들 자료를 사용하여 다음과 같이 우편물 발송 대상 고객의 수를 계산할 수 있다.

$$ME = 0.001 = z^* \sqrt{\frac{pq}{n}} = 1.96\sqrt{\frac{(0.005)(0.995)}{n}}$$

$$(0.001)^2 = 1.96^2 \frac{(0.005)(0.995)}{n} \Rightarrow n = \frac{1.96^2(0.005)(0.995)}{(0.001)^2}$$

$$= 19{,}111.96 \text{ or } 19{,}112$$

예비 우편 캠페인을 위해서는 이 정도는 아주 적당하다. 그러나 예상 가입율로 50%를 사용한다면 우편발송 대상 고객의 수는 다음과 같다.

$$ME = 0.001 = z^* \sqrt{\frac{pq}{n}} = 1.96\sqrt{\frac{(0.5)(0.5)}{n}}$$

$$(0.001)^2 = 1.96^2 \frac{(0.5)(0.5)}{n} \Rightarrow n = \frac{1.96^2(0.5)(0.5)}{(0.001)^2} = 960{,}400$$

실로 엄청나게 다르다.

예시문제 모비율의 신뢰구간 추정을 위한 표본의 크기 계산

앞에서 다룬 상공회의소 예제에서 구한 99% 신뢰구간 (0.503, 0.617)은 그 폭이 0.114이었다. 의장은 이 신뢰구간이 너무 넓어서 마음이 편치 않다.

문제 : 신뢰도는 그대로 유지하면서 신뢰구간을 절반으로 좁히려면 표본의 크기는 얼마여야 하는가? 또 4분의 1로 좁히려는 경우에는 표본의 크기는 얼마여야 하는가? 신뢰도를 95%로 낮추되 오차의 한계가 3%인 신뢰구간을 구하려면 표본의 크기는 얼마여야 하는가?

답 : 아래의 신뢰구간 공식을 보면 이 식은 표본 크기의 제곱근의 역수에 영향을 받는다.

$$\hat{p} \pm z^* \sqrt{\frac{\hat{p}\hat{q}}{n}}$$

그러므로 표본이 4배로 커지면 신뢰구간의 폭은 절반으로 줄어든다. 앞의 99% 신뢰구간을 구할 때 근거한 표본의 크기는 516이었다. 신뢰구간의 폭을 절반으로 줄이려면 대략 $4 \times 516 = 2064$명의 응답이 필요하다. 신뢰구간을 4분의 1로 좁히려면 $4^2 \times 516 = 8192$의 응답이 필요하다.

오차의 한계가 3%인 95% 신뢰구간을 구하려면 다음 방정식을 풀면 된다.

$$\hat{p} \pm z^* \sqrt{\frac{\hat{p}\hat{q}}{n}} = \hat{p} \pm 0.03$$

즉, 다음 방정식을 풀어야 한다.

$$1.96\sqrt{\frac{(0.5)(0.5)}{n}} = 0.03$$

이를 풀면 다음과 같다.

$$n \approx \left(\frac{1.96}{0.03}\right)^2 (0.5)(0.5) = 1067.1$$

최종 해를 올림하면 1,068명의 응답이 필요함을 알 수 있다. p의 값으로 0.5를 사용한 것은 조사를 수행하기 전에는 유권자들의 의견에 대한 아무런 사전 정보가 없기 때문이다. 이전의 예에서 얻은 표본비율 $\hat{p}=0.56$을 사용하면 $n=1,052$명이다.

무엇이 잘못될 수 있는가?

- **표본분포와 실제 표본자료의 분포를 혼동하지 마라.** 표본을 선정하여 자료를 수집하고 분석하는데, 그 분포는 일반적으로 히스토그램을 작성하여 파악하고 여러 가지 통계량을 계산하여 요약한다. 이렇게 표본자료를 분석하는 것은 현명한 일이다. 그러나 이 표본자료의 분포는 표본분포가 아니다. 표본분포는 가능한 표본을 모두 추출했다고 가정하고 그렇게 구한 표본마다 계산한 특정 통계량들의 확률분포를 가리킨다. 현실적으로는 모든 표본을 추출할 수 없고 또 그렇게 할 필요도 없으므로 표본분포는 수학적 이론에 근거한 가상의 확률분포이다. 관심의 대상인 특정 통계량이 어떻게 변동할지 기술하기 위해서 그 통계량의 확률분포를 잘 나타내주는 이론적 분포를 결정하여 사용한다.
- **수집한 값들이 서로 독립적이지 않은지 조심해야 한다.** 자료들의 상호독립성은 중심극한정리의 핵심적인 전제조건이다. 그러나 이 조건은 자료에서 직접 확인할 수 있는 성질의 것이 아니다. 자료의 수집 과정을 검토해야 한다. 자료의 독립성을 확보하려면 훌륭한 자료 수집 절차와 제대로 된 랜덤실험 계획이 필요하다.
- **심하게 비대칭인 모집단에서 추출한 소규모 표본에 근거한 추정은 조심해야 한다.** 중심극한정리에 의하면 표본이 충분히 크면 표본비율, 더 일반적으로는 표본평균의 분포는 정규분포를 따른다. 특히 모집단의 분포가 정규분포에 아주 가까우면 표본이 작더라도 표본평균의 분포로 정규분포를 사용하여도 무방하다. 그러나 모집단의 분포가 매우 비대칭이면 표본평균의 분포로 정규분포를 사용하려면 표본이 충분히 커야 한다. 기업 CEO 연봉의 분포는 매우 비대칭적이다. 15명이나 20명의 CEO를 무작위로 선정하여 그들의 연봉을 구한 다음 이들의 평균값을 사용하여 모든 CEO들의 평균 연봉을 추정한다면 이 추정은 매우 부정확할 수 있다. 불행하게도 이런 경우에 적용할 수 있는 효과적인 법칙은 없다.[11] 자료의 분포가 얼마나 비대칭적인지에 영향을 받기 때문이다. 언제나 자료를

11) 비율에 대해서는 하나의 법칙이 있다. 성공/실패 조건이 그것이다. 이 법칙이 성립하는 것은 비율의 표준편차

시각적으로 나타내어 비대칭성을 확인하는 수밖에 없다.

신뢰구간은 강력한 도구이다. 신뢰구간은 해당 모수의 값에 대해서 알아낸 정보를 제시할 뿐만 아니라 더 중요하게는 알아내지 못한 바도 제시한다. 신뢰구간에 관해서 어떤 진술을 할 때는 아주 명확하게 해야 한다.

- **구한 신뢰구간을 설명할 때는 정확하게 해야 한다.** 이론에 충실하게 말하려면, "나는 32.2%에서 35.8%에 이르는 비율의 구간이 미국 성인 가운데 2010년 3월에 경제가 호전되고 있다고 생각한 사람들의 비율을 포함할 거라고 95% 확신한다."라고 해야 한다. 이 다소 딱딱한 표현은 내가 확신하는(또한 확신하지 못하는) 대상은 모집단의 비율이 아니라 (신뢰)구간이라는 점을 강조한다. 이를 다음과 같이 좀 더 일상적으로 표현할 수도 있다. "나는 미국 성인 가운데 32.2%에서 35.8%가 2010년 3월에 경제가 호전되고 있다고 생각했다고 95% 확신한다." 확신하지 못하는 것은 내가 구한 (신뢰)구간이라는 점을 분명히 했고 모집단의 비율이 바뀔 수 있다고 말하지 않기 때문에 이 진술도 문제가 없다. 100% 믿을 수 없는 것은 (신뢰)구간이라는 사실을 명심해야 한다. 내가 신뢰하기도 하고 의심하기도 하는 대상은 (신뢰)구간이다.
- **모수가 변한다고 오해를 불러일으키지 않도록 주의해야 한다.** "모비율이 32.2%에서 35.8% 사이에 있을 확률은 95%이다"와 같은 진술은 마치 모비율이 늘었다 줄었다 하는데 32.2%에서 35.8%에 사이에 있을 수도 있다는 말로 들릴 수도 있다. 신뢰구간을 해석할 때는 모비율은 하나의 고정된 값이고 표본에 따라 변하는 것은 신뢰구간이라는 사실을 분명히 알아야 한다.
- **다른 사람이 추출한 표본도 내가 뽑은 표본과 같을 거라고 주장해서는 안 된다.** 신뢰구간은 모비율에 대한 진술이라는 사실을 명심해야 한다. "2010년 3월에 미국 성인들을 추출한 표본들의 95% 가운데 경제가 호전되고 있다고 생각한 사람들의 비율은 32.2%에서 35.8% 사이일 것이다"라는 해석은 더도 덜도 없이 틀렸다. 신뢰구간은 표본비율들이 속할 구간이 아니라 모비율이 속할 구간이다. 우연히 내가 추출한 표본이 특별할 것은 아무 것도 없다. 그것은 다른 표본들이 따를 표준을 제시하지 않는다.
- **모수에 대해 확신하지 말라.** "2010년 3월에 미국 성인 가운데 32.2%와 35.8% 사이에 해당하는 사람들은 경제가 호전되고 있다고 생각했다"라는 말은 모비율이 결코 이 구간을 벗어날 수 없다고 단언한다. 결코 이렇게 절대적으로 확실하게 알 수는 없다. 꽤 확실할 뿐이다.
- **신뢰구간은 모수에 관한 진술이란 사실을 결코 잊지 말라.** "$\hat{p}$가 32.2%에서 35.8% 사이에 있을 거라고 95% 확신한다"라는 식의 말은 하지 마라. 이 경우 계산한 표본비율($\hat{p}$)은 34%였다. 그러므로 95% 확실하게 아니라 그냥 (100%) 확실하다. 신뢰구간은 미지의

가 표본의 평균에 연결되어 있기 때문이다. 표본의 크기가 30이나 50만 되어도 정규성(Normality)이 충족되기 충분하다는 말을 곧잘 한다. 그러나 표본평균의 정규성을 충족하기에 충분한 표본의 크기는 모집단의 분포의 비대칭 정도에 따라 다르다. 비대칭성이 클수록 정규성을 충족하기 위한 표본의 크기는 더 커진다.

모수 p에 관한 진술이다.

- **확대 해석하지 마라.** “나는 미국 성인 가운데 32.2%에서 35.8%에 달하는 사람들은 미국 경제가 호전되고 있다고 생각한다고 95% 확신한다”라는 식의 말은 하지 마라. 갤럽이 2010년 3월에 미국 성인들을 대상으로 표본조사를 했을 뿐이고 시간이 지나면 여론은 변한다.
- **신뢰구간 해석에 책임을 져라.** 신뢰구간은 불확실성이 포함된 정보이다. 불확실한 것은 모수가 아니라 신뢰구간을 해석하는 바로 당신이다. 당신이 계산해내는 모든 신뢰구간이 모수의 참값을 반드시 포함하는 것은 아니라는 사실로 인해 발생할 수 있는 모든 결과에 대해 책임을 져야 한다. 사실 당신이 구하는 모든 95% 신뢰구간 가운데 5%는 모수의 참값을 포함하지 않는다. “2010년 3월에 미국 성인들 가운데 32.2%에서 35.8% 정도는 경제가 호전되고 있다고 생각했다고 나는 95% 확신한다” 라고는 말해도 좋다.

신뢰구간과 오차의 한계의 타당성은 근본적으로 가정과 조건에 좌우된다. 가정과 조건이 위배되면 신뢰구간과 오차의 한계는 타당성을 잃을 수도 있다. 자기가 조사를 실시한다면 3장의 조사 설계 절차를 따르도록 하라. 타인의 조사 결과를 읽을 때는 다음 사항을 확인하라.

- **표본의 편향 가능성에 유의하라.** 이제 통계분석을 하는 기법이나 수단을 더 많이 알고 있다는 이유만으로 앞에서 배운 바를 잊어버려서는 안 된다. 어떤 조사에서 설문지를 받은 사람들 가운데 15%만이 응답을 하지 않고 나머지 85%는 즐거운 마음으로 문항들에 답을 했다고 하자. 이 응답들을 사용하여 추정치를 계산하고 그 추정치 좌우로 신뢰구간을 설정할 수 있을 것이다. 그러나 여전히 15%의 무응답에 따른 편향으로부터 자유로울 수 없으므로 추정치와 그것을 중심으로 한 신뢰구간도 무응답 편향으로부터 자유로울 수 없는 한계가 있다.
- **독립성을 무시하지 마라.** 자료의 값들이 상호독립적이라는 가정은 일반적으로 확인할 수 없다. 그렇더라도 독립성 가정들의 충족 여부를 따져보는 일은 언제나 가치가 있다.
- **표본의 크기에 조심하라.** 모비율에 관한 신뢰구간의 타당성은 표본 크기에 좌우될 수 있다. “소규모” 표본에 근거한 신뢰구간을 사용하는 일은 피하라.

통계분석의 올바른 사용

홈일루전스(Home Illusions)는 미국 전역을 대상으로 현대식 가구와 실내장식품을 판매하는 소매업체이다. 최근에 상품의 배달과 관련하여 고객들에게 불평을 듣고 있다. 고객이 주문한 상품은 고객이 배달을 원하는 목적지에 따라 다양한 운송업자들을 활용하여 배달한다. 취급하는 대부분의 상품에 대한 배달 정책은 단순히 고객의 현관문 앞에까지 배달하는 것이다. 그러나 가구는 문 앞까지 배달하는 것에 그치지 않고 주택 내에서 고객이 원하는 위치에 설치까지 해주는 것이 정책이다. 최근에 고객들이 제기하는 불평의 대부분은 북서부 지역에서 발생하며 가구를 문 앞까지 배달만 할 뿐 포장을 풀어서 원하는 곳에 설치해주지 않는다는 것이다. 여러 운송업체를 활용하여 배달하므로 포장에 부착하는 송장에 상품의 내용을 정확하게 명기하여 이들 운송업체가 상품이 가구인지 다른 것인지 쉽게 분간할 수 있도록 하는 것이 중요하다. 홈일루전스는 상품송장 내용 표기 실수가 1%를 넘지 않도록 정했다. 물류 담당 부사장 조 장가드 씨는 송장 표기 문제에 대해 조사해보기로 했다. 이 회사 소속의 북서부 지역 최대 창고에서는 주당 1,000건 이상의 상품 출고를 준비한다. 장가드 부사장은 우선적으로 이 창고를 조사해보기로 했다. 이 창고가 가장 클 뿐 아니라 최근에 채용한 창고 관리자 브렌트 모시르가 미덥지 않기도 해서다. 몇 주 동안에 무작위로 이 창고의 물품들을 택하여 포장에 부착된 송장을 조사했다. 1,000건당 13건이 오류였다. 부사장은 이 오류 수가 10을 넘지 않았으면 하고 기대했는데 실상 예상보다 실수가 많았으므로 문제를 제대로 짚어냈다고 확신했다. 그는 창고 관리자 브렌트와 회의를 하여 그에게 송장 표기 절차 개선 방안이 있는지 들어보고 논의할 생각이다.

문제점 장가드 부사장은 표본비율이 마치 하나의 진정한 값인 것처럼 여긴다. 표본비율은 표본마다 변한다는 사실을 모르면서 브렌트의 송장표기 절차에 문제가 있다고 단정하는 것은 공정하지 못한 처사이다. 부사장의 이런 불공정한 처사는 브렌트가 창고 관리자로 채용된 데 대해 처음부터 의구심을 품었던 그의 태도와도 통한다. (부사장의 이런 행동은 미국통계학회 윤리지침 A항에 저촉된다.)

해결책 장가드 부사장은 정규분포를 모형으로 사용하여 표본비율의 분포를 나타낼 필요가 있다. 이렇게 하면 자신이 무작위로 추출한 표본에서 구한 표본비율이 회사가 정한 불량률 상한 기준 1%에서 1 표준편차만큼도 초과하지 않으며, 그렇기 때문에 이 기준보다 크다고 결론 내릴 수 없음을 깨달을 것이다.

무엇을 배웠는가?

학습목표

- 통계량은 상수가 아니라 표본에 따라 변할 수 있다. 이렇게 변하는 통계량의 확률분포를 나타내는 모형으로 표본분포를 사용한다.
  - 중심극한정리에 의하면 표본비율과 표본평균의 분포는 정규분포이다.
- 일반적으로 표본분포의 평균은 추정하고자 하는 모수의 값임을 이해한다.
  - 표본비율($\hat{p}$)의 (표본)분포의 평균은 모비율(p)이다.
- 표본분포의 표준편차의 의미를 해석할 수 있다.
  - 표본분포에 관한 정보 가운데 가장 중요한 것은 표준편차이다.
  - 표본비율의 표준편차는 $\sqrt{\dfrac{p(1-p)}{n}}$ 이다.
- 중심극한정리는 일종의 극한에 대한 정리라는 사실을 이해한다.
  - 관찰값들이 서로 독립적이라면 표본비율의 확률분포는 표본이 크면 정규분포이다.
  - 중심극한정리는 표본이 커짐에 따라서 이런 일이 일어남을 보인다. 표본이 클수록 정규분포는 더 적합하다.

- 모비율에 대한 신뢰구간은 상응하는 통계량, 즉 표본비율 $\hat{p}$에 오차의 한계를 더하고 빼서 구한다.
  - 오차의 한계는 해당 표본분포에 근거하여 구한 임계값에 표본을 사용하여 구한 표준오차를 곱한 값이다.
  - 임계값은 정규분포를 사용하여 구한다.
  - 표본비율의 표준오차를 구하는 공식은 $\sqrt{\frac{\hat{p}\hat{q}}{n}}$ 이다.
- 신뢰구간을 정확하게 해석한다.
  - 계산해서 구한 신뢰구간이 해당 모수의 참 값을 포함하리라고 미리 정한 신뢰수준만큼 확신한다고 주장해도 좋다.
- 확실성(신뢰수준)과 정확성(오차의 한계)을 향상하기 위해서는 표본의 크기(n)가 중요함을 이해한다.
  - 특정 표본의 크기와 표본비율에 대하여 확실성을 높이려면 정확도를 낮추어야 하고 정확도를 높이려면 확실성을 낮추어야 한다.
- 신뢰구간을 구하고 해석하는 데 필요한 가정과 조건이 무엇인지 알고 확인해야 한다.
  - 독립성 가정 혹은 랜덤화 조건
  - 10% 조건
  - 성공/실패 조건
- 비율, 신뢰수준, 오차의 한계가 정해지면 오차의 한계 공식을 역으로 하여 필요한 표본의 크기를 계산할 수 있어야 한다.

용어정리

중심극한정리 표본의 값들이 상호 독립적이면 표본평균(또한 표본비율)의 확률분포는 모집단의 분포에 상관없이 표본이 크면 근사적으로 정규분포라는 이론

신뢰구간 통상 "추정치 ± 오차의 한계"의 형식으로 제시되는 구간

임계값 신뢰수준에 상응하는 신뢰구간을 구할 때 추정치(표본분포의 평균)와 상한(또는 하한) 사이의 거리를 표준오차의 배수로 나타낼 때 그 배수의 값. 임계값은 z^*로 표기하며 통상 표나 엑셀이나 통계패키지와 같은 소프트웨어를 사용하여 구할 수 있다.

오차의 한계 신뢰구간에서 추정치(표본에서 구한 통계량의 값)와 상한(하한) 사이의 거리. 오차의 한계는 표본분포에서 구한 임계값과 자료에서 구한 표준오차의 곱이다. 오차의 한계가 작을수록 신뢰구간은 모수를 더 정확하게 추정한다. 오차의 한계가 아주 크면 신뢰구간은 추정하는 모수에 대해 주는 정보가 별로 없다.

단비율 z-신뢰구간 모비율의 신뢰구간으로서 다음과 같이 계산한다. $\hat{p} \pm z^* \times SE(\hat{p})$. 단, z^*는 신뢰수준에 맞추어 표준정규분포를 사용하여 구한 임계값이다.

표본분포 동일한 모집단에서 크기가 일정한 표본을 독립적으로 많이 추출할 때 해당 통계량이 따르는 확률분포.

표본비율의 확률분포 독립성 가정과 무작위성 조건이 충족되고 최소한 성공이 10회 실패가 10회 일어날 것으로 예

상되면 크기가 n인 표본의 표본비율의 확률분포는 평균은 모비율과 같고 표준편차는 $\sqrt{\frac{pq}{n}}$ 인 정규분포로 잘 나타낼 수 있다.

표본오차 표본들 사이에서 예상되는 차이 또는 변동성을 표본오차라고 한다. 표본변동성이 의미상 더 적합한 용어이다.

표준오차 자료를 사용하여 어떤 통계량의 확률분포의 표준편차를 추정한 값을 가리킨다.

기술적 도움 : 모비율의 신뢰구간

EXCEL

비율을 추론하는 방법은 엑셀의 기본 기능이 아니므로 엑셀의 수식을 사용하여 계산하여야 한다.

모비율의 95% 신뢰구간을 구하는 절차를 보자.

예를 들어, 관찰치 100개가 셀 범위 A1:A100에 있으며 각 셀의 값이 "yes"나 "no"라고 하자.

- 셀 B2에 =countif(A1:A100,"yes")/100를 입력하여 "yes"의 비율을 구하라. (분모의 100은 자료가 100개이기 때문이다. 100개가 아니면 실제 자료의 수를 넣으면 된다.)
- 셀 B3에 =sqrt(B2*(1-B2)/100)을 입력하여 표준오차를 구하라.
- 셀 B4에 =normsinv(.975)를 입력하여 95% 신뢰구간을 구하는 데 필요한 임계값을 구하라.
- 셀 B5에 =B2-B4*B3를 입력하여 신뢰구간의 하한을 구하라.
- 셀 B6에 =B2+B4*B3를 입력하여 신뢰구간의 상한을 구하라.

참고사항

요약자료(예컨대, 성공의 수, 백분율, 비율, 개체 수)가 있으면 셀 B2에 비율을 입력하거나 이들을 사용하여 B2에 비율을 계산하는 식을 입력하라.

짧은 **사례**

부동산 시뮬레이션

부동산 시장에서 중요한 많은 변수는 비대칭적이며, 몇 개의 값만 취하거나 범주형 변수로 취급된다. 그러나 마케팅 및 사업 결정은 흔히 많은 주택을 대상으로 계산한 평균이나 비율을 근거로 내린다. 이런 통계량이 유용한 한 가지 이유는 중심극한정리 때문이다. 뉴욕주 사라토가 지역에서 최근에 체결된 1,063건의 주택 거래 자료가 교과서에 딸린 CD에 있다(Saratoga_Real_Estate.xlsx). 표본비율에 중심극한정리가 과연 성립하는지, 그리고 정규분포와 거리가 먼 모집단에서 추출한 표본평균에도 중심극한 정리가 성립하는지 검사해보자.

비율

변수 Fireplace(벽난로)는 이진수로 1=fireplace(벽난로)가 있음, 0= fireplace(벽난로)가 없음을 나타낸다.

- 1,063채 주택 모두를 상대로 벽난로가 있는 주택의 비율을 구하라. 이 비율을 사용하여 크기가 50인 표본의 비율의 표준오차의 값이 어느 정도일지 계산하라.
- 편한 소프트웨어를 사용하여 이 모집단(1,063자료)에서 크기가 50인 표본을 100개 추출한 다음, 각 표본에서 난로가 있는 주택의 비율을 계산하고, 이들의 히스토그램을 작성하라.

• 이들 100개 표본비율들의 평균과 표준편차를 앞에서 계산한 값과 비교하라.

투자

갤럽이 2003년 6월 27~29 기간에 주식 투자자들에게 다음과 같이 투자 종류와 투자 금액을 물었다.

1. 지금 현재 당신의 투자액이 $10,000 이상입니까, 미만입니까?
2. 지금 현재 투자할 수 있는 돈이 $1,000 있다면 주식과 채권 중 어느 것에 투자하겠습니까?

첫째 질문에 대해 투자자 692명 가운데 65%가 현재 주식에 $10,000 이상 투자하고 있다고 대답했다. 둘째 질문에 대해서는 투자자 692명 가운데 48%가 채권보다는 주식에 투자하겠다고 대답했다. 각 표본비율의 표준오차를 계산하라. 두 경우에 대해 95% 신뢰구간을 구하고 문제의 맥락에서 그 의미를 설명하라. 오차의 한계를 3%로 하려면 표본의 크기는 얼마이어야 하는가?

투자관행이나 의견에 대한 최근의 조사를 찾아서 당신이 발견한 점에 대해 간단한 보고서를 작성하라.

수요 예측

전력회사들은 신규 발전소를 계획하고 건설하는 데 수십 년이 걸리므로 장기 에너지 수요를 예측해야 한다. 북동부 지역의 전력회사에서 근무한 론 베어 씨가 주택 난방 에너지로 전기를 택할 가구의 비율을 예측했다. 참 비율의 신뢰구간을 보고할 준비가 되어 있지만, 그가 작성한 보고서 초안을 본 상사가 신뢰구간이 아니라 하나의 예측값을 요구했다.

론이 그의 상사에게 계획을 위해서는 신뢰구간이 더 유용한 이유를 설명할 수 있도록 조언해보라. 신뢰구간의 폭과 우리가 품을 수 있는 확신이 어떻게 연관되어 있는지 설명하라. 신뢰구간이 너무 좁을 경우 사업에 어떤 결과를 가져올지, 그리고 신뢰수준이 너무 낮은 신뢰구간이 초래할 사업상 영향에 대해 논의하라.

연습문제

9.1절

1. 한 인터넷 증권사가 있다. 고객은 스마트폰과 컴퓨터를 사용하여 이 회사의 주식거래 웹사이트에 접속하여 주식을 거래한다. 이 사이트 관리자는 스마트폰을 사용한 주식 거래가 더 쉽도록 개선해야 할 필요가 있는지 알고 싶다. 그래서 이 관리자는 스마트폰을 사용하여 접속하는 고객의 비율을 추정하고자 한다. (스마트폰으로 접속하는 고객도 컴퓨터로 접속하기도 한다.) 사이트 관리자가 표본으로 200명의 고객을 무작위로 뽑는다. 전체 고객 가운데 스마트폰을 사용하는 고객이 36%라고 가정하고 다음 물음에 답하라.

a) 표본비율의 분포는 어떤 모습을 띨까?
b) 이러한 표본비율의 평균은 얼마일까?
c) 표본의 크기가 500이라면 앞의 두 질문에 대한 답이 바뀔까? 설명하라.

9.2절

3. 연습문제 1에서 사이트 관리자가 자기 회사의 고객 가운데 200명을 무작위로 뽑는다. 전체 고객 가운데 스마트폰을 사용하는 고객이 36%라고 가정하고 다음 물음에 답하라.

a) 표본으로 뽑힌 고객 가운데 스마트폰을 사용하는 고객의 표본비율의 표준편차는 얼마일까?
b) 스마트폰을 사용하는 고객의 표본비율이 0.36보다 클 확률은 얼마인가?
c) 스마트폰을 사용하는 고객의 표본비율이 0.3에서 0.4 사이일 확률은 얼마인가?
d) 스마트폰을 사용하는 고객의 표본비율이 0.28보다 작을 확률은 얼마인가?
e) 스마트폰을 사용하는 고객의 표본비율이 0.42보다 클 확률은 얼마인가?

5. 한 공인중개사는 백만 달러 이상 나가는 주택의 소유자 가운데 몇 퍼센트가 향후 12개월 사이에 집을 팔 계획이 있는지 알고 싶었다. 그래서 그런 집의 소유자들 40명에게 물어보았더니 10명이 고려하고 있다고 대답했다. 해당 비율의 표본분포를 확인하는 데 필요한 모든 가정과 조건이 충족되는가?

9.3절

7. iPad용으로 팔린 게임 40가지를 표본으로 추출하여 가격의 분포를 보았더니 평균은 $3.48이고 표준편차는 $2.23이었으며 오른쪽으로 꼬리가 났다. iPad를 가진 10대들이 보유한 게임 수의 전형적인 값은 20가지이다. 68-95-99.7 법칙을 사용하여 20가지 게임을 가진 10대들이 게임 가격으로 지불하는 평균 금액을 나타내는 데 적합한 표본분포를 그리고 그 분포가 무엇인지 판단하라.

8. 미국 증권시장에서 거래되는 어떤 펀드의 2009년 한 해 동안 일별 종가 통계에 의하면 평균은 $23.90이었고 표준편차는 $3.00이었다. 이 펀드의 2009년 일별 종가 가운데 무작위로 36일의 종가를 추출할 때 이들의 (표본)평균의 분포를 68－95－99.7법칙을 사용하여 그려라. 이 분포를 그리기에 앞서 일별 종가의 분포에 대해 혹시 필요한 가정들이 있다면 무엇인가? 그리고 그 가정들은 합당한가?

9.4절

9. 다음 각 상황에서 모집단과 표본은 무엇인가? 비율에 관한 경우 모비율과 표본비율은 무엇인가? 이 자료를 사용하여 구한 모비율의 신뢰구간에 믿음이 가는가? 그 이유도 설명하라.

a) 음악 공연이 거행될 체육관 입구에서 보안요원이 입장객을 무작위로 선택하여 술이 있는지 검사하고 있다. 지금까지 검사한 130명 가운데 17명이 술이 있었다. 이 보안요원은 전체 입장객 가운데 술을 가지고 오는 사람의 비율을 추정하고자 한다.
b) 영국 일간지 더 가디언(*The Gardian*)은 자사 홈페이지 방문객에게 최근에 해고에 분노한 근로자들이 벌인 보스내핑에 공감하는지 물었다. 응답자 가운데 49.2%는 "그렇다. 상황이 절박하니 극단적인 행동을 할 수밖에!"라며 공감했다.
c) 한 항공사가 국제선 승객이 기내로 반입하는 가방의 무게를 알고 싶어서 무작위로 그런 가방 50개를 뽑아서 무게를 평균한 결과 7.85kg이었다.

11. 큰 대학의 캠퍼스에서 학생 200명을 무작위로 선정하여 수업시간에 노트북으로 필기하는지 물어보았더니 70명이 그렇다고 했다.

a) 표본비율 $\hat{p}$의 값은?

b) 이 표본비율의 표준오차는 얼마인가?

c) 이 표본을 사용하여 모비율의 95% 신뢰구간을 구하라. 표본비율 ±2 SE 공식을 사용하라.

9.5절

13. 곧 다가올 겨울을 앞두고 직장 동료 가운데 200명을 대상으로 실시한 조사에서 48%가 이미 독감예방주사를 맞았다. 95% 신뢰구간의 근사치는 (0.409, 0.551)이다. 다음 중 옳은 것은? 틀린 것에 대해서는 그 이유를 간단히 설명하라.

a) 동료 가운데 95%는 구간 (0.409, 0.551)에 속한다.

b) 우리는 동료 가운데 이번 겨울을 대비해 독감예방주사를 맞은 사람들의 비율이 40.9%와 55.1% 사이일 것이라고 95% 확신한다.

c) 직장 동료 가운데 무작위로 한 사람을 선정할 때 그 사람이 독감예방주사를 맞았을 확률은 95%이다.

d) 직장 동료 가운데 무작위로 한 사람을 선정할 때 그 사람이 독감예방주사를 맞았을 확률은 48%이다.

e) 표본들 가운데 40.9%에서 55.1%는 예방접종을 맞은 사람의 비율이 48%에 가깝다고 95% 확신한다.

9.6절

15. 다음 각 상황에서, 모집단, 표본, 모비율, 표본비율이 무엇인지 답하고 이 장에서 배운 방법으로 신뢰구간을 구할 수 있는지 설명하라.

a) 한 소비자단체가 사람들이 자동차 가게에서 자동차를 구입하는 과정에서 겪는 경험을 평가하려고 최근에 새 차를 산 사람 167명을 대상으로 설문조사를 실시했다. 이들 가운데 3%는 영업사원들에 대해 불만을 나타냈다.

b) 미국의 한 통신회사에서 미국 대학생들 가운데 휴대폰이 있는 대학생의 비율을 알고 싶다. 그래서 이 회사는 한 미식축구 경기장에 입장하는 대학생 2,883명에게 휴대폰이 있는지 물었더니 2,243명이 그렇다고 했다.

9.7절

17. 당신은 대학생이다. 당신이 다니는 학교의 학생 가운데 승용차가 있는 사람의 비율이 얼마나 될지 궁금하지만 전혀 모른다. 그래서 표본조사를 해서 그 비율을 한번 추정해볼까 하고 생각하는 중이다.

a) 신뢰수준 95%에서 당신이 추정한 비율이 모비율을 중심으로 ∓0.02 이내에 있게 하려면 표본의 크기는 얼마이어야 하는가?

b) 신뢰수준 99%에서 당신이 추정한 비율이 모비율을 중심으로 ∓0.02 이내에 있게 하려면 표본의 크기는 얼마이어야 하는가?

c) 신뢰수준 95%에서 당신이 추정한 비율이 모비율을 중심으로 ∓0.05 이내에 있게 하려면 표본의 크기는 얼마이어야 하는가?

19. 50세 이상 성인 가운데 고등학교를 졸업하지 않은 사람의 비율이 자그마치 25%나 된다고 한다. 나이가 25~30세인 사람들의 경우에도 마찬가지인지 알고 싶다.

a) 신뢰수준 90%에서 신뢰구간의 폭을 6% 이내로 하려면 이 들 연령대의 사람을 몇 명이나 표본으로 추출해야 하는가?

b) 오차의 한계를 4%로 줄이려면 표본의 크기는 얼마여야 하는가?

c) 표본의 크기가 얼마이면 오차의 한계가 3%인가?

단원 연습문제

21. 오차의 한계. 어떤 기업이 직원의 업무 만족도 조사 결과를 다음과 같이 발표했다. "직원 가운데 52%는 '만족'하거나 '지극히 만족'하는 것으로 나타났으며, 오차의 한계는 ±4%이다." 이 발표의 의미를 정확하게 설명하라.

23. 추정의 전제조건. 다음 각 상황에 대하여, 모집단과 표본이 무엇인지 파악하고 모비율 p와 표본비율 $\hat{p}$는 무엇인지 설명하라. 그리고 이 장에서 배운 방법으로 신뢰구간을 구할 수 있는지 설명하라.

a) 경찰이 어떤 지역의 모든 차량 가운데 안전규정을 위반한 차량의 비율을 추정하려고 그 지역 주요 도로에 임시 검문소를 설치하고 지나가는 차를 세워서 안전규정 위반사항이 있는지 점검했다. 점검한 차량 134대 가운데 14대가 안전규정을 위반했다.

b) 한 뉴스 전문 방송국에서 기업에 대한 일반 대중의 지지도를 조사하려고 시청자들에게 기업의 부정부패에 대한 의견을 자사의 홈페이지를 통해서 알려달라고 부탁했다. 이에 응답한 사람 602명 가운데 488명이 기업의 부정부패가 작년보다 올해 더 심해졌다는 의견을 보였다.

25. 인터넷 쇼핑. 어떤 인터넷 상점의 배달 정책은 주문 완료 후 3일을 넘기지 않고 고객이 물건을 받을 수 있게 하는 것이

다. 이 상점은 자기네 배달 정책이 얼마나 잘 지켜지는지 알고 싶어 배달이 완료된 주문들 가운데 일부를 무작위로 뽑아서 해당 고객에게 전화를 걸어 실제로 며칠 만에 물건을 받았는지 조사했다. 이 자료를 근거로 배달 기간 준수율의 95% 신뢰구간을 구했더니 88% ± 6%이었다. 다음 각 진술이 옳은지 그른지 분석하라.

a) 모든 주문의 82% ~ 94%는 3일을 넘기지 않고 고객에게 도착한다.
b) 무작위로 선정한 고객의 95%에게 3일을 넘기지 않고 도착하는 주문의 비율은 88%이다.
c) 무작위로 선정한 고객 표본들 가운데 95%에게 3일을 넘기지 않고 도착하는 주문의 비율은 82% ~ 94%이다.
d) 이 상점은 이 표본에 선정된 고객들이 낸 주문의 82%에서 94%는 3일을 넘기지 않고 고객에게 도착한다고 95% 자신한다.
e) 영업일 중 95%에 해당하는 날에, 주문의 82% ~ 94%가 3일을 넘기지 않고 고객에게 도착한다.

27. 신뢰구간. 신뢰구간을 구할 때 고려해야 하는 요소가 몇 개 있다. 표본의 크기, 신뢰수준, 오차의 한계가 그것들이다. 다음 진술 가운데 옳은 것은?

a) 표본의 크기가 같은 경우, 신뢰수준이 높을수록 오차의 한계는 작다.
b) 신뢰수준이 같은 경우, 표본이 클수록 오차의 한계는 작다.
c) 오차의 한계가 같은 경우, 표본이 클수록 신뢰수준이 높아진다.
d) 신뢰수준이 같은 경우, 오차의 한계를 반으로 줄이려면 표본을 두 배로 늘려야 한다.

29. 주식 찍기. 수강생이 아주 많은 경영통계 수업 시간에 교수가 학생마다 미국 경제신문 월스트리트저널(*Wall Street Journal*)의 주식 면에 다트(dart) 16개를 던져서 주식을 찍게 한다. 그런 다음 학생들이 자기가 찍은 주식들의 가격 등락을 확인하게 하고 가격이 오른 주식의 비율을 보고하게 한다. 수업을 위해 교수가 그 신문의 면들 중 가격이 오른 주식의 수와 내린 주식의 수가 똑같은 면을 골라서 학생들에게 제시했다. 학생들이 보고한 비율들을 가지고 교수가 히스토그램을 작성한다.

a) 이 히스토그램은 어떤 모습을 띨 것으로 예상하는가? 이유는?
b) 히스토그램의 중심에 해당하는 비율은 얼마일 것으로 예상하는가?
c) 이렇게 구한 비율들의 분산은 얼마일 것으로 예상하는가?
d) 이 경우 정규분포를 사용할 수 없는 이유를 설명하라.

30. 품질 관리. M&M 초콜릿을 생산하는 회사는 자사가 생산하는 초콜릿의 10%는 초록색이며, 봉지에 초콜릿을 넣을 때 색깔별로 일정량씩 세어서 넣지 않고 여러 가지 색의 초콜릿을 섞어놓고 무작위로 일정량씩 넣는다고 한다. 정말로 이 회사는 초록색을 10% 생산하도록 생산공정을 잘 관리하고 있는지를 표본조사로 확인할 수 있다. M&M 초콜릿이 50개씩 들어 있는 봉지를 많이 개봉하면서 각 봉지에 든 초록색의 비율을 기록한다고 해보자.

a) 이렇게 구한 초록색의 비율 자료를 가지고 히스토그램을 그리면 어떤 모습을 띨까?
b) 이렇게 구한 히스토그램의 근사적 확률분포로 정규분포를 사용할 수 있는가? 설명하라.
c) 앞에서 그린 히스토그램의 중심은 어디일까?
d) 각 봉지에 든 초록색 비율의 표준편차의 값은 얼마일까?

31. 확장 포트폴리오. 연습문제 29번의 수업시간 주식 찍기 실험을 확장한다.

a) 학생들은 컴퓨터로 생성한 무작위수를 사용하여 주식 25종목을 표본으로 추출한다. 68 - 95 - 99.7 법칙을 사용하여 가격이 오른 주식의 (표본)비율의 분포를 기술하라.
b) 이 표본비율의 분포로 정규분포를 사용할 수 있음을 확인하라.
c) 각자 추출한 종목의 수를 64로 늘렸다. 적합한 표본분포를 그리고 무슨 분포인지 판단하라.
d) 추출한 종목의 수가 늘어남에 따라 표본분포가 어떻게 변하는지 설명하라.

32. 품질 관리(계속). 표본의 크기를 늘리면 생산공정이 일관성 있게 관리되는지 판단하는 데 도움이 될까? 30번 문제에서 봉지에 M&M 초콜릿이 50이 아니라 200개씩 들어 있다고 가정하자. 초콜릿 봉지를 많이 열어서 각 봉지마다 초록색의 비율을 기록한다고 해보자.

a) 회사가 생각하는 초록색 비율의 분포를 나타내기 위해 정규분포를 사용하는 것이 적절한 이유를 설명하라.
b) 68 - 95 - 99.7 법칙을 사용하여 봉지별 초록색 비율의 분포가 어떨지 보여라.

c) 봉지당 초콜릿이 200개보다 더 많아지면 이 정규분포 모형에는 어떤 변화가 있을까?

33. 돈 버는 투자전략? 연습문제 29번의 수업 중 실습에서 한 학생이 돈을 버는 전략을 발견했다고 주장한다. 그 전략이란 게 유선방송의 투자에 관한 뉴스쇼를 시청하면서 월스트리트 저널의 주식가격 면에 다트를 던지는 것이다. 그에 의하면 이렇게 찍은 200개 종목 가운데 58%의 가격이 올랐다.

a) 이 학생의 주장을 어떻게 생각하는가? 설명하라.

b. 수강생 100명 가운데 한 학생이 이 정도로 성공을 거두었다면 놀라운 일인가? 설명하라.

34. 품질 관리(계속). 500개의 초콜릿이 든 봉지를 하나 열었더니 초콜릿 가운데 12%가 초록색이었다. 이 자료는 생산공정이 제대로 관리되지 않는다는 증거인가? 설명하라.

35. 속도위반. 주 경찰국은 고속도로 운전자 가운데 70%는 규정속도를 초과한다고 생각한다. 그래서 몰래 속도측정기를 설치하고 80대의 속도를 측정하려고 한다.

a) 68 - 95 - 99.7 법칙을 사용하여 과속 차량의 비율의 분포를 그리고 무슨 분포인지 판단하라.

b) 판단에 필요한 조건들이 충족된다고 생각하는가? 설명하라.

37. 시력. 어린이의 12%는 근시라고 한다. 한 학군에 올해 유치원에서 초등학교로 진학하는 학생은 170명이다.

a) 중심극한정리를 적용하여 근시 학생의 표본비율 분포를 기술할 수 있겠는가? 중심극한정리를 적용하려면 어떤 조건들이 충족되어야 하는지 점검하고 필요한 가정이 있으면 설명하라.

b) 68 - 95 - 99.7 법칙을 적용하여 이 분포의 모습을 대충 그리고 필요한 정보(비율의 값, 확률)를 그 위에 표기하라.

c) 새로 초등학교에 진학하는 학생들 가운데 몇 명이 근시일 것으로 예상하는가?

39. 융자. 한 은행은 과거 경험을 근거로 융자 건수의 7%가 연체된다고 생각한다. 이 은행은 최근에 융자를 200건 해주었다.

a) 이들 융자의 연체율의 평균과 표준편차를 구하라.

b) 이런 계산을 할 때 어떤 가정을 했는가? 모든 조건들이 충족되는가? 설명하라.

c) 연체율이 10%를 넘을 확률은 얼마인가?

41. 신입생 유지율? (1). 학력시험 ACT로 잘 알려진 ACT社는 다양한 교육 관련 자료를 편찬한다. 이 회사가 2004년에 보도한 바에 의하면 지난 4년 동안 전국 대학 신입생 가운데 퇴학하지 않고 2학년으로 진급하는 학생의 비율은 꾸준히 74%를 유지해왔다. 신입생이 400명인 대학들에 대해 68 - 95 - 99.7 법칙을 사용하여 신입생들 가운데 2학년으로 진급할 것으로 예상되는 비율의 표본분포를 기술하라. 이 경우 필요한 조건이 만족된다고 생각하는가?

43. 신입생 유지율? (2). 41번 문제에서 기술된 전국 대학 신입생의 2학년 진급률 74%에 비추어 볼 때, 신입생 603명 가운데 522명이 2학년으로 진급한 학교는 자교의 의외적으로 높은 유지율을 자랑해도 될까? 설명하라.

45. 여론조사. 어떤 지역에서 학교예산안에 대한 주민투표를 앞두고 있다. 그 지역의 신문사에서 이 예산안의 통과 여부를 예측하려고 투표권이 있는 그 지역주민 400명을 상대로 이 예산안에 대한 지지여부를 물었다. 실제로 전체 유권자 52%가 그 예산안을 지지한다고 할 때, 이 신문사가 실시한 여론조사 결과, 예산이 부결될 것으로 예측될 확률은 얼마인가? 이 확률을 계산하는 데 필요한 가정과 조건이 있다면 그것들이 충족되는지 분명히 보여라.

47. 사과 품질검사. 어느 사과 산지에 사과를 검사하고 상자에 포장하는 작업장이 있다. 농가에서 재배된 사과는 트럭으로 작업장으로 옮긴다. 한 트럭에 실려온 사과는 무작위로 150개만 표본으로 골라서 멍 자국이나 상처 등 흠이 있는지 조사한다. 이 표본의 5% 이상이 문제가 있으면 그 트럭의 모든 사과를 불량으로 판정하고 돌려보낸다. 한 트럭에 실린 사과의 8%가 실제로 문제가 있다면, 검사를 통과할 확률은 얼마인가?

49. 비흡연자. 비흡연자 가운데 식당에서 흡연 구역에 앉게 되어도 불평하지 않는 사람도 있기는 하지만 60%는 비흡연 구역을 요구한다. 120석짜리 새로운 식당을 열 계획이 있다. 비흡연자들은 거의 확실히 비흡연 구역에 앉을 수 있게 하려면 비흡연석은 얼마나 확보해야 하는가? 이에 답하게 위해 채택한 확률분포가 적합하려면 만족되어야 할 가정과 조건을 확인하라. 이 문제에서 '거의 확실히'란 무엇을 뜻하는가?

51. 표본조사. 정규분포를 따르는 모집단에서 일정 크기의 표본을 무작위로 추출할 때 a) 표본평균은 어떤 분포를 따를까? b) 표본이 커지면 표본평균의 분포에는 어떤 영향이 나타날까?

53. 승용차. 한 학생이 일제 승용차 소유자를 대상으로 한 잡지를 출판하려고 한다. 그는 미국에서 운행되는 모든 승용차

가운데 일제의 비율을 알고 싶다. 무작위로 추출한 승용차 50대에 대한 분석 결과가 다음과 같다. 이 출력의 의미를 명확하게 설명하라.

비율에 대한 z신뢰구간
신뢰수준: 90.00%
0.29938661 < p(일제) < 0.46984416

55. E-mail. 한 소규모 전자상거래 관련 기업이 사람들의 이메일 사용률에 관심이 있다. 미국 성인 가운데 집이나 직장 또는 학교에서 컴퓨터를 사용하는 사람 1,012명을 무작위로 뽑아서 실시한 한 조사에 의하면 이들 가운데 38%는 이메일을 사용하지 않는다.

a) 미국 성인 가운데 이메일을 사용하지 않는 사람의 비율의 90% 신뢰구간을 추정하려면 오차의 한계는 얼마인가?
b) 이 오차의 한계가 무엇을 의미하는지 설명하라.
c) 신뢰수준을 99%로 올리면 오차의 한계는 커지는가 작아지는가? 실명하라.
d) 신뢰수준을 99%로 정할 경우 오차의 한계를 구하라.
e) 다른 모든 조건은 그대로 유지한 채 오차의 한계를 줄이면 일반적으로 신뢰수준은 커지는가 작아지는가?

57. 10대 운전자. 한 보험회사가 경찰의 자동차사고기록 가운데 무작위로 추출한 582건을 살펴보았더니 그 가운데 91건의 운전자는 10대였다.

a) 10대 운전자가 연루된 자동차 사고 건수의 95% 신뢰구간을 구하라.
b) 이 신뢰구간이 의미하는 바를 설명하라.
c) "95% 신뢰수준"의 의미를 설명하라.
d) 10대 운전면허 발급을 까다롭게 하자고 촉구하는 한 정치인이 "자동차사고 5건당 1건은 10대가 운전자이다"라고 말한다. 앞에서 구한 신뢰구간은 이 정치인의 주장을 지지하는가 아니면 반박하는가? 설명하라.

59. 소매상. 식품 안전을 향상하기 위해 저준위 방사선 처리를 하자고 제안하는 식료품 소매상도 있지만, 방사선 처리한 식품을 팔아서는 안 된다는 시민들이 많다. 한 식료품 소매상이 식품의 방사선 처리에 대한 고객의 생각에 관심이 있다고 하자. 사장이 계산원들을 시켜 고객이 계산대에 오면 관련 설문지를 나눠주고 응답하여 출입문 근처에 둔 수거함에 넣게 했다. 총 122명이 응답했고 그 가운데 78%는 식료품의 방사선 처리에 반대했다. 이 사장은 식료품 방사선 처리에 대한 고객의 의견에 대해 어떤 결론을 내릴 수 있는가?

61. 음악 불법 다운로드(1). 여론조사 회사 갤럽이 인터넷 사용자 703명에게 "음반회사의 허가를 받지 않은 인터넷 사이트에서 음악을 내려 받은 적이 있는지" 물었더니 18%가 그렇다고 대답했다. 음반회사의 허가를 받지 않은 인터넷 사이트에서 음악을 내려 받은 적이 있는 사람의 비율의 95% 신뢰구간을 구하라.

63. 국제 경영. 캐나다에서는 화학산업 기업들의 절대 다수(90%)가 ISO 14001표준의 인증을 받았다. ISO 14001표준은 환경경영시스템에 대한 국제 표준이다. 한 환경단체가 미국 화학 기업 가운데 ISO 14001표준 인증을 받은 기업의 비율을 추정하고 싶었다. 표본으로 정한 550개 화학 기업 가운데 385개가 인증을 받았다.

a) 표본으로 추출된 기업 가운데 인증을 받은 기업의 비율은 얼마인가?
b) ISO 14001표준 인증을 받은 미국 화학 기업들의 95% 신뢰구간을 구하라. (반드시 필요한 조건을 확인하라.) 캐나다 화학기업의 ISO 14001표준 인증 비율과 비교하라.

65. 기업윤리. 교수와 채용담당자 1,076명을 상대로 다음과 같은 두 가지 질문을 사용하여 기업윤리에 대한 여론조사를 실시했다.

"일반적으로 볼 때, MBA출신자의 기업윤리 이슈에 대한 인식이 5년 전에 비해 현재 높아졌다고 생각합니까, 아니면 낮아졌다고 생각합니까?";

"일반적으로 볼 때, MBA출신자의 기업윤리 이슈에 대한 인식이 5년 전에 비해 현재 낮아졌다고 생각합니까, 아니면 높아졌다고 생각합니까?"

두 물음은 같아 보이지만 선택지의 순서가 영향을 끼치기도 한다. 1,076명 가운데 무작위로 절반에게는 첫째 질문을 했고, 나머지 절반에게는 둘째 질문을 했다. 첫째 질문을 받은 사람들 가운데 53%는 MBA출신들의 기업윤리 인식이 높아졌다고 응답한 반면, 둘째 질문을 받은 사람들의 이 비율은 44%로 낮아졌다.

a) 어떤 편향이 이런 차이를 초래할 수 있을까?
b) 각 질문의 응답자는 538명이다. 모두 합쳐서 1,076명 전체를 하나의 표본으로 보고, 기업윤리에 대한 MBA출신들의 인식이 5년 전에 비해 높아졌다고 생각하는 교수와 채용담당자들의 비율의 95% 신뢰구간을 구하라.

c) 절반씩 나눈 각 표본의 오차의 한계와 결합하여 한 표본으로 간주했을 때의 오차의 한계를 비교하면 어떤 차이가 날까? 그 이유는 무엇일까?

67. 도박. 한 시에서 도박의 합법화를 두고 투표를 하려고 한다. 이 안건을 둘러싸고 열띤 찬반 논쟁이 있다. 두 단체가 결과를 예측하기 위해 여론 조사를 실시하려고 한다. 지역 신문의 보도에 의하면 무작위로 채택된 1,200 유권자 가운데 53%가 지지했다. 지역 대학의 통계 수강생들이 실시한 조사에 의하면 무작위 표본 450명 가운데 54%가 지지했다. 두 단체 모두 95% 신뢰구간을 작성할 것이다.

a) 신뢰구간은 구하지 말고, 두 단체 가운데 어느 쪽의 오차의 한계가 더 클지 설명하라.
b) 두 단체의 신뢰구간을 구하라.
c) 어느 단체가 통과 가부가 아슬아슬하다고 결론을 낼까? 이유는?

69. 제약회사. 한 제약회사가 새로운 어린이용 비타민 D 보충제의 개발을 고려 중이다. 비타민 D는 뼈 건강에 필수적이며 음식이나 보충제로 섭취할 수도 있고 피부가 햇빛에 노출되면 생기기도 한다. 영국에서는 비타민 D 결핍으로 영유아에게 생기는 구루병이 1950년대에 거의 사라졌으나 요즈음은 어린이들이 실외에서보다는 텔레비전을 보거나 컴퓨터 게임을 하면서 실내에서 보내는 시간이 늘어남에 따라 비타민 D 결핍증에 걸릴 위험이 커졌다는 우려가 있다. 최근에 영국 전역에 걸쳐 무작위로 선정한 어린이 2,700명을 대상으로 한 조사에서 20%가 비타민 D가 부족한 것으로 나타났다.

a) 영국 어린이 가운데 비타민 D가 부족한 어린이 비율의 98% 신뢰구간을 구하라.
b) 이렇게 구한 신뢰구간의 의미를 정확하게 설명하라.
c) "98% 신뢰"가 무슨 뜻인지 설명하라.
d) 이 조사 결과는 컴퓨터 게임이 비타민 D 결핍의 유력한 원인임을 보여주는가?

71. 자금조달. 2005년에 창업교육으로 유명한 뱁슨칼리지(Babson College)와 여성기업센터가 개발한 설문지가 미국의 여성기업센터들에 배포되었다. 대표로 뽑은 20개 여성기업센터 가운데 40%가 전국소기업협회의 자금지원을 받았다고 응답하였다.

a) 모비율에 대한 추론에 필요한 가정과 조건들이 충족되는지 확인하라.
b) 가정과 조건이 적절하게 충족되면 전국소기업협회의 자금 지원을 받은 여성기업센터 비율의 90% 신뢰구간을 구하라. 가정과 조건이 적절하게 충족되지 않으면 그 이유를 설명하라.

73. 사내 복지혜택 조사. 버몬트주 법무장관실에 근무하는 한 직원이 버몬트에 소재한 기업 가운데 전 직원에게 건강보험을 제공하는지 알고 싶어서 무작위로 12개 기업을 대상으로 조사했더니 모두 건강보험을 제공하는 것으로 나타났다.

a) 비율에 관한 추론을 위해 필요한 가정과 조건이 충족되는지 확인하라.
b) 가정과 조건이 모두 충족되면 전직원에게 건강보험을 제공하는 기업의 비율의 95% 신뢰구간을 구하라. 가정이나 조건이 충족되지 않으면 그 이유를 설명하라.

75. 국세청. 작년에 국세청에 소득세 신고를 한 자영업자 226명을 무작위로 선정하여 물었더니 20명이 국세청에서 그들의 신고서를 감사했다고 대답했다. 작년에 전국적으로 소득세 감사를 받은 자영업자 비율을 추정하라.

a) 이 경우 신뢰구간을 구하는 데 필요한 가정과 전제조건들을 가능한 한 많이 제시하라.
b) 95% 신뢰구간을 구하라.
c) 이렇게 구한 신뢰구간의 의미를 글로 써보라.
d) 이 상황에서 "95% 신뢰"가 의미하는 바를 설명하라.

77. 불법 음원 다운로드(2). (연습문제 61번 참조) 한 갤럽 조사에서 미국인들에게 인터넷에서 무료로 노래를 복사할 수 있다는 사실 때문에 해당 가수의 CD를 더 살 것 같은지 덜 살 것 같은지 물었다. 13%만이 "덜 살 것 같다"고 응답했다. 이 응답자는 무작위로 추출한 703명 인터넷 사용자이다.

a) 비율에 관한 추론에 필요한 가정과 조건을 충족하는지 확인하라.
b) 미국의 인터넷 사용자 가운데 CD를 "덜 살 것 같은" 사람의 비율의 95% 신뢰구간을 구하라.

79. 정치. 미국에서 네 연령대(18~29세, 30~49세, 50~64세, 65세 이상)로 나누어 성인 1,005명을 상대로 여성 대통령이 나올 때가 됐다고 생각하는지 알아보기 위해 여론조사를 실시하였다. 최연소 연령대의 결과는, "그렇다"(62%), "그렇지 않다"(35%), "모르겠다"(3%)로 나타났다. 표본에 포함된 18~29세 사람은 250명이었다.

a) 미국에 여성 대통령이 나올 때가 됐다고 생각하는 사람의

비율에 대한 95% 신뢰구간을 구하면, 18~29세 미국인의 신뢰구간은 모든 미국인의 신뢰구간보다 넓을까 좁을까? 설명하라.

b) 18~29세 미국인 가운데 미국에 여성 대통령이 나올 때가 됐다고 생각하는 사람의 비율에 대한 95% 신뢰구간을 구하라.

81. 불법 음원 다운로드(3). 학생 168명을 무작위로 선정하여 자기 디지털 음악 저장소에 노래 몇 곡을 가지고 있는지, 그리고 그 가운데 합법적으로 구입한 것의 비율을 물었다. 응답한 결과의 합계를 구했더니 117,079곡이었고 그 가운데 23.1%가 합법적이었다. 음원산업계는 학생들이 보유하고 있는 디지털 음악 가운데 합법적인 것의 비율의 비교적 정확한 추정치를 바란다.

a) 깊이 생각하라. 추정하고자 하는 모수는 무엇이며 모집단은 무엇인가? 표본의 크기는?
b) 신뢰구간을 작성하는 데 필요한 조건들이 만족되는지 확인하라.
c) 합법적 디지털 음악의 비율의 95% 신뢰구간을 구하라.
d) 앞에서 구한 신뢰구간이 의미하는 바를 설명하라. 구한 결과에 대해 이만큼 자신할 수 있다고 믿는가? 믿는다면 그 이유는? 믿지 못한다면 그 이유는?

83. CD. CD 제조업체에서 새로운 기술을 개발하고 있다. 인터넷에서 무작위로 703명에게 다음과 같이 물었다. "알고 계시겠지만 어떤 CD는 구입 후 한 번만 복사할 수 있습니다. 이런 CD를 사겠습니까? 아니면 지금까지 주로 이런 CD를 샀지만 앞으로는 사지 않겠습니까?" 질문을 받은 사람 가운데 64%가 이런 CD를 사겠다고 응답했다.

a) 이런 CD를 구입할 비율의 90% 신뢰구간을 구하라.
b) 오차의 한계를 절반으로 줄이려면 얼마나 많은 사람에게 질문해야 하는가?

85. 졸업. 연습문제 19번에서와 마찬가지로 25~30세 성인 가운데 고등학교를 졸업하지 않은 사람의 비율을 추정하고자 한다. 신뢰수준을 95%로 끌어올리고 동시에 오차의 한계는 2%로 줄이려면 표본의 크기는 얼마여야 하는가?

87. 예비조사. 어떤 주의 환경청은 배출가스 기준을 위반하는 차량의 비율이 높을 거라고 걱정한다. 그래서 표본조사를 실시하여 신뢰수준 90%, 오차의 한계 3%로 그 비율의 신뢰구간을 구하고 싶다. 문제의 심각성을 파악하기 위해 환경청은 우선 차량 60대를 선정하여 조사하였더니 9대의 배기가스 배출 시스템이 기준에 미흡했다. 본격적으로 조사하려면 몇 대를 조사하여야 하는가?

89. 지지율. 한 신문의 보도에 의하면 주지사에 대한 지지율은 65%이다. 기사에 의하면 해당 여론조사의 표본은 무작위로 추출한 성인 972명이었으며 오차의 한계는 2.5%이다. 그러면 사용한 신뢰수준은 얼마인가?

Ⓣ **91. 카드구매액(Customer_spending.xlsx).** 교과서 부록 CD에 한 대형 신용카드사가 고객 가운데 무작위로 500명을 선정하고 그들이 지난달에 카드로 구매한 금액 자료가 있다(datasets/excel2010/customer_spending.xlsx). 마케팅 부서에서 1개월 카드 구매액이 $1,000을 넘는 고객들에 특별한 제안을 하려고 한다. 이 자료를 사용하여 이 제안의 대상이 되는 고객의 비율에 대한 95% 신뢰구간을 구하라.

Ⓣ **92. 광고.** 한 자선단체는 자기들 기부자의 평균 연령이 60세 근처라고 알고 있으며 미국은퇴자협회 잡지에 광고를 실으려고 생각 중이다. 광고 업무 담당자가 자기 단체 기부자 가운데 50세 이상인 사람들의 비율이 실제로 얼마나 될지 궁금해졌다. 기부자 명단에서 무작위로 500명을 선정했다. 이 자료(Advertising.xlsx)를 사용하여 50세 이상 기부자 비율의 95% 신뢰구간을 구하라.

93. 건강보험(1). 2007년 미국 가구조사(www.census.gov 참조)에 의하면 매사추세츠주에 거주하는 남자(3,060명) 가운데 87%는 건강보험에 가입했다.

a) 매사추세츠주 거주 남성의 건강보험 가입률에 대한 신뢰구간을 계산하는 데 필요한 전제조건들을 검토하라.
b) 매사추세츠주 거주 남성의 건강보험 가입율에 대한 95% 신뢰구간을 구하라.
c) 이 신뢰구간의 의미를 글로 나타내보라.

94. 건강보험(2). 앞의 93번 문제의 조사 결과를 보니, 매사추세츠주 거주 흑인이라고 응답한 사람(440명)의 건강보험 가입률은 84%였다.

a) 매사추세츠주 거주 흑인의 건강보험 가입률에 대한 신뢰구간을 계산하는 데 필요한 전제조건들을 검토하라.
b) 매사추세츠주 거주 흑인의 건강보험 가입률에 대한 95% 신뢰구간을 구하라.
c) 이 신뢰구간의 의미를 글로 나타내보라.

확인문제 정답

1. 정규분포 (근사적으로)
2. 새로운 위치를 좋아하는 모든 고객의 실제 비율
3. $SD(\hat{p}) = \sqrt{\frac{(0.5)(0.5)}{100}} = 0.05$
4. 더 넓다.
5. 더 낮다.
6. 더 작다.

비율에 관한 가설검정

CHAPTER 10

다우존스 공업평균지수

찰스 다우(Charles Dow)는 이미 100년도 더 전에 주가지수라는 잣대를 제시하여 사람들이 증권시장의 종합적 움직임을 읽을 수 있게 했다. 그는 뜻밖에도 투자의 귀재도, 벤처 자본가도 아니었다. 그저 주식투자를 일반인이 이해할 수 있게 만들고 싶은 언론인이었을 뿐이다. 그는 1902년 비교적 젊은 나이인 51세에 세상을 떠났지만 사람들이 주식시장의 흐름을 읽는 방식에 그가 미친 영향은 지속적으로 널리 확산되었다.

찰스 다우가 미국 금융가 월스트리트를 취재하던 1,800년대 말엽만 하더라도 증권시장에서 투자자들이 선호하던 상품은 주식이 아니라 채권이었다. 채권은 기업이 소유한 기계장치 등 실물 자산이 뒤에 있기 때문에 사람들에게 믿음을 주었다. 게다가 채권 소유자는 채권의 만기를 알고, 그렇기 때문에 언제 얼마의 수익을 얻을지도 알 수 있었다. 반면, 주식은 소유권의 지분을 나타냈을 뿐, 위험하고 가격도 변덕스러웠다. 찰스 다우는 프로비던스 이브닝 프레스 신문사에서 기자로 만나 쭉 알고 지내던 에드워드 존스와 함께 1896년에 오늘날 널리 알려진 다우존스 공업평균지수(Dow Jones Industrial Average, DJIA)를 선보였다. 일반 대중이 주식시장의 흐름을 이해할 수 있도록 돕기 위해서였다.

최초의 다우존스 공업평균지수는 11개 제조업체의 주가 평균이었다. 최초 종목들 가운데 아직도 다우지수 종목으로 남아 있는 것은 제너럴일렉트릭(General Electric) 주식이 유일하다.

그 이후 줄곧 다우존스 공업평균지수는 전반적인 주식시장의 성과와 동의어였으며 흔히 다우지수 혹은 더 간단히 다우로도 불린다. 다우지수에 편입된 주식 종목은 1916년에는 20개로 늘어났고, 호황기였던 1920년대에는 30개로 더욱 늘어났다. 1920년대 다우지수는 1929년 9월 3일에 최고치 381.17을 찍었다. 그러나 그 해 10월 28일과 29일 이틀 사이에 다우지수는 무려 25%나 떨어졌다. 그 후 상황은 더 나빠졌다. 편입 종목의 수가 30개로 늘어난 지 채 4년도 되지 않은 1932년 7월 8일 다우지수는 출범 이래 최저치인 40.65로까지 떨어졌다. 1929년의 최고치는 1954년이 되어서야 겨우 만회되었다.

오늘날의 다우지수는 30종목 주가의 가중평균치이다. 원래의 이름 "다우존스 공업평균지수"에서 "공업"은 의미가 사라졌다. 현재의 다우지수에 편입된 종목에는 서비스 업체와 금융 회사들도 포함되어 있어서 중공업 중심이었던 초기에 비해 업종이 훨씬 다양해졌다. 다우지수는 여전히 미국 증권시장의 움직임과 글로벌 경제의 상황을 나타내는 주된 지표이다.

대상	거래일, 즉 증권거래소에서 주식 거래가 이루어진 날
무엇	다우존스 공업평균지수의 거래일 종가
단위	포인트
언제	1982년 8월~1986년 12월
목적	주식시장의 행태에 관한 이론을 검정하기

주식시장은 어떻게 움직이는가? 다음은 상승 장세를 보인 1982년 중반에서 1986년 말에 이르는 기간의 일별 다우지수 종가를 나타낸다.

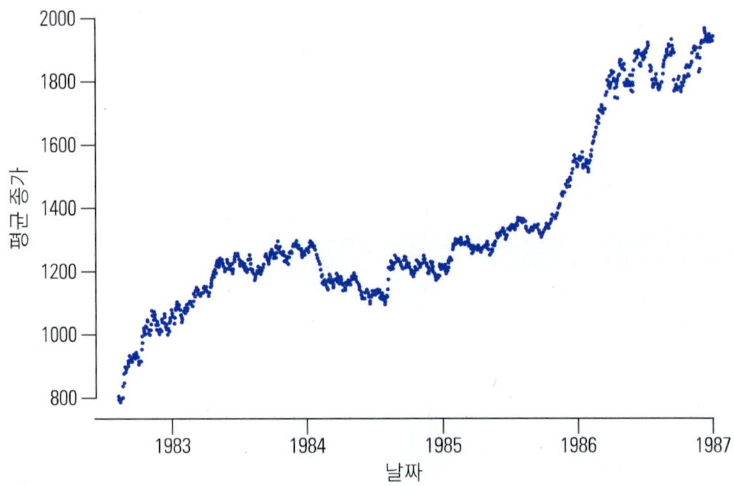

| 그림 10.1 다우존스 일별 종가(1982.8~1986.12)

상승 장세로 유명한 이 기간 동안 다우지수는 뚜렷이 증가하여 5년도 걸리지 않아 두 배가 되었다. 주식시장의 행태에 관한 이론에 의하면 거래일마다 주식이 오를 가능성이나 내릴 가능성이 같다. 다시 말하면, 주식시장에서 전반적인 주가의 일별 행태는 무작위적이다. 〈그림 10.1〉에서 보다시피 분명히 상승 장세인 이 기간 동안 일별 주가의 움직임에 대해서도 이 이론은 맞을까? 아무 거래일에나 다우지수가 오를 가능성과 내릴 가능성이 같은지 조사해보자. 다우지수는 이 기간 동안 총 1,112 거래일 가운데 573일에는 상승하여 표본비율이 0.5153(=51.53%)이다. 즉, 상승한 날이 하락한 날보다 많다. 하지만 이 비율은 일별로 상승 가능성이나 하락 가능성이 같다는 가정을 의심할 만큼 50%에서 충분히 멀리 떨어진 것인가?

10.1 가 설

가설(Hypothesis), [명사]:

[복수형] Hypotheses.

하나의 추정. 확실하지 않은 주장에 대해 결론을 내리거나 그 주장을 증명하기 위해 추론할 목적으로 추측하거나 당연시 하는 명제나 법칙 또는 증명되지는 않았지만 논의의 목적상 추측하거나 가정한 주장이나 진술.

모평균과 모비율의 신뢰구간을 구하는 방법을 이미 배웠다. 그러나 여기서는 추정이 목적은 아니다. 오히려 특정 값을 염두에 두고 그것에 대해 의문을 던진다. 주가지수가 장기적으로 증가 혹은 하락 추세를 보이는 기간에도 거래일마다 주가지수가 오를 확률과 내릴 확률은 같을지 의문을 던진다. 어떤 모수에 대한 신뢰구간은 그 모수가 취할 수 있는 타당한 값의 범위를 제시한다. 그러나 여기서는 더 직접적으로 검정한다. 예를 들어, 한 회사가 새로운 웹사이트를 연 이래 고객 만족도가 진정 높아졌는지, 일반회원보다 우수회원의 소득이 더 높은지, 최근에 벌인 광고 캠페인이 그 표적인 지역 성인 20%에게 실제로 전달되었는지 등을 알고 싶은 경우에 이런 검정이 유용하다.

신뢰구간을 구하려면 우선 표본평균이나 표본비율과 같은 통계량을 구한 다음 그 주위에 일정 구간을 설정하면 된다. 가설검정은 이와 정반대 방향으로 진행된다. 다우지수의 일별 등락에 관한 가설은 어떻게 세우고 검정할 수 있을까? 가설이란 잠정적으로 채택하는, 확정되지 않은 모형이다. 거래일마다 주가지수가 오르거나 내릴 가능성이 같은지 검정하려면, 우선 그렇다고 가정하고, 그 가능성이 50%와 차이를 보이면 그 차이는 우연한 무작위적 변동이라고 가정한다. 그래서 먼저 설정하는 가설은 다우지수가 오르는 날의 비율은 50%이다, 라는 명제이다. 이 가설은 **귀무가설**(null hypothesis)이라고 부른다. 귀무가설을 설정하려면 우선 모수(이 경우 모비율, p)를 정하고, 그것의 구체적 값을 제시한다. 귀무가설은 H_0로 표기한다. 비율에 대한 검정의 귀무가설은 보통 H_0: $p=p_0$와 같은 형식으로 표기한다(평균에 대해서는 H_0: $\mu=\mu_0$와 같은 형식으로 표기한다.) 이런 표기 형식은 아주 중요한 두 가지 사항을 간단하고 명료하게 나타내는 수단이다. 그 두 가지 사항이란 관심의 대상인 모수(이 경우 모비율)와 그것의 가설적 값(이 경우, 50%)을 말한다. 이 가설적 값을 해당 모수에 상응하는 통계량과 비교한다. 귀무가설에서 모수의 값을 얼마로 정할지는 통계학적 질문이 아니다. 자료가 놓인 맥락을 보면 뻔히 보이기도 하지만, 답하려는 질문을 모수에 관한 가설로 바꾸기 위해서 좀 생각해야 하는 경우도 있다. 어느 날 다우지수가 오를 가능성이나 내릴 가능성이 같을지에 답을 하려면, H_0: $p=0.5$를 검정해야 함은 쉽게 알 수 있다.

표기법 주의!

가설검정에서 관행적으로 가설은 대문자 H로 나타내고, 귀무가설은 H_0로, 대립가설은 H_A로 나타낸다.

대립가설(alternative hypothesis)은 H_A로 표기하며, 귀무가설을 기각할 경우에 관련 모수의 타당한 값으로 여기는 범위를 명시한다. 앞의 예에서 귀무가설은 주가가 상승하는 거래일의 비율 p의 값은 0.5이다, 라는 명제이다. 이와 대립하는 가설은 무엇일까? 상승 장세에서는 주가가 오르는 날이 내리는 날보다 많을 것으로 예상할지도 모르겠지만, 지금은 어느 방향으로든, 즉 오르는 날이 내리는 날보다 많든 적든 상관없이, 귀무가설과 보이는 차이에 관심이 있다고 하자. 그러면 대립가설은 H_A: $p\neq0.5$이다.

당신이라면 어떤 경우에 주가가 오르는 날의 비율이 50%가 아니라는 주장을 받아들이겠는가? 전체 거래일의 95%에 해당하는 날에 주가가 올랐다면 아마도 주가가 오른 날과 내린 날의 수가 같지 않다고 받아들일 것이다. 그러나 오른 날의 비율이 50%보다 약간 높다면 망설여질 것이다. 어차피 이런 비율은 50%로 고정되어 있지 않고 변동이 있을 것이므로 약간의 차이가 있더라도 놀라지는 않을 것이다. 그렇다면 표본비율이 50%에서 얼마나 벗어나면 실제 비율이 50%가 아니라고 받아들이겠는가? 통계적 차이의 크기에 대해 질문을 할 때면 자연스럽게 표준편차를 생각하게 된다. 그러므로 무작위로 표본을 추출했을 때 그 표본의 거래일들 가운데 다우지수가 오른 날의 비율, 즉 표본비율의 표준편차부터 구해보자.

앞에서 본 1,112 거래일 가운데 다우지수가 오른 날의 비율은 51.53%였다. 이 51.53%는 실제로는 다우지수가 오른 날의 비율이 50%가 아님을 보여주는 설득력 있는 증거가 될 수 있을 만큼 50%에서 충분히 벗어났는가? 여기서 '벗어남'의 '충분' 여부는 개인의 주관적 판단에 따라 다를 수 있으므로 객관적으로 사용할 수 있는 척도가 필요하다. 바로 확률이다. 또한, 표본비율의 분포가 정규분포이면 그런 확률을 계산할 수 있다. 그러므로 이 문제의 경우 표본비율을 정규분포로 나타내는 데 필요한 가정과 조건들이 충족되는지 검토해보자. 1,112라는 표본의 크기는 성공/실패 조건을 만족하기에 충분하다. (이 가운데 가격이 오르는 날은 0.5*1,112=556일로 예상한다.) 일별 주가 등락은 무작위적이고 상호 독립적이라고 봐도 무방하다. 또한 검정하려는 가설이 무엇인지도 알고 있다. 가설을 검정하려면 표본에서 관찰되는 현상이 가설이 참이라면 예상할 수 있는 것인지 판단할 수 있도록 가설이 참이라고 (잠정적으로) 가정한다. 어느 거래일의 다우지수가 오를 가능성과 내릴 가능성이 같다고 가정하면, 오르는 날 비율의 확률분포를 나타내는 정규분포의 평균은 0.5이어야 한다. 그러면 표본비율의 표준편차는 다음과 같다.

$$SD(\hat{p}) = \sqrt{\frac{pq}{n}} = \sqrt{\frac{(0.5)(1-0.5)}{1112}} = 0.015$$

> **이 값이 표준오차가 아니고 표준편차인 이유**
>
> 이 값은 표준편차이다. 여기에 사용된 비율 p는 비록 가정한 값이기는 하지만 모비율이지 표본으로 추정한 표본비율 $\hat{p}$이 아니기 때문이다. 귀무가설이 참이라고 가정하면 모비율 p를 알게 된다. 모비율 p를 알면 표본비율의 표준편차는 자동으로 안다. 모수, 즉 모비율을 사용해서 표준편차를 구하므로 앞의 식으로 계산한 값은 표준오차가 아니라 표준편차이다. 앞 장에서 모비율의 신뢰구간을 구할 때는 모비율을 안다고 가정할 수 없었다. 그래서 표본비율($\hat{p}$)을 사용하여 표준편차를 추정했고 이 추정치는 표준오차이다.

> 모수의 값이 귀무가설에서 설정된 값임을 보여주기 위해 p를 p_0로 대체하여 표준편차를 다음처럼 쓰기도 한다.
>
> $$SD(\hat{p}) = \sqrt{\frac{p_0 q_0}{n}}$$

이제 귀무가설이 참이라고 가정할 때 표본비율의 분포를 나타내는 정규분포의 두 가지 모수, 즉 평균과 표준편차를 안다. 구체적으로 평균은 p=0.50이고, 표준편차는 $SD(\hat{p})$=0.015이다. 표본(크기는 1,112)을 무작위로 추출해서 표본비율($\hat{p}$)을 구하면 그 값이 현재 우리 손에 있는 표본에서 구한 비율, 즉 51.53%보다 모평균 50%에서 더 멀리 벗어날 가능성, 다시 말해 무작위 표본의 표본비율이 평균에서 1.53%(=51.53%−50%) 이상 벗어나 있을 확률은 얼마나 될지 알고 싶다. 먼저, 〈그림 10.2〉를 보면 51.53%는 아주 의외로 큰 값은 아닌 것 같다. 정규분포표나 엑셀의 함수(=2*(1−NORMDIST(0.5153,0.5,0.015,

TRUE))를 사용하여 정확하게 계산하면 이 확률은 0.308이다. 이것은 귀무가설이 참일 경우 주가가 오른 날이나 내린 날의 비율이 51.53%보다 클 확률이다. 다시 말하면 만약 거래일마다 다우지수가 오를 확률이 50%이면, 연속 1,112 거래일 가운데 주가가 오르는 날의 비율이 51.53% 이상일 확률이나 내리는 날의 비율이 51.53% 이상일 확률은 둘 다 15.4%이다. 정말로 아주 낮은 확률은 아니다. 다시 말하면, 어느 정도 있을 수 있는 일이다. 그러므로 우리 손에 있는, 표본비율이 51.53%이라는 사실은 주가가 무작위적으로 등락하지 않는다고 하기에는 설득력 있는 증거는 아니다.

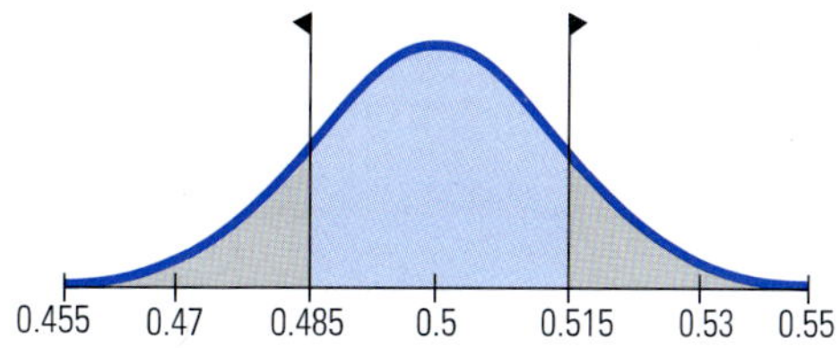

그림 10.2 모비율이 50%일 때 표본비율이 51.5% 이상이거나 48.5% 이하일 확률은 얼마인가? 이 그림이 이에 대한 답을 준다. 좌우 각 회색 영역은 확률밀도함수 곡선과 가로축이 이루는 면적의 15.4%이다.

상승 추세가 뚜렷한 경우에도 일별 주식의 등락 움직임이 무작위적이라는 사실이 의아하게 느껴질 수도 있겠다. 그렇지만 어느 특정일에도 주가가 전일에 비해 상승 마감하거나 하락 마감할 확률은 장기 추세와 상관없이 0.5인 것으로 보인다. 주식 시장이 장기적으로 상승 추세를 보인다면, 그것은 하락 마감한 날보다 상승 마감한 날이 많아서가 아니라, 실제 상승한 날들의 상승 폭과 내린 날들의 하락 폭이 다르기 때문이다. 주식시장이 장기적으로 하강추세를 보이는 경우에도 비슷하게 설명할 수 있다.

예시문제 가설 설정

서밋 프로젝트는 기업의 웹사이트와 관련한 다양한 서비스를 제공하는 업체이다. 모직 양말 스마트울(SmartWool)로 유명한 모직의류업체 스마트울(SmartWool®)도 이 회사의 고객이다. 최근에 서밋 프로젝트가 스마트울의 의류 사업부 웹사이트 디자인을 바꾸었다. 이에 스마트울 측에서는 새롭게 디자인한 웹사이트가 본격적으로 선보인 이후 고객의 접속량이 증가했는지 궁금했다. 특히 웹사이트 방문 가운데 실제로 구매로 이어지는 비율이 변했는지 알고 싶다.

문제 : 웹사이트의 디자인을 바꾸기 전에 방문 대비 구매 비율이 20%였다고 가정하고, 웹사이트 방문 가운데 실제로 구매로 이어지는 비율이 변했는지를 검정하기 위한 귀무가설과 대립가설을 세워라.[1]

답 : p=구매로 이어지는 방문의 비율

H_0: $p = 0.2$ vs. H_A: $p \neq 0.2$

[1] 이 수치는 실제 값은 아니지만 흔히 접할 수 있는 값이다.

10.2 형사재판과 닮은 가설검정

"검사가 피고의 유죄를 입증하지 못하면, 배심원은 당연히 피고가 무죄라고 평결해야 한다."
— 뉴욕주 배심원 업무 지침

우리는 어떤 거래일이든 주가가 오를 확률이 50%라고 가정하고 논의를 시작했다. 그런 다음 자료를 살펴보고 나서 실제로 주가가 오른 날의 비율이 50%에서 충분히 멀리 떨어져 있지 않았기 때문에 이 가정이 틀렸다고, 즉 주가가 오를 확률이 50%가 아니라고는 말할 수 없다고 결론을 내렸다. 가설검정의 이와 같은 논리 전개는 뭔가 방향이 뒤집힌 듯 보일 수도 있다. 우리는 보통 무엇이 틀렸다고 생각하기보다는 옳다고 생각하기를 좋아하기 때문이다. 그러나 이러한 검정 논리는 다른 상황에서 이미 보아왔다. 바로 형사재판이다.

어떤 형사 피고인이 강도 혐의로 기소되었다고 하자. 영국의 관습법 체계와 그것에서 파생된 법률 체계(예컨대, 미국의 법률 체계)하의 형사재판에서는 피고가 무죄라는 주장이 귀무가설이다. 배심원 업무 지침에 이 점이 명시되어 있다.

형사재판에서 유죄를 입증하는 증거는 무죄추정을 반박하는 사실의 형태를 띤다. 형사재판에서 이런 증거를 수집하는 행위가 가설검정에서는 자료수집에 해당한다. 형사재판에서는 검사가 증거를 제시한다. ("피고가 무고하다면 사건 현장에서 복면한 채로 돈이 가득 찬 가방을 들고 있는 피고와 그가 도주용으로 건물 밖에 세워둔 차를 경찰관이 발견한 사실은 정말 이상하지 않습니까?") 다음 단계는 증거를 평가하는 일이다. 증거를 평가하는 책임은, 형사재판에서는 배심원들의 몫이고 가설검정에서는 검정하는 사람의 몫이다. 배심원은 무죄추정원칙에 입각하여 증거를 분석하고 피고에 불리한 증거는 피고가 실제로 무고하더라도 있을 수 있는 것인지 판단한다.

가설검정을 하는 사람도 배심원처럼 다음과 같은 유사한 물음을 던진다. "귀무가설이 참이라고 하더라도 이들 자료는 우연히 생겨날 수 있지 않을까?" 만약 그런 자료가 우연히 생길 가능성이 매우 낮다고 판단되면, 귀무가설에 대해 합리적인 의심을 하게 된다. 가설검정을 하는 사람은 반드시 결론을 내려야 한다. 형사재판에서 "합리적 의심을 잠재울 만큼 강력한 증거가 있어야 유죄"라는 원칙은 모호한 측면이 있다. 무죄라는 가설을 부인하려면 증거가 얼마나 강력해야 하는지는 배심원이 스스로 결정해야 하기 때문이다. 배심원은 피고가 무죄라는 가설을 부정하기 위해 명시적으로 확률을 활용하지 않는다. 그러나 운이 좋게도 통계적 가설검정을 하는 사람에게는 이러한 모호함이 없다. 귀무가설이 참이라면 자료를 처리하여 얻은 증거가 얼마나 의외적인지 그 정도를 정확하게 계량화할 수 있기 때문이다.

얼마나 의외적이라야 의외적이라고 할 수 있는가? 엄격한 기준을 제시하는 사람도 있다. 흔히 사용되는 기준은 스무 번에 한 번, 즉 확률 0.05, 또는 백 번에 한 번, 즉 확률 0.01이다. 그러나 이런 기준은 가설검정을 하는 사람이 상황을 고려하여 스스로 판단해야 한다.

10.3 P값

가설검정 논리의 근본적인 요소는 "귀무가설이 참이라면 수중의 자료는 놀라울 만큼 의외적인가?"라는 질문이다. 이에 대한 답을 하려면, 귀무가설이 참이라고 할 때 표본을 사용하여 구한 결과와 같은 결과를 얻을 가능성을 정확하게 계산해야 한다. 그래서 하나의 확률이 필요하다. 구체적으로 말하면, 귀무가설이 참이라고 할 때, 수중에 있는 표본 자료 이상으로 의외적인 자료를 얻게 될 확률을 알고 싶다. 이 확률이 이른바 **P값**(P-value)이다.

> **합리적 의심을 잠재울 만큼 강력한 증거**
> 우리는 자료가 합리적 의심을 잠재울 만큼 강력한 증거인지 의문을 제기한다. 조금 전에 귀무가설이 참이라면 수중에 있는 자료가 얼마나 뜻밖의 것인지 확률을 계산했다(0.308이었다). 귀무가설이 참이라는 전제하에 수중의 자료에서 구한 통계치 또는 그보다 더 뜻밖의 값을 얻을 확률을 P값이라고 한다. 앞의 예에서의 확률(0.308)은 합리적 의심을 잠재울 만큼 아주 작지 않다. 그래서 귀무가설을 기각할 수 없다.

수중의 자료를 사용하여 구한 P값이 아주 작으면, 이런 자료는 귀무가설이 참이라면 아주 의외적임을 나타낸다. 가설검정 과정을 보자. 먼저 세상의 어떤 대상에 대한 가설을 세운 다음, 세상에서 그 대상에 관한 자료를 수집했다. 그런데 그 가설에 의하면 그런 자료를 얻을 가능성이 아주 낮다. 아주 의외적인 상황이 발생한 것이다. 가설과 자료가 공존하기에 어색하므로 선택을 해야 한다. 귀무가설은 참이지만 수집한 자료가 아주 특이한 경우이거나, 아니면 귀무가설이 거짓이다(이 경우에는 귀무가설이 참임을 전제로 P값을 계산한 것은 사실상 잘못이다). P값이 작으면 귀무가설을 기각해야 한다. 기각여부를 결정하는 P값의 확고부동한 기준은 없다. 사실, 이 기준을 결정하는 일은 이 장의 주요 주제이다. 그러나 귀무가설을 기각하려고 할 때 0.001 이하인 P값은 아주 강력한 증거이고 0.05 이상인 P값은 아주 약한 증거라는 데는 거의 모두가 동의한다.

P값이 크면(아니면 아주 작지 않으면) 어떻게 결론을 내려야 할까? 아주 뜻밖의 상황을 목격하지 못한 경우이다. 자료가 귀무가설과 논리적 모순을 보이지 않으므로 귀무가설을 기각할 근거가 없다. 발생할 가능성이 큰 사건은 늘 일어난다. 그렇다면 P값이 크면 귀무가설의 참이 입증된 것인가? 아니다! 만약 그렇다면, 관찰한 자료는 귀무가설과 비슷한 많은 가설과도 논리적 모순을 보이지 않으므로 그 많은 가설도 모두 참이 되는 모순이 발생한다. 그러므로 P값이 큰 경우에 우리가 주장할 수 있는 것은 기껏해야 귀무가설이 거짓으로 보이지 않는다는 것이다. 그래서 엄격히 말하면 귀무가설을 "기각할 수 없다"고 결론을 내릴 뿐이다. 너무 시시한 결론처럼 들릴 수도 있겠지만, P값이 아주 작지 않으면 그렇게밖에 결론을 내리지 않을 수 없다. P값이 작지 않다는 사실은 표본을 통해 관찰한 자료가 귀무가설과 (심하게) 모순이 아님을 나타낼 뿐이다.

'무고한' 피고는 어떻게 해야 하는가

형사재판에서 배심원의 평결이 의미하는 바를 분석해보자. 검사가 제시한 증거가 피고가 무죄라는 추정을 반증할 만큼 강력하지 않을 때 배심원은 어떤 평결을 내리는가? 그들은 피고가 무죄라고 하지 않고 "유죄가 아니다"라고 한다. 피고가 무죄라는 추정을 거둬들이고 유죄라고 평결하기에는 증거가 약하다는 뜻일 뿐이다. 피고가 실제로 죄를 범하지 않았을지도 모르지만 배심원으로서는 확실히 알 수가 없다.

> **귀무가설을 기각하려는 게 아닌가요?**
> 자료를 수집하거나 실험을 수행하는 사람은 흔히 귀무가설을 기각하고 싶어한다. 이런 사람들은 신규광고가 이전의 광고보다 더 효과적이기를 바라고 자기가 지지하는 후보가 경쟁후보보다 더 많은 유권자의 지지를 받기를 원한다. 하지만 가설검정을 할 때는 반드시 중립을 지켜야 한다. 자기가 바라는 바 때문에 편향된 결정을 내리는 우를 범해서는 안 된다. 형사재판의 배심원들처럼 가설검정

배심원의 무죄추정원칙을 통계학 방식으로 나타내면 "귀무가설: 피고는 무죄다" 이다. 피고가 무죄라는 전제하에, 증거가 아주 뜻밖이라면(통계학적으로는 P값이 아주 작으면),

을 하는 사람도 귀무가설이 참이 아니라는 확신이 없으면 귀무가설을 기각하지 말고 유지해야 한다. 귀무가설이 거짓임을 입증해야 하는 부담은 대립가설의 몫이다. 대립가설이 채택되려면 귀무가설이 거짓임을 입증해야 한다. 귀무가설은 거짓으로 입증되지 않는 한 참이다. 가설검정을 하는 사람은 배심원과 판사의 역할을 해야지 검사의 역할을 해서는 안 된다.

다시 말하면 검사가 제시한 증거가 피고가 범인이 아니라면 있을 수 없다고 믿을 수밖에 없을 정도로 강력하다면, 배심원은 귀무가설을 기각하고 피고가 유죄라고 평결한다. 그러나 피고의 유죄를 입증하기에는 증거가 불충분하더라도(통계학적으로는 P값이 아주 작지 않더라도) 배심원은 귀무가설이 참이라고, 즉 피고가 무죄라고 평결하지 않는다. 배심원은 귀무가설을 기각하지 못하여 "피고는 유죄가 아니다"라고 평결할 뿐이다.

이와 마찬가지로, 귀무가설이 참이라는 전제하에, 자료가 특별히 뜻밖이지 않으면 귀무가설을 "기각하지 못한다"고 결정할 뿐이다. 결코, 귀무가설이 참이라고는 선언하지 않는다. 귀무가설이 참인지 거짓인지는 모를 뿐이다. (나중에 더 많은 증거가 나타날지는 모른다.)

한 인터넷 상점에서 웹사이트를 새로 디자인했는데 아직은 전면적으로 고객에게 공개하지 않았다. 새로운 디자인이 방문객의 구매 욕구를 기존의 웹사이트보다 더 자극하여 실제로 구매율을 높일지 검정해보고 공개 여부를 결정하려고 한다. 이 검정의 경우 귀무가설은 새로운 웹사이트가 기존 웹사이트보다 방문객들의 구매비율을 높이지 않는다는 것이다. 홈페이지를 방문하는 고객들을 무작위로 기존 웹사이트와 새로 디자인한 웹사이트로 연결해서 실질 구매율을 비교하려고 한다. 새로운 웹사이트로 연결된 고객 가운데 구매를 사람도 있을 것이고 하지 않는 사람도 있을 것이다. 각 웹사이트를 방문한 고객 가운데 단지 10명씩만 뽑아서 실제 구매율을 비교한다면, 아마도 결과는 분명하지 않을 것이고, 따라서 귀무가설을 기각할 수도 없을 것이다. 그러면 새로운 웹사이트 디자인은 완전히 실패작인가? 반드시 그렇다고는 할 수 없다. 귀무가설을 기각하기에 충분한 자료가 없을 뿐이다. 바로 이 때문에 새로운 디자인이 고객의 구매를 자극하는 데 더 효과적이라고 가정하고 검정을 시작하지 않았다. 만약 새로운 디자인이 고객들의 구매를 자극하는 데 더 효과적이라는 귀무가설을 가지고 검정을 시작하면, 몇몇 고객을 상대로 자료를 모아 검정하면 결과는 불분명할 것이고, 그래서 귀무가설을 기각하지 못할 것이며, 따라서 새로운 웹디자인이 더 효과적이라고 주장하게 될 것이다. 이사회도 이런 주장에 관심을 보이지 않을 것이다.

결론

P값이 작으면, H_0를 기각하고 H_A로 결론을 내려라.

P값이 충분히 작지 않으면, H_0를 기각하지 못하고 결론을 내릴 수 없다.

예시문제 P값에 따른 결론

문제 : 스마트울(앞의 예제 참조)의 직원이 신규 웹사이트가 본격적으로 가동된 후 방문객 가운데 무작위 표본을 추출하여 구매 비율을 검정하기 위해 P값을 계산했더니 0.0015였다. 어떤 결론을 내릴 수 있는가?

답 : 신규 웹사이트가 본격적으로 가동된 후 방문객 가운데 실제로 구매를 하는 고객의 비율이 여전히 0.20일 가능성은 매우 낮다. 구매 비율이 바뀌었음을 시사하는 강력한 증거이다. 귀무가설을 기각해야 한다.

확인문제

1. 아스피린이 피를 묽게 하는지 알고 싶어하는 제약회사가 있다. 귀무가설은 그렇지 않다는 것이다. 이 회사의 연구진이 환자 12명을 상대로 실험하고 피가 묽어진 환자의 비율을 관찰하고 P값을 계산했더니 그 값이 0.32였다. 그들은 아스피린이 피를 묽게 하는 약효가 없다고 선언했다. 이 선언을 평가해보라.
2. 어떤 알레르기 약의 효능에 대한 대규모 임상실험에서 75%의 환자들의 증상이 완화된 것으로 나타났다. 과학자들이 이 약에 대한 연구를 계속하여 최근에 '개선된' 새로운 약을 내놓았

다. 과연 이 '개선된' 약의 효능이 향상되었는지 알고 싶다. 귀무가설을 설정해보라.

3. 새로운 알레르기 약에 대한 임상실험을 수행하고 P값을 구했더니 0.0001이었다. 이 새로운 약의 효능에 대해 어떤 결론을 내릴 수 있는가?

10.4 가설검정의 논리

가설검정은 과정은 매우 체계적이다. 그 과정은 가설 설정, 통계량의 확률분포 결정, 계산, 결론 도출의 4단계로 구성된다.

가설 설정

"귀무가설은 실험과정에서 결코 증명되지 않지만, 부인될 수는 있다. 실험은 귀무가설을 반증할 수 있는 증거를 제공하기 위해 존재할 뿐이다.
—로널드 피셔(Ronald Fisher) 경, 『실험계획법(*THE DESIGN OF EXPERIMENTS*)』, 1931

우선 귀무가설을 설정하라. 대체로 귀무가설은 아무 변화도 없다는 회의적인 주장이다. 귀무가설은 흔히 아무런 행동을 하지 않아도 주어지는 기본적인 상태, 즉 현재 상태가 참이라는 주장이다. (예컨대, 피고는 무죄이다, 새로운 방법은 기존의 방법보다 낫지 않다, 고객이 선호하는 것들은 작년이나 마찬가지이다, 등)

통계적 가설검정에서 가설은 거의 언제나 확률분포의 모수에 관한 진술이다. 수집한 자료가 얼마나 뜻밖인지 평가하려면 모수에 대한 귀무가설이 필요하다. 더 구체적으로 말하면, 모수가 특정 값을 가진다고 가정한다. 통상적인 표기법은 H_0: 모수=가정한 값, 형태이다. 대립가설, H_A은 귀무가설이 기각되면 모수의 값으로 타당하다고 여기는 범위를 설정한다.

통계량의 확률분포 결정

전제조건이 위배될 경우

전제조건이 충족되지 않은 경우에는 그에 따른 우려를 명시하고 조심스럽게 검정을 진행할 수도 있다. 특이치가 있는 경우에는 그것을 포함한 분석과 제외한 분석을 모두 하든가 아니면 다른 일부를 대상으로 하든가 반응변수를 다르게 변환하여 분석할 수도 있다. 이런 것이 모두 불가능하거나 무의미하여 분석을 포기해야 할 수도 있다.

통계적 가설검정 계획을 세우려면 귀무가설을 검정하기 위해 사용하는 통계량의 확률분포와 가설에서 사용하는 모수의 값을 정해야 한다. 비율에 대한 검정에는 통계량, 즉 표본비율의 확률분포로 정규본포를 사용한다. 물론 어떤 분포이든 모형으로서 타당하려면 필요한 가정들이 있다. 그러므로 가정을 밝히고 전제조건들이 충족됨을 보여야 한다. 비율 검정에서도 **단비율** z **신뢰구간** 추정에서와 같은 가정과 조건들이 충족되어야 한다.

통계량의 확률분포를 결정할 때는 다음과 같은 형식의 진술로 끝맺는 것이 바람직하다. 조건들이 만족되었으므로 비율 검정에서 통계량의 확률분포는 정규본포로 나타낸다. 하지만 조심해야 한다. 다음과 같이 끝날 수도 있기 때문이다. 통계량의 확률분포로 정규본포를 사용하는 데 필요한 조건들이 충족되지 않으므로 가설검정을 진행할 수 없다. (이것이 사실이면, 검정을 중단하고 다시 생각해보아야 한다.)

이 책에서 다루는 검정마다 이름이 있다. 보고서에도 사용하는 검정의 이름을 밝혀야 한다. 후속 장들에서 여러 가지 검정을 다룰 것이다. 복수 표본에 대한 검정도 있고, 비율 외의 통계량을 사용하는 검정도 있으며, 표본분포로 정규분포가 아닌 분포를 사용하는 검정도 있다(이런 경우에는 z값을 사용하지 않는다.) 비율에 대한 검정은 **단비율** z **검정**[2)]이라고 부른다.

단비율 z검정

단비율 z검정을 사용하기 위해서 먼저 충족되어야 하는 조건은, 성공/실패 조건을 확인하기 위해 p_0와 q_0를 사용하는 점은 제외하고, 단비율 z신뢰구간의 조건과 같다. 다음 (검정) 통계량을 사용하여 귀무가설 H_0: $p = p_0$를 검정한다.

$$z = \frac{(\hat{p} - p_0)}{SD(\hat{p})}$$

표준편차도 p_0를 사용하여 계산한다. 즉, $SD(\hat{p}) = \sqrt{\frac{p_0 q_0}{n}}$. 관련 조건들이 충족되고 귀무가설이 참이면 이 검정통계량은 표준정규분포를 따른다. 그러므로 표준정규분포를 사용하여 P값을 구할 수 있다.

계산

자료를 사용하여 통계량을 계산한다. 앞으로 다룰 검정마다 통계량과 그것을 계산하는 공식이 있다. 계산의 궁극적 목표는 P값, 즉 귀무가설이 참이라면, 자료를 사용하여 구한 통계량의 값 이상으로 극단적인 값을 얻을 확률을 계산하는 것이다. P값이 아주 작으면 귀무가설을 기각한다.

조건부 확률

P값은 7장에서 "조건부 확률"이라고 부른 것의 결과임을 눈치챘는가? P값은 다른 사건의 참을 전제로 하기 때문에 "조건부 확률"이다. P값은 자료에서 구한 결과가 귀무가설이 참이라는 전제하에서 발생했을 수 있는 확률이다.

결론 및 의사결정

정식 가설검정의 주된 결론은 귀무가설에 대한 진술이다. 귀무가설을 기각하거나 기각할 수 없다는 단순한 진술이다. 항상 그렇듯이 결론은 상황에 맞추어야 하지만 귀무가설에 대한 결론으로 검정 과정이 끝나서는 안 된다. 전적으로 P값을 근거로 업무상 의사결정을 내려서는 안 된다. 취해야 할 행동이나 정책의 변경에 따르는 결과도 고려하여 의사결정을 내려야 한다. 가설검정의 결론은 의사결정에 중요한 정보를 제공하지만, 그 결론만을 근거로 의사결정을 내려서는 안 된다.

가설검정의 결과에 따라 업무상 결정을 내릴 때는 언제나 세 가지를 고려해야 한다. 검정의 유의수준, 그 결정에 따라 제안된 행동을 실행하는 데 드는 비용, **효과크기**(effect size)(가설에서 설정한 모수의 값과 상응하는 통계량의 값의 차이)가 그것들이다. 예를 들어, 어떤 휴대전화 통신사가 자사의 가입자 가운데 30%가 약정 기간 2년이 끝나면 다른 통신사로 옮긴다는 사실을 발견했다. 그래서 이 회사는 소규모 실험을 하기로 하고 고객 가운데 무작위로 일부를 선정하여 약정 기간이 끝나더라도 또 2년간 연장하면 \$350짜리 최신 휴대전화를 무상으로 주겠다고 제안했다. 예상대로 이 제안을 받은 고객들 가운데 다른 통신사로 옮겨가는 고객의 비율이 통계적으로 유의한 수준으로 낮아졌다. 그러면 이 통신사는 모든 고객에게 이런 제안을 하는 게 좋을까? 가설검정의 P값만을 근거로 이에 대답해서는 안 된다는 것은 당연하다. P값이 통계적으로 유의하더라도 휴대전화기를 무상으로 제공하는 데 따르는 비용과 고객 이탈률의 감소 폭, 즉 효과 크기를 고려해서 업무상으

2) "단일표본 모비율 검정"이라고 부르기도 한다.

로 합리적인 결정을 내려야 한다. 가설검정의 결론만으로 합리적인 업무 결정을 내릴 수 있는 경우는 아주 드물다.

예시문제 가설검정의 논리

문제 : 스마트울(307쪽 참조)사의 의류사업부 웹사이트 재설계의 효과를 분석하는 담당자가 최근의 그 웹사이트 방문 200건을 무작위로 추출하였는데 그 가운데 58건이 실제 구매로 이어졌다. 귀무가설은 $p=0.20$이다. 만약 이 귀무가설처럼 진정한 구매비율이 20%라면 이 실제 구매율은 아주 뜻밖인가?

답 : 귀무가설이 참이라면 실제 구매 58건은 정말로 뜻밖으로 높은 값인지 판단하기 위해 귀무가설을 전제로 한 정규분포를 사용한다.

이 정규분포의 평균으로는 0.20을 사용하고 표준편차로는 $\sqrt{\frac{p_0q_0}{n}} = \sqrt{\frac{(0.2)(0.8)}{200}} = 0.02828$을 사용한다.

실제 구매 58건은 표본비율 $\hat{p} = \frac{58}{200} = 0.29$, 즉 29%에 해당한다.

이 표본비율 0.29에 해당하는 z값은 $z = \frac{(\hat{p}-p_0)}{SD(\hat{p})} = \frac{0.29-0.20}{0.02828} = 3.182$이다.

다시 말하면, 귀무가설이 참이라면, 관찰한 표본비율은 귀무가설에서 가정한 평균보다 3.182 표준편차만큼 더 크다. 표준정규분포에서 평균보다 3 표준편차 이상 클 확률은 68-95-99.7 법칙에 따르면 0.3%에 불과하기 때문에 58건의 실제 구매는 아주 뜻밖으로 크다고 볼 수 있다.

10.5 대립가설

"그것들은 경이로울 정도로 일을 쉽게 만들어버린다. 그러나 여전히 질문은 풀리지 않는다. 우리는 자기가 세운 가설이 제자리를 잃으면, 또 다른 가설을 택하여 그 자리에 세운다…"
—제임스 러셀 로웰(James Russell Lowell), *CREDIDIMUS JOVEM REGNARE.*

다우지수에 관한 예제에서 우리는 비율이 50%에서 벗어나기만 하면 50%보다 크든지 작든지 상관하지 않고 동일하게 취급했다. 그래서 대립가설을 H_A: $p \neq 0.5$으로 표기했다. 이런 대립가설을 **양측대립가설**이라고 부르고 이 경우 가설검정을 양측검정이라고 한다. 귀무가설의 값과 다르기만 하면 어느 쪽으로든지, 즉 귀무가설의 값보다 크든지 작든지 차별하지 않고 다르다는 사실에만 관심이 있기 때문이다. 양측 대립가설의 경우 P값은 귀무가설의 값에서 어느 쪽으로든 벗어날 확률이다.

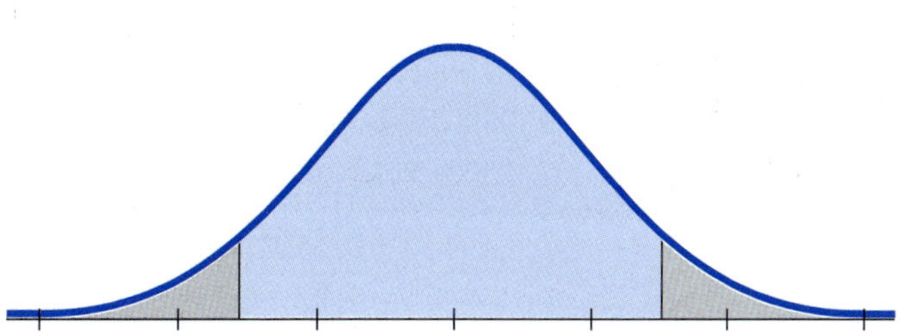

| 그림 10.3 양측 대립가설에서 P값은 양쪽으로 통계량의 값보다 바깥에 있는 꼬리에 해당하는 확률을 합한 값이다.

다음과 같은 상황을 가정하자. 우리는 어떤 제품을 만드는 기업의 직원이고 이 기업은 품질관리를 강화한 다음 그 제품의 판매 후 반품률이 낮아졌는지 알아보고자 한다고 하자. 우리는 제품의 품질이 나아진 사실을 알고 있으므로 반품률이 증가하지는 않았을 것이라고 꽤 장담한다. 그렇다고 해서 고객도 품질이 향상되었다고 생각할까? 우리는 표

> **대립가설**
> 비율 :
> 양측대립가설
> H_0: $p = p_0$
> H_A: $p \neq p_0$
> 단측대립가설
> H_0: $p = p_0$
> H_A: $p < p_0$ 또는 $p > p_0$

본을 추출했을 때 그 표본의 반품률이 귀무가설에서 설정한 반품률보다 적기를 바랄 것이다. 그래서 대립가설을 H_A: $p < p_0$과 같이 설정한다. 귀무가설의 값에서 어느 한쪽으로만 벗어난 값에 관심이 있는 대립가설은 단측대립가설이라고 이 경우 가설검정을 **단측검정**이라고 한다.

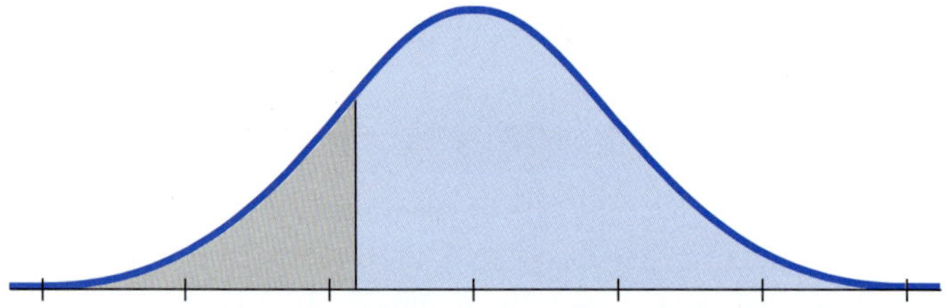

그림 10.4 단측검정에서 P값은 해당 검정통계량이 표본 자료를 사용하여 구한 통계량의 값을 그 대립가설에서 정해진 쪽으로 초과할 확률이다.

단측검정에서 P값은 해당 통계량이 표본을 사용하여 구한 통계량의 값을 해당 대립가설에서 정해진 방향으로 초과할 확률이다. 예를 들어, 대립가설이, H_A: $p < p_0$이면 통계량, $\hat{p}$이 p_0보다 작을 확률이고 $\hat{p}$이 정규분포를 따르므로 검정통계량 $z = \dfrac{(\hat{p} - p_0)}{SD(\hat{p})}$는 표준정규분포를 따른다. 따라서 해당 P값은 표준정규포표를 사용하여 구할 수 있다. 즉 $P(Z < z)$를 구하면 된다. 대립가설이 H_A: $p > p_0$이면 $P(Z > z)$를 구하면 된다.

길잡이 문제 　홈구장 이점

메이저리그 프로 스포츠는 대규모 사업이다. 관객은 홈팀이 승산이 클 때 응원하러 경기장에 올 가능성이 크다. 스포츠 선수나 관객이나 누구든지 "홈구장 이점(利點)"이라는 말을 들어봤을 것이다. 스포츠팀은 원정경기보다 홈경기에서 상대적으로 더 많이 이기는 경향이 있다는 말이다. 정말 그럴까?

홈구장 이점 현상이 없다면 홈팀은 자신이 치르는 모든 경기의 약 절반을 이길 것이다. 2010년 메이저리그야구 시즌에는 2,430 경기가 치러졌다. 이 가운데 홈팀이 이긴 경기는 1,359경기로 홈경기 승률은 55.93%이었다.

질문: 이 2010년 시즌 홈경기 승률이 50%보다 큰 55.93%인데 이를 표본조사에서 있을 수 있는 자연스러운 변동이라고 설명할 수 있을까? 아니면 최소한 프로야구경기에서는 실제로 홈구장 이점이 있음을 시사하는 증거인가?

계획	**준비** 알고자 하는 바를 명시하라. 변수들을 정의하고 변수가 취할 수 있는 값에 대해 설명하라.	프로야구 경기에서 홈팀의 승산이 더 높은지 알고 싶다. 사용할 수 있는 자료는 2010년의 메이저리그 야구 경기 2,430 전부의 결과이다. 변수는 홈팀의 승패 여부이다. 관심의 대상인 모수는 홈팀의 승률이다. 홈팀에게 유리한 점이 없다면 이 비율은 0.50일 것이다.
	가설 귀무가설은 홈구장 이점은 없다는 주장이다.	H_0: $p = 0.50$ H_A: $p > 0.50$

유일한 관심 사항은 홈팀이 유리한가, 이다. 그러므로 대립가설은 단측 가설이다.

모형 필요한 가정이 모두 충족되는지 점검하고 관련 조건들을 확인하라.

✔ **독립성 가정:** 일반적으로 어떤 경기의 결과가 다른 경기의 결과에 영향을 미치지 않는다. 그러나 꼭 그렇지는 않다. 예컨대, 어떤 경기에서 핵심 선수가 다치면 그 선수 소속팀은 그 다음 몇 경기에서 이길 확률은 좀 낮아질 수 있기 때문이다. 그래도 여전히 대체로 어떤 경기의 결과가 다른 경기의 결과에 영향을 미치지 않는다. 자료는 2010년 시즌이라는 특정 시즌의 결과이지만 다른 시즌의 자료도 유사하리라고 예상한다.

이 자료는 무작위표본은 아니다. 그렇지만 2,430경기는 앞으로 열릴 경기들을 포함해서 다른 시즌의 결과를 잘 대변한다고 봐도 무방하다.

✔ **성공/실패 조건:**

$np_0 = 2{,}430(0.50) = 1{,}215 \geq 10$

$nq_0 = 2{,}430(0.50) = 1{,}215 \geq 10$

표본분포를 정하고 어떤 검정을 사용할지 명시하라.

조건들이 충족되므로 표본분포로 정규분포를 사용하고 **단비율 z검정**을 실시한다.

실행

계산과정 비율에 대한 검정을 하므로 귀무가설의 참을 전제로 한 표본분포에서 평균을 구하고, 그 평균을 사용하여 표준편차를 계산한다.

귀무가설이 참이라고 전제하면 표본비율은 정규분포를 따르며 그 평균은 0.50이고 표준편차는 다음과 같다.

$$SD(\hat{p}) = \sqrt{\frac{p_0 q_0}{n}} = \sqrt{\frac{(0.5)(1-0.5)}{2430}} = 0.01014$$

그 다음, 자료를 사용하여 구한 표본평균의 z값을 구하여, 그 표본평균이 귀무가설에서 설정한 비율에서 몇 표준편차만큼 떨어져 있는지 파악한다.

자료를 사용하여 구한 표본비율($\hat{p}$)은 0.5593이다.
그러므로 z값은 다음과 같다.

$$z = \frac{0.5593 - 0.5}{0.01014} = 5.85$$

z값을 사용하여 P값을 계산할 수 있다. P값은 표준정규분포를 따르는 확률변수의 값이 이 z값만큼 극단적으로 크거나 그 이상일 확률이다.

자료에서 구한 표본평균은 평균보다 5.85표준편차만큼 크다.

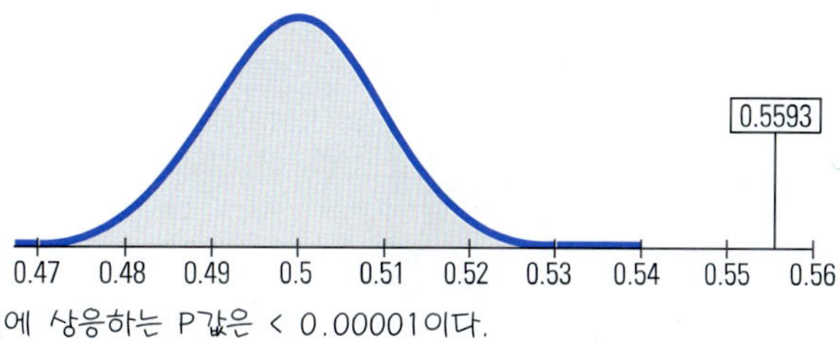

이에 상응하는 P값은 < 0.00001이다.

보고

결론 관심 대상 모수에 대한 결론을 현실 맥락에 맞추어 내려라.

간략 보고

주제: 홈구장 이점

2010년 시즌 자료를 분석한 결과 통계적으로 유의한 홈구장 이점이 있음이 확인되었다. P값이 0.00001보다 작다는 사실은 실제로 홈팀의 승률이 0.50이라면 홈팀 승률이 0.5593혹은 그 이상일 가능성은 10만분의 1도 되지 않는다.

예시문제 **비율 검정을 위한 P값 구하기**

문제 : 웹사이트 방문 목록에서 무작위로 200건을 추출했더니 그 가운데 58건이 구매로 이어졌다(313쪽 참조). $p=0.20$란 가설을, 새로운 웹사이트로 인해 구매율이 변했다는 대립가설을 상대로 검정하라.

답 : 대립가설은 양측 가설이다. 그러므로 표준정규분포 확률변수가 3.182보다 크거나 −3.182보다 작을 확률을 구해야 한다. 표준정규분포는 평균값 0을 중심으로 대칭이므로 이 확률은 $2 \times P(z > 3.182) = 2 \times 0.00073 = 0.00146$. 이 확률은 귀무가설에 아주 불리한 증거이며 그래서 귀무가설을 기각하고 실제 구매율은 더 이상 0.20이 아니라고 결론을 내린다.

10.6 알파수준과 유의수준

귀무가설의 기각 여부를 확실하게 결정해야 할 경우가 있다. 배심원은 검사가 제시한 증거가 "합리적 의심을 잠재울 만큼 강력한지" 결정을 내려야 한다. 기업은 웹디자인을 반드시 선택해야 한다. 학생은 개설된 여러 통계학 강좌 가운데 한 강좌를 반드시 수강해야 한다.

자료를 가지고 계산한 P값이 아주 작다면 귀무가설의 참을 전제로 할 때 이런 자료를 얻기란 아주 희귀한 사건임을 뜻한다. 인간은 뜻밖의 사건은 의심한다. 자료가 "아주 희귀한 사건이면" 그런 자료는 그저 우연의 결과라고 보지 않고 기존의 상태(귀무가설)가 참이 아님에 틀림없다고 본다. 이런 상황에서 우리가 취할 수 있는 일이라고는 귀무가설을 기각하는 길밖에 없다.

하지만 얼마나 희귀하면 정말 "희귀"한가? "희귀"하려면 P값이 얼마나 작아야만 하는가?

로널드 피셔(1890-1962) 경은 현대 통계학의 창시자 가운데 한 사람이다.

"희귀한 사건"은 P값의 임계값을 설정하여 임의로 규정할 수 있다. 자료를 사용하여 구한 P값이 이 임계값보다 작으면 귀무가설을 기각한다. 이러한 결과를 통계적으로 유의하다고 한다. 이 임계값을 **알파수준**(alpha level)이라고 하며 그리스 문자 α로 나타낸다. 흔히 사용하는 α-수준으로는 0.10, 0.05, 0.01, 0.001이 있다. α-수준은 상황을 고려하여 숙고한 다음 선택해야 한다. 에어백의 안전성을 평가하는 경우라면 α-수준을 낮게 잡아야 하며, 0.01도 충분하지 않을 수도 있다. 그러나 자신이 선택한 α-수준이 합당한지 보이기란 어려울 수도 있다. 그래서 별 생각 없이 종종 0.05를 택하기도 한다.

유의수준 0.05의 유래

로널드 피셔 경은 1931년 자신의 유명한 저서 『실험계획법(*The Design of Experiments*)』에서 귀무가설을 기각하기 위해 얼마나 많은 증거가 필요한지에 관해 논의했다. 상황에 따라 다르다면서도 많은 과학 분야에서 20회에 1회 정도면 적당한 값이며, 확인 작업이 뒤따를 최초의 실험에서는 특히 그렇다고 조금은 가볍게 말했다. 이후 학문분야에 상관없이 많은 사람들이 0.05를 마치 신성불가침한 값인 듯 받아들였다.

알파수준은 **유의수준**(significance level)이라고도 한다. 가설검정에서 귀무가설을 기각할 때 그 검정은 "그 수준, 즉 알파수준에서 유의하다"라고 말한다. 예를 들면, "5% 유의

수준에서" 귀무가설을 기각한다, 라고 말한다. 자료를 분석하기 전에 알파수준을 택해야 한다. 그렇지 않으면 자료를 분석한 다음 알파수준을 조정하여 결론을 속였다고 비난 받을 수 있다.

표기법 주의!

그리스 문자 가운데 첫째인 α는 통계학의 가설검정에서 임계값으로 사용된다. 그것을 가리켜 알파수준이라고 하는 소리를 들을 것이다. 흔히 쓰이는 알파수준은 0.10, 0.05, 0.01, 0.001이다.

P값이 α보다 적지 않으면 어떤 결론을 내릴 수 있을까? 자신이 정한 기준에 따르면 귀무가설을 기각하기에 충분한 증거가 발견되지 않았으면 "수집한 자료는 귀무가설을 기각하기에 충분한 증거를 제시하지 못했다"라고 해야 한다. "귀무가설을 수용한다"라고 말하면 안 된다. 귀무가설을 입증하지 않은 것은 확실하다. 귀무가설은 검정을 위해 가정한 것에 불과하다. 귀무가설을 유지한다고 말할 수도 있겠지만, 귀무가설을 기각하지 못했다고 말하는 게 안전하다.

당신도 예외는 아니다!

물론 실제로 귀무가설이 참이더라도 어떤 α 수준을 채택하든지 상관없이 실수로 귀무가설을 기각할 확률은 α이다. 귀무가설을 기각하면서 자신이 바로 이러한 드문 실수를 범한다고 생각하는 사람은 아무도 없다. 통계학자 스투 헌터(Stu Hunter)가 이런 현상을 꼬집었다. "통계학자는 말한다. '희귀한 사건도 발생한다—그러나 나에게는 안 생긴다!'"

결론

P값 < α이면, H_0를 기각한다.
P값 ≥ α이면, H_0를 기각하지 못한다.

메이저리그 야구 홈구장 이점 예를 다시 보자. P값 < 0.001이었다. 이 P값은 귀무가설을 기각해도 괜찮은 어떤 알파수준보다도 작다. 그래서 "홈팀의 승률이 높은 것은 우연만으로 설명할 수 없는 홈구장 이점이 있다고 결론짓기에 충분한 증거가 있다."라고 결론지었다. 반면에 어떤 지역의 자동차 사고 건당 평균 보험료 지급액(μ)이 $3,000이라는 기존의 통계에 대해 의문이 들어 자료를 수집하여 P값을 계산했더니 0.4015로 나왔다면, 귀무가설 H_0: μ=$3,000을 기각하지 못했다고 할 수밖에 없다. 귀무가설을 받아들였다거나 입증했다고는 결코 말할 수 없다.

알파수준을 사용하여 귀무가설을 기계적으로 기각하든지 기각하지 못하는 절차가 왠지 찜찜한 사람이 있을지도 모르겠다. P값을 구했더니 알파수준보다 조금이라도 더 크면 귀무가설을 기각해서는 안 된다. 그러나 P값이 알파수준보다 조금이라도 작으면 귀무가설은 기각해야 한다. 이것이 마음에 걸린다고 해도 이상한 일은 아니다. 통계학자 가운데는 알파수준을 선택하고 그것을 기준으로 기각하든지 기각하지 못하는 과정을 기계적으로 거치는 것보다는 P값을 보고하는 게 낫다고 생각하는 사람이 많이 있다. 그러므로 가설검정의 결론을 내릴 때는 근거가 되는 증거가 얼마나 강력한지를 보이기 위해 P값도 보고하는 것이 좋다.

별표의 수가 증거의 강도를 보인다

학문 분야에 따라서는 여기에서 더 나아가 P값의 범위에 따라 개수를 달리한 '*' 기호를 붙인다. P값이 0.05에서 0.01 사이에 있으면 *를 붙이고, 0.01에서 0.001 사이에 있으면 **을 붙이며, 0.001보다 작으면 ***을 붙인다. 이런 표식은 통계적 증거가 귀무가설에 얼마나 불리한지를 요약해서 보여주는 편리한 수단이기는 하지만, 이런 별표 개수의 차이를 맹신하여 P값이 경계 부근에 있을 때 기계적으로 결정하는 것은 현명한 처사가 아니다. *표의 개수를 정하는 경계값들은 과학적으로 정해졌다기보다는 하나의 전통에 불과하다. 0.05라는 값이 다른 값들에 비해 특별히 의미가 있지는 않다. P값이 0.051인 경우도 0.05보다 크다는 이유만으로 가볍게 다루어서 무시해서는 안 된다. 마찬가지로 P값이 0.009인 경우도 0.011인 경우와 크게 다르지는 않다.

현실적 유의성 vs. 통계적 유의성

한 대형 보험사가 자사의 방대한 자료를 분석한 결과 2011년과 2012년의 보험 재계약 비율에 통계적으로 유의한 차이(P값=0.04)가 있음을 발견했다. 차이는 2%포인트였다. 이 차이가 통계적으로는 유의하였지만 경영진은 고객을 유지하는 데 드는 비용을 감안하여 별로 중요하지 않게 받아들였다. 반면, 새로운 진통제가 기존의 것들에 비해 효험이 10% 높아졌다면 이는 대단한 성과이지만 많은 사람들을 상대로 임상실험을 하지 않으면 통계적으로 유의하지 않을 수도 있다. 이런 성과는 경제적으로나 의학적으로는 의미가 크지만 통계적으로는 유의하지 않을 수도 있다.

경우에 따라서는 아직은 분명하게 결론을 내릴 수 없으며 자료를 더 모아봐야 한다고 제안하는 편이 최선이다. (형사재판에서 배심원들은 의견이 분분하면 평결을 내리지 못하기도 한다) 이런 경우에는 P값을 보고하는 것은 특히 좋은 생각이다. 수중의 자료를 가지고 귀무가설에 대해 할 수 있는 말과 할 수 없는 말이 무엇인지를 요약해서 보여주는 가장 좋은 지표이기 때문이다.

가설검정이 통계적으로 유의하다는 말은 무슨 뜻인가? 그저 검정통계량의 P값이 알파수준보다 작다는 뜻일 뿐이다. "통계적으로 유의하다"면 반드시 현실적으로 중요하거나 영향을 준다는 의미가 있다고 생각해서는 안 된다.

표본이 아주 크면 귀무가설과 하찮은 차이도 통계적으로 유의할 수 있다. 반면, 표본이 별로 크지 않으면 경제적으로나 과학적으로는 유의미한 차이도 통계적으로는 유의하지 않을 수 있다.

귀무가설에 대한 결정을 보고할 때는 효과크기(귀무가설의 값과 자료에서 관측된 해당 통계량의 값 사이의 차이)도 P값과 함께 제시하는 편이 좋은 관례이다.

예시문제 *α* **수준 설정**

문제 : 스마트울(316쪽 참조)사 분석 담당자의 상관이 모든 가설검정에서 α 수준으로 0.05를 사용하기로 했다. 이 알파 수준을 사용했더라면 결론이 달라졌을까?

답 : $\alpha=0.05$를 사용하는 경우, P값이 0.05보다 작으면 귀무가설을 기각하고 0.05보다 크면 기각하지 못한다. 그 검정에서 구한 표본비율을 가지고 계산한 P값이 0.00146이었으며 이 값은 0.05보다 작으므로 귀무가설은 기각한다. 즉, 결론은 달라지지 않았을 것이다.

10.7 임계값

모수의 신뢰구간을 구할 때 해당 통계량의 표준오차 추정치에 임계값을 곱하여 오차의 한계를 구했다. 모비율의 신뢰구간을 구할 때는 선택한 신뢰수준에 맞추어 구한 z^*가 **임계값**(critical value)이었다. 임계값은 가설검정에서도 간편한 수단으로 사용할 수 있다. 컴퓨터와 휴대용 계산기가 흔치 않던 시절에는 P값은 쉽게 구할 수 없었다. 흔히 사용하는 알파수준 몇 가지(예컨대, 0.05, 0.01, 0.001)를 선택하고 정규분포를 사용하여 그것들에 상응하는 임계값(예컨대, 신뢰수준 0.95, 0.99, 0.999에 상응하는 z^*)을 외우는 편이 쉬웠다. 자료를 사용하여 계산한 통계량의 값에 해당하는 확률을 구하는 어려운 방법을 택하지 말고, 그 통계량의 값이 귀무가설에서 설정한 값에서 몇 표준편차나 떨어져 있는지 구하여 그것(이를 z 점수라고 부른다)과 해당 z^*를 직접 비교하면 된다. (어떤 값과 평균의 차이를 표준편차의 배수로 나타내면 그것이 곧 하나의 z^*값임을 상기하라.) 특정 임계값보다 z 점수의 절대값이 클 확률은 그 임계값에 상응하는 알파수준보다 작으며, 따라서 상응하는 P값도 그 알파수준보다 작다.

약식 결정

계산기나 컴퓨터를 사용하지 않고 바로 검정하려면 숫자 "2"를 잊지 말자. 바로 우리 친구 "68-95-99.7 법칙"이다. 숫자 2는 유의수준 α=0.05에서 양측 대립가설을 상대로 z값을 사용하여 실시하는 가설검정에서의 근사적 임계값이다. z^*의 정확한 값은 1.96인데 대부분의 경우 2를 사용하여도 별 차이가 없다.

그저 기각 가능성 여부에만 관심이 있다면 자료에서 구한 z값과 미리 정한 알파수준에 상응하는 임계값을 비교하는 편이 가장 빠르게 결정짓는 방법이다. 홈구장 이점 유제의 경우를 보자. $\alpha=0.05$이면, 귀무가설을 기각하려면 자료에서 구한 z 점수가 단측검정의 임계값 1.645보다 커야 한다. 자료에서 계산한 표본 비율은 0.5에서 4.74 표준편차만큼 크므로 귀무가설을 단호하게 기각한다. 이 방법은 조금도 오류가 없고 기각 여부를 쉽게 결정할 수 있게 한다. 그러나 증거의 세기에 관한 정보를 보여주는 P값을 제시하지 않는 약점이 있다. 컴퓨터나 공학용 계산기 혹은 통계 앱을 사용하면 P값을 쉽게 구할 수 있다. P값은 가설검정에 사용한 증거의 강도에 관한 정보를 제공하므로 검정 결과를 보고서에 포함하는 게 바람직하다.

다음은 정규분포를 사용하는 경우에 흔히 사용하는 z^*값들이다.[3)]

α	단측검정	양측검정
0.05	1.645	1.96
0.01	2.33	2.576
0.001	3.09	3.29

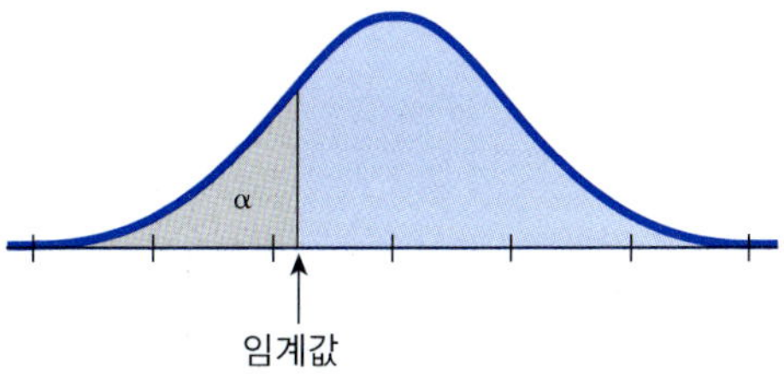

그림 10.5 단측검정의 경우 임계값은 면적이 α인 한쪽 꼬리의 시작점이다.

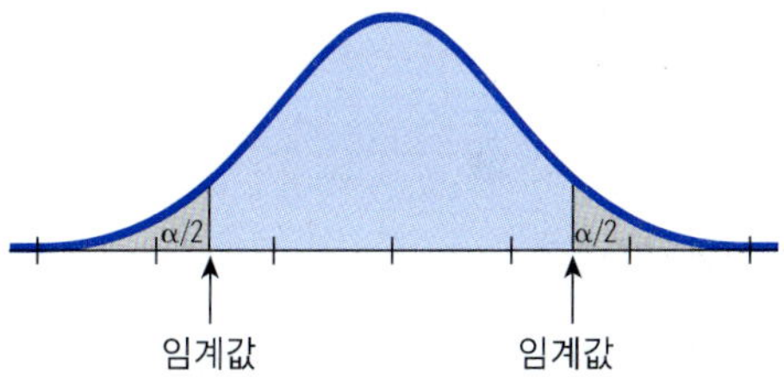

그림 10.6 양측검정의 경우 임계값은 각각의 면적이 $\alpha/2$인 양쪽 꼬리의 시작점이다.

3) 어떤 의미에서는 이 값들은 68-95-99.7법칙과 동전의 양면을 이룬다. 68-95-99.7법칙에서는 평균으로부터 일정 거리만큼 떨어진 곳에서 시작하는 꼬리의 면적을 보여주며 여기에서는 몇 가지 꼬리 면적, 즉 0.05, 0.0, 0.001에 상응하는 거리를 제시한다.

10.8 신뢰구간과 가설검정

표기법 주의!

비율 p 에 몇 가지 기호를 붙였다. 각각을 명확히 파악해보자.

p는 모수, 즉 모집단의 비율
p_0는 귀무가설에서 p에 설정한 값
$\hat{p}$는 표본에서 구한 (표본)비율
p^*는 모비율에 대한 가설검정에서 특정 α에 상응하는 비율의 임계값

관련 이론

9장에서 보았듯이 비율에 대한 가설검정과 신뢰구간은 정확하게 같지는 않다. 신뢰구간을 구할 때는 표본비율 $\hat{p}$의 표준편차를 표본비율 자체($\hat{p}$)를 사용하여 구하여 표준오차로 추정했다. 그러나 가설검정에서는 귀무가설의 비율 p_0를 사용하여 표본비율의 표준편차를 계산했다. $\hat{p}$와 p_0가 비슷하면 양 경우의 표준편차가 비슷하다. $\hat{p}$와 p_0가 비슷하지 않으면, 관측한 값과 가설에서 설정한 값이 많이 다르다는 뜻이므로 귀무가설을 기각할 가능성이 크다. 귀무가설을 기각한 경우에는, 기각한 비율이 아니라 자료에서 구한 (표본)비율을 사용하여 표준오차를 계산하고 그것을 사용하여 신뢰구간을 구하는 것이 현명하다.

신뢰구간 구하기와 가설검정은 같은 계산 과정을 거친다. 가정과 조건도 같다. 조금 전에 보았듯이 신뢰구간을 보면 완벽하지는 않지만 상당히 정확하게 가설검정을 할 수 있다. 귀무가설에서 설정한 모수의 값이 같은 신뢰수준에서 구한 신뢰구간에 포함되는지 보면 된다. 신뢰수준은 당연히 양측이므로 가설검정의 양측검정에 상응한다. 예를 들어, 95% 신뢰구간은 $\alpha = 5\%$인 양측검정과 일치한다. 일반적으로 신뢰수준 $C\%$인 신뢰구간은 $\alpha = 100 - C\%$인 양측검정에 상응한다.

단측 신뢰구간을 단측검정에 사용하려면 방향을 선택해야 한다. $\alpha = 5\%$인 단측검정을 하려면 반대 방향의 5% 꼬리를 제외하고 같은 방향의 95% 단측 신뢰구간을 구하면 된다.

단측 신뢰구간의 경우 한쪽은 열려 있다. 예를 들어, 홈구장 이점 유제에서 관심 사항은 홈구장이 과연 홈팀에게 유리한지 여부였으므로 자연스럽게 (오른쪽) 단측검정을 했다. 홈구장 승률의 95% 단측 신뢰구간은 신뢰수준이 90%인 양측 신뢰구간의 오른쪽을 열면 된다.

$$0.5593 - 1.645 \times 0.01014 = 0.543$$

반대쪽의 5%에 해당하는 꼬리를 제외하기 위해 $z^* = 1.645$를 사용했다. 홈팀 승률의 신뢰구간을 (0.543, ∞)로 나타내면 신뢰수준 95%에서 홈팀은 홈경기에서 평균적으로 최소한 54.3%는 이긴다고 말할 수 있다. 귀무가설 H_0: $p = 0.50$을 검정하기 위해 우리는 0.5가 이 신뢰구간에 포함되지 않음에 주목한다. 신뢰구간의 하한 0.543은 분명히 0.50보다 크다. 그래서 귀무가설을 기각한다. 가설검정과 신뢰구간 사이의 연관성을 보여준다.

통상 신뢰구간 하면 양측 신뢰구간을 뜻하므로 단측검정에 관심이 있는 경우에도 양측 신뢰구간을 제시한다. 이렇게 하면 더 많은 정보를 제공하는 이점도 있다. 홈구장 이점에 관한 유제에서 다음과 같이 90% 양측 신뢰구간을 제시할 수도 있었다.

$$0.5593 \pm 1.645 \times 0.01014 = (0.543,\ 0.576).$$

앞에서 왼쪽 $\alpha(=5)\%$ 꼬리를 제외한 데 더해 추가로 오른쪽 $\alpha(=5)\%$ 꼬리를 제외하여 90% 양측 신뢰구간을 구축했음에 주목할 가치가 있다. 이 양측 신뢰구간과 가설검정의 결과는 여전히 일치한다. 홈팀 승률의 90% (양측) 신뢰구간은 귀무가설의 모비율 0.5를 포함하지 않으므로 귀무가설을 기각한다. 양측 신뢰구간을 보면 홈팀 승률이 57.6%를 넘기 어렵다는 사실도 알 수 있다. 단측 신뢰구간과 양측 신뢰구간의 관계는 〈그림 10.7〉에 나타나 있다.

가설을 검정할 때 신뢰구간을 구하는 데는 또 다른 이유가 있다. 가설검정을 통해서 자료에서 구한 통계량이 가설로 세운 값과 다른지는 알 수 있지만 얼마나 다른지에 대해서는 알 수 없다. 업무상 결정을 내리는 데는 통계적으로 유의한 차이가 있는가도 중요하지만 그 차이가 과연 의미가 있는가도 중요하다. 홈구장 이점의 예에서 구한 신뢰구간을 보면 전 시즌 동안 홈구장 이점의 덕분에 각 팀은 평균적으로 약 2~6 승리를 추가한다. 이는

팀의 성적과 관중의 수에도 상당한 영향을 미친다.

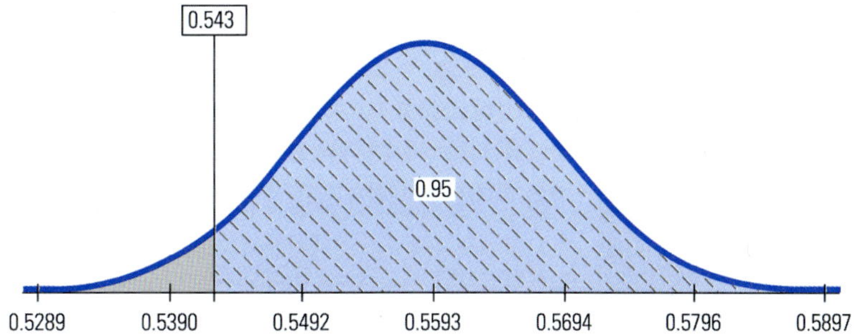

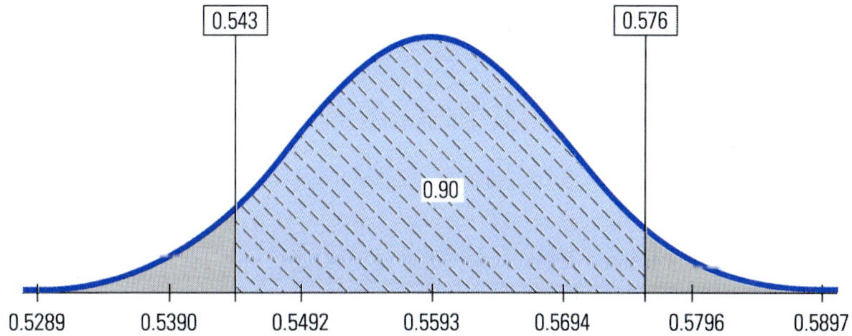

그림 10.7 상단의 95% 단측 신뢰구간은 한쪽의(이 경우, 왼쪽) 5%를 제외하고 반대쪽은 열려 있다. 하단의 90% 신뢰구간은 좌우대칭이고 단측 신뢰구간과 한쪽(이 경우, 왼쪽)이 일치한다. 양 신뢰구간을 보면 모두 $p=0.50$이라는 귀무가설을 유의수준 $\alpha=0.05$에서 $\hat{p}$가 0.543보다 크기만 하면 기각된다.

확인문제

4. 어떤 은행이 신용카드 대금을 갚지 않는 고객에게 연체금을 거두는 새로운 방법의 효과를 시험하고 있다. 종래의 일반적인 방법은 건당 \$0.6가 드는 납부 독촉장을 보내는 것이었다. 이 방법의 효과는 30%였다. 새로운 방법은 고객들이 은행과 접촉하여 연체금 납부 계획을 세우도록 권장하는 DVD를 보내는 것이다. DVD를 개발하고 발송하는 데는 고객 1인당 \$10가 든다. 관심 대상인 모수는 무엇인가? 귀무가설과 대립가설은 각각 무엇인가?

5. 이 은행은 DVD의 효과를 검정하기 위해 실험을 계획을 세웠다. 무작위로 선정한 일부 불량 고객에게 DVD를 보내고 그들 가운데 몇 명이 은행에 연락해서 납부 계획을 세우는지 직원이 지켜본다. 이 실험의 결과가 막 나왔다. 성공률의 90% 신뢰구간은 (0.29, 0.45)이다. 이전의 독촉장 발송 방법의 성공률은 30%였다. 유의수준 $\alpha=0.05$에서 귀무가설을 기각하고 새로운 방법의 성공률이 이전 방법보다 더 높다고 결론지을 수 있는가? 설명하라.

6. DVD 보내기 실험을 통하여 구한 신뢰구간을 근거로 이 은행에 어떤 조언을 하겠는가? DVD를 사용한 새로운 방법을 폐기해야 하는가?

길잡이 문제 신용카드 판촉

한 신용카드 회사가 다음달에 신용카드로 \$500 이상 구매하는 고객을 상대로 특별 판촉행사를 기획하고 있다. 마케팅부에서 500명의 고객을 무작위로 추출하여 작년의 같은 달 카드 구매액을 조사하였더니 평균 \$478.19였고 중앙값은 216.48이었다. 재무관리부에서는 오로지 관심 있는 숫자는 월간 \$500 이상 쓰는 고객의 비율이라고 했다. 만약 이 비율이 25% 이하이면 이 판촉행사는 본전도 못 건지는 행사라고 한다.

표본 500명 가운데 29.6%에 해당하는 148명이 \$500 이상 구매했다. 신뢰구간을 사용하여 월간 \$500 이상 카드를 사용하는 고객이 25% 이상이란 목표가 달성됐는지 검정할 수 있는가?

계획

준비 문제를 명확하기 기술하고 변수들과 그것들이 취할 수 있는 값에 대해 설명하라.

다음달에 신용카드로 \$500 이상을 사용하여 이 특별 판촉의 대상 자격 기준을 충족하는 고객의 비율이 25% 이상일지 알고 싶다. 작년 같은 달의 거래 자료를 사용하여 월 카드 사용액이 \$500 이상인 고객의 비율을 추정하고 그 값이 25% 이상인지 보겠다.
통계량은 월간 카드 사용액이 \$500 이상인 고객의 비율 $\hat{p}=0.296$이다.

가설 귀무가설은 자격기준을 충족하는 비율이 25%이라는 것이고 대립가설은 이 비율이 25%보다 크다는 주장이다. 단측검정이다. 그러므로 이를 위해 신뢰구간을 사용한다면 신중을 기하여 신뢰수준을 정해야 한다.

H_0: $p = 0.25$
H_A: $p > 0.25$

모형 관련 조건들을 확인하라. (이것은 신뢰구간이므로 관찰한 성공과 실패의 수를 사용하여 성공/실패 조건의 충족여부를 확인한다.)

✔ **독립성 가정.** 고객들이 카드로 소비할 때 서로 영향을 미칠 가능성은 없다고 봐도 무방하다.
✔ **랜덤화 조건.** 회사의 데이터베이스에서 무작위로 추출한 표본이다.
✔ **10% 조건.** 표본은 전체 고객의 10% 미만이다.
✔ **성공/실패 조건.** 자격기준을 충족한 성공은 148건이고 그렇지 못한 실패는 352건이다. 둘 다 10보다 크다. 따라서 표본은 충분히 크다.

검정방법을 명시하라. 여기서 사용할 검정방법은 신뢰구간이다.

제반 조건들이 충족되므로 표본분포로 정규분포를 사용하고 단비율 z 신뢰구간을 구한다.

실행

계산과정 알고 있는 정보를 제시하고 표본비율을 결정한다.
신뢰구간을 사용하려면 가설검정의 알파수준과 같은 신뢰수준이 필요하다. $\alpha=0.05$를 사용하면, 이 검정은 단측검정이므로 90% 신뢰구간이 필요하다. 그러면 관측된 비율의 양쪽 5%씩 제외한다. 표본비율의 표준오차와 오차의 한계를 계산한다. 임계값 $z^*=1.645$이다.

$n = 500$이므로

$$\hat{p} = \frac{148}{500} = 0.296 \text{이고}$$

$$SE(\hat{p}) = \sqrt{\frac{\hat{p}\hat{q}}{n}} = \sqrt{\frac{(0.296)(0.704)}{500}} = 0.020$$

$$ME = z^* \times SE(\hat{p}) = 1.645(0.020) = 0.033$$

신뢰구간 = 비율추정치 ± 오차의 한계

90% 신뢰구간은 0.296 ± 0.033 또는 (0.263, 0.329)

보고	**결론** 신뢰구간을 귀무가설과 연관지어 상황에 맞는 결론을 내린다.	**간략 보고** **주제: 신용카드 특별 판촉** 고객의 월간 신용카드 사용액을 표본조사한 결과 26.3%에서 32.9% 사이의 고객이 \$500 이상을 사용한다. 전체 고객 가운데 월간 \$500 이상 사용하는 고객의 비율이 이 구간에 있을 거라고 90% 확신한다. 판촉 활동이 경제적으로 타당할 최소 비율 25%는 이 구간의 하한보다 낮으므로 25%의 고객만이 월간 \$500 이상 카드 구매를 한다는 귀무가설을 기각한다. 전년 해당월이 다른 달과 별반 다르지 않다면 월간 \$500 이상 카드 구매를 하는 고객은 25%이상이라는 목표가 달성된 것 같다.

예시문제 **신뢰구간과 가설검정**

문제 : 316쪽 예제의 가설검정을 위해 적합한 신뢰구간을 구하고 그것을 사용하였더라면 어떻게 같은 결론을 도출할 수 있었을지 설명하라.

답 : 모집단의 비율을 위한 95% 신뢰구간을 구한다.

$$\hat{p} \pm 1.96\,SE(\hat{p}) = 0.29 \pm 1.96 \times \sqrt{\frac{(0.29)(0.71)}{200}} = (0.227, 0.353)$$

귀무가설의 비율 0.20이 이 신뢰구간의 하한보다도 낮으므로 귀무가설을 기각하고 웹사이트 재설계는 효과가 있다고 결론을 내린다.

10.9 두 가지 오류

누구도 완벽할 수는 없다. 증거가 아주 많이 있더라도 잘못된 결정을 내릴 여지는 있다. 사실 가설검정을 할 때 두 가지 오류를 범할 수 있다.

I. 참인 귀무가설을 실수로 기각한다.

II. 거짓인 귀무가설을 기각하지 못한다.

이 두 가지 오류는 각각 **1종 오류**와 **2종 오류**로 불린다. 귀무가설이 참이라고 가정하고 시작하므로 1종 오류가 우리 범할 수 있는 첫째 종류의 오류라는 식으로 외우면 이 두 가지 용어는 쉽게 외울 수 있다.

질병검사에서 귀무가설은 보통 검사 대상인 사람이 건강하다는 가정이다. 대립가설은 대상이 검사하려는 질병에 걸렸다는 것이다. 그러므로 1종 오류는 거짓양성(false positive) 진단, 즉 건강한 사람을 질병이 있다고 진단하는 오류이다. 2종 오류는 질병에 걸린 사람을 질병이 없다고 진단하는 거짓음성(false negative)진단이다.

두 오류 가운데 어느 것이 더 심각할지는 상황에 따라 다르다. 형사재판의 경우, 배심원이 무고한 사람을 유죄라고 평결하는 것이 1종 오류이다. 2종 오류는 죄를 범한 사람을 유죄라고 평결하지 못하면 발생한다. 어느 것이 더 심각해 보이는가? 병원에서 거짓음성판단은 실제로 병에 걸린 사람을 치료하지 않는 결과를 초래할 수 있다. 거짓양성진단은 건강한 사람에게 불필요한 치료를 하거나 심지어 수술을 하는 결과를 초래할 수 있다.

사업 계획에서 거짓양성 결과는 수익성이 없는 것으로 드러날 프로젝트에 투자하는 것을 의미할 수 있다. 거짓음성 결과는 투자를 했더라면 수익이 났을 프로젝트에 투자하지 않는 것을 뜻할 수 있다. 손해 보는 투자와 기회 손실 가운데 어느 편이 더 나쁜가? 답은 언제나 상황과 손실 그리고 관점에 좌우된다.

다음은 두 가지 상황을 시각적으로 표현한 것이다.

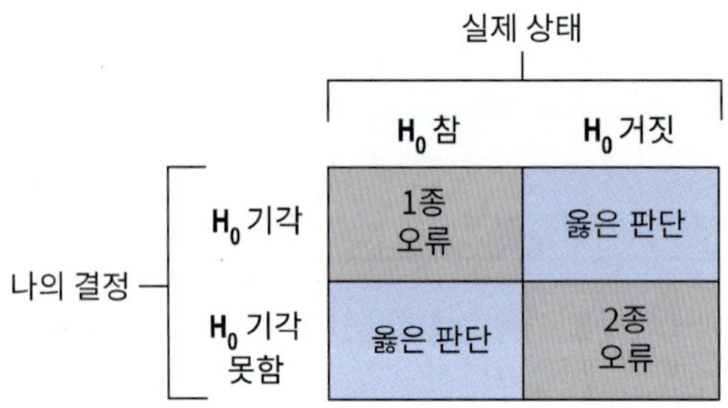

| 그림 10.8 두 가지 오류는 실제와 결정이 일치하지 않는 대각선상에서 발생한다. H_0가 참이라고 가정하면서 시작하므로, H_0가 참이지만 그것을 기각하는 실수를 1종 오류이다라는 식으로 기억하라. 2종 오류는 H_0가 거짓일 때 기각하지 못하는 오류이다.

표기법 주의!

통계학에서 α는 1종 오류 확률이고 β는 2종 오류 확률이다.

1종 오류는 얼마나 자주 발생할까? 귀무가설은 참이지만 운이 나쁘게도 (귀무가설이 참이라면) 아주 뜻밖인 표본을 추출할 때 발생한다. 귀무가설 H_0를 기각하려면 P값이 α보다 작아야 한다. 귀무가설이 참일 때 귀무가설 H_0를 기각할 확률은 정확하게 α이다. 그러므로 유의수준을 α로 정하는 순간 1종 오류를 범할 확률을 α로 설정하는 셈이다.

귀무가설 H_0가 참이 아닌 경우는 어떨까? 이 경우에는 1종 오류는 범할 수 없다. 실제로 질병이 있는 사람에게서는 거짓음성 반응은 나올 수 있지만, 거짓양성 반응은 나올 수는 없기 때문이다. 1종 오류는 귀무가설 H_0가 참인 경우에만 발생할 수 있다.

2종 오류를 범할 확률

귀무가설은 모수에 하나의 값을 지정하므로 1종 오류의 확률은 계산하기 쉽다. 그러나 대립가설은 모수에 귀무가설에서 지정한 값 이외의 무수히 많은 값을 지정할 수 있으므로 이 가운데 몇몇 값에 대해서 2종 오류 확률 β를 구할 수밖에 없다.

거짓 귀무가설을 기각하면 옳게 판단한 것이다. 가설검정에서 거짓 귀무가설을 감별해내는 능력을 **검정력**(power of the test)이라고 한다. 형사재판에서 검정력은 형사사법제도가 범인에게 유죄판결을 내리는 능력이다. 검정력에 대해서는 곧 많은 설명을 하겠다.

거짓 귀무가설을 기각하지 못하면 2종 오류를 범하는 것이다. 이런 실수를 범할 확률을 β로 표기한다. 그러면 β의 값은 얼마일까? β의 값은 α값보다 알아내기 어렵다. 모수의 값을 모르기 때문이다. 귀무가설이 참일 때는 검정하려는 모수에 특정한 값을 설정한다. 그러나 귀무가설이 거짓일 때는 하나의 값으로 특정할 수 없고 그 후보로 많은 값을 상정할 수 있다. 대립가설에 속하는 아무 값이라도 모수의 값으로 놓고 그때마다 β값을 계산할 수 있다. 그러나 모수의 값으로 어떤 값을 사용해야 할지는 항상 쉽지만은 않다.

이런 애매한 상황을 벗어나는 한 가지 방법은 효과크기를 사용하는 것이다. 말하자면 "귀무가설에서 설정한 모수의 값과 자료에서 관측된 상응하는 통계량의 차이가 얼마나 크

> **표본의 크기와 검정력**
> 오차의 한계를 특정하고 표본의 크기를 구하는 방법을 이미 보았다. 특정 대립가설의 값에 맞추어 β를 정한 다음 그것을 달성하는 데 필요한 표본의 크기를 계산하는 것이 더 적절한 경우도 있으나 복잡하여 이 책의 수준을 벗어난다.

면 의미 있는 차이인가?"라는 질문에서 실마리를 찾을 수 있다. 가령, 어떤 자선단체에서 기부를 요청하는 편지를 보낼 때 각 수신인에게 맞춤식으로 도안한 주소 라벨을 부착하면 응답률이 기존의 5%보다 증가할지 검정하려고 한다고 해보자. 응답률이 최소한 6%만 되면 이런 맞춤식 주소 라벨의 도안과 제작에 비용을 들일 가치가 있다고 본다면, 기존의 $p=0.05$ 대신 $p=0.06$을 사용하여 β를 계산할 것이다.

물론 α를 늘리면 모든 대립가설의 값에 대해 β의 값을 줄일 수 있다. 귀무가설은 α를 늘리면 진위 여부에 상관없이 기각될 가능성이 커진다. 그러므로 거짓 귀무가설을 기각하지 않을 확률인 β는 작아진다. 두 가지 오류 모두를 줄이는 유일한 방법은 증거를 더 많이 수집하는 것이다. 이를 통계학적으로 표현하면 더 많은 자료를 수집하는 것, 즉 표본의 크기를 늘리는 것이다. 그렇지 않으면 한 가지 오류를 줄이면 다른 오류가 늘어나는 딜레마에서 벗어날 수 없다. 표본조사나 실험을 계획할 때는 (적절한 α 수준에 대해) β를 계산하는 것은 언제나 현명한 생각이다. 대립가설에서 모수의 값을, 감지할 수 있기를 바라는 효과의 크기에 상응하는 값으로 설정하라. 표본의 크기가 작아서 검출하고 싶은 모수의 변화를 잡아내지 못하는 경우가 너무 흔하다.

확인문제

7. 은행이 불량 고객에게 DVD를 보내어 융자금을 갚게 하려는 실험을 다시 생각해보자. 그 은행은 우편에 비해 비용이 더 드는 DVD를 보내는 편이 연체 융자를 받는 데 더 효과적인지를 보여주는 증거를 찾고자 한다. 이 상황에서 1종 오류가 무엇인지, 그리고 그런 오류가 은행에 어떤 결과를 가져올지 설명하라.

8. 이 실험의 경우 2종 오류가 무엇인지, 그리고 그 오류가 은행에 어떤 결과를 가져올지 설명하라.

9. DVD 보내기 실험이 매우 성공적이어서 DVD를 받은 불량 고객의 60%가 연체금을 상환한다면, 연체금 상환률이 32%인 경우에 비해 검정력이 높은가 아니면 낮은가? 간단히 설명하라.

예시문제 1종 오류와 2종 오류

문제 : 1년 후 스마트울사에서 웹사이트(316쪽 예제 참조) 개편 이후 모든 거래 자료를 분석한 결과 모든 방문의 26.5%는 구매를 한 것으로 나타났다. 316쪽의 예제에서 어떤 오류라도 있었는가?

답 : 모든 방문을 조사하였으므로 모비율 $p=0.265$이다. 앞의 예제(316쪽 참조)에서 귀무가설 $p=0.20$을 기각했으므로 가능한 유일한 오류는 1종 오류이다. 그런데 전수조사로 계산한 모비율 $p=0.265$이므로 귀무가설은 거짓이다. 따라서 1종 오류는 없었다.

*10.10 검정력

귀무가설이 참인지는 결코 입증할 수 없다는 사실을 명심하자. 기각하지 못할 뿐이다. 그러나 귀무가설을 기각하지 못할 때는 과연 증거를 충분히 조사했는지를 우려한다. 아주 자연스러운 행동이다. 귀무가설이 실제로는 거짓이지만 검정력이 너무 약해서 못 밝혀낸 것은 아닐까?

귀무가설이 실제로 거짓인 경우에는 기각할 수 있도록 검정력이 충분하기를 바란다.

> **검정력과 효과 크기**
>
> 어떤 조사연구를 계획할 때는 원하는 효과크기를 정하는 게 현명하다. 귀무가설과 자료를 사용하여 구한 통계치의 차이를 효과크기라고 정의한 바 있다. 조사연구 계획에서는 귀무가설과 관심을 두고 있는 대립가설 사이의 차이가 효과크기이다. 효과가 클수록 거짓 귀무가설이 쉽게 파악되므로 검정력도 커진다. 조사연구가 완료된 다음에는 효과크기에 근거하여 관련된 업무상 결정을 내린다.

귀무가설이 거짓이라면 그것을 기각할 가능성은 얼마일까? 가설검정에서 검정력은 이런 가능성의 정도를 가늠하는 길을 제시한다. 검정력은 거짓인 귀무가설을 기각하는 확률을 일컫는 용어이다. 검정력이 높으면 조사를 충분히 했다고 자신할 수 있다. 가설검정에서 거짓 귀무가설을 기각하지 않는 확률을 β라고 한다는 사실은 이미 안다. 그래서 검정력은 $1-\beta$이다. 거짓 귀무가설을 기각할 확률은 $1-\beta$라고 한다고 하고 지나칠 수도 있겠지만, 이것에 검정력이라는 이름까지 붙이는 것은 그만큼 중요한 개념이어서이다.

가설검정에서 귀무가설을 기각하지 못하면 으레 검정력을 의심한다. 효과가 있었더라면 그것을 감지할 만큼 표본이 충분히 컸는가? 단순히 자료를 충분히 수집하지 못했거나 수집한 자료의 변동성이 너무 커서 관심을 끌기에 충분히 큰 효과를 놓치고 만 것은 아닐까? 문제의 특성상 해당 실험으로는 피험자들의 능력을 측정하지 못한 게 아닐까?

검정력은 업무상 결정에 영향을 미칠 수 있는 최소 효과에 근거하여 계산한다. 검정력의 값은 이 효과의 크기에 좌우된다. 효과크기는 비율의 경우에는 $p-p_0$이고 평균의 경우에는 $\mu-\mu_0$이다. 검정력은 효과크기에 직접적으로 좌우된다. p_0와 p의 차이가 클수록, μ와 μ_0의 차이가 클수록 검정력은 세다.

적절한 검정력은 어떻게 결정할 수 있을까? 적절한 검정력의 선택은 통계적 결정이라기보다는 재무적 혹은 과학적 결정이다. 검정력을 계산하려면 참이라고 믿는 새로운 모수의 값을 정해야 하기 때문이다. 달리 말하면 검정력은 특정 효과크기에 대해서 계산하고, 감지하려는 효과의 크기에 따라 달라지기 때문이다.

그래프를 사용하자

효과는 그 크기가 클수록 감지하기 쉽다는 사실은 직관적으로 이해가 된다. 표본이 클수록 2종 오류의 확률이 줄어들어 검정력은 커진다. 마찬가지로 1종 오류를 더 많이 수용할수록 2종 오류를 적게 범할 것이란 사실도 직관적으로 이해가 된다.

〈그림 10.9〉는 이 개념들 사이의 관계를 시각화하는 데 유용하다. 이 그림은 비율을 사용하여 이 시각화 아이디어를 설명하지만, 평균에 대해서도 거의 그대로 적용할 수 있다. 대립가설 H_A: $p > p_0$에 대항하여 귀무가설 H_0: $p=p_0$을 검정한다고 하자. 관측한 표본비율 $\hat{p}$가 충분히 크면 귀무가설을 기각할 것이다. 여기서 '충분히 크다'는 말은 $\hat{p} > p^*$, 즉 $\hat{p}$가 어떤 임계값 p^*보다 크다는 뜻이다. (상부의 그림에서 회색으로 표시된 오른쪽 꼬리가 시작되는 점이다.) 상부의 그림은 귀무가설이 참인 경우 표본비율의 분포이다. 귀무가설이 참이면 이 분포는 그 참이 반영된 그림이다. 표본비율($\hat{p}$)을 구한 결과 $\hat{p} > p^*$이면 (참인) 귀무가설을 기각할 것이므로 1종 오류를 범하게 된다. 이런 뜻밖의 표본을 추출할 확률은 α에 불과하다.

하지만 실제로 귀무가설이 정확하게 참인 경우는 매우 드물다. 하부의 확률분포는 귀무가설이 거짓이라고 가정한다. 구체적으로는 참비율의 값이 p_0가 아니라 p라고 가정한다. 이 참값을 중심으로 하는 표본비율의 분포를 나타낸다. 표본비율은 상수가 아니라 확률변수이므로 $\hat{p} < p^*$인 경우도 있으므로 (거짓) 귀무가설을 기각하지 못할 수도 있다. 바로

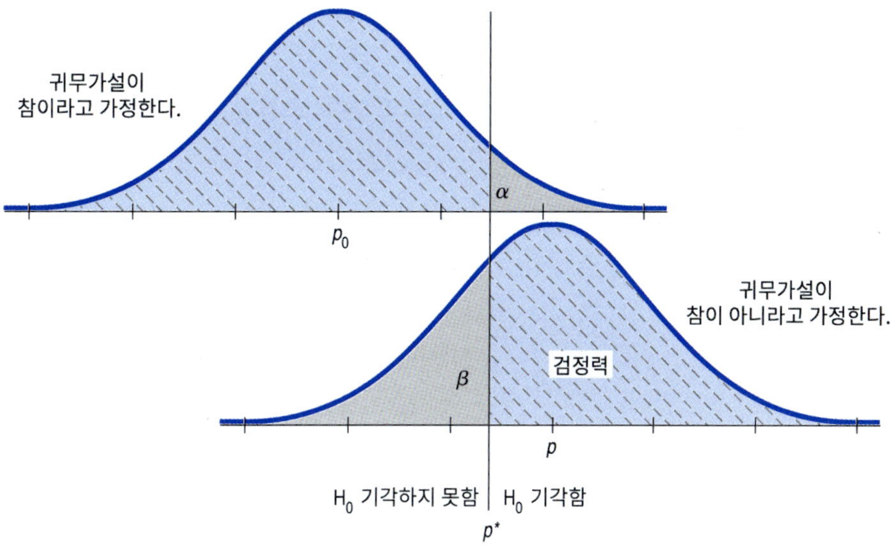

| 그림 10.9 가설검정의 검정력은 거짓인 귀무가설을 기각하는 확률이다. 상부 그림은 귀무가설이 참일 경우의 표본비율의 분포이다. (오른쪽) 단측검정에서는 표본비율이 임계값 p^*의 오른쪽의 회색 영역에 놓이면 귀무가설을 기각할 것이다. 그 확률은 $P\{\hat{p} > p^* \mid p = p_0\} = \alpha$이다. 하부 그림은 귀무가설이 거짓이어서 참비율 p가 p_0보다 큰 경우의 표본비율의 분포를 나타낸다. 이 경우 귀무가설을 기각할 확률 $P\{\hat{p} > p^* \mid p > p_0\} = 1 - \beta$이다. 이것이 바로 검정력이며 하부 그림의 오른쪽 파란색 영역이다. 물론 표본비율은 p를 중심으로 그 주위에 분포하겠지만 왼쪽의 회색 영역에 놓일 수도 있으며, 이 경우 거짓인 귀무가설을 기각하지 못하는 2종 오류를 범한다.

2종 오류를 범하는 경우이다. 하부 그림에서 p^*의 왼쪽 회색 영역이 이를 범할 확률 β이다. 이 그림에서 β는 1/2보다 작다. 그러므로 대부분의 경우 우리는 옳게 결정한다. 이 가설검정에서 옳은 결정을 내릴 확률, 즉 검정력은 p^*의 오른쪽 영역이며, 바로 $1-\beta$이다.

임계값 p^*는 귀무가설과 알파 수준에만 좌우되므로 상부 분포를 사용하여 계산한다. 참비율의 값에 상관없이 임계값 p^*는 바뀌지 않는다. 어쨌든 참비율은 모르므로 참비율을 사용하여 임계값을 구할 수는 없다. 하지만 $\hat{p} > p^*$이면 언제나 귀무가설을 기각한다.

귀무가설이 거짓일 때 귀무가설을 기각하는 확률은 효과크기에 좌우된다. 〈그림 10.9〉를 보면 참비율이 하부 그림에서 상정한 값 p보다 더 크다면 하부 그림은 더 오른쪽으로 이동할 것이고, 그러면 검정력은 더 커진다.

이 그림에서 다음과 같은 중요한 관계를 볼 수 있다.

- 검정력 $= 1-\beta$.
- 임계값(비율에 대한 검정의 경우 p^*)을 오른쪽으로 이동하면 1종 오류 확률, α가 줄어들고 2종 오류 확률, β는 늘어나며, 그만큼 검정력이 줄어든다.
- 참 효과크기, 즉 귀무가설에서 설정한 모수의 값과 모수의 참값 사이의 차이(이 그림에서는 $p-p_0$)가 클수록 2종 오류를 범할 확률은 줄어들고 검정력은 세진다.

두 비율(또는 두 평균)의 차이가 아주 크면 두 표본분포가 겹치는 부분은 아주 작을 것이고, 그에 따라 2종 오류는 거의 범하지 않을 것이다. 하지만 이 경우에는 두 값 사이의 차이가 뻔히 보이므로 굳이 통계적 가설검정 절차를 사용할 필요가 없을 것이다.

1종 오류와 2종 오류를 동시에 줄이기

〈그림 10.9〉를 보면 1종 오류를 줄이면 자동적으로 2종 오류가 늘어나는 듯하다. 그러나 두 가지 오류를 모두 줄이는 방법이 있다. 무엇인지 짐작이 가는가?

〈그림 10.10〉처럼 두 분포를 각각의 평균에 더 집중시켜 좁히면, 두 가지 오류의 확률이 모두 줄어들고 검정력은 커질 것이다.

어떻게 하면 두 분포를 모두 좁힐 수 있을까? 유일한 방법은 표본의 크기를 늘려서 각 분포의 표준편차를 줄이는 것이다. (이 그림은 자료의 분포가 아니라 표본분포를 나타낸다!) 표본의 크기를 늘리면 참 모수가 무엇이든 상관없이 이런 효과가 나타난다. 하지만 한계수확체감의 법칙이라는 저주도 있다. 표본분포의 표준편차는 표본크기의 제곱근에 반비례하므로 표준편차를 반으로 줄이려면 표본의 크기는 4배로 늘려야 한다.

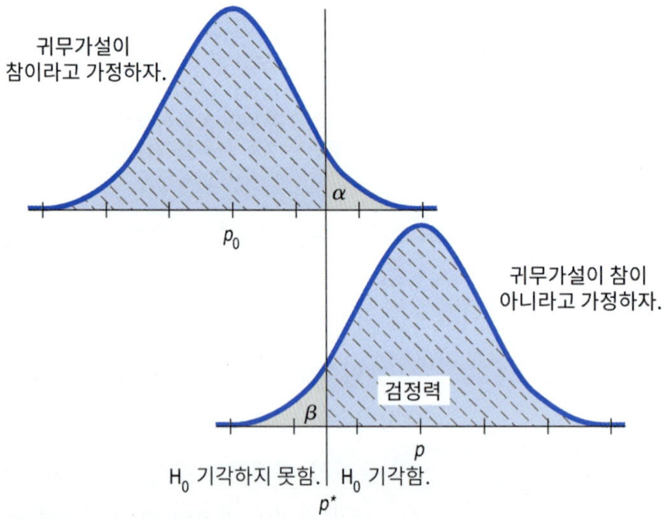

I 그림 10.10 표준편차를 줄이면 알파 수준이나 임계값 z^*를 바꾸지 않고 검정력이 늘어난다. 비율들의 간격은 〈그림 10.9〉의 경우와 같지만 오류 확률은 줄었다. 평균에 대한 검정에 대해서도 이와 흡사한 그림을 그릴 수 있다.

무엇이 잘못될 수 있는가?

- **자료에서 얻은 정보에 근거해서 귀무가설을 세워서는 안 된다.** 자료를 먼저 본 다음 원래의 귀무가설을 수정하여 기각되도록 해서는 안 된다. 자료를 처리했더니 $\hat{p}=51.8\%$이고 표준편차가 1%이더라도, H_0: $\hat{p}=49.8\%$처럼 딱 기각할 수 있을 만큼 귀무가설을 크게 설정해서는 안 된다. 귀무가설은 수집한 자료를 근거로 설정해서는 안 된다. 귀무가설은 "아무 변화가 없는" 상황을 나타내야 한다.

- **마찬가지로, 대립가설도 자료를 근거로 설정해서는 안 된다.** 언제나 조사를 하고 있는 대상 상황을 염두에 두고 그 상황에 근거하여 대립가설을 설정해야 한다. 단지 뭔가가 증가했는지가 궁금하다면 우측 꼬리 단측 대립가설을 세워야 하고 어느 쪽으로든 변화했는지에 관심이 있다면 양측 대립가설을 설정해야 한다. 자료에서 볼 수 있는 정보가 아니라 어떤 결과에 관심이 있는지에 따라서 단측 혹은 양측 검정을 결정해야 한다.

- **참임을 보여주고 싶은 것을 귀무가설로 설정해서는 안 된다.** 귀무가설이란 현상(現狀) 그대로여서 이상한 게 아무것도 없다는 회의주의자의 입장이다. 조사자가 궁금한 것은 자료가 그런 현상에 의문을 던지지 않을까 하는 것이다. 귀무가설은 기각은 할 수 있지만 결코 "수용"하거나 "증명"할 수는 없다.

- **반드시 전제조건들을 점검해야 한다.** 추론의 논리는 무작위 표본추출을 전제로 한다. 표본이 편향된 경우에는 아무리 철저히 계산하더라도 결과는 의미가 없다. 검정 과정에서 확률은 독립성을 전제하고 계산한다. 또한 표본이 충분히 커야 정규분포의 사용을 정당화할 수 있다.

- **자의적으로 정한 알파 수준을 너무 신뢰하지 마라.** 실제로 P값 0.051과 0.049 사이에는 큰 차이가 없다. 그러나 이 정도의 차이가 밤(H_0를 유지해야 함)과 낮(분석 결과가 "통계적으로 유의하다"고 세상에 외칠 수 있음)만큼이나 크다고 여기는 경우도 있다. P값과 신뢰구간 하나를 보고하고 상사나 의뢰인 등 모든 사람이 당신과 같은 결정을 내리도록 내버려 두는 게 나을 수도 있다.

- **현실적 중요성과 통계적 유의성을 혼동해서는 안 된다.** 표본이 아주 크면 귀무가설과 무의미할 정도로 작은 차이도 드러날 수 있다. 그러나 충분한 검정력이 없으면 중요한 차이를 놓칠 수 있다.

- **아무리 신중하게 분석하더라도 잘못된 결정을 내릴 수 있음을 명심해야 한다.** 아무도 1종 오류(α)나 2종 오류(β)를 완전히 제거할 수는 없다. (물론 표본을 크게 하면 오류를 줄이는 데 도움이 된다.)

통계분석의 올바른 사용

많은 소매점은 인터넷을 통해 고객과 연결을 유지하는 것이 중요함을 알게 되었다. 소매점들은 인터넷을 통해 고객에게 특별 행사와 할인행사 정보뿐만 아니라 e-쿠폰을 보낸다. 셸리 쿠퍼는 오래된 소규모 유기농 식품 가게를 운영하며 국내에서 생산된 유기농 식품과 농산물의 전문가이다. 오랫동안 셸리의 고객 기반은 상당히 안정적이었으며 주로 건강에 신경을 많이 쓰는 사람들로 가격에 크게 민감하지 않아서 국내에서 생산된 우수한 유기농 제품이라면 비싸도 기꺼이 구매하였다.

그러나 다양한 유기농 제품을 제공하는 새로운 식품 체인들의 등장으로 점점 심해지는 경쟁에 직면하면서 셸리는 쿠폰 지급을 생각하고 있다. 그녀는 쿠폰 지급 채널로 신문과 인터넷 중 하나를 선택해야 한다. 최근에 인쇄할 수 있는 인터넷 쿠폰을 사용하는 소비자의 비중이 증가하고 있지만, 여전히 그 비중은 15%로 신문을 통해 제공되는 쿠폰을 사용하는 고객의 비중 40%에 비하면 여전히 훨씬 낮다는 기사를 읽었다. 그렇지만 그녀는 인터넷에 대해 좀 더 알아야겠다는 생각이 들어 웹 컨설턴트 젝 케이서와 만났다. 케이서는 셸리가 일정액의 초기 투자와 매월 수수료를 내면 자기네 서버에 셸리의 가게 웹사이트를 구축하여 정기적으로 셸리의 e-할인쿠폰을 고객들에게 보내겠다고 했다.

셸리가 e-쿠폰과 신문 쿠폰의 실제 사용률 차이를 두고 고민하는 가운데 잭이 e-쿠폰의 사용률이 계속 오를 것이며 쿠폰을 받은 고객의 15~40%는 실제로 사용할 것이라고 확언했다. 그래서 셸리는 e-쿠폰을 한번 시도해보기로 동의했다. 6개월 후에 잭은 셸리에게 e-쿠폰을 실제로 사용한 고객의 비율이 15%보다는 상당히 더 많다고 알려줬다. 잭은 무작위로 몇 차례에 걸쳐 고객들을 상대로 조사한 결과 총 배포된 쿠폰 3,000장 가운데 실제로 사용된 것이 483장임을 확인하고 이렇게 판단했다. 셸리는 이것을 긍정적인 신호로 보고 e-쿠폰을 계속 배포해야겠다고 마음먹었다.

문제점 통계적 유의성과 현실적 의미. 셸리가 배포한 e-쿠폰의 실제 사용률은 통계적으로 유의미하게 15%보다 높지만, 실제 비율은 16%를 겨우 넘을 뿐이다. 이 차이는 33명이며 이 정도는 셸리에게 현실적으로 크게 의미 있는 숫자는 아닐지도 모른다(미국 통계학회 윤리 규정 항목 A에 저촉됨). 15~40% 범위를 언급하는 것은 셸리가 그 중간 어떤 값, 27%나 28%를 기대하도록 오도할 수도 있다.

해결책 잭은 셸리에게 관측값과 가설적 값 사이의 차이를 보고해야 한다. e-쿠폰을 계속 배포하는 데는 비용이 드는 만큼 더욱 그렇게 해야 한다. 어쩌면 셸리에게 신문을 사용하는 방안을 다시 고려해보라고 권하는 게 바람직할 수도 있다.

무엇을 배웠는가?

학습목표

- 관심 대상 질문에 대해 귀무가설과 대립가설을 설정할 수 있어야 한다.
  - 귀무가설은 하나의 모수와 그것의 값을 명시한다.
  - 대립가설은 귀무가설을 기각하면 해당 모수의 타당한 값으로 여기는 범위를 명시한다.
- 비율에 대한 가설검정을 할 수 있어야 한다.
  - 귀무가설의 형식은 다음과 같다. H_0: $p = p_0$.
  - 귀무가설이 참이라고 가정하고 다음과 같이 표본비율의 표준편차를 추정한다.

$$SD(\hat{p}) = \sqrt{\frac{p_0 q_0}{n}}$$

  - 검정통계량 $z = \frac{(\hat{p} - p_0)}{SD(\hat{p})}$의 값은 표준정규본포를 사용하여 구한다.
- P값을 이해한다.
  - P값은 귀무가설이 참일 때 해당 통계량이 귀무가설에서 설정한 모수의 값에서 표본 자료로 계산한 통계량의 값 이상 멀리 떨어질 확률이다.

- 표본 자료를 가지고 계산한 통계량의 값을 사용하여 구한 P값이 작다는 것은 귀무가설이 참이라면 그런 통계량의 값을 얻을 가능성이 낮음을 의미한다. 그러므로 귀무가설을 의심하게 된다.
- P값이 크다는 것은 귀무가설을 의심하기에 충분한 증거가 없음을 의미한다. 특히 귀무가설이 참임을 입증하지 않는다.

■ 가설검정 과정을 이해해야 한다.

- 귀무가설과 대립가설을 명시한다.
- 상응하는 통계량의 분포를 정하고 필요한 가정을 충족하는지 점검한다.
- 표본 자료를 사용하여 상응하는 통계량의 값을 계산한다.
- 결론과 그것에 근거한 결정을 진술한다.

■ 대립가설을 양측 가설로 할지 단측 가설로 할지 결정하고 그 이유를 설명할 수 있어야 한다.

■ P값과 미리 설정한 α-수준을 비교하여 귀무가설의 기각 여부를 결정하라.

■ 효과크기를 계산하고 보고하는 것의 가치를 알아야 한다.

- 검정이 통계적으로는 유의하더라도, 효과가 미미하여 현실적으로 중요하지 않으면 검정은 현실적으로 아무런 의미가 없다.

■ 가설검정을 할 때 오류를 범할 수 있는 위험에 유의해야 한다.

- 1종 오류는 실제로는 참인 귀무가설을 기각하는 오류이다.
- 2종 오류 실제로는 거짓인 귀무가설을 기각하지 않는 오류이다.

■ *선택 절: 검정력 개념을 이해해야 한다.

- 특히 귀무가설을 기각하지 못할 때 검정력을 우려한다.
- 특정 효과크기에 대한 검정력은 거짓 귀무가설을 기각할 확률이다.
- 어떠한 가설 검정에서든 표본 크기가 증가하면 일반적으로 검정력도 커진다.

용어정리

알파수준 귀무가설을 기각하는 기준으로 사용하는 최소한의 P값을 말한다. 귀무가설이 참이라는 전제하에, 상응하는 통계량의 값으로 계산한 P값이 미리 정한 알파수준 α보다 작으면 귀무가설을 기각한다.

대립가설 귀무가설이 참이 아니라고 판단될 경우 내려야 하는 결론을 제시하는 가설.

임계값 P값이 알파수준과 같은 검정통계량의 값. 표본 자료를 사용하여 구한 통계량의 값이 귀무가설에서 설정한 모수의 값으로부터 임계값에 상응하는 통계량의 값보다 멀리 있으면 P값은 유의수준 α보다 작으므로 귀무가설은 기각된다. 임계치는 흔히 별표로 표시하며, z^*가 한 예이다.

효과크기 귀무가설에서 설정한 모수의 값과 모수에 상응하는 통계량의 실제 값 사이의 차이.

귀무가설 가설검정에서 진위를 판단 받아야 하는 주장. 귀무가설은 보통 "기준의 값과 다름이 없음", "효과가 없음", "차이가 없음", 또는 "관련이 없음"과 같은 진술이다. 어떤 주장이 검정 가능한 귀무가설이 되려면 모수의 값을 특정해야 한다. 모수의 값이 특정되어야 검정에 사용할 검정통계량의 분포를 정할 수 있기 때문이다.

단비율 z 검정 모비율이 특정값과 같다는 귀무가설을 한 표본 자료를 사용하여 구한 (검정)통계량 값 $z = \frac{(\hat{p} - p_0)}{SD(\hat{p})}$ 과 표준정규분포를 사용하여 기각 여부를 결정하는 검정.

단측 대립가설 모수가 한쪽으로만 바뀌었는지에 관심이 있을 때 설정하는 대립가설로 예를 들면 다음과 같은 형식이다. H_A: $p > p_0$ 또는 H_A: $p < p_0$.

P값 귀무가설이 참일 때 해당 통계량이, 표본 자료로 계산한 통계량의 값보다 귀무가설에서 설정한 모수의 값에서 더 멀리 떨어질 확률이다. P값이 작으면 귀무가설이 참이라면 그런 통계량의 값을 얻을 가능성이 작음을 시사하므로 귀무가설에 불리한 증거가 된다.

***검정력** 가설검정에서 거짓인 귀무가설을 기각할 확률. 검정력을 계산하려면 귀무가설에서 설정한 모수의 값이 아닌 다른 값을 참값으로 설정해야 한다. 검정력은 $1-\beta$이며 여기서 β는 2종 오류, 즉 거짓 귀무가설을 기각하지 못할 확률이다.

유의수준 알파수준에 대한 다른 이름으로 주로 "유의수준 5%에서"라는 식으로 쓰인다.

양측 대립가설 H_A: $p_0 \neq p_0$와 같은 형식의 가설을 양측 대립가설이라고 부른다. 귀무가설의 값과 다르기만 하면 어느 쪽으로든지, 즉 귀무가설의 값보다 크든지 작든지 차별하지 않고 다르다는 사실에만 관심이 있기 때문이다.

1종 오류 참인 귀무가설을 기각하는 오류를 가리키며 "거짓 양성"으로도 불린다. 1종 오류를 범할 확률은 α이다.

2종 오류 거짓 귀무가설을 기각하지 못하는 오류를 가리키며 "거짓 음성"으로도 불린다. 2종 오류를 범할 확률은 보통 β로 표기한다.

기술적 도움: 가설검정

EXCEL 활용

모비율에 대한 추론 방법은 엑셀의 기본 기능이 아니다. 엑셀의 함수와 수식을 사용하여 표본비율($\hat{p}$), 표준편차(=sqrt(p_0(1−p_0)/n)), 검정통계량(z=($\hat{p} - p_0$)/표준편차)을 구하고, NORMSINV(1 - α) 함수로 임계값을 구한 다음 검정통계량과 비교하여 기각 여부를 결정하면 된다.

짧은 사례

금속 생산(datasets/EXCEL2010/Ingots.xlsx)

주괴는 금속을 녹여 크다란 주형에 부어 식힌 것으로 그 무게가 흔히 2만 파운드가 넘는다. 이것들은 자동차나 항공기의 큰 부품이나 뼈대를 만드는 데 쓰이므로 한 덩어리로 주조해야 한다. 주괴를 만드는 동안에 금(crack)이 가면 부품을 만들 때 필요한 부위에 금이 가서 불량이 생긴다. 항공기 제조업체들은 비행기에 들어가는 금속은 무결해야 한다는 원칙을 고수하며, 그래서 주괴는 조그만 금이라도 있으면 다시 만들어야 한다.

금이 있는 주괴는 재활용하지만 폐기 비용이 수만 달러에 달하기도 한다. 금속 제조업자들은 어떤 수를 써서라도 금은 피하려고 하지만 주괴는 75% 정도만이 무결했다. 공정을 일부 수정한 후 생산한 주괴 5,000개에 대한 자료가 교과서에 딸린 CD의 datasets/EXCEL2010/Ingots.xlsx 파일에 있다. 변수 Crack은 금이 발견되었는지 여부(1=발견되었음, 0=발견되지 않았음)를 나타낸다. 변수 Impurities는 각 주괴에서 채취한 표본에 함유된 불순물의 양(단위: ppm)을 나타낸다. 무작위로 주괴 100개를 선택하여 금이 있는 주괴의 비율이 25%에서 낮아졌다는 주장을 검정하라. 그 비율의 신뢰구간도 하나 구해라. 그런 다음 주괴 1,000개를 무작위로 선정하여 같은 검정을 실시하고 신뢰구간도 구하라. 이러한 표본 크기의 차이에 따른 어떠한 차이도 포함하여 추론 과정에서 발견한 바를 보고서로 작성하라.

고객충성도 프로그램(datasets/EXCEL2010/Loyalty_Program.xlsx)

한 마케팅 관리자가 새로운 웹기반 고객충성도 향상 프로그램의 효과를 검정하고 그 프로그램이 고객의 소비행태에 미치는 영향을 알아보기 위해 고객 10,000명에게 프로그램에 대한 안내장과 가입할 경우 서명하여 반송할 수 있는 우편엽서와 경품을 넣어서 보냈다. 고객은 경품이 없는 우편을 받거나, 경품으로 무료 비행기표나 다음 비행 시 사용할 수 있는 무료 비행 보험증서 가운데 하나가 든 우편물을 받는다. 경품이 없는 우편을 받는 고객은 통제집단으로 선정된 경우이다. 이 표본조사를 설계한 담당자는 층화랜덤표본 추출 방식으로 표본을 선정했다. 그런데 마케팅 관리자는 두 가지 사항이 마음에 걸렸다. 첫째, 고객 가운데 25%를 차지하는 "Travel" 부류의 고객이 상대적으로 적게 표본에 할당되었다. 또한, 이 부류 고객 가운데 통제집단이 1/3에 못 미친다. 파일 Loyalty_Program.xlsx의 자료를 사용하여 적절한 가설검정을 한 후 결과를 요약하여 마케팅 관리자에게 보고서를 작성하라.

파일의 구성에 대해 간단히 설명하겠다.

첫째 열: Spending Segment는 고객의 부류를 나타낸다.
("Balanced", "Dining", "Entertainment", "Houseold", "Travel" 등 다섯 부류)

둘째 열: Offer는 경품의 종류를 나타낸다.
("No Offer"는 아무를 경품을 받지 못하는 통제집단 고객,
"Flight Insurance"는 비행 보험증서,
"Free Flight"는 무료 비행기 표를 나타냄)

셋째 열: Response는 가입 여부
(1=가입함; 0=가입 안 함)

연습문제

10.1절

1. 다음 각 상황에 대하여 모수의 값을 사용하여 귀무가설과 대립가설을 설정하라. 예: 증권시장에서 주가지수가 상승한 날의 비율이 50%인지 알 수 없다. 답: 주가지수가 상승한 날의 비율을 p라 하자. H_0: $p=0.5$ vs. H_1: $p \neq 0.5$.

a) 한 카지노에서 슬롯머신의 승률이 자기들이 주장하는 바와 같이 실제로 1/100인지 알고 싶다.
b) 한 제약회사는 자사의 한 신약의 효험이 위약을 사용했을 때 보고된 30%와 다른지 궁금하다.
c) 한 은행의 고객 가운데 40%가 이 은행의 웹사이트를 사용해왔다. 지난주에 이 은행은 심각한 정보시스템 고장을 겪었으며 이번 주 초에 완전 복구했다. 이 은행은 고객들의 자사 웹사이트 사용률이 여전히 40%인지 알고 싶다.

10.3절

3. 다음 중 옳은 것을 모두 골라라. 거짓이면 그 이유를 간단히 설명하라.

a) 아주 큰 P값은 귀무가설이 거짓이라는 강력한 증거이다.
b) 아주 작은 P값은 귀무가설이 거짓임을 증명한다.
c) 큰 P값은 귀무가설이 참임을 보여준다.
d) 0.05보다 작은 P값은 언제나 귀무가설을 기각하기에 충분한 증거로 여긴다.

10.4절

5. 한 컨설팅회사가 한 대기업의 의뢰를 받고 그 기업이 최근에 사내에 신설한 신용협동조합에 직원의 35%가 가입할 것이라고 예측했다. 그러나 이 기업의 사장은 35%는 너무 높다고 의문을 제기했다. 직원 300명을 대상으로 실시한 조사에서 138명이 이미 그 신용협동조합에 가입했다고 대답했다. 이 표본의 가입 비율을 사용하여 다음에 답하라.

a) 귀무가설에 따라 표본비율의 표준편차를 구하라.
b) z통계량을 구하라.
c) z통계량이 특별히 작거나 커 보이는가?

10.5절

7. 다음 각 검정이 단측검정인지 양측검증인지 확인하고 귀무가설과 대립가설을 설정하라.

a) 어떤 회사의 작년 1년간 회계보고가 기한을 넘기지 않은 경우는 40%였다. 올해의 회계보고서 가운데 일부를 무작위로 추출하여 올해에는 이 비율이 혹시 변했는지 알고 싶다.
b) 작년에 어떤 회사의 직원 42%는 사내 건강 프로그램 가운데 최소한 하나에 등록했다.
c) 한 정당의 후보자가 자신이 과반의 지지를 받는지 알고 싶어서 지지도 조사를 한다.

10.6절

9. 아래 각 진술이 참인지 거짓인지 밝혀라. 거짓이면 그 이유를 간단히 설명하라.

a) 알파 수준이 0.05인 경우 P값이 0.04이면 귀무가설을 기각한다.
b) 알파 수준은 표본 크기에 좌우된다.
c) 알파 수준이 0.01인 경우, P값이 0.10이면 귀무가설을 기각한다.
d) 알파 수준이 0.05인 경우, P값이 0.06이면 귀무가설이 참이라는 뜻이다.

10.7절

11. 다음 각각에 대해 z의 임계치를 구하라.

a) H_0: $p = 0.5$ vs. H_A: $p \neq 0.5$ 단, $\alpha=0.05$.
b) H_0: $p = 0.4$ vs. H_A: $p > 0.4$ 단, $\alpha=0.05$.
c) H_0: $p = 0.5$ vs. H_A: $p > 0.5$ 단, $\alpha=0.01$ & $n=345$.

10.8절

13. 다음과 같은 가설검정을 한다고 하자: H_0: $p=0.20$ vs. H_A: $p \neq 0.20$. 크기가 250인 표본을 추출하여 비율을 구했더니 0.25였다.

a) 모비율 p의 95% 신뢰구간을 구하라.
b) 방금 구한 신뢰구간에 근거하여 $\alpha=0.05$이면 H_0를 기각할 수 있는가? 설명하라.
c) 표본비율의 표준편차와 표준오차의 차이는 무엇인가?
d) 신뢰구간을 계산할 때 이들 둘 가운데 어느 것을 사용하는가?

10.9절

15. 다음 각 상황에서 1종 오류와 2종 오류 가운데 어느 것이 발생했는지 아니면 아무 오류도 발생했는지 파악하라. 간단히 설명도 하라.

a) 한 은행은 고객들의 자사 웹사이트 가입률이 30%를 넘는지 알고자 소규모 표본을 추출하여 가설 H_0: $p=0.3$ vs. H_A: $p>0.3$를 검정한 결과 귀무가설을 기각하였다.
b) 한 학생이 자기 학교 학생들이 코카콜라와 펩시 가운데 어느 하나를 더 좋아하는지 알고 싶어서 학생 100명을 상대로 실험을 했더니 코카콜라를 좋아하는 학생의 비율이 50%가 아니라는 증거를 찾을 수 없었다. 나중에 한 마케팅 회사에서 이 학교 모든 학생들을 상대로 실험을 했는데 그 결과 역시 마찬가지였다.
c) 한 제약회사가 한 가지 두통약이 위약효과 25%보다 높은지 실험한다. P값이 0.465이어서 귀무가설을 기각하지 못한다. 나중에 더 실험을 해보니 실제로 그 두통약을 복용한 사람 가운데 38%는 두통이 완화되었다.

단원 연습문제

17. 가설 설정. 다음 각 상황에 대해 귀무가설과 대립가설을 써라.

a) 어떤 온라인 옷 가게가 손님들에게 물건이 제때에 배달되는지 알고 싶다. 운영·마케팅 담당 부사장이 최근에 물건이 제때에 배달되는 비율이 90% 이상이었으면 좋겠다고 말하면서 실제로 그런지 알고 싶다고 했다.
b) 요즈음은 주택이 매물로 나와서 팔리기까지 3개월 이상 걸리는 경우가 50%를 넘는다고 한 부동산회사에서 발표했다.
c) 한 금융기관이 자사 회계시스템을 개선했더니 오류가 2% 미만으로 떨어졌다고 발표했다.

19. 온라인 옷 가게 배달 성과. 연습문제 17번에서 언급한 온라인 옷 가게가 배달 현황 일부를 조사했다. 납기준수율에 대하여 90% 이상이라는 대립가설을 상대로 90%라는 귀무가설을 검정했더니 P값이 0.22로 나왔다. 다음 결론들 가운데 옳은 것은?

a) 배달 중 90%가 제때에 고객에게 도착할 가능성이 22%이다.
b) 배달 중 90%가 제때에 고객에게 도착할 가능성이 78%이다.
c) 조사한 표본이 실제 납기준수율을 나타낼 가능성이 22%이다.
d) 실제로 납기준수율이 90%인 경우, 표본조사를 한다면 표본조사의 특성상 피할 수 없는 우연성 때문에 이번 표본에서 관측된 납기준수율을 보이는 표본을 추출한 가능성이 22%이다.

21. P값. 안전벨트 착용을 권장하는 광고와 미착용 시 처벌 수준을 올린 게 운전자와 승객의 안전벨트 착용률을 높였을까? 출퇴근 시간에 운행 중인 차량을 관찰한 결과 3년 전과 뚜렷한 개선의 증거를 찾을 수 없었다. 이런 상황에서 P값이 0.17로 나왔다. 이 결과가 의미하는 바를 설명하라.

23. 광고 캠페인. 한 온라인 상점의 한 정보기술 분석가가 자사의 웹사이트가 물건을 고르고 결제 과정이 너무 복잡하여서 많은 고객을 잃고 있다고 생각한다. 그래서 이 분석가는 원클릭(one-click) 결제기능을 추가했지만 그 기능을 사용하는 고객은 약 10%밖에 되지 않는다. 이에 이 기능을 더 많은 고객이 사용하기를 바라면서 이 기능에 대한 광고를 실시했지만 별 성과가 없어서 컨설턴트를 한 사람 고용했다. 이 컨설턴트가 최근에 이루어진 판매들을 가운데 무작위로 표본을 추출하여 원클릭 기능을 사용하는 고객이 10%를 넘었다는 대립가설을 상대로 광고가 별 효과가 없었다는 가설을 검정했더니 P값이 0.22이었다. 다음 중 어느 결론이 적절한지 정하고 설명하라.

a) 광고가 효과를 보였을 확률이 22%이다.
b) 광고가 효과를 보였을 확률이 78%이다.
c) 귀무가설이 참일 확률이 22%이다.
d) 원클릭 기능의 사용이 증가하였다면 표본의 자연스런 변동성 때문에 이와 같은 분석 결과가 나올 확률이 22%이다.
e) 원클릭 기능의 사용률에 실제로 변화가 없었다면 표본의 자연스런 변동성 때문에 이와 같은 분석 결과가 나올 확률이 22%이다.

25. 약품 효능. 한 제약회사의 이전 제산제는 사용자의 70%에게 효과가 있었다. 이 회사는 최근에 성분을 좀 바꾸었으며 효과가 높아졌는지 검정했더니 P값이 0.27이었다. 약의 효과가 같다고 결론을 내려도 괜찮을까? 설명하라.

27. 거짓 주장? 제과회사 M&M은 자사의 대형 봉지에 든 초콜릿은 빨강 초콜릿과 초록 초콜릿이 반반씩 들어 있다고 한다. M&M의 초콜릿 한 봉지에서 임의로 20개를 꺼내어 먹었는데 12개가 빨강 초콜릿이었다.

a) 정말로 빨간 초콜릿과 초록 초콜릿이 반반씩 들어 있다면 20

개 가운데 최소한 12개가 빨간 초콜릿일 확률은 얼마인가?

b) 초콜릿 봉지에 정말로 빨간 초콜릿과 초록 초콜릿이 반반 씩 들어 있다고 생각하는가? 설명하라.

29. MBAs. 하버드 비즈니스 리뷰 지(誌)에 2010년에 실린 한 기사에는 MBA학위가 CEO가 되는데 도움이 되는지 알아보았다. 조사에 응한 총 1,109명의 CEO가운데 32%만이 CEO가 되기 전에 MBA를 취득했다고 응답했다.

a) CEO 가운데 MBA 학위 소지자의 비율을 추정하라. 추정에 필요한 조건들을 먼저 확인하고 신뢰수준은 98%로 하라.

b) 요즈음은 CEO들이 이전에 비해 MBA학위를 덜 취득한다고 생각하는 사람들이 있다. MBA학위를 보유한 CEO의 비율이 35% 이하로 떨어졌는지 알아보기 위해 가설검정을 하려고 했다고 해보자. 앞에서 구한 신뢰구간에서 이에 대한 답을 구할 수 있는가? 설명하라.

c) 이 가설검정의 유의수준은 얼마인가? 설명하라.

31. 경제. 갤럽은 2012년에 웰스파고/갤럽 투자자 및 은퇴자 낙관주의 지수 조사에서 미국 투자자 53%는 에너지(가스와 석유를 포함) 가격이 미국의 투자 환경을 해칠 것이라고 말했다. 이 결과는 2012년 2월 3~12일 기간에 무작위로 추출한 투자가능 자산이 $10,000 이상 있는 미국 성인 1,022명을 상대로 한 설문조사를 분석한 것이다. 한편 2011년 9월에 실시한 똑 같은 조사에서는 해당 비율이 62%이었다.

a) 2,012조사 결과의 비율은 2,011년 조사 결과의 비율과 다른가? 적절한 가설검정을 실시하라. 또한 이 비율의 95% 신뢰구간을 구하라. 가설검정을 위한 전제 조건을 충족하는지 검토하라.

b) 앞에서 구한 신뢰구간은 해당 비율이 1년 사이에 바뀌었다고 볼 증거가 될 수 있는가?

c) 앞 b)의 경우 유의수준은 얼마인가? 설명하라.

33. 자의적 알파수준. 아주 의욕적인 젊은 경영자가 자신이 기획한 새로운 마케팅 프로그램의 효과를 분석했다. 그의 보고에 의하면 그 프로그램은 "상당한" 판매액 증가를 가져왔다. 그는 자기가 실시한 검정에서 7.2% 알파수준을 사용했다고 보고서의 주석에서 밝혔다. 귀무가설을 판매액에 아무런 변화가 없다고 설정하고 가설검정을 한 듯하다.

a) 알파수준으로 5%를 사용하였다면 귀무가설을 기각했을 가능성에 다소간 차이가 있었을까?

b) 만약 그가 통계적 유의성을 주장하기 위해 알파수준을 7.2%로 선택했다면, 그런 선택은 왜 통계학의 유리적 사용이 아닌지 설명하라.

35. 제품 실험. 많을 사람들이 VCR을 예약 기능을 사용하는데 어려움을 겪자, 한 전자회사에서 좀 더 쉬우리라고 희망하면서 새로운 예약 방식을 채택하였다. 목표는 최소한 고객 96%가 예약기능을 사용할 수 있는 것이다. 이 회사는 고객 200명을 대상으로 실험을 했는데 188명이 성공적으로 예약할 수 있었다. 이 결과는 새로운 예약방식은 회사의 목표에 미흡함을 보여주는 강력한 증거인가? 다음은 한 학생이 수행한 이 가설의 검정이다. 이 학생이 저지른 실수를 모두 지적하라. 새로운 예약방식이 효과적이지 않음을 보여주는 강력한 증거가 있는가?

H_0: $\hat{p}=0.96$

H_A: $\hat{p}\neq0.96$

조건 점검: 단순무작위표본, 성공/실패 조건 0.96(200) > 10

$$\frac{188}{200}=0.94;\ SD(\hat{p})=\sqrt{\frac{(0.94)(0.06)}{200}}=0.017$$

$$z=\frac{0.96-0.94}{0.017}=1.18$$

$$P=P(z>1.18)=0.12$$

37. 기회 균등. 한 기업이 지원자의 27%가 소수자인 데 반해 채용된 사람의 19%만이 소수자이었다는 이유로 소수자를 차별 대우했다는 소송을 당했다. 이것은 이 회사의 채용이 소수자를 차별함을 보여 주는 강력한 증거인가?

a) 이것은 단측검정인가 양측검정인가? 그 이유는?

b) 이 상황에서 1종 오류로는 어떤 결정이 있을 수 있는가?

c) 이 상황에서 2종오류로는 어떤 결정이 있을 수 있는가?

d) 이 상황에서 검정력은 무엇을 의미하는가?

e) 유의수준을 1%에서 5%로 바꾸어 검정하면 검정력에 어떤 영향을 미치는가?

f) 이 소송은 37명의 채용 결과에 따른 것이다. 만약 87명을 채용한 결과라면 검정력이 더 높을까, 낮을까, 그대로일까?

39. 환경. 1980년대에는 전체 어린이의 5%가 선천성 기형을 가지고 태어난다고 알려졌다. 생활환경에선 접하는 화학 물질의 수가 늘어남에 따라 선천성 기형의 비율이 높아졌다고 믿는 사람들이 있다. 최근의 한 연구에서 384명을 조사하였더니 그 가운데 46명이 선천성 기형의 기미를 보였다. 이것은 선천성 기형 위험이 증가했음을 보여주는 강력한 증거인가? (P값이 5% 정도이면 상당한 증거라고 본다.)

a) 귀무가설과 대립가설을 써라.
b) 필요한 가정과 조건을 충족하는지 점검하라.
c) 필요한 계산을 하라. P값은 얼마인가?
d) 이 맥락에서 P값이 무엇을 의미하는지 정확하게 설명하라.
e) 결론을 내려라.
f) 생활환경에서 사용되는 화학물질들이 선천성 기형을 유발하는가?

41. 지구온난화. 갤럽이 2012에 실시한 한 조사에서 미국인 55%가 지구 온난화에 대해서 상당히 또는 매우 걱정하는 것으로 나타났으며 이는 2011년의 51%에 비해 증가한 것이다. 이 조사는 2012년 3월 8~11일 사이에 미국에 거주하는 18세 이상 성인 1024명을 무작위로 추출하여 전화 인터뷰로 실시했다. 1년 사이의 변화(51% → 55%)는 유의미한 것인가?

a) 적절한 귀무가설과 대립가설을 세워라.
b) 필요한 가정과 조건을 충족하는지 확인하라.
c) 가설검정을 실시하고 P값을 구하라.
d) 결론을 제시하라.
e) 이 비율 차이가 유의미하다고 생각하는가? 설명하라.

43. 은퇴. 1,000명의 직장인을 상대로 개인연금저축계좌 가입 여부를 조사하였더니 약 520명이 저축을 하고 있었다. 전국적으로는 그 비율이 44%로 알려져 있다.

a) 이 조사의 결과에 근거하여 개인연금저축계좌에 가입한 직장인 비율의 95% 신뢰수준을 구하라.
b) 이 결과는 개인연금저축계좌에 대한 직장인의 행동이 바뀌었음을 보여주는 증거인가? 앞에서 구한 신뢰구간을 사용하여 적합한 가설검정을 실시하고 결론을 내려라.

45. 유지보수비용. 한 리무진 서비스 회사가 자사의 150대 차량의 유지보수비용 증가를 걱정한다. 차량 22대의 배기가스 검사에서 7대가 배기가스기준을 충족하지 못했다. 최근의 기준을 충족하려면 총 30대를 부품을 교체해야 할 것으로 보고 비용을 예측했다. 이것은 전체 차량의 20% 이상이 배기가스 기준을 위반할 수도 있음을 보여주는 강력한 증거인가? 적절한 가설검정을 하고 결론을 내려라. 먼저 필요한 가정과 조건들을 점검하도록 하라.

47. 웹진. 웹진(*Webzine*)이라는 한 잡지가 온라인판을 고려하고 있다. 이 잡지사는 현재 구독자의 25% 이상이 온라인판을 구독할 것이라고 확신이 서야만 실행할 계획이다. 현재 구독자 500명을 단순임의표본으로 추출하여 접촉할 결과 137명이 관심을 보였다. 이 잡지사는 어떻게 해야 하는가? 적절한 가설검정을 실시하고 결론을 내려라. 관련 가정과 조건들이 충족되는지 반드시 먼저 확인하라.

49. 여성 고위 경영자. 한 회사는 고위 경영진 43명 가운데 여성은 13명밖에 되지 않는다고 비난을 받고 있다. 이 회사는 이 비율은 자기들이 원하는 비율보다 낮지만 전체 인원 가운데 여성 비율이 40%임을 고려하면 놀랄 만한 일은 아니라고 해명한다. 당신은 어떻게 생각하는가? 적절한 가설검정을 실시하고 결론을 내려라. 적절한 가설검정을 하고 결론을 내려라. 먼저 필요한 가정과 조건들을 점검하도록 하라.

51. NAEP. 국가교육발전평가원(NAEP)의 발표에 의하면 2011년에 초등학교 4학년 수학교사의 약 45%가 대수와 함수를 매우 강조한다. 평가원은 이 비율이 2009년의 42%에 비하면 현저하게 증가했다고 주장한다. 2009년과 2011년의 이 비율의 차이가 유의미하다는 주장의 증거를 설명하라.

53. NAEP(2). 국가교육발전평가원(NAEP)의 발표에 의하면 2011년에 중학교 2학년 학생 가운데 수학에서 '능숙' 이상의 성적을 거둔 비율이 이전의 어느 해보다 높으며 2009년에 비해서는 "유의미"하게 높다. 2011년의 해당 비율은 35%였고 2009년의 비율은 34%였다. 평가원은 어떻게 그 차이를 "유의미"하다고 주장할 수 있었을까? 설명하라.

55. 기업윤리. 한 보고서에 의하면 경영대학원을 졸업하고 신규로 채용되는 직장인의 30%가 첫해에 비윤리적인 업무 관행을 접한다고 한다. 한 경영대학원의 학장이 자기네 졸업생도 비슷한 경험을 하는지 궁금해서 자기 학교 작년 졸업생 120명을 상대로 조사를 했더니 27%가 직장에서 그런 경험을 했다. 이 학교 졸업생들의 경험은 다르다고 할 수 있는가?

59. 자동차 배기가스 검사. 청정공기 기준에는 차량의 각종 오염문질 배출 한도가 정해져 있다. 많은 주에서는 이의 준수 여부를 확인하기 위해 모든 차량은 매년 1차례 검사를 받도록 하고 있다. 주정부의 규제기관에서 비양심적으로 의심되는 어떤 정비소에서 통과시켜준 차량들 가운데 일부를 무작위로 추출하여 다시 검사한다고 하자. 해당 정비소가 배출 기준을 위반하는 차량들을 통과시켜준다는 상당한 증거가 있으면 그 정비소는 배출가스 검사 면허를 취소당한다.

a) 이 경우 1종 오류는 무엇인가?
b) 이 경우 2종 오류는 무엇인가?
c) 정비소 사장은 어느 유형의 오류를 더 심각하게 생각할까?

d) 환경운동가들은 어느 유형의 오류를 더 심각하게 생각할까?

61. 자동차 배기가스 검사(2). 연습문제 59번에서처럼 주정부 규제기관에서 비양심적인 정비소들을 적발하려고 한다.

a) 이런 상황에서 규제기관이 실시하는 검정의 검정력이 의미하는 바는 무엇인가?
b) 검사하는 차량이 20대인 경우와 40대인 경우 가운데 어느 쪽이 검정력이 더 높을까? 이유는?
c) 검정력은 유의수준이 5%인 경우와 10%인 경우 어느 쪽이 더 높을까? 이유는?
d) 정비소 검사원들이 규정을 약간 위반하는 경우와 크게 위반하는 경우 가운데 어느 쪽이 검정력이 높을까? 이유는?

63. 통계 소프트웨어. 어떤 통계학 교수는 몇 년 동안 통계학 입문 과목에 등록한 학생 가운데 약 13%는 학기 중간에 수강을 취소하는 경향을 보았다. 한 소프트웨어 영업사원이 학생들에게 컴퓨터를 많이 사용하게 하면 수강 취소율이 낮아질 거라며 수업에 통계 소프트웨어 패키지 사용을 제안했다. 그 소프트웨어는 비싸므로 영업사원은 교수에게 무료로 사용하며 학생들의 수강 취소율이 뚜렷이 낮아지는지 보라고 했다. 교수는 나중에 그 소프트웨어를 계속 사용할 경우에만 가격을 지불하면 된다.

a) 이 검정은 단측검정인가 양측검정인가? 설명하라.
b) 귀무가설과 대립가설을 써라.
c) 이 경우 교수가 1종 오류를 범하면 어떤 일이 벌어질까?
d) 이 경우 교수가 2종 오류를 범하면 어떤 일이 벌어질까?
e) 이 경우 검정력은 무엇을 의미하는가?

65. 통계 소프트웨어(2). 연습문제 63번에서, 처음에는 학생 203명이 통계학 과목에 등록했다. 그 학생들은 영업사원의 말 대로 소프트웨어를 사용했으며 11명만 도중에 수강을 취소했다.

a) 교수는 소프트웨어 비용을 지불해야 하는가? 적절한 가설검정을 실시하고 당신의 교수에게 조언하라.
b) 이 상황에서 P값의 의미가 무엇인지 설명하라.

확인문제 정답

1. 귀무가설이 참이라고 결론을 낼 수는 없다. 해당 실험으로는 귀무가설을 기각할 수 없다고만 결론을 내릴 수 있다. 환자 12명을 상대로 한 실험으로는 아스피린이 피를 묽게 하는지 보여줄 수 없었다.
2. 귀무가설은 H_0: $p=0.75$.
3. P값이 0.0001이라는 사실은 귀무가설을 무위화하는 아주 강력한 증거이다. 귀무가설을 기각하고 '개선된' 약이 더 높은 비율의 알레르기 환자에게 도움을 줄 것이라고 결론을 내릴 수 있다.
4. 관심 모수 p는 불량 고객 가운데 연체금을 납부하는 고객의 비율이다. H_0: $p=0.30$; H_A: $p > 0.30$.
5. 90% 신뢰구간 (0.29, 0.45)에 독촉장 발송 방법의 성공률 0.3(=30%)이 포함되므로 $\alpha=0.05$이면 귀무가설을 기각할 수 없다. DVD 발송이 독촉장 발송보다 더 효과적이지 않을 수 있다.
6. 신뢰구간은 29~45%이다. DVD 발송 정책은 더 비용이 높아서 실행할 가치가 없을 수도 있다. 이 실험의 결과만으로는 DVD 발송 정책의 성공률이 30%보다 높다고 할 수 없다. 그러나 45%는 큰 개선이다. 표본 크기를 늘려서 한 번 더 실험해보는 게 좋겠다. 이렇게 하면 신뢰구간도 좁아질 것이다.
7. 1종 오류는 DVD의 성공률이 30%보다 높지 않는데 30%보다 높다고 판단하는 것이다. 현실적으로 보면, DVD가 우편보다 실제로 성공률이 높다는 증거가 없는데 비용이 더 많이 드는 DVD 발송을 채택할 수 있다.
8. 2종 오류는 DVD가 실제로 더 효과적인데도 그렇다고 볼 충분한 증거가 없다고 판단하는 것을 의미한다. 현실적으로는 더 많은 융자금을 회수할 수 있는 효과적인 방법을 놓치는 셈이 된다.
9. 더 높다. 효과크기가 클수록 검정력이 세다. 30%에서 32%로의 개선 효과는 2%인 반면 30%에서 60%로의 개선은 효과가 30%여서 알아차리기 훨씬 쉽다. 그러므로 DVD의 효과가 없을 것이라는 귀무가설은 훨씬 기각하기 쉽다. 즉, 검정력이 더 세다.

CHAPTER 11

평균에 대한 신뢰구간과 가설검정

Guinness & Co.

1759년, 당시 34세였던 아일랜드인 아서 기네스(Arthur Guinness)는 도저히 믿기 어려운 도박을 단행했다. 아일랜드 수도 더블린(Dublin)의 세인트 제임스 게이트(St. James's Gate) 지역에 있던 낡아 방치된 맥주 공장에 대해 9,000년간 사용계약을 맺은 것이다. 그 맥주 공장은 면적이 16,188m^2나 되었고, 제분수 한 곳, 맥아 저장고 두 곳, 말 12마리를 수용할 수 있는 마구간, 그리고 건초를 200톤이나 저장할 수 있는 고미다락이 있었다. 맥주 산업은 경쟁이 치열하여 매우 힘든 시기였다. 당시 사람들이 주로 찾던 술은 진, 위스키, 그리고 전통적인 런던의 쓴 흑맥주였다.

더블린은 진하고 거품이 나지 않으며 순한 에일(ales) 맥주로 유명했는데 기네스는 영국의 맥주업체와 맞대결을 펼치려고 쓴 흑맥주를 만들기 시작한 것이다. 그로부터 40년 뒤에는 에일 맥주 생산을 모두 중단하고 흑맥주 생산에 전념했다. 1803년 그가 죽자 그의 아들 아서 기네스 2세가 바로 사업을 승계했으며 몇 해 뒤에는 기네스 흑맥주를 유럽의 다른 지역에 수출하기 시작했다. 1830년대 무렵에는 세인트 제임스 게이트 기네스 맥주 공장은 아일랜드에서 가장 큰 맥주 공장이 되었다. 1886년에는 연간 190,680,000리터의 맥주를 생산하면서 기네스는 대형 맥주 회사 가운데에서 최초로 런던증시에 상장했다. 1890년대에는 과학자들을 고용하기 시작했다. 그 가운데는 양조 과정에서 맥주의 품질을 시험하는 화학자로 고용한 윌리엄 에스 고셋(William S. Gosset)도 있었다. 고셋은 산업 현장에 품질관리를 도입한 선구자였을 뿐만 아니라 오늘날의 통계적 추론을 가능하게 만든 논문을 쓴 통계학자이기도 했다.[1)]

1) 자료: Guinness & Co., www.guinness.com/global/story/history

윌리엄 에스 고셋(William S. Gosset)은 화학자로서 더블린의 기네스 맥주 회사의 품질관리 책임자였다. 회사가 생산하는 진한 흑맥주 스타우트(stout)가 맥주 맛에 일가견이 있는 고객들의 까다로운 기준을 충족할 수 있도록 고품질을 보장하는 일이 그의 임무였다. 스타우트 맥주를 검사할 때 많은 양을 마시는 것은 건강에 해롭다는 이유는 차치하더라도 바람직하지 않다는 것은 쉽게 상상이 간다. 그래서 고셋은 스타우트의 품질을 검사할 때 서너 시료만 채취했다. 그런데 그는 이 정도 크기의 표본으로 한 품질검사는 별로 정확하지 않다는 사실을 깨달았다. 자기가 불합격 판정한 맥주를 실험실에서 더 깊이 분석해보면 처음에 내린 판정이 잘못됐다고 판명되는 경우가 아주 잦았기 때문이다. 산업현장의 통계학자로서 고셋은 어떨 때는 틀릴 수밖에 없다는 사실도 알았지만 이론적으로 예측한 이상으로 틀리는 게 너무 싫었다. 고셋은 이러한 실망에서 시작하여 소규모 표본으로 검정하는 방법을 개발했다. 바로 이 소규모 표본을 사용한 검정이 이 장에서 다룰 주된 내용이다.

11.1 표본평균의 분포

중심극한정리에 의하면 표본평균이나 표본비율의 분포는 근사적으로 정규분포이다. 그런데 무슨 정규분포인가? 정규분포는 평균과 표준편차로 특정할 수 있다. 비율의 경우, 표본분포의 중심은 모집단의 비율이다. 평균의 경우는, 모집단의 평균이 중심이다. 이외에 뭘 예상할 수 있을까?

이제 표준편차에 대해서 알아보자. 주사위 시뮬레이션에서 평균을 계산할 때 사용한 주사위의 수가 많을수록 히스토그램의 폭이 좁아진다는 사실을 보았다. 새로운 사실은 아니다. 평균은 개별 관측치보다 변동이 작다. 언뜻 이해가 되지 않으면 잠시 생각해보자. 함께 통계학을 수강하는 학생 가운데 한 사람의 키가 205cm 이상인 경우와 수강생 100명의 평균 키가 205cm이상인 경우 가운데 어느 것이 더 놀라운가? 첫 번째 경우도 상당히 드물다.[2] 어쩌면 언젠가 이 정도 큰 학생을 학급에서 본 적이 있을 수도 있다. 그러나 반 인원 100명의 평균키가 205cm를 넘는 경우는 있을 수 없다. 여러 학생의 키의 평균은 개별 학생들의 키에 비해 표준편차가 작기 때문이다.

구체적으로 말하면, 모집단의 표준편차가 σ일 때 표본평균의 표준편차는 $SD(\bar{y}) = \frac{\sigma}{\sqrt{n}}$이다. 이것이 표본평균의 분포의 한 모수인 표준편차임을 강조하기 위해 $SD(\bar{y})$ 혹은 $\sigma(\bar{y})$로 표기한다.

2) 학생들이 성인들의 한 무작위 표본이면 키가 205cm를 넘는 사람은 10,000명 가운데 1명 꼴도 안 된다. 키를 기준으로 할 때 대학생이 실제로 무작위 표본이 아닐 이유가 있을까? 대학생이 완벽한 무작위 표본이 아니라고 하더라도 키가 205cm를 넘는 학생은 여전히 희귀하다.

표본평균의 분포

평균이 μ이고 표준편차가 σ인 모집단에서 무작위표본을 추출하면 표본평균 $\bar{y}$의 평균은 모집단의 평균 μ와 같지만 표준편차는 $\frac{\sigma}{\sqrt{n}}$이며, $\sigma(\bar{y}) = SD(\bar{y}) = \frac{\sigma}{\sqrt{n}}$로 쓴다. 표본의 크기가 충분히 크면 모집단의 분포와 상관없이 표본평균의 분포의 모습은 근사적으로 정규분포의 모습을 띤다. 표본이 클수록 표본평균의 분포의 모습은 정규분포에 더 가깝다.

이제 두 종류의 긴밀하게 연관된 표본분포를 보았다. 어느 것을 쓸지는 자료의 유형에 따라 결정된다.

- 범주형 자료의 경우에는 표본비율 $\hat{p}$을 계산한다. 표본비율의 분포는 평균은 모집단의 비율 p이고 표준편차는 $SD(\hat{p}) = \sqrt{\frac{pq}{n}} = \frac{\sqrt{pq}}{\sqrt{n}}$인 정규분포이다.
- 양적 자료의 경우에는, 표본평균 $\bar{y}$를 계산한다. 표본평균의 분포는 평균은 모집단의 평균 μ이고 표준편차는 $SD(\bar{y}) = \frac{\sigma}{\sqrt{n}}$인 정규분포이다.

이들 분포의 평균은 외우기 쉽다. 그러므로 주의할 것은 표준편차들이다. 이 표준편차들은 통계량 $\hat{p}$와 $\bar{y}$의 표준편차들임에 유의해야 한다. 이들 두 가지는 모두 분모에 표본의 크기 n의 제곱근이 있다. 이 때문에 표본이 클수록 두 통계량의 변동은 작아진다. 분자만 다르다. 양적 자료에 대해서는 습관적으로 $SD(\bar{y})$를 쓰고 범주형 자료에 대해서는 $SD(\hat{p})$을 쓰면 어느 공식을 써야 할지 쉽게 기억할 수 있다.

예시문제 표본평균의 활용

어떤 회사가 실어 나르는 화물 한 상자의 무게는 평균은 12파운드이고 표준편차는 4파운드인 단봉 대칭 분포를 따른다고 하자. 화물은 10상자씩 팔레트에 실어 운송한다. 이 운송업체는 한 팔레트의 최대 무게를 150파운드로 제한한다.

문제 : 한 팔레트에 실린 화물의 무게가 한도를 초과할 확률은 얼마인가?

답 : 화물 10상자의 총 무게가 150파운드를 넘을 확률은 화물 한 상자의 평균 무게가 15파운드를 초과할 확률과 같다. 우선 화물 한 상자의 평균 무게의 분포로 정규분포를 사용하는 데 필요한 조건들부터 확인해보자. 한 팔레트에 실린 화물 상자 10개는 화물 상자 모집단에서 무작위로 뽑은 표본이며 화물을 넣은 상자들의 무게는 상호독립적이라고 가정한다. 앞에서 화물 한 상자 무게의 분포는 단봉 대칭분포라고 말했으므로 10개 화물 상자 표본은 충분히 큰 표본이다. 또한 화물 상자 10개는 확실히 이 회사가 운송하는 화물 상자 모집단의 10% 미만이다.

이러한 조건을 전제로 할 때, 중심극한정리에 의하면 화물 한 상자의 평균 무게 $\bar{y}$는 정규분포를 따르며, 그 평균은 12파운드이고 표준편차는 $SD(\bar{y}) = \frac{\sigma}{\sqrt{n}} = \frac{4}{\sqrt{10}} = 1.26$이다. 그리고 $z = \frac{\bar{y} - \mu}{SD(\bar{y})} = \frac{15 - 12}{1.26} = 2.38$이므로 다음을 얻는다.

$$P(\bar{y} > 15) = P(z > 2.38) = 0.0087$$

그러므로 이 운송업체가 화물 한 팔레트의 운송 의뢰를 거부할 확률은 0.0087로 1% 미만이다.

11.2 표본분포의 원리

지금까지 살펴본 두 가지 표본분포는 모두 정규분포를 따른다. 또한, 표준편차는 비율에 대해서는 $SD(\hat{p}) = \sqrt{\frac{pq}{n}}$ 이고 평균에 대해서는 $SD(\bar{y}) = \frac{\sigma}{\sqrt{n}}$ 임을 안다. 모수 p나 σ를 알거나 알고 있다고 가정해도 된다면 이 두 가지 식은 아주 유용하다. 필요하면 모수 p나 σ를 알거나 알고 있다고 가정하기도 하겠다.

표본에서 구한 비율 $\hat{p}$나 표본표준편차 s밖에 모르는 경우가 많다. 물론 모수 p나 σ를 알고 있으면 그것들을 그냥 사용하면 되겠지만 모르는 경우에는 추정해야 한다. 이 말은 대수가 아닌 듯 보이지만 p나 σ를 추정해서 쓰는 경우에는 표본분포의 표준편차 또한 추정해야 하며 이들 추정치는 특별히 **표준오차**(Standard Error, SE)라고 부른다.

표본비율 $\hat{p}$의 표준오차는 다음과 같고

$$SE(\hat{p}) = \sqrt{\frac{\hat{p}\hat{q}}{n}}$$

표본평균 $\bar{y}$의 표준오차는 다음과 같다.

$$SE(\bar{y}) = \frac{s}{\sqrt{n}}$$

컴퓨터 프로그램의 출력 요약정보나 계산기로 구한 "표준오차"라는 항목을 접하게 될 것이다. 표본비율의 표준오차라고 명시되지 않은 경우에는 표본평균의 표준오차 $SE(\bar{y})$라고 가정해도 무방하다.

확인문제

1. 학생 100명의 미국경영대학원 입학시험 GMT 점수의 평균은 520점이고 표준편차는 120점이다. 이 표본평균의 표준오차는 얼마인가?
2. (모)표준편차가 변하지 않는다면 표본의 크기가 증가하면 표준오차에는 어떤 변화가 있는가?
3. 표본의 크기가 배로 증가하면 표준오차에는 어떤 영향이 있는가?

방금 설명한 개념들이 서로 어떻게 결합되는지 파악하는 데는 이들을 연결한 도해가 유용하다. 이 도해를 통해서 보여주려는 핵심 아이디어는 논의 대상 **통계량, 즉 표본비율 혹은 표본평균 그 자체가 미리 알 수 없는 무작위적 양이라는 사실이다.** 이 통계량의 값은 무작위적으로 추출한 표본의 특성치이므로 미리 알 수 없다. 추출한 표본이 달랐더라면 해당 통계량의 값 또한 달랐을 수 있다. 이 같은 표본들 사이의 변이가 표본분포를 만들어 낸다. 즉 어떤 통계량의 표본분포는 그 통계량이 취할 수 있는 모든 값들의 분포이다.

아주 많은 표본을 추출하여 관심 통계량의 값들을 얻은 다음 그 값들의 분포를 그리는 듯이 시뮬레이션을 할 수 있다. 하지만 관심 통계량이 표본평균이나 표본비율인 경우에는 중심극한정리 덕분에 시뮬레이션을 하지 않고도 그 분포가 정규분포임을 알고 있다.

표본분포에 대한 두 가지 기본 사실은 다음과 같다.

1. 표본분포는 표본이 바뀌기 때문에 생긴다. 각 표본마다 추출된 개체들은 다르다. 그러므로 해당 통계량의 값도 다를 수 있다.
2. 표본분포는 언제나 시뮬레이션을 통해 작성할 수 있지만 표본비율이나 표본평균의 경우에는 중심극한정리 덕분에 이 시뮬레이션을 하지 않아도 된다.

모집단의 표준편차 σ를 모르는 경우에는 실제로 표본을 추출하여 그 표본의 표준편차 s를 구하여 그것을 σ의 추정치로 사용한다. 이리하여 표준오차 $SE(\bar{y}) = \dfrac{s}{\sqrt{n}}$가 나온다. 〈그림 11.1〉이 논리 전개과정을 보여준다.

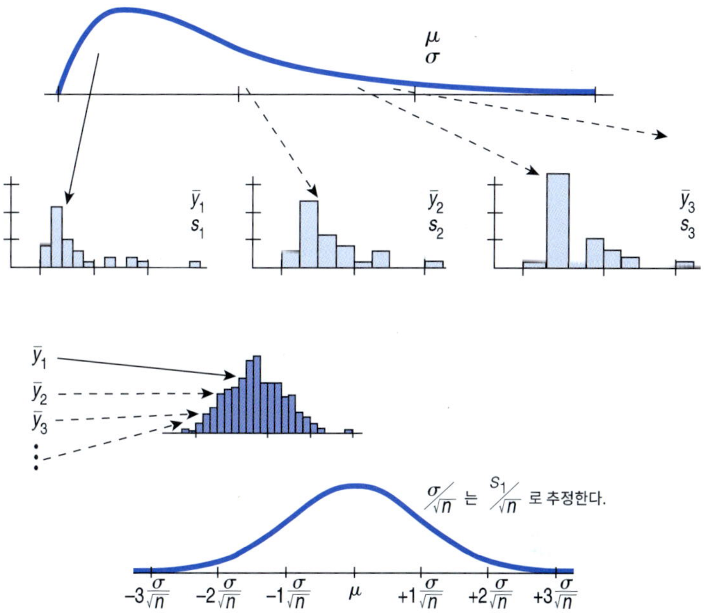

그림 11.1 어떤 모집단으로 시작한다. 아무런 분포를 따라도 상관없다. 쌍봉이어도 괜찮고 이 그림처럼 대칭이 아니어도 괜찮다. 이 분포의 평균과 표준편차는 각각 μ와 σ로 나타낸다.

크기가 n인 실제 표본을 추출하고 그것의 히스토그램과 요약 통계량을 제시한다. 그림에서 실선 화살표가 이를 나타낸다. 이와 같은 과정을 상상하거나 시뮬레이션 할 수 있다. 파선 화살표가 가리키는 히스토그램들이 이를 가리킨다.

모든 표본들의 (표본) 평균을 모아서 히스토그램을 작성한다고 상상해본다.

중심극한정리에 의하면 이렇게 작성한 히스토그램의 모양은 정규분포로 나타낼 수 있다. 이 정규분포의 평균은 μ이고 표준편차는 $SD(\bar{y}) = \dfrac{\sigma}{\sqrt{n}}$이다.

11.3 고셋(Gossett)과 t 분포

모비율의 신뢰구간을 구하는 방법은 이미 배웠다. 이제 모평균의 신뢰구간을 구하는 방법을 배우려고 한다. 모비율의 신뢰구간은 다음과 같다고 알고 있다.

$$\hat{p} \pm ME$$

오차의 한계, ME는 임계값, z^*와 표준오차 $SE(\hat{p})$의 곱이었다. 모평균의 신뢰구간도 이와 매우 비슷한 모습이다. 바로 이런 모습이다.

$$\bar{y} \pm ME$$

또한 오차의 한계, ME는 어떤 임계값과 표준오차 $SE(\bar{y})$의 곱이다. 이런 사실들을 종합해보자. 이를 위해서 필요한 게 바로 9장에서 본 중심극한정리이다.

중심극한정리

표본이 충분히 크면, 평균이 μ이고 표준편차가 σ인 아무 모집단에서 표본을 추출하더라도 그 표본의 평균 $\bar{y}$의 분포는 근사적으로 정규분포이다. 표본이 클수록 표본평균의 분포는 정규분포를 더욱 더 비슷하게 닮는다. 표본평균의 분포의 평균은 모평균, μ이고 표준편차는 $SD(\bar{y}) = \dfrac{\sigma}{\sqrt{n}}$이다.

이렇게 해서 표본평균의 분포와 표준편차를 구했다. 표본의 크기와 모표준편차 σ만 알면 된다.

하지만 문제가 완전히 해결된 것은 아니다. $\sigma/\sqrt{n}$를 계산하려면 σ를 알아야 한다. 그런데 도대체 이걸 어떻게 알 수 있는가? 어떤 회사의 젊은 고위 경영자 25명이 보유한 주식 포트폴리오의 평균 가치가 $125,672라고 하자. 이 사실만 가지고 이 경영자들의 주식 포트폴리오 가치의 표준편차를 알 수 있는가? 결코 그렇지 않다. 이 상황에서 평균은 이들 25명이 포트폴리오를 얼마나 뛰어나게 구성했는가를 나타낼 뿐, 얼마나 유사하게 또는 다르게 포트폴리오를 구성했는가, 즉 포트폴리오 가치의 표준편차는 나타내지 않는다. 어쨌든 표본평균의 표준편차 $SD(\bar{y}) = \dfrac{\sigma}{\sqrt{n}}$의 분자가 σ이므로 σ가 필요하다. 어떻게 해야 할까? 모표준편차 대신 표본에서 구한 표본표준편차 s를 사용할 수밖에 없다. 이리하여 표준오차 $SE(\bar{y}) = \dfrac{s}{\sqrt{n}}$가 등장한다.

1세기 전에 사람들은 정규분포와 표준오차를 함께 사용해도 될 것으로 가정하고 별 생각 없이 표준오차로 표준편차를 대신했다. 표본이 크면 별 문제가 없었다. 그러나 표본이 작으면 문제가 있다는 사실을 알게 되었다. 표준오차의 추가 변이가 오차의 한계에 엄청나게 피해를 끼쳤다.

이런 현상을 최초로 연구한 사람은 고셋이었다. 그는 오차의 한계를 설정할 때 이 추가 변이를 감안해야 할 뿐 아니라 새로운 표본분포가 필요하다는 사실을 깨달았다. 사실은 하나의 표본분포가 아니라 표본의 크기 n에 따라 다른 하나의 표본분포 군(群)이 필요하다. 이 분포들의 모습은 단봉 대칭 종형이지만 표본이 작을수록 좌우로 더 길게 꼬리를 보이며 납작하다. 고셋의 이 발견은 통계학에 일대 변혁을 가져왔다. 그러나 그의 이론을 사용하는 사람은 많지만 대부분은 그의 이름조차 모른다.

고셋은 통계량 $\dfrac{\bar{y}}{s/\sqrt{n}}$의 분포를 구하기 위해 손수 실험을 했다. 숫자를 써놓은 종이쪽지들을 모자에 담아놓고 무작위로 손으로 집어내는 방식으로 수백 차례 표본조사를 했다. 필요한 계산은 기계식 계산기를 사용하여 했다. 그가 1년도 더 걸려 수행한 실험을 지금은 컴퓨터를 이용하면 몇 초 이내에 할 수 있다. 실험을 얼마나 꼼꼼하게 했던지 그가 작성한 새로운 히스토그램의 모습은 완벽하지는 않지만 아주 실재에 가까운 모습을 보일 뿐만 아니라 놀랍게도 표본조사를 통해 확률밀도함수를 정확하게 찾아냈다. 그의 확률밀도함수에 대한 최초의 수학적 확인은 로널드 아일머 피셔(Ronald Aylmer Fisher) 경이 수년 후에 발표했다.

고셋이 발견한 통계량 t

고셋(Gosset)은 통계적 추론을 사용하여 흑맥주의 품질에 대한 판단을 내렸다. 그는 95% 신뢰구간을 사용하면 멀쩡한 맥주를 불량이라고 오판할 확률이 대략 5%일 것이라는 사실을 알았다. 그러나 품질 검사실에서는 멀쩡한 맥주의 15%를 불량으로 오판한다고 그에게 보고했다. 그는 뭔가가 잘못됐음을 알아차렸으며 그 원인을 고심했다.

고셋은 이 문제를 연구하기 위해 회사의 허락을 받고 시간을 내어 당시로서는 신생 학

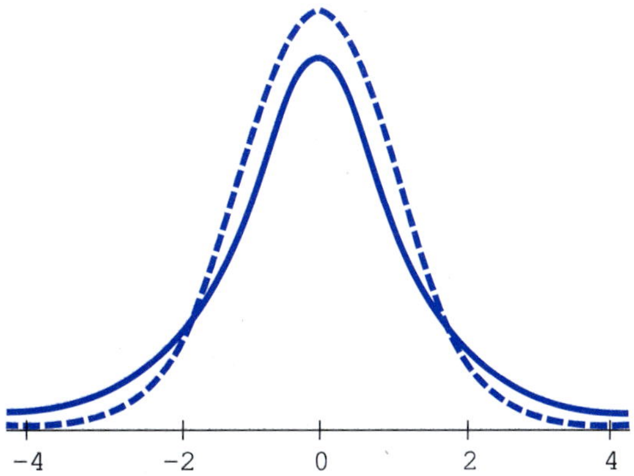

그림 11.2 실선은 자유도가 2인 t분포의 확률밀도함수로서 파선이 나타내는 표준정규분포보다 좌우 꼬리부분이 더 두텁다. 그러므로 자유도가 작은 t분포에서는 표준정규분포의 68–95–99.7 법칙이 통하지 않는다.

문인 통계학 석사학위를 취득했다. 표준오차 $\frac{s}{\sqrt{n}}$를 사용하면 통계량 $\frac{\bar{x}-\mu}{s/\sqrt{n}}$의 분포가 더 이상 정규분포의 모습을 보이지 않음을 알게 되었다. 더 나아가 이 새로운 분포의 확률밀도함수를 규명하고 t분포로 명명했다.

회사는 그를 충분히 지원하지 않았다. 실은 그가 발견한 결과의 출판을 정책적으로 불허했다. 그래서 고셋은 업무상 기밀을 출판하려는 것이 아님을 회사 측이 알아듣도록 설명해야 했으며 그 과정에 가명으로 출판하기로 하고 회사의 허락을 얻었다. 그가 택한 가명이 스튜던트(Student)였다. 그가 발견한 확률분포를 **스튜던트 *t*(Student's *t*) 분포**[3]라고 부르는 연원이다.

t분포의 모습은 항상 종형이지만 구체적으로는 표본의 크기에 따라 다르다(그림 11.2 참조). 그래서 t분포는 하나의 분포가 아니라 **자유도**(degrees of freedom)라고 부르는 모수의 값에 따라 차이를 보이는 일군의 분포들을 가리킨다. 그래서 t분포는 흔히 t_{df}로 나타내며, 여기서 하첨자 df는 자유도를 나타낸다.

t분포의 모습은 표준정규분포와 마찬가지로 종형으로 봉우리가 하나이고 대칭이다. 그러나 자유도가 아주 작은 경우에는 표준정규분포에 비해 봉우리 주위가 얇으며 좌우로 더 두텁고 평평하게 퍼진 모습을 보인다. (이 때문에 오차의 한계가 표준정규분포에 비해 더 크다.) 자유도가 커질수록 t분포의 모습은 점점 더 표준정규분포에 가까워진다. 사실, t분포는 자유도가 무한대로 커지면 정확하게 표준정규분포와 일치한다.[4] 표본이 무한히 큰 경우라면 이 사실은 참 반가운 소식이다. 불행하게도 현실에서 자료의 개수가 무한한 경우는 없다. 하지만 자유도가 수백을 넘으면 t분포와 표준정규분포는 차이가 거의 없다. 물론 가능성은 매우 낮겠지만 σ를 아는 경우라면 이 정보를 사용하는 것이 현명하다. σ를 추정하지 않아도 된다면 정규분포를 사용할 수 있다. σ는 수많은 경험을 통해서나, 아니면 이

> **z와 t 가운데 어느 것을 사용할 것인가?**
>
> 모집단의 표준편차 σ를 아는 경우는 물론 아주 드물지만 그런 경우에는 z를 사용해야 한다. 모집단의 표준편차 σ를 몰라서 그 추정치로 표본표준편차 s를 사용하는 경우에는 t를 사용해야 한다.

3) 이 번역서에서는 그냥 t분포로 옮긴다.

4) 엄밀하게 수학적으로 말하면, 자유도가 무한대로 커지면 t분포는 정규분포에 수렴한다.

론적으로 가정하는 경우 이외에는 거의 알 수가 없다. 그래서 보통 자료를 사용하여 계산한 표본표준편차로 모표준편차 σ를 추정하고 t분포를 사용한다.

알고 있는 표준편차 사용하기

부품을 만드는 공정은 아무리 철저히 관리하더라도 부품들 사이의 차이, 즉 변동을 근본적으로 제거할 수는 없다. 부품들의 변동이 심하지 않도록 하기 위해 품질관리자는 공정에서 만들어지는 부품들의 표본을 규칙적으로 추출하여 공정의 안정 여부를 감시한다. 표본을 사용하여 계산한 관심 대상 성과척도의 평균치가 원하는 목표 평균치와 큰 차이를 보이는 경우, 필요하면 생산을 중단하고 그 차이의 원인을 파악하여 적절한 조처를 한 다음 생산을 재개한다. 예를 들면, 실리콘 웨이퍼 제조공정에서는 필름의 두께가 핵심적인 성과척도이다. 품질관리자는 웨이퍼 표본을 추출하여 표본의 평균 두께를 구한 다음 평균치 목표와 비교하여 공정에 문제가 없는지 판단한다.

그러나 이 경우 해당 공정에서 생산되는 웨이퍼 필름의 평균 두께의 표준편차를 추정할 때 해당 표본에서 구한 표본오차를 사용하지 않고 이전에 확보한 대규모 표본들을 사용하여 추정한 표준편차를 사용한다. 이 경우에는 표준편차를 '알고 있는 것'으로 간주하여 t분포 대신 표준정규분포를 사용할 수 있다.

11.4 평균의 신뢰구간

표기법 주의!

고셋이 t분포를 발견한 이후 t분포라고 하면 당연히 그가 발견한 t분포를 가리킨다.

평균의 신뢰구간을 구하려면 t분포를 사용해야 한다. 이 때 사용할 자유도는 표본의 크기에서 1을 뺀 $n-1$임이 밝혀졌다.

현실적인 표본평균의 분포

몇 가지 조건이 충족되면 다음과 같이 표준화한 표본평균

$$t = \frac{\bar{y} - \mu}{SE(\bar{y})}$$

은 자유도가 $n-1$인 t분포를 따른다. 분모의 표본오차는 다음 공식으로 계산한다.

$$SE(\bar{y}) = \frac{s}{\sqrt{n}}$$

고셋이 모집단의 표준편차를 모르기 때문에 발생하는 추가 불확실성을 반영하여 정규분포를 이렇게 표본오차를 사용하여 수정하였더니 오차의 한계가 커졌다. 이는 예상할 수 있는 현상이다. 따라서 정규분포가 아니라 t분포를 사용하면 신뢰구간이 약간 더 넓어질 것이다. 이것은 필요한 보정이다. 즉, t분포의 사용은 모집단의 표준편차를 모르기 때문에 추가되는 변동성의 영향을 적절하게 반영한 조치이다.

단일 표본 t신뢰구간

표본이 t분포를 사용하는 데 필요한 가정들과 조건들을 만족하면 모평균 μ의 신뢰구간은 다음 공식으로 구할 수 있다.

$$\bar{y} \pm t_{n-1}^{*} \times SE(\bar{y})$$

표본평균의 표준오차는 다음과 같다.

$$SE(\bar{y}) = \frac{s}{\sqrt{n}}$$

임계값 t_{n-1}^{*}는 원하는 신뢰수준과 자유도 $n-1$에 따라 결정된다. (n은 표본의 크기임)

t*값 찾기

표기법 주의!

임계값은 정규분포를 사용할 경우의 z^*라고 표기하고 t분포를 사용할 경우에는 t^*로 표기한다.

t분포는 자유도마다 다르다. 각 자유도마다 부록의 Z표처럼 별도의 표를 인쇄하여 책을 만들 수도 있겠지만 매우 두껍고 인기도 없어서 별로 팔리지도 않을 것이다. 두께를 줄이는 몇 쪽으로 한정하는 한 가지 방법은 신뢰수준을 80%, 90%, 95%, 99%로 한정하는 것이다. 그래서 보통 통계학 교과서에는 이렇게 신뢰수준을 몇 가지로 제한하고 상응하는 t분포 임계값을 나열한 한쪽짜리 표 하나를 제시한다. 이 교과서에서도 마찬가지로 부록에 T표 하나를 첨부한다. (이런 표는 인터넷에서도 쉽게 구할 수 있다.)

T표는 세로로 자유도를 1에서 시작하여 한쪽에 담을 수 있는 최대한 다양한 값을 나타낸다. 〈그림 11.3〉에서 볼 수 있듯이 T표는 표준정규분포표보다 훨씬 사용하기 쉽다. 물론 자유도가 커질수록 t분포는 점점 더 표준정규분포와 가까워진다. 그래서 마지막 행은 자유도가 ∞로 표기되어 있으며 해당 값은 표준정규분포표에서 가져온 것이다.

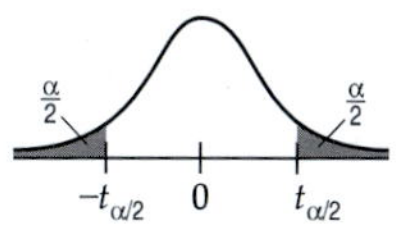

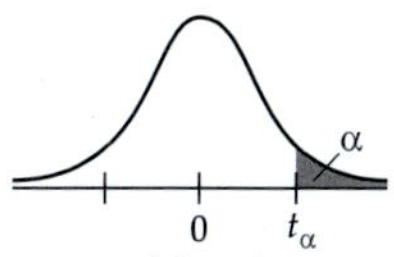

양측 꼬리 확률 단측 꼬리 확률		0.20 0.10	0.10 0.05	0.05 0.025
T표	df			
t_α 값	1	3.078	6.314	12.706
	2	1.886	2.920	4.303
	3	1.638	2.353	3.182
	4	1.533	2.132	2.776
	5	1.476	2.015	2.571
	6	1.440	1.943	2.447
	7	1.415	1.895	2.365
	8	1.397	1.860	2.306
	9	1.383	1.833	2.262
	10	1.372	1.812	2.228
	11	1.363	1.796	2.201
	12	1.356	1.782	2.179
	13	1.350	1.771	2.160
	14	1.345	1.761	2.145
	15	1.341	1.753	2.131
	16	1.337	1.746	2.120
	17	1.333	1.740	2.110
	18	1.330	1.734	2.101
	19	1.328	1.729	2.093
	⋮	⋮	⋮	⋮
	∞	1.282	1.645	1.960
	신뢰수준	80%	90%	95%

그림 11.3 부록의 T표의 일부

예시문제 평균에 대한 신뢰구간 구하기

미국 뉴욕에 본부를 둔 환경 보호 단체 환경보호기금(Environmental Defense Fund)은 연어 양식에 대해 다음과 같이 우려했다. "맛있고 건강에 좋다는 이유로 미국 사람들은 연어 고기 섭취를 늘리고 있다. 이에 따라 구하기 쉽고 저렴한 양식 연어의 소비가 증가하고 있다. 하지만 몇 해 전부터 양식 연어를 둘러싼 논란이 일고 있다. 양식 연어 섭취가 건강에 미치는 위험과 양어장이 생태계에 미치는 악영향에 대한 우려 때문이다. 몇몇 연구 결과 일부 양식 연어는 자연산 연어에 비해 PCB 오염도가 높았으며 연어 양식업이 자연 연어 개체 수에 미치는 영향에 대한 우려가 높아지고 있다."

양식 연어의 오염에 대한 한 연구 결과[5]가 저명 과학 학술지 『사이언스』에 발표되었으며 널리 인용된다. 그 연구는 다양한 양어장에서 채집한 연어들을 대상으로 14가지 유기화합물 오염도를 조사했다. 조사 대상 유기화합물 중에는 간과 콩팥 그리고 내분비계에 해로우며 발암물질로 알려진 살충제 미렉스(mirex)도 포함되었다. 150 표본 개체를 대상으로 한 미렉스 함유도를 조사한 결과가 다음과 같다.

$$n=150;\quad \bar{y}=0.0913 \text{ ppm};\quad s=0.0495 \text{ ppm}$$

문제 : 미국환경보호청은 취미로 연어를 낚는 사람들에게 미렉스의 경계치로 0.08ppm을 제시한다. 이 표본을 사용하여 미렉스 함유도의 95% 신뢰구간을 구하고 그 결과에 따라 양식 연어의 미렉스 오염도를 미국환경보호청의 경계치를 기준으로 평가하라.

답 : 표본의 크기가 150이므로 자유도는 149이다. 부록의 T표를 보면 $t^*_{140,\,0.025}=1.977$이므로 다음과 같은 신뢰구간을 얻는다. (참고: 해당 t값은 엑셀함수 TINV(1-0.95, 149)로 찾을 수 있으며 그 값은 1.976임).

$$\bar{y} \pm t^* \times SE(\bar{y}) = \bar{y} \pm 1.977 \times \frac{s}{\sqrt{n}} = 0.0913 \pm 1.977\frac{0.0495}{\sqrt{150}} = (0.0833, 0.0993)$$

이 표본이 모집단을 잘 나타낸다면 이 신뢰구간이 전체 양식 연어의 미렉스 함유도를 포함한다고 95% 자신할 수 있다. 신뢰구간 (0.0833, 0.0834)이 0.08을 완전히 초과하므로 전체 양식 연어의 미렉스 함유도가 환경보호청의 경계치보다 높다고 믿을 합리적 근거가 있다.

11.5 가정과 조건

> **분석은 가능하면 중단하지 않는다**
>
> 특정 통계 기법을 사용하여 의미 있는 분석 결과를 얻으려면 대상 자료가 그 기법을 적용하기 위해 필요한 전제조건들을 충족하는지 확인해야 한다. 그러나 전제조건은 결격 기준 역할을 한다. 다시 말하면, 특정 전제조건이 위배되더라도 심각하지 않아서 분석의 유효성을 별로 훼손하지 않을 것으로 판단되면 분석을 실시한다.
>
> 사소한 문제점이 있으면 그 점을 밝히고 분석 결과의 해석이나 사용에 주의하라고 지적한다. 표본이 모집단에서 추출한 단순임의표본이 아니면 그로 인한 한계를 지적하고 조심스럽게 결론을 내린다. 표본에 특이치들이 있으면 분석을 중단하기보다는 그 특이치를 포함한 분석과 제외한 분석을 모두 실시한다. 표본이 쌍봉으로 보이면 양 집단을 따로 분석한다. 표본이 작으면서 아주 비대칭적이거나 겉보기에도 모집단과 명백히 차이를 보이는 경

고셋은 시뮬레이션을 통해 t분포를 발견했다. 수년 뒤 피셔(Fisher)가 그것을 수학적으로 증명하는 과정에서 몇 가지 가정을 도입해야만 했다. t분포를 사용하려면 이런 가정의 충족 여부를 확인해야 한다.

독립성 가정

독립성 가정 : 표본 자료의 값들은 서로 독립적이어야 한다. 표본을 살펴보는 것으로 자료의 독립성을 확인하는 방법은 사실상 없다. 그렇더라도 표본 자료가 독립적이라고 봐도 무리가 아닌지 따져봐야 한다.

랜덤화 조건 : 자료는 무작위로 추출한 것이거나 적절하게 설계된 랜덤 실험을 통해 구한 것이어야 한다. 임의표본, 특히 단순임의표본이 이상적이다.

비복원, 즉 한 번 뽑힌 개체는 도로 모집단에 집어넣지 않고 표본을 추출하는 경우에는 표본이 모집단의 큰 부분을 차지하지 않도록 해야 한다. 이론적으로 따져보면 표본이 모집단의 큰 부분을 차지하는 경우에는 표본 자료의 독립성이 훼손될 수 있기 때문이다. 비복

[5] Ronald A. Hites, Jeffery A. Foran, David O. Carpenter, M. Coreen Hamilton, Barbara A. Knuth, and Steven J. Schwager, "Global Assessment of Organic Contaminants in Farmed Salmon," *Science* 9 January 2004: Vol. 303, no. 5655, pp.226-229.

우처럼 심각한 문제가 있는 경우에만 분석을 포기한다.

원 표본 추출의 경우에는 다음 조건을 확인해야 한다.

10% 조건: 표본은 모집단의 10%를 넘지 말아야 한다. 그러나 실제로 모평균을 추정할 때는 10% 조건을 확인하지 않기도 한다. 모비율을 추정할 경우에는 일반적으로 표본이 매우 크기 때문에 10% 조건의 확인이 필수적임을 이미 9장에서 보았다. 그러나 모평균을 추정하는 경우에는 일반적으로 표본이 작다. 그러므로 모집단 자체가 작은 경우가 아니라면 10% 조건을 확인하지 않아도 현실적으로 문제가 되는 경우는 별로 없다. 그래서 모평균을 추정하는 경우에는 이 조건을 확인하지 않는 경우가 많다. (그러나 모집단 자체가 작은 경우에는 모집단에서 표본이 차지하는 비중을 무시해서는 안 되며, 실제로 추정치 공식에 모집단의 크기와 표본의 크기를 반영하여 보정한다. 이를 유한모집단 보정이라고 한다.)

정규분포 모집단 가정

자료의 왜도(skewness)가 매우 크면, 즉 매우 비대칭적이면 t분포를 사용할 수 없다. 그러면 왜도가 얼마나 크면 t분포를 사용할 수 없는가? 엄격히 이론적으로 말하면 t분포를 사용하려면 표본 자료가 정규분포를 따르는 모집단에서 추출한 것이어야 한다. 그러나 사실상 이를 확인하는 방법은 없다.

그리고 모집단은 거의 확실히 정규분포가 아니다. 정규분포 자체가 자료의 분포를 나타내기 위해 채택하는 하나의 이상적인 모형이고, 실제로 구한 자료는 이상이 아니라 현실이기 때문이다. 그래도 다행인 것은 소규모 표본의 경우에도 하나의 조건을 확인하면 된다.

근사적 정규분포 조건. 자료가 단봉 대칭 분포 모집단에서 추출한 것이어야 한다는 조건이다. 이 조건이 만족되면 자료가 정규분포에서 추출된 것이나 거의 마찬가지로 보아도 된다는 뜻이다. 이 조건은 훨씬 실용적이며 히스토그램을 사용하여 확인할 수 있다.[6)] 물론 표본이 아주 작으면 히스토그램을 그리더라도 어떤 특정 분포의 모습을 확인하기 어려운 경우도 있다. 그러나 얄궂게도 이 조건은 그 만족 여부를 확인하기 아주 어려울 때 아주 중요하다.

표본이 아주 작은 경우, 즉 15 정도보다 작은 경우에는 자료의 히스토그램이 정규분포와 꽤 비슷해야 한다. 물론 이렇게 작은 표본으로는 정규분포에 가깝다고 말하기는 어렵다. 그러나 특이치가 보이거나 왜도가 크면 t분포는 사용하지 말아야 한다.

표본의 크기가 15~40 정도인 경우에는 자료의 분포가 단봉이고 어느 정도 대칭이기만 하면 t분포를 사용하여도 문제가 없다. 이런 조건의 충족 여부는 자료를 사용하여 히스토그램을 작성하여 확인할 수 있다.

표본의 크기가 40이나 50을 넘으면 자료가 극단적으로 비대칭적이지 않은 한 t분포를 사용해도 안전하다. 이 경우에도 자료를 히스토그램으로 나타내어 극단적으로 비대칭적이지 않은지 확인하는 편이 안전하다. 특이치들이 보이는 경우에는 대규모 표본이더라도 오

6) 아니면 자료의 누적확률을 누적정규분포확률 곡선과 비교하여 확인할 수 있다.

타와 같은 단순한 실수의 결과가 아니라면 특이치들을 포함한 분석과 제외한 분석을 모두 시행하는 편이 현명하다. 특이치는 의미 있는 중요한 정보를 드러내 보일 수도 있으므로 특히 주목할 가치가 있다. 표본 자료의 최빈값이 여럿일 경우, 즉 봉우리가 여럿일 경우에는 자료 자체가 서로 다른 모집단에서 추출된 것일 가능성이 아주 높다. 이런 경우에는 각 모집단을 따로 분석해야 한다.

자료가 극단적으로 비대칭적인 경우에는 평균이 자료를 요약하는 통계량으로는 부적합할 수도 있다. 그러나 표본 자료가 사업상 발생한 거래 n건의 결과, 예컨대 판매액 자료나 구매액 자료인 경우에는 그 합계는 사업성과이며 이들의 합은, 총수입 또는 총구매액이고 이들의 평균, 예컨대 건당 평균 판매액 또는 건당 평균 구매액은 해당 합을 단순히 n으로 나눈 값이다. 이런 성격의 표본에 대해서는 중심극한정리를 적용하면 모집단의 비대칭성으로 인한 우려를 크게 누그러뜨릴 수 있다. 중심극한정리에 의하면 이런 표본의 평균은 표본이 충분히 크기만 하면 모집단이 아주 비대칭적이더라도 정규분포에 가깝기 때문이다. 그러므로 표본이 충분히 크기만 하면 별 걱정 없이 t분포를 사용하여도 된다.

그러면 표본은 얼마나 크면 충분할까? 다음은 포천 500대 대기업의 CEO들의 연봉($000)의 히스토그램이다.

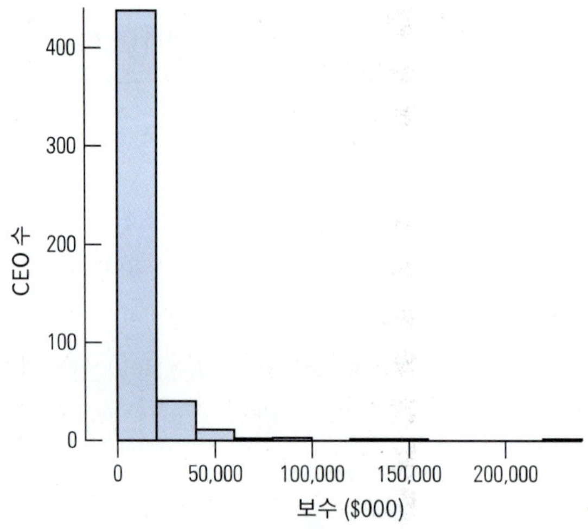

| 그림 11.4 이와 같은 포천 500대 기업의 CEO의 연봉의 분포보다 더 비대칭적인 분포는 상상하기 어렵다.

이 분포는 매우 비대칭적이지만 중심극한정리에 의하면 이런 분포를 따르는 모집단에서 추출한 표본의 평균의 분포는 표본이 커질수록 점점 더 정규분포에 가까워진다. 〈그림 11.5〉는 CEO 100명으로 이루어진 표본을 많이 추출하고 각 표본의 평균연봉을 구하여 작성한 히스토그램이다.

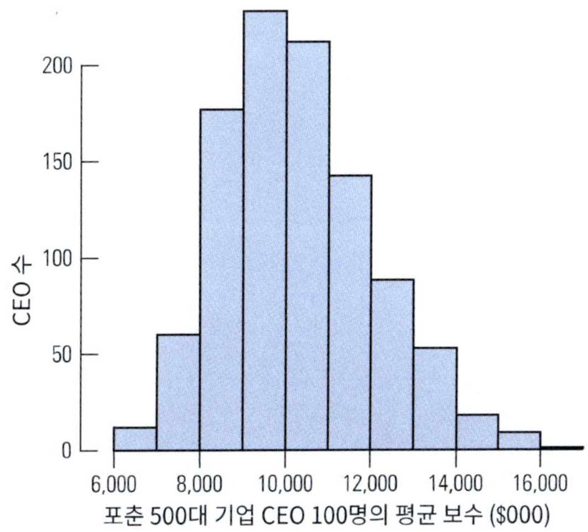

그림 11.5 포천 500대 기업 CEO의 연봉 자료에서 겨우 100명으로 이루어진 표본의 평균 연봉의 분포도 정규분포와 흡사하다. 표본이 더 크면 표본평균의 분포는 더욱 더 정규분포에 가깝게 된다.

오늘날 업무상 수행하는 표본조사에서 표본의 크기가 수백이나 수천인 경우도 종종 있다. 이러한 대규모 표본조사에서도 특이치나 다봉의 존재 가능성을 무시해서는 안 되며 자료가 상호독립적인지 확인해야 한다. 그러나 관심의 대상이 평균인 경우에는 이처럼 큰 표본에 대해서는 중심극한정리 덕분에 표본평균의 분포가 정규분포에 가깝다고 봐도 무방하다.

예시문제 평균에 대한 신뢰구간을 구하기 위한 가정과 조건 확인

양식 연어의 안전성을 연구하기 위해 6개국 8개 지역의 51개 양어장에서 연어를 구입하였다. 다음 그림은 앞의 예제에서 조사한 150마리의 살충제 미렉스의 함유도 히스토그램이다.

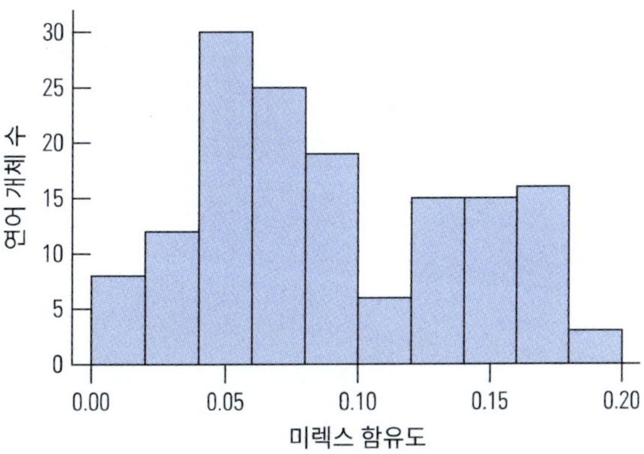

문제 : 미렉스 함유도의 평균의 신뢰구간을 구하기 위해서 필요한 가정과 조건이 충족되는가?

답 :

✓ **독립성 가정 :** 표본으로 사용하기 위한 연어는 여러 곳에서 양식되었고 독립적으로 구입되었다.

✓ **랜덤화 조건 :** 양어장에서 팔려고 내놓은 연어들을 무작위로 택하여 구입하였다.

✓ **10% 조건 :** 바다와 양어장에는 어마어마하게 많은 연어가 있다. 150마리는 그 중 10%보다 훨씬 적다.

✓ **근사적 정규분포 조건 :** 히스토그램을 보면 봉우리가 2개인 듯하다. 봉우리가 2개인 원인을 파악하여 두 개의 군을 파악할 수 있다면 흥미롭겠지만 표본이 크므로 이를 생략하고 그대로 진행한다.

이 양식 연어 자료를 사용하여 평균 미렉스 함유도의 신뢰구간을 추정해도 문제 없다.

확인문제

미국의 통계국(Census Bureau, factfinder.census.gov)은 10년마다 총인구조사를 실시한다.

총 거주자 수를 비롯하여 다양한 경제·사회 관련 정보를 수집한다. 사업체는 총인구조사 자료를 사용하여 영업 및 마케팅 전략을 수립하고 영업 지역의 인구통계학적 현황을 파악한다.

총인구조사는 "간편 설문지"와 "종합 설문지"를 사용하여 실시한다. 간편 설문지는 거의 모든 사람이 작성하며 "종합 설문지"는 대략 6~7가구당 한 가구 꼴로 무작위로 선정하여 작성하게 한다. 통계국에 의하면 "종합 설문지의 응답을 근거로 작성한 모든 추정치에는 신뢰구간이 있다."

4. 통계국이 종합 설문지의 응답을 근거로 한 추정치에는 신뢰구간을 함께 제시하는 반면 두 설문지에 모두 등장하는 질문에 대해서는 신뢰구간을 구하지 않는 이유는 무엇인가?

5. 통계국은 t분포를 사용하여 신뢰구간을 작성한다. 그 이유는 무엇일까?

통계국은 다음과 같은 보충 설명도 제시한다. "인구가 적은 지역이나 중산층 지역의 빈곤 인구 비율처럼 해당 지역에서 상대적으로 드문 사항에 대한 신뢰구간은 상대적으로 넓다."

6. 이러한 이유는 무엇인가? 예를 들어 인구밀도가 높은 도심 지역에 비해 인구밀도가 낮은 중서부의 농촌 지역의 월평균 주거비용의 신뢰구간이 더 넓은 이유는 무엇인가? 단일 표본과 t분포를 사용한 신뢰구간 공식을 사용하여 이를 설명하라.

이런 문제에 대해서 통계국은 다음과 같은 설명을 부연한다. "종합 설문지의 응답에 기초한 자료는 제대로 작성된 설문지가 대략 200부 이상인 지역에 대해서만 제공한다. 이 정도 규모의 표본이면 추정치의 질이 높다. 인구 밀도가 낮아서 제대로 작성된 설문지가 이보다 적은 지역에 대해서도 추정치 주위로 신뢰구간을 계산했더라면 훨씬 더 넓어서 많은 추정치의 유용성이 낮아졌을 것이다."

7. 통계국이 제대로 작성된 종합 설문지가 50부밖에 되지 않은 지역에 대해서도 추정치를 제공하기로 결정했다고 가정하자. 이런 결정은, 가령 월평균 주거비용의 95% 신뢰구간에 어떤 영향을 미칠까? 구체적으로 오차의 한계 공식의 어떤 값이 바뀔까? 완성된 종합 설문지가 200부인 경우에 비해서 50부밖에 되지 않는 경우에는 그 신뢰구간이 얼마나 더 넓어질까?

길잡이 문제 보험 수익

보험회사는 위험을 감수한다. 보험회사가 손해보험이나 생명보험을 팔 때에는 회사가 생존하는 데 필요한 기대이익을 확보하도록 가격을 정해야 한다. 관련 통계표를 토대로 보험료를 산정할 수 있지만 현실적으로는 고객이나 상황에 따라 보험료를 할인해주어야 하는 경우가 많다. 보험료를 얼마로 정하든지 상관없이 보험기간의 만료 이전에는 이익을 내는지조차 알 수 없기 때문에 위험 관리는 더욱 어렵다.

보험회사의 한 관리자가 어떤 영업사원의 재무성과를 알고 싶어서 그 사원이 판매한 보험 계약 가운데 기간이 만료된 30건을 뽑아서 각 건의 이익(보험료−보험금 지급액)을 계산했다. 관리자는 이 영업사원의 평균이익의 95% 신뢰구간을 알고 싶다.

보험 30건의 이익($)

228.80	3255.60	57.90	1415.65	3249.65
1756.23	3701.85	833.95	2756.94	−397.10
1100.85	−803.35	1390.70	2089.40	−397.31
3340.66	3865.90	2447.50	2692.75	186.25
1006.50	463.35	1847.50	2495.70	590.85
445.50	−66.20	865.40	2172.70	578.95

계획

준비 알고 싶은 사항을 기술하라. 관련 변수들과 상황을 파악하라.

이 영업사원이 판매한 보험의 평균이익의 95% 신뢰구간을 구하고 싶다. 이 영업사원이 판매하여 기간이 만료된 보험 30건의 이익 자료를 확보했다.

자료를 시각적으로 표현하여 분포의 모습, 비대칭성, 봉우리 수, 특이치 존재 여부를 확인하라.

다음은 이 자료를 사용하여 작성한 상자그림과 히스토그램이다.

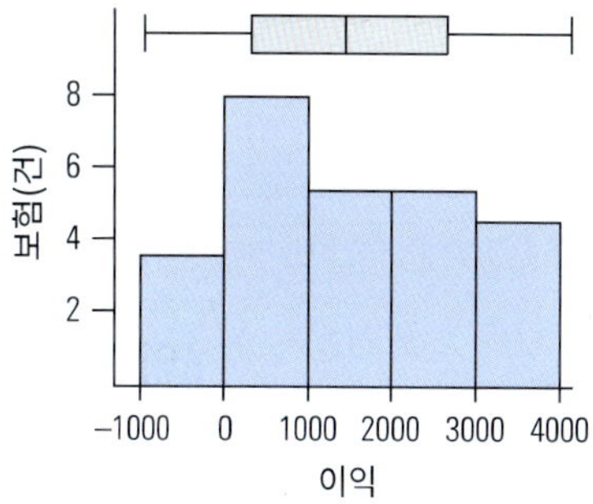

표본 이익의 분포는 −$1000과 $4000 사이에서 상당히 대칭적이며 단봉으로 보인다.

모형 관련 가정과 조건들이 충족되는지 확인하라.

✔ **독립성 가정.** 이것은 임의표본이므로 관측치들은 당연히 독립적이다.

✔ **랜덤화 조건.** 이 표본은 이 영업사원이 팔아서 만료된 보험들 중에서 무작위로 추출한 것이다.

✔ **근사적 정규분포 조건.** 그림을 보면 이익들의 분포는 단봉이고 상당히 대칭이며 특이치도 없다.

사용할 통계량의 분포를 정하라.

자유도가 29(=30−1)인 t분포를 사용하여 단일 표본에 근거한 신뢰구간을 구하겠다.

실행

계산과정 사용할 통계량을 계산하고 신뢰구간을 구하라.

수작업으로도 계산할 수 있지만 엑셀을 사용하여 다음 결과를 얻는다.

$n = 30$

$\bar{y} = \$1438.90$

$s = \$1329.60$

표본평균의 표준오차는 표준편차를 표본 크기 n의 제곱근으로 나눈 값이다.

표본평균의 표준오차는 다음과 같다.

$$SE(\bar{y}) = \frac{s}{\sqrt{n}} = \frac{1329.60}{\sqrt{30}} = \$242.75$$

95% 신뢰구간을 구하는 데 필요한 임계값은 t분포나 컴퓨터 프로그램 또는 계산기로 구할 수 있다. 자유도는 30−1=29이다. 채택한 신뢰수준이 95%이므로 중심부에 확률이 95% 몰리고 좌우 꼬리부분에 2.5%씩 모두 5%를 배제한다. 자유도와 한쪽 꼬리 확률 2.5%만 알면 임계값을 구할 수 있다. 여기서 그 값은 2.045이다.

자유도는 29(=30−1)이다. 관리자는 95% 신뢰구간을 원하므로 부록의 T표를 보면 해당 임계값은 2.045이다.

오차의 한계는 다음과 같다.

$$ME = 2.045 * SE(\bar{y})$$
$$= 2.045 * 242.75$$
$$= \$496.42$$

평균이익의 95% 신뢰구간은 다음과 같다.

$$\$1438.90 \pm \$496.42 = (\$942.48, \$1935.32)$$

보고

결론 구한 신뢰구간을 문제의 맥락에 맞추어 해석하라.

간략 보고

주제: 보험 수익률

선택한 자료를 분석한 결과 이 영업사원이 판매한 계약의 평균이익은 $942.48~$1,935.32일 것이라고 95% 자신합니다.

이런 방식으로 신뢰구간들을 구하면 그 가운데 95%는 모평균을 포함하고 5%는 포함하지 않을 것이라고 예상한다. 이것이 "95% 자신한다"는 말의 뜻이다.

유의 사항: 소수의 거액 보험금 지급 때문에 손실이 날 수 있다는 사실은 보험 업계에서 잘 알려져 있다. 단 한 건의 거액 보험금 때문에 평균 이익이 크게 줄어들 수 있다. 그러나 이 자료에는 그런 경우가 없었다.

t 임계값 찾기

앞의 유제에서 임계값은 부록의 T표에서 찾았다. 우선 문제의 자유도에 해당하는 행을 표에서 찾은 다음 확률이 신뢰수준에 상응하는 열의 값을 읽으면 된다. 신뢰수준이 95%인 경우 신뢰구간 밖에 해당하는 양측 꼬리 각각의 확률은 2.5%이므로 표의 최상부에서 양측

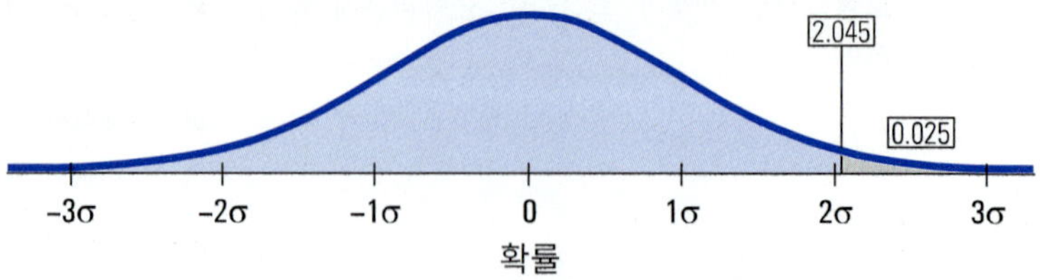

	0.25	0.2	0.15	0.1	0.05	**0.025**	0.02
24	.6848	.8569	1.059	1.318	1.711	**2.064**	2.172
25	.6844	.8562	1.058	1.316	1.708	**2.060**	2.167
26	.6840	.8557	1.058	1.315	1.706	**2.056**	2.162
27	.6837	.8551	1.057	1.314	1.703	**2.052**	2.158
28	.6834	.8546	1.056	1.313	1.701	**2.048**	2.154
29	**.6830**	**.8542**	**1.055**	**1.311**	**1.699**	**2.045**	**2.150**
30	.6828	.8538	1.055	1.310	1.697	**2.042**	2.147
31	.6825	.8534	1.054	1.309	1.696	**2.040**	2.144
32	.6822	.8530	1.054	1.309	1.694	**2.037**	2.141

그림 11.6 T표에서 95% 신뢰수준과 자유도 29에 해당하는 t^* 찾기

꼬리 확률이 0.05이거나 이와 동등하게 단측 확률이 0.025인 열이 상응하는 열이다. 아니면 최하단의 신뢰수준 행에서 값이 95%인 열을 찾으면 된다. 이렇게 찾은 행과 열의 교차점에 있는 값이 바로 찾고자 하는 임계값이다. 앞 문제의 경우 자유도는 29(=30−1)이므로 임계값은 2.045이다.

신뢰수준 해석 시 주의 사항

> **그러면 무슨 말을 해야 하는가?**
>
> 단순임의표본들 가운데 95%는 모평균을 포함하는 신뢰구간을 낳으므로 "구간 ($942.48, $1935.32)은 이 영업사원이 판매한 모든 보험의 평균이익을 포함한다고 95% 자신한다."라고 말해야 한다.
>
> 다음처럼 이보다 약간 느슨하게 말해도 괜찮다. "이 영업사원이 판매한 모든 보험의 평균이익이 $942.48~$1935.32 사이에 있다고 95% 자신한다." 우리가 불확실해 하는 것은 특정 신뢰구간이 모평균을 포함할지 여부이지 모평균이 아니라는 사실이다. 표본에 따라 신뢰구간이 무작위로 변할 뿐이다. 이익의 모평균은 변하는 값도 아니며, 그리므로 무작위적이지도 않다. 단지 모를 뿐이다.

모평균에 대한 신뢰구간을 해석할 때 그럴싸하지만 틀리게 하는 경우가 있다. 다음은 앞 문제의 결과를 두고 내린 전형적인 실수들이다.

- "이 영업사원이 판매한 보험의 95%는 그 이익이 $942.48과 $1,935.32 사이에 있다." 이는 신뢰구간의 대상에 대한 오해에서 비롯된 실수이다. 신뢰구간은 모평균에 대한 것이지 개별 보험계약에 대한 것이 아니다.
- "이 영업사원이 판매한 임의의 보험 한 건의 이익은 $942.48~1,935.32일 것이다." 이 역시 같은 오해에서 비롯된 실수이다. 우리는 이 영업사원이 판매한 개별 보험의 이익이 아니라 유사한 보험들의 평균 이익이 $942.48와 $1,935.32 사이에 있다고 95% 확신하는 것이다.
- "이익의 모평균은 95% 확률로 $1,438.90이다." 이 진술에서는 개별 보험의 이익이 아니라 평균 이익에 대해서 말하지만 틀렸기는 마찬가지이다. 이 진술은 표본조사를 할 때마다 모평균이 변동한다고 시사한다. 오해를 불러일으킨다. 표본에 따라 바뀌는 것은 모평균이 아니라 표본평균과 그것을 사용하여 계산하는 신뢰구간이다.
- "이런 방식으로 모든 표본을 추출하고 각 표본의 평균 이익을 구하면, 그 이익들의 95%는 $942.48과 $1,935.32 사이에 있다." 이 진술은 이 문제에서 구한 신뢰구간이 마치 다른 모든 신뢰구간에 대해 어떤 기준을 설정한다고 암시한다. 틀린 진술이다. 이 신뢰구간이 다른 모든 신뢰구간보다 더 정확하거나 덜 정확할 논리적 근거는 없다. 이 문제에서와 같은 방식으로 모든 신뢰구간을 구하면 그 가운데 95%는 모평균을 포함할 것이다, 라고 말할 수는 있다. (모평균을 모르기 때문에 특정 표본을 바탕으로 구한 신뢰구간이 모평균을 포함하는 95%의 신뢰구간들 가운데 하나인지 여부는 결코 알 수 없다는 게 문제이다.)

확인문제

통계국은 종합설문지에 근거한 추정치에 대해서 논의하면서 "불리한 점은 간편설문지의 응답을 토대로 작성한 보고서에도 포함된 항목의 경우 종합설문지의 응답에 근거하여 추정한 값과 일치하지 않는다는 사실이다."

간편설문지 응답을 근거로 추산한 값은 전수 조사로 구한 값이므로 "실제" 값이다. 일반적으로 이런 값은 추정으로는 얻을 수 없다.

8. 종합설문지를 사용하여 100개 조사 지역을 대상으로 각 지역 주민의 평균 연령에 대한 95% 신뢰구간을 1개씩 모두 100개 구한다고 해보자. 그러면 이들 100개의 신뢰구간 가운데 간편설문지를 사용한 전수조사로 구할 수 있는 실제 평균 연령을 포함하지 않는 것은 몇 개나 될 것으로 예상해야 하는가?

11.6 평균에 대한 가설검정 — 단일 표본 t검정

앞의 문제에서 만난 관리자는 한 가지 아주 구체적인 걱정을 했다. 회사의 정책에 의하면 어떤 영업사원이 판매한 보험들의 평균 이익이 $1,500 미만이면 그 사원은 너무 많이 할인하고 있으므로 가격전략을 바꾸어야 한다. 이 표본에 따르면 평균 이익이 정말로 $1,500 미만이라는 증거가 있는가? 이에 답하려면 **단일 표본 t검정**이라고 부르는 가설검정을 해 봐야 한다.

가설 검정을 할 때, 관찰한 통계량과 가설로 제시한 값과의 차이를 표준오차와 비교하는 것은 자연스럽다. 평균의 경우 이런 비교는 $\frac{\bar{y}-\mu_0}{SE(\bar{y})}$ 를 계산하는 것과 비슷하다. 이때 사용하는 적절한 확률분포는 자유도가 $n-1$인 t분포임은 이미 알고 있다.

평균에 대한 단일 표본 t검정

평균에 대한 단일 표본 t검정을 위한 조건들은 단일 표본 t신뢰구간에서와 같다. 다음 통계량을 사용하여 가설 H_0: $\mu = \mu_0$를 검정한다.

$$t_{n-1} = \frac{\bar{y}-\mu_0}{SE(\bar{y})}$$

여기서 $\bar{y}$의 표준오차는 $SE(\bar{y}) = \frac{s}{\sqrt{n}}$ 이다.

검정을 위한 조건들이 모두 충족되고 귀무가설이 참이면 이 통계량의 자유도가 $n-1$인 t분포를 따른다. 이 분포를 사용하여 P값을 구한다.

길잡이 문제　보험 이익

이 관리자가 추출한 30건의 만기 보험을 가지고 단일 표본 t검정을 해보자. 이 관리자는 그 영업사원이 판매한 보험의 평균 가격이 $1,500 미만이라는 증거를 이 30건 보험에서 찾을 수 있는지 알고 싶다.

계획

준비 알고자 하는 사항을 기술하라. 모집단과 모수를 확실히 파악하라.

관련 변수들과 상황을 파악하라.

그 영업사원이 판매한 보험의 평균이 $1,500 미만인지 검정하고자 한다. 이를 판단하기 위해 30건의 만기 보험을 무작위로 추출했다.

가설 우리는 영업사원에게 유리한 의심을 한다. 귀무가설은 참 평균이 $1,500이라는 것이다. 평균이 가설의 값보다 작은지에 관심이 있으므로 대립가설은 단측 가설이다.

H_0: $\mu = \$1500$

H_1: $\mu < \$1500$

	그래프를 작성하라. 분포를 보고 비대칭성, 다봉, 특이치가 있는지 확인하라.	앞의 길잡이 문제에서 이 자료의 히스토그램으로 단봉 대칭 분포를 이미 확인했다.
	모형 조건들을 확인하라.	이전의 문제에서 랜덤화 조건과 근사적 정규분포 조건을 이미 확인했다.
	표본분포를 정하라. 검정 방법을 정하라.	필요한 조건들이 충족되므로 자유도가 $30-1=29$인 t분포와 단일표본 t검정을 사용하여 평균을 검정한다.
실행	**계산과정** 표본의 통계량을 계산하라. 자료에서 파악한 단위도 반드시 포함하라. t값은 하나의 표준화 값이다. 표본평균에서 가설평균을 뺀 다음 표준오차로 나눈다. P값을 구하기 위해 귀무가설이 참이라고 가정한다. 중심이 μ_0인 t분포를 그린다. 좌측 검정이므로 관찰된 평균 이익보다 작은 부분을 색칠한다. P값은 귀무가설에서 주장하는 바와 같이 모집단의 평균이 \$1,500일 때 표본의 평균이 \$1,438.9 이하일 확률이다. 이 P값은 확률분포표나 전자계산기, 또는 컴퓨터 프로그램을 사용하여 구할 수 있다.	소프트웨어를 사용하여 다음과 같은 기본 통계량을 구한다. $n=30$ 평균: $\bar{y}=\$1438.90$ 표준편차: $s=\$1329.60$ $t=\frac{1438.90-1500}{1329.60/\sqrt{30}}=-0.2517$ (표본평균은 귀무가설에서 설정한 평균보다 1표준편차만큼 적지 않다.) 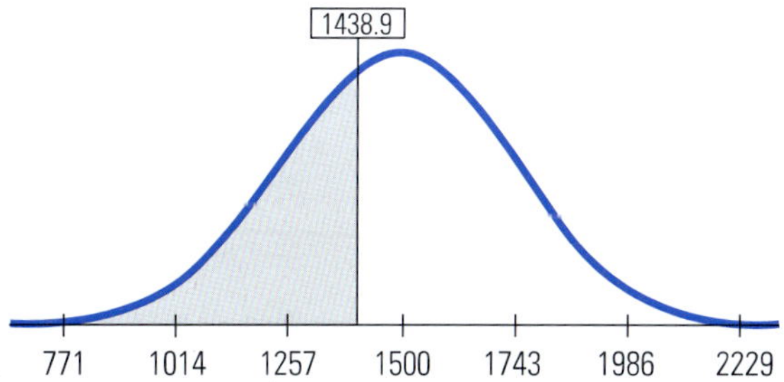 P값 $=P(t_{29} < -0.2517)=0.4015$ (혹은 확률분포표를 사용하여 $0.1 < P < 0.5$)
보고	**결론** P값을 귀무가설과 연관지어 문제의 맥락에 맞추어 결론을 내려라.	**간략 보고** **주제: 영업 성과** 해당 영업사원이 체결한 계약 가운데 임의로 추출한 30개의 평균 이익은 우리 회사의 기준 \$1,500에 못 미치지만 이 영업사원이 체결한 모든 보험계약의 평균 이익이 \$1,500에 미치지 못한다는 증거로는 미흡하다. 이 영업사원이 체결한 모든 계약의 평균 이익이 실제로 \$1,500이더라도 계약 30건 표본의 평균이 이 정도로 낮은 확률은 40.15% 정도로 예상된다.

가설이 설정된 방식을 보면, 귀무가설을 기각하려면 해당 영업사원이 체결한 계약의 표본 평균은 \$1,500보다 상당히 작아야 한다. 모집단의 평균이 귀무가설에서는 \$1,500이고 대립가설에서는 이보다 작으므로 영업사원에게 유리하다. 즉, 표본의 평균이 귀무가설에서 설정한 값보다 작더라도 상당히 작지 않으면, 형사재판에 비유하면, 합리적 의심의 여지를 떨쳐버릴 수 없으므로, 영업사원에게 유리한 검정이다. 이런 가설검정 방식에는 어떠한 본질적 오류도 없다. 그러나 귀무가설과 대립가설은 언제나 업무상 옳은 결정을 내릴 수 있도록 설정되어야 함을 명심해야 한다.

예시문제 평균에 대한 가설 검정

서밋프로젝트는 기업의 웹사이트와 관련한 다양한 서비스를 제공하는 업체이다. 이 회사는 한 고객사의 웹사이트의 디자인을 바꾸었으며 이에 따라 고객사의 매출이 증가했음을 보이고 싶다. 한 분석 담당자가 200건의 접속 기록 가운데 58건의 거래 기록을 추출하여 계산한 결과 거래당 평균 매출은 $26.05이고 표준편차는 $10.20이었다.

문제 : 거래 건당 평균 거래액이 웹사이트 디자인 변경 후에 증가했다는 주장에 대항하여 웹사이트 디자인을 바꾸기 이전과 마찬가지로 $24.85라는 가설을 검정하라.

답 : H_0: $\mu = \$24.85$; H_A: $\mu > \$24.85$; $t = \frac{(26.05 - 24.85)}{10.2/\sqrt{58}} = 0.896$

대립가설이 단측이므로 자유도가 57인 경우 $P(t > 0.896)$를 구하면 그 값은 0.1870이며 이는 상당히 큰 값이다. 그렇지만 귀무가설에서 설정한 값이 $24.85이므로 의외로 큰 값은 아니다. 그러므로 귀무가설을 기각할 수 없으며 건당 평균 거래액이 24.85에서 더 커졌다고 할 만한 증거가 없다고 결론을 내린다. 양측 대립가설을 설정했더라면 P값은 0.1870의 두 배, 즉 0.3740이었을 것이다.

표본 크기

표본은 얼마나 커야 하는가? 단순한 답은 "클수록 좋다"이다. 그러나 자료 수집에는 돈과 노력과 시간이 든다. 그렇다면 어느 정도이면 충분한가? 보고 싶은 영화 한 편을 다운로드하는 데 한 시간 걸린다면 달갑지 않을 것이다. 30분 이내에 영화 한 편을 다운로드 할 수 있는 프로그램에 대한 이야기를 듣고 $29.95를 주고라도 사볼까 하는 생각이 든다. 그래서 무료 시험판을 다운로드하여 영화 10편을 다운로드한다. 물론 평균 다운로드 시간은 정확하게 30분은 아니다. 실제 관찰값들은 모두 같지 않다. 오차의 한계가 8분이라면, 그 프로그램이 돈 값을 하는지 결정할 수 있을 것이다. 오차의 한계를 6분 아래로 줄이려면 추가로 5시간은 시험을 해봐야 한다. 그럴 만한 가치가 있다고 생각하는가?

자료수집 계획을 세우려면 귀무가설에서 설정한 평균과 표본평균이 충분히 차이가 나서 결론을 내릴 수 있으려면 오차의 한계는 얼마나 작으면 되는지에 관해 어느 정도는 알아야 한다. 조사하는 효과크기가 크면 큰 오차의 한계도 허용할 수도 있을지 모른다. 그러나 아주 정확해야 한다면 작은 오차의 한계를 원할 것이며, 이것은 물론 큰 표본을 의미한다. 오차의 한계와 신뢰수준이 정해지면 필요한 표본의 크기를 구한 거나 거의 마찬가지이다.

평균에 대해서 오차의 한계 공식은 $ME = t^*_{n-1} \times SE(\bar{y})$이고 표준오차는 $SE(\bar{y}) = \frac{s}{\sqrt{n}}$임을 알고 있으므로 다음 식을 n에 대해 풀면 표본의 크기를 정할 수 있다.

$$ME = t^*_{n-1} \times \frac{s}{\sqrt{n}}$$

이런 수식이 있다는 사실은 희소식이지만 계산에 필요한 대부분의 값을 알 수 없다는 사실은 나쁜 소식이다. 비율에 대한 가설 검정을 하려고 표본의 크기를 정하려고 할 때 똑같은 문제와 맞닥뜨린 적이 있다. 그때 표본의 크기를 계산하기 위해 p를 적당히 추측해야 했다. 여기서는 표본표준편차 s를 알아야 한다. 일정 수의 자료를 확보하기 전에는 s를 알 수 없다. 그렇지만 자료를 수집하기에 앞서 표본의 크기를 계산하고 싶다. 추측으로 꽤 적절한 표본의 크기를 정할 수 있을 수도 있으며, 표본표준편차 s를 계산하는 데는 이런 추측치가 괜찮은 경우도 흔하다. 표준편차가 어느 정도일지 전혀 모르거나 표본 관측치 하나를 확보하는 데 큰 비용이 드는 경우처럼 표본의 크기가 정말로 중요하면, 소규모 예비조사를 실시하여 표준편차의 크기에 대한 감을 잡는 것은 좋은 접근방식이다.

아직 모든 게 해결된 것은 아니다. 표본의 크기 n을 모르면 자유도를 모르고, 그래서 임계값, t^*_{n-1}을 구할 수 없다. 이의 타개책으로 쓰는 일반적 방법은 표준정규분포를 사용하여 상응하는 z^* 찾아서 대신 사용하는 것이다. 신뢰수준을 95%로 정했으면 68-95-99.7 법칙에 따라 $z^*=2$ 혹은 더 정확하게 $z^*=1.96$을 쓰면 된다. 표본의 크기가 60 이상으로 예상되면 이렇게 해도 아마 별 문제가 없이 z^*는 훌륭한 추측치가 될 수 있다. 표본의 크기가 이보다 작으면 우선 z^*를 사용하여 n을 구한 다음 z^*를 신뢰수준에 상응하는 t^*_{n-1}로 대체하여 표본의 크기를 한 번 더 계산하는 방식을 쓸 수 있다.

표본의 크기는 결코 정확하게 계산할 수 없다. 자료를 수집한 다음 구한 오차의 한계는 n을 구하기 위해 사용한 표본의 한계와 정확히 일치하지 않는다. 표본의 크기를 구하는 공식은 자료를 수집하기 전에는 구할 수 없는 양의 영향을 받는다. 그래도 이 공식을 사용하는 것은 중요한 첫 걸음이다. 조사자가 알고 싶은 것을 표본을 통해 알 수 있을 가능성이 충분히 높을 만큼 표본의 크기가 충분한지 여부를 자료 수집에 앞서 파악하는 것은 언제나 좋은 생각이다.

직접 해보기

표본 크기 계산

표본 크기 공식을 사용해보자. 영화 다운로드 시간의 표준편차는 대략 10분이고 원하는 오차의 한계는 8분으로 하고 싶다고 하자. 95% 신뢰구간과 $z^*=1.96$를 사용하여 다음과 같이 n을 계산한다.

$$8 = 1.96\frac{10}{\sqrt{n}}$$

$$\sqrt{n} = \frac{1.96\times 10}{8} = 2.45$$

$$n = (2.45)^2 = 6.0025$$

이는 작은 표본이므로 z^*를 자유도 $(6-1=)5$를 사용하여 적절한 t^* 값으로 바꾼다. 신뢰수준 95%에서 $t^*_5 = 2.571$이다. 아래와 같이 다시 계산한다.

$$8 = 2.571\frac{10}{\sqrt{n}}$$

$$\sqrt{n} = \frac{2.571\times 10}{8} \approx 3.214$$

$$n = (3.214)^2 = 10.33$$

오차의 한계 ME가 원하는 값보다 크지 않도록 하려면 n값을 올림하여야 하며 이 경우 $n=11$이 된다. 그러므로 오차의 한계를 8로 만들려면 영화를 $n=11$편 다운로드해야 한다.

예시문제 **평균의 신뢰구간을 구하기 위한 표본 크기 계산**

348쪽에서 다룬 양식 연어 150마리 표본에서 미렉스 함유도의 평균은 0.0913ppm이었고 표준편차는 0.0495ppm이었다. 이를 사용하여 구한 미렉스 함유도 평균의 95% 신뢰구간은 (0.0833, 0.0993)이었다.

문제 : 오차의 한계가 0.004ppm인 95% 신뢰구간을 구하려면 표본 크기는 얼마여야 하는가?

답 :

$$0.004 = 1.96 \times \frac{0.0495}{\sqrt{n}}$$

$$\sqrt{n} = 1.96 \times \frac{0.0495}{0.004}$$

즉,

$$n = \left(1.96 \times \frac{0.0495}{0.004}\right)^2 = 588.3$$

부록의 T표에서 자유도가 400인 경우 임계값 t^*값은 1.966이다. 이 값을 사용하여 오차의 한계를 구하면 다음과 같다.

$$1.966 \times \frac{0.0495}{\sqrt{589}} = 0.00401$$

표본 크기(n) 공식에서 1.96을 1.966으로 치환하여 n을 다시 계산하면 592가 나온다.
이 값을 사용하여 오차의 한계를 다시 구하면 0.004가 나온다. 그러나 표준편차의 불확실성을 고려하면 이러한 차이(=|589−592|)는 별것 아닐 것이다.

자유도—왜 n-1인가?

자유도 ($n-1$)을 보고 자료의 표준편차 공식에서 분모로 사용한 값($n-1$)이 떠올랐을지도 모르겠다. 그 공식을 소개할 당시 왜 자료의 개수인 n이 아니라 ($n-1$)로 나누는지에 대해서 나중에 더 설명하겠다고 약속했다. n이 아니라 ($n-1$)로 나누는 이유는 t분포의 논리와 긴밀하게 연결되어 있다.

모집단의 평균 μ를 안다면 아래와 같이 $n-1$이 아니라 n으로 나누어 표준편차를 구할 것이고 이를 s로 부를 것이다.

$$s = \sqrt{\frac{\Sigma(y-\mu)^2}{n}}$$

하지만 μ를 모르므로 그것 대신 $\bar{y}$를 사용할 수밖에 없으며 이 때문에 한 가지 문제가 생긴다. 어떤 표본에서든 일반적으로 모집단의 평균(μ)에 비해 $\bar{y}$가 자료의 값들에 더 가깝다. 미국 경영대학원 수학능력 시험(GMAT) 성적을 한번 생각해보자. GMAT의 모 평균은 525점이다. 이 시험을 치른 학생 5명을 무작위로 뽑아서 그들의 (표본)평균을 계산하면 525점이 아닐 것이다. 이들 다섯 값들은 모집단 평균 525보다 자체 표본평균, $\bar{y}$에 가까울 것이다. 그러므로 표본표준편차(s) 공식에서 $\Sigma(y-\mu)^2$ 대신 $\Sigma(y-\bar{y})^2$를 쓰면 표준편차 추정치는 너무 적을 것이다. 놀라운 수학적 사실은 $\Sigma(y-\bar{y})^2$이 너무 작게 되는 현상을 n 대신 $n-1$로 나눔으로써 보정할 수 있다는 것이다. 이 점이 바로 s의 분모로 $n-1$을 사용하는 전적인 이유이다. 그리고 $n-1$을 자유도라고 부른다.

무엇이 잘못될 수 있는가?

우선 어떤 경우에 t분포를 사용할지 결정해야 한다.

- **비율과 평균을 혼동하지 마라.** 자료를 범주 자료로 취급하여 성공 횟수를 세어서 표본비율로 요약하는 경우에는 정규분포를 사용하여 추론하라. 자료를 계량 자료로 취급하여 표본평균으로 요약하는 경우에는 t분포를 사용하여 추론하라.

t분포를 사용하는 추론은 정규분포 모집단 가정이 참인 경우에만 타당하다. 그러므로 많은 추론 오류의 원인은 정규분포 모집단 가정이 위배되어서 발생하는 것으로 판명된다. 이 가정이 위배되는 가장 흔한 경우들의 여부를 파악하는 것은 바람직한 생각이다. 어떤 경우에는 그런 위배 사항을 바로 잡을 수도 있다.

- **분포의 봉우리가 여럿일 가능성에 주의하라.** 자료를 히스토그램으로 시각화했을 때 봉우리가 둘 이상이면 근사적 정규분포 조건은 명백히 위배된다. 이런 경우 최선의 수는 자료를 군으로 분리해보는 것이다. (가능하다면 변수를 사용하면 봉우리를 구분하기가 쉽다. 예를 들어, 봉우리가 둘인 경우 하나는 주로 남성으로 이루어져 있고 다른 하나는 여성으로 이루어져 있는 것 같으면 자료를 성별로 분리하라.) 그런 다음 각 군을 따로 분석할 수 있다.
- **자료가 심하게 비대칭적이지 않은지 유의하라.** 자료를 히스토그램으로 시각화하라. 히스토그램이 심하게 비대칭적이면 변환을 시도해보는 것도 좋다. 적절하게 변환하면 때로는 단봉 대칭 분포를 보일 수도 있으며, 그러면 평균에 대한 추론 방법을 적용하기에 더 적합하게 된다. 표본의 분포가 단봉이 아니면 변수를 다르게 표현하더라도 도움이 되지 않는다.

> **특이치들을 가지고 무엇을 할 수 있나**
> 특이치들은 골칫거리여서 버려버리고 싶겠지만, 아무런 논의 없이 그렇게 해서는 안 된다. 가장 큰 값이나 가장 작은 값을 잘라내고 분석 결과를 향상하는 행위는 적절하지 않다. 특이치들을 포함한 분석과 포함하지 않은 분석 결과 및 이들 둘 사이의 어떠한 차이라도 있으면 함께 보고하는 것이 가장 적절하다.

- **특이치가 있는지 점검하라.** 자료에 특이치들이 있으면 근사적 정규분포 조건은 위배된다. 자료에 특이치들이 있으면 그 원인을 조사해야 한다. 해당 값이 명백한 오류여서 해당 값을 제거하거나 수정해도 되는 경우도 있다. 특이치를 제거해도 될 합당한 이유가 없으면 특이치를 빼고 분석하고 포함하고 분석하여 결론에 어떤 차이가 있는지 밝혀라. 일부 자료를 빼고 분석한 경우에는 그 사실을 따로따로 보고해야 한다. 이런 내용이 보고서에서 가장 소중한 정보로 판명되는 경우가 종종 있다.[7]

물론 평균에 대한 추론을 할 경우 정규분포 관련 사항이 유일한 위험은 아니다.

- **편향에 조심하라.** 어떤 측정이든 편향될 가능성이 있다. 관측치들이 모평균과 체계적으로 차이가 나면 신뢰구간이 모평균을 포함하지 않을 수 있다. 이런 경우에는 표본 크기를

[7] 어떤 분야에서는 이런 제언은 논란거리가 될 수 있다. 특이치 제거는 비윤리적으로 보일 수도 있다. 특이치를 제거하면 신뢰구간이 좁아지거나 P값이 작아질 가능성이 높기 때문이다. 하지만 특이치를 그대로 두고 실시한 분석은 언제나 잘못이다. 특이치들이 있으면 근사적 정규분포 조건과 모집단이 동질적이라는 암묵적 가정이 위배되어 추론 절차를 무의미하게 한다. 특이치들에 대한 별도의 논의와 함께 특이치들을 제거하고 실시한 분석은 종종 자료에 대해 훨씬 많은 정보를 제공하며 더 중요한 측면을 드러낼 수 있다.

아무리 늘려도 도움이 되지 않는다. 5파운드 덜 나가는 체중계로는 당신의 몸무게를 100번 반복하여 달고 평균을 내더라도 5파운드 덜 나간다. 조사에는 편향의 원천을 여러 가지 보았지만 측정 역시 편향될 수 있다. 측정에 편향을 초래할 수 있는 모든 가능한 원인을 반드시 생각해보아야 한다.

- **자료는 반드시 독립적이어야 한다.** t분포를 사용하려면 추출된 표본 값들은 반드시 상호독립적이어야 한다. 이를 보장하기 위해 무작위 표본추출 방식을 썼는지 그리고 10% 조건을 점검한다. 또한 자료 수집 방법에 독립성이 위배될 가능성이 없는지 꼼꼼히 점검해야 한다. 그럴 가능성이 있으면, t분포를 사용하는 데 매우 조심해야 한다.

통계분석의 올바른 사용

최근의 여러 보고에 의하면 미국 전역에서 응급실 대기시간이 점점 길어지며 2008년 1월 현재 평균은 30분이다(WashingtonPost.com). 도심지의 응급실 폐쇄와 병원 운영상 문제를 비롯하여 응급실 평균 대기시간 증가의 원인도 몇 가지 인용되었다. 오하이오주 농촌지역 소재 타일러 병원은 "지속적 서비스준비태세유지연합"에 가입하고 자기네 응급실의 대기시간을 추적 관찰하기로 동의했다. 이 병원은 지난달에 자기네 응급실 이용 환자 가운데 무작위로 30명을 추출하여 대기시간을 분석한 결과 평균은 26분이었고 표준편차는 8.25분이었으며 이를 사용하여 95% 신뢰구간을 구한 결과 22.92~29.08분이었다. 응급실 방문 환자들이 30분 이내에 의사를 만날 수 있음을 분명하게 보여주는 듯하다. 병원 운영진은 이런 결과가 기뻤을 뿐 아니라 서비스준비태세유지연합에게도 아주 좋은 인상을 줄 거라고 확신했다. 그리고는 병원의 광고 및 판촉물에 "타일러 병원 응급실에 오는 환자는 전국 평균보다 덜 기다라고 의사를 볼 수 있다"라는 말을 어떤 식으로 포함시킬까 하는 생각을 했다.

문제점 신뢰구간을 잘못 해석한 나머지 잘못된 광고를 한다(미국통계학회 윤리 규정 C항에 저촉됨). 신뢰구간은 개별 환자에게 적용할 수 있는 결과를 제시하지 않는다. 그러므로 응급실을 방문하는 개별 환자들이 30분 이내에 의사를 만날 수 있거나 그럴 수 있다고 기대해도 좋다는 주장은 틀렸다.

해결책 신뢰구간은 개별 환자의 대기 시간이 아니라 평균 대기시간에 관한 것임을 이해하고 정확하게 해석해야 한다.

무엇을 배웠는가?

학습목표

- 표본평균의 분포를 이해해야 한다.
    - 실제 응용문제에서 표본평균에 대한 중심극한정리를 적용하려면 표본평균의 표준편차를 알아야 한다. 표본평균의 표준편차는 표준오차라고 하며 다음과 같다.

$$SE(\bar{y}) = \frac{s}{\sqrt{n}}$$

    - 표준오차를 사용할 경우 이에 따른 추가적인 불확실성을 감안하는 분포는 t분포다.
- 모평균의 신뢰구간을 구할 수 있다.
    - 모평균의 신뢰구간은 다음과 같은 형식을 취한다. $\bar{y} \pm ME$.
    - 오차의 한계는 $ME = t^*_{\text{df}}\ SE(\bar{y})$이다.
- 소프트웨어나 표를 사용하여 임계값 t^*를 찾을 수 있다.
    - 모평균의 신뢰구간을 구하기 위해 임계값 t^*를 찾을 때 사용하는 자유도는 $n-1$이다.
- 추론을 위해 어떤 표본분포를 사용할 때는 먼저 필요한 가정과 조건을 점검해야 한다.
- 신뢰구간을 해석할 때는 분명하게 요약해야 한다.
- 모평균에 대한 가설검정을 할 수 있어야 한다.
    - 귀무가설의 형식은 다음과 같다. H_0: $\mu = \mu_0$.
    - 표본평균의 표준오차는 다음과 공식으로 추정한다.

$$SE(\bar{y}) = \frac{s}{\sqrt{n}}$$

    - 검정통계량 $t = \frac{\bar{y} - \mu_0}{SE(\bar{y})}$은 자유도가 $n-1$인 t분포를 따른다.
- P값을 이해해야 한다.
    - P값은 귀무가설이 참일 때 해당 통계량이 귀무가설에서 설정한 모수의 값으로부터 표본 자료로 계산한 통계량의 값 이상 멀리 떨어질 확률이다.
    - 표본 자료를 가지고 계산한 통계량의 값을 사용하여 구한 P값이 작다는 것은 귀무가설이 참이라면 그런 통계량의 값을 얻을 가능성이 낮음을 의미한다. 그러므로 귀무가설을 의심하게 된다.
    - P값이 크다는 것은 귀무가설을 의심하기에 충분한 증거가 없음을 의미한다. 특히 귀무가설이 참임을 입증하지 않는다.
- P값을 사전에 정한 알파수준과 비교하여 더 작으면 귀무가설을 기각하고 그렇지 않으면 기각하지 못한다.

용어정리

자유도(df) t분포의 한 모수로서 표본 크기에 좌우된다. 자유도가 클수록 표본에서 얻는 정보가 더 많다.

모평균의 단표본 t신뢰구간 모평균의 단표본 t신뢰구간은 다음과 같다.

$$\bar{y} \pm t^*_{n-1} \times SE(\bar{y}) \quad \text{단, } SE(\bar{y}) = \frac{s}{\sqrt{n}}$$

임계값 t^*_{n-1}은 우리가 정하는 신뢰수준과 자유도 $n-1$에 따라 다르다.

모평균에 대한 단표본 *t* 검정 모평균에 대한 단표본 *t*검정은 귀무가설 H_0을 다음 검정통계량을 사용하여 검정한다.

$$t_{n-1} = \frac{\bar{y} - \mu_0}{SE(\bar{y})}, \text{ 여기서 } SE(\bar{y}) = \frac{s}{\sqrt{n}}$$

표본평균의 분포 독립성 가정과 랜덤화 조건이 충족되고 표본이 충분히 크면 표본평균의 분포는 평균이 모평균과 같고 표준편차가 $\frac{s}{\sqrt{n}}$인 정규분포이다.

***t* 분포** 자유도에 따라 다른 일군의 분포. *t*분포의 모습은 표준정규분포와 마찬가지로 종형으로 봉우리가 하나이고 대칭이다. 그러나 자유도가 아주 작은 경우에는 표준정규분포에 비해 봉우리 주위가 얇으며 좌우로 더 두텁고 평평하게 퍼진 모습을 보인다. 자유도가 커질수록 *t*분포의 모습은 점점 더 표준정규분포에 가까워진다.

짧은 사례

부동산 자료(datasets/Excel2010/Real_Estate_sample_1200.xlsx)

중소 읍면들과 소규모 도시로 구성된 지역의 한 부동산 중개인이 자기 지역의 주택 가격 결정 방식을 알고 싶다. 이 지역에 거래된 1,200채의 주택 자료가 다음 변수들로 정리되어 Real_Estate_sample1200.xlsx 파일에 있다.

- Sale Price (in \$): 판매 가격(단위: \$)
- Lot size (size of the lot in acres): 부지 면적(단위: 에이커)
- Waterfront (Yes, No): 수변에 접하는지 여부(Yes, No)
- Age (in years): 수명(년)
- Central Air (Yes, No): 중앙집중식 냉방여부(Yes, No)
- Fuel Type (Wood, Oil, Gas, Electric, Propane, Solar, Other): 연료 종류(나무, 기름, 가스, 전기, 프로판가스, 태양열, 기타)
- Condition (1 to 5, 1=Poor, 5=Excellent): 상태(1~5, 1=나쁨, 5=훌륭함)
- Living Area (living area in square feet): 주거 면적(ft^2)
- Pct College (% in zip code who attend a four-year college): 해당 우편번호 지역 내 4년제 대학 재학생 비율
- Full Baths (number of full bathrooms): 욕조가 있는 욕실 수
- Half Baths (number of half bathrooms): 욕조가 없는 욕실 수
- Bedrooms (number of bedrooms): 침실 수
- Fireplaces (number of fireplaces): 벽난로 수

이 부동산 중개인은 현재 침실이 네 개짜리 집을 찾는 고객이 있다. 이 중개인은 어떻게 이 고객에게 신뢰구간을 사용하여 이 지역의 침실 네 개짜리 주택의 평균 가격에 대해 조언을 해야 할까? 이를 침실이 두 개인 집과 비교하라. 중앙집중식 냉방 방식이 이 지역의 평균 주택가격에 어떻게 영향을 미치는가? 신뢰구간과 그래프를 사용하여 이 질문에 답하라.

이 중개인이 범주형 요인(변수)들이 주택 가격에 미치는 영향을 이해하는 데 도움이 되는 다른 질문들을 만들어 풀어보고 간단한 보고서를 작성하라.

기부자 자료(datasets/Excel2010/Donor_Profiles.xlsx)

한 자선단체가 기부자 자료를 수집하기도 하고 구입하기도 한다. 모든 기부자를 포함하는 데이터베이스는 약 450만 명에 달하는 기부자와 각 기부자에 대한 400개 이상의 변수를 포함한다. 교과서에 딸린 CD에 포함된 파일 Donor_Profiles.xlsx에 916명의 자료와 다음 변수가 포함되어 있다.

- Age (in years): 나이
- Homeowner (H=Yes, U=Unknown): 주택 소유 여부(H=있음; U=모름)
- Gender (F=Female, M=Male, U=Unknown): 성별(F=여성; M=남성; U=모름)
- Wealth (Ordered categories of total household wealth from 1=Lowest to 9=Highest): 재산 수준(서열 척도 1~9; 1=최하위, 9=최상위)
- Children (Number of children): 자녀 수(자녀 수)
- Donated Last (0=Did not donate to last campaign, 1=Did donate to last campaign): 지난번 모금 운동 시 기부 여부(0=기부 안 함; 1=기부함)
- Amt Donated Last ($ amount of contribution to last campaign): 지난번 모금 운동 시 기부금액($)

이 단체의 한 분석자는 모금 운동 때 1인당 평균 기부액과 그 기부액에 영향을 미치는 요인들을 알고 싶다. 지난번 모금 운동 때 주택 소유자들과 주택소유 여부를 모르는 사람들의 평균 기부액의 신뢰구간을 각각 구하고 비교하라. 성별에 대해서도 비슷한 비교를 하라. 평균 기부액 상위 두 재산 수준에 대해서도 비슷한 비교를 하라. 분석 결과를 그래프와 신뢰구간을 사용하여 요약하여 보고서를 작성하라. (그룹 간의 차이에 대한 직접적인 추론은 하지 말라. 이런 추론은 12장에서 다룰 것이다.)

(지난번 모금 운동 때 기부한 금액은 오른쪽으로 꼬리가 길게 난 아주 비대칭적이므로 중앙값이 적절한 대표값이라고 생각할 수도 있다. 그러나 중앙값은 $0.00이므로 평균을 쓸 수밖에 없다. 표본조사 시뮬레이션을 통하여 크기가 250 이상인 표본의 평균은 단봉 대칭임을 확인했다. 모금이 전국적으로 시행되므로 표본평균에서 작은 차이가 나더라도 총 기부금은 변동은 수백만 달러가 될 수 있다. 기부 요청을 위해 우편물을 작성하고 발송하는 데는 1인당 평균 $0.67이다.)

연습문제

11.1절

1. 갤럽의 조사에 의하면 미국 성인의 27%는 콜레스테롤 수치가 높다. 이는 "미국 보건의료 시스템의 경영수지를 파괴할 수도 있으며" 의료보험업계의 큰 근심거리이다. 최근의 조사에 의하면 건강한 미국 성인의 콜레스테롤 수치의 평균은 215mg/dL이고 표준편차는 약 30mg/dL이며 대충 정규분포를 따른다. 건강한 미국 성인 42명을 표본으로 추출하여 콜레스테롤 수치를 측정한다고 할 때,

a) 표본평균의 분포는 어떤 모습일까?
b) 표본평균의 평균은 얼마일까?
c) 표본평균의 표준편차는 얼마일까?
d) 표본의 크기를 100으로 올리면 앞 a~c의 답은 어떻게 바뀔까?

11.2절

3. 통신회사의 마케팅 담당자가 고객 100명 상대로 조사를 했더니 계약기간이 만료되면 통신사를 바꿀 것 같은 사람의 비율이 15%였다.

a) 이 표본비율의 표준편차는 얼마인가?
b) 이 표준 편차를 절반으로 줄이려면 표본의 크기는 얼마이어야 하는가?

5. 한 낚시 동호회가 호수에 입이 큰 북미 송어가 상당히 많을 것으로 예상하고 토너먼트 낚시 대회를 준비하고 있다. 그들은 이 물고기의 무게의 분포는 평균은 3.5파운드이고 표준편차는 2.32파운드이며 오른쪽으로 길게 꼬리가 길게 난 비대칭일 것으로 생각한다.

a) 이 경우 이렇게 비대칭일 것으로 보는 게 왜 타당할까?
b) 이 호수에서 무작위로 잡은 송어 한 마리의 무게가 3파운드를 초과할 확률을 정할 수 없는 이유를 설명하라.
c) 대회 출전자마다 하루에 다섯 마리씩 잡는다. 어떤 사람이 잡은 송어의 평균 무게가 3파운드를 초과할 확률을 계산할 수 있는가? 설명하라.
d) 출전자 12명이 잡은 60마리의 송어의 평균 무게의 표준편차는 얼마인가?
e) 출전자 12명이 잡은 송어 60마리의 평균 무게가 4.5파운드를 넘으면 의외라는 생각이 들겠는가? 68-95-99.7법칙을 사용하여 답하라.

11.3절

7. 한 가게의 주인이 고객을 상대로 한 어떤 조사에서 무작위로 25명을 추출하여 나이를 물어보았더니 다음과 같았다.

20	32	34	29	30
30	30	14	29	11
38	22	44	48	26
25	22	32	35	32
35	42	44	44	48

평균은 31.84세이고 표준편차는 9.84세였다.

a) 이 평균의 표준오차는 얼마인가?
b) 표본의 크기가 100이었더라면 표준오차는 얼마였을까? (표본의 표준편차는 변하지 않는다고 가정하라.)

9. 연습문제 7번의 자료에 대해서 다음에 답하라.

a) 해당 통계량의 자유도는 얼마인가?
b) 표본의 크기가 100이었더라면 자유도는 얼마였을까?

11.4절

11. 다음 각 경우의 임계값 t^*를 구하라.

a) 자유도가 24인 95% 신뢰구간
b) 자유도가 99인 95% 신뢰구간

13. 연습문제 7번의 나이에 대해서 다음에 답하라.

a) 모든 고객의 평균 나이의 95% 신뢰구간을 구하라. (필요한 가정과 조건은 모두 충족된다고 가정하라.)
b) 오차의 한계는 얼마인가?
c) 모든 고객 나이의 표준편차가 10이라고 가정하고, 95% 신뢰구간을 구하라.

11.5절

15. 연습문제 13번에 답하기 전에 자료를 가지고 작성한 하나의 히스토그램이 다음과 같다.

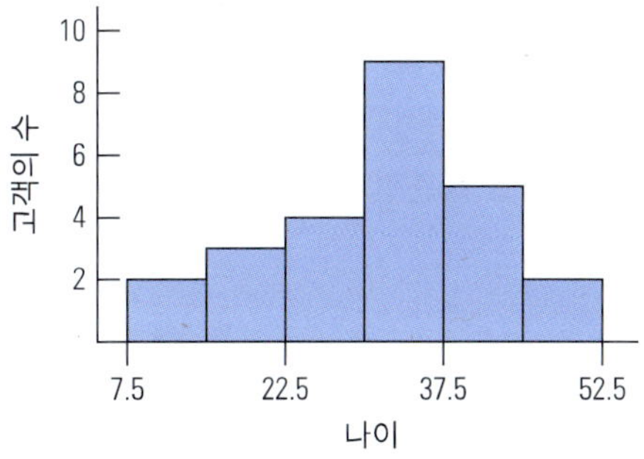

이 히스토그램을 보고 추론에 필요한 가정과 조건이 충족되는지 확인하라.

11.6절

17. 연습문제 7번의 가게 주인은 자기 고객의 평균 나이가 25세인지 알고 싶다.

b) 귀무가설을 작성하라.
b) 대립가설을 작성하라.
c) 검정통계량의 값을 계산하라.
d) 이렇게 구한 검정통계량의 P값은 얼마인가?
e) $\alpha=0.05$이면 어떤 결론을 내릴 것인가?

11.7절

19. 연습문제 13번의 신뢰구간에 대해서 다음 질문에 답하라.

a) 오차의 한계를 절반으로 줄이려면 표본의 크기는 얼마이어야 하는가?
b) 오차의 한계를 10분의 1로 줄이려면 표본의 크기는 대략 얼마이어야 하는가?

단원 연습문제

21. *t*분포. *t*분포표, 소프트웨어, 계산기 가운데 어느 것이든 사용하여 다음을 구하라.

a) 자유도가 17인 90% 신뢰구간의 임계값.
b) 자유도가 88인 98% 신뢰구간의 임계값.

23. 신뢰구간. 표본의 크기가 변하지 않는다고 가정할 때, 표본평균의 표준편차가 증가하면 모평균의 95% 신뢰구간의 폭이 어떻게 변할지 설명하라.

25. 신뢰구간과 표본 크기. 어떤 지역에서 무작위로 주유소 30곳을 골라 휘발유 가격의 평균과 표준편차를 구했더니 각각 $4.49와 $0.29였다.

a) 이 지역 주유소의 휘발유 가격 평균의 95% 신뢰구간을 구하라.
b) 이 지역 주유소의 휘발유 가격 평균의 90% 신뢰구간을 구하라.
c) 위의 자료가 30곳이 아니라 60곳의 주유소를 상대로 한 것이라고 가정하고 95%신뢰구간을 구하라.

27. 가축 사료 마케팅. 어떤 사료회사에서 가축의 체중 증가를 촉진하는 특수 영양보충제를 개발했다. 연구원들의 보고에 의하면 소 77마리를 대상으로 한 실험에서 체중 증가치의 평균은 56파운드였고 95% 신뢰구간의 오차의 한계는 ±11파운드였다. 이를 보고 마케팅 담당자들이 다음과 같은 결론을 제시했다. 이 가운데 이 신뢰구간을 옳게 해석한 사람이 있는가? 해석에 어떤 오류라도 있으면 설명하고 바로 잡아라.

a) 실험 대상 소의 95%는 체중이 45~67파운드 증가했다.
b) 우리는 이 영양보충제를 먹인 소는 체중이 45~67파운드 증가할 것으로 95% 확신한다.
c) 우리는 실험 대상 소들의 평균 체중 증가량이 45~67파운드라고 95% 확신한다.
d) 이 영양보충제를 먹인 소들의 체중 증가량 평균이 45~67파운드일 확률은 95%이다.
e) 다른 소 77마리를 대상으로 이 실험을 실시하면 평균 체중 증가량이 45~67파운드일 가능성이 95%이다.

29. 최고경영자 연봉. 포브스 500대 기업 가운데 20개를 무작위로 골라서 최고경영자의 연봉을 알아보았더니 최저값은 $10만이었고 최고값은 $6,224만이었으며, 평균은 $794만 6천이었다. 다음은 이들 연봉의 히스토그램과 상자그림이다.

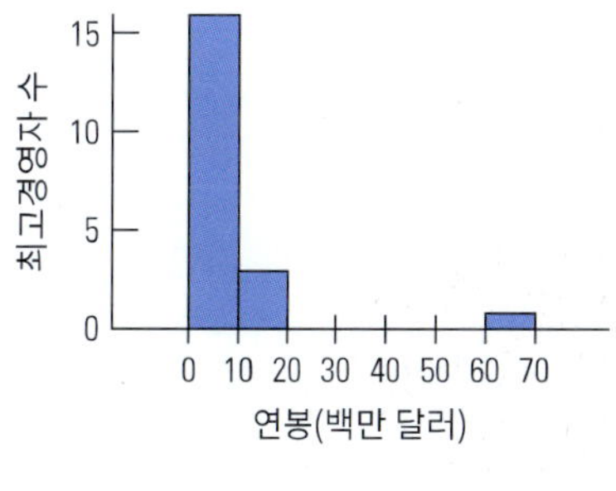

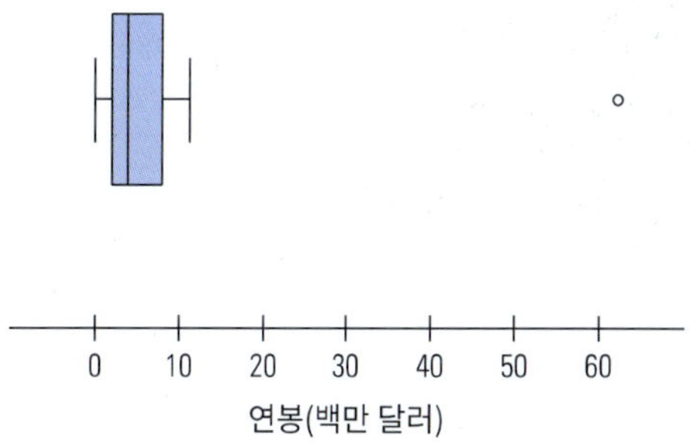

이 자료를 가지고 통계 소프트웨어를 사용하여 포브스 500대 기업 최고경영자들의 평균 연봉에 대한 신뢰구간을 하나 구했더니 ($169만, $1,420만)이었다. 이 신뢰구간은 선뜻 받아들일 수 없다. 그 이유를 설명하라.

31. 주차장. 한 작은 도시의 시청에서 주중에 많은 쇼핑객을 유인하기 위해 시가지 중심부 상업지역에 공영주차장을 지었다. 건설비용은 앞으로 받을 주차비용으로 충당할 생각이다. 무작위로 평일 44일을 골라서 주차장 수입을 보았더니 평균은 $126이었고, 표준편차는 $15달러였다.

a) 이 자료를 가지고 통계적 추론을 하려면 어떤 가정이 필요한가?
b) 이 주차장의 하루 수입 평균의 90% 신뢰구간을 구하라.
c) 이 상황에서 이 신뢰구간의 현실적 의미를 설명하라.
d) 이 상황에서 90% 신뢰구간의 의미를 설명하라.
e) 시청 자문 컨설턴트는 이 주차장 1일 평균 수입은 $128일 것으로 예측했다. 앞에서 구한 신뢰구간에 근거하여 이 컨설턴트의 예측을 어떻게 평가하겠는가? 설명하라.

33. 주차장(2). 연습문제 31번에서 예산 수립을 위해 시청은 1일 평균 주차 수입에 대한 더 정확한 추정치가 필요하다.

a) 누군가가 시청에게 자료를 사용하여 이미 구한 90% 신뢰구간이 아니라 95% 신뢰구간을 구하라고 제안했다. 이 새로운 신뢰구간이 어떻게 시청의 예산 계획자에게 더 나은 정보일까? (95% 신뢰구간을 구할 필요는 없다.)
b) 이 새로운 신뢰구간이 어떻게 시청의 예산 계획자에게 더 나쁜 정보일까?
c) 시청 예산 계획자는 어떻게 신뢰구간을 구하면 더 나은 정보를 확보하게 될까?

35. 주정부 예산. 판매세로 교육과 치안 등 비용을 대는 주정부는 사람들이 소비재 지출을 늘리는 확장기에는 수지 흑자를 경험하고 줄이는 경기 쇠퇴기에는 수지 적자를 경험하는 경우가 있다. 경제가 성장하고 있는 주에서 최근에 소규모 가게 51개의 판매세금 납부액을 조사했더니 전 분기 대비 증가액이 평균 $2,350이었고 표준편차는 $425였다.

a) 가게당 판매세 증가액 평균의 95% 신뢰구간을 구하라.
b) 이런 추론 과정에서 사용하는 가정은 무엇인가? 가정과 조건들이 적절하게 충족된다고 생각하는가?
c) 이렇게 구한 신뢰구간이 무엇을 의미하는지 설명하고 의미하지 않는 예를 하나 들어라.

Ⓣ **37. 정시출발 2011.** 당신이 탈 비행기가 정시에 출발한 가능성은 얼마일까? 아래 그림과 요약자료는 교통부가 출간한 자료를 근거로 1995년에서 2011년 9월까지 매월 정시출발률의 히스토그램과 평균 및 표준편차이다.

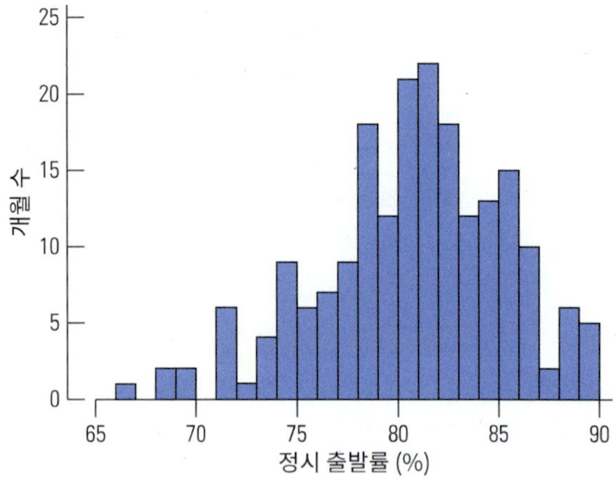

n	201
$\bar{y}$	80.752
s	4.594

어떤 추세가 있다는 증거는 보이지 않는다. (정시출발률과 시간 사이의 상관계수는 −0.016이다)

a) 추론을 위해 필요한 가정과 조건을 점검하라.
b) 정시출발률 모평균의 90% 신뢰구간을 구하라.
c) 비행기 여행을 계획하는 사람을 위해 이 신뢰구간을 해석해보라.

Ⓣ **39. 컴퓨터실 사용료.** 대학 당국에서 학생들의 컴퓨터실 1회 방문 시 머무는 평균 시간이 늘어났으므로 컴퓨터실 사용료를 인상해야 한다고 한다. 이 주장을 더욱 강하게 뒷받침하기 위해 당국이 학생들의 컴퓨터실 방문기록 12건을 무작위로 골라서 머무른 시간을 다음 표로 제시했다.

시간(분)	52	57	54	76	62	52	74	53	136	73	8	62

a) 이 자료를 수직선 위에 점으로 찍어보라. 특이치가 있는가? 중요하다고 생각되는 점을 설명하라.
b) 이전의 1회 방문 시 머무른 시간의 평균은 55분이었다. 모평균의 95% 신뢰구간을 구하라. 대학 당국의 주장에 대해 어떤 결론을 내리겠는가? 특이치들이 있으면 그것들을 포함한 신뢰구간과 포함하지 않은 신뢰구간을 구하라.

41. 경제성장과 공기오염. 정부관리들은 평판이 나쁜 지역에 새로운 기업을 유치하는 데 어려움을 겪는다. 네바다주는 몇 해 동안 미국에서 가장 빠르게 성장하는 주 가운데 하나이다. 이런 경제의 급성장과 함께 대규모 건설 프로젝트들이 진행된다. 네바다는 건조한 지역이므로 건설공사로 인하여 먼지 오염이 눈에 띄게 증가한다. 공기오염이 높은 지역은 매력이 떨어지고 연방정부의 벌금을 초래할 수도 있다. 정부 규제의 요구에 따라 연구원들이 지속적으로 오염 수준을 감시한다. 최근에 121개의 공기 표본을 포집하여 오염 수준 검사를 실시했다. 먼지 입자에 대해서도 연방정부 기관에 보고해야 한다. 연방정부기관에 제출한 보고서 내용을 보면, 공기 1리터당 먼지 함유량은 57.6마이크로그램이었고 95% 신뢰구간은 52.06~63.06마이크로그램이었다. 먼지 입자량의 분포를 보여주는 그래프도 포함되었는데 다음과 같다

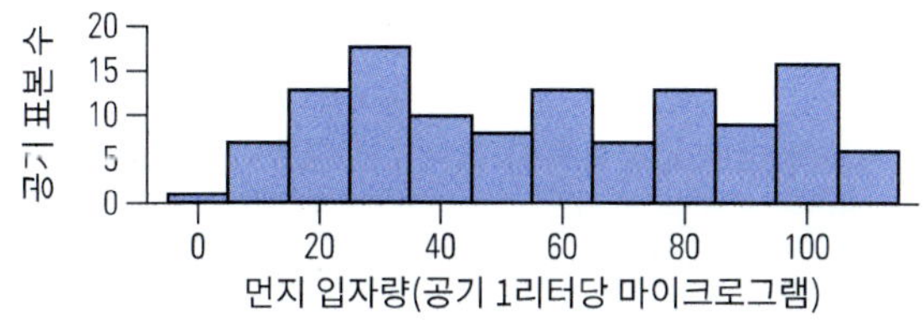

a) 이 자료가 t분포를 사용하여 통계적 추론을 실시하는 데 필요한 가정과 조건을 충족하는지 논의하라.
b) 보고서에 포함된 신뢰구간이 타당하다고 생각하는가? 그런지 그렇지 않은지 간단하게 설명하라.

43. 교통 흐름 속도. 경찰 당국은 운전자들에게 자신의 주행 속도를 보여주는 속도계를 도로에 설치하여 교통 흐름의 속도를 통제한다. 교통안전 전문가들은 속도계가 필요한 장소를 결정해야 한다. 최근의 한 조사에서 경찰은 한 초등학교 인근 교통량이 많은 곳에서 차량의 평균 속도를 기록했다. 예를 들어 속도를 위반한 25건의 표본을 보니 초과 속도의 평균은 시속 11.6마일이었고 표준편차는 8마일이었다. 이 표본을 사용하여 추정한 평균 과속의 95% 신뢰구간은 시속 8.30~14.90마일이었다.

a) 이 추론에서 오차의 한계는 얼마인가?
b) 조사관들은 이 신뢰구간이 너무 넓다고 했다. 오차의 한계를 ±2마일 이내로 하려면 구체적으로 어떻게 해야 하는지 설명하라.

45. 세금 감사. 공인회계사는 국세청이 고객의 세금신고서를 감사하면 종종 고객과 함께 출두해야 한다. 일부 회계법인은 세금신고가 완료된 후 고객에게 일정 수수료를 지불하면, 국세청의 감사를 당할 경우 담당 회계사가 세금 관련 자문과 지원을 하는 계약을 맺을 기회를 준다. 이때 수수료는 보험처럼 국세청의 감사를 받을지 모르는 상태에서 미리 지불하며, 그 금액은 국세청의 감사가 결정된 후 감사 기간 동안 도움을 위해 계약을 맺을 경우에 매기는 금액보다 훨씬 적다. 한 대형 회계법인에서 내년에 이 보험성 수수료를 얼마로 책정해야 할지 결정해야 한다. 이전 여러 해 동안 국세청의 감사가 시작된 후 회계사가 고객과 함께 국세청에 한 번 방문하는 든 비용의 평균은 \$650이었다. 이 비용이 바뀌었는지 알아보기 위해 무작위로 32건을 추출하여 보았더니 (표본) 평균은 \$680이었고 표준편차는 \$75였다.

a) 이 비용의 모평균에 대한 95% 신뢰구간을 구하라.
b) 앞에서 구한 신뢰구간을 근거로 평균 비용의 변화 여부에 대한 당신의 견해를 밝혀라.

T **47. 풍력발전.** 풍력 터빈을 설치하여 자기가 사용하는 전기는 직접 발전하는 게 바람직할까? 바람의 세기에 따라 다르다. 풍력 에너지 협회에 따르면 풍력으로 충분한 전기를 생산하려면 연간 평균 풍속이 최소 시속 8마일은 되어야 한다. 여섯 시간마다 풍속이 바뀌는 부지 한 곳을 1년 동안 관찰했다. 총 1,114건의 풍속을 기록했으며 평균 속도는 시속 8.019마일이었고 표준편차는 3.813마일이었다. 부지의 주인이 그곳에 풍력 터빈 설치 결정에 필요하다며 당신에게 통계 보고서를 만들어달라고 한다.

a) 이 자료를 가지고 t분포를 사용하여 추론할 경우 필요한 가정과 조건에 대해 논의하라. 다음 그림은 t분포를 사용하는 게 적합한지 판단하는 데 도움이 되는 그래프이다.

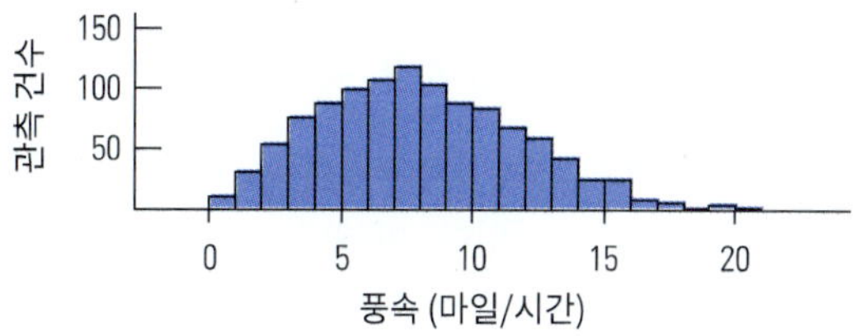

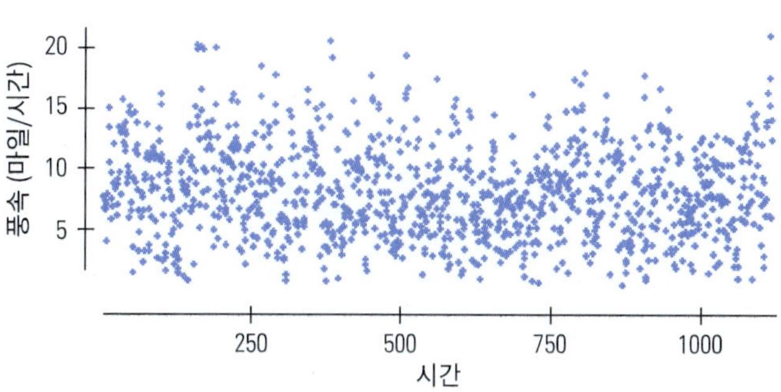

b) 이 부지가 소형 풍력 터빈 설치에 적합한지 여부에 대해 땅 주인에게 무슨 말을 하겠는가? 설명하라.

49. 온라인 매출(1). 우편주문 방식으로 옷을 팔아 오다가 온라인으로 옷을 파는 한 대형 의류 회사의 시장 조사 담당자가 월간 온라인 매출이 최근에 바뀌었는지 조사하기로 결정했다. 그는 최근 몇 개월의 월간 평균 온라인 매출을 이전의 평균 온라인 매출과 비교 분석한 결과 P값이 0.01이었다. 이 상황에서 P값 1%는 무엇을 의미하는지 설명하라.

51. 온라인 매출(2). 몇 년 전에 조사한 바에 의하면 당시 온라인 고객의 평균 나이는 23.4세였다. 나이든 사람들도 인터넷 사용에 자신이 생기면서 온라인 고객의 평균 나이가 늘었다고 생각한다. 이 생각을 검정하고 싶다.

a) 적합한 귀무사설과 대립가설을 명시하라.

b) 2007년에 온라인 거래를 한 고객 가운데 40명을 무작위로 선정하여 귀무가설을 검정할 계획이다. 검정을 위해 필요한 가정과 조건이 충족된다고 생각하는가? 설명하라.

c) 표본에 선정된 온라인 고객의 나이 평균은 24.2세이고 표준편차는 5.3세이다. 이 경우 P값은 얼마인가?

d) 이 문제의 상황에서 P값의 의미를 설명하라.

e) 결론을 내려라.

53. 가격결정. SLIX 왁스는 크로스컨트리 스키 경기에 사용할 새로운 고성능 탄화플루오르 왁스를 개발하고 있다. 마케팅 부서가 바라는 가격을 정당화하려면 이 왁스를 스키에 칠했을 때 충분한 속도 개선이 입증되어야 한다. 구체적으로 말하면 현재 이 회사의 컨설턴트인 전직 올림픽 챔피언이 이 회사의 표준 시험 코스를 평균 55초 이내에 주파해야 한다. 이를 검정하기 위해 이 컨설턴트가 그 시험 코스를 8회 달릴 것이다.

a) 이 전 챔피언의 8회 시험 주파기간은 56.3, 65.9, 50.5, 52.4, 46.5, 57.8, 52.2, 43.2이었다. 이 왁스를 팔아도 될까? 설명하라.

b) 이 회사는 시험 후에 새 왁스를 팔지 않기로 결정했다. 그러나 이 새로운 왁스 덕분에 실제로 이 전 챔피언의 평균 주행 시간이 55초 이내로 단축되었다. 이 회사는 어떤 오류를 범했는가? 이 오류가 회사에 미칠 영향을 설명하라.

확인문제 정답

1. $SE(\bar{y}) = 120/\sqrt{100} = 12$
2. 작아진다.
3. 표준오차는 원래 값의 $1/\sqrt{2}$로 작아진다.
4. 간편 설문지는 모든 주민에게 보낸다. 이것은 전수조사이므로 이 조사를 통해 계산한 평균이나 비율은 모집단의 참 값이다. 종합 설문지는 평균 예닐곱 가구당 한 가구를 선정하여 조사한다. 그러므로 종합 설문지에만 있는 항목에 대한 응답은 표본이며, 따라서 표본마다 있을 수 있는 차이를 반영하여 신뢰구간을 구한다.
5. 모표준편차를 모르므로 표본표준편차로 추정해서 사용할 수밖에 없다. t분포는 모표본편차를 모르는 추가적 불확실성을 반영한다.
6. 신뢰구간을 구하는 데 사용하는 오차의 한계는 다음 표준 오차에 부분적으로 영향을 받는다.
$$SE(\bar{y}) = \frac{s}{\sqrt{n}}$$
표본의 크기 n이 분모에 있으므로 표본이 작을수록 표준오차는 커지고 그에 따라 신뢰구간은 넓어진다. 종합 설문지는 전국적으로 동일하게 예닐곱 가구마다 한 가구씩 선정하므로 인구가 적은 지역의 표본은 작으며, 그 결과 신뢰구간은 넓어진다.
7. 자유도가 작은 t의 임계값이 약간 더 크다. 표준오차의 $\sqrt{n}$ 부분은 크게 변하여 표준오차가 매우 커진다. 둘 다 오차의 한계를 크게 한다. 작은 표본($n=50$)은 큰 표본($n=200$)의 1/4이므로 신뢰구간은 대충 2배로 넓다.
8. 각 신뢰구간이 모평균을 포함할 확률이 95%이므로 100개의 신뢰구간 가운데 95개가 모평균을 포함할 것으로 예상한다. 그러므로 5개 신뢰구간은 모평균을 포함하지 않을 것으로 예상할 수 있다.

두 모집단의 비교

CHAPTER 12

비자카드

오늘날 전 세계 170여 개국의 10억 명 이상의 사람과 2,400만 명 이상의 판매인들이 비자(Visa)카드를 사용하고 있다. 그러나 현금이 불필요한 거래에 대한 아이디어가 처음으로 생겨났던 1950년대 초반으로 거슬러 올라가면 다이너스 클럽(Diners Club)과 일부 소매상들, 특히 정유회사들만이 신용카드를 발행했다. 당시에는 대부분의 대금 지불에는 현금이나 개인수표가 사용되었다. 그러다 Bank of America가 1958년에 캘리포니아의 프레스노(Fresno)에서 BankAmericard라는 신용지불 방식을 선보였고, 1959년에 American Express에서 최초의 플라스틱 카드를 발급하였다. 신용 "카드"라는 아이디어가 탄력을 받게 된 것은 이로부터 10년 후에 여러 은행들이 연합하여 대금지급을 총괄하는 합작투자회사를 설립하면서부터이다. 1970년에 National BankAmericard(NBI) 주식회사가 신용카드 시스템에 대한 소유권을 가지게 되었고, 간편한 표기와 마케팅을 위해서 1976년에 그 명칭을 Visa로 변경하였다.(Visa라는 명칭은 모든 언어에서 거의 비슷하게 발음된다.) 그 해에 Visa는 679,000건의 거래를 처리하였는데 이는 오늘날 평균 4분마다 처리되는 거래량에 해당한다. 기술발전에 따라 신용카드 산업도 발전하게 되는데, 1986년경부터는 Visa카드를 이용하여 ATM에서 현금을 인출하는 것도 가능하게 되었다. 이제 글로벌 기업인 Visa는 Visa Asia Pacific, Visa Canada, Visa Europe, Visa USA 등으로 나누어져 있다. 2011년 9월의 회계연도 말에 Visa 글로벌 네트워크는 760억 건, $5조 9,000억의 거래를 처리하였다.[1]

1) Visa International Service Association, www.corporate.visa.com

챔피언 대 도전자

신용카드 산업에서 현재의 "비즈니스 관행"에 대항하는 새로운 아이디어(혜택, 판촉, 인센티브 등)를 시험해 보는 것은 흔한 일이다. 새로운 아이디어는 "도전자(challenger)", 이전의 혜택은 "챔피언(champion)"이라고 부른다. 우리가 우편물로 받는 많은 광고들은 마케팅 실험들로 구성되어 있는데, 그 목표는 도전자가 챔피언을 몰아내고 향후 고객들에게 계속 제공되는 것이 좋을지 결정하는 것이다.

도전자가 성공적인지 여부를 판단하는 보편적인 잣대는 그 신용카드의 결제액이다. 고객들의 결제액수는 개인차가 있으므로 카드의 혜택 전후의 결제액을 비교하는 것이 좀 더 효율적일 것이다. 이러한 결제액의 변화를 종종 "지출상승(spend lift)"이라고 부른다. "상승"이라는 표현은 이러한 혜택이 고객의 결제액을 증가시킬 것이라는 낙관적인 기대를 함축하고 있지만 실제로는 종종 감소하는 경우도 있다.

신용카드 사업은 매우 수익성이 뛰어나다. 2003년에 전 세계 신용카드 회사들은 매월 세전수입으로 $25억을 벌어들였다. 전형적인 미국 가정들은 8장의 신용카드를 소유하고 $7,500의 카드빚을 지고 있는데 그 이자율은 일반적으로 은행융자나 모기지(mortgage)에 비해 매우 높은 수준이다. 이에 따라 신용카드 사업에서 매우 치열한 경쟁이 벌어지고 있는 것은 놀라운 일이 아니다. 경쟁관계에 있는 은행과 금융기관들은 새로운 고객을 확보하고 기존 고객을 유지하며 고객들의 카드 사용을 늘리기 위해 꾸준히 새로운 카드 상품을 개발해낸다.

일부 신용카드가 다른 것들에 비해 판촉 효과가 있을까? 예를 들어 항공이나 호텔, 또는 상품 구입 시 "두 배의 마일리지"나 "두 배의 쿠폰"을 준다고 하면 고객들은 신용카드를 더 쓰게 될까? 이러한 의문에 대한 답을 얻기 위해 신용카드 회사들은 종종 일부 고객들을 대상으로 실험을 하는데, 일부 고객들에게는 혜택을 제시하고 다른 고객들에게는 혜택을 제시하지 않는다. 판촉에는 비용이 들기 때문에 그 비용을 상쇄할 만큼 수익이 늘어나는지 추정해볼 필요가 있는 것이다. 두 그룹의 고객들의 실적을 비교함으로써 이 새로운 혜택을 전체 고객들을 대상으로 신제품으로 출시하였을 때 충분히 잠재적인 수익을 낼 수 있을지 판단하는 것이다.

두 그룹을 비교하는 실험은 과학계나 산업계에서 흔한 일이다. 신약의 효과를 측정하거나, 두 자동차 엔진의 연비를 비교하거나, 또는 두 고객층에 대한 신상품의 판매실적 비교 등이 그 예이다. 일반적으로 실험은 모집단의 극히 일부분에 대해 수행된다. 통계학을 이용하면 두 그룹의 평균이 다른지, 그 차이는 얼마인지에 대해 판단할 수 있다.

12.1 두 모평균의 비교

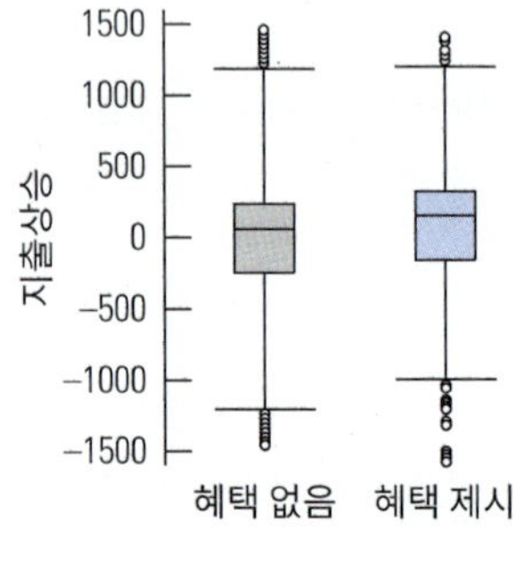

그림 12.1 혜택에 따른 약간의 지출상승이 나타나 있는 상자그림

두 그룹의 평균을 비교하기 위한 자연스러운 방법은 상자그림이다(그림 12.1). 신용카드의 예에서 두 표본에 대해 평균 지출상승(혜택 전후의 지출 변화)을 비교함으로써 실적을 평가할 수 있다. 만약 혜택을 받은 그룹과 받지 못한 그룹 간의 지출 변화가 충분히 크다면 이러한 혜택 판촉이 효과적이라는 증거로 생각될 수 있을 것이다. 두 상자그림을 보면 그 차이가 큰지 확실하지 않다. 혜택을 받았을 때 발생한 약간의 지출상승이 그저 랜덤한 변화와는 다르다고 결론 내릴 수 있을까? 이를 위해서는 통계적 추론이 필요하다.

두 그룹에 대해 관심 있는 통계량은 혜택이 주어진 그룹과 주어지지 않은 그룹 간의 평균의 차이 $\bar{y}_{Offer} - \bar{y}_{No\,Offer}$이다. 우리는 일부 카드소유자들을 랜덤표본으로 추출하여 혜택을 제시하고, 혜택이 없는 다른 표본은 대조군(control group)으로 사용하였다. 그 결과 표본에 대해서는 정확히 알게 되었지만 우리가 궁극적으로 알고 싶은 것은 모집단의 평균의 차이, 즉 $\bar{\mu}_{Offer} - \bar{\mu}_{No\,Offer}$이다.

두 평균을 비교하는 것은 하나의 평균을 어느 값과 비교하는 것과 거의 같은 방식이다. 그러나 지금 관심 있는 모수는 평균 간의 차이이다. 본 예에서 혜택을 받은 그룹과 받지 못한 그룹 간의 평균 지출상승이 발생하였고 그 차이의 추정치는 $\bar{y}_{Offer} - \bar{y}_{No\,Offer}$이다. 우리가 관찰한 표본평균의 차이가 모집단 평균의 차이를 의미하는지 아닌지는 어떻게 알 수 있을까? 이를 위해서는 차이의 표본분포와 표준편차를 알아야 한다. 이것들을 알게 되면 단일 평균에서와 마찬가지 방법으로 신뢰구간을 설정하고 가설검정을 수행할 수 있다.

랜덤표본으로 고객들을 추출하여 500명에게는 혜택을 제시하고 다른 500명에게는 혜택을 제시하지 않았다고 하자. 이 두 그룹에 대해 지출에 대한 평균과 표준편차를 구하는 것은 간단한 일이다. 이들로부터 평균의 표준편차를 구할 수 있으나 우리가 필요한 것은 이것이 아니다. 우리가 필요한 것은 '평균의 차이'에 대한 표준편차이다. 이를 위해 우리는 다음과 같은 간단한 원칙을 사용할 수 있다: 독립적인 랜덤표본인 경우 표본평균의 합이나 차이의 분산은 각 표본평균의 분산의 합과 같다.

합과 차이에 대한 분산

언뜻 생각하면 차이의 경우에는 합인 경우와는 다를 것으로 생각될 수 있다. 왜 두 확률변수에 대해 뺄셈을 하는 경우에도 변동이 증가하는지에 대해 직관적으로 설명해보자. 시리얼 한 상자를 잡아서 보니 시리얼 용량이 16온스라고 적혀 있었다고 하자. 이 용량이 정확하지 않은 것은 우리도 알고 있다. 상자 안에는 랜덤한 용량의 시리얼이 들어 있고 그 평균이 아마도 16온스일 것이며 상자마다 변동이 있을 것이다. 이제 2온스의 시리얼을 그릇에 담아보자. 물론 이 2온스의 용량도 정확한 것이 아니며 역시 변동이 있을 것이다. 상자 안에 남아 있는 시리얼의 용량은 얼마나 될까? 원래 상자의 용량에 대해 아는 만큼 정확히 알 수 있을까? 남아 있는 용량의 평균은 14온스가 되어야 할 것이다. 그러나 상자에서 2온스를 덜어냈다고 해서 남아 있는 용량의 변동도 줄어드는 걸까? 분명히 그렇지 않을 것이다. 2온스의 시리얼을 덜어낸 후 남아 있는 시리얼의 용량도 (평균은 줄어들었지만) 여전히 확률변수인데다 덜어낸 양의 불확실성 때문에 변동이 오히려 늘어나게 된다. 단, 표준편차의 경우에는 단순히 더해서는 안 된다는 점에 주의해야 한다. 남아 있는 시리얼 용량의 분산은 두 분산을 더하면 되지만 표준편차는 단순히 더하면 안 된다.

두 그룹이 독립적이라면 두 표본평균의 차이의 표준편차는 각 분산을 더한 후에 제곱근을 취하면 구할 수 있다. 즉,

$$SD(\bar{y}_1 - \bar{y}_2) = \sqrt{Var(\bar{y}_1) + Var(\bar{y}_2)}$$

$$= \sqrt{\left(\frac{\sigma_1}{\sqrt{n_1}}\right)^2 + \left(\frac{\sigma_2}{\sqrt{n_2}}\right)^2}$$

$$= \sqrt{\frac{\sigma_1^2}{n_1} + \frac{\sigma_2^2}{n_2}}$$

물론 보통의 경우 두 그룹의 모표준편차인 σ_1과 σ_2를 모르므로 s_1과 s_2로 추정하여 표준오차(standard error)를 다음과 같이 구한다.

$$SE(\bar{y}_1 - \bar{y}_2) = \sqrt{\frac{s_1^2}{n_1} + \frac{s_2^2}{n_2}}$$

자유도에 관한 간단한 규칙

각주의 자유도 공식은 매우 복잡한 형태이다. 그래서 일부 통계학 책에서는 다음과 같은 좀 더 간단한 규칙을 제시하기도 한다. 즉, 자유도는 늘 최소한 n_1-1과 n_2-1 중 작은 값보다는 같거나 크고, 최대 n_1+n_2-2보다는 같거나 작다는 것이다. 문제는 이 규칙을 사용할 경우에는 보수적으로 생각해야 하며 따라서 작은 값을 사용해야 한다는 것이다. 그리고 그 값은 정확한 자유도 계산 값의 절반도 안 될 수도 있기 때문에 형편없는 선택이 될 수도 있다. 그래서 자료가 많은 경우가 아니라면 이 규칙을 이용하는 것을 권하지 않는다.

단일 평균인 경우와 마찬가지로 표준오차를 사용하면 실제 차이가 얼마나 큰지를 알 수 있다. 또한 단일 평균의 경우와 마찬가지로 평균의 차이를 그 차이의 표준오차로 나누면 t분포가 된다.

또 필요한 것은 무엇이 있을까? 그것은 t분포의 자유도이다. 자유도는 이전처럼 단순하게 $n-1$이 아니다. 문제는 표본분포가 정확히 t분포가 아니고 이와 비슷하다는 것이다. 그 이유는 두 분산을 s_1^2과 s_2^2로 추정하였고 이 둘이 서로 다를 수 있기 때문이다. 이렇게 변동성이 추가됨으로써 일반적인 t분포에 비해 변동이 많아지게 된다. 그러나 자유도 값을 적절하게 조절하여 적용하면 t분포와 매우 근사한 표본분포를 얻을 수 있다. 자유도 공식은 아래 각주에 나와 있으며, 계산기 등을 이용하여 구하면 된다.[2)]

두 표본평균 차이의 분포

일정한 조건이 만족되면(12.3절 참조) 독립적인 두 그룹의 표본평균의 차이로 계산한 다음의 통계량은 t분포를 따른다.

$$t = \frac{(\bar{y}_1 - \bar{y}_2) - (\mu_1 - \mu_2)}{SE(\bar{y}_1 - \bar{y}_2)},$$

$$SE(\bar{y}_1 - \bar{y}_2) = \sqrt{\frac{s_1^2}{n_1} + \frac{s_2^2}{n_2}}$$

자유도는 각주에 나와 있는 공식으로 계산한다.

예시문제 두 표본평균 차이의 분포

어느 자동차 판매 대리점 사장은 자동차 구입 시 고객들과의 협상과정에 대해 알아보려고 한다. 신차에는 물론 권장소비자가격이 붙어 있지만 고객은 늘 가격할인을 원한다. 그는 고객들 중 남성과 여성 사이에 가격할인의 차이가 있는지, 있다면 누가 더 할인을 받는지 알고 싶다.

지난 6개월 동안의 판매 기록으로부터 100명의 고객을 표본 추출한 결과 54명이 남성고객, 46명이 여성고객이었다. 가격 할인을 살펴본 결과 남성은 평균 \$962.96, 표준편차는 \$458.95였고, 여성은 평균 \$1262.61, 표준편차는 \$399.70이었다.

문제 : 남성과 여성 사이의 평균 가격할인의 차이는 얼마인가? 표준오차는 얼마인가? 실제로는 이들 사이에 차이가 없다면 이 계산 결과는 비정상적으로 큰 값은 아닐까?

---

2) $$\text{df} = \frac{\left(\frac{s_1^2}{n_1} + \frac{s_2^2}{n_2}\right)^2}{\frac{1}{n_1-1}\left(\frac{s_1^2}{n_1}\right)^2 + \frac{1}{n_2-1}\left(\frac{s_2^2}{n_2}\right)^2}.$$

이 근사식 공식은 대부분의 경우 정수로 떨어지지 않는다. 분포표를 사용할 경우에는 정수를 쓰기 위해 안전하게 우수리를 잘라버린다. 컴퓨터나 계산기를 사용할 경우에는 자유도가 정수가 아니어도 t분포의 계산이 가능하다.

답 : 평균 차이는 $1262.61−$962.96=$299.65이다. 여성이 평균 $299.65만큼 더 할인을 받았다. 표준오차는 다음과 같다.

$$SE(\bar{y}_{여성}-\bar{y}_{남성})=\sqrt{\frac{s^2_{여성}}{n_{여성}}+\frac{s^2_{남성}}{n_{남성}}}=\sqrt{\frac{(399.70)^2}{46}+\frac{(458.95)^2}{54}}=\$85.87$$

따라서 그 차이를 표준오차와 비교하면 $299.65/85.87=3.49만큼 떨어져 있음을 알 수 있다. 이는 최소 자유도 45 이상의 t분포에서 상당히 큰 값으로 보인다.(자유도 근사공식의 계산 결과는 97.94이다.)

12.2 이표본 t검정

표기법 주의!

Δ_0(delta naught로 발음)로 기호를 사용한 이유는 차이(difference)의 D에 대한 그리스 대문자가 Δ(델타)이기 때문이다.

이표본 t검정

이표본 t검정에서는 두 그룹이 서로 독립이라고 가정한다. 이 가정은 매우 중대한 가정이다. 이 가정이 만족되지 않는다면 이 검정법을 사용하는 것은 안전하지 않다. 독립성이 위배되는 흔한 경우 중 하나는 한 그룹의 관측치가 다른 그룹의 (유일하게) 한 관측치와 관계가 있는 경우이다. 예를 들면 하나의 사건 전후에 대해 동일한 피실험자를 대상으로 실험하거나, 남편과 아내에 대해 한 변수를 측정하는 경우이다. 이 경우 우리는 관측치가 쌍으로 구성되었다고 말하며 12.7절의 대응비교 검정법을 사용해야 한다.

가끔 이 점을 강조하기 위해 이표본 t검정을 이표본 독립 t검정이라고 표현하기도 한다. 본서에서는 이표본이라고 하면 늘 두 그룹이 서로 독립이라고 가정하기로 한다.

이제 가설검정을 하기 위한 준비가 되었다. 그 아이디어는 단일 평균에 대한 검정의 경우와 같다. 이제 두 모평균의 차이의 참값을 Δ_0라고 하자. (이 차이 값이 0인 경우가 많으므로 $\Delta_0=0$으로 놓는 경우가 많다.) 그런 후에 표본평균의 차이와 표준오차의 비를 계산하여 t분포의 기각값과 비교한다. 이러한 검정을 **이표본 t검정**(two-sample t-test)이라고 한다.

이표본 t검정

적절한 가정과 조건이 만족되는 경우 두 모평균 차이에 대한 가설과 검정통계량은 다음과 같다(대부분의 경우 $\Delta_0=0$).

$$\mathrm{H_0}: \mu_1-\mu_2=\Delta_0$$

$$t=\frac{(\bar{y}_1-\bar{y}_2)-\Delta_0}{SE(\bar{y}_1-\bar{y}_2)},\quad SE(\bar{y}_1-\bar{y}_2)=\sqrt{\frac{s_1^2}{n_1}+\frac{s_2^2}{n_2}}$$

귀무가설이 사실이면 검정통계량은 근사적인 t분포를 따르게 되므로 이 값을 기각값과 비교하거나 P값을 구하여 판단한다.

예시문제 이표본 t검정

문제 : 앞의 자동차 할인의 예에 대해 P값을 이용하여 검정하라.

답 : 귀무가설과 대립가설은 다음과 같다.

$$\mathrm{H_0}: \mu_{여성}-\mu_{남성}=0 \text{ vs. } \mathrm{H_A}: \mu_{여성}-\mu_{남성}\neq 0$$

검정통계량의 값을 구하면

$$t=\frac{\bar{y}_{여성}-\bar{y}_{남성}}{SE(\bar{y}_{여성}-\bar{y}_{남성})}=\frac{299.65}{85.87}=3.49$$

공식을 이용하여 자유도를 계산하면 97.94가 되고 이때의 P값은 0.00073이 된다. 따라서 귀무가설은 기각되고 남성과 여성 사이에는 가격 할인의 차이가 있다고 결론 내릴 수 있다.

12.3 가정과 조건

이표본 t검정을 수행하기 위해서는 다음과 같은 가정과 조건이 충족되어야 한다.

독립성 가정

각 그룹의 자료는 각 그룹의 균질적인 모집단으로부터 독립적으로 랜덤하게 추출되어야만 한다. 자료를 하나의 큰 그룹으로 추출하면 모집단의 균질성을 기대할 수 없다. 랜덤화를 하지 않으면 표본분포를 얻을 수 없고 따라서 통계적 추론은 불가능하다. 독립성에 대한 가정이 적절한지 늘 고려해야 하고, 다음의 두 조건도 점검한다.

랜덤화 조건: 자료는 적절한 랜덤화 과정을 통해 얻어졌는가? 설문조사의 경우 대상자들은 대표성을 갖는 랜덤표본인가? 실험의 경우 실험은 랜덤하게 수행되었는가?

10% 조건: 평균의 차이에 대한 검정을 할 때 보통 이 조건을 점검하지는 않는다. 이 조건은 모집단이 아주 작거나 표본이 극단적으로 큰 경우에만 점검한다. 실험이 랜덤하게 진행되는 경우에는 이 조건에 대해 걱정할 필요는 전혀 없다.

정규성 가정

이전에 t분포에서도 강조하였지만 반드시 모집단이 정규분포를 따라야만 한다. 따라서 다음 조건을 점검한다.

근사 정규성 조건: 두 그룹 모두에 대해 이 조건을 반드시 점검한다. 한 그룹이라도 이 조건을 위배한다면 이 조건은 충족되지 않는다. 단일 평균의 경우에서 살펴보았듯이 표본의 크기가 작다면 정규성 가정은 절대적이다. 하나의 그룹이라도 표본의 크기가 작은 경우($n < 15$) 만약 히스토그램이나 정규확률지(normal probability plot) 상으로 비대칭(skewness)이 관찰된다면 t검정은 수행될 수 없다. 표본크기가 40에 근접하면 약간의 비대칭은 용인될 수 있으나 특이점(outlier)에 대한 언급이 필요하고, 심하게 비대칭을 보이면 정규성 위배로 판단한다. 두 그룹의 표본 크기가 40 이상이면 자료가 아주 심하게 비대칭이거나 극단적인 특이점들이 있지 않는 한 중심극한정리에 의해 정규성 가정이 만족된다. 그러나 대표본의 경우에도 특이점이나 극단적인 비대칭, 여러 개의 최빈값(mode) 등에 대해서는 여전히 주의해야 한다.

독립적 그룹 가정

이표본 t검정을 수행하기 위해서는 두 그룹이 서로 독립적이어야 한다. 사실 이 검정을 **이표본 독립 t검정**이라고 부르기도 한다. 두 그룹이 독립적인지 통계적으로 확인할 수는 없다. 우리는 자료가 어떻게 얻어졌는지를 생각해서 판단해야 한다. 만약 한 그룹이 남편들로 구성되고 다른 한 그룹이 이들의 아내들로 구성된다면 독립적 그룹이라는 가정은 위배될 것이다. 어떤 것을 측정하더라도 이 둘은 서로 연관이 있을 것이다. 비슷하게 어느 과목에 대해 학습 방법을 변경하기 전과 후의 점수를 비교한다면 전의 점수와 후의 점수는 서로 연관이 있을 것이다. 이와 같이 두 그룹의 관측 개체들이 서로 관련되거나 대응되는 경우에는 이 절의 이표본 t검정은 적용될 수 없으며 12.7절의 대응비교 검정을 적용해야 한다.

길잡이 문제 신용카드 판촉과 지출의 관계

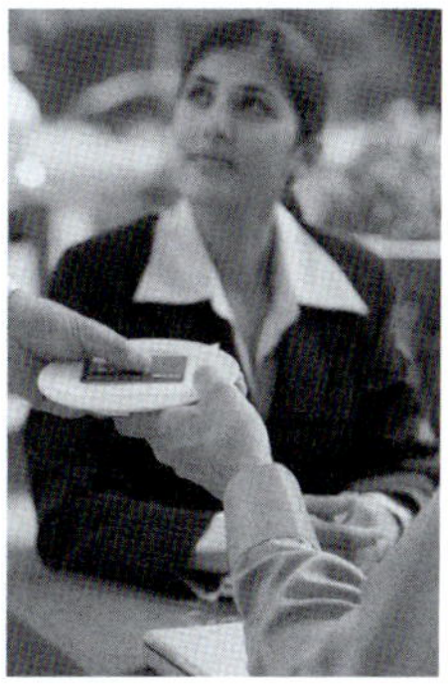

시장에 대한 예비조사 결과 새로운 혜택이 주어지면 지출이 증가할 수도 있음을 알 수 있었다. 그러나 전체 카드 소유자들을 대상으로 이러한 판촉을 하기 전에 표본에 대한 가설검정을 해보도록 하자. 이러한 혜택이 효과가 있는지 알아보기 위해 6개월 동안의 지출 변화를 조사해볼 것이다. 즉 혜택이 제시된 그룹과 제시되지 않은 그룹 사이의 지출상승을 알아보려고 한다. 만약 그 차이가 관찰된다면 이러한 차이가 기업의 판촉 비용을 상쇄하기에 충분한지는 어떻게 알 수 있을까?

계획

준비 연구의 목적을 정리한다.

추정하고자 하는 모수를 확인한다. 여기에서는 개별 그룹의 평균이 아닌 평균 사이의 차이이다.

대상이 되는 모집단을 확인한다.

변수들과 전후사정을 파악한다.

우리가 알고 싶은 것은 혜택이 제시되면 카드 소유자들이 지출을 더 많이 하는지 여부이다. 우리는 혜택이 제시된 500명과 제시되지 않은 500명의 지출상승에 대한 자료를 가지고 있다. 검정하고자 하는 귀무가설과 대립가설은 다음과 같다. H_0: 혜택이 제시된 그룹과 제시되지 않은 그룹 사이의 평균 지출상승은 차이가 없다; H_1: 혜택이 제시된 그룹의 평균 지출상승이 더 크다.

H_0: $\mu_{Offer} - \mu_{No\ Offer} = 0$

H_A: $\mu_{Offer} - \mu_{No\ Offer} > 0$

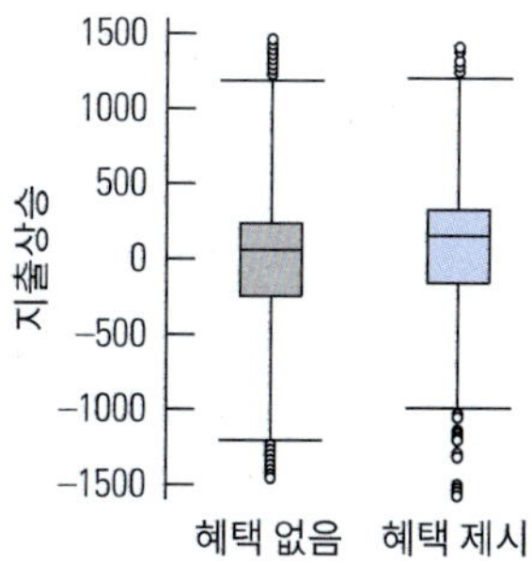

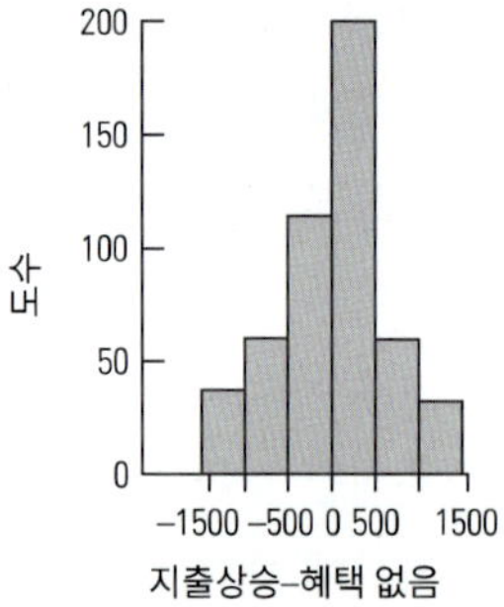

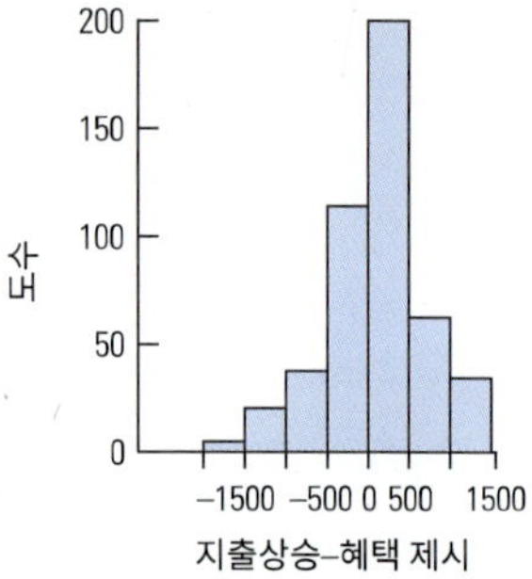

두 그룹에 대해 그래프를 이용하여 비교한다. 만약 특이점이 있다면 체크해야 한다. 극단적인 특이점이 있다면 이 특이점이 있을 때와 없을 때에 대해 각각 검정을 하고 그 차이를 비교한다.

상자그림과 히스토그램을 보면 두 그룹 모두 단일봉(unimodal)이고 비교적 대칭적임을 알 수 있다.

상자그림에는 두 그룹 모두 몇 개의 특이점이 보이는데, 이들을 제거할 필요는 없고 그 영향은 한정적으로 보인다.

모형 가정과 조건을 점검한다.

이번과 같이 대표본 정량자료인 경우에는 10% 조건은 염려할 필요가 없다.

✔ **독립성 가정.** 동일 그룹 내에서 한 고객의 소비형태가 다른 고객의 소비행태에 영향을 준다고 생각하기는 힘들 것이다. 우리의 자료는 같은 기간 동안의 각 고객에 대한 지출상승 자료이다.

✔ **랜덤화 조건.** 혜택이 제시된 고객들은 랜덤하게 선택되었다.

✔ **근사 정규성 조건.** 표본이 크므로 이 조건을 크게 염려할 필요는 없으며, 상자그림과 히스토그램을 통해 단일봉과 대칭성을 확인할 수 있다.

✔ **독립적 그룹 가정.** 고객은 각 그룹에 랜덤하게 할당되었다. 한 그룹의 고객의 소비형태가 다른 그룹의 고객의 소비행태에 영향을 준다고 생각하기는 힘들다.

검정을 위한 표본분포를 선택한다. 자유도는 각주 2의 근사 자유도 공식을 이용한다.

이러한 조건들이 만족되므로 t 분포를 사용하는 것은 적절하다.

검정법을 정한다.

이표본 t 검정을 수행한다.

실행

계산법 기본적인 통계량들을 정리한다. 단위를 병기하는 것에 주의해야 하고 그룹을 구분하기 위해 첨자를 이용한다.

기본적인 통계량들은 다음과 같다.

$n_{No\ Offer} = 500$ and $n_{Offer} = 500$.

$\bar{y}_{No\ Offer} = \$7.69$ $\quad$ $\bar{y}_{Offer} = \$1.27.61$

$s_{No\ Offer} = \$611.62$ $\quad$ $s_{Offer} = \$566.05$

표본오차를 계산하기 위해 표본 표준편차를 이용한다.

따라서 두 평균의 차이는

$$\bar{y}_{Offer} - \bar{y}_{No\ Offer} = \$127.61 - \$7.69 = \$119.92$$

자유도 계산과 P값을 구하기 위해 컴퓨터를 이용하는 것이 좋다.

이고, 두 그룹은 서로 독립이므로 표준오차는 다음과 같이 구해진다.

$$SE(\bar{y}_{Offer} - \bar{y}_{No\ Offer}) = \sqrt{\frac{(566.05)^2}{500} + \frac{(611.62)^2}{500}} = \$37.27$$

검정통계량 값은

$$t = 119.92/37.27 = 3.218$$

자유도 992.0일 때 단측검정의 유의수준 0.01에 해당하는 기각값은 $t^* = 2.33$이므로 귀무가설은 유의수준 0.01에서 기각된다.

통계 소프트웨어를 이용하여 P값을 구하면 다음과 같다.

```
Promotional Group   N    Mean    StDev
No                 500    7.69   611.62
Yes                500  127.61   566.05

Difference = mu(1) - mu(0)
Estimate for difference: 119.9231
t = 3.2178, df = 992.007
One-sided P-value = 0.0006669
```

보고 **결론** 검정의 결과를 해석한다.

메모

Re: 신용카드 혜택 판촉

신용카드 판촉에 관한 실험을 수행한 결과 혜택이 제시된 고객은 혜택이 제시되지 않은 고객보다 더 많이 지출한다는 결과를 얻었다. 지출의 차이는 P값 < 0.001 하에서 통계적으로 유의하였다. 따라서 이러한 판촉은 고객의 지출을 늘린다는 결론을 내릴 수 있다. 지출의 평균 증가는 $119.92이지만 이러한 지출상승이 기업에 얼마나 이익을 가져다줄지는 분석되지 않았으므로 판촉비용을 상쇄할지는 결론 내릴 수 없다.

확인문제

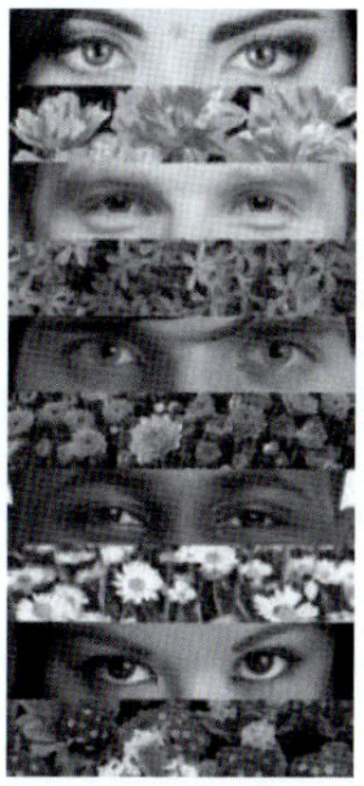

많은 사무실에서는 음료 무인판매대를 운영하고 있다. 뉴캐슬대학의 연구진들은 사람이 바라보는 눈 사진을 놓으면 사람들의 행동에 어떤 변화가 있는지 관찰하는 실험을 수행하였다.[3] 매주 모금함 뒤의 선반에 눈 사진과 꽃 사진을 번갈아가며 붙여놓았다. 그런 후 우유 판매량과 우유 리터당 판매액을 계산하여 다음 표와 같이 정리하였다.

	눈 사진	꽃 사진
n (주)	5	5
$\bar{y}$	0.417 £/liter	0.151 £/liter
s	0.1811	0.067

1. 이 연구에서 귀무가설은 무엇인가?
2. 사진에 따라 차이가 있는지 알아보기 위한 검정을 수행할 때 필요한 가정과 조건들을 점검하라.

3) Melissa Bateson, Daniel Nettle, and Gilbert Roberts, "Cues of Being Watched Enhance Cooperation in a Real-World Setting," *Biol. Lett.* Doi:10.1098/rsbl.2006.0509.

예시문제 **이표본 *t* 검정의 가정과 조건의 점검**

문제 : 앞의 자동차 딜러 예제에서 남성과 여성고객 사이에 가격할인의 차이가 없다는 귀무가설이 기각되었다. 다음은 남성과 여성고객의 가격할인 자료의 히스토그램이다. 가정과 조건들을 점검하고 우리가 내린 결론에 우려할 만한 점이 있는지 설명하라.

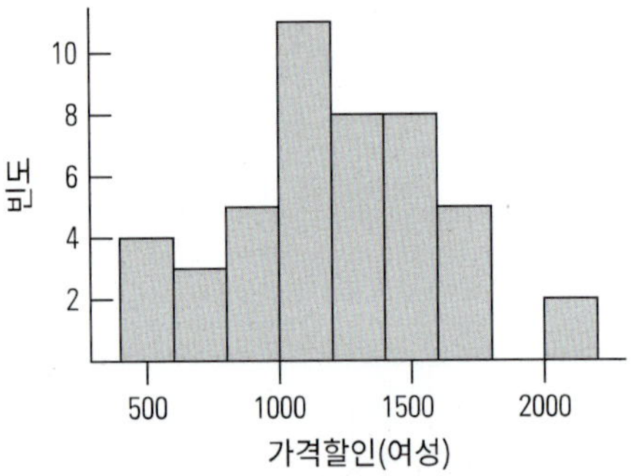

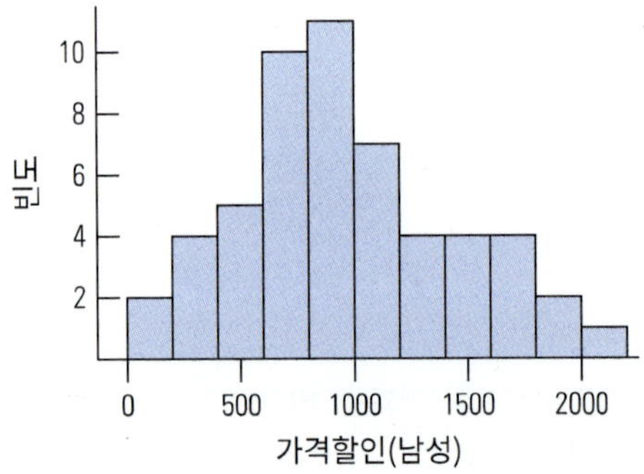

답 : 표본이 랜덤하게 추출되었으므로 랜덤화 조건은 만족된다. 남성과 여성의 행동이 서로 관계되어 있다고 생각할 이유가 없으므로(만약 남편과 부인 사이였다면 그럴 수 있겠지만) 독립적 그룹 가정도 적절해보인다. 두 그룹의 표본크기가 각각 40 이상이므로 약간의 비대칭은 큰 문제없다. 특이점도 없다.(여성의 경우 작은 갭이 보이지만 중심으로부터 멀리 떨어져 있지 않다.) 따라서 모든 가정과 조건들은 충족되는 것으로 판단된다. 우리가 내린 결론에 특별히 우려할 만한 사항은 없다.

12.4 두 모평균 차이에 대한 신뢰구간

이전의 예에서 혜택을 받아도 신용카드 지출에는 차이가 없다는 귀무가설이 기각된 바 있다. 랜덤하게 추출된 고객들에 대해 검정을 수행한 결과 P값이 매우 작았기 때문에 지출의 차이가 있다는 결론을 내렸다. 이러한 사실이 모든 고객들을 대상으로 판촉을 해야 하는 것을 의미하는 것일까?

가설검정을 통해 그 차이가 얼마나 있는지는 알 수 없다. 단지 그 차이가 0은 아니라는 확신을 줄만큼 충분히 큰 차이가 관찰되었다고 말할 수 있을 뿐이다. 이것이 "통계적 유의"라는 용어의 의미이다. 이것은 그 차이가 중요하다거나, 금전적으로 유의하다거나 흥미로운 사실이라는 것을 의미하는 것은 아니다. 귀무가설을 기각한다는 것은 귀무가설이 사실이라는 전제하에 계산 결과 나온 통계량 값이 관찰되기에는 너무 가능성이 떨어진다는 것을 의미할 뿐이다.

그렇다면 우리는 기업에게 어떤 조언을 할 수 있을까? 대부분의 모든 경영 의사결정은 여러 발생 가능한 시나리오에 따라 내려지게 되는데, 신뢰구간이 제공하는 정보가 바로 이러한 종류의 것이다. 이제 통계량 $(\bar{y}_1 - \bar{y}_2)$를 이용하여 모평균 차이에 대한 신뢰구간을 구해보자.

두 모평균 차이에 대한 신뢰구간

두 모평균 차이 $\mu_1 - \mu_2$에 대한 **신뢰구간**은 다음과 같이 주어진다.

$$(\bar{y}_1 - \bar{y}_2) \pm t^*_{\text{df}} \times SE(\bar{y}_1 - \bar{y}_2)$$

$$SE(\bar{y}_1 - \bar{y}_2) = \sqrt{\frac{s_1^2}{n_1} + \frac{s_2^2}{n_2}}$$

기각값 t^*_{df}는 유의수준과 자유도에 따라 달라진다.

길잡이 문제 신용카드 지출에 대한 신뢰구간

두 그룹 사이의 평균 지출이 동일하다는 귀무가설을 기각한 바 있다. 그러나 이 판촉을 모든 카드 소유자들을 대상으로 확대하기 위해서는 지출이 얼마나 늘어나는지를 추정할 필요가 있다.

계획

준비 연구의 목적을 정리한다.

추정하고자 하는 모수를 확인한다. 여기에서는 개별 그룹의 평균이 아닌 평균 사이의 차이이다.

혜택이 주어진 그룹과 주어지지 않은 그룹 사이의 평균 지출 차이에 대한 95% 신뢰구간을 구하고자 한다.

대상이 되는 모집단을 확인한다.

변수들과 전후사정을 파악한다.

방법을 선택한다.

상자그림과 히스토그램을 통해 조건과 가정이 충족된다는 점을 확인한 바 있으므로 신뢰구간을 구할 준비가 되었다.

실행

계산법 신뢰구간을 구한다. 각 통계량에 단위를 포함하는 것을 잊지 않도록 한다. 그룹을 구별하기 위해 적절하게 첨자를 활용한다.

표본분포의 표준오차를 구하기 위해 표본표준편차를 사용한다.

기본적인 통계량들과 표준오차는 다음과 같다.

$\bar{y}_{\text{No Offer}} = \$7.69 \qquad \bar{y}_{\text{Offer}} = \$127.05$

$s_{\text{No Offer}} = \$611.62 \qquad s_{\text{Offer}} = \$566.05$

$\bar{y}_{\text{Offer}} - \bar{y}_{\text{No Offer}} = \$127.61 - \$7.69 = \$119.92,$

$SE(\bar{y}_{\text{Offer}} - \bar{y}_{\text{No Offer}}) = \$37.27$

자유도 계산과 P값을 구하기 위해 컴퓨터를 이용하는 것이 좋다.

공식에 의해 자유도는 992.007이므로 유의수준 0.025에 해당하는 t값은 1.96이다. 따라서 95% 신뢰구간은 다음과 같이 구해진다.

$$\$119.92 \pm 1.96(\$37.27) = (\$46.87,\ \$192.97)$$

보통의 경우 계산은 컴퓨터에 의존하게 된다. 본 예에서는 각 단계를 좀 더 상세하게 보여주기 위해 중간 단계에서 값들을 반올림하였다. 컴퓨터에서는 전체 자리수를 모두 활용하므로 보고서 작성 시에는 컴퓨터를 이용해야 할 것이다. 손으로 계산할 때와 컴퓨터 계산 시의 차이는 약 $0.08이다.

통계 소프트웨어를 이용하면 다음의 결과를 얻을 수 있다.

```
95 percent confidence interval:
  (46.78784, 193.05837)
sample means:
No Offer        Offer
7.690882        127.613987
```

보고	**결론** 검정 결과를 적절한 문장으로 기술한다.	메모 Re: 신용카드 판촉 실험 판촉에 의한 평균 지출상승은 $119.92이고, 95% 신뢰구간은 ($46.79, $193.06)으로 구해졌다. 다른 말로 하면 이러한 판촉을 다른 고객들에게 함으로써 95%의 확신으로 이 범위 내의 지출 증가를 기대할 수 있다는 것이다. 이러한 구간 값이 판촉에 소요되는 비용을 상쇄할 수 있는지 판단해 보도록 기업에 조언할 수 있다.

예시문제 두 모평균 차이에 대한 신뢰구간

문제 : 이전의 자동차 딜러 예에서 여성고객이 평균적으로 더 많은 가격할인을 받았다. 그 차이는 평균적으로 얼마나 큰가? 차이에 대한 95% 신뢰구간을 구하라.

답 : 평균 차이는 $299.65, 표준오차는 $85.84, 자유도는 97.94였다. 자유도 97.94일 때 95% 신뢰수준에 해당하는 t값은 1.984이므로 95% 신뢰구간은 다음과 같다.

$$\bar{y}_{\text{여성}} - \bar{y}_{\text{남성}} \pm t^{*}_{97.94}\, SE(\bar{y}_{\text{여성}} - \bar{y}_{\text{남성}}) = 299.65 \pm 1.984 \times 85.87 = (\$129.28,\ \$470.02)$$

우리는 95%의 확신으로 여성고객이 남성고객에 비해 $129.28에서 $470.02 사이의 가격할인을 더 받는다고 결론 내릴 수 있다.

12.5 합동 t검정

만약 친구로부터 좋은 상태의 중고 카메라를 산다면 동일한 제품을 모르는 사람으로부터 사는 경우와 동일한 가격을 지불하게 될까? 코넬대학의 연구진들은 이와 같이 간단한 거래에 우정이 미치는 영향을 연구하였다.[4] 연구자는 피실험자들을 랜덤하게 두 그룹으로 나누고 구입 품목에 대해 설명하였다. 한 그룹은 친구로부터 이 물건을 사고, 다른 그룹은 모르는 사람으로부터 이 물건을 사는 것으로 가상하도록 하였다.

다음은 좋은 상태의 중고 카메라에 대해 지불하고자 하는 금액을 정리한 것이다.

중고 카메라에 지불하고자 하는 금액($)

친구에게 구입	모르는 사람에게 구입
275	260
300	250
260	175
300	130
255	200
275	225
290	240
300	

4) J. J. Halpern (1997). "The Transaction Index: A Method for Standardizing Comparisons of Transaction Characteristics Across Different Contexts," *Group Decision and Negotiation*, 6, no. 6: 557−572.

WHO 대학생
WHAT 중고 카메라에 대한 구입제안 금액
WHEN 1990년대
WHERE 코넬대학교
WHY 우정이 거래에 미치는 영향을 분석하기 위해

연구자는 우정이 지불 가격에 미치는 영향에 대해 관심을 가지고 있다. 이전의 연구에 의하면 우정이 가격에 미치는 영향에 대해 회의적이었으나 연구자는 영향이 있음을 확인하고 싶었다. 검정할 귀무가설은 중고 카메라에 대해 지불하는 평균 금액에는 차이가 없다는 것이다.

이전의 t검정에서는 자유도를 계산하는 근사 공식을 사용한 바 있다. 지금의 예처럼 표본의 크기 $n_1 + n_2$가 15에 불과한 경우에는 자유도를 조금이라도 확보하는 것이 바람직할 것이다. 따라서 이 실험에서는 다음과 같은 가정을 추가하게 된다. 귀무가설은 친구에게 또는 모르는 사람에게 구매하던지 여부에 관계없이 평균 카메라 가격은 동일하다는 것이다. 이때 평균이 동일하다면 분산도 동일해야 하지 않을까?

귀무가설이 사실일 때 두 그룹의 분산이 동일하다고 가정한다면 자유도를 좀 더 확보할 수 있게 된다. 이를 위하여 두 분산을 합하여 하나의 합동 추정치(pooled estimate)를 다음과 같이 구한다.

$$s_{pooled}^2 = \frac{(n_1 - 1)s_1^2 + (n_2 - 1)s_2^2}{(n_1 - 1) + (n_2 - 1)}$$

만약 두 표본의 크기가 동일하다면 위식은 두 분산의 평균을 구하는 식이 된다.

이제 이 합동분산을 다음의 표준오차 공식에 있는 각 분산에 대입하자.

$$SE(\bar{y}_1 - \bar{y}_2) = \sqrt{\frac{s_1^2}{n_1} + \frac{s_2^2}{n_2}}$$

그러면 합동 표준오차(pooled standard error)는 다음과 같이 간단한 식이 된다.

$$SE_{pooled}(\bar{y}_1 - \bar{y}_2) = \sqrt{\frac{s_{pooled}^2}{n_1} + \frac{s_{pooled}^2}{n_2}} = s_{pooled}\sqrt{\frac{1}{n_1} + \frac{1}{n_2}}$$

자유도도 이전의 이표본 t검정에서 사용한 복잡한 공식 대신 간단하게 df $=(n_1 - 1) + (n_2 - 1)$이 된다.

위에서 계산된 합동 표준오차와 자유도를 신뢰구간이나 가설검정에 사용하는 것을 **합동 t검정**(pooled t-test)이라고 한다. 물론 합동 t검정을 사용할 때에는 두 그룹의 분산이 동일하다는, 즉 $\sigma_1^2 = \sigma_2^2$라는 **등분산 가정**(equal variance assumption)을 해야만 한다.

모평균 차이에 대한 합동 t검정과 신뢰구간

독립적인 두 그룹의 모평균 차이에 대한 **합동 t검정**에 필요한 가정은 이전의 이표본 t검정과 동일하며 여기에 등분산 가정만 부가하면 된다. 검정하고자 하는 귀무가설은

$$H_0: \mu_1 - \mu_2 = \Delta_0$$

이며, 여기에서 대부분의 경우 $\Delta_0 = 0$이다. 검정통계량과 표준오차, 합동분산(pooled variance)은 각각 다음과 같다.

$$t = \frac{(\bar{y}_1 - \bar{y}_2) - \Delta_0}{SE_{pooled}(\bar{y}_1 - \bar{y}_2)}$$

$$SE_{pooled}(\bar{y}_1 - \bar{y}_2) = s_{pooled}\sqrt{\frac{1}{n_1} + \frac{1}{n_2}}$$

$$s^2_{pooled} = \frac{(n_1 - 1)s_1^2 + (n_2 - 1)s_2^2}{(n_1 - 1) + (n_2 - 1)}$$

가정이 충족되고 귀무가설이 사실일 때 검정통계량은 자유도 $(n_1 - 1) + (n_2 - 1)$인 t분포를 따른다. 따라서 이 분포를 이용하면 P값이나 신뢰구간을 구할 수 있다.

합동 신뢰구간(pooled-t confidence interval)은 다음과 같다.

$$(\bar{y}_1 - \bar{y}_2) \pm t^*_{df} \times SE_{pooled}(\bar{y}_1 - \bar{y}_2)$$

물론 여기에서 t^*값은 신뢰수준과 자유도에 따라 달라진다.

길잡이 문제 우정과 가격의 관계

계획

준비 연구의 목적을 정리한다.

추정하고자 하는 모수를 확인한다. 여기에서는 개별 그룹의 평균이 아닌 평균 사이의 차이이다. 변수들과 전후사정을 파악한다.

우리가 알고자 하는 것은 중고 카메라 거래 시 모르는 사람과는 달리 친구로부터 구입할 때 다른 가격을 지불할 의사가 있는지 여부이다. 즉, 그 평균 가격의 차이가 0인지 알아보고자 한다. 실험을 통해 친구로부터 구입하는 8명과 모르는 사람으로부터 구입하는 7명에 대한 제시 가격을 구하였다.

가설 귀무가설과 대립가설을 정한다.

연구의 주장은 우정이 제시가격에 영향을 준다는 것이다.[5)] 따라서 귀무가설은 우정의 영향이 없다는 것으로 설정하면 된다.

우정이 가격을 올릴지 내릴지에 대해 알지 못하므로 양측검정을 선택한다.

H_0: 친구와 모르는 사람에게 제시한 평균 가격 차이는 없다. 즉,

$$\mu_F - \mu_S = 0$$

H_A: 그 차이는 0이 아니다. 즉,

$$\mu_F - \mu_S \neq 0$$

그래프를 활용한다. 상자그림은 그룹들을 비교할 때 좋은 방법이다. 또한 각 그룹의 분포는 히스토그램을 이용하면 좋다.

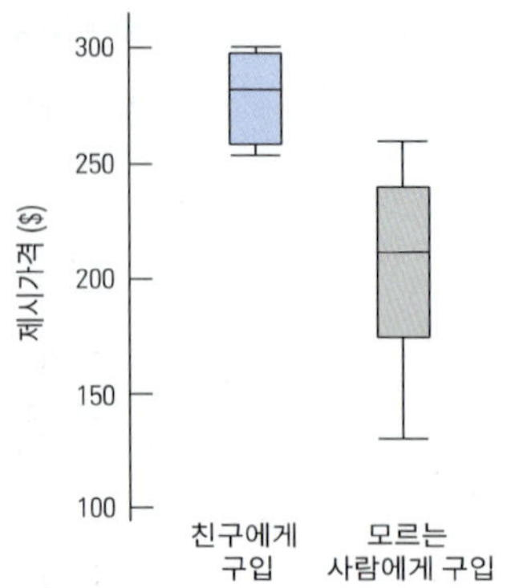

현실성 점검 상자그림을 보면 친구로부터 구입할 때 가격이 더 높은 것처럼 보인다. 두 범위가 거의 겹치지 않으므로 귀무가설이 기각되지 않는다면 놀라운 일이 될 것이다.

5) 이 주장은 많은 사회과학 분야에서 말하는 소위 "연구 가설"의 좋은 예이다. 이 가설을 확인하는 유일한 방법은 귀무가설이 사실일 때의 상황을 관찰하여 이 귀무가설이 사실이라는 것을 부인하는 것이다.

모형 가정들을 생각해보고 조건들을 확인한다. (이 실험은 랜덤화 실험이고 표본 추출을 한 것이 아니므로 10% 조건은 해당되지 않는다.)

✔ **독립성 가정:** 한 피실험자의 행동이 다른 피실험자에게 영향을 주었으리라고 생각할 만한 이유는 없다.

✔ **랜덤화 조건:** 실험은 랜덤하게 설계되었으며 피실험자를 각 그룹에 랜덤하게 할당하였다.

✔ **독립적 그룹 가정:** 두 그룹이 독립이 되도록 실험을 랜덤하게 설계하였다.

✔ **근사 정규성 조건:** 두 그룹의 히스토그램을 살펴보면 치우침이나 극단적인 이상치는 없는 것으로 보인다.

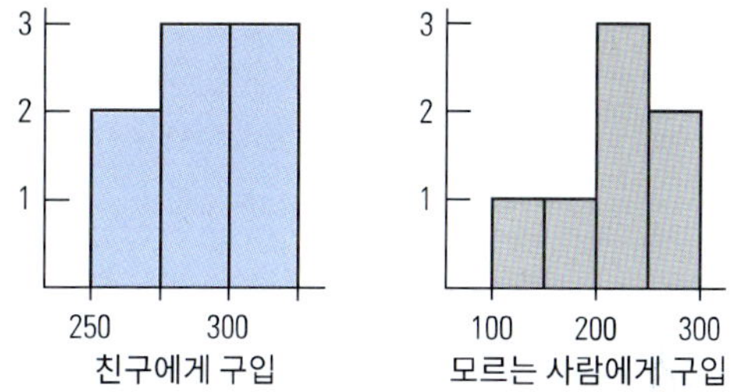

표본분포가 무엇인지 확인하다.

방법을 선택한다.

실험이 랜덤하게 설계되었고 검정하려는 귀무가설이 두 평균에 차이가 없다는 것이므로 등분산 가정은 타당해보인다. 즉, 귀무가설에서처럼 처리(treatment)가 평균에 영향을 주지 않는다면 분산에도 영향을 주지 않는다는 가정은 타당할 것이다. 이와 같이 필요한 가정과 조건들이 충족되므로 합동 t검정을 수행할 수 있다.

실행

계산법 통계량들을 요약한다. 적절하게 기호를 사용해야 한다.

귀무가설을 이용하여 P값을 구한다. 먼저 표본평균의 차이에 대한 표준오차를 구한다.

자료들은 다음과 같다.

$n_F = 8$ $\qquad n_S = 7$

$\bar{y}_F = \$281.88$ $\qquad \bar{y}_S = \$211.43$

$s_F = \$18.31$ $\qquad s_S = \$46.43$

이로부터 합동분산과 표준오차는 각각 다음과 같이 계산된다.

$$s_p^2 = \frac{(n_F-1)s_F^2 + (n_S-1)s_S^2}{n_F + n_S - 2}$$

$$= \frac{(8-1)(18.31)^2 + (7-1)(46.43)^2}{8+7-2}$$

$$= 1175.48$$

$$SE_{pooled}(\bar{y}_F - \bar{y}_S) = \sqrt{\frac{s_p^2}{n_F} + \frac{s_p^2}{n_S}}$$

$$= 17.744$$

그래프를 그려본다. 귀무가설을 따라 중심이 0인 t분포를 그린다. 이 검정은 양측검정이므로 양쪽 꼬리 부분이 기각 영역이 된다.

평균의 차이가

$$(\bar{y}_F - \bar{y}_S) = 281.88 - 211.43 = \$70.45$$

이므로 검정통계량 값은 다음과 같다.

*t*값을 구한다.

$$t = \frac{(\bar{y}_F - \bar{y}_S) - (0)}{SE_{pooled}(\bar{y}_F - \bar{y}_S)} = \frac{70.45}{17.744} = 3.97$$

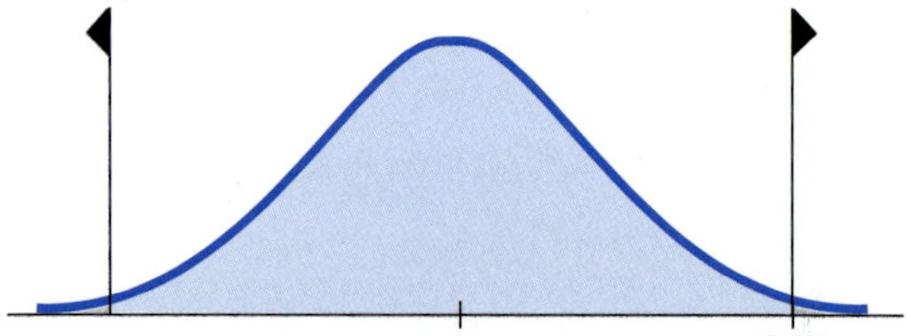

통계 소프트웨어는 P값을 제시해준다.

이 과정을 통계 소프트웨어를 이용하여 구하면 다음과 같은 결과를 얻을 수 있다.

Pooled T Test for friend vs. stranger

	N	Mean	StDev	SE Mean
Friend	8	281.9	18.3	6.5
Stranger	7	211.4	46.4	18

t = 3.9699, df = 13, P-value = 0.001600
Alternative hypothesis: true difference in means is not equal to 0

95 percent confidence interval:
(32.11047, 108.78238)

보고

결론 P값을 이용하여 결론을 내리고 문장으로 기술한다.

본 연구의 가격 범위를 벗어난 물건에 대해 연구 결과를 일반화하는 것은 주의해야 한다. 신뢰구간은 차이의 크기에 대한 좀 더 상세한 정보를 제공해준다. 본 연구를 다룬 논문(각주 4)에서 저자들은 여러 물건에 대해 실험하여 그 가격 차이의 크기에 관계된 모형을 제시한 바 있다.

메모

Re: 협상에서의 우정의 역할

간단한 실험을 수행한 결과, 중고 카메라 거래 시 모르는 사람과는 달리 친구로부터 구입할 때 다른 가격을 지불할 의사가 있다는 사실을 확인하였다. 제시 가격의 평균 차이는 통계적으로 유의하였다 (P = 0.0016).

신뢰구간을 구해본 결과 사람들은 친구에게 더 많은 가격을 제시하는 경향이 있음을 알 수 있다. 평균 가격의 차이에 대한 95% 신뢰구간은 \$32.11에서 \$108.78이었으며, 실제 차이는 카메라의 구입 가격에 따라 달라질 수 있을 것으로 생각된다.

확인문제

사람의 눈 사진이 무인판매 성과를 높이는지에 관한 이전의 예제에 대해 생각해 보자.

3. 대립가설은 어떻게 설정해야 할까?

4. P값이 0.05 이하였다면 간단하게 결론을 설명하시오.

합동 *t* 검정의 적절한 사용

두 그룹의 분산이 실제로 동일하다면 이 두 방법의 결과는 상당히 일치하게 된다. 합동검정법은 약간의 자유도가 더 확보되므로 신뢰구간이 조금 좁아지고 검정력이 약간 증가하는 등 약간의 장점이 있다. 그러나 두 분산이 다르다면 합동검정법은 타당하지 않으며 부실한 결론이 나올 수 있으므로 이표본 검정법을 사용해야 한다.

합동검정법의 장점이 작기 때문에 매우 드물게 사용된다. (등분산 가정이 맞는 경우에만 사용된다.) 따라서 우리의 권고는 이 검정법을 사용하지 말라는 것이다.

표본의 크기가 커지면 약간의 자유도 증가로부터 얻을 수 있는 이점은 줄어들게 된다. 따라서 합동검정법의 장점은 표본의 크기가 작을 때 가장 커지지만 이때에는 조건들의 충족 여부에 대한 확인이 어렵다. 그리고 자유도의 차이는 분산이 동일하지 않을 때 가장 크지만 이때에는 합동검정법을 사용할 수 없다. 따라서 이 경우에는 이표본 검정법을 사용하는 것이 좋다.

이렇게 사용을 권하지 않는 검정법을 한 절을 할애하여 설명한 이유는 무엇일까? 그것은 합동검정법이 통계학에서, 특히 피실험자를 처리에 랜덤하게 할당하는 실험에서 매우 중요한 역할을 하기 때문이다. 실험을 시작할 때 각 처리그룹은 동일한 모집단으로부터의 랜덤 표본이므로 각 처리그룹의 모분산은 동일하다.[6] 이 경우 처리 후의 분산이 동일하다고 가정하는 것은 처리에 의해 분산이 변하지 않는다고 가정하는 것과 같다. 평균이 동일한지 여부를 검정할 때 조금 더 나아가 처리에 의해 아무런 변화가 없다고 주장할 수도 있을 것이다. 카메라 가격의 예에서 적용한 것이 바로 이것이다. 분산이 동일하다는 가정은 너무 멀리 나간 것이 아니라는 것이다.

합동검정법을 설명하는 또 다른 이유는 그 역사적 사실 때문이다. 최근까지도 많은 통계 패키지들에서 두 그룹의 평균을 비교하는 경우에는 합동 *t*검정을 디폴트(default)로 제공하였으며 이표본 *t*검정은 옵션으로 선택하게 하였다. (가끔 이표본 *t*검정을 이분산 *t*검정(unequal variance *t*-test)으로 잘못 표기하는 경우도 있다.) 현재 이런 점은 개선되었지만 소프트웨어 사용 시 적절한 검정을 선택하도록 주의해야 한다.

물론 분산이 동일한지 여부를 검정하는 방법이 있다. 그러나 이 방법은 가정들의 위배에 민감하게 반응하고 표본의 크기가 작은 경우에는 결론이 부실해진다. 즉, 표본의 크기가 작아서 두 검정법 중의 선택이 문제가 되는 경우 등분산 검정을 이용하기 어려워진다는 것이다.

비록 합동검정법이 통계학에서 중요한 역할을 하는 것은 사실이지만 두 평균을 비교하는 더 훌륭한 대안이 있고 더구나 추가로 등분산 가정을 할 필요가 없다. 이표본 검정법이 여러 상황에서 더 잘 적용될 수 있으며 사용하기에 더욱 안전하다.

---

[6] 모집단은 실험 대상의 모집단을 말한다. 명확하게 하기 위해 강조하자면, 모집단의 모수를 추정하려는 것이 아니므로 실험에 사용되는 표본이 모집단을 대표하는 표본일 필요는 없다.

예시문제 합동 *t*검정

문제 : 자동차 할인 예에서 합동 *t*검정을 사용한다면 결론이 달라지는가?

답 : 합동 *t*검정은 두 그룹의 분산이 동일하다고 가정하고 이 분산을 이용하여 표준오차를 추정하는데 그 차이가 있다. 합동분산을 이용하여 표준편차와 표준오차를 구하면 각각 다음과 같다.

$$s_{pooled} = \sqrt{\frac{(n_{여성}-1)s^2_{여성} + (n_{남성}-1)s^2_{남성}}{n_{여성}+n_{남성}-2}} = \sqrt{\frac{(46-1)(399.70)^2+(54-1)(458.95)^2}{46+54-2}}$$

$$= 432.75$$

$$SE_{pooled}(\bar{y}_{여성}-\bar{y}_{남성}) = s_{pooled}\sqrt{\frac{1}{n_{여성}}+\frac{1}{n_{남성}}} = 432.75\sqrt{\frac{1}{46}+\frac{1}{54}} = \$86.83$$

(합동하지 않은 경우의 표준오차는 \$85.87이었다.) 자유도는 $46+54-2=98$이므로 검정통계량의 값은

$$t_{98} = \frac{(\bar{y}_{여성}-\bar{y}_{남성})}{SE_{pooled}(\bar{y}_{여성}-\bar{y}_{남성})} = \frac{263.65}{86.83} = 3.04$$

이고, 이로부터 P값을 구하면 0.0030이 된다. 이표본 *t*검정의 경우 0.0007이었다. 두 방법 간에 실질적인 차이가 없으며 가격 할인의 차이가 0이 아니라는 동일한 결론을 내릴 수 있다. 등분산 가정은 결론에 영향을 주지 않았다.

*12.6 Tukey 검정

*t*검정을 하기 위해서는 많은 계산이 필요하다. 유명한 통계학자인 John Tukey[7)]는 정규분포의 68-95-99.7 규칙처럼 기억하기 쉬운 기각값을 이용하는 좀 더 단순한 방법을 고안하고자 하였다. 그가 개발한 검정법에서는 7, 10, 13의 세 숫자만 기억하면 된다.

중고 카메라의 예에서 상자그림을 보면 두 그림이 많이 겹치지 않는다는 것을 알 수 있다. 이것이 Tukey 검정의 바탕이 된다. Tukey 검정을 사용하기 위해서는 한 그룹에 최대값이 있고 다른 한 그룹에 최소값이 있어야 한다. 이제 최대값이 있는 그룹의 값들 중에서 최소값이 있는 그룹의 **모든 값**보다 큰 값이 몇 개나 있는지 센다. 이번엔 최소값이 있는 그룹의 값들 중에서 최대값이 있는 그룹의 **모든 값**보다 작은 값이 몇 개나 있는지 센다. (동일한 경우엔 1/2로 센다.) 그런 후 이 두 값을 더한다. 만약 이 값이 7 이상이면 평균이 같다는 귀무가설을 유의수준 0.05에서 기각한다. 기각값 10과 13은 유의수준 0.01과 0.001에 해당한다.

이를 카메라 예제에 적용해보자. "친구" 그룹엔 가장 큰 값 \$300이, "모르는 사람" 그룹엔 가장 작은 값 \$130이 있다. 친구 그룹의 6개 값이 모르는 사람 그룹의 가장 큰 값(\$260)보다 크고 하나는 같다. 모르는 사람 그룹의 6개 값이 친구 그룹의 최소값보다 작다.

7) 유명하다는 말은 절제된 표현일 것이다. *New York Times*는 Tukey를 20세기의 가장 영향력 있는 통계학자 중의 한 사람으로 꼽았다. 또한 영국의 *Times*는 그를 (컴퓨터 용어인) "bit"를 고안하고 "software"라는 단어를 처음 사용한 인물로 인정하였다. Tukey는 또한 줄기-잎 그림과 상자그림을 고안하였다.

따라서 벗어난 값은 모두 12½개로 10보다 크고 13보다 작다. 그러므로 P값은 0.01과 0.001 사이이고 이는 합동 t검정의 결과와 일치한다.

이 검정법은 매우 훌륭하다고 할 수 있다. 여기에서의 유일한 가정은 두 표본이 독립적이어야 한다는 것이다. 사용법이 대단히 간단하므로 이표본 t검정의 결과를 확인하는데 매우 유용하다. 만약 두 결과가 다르다면 가정에 대해 점검해본다. 그러나 Tukey 검정은 이표본 t검정만큼 널리 알려져 있거나 쓰이지 않으므로 이표본 t검정에 대해 숙지하고 있는 것이 좋다.

예시문제 Tukey 검정

다음은 앞의 자동차 할인 예제에서 남성과 여성이 얻은 할인 금액을 각각 크기 순으로 나열한 것이다.

(남성) : 130, 158, 303, 340, 353, 390, 415, 423, 536, 566, 588 c 1606, 1616, 1658, 1763, 1840, 1881, 2030
(여성) : 503, 526, 574, 579, 603, 630, 794, 831 c 1727, 1742, 1748, 2142, 2192

문제 : Tukey 검정을 적용할 수 있는가? 만약 그렇다면 벗어난 값들의 개수를 구하고 P값을 구하여 결론을 내려라. 이표본 t검정에 비해 이 검정법은 어떤가?

답 : 두 그룹이 독립적이므로 Tukey 검정을 적용할 수 있다. 남성 그룹엔 최소값($130), 여성 그룹엔 최대값($2,192)이 있다. 남성 그룹의 8개 값이 여성 그룹의 최소값보다 작고, 여성 그룹의 2개 값이 남성 그룹의 최대값보다 크므로 벗어난 값은 총 10개이다. 이 숫자는 대략 0.01의 P값에 해당된다. (그러나 0.001보다는 크다.) 이는 두 분포가 동일하다는 귀무가설을 기각하기에 충분한 증거이다. 따라서 평균 차이는 0이 아니라고 결론 내릴 수 있다. 이표본 t검정의 P값은 0.0028이었으며 이는 Tukey 검정의 결과와 매우 유사하다.

12.7 대응 자료

이표본 t검정은 두 그룹의 자료들이 서로 독립이라는 가정에 크게 의존한다. 이 가정이 위배되는 경우는 언제일까? 가장 흔한 경우는 두 개의 서로 다른 상황에서 동일한 개체를 통해 자료를 얻었을 때이다. 예를 들어 어느 고객의 작년 1월과 올해 1월의 구매액을 비교한다거나, 서로 다른 두 상품에 대해 평가단의 사람들이 개인별로 각각 평가한다거나 하는 것이 예가 될 수 있다. 이러한 경우 두 자료는 서로 **대응**(paired)되었다고 말한다. 어느 실험에서 대응 자료가 생기면 처리 전과 후의 측정치를 비교하게 되고 이 대응은 **블록화**(blocking)의 일종으로 작용한다. 관측연구(observational study)에서 대응이 발생하는 경우 **매칭**(matching)이라고 부른다.

대응 자료에 대해 이표본법이나 합동검정을 사용해서는 안 된다. 자료의 획득 경로를 살펴 이 자료가 대응되었는지 반드시 확인해야 한다. 자료가 대응으로 얻어졌는지를 검정하는 통계적 방법은 없으므로 매우 주의해서 살펴봐야 한다. 자료의 획득 경로와 의미를 잘 이해하여 대응 자료인지 결정해야 한다.

대응 자료라는 결론이 내려진 후에는 각 개체별로 얻어진 두 측정치의 **차이** 즉, 대응 자료별 차이 값들에 대해 주목한다. 예를 들어 고객 별로 작년 1월과 올해 1월의 구매 액 **차이**를 분석한다. 우리의 관심은 이 **차이**이므로 이 차이를 나타내는 하나의 확률변수가 있다고 생각할 수 있을 것이다. 따라서 이 하나의 확률변수에 대해 일반적인 단일 표본 t검정을 수행할 수 있다. 그러므로 **대응 t검정**(paired t-test)이란 대응비교에 의한 차이 값들의 평균에 대한 t검정이라고 할 수 있다. 표본의 크기는 대응의 개수이다.

대응검정은 단일 표본 t검정과 형식적으로 동일하므로 필요한 가정과 조건도 동일하다. 그러나 대응검정은 매우 자주 사용되므로 이 가정과 조건들에 대해 다시 점검해보기로 한다.

대응 자료의 조건

대응 자료는 실제 쌍으로 이루어져야 한다. 그렇다고 독립적인 그룹의 자료들을 그냥 쌍으로 놓으면 안 된다. 개수가 동일한 두 그룹 자료가 있을 때 이 자료들을 쌍으로 처리하고 싶은 유혹이 생길 수도 있으나 이는 적절한 생각이 아니다. 단지 어울리는 것처럼 보인다는 이유로 자료를 쌍으로 처리하면 안 된다. 자료의 획득 경로를 살펴 두 그룹이 대응인지 독립인지 정확히 이해한 후 대응비교법을 사용해야 한다. 보통 잘 살펴보면 이런 점들이 명확해진다.

가지고 있는 자료에 대응 자료가 있을 때에는 이를 잘 발견해내야 한다. 이표본 검정법은 그룹들이 독립인 경우에만 적용될 수 있고, 대응 자료들은 독립이 아니라는 점을 기억해야 한다.

독립성 가정

대응비교법에서 서로 독립이어야 하는 것은 그 차이들이다. 이것은 단일 표본 t검정의 가정을 그 차이에 적용한 것이다. 항상 그렇듯이 랜덤화는 독립성을 확보하는 데 도움이 된다.

- **랜덤화 조건.** 랜덤화는 여러 방법으로 할 수 있다. 쌍들은 랜덤표본일 수 있다. 예를 들어 여러 커플들 중에서 랜덤하게 선택하여 남편과 부인의 의견을 비교해볼 수 있을 것이다. 실험을 할 때 두 처리의 순서를 랜덤하게 할당할 수도 있고, 처리를 각 쌍의 한 멤버에게 랜덤하게 할당할 수도 있다. 이와 같이 전후를 살피는 연구에서는 그 관찰된 차이가 관심 있는 모집단으로부터의 표본이라고 믿을 수 있을 것이다.

- **10% 조건.** 유한모집단으로부터 표본을 추출하는 경우 모집단의 10% 넘게 표본을 추출하지 않도록 주의해야 한다. 너무 큰 비율로 표본을 추출하면 독립성 가정이 위배될 수 있다. 이 10% 조건을 늘 명시적으로 점검하지는 않지만 생각은 해두어야 한다.

정규성 가정

대응 자료의 차이가 정규분포를 따른다는 가정이 필요하다. 두 그룹 각각의 자료에 대해 점검할 필요는 없다. 사실 각 그룹의 자료는 매우 비대칭이더라도 그 차이는 단봉으로 대칭일 수도 있다.

- **근사 정규성 조건.** 이 조건은 차이들의 히스토그램을 통해 알 수 있다. 단일 표본 t검정에서와 마찬가지로 이 가정은 쌍의 개수가 커지면 큰 문제가 되지 않는다. 원래의 측정치들이 비대칭이고 2봉 형태인 경우라도 그 차이는 정규분포에 근사할 수 있다. 어느 자료가 저 멀리 꼬리 밖에 있다면 그 쌍도 그 근처에 있을 것이므로 그 차이는 다른 쌍들의 차이와 비슷한 형태가 될 것이다.

예시문제 대응 자료

문제 : 자동차 할인 예제에서 판매원이 제시하는 할인 금액의 차이를 알아보기 위해 두 명의 판매원에게 30대의 차에 대해 고객에게 제시할 할인 금액을 말하게 하였다. 이들의 평균 할인 금액에 차이가 없는지 알고 싶다면 어떤 검정법을 적용해야 하는가?

답 : 대응 t검정을 사용한다. 두 명의 판매원이 동일한 30대에 대해 평가하므로 할인 금액들은 독립적이지 않다.

12.8 대응 t검정

대응 t검정은 단일 표본 t검정과 형식적으로 동일하다. 차이를 하나의 확률변수로 보고 차이의 평균을 표준오차와 비교한다. 검정통계량 값이 충분히 크면 귀무가설을 기각한다.

대응 t검정

필요한 조건들이 충족된다면 평균 차이 값이 어떤 값(Δ_0라고 하자.)과 유의하게 다른지 검정할 수 있다. 귀무가설과 검정통계량, 표준오차는 각각 다음과 같다.

$$H_0:\ \mu_d = \Delta_0$$

$$t = \frac{\bar{d} - \Delta_0}{SE(\bar{d})}$$

$$SE(\bar{d}) = \frac{s_d}{\sqrt{n}}$$

여기에서 일반적으로 $\Delta_0 = 0$이며, $\bar{d}$는 차이의 평균, n은 쌍의 개수, s_d는 차이의 표준편차이다.

귀무가설이 사실이면 검정통계량은 자유도 $n-1$인 t분포를 따르므로 이로부터 P값을 구할 수 있다.

비슷한 방법으로 다음과 같이 차이의 참값에 대한 신뢰구간도 구할 수 있다. 단일표본에서와 마찬가지로 자료의 평균 차이를 가운데에 두고 양쪽의 오차범위(margin of error)는 표준오차에 (신뢰수준과 대응 자료의 개수로부터 구한) t값을 곱한다.

대응 신뢰구간

필요한 조건들이 충족되면 차이에 대한 신뢰구간은 다음과 같이 구할 수 있다.

$$\bar{d} \pm t^*_{n-1} \times SE(\bar{d}), \quad SE(\bar{d}) = \frac{s_d}{\sqrt{n}}$$

물론 t^*는 신뢰수준과 자유도$(n-1)$에 따라 달라지며, n은 대응 자료의 개수이다.

확인문제

다음의 예에 대해 이표본 검정과 대응 검정 중 어느 것이 적절한지, 또는 둘 다 적절치 않은지 말하고 이유를 밝혀라.

5. 50명의 남성과 50명의 여성을 추출하여 연간 평균 주식투자액을 조사하였다. 이 투자액이 성별에 따라 차이가 있는지 알고 싶다.

6. 대학생들을 표본으로 추출하여 윤리적 문제와 사회봉사 문제에 대한 인식을 1학년 때와 4학년 때에 조사하였다. 대학 측에서는 윤리와 사회봉사 프로그램이 학생들의 인식에 변화를 주었는지 알고 싶어한다.

7. 기업 내에서 몇 개의 팀을 추출한 후 각 팀에서 한 명씩의 남녀 사원을 랜덤하게 추출하여 팀에게 제공되는 회사 내의 업무 지원에 대해 평가하게 하였다. 동일한 업무 지원 부서에 대해 평가할 때 남녀 사원의 평가가 동일한지 알고 싶다.

8. 50개의 기업에 대해 사업 관행에 대해 조사하고 산업계 별로 분류하여 산업계별로 차이가 있는지 알고자 한다.

9. 이들 50개 기업을 대상으로 1년 후에 다시 조사하여 그들의 인식, 사업관행과 연구개발 투자에 변화가 있는지 조사하였다.

길잡이 문제 계절 특수

신용카드 회사들은 소비자들이 12월의 연말 시즌에 소비를 늘린다는 사실을 잘 알고 있다. 사실 추수감사절 직후의 소위 블랙 프라이데이 기간의 매출이 연말연시 매출의 잣대로 작용하고 나아가 새해의 전반적인 경기 전망에 대한 지표가 된다. 연말 휴가가 끝나면 지출은 상당히 감소한다. 신용카드 회사들은 카드 매출액의 일부를 수수료로 받으므로 매달의 평균 지출액의 증감에 대해 예측할 필요가 있다. 소비자들은 12월에 비해 1월에 얼마나 덜 지출하는 경향이 있을까? 이를 알아보기 위해 카드 소유자들을 대상으로 1월에 한 명, 12월에 한 명을 뽑아 평균 지출을 비교해볼 수 있을 것이다. 그러나 이를 좀 더 정확하게 분석하기 위해서는 카드 소유자들 중에서 랜덤표본을 뽑아 각각마다의 1월과 12월의 지출을 비교하는 것이 더 바람직할 것이다. 이렇게 각 쌍의 차이를 조사함으로써 실제 지출액 변화에 대해 좀 더 정확하게 추정할 수 있다.

이제 911명의 카드 소유자들을 대상으로 12월과 1월의 카드 결제액에 관한 자료를 얻었다. 대응비교를 통해 두 달 사이의 지출의 평균 차이가 0인지를 검정하고 신뢰구간을 구해보자.

WHO	대형 신용카드사에서 어느 특정 소비자 층을 위해 발행한 신용카드 소지 고객
WHAT	12월과 1월의 카드 결제액
WHERE	미국
WHY	연말 쇼핑시즌 후의 지출 감소액을 추정하기 위해

계획

준비 연구의 목적을 정리한다.

추정하고자 하는 모수와 표본의 크기를 확인한다.

우리가 알고자 하는 것은 12월과 1월의 카드 지출액이 얼마나 달라지는가이다. 가지고 있는 자료는 n = 911명에 대한 12월과 1월의 지출액이다. 이 두 달의 평균 지출액이 동일한지 검정하고 평균지출액 차이에 대한 신뢰구간을 구하고자 한다. 사람들이 12월에 지출이 늘어나는 경향이 있으므로 지출액의 차이는 12월-1월로 놓고 단측 검정을 하면 될 것이다. 이 차이가 양이면 지출이 줄어든다는 의미이다.

가설 귀무가설과 대립가설을 정한다.

평균 지출액의 차이를 μ_d로 놓으면 검정하고자 하는 귀무가설과 대립가설은 다음과 같다.

H_0: 12월과 1월의 평균 지출은 동일하며 평균 차이는 0이다.
$\mu_d = 0$

H_1: 12월이 1월보다 평균 지출이 더 크며 평균차이는 0보다 크다.
$\mu_d > 0$

모형 조건들을 점검한다.

자료가 대응된 이유를 설명한다. 단순히 각 그룹의 자료의 개수가 같다거나 두 열에 나란히 배열했다고 해서 대응 자료가 되는 것은 아니다.

우리가 알기 원하는 것이 무엇인지, 랜덤화는 이루어졌는지 생각해본다.

차이에 대해 그래프를 그려본다. 두 그룹의 분포를 따로 그린다면 대응 자료 여부를 알 수 없을 것이다. 대응 자료의 경우 우리가 신경 써야 하는 것은 자이의 정규성 여부이다. 이 차이들을 마치 하나의 변수인 것으로 간주하여 근사 정규성조건을 확인한다.

✔ **대응 자료 여부**: 동일한 카드 소유자 각각에 대한 두 달의 지출액 자료이므로 쌍으로 구성된 자료이다.

✔ **독립성 가정**: 카드 소유자들의 행동은 독립적이므로 그 차이도 상호 독립적이다.

✔ **랜덤화 조건**: 랜덤표본을 추출하였다.

✔ **근사 정규성 조건**: 차이액의 히스토그램을 보면 단봉이며 대칭이다. 분포의 꼬리가 좀 길긴 하지만 분포의 모양은 대칭이다. (이는 전형적인 신용카드 지출액 분포의 형태이다.) 특이점은 없으며 표본의 크기가 크므로 중심극한정리의 적용이 가능하다.

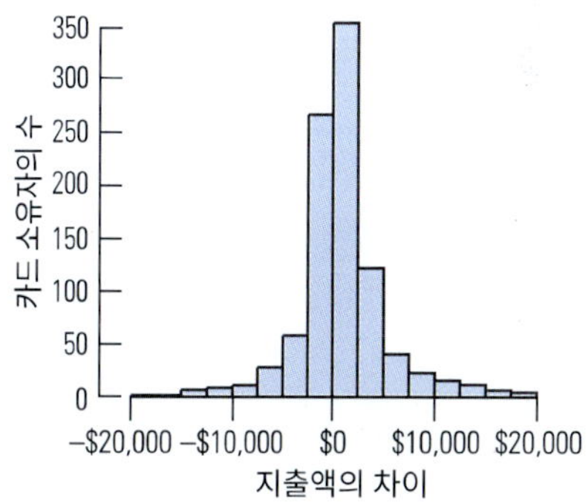

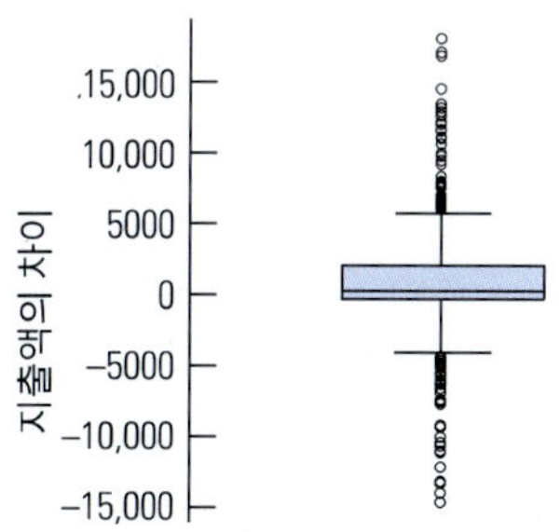

표본분포를 확인한다.
검정법을 선택한다.

필요한 조건들이 충족되므로 자유도가 $(n-1) = 910$인 t 분포를 이용하여 검정을 수행하고 신뢰구간을 구할 수 있다.

실행

계산법 n은 대응 자료의 수로써 이 경우 카드 소유자의 수이다.

$\bar{d}$는 평균 차이이다.

s_d는 차이의 표준편차이다.

그림을 그려본다. 표본평균 788.18을 가운데에 두는 t분포를 그린다.

컴퓨터를 이용하여 계산하면 다음을 얻을 수 있다.

n = 911 pairs
$\bar{d}$ = \$788.18
s_d = \$3740.22

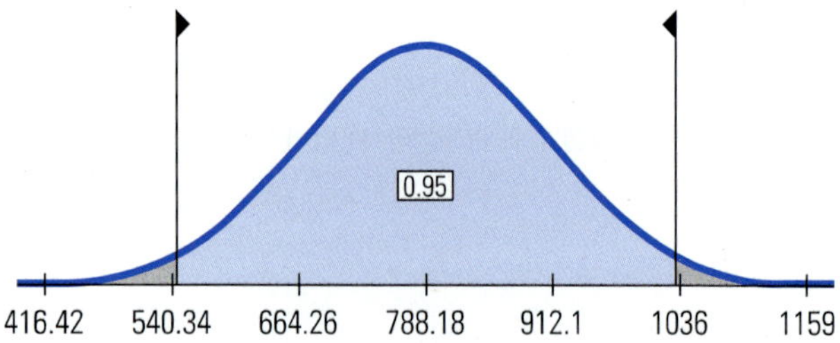

평균차이의 표준오차와 t값을 구한다. 대응비교의 계산법에 달리 특별한 것은 없다. 단일 평균에 대한 t검정과 신뢰구간 계산법을 차이에 적용하는 것뿐이다.

이로부터 표준오차와 검정통계량의 값은 각각 다음과 같이 구해진다.

$$SE(\bar{d}) = \frac{s_d}{\sqrt{n}} = \frac{3740.22}{\sqrt{911}} = \$123.919$$

$$t = \frac{\bar{d}-0}{SE(\bar{d})} = \frac{788.180}{123.919} = 6.36$$

자유도 910일 때 6.36은 단측 검정에서 P<0.001에 해당한다.

95% 신뢰수준에서

$$t^*_{910} = 1.96$$

$$ME = t^*_{910} \times SE(\bar{d})$$

$$= 1.96 \times 123.919 = 242.88$$

이므로 평균 지출액의 차이에 대한 95% 신뢰구간은 다음과 같이 구해진다.

$$\bar{d} \pm ME = (\$545.30,\ \$1031.03)$$

보고

결론 구해진 신뢰구간을 문제에 맞추어 문장으로 기술한다.

메모

Re: 신용카드 결제액의 변화

신용카드 소유자들 중 일부를 표본으로 조사한 결과 이들은 12월에 비해 1월에 평균 \$788.18만큼 덜 지출하는 것으로 밝혀졌다. 이것은 지출 차이액의 평균이 0이 아니고 실제로 1월보다 12월에 더 지출한다는 강력한 증거이다. 모든 카드 소유자들을 대상으로 조사한 것은 아니지만 95%의 확신으로 \$545.30에서 1031.06만큼 12월에 더 사용한다고 할 수 있다.

예시문제 대응 *t* 검정

판매원에 따른 자동차 할인금액 차이를 조사한 이전의 예에서 다음과 같은 자료를 얻었다. 여기에서 Frank와 Ray는 두 판매원의 이름이다.

$$\bar{y}_{Frank} = \$414.48 \qquad \bar{y}_{Ray} = \$478.88$$
$$SD_{Frank} = \$87.33 \qquad SD_{Ray} = \$175.12$$
$$\bar{y}_{Diff} = \$64.40 \qquad SD_{Diff} = \$146.74$$

문제 : 두 판매원 사이에 할인 금액의 차이가 있는지 검정하고 차이액에 대한 95% 신뢰구간을 구하라.

답 : 동일한 30대의 자동차에 대해 두 사람이 각각 할인액을 제시하였으므로 대응비교 검정을 사용한다. 검정통계량의 값은 다음과 같다.

$$t_{n-1} = \frac{\bar{d}}{SE(\bar{d})}$$

$$SE(\bar{d}) = \frac{s_d}{\sqrt{n}} = \frac{146.74}{\sqrt{30}} = \$26.79$$

$$t_{29} = \frac{64.40}{26.79} = 2.404$$

양측검정을 위한 P값은 0.0228이므로 귀무가설을 기각하고 두 사람의 할인액 사이에 차이가 있다는 강한 증거가 있다고 결론 내린다. 차이 액에 대한 95% 신뢰구간은 다음과 같이 구해진다.

95% 신뢰수준에서 $\qquad t^*_{29} = 2.045$

$$\bar{d} \pm t^*_{29} \times SE(\bar{d}) = 64.40 \pm 2.045 \times 26.79$$
$$= (\$9.61, \$119.19)$$

따라서 Ray는 Frank에 비해 \$9.61에서 \$119.19만큼 더 할인을 해준다고 할 수 있다.

무엇이 잘못될 수 있는가?

- **이표본 *t* 검정을 수행할 경우에는 대응 자료가 있는지 주의하라.** 그룹들이 독립적이라는 가정에 특별히 유의해야 한다. 일부 연구자들은 이 가정을 고의로 어기기도 한다. 예를 들어 다이어트에 대한 연구를 한다고 하자. 10명의 피실험자를 랜덤하게 추출하여 다이어트 시작 시와 10주 후의 체중을 기록하면 다이어트 전과 후의 쌍으로 이루어진 체중 자료를 얻게 된다. 이 때 동일한 사람에 대한 전과 후의 체중은 서로 연관이 있으므로 서로 독립적이지 않게 되고 따라서 이표본 검정은 수행할 수 없다. 아마도 이것이 이표본 검정을 수행할 때 가장 많이 실수할 수 있는 부분일 것이다.

- **각 그룹의 신뢰구간으로 평균의 차이를 검정하면 안 된다.** 두 그룹 각각에 대해 95% 신뢰구간을 구해보니 겹치는 부분이 없다면 평균이 동일하다는 귀무가설을 기각할 수 있다. 그러나 겹치는 부분이 있다고 하더라도 이것이 귀무가설을 기각할 수 없다는 것을 의미하는 것은 아니다. 평균의 차이에 대한 표준오차는 각 신뢰구간의 표준오차를 더한 것보

다는 작다. 신뢰구간들을 비교하는 것은 마치 표준편차를 더하는 것과도 같다. 그러나 더할 수 있는 것은 분산이며 이를 잘 활용함으로써 좀 더 검정력이 좋아지는 것이다. 따라서 개별적인 신뢰구간들을 이용하여 평균의 차이를 검정해서는 안 된다.

- **그림들을 잘 살펴라.** 이상치를 발견하고 정규분포 형태인지를 판단할 때 간단하게 사용할 수 있는 방법이 상자그림이나 히스토그램을 그려보는 것이다. 이 간단한 과정이 이상치 하나를 발견하지 못해서 얼마나 자주 잘못되고 터무니없는 결론이 내려지는 것을 방지하는지 알면 놀라게 될 것이다.
- **대응 자료가 아닌데도 대응비교를 사용해서는 안 된다.** 두 그룹의 자료 수가 서로 다르면 이들을 쌍으로 묶으면 안 된다는 판단을 쉽게 할 수 있다. 그러나 두 그룹의 자료의 수가 동일하고 하나의 표에 두 열로 나란히 정렬되어 있다고 해서 이들을 쌍으로 묶어도 된다는 것을 의미하지는 않는다. 25명씩의 남녀 자료가 있을 때 이들이 서로 완전히 독립적일 수 있다. 만약 이들이 형제이거나 배우자 사이라면 이들을 쌍 자료로 간주할 수도 있을 것이다. 이 선택을 단순히 선호의 문제로 결정해서는 안 된다는 것이다. 실험이나 관찰 자료가 쌍으로 얻어진 경우에만 대응비교법을 적용할 수 있다.
- **대응비교법 사용시 이상치에 주의해야 한다.** 이표본 검정법에서는 각 그룹에서 이상치를 찾는다. 그러나 대응비교법에서 우리가 찾아야 하는 이상치는 차이에 대한 이상치이다. 어느 피실험자의 처리 전과 후의 측정치 각각은 비정상적이지만 그 차이는 아주 정상적일 수 있는 것이다. 그러나 차이 값의 이상치는 결론을 크게 왜곡할 수 있다. 따라서 (그룹별 자료에 대해 그림을 그려보았다고 하더라도) 차이 값에 대해 그림을 그려 살펴보는 것이 필요하다.

따라할 일, 하지 말아야 할 일

산업체에서 사용하는 정밀기계들에는 종종 조정해야 할 매개변수(parameter)들이 정신없이 많아서 최적의 조합을 찾는 실험이 수행되곤 한다. 컴퓨터회사에서 인쇄회로기판에 구멍을 뚫을 때 사용하는 천공기가 그 예이다. 본서의 저자 중 한 명이 이 기계의 자료를 분석한 적이 있는데, 너무 급하게 서두른 나머지 상자그림을 먼저 살펴야 하는 것을 잊고 t검정을 수행해버렸다. 나중에 말도 안 되는 인자(factor)에 대해서도 P값이 엄청나게 작게 나오는 것을 발견하고는 자료에 대해 그래프를 그려보았다. 아니나 다를까 다른 것들보다 1,000,000배 더 큰 자료가 하나 있는 것을 발견하였다. 나중에 알고 보니 다른 것들은 모두 인치 단위로 기록되었는데, 이것만 마이크론(인치의 백만분의 1)단위로 기록되어 있었다.

통계분석의 올바른 사용

직장 내에서의 평등과 다양성을 옹호하는 시민단체들은 좀 더 포괄적인 면을 갖추고자 하는 조직의 노력에 대한 장애물로 종종 중간 관리자들을 지목하곤 한다. 이러한 우려에 대해 대형 제조회사의 CEO인 Michael Schrute은 Human Resources사의 부사장인 Albert Fredericks에게 회사 내의 중간 관리자들을 대상으로 하는 다양성 교육 프로그램의 도입에 대한 검토를 의뢰하였다. 고려하고 있는 한 가지 방법은 문화적 다양성, 성평등, 그리고 장애인식에 초점을 맞춘 온라인 교육 프로그램이었다. 이 방법이 비용 효과적이기는 하지만 Albert는 온라인 프로그램이 전통적인 훈련 프로그램만큼 효과가 있지 않을 것으로 의심하였다. 그래서 현재 고려중인 온라인 프로그램을 평가하기 위해 20명의 중간 관리자를 뽑아 평가에 참여하게 하였다. 시작하기 전에 여러 다양성과 평등에 관한 이슈에 대해 이들의 지식과 감성을 평가하는 시험을 보게 하였다. 시험 결과는 100점 만점에 평균 63.65점이었다. 그런 다음 이들 20명의 관리자들에게 6주간에 걸친 온라인 프로그램을 교육한 후에 시험을 다시 보게 하였다. 온라인 프로그램 이수 후의 평균 점수는 69.15점이었다. 프로그램 이수 후의 평균 점수가 조금 높게 나오기는 했지만 이표본 t검정의 결과는 프로그램 이수 전의 평균 점수보다 유의하게 높지 않은 것으로 나왔다($t=-0.94$, P값 $=0.176$). Albert는 이 결과에 놀라지 않았고, 다른 전통적인 다양성 교육 프로그램에 대해 알아보기 시작하였다.

문제점 교육 전 후의 시험 성적을 비교하는 실험이 독립성을 위배하였으며 따라서 이표본 t검정은 적절한 방법이 아니다.

해결책 올바른 검정법을 사용한다. 이표본 t검정은 적절한 분석 방법이 아니다. 대신 대응비교 검정을 해야 한다. 대응비교 검정을 수행한 결과 온라인 교육 프로그램이 효과가 있는 것으로 나타났다.

무엇을 배웠는가?

학습목표

- 두 모평균 차이에 대한 검정법을 안다.
  - 두 그룹이 독립인 경우 이표본 t검정을 사용한다. 자유도는 공식에 의해 계산한다.
  - 필요한 가정과 조건은 단일 표본 검정과 동일하며 여기에 두 그룹이 서로 독립이라는 가정이 필요하다.
  - 귀무가설의 가장 흔한 형태는 두 평균이 동일하다는 것이다.
- 모평균 차이에 대한 신뢰구간을 구하고 그 의미를 설명할 수 있다.
  - 신뢰구간과 t검정은 사실상 동일한 내용을 달리 표현하는 것이다.
- 합동 t검정의 방법과 적용 조건을 안다.
  - 두 그룹의 분산이 동일하다는 가정이 추가로 필요하다.
  - 이 가정은 랜덤한 실험에서 그럴듯한 가정이다.
- 쌍으로 된 대응 자료를 발견할 수 있고 적절한 대응검정을 할 수 있다.
  - 대응검정은 단일 표본 검정을 대응 자료의 차이에 적용한 것이다.
  - 자료가 쌍으로 구성되는 경우 이들은 독립이 아니므로 이표본 검정이나 합동검정을 적용할 수 없다.

용어정리

대응 자료 관측치가 쌍으로 수집되거나 한 그룹의 관측치가 다른 그룹의 관측치와 본질적으로 연관이 있는 경우 이 자료를 대응 자료(paired data)라고 한다. 가장 흔한 경우는 처리 전후의 측정치를 얻을 때이다. 대응은 실험계획법의 블록화(blocking) 개념이다. 관찰조사연구에서는 매칭(matching)이라고 한다.

대응 t검정 대응 자료의 차이값의 평균에 대한 검정이다. 귀무가설과 검정통계량은 각각 다음과 같다.

$$\text{H}_0:\ \mu_d = \Delta_0 \qquad t = \frac{\bar{d} - \Delta_0}{SE(\bar{d})} \qquad SE(\bar{d}) = \frac{s_d}{\sqrt{n}}$$

여기에서 대부분의 경우 $\Delta_0 = 0$이고, 자유도는 $n-1$, 그리고 n은 쌍의 수이다.

대응 신뢰구간 대응 자료의 평균 차이에 대한 신뢰구간은 다음과 같다.

$$\bar{d} \pm t^*_{n-1} \times SE(\bar{d}), \quad SE(\bar{d}) = \frac{s_d}{\sqrt{n}}$$

***합동 신뢰구간** 모분산이 동일하다는 가정을 할 수 있는 경우에는 두 모평균 차이에 대한 합동(pooled) 신뢰구간을 다음과 같이 구할 수 있다.

$$(\bar{y}_1 - \bar{y}_2) \pm t^*_{\text{df}} \times SE_{pooled}(\bar{y}_1 - \bar{y}_2)$$

$$SE_{pooled}(\bar{y}_1 - \bar{y}_2) = s_{pooled}\sqrt{\frac{1}{n_1} + \frac{1}{n_2}}$$

$$s^2_{pooled} = \frac{(n_1 - 1)s_1^2 + (n_2 - 1)s_2^2}{(n_1 - 1) + (n_2 - 1)}$$

이때 s^2_{pooled}를 합동분산이라고 하며, 자유도는 $(n_1-1)+(n_2-1)$이다.

***합동 t검정** 모분산이 동일하다는 가정을 할 수 있는 경우 두 모평균 차이에 대한 가설검정이다. 귀무가설과 검정통계량은 다음과 같다.

$$\text{H}_0:\ \mu_1 - \mu_2 = \Delta_0$$

$$t_{\text{df}} = \frac{(\bar{y}_1 - \bar{y}_2) - \Delta_0}{SE_{pooled}(\bar{y}_1 - \bar{y}_2)}$$

기호의 정의와 자유도는 신뢰구간과 동일하다.

***합동** 통계량을 추정하기 위해 두 개 이상의 모집단으로부터 얻어진 자료들을 합동(pooling)시킬 수 있다. 보통 공통적인 분산을 추정하기 위해 사용하는 방법이다. 표본의 크기가 커지므로 분산이 작은 추정치를 얻을 수 있다. 그러나 요구되는 가정이 만족되는 경우에만 적절한 방법이다.

이표본 신뢰구간 두 모평균 차이에 대한 신뢰구간은 다음과 같다. 이때 자유도는 공식을 이용하여 계산한다.

$$(\bar{y}_1 - \bar{y}_2) \pm t^*_{\text{df}} \times SE(\bar{y}_1 - \bar{y}_2)$$

$$SE(\bar{y}_1 - \bar{y}_2) = \sqrt{\frac{s_1^2}{n_1} + \frac{s_2^2}{n_2}}$$

이표본 t검정 두 모평균 차이에 대한 검정을 위한 귀무가설과 검정통계량은 다음과 같다. 이 경우에도 자유도는 공식을 이용하여 계산한다.

$$\text{H}_0:\ \mu_1 - \mu_2 = \Delta_0$$

$$t_{\text{df}} = \frac{(\bar{y}_1 - \bar{y}_2) - \Delta_0}{SE(\bar{y}_1 - \bar{y}_2)}$$

기술적 도움: 이표본 검정법

EXCEL

[데이터]의 [분석] 그룹에서

- [데이터 분석]을 선택한다.
- 창에서 적절한 t검정법을 선택한다.
- [데이터 분석]이 설치되어 있지 않은 경우에는 [수식]에서 [함수추가]를 선택한 후 [통계]에서 TTEST(엑셀 2010에서는 T.TEST)를 선택해도 된다. (나오는 대화 창의 [TYPE]에서 3을 입력하면 이표본 t검정이 선택된다.)
- 두 그룹의 데이터에 대해 셀 범위를 입력하고, 검정할 평균차이와 유의수준(α)을 입력한다. (다음 그림은 엑셀 2010의 경우이다.)

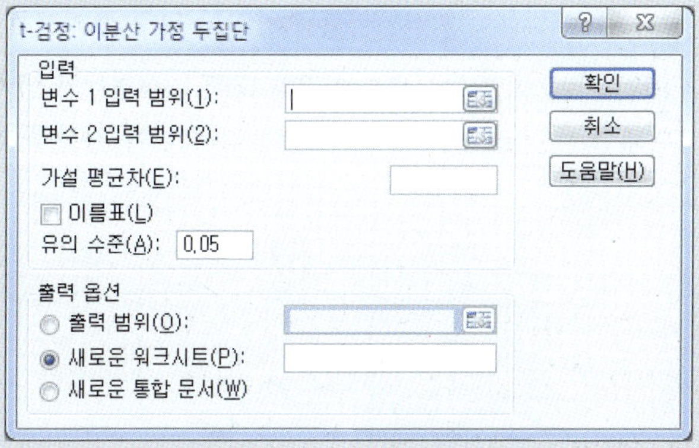

주의사항

엑셀에서는 두 그룹이 별개의 셀 범위에 있어야 한다. 엑셀에서 [t검정: 이분산 가정 두 집단]이라고 표현되어 있는 것과는 달리 이표본 t검정을 수행하기 위해 분산이 다르다고 가정할 필요는 없으며, 단지 동일하다는 가정을 하지 않을 뿐이라는 것을 주의해야 한다.

기술적 도움: 대응비교

EXCEL

- [데이터]의 [분석] 그룹에서 [데이터 분석]을 선택한다.
- 대화창에서 [t검정: 쌍체비교]를 선택한다. [데이터 분석]이 설치되어 있지 않은 경우에는 [수식]에서 [함수추가]를 선택한 후 [통계]에서 TTEST(엑셀 2010에서는 T.TEST)를 선택해도 된다. (나오는 대화 창의 [TYPE]에서 1을 입력하면 대응검정이 선택된다.)

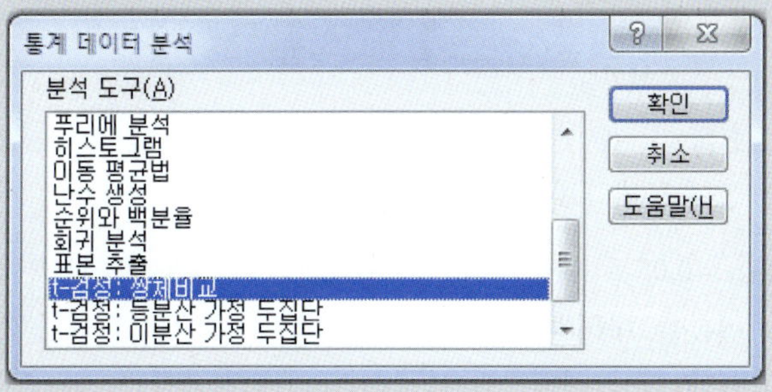

- 두 그룹의 셀 범위, 검정하려는 평균 차이, 그리고 유의수준(α)을 입력한다.

주의사항

엑셀에서는 두 그룹이 별개의 셀 범위에 있어야 한다. 결측치를 확인하지 않고 엑셀에서 이 검정을 수행해서는 안 된다. 결측치(빈 셀)가 있는 경우에는 틀린 결론을 산출해낼 것이다. 엑셀은 빈 셀이 있으면 그 밑의 자료를 밀어 올려 채운 후 동일한 개수의 자료가 있는지만 확인한다. 따라서 그 결과 전혀 다른 쌍 자료가 만들어지고 분석은 완전히 틀리게 된다. 이러한 오류를 방지하기 위해서는 결측치(빈 셀)가 있을 때에는 해당하는 그 쌍 자료를 지우고 분석해야 한다.

연습문제

12.1절

1. 두 인접 지역의 집들이 서로 비슷한 때에 지어졌는지 알아보기 위해 조사한 결과 다음 표와 같이 집의 나이 자료를 얻었다(단위: 년).

지역 1	지역 2
57	50
60	43
46	35
62	53
67	46
56	55

a) 지역별로 평균을 구하라.
b) 두 지역의 평균 나이의 차이를 구하라.
c) 지역별로 분산을 구하라.
d) 지역별로 표준편차를 구하라.
e) 두 표본평균의 차이에 대한 표준오차를 구하라.

3. 연습문제 1번에서 표본을 좀 더 추출하여 다음과 같은 자료를 얻었다.

지역 1		지역 2	
n_1	= 30	n_2	= 35
$\bar{y}_1$	= 57.2 yrs	$\bar{y}_2$	= 47.6 yrs
s_1	= 7.51 yrs	s_2	= 7.85 yrs

a) 두 지역의 평균 나이의 차이를 구하라.
b) 평균의 차이에 대한 표준오차를 구하라.
c) 평균의 차이가 0이라는 가정 하에 검정통계량을 계산하라.

12.2절

5. 연습문제 1번의 자료에 대해 두 지역의 집의 평균 나이가 같다는 귀무가설을 검정하려고 한다. 자료들은 정규모집단에서 얻어졌다고 가정하자.

a) 연습문제 1의 결과를 이용하여 평균 나이의 차이를 검정하기 위한 검정통계량을 계산하라.
b) 공식을 이용하여 자유도를 계산하라.
c) 공식 $df = \min(n_1 - 1, n_2 - 1)$을 이용하여 자유도를 구하라.
d) b)에서 구한 자유도를 이용하여 P값을 구하라.
e) c)에서 구한 자유도를 이용하여 P값을 구하라.
f) $\alpha = 0.05$로 어떤 결론을 내릴 수 있는가?

7. 연습문제 3번의 자료를 이용하여 두 지역의 집의 나이는 동일하다는 귀무가설을 검정하라. 집의 나이는 정규분포를 따른다고 가정하라.

a) 공식에 의한 자유도 계산 결과 53.4라고 할 때 P값을 구하라.
b) 자유도 공식 $df = \min(n_1 - 1, n_2 - 1)$에 의한 P값을 구하라.
c) $\alpha = 0.05$로 어떤 결론을 내릴 수 있는가?

12.4절

9. 연습문제 1번의 자료에 대해 자료가 정규모집단으로부터 얻어졌다고 가정하여

a) 평균의 차이에 대한 95% 신뢰구간을 구하라.
b) 신뢰구간은 0을 포함하는가?
c) 평균의 차이가 0이라는 귀무가설에 대해 어떻게 판단할 수 있는가?

11. 연습문제 3번의 자료에 대해 자료가 정규모집단으로부터 얻어졌다고 가정하여

a) 평균의 차이에 대한 95% 신뢰구간을 구하라. 자유도는 연습문제 7번을 이용하라.
b) 연습문제 9번에서 얻은 신뢰구간보다 더 좁아지는 이유는 무엇인가?
c) 신뢰구간은 0을 포함하는가?
d) 평균의 차이가 0이라는 귀무가설에 대해 어떻게 판단할 수 있는가?

12.5절

13. 연습문제 1번의 자료에 대해

a) $\alpha = 0.05$로 합동 t검정을 수행하라.(검정통계량과 P값으로 결론을 내려라.)
b) 95% 합동 신뢰구간을 구하라.
c) 연습문제 9번의 결과와 다른가? 그 이유를 설명하라.

15. 연습문제 3번의 자료에 대해

a) $\alpha = 0.05$로 합동 t검정을 수행하라.(검정통계량과 P값으로 결론을 내려라.)
b) 95% 합동 신뢰구간을 구하라.

c) 연습문제 11번의 결과와 다른가? 그 이유를 설명하라.

12.6절

17. 연습문제 1번의 자료에 Tukey 검정을 적용할 수 있는가? 그 이유를 설명하라. 적용 가능하다면 Tukey 검정을 수행하고 결론을 설명하라.

12.7절

19. 다음 각 항에 대해 자료가 대응 자료인지 독립자료인지 결정하고 그 이유를 간략히 설명하라. 대응 자료인 경우 어떻게 쌍이 이루어지는지 설명하라.

a) 인간공학적으로 설계된 새로운 의자의 효율성을 조사하기 위해 15명을 선택하여 기존 의자와 신형 의자에 모두 앉아 각각 랜덤하게 선택된 문장들을 2분간 타이핑하게 하고 단어의 수정횟수를 기록하였다.
b) 두 지역의 평균 주택가격이 동일한지 알아보기 위해 각 지역에서 10채의 주택을 랜덤하게 추출하여 평균 가격이 동일하다는 검정을 수행하였다.
c) 두 작업자의 생산성이 동일한지 알아보기 위해 지난달의 작업시간에서 한 시간 단위로 30시간을 랜덤하게 선택하여 각 작업자별 생산량을 비교하였다.

12.8절

21. 마트에서 1+1 행사를 하면 고객의 수가 늘어나는지 알아보기 위해 10개 지점에 대해 이틀을 랜덤하게 고른 후 동전던지기를 해서 이틀 중 하루는 1+1 행사를 하였다. 방문하는 평균 고객 수는 차이가 없다는 귀무가설에 대해 평균 고객 수가 증가한다는 대립가설을 검정하고자 한다. 다음은 10개 지점에 대해 조사한 고객 수 자료이다.

지점	1+1 행사	행사 안함
1	140	136
2	233	235
3	110	108
4	42	35
5	332	328
6	135	135
7	151	144
8	33	39
9	178	170
10	147	141

a) 이 자료는 대응 자료인가? 이유는?
b) 평균 차이를 계산하라.
c) 차이의 표준편차를 계산하라.
d) 평균 차이에 대한 표준오차를 계산하라.
e) 검정통계량 값을 구하라.
f) 자유도는 얼마인가?
g) 단측검정인가 양측검정인가?
h) P값을 구하라. (필요한 가정과 조건은 만족한다고 가정하라)
i) $\alpha=0.05$에서 어떤 결론을 내릴 수 있나?

23. 연습문제 21번에서 평균 증가 고객 수에 대한 90% 신뢰구간을 구하라.

단원 연습문제

25. 고기의 종류에 따라 핫도그 열량의 차이가 있는지 알아보기 위해 여러 제조사의 혼합육 핫도그와 소고기 핫도그의 열량을 측정한 결과 혼합육은 평균 111.7칼로리, 소고기는 평균 135.4칼로리인 것으로 나타났다. 평균 칼로리의 차이가 없다는 귀무가설에 대한 P값이 0.124였다면 어떤 결론을 내릴 수 있는가?

27. 미국에서 학생들의 학습능력 향상을 위한 CPMP라는 수학교육 프로그램을 수행하였다. 36개 고등학교에 대해 3년에 걸쳐 이 프로그램을 수행한 후에 CPMP 교육을 받은 학생들과 기존의 전통적인 교육을 받은 학생들의 수학 성적을 비교하였다. 학생들은 계산기를 사용하여 대수학 문제를 풀게 하였다. 다음은 320명의 CPMP 교육 학생과 대조군으로 사용된 273명의 전통적인 교육 학생들의 평균 점수 차이에 대한 신뢰구간을 구한 결과이다.

Conf. level: 95%
Variable: μ(CPMP) − μ(Ctrl)
Interval: (5.573, 11.427)

a) 이 신뢰구간의 오차범위(margin of error)는 얼마인가?
b) 98% 신뢰구간을 구한다면 오차범위는 늘어나는가 혹은 줄어드는가?
c) 이 신뢰구간이 무엇을 의미하는지 설명하라.
d) 이 결과는 CPMP에 의해 수학 성적이 유의하게 증가하는 것을 의미하는가?

29. 연습문제 27번에서 이번에는 학생들에게 계산기를 사용하지 않고 문제를 풀도록 하였다. 다음은 그 결과를 요약한 것이다. 두 그룹의 평균 점수는 유의하게 다른가? 필요한 가정들은

모두 충족된다고 가정하라.

교육법	n	평균	표준편차
CPMP	312	29.0	18.8
전통적 방법	265	38.4	16.2

a) 적절한 귀무가설과 대립가설은 무엇인가?

b) 다음은 검정을 수행한 컴퓨터 출력 결과이다. P값이 의미하는 것은 무엇인가?

```
2-Sample t-Test of μ1 − μ2 ≠ 0
t-Statistic = −6.451 w/574.8761 df
P < 0.0001
```

c) CPMP 프로그램에 대한 결론은 무엇인가?

31. 연습문제 27번의 CPMP 프로그램을 이번에는 단어 학습에 적용하였다. 다음은 CPMP와 전통적 교육에 의한 학생들의 점수를 요약한 것이다. 필요한 가정이 모두 충족된다는 가정 하에 어떤 결론을 내릴 수 있는가?

교육법	n	평균	표준편차
CPMP	320	57.4	32.1
전통적 방법	273	53.9	28.5

33. 화물운송회사에서 두 운송경로의 효율을 비교하기 위해 트럭 운전사들을 두 경로에 20명씩 랜덤하게 배정하여 시간을 측정하였다. 그 결과 경로 A는 평균 40분, 표준편차 3분을, 경로 B는 평균 43분 표준편차 2분을 기록하였다. 두 경로의 운송시간에 대한 히스토그램을 보니 대략 대칭적으로 보이고 특이점은 없었다.

a) 두 경로의 평균 운송시간의 차이에 대한 95% 신뢰구간을 구하라.

b) 두 경로 중 하나를 선택하여 운행하면 운송시간을 절약할 수 있는지 설명하라.

35. 최근 어린이용 시리얼의 설탕 함유량이 사회문제로 주목받고 있다. 다음은 여러 회사의 어린이용과 성인용 시리얼의 설탕 함유량(중량에 대한 비율)을 조사한 결과이다.

어린이용 : 40.3, 55, 45.7, 43.3, 50.3, 45.9, 53.5, 43, 44.2, 44, 47.4, 44, 33.6, 55.1, 48.8, 50.4, 37.8, 60.3, 46.6

성인용 : 20, 30.2, 2.2, 7.5, 4.4, 22.2, 16.6, 14.5, 21.4, 3.3, 6.6, 7.8, 10.6, 16.2, 14.5, 4.1, 15.8, 4.1, 2.4, 3.5, 8.5, 10, 1, 4.4, 1.3, 8.1, 4.7, 18.4

a) 귀무가설과 대립가설을 설정하라.

b) 조건과 가정을 점검하라.

c) 평균의 차이에 대한 95% 신뢰구간을 구하라.

d) 두 시리얼의 설탕 함유량에 유의한 차이가 있는가?

37. 투자의 유형은 펀드에서 중요한 역할을 한다. 기업의 가치에 중점을 두는 보수적인 펀드 투자를 "일관"유형, 성장에 중점을 두는 펀드 투자는 "방랑"유형이라고 한다. 일관 유형이 방랑 유형보다 더 수익률이 나은지 알아보기 위해 펀드 매니저들이 140개의 펀드를 조사해 본 결과 66개는 일관 유형, 74개는 방랑 유형이었다. 다음은 두 유형의 5년간의 평균 수익률 자료이다.

유형	N	평균	표준편차	최소값	Q1	Q3	최대값
일관	66	9.382	2.675	1.750	7.675	11.110	15.920
방랑	74	8.563	3.719	0.870	5.928	11.288	17.870

a) 귀무가설과 대립가설을 설정하라.

b) 일관유형과 방랑유형의 평균 수익률 차이에 대한 95% 신뢰구간을 구하라.

c) 두 유형 간에 유의한 수익률 차이가 있는가?

39. 어느 회사에서 초등학생용 독서활동 프로그램을 새로이 개발하고 이것이 독해력을 향상시킨다고 주장하고 있다. 초등학교 3학년 학생들을 이 프로그램과 전통적 교육법에 랜덤하게 할당하여 8주간 교육을 받게 한 후 독해력 시험을 보게 하였다. 시험 성적은 다음의 줄기-잎 그림에 나와 있다. 새로운 독서활동 프로그램이 더 우수하다고 할 수 있는가? 적절한 가설검정을 수행하고 결론을 말하라.

새로운 프로그램		전통적 교육법
	1	07
4	2	068
3	3	377
96333	4	12222238
9876432	5	355
721	6	02
1	7	
	8	5

41. 지구의 기온변화는 열대성 폭풍의 발생 빈도에 영향을 준다는 주장이 제기되어 왔다. 다음은 연도별로 정리한 열대성 폭풍의 발생 횟수이다. 발생횟수에 변화가 있다는 증거가 있는가?

1995 – 2001	2002 – 2011
19, 13, 7, 14, 12, 14, 15	12, 16, 15, 27, 9, 15, 16, 9, 19, 18

a) 귀무가설과 대립가설을 설정하라.
b) 가설검정에 필요한 조건들이 충족되는가?
c) 그렇다면 가설검정을 수행하라.

T **43.** 어느 제약회사에서 기억력을 향상시켜 주는 은행나무 추출물을 개발하여 광고하고 있다. 이 제품의 효능을 검사하기 위해 피실험자들을 랜덤하게 할당하여 이 추출물과 위약(placebo)을 복용하도록 한 후 기억력 검사를 수행하였다. 다음은 그 결과를 상자그림으로 요약하고 이표본 t검정을 수행한 결과이다(G-추출물, P-위약).

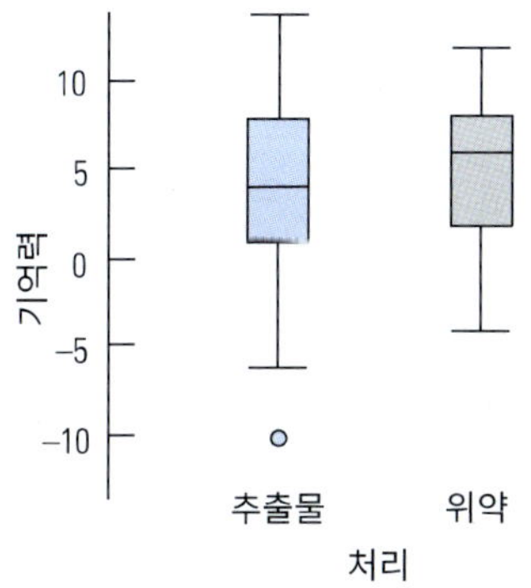

2-Sample t-Test of μ_G - μ_P > 0
Difference Between Means = −0.9914
t-Statistic = −1.540 w/196 df
P = 0.9374

a) P값의 의미를 설명하라.
b) 은행나무 추출물의 효능에 대해 결론을 내려라.
c) 여전히 추출물의 효능을 믿는 지지자들이 있다. 이들은 위에서 내린 결론의 어떤 오류에 대해 주장을 하는 것인가?

45. 어느 공장에서 조립라인 작업자로 지원한 사람들을 대상으로 1분간 여러 가지 모양의 핀을 얼마나 많이 구멍에 맞추는지 시험하였다. 다음은 남녀로 구분하여 성공한 개수를 요약한 것이다. 필요한 모든 가정과 조건이 충족된다고 가정하자.

	남성	여성
지원자의 수	50	50
성공한 핀의 수		
평균	19.39	17.91
표준편차	2.52	3.39

a) 남녀 각각에 대해 평균 성공 수에 대한 95% 신뢰구간을 구하라.
b) 두 구간은 겹친다. 이것은 남녀 차이에 대해 어떤 점을 시사하는가?
c) 남녀간 평균 성공 수의 차이에 대한 95% 신뢰구간을 구하라.
d) 위에서 구한 구간은 남녀 차이에 대해 어떤 점을 시사하는가?
e) b)와 d)의 결론은 서로 모순되는 것으로 보인다. 둘 중 어느 것이 옳은 방법인가?
f) 두 결론이 서로 다른 이유는 무엇인가?

T **47.** 미국의 프로야구는 아메리칸리그와 내셔널리그로 나뉘는데, 아메리칸리그는 지명타자제(투수 대신 다른 타자가 타석에 서는 것)를 운영하고 있다. 아메리칸리그는 이 지명타자제가 더 점수를 많이 내서 팬들의 인기를 끈다고 생각하고 있다. 다음은 2011 시즌 두 리그의 경기당 평균 득점수(R/G) 자료이다. 지명타자제가 경기당 점수를 더 많이 낼까?

아메리칸리그			내셔널리그		
팀	R/G	홈런	팀	R/G	홈런
BAL	4.37	191	ARI	4.51	172
BOS	5.40	203	ATL	3.96	173
CHW	4.04	154	CHC	4.04	148
CLE	4.35	154	CIN	4.54	183
DET	4.86	169	COL	4.54	163
KCR	4.51	129	FLA	3.86	149
LAA	4.12	155	HOU	3.80	95
MIN	3.82	103	LAD	4.00	117
NYY	5.35	222	MIL	4.45	185
OAK	3.98	114	NYM	4.43	108
SEA	3.43	109	PHI	4.40	153
TBR	4.36	172	PIT	3.77	107
TEX	5.28	210	SDP	3.66	91
TOR	4.59	186	SFG	3.52	121
			STL	4.70	162
			WSN	3.88	154

a) 적절한 귀무가설과 대립가설을 설정하라.
b) 평균 득점수의 차이에 대한 95% 신뢰구간을 구하고 설명하라.
c) 가설검정을 수행하고 P값을 구하라.
d) P값을 이용하여 결론을 내려라. 아메리칸리그가 더 점수를 많이 내는가?

49. 환경이 수명에 미치는 영향을 알아보기 위해 영국의 61개 대도시에 거주하는 남성들을 대상으로 연간 사망률을 조사하였다. 환경요인으로는 식수에 함유된 칼슘농도를 조사하였다. 다음은 조사 대상 도시들을 Derby(영국의 중부에 위치한 도시)를 중심으로 남과 북으로 구분하여 사망률(10만 명당 사망 수)을 요약한 자료이다. 두 지역 간에 유의한 사망률 차이가 있을까?

지역	도시의 수	평균	중앙값	표준편차
북	34	1631.59	1631	138.470
남	27	1388.85	1369	151.114

a) 적절한 가설검정을 수행하고 결론을 내려라.

b) 상자그림을 그려보니 북쪽 자료에 특이점이 발견되었다. 이것이 가설검정에 어떤 영향을 주었을까?

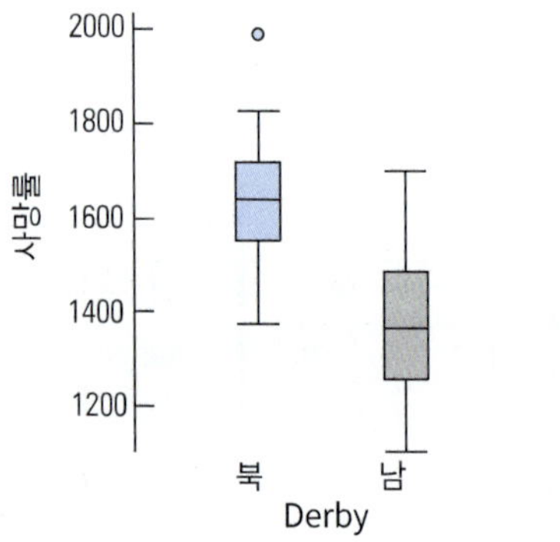

51. 운동 휴식시간을 도입하면 작업자들의 직무 만족도가 높아지는지 알아보기 위해 작업자들을 대상으로 휴식제도의 도입 전후에 설문을 통하여 직무만족도 점수를 다음과 같이 조사하였다.

	직무만족도 점수	
작업자	**전**	**후**
1	34	33
2	28	36
3	29	50
4	45	41
5	26	37
6	27	41
7	24	39
8	15	21
9	15	20
10	27	37

a) 운동 휴식제도의 효과를 입증하기 위한 분석 절차를 설명하고, 필요한 가정과 조건들이 충족되는지 파악하라.

b) 적절한 가설검정을 수행하고 결론을 내려라.

53. 소형가전제품을 판매하는 회사에서 여름에는 좀 느긋한 일처리로 배송시간이 지연되는 것은 아닌지 염려하고 있다. 다음은 6월과 8월의 배송기록 중에서 랜덤하게 선택한 6개의 배송 소요일수이다. 배송시간에 차이가 있는지 검정하라.

6월	54	49	68	66	62	62
8월	50	65	74	64	68	72

55. TV 프로그램의 내용에 따라 시청자들이 제품 광고의 브랜드를 더 잘 기억하는지 알아보기 위한 실험을 수행하였다. 자원봉사자들을 랜덤하게 나누어 폭력적인 내용, 19금 내용, 그리고 보통 내용이 담긴 프로그램을 시청하게 하고, 9개의 동일한 광고를 내보냈다. 다음은 시청자들이 기억한 제품 광고의 브랜드 개수를 요약한 것이다.

	프로그램 유형		
	폭력적	**19금**	**보통**
n	108	108	108
평균	2.08	1.71	3.17
표준편차	1.87	1.76	1.77

이제 당신이 어떤 제품의 TV 광고에 대해 고민하는 회사에 컨설팅하고 있다고 가정하자. 회사는 일단 19금 내용이 담긴 프로그램은 제외하기로 하였고, 폭력적(viol) 내용이 담긴 프로그램과 보통(neut) 내용이 담긴 프로그램에 대해 기억하는 브랜드 개수의 차이에 대한 95% 신뢰구간을 구한 결과 다음과 같았다.

Two-Sample t

95% CI for $\mu_{\text{viol}} - \mu_{\text{neut}}$: $(-1.578, -0.602)$

a) 회사 측과의 미팅에서 이 결과의 의미에 대해 설명해야 한다면 어떻게 설명해야 좋을까?

b) 광고를 어디에 내야 할지 조언을 하라.

57. 연습문제 55번에서 실험에 참여한 시청자들을 24시간 후에 다시 만나 동일한 질문을 한 결과 다음과 같은 결과를 얻었다.

	프로그램 유형		
	폭력적	**19금**	**보통**
n	101	106	103
평균	3.02	2.72	4.65
표준편차	1.61	1.85	1.62

그런데 이 표와 55번의 표를 비교해보면 특이하게도 프로그램의 종료 직후보다 오히려 그 다음날에 시청자들은 제품 브랜드를 더 잘 기억하는 것으로 보인다. 이것은 TV 광고의 기억에 대한 일반적인 현상일까?

a) 폭력적 내용의 프로그램의 경우 그 다음날 더 많이 기억한다는 가설에 대해 이표본 t검정을 수행한 결과 0.00013의 P값을 얻었다. 어떻게 결론을 내려야 하는가?
b) 상기 a)의 방법이 적절하지 않은 이유는 무엇인가? 어떤 가정이 위배되었는가?
c) 이 실험계획의 어떤 부분에 의해 잘못된 결과가 나왔는가?
d) 종료 직후와 다음날의 브랜드 기억을 비교하기 위한 올바른 실험계획을 세워라.

59. 산성비의 영향을 알아보기 위해 어느 산의 계곡물에서 표본을 채취하여 암반의 종류에 따른 pH 산성도를 측정하였다. 다음 그림은 암반의 종류(석회암-L, 혼합-M, 이판암-S)에 따른 계곡물의 pH 산성도를 요약한 것이며, pH가 작을수록 좀 더 산성임을 나타낸다.

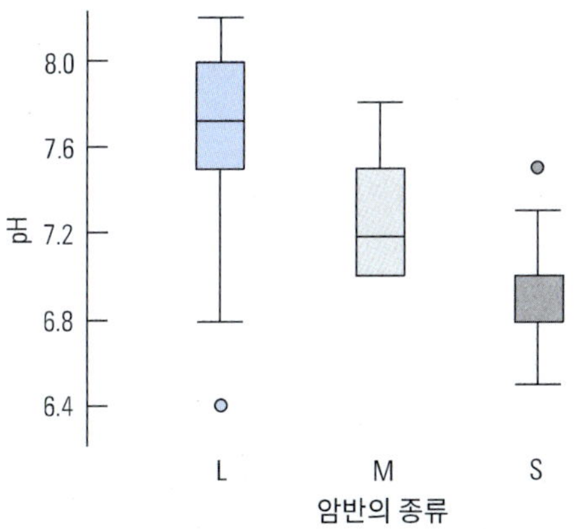

다음은 석회암(1)과 이판암(2)의 pH를 비교한 결과이다.

2-Sample t-Test of $\mu1 - \mu2 = 0$
Difference Between Means = 0.735
t-Statistic = 16.30 w/133 df
P ≤ 0.0001

a) 이 검정의 귀무가설과 대립가설을 설정하라.
b) 필요한 가정과 조건이 충족된다고 판단되는가?
c) 어떤 결론을 내릴 수 있는가?

61. 교육평가원에서 집에 인터넷이 설치된 학생과 그렇지 않은 학생의 과학 점수를 비교하여 다음 그림과 같은 결과를 얻고 그 차이가 통계적으로 유의하다고 발표하였다.

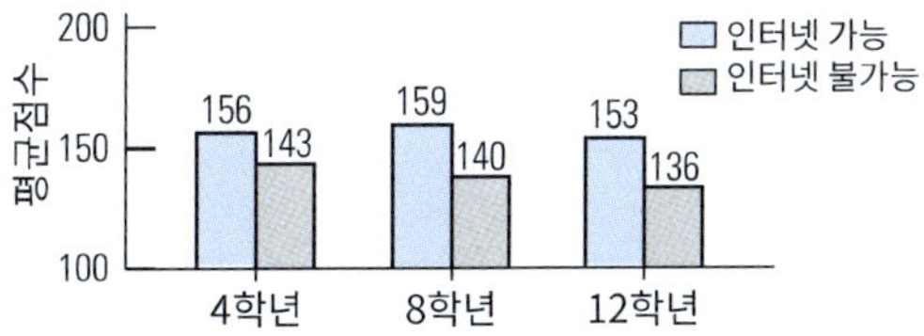

a) 통계적으로 유의하다는 것이 무슨 의미인지 설명하라.
b) 교육평가원의 결론이 잘못된 것이라면 어떤 형태의 오류를 범하였는가?
c) 이것은 집에서 인터넷 사용이 가능하면 학생의 과학 성적이 향상된다는 증거인가?
d) 어떤 회사가 이 정보에 관심을 가지게 될까?

63. 냉동피자가 여름보다는 겨울에 더 많이 판매되는지 알아보기 위해 볼티모어 시의 몇 군데 상점을 표본으로 하여 3년간의 판매 기록으로부터 주당 평균 판매량(단위: 파운드) 자료를 다음과 같이 얻었다.

계절	N	평균	표준편차	최소값	최대값
겨울	38	31234	13500	15312	73841
여름	40	22475	8442	12743	54706

a) 두 계절 사이의 주당 평균 판매량 차이는 얼마인가?
b) 두 계절 사이의 주당 평균 판매량 차이에 대한 95% 신뢰구간을 구하고 해석하라.
c) 겨울의 냉동피자 판매에 영향을 미칠 것으로 생각되는 요소들은 무엇인가?

65. 올림픽 육상 경기의 예선 조편성은 제비뽑기로 결정되므로 각 조의 평균 기록이 비슷하리라고 기대할 수 있다. 다음은 2008년 베이징 올림픽 남자 400미터 예선 2조와 5조의 기록(단위: 초)이다. 평균 기록이 조별로 차이가 나는가? 분석 시에는 필요한 가정과 조건에 대해서도 검토하라.

국가	선수	예선조	기록
UNITED STATES	Jeremy Wariner	2	44.15
BAHAMAS	Christopher Brown	2	44.59
BELGIUM	Kevin Borlee	2	44.88
COSTA RICA	Nery Brenes	2	44.94
NIGERIA	Saul Weipogwa	2	45.02
CUBA	Williams Collazo	2	45.06
U.S. VIRGIN ISLANDS	Tabarie Henry	2	45.19
ITALY	Claudio Licciardello	2	45.64
FRANCE	Leslie Djhone	5	44.79
UNITED STATES	David Neville	5	44.91

국가	선수	예선조	기록
AUSTRALIA	Joel Milburn	5	45.06
JAMAICA	Ricardo Chambers	5	45.09
BELGIUM	Jonathan Borlee	5	45.11
NIGERIA	Godday James	5	45.24
BAHAMAS	Andretti Bain	5	45.52
GREAT BRITAIN	Andrew Steele	5	45.59

67. 골프에서 티에 따른 차이가 있을까? "스팅어"라는 브랜드의 티를 생산하는 회사는 티의 몸통을 가늘게 하고 머리를 작게 만들었기 때문에 저항을 적게 하고 볼의 스핀을 줄여 장타를 칠 수 있다고 주장하고 있다. 이를 확인하기 위해 동일한 클럽을 이용하여 스윙 로봇이 시속 95마일의 속도로 보통 티와 스팅어 티를 이용하여 6개씩 볼을 때려 다음과 같이 비거리를 비교하였다. 스팅어 티를 사용하면 볼의 속도가 더 빨라진다고 할 수 있는가?

		비거리 (야드)	볼의 속도 (mph)	클럽의 속도 (mph)
보통 티	평균	227.17	127.00	96.17
	표준편차	2.14	0.89	0.41
스팅어 티	평균	241.00	128.83	96.17
	표준편차	2.76	0.41	0.52

69. 고전음악을 판매하는 회사에서 "공부하며 듣는 음악"이라는 슬로건을 마케팅에 활용하려고 한다. 이 슬로건은 타당한 것일까? 어느 통계 조사 연구에서 62명을 랜덤하게 나누어 랩 음악이나 모차르트 음악을 들려주고 나머지 한 그룹은 음악을 들려주지 않았다. 그러면서 그림들을 보여주고 기억하게 한 후 어떤 사물들이 있었는지 떠올리게 하여 다음과 같은 기억력 점수를 얻었다.

	랩	모차르트	음악 없음
인원	29	20	13
평균	10.72	10.00	12.77
표준편차	3.99	3.19	4.73

a) 랩보다 모차르트를 듣는 것이 기억력에 좋은지 검정하라.
b) 모차르트 음악을 듣는 경우와 음악을 듣지 않는 경우의 평균 기억력 차이에 대한 90% 신뢰구간을 구하고 해석하라.

Ⓣ **71.** 펀드는 장기투자를 할수록 수익이 많이 난다는 것이 일반적인 통념이다. 이를 확인하기 위해 펀드들을 랜덤하게 선택하여 3년과 5년 수익률을 비교하였다.

a) CD에 주어진 자료(T-71)를 이용하여 이 검정을 위한 조건들을 점검하라.
b) 귀무가설과 대립가설을 설정하라.
c) P값을 이용하여 검정하라.
d) 평균 차이에 대한 95% 신뢰구간을 구하라.

Ⓣ **73.** 두 이웃한 마을에서 어디가 더 집값이 높은지 알아보기 위해 어느 대형 부동산에 나온 주택 매물들 중에서 랜덤하게 선택하여 주택가격을 살펴보았다.

a) CD에 주어진 자료(T-73)를 이용하여 이 검정을 위한 조건들을 점검하라.
b) 귀무가설과 대립가설을 설정하라.
c) P값을 이용하여 검정하라.
d) 어떤 결론을 내릴 수 있는가?

Ⓣ **75.** 연습문제 47번에서 아메리칸 리그가 내셔널 리그보다 경기당 홈런 수가 더 많은지 확인하려고 한다.

a) 이 검정을 위한 조건들을 점검하라.
b) 귀무가설과 대립가설을 설정하라.
c) P값을 이용하여 검정하라.
d) 어떤 결론을 내릴 수 있는가?

77. 미국의 노동통계청은 여성의 경제활동참가율을 발표하고 있는데, 변혁기인 1968년과 1972년 사이에 이 참여율에 차이가 있는지 알아보기 위해 19개의 도시를 랜덤하게 선택하여 1968년과 1972년의 참여율을 조사하였다. 다음은 이 자료에 대해 두 가지 방법으로 통계분석을 수행한 결과이다.

Paired t-Test of $\mu(1 - 2)$
Test Ho: $\mu(1972-1968) = 0$ vs Ha: $\mu(1972-1968) \neq 0$
Mean of Paired Differences = 0.0337
t-Statistic = 2.458 w/18 df
p = 0.0244

2-Sample t-Test of $\mu1-\mu2$
Ho: $\mu1 - \mu2 = 0$ Ha: $\mu1-\mu2 \neq 0$
Test Ho: $\mu(1972) - \mu(1968) = 0$ vs
Ha: $\mu(1972) - \mu(1968) \neq 0$
Difference Between Means = 0.0337
t-Statistic = 1.496 w/35 df
p = 0.1434

a) 어느 방법이 옳은지 설명하라.
b) 선택한 방법에 따른 결론은 무엇인가?

T 79. 대리점 보험과 온라인 보험에 가격 차이가 있는지 알아보기 위해 10명의 대리점 보험 고객을 랜덤하게 선택한 후 온라인 견적을 받아 두 보험료를 비교한 결과 다음의 표를 얻었다.

대리점	온라인	차이
568	391	177
872	602	270
451	488	-37
1229	903	326
605	677	-72
1021	1270	-249
783	703	80
844	789	55
907	1008	-101
712	702	10

이 자료를 이용하여 통계처리를 수행한 결과는 다음과 같다. (여기에서 *PriceDiff* = *Local*(대리점) − *Online*(온라인))

Variable	Count	Mean	StdDev
Local	10	799.200	229.281
Online	10	753.300	256.267
PriceDiff	10	45.900	175.663

먼저 가격 차이의 표준편차가 제대로 계산되었는지 확인하기 위해 다음과 같이 표준편차를 계산해보았다.

$$SD(Local - Online) = \sqrt{SD^2(Local) + SD^2(Online)}$$

$$\sqrt{(229.281)^2 + (256.267)^2} = 343.864$$

그러나 이 값은 소프트웨어를 이용한 결과인 175.663과는 다르다. 어느 부분에서 오류를 범했는가?

T 81. 연습문제 79번의 자료에 대해 그림을 그려보면 다음과 같다.

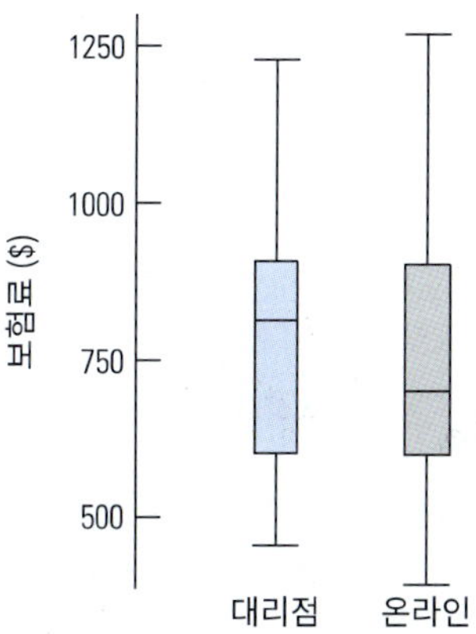

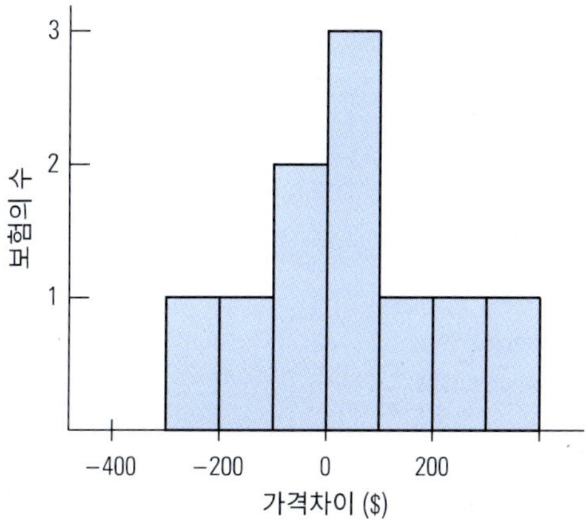

a) 온라인 보험이 저렴한지 여부는 어느 그림이 더 도움을 주는지 그 이유를 설명하라.

b) 가격차이(PriceDiff)의 표준편차는 대리점과 온라인 각각의 표준편차보다 약간 작다. 그 이유는 무엇인가?

c) 이 자료를 이용한 검정에 필요한 가정과 조건은 무엇인가?

83. 연습문제 79번과 81번에서 온라인 보험의 가격이 더 저렴한지 검정하라.

85. 생산성 향상에 대해 고민하고 있는 회사에 대해 컨설턴트는 근로자들이 1시간에 5분씩 운동을 하는 프로그램을 시행하라고 조언하였다. 이 프로그램의 생산성 향상 효과를 알아보기 위해 145명의 문서작성 작업자들을 대상으로 프로그램 도입 전과 후의 시간당 타자수를 기록한 결과 다음과 같았다.

	시간당 타자수		
	전	후	차이(후-전)
평균	1534.2	1556.9	22.7
표준편차	168.5	149.5	113.6
N	145	145	145

a) 귀무가설과 대립가설을 설정하라.

b) 결론을 내리고 설명하라.

c) 평균 생산성 차이에 대한 95% 신뢰구간을 구하라.

T 87. 운동기구를 이용하여 200칼로리를 태우기 위해서는 몇 분이 필요한가에 관한 연구논문이 발표된 바 있다. 다음은 신체 건강한 남녀들을 대상으로 대표적인 운동기구를 이용하여 실험한 결과이다.

	200칼로리 소모를 위한 평균 시간			
	격렬한 운동		가벼운 운동	
운동기구	남	여	남	여
Treadmill	12	17	14	22
x-C Skier	12	16	16	23
Stair Climber	13	18	20	37
Rowing Machine	14	16	21	25
Exercise Rider	22	24	27	36
Exercise Bike	16	20	29	44

a) 가벼운 운동으로 200칼로리를 태우기 위해서는 여성은 남성보다 평균적으로 몇 분의 시간이 더 필요한가? 95% 신뢰구간을 구하라.

b) 여성의 경우 가벼운 운동을 통해 격렬한 운동과 동일한 칼로리 소모를 위해서는 평균적으로 몇 분의 시간이 더 필요한가? 95% 신뢰구간을 구하라.

c) 이 자료는 개인별 측정값이 아닌 평균값이다. 개인별 측정값의 경우에는 평균에 비해 신뢰구간의 폭이 어떻게 될까?

T 89. 타이어 회사에서 타이어의 제동거리를 알아보기 위한 실험을 수행하였다. 실험대상 타이어를 장착한 자동차를 시속 60마일에서 멈추는 실험을 건조한 노면과 젖은 노면에 대해 각각 10회씩 실시하여 다음과 같은 결과를 얻었다. (참고로 운전자의 반응속도를 포함하면 실제 제동거리는 대폭 증가하여 거의 300ft에 가깝게 된다.)

제동거리(ft)	
건조한 노면	젖은 노면
145	211
152	191
141	220
143	207
131	198
148	208
126	206
140	177
135	183
133	223

a) 건조한 노면에서의 평균 제동거리에 대한 95% 신뢰구간을 구하라. 필요한 조건과 가정을 점검하고 신뢰구간의 의미를 설명하라.

b) 젖은 노면에서의 평균 제동거리 증가에 대한 95% 신뢰구간을 구하라. 필요한 조건과 가정을 점검하고 신뢰구간의 의미를 설명하라.

T 91. 예약을 하고 탑승시간에 나타나지 않는 승객들 때문에 항공사들은 초과예약을 받는데, 가끔은 승객이 더 많이 오는 바람에 곤란한 경우가 생긴다. 이 경우 항공사들은 무료 탑승권 등의 보상을 제시하며 탑승 포기를 유도하지만 승객이 받아들이지 않으면 불가피하게 탑승 거부를 해야만 하는 상황이 발생한다. 물론 이런 상황은 바람직하지 않으므로 항공사들은 탑승객 예측 시스템을 꾸준히 개선하고 있다. 다음은 2010년과 2011년의 항공사별 10,000명당 탑승거부 승객 수 자료이다.

항공사	2011	2010
Jetblue Airways	0.01	0.00
Hawaiian Airlines	0.01	0.00
Delta Air Lines	0.38	0.34
Southwest Airlines	0.55	0.77
Airtran Airways	0.56	0.30
Alaska Airlines	0.59	1.47
Skywest Airlines	0.73	0.48
Us Airways	0.81	1.12
American Airlines	0.84	0.54
Atlantic Southeast Airlines	1.06	0.64
Frontier Airlines	1.08	2.66
United Airlines	1.18	1.25
Continental Airlines	1.63	1.20
Mesa Airlines	1.84	2.70
American Eagle Airlines	1.86	3.80
Expressjet Airlines	2.10	1.44

a) 이 자료는 대응 자료인지 여부를 설명하라.

b) 탑승거부 고객 수에 통계적으로 유의한 변화가 있는가?

확인문제 정답

1. H_0: $\mu_{eyes} - \mu_{flowers} = 0$

2. ✓ **독립성 가정:** 한 사람이 지불한 금액은 다른 사람의 지불 금액과 독립적이어야 한다.
   ✓ **랜덤화 조건:** 이 연구는 관찰연구이다. 처리(꽃 그림과 눈 그림)를 한 주마다 바꿔가며 동일한 근로자들을 대상으로 적용하였다.
   ✓ **근사 정규성 가정:** 이를 점검할 자료는 없으나 특이점은 없을 것으로 보인다.
   ✓ **독립적 그룹 가정:** 주마다 동일한 근로자들을 대상으로 실험하는 상황이지만 주들은 서로 독립적이라는 가정은 타당할 것 같다.

3. H_A: $\mu_{eyes} - \mu_{flowers} \neq 0$ 연구자의 의도가 눈 그림이 사람들을 더 정직하게 하지 않을까 하는 것이므로 단측검

정을 수행해도 좋을 것이다.

4. 무인 판매대에 꽃 그림보다 눈 그림을 설치하면 사람들의 정직성이 달라진다고 할 수 있다.
5. 랜덤하게 독립적인 그룹들을 구성하였으므로 이표본 t검정을 수행한다.
6. 1학년과 4학년 학생들이 서로 동일하므로 대응검정이 적절하다.
7. 팀별로 1명씩의 남녀 사원을 선택하므로 대응검정이 적절하다.
8. 산업계별로 회사가 다르므로 이표본 검정을 수행한다.
9. 동일한 50개 회사를 대상으로 두 번에 걸쳐 조사하므로 대응검정을 수행한다.

카이제곱 검정

CHAPTER 13

SAC 캐피탈

유추얼펀드나 연금펀드처럼 헤지(hedge)펀드는 여러 투자자들의 돈을 모아 투자하여 수익을 낸다. 그러나 헤지펀드가 다른 펀드들과 다른 점은 미국 증권거래위원회(SEC)에 등록하지 않아도 된다는 점인데, 이는 헤지펀드가 $100만의 자산가이거나 연소득 최소 $20만 이상의 소득자 등을 대상으로 소위 "연고모집"을 통해 유가증권을 발행하는 사모펀드이기 때문이다.

명칭이 헤지펀드라고 해서 반드시 시장 움직임에 맞추어 헤지를 해야 할 필요는 없으나 통상적으로 시장의 비효율성을 이용하기 위해 여러 다양하고 복잡한 전략을 구사한다. 이런 이유로 헤지펀드 매니저들이 지나친 강박관념을 가진 것은 유명한 사실이다.

가장 성공적인 헤지펀드 중의 하나는 스티븐 코헨이 1992년에 $2,500만의 관리자산과 9명의 종업원으로 시작한 SAC 캐피탈이다. 이 회사는 1990년대에 거의 매년 40% 이상의 수익률을 기록하였으며 지금은 800명 이상의 종업원과 $140억에 이르는 관리자산을 운용하는 회사로 성장하였다. 포브스(*Forbes*) 잡지에 따르면 코헨은 $83억의 재산으로 미국에서 35번째, 전 세계에서 106번째 부자로 선정되었다.

월가의 전설적인 인물인 코헨은 모든 가용한 정보를 이용하여 이를 수익으로 연결시키는 것으로 유명하다. 전성기에 이 회사는 세계에서도 가장 왕성한 투자회사 중의 하나였다. 2003년 7월 21일자 비즈니스 위크(*Business Week*)에 따르면 이 회사는 뉴욕증권거래소(NYSE)의 평균 일일 거래량의 3%, 거기에 나스닥(NASDAQ) 거래량의 1%를 합쳐 하루 2,000만 주 이상의 주식 거래량을 꾸준히 기록하였다. SAC 캐피탈은 2007년부터 내부거래자 위반 혐의로 당국으로부터 조사를 받고 있다.

헤지펀드 운용과 같은 매우 경쟁적인 경영환경에서 정보는 곧 돈이다. 누가 정보를 처음 얻고 이를 실행에 옮기느냐에 따라 성공과 실패가 좌우된다. 헤지펀드 매니저들은 조그마한 정보라도 찾아내어 이를 시장의 비효율에 이용하여 수익으로 연결시키려고 노력한다.

월가에는 주식시장에 관한 주옥같은 통설들이 많다. 예를 들면 투자자들은 시장이 특별히 좋아지거나 나빠지는 시기를 나타내는 소위 "달력 효과"에 주목하라고 권한다. "1월이 좋으면 1년 내내 좋다"라거나, "5월에 팔고 휴가 떠나라"라는 것이 그 예이다. 어떤 분석가들은 주식을 보유하기에 나쁜 기간은 6월의 6번째 거래일부터 10월의 15 거래일 이후 말일까지라고 주장하기도 한다. 물론 이것은 마크 트웨인의 충고이다.

> 10월. 이 달은 주식 투기에 특별히 위험한 달 중의 하나. 그 밖에 위험한 달은 7월, 1월, 9월, 4월, 11월, 5월, 3월, 6월, 12월, 8월, 그리고 2월.
>
> —마크 트웨인의 소설 "바보 윌슨" 중에서

한 가지 흔한 주장은 주식은 주별로 패턴이 있다는 것이다. 예를 들면 월요일에는 직전 금요일보다 주가가 하락하는 소위 주말효과가 있다는 주장이 있다. 실제로 이런 패턴이 있을까? 지난 자료를 보고 따져보자. 1928년 10월 1일부터 2007년 6월 6일까지 총 19,755 거래일이 있었다. 먼저 각 요일별로 거래일이 며칠인지 살펴보자. 물론 공휴일 때문에 정확히 20%가 되지는 않으며 요일별 분포는 다음의 〈표 13.1〉과 같다.

요일	일수	비율
월요일	3820	19.3369%
화요일	4002	20.2582
수요일	4024	20.3695
목요일	3963	20.0607
금요일	3946	19.9747

표 13.1 1928년 10월 1일부터 2007년 6월 6일까지의 요일별 거래일 분포

총 19,755 거래일 중 다우존스 주가가 오른 날은 10,272일로 52%였다. 패턴의 사실 여부를 확인하려면 모형이 필요한데, 이 모형에서 모든 요일의 주가 상승 가능성은 비슷하다고 가정한다. 즉 주가가 오른 날들을 표본으로 선택하면 그 요일 분포는 〈표 13.1〉과 동일하여 주가 상승일 중 19.34%는 월요일, 20.26%는 화요일 등일 것이다. 다음은 주가가

오른 날 중 1,000일을 표본으로 선택하여 요일별로 분류한 결과이다.

요일	상승일	비율
월요일	192	19.2%
화요일	189	18.9
수요일	202	20.2
목요일	199	19.9
금요일	218	21.8

I 표 13.2 주가가 오른 1,000일에 대한 요일별 거래일 분포. 만약 패턴이 없다면 이 표의 비율은 〈표 13.1〉의 비율과 근접해야 할 것이다.

물론 어느 정도 변동이 있을 것이므로 두 표의 비율이 정확하게 일치할 것을 기대할 수는 없을 것이다. 〈표 13.2〉의 월요일은 〈표 13.1〉의 월요일보다 살짝 낮고, 금요일의 경우에는 약간 높다. 이런 차이는 명백한 패턴이 존재한다는 주장을 하기에 충분한 것일까?

13.1 적합도 검정

이 질문에 대해 답을 하기 위해 이 표에 대한 **적합도**(goodness-of-fit)를 검정하는데, 여기에서 "적합"이라는 말은 귀무가설로 제시된 모형에의 적합을 의미한다. 이 예에서 귀무가설 모형은 패턴이 없다, 즉 주가가 오른 날의 분포는 거래일의 요일 분포와 동일하다는 것이다.

가정과 조건

적합도 검정을 위한 자료는 표의 형태로 구성되며, 가정과 조건도 이를 반영한다. 개별 자료보다는 보통 분류별 합계를 이용하여 계산한다. 이 예에서 개별 자료는 거래일인데 1,000 거래일 모두를 나열하지 않고 각 요일별로 합계만을 고려한다.

계수자료 조건. 자료는 반드시 범주형 변수(categorical variable)에 해당하는 계수자료(count)여야 한다. 이런 하찮은 것도 조건인가 생각할 수도 있다. 그러나 자료들이 표의 형태로 주어져 있다는 이유만으로 이 장에서 제시하고 있는 기법들을 비율이나 연속형 자료에 잘못 적용하는 오류를 범하는 경우를 전문가들에게서도 흔히 볼 수 있다. 그러므로 계수자료인지 여부를 반드시 확인해야 한다.

독립성 가정

독립성 가정. 표의 각 칸에 해당하는 계수자료들은 서로 독립적이어야 한다. 이 가정이 적절한지 생각해보아야 하는데, 만약 자료들이 랜덤표본이라면 단순하게 랜덤화 조건을 점검해보면 될 것이다.

랜덤화 조건. 표의 자료들은 어느 모집단으로부터의 랜덤표본이어야 한다. 우리가 얻은 결론을 그 모집단으로 일반화하기 위해서는 이 조건이 필요하다. 위의 예에서 다우지수가 오른 날 중에서 1,000일을 랜덤하게 선택하였다. 이런 방법은 어느 날의 시장 상황은 다른 날과 독립적이라는 가정을 할 수 있게 해준다. 만약 1,000일을 연속 거래일로 선택한다면 어느 날의 시장 상황이 다음 날의 시장에 영향을 주거나 외부 충격이 여러 일에 걸쳐 시장에 영향을 미치는 위험이 있을 수 있게 된다.

표본크기에 대한 가정

표본크기에 대한 가정. 기법을 적용하기 위해서는 충분한 크기의 자료를 확보해야 하는데, 보통 다음의 조건을 점검한다.

기대도수 조건. 각 칸의 기대도수는 최소 5 이상이어야 한다. 기대도수 조건은 마치 비율에 대한 검정을 할 때 np와 nq가 10 이상이어야 하는 조건과 비슷하다고 하겠다.

> **기대도수**
>
> 종종 기업에서는 판매 지역별로 실적을 평가하고 싶어한다. 그러나 지역별로 100, 200, 300, 400명의 판매원이 각각 있는 경우 지역별 판매 실적이 동일하다고 기대하기 어려울 것이다. 그 대신 판매 인력에 따라 실적이 비례할 것이라고 기대할 수 있고, 이 경우 귀무가설은 판매 실적 비율이 1/10, 2/10, 3/10, 4/10이라는 것이다. 판매량이 총 500개라면 기대도수는 각각 50, 100, 150, 200이 된다.

카이제곱 모형

각 분류(요일)별로 자료가 얻어졌다. 이제 귀무가설이 사실일 때 예상할 수 있는 요일별 주가 상승 일을 계산할 수 있다. 위의 예에서 귀무가설은 주가 상승 일의 분포는 거래일의 분포와 동일하다는 것이다. 물론 귀무가설은 얼마든지 다른 형태가 될 수 있다.

귀무가설이 적절한지 확인하기 위해 먼저 귀무가설에 의한 기대도수와 실제로 관찰된 도수의 차이를 계산한다. 그리고 이 차이가 귀무가설이 사실이기에는 너무 큰 것은 아닌지, 혹은 이 차이는 그저 표본 추출로 인해 자연스럽게 나타난 변동인지 생각해 본다. 관찰(Observed)도수와 기대(Expected)도수의 차이를 $(Obs-Exp)$으로 나타내자. 분산을 계산할 때처럼 이것을 제곱하면 양의 값이 되고, 이를 그 칸(cell)의 기대도수로 나누면 차이의 상대적 크기를 얻을 수 있다.

> **표기법 주의!**
>
> 각 칸의 관찰(observed)도수와 기대(expected)도수는 각각 Obs와 Exp으로 표시하는데 이는 일반적으로 사용되는 기호이다. 기대도수는 귀무가설로부터 구해진다.

이렇게 구한 차이의 상대적 크기 값들을 모든 칸에 대해 계산하고 합하면 소위 **카이제곱 검정통계량**(chi-square statistic)이 다음과 같이 얻어진다.

$$\chi^2 = \sum_{all\,cells} \frac{(Obs - Exp)^2}{Exp}$$

카이제곱 통계량은 그리스 문자 χ를 사용하여 χ^2으로 표시하고, 이렇게 얻어진 표본분포를 **카이제곱분포**라고 한다.

> **표기법 주의!**
>
> 그리스 문자 χ가 통계학에서 사용되는 경우는 카이제곱분포가 유일한데, 이는 그리스 문자는 모집단의 모수를 나타낸다는 일반적인 원칙에 위배되는 것이다.

카이제곱분포는 자유도(degrees of freedom)에 따라 달라진다. 적합도 검정의 경우 자유도는 $k-1$인데, 여기에서 k는 칸의 개수로써 위 예의 경우 5(요일의 수)이다.

본서에서는 카이제곱분포를 이용한 가설검정만을 다루며 신뢰구간은 다루지 않는다. 검정통계량 값이 작다면 이는 자료들이 모형에 잘 맞는다는 의미이므로 귀무가설을 의심할 이유가 없다. 반면 관찰도수가 기대도수와 비슷하지 않으면 검정통계량 값이 커지게 되고 이에 따라 귀무가설을 기각하게 된다. 따라서 카이제곱 검정은 항상 단측검정이 되므로 매우 간단한 방법이라고 하겠다. 예를 통해 이 방법을 익혀보자.

예시문제 적합도 검정

어느 통신회사에서 8명의 텔레마케터에게 랜덤하게 선택한 경쟁 회사의 고객 명단을 주고 고객들이 통신회사를 자사로 변경하도록 설득하는 업무를 주었다. 회사에서는 직원에 따라 성과가 다를 것으로 생각하고 있다.
다음은 새로이 가입한 신규고객들의 직원별 분포이다.

직원	1	2	3	4	5	6	7	8
신규고객 수	11	17	9	12	19	18	13	21

문제 : 일부 직원이 다른 직원에 비해 성과가 좋다는 증거가 있는가?

답 : 경쟁회사의 고객명단은 랜덤하게 선택한 것이므로 랜덤화 조건은 충족된다. 자료들은 계수자료이고 각 칸의 도수는 5 이상이므로 카이제곱 적합도 검정을 수행할 수 있다. 귀무가설은 직원들의 능력은 동일하여 120명의 새 고객을 1/8만큼씩 확보한다는 것이다.

직원	1	2	3	4	5	6	7	8
관찰도수	11	17	9	12	19	18	13	21
기대도수	15	15	15	15	15	15	15	15
관찰도수-기대도수	−4	2	−6	−3	4	3	−2	6
$(Obs-Exp)^2$	16	4	36	9	16	9	4	36
$(Obs-Exp)^2/Exp$	16/15 = 1.07	4/15 = 0.27	36/15 = 2.40	9/15 = 0.60	16/15 = 1.07	9/15 = 0.60	4/15 = 0.27	36/15 = 2.40

$$\Sigma\frac{(Obs-Exp)}{Exp} = 1.07 + 0.27 + 2.40 + \cdots + 2.40 = 8.67$$

자유도는 $k-1=7$이므로

$$P(\chi_7^2 > 8.67) = 0.2772$$

8.67은 자유도 7인 카이제곱분포에서 멀리 있는 값이 아니므로 직원들의 능력이 동일하다는 귀무가설은 기각할 수 없다.

직접 해보기

카이제곱 통계량의 계산 절차

1. 기대도수를 구한다. 귀무가설로부터 계산한다. 귀무가설로 각 칸에 해당하는 가상 비율을 알 수 있는데, 총 관찰도수를 이 비율로 곱하면 기대도수가 구해진다. (계산 결과 정수가 나오지 않아도 된다.)
2. 잔차(residual)를 계산한다. 기대도수를 구한 후 $Obs - Exp$로 각 칸에 대해 차이(잔차)를 계산한다.
3. 잔차를 제곱한다. $(Obs - Exp)^2$
4. 기대도수로 나누어 각 칸의 요소(component)를 구한다.

   $$\frac{(Obs - Exp)^2}{Exp}$$

5. 요소들을 모두 더한다. 이것이 카이제곱 통계량이다.

$$\chi^2 = \sum_{all\,cells} \frac{(Obs - Exp)^2}{Exp}$$

6. 자유도를 구한다. 자유도는 칸의 수에서 1을 빼면 된다.
7. 가설을 검정한다. 통계량 값이 크다는 것은 가상한 모형과 차이가 크다는 것을 의미하므로 P값은 작게 나타난다. 부록의 X표로부터 기각값을 구하거나 소프트웨어를 이용하여 P값을 직접 구한다.

이상의 계산 절차는 엑셀을 이용하면 다음 표와 같이 쉽게 할 수 있다.

	A	B	C	D	E	F
1		Observed	Expected	Residual = (Obs - Exp)	$(\text{Obs-Exp})^2$	Component = $(\text{Obs - Exp})^2$ / Exp
2	Monday	192	193.369	-1.369	1.879	0.0097
3	Tuesday	189	202.582	-13.582	184.461	0.9105
4	Wednesday	202	203.695	-1.695	2.874	0.0141
5	Thursday	199	200.607	-1.607	2.584	0.0129
6	Friday	218	199.747	18.253	333.176	1.668

표 13.3 카이제곱 통계량은 엑셀을 이용하면 쉽게 계산할 수 있다. CHIDIST 함수를 이용하면 P값을 구할 수 있다.

길잡이 문제 주식시장의 패턴

우리는 요일별로 주가 상승일이 며칠인지 알고 있으며 이 상승일에 어떤 패턴이 있는지 알아보고자 한다. 따라서 다우지수가 오르는 날의 요일별 분포는 거래일의 요일별 분포와 동일하다는 것이 귀무가설이 된다. (위에서 보았듯이 공휴일로 인해서 거래일은 요일별로 일정한 비율이 아니다. 따라서 거래일의 비율을 계산하여 귀무가설에 이용한다.) 대립가설은 요일별 분포가 거래일의 분포와 동일하지 않다는 것이 된다. 검정통계량을 이용하여 관찰된 자료가 이러한 이상적인 상황에 얼마나 잘 맞는지 확인한다.

계획

준비 연구의 목적을 기술하고 변수들을 확인한다.

상승일의 분포가 거래일의 분포와 다른지 알고자 하며 1,000일의 상승일에 대한 요일별 일수 자료를 가지고 있다.

가설 귀무가설과 대립가설을 정한다. 카이제곱 점정에서는 기호보다는 글로 가설을 표현하는 것이 일반적으로 쉽다.

H_0: 상승일의 요일별 분포는 거래일의 요일별 분포와 동일하다.

F_1: 상승일의 요일별 분포는 거래일의 요일별 분포와 동일하지 않다.

모형 가정과 조건을 확인한다.

✔ **계수자료 조건:** 거래일과 상승일 자료 모두 일수이므로 계수자료이다.

✔ **독립성 가정:** 어느 날의 시장 상황이 다른 날의 시장 상황에 영향을 준다고 생각할 만한 이유가 없다. 그러나 좀 더 안전하게 하기 위해 상승일들을 랜덤하게 선택하였으며, 이러한 랜덤화를 통해 종속성에 대한 우려를 완화시킬 수 있다.

		✔ **랜덤화 조건**: 1,000일을 랜덤하게 선택하였다. ✔ **기대도수 조건**: 모든 기대도수는 5 이상이다.
	사용할 표본분포와 검정법을 정한다.	모든 가정과 조건이 충족되므로 자유도 5 − 1 = 4인 카이제곱 적합도 검정을 수행할 수 있다.
실행	**계산법** 기대도수는 각 요일의 비율에 상승일을 곱하여 구한다. 예를 들어 총 19,755거래일 중에 월요일은 3,820일이다.	기대도수는 다음과 같다. 월: 193.369 화: 202.582 수: 203.695 목: 200.607 금: 199.747
	따라서 1,000 상승일 중 월요일의 기대도수는 1000 × 3820/19,755을 하면 193.369일을 얻는다.	관찰도수는 다음과 같다. 월: 192 화: 189 수: 202 목: 199 금: 218
	각 칸에서 $\frac{(Obs - Exp)^2}{Exp}$을 구한 후 합하여 카이제곱통계량을 계산한다. 표 형태로 배열하면 이 계산이 좀 더 편해진다.	$\chi^2 = \frac{(192-193.369)^2}{193.369} + \cdots + \frac{(218-199.747)^2}{199.747}$ $= 2.615$
	P값은 카이제곱분포의 오른쪽 꼬리 확률이다. 소프트웨어를 쓰거나 부록의 X표를 이용하면 구할 수 있다.	부록의 X표를 보면 자유도 4, 유의수준 5%에서 기각값은 9.488이고, 통계량 값인 2.615는 기각값보다 작다.
	카이제곱값이 크면 P값이 작다는 것이고 따라서 귀무가설을 기각하게 되는데, 본 예에서는 그다지 큰 값이 아니다.	소프트웨어를 이용하여 P값을 정확히 구해보면 다음과 같다. P값 = $P(\chi_4^2 > 2.615)$ = 0.624
보고	**결론** P값을 이용하여 결론을 내린다. 자료를 단순히 집계하는 것을 넘어서 자료가 무엇을 의미하는지 결론을 내린다.	메모 Re: 주식시장의 패턴 다우지수의 상승이 요일별로 차이가 있는지 여부를 조사한 결과 이러한 패턴이 있다는 증거는 없는 것으로 나타났다. 통계적 분석 결과 상승일의 분포가 우연히 이렇게 나타날 확률은 62%였다. 불행하게도 주식투자에 활용할 만한 패턴은 없는 것으로 결론 내린다. 주말효과나 다른 요일별 효과를 찾아낼 수 없었다.

13.2 카이제곱분포

위의 주식 예제에서 χ^2의 계산 값은 2.615였다. 이 값은 자유도 4일 때 큰 값이 아니어서 귀무가설을 기각할 수 없었다. 그렇다면 일반적으로 큰 값이란 어느 정도를 말하는가?

통계량 χ^2이 계산되는 과정을 생각해보자. 각 칸에서 기대도수와의 차이는 모두 통계량 계산에 사용된다. 물론 그 차이가 클수록 통계량 값이 커지지만 작은 차이라도 이들이 더해지면 χ^2 통계량 값이 커지게 된다. 따라서 칸의 수가 많을수록 χ^2 값은 커질 수밖에 없게 된다. 즉 χ^2 값이 얼마나 커야 큰 값인가 하는 것은 자유도에 달려 있다.

정규분포나 t분포와는 달리 χ^2분포는 비대칭이다. 자유도에 따라 분포의 모양과 중심이 달라진다. 예로써 다음의 〈그림 13.1〉에는 자유도(df) 5와 9인 경우가 나와 있다.

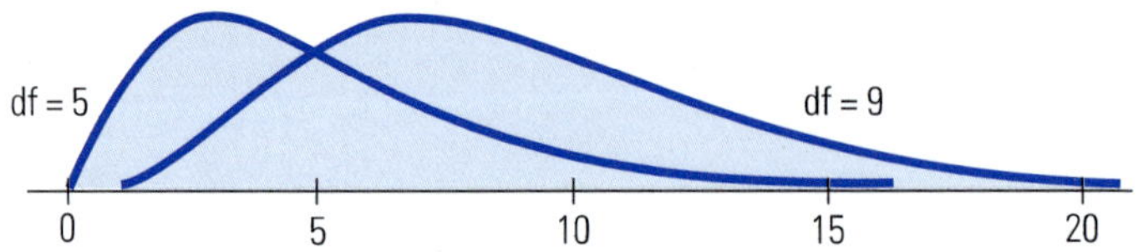

| 그림 13.1 자유도 5와 9인 χ^2분포

그림을 보면 $\chi^2=10$의 값은 자유도가 5인 경우에는 상당히 꼬리 쪽에 치우쳐 있지만, 자유도가 9인 경우에는 그저 보통 위치로 보인다. 다음은 χ^2분포의 두 가지 특징이다.

- 최빈값은 $\chi^2=$자유도(df)-2에 위치한다. (위 그림에서 정점은 3과 7에 있다.)
- 분포의 평균(기대값)은 자유도이다. 비대칭 모양이어서 평균은 최빈값의 약간 오른쪽에 위치한다.

종종 각 분류별로 비율이 얼마씩 있어야 한다는 이론을 사실로 확인하기 위해 적합도 검정이 수행되기도 한다. 그러나 어떤 경우에는 위의 주식시장 예와는 달리 귀무가설이 명백하지 않은 경우가 있다. 따라서 불행하게도 이런 경우에는 제시되는 이론이 사실이라는 가설이 유일하게 가능한 귀무가설이 된다. 그리고 알다시피 가설검정에 의한 결론은 귀무가설의 기각 또는 기각 못함의 두 가지 중 하나이다. 즉 귀무가설을 사실이라고 확인할 수 없으므로 제시하는 이론을 사실이라고 확인할 수는 없다.

아무리 잘해봐야 자료들이 제시된 이론과 일관성을 갖는다는 것을 확인할 수 있을 뿐이다. 그러나 이것으로 이론이 사실이라고 증명할 수는 없다. 이론이 사실이 아닌 경우에도 자료는 제시된 이론과 일관성을 가질 수도 있기 때문이다. 이 경우 귀무가설을 기각할 수는 없으나 이론의 사실 여부에 대해서는 어떤 결론도 내릴 수 없다.

귀무가설을 증명할 수 없는 이유

어느 학생이 통계학 수업의 학점은 취업 후 초봉 액수와는 아무 관련이 없다고 주장한다. 이 학생은 최근 졸업생들을 대상으로 통계학 학점을 A, B, C로 분류하고, 초봉이 통계학 수업 이수 졸업생들의 초봉 중앙값보다 큰지 작은지에 따라 분류하였다. 그리고 각 학점별로 초봉이 중앙값보다 큰 비율을 계산하였다. 이 학생의 귀무가설은 초봉이 중앙값보다 큰 졸업생들의 비율은 각 학점별로 50%라는 것이다. 40명의 설문 응답자에 대해 0.07의 P값을 얻은 후 통계학 학점은 초봉과 상관없다고 결론을 내린다. 그러나 이후에 설문 응답이 계속 늘어나서 70명에 대한 P값은 0.04가 되었다. 처음 40명 이후에 얻은 자료를 무시할 수 있을까? 물론 그렇지 않다. 이런 식으로 한다면 아주 소수의 자료를 이용하여 어떤 귀무가설이라도 사실이라고 주장할 수 있을 것이다.

13.3 잔차의 의미

카이제곱 검정은 늘 단측검정이다. 카이제곱 통계량의 값은 항상 양수이며, 이 값이 크면 모형이 적합하지 않다는 증거이므로 귀무가설을 기각하고, 작으면 모형이 적합하지 않다는 증거가 적은 것으로 판단한다. 그러나 한편으로는 카이제곱 검정은 실로 다양한 측면이 있다. 통계량 값이 크다고 했을 때 귀무가설이 어떻게 맞지 않는지는 설명하지 못하는 것이다. 주식시장의 예에서 만약 귀무가설을 기각되었다면 어떻게 맞지 않아서 기각되었는지는 알 수 없다. 월요일의 일수가 충분하지 않아서인가 아니면 요일의 분포가 균일하지 않아서인가?

적합도 검정에서 귀무가설이 기각되었다면 잔차, 즉 각 칸의 기대도수와 관찰도수의 차이 값을 먼저 점검해보는 것이 좋다. (귀무가설이 기각되지 않았다면 이렇게 할 필요는 없다. 왜냐하면 χ^2 값이 작다는 것은 각 칸의 값이 모두 작다는 것을 의미하기 때문이다.) 먼저 서로 매우 다른 칸의 값들을 비교하기 위해 잔차를 표준화한다. 잔차는 $(Obs-Exp)$인데 기대도수의 합은 관찰도수의 합과 같으므로 잔차의 합은 0이 되기 때문에 잔차의 평균은 당연히 0이다.[1] 이전의 비율의 검정에서와 유사하게 잔차를 표준화하기 위해 다음과 같이 기대도수의 제곱근으로 나눈다.[2]

$$\frac{(Obs-Exp)}{\sqrt{Exp}}$$

이 **표준화 잔차**(standardized residuals)는 χ^2을 계산하기 위해 각 칸에 대해 구하여 합하는 그 요소 값에 제곱근을 씌운 것으로(χ^2의 계산절차 참고), 기대도수에 비해 적게 혹은 많이 관찰되었는지에 따라 (+) 혹은 (−) 값이 된다는 점에 유의하자.

표준화 잔차는 분포의 모양이 귀무가설과 어떻게 다른가에 대해 알 수 있게 해준다. 각 잔차를 표준편차로 나누었으므로 이것은 z점수(z-score)가 된다. 따라서 귀무가설이 사실

1) 잔차 = Obs−Exp이다. 기대도수의 합은 관찰도수의 합과 같으므로 잔차의 합은 늘 0이 된다.

2) 기대도수의 제곱근이 표준편차의 추정치임을 수학적으로 증명할 수 있다.

이라면 소위 68-95-99.7 법칙을 이용하여 특이한 잔차에 대해 판단할 수 있다.

다음은 주식시장의 예에서 표준화 잔차를 계산한 결과이다.

	표준화 잔차 $= \frac{(Obs - Exp)}{\sqrt{Exp}}$
월	−0.0984
화	−0.9542
수	−0.1188
목	−0.1135
금	1.292

표 13.4 주식시장 예에 대한 표준화 잔차

특이한 값은 보이지 않으며 가장 큰 값인 금요일의 1.292도 z값으로는 보통 값이다. 부호를 보면 소위 "주말효과"의 형태를 보이고 있으나 실제로 이 효과가 있다고 결론을 내릴 정도로 크지는 않다.

예시문제

문제 : 이전의 텔레마케팅 예에서 잔차를 계산하여 특별히 성과가 좋거나 떨어지는 직원이 있는지 살펴보아라.

답 : 귀무가설을 기각할 수 없었기 때문에 특별히 큰 표준화 잔차는 없을 것으로 생각되지만 그렇더라도 잔차를 한번 계산해보자. 표준화 잔차는 이전에 χ^2를 계산한 표의 마지막 행의 값들에 제곱근을 씌워 다음과 같이 계산된다.

표준화 잔차	-1.03	0.52	-1.55	-0.77	1.03	0.77	-0.52	1.55

예상대로 특별히 큰 잔차는 보이지 않는다. 일부 직원의 성과가 뛰어날 것으로 생각되었으나 실제 그 변동은 (표준편차의 2배 범위 이내로) 특이하지 않은 것으로 보인다.

13.4 동질성 검정

피부관리는 매우 큰 시장이다. 미국피부과학협회의 자료에 의하면 미국성인들은 보습제, 세안제, 머릿기름 등 평균적으로 하루에 최소한 7가지 이상의 피부관리 제품을 사용하는 것으로 나타났다.[3] 2006년도에 중국의 피부관리 시장은 폭발적인 경제 성장에 힘입어 15% 성장을 기록하였다. 그러나 모든 문화와 시장이 동일한 것은 아니어서 글로벌 회사들은 문화적 차이에 따른 피부관리 제품들의 선호도 차이를 실감해야만 했다.

제3장에서 언급한 바 있는 세계적인 시장조사기관인 GfK Roper Reports® Worldwide Survey에서는 23개국에서 30,000명의 소비자들을 대상으로 건강과 미용, 그리고 기타 개인적 가치에 관한 성향을 조사한 바 있다. 설문 대상자들에게 던진 질문들 중 한 가지는 "최고로 매력적인 외모를 추구하는 것은 당신에게 얼마나 중요한 것인가"였다. 이 질문에 대한 답은 "1＝전혀 중요하지 않다"부터 "7＝매우 중요하다"로 선택하게 하였다. 이 질문

3) www.aad.org/public/Publications/pamphlets/Cosmetics.htm

WHO	GfK Roper Reports Worldwide Survey 설문조사의 응답자들
WHAT	식품과 건강에 관한 인식도와 관계된 설문 응답
WHEN	2005년 가을. 발표는 2006년
WHERE	전 세계
HOW	다단계 표본 추출법을 이용하여 GfK Roper에서 자료수집
WHY	음식과 미용제품에 대한 인식도의 문화적 차이를 이해하고 이것이 우리의 건강에 미치는 영향을 조사

에 대한 반응은 중국, 프랑스, 인도, 영국, 미국 등 5개국에 걸쳐 동일하게 나왔을까? 다음은 분할표(contingency table)로 정리한 조사 결과이다.

		국가					
		중국	프랑스	인도	영국	미국	합계
외모	7-매우 중요	197	274	642	210	197	1520
	6	257	405	304	252	203	1421
	5	315	364	196	348	250	1473
	4-보통	480	326	263	486	478	2033
	3	98	82	41	125	100	446
	2	63	46	36	70	58	273
	1-전혀 중요하지 않음	92	38	53	62	29	274
	합계	1502	1535	1535	1553	1315	7440

표 13.5 외모의 중요도에 대한 답변 집계 결과

위 표는 다음과 같이 비율로 환산하여 정리하면 좀 더 파악하기 쉽다.

		국가					
		중국	프랑스	인도	영국	미국	비율%
외모	7-매우 중요	13.12	17.85	41.82	13.52	14.98	20.43
	6	17.11	26.38	19.80	16.23	15.44	19.10
	5	20.97	23.71	12.77	22.41	19.01	19.80
	4-보통	31.96	21.24	17.13	31.29	36.35	27.33
	3	6.52	5.34	2.67	8.05	7.60	5.99
	2	4.19	3.00	2.35	4.51	4.41	3.67
	1-전혀 중요하지 않음	6.13	2.48	3.45	3.99	2.21	3.68
	합계	100	100	100	100	100	100

표 13.6 외모의 중요도에 대한 각국의 반응 비율

위의 표는 다음과 같이 누적 막대그래프를 이용하면 좀 더 생생한 비교가 가능하다.

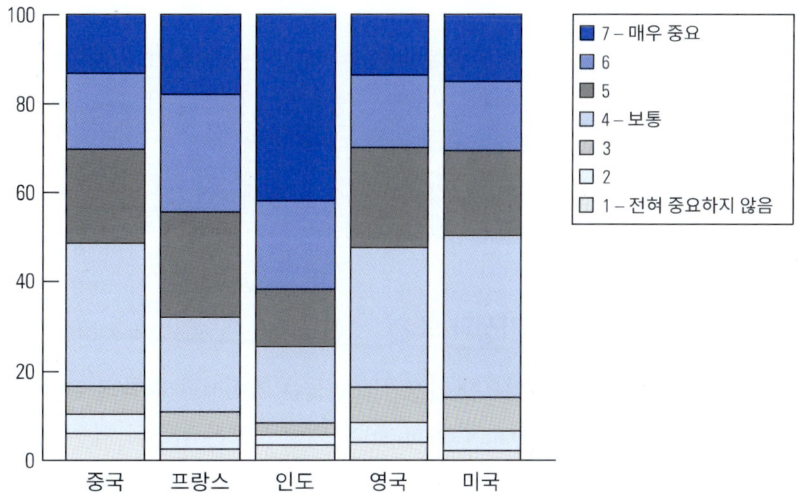

그림 13.2 외모의 중요도에 대한 각국의 반응. "중요" 이상의 반응 비율에서 인도가 단연 돋보인다.

그림을 보면 인도가 다른 나라에 비해 매우 다른 것처럼 보인다. "매우 중요" 비율에서 다른 나라에 비해 훨씬 높은 비율을 차지한다. 이 현상은 실제로 그런 것인가 아니면 단순히 자연스러운 표본 변동일 뿐일까? 우리의 귀무가설은 각국의 외모에 대한 중요도 비율은 동일하다는 것이다. 이러한 가설을 검정하기 위한 방법이 **카이제곱 동질성 검정**(chi-square test of homogeneity)이다. 그러나 이것은 단지 카이제곱 검정의 일종으로써 13.1절의 적합도 검정과 그 절차가 동일하다. 차이점이라면 적합도 검정의 경우 관찰도수와 귀무가설에 의한 기대도수를 서로 비교하는 반면, 동질성 검정에서는 그룹별로 분포가 동일하다는 귀무가설을 사용한다는 점이다. 동질성 검정에서는 동질성을 가정한 기대도수와 실제 관찰도수와의 차이를 조사한다.

예를 들어 총 7,440명의 응답자 중 20.43%가 외모가 자신에게 매우 중요하다고 답하였다. 만약 귀무가설처럼 5개국에 걸쳐 비율 분포가 균질하다면 20.43%라는 비율은 5개국에 걸쳐 모두 동일해야 하므로 미국의 경우 1,315명의 20.43%인 268.66명이 매우 중요하다고 응답할 것을 기대할 수 있다. 이것이 우리가 귀무가설 하에서 기대하는 도수이다.

이런 식으로 하여 모든 칸에 대해 기대도수를 계산할 수 있으며 다음 표는 그 결과를 정리한 것이다.

		국가					
		중국	프랑스	인도	영국	미국	합계
외모	7-매우 중요	306.86	313.60	313.60	317.28	268.66	1520
	6	286.87	293.18	293.18	296.61	251.16	1421
	5	297.37	303.91	303.91	307.47	260.35	1473
	4-보통	410.43	419.44	419.44	424.36	359.33	2033
	3	90.04	92.02	92.02	93.10	78.83	446
	2	55.11	56.32	56.32	56.99	48.25	273
	1-전혀 중요하지 않음	55.32	56.53	56.53	57.19	48.43	274
	합계	1502	1535	1535	1553	1315	7440

I 표 13.7 응답자에 대한 기대도수. 이론적인 기댓값이므로 반드시 정수일 필요는 없다.

동질성(homogeneity)이라는 용어는 비교 대상이 동일하다는 귀무가설을 의미한다. 본 예에서는 외모의 중요도에 대한 응답 분포가 5개국에 걸쳐 모두 동일한지를 묻고 있는 것이다. 카이제곱 검정은 표본 추출에 의한 단순한 랜덤 변동을 넘어서는 큰 차이가 있는지 살피는 절차이다. 이를 통해 어느 한 범주에서의 큰 편차나 모든 범주에 걸친 작지만 지속적인 차이, 또는 이들 사이의 기타 차이 등을 발견할 수 있다.

가정과 조건

필요한 가정과 조건들은 카이제곱 적합도 검정의 경우와 동일하다. **계수자료조건**(Counted Data Condition)에 의해 자료는 반드시 계수형이어야 하며, 절대로 계량형(quantitative) 변수에 대해 카이제곱 검정을 하면 안 된다. 예를 들어 만약 GfK에서 피부 관리 제품의 구입에 쓰는 비용에 대해 조사하였다면 5개국에 걸쳐 이 비용이 동일한지 알아보기 위해 카

이제곱 검정을 사용해서는 안 된다는 것이다.[4)]

대표본과 카이제곱검정

가설검정을 할 때 표본의 크기가 매우 크면 작은 효과도 통계적으로 유의하게 될 가능성이 커지게 된다. 이것은 카이제곱검정에서 특히 그렇다. 따라서 귀무가설이 기각된 경우에는 효과 크기(effect size)를 살펴서 그 차이가 실용적으로 유의한 것인지 점검해 보는 것이 중요하다. 비즈니스 의사결정을 할 때에는 P값에만 의존해서는 안 된다. 이러한 권고는 이 장의 많은 예제에 모두 적용되며, 요즈음의 비즈니스 환경에서는 대표본이 흔한 일이다.

독립성 가정. 자료들은 서로 독립적이어야 하며 이를 위해 **랜덤화 조건**을 살펴본다. 본 예에서 자료들은 랜덤 표본이므로 서로 독립이라고 가정할 수 있으며 모집단에 대한 결론을 내릴 수 있다.

검정을 수행하기 위해서는 충분한 자료가 있어야만 한다. **표본크기에 대한 가정**은 각 칸의 기대도수가 최소 5 이상이어야 한다는 **기대도수 조건**(Expected Cell Frequency Condition)을 통해 확인할 수 있다. 본 예에서는 표본의 크기가 충분히 크다.

적합도 검정의 절차에서와 마찬가지로 각 칸에 대해 요소들을 다음과 같이 계산한다.

$$\text{요소} = \frac{(Obs - Exp)^2}{Exp}$$

이 요소들을 모두 합하여 카이제곱 통계량을 다음과 같이 구한다.

$$\chi^2 = \sum_{all\,cells} \frac{(Obs - Exp)^2}{Exp}$$

자유도의 계산은 적합도 검정의 경우와는 달리 $(R-1)\times(C-1)$로 계산하는데, 여기에서 R은 행의 수, C는 열의 수를 뜻한다.

본 예에서 자유도는 $6\times 4 = 24$이며 이를 이용하여 P값을 구할 수 있다.

직접 해보기

기대도수의 계산 절차

동질성 검정을 수행하기 위해서는 먼저 분할표에서 귀무가설이 사실일 때의 기대도수를 구해야 한다. 행 i와 열 j의 기대도수는 다음과 같이 계산한다.

$$Exp_{ij} = \frac{\text{합계}_{\text{행}i} \times \text{합계}_{\text{열}j}}{\text{총합}}$$

다음의 예를 보자.

남자 40명과 여자 60명, 총 100명에 대해 스포츠 일러스트레이티드(SI), 코스모폴리탄(Cosmo), 이코노미스트 중에서 좋아하는 잡지를 물어본 결과가 다음과 같다고 하자.

	A	B	C	D	E
1	관찰도수	SI	Cosmo	Economist	합
2	남자	25	5	10	40
3	여자	10	45	5	60
4	합	35	50	15	100

그러면 예를 들어 이코노미스트(열3)을 좋아하는 남자(행1)에 대한 기대도수는

4) 이를 위해서는 분산분석법을 이용한다.

$$Exp_{13} = \frac{40 \times 15}{100} = 6$$

동일한 방법으로 모든 칸에 대해 계산을 하면 다음과 같이 기대도수를 구할 수 있다.

6	기대도수	SI	Cosmo	Economist	합
7	남자	14	20	6	40
8	여자	21	30	9	60
9	합	35	50	15	100

길잡이 문제 외모에 대한 태도

외모에 대한 태도는 부분적으로 그 나라의 문화에 달려 있다. 글로벌 미용 시장에 진출하는 회사들에게 도움을 주기 위하여 외모의 중요도에 대한 응답이 중국, 프랑스, 인도, 영국, 미국 등의 5개국에 걸쳐 차이가 있는지를 조사해보자. GfK사의 조사 자료를 사용하기로 하자.

계획

준비 연구의 목적을 기술하고 변수를 확인한다.

외모의 중요도에 대한 응답 분포가 중국, 프랑스, 인도, 영국, 그리고 미국 등 5개국에 걸쳐 동일한지 알아보고자 한다.

가설 귀무가설과 대립가설을 정한다.

H_0: 응답 분포는 모두 동일하다.
H_A: 응답 분포가 모두 동일하지는 않다.

모형 가정과 조건을 확인한다.

우리는 각국에 대해 각 항목에 대한 응답자 수가 몇 명인지 자료를 가지고 있다.

✔ **계수자료 조건:** 자료는 모두 사람의 수로써 계수자료이다.

✔ **랜덤화 조건:** 글로벌 마케팅회사의 전문가들에 의해 추출된 랜덤 표본으로부터 자료를 얻었다.

✔ **기대도수 조건:** 각 칸의 기대도수는 모두 5 이상이다.

사용할 표본분포와 검정법을 정한다.

조건들이 모두 충족되므로 자유도 (7-1) × (5-1) = 24인 χ^2분포를 이용하여 동질성 검정을 수행할 수 있다.

실행

계산법 표의 각 칸에 대해 기대도수를 계산한다. 기대도수와 관찰도수를 별도의 표에 정리해도 좋고, 한 표에 같이 정리해도 괜찮다. 누적막대그래프가 종종 자료를 시각적으로 표현하기 좋은 방법이다.

관찰도수와 기대도수는 각각 <표 13.5>와 <표 13.7>에 나와 있다. 누적 막대그래프를 이용하면 쉽게 비율을 비교할 수 있다.

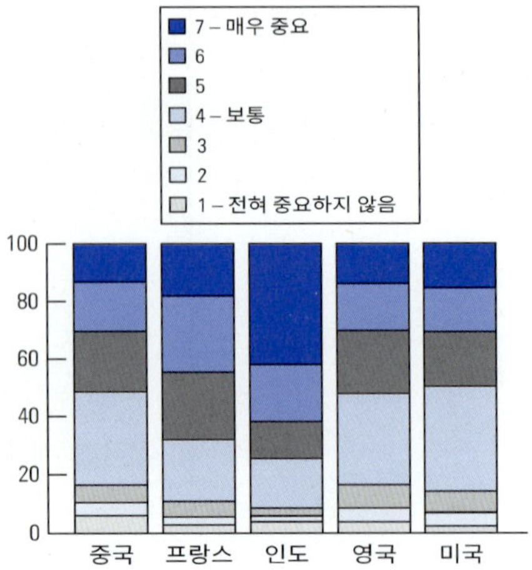

	검정통계량과 P값은 소프트웨어를 이용하여 계산한다.	χ^2 = 802.64
	본 예의 검정통계량 값이 매우 크므로 P값은 상당히 작다.	P값 = P(χ^2_{24} > 802.64) < 0.001 따라서 귀무가설을 기각한다.
보고	**결론** 자료를 통해 결론을 내린다. 그룹별로 차이가 어디에서 발생하는지 논의한다. 표가 작다면 잔차를 계산하여 확인한다.	메모 Re: 외모의 중요성 GfK사의 조사 자료를 이용하여 분석한 결과 외모의 중요도에 대한 응답 분포는 국가별로 큰 차이가 있는 것으로 나타났다. 화장품 마케팅 담당자들은 이러한 차이를 인지하고, 특히 인도에 제품을 판매할 때 참고할 것을 권고한다.

그저 단순히 동질성 가설을 기각하는 것만으로는 좀 만족스럽지 않다고 생각하는 회사가 있다면 우량회사라고 할 수 있다. 이러한 질문에 대한 응답이 나라별로 다르다는 것은 별로 놀라운 일이 아니다. 우리가 정말로 알고 싶은 것은 그 차이가 어디에서 나오며 얼마나 큰가 하는 것이다. 동질성 검정으로는 이러한 흥미로운 질문에 대한 답을 주지 못하지만 도움이 될 만한 사실을 알려줄 수는 있다. 즉, 표준화 잔차를 살펴보면 균일한 유형에서 벗어나는 칸이 무엇인지 확인할 수 있다.

예시문제 동질성 검정

문제 : 지난 몇 년간 미국의 연간 인플레이션은 낮았으나 많은 미국인들은 인플레이션이 오는 게 아닌가 하는 우려를 하고 있다. 2010년 5월에 갤럽에서는 미국의 성인 1,020명을 대상으로 인플레이션의 도래에 대해 "매우 걱정", "약간 걱정", "전혀 걱정 안함" 중 하나를 선택하도록 하였다. 이 응답의 비율이 보수와 진보에 따라 동일한가?

성향	매우 걱정	약간 걱정	전혀 걱정 안함	합계
보수	232	83	25	340
진보	143	126	71	340
합계	375 (55.15%)	209 (30.74%)	96 (14.12%)	680

답 : 이것은 보수와 진보 두 그룹에 따라 응답의 분포가 동일한지를 검정하는 동질성 검정 문제이다. 자료들은 계수자료이고, 갤럽의 전문가들이 성향에 따라 층별로 랜덤하게 표본을 추출하였으며, 모든 칸의 기대도수는 5 이상이다(아래 표 참조).

자유도는 $(3-1)\times(2-1)=2$이다.

분포가 동일하다면 "매우 걱정", "약간 걱정", "전혀 걱정 안함" 각각에 대해 55.15%, 30.74%, 14.12%의 비율로 기대도수가 있어야 할 것이며, 이는 다음 공식으로 계산할 수 있다.

$$Exp_{ij} = \frac{합계_{행\,i} \times 합계_{열\,j}}{총합}$$

예를 들어 첫 번째 칸의 경우(보수, 매우 걱정)

$$Exp_{11} = \frac{합계_{행\,1} \times 합계_{열\,1}}{총합} = \frac{340 \times 375}{680} = 187.5$$

가 되며, 다른 칸에 대해 모두 같은 방법으로 구하면 다음과 같다.

기대도수	매우 걱정	약간 걱정	전혀 걱정 안함
보수	187.5	104.5	48.0
진보	187.5	104.5	48.0

요소들을 공식 $\frac{(Obs - Exp)^2}{Exp}$ 으로 구하면

요소	매우 걱정	약간 걱정	전혀 걱정 안함
보수	10.56	4.42	11.02
진보	10.56	4.42	11.02

이들을 모두 더하면 $\chi^2 = 10.56 + 4.42 + \cdots + 11.02 = 52.01$이 되고, 자유도 2에서 P값 < 0.0001이 된다. 따라서 보수와 진보 두 그룹에 따라 응답의 분포가 동일하다는 귀무가설은 기각된다.

13.5 두 비율의 비교

취업을 하기 위해서는 대부분 고등학교 졸업장이 필요하다. 2000년 10월 미국 상무부에서 24세의 미국인 25,000명 이상을 대상으로 고교 졸업 여부를 조사한 결과 남성 12,460명의 84.9%, 그리고 여성 12,678명의 88.1%가 고교 졸업자인 것으로 나타났다. 그렇다면 여성이 남성보다 고교 졸업을 더 많이 하는 것일까?

상무부의 자료는 비율로 나와 있지만 간단한 계산을 통해 다음과 같은 계수자료를 얻을 수 있다.

	남성	여성	합계
고교졸업	10,579	11,169	21,748
미졸업	1881	1509	3390
합계	12,460	12,678	25,138

표 13.8 2000년 24세의 미국인 25,138명을 대상으로 조사한 고교졸업 여부

전체적으로 보면 표본의 21,748/25,138 = 86.5144%가 고교졸업자로 나타난다. 따라서 동질성 가정이 맞는 것이라면 남성 12,460명의 86.5144%인 10,779.7명을 고교 졸업자로 기대할 수 있다. 이런 식으로 계산하여 다음과 같이 기대도수를 구할 수 있다.

	남성	여성	합계
고교졸업	10,799.7	10,968.3	21,748
미졸업	1680.3	1709.7	3390
합계	12,460	12,678	25,138

표 13.9 고교졸업 여부에 대한 기대도수

두 표를 이용하여 카이제곱 통계량을 구하면 다음과 같다.

$$\chi_1^2 = \frac{(10579-10779.7)^2}{10779.7} + \frac{(11169-10968.3)^2}{10968.3} + \frac{(1881-1680.3)^2}{1680.3} + \frac{(1509-1709.7)^2}{1709.7} = 54.941$$

자유도 $(2-1) \times (2-1)=1$에서 P값 < 0.001이므로 귀무가설을 기각하고 고교졸업 비율에 남녀 차이가 있다고 결론 내린다.

자유도 1인 2 × 2 분할표에 대한 카이제곱 검정은 두 비율(이 경우 남녀의 졸업 비율)이 동일한지에 대한 검정과 같다. 두 비율의 동일성에 대해 정규분포를 이용하여 검정하는 방법이 있으며 P값도 동일하게 나온다. 두 비율에 대한 z검정을 하게 될 때에는 2 × 2 분할표에 대한 카이제곱 검정과 동일하다는 점을 기억하자.

z검정과 χ^2검정 모두 두 비율의 동일성을 검정하는 같은 방법이지만 z검정을 이용하면 신뢰구간도 구할 수 있다. 위의 예에서 귀무가설을 기각하였으므로 신뢰구간을 이용하면 그 차이가 얼마나 나는지 알 수 있다.

두 비율의 차이에 대한 신뢰구간

위에서 보았듯이 2000년도 미국 여성의 88.1%, 남성의 84.9%가 고교 졸업자인 것으로 나타났으며, 그 차이는 3.2%였다. 만약 이 값에 대한 표준오차를 알 수 있다면 z통계량을 이용하여 실제 차이에 대한 신뢰구간을 구할 수 있을 것이다. 표준오차는 다음의 공식으로 쉽게 구해진다.[5)]

$$SE(\hat{p}_1 - \hat{p}_2) = \sqrt{\frac{\hat{p}_1\hat{q}_1}{n_1} + \frac{\hat{p}_2\hat{q}_2}{n_2}}$$

신뢰구간은 단일 모비율에 대한 신뢰구간과 동일한 형태이며 다음과 같다.

$$(\hat{p}_1 - \hat{p}_2) \pm z^* SE(\hat{p}_1 - \hat{p}_2)$$

두 비율의 차이에 대한 신뢰구간

필요한 조건들이 충족되었을 때 두 비율의 차이 $p_1 - p_2$에 대한 신뢰구간과 표준오차는 각각 다음과 같다.

$$(\hat{p}_1 - \hat{p}_2) \pm z^* SE(\hat{p}_1 - \hat{p}_2)$$

$$SE(\hat{p}_1 - \hat{p}_2) = \sqrt{\frac{\hat{p}_1\hat{q}_1}{n_1} + \frac{\hat{p}_2\hat{q}_2}{n_2}}$$

기각값 z^*는 신뢰수준에 따라 달라진다.

5) 두 확률변수의 차이의 분산은 각 확률변수의 분산의 합과 같다는 제8장의 내용을 이용하면 된다.

고교졸업 비율의 예에서 남녀 간 비율의 차이에 대한 95% 신뢰구간은 다음과 같이 구하여진다.

$$(0.881-0.849)\pm 1.96\times\sqrt{\frac{(0.881)(0.119)}{12678}+\frac{(0.849)(0.151)}{12460}}$$

$$=(0.0236,\ 0.0404),\ \text{즉 } 2.36\%\text{에서 } 4.04\%.$$

2000년도의 경우 여성의 고교졸업 비율은 남성보다 2.36%에서 4.04% 높다고 95%의 확신으로 말할 수 있다. 이 정도로 표본의 크기가 큰 경우에는 그 차이가 0이 아니라고 확실하게 말할 수 있다. 그런데 이 차이가 문제가 되는 것인가? 물론 그것은 연구의 목적이 무엇인가에 따라 달라진다. 신뢰구간은 효과크기(effect size), 또는 최소한 그럴듯한 효과크기의 범위를 알 수 있게 해준다. 우리가 직원 고용 정책을 수정하려고 계획하고 있다면, 비록 그 차이가 통계적으로 "유의"하다고 하더라도 크게 수정하기에는 그 차이가 너무 작다고 판단할 수 있다. 카이제곱 검정을 이용하여 귀무가설이 기각된 결론을 바탕으로 무언가 경영의사결정을 하는 경우 늘 효과크기를 고려해야 한다.

예시문제 **비율의 차이에 대한 신뢰구간**

문제 : 인플레이션에 대한 갤럽조사의 예에서 보수성향의 68.2%(340명 중 232명), 진보성향의 42.1%(340명 중 143명)가 "매우 걱정"을 선택하였다. 이 차이는 680명의 표본에서 26.1%에 달한다. 실제 차이에 대한 95% 신뢰구간을 구하라.

답 : 표준오차가 다음과 같으므로

$$SE(\hat{p}_C-\hat{p}_L)=\sqrt{\frac{\hat{p}_C\hat{q}_C}{n_C}+\frac{\hat{p}_L\hat{q}_L}{n_L}}=\sqrt{\frac{(0.682)(0.338)}{340}+\frac{(0.421)(0.579)}{340}}=0.037$$

95% 신뢰구간은 $z=1.96$으로부터 다음과 같이 구하여진다.

$$(\hat{p}_C-\hat{p}_L)\pm z^{*}SE(\hat{p}_C-\hat{p}_L)$$

$$0.261\ \pm\ 1.96\ (0.037)\ =\ (0.188,\ 0.334)$$

즉, 인플레이션을 매우 걱정하는 보수성향의 사람의 비율은 진보성향을 갖는 사람들보다 18.8%에서 33.4% 더 높다고 95%의 확신으로 말할 수 있다.

13.6 독립성 검정

외모의 중요도에 대한 개인적인 생각은 국가별로 다르다는 점을 이전에 살펴본 바 있으며, 이는 글로벌 화장품 회사의 마케팅 부서에는 매우 귀중한 정보가 될 것이다. 이제 마케팅 부서에서 사람들의 나이도 중요한 요소인지 알고 싶다고 가정하자. 이는 제품 광고의 미디어 선택에 영향을 줄 것이다. 나이 든 사람들도 젊은이들과 외모의 중요도에 대한 생각이 동일할까?

		나이						
		13~19	20~29	30~39	40~49	50~59	60+	합계
외모	7-매우 중요	396	337	300	252	142	93	1520
	6	325	326	307	254	123	86	1421
	5	318	312	317	270	150	106	1473
	4-보통	397	376	403	423	224	210	2033
	3	83	83	88	93	54	45	446
	2	37	43	53	58	37	45	273
	1-전혀 중요하지 않음	40	37	53	56	36	52	274
	합계	1596	1514	1521	1406	766	637	7440

표 13.10 나이에 따른 외모의 중요도에 대한 응답 결과

우리가 5개국의 차이에 대해 조사할 때 이 5개국은 변수라기보다는 5개의 서로 다른 그룹으로 간주하였다. 그러나 여기에서는 나이를 외모의 중요도에 대한 응답과 동시에 측정되어야 할 두 번째 변수라고 생각할 수 있으며, 또 그렇게 생각해야만 한다. 응답의 분포가 나이에 따라 달라지는가 하는 질문은 두 변수 "외모"와 "나이"가 서로 독립적인가 하는 질문을 제기하게 한다.

이 경우처럼 분할표에 두 개의 변수가 있을 때에는 **카이제곱 독립성**(independence) **검정**을 수행할 수 있다. 검정의 절차는 동질성 검정의 경우와 동일하며, 두 방법의 차이는 자료에 대한 개념과 이에 따른 결과의 해석에 있다.

동질성 혹은 독립성?

동질성 검정과 독립성 검정의 유일한 차이는 어떤 결론을 원하는가에 있다.

여기에서의 질문은 외모의 중요도에 대한 응답이 나이와 독립적인지 여부이다. 이전에 두 사건 **A**와 **B**가 서로 독립적이기 위해서는 사건 **A**의 확률과 사건 **B**가 발생했을 때 사건 **A**의 조건부 확률이 서로 같아야 한다는 점을 배운 바 있다. 이를 본 예에 적용하면 랜덤하게 선택한 한 응답자가 외모는 매우 중요하다고 답할 확률은 모든 연령에 걸쳐 동일하다는 것을 의미한다. 즉, 어떤 사람의 외모에 대한 응답은 그 사람의 나이와는 독립적이라는 것이다. 물론 표의 자료를 이용하여 계산하면 확률과 조건부 확률이 완전히 똑같지는 않을 것이다. 이 확률이 충분히 다르다는 것을 확인하기 위해서 카이제곱 독립성 검정법을 사용하는 것이다.

본 예의 경우 하나의 모집단으로부터 두 개의 범주형 변수가 측정된다. 이전의 동질성 검정에서는 둘 이상의 모집단을 대상으로 하나의 범주형 변수가 독립적으로 측정되었다. 이제 우리의 질문은 "그룹들이 서로 균질한가"가 아니라 "변수들은 서로 독립적인가"로 바뀌게 된다. 이 둘의 차이는 미묘한 것이지만 결론을 내릴 때 중요하게 작용한다.

가정과 조건

물론 여기에서도 계수자료 조건과 각 칸의 기대도수가 5 이상이어야 하는 조건을 만족해야 한다.

우리는 보통 변수들의 독립성에 대한 결론을 자료로부터 모집단으로 일반화시키고 싶어한다. 이 경우 자료들이 그 모집단으로부터 랜덤하게 추출되었는지 확인할 필요가 있다.

길잡이 문제 외모와 나이

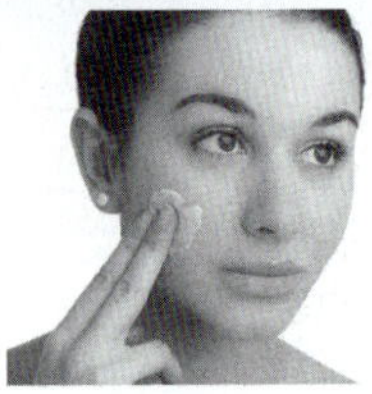

이전에 외모의 중요도에 관한 질문에 대한 중국, 프랑스, 인도, 영국, 미국 등 5개국의 응답이 서로 다른지에 대해 살펴보았으며, 우리가 목격한 문화의 차이에 대해 보고한 바 있다. 이제 외모에 관한 동일한 질문에 대한 응답이 나이에 의해 영향을 받는지 여부를 살펴 마케팅 담당자들에게 도움을 주도록 하자. 변수 "나이"는 6개의 범주를 갖는다. 서로 다른 6개의 그룹으로 보기보다는 "나이"를 하나의 변수로 간주하여 변수 "나이"와 "외모"가 서로 독립인지 알아보도록 하자.

계획

준비 연구의 목적을 기술하고 변수를 확인한다.

범주형 변수인 외모와 나이가 서로 통계적으로 독립인지 알고자 한다. 5개국으로부터 랜덤하게 선택된 7,440명의 응답자들이 분할표에 정리되어 있다.

가설 귀무가설과 대립가설을 정한다.
변수들의 독립성이 의심될 때 독립성 검정을 수행한다. 우리는 응답자의 나이에 따라 외모에 대한 응답 분포가 다르게 나타나지 않을 것이라는 귀무가설을 검정한다.

H_0: 외모와 나이는 서로 독립이다.[6]
H_A: 외모와 나이는 서로 독립이 아니다

모형 조건들을 확인한다.

✔ **계수자료 조건**: 두 범주형 변수에 대한 계수자료이다.

✔ **랜덤화 조건**: 이 조사는 GfK에서 30개국에 대해 랜덤하게 표본을 추출하여 설문조사를 수행하였으며, 이 중 5개국에 대한 자료를 사용하고 있다. 비록 단순 랜덤표본은 아니지만 각국에서 편의(bias)를 피하는 표본을 추출한바 있다.

✔ **기대도수 조건**: 기댓값들은 모두 5보다 훨씬 크다.

기대도수가 다음 표에 나와 있다. 기대도수 계산법은 동질성 검정의 경우와 동일하다. 예를 들어 첫 번째 칸의 경우 1596의 1520/7440=20.43%는 326.065이다.

기대도수

		나이					
		13~19	20~29	30~39	40~49	50~59	60+
외모	7-매우 중요	326.065	309.312	310.742	287.247	156.495	130.140
	6	304.827	289.166	290.503	268.538	146.302	121.664
	5	315.982	299.748	301.133	278.365	151.656	126.116
	4-보통	436.111	413.705	415.617	384.193	209.312	174.062
	3	95.674	90.759	91.178	84.284	45.919	38.186
	2	58.563	55.554	55.811	51.591	28.107	23.374
	1-전혀 중요하지 않음	58.777	55.758	56.015	51.780	28.210	23.459

누적 막대그래프를 그려보면 응답은 나이와 독립적이지 않은 것처럼 보인다. 나이든 사람들은 젊은이보다 외모는 덜 중요하다고 생각하는 경향이 있는 것 같다.

6) 다른 카이제곱 검정에서와 마찬가지로 가설은 보통 모수 없이 글로 표현된다. 독립성 가정에 의해 분할표에서 각 칸의 기대도수를 어떻게 구해야 하는지를 알 수 있다.

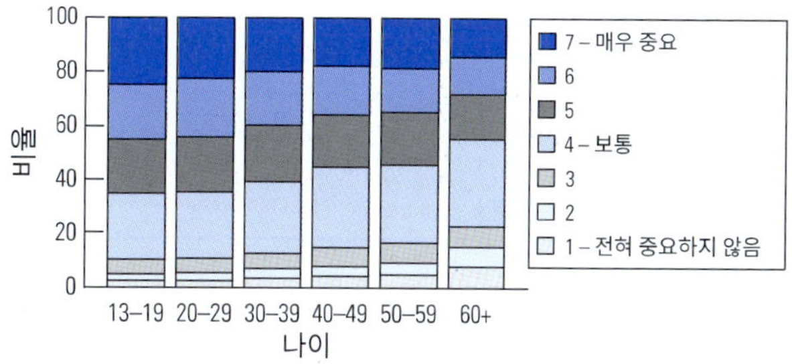

관찰도수는 <표 13.10>에 있으며 이 자료들을 이용하여 자유도 (7-1) × (6-1) = 30인 카이제곱 독립성 검정을 수행할 수 있다.

실행

계산법 소프트웨어를 이용하여 검정통계량과 P값을 구한다.

$$\chi^2 = \sum_{all\,cells} \frac{(Obs - Exp)^2}{Exp} = 170.7762$$

카이제곱분포의 모양은 자유도에 따라 달라진다. 자유도가 30이지만 검정통계량 값이 매우 커서 P값은 작다.

P값 = $P(\chi^2_{30} > 170.7762) < 0.001$

보고

결론 P값을 이용하여 결론을 내린다.

메모

Re: 나이와 외모에 대한 태도 간의 관계에 관한 조사

GfK 설문조사를 이용한 분석에 의하면 외모에 대한 사람들의 태도는 나이와 독립적이지 않은 것으로 나타났다. 선택된 5개국의 경우 평균적으로 나이든 사람들은 젊은이보다 외모는 덜 중요하다고 생각하는 경향이 있는 것 같다.

분석 결과 나이와 외모에 대한 태도는 서로 독립이라는 귀무가설은 기각되었다. 이렇게 표본의 크기가 큰 경우에는 독립성에서 아주 조금 벗어나더라도 거의 대부분 카이제곱 검정을 통해 검출되어 귀무가설이 기각된다. 잔차들을 계산해보면 어느 칸이 가장 독립성과 거리가 먼가를 알 수 있다. 경영 의사결정을 위해서는 P값뿐만 아니라 효과크기도 살펴보아야 한다. 또한 국가별 차이에 의해 마케팅이 영향을 받으므로 각국의 자료도 개별적으로 살펴보아야 한다.

어느 회사에서 청소년 시장과 30대 시장에 광고 자원을 어떻게 나누는 것이 좋을지 관심을 가지고 있다고 가정하자. 두 그룹에서 외모가 매우 중요하다고(6이나 7) 응답한 비율의 차이는 얼마나 될까?

이를 알아보기 위해서는 그 차이의 신뢰구간을 구해야 한다. 〈표 13.10〉에서 6이나 7을 선택한 비율은 청소년과 30대에서 각각 45.17%와 39.91%임을 알 수 있다. 따라서 95% 신뢰구간은 다음과 같이 구해진다.

$$(\hat{p}_1 - \hat{p}_2) \pm z^* SE(\hat{p}_1 - \hat{p}_2)$$

$$= (0.4517 - 0.3991) \pm 1.96 \times \sqrt{\frac{(0.4517)(0.5483)}{1596} + \frac{(0.3991)(0.6009)}{1521}}$$

$$= (0.018,\ 0.087),\ \text{또는}\ (1.8\% \sim 8.7\%)$$

이 결과는 통계적으로 유의한 차이를 의미하지만 그 차이가 적은 경우에는 1.8%에 불과하다는 것을 알 수 있다. 따라서 광고비 지출의 분배에 대한 의사결정을 할 때에는 이러한 효과크기를 염두에 두고 결정하는 것이 중요하다.

예시문제 독립성 검정

문제 : 2010년 5월에 갤럽에서는 공항에서 테러리스트를 찾아내기 위해 프로파일링 기법을 사용하는 것에 대해 미국성인들을 대상으로 찬반 의견을 조사한 적이 있다. 이 기법은 이스라엘에서는 관행적으로 사용하고 있지만 미국에서는 사용하지 않고 있다. 이 의견은 나이에 따라 다를까? 즉, 의견과 나이는 서로 독립적일까? 다음은 갤럽의 조사 결과이다. (비율은 동일하지만 합계는 계산을 쉽게 하기 위해 바꾸었다.)

	나이				
	18~29	30~49	50~64	65+	합계
찬성	57	66	77	87	287
반대	43	34	23	13	113
합계	100	100	100	100	400

답 : 검정하는 귀무가설은 의견과 나이가 서로 독립이라는 것이다. 의견과 나이를 우리의 파악하고자 하는 관계처럼 변수로 간주하면 동질성 검정보다는 독립성 검정을 통해 이 질문에 답할 수 있다. 자료들은 랜덤표본이고 각 칸의 기대도수는 모두 5 이상이다. 기대도수는 다음과 같이 계산된다.

$$Exp_{ij} = \frac{\text{합계}_{\text{행}i} \times \text{합계}_{\text{열}j}}{\text{총합}}$$

$$Exp_{11} = \frac{\text{합계}_{\text{행}1} \times \text{합계}_{\text{열}1}}{\text{총합}} = \frac{287 \times 100}{400} = 71.75$$

기대도수	나이				
	18~29	30~49	50~64	65+	합계
찬성	71.75	71.75	71.75	71.75	287
반대	28.25	28.25	28.25	28.25	113
합계	100	100	100	100	400

또한 요소들은 다음과 같이 구해진다.

요소	나이			
	18~29	30~49	50~64	65+
찬성	3.03	0.46	0.38	3.24
반대	7.70	1.17	0.98	8.23

자유도는 $(r-1) \times (c-1) = 1 \times 3 = 3$이고, 요소들을 모두 더하면 검정 통계량은

$$\chi_3^2 = 3.03 + 0.46 + \cdots + 8.23 = 25.20$$

이 되어 P값 < 0.0001이 된다.

따라서 귀무가설을 기각하고 프로파일링에 대한 의견과 나이는 서로 독립이 아니라고 결론 내린다. 잔차들을 살펴보면 어떤 패턴을 발견할 수 있다.

잔차	나이			
	18~29	30~49	50~64	65+
찬성	−1.74	−0.68	0.62	1.80
반대	2.78	1.08	−0.99	−2.87

연령이 높아질수록 프로파일링에 대해 관대한 태도를 보이는 것으로 나타나고 있어 두 변수는 서로 독립적이지 않다. 나이순으로 막대그래프를 그려보면 이러한 경향을 뚜렷하게 알 수 있다

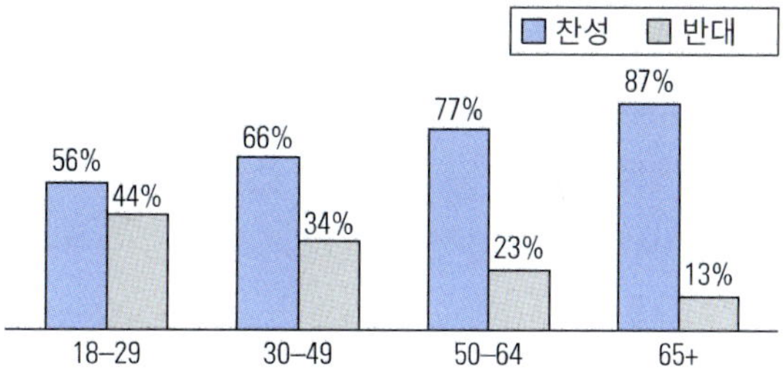

확인문제

다음과 같은 상황에서는 적합도 검정, 동질성 검정, 독립성 검정 중 어떤 방법을 선택해야 할까?

1. 금요일 저녁에 오는 고객과 토요일 저녁에 오는 고객이 주방장의 네 가지 특별 요리에 대해 동일한 선호도를 보이는지 알고 싶다. 어느 주말, 금요일과 토요일에 각각 어떤 요리가 주문되었는지 정리한 자료를 가지고 있다. 이 고객들이 전형적인 주말 고객들이라고 가정하여 금요일과 토요일에 주문된 요리들의 분포를 서로 비교하려고 한다.
2. 회사에서는 모든 직원들에게 랜덤하게 주차장을 배정하는 것이 방침이라고 하지만 나는 이것은 사실이 아닐 것이라고 의심하고 있다. 회사 주차장은 동일한 크기로 세 개가 있는데, 주차장 A는 빌딩 옆에, 주차장 B는 빌딩에서 조금 떨어진 곳에, 그리고 주차장 C는 저 멀리 회사 진입로 근처에 있다. 중간 관리자와 그 이상에 대한 자료를 수집하여 이들이 각 주차장에 몇 명씩 배정되었는지 알아보려고 한다.
3. 학생이 어디에서 생활하는지는 그 학생의 사회생활에 영향을 줄까? 어느 대학에서 학생들을 랜덤하게 선택하여 기숙사에 사는지, 근처 하숙집에서 사는지, 또는 집에서 다니는지 묻고, 지난 2주 동안의 데이트 횟수를 0, 1−2, 3−4, 5회 이상 중에 선택하게 하였다.

카이제곱 검정과 인과관계

카이제곱 검정은 보편적으로 사용되며, 특히 독립성 검정은 널리 쓰인다. 그런데 많은 사람들이 P값이 작다고 해서 인과관계의 증거로 여기는 잘못을 범한다. 계량형 변수들 사이의 상관이 인과관계를 의미하는 것은 아니듯이, 두 범주형 변수 사이의 독립성이 없다고 해서 이 들 사이에 인과관계가 있다거나 한 변수가 다른 변수에 종속적이라고 말하면 안 된다.

카이제곱 독립성 검정은 두 변수를 대칭적으로 다룬다. 인과관계가 있다고 하더라도 그 방향을 알아낼 수 있는 방법은 없다. 외모의 중요도에 대한 태도와 나이는 서로 관계가 있다는 사실을 알아냈지만, 나이가 드는 것이 태도를 변하게 한다고는 말할 수 없으며 반대로 태도의 변화가 나이를 먹게 한다고 말하는 것은 명백한 오류이다.

물론 어떤 숨어있는 변수가 이러한 독립성 결여에 책임이 있을 가능성을 절대 배제할 수 없다. 어떤 의미에서는 두 범주형 변수 사이에 독립성이 없는 것은 계량형 변수 간에

강한 관계가 있는 것보다는 덜 인상적이다. 두 범주형 변수의 독립성 결여에는 여러 가지 원인이 있을 수 있다. 잔차들을 조사해보면 일정한 패턴이 있는지 여부를 알 수 있다.

무엇이 잘못될 수 있는가?

- **계수자료가 아니라면 카이제곱검정을 사용하면 안 된다.** 카이제곱검정의 세 가지 방법은 계수자료인 경우에만 적용할 수 있다. 계수자료가 아닌 경우에도 분할표의 형태로 정리될 수 있다. 그러나 숫자들이 분할표의 형태로 정리되어 있다고 해서 카이제곱검정이 적합한 방법이라는 것을 의미하는 것은 아니다. 비율이나 퍼센트로 표시된 자료들은 카이제곱검정을 적용할 수 있지만 대신 그전에 계수자료로 변환해야 한다. 계수자료가 아닌 경우에 카이제곱검정을 적용하면 잘못된 결론을 내리게 될 것이다.
- **큰 표본을 조심하라.** 표본이 크면 안 된다? 이것은 익숙하게 듣던 말과는 다르다. 그러나 카이제곱검정은 특이한 경우에 해당한다. 아주 큰 표본으로 카이제곱검정을 수행하는 것은 조심해야 한다. 귀무가설로 설정한 분포가 완벽하게 맞는 경우는 없으며, 두 그룹이 완전하게 동일할 수는 없고, 두 변수가 완벽하게 독립적인 일은 드물다. 카이제곱검정의 자유도는 표본의 크기에 따라 증가하지 않는다. 표본의 크기가 충분히 커지면 카이제곱검정은 늘 귀무가설을 기각하게 될 것이다. 그러나 관측된 자료가 귀무가설 모형으로부터 얼마나 차이가 있는지를 측정할 방도는 없다. 두 비율에 대한 검정을 제외하고 효과크기를 가늠할 수 있는 신뢰구간은 구할 수 없다.
- **두 변수가 서로 독립이 아니라고 해서 한 변수가 다른 변수에 종속한다고 하면 안 된다.** "종속(depend)"이라는 표현은 어떤 모형이나 패턴을 의미하기 쉬운데, 실제로는 변수들이 서로 독립이 되지 않게 되는 이유는 여러 가지가 있다. 독립성 검정이 기각되었다면 변수들이 서로 "관련(associate)"이 있다고 표현하는 것이 더 나을 것이다.

통계분석의 올바른 사용

Deliberately Different사는 직접 손으로 페인트칠을 한 스위치판이나 손으로 자수를 뜬 린넨 제품들과 같은 독특한 가정용 액세서리 제품 전문회사로써 카탈로그나 웹사이트를 통해 제품을 판매한다. 고객층은 주로 여성이면서 일반적으로 나이가 많고 비교적 가구소득이 높은 경향이 있다. 회사의 경영진은 웹사이트 방문 고객의 수는 변함이 없기는 하지만 구매로 이어지는 고객의 비율은 감소하는 것을 주목하고 있다. 회사의 제품 책임자인 Megan Cally는 이 문제에 대한 조사를 의뢰한 시장조사 회사와의 공동 작업을 총괄하였다. 시장조사 회사의 컨설턴트인 Jason Esgro와의 첫 번째 회의에서 그녀는 대화의 주제를 웹사이트 디자인으로 몰고 갔다. Jason은 고객들이 온라인 구매를 포기하는 몇 가지 이유들에 대해 설명했는데 가장 주요한 이유 두 가지는 결제보안에 대한 우려와 예상 밖의 배송수수료였다. 이 회사의 배송비는 적절하였으므로 Megan은 보안 우려에 대한 문제를 좀 더 조사해볼 것을 요청하였다. 그들은 웹사이트 방문 고객들 중에서 랜덤하게 뽑은 고객들에 대한 설문조사를 개발하였다. 이 고객들에게 이메일로 연락하여 간단한 설문에 응해줄 것을 요청하였으며, 응답자들을 대상으로 경품 추첨을 내걸었다. 그 결과 총 2,450명이 설문에 응답하였다. 분석에는 결제보안에 관한 응답이 성별과 소득수준에 독립적인지 알아보기 위한 카이제곱 독립성 검정이 포함되었다. 검정 결과 두 경우 모두 유의하여 독립성 가설이 기각되었다. Megan은 경영진에게 온라인 결제보안에 관한 우려는 성별과 소득수준에 종속적이라고 보고하였으며, 이에 따라 회사는 나이든 여성 고객들을 대상으로 웹사이트를 통한 결제가 안전하다는 점을 확신시켜 줄 수 있는 방법을 찾기 시작하였다. Megan은 제품 책임자로서 구매 감소가 취급 제품과 관계없다는 점에 안도하였다.

문제점 카이제곱 독립성 검정에서 귀무가설이 기각될 가능성은 표본크기에 따라 증가한다. 본 예의 경우 표본크기가 매우 크다. 더구나 결제보안에 관한 우려가 성별과 나이, 소득수준에 종속적이라고 말하는 것은 잘못된 것이다. 또한 관계의 패턴은 (예를 들어 여러 나이 범주별로) 조사되지 않았다. 마지막으로 제품 책임자인 Megan은 구매 감소의 요인일 수도 있는 취급 제품에 대한 조사에 주의를 기울이지 않도록 의도적으로 몰고 갔다. 대신 그녀는 다른 잠재적인 요인들에 대해 조사하지 않았다는 점은 뺀 채 문제의 이유를 정확히 찾아냈다고 경영진에게 보고하였다.

해결책 검정결과를 올바르게 해석해야 한다. 표본이 크다는 점에 주의하고, 관계에 대한 패턴이 있는지 살펴보며, 효과크기를 추정할 수 있는 방법은 없다는 점을 기억한다.

무엇을 배웠는가?

학습목표

- 카이제곱 적합도 검정, 동질성 검정, 독립성 검정이 적절한 경우를 구분하여 적용할 수 있다.
- 각 검정에서 기대도수를 구할 수 있다.
- 각 검정에서 가정과 조건을 확인하고 검정 절차를 진행할 수 있다.
  - 계수자료 조건
  - 자료의 독립성 조건. 랜덤화는 독립성을 확보하는 데 도움이 된다.
  - 표본의 크기에 관한 가정과 기대도수 조건. 각 칸의 기대도수는 최소 5 이상이 되어야 한다.
- 카이제곱검정의 결과를 해석할 수 있다.
  - 귀무가설이 사실이라고 믿고 있더라도 이를 증명할 수는 없다.
- 표준화 잔차들을 계산하여 어떤 칸이 귀무가설의 기각에 기여했는지를 알 수 있다.
- 두 비율을 비교하는 검정을 수행할 수 있다.
- 독립성 검정의 귀무가설과 동질성 검정의 귀무가설이 어떻게 다른지 구별할 수 있다.
  - 이 둘의 계산방법은 동일하며 통계 소프트웨어에서 이 둘을 구분하여 제공하지는 않을 것이다. 결과를 올바르게 해석할 수만 있다면 두 방법 모두 사용해도 될 것이다.

용어정리

카이제곱분포 카이제곱분포는 오른쪽으로 치우쳐 있다. 분포의 모수는 자유도이며 자유도가 증가할수록 치우침은 줄어든다.

카이제곱 통계량 카이제곱 통계량은 카이제곱 요소들을 모두 더하여 구한다. 카이제곱검정은 적합도, 동질성, 독립성을 검정하는데 사용된다.

카이제곱 적합도 검정 하나의 범주형 변수의 계수자료가 특정 분포에 잘 들어맞는가를 검정하는 방법이다. 적합도 검정의 통계량은 다음과 같으며, 이 공식에서 기대도수는 귀무가설의 분포로부터 계산된다.

$$\chi^2 = \sum_{all\,cells} \frac{(Obs - Exp)^2}{Exp}$$

이 값을 카이제곱분포와 비교하여 P값을 구하는데, 범주의 수를 n이라고 할 때 분포의 자유도는 $n-1$이 된다.

카이제곱 동질성 검정 동일한 범주형 변수에 대한 둘 이상의 그룹의 분포가 동일한지 여부를 검정하는 방법이다. 동질성 검정의 통계량은 다음과 같으며, 이 공식에서 기대도수는 전체 총 도수와 각 그룹별 총 도수를 이용하여 구한다.

$$\chi^2 = \sum_{all\,cells} \frac{(Obs - Exp)^2}{Exp}$$

P값은 자유도가 $(R-1)\times(C-1)$인 카이제곱분포로부터 구할 수 있는데, 여기에서 R은 범주(행)의 수, 그리고 C는 그룹(열)의 수를 의미한다.

카이제곱 독립성 검정 두 범주형 변수가 서로 독립인지 여부를 검정하는 방법이다. 독립성 검정의 계산법은 동질성 검정과 같다. R을 한 변수의 범주의 수, C를 다른 변수의 범주의 수라고 할 때, 자유도가 $(R-1)\times(C-1)$인 카이제곱분포로부터 P값을 계산한다.

표준화 잔차 분할표에서 각 칸의 표준화 잔차는 카이제곱 요소의 제곱근으로써 다음과 같다.

$$\frac{(Obs - Exp)}{\sqrt{Exp}}$$

귀무가설이 기각되었을 때에는 표준화 잔차를 계산해봄으로써 어느 부분에서 귀무가설이 위배되었는지에 대한 힌트를 얻을 수 있다.

기술적 도움: 카이제곱

EXCEL

엑셀에서는 CHITEST(actual_range, expected_range) 함수를 이용하여 독립성 검정의 P값을 구할 수 있다. 인수의 두 범위는 실제 자료가 있는 표와 기대도수가 있는 표의 각각의 범위를 지정해 주어야 한다. 두 표는 동일한 모양과 크기여야 한다. 엑셀 2010에서는 CHISQ.TEST 함수이다.

주의사항

이 기능을 사용하기 위해서는 기대도수를 계산하여 정리한 표를 미리 만들어두어야 한다. (다음의 그림은 엑셀 2010의 경우이다.)

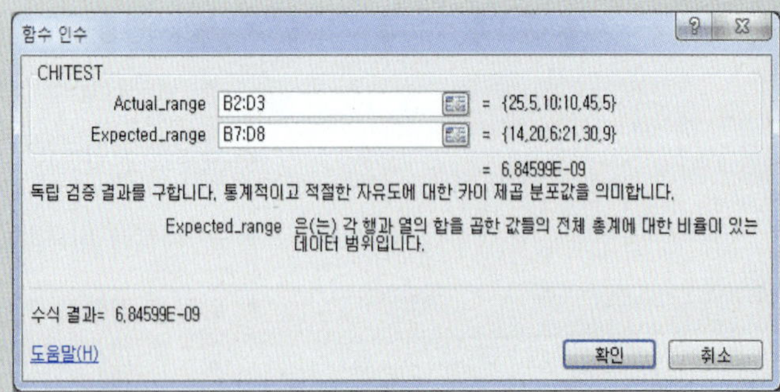

연습문제

13.1절

1. 출생에 계절 효과가 없다면 계절별로 동일한 수의 출생이 있을 것으로 기대할 수 있을 것이다. 한 학생이 통계학 수업 수강생 120명을 대상으로 조사한 결과 25명이 겨울에, 35명이 봄에, 32명이 여름에, 28명이 가을에 태어난 것으로 나타났다. 여기에서 봄에 좀 더 많이 태어난 것을 보면 계절별로 일정하지 않다는 것을 의미하는 것은 아닌지 의심스럽다.

a) 출생에 계절효과가 없다면 계절별 기대 출생 수는 얼마인가?
b) 카이제곱(χ^2) 통계량을 계산하라.
c) 이때 자유도는 얼마인가?

13.2절

3. 위의 연습문제 1에서

a) 계절효과가 없다면 카이제곱 통계량의 값은 평균적으로 대략 얼마일까? (즉, 카이제곱분포의 평균은 얼마인가?)
b) 연습문제 1에서 계산된 통계량 값은 이 평균값에 비해 크다고 할 수 있는가?
c) 귀무가설에 대해 어떻게 말할 수 있을까??
d) 유의수준 0.05에 해당하는 기각값을 구하라.
e) 기각값을 이용하여 유의수준 0.05로 결론을 내려라.

13.3절

5. 연습문제 1의 자료에 대해

a) 각 계절별로 표준화 잔차를 계산하라.
b) 특별히 큰 값이 있는가? (무엇에 비교해야 하나?)
c) b)의 답을 예상할 수 있는 이유는 무엇인가?

13.4절

7. 은행 지점이 도심에 있는 경우와 대형 몰(mall)에 있는 경우에 따라 연령대의 분포가 달라지는지 알아보기 위해 각 지점에서 100건의 거래를 랜덤하게 선택하여 조사해본 결과 다음과 같았다.

	연령대			
	30 미만	30~55	56 이상	합계
도심	20	40	40	100
대형 몰	30	50	20	100
합계	50	90	60	200

a) 귀무가설은 무엇인가?
b) 검정의 종류는 무엇인가?
c) 귀무가설이 사실일 때 각 칸의 기대도수를 구하라.
d) χ^2 통계량을 구하라.
e) 자유도는 얼마인가?
f) $\alpha = 0.05$에 해당하는 기각값을 구하라.
g) 결론은 무엇인가?

13.5절

9. 인터넷 사용에 있어서 남녀 간의 차이는 마케팅 담당자들에게 중요한 정보이다. 미국의 한 여론조사 기관에서 2009년에 조사한 바에 의하면 남성의 경우 3,037명 중 2,393명이, 여성의 경우 3,166명 중 2,378명이 인터넷을 사용하는 것으로 나타났다.

a) 인터넷을 사용하는 비율을 남성과 여성에 대해 각각 구하라.
b) 비율의 차이를 구하라.
c) 비율의 차이에 대한 표준오차는 얼마인가?
d) 비율의 차이에 대한 95% 신뢰구간을 구하라.

13.6절

11. 연습문제 9번의 조사에서는 또한 "어제 인터넷을 사용했는지", "답변자의 인종은 무엇인지"에 대해 질문을 하였고 그 결과는 다음과 같았다. 인터넷 사용과 인종은 서로 독립적인가?

	어제 인터넷을 사용하였습니까?	
	예	아니오
백 인	2546	856
흑 인	314	146
기 타	431	174

a) 귀무가설하에서 기대도수를 구하라.
b) χ^2 통계량을 구하라.
c) 자유도는 얼마인가?
d) $\alpha = 0.05$에 해당하는 기각값을 구하라.
e) 결론은 무엇인가?

단원 연습문제

13. 다음의 각 상황에 대해서 카이제곱 적합도 검정, 동질성 검정, 독립성 검정, 또는 기타 다른 검정 중 어떤 방법이 적절한지 선택하라.

a) 증권회사에서 고객의 계좌종류(실버, 골드, 플래티늄)에 따라 거래 유형(방문, 전화, 인터넷)에 영향을 주는지 알아보고자 지난 연도의 자료를 랜덤하게 선택하여 검정을 수행하였다.

b) 이 증권회사에서는 또한 계좌의 종류가 계좌의 규모(금액)에 영향을 주는지 알아보기 위해 계좌의 평균 규모(금액)가 세 가지 계좌 모두 동일한지 검정을 수행하였다.

c) 미국의 지역 전문대학에서 해당 주의 출신학생과 타주 출신 학생의 교과목 선택(인문학, 사회과학, 자연과학) 분포에 차이가 있는지 알아보기 위해 지난 학기의 자료를 수집하여 검정을 수행하였다.

15. 동생과의 주사위 게임에서 지고 난 후 이 주사위가 공정한지 알아보기 위해 60번 던진 후 나온 결과를 정리하였더니 다음과 같았다. 주사위는 공정한 것일까?

결과	횟수
1	11
2	7
3	9
4	15
5	12
6	6

a) 주사위가 공정한 것이라면 각 결과의 기대도수는 얼마인가?

b) 주사위의 공정성을 확인하고자 한다면 적합도, 독립성, 동질성 검정 중에 어떤 방법을 적용해야 하는가?

c) 적절한 가설을 세워라.

d) 조건들을 확인하라.

e) 자유도는 얼마인가?

f) χ^2값과 P값을 구하라.

g) 결론을 내려라.

17. 견과류 생산업체에서 자사의 상품 한 통에는 브라질호두 10%, 캐슈 20%, 아몬드 20%, 헤이즐넛 10%, 그리고 나머지는 땅콩이 들어 있다고 광고하고 있다. 이 상품을 한 통 구입하여 견과류를 종류별로 분류해보았더니 브라질호두 112g, 캐슈 183g, 아몬드 207g, 헤이즐럿 71g, 그리고 땅콩 446g이 들어 있었다. 이 구성은 회사의 광고와 다른 것일까?

a) 카이제곱 적합도 검정을 적용할 수 없는 이유를 설명하라.

b) χ^2 검정을 적용하기 위해서는 무게를 재는 대신 어떻게 해야 할까?

19. 복권이 대중에게 인기를 얻기 위해서는 일단 공정해야 한다. 미국 매릴랜드 주의 Pick-3 복권은 0에서 9 사이의 숫자 세 개를 맞추는 것인데(반복 가능), 이 게임이 공정하기 위해서는 세 개의 각 숫자가 뽑힐 가능성이 동등해야 한다. 과연 확률이 동등한지 알아보기 위해 최근 32주의 추첨결과로부터 654개의 뽑힌 숫자를 분류한 결과 다음과 같았다.

숫자	횟수	%
0	62	9.480
1	55	8.410
2	66	10.092
3	64	9.786
4	75	11.468
5	57	8.716
6	71	10.856
7	74	11.315
8	69	10.550
9	61	9.327

a) 적절한 검정법을 선택하라.

b) 필요한 가정을 확인하라.

c) 가설을 세워라.

d) 검정을 수행하고 그 결과를 말하라.

e) 결과의 의미를 해석하고 결론을 내려라.

Ⓣ **21.** 다음은 타이타닉호에서 생존한 사람들은 승무원, 1등실, 2등실, 3등실 승객으로 분류한 표이다.

	승무원	1등실	2등실	3등실	합계
생존	212	202	118	178	710
사망	673	123	167	528	1491
합계	885	325	285	706	2201

a) 이 표에서 한 사람을 랜덤하게 뽑았을 때 승무원일 확률은?

b) 이 표에서 한 사람을 랜덤하게 뽑았을 때 생존한 3등실 승객일 확률은?

c) 한 사람을 뽑았을 때 1등실 승객이었다면 이 사람이 생존한 사람일 확률은?

d) 만약 승무원과 승객의 선실별 분류와 관계없이 생존 확률

이 동일하다고 가정하면 승무원은 몇 명이 생존할 것으로 기대할 수 있는가?

e) 귀무가설과 대립가설을 설정하고 어떤 검정법을 적용해야 하는지 밝혀라.

f) 자유도는 얼마인가?

g) 계산된 검정통계량 값은 187.8이고 P값은 거의 0에 가깝다면 결론은 어떻게 내릴 수 있는가?

23. 다음은 통계학 수강생들을 대상으로 형제순위와 재학 중인 단과대학을 조사한 결과이다.

		형제순위(1= 첫째 혹은 외동)				
		1	2	3	4 이상	합계
대학	인문학	34	14	6	3	57
	농학	52	27	5	9	93
	사회과학	15	17	8	3	43
	전문직	13	11	1	6	31
	합계	114	69	20	21	224

		기대도수 형제순위(1= 첫째 혹은 외동)			
		1	2	3	4 이상
대학	인문학	29.0089	17.5580	5.0893	5.3438
	농학	47.3304	28.6473	8.3036	8.7188
	사회과학	21.8839	13.2455	3.8393	4.0313
	전문직	15.7768	9.5491	2.7679	2.9063

a) 적절한 카이제곱검정은 어떤 것인가?

b) 가설을 세워라.

c) 필요한 조건을 확인하라.

d) 자유도는 얼마인가?

e) 계산 결과 $\chi^2=17.78$, $P=0.0378$이었다면 결론은 무엇인가?

f) 표준화 잔차를 계산하고 점검하라. 결론이 달라지는가?

		표준화 잔차 형제순위(1= 첫째 혹은 외동)			
		1	2	3	4 이상
대학	인문학	0.92667	−0.84913	0.40370	−1.01388
	농학	0.67876	−0.30778	−1.14640	0.09525
	사회과학	−1.47155	1.03160	2.12350	−0.51362
	전문직	−0.69909	0.46952	−1.06261	1.81476

T **25.** 크랜베리가 여성의 요로감염증을 예방하는 데 좋다는 속설이 있다고 한다. 크랜베리 주스 생산자가 이 속설을 광고에 이용하고자 학술적 증거를 찾고자 한다. 2001년에 발표된 한 의학논문에서는 50명씩 세 그룹으로 나눈 여성들을 대상으로 6개월간 요로감염증을 추적한 실험 결과가 소개되었다. 한 그룹은 크랜베리 주스를, 다른 한 그룹은 유산균 음료를 매일 마시게 하고, 나머지 그룹은 아무것도 마시게 하지 않았다. 실험 결과 아무것도 마시지 않은 그룹에서는 18명이, 유산균 음료를 마신 그룹에서는 20명이, 크랜베리 주스를 마신 그룹에서는 8명이 요로감염증 증세를 보였다. 이 연구결과는 크랜베리 주스가 여성의 요로감염증을 예방한다는 증거인가?

a) 적절한 검정법을 선택하라.

b) 필요한 가정을 확인하라.

c) 가설을 세워라.

d) 검정을 수행하고 그 결과를 말하라.

e) 결과의 의미를 해석하고 결론을 내려라.

f) 그룹들이 동일하지 않다는 결론을 내렸다면 표준화 잔차를 이용하여 그 차이를 분석하라.

27. 1,000명의 미국 성인을 대상으로 1주일에 소비하는 외식비를 조사한 결과 2008년과 2010년에 대해 다음의 결과를 얻었다. 변화가 있다고 할 수 있을까?

	2008	2010	합계
< $50/주	662	691	1353
$51~100	185	179	364
$101~150	71	57	128
$151~200	40	25	65
> $200	35	20	55
합계	993	972	1965

a) 동질성 검정과 독립성 검정 중 어느 것이 적절한가?

b) 적절한 가설을 세워라.

c) 필요한 조건들은 충족되는가?

d) 계산 결과 $\chi^2=9.581$, $P=0.0481$이었다면 결론은 무엇인가?

e) 다음의 표준화 잔차를 이용하여 좀 더 상세한 설명을 하라.

	2008	2010
< $50/주	−0.8310	0.83995
$51~100	0.0778	−0.0786
$101~150	0.7853	−0.7938
$151~200	1.2480	−1.261
> $200	1.3669	−1.3815

29. 430명의 성인을 랜덤하게 선택하여 조사한 결과 남자 222명 중 47명이, 여자 208명 중 37명이 온라인으로 책을 구입하는 것으로 나타났다.

a) 성별과 온라인 도서 구입이 서로 연관이 있다는 증거가 있는가?
b) 결론을 잘못 내렸다면 제1종 오류와 제2종 오류 중 무엇을 범한 것인가?
c) 온라인 도서구입 비율의 남녀 간 차이에 대한 95% 신뢰구간을 구하라.

31. GfK 컨설팅 회사에서 세계 여러 지역을 대상으로 다음과 같은 질문을 하였다. "나는 패스트푸드 섭취를 피하려고 노력한다." 이에 대해 800명의 응답자를 랜덤하게 선택하여 조사해 보니 35세 이하 411명 중 197명이, 36세 이상 389명 중 246명이 이 말에 동의하였다.

a) 패스트푸드를 피하는 비율이 이 두 그룹에서 서로 다르다는 증거가 있는가?
b) 이 비율의 차이에 대한 90% 신뢰구간을 구하라.

33. 2012년 초에 주택의 가치가 빌린 융자금보다 낮은 소위 깡통주택의 비율이 네바다와 애리조나 주에서 가장 높은 것으로 조사되었다. 이 두 주에서 주택융자금을 표본 조사해본 결과 네바다 주가 좀 덜 심각한 것으로 나타났다. 애리조나의 경우 1,369건의 융자 중 62건이, 네바다의 경우 604건의 융자 중 22건이 거의 깡통 상태인 것으로 조사되었다.

a) 두 주의 깡통 비율이 서로 다르다는 증거가 있는가?
b) 두 비율의 차이에 대한 90% 신뢰구간을 구하라.

35. 연습문제 27번의 조사에서는 또한 주당 식료품 구입비에 대해서도 질문을 하였다. 다음은 2008년, 2009년, 2010년의 조사 결과이다.

	2008	2009	2010	합계
< \$50/주	138	153	129	420
\$51~100	336	327	345	1008
\$101~150	226	270	248	744
\$151~200	134	100	130	364
> \$200	146	104	95	345
합계	980	954	947	2881

3년간의 식료품 구입비에 대한 적절한 가설을 세우고 검정을 수행하라.

37. 사베인스-옥슬리법(SOX Act)은 기업 회계의 부정과 비리를 없애고 대중의 신뢰를 회복하기 위해 2002년 미의회에서 통과되었다. 각각 1,015명의 경영자를 대상으로 2000년과 2006년에 회계 관행에 대한 견해를 물어보았다. 다음은 총 응답자 2,030명이 "다음 중 누가 회계 윤리와 보고서 작성 관행에서 가장 중요한가?"에 대해 답한 결과를 요약한 것이다. 응답의 분포에 변화가 있다고 할 수 있을까?

	2000	2006
교육	142	131
IT보안	274	244
감사	152	173
IT정책	396	416
무응답	51	51

a) 적절한 검정법을 선택하라.
b) 필요한 가정을 확인하라.
c) 가설을 세워라.
d) 검정을 수행하고 그 결과를 말하라.
e) 결과의 의미를 해석하고 결론을 내려라.

39. 미국의 성인 1,000명을 대상으로 현재의 고용상태와 주식 소유여부를 조사한 결과 다음과 같았다. 고용상태와 주식소유 간에는 관계가 있을까?

	주식		
	미소유	소유	합계
고용	330	248	578
실업	123	45	168
은퇴	120	72	192
합계	573	365	938

a) 적절한 검정법을 선택하라.
b) 필요한 가정을 확인하라.
c) 검정을 수행하라.
d) 표준화 잔차를 계산하고 검토하라.
e) 도출된 결과에 대해 토의하라.

41. CEO들을 대상으로 교육 프로그램을 운영한 후 이 프로그램의 가치에 관해 CEO의 성별로 조사하여 다음과 같은 결과를 얻었다.

	남성	여성
매우 우수	3	9
우수	11	12
보통	14	8
미흡	9	2
매우 미흡	3	1

그런데 각 칸의 기대도수를 구해보면 '미흡'과 '매우 미흡'에서 너무 적게 나오는 것을 알 수 있다. 그래서 '미흡'과 '매우 미흡'을 합하여 '평균 이하'로 하여 다음과 같이 새로운 표를 만들었다.

	남성	여성
매우 우수	3	9
우수	11	12
보통	14	8
보통 이하	12	3

프로그램의 가치에 대한 인식에 남녀간 차이가 있을까?

a) 새로운 표에 대해 기대도수를 구하고 이전의 표에 비해 왜 카이제곱검정의 수행이 가능한지 이유를 말하라.
b) 표가 변함에 따라 자유도에 어떤 변화가 생기는가?
c) 두 그룹에 대한 가설을 검정하고 결론을 내려라.

Ⓣ **43.** 인종차별의 미묘한 형태 중의 하나는 집을 임대할 때 인종별로 나누는 소위 "인종 몰아넣기(racial steering)"이다. 인종 몰아넣기는 부동산 중개인이 임대를 원하는 사람의 인종을 살펴서 그 인종이 많이 사는 동네만 집을 보여주는 형태로 나타나며, 미국에서는 1968년부터 법으로 금지되어 왔다. 다음은 A구역과 B구역으로 나누어져 있는 어느 아파트 단지에 대해 최근의 임대인들을 대상으로 구역과 인종별로 조사한 자료이다. 백인들은 A구역으로, 흑인들은 B구역으로 몰아넣기를 한 증거가 있다고 할 수 있는가?

	백인	흑인	합계
구역 A	87	8	95
구역 B	83	34	117
합계	170	42	212

45. 연습문제 43번에서 두 구역의 흑인 임대인 비율의 차이에 대한 95% 신뢰구간을 구하라.

47. 많은 기업에서 비용 절감과 효율 증대를 위해 정보기술(IT)이나 인력관리(HR) 분야에 아웃소싱을 활용하고 있다. 다음은 여러 산업분야 별로 아웃소싱 형태를 조사하여 정리한 표이다.

	아웃소싱 안함	IT만 아웃소싱	HR만 아웃소싱	IT와 HR 둘 다 아웃소싱
건강관리	810	6429	4725	1127
금융	263	1598	549	117
산업용품	1031	1269	412	99
가정용품	66	341	305	197

산업분야별로 아웃소싱의 형태가 다르다고 할 수 있을까?

a) 적절한 검정법을 선택하라.
b) 필요한 가정을 확인하라.
c) 가설을 설정하라,
d) 검정을 수행하고 결과를 설명하라.
e) 결과의 의미를 실명하고 결론을 내려라.

49. 다음의 표를 참고하여 직무 만족도가 경영방식에 따라 차이가 있는지 조사해보자.

		직무 만족도			
		매우 만족	만족	약간 만족	불만족
경영방식	착취형	27	82	43	48
	온정적 권위형	50	19	56	75
	자유방임형	52	88	26	34
	상담형	71	83	20	26
	참여형	101	59	20	20

a) 적절한 검정법을 선택하라.
b) 필요한 가정을 확인하라.
c) 가설을 설정하라,
d) 검정을 수행하고 결과를 설명하라.
e) 결과의 의미를 설명하고 결론을 내려라.

51. 인터넷이 일상생활에 미치는 영향을 알아보기 위한 조사가 수행되었다. 다음은 온라인 잡지나 블로그를 구독하는지 여부를 세대별로 분류한 표이다. 온라인 잡지나 블로그를 보는 것이 세대와는 독립적인지 검정하라.

		온라인 잡지나 블로그 구독			
		그렇다, 어제도 구독	그렇다, 어제는 읽지 않음	구독하지 않음	합계
세대	Y세대 (18-30)	29	35	62	126
	X세대 (31-42)	12	34	137	183
	베이비붐 후반 (43-52)	15	34	132	181
	베이비붐 전반 (53-61)	7	22	83	112
	노년세대 (62+)	6	21	111	138
	합계	69	146	525	740

53. ERP 시스템의 효용을 평가하기 위해 어떤 기준을 사용하는지에 대한 조사를 제조업과 서비스업으로 구분하여 수행한 결과 다음과 같은 자료가 수집되었다. 335개의 제조업체 중 201개는 수익률(ROI), 100개는 재고수준, 28개는 자료의 신뢰도, 6개는 정시 납품을 기준으로 평가하는 것으로 나타났고, 200개의 서비스업체 중 40개는 수익률(ROI), 40개는 재고수준, 100개는 자료의 신뢰도, 20개는 정시 납품을 기준으로 평가하는 것으로 나타났다. ERP 시스템의 효용을 평가하는 기준이 제조업과 서비스업에 따라 다르다고 할 수 있는지 적절한 검정을 수행하고 결론을 내려라.

55. 미국 경제조사국에서 서부지역의 실질 GDP 성장률이 매우 크다고 발표하였다. 다음의 표와 지도를 이용하여 실질 GDP 성장률이 지역과 독립적인지 검정하라.

	GDP 성장률		
	상위 40%	하위 60%	합계
서부	13	2	15
중서부	2	10	12
남동부	4	8	12
북동부	2	10	12
합계	21	30	51

Percent Change in Real GDP by Metropolitan Area, 2004–2005

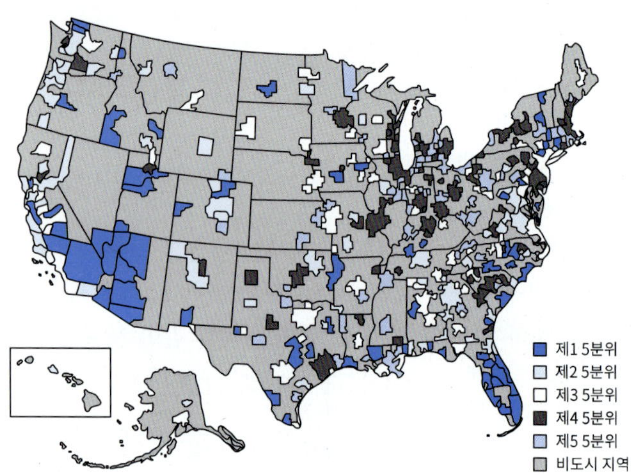

U.S. Bureau of Economic Analysis

확인문제 정답

1. 동질성 검정. 질문의 요지는 분포가 비슷한지 여부이다.
2. 적합도 검정. 주차장이 동일하게 배정되는지 여부를 검정한다.
3. 독립성 검정. 조사 개체별로 두 개의 변수(주거형태와 데이트 횟수)가 있다.

Business Statistics

PART 03

의사결정을 위한 모형 구축

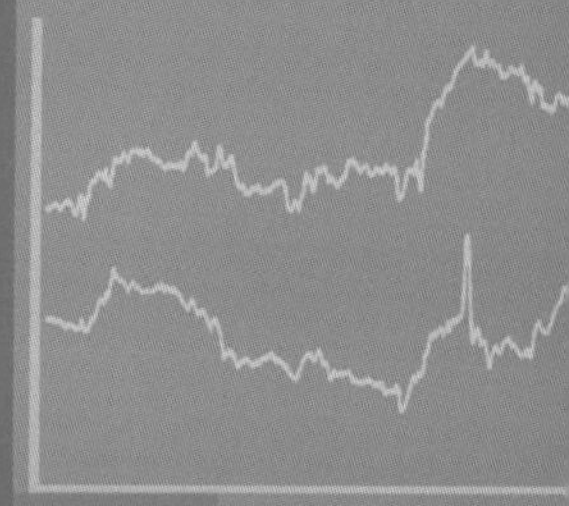

회귀분석

CHAPTER 14

Nambé Mills

Nambé Mills는 뉴멕시코주 산타페에서 북쪽으로 10마일 떨어진 아주 작은 마을인 Nambé Pueblo에서 1951년에 설립되었다. 품격 있는 요리도구와 식기로 유명한 이 회사의 제품들은 전 세계의 명품점에서 판매되고 있다. 이 회사의 많은 생산품은 Los Alamos 연구소(제2차 세계대전 중에 원자폭탄을 개발한 곳)에서 개발된 합금으로 만들어지는데, 현재 이 합금은 Nambé Mills에서만 독점적으로 사용되고 있다. 이 합금은 철의 견고함에 은의 광택이 나지만 주성분은 알루미늄이다. 실제로는 은이나 납, 또는 백랍(주석과 구리의 합금)은 함유되어 있지 않으며 변색도 되지 않는다. 이 회사에서는 구체적인 제조방법은 영업비밀로 분류하여 공개하지 않고 있다. 몰딩, 붓기, 그라인딩, 연마, 버핑 등의 제조공정에 최대 15명의 기능공들이 투입되는 것으로 알려져 있다.

Nambé Mills의 금속 제품들은 모래 거푸집 주조로 제작되므로 매우 긴 생산 공정을 거쳐야 한다. 이 생산공정의 합리적 개선을 위해 관리자들은 59개의 식기 제품들에 대한 총 연마시간을 조사하였다. 다음 그림은 제품의 판매가격(Price)과 연마공정 시간(Time, 분)을 나타내는 산점도이다.

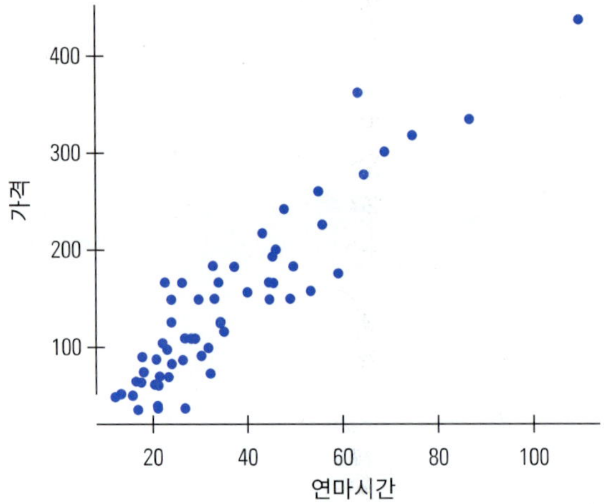

그림 14.1 판매가격($)과 연마시간(분)의 산점도를 보면 평균적으로 연마시간이 길수록 가격도 높은 것으로 보인다.

제6장을 참고로 하여 최소제곱법으로 회귀직선을 구하면 다음과 같다.

$$\widehat{\text{가격}} = -4.871 + 4.200 \times \text{연마시간}$$

직선의 기울기를 보면 평균적으로 1분의 연마시간이 더해지면 판매가격은 $4.20 증가한다는 것을 나타내고 있다.

이 모형은 얼마나 유용한가? 선형모형은 변수들의 관계를 설명하는데 사용되고 기울기와 절편으로 자료들을 해석할 수 있다. 이제 회귀직선 이외에 선형모형으로부터 얻을 수 있는 좀 더 깊은 정보들을 알아보도록 하자. 이를 위해서는 회귀직선의 기울기와 절편에 대한 신뢰구간과 가설검정이 필요하다.

14.1 모집단과 표본

위의 자료는 59개 표본 제품으로 구성되어 있다. 만약에 여기에 표본 하나를 더 뽑아서 자료에 더하면 회귀직선은 비슷한 모양이 될 것으로 기대되지만 정확히 동일하지는 않을 것이다. 관찰 값은 표본에 따라 달라진다. 그러나 가격과 시간 사이의 관계를 나타내는 참 회귀선(true line)을 상상할 수는 있을 것이다. 관례에 따라 참회귀선은 그리스 문자로 표기하여 모수 β_0는 절편, β_1은 기울기를 나타내기로 하자. 적합선(fitted line)을 $\hat{y} = b_0 + b_1 x$로 표기하므로 여기에 맞추어 $\mu_y = \beta_0 + \beta_1 x$로 나타내자. y 대신 μ_y로 쓴 이유는 회귀선에서 각 x값에 대응하는 y값의 평균들이 정확히 직선상에 위치한다고 가정하기 때문이다. 이러한 관계가 〈그림 14.2〉에 나와 있다. 평균들은 정확히 직선상에 위치하고 각 x 값에 대응하는 y값들은 평균을 중심으로 분포되어 있다.

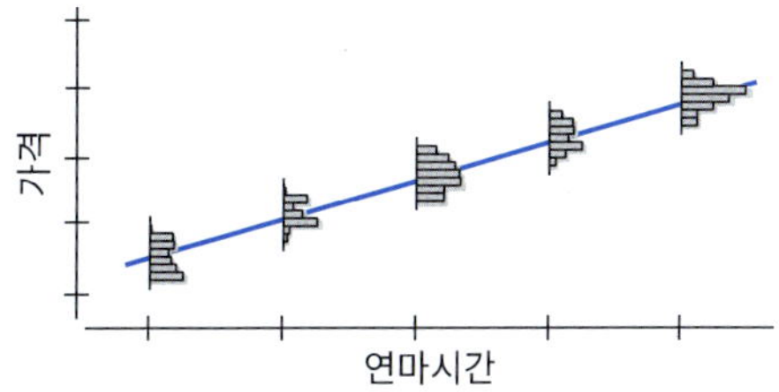

그림 14.2 각 연마시간에 대해 가격들의 분포가 있다. 회귀모형에서는 이 분포의 평균들이 이 그림처럼 정확하게 직선적이라고 가정한다.

만약 모집단의 모든 값들을 얻을 수만 있다면 이 이상적인 회귀선의 기울기와 절편을 최소제곱법으로 명확하게 구할 수 있을 것이다.

물론 모든 y값들이 이 평균들과 일치하지는 않는다. 사실상 대부분의 경우는 모든 점들이 이 직선을 벗어난다. 어떤 y는 직선 위에, 어떤 y는 직선 아래에 놓이게 되고 따라서 오차(error)가 발생할 수밖에 없다. 각 y값들을 모형에 넣고 싶다면 이 오차들을 ϵ으로 표현하여 다음과 같이 나타낼 수 있을 것이다.

$$y = \beta_0 + \beta_1 x + \epsilon$$

이 식의 ϵ은 각 점에서의 편차를 나타내며, 따라서 이 모형을 통해 각 x값에 대응하는 y값을 나타낼 수 있다.

제6장에서 학습한대로 회귀선 $\hat{y} = b_0 + b_1 x$을 구하여 β값들을 추정할 수 있다. 이때 잔차(residual) $e = y - \hat{y}$는 오차 ϵ의 표본 값이다. 이것들을 이용하여 회귀모형을 평가할 것이다.

우리는 랜덤표본을 사용하여 최소제곱 회귀선을 구하면 모수들을 적절하게 추정할 수 있다는 사실을 알고 있다. 또한 이 추정치들이 참(true)모형의 모수들과 일치하지 않을 것이라는 사실도 잘 알고 있다. 우리에게 필요한 것은 평균이나 비율에 대해 한 것처럼 신뢰구간을 구하여 추정치에 내재된 불확실성을 분석하는 것이다. 이를 위해서는 모형과 오차에 대한 몇 가지 가정이 필요하다.

14.2 가정과 조건

제6장에서 우리는 **선형성**(linearity)과 **등분산**(equal variance) **가정**을 이용하였고 4개의 조건을 확인하였다. 회귀선의 계수들에 대한 추론을 위해서는 가정과 조건들이 좀 더 필요하다.

또한 조건들을 확인할 때에는 순서에 주의를 기울여야 한다. 따라서 (1) 선형성 가정, (2) 독립성 가정, (3) 등분산 가정, (4) 정규성 가정으로 순서를 정하여 확인하기로 한다.

1. 선형성 가정

두 계량 변수의 실제 관계가 선형과는 거리가 먼 데도 회귀직선을 적합하게 되면 이 분석은 전혀 쓸모없는 것이 되므로 항상 선형성을 제일 먼저 확인해야 한다. (또한 두 변수가 **계량 변수**인지도 확인해야 한다.)

산점도를 그려보았을 때 직선 모양으로 나타난다면 **선형성 조건**(Linearity Condition)은 만족된다. 이를 확인하기 위해 직선을 그려보는 것은 일반적으로 좋은 생각은 아니다. 이렇게 하면 실제보다 직선으로 보이도록 왜곡시킬 수 있기 때문이다. 제6장에서 각 관측치에 대해 계산한 바 있는 잔차들을 생각해보자. 때로는 이 잔차들을 x나 예측치 $\hat{y}$에 대해 산점도를 그려보면 이 조건을 위배하는지 쉽게 알 수 있다. 만약 선형성 가정이 만족된다면 산점도에 별다른 패턴이 없을 것이다.

산점도의 모양이 충분히 직선적이라면 오차에 대한 가정으로 계속 진행할 수 있다. 그렇지 않다면 여기에서 중지하거나, 선형적이 되도록 변수들을 변환하는 것을 고려한다.

2. 독립성 가정

참 회귀모형의 오차(ϵ)는 서로 독립적이어야 한다. 늘 그렇듯이 독립성 가정을 확신할 수 있는 방법은 없다.

우리가 회귀모수들의 추론에 주의를 기울이는 이유는 회귀모형을 (주어진 표본들뿐만 아니라) 좀 더 큰 모집단에 적용할 가능성 때문이다. 이런 경우라면 관측값들이 이 모집단의 랜덤 표본이라는 **랜덤화 조건**(Randomization Condition)을 확인해볼 수 있다.

또한 잔차들을 타점해서 일정한 패턴이나 경향이 있는지, 또는 군집이 있는지 살펴보고 독립성 가정의 위배를 확인할 수도 있다. 시계열(time series) 자료와 같은 특수한 경우에 흔히 발생하는 독립성 가정의 위배는 오차들이 서로 상관관계에 있을 때, 즉 자동상관(autocorrelation)일 때 발생한다. (오늘 발생한 오차가 어제 발생한 오차와 비슷할 수 있다.) 이것은 잔차를 시간(보통의 경우 시계열의 x 변수)에 대해 타점하여 패턴을 살펴보면 확인할 수 있다.

3. 등분산 가정

y의 변동은 x의 모든 값에 대해 거의 동일해야 한다. 제6장에서 산포의 크기를 측정하기 위해 잔차의 표준편차(s_e)를 사용한 바 있다. 이제 이 표준편차를 이용하여 신뢰구간과 가설검정을 수행해보자. 잔차의 표준편차는 모든 회귀모수들의 표준편차를 구할 때 기초가 된다. 그러나 이것은 잔차의 산포가 균질한 경우에만 의미가 있다. 사실상 잔차의 표준편차는 각 x값에서의 y의 분포 모두에 걸쳐 정보를 모은 것이므로 분산이 동일한 경우에만 적절할 것이다. 잔차를 예측치나 x에 대해 산점도로 타점해보면 분산이 균질한지 판단하

는 데 도움이 된다.

등분산 가정은 늘 잔차를 x나 $\hat{y}$에 대해 타점한 산점도를 살펴 확인한다. 선을 중심으로 산포가 거의 일정해야 한다. 형태가 부채꼴 모양이 아닌지, 또는 변동이 늘어나거나 줄어드는 경향이 없는지 조심해서 살펴야 한다.

선형성과 독립성이 충족되고 등분산 가정이 만족된다면 이제 마지막 가정으로 진행할 수 있다.

4. 정규성 가정

각 x값에서의 참회귀선의 오차는 **정규분포**를 따른다고 가정한다. 이 가정이 충족되어야 t검정을 수행할 수 있다.

이전의 t분포에서와 마찬가지로 잔차들이 근사적으로 정규분포를 따른다면 이 가정을 충족하는 것으로 간주한다.[1] 표본의 크기가 커지면 중심극한정리에 의해 정규성 가정은 덜 중요해진다. 정규성을 확인하는 한 가지 방법은 잔차를 히스토그램으로 그려보는 것이다. 다른 방법으로는 잔차를 **정규확률그림**(normal probability plot)으로 타점해보는 것이다(그림 14.3 참조). 이 방법은 히스토그램을 그려보는 것보다 좀 더 효율적으로 정규성 가정의 위배를 검출해낸다. 정규성이 만족되는 경우 정규확률그림에 대략 자신의 직선으로 나타나게 된다. 직선에서 벗어난다면 정규분포가 아니라는 증거이다. 일반적으로 정규확률그림은 히스토그램에 비해 좀 더 명확하게 정규성 위배를 검출해내는 반면, 히스토그램을 보면 어떻게 정규분포와 다른지 좀 더 쉽게 이해할 수 있다. 정규성이 만족되지 않는 또 다른 흔한 요인은 특이점(outlier)이 존재하는 경우이다. 따라서 특이점이 존재하지 않는다는 **특이점 조건**(outlier condition)이 만족되는지 확인해야 한다.

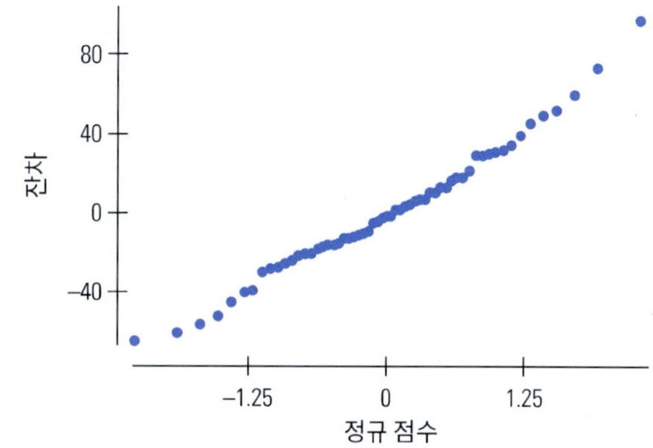

그림 14.3 59개의 실제 표준화 잔차를 정규점수(Normal Scores)에 대해 정규확률지에 타점한 모습.

[1] 이것이 가정들을 순서대로 확인하는 이유이다. 잔차들을 모두 한데 묶어 정규성 가정을 확인하기 전에 독립성과 등분산 가정에 대한 확인을 먼저 진행한다.

정규확률그림의 원리

정규확률그림에서는 각 값(이 경우 59개의 잔차)을 표준정규분포로부터 59개의 값을 추출한다고 가정할 때 기대할 수 있는 값과 비교하게 된다. 이 때의 핵심은 각 잔차와 추출한 정규점수를 서로 대응시키는 것이다.

이것을 이해하기 위해서는 표준화의 개념이 필요하다. 예를 들어 이 예에서 가장 낮은 잔차는 −$69.48이다. 이것을 표준화하면 −2.03의 z값을 얻을 수 있다. 또한 표준정규분포에서 59개의 값을 랜덤하게 뽑으면 가장 작은 값은 −2.39로 기대할 수 있다는 것을 도출해낼 수 있다. 표준정규분포에서 추출하였으므로 당연히 이것은 z값이다. 이 두 값을 비교해보면 잔차의 z값은 우리가 (완벽한 정규분포에서 추출하였을 때) 기대할 수 있는 평균적인 z값과 그다지 차이가 없다는 것을 알 수 있다.

이런 방법으로 각 잔차를 정규분포로부터 기대할 수 있는 값과 비교해나간다. 이 비교를 가장 쉽게 할 수 있는 방법은 물론 그림을 그려보는 것이다. 만약 관측값이 정규분포를 따른다면 두 값들을 대응하여 타점하면 왼쪽 밑에서 오른쪽 위로 직선의 형태로 나타날 것이다. 그러나 두 값들이 서로 차이가 많이 나면 휘어진 모양이나 급격한 변동이 나타날 것이다.

정규분포로부터 기대할 수 있는 값을 **정규점수**(normal score) 또는 가끔은 nscore라고 부른다. 통계 패키지에 따라 정규점수가 x축에 표시되거나 y축에 표시되므로 잘 살펴보아야 한다. 그러나 주 관심사는 직선형태인지 여부이므로 이것은 큰 문제는 아니다.

정규확률그림은 정규성 여부를 확인하는 데 매우 훌륭한 방법이다. 직선형태로 나타나지 않는 경우에는 히스토그램을 통하여 분포의 모양을 살펴보는 것도 좋은 생각이다.

정규확률그림의 핵심은 타점의 모양이 직선적인지를 살펴보는 것이다. 만약 그렇다면 정규분포를 따른다고 볼 수 있고, 그렇지 않다면 히스토그램을 작성하여 정규분포와 어떻게 다른지 살펴본다.

가정과 조건의 요약

만약 네 가지 가정 모두가 사실이라면 회귀모형은 다음의 〈그림 14.4〉와 같은 이상적인 형태가 될 것이다.

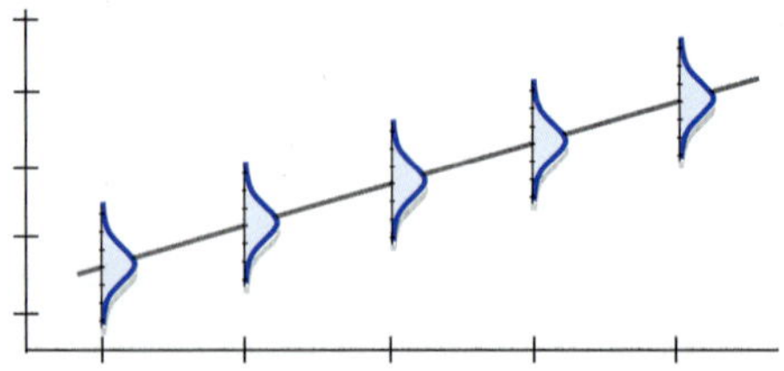

| 그림 14.4 회귀모형을 보면 각 x값에 대해 y값의 분포가 있다. 이 분포는 정규분포를 따르며 평균은 회귀선상에 있고 표준편차는 동일하다.

"진실은 혼돈이 아니라 오류 속에서 자명해진다(Truth will emerge more readily from error than from confusion)."
–프랜시스 베이컨(1561-1626)

각 x값에 대해 y값의 분포가 있는데 이 분포는 정규분포를 따른다. 이 정규분포들의 평균은 회귀선상에 있고 동일한 표준편차를 갖는다. 물론 이 가정들이 모두 정확한 사실일 것으로 기대하지는 않는다. 유명한 통계학자인 George Box가 말했듯이 "모든 모형은 사실과 다르다." 그러나 선형모형은 종종 충분히 유용하다.

회귀모형에서는 방법이 별로 없다. 이 조건들을 확인할 수 있는 가장 좋은 방법은 잔차를 이용하는 것인데, 이 잔차는 회귀분석을 한 후에야 계산할 수 있다. 그러나 회귀분석을 하기 전에 최소한 하나 이상의 조건을 확인해야 한다.

따라서 다음과 같이 진행한다.

1. **산점도를 이용하여** 선형성을 확인한다. (또한 변수들이 계량변수인가도 확인한다.) **(선형성 가정)**
2. 자료가 충분히 직선으로 보인다면 **회귀직선을 구하고 잔차** e**와 예측치** $\hat{y}$**를 계산**한다.
3. 자료의 측정 시기를 알고 있다면 **시간에 대해 잔차를 타점하여** 독립성이 위배되는 패턴은 없는지 확인한다. **(독립성 가정)**
4. **잔차를** x **또는 예측치에 대해 타점하여 산점도를 그린다.** 이 산점도에는 어떤 패턴도 없어야 한다. 특히 휘는 부분이 없는지(이는 선형적인 관계가 아니라는 증서), 두터워지거나 얇아지지는 않는지, 그리고 특이한 부분은 없는지 확인한다. (만약 잘못된 부분이 있다면 이 점을 수정하거나 뺀 후에 단계 1로 돌아간다. 그렇지 않으면 두 가지 회귀분석, 즉 특이한 부분을 포함한 분석과 포함하지 않은 분석을 수행할 것을 고려해본다.) **(등분산 가정)**
5. 산점도에 별 문제가 없다면 **히스토그램과 정규확률그림을 이용**하여 **(근사)정규성과 특이점에 대해 점검**한다. **(정규성 가정)**

14.3 회귀모형에 대한 추론

모집단의 회귀모형은 단 하나만이 존재한다. 표본을 이용한 회귀모형에서는 모수인 β_0와 β_1을 추정한다. 우리는 기울기의 추정치인 b_1이 모수인 β_1을 동일하지는 않더라도 근접하게 추정할 수 있기를 기대한다. 표본 추출을 계속 반복하여(상상을 하던지 또는 실제로 그렇게 하든지) 기울기들을 구하면 실제 기울기를 중심으로 분포가 나타날 것이다. 이것이 기울기의 표본분포이다.

이 분포의 표준편차는 얼마인가? 표본에 따른 기울기의 변화에 영향을 미치는 요소들은 무엇인가?

- **직선 주위의 퍼짐 정도** 다음의 〈그림 14.5〉에는 두 모집단으로부터의 표본이 나와 있다. 어떤 모집단에서 좀 더 일정한 기울기가 구해질까?

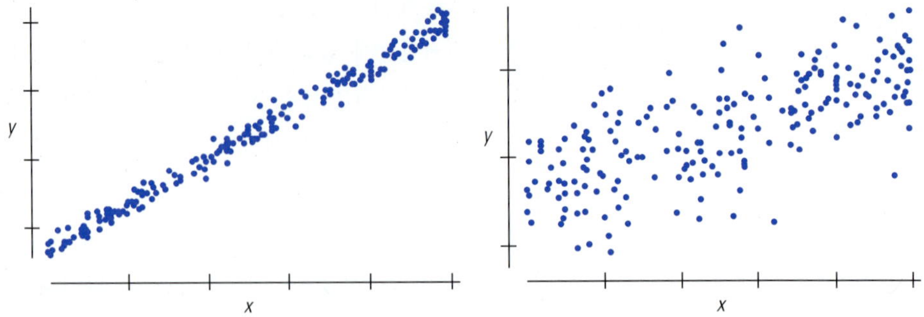

그림 14.5 표본을 반복해서 추출했을 때 어느 산점도에서 좀 더 일정한 기울기를 추정할 수 있을까?

직선 주위의 퍼짐이 적을수록 기울기가 좀 더 일정하게 추정될 것이다. 직선 주위의 산포를 다음의 **잔차 표준편차**(residual standard deviation)로 측정한 바 있다.

$$s_e = \sqrt{\frac{\sum (y - \hat{y})^2}{n-2}}$$

직선 주위의 퍼짐이 적을수록 잔차 표준편차가 작아지고 x와 y 사이의 관계는 강해진다.

- **x의 범위** 다음 〈그림 14.6〉의 두 표본 중 어디에서 더 일정한 기울기가 추정될 수 있을까?

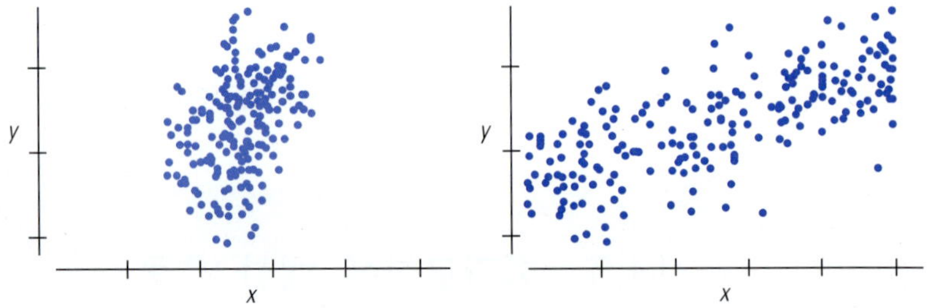

그림 14.6 표본을 반복해서 추출했을 때 어느 산점도에서 좀 더 일정한 기울기를 추정할 수 있을까?

오른쪽 그림의 경우 x값의 범위가 더 크고, 따라서 좀 더 일정하게 기울기가 추정될 수 있는 여건이 된다. 이런 상황에서 표본에 따른 기울기의 변화가 적을 것으로 기대할 수 있다. 즉, 오른쪽 그림처럼 x의 표준편차 s_x가 클수록 좀 더 일정하게 기울기가 추정될 수 있다.

- **표본의 크기** 다음의 〈그림 14.7〉의 경우는 어떨까?

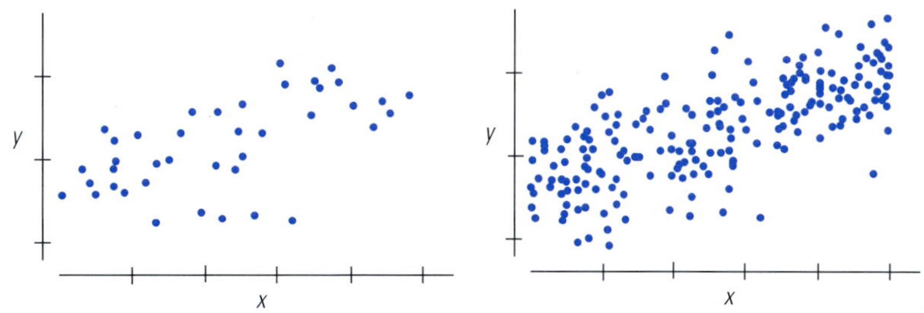

그림 14.7 표본을 반복해서 추출했을 때 어느 산점도에서 좀 더 일정한 기울기를 추정할 수 있을까?

표본의 크기 n이 클수록(오른쪽 그림) 좀 더 일정하게 기울기가 추정될 수 있다는 점은 그리 놀라운 일이 아니다.

이 세 그림에서 알 수 있는 사실은 다음과 같이 요약된다.

회귀직선의 기울기의 표준오차

산점도 상에서 다음의 세 가지 요소들이 기울기의 표준오차에 영향을 미친다.

- 직선 주위의 퍼짐 정도 : s_e
- x값의 범위 : s_x
- 표본의 크기 : n

이 세 가지는 사실상 기울기의 표준오차에 영향을 미치는 유일한 것들이다. 기울기의 표준오차 공식은 다음과 같다.

$$SE(b_1) = \frac{s_e}{s_x \sqrt{n-1}}$$

이 공식을 보면 오차 표준편차 s_e는 분자에 있으므로 직선 주위의 퍼짐이 클수록 기울기의 표준오차는 증가한다. 반대로 분모에는 표본의 크기($\sqrt{n-1}$)와 s_x가 있으므로 이들 중 하나라도 커지면 기울기의 표준오차는 감소한다.

기울기의 표준오차를 구하기 위해 여러 다른 표본들에 직선을 적합시키는 상황을 생각해 보자. 표본에 따라 b_1은 당연히 달라진다. 우리가 기대하듯이 이 표본분포의 중심은 실제 기울기인 β_1이다. 그리고 그 분포의 표준편차는 $SE(b_1)$이다. 그 모양은 어떨까? 이를 위해 중심극한정리와 Gosset(t분포의 고안자)이 해결사로 등장한다. 기울기에서 평균을 빼고 표준오차로 나누어 표준화하면 자유도 $n-2$인 t분포가 얻어진다. 즉,

$$\frac{b_1 - \beta_1}{SE(b_1)} \sim t_{n-2}$$

기울기의 표본분포

조건이 충족되는 경우 다음의 통계량

$$t = \frac{b_1 - \beta_1}{SE(b_1)}$$

는 자유도 $n-2$인 t분포를 따른다. 표준오차는

$$SE(b_1) = \frac{s_e}{s_x\sqrt{n-1}}$$

이고, 여기에서

$$s_e = \sqrt{\frac{\sum(y-\hat{y})^2}{n-2}}$$

n은 표본의 크기, s_x는 x의 표준편차이다.

동일한 방법으로 절편에 대한 표본분포도 얻을 수 있으며 다음과 같다.

$$\frac{b_0 - \beta_0}{SE(b_0)} \sim t_{n-2}$$

이 통계량을 이용하면 신뢰구간을 구하고 가설검정을 수행할 수 있지만 절편이 관심사가 되는 경우는 흔치 않다. 회귀분석에서 신뢰구간과 가설검정의 주 대상은 기울기이다. 참고로 절편의 표준오차 공식은 주석에 나와 있다.[2)]

기울기의 표준오차와 표본분포에 대한 정보가 있으므로 기울기에 대한 가설검정과 신뢰구간을 구할 수 있다. 기울기에 대한 일반적인 귀무가설은 기울기가 0이라는 것이다. 왜 일까? 기울기가 0이라는 것은 x에 따라 y가 선형적으로 변하는 경향이 없다는 것을 의미하고, 다시 말해 이 두 변수 사이에 선형적인 관계가 없다는 것을 의미한다. 기울기가 0이라면 회귀방정식에서 남아 있는 것이 별로 없게 된다.

기울기가 0이라는 귀무가설은 두 변수 사이의 선형적인 관계에 대한 근본적인 질문이며 이것은 바로 우리가 알고 싶어하는 것이다. 모든 통계패키지에서는 기울기가 0이라는 귀무가설을 검정할 수 있다.

기울기가 0이면 어떻게 되나?

기울기 $b_1 = 0$이면 회귀방정식은 $\hat{y} = b_0 + 0x$가 되므로 이 식은 단순히 $\hat{y} = b_0$가 된다. x가 없으니 y는 x와는 전혀 무관하다.

이 경우 $b_0 = \bar{y} - b_1\bar{x}$이므로 $b_1 = 0$을 대입하면 $b_0 = \bar{y}$가 된다. 기울기가 0인 경우에는 회귀방정식이 $\hat{y} = \bar{y}$이므로 x의 모든 값에 대한 y의 예측치는 평균 $\bar{y}$가 된다.

기울기에 대한 t검정

가정과 조건이 충족되는 경우 다음의 통계량을 이용하여 $H_0: \beta_1 = 0$ $vs.$ $H_A: \beta_1 \neq 0$을 검정할 수 있다. (또는 단측검정도 가능하다.)

$$t = \frac{b_1 - \beta_1}{SE(b_1)}$$

이 통계량은 자유도 $n-2$인 t분포를 따르며, 이를 이용하여 P값을 구할 수 있다.

---

2) $SE(b_0) = s_e\sqrt{\frac{1}{n} + \frac{\bar{x}^2}{\sum(x-\bar{x})^2}}$

이 검정통계량은 귀무가설 값을 빼고 표준오차로 나눈 모습이 이전의 여타의 t검정과 매우 유사하다. 이 검정을 보통 회귀 **기울기에 대한 t검정**(*t*-test for the regression slope)이라고 부른다.

이 검정통계량을 이용하면 기울기에 대한 신뢰구간도 구할 수 있다. 이전에 했던 방식대로 추정치에 오차범위를 더하고 빼면 신뢰구간을 구할 수 있으며, 오차범위는 표준오차와 기각값을 서로 곱하여 얻는다.

기울기에 대한 신뢰구간

가정과 조건이 충족되는 경우 β_1에 대한 신뢰구간을 다음과 같이 구할 수 있다.

$$b_1 \pm t^*_{n-2} \times SE(b_1)$$

여기에서 기각값 t^*는 신뢰수준에 따라 달라지며 자유도는 $n-2$이다.

길잡이 문제 Nambé Mills

회귀방정식으로부터 추론하는 방법을 Nambé Mills 자료에 적용해보자. 회귀선의 기울기는 연마시간이 가격에 미치는 영향을 나타낸다. 이 기울기가 0이 아니라는 기설을 검정해보자.

계획

준비 목표를 정한다. 추정하고자 하는 모수를 정한다. 본 예에서는 기울기이다. 변수들과 이들의 의미를 확인한다.

우리는 Nambé Mills의 제품 가격이 연마시간과 관련이 있다는 것을 검정하고자 한다. 자료는 모두 59개이다. 이 관계의 기울기가 연마시간이 가격에 미치는 영향을 나타낼 것이다. 검정하고자 하는 귀무가설은 기울기가 0이라는 것이다.

가설 귀무가설과 대립가설을 설정한다.

H_0: 제품의 가격은 연마시간과 관계없다: $\beta_1 = 0$.

H_A: 제품의 가격은 연마시간과 관계있다: $\beta_1 \neq 0$.

모형 가정과 조건을 확인한다.

✔ **선형성 조건**: 산점도는 충분히 직선으로 보인다.

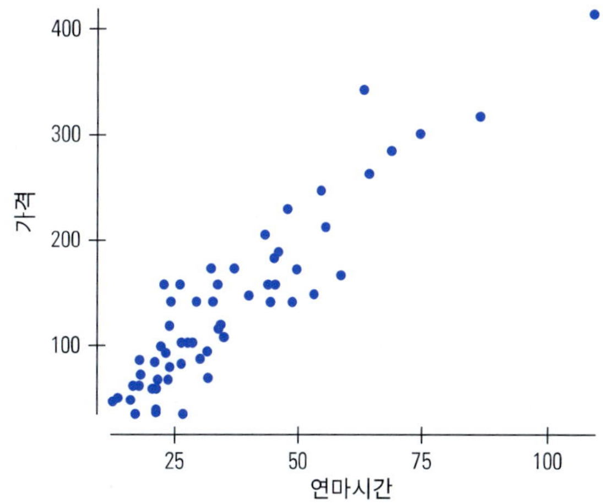

✔ **독립성 가정:** 자료는 서로 다른 59개 제품으로부터 얻었다. 제품의 가격 차이가 다른 제품으로부터 영향을 받는다고 판단할 이유는 없다.

✔ **랜덤화 조건:** 이 자료들이 랜덤표본은 아니지만 이 회사 제품들의 가격과 연마시간을 대표한다고 가정한다.

그래프를 그린다. 산점도가 충분히 직선으로 보이므로 최소제곱 회귀선을 구하고 잔차를 타점해본다.

대개의 경우 잔차를 시간에 대해 타점해 보면 독립성 가정의 위배 여부를 알 수 있다. 어떤 패턴이나 경향이 나타난다면 의심을 해보아야 한다.

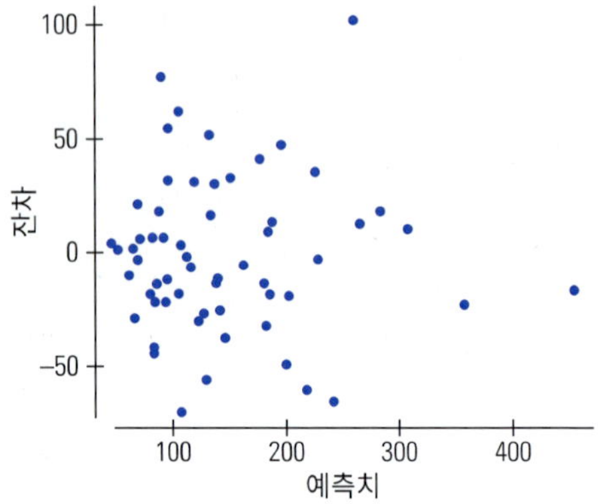

✔ **등분산 가정:** 잔차를 예측치에 대해 타점해 보면 특별한 패턴이 없다. 예측치들의 산포는 거의 비슷하고 랜덤하게 타점된 것으로 보인다.

✔ **근사 정규성 조건:** 잔차의 히스토그램은 단봉이며 대칭이다. 그리고 정규확률그림은 충분히 직선적이다.

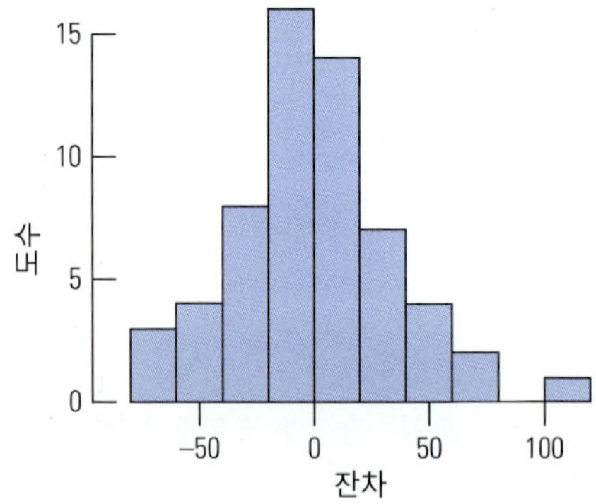

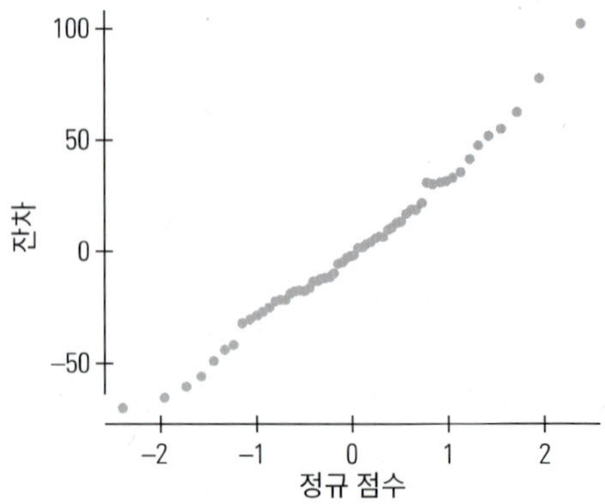

표본분포를 구한다.

이 조건들 하에서 기울기의 표본분포는 자유도 $(n-2)=59-2=57$인

t분포를 따르므로 기울기에 대한 t검정을 수행할 수 있다.

실행

계산법 회귀방정식은 제6장의 공식으로부터 구할 수 있으며, 통계 패키지나 공학용 계산기에서 대부분 제공된다.

다음은 컴퓨터 출력 결과이다.

Variable	Coefficient	SE(coeff)	t-Ratio	P-Value
Intercept	−4.871	9.654	−0.50	0.6159
Time	4.200	0.2385	17.61	< 0.0001

S = 32.54 R-Sq = 84.5%

이 출력표의 P값은 자유도 $(n-2)=57$인 t분포로부터 얻어진다. 이 값은 양측검정의 경우에 해당한다.

P값 < 0.0001이므로 이 관계가 우연히 얻어졌을 가능성은 매우 적다. 따라서 귀무가설을 기각하고 가격이 연마시간과 선형적인 관계라는 강력한 증거가 있다고 결론 내린다.

기울기에 대한 신뢰구간을 구한다. 자유도 57인 t분포의 값들은 책 뒤의 부록에 제공되어 있다. 기울기의 추정치와 표준오차는 출력표에 나와 있다.

β_1에 대한 95% 신뢰구간은 다음과 같다.

$$b_1 \pm t^*_{n-2} \times SE(b_1) = (3.722,\ 4.678)\ \$/\text{minute}$$

신뢰구간을 해석한다.

귀무가설을 기각한다는 것이 효과크기(effect size)가 중요성을 가질 만큼 충분히 크다는 것을 보장하는 것은 아니다.

연마시간이 1분씩 늘어남에 따라 평균적으로 \$3.72에서 \$4.68 사이로 가격이 오른다고 95%로 확신할 수 있다. (좀 더 학구적인 표현: 구간 (\$3.72, \$4.68)은 연마시간에 따라 가격이 증가하는 실제 분당 상승가격을 포함한다고 95%로 확신할 수 있다.

보고

결론 적절한 의미를 담아 결론을 내린다.

메모

Re: Nambé Mills의 가격책정

Nambé Mills의 59개 제품에 대해 연마시간과 가격의 관계를 조사하였다. 회귀분석에 의하면 연마시간이 1분 늘어날 때마다 가격은 평균적으로 \$4.20 증가하였다.

이 제품들이 회사의 제품들을 대표한다고 가정할 때, 연마공정시간이 1분씩 늘어남에 따라 평균적으로 \$3.72에서 \$4.68 사이로 제품의 가격이 증가한다고 95%의 확신으로 말할 수 있다.

확인문제

경제학 이론에 의하면 실업률이 상승하여 직장을 구하기 힘들어질수록 대학 등록률이 높아진다고 한다. 실업률과 등록률 사이에 어떤 통계적 관계가 있는지 알아보기 위해 뉴멕시코주의 실업률과 뉴멕시코대학의 등록률 자료를 분석하였다. 1961년부터 1989년까지 29년 동안의 자료가 뉴멕시코대학의 연구진에 의해 수집되었다. 아래의 회귀분석 출력 결과에서 변수 Enrollment는 등록학생의 수, 변수 Unemp는 실업률을 의미한다.

Predictor	Coeff	SE(Coeff)	t-Ratio	P-Value
Intercept	3957	4000	0.99	0.331
Unemp	1133.8	513.1	2.21	0.036

S = 3049.50 R-Sq = 15.3%

1. 회귀분석에 대한 추론을 하기 전에 무엇을 먼저 확인해야 하는가? 그 이유는?

2. 필요한 조건과 가정이 충족된다고 할 때, 기울기에 대한 95% 신뢰구간을 구하라.
3. 기울기에 대한 귀무가설과 대립가설을 설정하라. 구해진 P값을 설명하라.
4. 실업률과 등록률 사이에 강한 관계가 있는가?
5. 출력에 나와 있는 R-Sq 값을 설명하라.

14.4 예측치에 대한 표준오차

지금까지 기울기나 절편에 대한 신뢰구간을 구하는 방법에 대해 살펴보았으나 우리는 종종 예측에 대해 관심을 가진다. 주어진 x값에 대해 y의 예측치를 구하는 방법은 제6장에서 다루었고 익히 잘 알고 있다. 이 예측치가 최상의 추정치이긴 하지만 여전히 정보에 입각한 추측일 뿐이다. 그러나 표준오차를 이용하면 예측치에 대한 신뢰구간을 구하여 불확실성을 좀 더 정확히 파악할 수 있다.

이전의 Nambé Mills 모형으로부터 연마시간을 이용하면 가격에 대한 적절한 예측치를 얻을 수 있다. 40분의 연마시간이 필요한 제품에 대해 가격을 예측하고자 한다고 가정하자. 신뢰구간을 구하면 이 예측이 얼마나 정밀한지를 알 수 있다. 그러나 그 정밀도는 우리가 궁금한 것이 무엇인가에 따라 달라지며, 보통 다음과 같은 두 가지 질문이 있게 된다.

40분의 연마시간이 필요한 제품 모두에 대한 평균 가격을 알고 싶은가?

또는

40분의 연마시간이 필요한 어떤 특정 제품에 대해 가격을 추정하고 싶은가?

이 두 질문의 차이는 무엇인가? 우리가 생산자라면 자연스럽게 제품의 평균 가격에 좀 더 관심을 가지게 될 것이다. 반대로 우리가 어느 제품을 구입하는 소비자 입장이라면 개별 제품의 가격이 얼마나 달라지는가에 대해 관심을 가지게 될 것이다. 두 질문 모두 흥미로운 질문이다. 두 경우에 대해 예측가격은 동일하지만 한 질문에 대한 구간의 정밀도가 다른 질문에 비해 높아지게 된다. 직관적으로 평균의 정밀도가 좀 더 높을 것이라고 생각했다면 제대로 추측한 것이다. 개별 제품은 평균에 비해 좀 더 변동이 많으므로 모든 제품에 대한 평균 가격을 좀 더 정밀하게 예측할 수 있다.

원래 자료에는 없는 새로운 연마시간에 대한 가격 예측부터 시작해보자. 구별을 위해 이 x값을 x_ν로 표기하자. 예를 들어 x_ν를 40분으로 정할 것이다. 가격을 예측하기 위한 회귀식은 $\hat{y}_\nu = b_0 + b_1 x_\nu$이다. 예측치는 구할 수 있으므로 이를 중심으로 구간들을 구할 수 있다. 두 구간 모두 다음의 형태로 표현된다.

$$\hat{y}_\nu \pm t^*_{n-2} \times SE$$

두 경우에 대해 t^*값도 동일하다. 자유도 $n-2$와 신뢰수준에 대해 표나 컴퓨터를 이용하여 이 기각값을 구한다. 두 구간의 차이는 표준오차에 있다.

> **예측평균(predicted mean value)에 대한 신뢰구간**
>
> 필요한 조건이 충족되는 경우, x_ν에서의 예측평균 μ_ν에 대한 신뢰구간은 다음과 같다.
>
> $$\hat{y}_\nu \pm t^*_{n-2} \times SE$$
>
> 여기에서 표준오차는 다음의 식으로 주어진다.
>
> $$SE(\hat{\mu}_\nu) = \sqrt{SE^2(b_1) \times (x_\nu - \bar{x}^{\,2}) + \frac{s_e^2}{n}}$$

표준오차의 유도는 본 절의 마지막 부분에 나와 있으나 예제를 이용하면 그 의미를 더욱 잘 이해할 수 있다. 다음 〈그림 14.8〉은 예측평균들에 대한 신뢰구간을 보여주고 있다. 이 그림에서는 모든 연마시간에 대한 평균가격의 신뢰구간이 신뢰대(confidence band)로 나타나 있다. 연마시간의 평균(35.82분)에서 멀리 떨어질수록 신뢰대는 넓어지는 점에 주목하라. (이것이 표준오차 공식에서 $(x_\nu - \bar{x})^2$ 부분이다.) x의 평균에서 멀어질수록 예측의 불확실성은 커지게 된다. 예를 들어 40분의 연마시간이 필요한 제품의 평균 가격에 대한 95% 신뢰구간은 대략 \$150에서 \$170 사이이다. (정확한 값은 \$153.90에서 \$172.34 사이이다.) 연마시간 100분에 대한 신뢰구간은 훨씬 넓어진다.

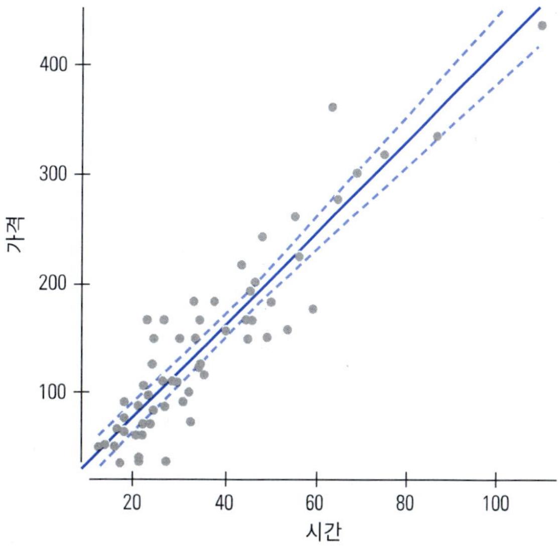

| 그림 14.8 연마시간에 대한 평균 가격들의 신뢰구간이 점선으로 나타나 있다. 평균 연마시간(35.8분) 근처의 신뢰구간은 100분의 경우에 비해 훨씬 좁다.

여타의 신뢰구간의 경우와 마찬가지로 이 신뢰구간의 폭도 표본크기에 따라 달라진다. 본 예의 59개 표본보다 크기가 커지면 신뢰구간의 폭도 좁아질 것이다. 10,000개의 제품이라면 신뢰대가 훨씬 좁아질 것이다. 신뢰구간에 영향을 미치는 마지막 요소는 회귀선 주위의 자료의 산포이다. 회귀선 주위의 산포가 커질수록 예측의 불확실성은 높아지고 신뢰구간은 넓어진다.

〈그림 14.8〉에서 쉽게 알 수 있듯이 대부분의 점들은 신뢰대 안에 있지 않으며 이것을 기대해서도 안 된다. 이 신뢰대는 평균에 대한 신뢰구간들이다. 표본이 커지면 신뢰대는 더욱 좁아지므로 이 안에는 더욱 낮은 비율의 점들만이 들어갈 것이다.

만약 개별 가격에 대해 관심이 있다면 좀 더 넓은 구간인 **예측구간**(prediction interval)을 사용해야 한다. 다음의 〈그림 14.9〉에는 Nambé Mills 자료에 대한 예측구간이 나와 있다. 예측구간은 신뢰구간과 비슷하나 모든 예측치들을 포함하기 위해 직선 주위의 산포에 대한 항이 추가된다. 〈그림 14.9〉에서 볼 수 있듯이 x의 평균에서 멀어질수록 구간의 폭이 넓어지긴 하지만 그 차이는 미미해 보인다.

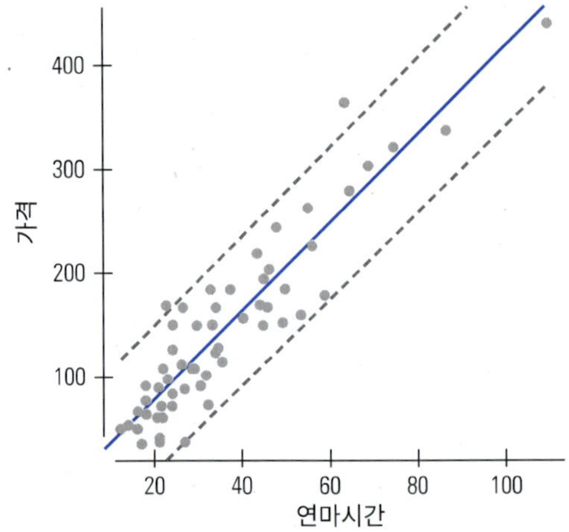

그림 14.9 점으로 표시된 예측구간은 주어진 x값에 대해 예를 들어 95%의 y값을 포함하는 구간이다. 필요한 가정과 조건이 충족되었을 때 x_ν에서의 특정 y값이 이 구간 내에 포함될 확률이 95%라고 할 수 있다.

예측에 필요한 표준오차에 포함되는 항들은 모수에 대한 표준오차의 경우와 동일하다. 직선 주위의 산포가 클수록 예측에 대한 불확실성은 커진다. 물론 기울기에 대한 확신이 적을수록 예측에 대한 확신도 적어진다. 자료가 많을수록 예측은 좀 더 정확해질 것이다. 그리고 여기에 하나 더, 자료의 중심에서 멀어질수록 예측은 좀 덜 정확해질 것이다. 자료의 중심 근처에 대한 예측이 중심에서 멀 때보다 훨씬 쉽게 된다.

개별 값에 대한 예측구간

필요한 조건들이 충족되는 경우, x_ν에서의 모든 y값에 대한 예측구간은 다음과 같다.

$$\hat{y}_\nu \pm t^*_{n-2} \times SE$$

여기에서 표준오차는 다음의 식으로 주어진다.

$$SE(\hat{y}_\nu) = \sqrt{SE^2(b_1) \times (x_\nu - \bar{x})^2 + \frac{s_e^2}{n} + s_e^2}$$

기각값 t^*는 원하는 신뢰수준에 따라 달라진다.

컴퓨터 패키지를 이용하는 경우 두 구간의 차이를 잘 구별할 수 있어야 한다. 좁은 것이 평균에 대한 신뢰구간이고, 넓은 것이 개별 값에 대한 예측구간이다.

수학상자

표준오차 공식의 도출과정을 살펴보면 두 구간의 차이에 대해 직관적으로 이해하는데 도움이 된다.

새로운 x값 x_ν에서의 y값을 예측하기 위해 $\hat{y}_\nu = b_0 + b_1 x_\nu$를 이용할 수 있는데, 여기에서 $b_0 = \bar{y} - b_1\bar{x}$이므로 $\hat{y}_\nu = b_1(x_\nu - \bar{x}) + \bar{y}$이다. 여기에서 $\hat{y}_\nu$는 두 가지로 사용한다. 먼저 x_ν에서의 모든 y값의 평균을 추정할 때 사용하는데 이 경우 이것을 $\hat{\mu}_\nu$로 표시한다.

평균에 대한 신뢰구간을 구하기 위해 이 이 통계량의 변동을 구하면 다음과 같다.

$$Var(\hat{\mu}_\nu) = Var(b_1(x_\nu - \bar{x}) + \bar{y})$$

이때 기울기 b_1과 평균 $\bar{y}$는 서로 독립이므로 분산의 가법성에 의해

$$Var(\hat{\mu}_\nu) = Var(b_1(x_\nu - \bar{x})) + Var(\bar{y})$$

기울기 앞의 항 $x_\nu - \bar{x}$은 상수이므로 밖으로 나올 수 있다.

$$Var(\hat{\mu}_\nu) = (Var(b_1))(x_\nu - \bar{x})^2 + Var(\bar{y})$$

여기에 제곱근을 취하면 표준편차가 얻어진다.

$$SD(\hat{\mu}_\nu) = \sqrt{(SD^2(b_1))(x_\nu - \bar{x})^2 + SD^2(\bar{y})}$$

표본분포의 표준편차는 표준오차이므로

$$SE(\hat{\mu}_\nu) = \sqrt{(SE^2(b_1))(x_\nu - \bar{x})^2 + SE^2(\bar{y})}$$

우리는 평균 $\bar{y}$의 표준편차가 $\sigma/\sqrt{n}$ 임을 잘 알고 있다. 이 때 σ는 s_e로 추정할 수 있으므로

$$SE(\hat{\mu}_\nu) = \sqrt{(SE^2(b_1))(x_\nu - \bar{x})^2 + \left(\frac{s_e}{\sqrt{n}}\right)^2}$$

$$= \sqrt{(SE^2(b_1))(x_\nu - \bar{x})^2 + \frac{s_e^2}{n}}$$

이것이 예측평균에 대한 신뢰구간을 구할 때 필요한 표준오차이다.[3)]

개별 y값을 예측하고자 한다면 각 점이 회귀선과 떨어져 있는 정도를 추가로 고려해야 한다. 이 불확실성은 항 e를 추가하여 다음과 같이 표현한다.

$$y = \hat{\mu}_\nu + e = b_1(x_\nu - \bar{x}) + \bar{y} + e$$

---

3) 표준오차 수식들은 흔히 다음과 같은 형태로 표현되기도 한다.

$$SE(\hat{\mu}_\nu) = s_e\sqrt{\frac{1}{n} + \frac{(x_\nu - \bar{x})^2}{\Sigma(x - \bar{x})^2}}, \; SE(\hat{y}_\nu) = s_e\sqrt{1 + \frac{1}{n} + \frac{(x_\nu - \bar{x})^2}{\Sigma(x - \bar{x})^2}}$$

이후의 전개를 요약하면 다음과 같이 표준오차 항 하나가 추가된다.

$$SE(\hat{y}_\nu) = \sqrt{(SE^2(b_1))(x_\nu - \bar{x})^2 + \frac{s_e^2}{n} + s_e^2}$$

여기에서 예측치가 평균이 아닌 개별 값에 대한 예측치라는 점을 강조하기 위해 $\hat{\mu}_\nu$ 대신 $\hat{y}_\nu$로 표기하였다.

14.5 신뢰구간과 예측구간의 사용

이 표준오차를 이용하여 25분의 연마시간이 필요한 제품의 평균가격을 예측해 보자. 다음은 패키지를 이용한 회귀분석 출력결과이다.

Variable	Coefficient	SE(coeff)	t-Ratio	P-Value
Intercept	−4.871	9.654	−0.50	0.6159
Time	4.200	0.2385	17.61	<0.0001
s = 32.54	R-Sq = 84.5%			

이 회귀모형을 이용하여 $x_\nu = 25$분에서의 예측치를 구하면 다음과 같다.

$$-4.871 + 4.200\ (25) = \$100.13$$

이를 이용하여 먼저 연마시간이 25분인 제품들의 평균가격에 대한 95% 신뢰구간을 구해보자. 회귀분석 출력의 값들을 표준오차 공식에 대입하면 다음의 값을 얻는다.

$$SE(\hat{\mu}_\nu) = \sqrt{(SE^2(b_1))(x_\nu - \bar{x})^2 + \left(\frac{s_e}{\sqrt{n}}\right)^2}$$

$$= \sqrt{(0.2385)^2(25 - 35.82)^2 + \left(\frac{32.54}{\sqrt{59}}\right)^2} = \$4.96$$

자유도 59−2=57인 t분포의 오른쪽 꼬리 2.5%에 해당하는 t^*값은 2.002이다. 이 둘로부터 오차범위(margin of error)는 다음과 같이 구해진다.

$$ME = 2.002(4.96) = \$9.93$$

따라서 연마시간이 25분인 제품들의 평균가격에 대한 95% 신뢰구간은

$$\$100.13 \pm 9.93 = (\$90.20,\ \$110.06)$$

이제 평균가격 대신 25분의 연마시간이 필요한 한 제품의 개별가격에 대해 관심이 있다고 하자. 우리가 위에서 구한 신뢰구간의 폭은 매우 좁다. 이 구간은 평균가격을 포함할 수 있겠으나 많은 개별 가격들을 모두 포함할 수는 없을 것이다. 연마시간이 25분인 한 제품의 가격에 대한 예측구간을 구하기 위해 좀 더 큰 변동을 반영할 수 있는 표준오차 공식

을 이용한다. 이 공식을 이용하면 표준오차는

$$SE(\hat{y}_\nu) = \sqrt{(SE^2(b_1))(x_\nu - \bar{x})^2 + \frac{s_e^2}{n} + s_e^2} = \$32.92$$

가 되고, 오차범위는

$$ME = t^*SE(\hat{y}_\nu) = 2.002 \times 32.92 = \$65.91,$$

이므로 예측구간은 다음과 같이 구해진다.

$$\hat{y} \pm ME = 100.13 \pm 62.91 = (\$34.22,\ \$166.04)$$

이 구간이 95% 신뢰구간과 비교하여 얼마나 넓은지 주목해보자. 대부분의 경우 이 구간들을 구하기 위해 컴퓨터 패키지를 이용하게 된다. 대부분의 패키지에서는 회귀선에 95% 신뢰구간과 예측구간을 표시한 (〈그림 14.8〉과 〈그림 14.9〉를 합쳐놓은) 결과를 제공해준다. 이렇게 하면 예측구간이 신뢰구간에 비해 얼마나 넓은지 쉽게 알 수 있다(〈그림 14.10〉).

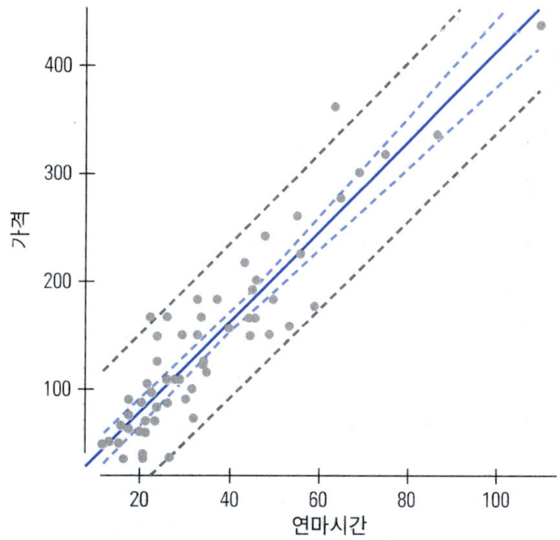

그림 14.10 가격 대 연마시간의 산점도에 최소제곱 회귀선이 그려져 있다. 회귀선에 접한 안의 두 선은 95% 신뢰구간을, 밖의 두 선은 예측구간을 나타낸다. 대부분의 점들은 (당연하게) 예측구간 내에 포함되지만, 평균에 대한 신뢰구간 내에는 아주 일부만이 포함된다.

14.6 외삽법과 예측

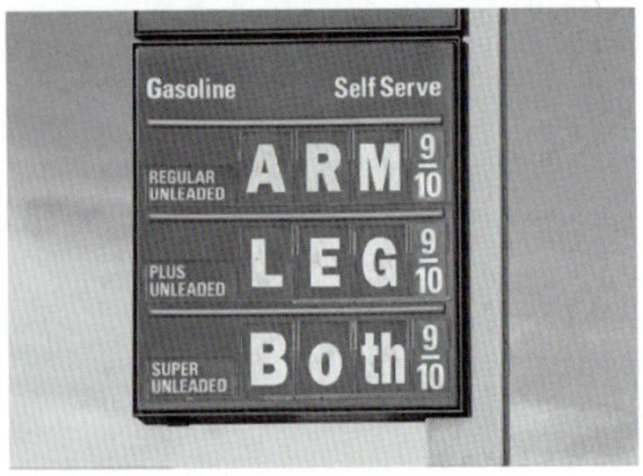

선형모형을 이용하면 자료의 각 값에 대해 예측치를 구할 수 있다. 새로운 x값을 방정식에 대입하면 예측치 $\hat{y}$가 나온다. 그런데 만약 x값이 회귀선을 추정할 때 사용한 자료의 범위를 한참 벗어나면 그 예측은 얼마나 신뢰할 수 있을까?

간단히 답하면 x값이 중심인 $\bar{x}$로부터 멀어질수록 예측치의 신뢰도는 떨어진다. 자료의 범위를 넘어서는 x값에 대한 예측을 **외삽법**(extrapolation)이라고 부른다. 외삽법은 x와 y의 관계가 x의 범위 이후에서도 변하지 않는다는 의심스런 가정이 추가로 필요하기 때문에 위험하다고 할 수 있다. 특히 외삽법은 먼 미래에 대해 예측하는 경우에 상당한 곤경에 빠질 수 있다.

교훈적인 예로 1972년과 1981년 사이의 국제유가(2005년 고정달러)를 분석해보자.[4] 에너지 위기가 한창이던 1970년대 중반에 유가는 치솟았고 주유소의 긴 줄은 흔한 광경이었다. 1970년에 유가는 배럴당 \$3 정도였으나 몇 년 후 이 가격은 \$15로 치솟았다. 1975년에 (노벨 경제학상 수상자를 포함한 연구진이) 15개의 최고급 계량경제 예측모형으로 1985년의 유가를 예측한 결과 배럴당 \$50에서 \$200 사이, 즉 2005년 고정달러로 배럴당 \$181에서 \$726(!) 사이로 추정하였다. 이 예측은 얼마나 정확했을까? 다음 〈그림 14.11〉을 보자.

> **자료가 연도인 경우**
>
> 연도는 일반적으로 4자리 숫자로 입력하지 않는다. 본 예에서 1970은 0으로, 1980은 10으로 놓았다. 시계열을 다루는 경우 첫 관측일은 보통 0으로 놓는다. 다른 방법은 예를 들어 1988은 88로 하는 방식처럼 연도를 두 자리로 입력하는 것이다. 이런 식으로 연도의 척도를 조절하면 계산이 쉬워지고 수식이 좀 더 단순해진다. 그러나 1988을 88로 놓으면 2004는 4가 아니라 104로 표기해야 한다는 점을 주의해야 한다.

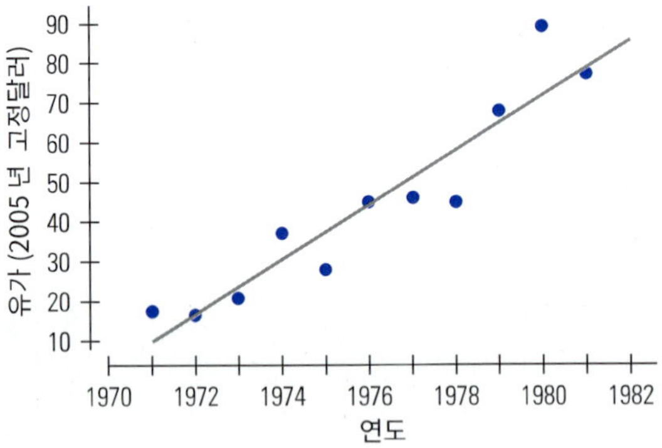

그림 14.11 1971년부터 1982년 사이의 배럴당 유가는 연간 약 \$7씩 선형적으로 상승하는 추세를 보여주고 있다.

1970년 이후 연도(Time)에 대한 유가(Price)의 회귀모형은 다음과 같이 구해진다.

$$\widehat{Price} = -0.85 + 7.39\ Time$$

이를 보면 유가는 평균적으로 연간 \$7.39씩, 즉 10년간 약 \$75 상승하였다. 이렇게 계속 선형적으로 오른다면 유가는 쉽게 예측할 수 있을 것이다. 그리고 실제로 많은 전문가

---

4) x가 시간인 경우 자료를 적합시키는 방법으로 시계열(time series) 분석법이라는 특별한 방법이 있으나 이 책의 범위를 벗어난다. 그렇지만 단순 회귀모형도 자주 사용된다. 좀 더 정교한 방법을 사용하는 경우에도 외삽법의 위험성은 사라지지 않는다.

들이 그런 가정을 하였다. 그래서 얼마나 잘 맞추었을까? 1982년부터 1998년 사이에 유가는 이러한 꾸준한 오름세를 보이지 않았다. 실제로는 유가는 폭락하여 1998년에 이르러서는 2차 세계대전 이후 최저가를 기록하였다(그림 14.12).

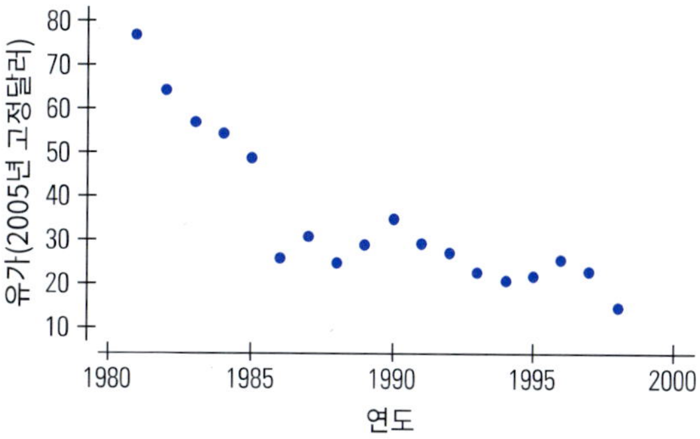

그림 14.12 유가의 시계열 그림은 시간에 따라 꾸준한 하락을 나타내고 있다.

예를 들어 1985년의 평균 유가는 배럴당 $30 미만으로 예측치 $100에 훨씬 못 미쳤다. 원래 자료에서 단지 4년을 벗어나 외삽법으로 구한 것인데 매우 부정확한 예측이 되었다. 〈그림 14.12〉의 시계열이 상당히 꾸준한 감소세를 보여주지만 당연히 이 경향은 계속되지 않았다. (계속되었다면 지금쯤 석유는 공짜일 것이다.)

1990년대에 미국정부는 예측에 시나리오를 포함하여 분석하기로 결정하였다. 그 결과 에너지정보국(Energy Information Administration, EIA)에서는 1998년부터 20년간의 유가에 대한 두 개의 예측을 연간에너지전망(Annual Energy Outlook, AEO)이라는 보고서를 통해 발표하였다. 이 두 시나리오 모두 비교적 약간의 유가 상승을 전망하였다(그림 14.13).

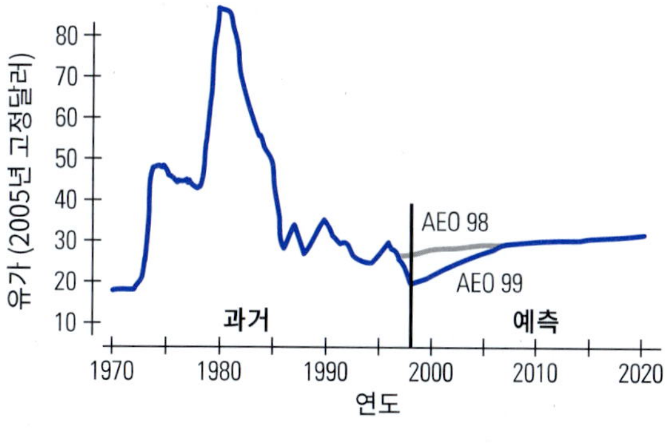

그림 14.13 EIA에서 가져온 이 그림은 1970년부터 1998년까지의 유가와 1999년부터 2020년까지의 두 가지 예측을 보여준다.

그러면 이 예측은 얼마나 잘 들어맞고 있는가? 이 예측과 실제 유가를 비교해보자(그림 14.14).

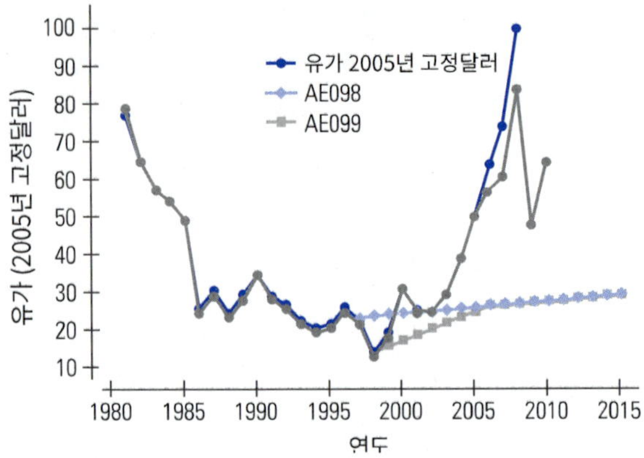

그림 14.14 1981년부터 2007년까지의 실제 유가와 두 개의 예측. 두 예측 모두 지난 몇 년간의 가파른 상승을 맞추지 못했다.

전문가들은 21세기의 처음 10년간의 가파른 유가 상승과 유가의 변동에 따른 변덕을 놓친 것 같다. 다음 10년간의 유가의 향방에 대해서는 어떻게 생각하는가? 누구도 정답을 모르기는 매한가지일 것이다. 이 예측들이 2000년 이후 벌어진 눈에 보이지 않는 많은 글로벌 경제 사건들을 고려하지 않았다는 점은 명백하다. 이처럼 정확한 장기 예측은 극히 어려운 것이다.

외삽법은 위험한 것이다. 선형모형은 현재 가지고 있는 x값 자료를 기반으로 하며 이 범위를 벗어나면 신뢰할 수 없다. 현재 보이는 이 체계적 행태가 이 범위를 벗어나도 계속되지 않을까 하는 추측을 관성적으로 하게 되는 현상이 있다. x가 시간인 경우 특별히 조심해야 한다. 시간에 따른 주가, 매출액, 허리케인 경로, 그리고 여론 같은 현상들은 규칙성에 의존하면 안 된다.

"예측은 어렵다. 특히 미래에 대한 예측은. (Prediction is difficult, especially about future)" —닐스 보어(Niels Bohr, 덴마크 물리학자)

현재의 경향을 외삽법으로 예측하는 실수는 단지 초심자들만이 저지르는 것은 아니다. 전문가들도 이런 실수를 하기 쉽고 가끔 그 오류는 두드러지게 나타난다. 그러나 미래에 대해 예측하고픈 유혹은 매우 강하기 마련이므로 현실적인 조언은 다음과 같다.

먼 미래에 대해 외삽법으로 예측할 때에는 예측치와는 (아마도 상당히) 차이나는 실제 값들이 나타날 것에 대비하라.

14.7 특이한 관측치

신용카드회사는 고객이 카드를 사용할 때마다 수익을 얻는다. 그래서 소비자의 카드 사용을 늘리기 위해 항공 마일리지나 현금 포인트, 또는 사은품 등을 제공하기도 한다.[5] 물론 이러한 혜택은 카드 사용액이 인센티브 비용을 충분히 상쇄할 정도로 늘어나는 경우에만 이득이 있다. 새로운 혜택에 대한 아이디어는 전면적인 시행에 앞서 일부 카드 사용자들을 대상으로 행사기간을 통해 시험해보는 것이 일반적이다. 새로운 혜택은 아무 혜택도 받지 않거나 현재 최상의 혜택을 받는 고객군을 대조군으로 비교하여 그 효과를 비교한다.

가장 실적이 좋은 고객군 중 하나를 대상으로 어느 때나 사용할 수 있는 항공 마일리지를 1달러당 1마일 제공하는 행사를 3개월간 제공하였다. 카드회사에서는 고객들의 카드 사용이 혜택에 따른 비용을 충분히 상쇄할 만큼 늘어날 것으로 기대하고 있으나, 한편으로는 일부 고객들이 행사 기간에 카드를 앞당겨서 쓰고 이후에는 지출을 줄이지 않을까 걱정하였다.

이 고객군의 경우 한 달에 보통 $1,700을 결제하고 있다. 행사기간 동안 이 고객군의 한 달 평균 결제액은 $1,919.61로써 통계적으로, 그리고 금액 면에서 유의한 차이를 보였다. 그런데 행사기간 종료 후에도 결제액이 계속 증가하는 모습이 관찰되어 분석자들을 놀라게 하였다. 이를 조사하기 위해 〈그림 14.15〉와 같은 산점도를 작성하였다.

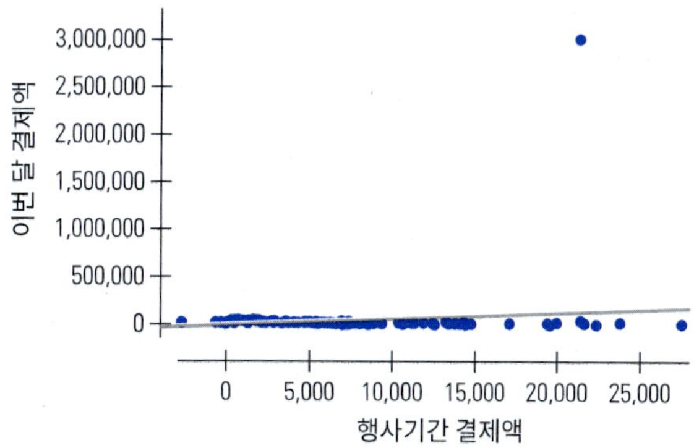

그림 14.15 행사기간과 이번 달의 결제액을 타점해 보면 특이한 관측치와 함께 기울기가 양인 회귀선이 관찰된다.

그림 상단의 외딴 점 하나는 행사기간 종료 후에 거의 $3백만 가까이 결제한 경우이다. 놀라운 점은 이 결제가 실제로 이루어졌다는 것이다! 그렇지만 이 고객의 경우 이 고객군의 일반적인 모습은 아니라는 점은 확실하다. 본 연구의 목적을 위해서는 이 외딴 점을 제외하고 분석하는 것이 필요하다(그림 14.16).

이 그림을 보면 행사기간 중 결제액이 가장 큰 고객이 종료 후에는 지출을 줄인 것으로 나타났다. 단 하나의 특이점만으로도 강한 음의 기울기를 강한 양의 기울기로 바꿀 수 있었던 것이다. 카드회사는 이러한 결과를 근거로 이 두 기간 동안의 월별 결제액이 각각

5) 이러한 혜택을 담은 신용카드를 찾을 수 있는 웹사이트도 있다. "신용카드 혜택"으로 검색해 보면 된다.

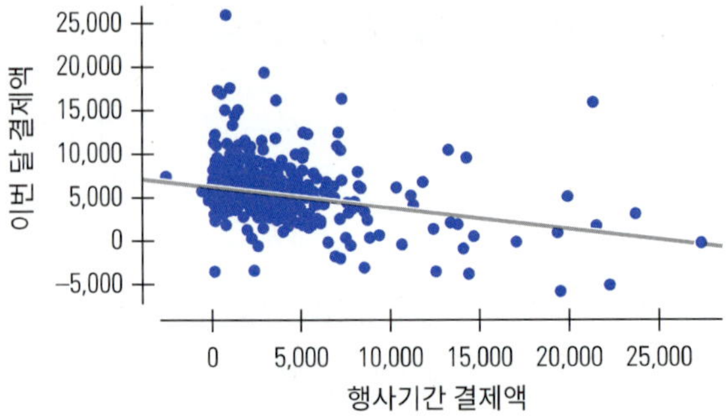

그림 14.16 특이점을 제외하고 행사기간과 이번 달의 결제액을 타점해 보면 유의하게 기울기가 음인 것으로 나타난다.

$10,000 미만인 고객들에게만 관심을 집중하기로 결정하였다. 어느 고객이 신용카드로 $10,000 이상 결제한다면 아마도 항공 마일리지 때문은 아닐 것으로 판단되기 때문이다.

특이점, 레버리지, 영향점

"서 있을 자리만 있다면 지구라도 움직일 수 있다"
—아르키메데스(기원전 287~211)

자료의 모양을 관찰하면 특이한 자료를 찾아낼 수 있다. 회귀분석의 경우 특이한 자료는 두 가지 형태로 나타난다. 위의 $3백만 결제액처럼 잔차가 클 수 있다. 다른 점들과는 달리 큰 잔차를 갖는 이러한 점들은 특별한 주의가 필요하며 **특이점**(outlier)이라고 부른다.

x의 값이 평균과 아주 멀리 떨어져 있는 경우에도 특이한 점이 될 수 있다. 이러한 점을 **레버리지**(leverage)가 크다고 말한다. 지레의 모양을 연상하면 정확하다. 최소제곱 회귀선은 $(\bar{x}, \bar{y})$를 관통해야 하므로 이런 점은 지렛목으로 작용할 수 있다. 시소를 탈 때 중간에서 멀리 앉을수록 레버리지가 큰 것처럼 $\bar{x}$에서 멀리 떨어진 점은 회귀선을 강하게 끌어당긴다.

레버리지가 높은 점은 회귀선을 변화시킬 수 있는 잠재력을 가지고 있으나 늘 이 잠재력이 사용되는 것은 아니다. 이 점이 다른 점들의 패턴과 일치한다면 회귀직선을 변경시키지는 않는다. 그러나 $\bar{x}$에서 멀리 떨어져 있기 때문에 그 관계를 강화시켜 상관계수와 R^2을 부풀리게 할 수는 있을 것이다.

레버리지가 높은 점이 모형을 변화시키는 것은 어떻게 알 수 있을까? 그 의심스런 점을 넣은 경우와 뺀 경우에 대해 각각 회귀직선을 구해보기만 하면 된다. (신용카드 예의 고액 결제액처럼) 분석에서 제외하면 전혀 다른 모형이 나올 때 이 점을 **영향점**(influential point)이라고 한다.[6)]

회귀분석에서 특이한 점들은 종종 다른 점들보다 모형에 대해 더 잘 알 수 있게 해주기도 한다. 영향점이 있거나 의심스러운 경우에는 이 점들을 제외한 다른 점들만으로 회귀선을 구한 후 이 두 결과를 비교해야 한다. 한 점에 의해 좌지우지되는 모형은 나머지 점들을 이해하는 데에 그다지 유용하지 않을 것이다. 특이한 점을 이해할 수 있는 가장 좋은

6) 어떤 책에서는 기울기, 절편, R^2에 영향을 주는 자료를 **영향점**이라고 표현하기도 하지만, 본서에서는 기울기에 한정해서 설명하기로 한다.

영향점은 레버리지와 잔차 모두에 의해 만들어진다. 레버리지가 높지만 y값이 나머지 점들의 회귀선상에 있다면 영향점이 아니다. 레버리지는 낮지만 잔차가 매우 크다면 영향점이 될 수 있다. 영향점을 확인할 수 있는 유일한 방법은 이 점을 넣거나 빼서 회귀선을 구하여 비교해 보는 것이다.

방법은 나머지 점들로 구한 회귀선을 배경으로 하여 그 점을 놓고 관찰하는 것이다. 이 점이 회귀선과 잘 맞지 않는다는 이유만으로 삭제하고픈 유혹에 빠지면 안 된다. 그렇게 하면 자료에 대한 모형의 적합성에 관한 잘못된 정보를 주게 된다. 종종 특이한 점들을 확인하는 가장 좋은 방법은 이들이 영향점임에 주목하고 무엇이 이들을 유별나게 만드는지 찾아내는 것이다.

영향(influence)이 크다고 해서 모두 잔차가 큰 것은 아니다. 가끔 영향으로 인해 회귀선을 아주 가깝게 당기는 바람에 잔차를 작아 보이게 하기도 한다. 이런 영향점은 회귀분석을 아주 엉망으로 만들기도 한다. 〈그림 14.17〉은 IQ와 신발크기를 타점한 것이다. 여기에 보이는 특이점은 유명한 미국 TV의 코믹 캐릭터인 "광대 Bozo"의 큰 발과 높은 IQ를 나타낸다.

"자연의 섭리를 아는 이라면 그녀의 일탈을 좀 더 쉽게 알 수 있을 것이고, 한편 그녀의 일탈을 아는 사람이라면 좀 더 정확히 그녀의 방식을 설명할 수 있을 것이다.
(For whoever knows the ways of Nature will more easily notice her deviations; and, on the other hand, whoever knows her deviations will more accurately describe her ways.)"
– 프랜시스 베이컨(1561~1626)

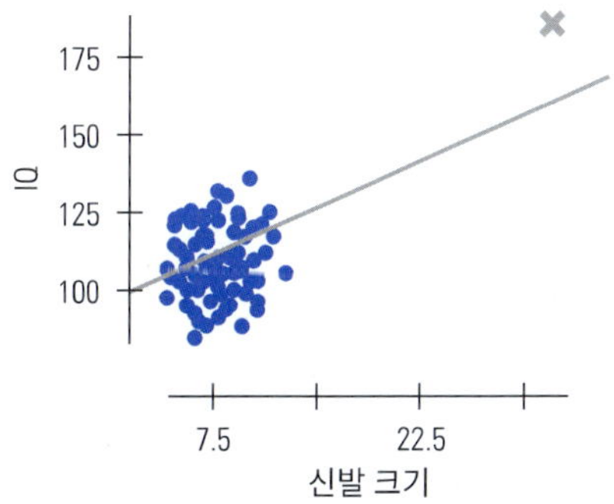

I 그림 14.17 "광대 Bozo"의 유별나게 큰 신발크기 때문에 레버리지가 높아져서 R^2은 25%에 불과하지만 회귀식은 IQ = 93.3 + 2.08 × 신발크기로 얻어진다. Bozo의 IQ가 얼마이든지 간에 회귀선은 이에 따라 구해질 것이다.

좀 우스꽝스러운 예제이긴 했지만 중요하고 보편적인 잠재적 문제점을 예시하고 있다. 대부분의 변동(R^2 = 25%)은 Bozo 한 점에 의한 것이다. Bozo 점을 제외한다면 신발크기와 IQ 사이에는 상관관계가 거의 없다. Bozo 점을 빼고 회귀분석을 해보면 R^2은 겨우 0.7%로써 (예상하듯이) 매우 약한 선형관계이다. 단지 하나의 점이 회귀분석에 매우 큰 영향을 준 것이다.

확인문제

다음 각 그림은 특이한 점을 포함하고 있다. 각 그림에 대해 이 점이 레버리지가 높은지, 잔차가 큰지, 영향점인지 설명하라.

6.

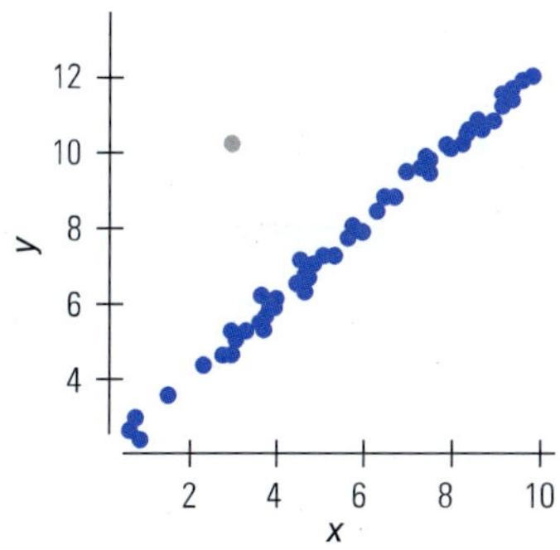

7.

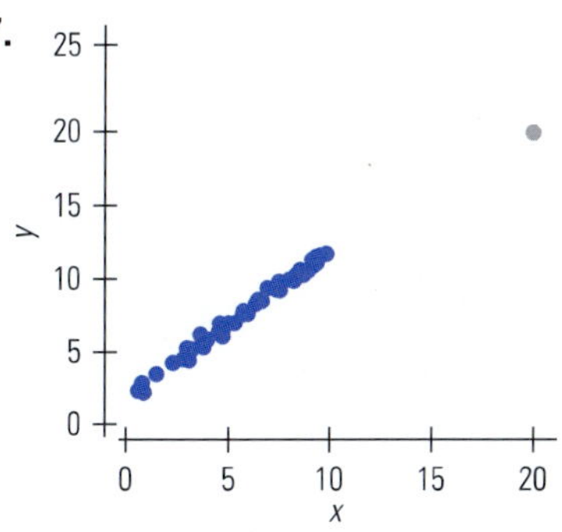

8.

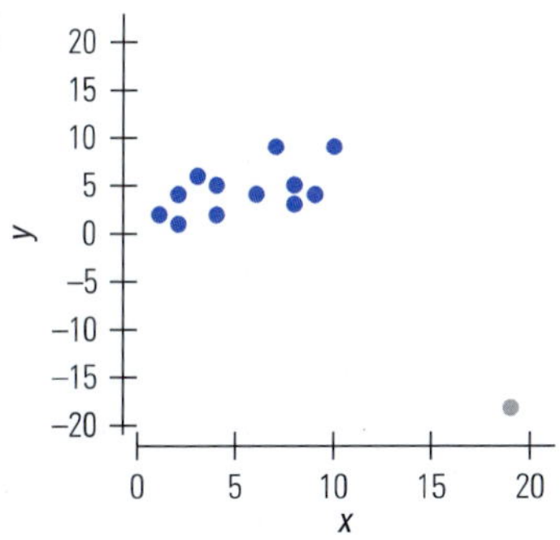

레버리지가 높은 점에 대해서는 어찌해야 할까? 가끔은 이 값들은 (초고소득 고객이나 재직기간이 매우 긴 종업원 등처럼) 중요한 자료로써 x와 y 사이의 관계 이상의 의미를 나타낼 수도 있다. 그러나 여타의 경우 레버리지가 높은 점은 나머지 점들과는 동떨어진 자료이다. 아마도 이러한 점들은 제외시킨 후 회귀선을 구하여 비교해봐야 할 것이다. 의심스러운 경우에는 이 점들을 포함한 모형과 제외한 모형을 각각 구하여 비교하는 것이 보통의 경우 최상의 방법이다.

- **주의**: 영향점은 잔차도에서 발견하지 못할 수 있다. 레버리지가 큰 점은 회귀선을 가깝게 당기는 바람에 잔차는 종종 작을 수 있다. 영향점은 원 자료의 산점도에서 좀 더 쉽게 발견할 수 있으며, 이 점을 포함하거나 제외하여 회귀선을 구해보면 그 영향을 알 수 있다.

*14.8 요약 통계량

평균과 같은 요약 통계량으로 산점도를 그려보면 개별 자료로 그리는 것보다 변동이 적게 나타나는 경향이 있다. 그 이유는 요약 통계량 자체가 개별 자료보다 변동이 적기 때문이다.

청정 전기에너지의 대안으로 풍력발전에 대한 관심이 높아지고 있다. 물론 비용 대비 효과가 있으려면 바람이 충분해야 한다. 풍력 발전소의 입지를 선정하기 위해 여러 후보지에서 1년간 하루에 네 차례(오전 6시, 정오, 오후 6시, 자정) 풍속을 측정하였다. 다음의 〈그림 14.18〉은 후보지들 중 두 곳의 풍속을 산점도로 나타낸 것으로 상관계수는 0.736이다.

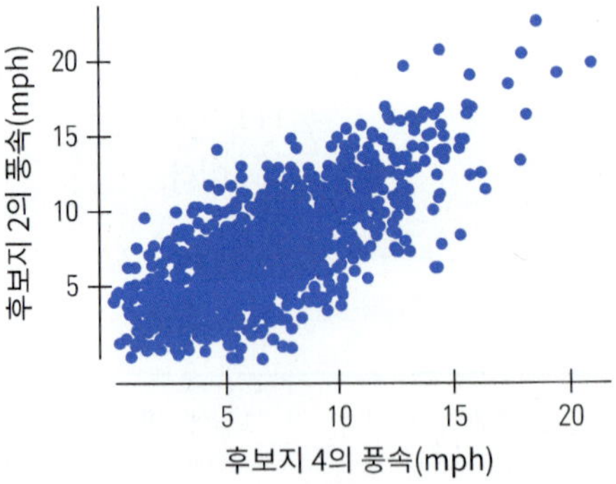

그림 14.18 후보지 2와 4의 풍속은 서로 상관이 있다.

하루당 하나의 측정치를 사용한다면 상관계수는 어떻게 될까? 하루에 4개의 측정치 모두를 사용하는 대신 하루의 평균 풍속을 계산하여 산점도를 그려보면 〈그림 14.19〉에서 보듯이 변동이 줄어보인다. 상관계수는 0.844로 높아졌다.

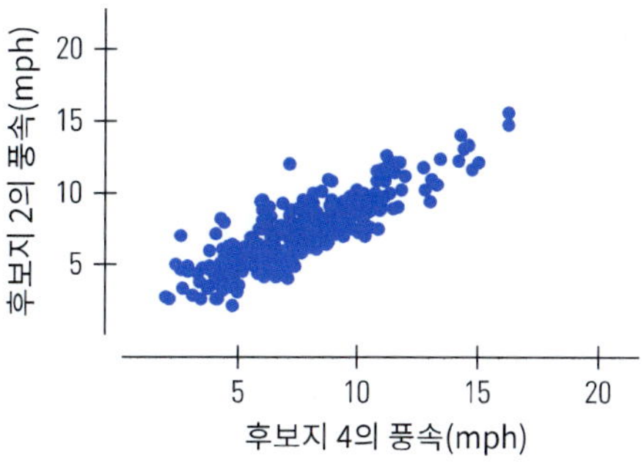

그림 14.19 하루 동안의 평균 풍속은 변동이 적어 보인다.

좀 더 긴 기간으로 평균을 구해보자. 〈그림 14.20〉은 한 달간의 평균풍속을 나타낸다. 이제 상관계수는 0.942로 높아졌다.

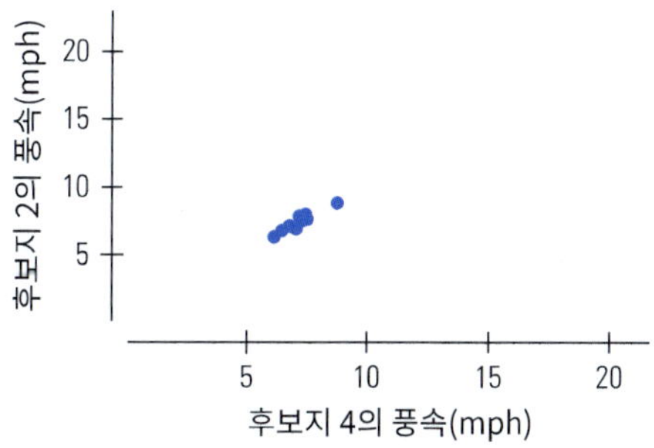

그림 14.20 한 달간의 평균 풍속은 변동이 더욱 적어진다.

이 산점도들로부터 알 수 있는 것은 요약 통계량은 개별 자료에 비해 변동이 적어서 회귀선이 자료에 얼마나 잘 맞는지에 대한 잘못된 인상을 줄 수 있다는 점이다. 이 현상을 쉽게 교정할 수 있는 방법은 없다. 요약된 자료가 주어진 경우 대개는 원 자료를 복구해 낼 수 없다. 요약자료에 대한 회귀분석 결과에는 약간의 의구심을 가져야 한다. 실제보다는 훨씬 나아보일 수 있다.

자료의 수를 줄일 수 있는 또 다른 방법은 평균을 취하는 대신 자료를 선택하거나 표본 추출하는 것이다. 이 방법은 풍속처럼 시간에 따라 측정하는 자료에서 특별히 중요할 수 있다. 예를 들어, 하루의 평균풍속 대신 4개의 하루 동안의 측정치 중 하나, 가령 정오의 측정치만을 선택한다면 〈그림 14.19〉와 자료의 수는 동일하지만 상관계수는 원자료와 거의 동일한 0.730이 나온다. 이 결과는 〈그림 14.21〉에 나와 있다.

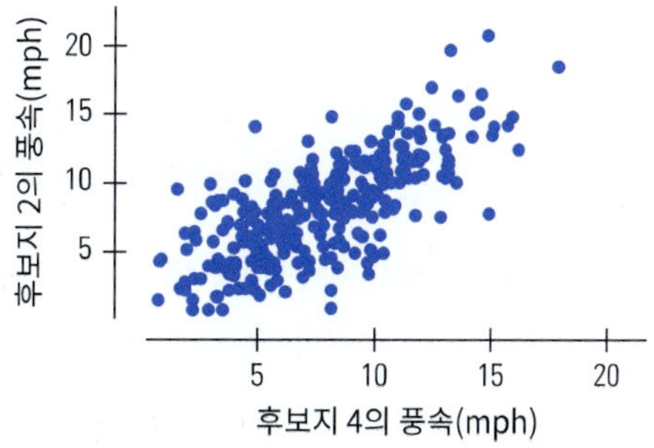

그림 14.21 정오자료만을 선택하면 변동이 줄어들지 않는다. 이 그림을 〈그림 14.18〉 및 〈그림 14.19〉와 비교해 보라.

*14.9 선형성

휘발유 값이 오르고 환경에 대한 관심이 높아짐에 따라 자동차의 연비에 대한 관심도 늘어나고 있다. 연비(Fuel Efficiency)에 가장 중요한 요소는 차량의 무게(Weight)이다.

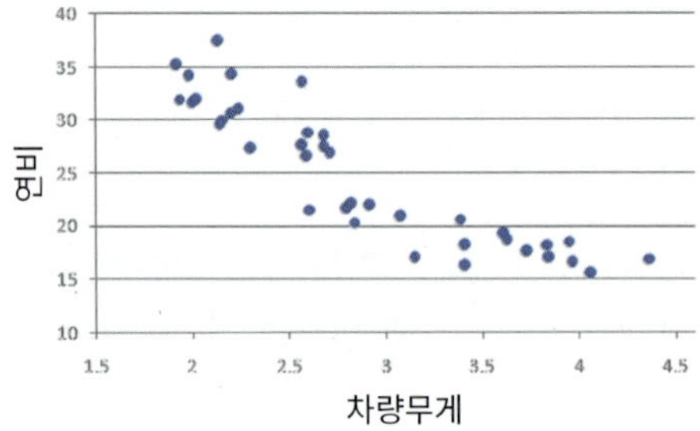

그림 14.22 연비(갤런당 마일, mpg) 대 차량무게(1000파운드 단위)의 산점도는 강한 음의 선형관계를 분명하게 보여준다(엑셀 2010으로 작성).

상관관계는 높고(R^2=81.6%), 명백히 음의 관계이며, 분명히 선형관계이다. 회귀식

$$\widehat{\text{연비}} = 48.7 - 8.4 \times \text{무게}$$

에 의하면 연비는 48.7mpg에서 시작하여 1,000파운드당 8.4mpg씩 떨어진다. 이제 잔차를 x나 예측치에 대해 타점하여 선형조건을 확인해보자.

잔차와 무게에 대한 산점도(그림 14.23)를 보면 놀라게 된다. 잔차에는 어떤 패턴도 없어야 하는데 이 그림에는 굽은 곳(bend)이 보인다. 원래의 산점도를 다시 살펴보면 완전한 직선으로 보이지 않는다. 약간 굽은 곳이 보이는데, 이 모습은 잔차의 산점도에서 훨씬 쉽게 발견할 수 있다.

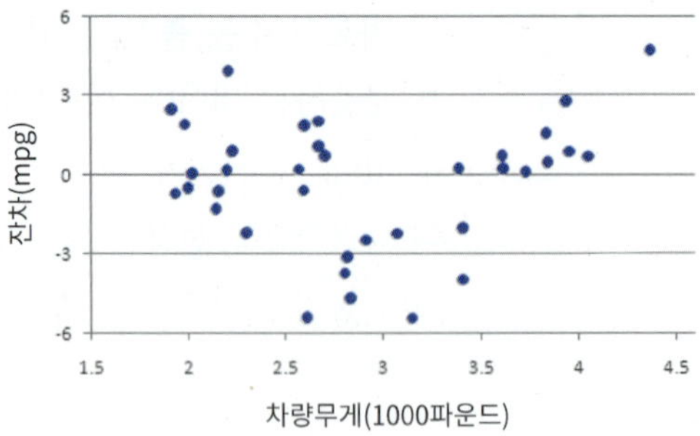

그림 14.23 무게에 대해 잔차를 타점해보면 굽은 곳이 나타난다. 원자료의 산점도에서도 자세히 살펴보면 보이지만 이 그림에서 더욱 쉽게 발견할 수 있다(엑셀 2010으로 작성).

선형관계가 아닌 경우에는 회귀선을 구하거나 상관계수로 그 관계의 강도를 측정해서는 안 된다. 그러나 종종 그 관계를 선형으로 만들 수 있다. 단순한 함수를 사용하여 한 변수를, 또는 두 변수 모두를 변환(transform)시키기만 하면 된다. 이 예제의 경우 단순한 함수를 사용하면 된다. 미국에서는 연비를 갤런당 마일로 측정한다. 그러나 다른 나라에서

는 이와 다르다. 미터법을 사용하며 연비는 100km당 리터로 측정한다. 이는 갤런당 마일의 역수 표현이다. 즉 휘발유 양(갤런이나 리터)이 분자에, 주행거리(마일이나 km)는 분모에 놓는다.

하나의 형태에 고집할 이유는 없으니 음의 역수 형태를 적용해보자.

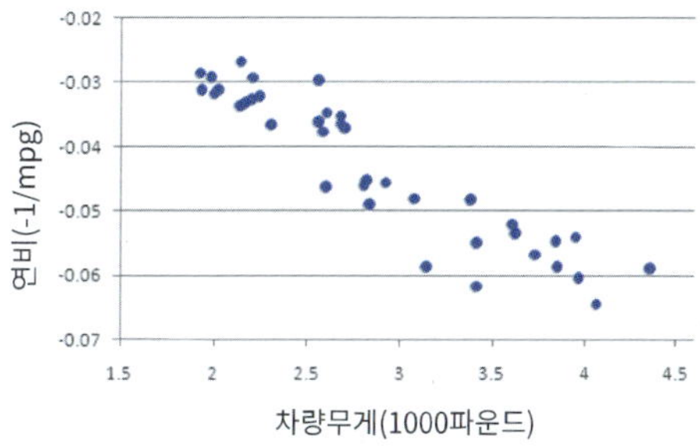

그림 14.24 연비의 역수 대 차량무게를 타점해보면 직선적으로 보인다(엑셀 2010으로 작성).

잔차의 산점도도 역시 좀 더 랜덤하게 보인다.

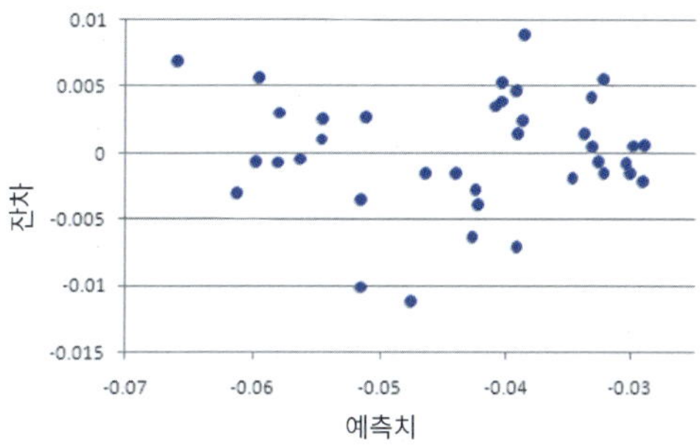

그림 14.25 음의 역수로 연비를 변환한 후의 잔차에는 굽은 곳이 줄어들었다(엑셀 2010으로 작성).

역수를 사용하면 분명한 개선이 있으므로 회귀모형에는 이 역수를 사용해야 한다.

무엇이 잘못될 수 있는가?

모형이 잘 맞아야 예측과 추정도 잘 맞는다. 다음은 회귀분석 시의 주의사항이다.

- **선형관계가 아닐 때에는 선형회귀모형을 사용하면 안 된다.** 이는 가장 근본적인 가정이다. x와 y의 관계가 대략적으로 선형관계가 아니라면 여기에 직선을 적합시키는 것은 의미가 없다.
- **산포의 변화에 주의하라.** 신뢰구간과 예측구간의 공통적인 부분은 직선 주위의 산포, 즉 오차의 표준편차이다. 이것이 x에 따라 변한다면 그 추정치는 맞지 않을 것이다. 다음의 자료에 대해 예측구간을 구한다고 상상해보자.

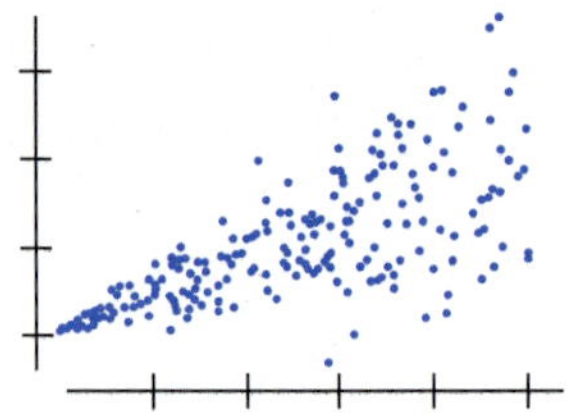

x가 작을 때에는 y를 정밀하게 예측할 수 있지만, x가 커짐에 따라 y의 예측은 훨씬 힘들어진다. 불행하게도 이렇게 산포가 변하는 경우에는 하나의 숫자로 s_e를 찾아낼 수는 없을 것이다. 예측구간을 구할 때 이 산포의 평균으로 구한 s_e를 사용하게 되면 그 결과 x가 작을 때에는 너무 비관적으로, x가 클 때에는 너무 낙관적으로 예측하게 될 것이다. 산포가 변하는 경우에는 y를 변환해보는 것도 종종 좋은 해결책이 된다.

- **오차가 정규분포인지 주의하라.** 예측구간을 구하는 경우에는 중심극한정리를 이용하지 않는다. 예측구간의 신뢰성을 위해서는 오차가 반드시 정규분포를 따라야 한다. 히스토그램과 정규확률그림을 이용하여 이 가정이 적절해보이는지 확인하는 것이 좋다.

- **단측검정 시에는 주의하라.** 일반적으로 회귀 계수에 대한 가설검정은 양측검정이기 때문에 컴퓨터 패키지에서는 양측검정의 P값이 출력된다. 이런 패키지를 이용하여 기울기에 대한 단측검정을 하고자 할 때에는 출력된 P값을 반으로 나누어야 한다.

- **외삽법 사용 시 주의하라.** 회귀모형 작성에 사용된 x값을 벗어난 범위에서 외삽법을 사용할 때에는 주의해야 한다. 외삽법을 사용할 때 선형모형을 적용하는 것이 일반적이기는 하지만 그래도 주의해야 한다.

- **먼 미래를 예측할 때에는 주의하라.** 먼 미래에 대해 외삽법으로 예측할 때에는 특히 주의해야 한다. 선형모형은 시간에 따른 변화가 과거에 관측된 양상으로 영원히 계속될 것이라고 가정한다. 미래에 대한 예측은 유혹이 강하지만 위험이 따른다.

- **특이한 점이 있는지 주의하라.** 특이한 점들은 늘 주의할 만한 가치가 있으며 다른 점들보다 더 많은 의미를 제공하기도 한다. 늘 이런 점들이 있는지 찾아보고, 왜 이렇게 떨어져 있는지 이해하려고 노력해야 한다. 자료의 산점도를 그려보는 것이 레버리지가 높은 영향점을 찾을 수 있는 좋은 방법이다. 잔차를 예측치에 대해 타점하는 것은 잔차가 큰 점을 찾을 수 있는 좋은 방법이 된다.

- **레버리지가 높은 점, 이 중 특히 영향점을 주의하라.** 영향점은 회귀모형을 크게 달라지게 할 수 있다. 그 결과 회귀모형이 전체적인 관계가 아닌 한 두 점만의 영향을 나타낼 수 있다.

- **특이점을 제외하고 회귀모형을 구하는 것을 고려하라.** 특이점의 영향을 알아보기 위해 특이점을 포함한 모형과 제외한 모형을 구한 후 그 차이점을 파악하라.

- **특이한 점들을 정직하게 다루어라.** 점들을 충분히 제외시키면 R^2이 매우 높은 회귀선을 얻을 수 있을 것이다. 그러나 이것이 당신을 성공으로 이끄는 것은 아니다. 어떤 자료는

선형모형에 맞을 만큼 단순하지 않을 수도 있다. 이런 일이 발생한다면 실패를 인정하고 분석을 중단하라.

통계분석의 올바른 사용

미국의 인구 고령화가 진행됨에 따라 동료애와 비의료적 홈서비스를 제공하는 노인요양 비즈니스에 대한 수요가 증가하고 있다. 이러한 프랜차이즈 중의 하나인 Independent Senior Care사는 가맹점에 부가적인 서비스를 제공함으로써 경쟁사들과 차별화를 하려고 한다. 각종 도구와 직원 연수 및 멘토 역할을 제공하는 표준 자료집 서비스에 더하여 이 회사의 Allen Ackman이라는 분석가는 예비 가맹점주가 어느 지역에 노인요양 시설을 개업하려고 할 때 타당성 조사를 도와주고 있다. Allen은 최근에 비즈니스 스쿨을 졸업하고 노인학을 부전공으로 이수한 Kyle Sennefeld를 만났는데, 그는 펜실베이니아 북동부 지역에서 노인요양 사업을 시작하는 것에 관심을 가지고 있었다. Allen은 가맹점 지역의 반경 100마일 내에 거주하는 65세 이상의 주민 수와 연간 수익을 연결하는 회귀모형을 사용하기로 결정하였다. 이 모형의 R^2값이 작았음에도 불구하고 변수는 통계적으로 유의하였고, 모형을 이용하여 예비 가맹점주에게 쉽게 설명할 수 있었다. Allen은 Kyle에게 그 후보 지역에서의 연간 수익을 추정하는 보고서를 보냈다. Kyle은 펜실베이니아 북동부 지역에서 이 가맹점을 여는 것은 훌륭한 비즈니스가 될 것이라며 들뜨게 되었다.

문제점 회귀모형의 R^2값이 작으므로 그 예측 능력이 의문시된다.

해결책 R^2값과 예측 결과의 실체를 밝히고, x값의 범위를 벗어나서 외삽법을 사용하였다면 이 점도 드러낸다. Allen은 수익의 추정치뿐만 아니라 예측구간도 제공해야 한다. Kyle은 이 구간을 통해 가맹점 수익을 평가할 것이므로 Allen은 이것은 예측구간이며, 모든 비슷한 지역에서의 평균 수익에 대한 신뢰구간이 아니라는 점을 확실하게 해야 한다.

무엇을 배웠는가?

학습목표

- 평균에 대한 t검정을 회귀계수에 대한 검정에 적용할 수 있다.
- 회귀계수에 대한 검정에 필요한 가정과 조건이 무엇인지 알고 순서대로 확인할 수 있다.
  - **선형성 가정.** x 대 y의 산점도나 잔차 대 예측치의 산점도를 조사하여 선형성 조건을 확인한다.
  - **독립성 가정.** 이 가정은 확인하기 어려우나 랜덤화 조건이 만족된다면 이 가정이 만족되는 것으로 생각할 수 있다.
  - **등분산 가정.** 회귀선 주위의 산포가 균질해야 하는 조건으로써 잔차 대 예측치의 산점도로 확인할 수 있다.
  - **정규성 가정.** t분포를 이용하기 위해 필요하며, 그렇지 않다면 표본의 크기가 커야 한다. 잔차의 히스토그램이나 정규확률그림을 이용하면 근사적으로 정규분포를 따르는지 확인할 수 있다.

■ 기울기의 표준오차를 구성하는 요소를 알고 있다.

- 잔차의 표준편차, $s_e = \sqrt{\dfrac{\sum(y-\hat{y})^2}{n-2}}$
- x의 표준편차, $s_x = \sqrt{\dfrac{\sum(x-\bar{x})^2}{n-1}}$
- 표본의 크기, n

■ 기울기의 표준오차를 구하고 설명할 수 있다.

- $SE(b_1) = \dfrac{s_e}{s_x\sqrt{n-1}}$
- 기울기의 표준오차는 기울기의 표본분포의 표준편차에 대한 추정치이다.

■ 기울기에 대한 검정을 수행할 수 있다.

- H_0: $\beta_1=0$ 이것은 x와 y가 선형관계가 아니라는 의미이다.
- 이 귀무가설을 검정하기 위한 검정통계량은 $t=\dfrac{b_1-0}{SE(b_1)}$ 이다.

■ x_ν에 대한 평균의 신뢰구간을 구하고 설명할 수 있다.

- $\hat{y}_\nu \pm t^*_{n-2}\times SE,\ SE(\hat{\mu}_\nu) = \sqrt{SE^2(b_1)+(x_\nu-\bar{x})^2+\dfrac{s_e^2}{n}}$
- x_ν에 대한 개별 예측치의 신뢰구간을 구하고 설명할 수 있다.
- $\hat{y}_\nu \pm t^*_{n-2}\times SE,\ SE(\hat{y}_\nu) = \sqrt{SE^2(b_1)+(x_\nu-\bar{x})^2+\dfrac{s_e^2}{n}+s_e^2}$

용어정리

예측평균의 신뢰구간 표본이 달라지면 회귀모형도 달라지므로 동일한 x값에 대한 예측치도 달라진다. 어떤 x의 값 x_ν에 해당하는 예측치들의 평균에 대한 신뢰구간을 다음의 식으로 구한다.

$$\hat{y}_\nu \pm t^*_{n-2}\times SE(\hat{\mu}_\nu),\ SE(\hat{\mu}_\nu) = \sqrt{SE^2(b_1)\times(x_\nu-\bar{x})^2+\frac{s_e^2}{n}}$$

기각값 t^*_{n-2}는 신뢰수준과 자유도 $n-2$인 t분포로부터 구한다.

기울기의 신뢰구간 필요한 가정이 만족되는 경우 기울기의 신뢰구간을 $b_1 \pm t^*_{n-2}\times SE(b_1)$로부터 구할 수 있다. 기각값 t^*_{n-2}는 신뢰수준과 자유도 $n-2$인 t분포로부터 구한다.

외삽법 선형회귀모형으로 주어진 x에 대해 y를 손쉽게 예측할 수 있지만, 모형을 구할 때 사용되었던 자료들과 멀리 떨어진 x값에 대해 y를 예측하는 것은 안전하지 않은 일이다. 외삽법을 사용할 때에는 주의해야 한다.

영향점 자료에서 제외되었을 때 회귀모형이 크게 변한다면 그 점은 영향점으로 간주된다.

레버리지 x의 값이 그 평균에서 멀리 동떨어진 점은 선형모형에 레버리지 효과를 준다. 레버리지가 높은 점은 회귀선을 그 점으로 가깝게 당기는 큰 효과를 발휘하여 가끔은 기울기와 절편이 그 점에 의해 완전히 결정되기도 한다. 레버리지가 충분히 크면 잔차가 작은 것처럼 보이기도 한다.

특이점 회귀선에서 멀리 동떨어진 잔차가 큰 점을 특이점(outlier)이라고 부른다.

미래 관측치에 대한 예측구간 개별 값에 대한 신뢰구간을 말한다. 모수에 대해서는 신뢰구간, 관측치에 대해서는 예측구간이라고 한다. 신뢰구간은 모수의 참값이 속할 것으로 여겨지는 구간인 반면, 예측구간은 개별 값의 분포를 예측하는 구간이다. 예측구간은 다음의 식으로 구한다.

$$\hat{y}_\nu \pm t^*_{n-2} \times SE(\hat{y}_\nu),$$

$$SE(\hat{y}_\nu) = \sqrt{SE^2(b_1) \times (x_\nu - \bar{x})^2 + \frac{s_e^2}{n} + s_e^2}$$

기각값 t^*_{n-2}는 신뢰수준과 자유도 $n-2$인 t분포로부터 구한다. 위의 $SE(\hat{y}_\nu)$ 식에 추가되어 있는 s_e^2 때문에 평균의 신뢰구간보다 폭이 넓어지게 된다.

잔차 표준편차 회귀선 주위로 자료가 퍼져 있는 정도를 측정하며 s_e로 나타낸다.

$$s_e = \sqrt{\frac{\Sigma(y-\hat{y})^2}{n-2}} = \sqrt{\frac{\Sigma e^2}{n-2}}$$

기울기에 대한 t검정 일반적으로 귀무가설은 기울기가 0이라는 가설로 설정한다. 대립가설은 기울기가 0이 아니라는 가설이다. 기울기가 0이라는 것은 x와 y 사이에 선형적인 관계가 전혀 없다는 것을 뜻한다.

귀무가설 H_0: $\beta_1=0$를 검정하기 위한 검정통계량은

$$t = \frac{b_1 - \beta_1}{SE(b_1)},$$

이며, 여기에서 $SE(b_1) = \frac{s_e}{s_x\sqrt{n-1}}$, $s_e = \sqrt{\frac{\Sigma(y-\hat{y})^2}{n-2}}$, n은 자료의 수, s_x는 x의 표준편차이다. P값은 자유도 $n-2$인 t분포로부터 구한다.

기술적 도움: 회귀 분석

모든 통계 패키지는 회귀분석 결과표를 출력할 수 있다. 이 표는 패키지마다 조금씩 다르지만 기본적인 내용은 동일하다. 이러한 표를 이전에 두 번 예로 든 바 있다.

모든 패키지들은 잔차분석을 제공한다. 어떤 소프트웨어에서는 회귀분석 시 잔차 그림을 출력하도록 선택해야 하는 경우도 있다. 다른 것들은 회귀분석을 먼저 수행한 후에 잔차를 분석하도록 되어 있다. 어떤 방법이든지 간에 히스토그램이나 정규확률그림으로 잔차를 확인하고 x값이나 예측치를 잔차와 타점한 산점도를 분석하지 않는다면 완전한 분석이 될 수 없다.

물론 회귀분석을 수행하기 전에 두 변수의 산점도를 늘 확인해야 한다.

회귀분석은 대부분 컴퓨터나 계산기를 이용한다. 자료가 조금만 많아져도 손으로 계산하기에는 계산량이 너무 많다. 어떤 방식으로 계산되든지 그 결과는 대개의 경우 표준적인 형태의 표로 제공된다. 일반적인 회귀분석 출력표 일부가 다음에 나와 있으며 각 숫자의 의미가 설명되어 있다.

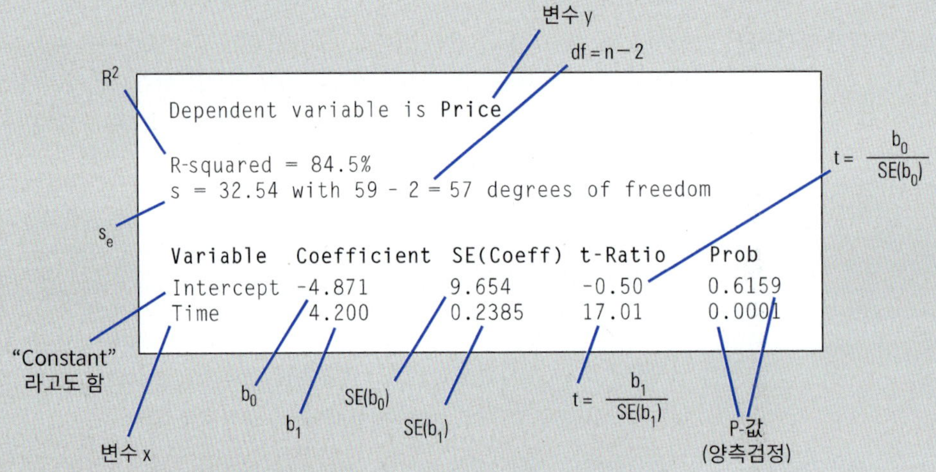

출력표에는 계수(coefficient)가 나와 있다. 이 회귀선은 시간(Time)으로 가격(Price)을 예측한다. 회귀식은

$$\widehat{가격} = -4{,}871 + 4.200 \times 시간$$

이고 R^2은 84.5%이다.

t-Ratio라고 표시된 부분은 각 계수가 0이라는 귀무가설을 검정하기 위한 검정통계량 값을 나타낸다. P값들도 또한 나와 있다.

EXCEL을 이용한 회귀분석

- 엑셀 2007 이후 버전에서의 순서는 다음과 같다. [데이터] 탭에서 [분석]에 있는 [데이터분석]을 선택한다.
- [분석도구]에서 [회귀분석]을 선택한다.
- [확인]을 클릭하면 다음과 같은 창이 뜬다(엑셀 2010의 경우).

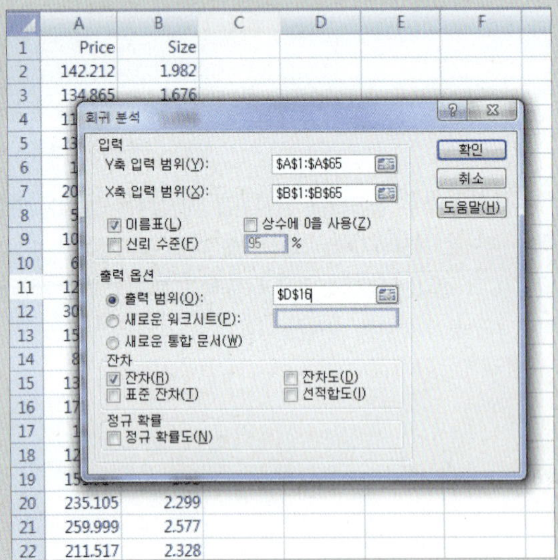

- [Y축 입력범위]에 변수 Y에 해당하는 셀 범위를 입력한다.
- [X축 입력범위]에 변수 X에 해당하는 셀 범위를 입력한다.
- [새로운 워크시트]를 선택한다.
- [잔차], [잔차도], [선적합도]를 선택한 후 [확인]을 클릭한다.

[선적합도]에서 마우스 오른쪽 버튼을 클릭하면 예측치나 회귀선(엑셀에서는 추세선으로 지칭)을 더하거나 뺄 수 있다.

주의사항

Y축 입력범위]와 [X축 입력범위]의 행이 반드시 동일할 필요는 없지만 셀의 개수는 반드시 같아야 한다. 그러나 자료를 열별로 가지런히 정렬해 놓으면 한 눈에 보기에 좋을 것이다.

대화창에서는 잔차의 [정규확률도]를 선택할 수 있지만 정확성이 떨어지므로 이 옵션은 사용하지 않는 것이 좋다.

연습문제

14.1절

1. 동네에서 식당 개업을 고려중인데 이 지역의 가구당 소득(HHIncome) 대비 주당 외식비(EatOut$/wk)가 얼마나 될지 궁금하여 전화 조사를 통해 다음과 같은 회귀모형을 도출하였다.

$$\widehat{EatOut\$}/wk = 17.28 + 0.354 \text{ HHIncome}$$

여기에서 가구당 소득의 단위는 \$1,000이다. 이 모형에 대해 설명하라.

14.2절

3. 온라인 영화 대여점에서 일부 고객을 대상으로 지난달 대여한 영화가 몇 편인지 조사한 자료가 다음과 같다.

연령	대여 수
35	9
40	8
50	4
65	3
40	10
30	12

이 자료에 대해 산점도를 그려라. 이 두 변수의 관계는 어떻다고 말할 수 있는가? 산점도로부터 다음의 조건 중 어떤 것들을 확인할 수 있는가? 이들은 만족되는가?

a) 선형성
b) 독립성
c) 등분산
d) 정규성

14.3절

5. 연습문제 3번의 자료에 대한 최소제곱 회귀선의 계수는 $b_0 = 18.9, b_1 = -0.260$이었다.

a) 회귀선을 이용하여 6개의 연령에 대한 대여 수의 예측치를 구하라.
b) 잔차 e_i를 구하라.
c) 잔차 표준편차 s_e를 계산하라.

7. 연습문제 5번의 회귀식에서 기울기의 표준오차를 구하라. 계산에 필요한 세 가지 요소를 모두 보여라.

9. 극장에서 영화상영 시작 전 남은 시간(Minutes)과 매점에서의 1인당 판매액(Sales)을 조사한 결과 다음과 같은 회귀식을 얻었다.

$$\widehat{Sales} = 4.3 + 0.265 \ Minutes.$$

기울기의 표준오차는 0.0454이다.

a) 판매액과 잔여시간 사이에 유의한 관계가 있는지 검정하기 위한 t통계량의 값을 구하라.
b) 이 검정통계량의 자유도는 얼마인가?
c) P값은 얼마인가?
d) $\alpha = 0.05$에서 기울기에 대한 귀무가설을 기각할 수 있는가?

14.4절

11. 다음은 작은 서점에서 수집한 자료이다.

점원의 수	매출액(\$1000)
2	10
3	11
7	13
9	14
10	18
10	20
12	20
15	22
16	22
20	26
$\bar{x}$ = 10.4	$\bar{y}$ = 17.6
SD(x) = 5.64	SD(y) = 5.34

회귀선은 다음과 같다. (점원의 수=Number of Salespeople Working, 매출액=Sales)

$$\widehat{Sales} = 8.10 + 0.913 \ Number\ of\ Salespeople\ Working.$$

필요한 가정과 조건은 충족되는 것으로 나타났으며 다음의 자료가 구해졌다.

$$SE(b_1) = 0.0873 \qquad s_e = 1.477$$

a) 어느 날 점원 12명이 일할 때의 매출액을 예측하라.
b) 12명이 일하는 날들의 평균 매출액에 대한 95% 신뢰구간을 구하라.
c) 어느 날 점원 12명이 일할 때의 매출액에 대한 95% 예측구간을 구하라.

14.5절

13. 연습문제 1번의 회귀식은 주당 외식비와 가구당 소득과의 관계를 나타낸다.

a) 소득이 $80,000인 고객에 대한 95% 예측구간이 ($35.60, $55.60)이다. 이것을 식당주인에게 어떻게 설명해야 하는가?

b) 소득이 $80,000인 고객들의 평균 주당 외식비에 대한 95% 신뢰구간이 ($40.60, $50.60)이다. 이것을 식당주인에게 어떻게 설명해야 하는가?

c) 식당주인에게 이 두 구간이 왜 다른지 이유를 설명하라.

14.6절

15. 연습문제 11번의 회귀식과 계산결과를 참고하여

a) 500명의 점원이 일하는 날의 매출액을 예측하라.

b) 500명의 점원이 일하는 날의 매출액에 대한 95% 예측구간을 구하라.

c) 이 예측들은 유용한지 설명하라.

14.7절

17. 연습문제 11번의 서점에서는 매출증대를 위해 이벤트를 하기로 하였다. 이날 100명의 점원이 고용되어 총 $42,000의 매출액을 올렸다.

a) 이 새로운 관측치를 추가하여 회귀식을 다시 구하라.

b) 원래의 회귀식에서 어떻게 변하였는가?

c) 이 새로운 점은 레버리지가 높은 점인가? 영향점인가?

d) 이 새로운 점은 잔차가 큰가?

단원 연습문제

Ⓣ **19.** 일부 연구에 의하면 온라인 상점의 홈페이지를 보는 빈도와 실제로 구매하는 빈도는 서로 관련이 있다고 한다. 다음은 주당 온라인 상점을 보는 시간(분)과 이 질문에 답한 사람의 연령을 조사한 결과이다.

연령	시간(분/주)	연령	시간(분/주)
22	492	21	510
50	186	45	252
44	180	52	126
32	384	33	360
55	120	19	570
60	120	17	588
38	276	21	498
22	480		

a) 산점도를 그려라.

b) 선형모형이 적절하다고 생각되는가?

c) 회귀선을 구하라.

d) 잔차를 관찰하여 추론에 필요한 조건들이 충족되는지 확인하라.

Ⓣ **21.** 영화 제작비와 상영시간은 어떤 관계가 있을까? 최근 1년간 메이저 영화사의 편당 제작비(Budget, 단위: $백만)와 상영시간(Run Time, 단위: 분)을 분석한 결과 다음의 그림과 컴퓨터 출력결과를 얻었다.

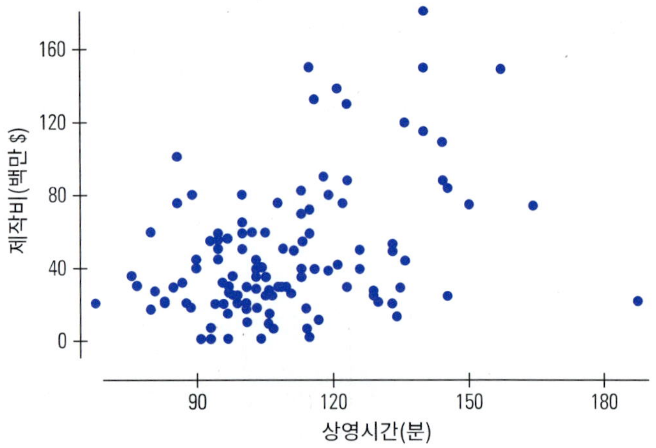

Dependent variable is: Budget($M)
R–squared = 15.4%
s = 32.95 with 120 − 2 = 118 degrees of freedom

Variable	Coefficient	SE(Coeff)	t–Ratio	P–Value
Intercept	−31.39	17.12	−1.83	0.0693
Run time	0.71	0.15	4.64	≤0.0001

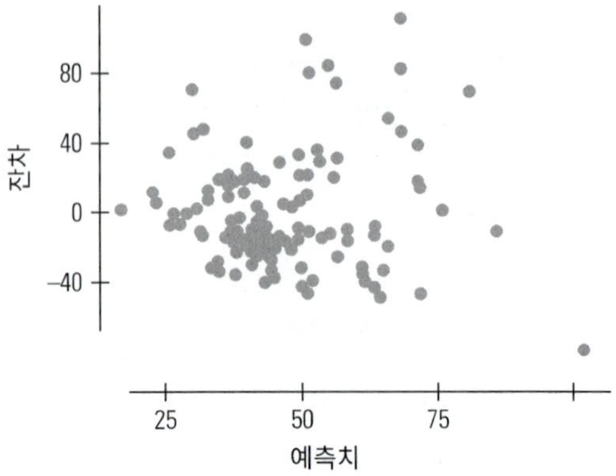

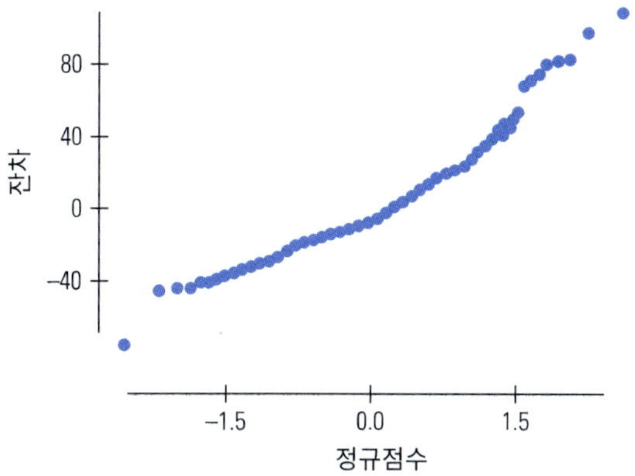

a) 회귀분석 결과는 어떤지 글과 숫자로 설명하라.
b) 절편이 음수인 것에 대해 P값을 참고하여 설명하라.
c) 출력에 있는 $s=32.95$의 의미를 설명하라.
d) 회귀선의 기울기의 표준오차는 얼마인가?
e) d)항의 의미를 설명하라.

T 23. 연습문제 21번에서

a) 추론에 필요한 가정과 조건을 확인하라.
b) 기울기에 대한 95% 신뢰구간을 구하고 설명하라.

T 25. 환경과 질병의 관계에 관한 연구를 위해 잉글랜드와 웨일즈 지방의 61개 도시에 거주하는 남성을 대상으로 연간 사망률(100,000명당 사망자수) 자료를 수집하였다. 그리고 칼슘 농도(Calcium, ppm)를 통해 식수의 경도를 측정하였다. 다음은 산점도와 회귀분석 출력결과로서 종속변수는 사망률(Mortality)이다.

Variable	Coeff	SE(Coeff)
Intercept	1676.36	29.30
Calcium	−3.226	0.485

R−squared = 42.9%
s = 143.0 with 61 −2 = 59 degrees of freedom

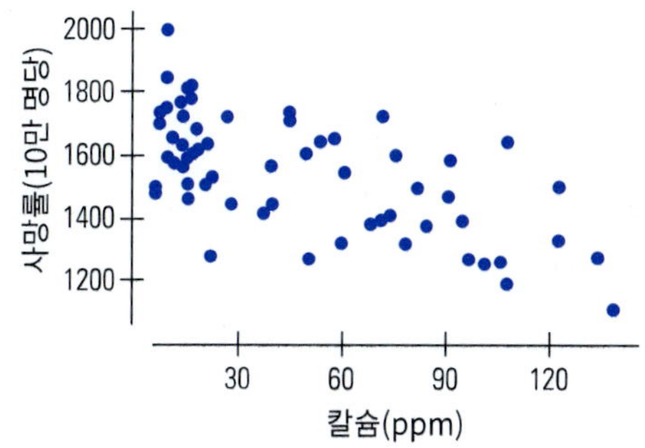

a) 물의 경도와 사망률 간에는 관계가 있는가? 적절한 가설을 제시하라.
b) 필요한 가정이 만족된다고 할 때 어떤 결론을 내릴 수 있는가?
c) 회귀선의 기울기에 대한 95% 신뢰구간을 구하라.
d) 이 구간의 의미를 설명하라.

T 27. 소매업 매출 지수는 소매부문의 거래량을 나타내는 데 사용된다. UN통계청(UNSD)은 소매업 매출지수를 2005년=100으로 하여 발표한다. 부록 CD에는 2007-2010년 동안의 43개국에 대한 이 지수 자료가 나와 있다.

a) 2007년 지수로부터 2010년 지수를 예측하는 회귀모형을 구하라.
b) 선형모형이 적절한지 잔차를 조사하라.
c) 관계가 유의한지 적절한 가설을 검정하라.
d) 2010년 지수의 변동 중 몇 %가 회귀모형에 의해 설명되는가?

T 29. 다음은 신문 광고에 나온 중고 도요타자동차의 차령과 판매가격이다.

차령(년)	판매가격($)
1	13990
1	13495
3	12999
4	9500
4	10495
5	8995
5	9495
6	6999
7	6950
7	7850
8	6999
8	5995
10	4950
10	4495
13	2850

a) 산점도를 그려라.
b) 선형모형이 적절한지 설명하라.
c) 회귀선을 구하라.
d) 필요한 조건이 충족되는지 잔차를 분석하여 확인하라.

T 31. 연습문제 29번에서 기울기에 대한 95% 신뢰구간을 구하고 그 의미를 설명하라.

33. 소비자단체에서 50개의 차종에 대해 차량의 무게(단위: 1,000파운드)와 연비(갤런당 마일, mpg)를 조사한 결과가 CD에 들어 있다. 종속변수를 연비로 하여 다음 질문에 답하라.

a) 산점도를 그리고 회귀선을 구하라.
b) 필요한 가정은 충족되는가?
c) 기울기에 대해 적절한 가설을 세워라.
d) 이 가설을 검정하고 결론을 내려라.

35. 미국 수능시험(SAT)의 언어영역(Verbal)과 수리영역(Math) 점수 사이에는 강한 관계가 있을까? 이 점수는 200점에서 800점 사이이며 대학입학 전형에 사용된다. 다음은 어느 고등학교 졸업반 162명의 학생들에 대한 회귀분석 출력결과와 산점도이다. 종속변수는 수리영역 점수이다.

Predictor	Coeff	SE(Coeff)	t-Ratio	P-Value
Intercept	209.55	34.35	6.10	< 0.0001
Verbal	0.675	0.057	11.88	< 0.0001

s = 71.75 R-Sq = 46.9%

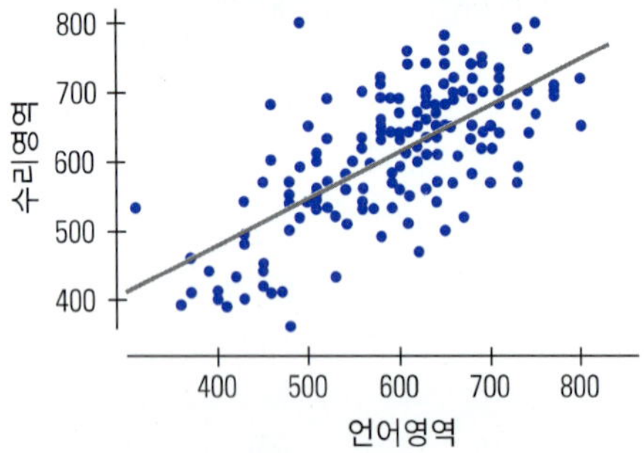

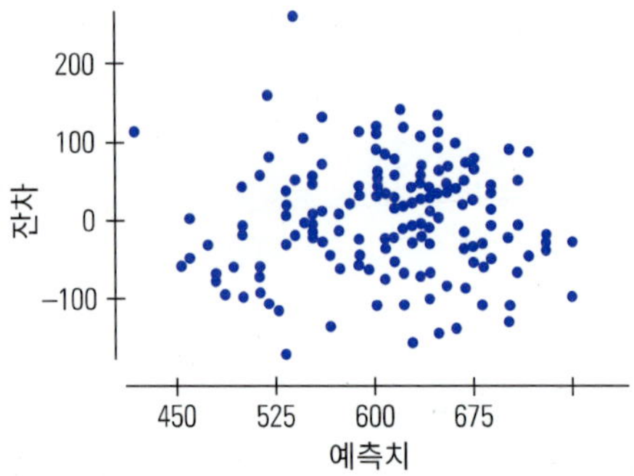

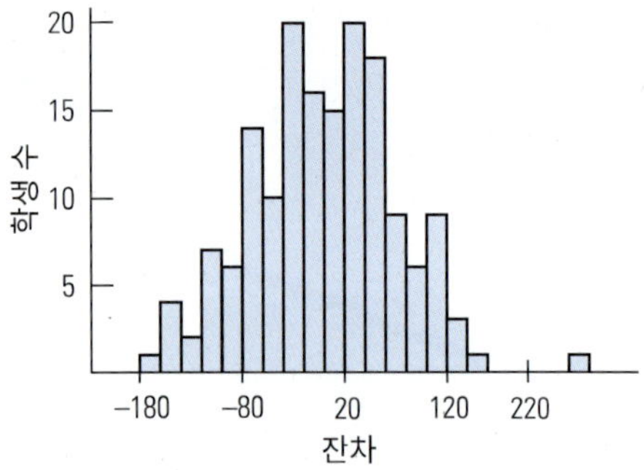

a) 수리점수와 언어점수가 선형관계라는 증거가 있는가? 적절한 가설을 세워라.
b) 추론에 필요한 가정들을 검토하라.
c) 가설을 검정하고 결론을 내려라.

37. 미식축구 구단주들은 늘 우수한 선수를 확보하고 싶어한다. 팀의 승리가 많아질수록 구단의 사업이익은 늘어날 것이다. 프로미식축구리그(NFL) 32개 팀의 선수자원은 서로 다르지만 드래프트 시스템을 통해 부자 구단을 견제한다. 이 드래프트 시스템은 잘 작동하고 있을까? 아니면 연봉이 모든 것을 말할까? 다음은 2011년 NFL 팀들의 연봉총액(Payroll)과 승리횟수(Wins) 사이의 산점도와 회귀분석 결과이다.

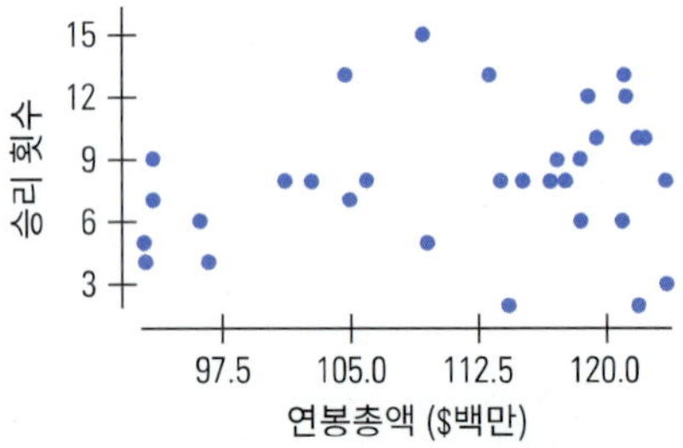

Predictor	Coeff	SE(Coeff)	t-Ratio	P-Value
Intercept	1.182	6.301	0.188	0.8525
Payroll ($M)	0.061	0.056	1.09	0.2859

s = 3.263 R-Sq = 3.8

a) 기울기에 대한 가설을 세워라.
b) 가설을 검정하고 결론을 말하라.

39. 연습문제 33번에서

a) 기울기에 대한 95% 신뢰구간을 구하라.
b) 이 신뢰구간의 의미를 설명하라.

41. 보편적인 경제논리에 의하면 뮤추얼펀드의 자금흐름은 주식시장의 성과와 관계있다고 한다. 즉, 주식시장이 활황일 때 투자자들이 뮤추얼펀드에 자금을 넣은 경향이 있다는 것이다.

시장의 성과를 측정하는 한 가지 방법은 Wilshire 5000 시장 수익 지수(%)를 이용하는 것인데, 이 지수에서 각 주식의 수익은 모든 주식의 시장가치에 대한 비율로 가중되어 계산된다. 다음은 1990년 1월부터 2002년 10월까지의 월별 자료를 이용한 산점도와 회귀분석 결과로서, 반응변수는 자금흐름(Fund Flows, $백만)이고 설명변수는 시장수익(Market Return, %)이다.

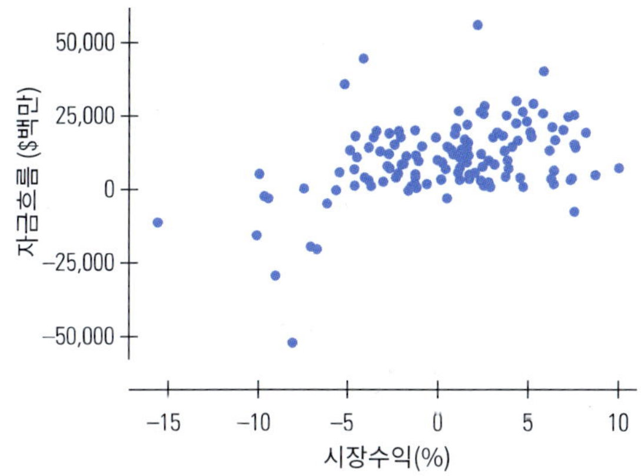

Dependent variable is: Fund Flows
R–squared = 17.9%
s = 10999 with 154 − 2 = 152 degrees of freedom

Variable	Coeff	SE(Coeff)	t–Ratio	P–Value
Intercept	9599.10	896.9	10.7	≤0.0001
Market Return	1156.40	201.1	5.75	≤0.0001

a) 귀무가설과 대립가설을 설정하라.
b) 추론에 필요한 가정이 만족된다고 가정하고 가설검정을 수행하라.
c) 결론을 내려라.

43. *The Economist*라는 잡지에서는 세계 주요 도시의 거주비용을 뉴욕 시와 비교한 결과를 발표하고 있다. 예를 들어 2011년의 도쿄의 거주비용 지수는 161로서 이는 뉴욕에 비해 61% 높다는 의미이다. 다음은 2011년 가장 비싼 10개 도시에 대해 2010년의 지수(Index 2010)로 2011년을 예측한 회귀분석 결과이다. 반응변수는 Index 2011이다.

Predictor	Coeff	SE(Coeff)	t–Ratio	P–Value
Intercept	46.73	15.45	3.02	0.0164
Index 2010	0.744	0.115	6.49	0.0002

s = 3.474 R–Sq = 84.0%

a) 기울기에 대한 가설을 설정하라.
b) 가설검정을 수행하고 결론을 내려라.
c) 출력결과에 나와 있는 R-Sq의 의미를 설명하라.
d) 분석 결과는 일반적으로 2010년 지수가 높으면 2011년 지수가 높다는 것을 나타내는가?

45. 연습문제 43번에서 조사 대상인 가장 비싼 도시들의 지수는 137인 싱가포르부터 161인 도쿄까지 분포되어 있다. 이제 가장 싼 10개 도시들을 추가하여 보자. 이 도시들의 2011년 지수는 46인 카라치(최저 도시)부터 62인 다카와 마닐라까지 분포되어 있다. 다음은 회귀분석 결과이다.

Dependent variable is: Index 2011
R–squared = 99.3%
s = 4.061 with 20 − 2 = 18 degrees of freedom

Variable	Coeff	SE(Coeff)	t–Ratio	P–Value
Intercept	−2.6787	2.272	−1.18	0.2537
Index 2010	1.1082	0.022	50.1	<0.0001

a) 2010년 지수 대 2011년 지수로 산점도를 그리면 어떤 모습이 될지 스케치하라. 자료를 이용할 필요는 없다.
b) 결과의 R^2이 연습문제 43번에 비해 높게 나온 이유는 무엇인가?

47. 팬들이 야구장을 찾는 데에는 많은 동기가 있다. 팬들은 나이 많은 투수가 나오는 경기를 좋아할까? CD의 자료를 이용하여

a) 관중수(Attend/Game)와 투수나이(PitchAge) 자료에 대해 산점도를 그리고 분석하라. 필요한 조건들을 확인하라.
b) 야구장의 관중수와 투수나이에는 선형적인 관계가 있는가?
c) 회귀식을 구하고 그 결과에 대해 토의하라.

49. 연습문제 33번에서

a) 무게가 2,500파운드인 차량들의 평균 연비에 대한 95% 신뢰구간을 구하고 그 의미를 설명하라.
b) 무게가 3,450파운드인 차량을 운전했을 때의 연비에 대한 95% 예측구간을 구하고 그 의미를 설명하라.

51. 연습문제 41번에서

a) 시장수익이 8%일 때의 자금흐름에 대한 95% 예측구간을 구하라.
b) 이 회귀식을 이용한 예측이 매우 정확할 것으로 생각되는가?

53. 온라인에서 2004년식 자동차 84종을 대상으로 고속도로 연비(Highway MPG)와 권장 소비자가격(MSRP)에 대한 정보를 얻어 이 둘 사이의 관계를 조사하였다. 다음은 산점도와 회귀분석 결과이다.

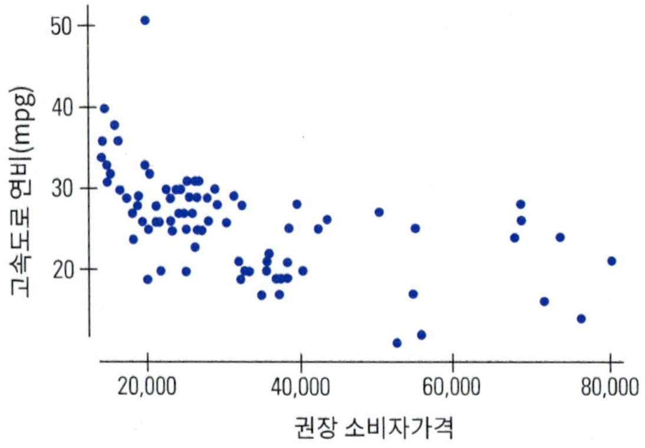

Dependent variable is: Highway MPG
R-squared = 30.1%
s = 5.298 with 84 − 2 = 82 degrees of freedom

Variable	Coeff	SE(Coeff)	t-Ratio	P-Value
Constant	33.06	1.299	25.5	≤0.0001
MSRP	−2.165e-4	3.639e-5	−5.95	≤0.0001

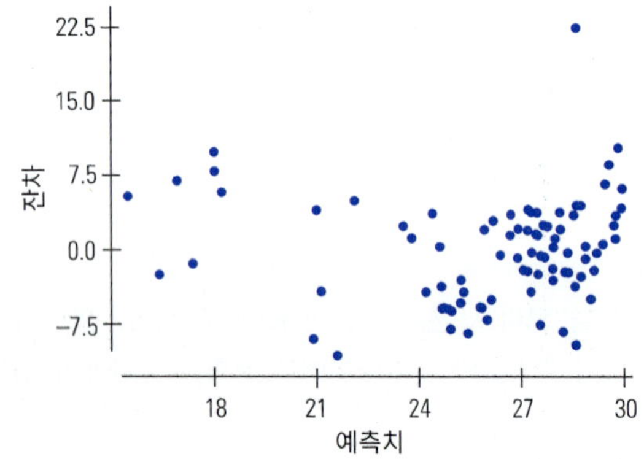

a) 알고자 하는 것이 무엇인지, 변수는 무엇인지, 적절한 가설은 무엇인지 정리하라.

b) 필요한 가정과 조건을 확인하라.

c) 조건이 충족된다면 분석을 수행하라.

55. 다음은 57개국의 청년실업률 자료를 이용하여 구한 산점도와 회귀선, 95% 신뢰구간, 95% 예측구간이다. 반응변수는 남성 실업률(Male Rate), 예측변수는 여성 실업률(Female Rate)이다.

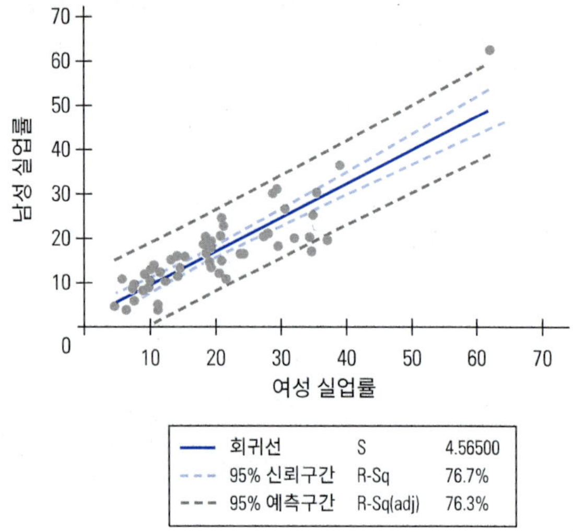

a) 95% 예측구간의 의미를 설명하라.

b) 95% 신뢰구간의 의미를 설명하라.

c) 특이하게 높은 값을 갖는 점은 마케도니아 공화국의 자료이다. 이것이 왜 특이한 점이고 항목 a)에 대한 답변에서 어떤 의미를 갖는지 설명하라.

57. 다음은 96개국의 자료를 바탕으로 1990년의 에너지 사용량(Use 1990)과 2004년의 에너지 사용량(Use 2004) 사이의 관계에 대한 산점도와 회귀선, 95% 신뢰구간, 95% 예측구간이다. 반응변수는 2004년의 에너지 사용량이다.

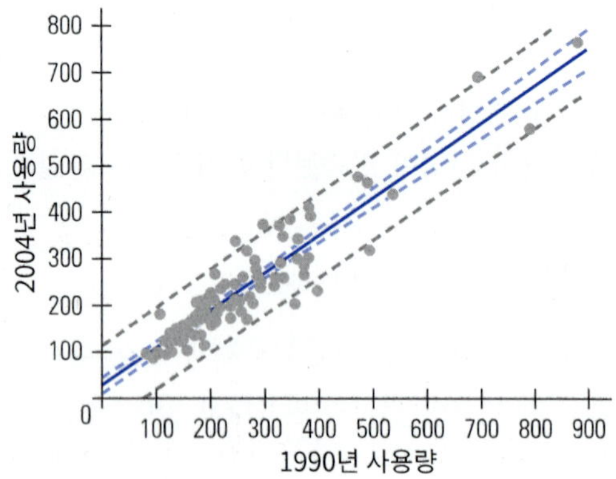

R-Squared 0.870303
R-Squared Adj 0.868923
s 43.6401

Term	Coeff	SE(Coeff)	t-Ratio	P-Value
Intercept	23.979345	9.148568	2.62	0.0102
Use 1990	0.8073999	0.032148	25.12	<0.0001

a) 95% 예측구간의 의미를 설명하라.

b) 95% 신뢰구간의 의미를 설명하라.

T 59. 크리스마스 시즌이 지나면 카드 지출은 줄어든다. CD에는 랜덤하게 뽑은 99명의 신용카드 고객의 월별 카드 결제액이 나와 있다.

a) 12월의 지출로 1월의 지출을 예측할 수 있는 회귀모형을 구하라.

b) 12월에 $2,000을 결제한 고객은 평균적으로 1월에 얼마나 결제하는가?

c) 12월에 $2,000을 결제한 고객들의 1월 평균 결제액에 대한 95% 신뢰구간을 구하라.

d) 항목 c)로부터 12월에 $2,000을 결제한 고객들의 1월 평균 결제 감소액에 대한 95% 신뢰구간을 구하라.

e) 항목 c)와 d)에서 구한 신뢰구간에는 어떤 의구심이 있을 수 있는가?

T 61. 미국 환경청에서 오존수준(Ozone, 단위: ppm)과 도시의 인구(Pop, 단위: 백만 명) 사이의 관계를 조사하였다. 다음은 회귀분석 결과이며 종속변수는 오존수준이다.

Dependent variable is: Ozone
R-squared = 84.4%
s = 5.454 with 16 − 2 = 14 df

Variable	Coefficient	SE(Coeff)
Intercept	18.892	2.395
Pop	6.650	1.910

a) 인구가 많을수록 오존수준이 높을 것으로 의심된다. 이 관계는 유의한가? 필요한 조건이 충족된다고 했을 때 검정통계량과 P값을 이용하여 적절한 가설을 검정하고 결론을 내려라.

b) 도시의 인구가 오존수준을 예측하기에 유용한 변수인가? R^2과 s값을 사용하여 설명하라.

확인문제 정답

1. 선형성 가정과 특이점의 유무를 확인하기 위해 산점도를 보아야 하고 등분산성을 확인하기 위해 잔차도가 필요하다. 또한 정규성을 확인하기 위해 잔차의 히스토그램이나 정규확률도를 볼 필요가 있다. 끝으로 잔차를 시간에 대해 타점해보면 잔차가 독립적인지 파악할 수 있다. 이 조건들이 확인되지 않는다면 분석의 타당성을 확보할 수 없다.
2. 기울기에 대한 95% 신뢰구간은 1133.8 ± 2.052 (513.1), 즉 (80.9, 2186.7)이다.
3. $H_0: \beta_1 = 0\, vs.\, H_A: \beta_1 \neq 0$. P값이 0.036이므로 유의수준 0.05에서 귀무가설을 기각하고 등록률과 실업률 사이에는 선형관계가 있다고 결론 내린다.
4. 관계의 강도라는 것은 순전히 개인적인 판단이지만 R^2값이 15%에 불과하므로 관계라고 하기에는 주저하게 된다.
5. 뉴멕시코대학 등록률 변동의 약 15%가 뉴멕시코주의 실업률 변동에 의해 설명된다.
6. 레버리지가 높지 않고, 영향점도 아니며, 잔차는 크다.
7. 레버리지가 높고, 영향점은 아니며, 잔차는 작다.
8. 레버리지가 높고, 영향점이지만, 잔차는 크지 않다.

다중회귀분석

CHAPTER 15

Zillow

Zillow는 부동산 정보회사로써 2005년에 Rich Barton과 Lloyd Frink가 설립하였다. 이 두 사람은 Microsoft사의 중역으로 일한 바 있으며, Barton은 온라인 여행사인 Expedia.com의 창립자, Frink는 수석부사장이기도 하였다. Zillow사에서는 공개된 자료와 사용자들이 제공하는 자료를 수집하여 주택가격의 추정치(소위 Zestimate®)를 제공한다. 이 추정치는 과거의 주택판매가격, 주택의 위치, 크기, 침실과 욕실의 수 등 수집 가능한 다양한 자료들을 사용하는 모형들을 조합하여 얻는다. Zillow사는 미국 내 1억 개 이상의 주택에 대한 Zestimate와 임대용 Rent Zestimate 등의 자료를 보유하고 있다. Zillow.com 이외에 최상의 모기지(mortgage) 대출 조건을 찾을 수 있는 Zillow Mortgage Marketplace와 가장 널리 사용되는 모바일 버전인 Zillow Mobile도 운영하고 있다.

이 사이트는 잠재적인 주택 구매자, 판매자 및 임차인 사이에서 매우 큰 인지도를 가지고 있다. 2012년 4월에는 3,200만 명 이상의 사용자들이 Zillow의 웹사이트와 모바일 앱을 방문하였다. 이 사용자들 중 4분의 3 이상(77%)이 2년 이내에 집을 구입 또는 매매하거나 임대를 원하는 소위 "시장에 나온" 사람들이다. 덧붙여 매달 6백만 명 이상의 세입자들이 Zillow를 방문하고 있다.

WHO 주택
WHAT 주택가격과 주택에 관한 정보
WHERE 뉴욕 주 북부의 Saratoga Springs 시 인근
WHY 주택가격에 영향을 미치는 요소들을 이해하고 주택가격을 예측하기 위해

Zillow는 어떻게 주택가격을 정확하게 산출할까? Zillow.com 사이트에 나와 있는 설명에 의하면 다음과 같다. "우리는 상당량이 공개된 자료인 엄청난 관련 자료를 어떤 공식에 입력하여 산출합니다. 또한 이 공식은 통계학자들의 ('비법'을 허풍처럼 부풀린 표현인) '전매특허 알고리즘'을 이용하여 만들었습니다. 통계학자는 어느 지역의 (침실과 욕실의 수 등 수많은 기타 세부사항들이) 비슷한 주택을 찾은 후 실제 판매가격과 이러한 주택의 세부사항 사이의 관계를 분석하여 주택의 가격을 산출하는 공식을 만들었습니다." 이러한 관계는 어떤 패턴을 만들고 이 패턴을 이용하여 모형을 개발하여 주택의 시장가격을 산출해낸다. 즉 다른 말로 하면, Zillow의 통계학자들은 주택의 특성으로부터 주택가격을 예측하는, 회귀모형과 상당히 비슷한 어떤 모형을 이용한다는 것이다. 우리는 하나의 예측변수로 하나의 반응변수를 예측하는 방법을 학습한 바 있다. 이것은 유용한 방법이긴 하지만 우리가 해야 하는 경영의사결정의 형태는 단순회귀로 하기에는 복잡한 경우가 많다.[1] 이 장에서는 이전의 회귀모형을 확장하여 다수의 예측변수를 도입한 소위 다중회귀 모형을 다룬다. 단순회귀모형에 대한 지식을 이용하면 다중회귀는 크게 어려움은 없으나 중요하고 가치가 있는 모형이다. 다중회귀는 오늘날 아마도 가장 강력하고 널리 사용되는 통계 도구일 것이다.

주택가격에 관심 있는 사람이라면 알 수 있듯이 주택가격은 지역에 달려 있다. 이를 위해 한 지역으로 우리의 관심을 국한시켜 보자. 뉴욕 주 북부의 Saratoga Springs 시 인근 1,057개 주택의 공개된 판매가격에 대한 랜덤표본 자료가 있다. 주택 매매에서 종종 제일 먼저 언급되는 항목은 침실의 수이다. 일단 예측변수 하나로 시작해보자. 침실의 수로 주택가격을 예측할 수 있을까?

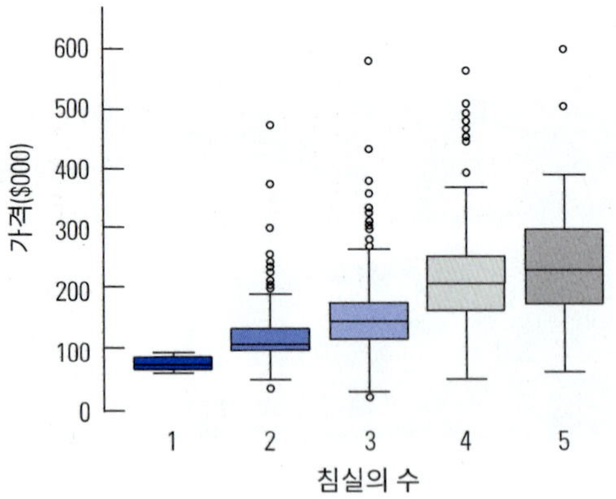

그림 15.1 침실의 수와 가격의 상자그림을 나란히 놓으면 침실의 수가 늘어날수록 평균적으로 가격이 오르는 모습을 볼 수 있다.

침실의 수는 계량변수이긴 하지만 가능한 값은 (1부터 5까지로) 몇 개 안 된다. 따라서 산점도는 침실의 수와 가격 사이의 관계를 알아볼 수 있는 가장 좋은 방법은 아닌 것 같다.

---

1) 차이를 구별하기 위해 예측변수가 하나인 경우를 **단순회귀(simple regression)**라고 부른다.

사실 침실의 수 각각에 가격의 분포가 있다. 침실의 수와 가격의 상자그림을 나란히 놓으면(그림 15.1), 침실의 수가 늘어날수록 일반적으로 가격이 오르는 모습을 볼 수 있으며 대략 선형적인 증가이다.

〈그림 15.1〉을 보면 왼쪽에서 오른쪽으로 갈수록 산포가 커지는 모습이 확연하며 이는 등분산 조건을 위배하는 것으로 분석의 어려움을 예고한다. 지금으로서는 조심해서 진행해 보자. 선형모형을 적합시키되 모형에 대한 추론은 조심하기로 한다. 나중에 변수를 좀 더 추가하여 모형의 능력과 유용성을 높일 것이다.

침실의 수와 가격에 대한 선형회귀 결과는 다음과 같다.

Response variable: Price
R^2 = 21.4%
s = 68432.21 with 1057 − 2 = 1055 degrees of freedom

Variable	Coeff	SE(Coeff)	t-Ratio	P-Value
Intercept	14349.48	9297.69	1.54	0.1230
Bedrooms	48218.91	2843.88	16.96	≤0.0001

표 15.1 침실의 수(Bedrooms)와 가격(Price)에 대한 선형회귀

단순히 침실의 수만 이용해도 가격에 대한 유용한 정보를 얻을 수 있는 점은 분명해 보인다. 모형에 의하면 기울기가 $48,218.91이므로 주택에 침실이 하나 추가될 때마다 가격은 평균적으로 거의 $50,000씩 오른다.

$$\widehat{Price} = 14349.48 + 48218.91 \times Bedrooms.$$

이 모형이 어떤 정보를 주고 있기는 하지만 R^2값이 불과 21.4%인 점에 주목해야 한다. 주택가격 변동의 21%만이 침실 수의 변동에 의해 설명된다. 아마도 나머지 변동은 이 주택의 다른 요인들이 이유일 것이다.

15.1 다중회귀모형

단순회귀모형에서는 다음과 같이 하나의 예측변수로 예측치를 구하였다.

$$\hat{y} = b_0 + b_1 x$$

좀 더 많은 예측변수를 이용하고 싶다면 회귀모형에 여러 예측변수를 추가하면 될 것이다. 이렇게 얻어진 **다중회귀**(multiple regression) 모형은 다음과 같은 형태가 된다.

$$\hat{y} = b_0 + b_1 x_1 + b_2 x_2 + \cdots b_k x_k$$

여기에서 b_0는 이전과 마찬가지로 절편이고, b_k는 예측변수 x_k에 해당하는 (추정된) 계수이다. 이 모형이 단순회귀에 비해 크게 복잡해 보이지는 않지만 손으로 직접 계산하는

것은 매우 힘든 일이다. 이 계산은 컴퓨터의 통계소프트웨어가 할 일이다. 이전에 단순회귀에서 모형의 계수들을 최소제곱법을 이용하여 구하였는데, 이 방법은 잔차의 제곱합을 최소화해주는 계수를 구하는 방법이었다. 다중회귀의 경우에도 동일한 원리를 이용하여 통계패키지를 통해 쉽게 계수들을 구해낼 수 있다.

통계 패키지를 이용하여 가격과 침실 수로 회귀분석을 할 수 있다면 다른 변수들을 예측변수 목록에 단순히 더 추가함으로써 다중회귀분석도 수행할 수 있을 것이다. 가격(Price)에 대해 침실 수(Bedrooms)와 주거면적(Living Area)으로 다중회귀분석을 수행하면 다음과 같은 출력을 얻게 된다.

Response variable: Price
R^3 = 57.8%
s = 50142.4 with 1057 − 3 = 1054 degrees of freedom

Variable	Coeff	SE(Coeff)	t-Ratio	P-Value
Intercept	20986.09	6816.3	3.08	0.0021
Bedrooms	− 7483.10	2783.5	− 2.69	0.0073
Living Area	93.84	3.11	30.18	≤ 0.0001

I 표 15.2 침실 수와 주거면적으로 가격을 예측하는 다중선형회귀 결과

이 표의 숫자들은 대부분 익숙할 것이고, 대부분 여러분이 예상하는 그대로의 의미를 갖는다. R^2 값은 두 예측변수에 의해 설명되는 가격의 변동의 비율을 의미한다. 침실 수 하나만으로 예측할 때의 R^2은 21.4%였는데 두 예측변수일 때는 57.8%가 나왔다. 이렇게 설명되는 변동의 비율이 높아진 것은 놀라운 일이 아니다. 설명되는 변동의 비율이 더 늘어나지 않을까 하는 기대를 가지고 이렇게 두 번째 예측변수를 추가한 것이다. 또한 집의 크기, 즉 주거면적이 주택가격에 대한 훌륭한 예측변수인 점 역시 놀라운 일이 아니다. 가격에 대해 침실 수와 주거면적으로 다중회귀분석을 수행한 〈표 15.2〉에서 출력된 계수들을 이용하여 회귀식을 구하면 다음과 같다.

$$\widehat{Price} = 20{,}986.09 - 7{,}483.10\,Bedrooms + 93.84\,Living\ Area.$$

이전처럼 잔차를 다음과 같이 정의하자.

$$e = y - \hat{y}$$

잔차 표준편차는 여전히 s로 나타내기로 한다. (또는 y의 표준편차 s_y와 구별하기 위해 단순회귀에서처럼 때때로 s_e로 표기하기도 한다.) 자유도 계산은 이전에 정의한 바 있다. 자유도는 관측 수($n = 1057$)에서 추정된 계수의 개수를 빼서 다음과 같이 계산된다.

$$df = n - k - 1$$

여기에서 k는 예측변수의 수이다. 위 모형의 경우 두 개의 예측변수 계수와 하나의 절편이 있으므로 3을 뺀다. 잔차 표준편차를 구하기 위해 이 자유도를 다음과 같이 분모에 놓는다.

$$s_e = \sqrt{\frac{\sum (y - \hat{y})^2}{n-k-1}}$$

회귀분석 출력결과를 보면 각 예측변수에 대해 계수와 표준오차, 그리고 검정통계량 t값(t-Ratio)과 여기에 해당하는 P값이 나와 있다. 단순회귀에서처럼 t값은 계수 값이 표준오차의 몇 배만큼 0에서 떨어져 있는지를 나타낸다. t분포와 P값을 이용하면 이 계수 값이 0이라는 귀무가설을 검정할 수 있다.

단순회귀와 다른 점이 무엇인가? 단순회귀와 거의 비슷함에도 불구하고 왜 이 주제로 별도의 장을 구성하였나?

여기에는 몇 가지 이유가 있다. 먼저, 가장 중요한 이유는 계수에 대한 의미가 미묘하면서도 중요하게 바뀌었기 때문이다. 이 변화가 명백히 드러나 보이지 않기 때문에 계수에 대해 잘못 해석하곤 한다. 예제를 통해 이 의미의 변화를 설명할 것이다.

두 번째로 다중회귀모형은 매우 용도가 다양한 모형으로써 널리 사용되는 통계적 방법들이 그 안에 포함되어 있다. 다중회귀모형을 잘 이해할 수 있다면 이런 다른 통계적 방법들도 잘 이해하는 데에 도움이 될 것이다.

세 번째로 다중회귀모형은 계량변수를 두 개 넘게 사용하는 통계모형을 처음 엿볼 수 있게 해준다. 실제 세계는 매우 복잡하다. 이전에 배운 단순한 모형은 훌륭한 시삭섬은 될 수 있지만, 다양한 실제 상황을 이해하고, 예측하고, 경영의사결정을 내리는 데 이용하기에는 세밀함이 충분하지 않다. 다수의 변수를 다룰 수 있는 모형을 이용하면 복잡한 현상과 관계를 현실감 있게 모형화할 수 있을 것이다.

15.2 다중회귀모형의 계수

침실의 수와 주거면적 모두가 주택가격에 영향을 줄 것이라는 점은 일리 있는 생각이다. 우리는 두 변수가 모두 가격에 긍정적인 영향을 줄 것이라고, 즉 침실이 많아지거나 주거면적이 커질수록 가격이 올라갈 것이라고 기대할 것이다. 그런데 다중회귀식의 침실의 수에 대한 계수를 보면 −7483.10으로 음수이다. 어떻게 침실 수에 대한 계수가 음일 수 있을까? 게다가 약간 음수인 것도 아니고 t값이 충분히 커서 실제로 음수일 것이라고 확신하게 한다. 그러나 〈표 15.1〉에서 보면 침실의 수 하나만을 변수로 놓을 때 이 계수는 분명하게 양수이다(그림 15.2).

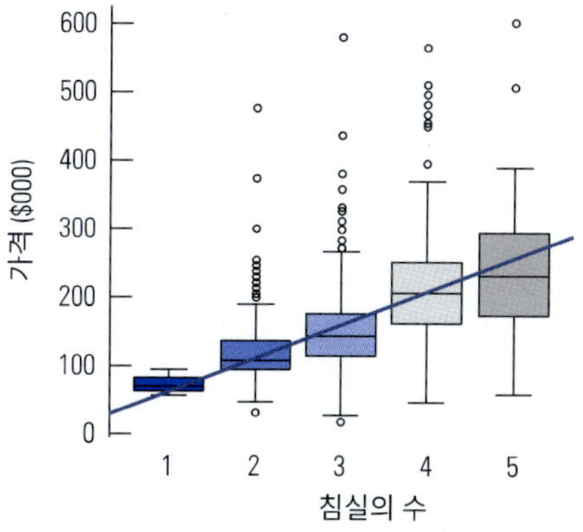

그림 15.2 침실 수의 기울기는 양이다. 〈표 15.1〉을 보면 침실이 하나 늘어날 때마다 주택의 가격은 $48,000씩 높아질 것으로 예측된다.

이러한 명백한 역설은 다중회귀모형의 계수들이 가지고 있는 미묘한 의미 때문이다. 모형에서 각 계수들은 다른 계수들과의 관계에 의해 계산된다.

비슷한 크기의 주택들에 대해 생각해보자. 주거면적이 동일한 집일 경우 침실이 많을수록 방의 크기는 작아질 것이다. 그러면 아마도 주택의 가격은 떨어질 것이다. 이것을 자료를 통해 확인하기 위해 주거면적이 2,500에서 3,000평방피트 사이인 비슷한 크기의 주택에 대해 침실의 수와 가격 사이의 관계를 조사

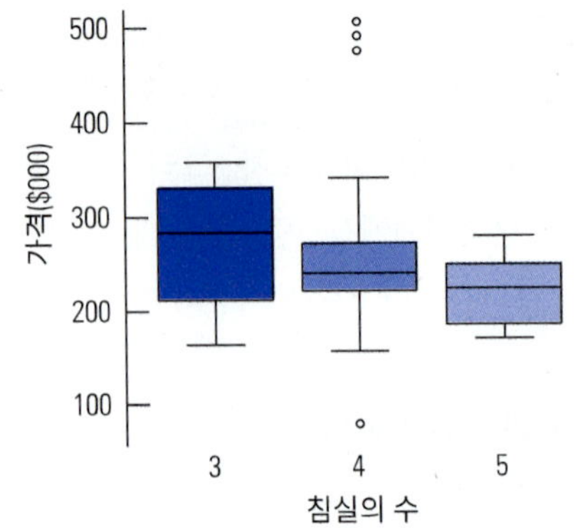

그림 15.3 주거면적이 2,500에서 3,000평방피트 사이인 주택 96채에 대한 자료를 보면 침실 수의 기울기는 음이다. 침실이 하나 늘어날 때마다 주택가격은 $17,800 떨어질 것으로 예측된다.

해보자(그림 15.3).

주거면적이 2,500에서 3,000평방피트 사이인 주택들의 경우 침실이 많은 것보다는 적은 것이 평균적으로 가격이 높은 것으로 나타난다. 이 두 변수로 주택가격을 생각해보면 이것은 일리 있는 설명이다. 침실이 5개인 2,500평방피트 주거면적의 주택은 상대적으로 방이 비좁고 공유공간은 크지 않을 것이다. 동일한 주거면적에 침실이 3개만 있는 주택은 크고 멋진 방과 적절한 공유공간을 가지고 있을 것이다. 다중회귀모형에서 침실 수의 계수가 의미하는 것은, 주거면적을 고려했을 때 침실이 많을수록 가격이 낮아지는 경향이 있다는 것이다. 다시 말해 어떤 주거면적의 주택에 한정하였을 때 관찰되는 침실의 수가 가격에 미치는 부정적인 영향은 일반적으로 모든 주거면적에 걸쳐 사실이라는 것이다. 처음에 혼란스럽게 보인 것은, 주거면적을 고려하지 않으면 가격은 침실의 수에 따라 높아지는 경향이 있다는 것이다. 이러한 이유는 주거면적과 침실의 수가 서로 연관되어 있기 때문이다. 다중회귀모형의 계수들은 늘 다른 예측변수들의 측면에서 해석되어야 한다. 그래서 예측변수가 하나일 때에 비해서 해석이 좀 더 미묘해지고 복잡해지며 도전적이 된다. 또한 이러한 이유로 다중회귀가 다재다능하고 효과적인 방법이 되는 것이다. 해석은 좀 더 정교하고 적절하게 해야 한다.

계수를 해석할 때 주의해야 하는 흔한 함정이 하나 더 있다. 계수들을 인과관계로 해석하지 않도록 주의해야 한다. 예를 들어 방 네 개 중 두 개를 합쳐 부부용 침실 하나로 만들면 가격이 어떻게 변할지는 예측할 수 없다. 그리고 100평방제곱짜리 아이들 방을 추가하면 가격이 오르는지 내리는지 예측하는 데에도 사용될 수 없다. 이 모형은 단지 분석대상

확인문제

체지방률은 건강을 나타내는 중요한 지표이지만 정확하게 측정하는 것은 어렵다. 한 가지 방법은 약 $1,000의 비용이 드는 MRI를 찍는 것이다. 보험회사에서는 키와 몸무게와 같은 쉬운 측정치로부터 체지방률을 예측할 수는 없는지 알고 싶어한다. 체지방률과 키로 산점도를 찍어보면 아무 패턴도 없고 상관계수는 -0.03이며 통계적으로 유의하지 않다. 키(Height, 인치), 연령(Age, 년), 몸무게(Weight, 파운드)를 변수로 하여 다중회귀모형을 구한 결과 다음과 같았다.

	Coeff	SE(Coeff)	t-Ratio	P-Value
Intercept	57.27217	10.39897	5.507	<0.0001
Height	−1.27416	0.15801	−8.064	<0.0001
Weight	0.25366	0.01483	17.110	<0.0001
Age	0.13732	0.02806	4.895	<0.0001

s = 5.382 on 246 degrees of freedom
Multiple R-squared: 0.584,
F-statistic: 115.1 on 3 and 246 DF, P-value: <0.0001

1. 회귀모형의 R^2 값에 대해 설명하라.
2. 연령(Age)의 계수에 대해 설명하라.
3. 체지방률과 키(Height) 사이의 상관이 통계적으로 유의하지 않았음에도 다중회귀에서는 키의 P값이 이렇게 작을 수 있는 이유는 무엇일까?

주택들에 대해서 침실의 수와 주거면적이 가격과 어떤 관계가 있는지를 나타내고 있을 뿐이다. 회귀분석에서 늘 그러했듯이 예측변수들과 반응변수 사이의 인과관계를 가정하지 않도록 주의해야 한다.

15.3 다중회귀모형의 가정과 조건

예측변수에 임의로 번호를 매기고, 자료로부터 추정하는 계수들을 베타로 표시하여 오차를 포함시키면 다중회귀모형은 다음과 같은 형태가 된다.

$$y = \beta_0 + \beta_1 x_1 + \beta_2 x_2 + \cdots + \beta_k x_k + \epsilon$$

다중회귀모형의 가정과 조건은 단순회귀모형과 거의 동일하지만 변수가 좀 더 포함되기 때문에 다음과 같이 약간 조정이 필요하다.

선형성 가정

우리는 선형모형에 자료를 적합시키고 있다.[2] 이 모형이 올바르기 위해서는 변수들 간의 선형관계를 확인할 필요가 있다. 그런데 예측변수는 여러 개이다. 이 가정이 타당하기 위해서는 모든 예측변수 각각에 대해 선형성이 만족되는지 확인해야 한다.

선형성 조건. 각 예측변수에 대한 y의 산점도가 적정하게 직선적이어야 한다. 산점도에 강한 어떤 기울기가 나타날 필요는 없으며, 어떤 곡선이나 비선형적인 모습이 없는지 확인해야 한다. 본 부동산 예제의 자료의 경우 산점도를 그려보면 침실의 수와 거주면적 모두에 대해 선형적이다.

단순회귀에서처럼 잔차도를 통해 선형성 조건이 만족되는지 확인하는 것도 좋은 생각이다. 회귀모형을 구한 후 예측치에 대해 잔차를 타점하면(그림 15.4) 어떤 곡선이나 비선형적인 패턴의 유무를 확인할 수 있다.

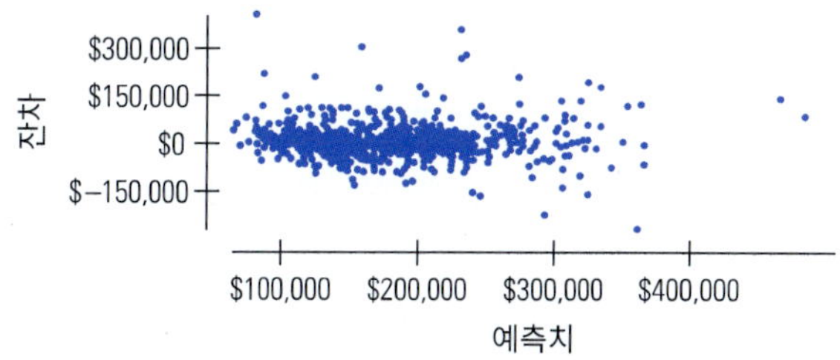

그림 15.4 예측치와 잔차의 산점도에는 어떤 패턴도 보이지 않는다.

---

[2] 여기에서 선형이라 함은 각 x에 변수를 곱한 후 더하여 모형을 구성한다는 의미이며, x를 지수 또는 다른 복잡한 형식으로 나타내지 않는다는 것이다. 이렇게 함으로써 변수 x의 변화에 따라 예측치 y가 (계수만큼) 일정 비율로 변하게 된다.

독립성 가정

단순회귀에서처럼 참회귀선의 오차는 서로 독립이어야 한다. 늘 그렇듯이 독립성 가정이 사실임을 확인할 수 있는 방법은 없으나 이 가정의 타당성을 살펴보기 위해 자료가 어떻게 수집되었는지 생각해봐야 한다. 또한 랜덤화 조건도 확인해야 한다.

랜덤화 조건. 이상적으로는 자료가 랜덤표본이거나 또는 확률실험으로부터 얻어져야 한다. 랜덤화는 자료들이 어떤 인식가능한 모집단을 대표한다는 점을 보증해준다. 모집단을 인식할 수 없다면 회귀모형은 현재 가지고 있는 자료에 대해 묘사하고 있을 뿐 가설검정은 전혀 의미가 없는데 그 이유는 가설검정은 특정한 모집단에 대해 수행되기 때문이다. 때때로 랜덤화하지 않고 수집된 자료에 대해 회귀모형을 구하기도 한다. 이러한 회귀모형은 가지고 있는 자료를 설명할 수 있는 훌륭한 모형이긴 하지만, 이 자료가 어떤 특정 모집단을 대표한다고 믿을 만한 이유가 없다면 이 모형을 다른 상황에도 일반화하여 적용하는 것은 의심해야 할 것이다.

또한 잔차를 점검하여 어떤 패턴이나 경향, 또는 군집 등 독립성을 위배하는 증거가 있는지 확인한다. 변수 x 중에 시간에 관계되거나 또는 그 자체가 시간변수인 특별한 경우에는 이 변수에 대해 잔차를 타점하였을 때 패턴이 없어야 한다. 예측치에 대한 잔차의 산점도를 확인하는 것뿐만 아니라 각 x에 대해 개별적으로 잔차 산점도를 확인해볼 것을 권한다. 이 개별 산점도를 살펴보면 예측변수를 변환하거나 재표현할 필요성에 대한 중요한 단서를 얻을 수 있다.

부동산 예제의 자료는 한정된 기간 동안에 부동산 매매시장에 나온 공개 자료로부터 표본으로 추출되었다. 주택들은 어떤 관계도 없으므로 이 자료는 독립적이라고 상당히 믿을 만하다.

등분산 가정

오차의 변동은 각 예측변수의 모든 값에 대해 거의 비슷해야 한다. 이 가정이 타당한지 알아보기 위해 산점도를 통해 등분산 조건을 점검한다.

등분산 조건. 잔차와 예측치의 산점도인 〈그림 15.4〉는 산포가 일정한지 확인할 수 있는 좋은 방법이다. 가격과 침실의 수 사이의 산점도인 〈그림 15.2〉에서 등분산 조건이 위배되는 형태를 본 바 있다. 그러나 다중회귀모형의 잔차를 보면 이 문제는 소멸되어 없어졌다. 방이 많으면 가격의 변동이 커지는 경향은 예측변수로 면적을 포함시키면서 많은 부분 설명되었다는 점은 명백해 보인다.

잔차 산점도에 패턴이 없고, 자료가 독립적이라고 여겨지며, 산점도에 두터워지는 부분이 없다면 큰 우려 없이 회귀분석을 진행할 수 있다. 그러나 가설검정을 수행하기 전에 마지막으로 정규성 가정을 확인해야 한다.

정규성 가정

이상적인 회귀모형에서는 x 변수의 모든 값에서의 오차가 정규분포를 따른다고 가정한다. 모수에 대한 추론을 위해 t분포를 사용하기 위해서는 이 가정이 필요하다. 이전에 t분포를 적용할 때처럼 근사적으로 정규분포를 따르더라도 이에 만족할 것이다. 평균의 경우 표본의 크기가 커질수록 이 가정은 덜 중요해진다. 표본의 크기가 크면 잔차의 분포가 어느 정도 비대칭이더라도 추론에는 지장이 없다. 잔차의 분포가 단봉이고 대칭이면 거의 걱정하지 않아도 된다.[3)]

근사 정규성 조건. 잔차 자료는 하나만 있으므로 단순회귀에서의 조건과 동일하다. 잔차의 히스토그램이나 정규확률그림을 살펴보자.

부동산 예제에서 잔차의 히스토그램을 보면 확실히 단봉이고 대칭으로 보인다. 정규확률그림을 보면 양 끝에 약간 곡선이 보이는데, 이는 정규분포에 비해 꼬리가 좀 더 길다는 것을 의미한다. 그러나 이전에 언급한대로 표본의 크기가 커지면 정규성 가정은 덜 중요해지는데, 이 자료의 경우 치우침이 없고 자료의 수가 1,000개 이상이다. (즉, 신뢰구간을 구하고 t검정을 수행하는 데에 중심극한정리를 적용할 수 있다.)

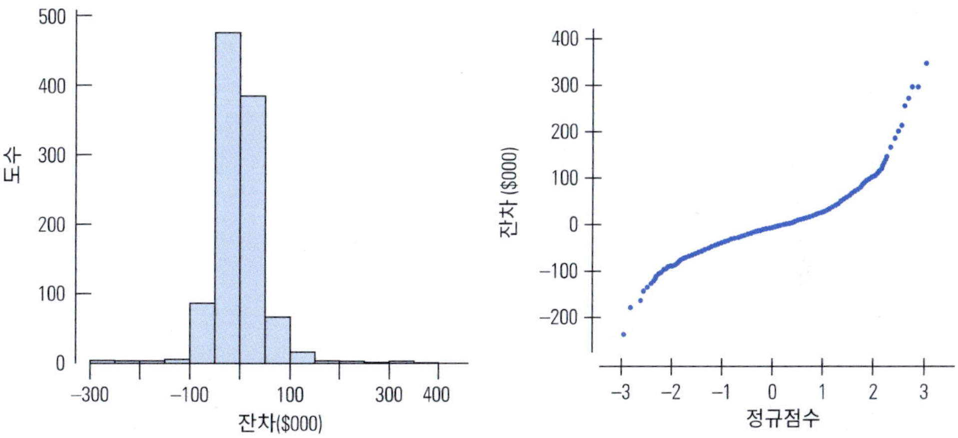

그림 15.5 잔차의 히스토그램을 보면 단봉이며 대칭이지만 보통의 정규분포보다는 꼬리가 좀 길어 보인다. 이 점은 정규확률그림에서도 확인된다.

지금까지 설명된 모든 조건들을 순서에 맞추어 정리해보자.

1. 각 x 변수에 대한 y 변수의 산점도로 선형성 조건을 확인한다.
2. 산점도가 충분히 직선적이면 자료를 이용하여 다중회귀모형을 구한다. (그렇지 않다면 분석을 중지하거나, x 변수나 y 변수를 변환하는 것을 고려한다.)
3. 잔차와 예측치를 구한다.
4. 예측치와 잔차의 산점도를 그린다. (이상적으로는 각 예측변수에 대해 따로 산점도를

3) 오차의 정규성이 엄격히 요구되는 유일한 경우는 예측구간을 구할 때이다. 이 구간은 정규확률에 근거하므로 오차의 분포는 정규분포에 근접하게 따라야 한다.

그린다.) 이 산점도들에는 어떤 패턴도 없어야 한다. 특히 곡선이 없는지, 두터워지는 부분은 없는지 확인한다. (곡선이 있다는 것은 자료들이 선형적인 관계가 없다는 의미이다.) 곡선이 있는 경우에는 x 변수나 y 변수, 또는 둘 다 변환하는 것을 고려한다. 산점도에서 변동이 한쪽에서 다른 쪽으로 커지는 경우에는 y 변수를 변환하는 것을 고려한다. 변수를 변환하게 되면 처음부터 모형을 다시 구한다.

5. 자료의 수집방법에 대해 생각한다. 자료가 독립적이라고 할 수 있나? 랜덤화가 적절히 사용되었나? 자료는 인식 가능한 어떤 모집단을 대표하는가? 자료가 시간에 따라 관측되었다면 잔차를 시간에 따라 타점하여 독립성을 위배하는 증거가 될 만한 어떤 패턴이 없는지 확인한다.
6. 여기까지 조건들을 확인했다면 마음 놓고 회귀모형을 해석하고 예측에 사용해도 된다.
7. 잔차의 히스토그램과 정규확률그림을 이용하여 근사 정규성 조건을 확인한다. 표본의 크기가 크다면 정규성은 덜 중요하지만 비대칭이나 특이점이 있는지 늘 살펴보아야 한다.

길잡이 문제 주택가격

Zillow.com은 주택 가격에 관심 있는 수백만 명이 매달 방문하는 인기 사이트이다. 다중회귀모형이 어떻게 적용될 수 있는지 살펴보자. 변수들은 다음과 같다.

가격(Price)	2002년에 매매된 주택의 가격
주거면적(Living Area)	주택의 주거면적(평방피트)
침실의 수(Bedrooms)	침실의 개수
욕실의 수(Bathrooms)	욕실의 개수(변기와 싱크대만 있는 경우에는 0.5로 계산)
주택의 나이(Age)	주택의 나이(년)
벽난로의 수(Fireplaces)	집에 있는 벽난로의 개수

계획

준비 연구의 목적을 정한다. 변수들을 확인한다.

뉴욕주 북부의 한 지역에 소재한 주택들을 대상으로 가격을 예측할 수 있는 모형을 구하고자 한다. 가지고 있는 자료는 가격($), 주거면적(평방피트), 침실의 수(#), 욕실의 수(#), 벽난로의 수(#), 그리고 주택의 나이(년)이다.

모형 가정과 조건을 확인한다.

✔ **선형성 조건**

회귀모형을 구하기 전에 먼저 선형성이 확인되어야 한다. 가격과 모든 예측변수의 산점도(또는 상자그림)를 그려보면 다음과 같다.

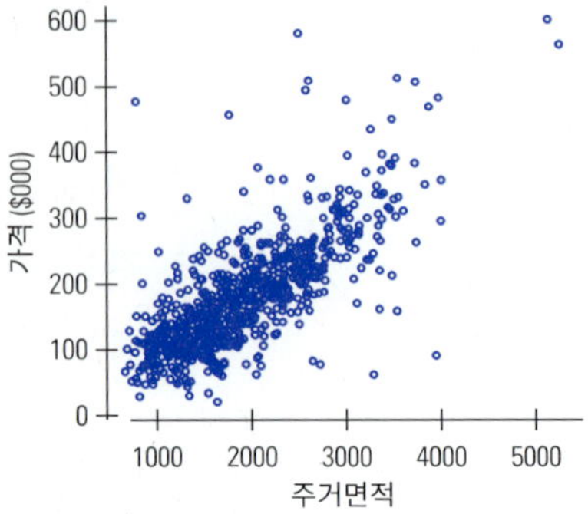

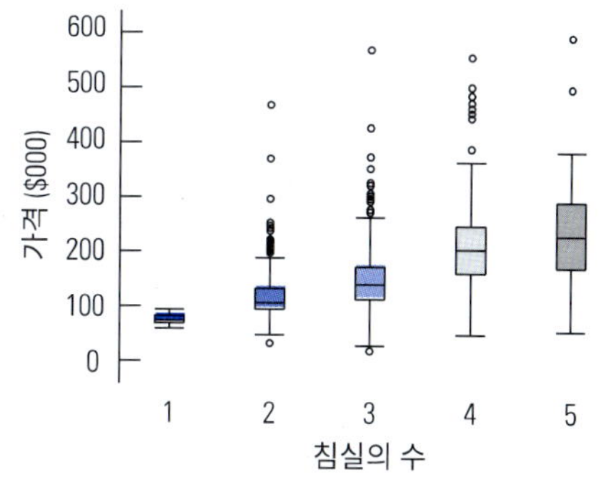

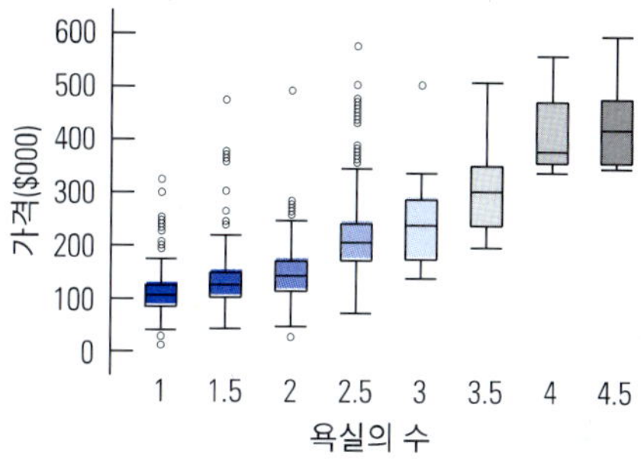

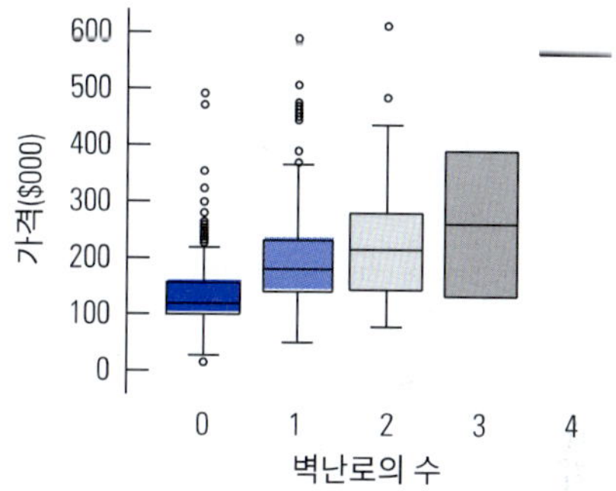

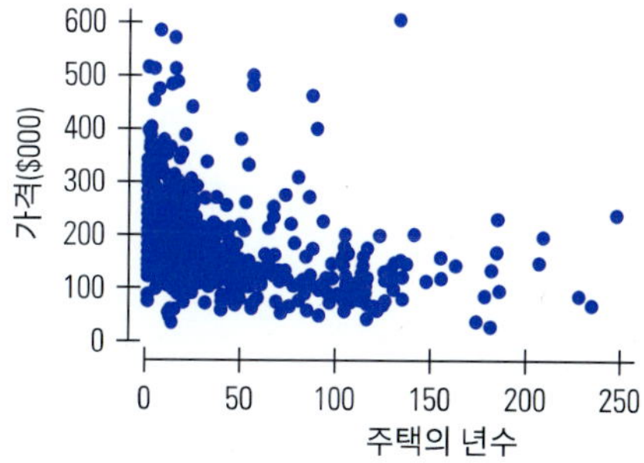

분석

그림들을 보면 논의가 필요한 부분들이 몇 개 보인다. 가격과 욕실의 수를 보면 양의 관계가 있어 보이지만 완전히 선형인 것 같지는 않다. 욕실의 수가 1개에서 2개까지 적용되는 기울기가 하나 있고, 2개에서 4개까지 적용되는 약간 더 가파른 기울기가 하나 더 있는 것 같다. 지금으로서는 조심스럽게 계속 진행을 하되 구해지는 기울기는 이 두 기울기를 평균 낸 것이라는 사실을 염두에 두도록 하자. 가격과 벽난로의 수를 보면 특이점이 보이는데 벽난로가 4개인 비싼 집이다. 이 집을 제외하고 회귀모형을 다시 구한 결과 기울기에 대한 영향은 크지 않았으므로 이 집을 모형에 포함시키기로 결정하였다. 가격과 집의 나이를 보면 약간 만곡이 관찰된다. 이 기울기를 해석할 때에는 주의해야 하며, 특히 새집인 경우에는 주의를 요한다.

✔ **독립성 가정.** 주택의 가격은 상당히 넓은 지역으로부터 수집되었으므로 서로 독립적이라고 간주할 수 있다.

✔ **랜덤화 조건.** 이 1,057개의 주택 자료는 훨씬 큰 자료집합에서 뽑은 랜덤표본이다.

✔ **등분산 조건.** 잔차와 예측치의 산점도를 보면 산포가 변하는 모습이 없다. 중간의 거의 대부분에 비해 (양과 음 모두에서) 잔차가 큰 주택들이 보인다. 이것은 잔차의 히스토그램이 긴 꼬리를 갖는 것에서도 관찰된다.

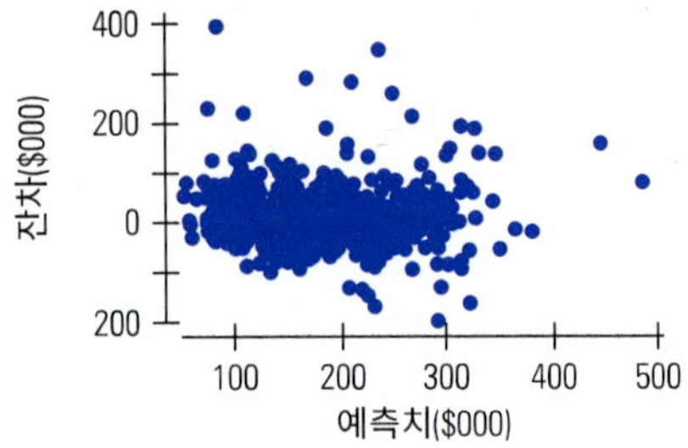

근사 정규성 조건은 표본의 크기가 크지 않은 경우에만 필요하다. 표본의 크기가 큰 경우에는 예측구간을 구하는 경우에만 정규분포를 따르는 조건이 필요하다.

✔ **근사 정규성 조건, 특이점 조건.** 잔차의 히스토그램은 단봉이며 대칭이지만 꼬리가 길다. 이 점은 정규확률그림에서도 확인된다.

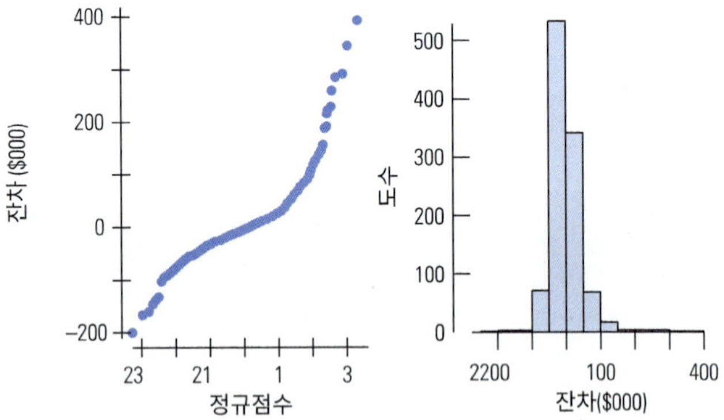

이 조건들을 확인하였으므로 조심스럽게 다중회귀분석을 진행할 수 있다. 결론에서 이러한 염려에 대해 다시 토의하도록 한다.

실행

계산법 다중회귀분석은 늘 컴퓨터 소프트웨어를 이용한다. 출력결과는 주요 패키지의 출력과 완전히 동일하지는 않지만 거의 비슷하다.

다음은 5개의 변수를 이용한 다중회귀분석 출력 결과이다.

	Coeff	SE(Coeff)	t-Ratio	P-Value
Intercept	15712.702	7311.427	2.149	0.03186
Living Area	73.446	4.009	18.321	<0.0001
Bedrooms	−6361.311	2749.503	−2.314	0.02088
Bathrooms	19236.678	3669.080	5.243	<0.0001
Fireplaces	9162.791	3194.233	2.869	0.00421
Age	−142.740	48.276	−2.957	0.00318

Residual standard error: 48615.95 on 1051 degrees of freedom
Multiple R-squared: 0.6049,
F-statistic: 321.8 on 5 and 1051 DF, P-value: <0.0001

회귀방정식은 다음과 같다.

$$\widehat{Price} = 15,712.70 + 73.45\,Living\ Area - 6361.31\,Bedrooms + 19,236.68\,Bathrooms + 9162.79\,Fireplaces - 142.74\,Age$$

모든 P값이 작으므로 5개의 예측변수 모두 모형에 기여하고 있음을 알 수 있다. R^2이 60.49%이므로 가격 변동의 60% 이상이 이 모형에 의해 설명되었다. 잔차 표준오차가 \$48,620이므로 대략 $2 \times \$48,620 = \$97,240$ 이내에서 주택가격을 예측할 수 있다. 이것이 활용하기에 충분한 간격이라면 가격의 예측에 유용한 가이드로 활용될 수 있다.

보고

요약 및 결론 결과를 요약하고 연구의 목적상 모형의 한계는 무엇인지 기술한다.

메모

Re: 주택가격 예측을 위한 회귀분석

뉴욕주 북부의 한 지역에 소재한 주택들에 대해 주거면적, 침실의 수, 욕실의 수, 벽난로의 수, 그리고 주택의 나이를 변수로 하여 가격을 예측할 수 있는 회귀모형을 구한 결과 가격 변동의 60.5%가 이 모형으로 설명되었다. 각 계수들에 대한 통계적 검정 결과 모든 계수들은 거의 확실하게 0이 아니었으므로 이 변수들은 이 지역의 주택 가격을 설명하는 데 기여한다고 할 수 있다.

이 모형은 부동산 분야에서 흔히 언급되는 부동산 가격을 결정하는 주요 요소들을 확인해준다. 여기에 포함되지 않은 중요한 변수 하나는 주택의 위치로써 주택 가격에 결정적인 요소이다. 이 분석에서는 모든 주택들이 일반적으로 동일한 지역에 위치해 있으므로 큰 상관은 없다. 그러나 위치에 대한 좀 더 세부적인 정보를 알 수 있다면 모형의 설정에 확실히 도움이 될 것이다. 이 모형으로 구한 가격은 이 지역의 다른 집들과 비교하는 출발점으로 활용될 수 있다.

이 모형은 하나 또는 그 이상의 예측변수들, 특히 주택의 나이와 욕실의 수를 변수변환하면 모형의 성능이 개선될 수 있을지도 모른다. 이 예측변수들의 기울기를 해석할 때에는 주의를 기울일 것을 권한다.

15.4 다중회귀모형의 검정

다중회귀분석의 출력에는 여러 가설검정 결과가 나와 있지만 모두 동일한 내용의 검정이다. 각 검정은 모형의 모수(기울기와 절편)가 0인지 여부에 대한 것이다. 이 가설검정 중 하나를 단순회귀에서는 생략하였는데 잠시 후에 그 이유를 알게 될 것이다.

예측변수가 여러 개이므로 개별 계수들에 대한 추론을 진행하기 전에 먼저 해야 할 전반적인 검정이 하나 있다. 다음과 같은 전반적인 질문이 제기될 수 있다. 이 다중회귀모형이 맞기는 한 것인가? 만일 주택가격이 랜덤하게 정해지거나 우리가 선택한 예측변수들과는 다른 요인들에 의해 결정된다면 우리가 구한 추정치는 잘해봐야 주택가격의 평균값에 불과할 것이다.

이 전반적인 질문에 답하기 위해 다음과 같이 모든 기울기가 0이라는 귀무가설을 검정한다.

$$H_0: \beta_1 = \cdots = \beta_k = 0 \quad \text{vs} \quad H_A: \text{최소한 하나의 } \beta \neq 0$$

단순회귀에서의 *F*검정?

단순회귀에서 왜 우리는 *F*검정을 하지 않았을까? 실제로는 수행했었다. 통계 패키지로 단순회귀분석을 수행하면 출력에 *F*값이 나와 있는 것을 볼 수 있다. 그러나 단순회귀의 경우 이 검정은 기울기에 대한 *t*검정과 동일한 내용이다. *F*검정의 귀무가설은 기울기가 0이라는 것이고, 이것은 이미 *t*검정에서 수행된 것이다. 사실 단순회귀의 경우 *t*통계량을 제곱하면 *F*통계량과 같아지므로 이 둘은 동일한 검정이다.

이 가설은 ***F*검정**(*F*-test)으로 수행할 수 있다. (이 검정은 *t*검정을 여러 개의 예측변수로 일반화 한 것이다.) 검정통계량의 표본분포는 대문자 F로 표시하는데 이 분야의 유명한 통계학자인 Ronald Fisher 경에게 경의를 표하기 위한 것이다. *F*분포는 자유도가 두 개로써 하나는 k(예측변수의 수), 다른 하나는 $n-k-1$이다. 앞의 상세예제에서 예측변수는 $k=5$개이고 자료의 수는 $n=1{,}057$개 이므로, *F*값 321.8의 자유도는 5와 $1{,}057-5-1=1{,}051$이 된다. 회귀분석의 출력을 보면 이 때의 P값 < 0.0001로 나와 있다. 귀무가설은 회귀모형의 예측은 평균값에 불과할 것이라는 것이고, 대립가설은 그렇지 않다는 것이다. 이 검정은 단측검정으로써 *F*값이 커질수록 P값은 작아진다. 만약 귀무가설이 사실이라면 F통계량의 값은 1에 근접하게 된다. 그런데 이 예제의 *F*값은 매우 크므로 귀무가설은 기각되고 5개의 변수로 주택가격을 예측하는 이 다중회귀모형은 그냥 평균값으로 예측하는 것보다 낫다고 결론내릴 수 있다.[4)]

*F*검정을 수행하여 귀무가설이 기각되면 (만일 더욱 조심스럽게 한다면 귀무가설을 기각한 경우에만), 계수들에 대한 개별적인 검정으로 진행할 수 있다. 이 검정들은 제14장의 단순회귀의 기울기에 대한 검정과 유사하다. 각 계수에 대해 기울기가 0이라는 귀무가설과 0이 아니라는 대립가설을 양측검정으로 수행한다. 회귀분석 출력에는 각 계수의 표준오차와 이 표준오차에 대한 계수 값의 비율(ratio)이 나와 있다. 가정과 조건이 충족된다면 (이 경우 근사 정규성을 만족하거나 대표본이라면) 이 비율은 다음과 같이 *t*분포를 따르게 된다.

$$t_{n-k-1} = \frac{b_j - 0}{SE(b_j)}$$

자유도 $n-k-1$은 어떻게 계산되었을까? 여기에는 경험에 근거한 법칙이 적용된다.

4) 책 뒤에 F분포표가 부록으로 나와 있으며, 대부분의 회귀분석출력에는 *F*값과 P값이 나와 있다.

자유도는 자료의 수에서 추정되는 모수(절편 포함)의 수를 뺀 것이다. 예제에서는 예측변수가 5개이므로 자유도는 $n-5-1$이다. 거의 대부분의 회귀분석 출력에는 t값과 이에 해당하는 P값이 제공된다.

신뢰구간은 추정치에 오차범위를 더하고 빼는 통상적인 방법으로 구할 수 있다. 오차범위는 표준오차와 기각값의 곱으로 계산된다. 기각값은 자유도 $n-k-1$인 t분포로부터 구하고 표준오차는 회귀분석 출력에 나와 있다. 따라서 기울기 β_j에 대한 신뢰구간은 다음과 같다.

$$b_j \pm t^*_{n-k-1} \times SE(b_j)$$

이 검정에서 곤란한 점은 표준오차의 계산이 꽤 복잡하다는 것이다. (따라서 컴퓨터나 계산기를 사용해야 한다.) 그리고 계수의 의미는 이전에 언급하였듯이 모형의 다른 예측변수들과 관계되어 설명된다.

이 마지막 요점이 중요하다. 만약 귀무가설을 기각할 수 없는 경우, 이것은 이 예측변수가 y와 선형관계가 없다는 것을 의미하지는 않는다. 이것은 다른 예측변수들을 모두 포함한 상태에서 이 예측변수는 y를 예측하는데 아무 기여도 못한다는 것을 의미한다.

다중회귀모형은 단순하면서도 직관적으로 보인다. 마치 각 β_j는 예측변수 x_j가 반응변수 y에 미치는 효과인 것처럼 보인다. 그러나 이것은 사실이 아니다. 이 점은 사람들이 다중회귀모형에서 오해하는 가장 흔한 실수이다.

- 다중회귀모형에서 y와 x_j 사이에 아무런 선형관계가 없는 경우에도 계수 β_j는 0이 아닐 수도 있다.
- 심지어는 새로운 변수가 추가되면 기울기의 부호가 변하는 경우도 있다. 부동산 예제에서 주거면적이 모형에 추가되었을 때 침실수의 부호가 바뀐 것을 본 적이 있다.

따라서 다시 한 번 강조한다. 다중회귀모형에서 x_j의 계수는 다른 예측변수들에 의존한다. 계수들에 대해 올바르게 해석을 못하는 것은 다중회귀모형에서 저지르는 가장 흔한 실수이다.

15.5 수정결정계수와 F통계량

제14장에서 단순선형회귀의 R^2은 모형에 의해 설명되는 y의 변동이라고 하였다. 예측변수의 수가 여러 개인 다중회귀의 경우에도 이러한 해석은 동일하게 적용된다. 다중회귀모형의 R^2은 모형에 의해 설명되는 y의 변동이 어느 정도의 비율인지 알려준다.

잔차표준오차 s_e, F통계량, 그리고 R^2 사이의 관계들을 살펴보면 다중회귀모형의 유용성을 평가할 수 있는 방법에 대해 이해할 수 있다. 먼저 잔차표준오차의 식은 다음과 같다.

$$s_e = \sqrt{\frac{SSE}{n-k-1}},$$

여기에서 $SSE = \sum e^2$를 **잔차제곱합**(또는 **오차제곱합**, Sum of Squared Residuals)이라고 한다(E는 error를 의미한다). 우리가 알고 있듯이 SSE(또는 s_e)가 크다는 것은 잔차의 변동이 크고, 따라서 예측의 정확성이 떨어진다는 것을 의미한다.

반응변수 y의 총변동은 **총제곱합**(Total Sum of Squares)이라고 부르며 $SST = \sum(y-\bar{y})^2$로 나타낸다. 어떠한 회귀모형도 SST를 통제할 수는 없으며, 이 변동을 최대한 많이 설명해주는 예측변수들을 찾아 SSE를 최대한 작게 해주는 것이 목표이다. 사실 SST와 SSE 사이에는 다음과 같은 관계가 있다.

$$SST = SSR + SSE$$

여기에서 $SSR = \sum(\hat{y}-\bar{y})^2$을 **회귀제곱합**(Regression Sum of Squares)이라고 부르며 총 변동 중에서 회귀모형에 기인한 부분을 의미한다. 회귀모형이 y의 변동을 많이 설명하기 위해서는 SSR은 크게, SSE는 작게 해야 한다. 사실 R^2은 단순히 다음과 같이 SSR과 SST의 비율이다.

$$R^2 = \frac{SSR}{SST} = 1 - \frac{SSE}{SST}$$

SSE가 0에 가까울수록 R^2은 1에 가까워진다.

제14장에서 귀무가설 $H_0 : \beta_1 = 0$에 대한 검정은 x가 y를 예측할 수 있는 능력이 있는지를 검정하는 것과 같다고 하였다. 사실 이 검정은 이 두 변수의 상관계수가 0인지 검정하는 것과 동일하다. 다중회귀모형에서도 비슷하게 설명될 수 있다. F통계량을 이용하여 전반적인 가설 $H_0 : \beta_1 = \beta_2 = \cdots = \beta_k = 0$을 검정하는 것은 다중회귀의 R^2의 참값이 0인지 검정하는 것과 동일하다. 사실 이 F검정통계량은 다음과 같이 쓸 수 있다.

$$F = \frac{R^2/k}{(1-R^2)/(n-k-1)} = \frac{\frac{SSR}{SST}\frac{1}{k}}{\frac{SSE}{SST}\frac{1}{n-k-1}} = \frac{SSR/k}{SSE/(n-k-1)} = \frac{MSR}{MSE}$$

다시 말해 F통계량으로 0이 아닌 계수가 있는지 검정하는 것은 R^2이 0이 아닌지 검정하는 것과 동일하다는 것이다. 어느 가설이든지 그 가설을 기각하는 것은 예측변수들 중 최소한 하나 이상의 변수가 잡음(noise)과는 구별되는 충분한 크기의 y의 변동을 설명한다는 의미이다. 그러나 안타깝지만 이 검정으로 어느 기울기가 0이 아닌지는 알 수 없다. 이를 위해서는 기울기마다 개별적으로 t검정을 해야 한다. 한 변수를 모형에서 제거하면 기울기들이 바뀔 수 있으므로 모형에 포함시킬 예측변수들을 쉽게 결정할 수는 없다.

평균제곱

제곱합을 그 자유도로 나눈 결과를 평균제곱(mean square)이라고 부른다. 예를 들어 평균오차제곱(Mean Square for Error)은 MSE로 표기하고 $SSE/(n-k-1)$로 계산한다. 이것은 오차분산의 추정량이다.

비슷하게 $SST/(n-1)$은 총제곱합(Total Sum of Squares)을 그 자유도로 나눈 것으로 종종 총평균제곱(Mean Square for Total)이라 부르고 MST로 표기한다. 이전에 이를 설명한 바 있으며 MST는 y의 분산이다.

그리고 SSR/k는 평균회귀제곱(Mean Square for Regression)이라고 부른다.

결정계수와 수정결정계수

다중회귀모형에 예측변수를 추가하면 모형에 의해 설명되는 변동이 항상 늘어나는 것은 아니지만 절대 줄어들지는 않는다. 예측변수를 추가하면 R^2 값은 동일하게 유지되거나 증가되며 절대 줄어들지는 않는다. 그러나 R^2 값이 늘어났다고 해서 이것이 좀 더 좋은 모형으로 되었다거나 예측 능력이 향상되었다는 것을 의미하는 것은 아니다. 모형에 (계수가 모두 통계적으로 유의한) 예측변수가 k개 있을 때, 새로운 변수 x_{k+1}를 추가하는 것이 의미 있는지 알고 싶다면 $k+1$개의 변수로 모형을 만든 후에 추가된 변수의 기울기를 t검정을 해보면 될 것이다.

이 방법은 마지막으로 추가된 변수가 모형에 유의한지 여부는 알 수 있으나 최상의 예측변수들을 골라내는 일은 간단하지 않다. 작고 단순한 모형과 자료가 잘 들어맞는 모형 사이의 절충은 회귀모형의 주요 과제 중의 하나이다. 이 문제에 대한 다양한 통계적 방법이 제시되어 왔으며 가장 흔히 언급되는 것 중의 하나가 **수정결정계수**(adjusted R^2)이다. 수정결정계수는 모형에 변수가 추가될 때마다 "벌칙"을 주는 방법으로 서로 다른 크기(예측변수의 개수)의 모형을 비교할 수 있게 해준다. 이 계수가 R^2과 다른 점은 예측변수가 모형에 추가되면 그 값이 줄어들 수 있고, 모형에 유용하지 않은 예측변수를 제거하면 그 값이 늘어날 수 있다는 것이다. 심지어는 음수가 되는 경우도 발생할 수 있다.

자료의 수가 n이고 예측변수의 수가 k일 때 수정결정계수는 다음과 같이 정의된다.

$$R^2_{adj} = 1-(1-R^2)\frac{n-1}{n-k-1} = 1-\frac{SSE/(n-k-1)}{SST/(n-1)}$$

상세예제에서 침실의 수, 욕실의 수, 주거면적, 벽난로의 수, 주택의 나이에 대한 주택가격의 회귀모형 결과 R^2값은 0.6049였다. 그리고 모든 계수의 P값은 0.05보다 훨씬 아래였다. 이 모형에 대한 수정결정계수는 0.6030이다. 이 모형에 대지면적(Lot Size)이라는 변수를 추가하면 다음의 회귀분석 결과가 얻어진다.

	Coeff	SE(Coeff)	t-Ratio	P-Value
Intercept	15360.011	7334.804	2.094	0.03649
Living Area	73.388	4.043	18.154	<0.00001
Bedrooms	−6096.387	2757.736	−2.211	0.02728
Bathrooms	18824.069	3676.582	5.120	<0.00001
Fireplaces	9226.356	3191.788	2.891	0.00392
Age	−152.615	48.224	−3.165	0.00160
Lot Size	847.764	1989.112	0.426	0.67005

Residual standard error: 48440 on 1041 degrees of freedom
Multiple R-Squared: 0.6081, Adjusted R-Squared: 0.6059
F-statistic: 269.3 on 6 and 1041 DF, P-Value: <0.0001

상세예제의 결과와 비교했을 때 이 결과가 놀라운 점은 대부분의 계수들은 거의 변하지 않았지만 대지면적의 계수는 P값이 0.670으로 통계적 유의와는 거리가 멀다는 점이다. 그렇지만 수정결정계수의 값은 이전 모형보다 증가하였다. 이것이 이 통계량을 너무 믿으면 안 된다는 경고를 한 이유이다. 특히 자료의 크기가 크면 수정결정계수는 합리적인 모형 선택이 가능하도록 항상 충분히 줄어드는 것은 아니다. 이 두 모형을 비교할 때의 또 다른 문제는 9개의 주택자료에 대지면적 자료가 누락되었으며, 이로 인해 정확히 동일한 자료에 대한 비교를 하지 못했다는 것이다. 좀 더 작은 크기의 자료에 대해 두 모형을 비교해 보았을 때 수정결정계수 값은 대지면적을 제외했을 때의 0.6060에 비해 포함 시 0.6059으로 올바른 의사결정에 도움이 될 수는 있겠으나 그 차이는 매우 미미하였는데 t값이 1보다 훨씬 작은 변수를 추가하였으므로 매우 큰 차이가 날 것으로 기대했을 것이다.

여기에서의 교훈은 실제의 비즈니스 의사결정문제에서 "정확히 맞는" 예측변수의 조합은 없으며, 적절한 모형을 찾는 일은 과학과 예술, 비즈니스 지식, 그리고 상식을 조합해 나가는 과정이라는 것이다. 다중회귀모형을 세웠을 때에는 수정결정계수를 살펴보되, 어느 예측변수를 포함시킬 것인가 말 것인가에 대해서는 다른 모든 요소들을 고려해야 한다는 점을 명심해야 한다.

무엇이 잘못될 수 있는가?

계수의 의미

- **"다른 모든 것은 고정하고"라는 표현을 개인에게 사용하면 위험하다.** 회귀 계수들이 다른 모든 변수는 고정하고 관심 있는 한 가지 예측변수 만을 변화시킬 때 기대되는 결과를 의미한다고 하는 것은 종종 의미 없는 말이 된다. 이것이 수학적으로는 옳을지는 몰라도 말이 되지 않는 경우가 있다. 예를 들어 경력, 학력 및 나이에 대해 급여수준을 회귀 분석할 때, 나이를 한 살 더 추가하지 않고서는 경력이나 학력을 1년 더 추가할 수는 없다. 대신 몇몇의 예측변수들에 대한 기준에 맞는 사람들에 대해 하나의 x에 대한 y의 조건부 관계에 대해 생각해볼 수는 있다.

- **회귀분석을 인과관계로 해석하지 마라.** 회귀분석은 대개의 경우 관측 자료(observational data)에 적용된다. 계획적인 처리(treatment)나 랜덤화 및 대조군(control)의 지정 없이 원인과 결과에 대한 결론을 내릴 수는 없다. 우리가 관찰하고 있는 현상의 기저에 더 이상 잠복하고 있는 변수가 없다고 절대로 확신할 수 없다. 다중회귀에서 x_1의 계수 b_1에 대해 "(다른 x들은 모두 고정하고) x_1을 한 단위 변화시키면 y는 b_1 단위만큼 변화한다."라고 해석하면 안 된다. 어떤 식으로 변화가 일어날지 알 수 있는 방법은 없다.

- **회귀모형으로 예측을 할 때에는 주의해야 한다.** 물론 우리는 x들을 예측변수라고 부르고 여기에 값들을 입력하면 대응되는 예측치 $\hat{y}$을 얻을 수 있다. 그러나 "예측"이라는 용어

는 자료의 범위를 벗어난 미래에 대한 추정을 의미하며, 자료의 범위를 벗어난 x에 대해 예측치 $\hat{y}$을 구할 때에는 곤란해질 수 있다는 것을 알고 있다. 자료의 범위에서 훨씬 벗어난 값에 대해 외삽(extrapolation)을 하지 않도록 주의해야 한다. 단순회귀에서는 외삽이 언제 가능한지 쉽게 알 수 있었다. 예측변수가 많을 때에는 자료의 범위를 벗어났는지를 알기 어려운 경우가 종종 있다.[5] 우리는 보통 모형을 자료에 적합시킬 때 예측이라기보다는 모형화(modeling)로 생각하므로 이 용어가 좀 더 적절할 수 있다.

- **계수의 부호에 특별한 의미를 부여하지 마라.** 가끔 예측변수가 y와 양의 관계인지 음의 관계인지 궁금한 경우가 있다. 그러나 지금까지 보아왔듯이 계수의 부호 또한 모형의 다른 예측변수들에 의해 달라진다. 부호만을 따로 떼어놓고 "관계의 방향이 양(음)이다"라고 결론을 내려서는 안 된다. 계수 값의 경우와 마찬가지로 부호는 다른 예측변수들의 선형적인 영향을 종합하여 나타난 관계이다. 부호는 다른 특정 예측변수가 모형에 존재하는지에 따라 변할 수 있다. 예를 들어 주택가격에 대한 회귀모형에서 침실 수(Bedrooms)의 계수는 주거면적(Living Area)이 모형에 예측변수로 들어감에 따라 부호가 변하는 것을 보았다. 따라서 침실 수에 따라 가격이 높아진다거나 낮아진다고 말하는 것은 맞지 않는다. 진실은 좀 더 미묘하며, 다중회귀모형을 잘 이해하는 것이 필요하다.
- **계수에 대한 t검정이 유의하지 않으면 이를 해석하려고 하지 마라.** 모형에서의 이 모수 값이 정말로 0이 아니라고 확신할 수는 없다.

그밖에 무엇이 잘못될 수 있는가?

- **직선관계가 아닌 자료에 대해 선형회귀를 사용하지 마라.** 이것은 선형회귀분석에서 가장 근본적인 가정이다. x와 y의 관계가 대략적으로 선형이 아닌데도 선형모형을 사용하는 것은 난센스다. "선형"이라는 말의 의미는 지금까지 설명한 형태의 모형을 뜻한다. 예측변수가 두 개 있는 경우는 평면의 방정식으로써 모든 방향으로 평평한 선형이 된다. 예측변수가 세 개 이상인 경우에는 기하학적인 표현이 불가능하지만 예측변수가 변하는 만큼 예측치도 변한다는 의미에서 그 구조는 여전히 선형적이다.

  보통의 경우 각 x에 대해 y를 타점했을 때 충분히 직선적이라면 이 가정은 충족된다. 잔차를 예측치에 대해 타점한 산점도를 통해 선형성 여부를 점검해볼 수도 있다.
- **잔차 산점도에 주목하라.** 오차 표준편차의 추정치는 모든 추정 공식에 나타난다. 그러나 이 추정치는 오차 표준편차가 x의 전 범위에 걸쳐 동일하며 따라서 모든 잔차를 더하여

[5] 예측변수가 여러 개 있을 때에는 각각의 값은 특별하지 않더라도 이 값들의 조합에 의해 자료의 범위를 벗어날 수 있다. 예를 들어 욕실이 하나인 집이나 침실이 5개인 집은 부동산 기록에서 찾아볼 수 있지만 5개의 침실에 욕실이 하나인 주택은 매우 드물 것이다. 우리가 도출한 모형을 이용하여 이런 특별한 주택의 가격을 예측하는 것은 적절하지 않을 것이다.

이를 추정할 수 있다는 가정 하에 구해진 것이다. x에 따라 s_e가 변한다면 이 추정치는 더 이상 유효하지 않을 것이다. 이를 확인할 수 있는 가장 보편적인 방법은 잔차를 예측치에 대해 타점해보는 것이다. 몇몇 예측변수에 대해 잔차를 타점했을 때 모두 점점 두터워지거나 특히 휘어지는(bend) 모양을 보인다면 y의 표현식을 다시 점검해보아야 한다. 하나의 예측변수에 대해서만 두터워지는 모습을 보인다면 그 예측변수를 달리 표현하는 것을 고려해야 한다.

- **오차는 근사적으로 정규분포를 따라야 한다는 점을 명심하라.** 모든 추정에서 오차의 정규성이 요구된다. 히스토그램과 정규확률지를 이용하면 이 가정이 충족되는지 여부를 확인할 수 있다.
- **영향점(influence point)과 특이점을 조심하라.** 모형에 과도한 영향을 주는 몇몇 점들을 항상 주시해야 하며, 당연히 회귀분석도 예외가 되지 않는다.

통계분석의 올바른 사용

Alpine Medical Systems사는 대형 의료기기회사로 병원, 의사, 의원 및 기타 의료서비스 전문가들에게 납품한다. 이 회사의 마케팅 판매 담당 부사장인 Kenneth Jadik은 회사 내의 분석가 중의 한 사람인 Nicole Haly에게 판매 인력의 성과를 예측할 수 있는 모형을 개발하도록 요청하였다. 인사부서의 기록뿐만 아니라 과거의 자료를 바탕으로 그녀는 다음의 다섯 가지 잠재적인 독립변수들 즉, (1) 성별, (2) 초봉, (3) 판매 경력, (4) 인성 점수, (5) 고등학교 졸업평점을 고려하였다. 종속변수(판매 성과)는 분기별 판매액으로 측정된다. 분석 결과에 대해 Nicole과 의논하던 Kenneth는 5개 변수 모두가 들어간 회귀모형을 보여달라고 요청하였다. Kenneth는 성별의 계수에 대한 t검정 결과 판매성과에 대한 영향이 유의하지 않은 점을 지적하며 이를 모형에서 제거할 것을 권고하였다. Nicole은 최근에 법원명령으로 고쳐지기는 했지만 그동안 회사에서 여성에게 더 낮은 초임을 제공해왔던 사실을 그에게 상기시켰다. 대신 초임을 모형에서 제거하면 성별은 통계적으로 유의하게 되고, 그 계수를 보면 (다른 변수들을 고려하였을 때) 여성이 남성을 능가한다. Kenneth는 모든 변수들이 포함되었을 때 성별이 유의하지 않으므로 이를 모형에서 빼야 한다고 주장하였다.

문제점 회귀모형의 예측변수 선택이 정략적인 동기로 이루어졌다. 성별과 초임은 서로 연관되어 있으므로 이들이 판매성과에 미치는 영향을 분리하는 것이 불가능하고, 어느 하나가 또는 다른 것이 무관하다고 결론을 내리는 것은 적절하지 않다.

해결책 상황은 하나의 모형으로 설명할 수 있는 것보다 복잡하다. 초임을 제거하고 성별을 넣은 모형과 성별을 제거하고 초임을 넣은 모형 둘 다 분석해서 보고해야 한다. 그리고 모형들을 분석할 때에는 과거의 회사 정책에 의해 두 변수는 관계가 있다는 점을 지적해야 하고, 낮은 초임을 받는 사람들의 판매성과가 높다는 결론과 여성의 판매성과가 높은 경향이 있다는 결론은 이 자료로 분석하는 한 동일한 것이라는 점을 주목해야 한다.

무엇을 배웠는가?

학습목표

- **다중회귀분석의 수행법을 안다. 방법은 본인이 선택한다.**
  - 다양한 소프트웨어가 있으나 대부분 비슷한 형태의 표를 통해 분석 결과를 제시한다. 출력표에서 본인이 필요한 수치들을 찾아내는 방법을 안다.

- **다중회귀모형을 해석하는 방법을 이해한다.**
  - 다중회귀모형에서 계수의 의미는 다른 변수들에 달려 있다. 이 계수는 다른 x들의 선형적인 영향을 모두 제거한 후의 그 x와 y와의 관계이다.

- **다중회귀모형을 해석하기 전에 가정과 조건에 대해 확인해야 함을 명심한다.**
  - 선형성 가정이 충족되어야 다중회귀모형이 적절하다고 할 수 있다. 이 가정은 산점도를 통해 확인할 수 있다. 타점 결과 선형적으로 보인다면 다중회귀모형을 이용할 수 있다.
  - 독립성 가정은 모형의 오차가 서로 독립적이어야 한다는 것이다. 랜덤표본이나 랜덤화한 실험을 통해 얻은 자료들은 보통 이 조건을 만족한다.
  - 등분산 가정은 다중회귀모형의 변동이 모든 곳에서 동일하다는 가정이다. 대개의 경우 이 조건은 잔차를 예측치에 대해 타점해봄으로써 확인할 수 있다. 이 가정이 필요한 이유는 그래야만 잔차를 모두 합하여 표준편차를 추정할 수 있고 이를 통해 회귀계수들의 추정에 사용할 수 있기 때문이다.
  - 정규성 가정은 오차가 정규분포를 따른다는 가정이다. 히스토그램이나 정규확률지의 잔차 타점을 이용하여 이러한 근사 정규성 조건을 확인할 수 있다. 이 가정은 t분포를 이용한 추정을 위해 필요하지만 표본의 크기가 커짐에 따라 덜 중요해진다.

- **회귀계수에 대한 가설검정을 수행할 수 있다.**
  - 각 계수에 대한 표준적인 가설검정은 다음과 같다.

$$H_0: \beta_j = 0 \text{ vs } H_A: \beta_j \neq 0$$

  - 이에 대한 검정통계량은

$$\frac{b_j - 0}{SE(b_j)}$$

  이고, 여기에서 t분포의 자유도는 $n-k-1$, k는 추정된 계수의 개수이다.

- **회귀분석의 관련 통계량들의 의미를 안다.**
  - 결정계수 R^2은 회귀모형에 의해 설명되는 y의 변동의 비율이다.
  - 수정결정계수를 이용하여 추정할 계수의 개수를 조정할 수 있다.
  - F검정을 통해 단순히 y의 평균만을 이용하는 것보다 회귀모형이 더 나은지 여부를 검정할 수 있다.
  - 잔차 표준편차인

$$s_e = \sqrt{\frac{\Sigma e^2}{n-k-1}}$$

  식은 회귀모형이 얼마나 정확하게 자료에 맞는지에 대한 아이디어를 갖게 해준다.

용어정리

수정결정계수 결정계수를 수정한 통계량으로써 모형에서 사용되는 예측변수의 개수를 조절할 수 있다. 예측변수의 개수가 서로 다른 회귀모형들을 비교할 때 종종 사용된다.

$$R^2_{adj} = 1-(1-R^2)\frac{n-1}{n-k-1} = 1-\frac{SSE/(n-k-1)}{SST/(n-1)}$$

F검정 F검정은 회귀모형이 단순히 y의 평균만을 이용하는 것보다 더 나은지 여부를 검정하는 데 사용된다.

$$H_0: \beta_1 = \cdots = \beta_k = 0 \ \text{vs} \ H_A: \text{최소한 하나의 } \beta \neq 0$$

귀무가설이 기각되지 않는다면 개별적인 계수들에 대한 검정을 수행할 필요가 없다.

다중회귀 예측변수가 두 개 이상이고 계수들이 최소제곱법에 의해 구해지는 선형회귀분석. 구분을 위해 예측변수가 하나만 있는 경우는 단순회귀라고 부른다. 다중회귀모형은 다음과 같다.

$$y = \beta_0 + \beta_1 x_1 + \cdots + \beta_k x_k + \epsilon$$

회귀제곱합 SSR 모형에 의한 반응변수의 총 변동에 대한 측도

$$SSR = \Sigma(\hat{y} - \bar{y})^2$$

오차(잔차)제곱합 SSE 잔차의 변동에 대한 측도

$$SSE = \Sigma(y - \hat{y})^2$$

총제곱합 SST 반응변수의 변동에 대한 측도

$$SST = \Sigma(y-\bar{y})^2, \quad \frac{SST}{n-1} = Var(y)$$

계수에 대한 t 검정통계량 계수에 대한 t검정통계량을 사용하여 계수의 참값이 0인지 아닌지에 대한 가설검정을 할 수 있다. 또한 t분포는 기울기에 대한 신뢰구간을 구하는데 사용된다.

기술적 도움: 회귀분석

모든 통계 패키지는 회귀분석 결과표를 출력할 수 있다. 다중회귀에 대한 출력표는 단순회귀의 경우와 매우 유사하다. 분산분석(ANOVA) 표라든가 각 계수에 대한 정보를 얻을 수 있다.

대부분의 패키지들은 예측치에 대한 잔차의 산점도를 제공한다. 일부는 x값에 대한 잔차의 산점도를 제공하기도 한다. 어떤 소프트웨어에서는 회귀분석 시 잔차 그림을 출력하도록 선택해야 하는 경우도 있다. 다른 것들은 회귀분석을 먼저 수행한 후에 잔차를 분석하도록 되어 있다. 어떤 방법이든지 간에 히스토그램이나 정규확률그림으로 잔차를 확인하고 x값이나 예측치를 잔차에 대해 타점한 산점도를 분석하지 않는다면 완전한 분석이 될 수 없다.

다중회귀분석을 수행하기 전에 가정들에 대해 확인해볼 수 있는 한 가지 좋은 방법은 산점도 행렬(scatter plot matrix)을 이용하는 것이다. 명령어에서는 가끔 SPLOM(또는 Matrix Plot)이라는 약어로 수행된다.

다중회귀분석은 늘 컴퓨터나 프로그래밍이 가능한 계산기를 이용하여 수행된다. 컴퓨터가 없던 시절에는 다중회귀분석을 하는데 몇 달, 심지어는 몇 년이 걸리기도 하였다.

EXCEL

- [데이터] 탭에서 [분석]에 있는 [데이터분석]을 선택한다.
- [분석도구]에서 [회귀분석]을 선택한다.
- [확인]을 클릭한다.
- "Y축 입력범위"에 Y변수에 해당하는 자료를 입력한다.
- "X축 입력범위"에 X변수에 해당하는 자료를 입력한다.

• [새로운 워크시트]를 선택한다.

• [잔차]를 선택한 후 [확인]버튼을 클릭한다. (다음 그림은 엑셀 2010에서의 모습이다.)

주의사항

X축 입력범위와 Y축 입력범위가 동일한 행에 있어야할 필요는 없으며 셀의 개수만 서로 동일하기만 하면 된다. 그러나 자료들을 열에 따라 분류하여 배치하는 것이 좋다. X자료들은 인접한 열로 배치해야 한다. 어떤 셀에도 숫자가 아닌 자료를 입력하거나 비어있도록 해서는 안 된다.

옵션에 보면 [정규확률도]를 선택할 수 있기는 하지만 정확성이 떨어지므로 사용하지 않는 것이 좋다.

짧은 **사례**

골퍼의 성공요인

프로 스포츠 분야에서 성공하기 위해서는 여러 다양한 능력이 있어야 하고, 이러한 다양성 때문에 성공에 대한 평가나 예측이 어려워진다. 다행히 방대한 데이터를 이용하면 스포츠 분야에서의 능력을 모델링할 수 있는 예가 있는데 그것이 바로 골프이다.

골퍼의 성공 요인은 무엇인가? 골프라는 게임은 다양한 기술을 필요로 한다. 퍼팅을 잘한다거나 드라이버가 장타라는 것만으로는 성공할 수 없을 것이다. 골프를 잘하기 위해서는 다양한 기술들을 구사할 수 있어야 한다. 이러한 특징 때문에 다중회귀분석은 골퍼의 능력을 모델링할 수 있는 좋은 분석법 중의 하나이다.

많은 골프 관련 인터넷 사이트를 보면 미국 PGA 프로골퍼들에 대한 통계자료를 찾아볼 수 있다. 부록 CD에 수록된 데이터 파일 중에 Golfers라는 엑셀 파일에는 2006년도 PGA 투어 선수 204명에 대한 자료가 나와 있다.

이 선수들은 모두 투어 경기에서 상금을 벌고 있지만 대회 참가 횟수는 서로 다르다. 그리고 상금수입에 대한 분포는 상당히 치우쳐 있다. (타이거 우즈는 대회당 $662,000을 벌었지만, 2위인 짐 퓨릭은 대회당 $300,000에 불과하다. 대회당 상금수입의 중앙값은 $36,600이었다.) 따라서 대회당 상금에 log를 취한 값을 반응변수로 두는 것이 좋을 것이다.

데이터 파일에 있는 변수들은 다음과 같다.

log$/E	대회당 상금의 log값
GIR	그린적중률(Greens in Regulation). 규정타수(par)에서 두 타 이상의 여유가 있도록 그린에 올리는 홀의 비율
Putts	그린적중 시(즉, GIR에 포함된 홀의) 홀당 평균 퍼트 수
Save%	샌드 세이브(sand save)율. 그린 사이드 벙커에 빠졌을 때 두타 이내로 홀아웃하는 비율
DDist	평균 드라이브(drive) 비거리(야드). 바람의 영향을 고려하기 위해 반대 방향의 홀 두 개를 선정하여 드라이브 비거리를 측정한 후 평균 산출
DAcc	드라이브 정확도. 드라이브 샷이 페어웨이에 떨어지는 비율

이 데이터를 이용하여 골퍼의 능력(대회당 상금의 log값으로 측정)을 예측할 수 있는 회귀모형을 구하라. 구축된 회귀모형과 그 한계를 설명하는 보고서를 작성하라.

주의: 고만고만한 여러 모형들보다는 자신의 생각에 가장 최선의 모형을 선정하여 보고서를 작성하는 것이 시도해 본 모든 모형들에 대해 기술하는 것보다 좋은 방법이다.

연습문제

15.1절

1. 이 장에서 부동산 자료를 수집했던 뉴욕주 북부의 어느 집이 2개의 침실(Bedrooms)과 1000ft^2의 주거면적(Living Area)을 가지고 있다. 다음의 다중선형회귀 모형을 사용하여

$$\widehat{Price} = 20{,}986.09 - 7483.10\,Bedrooms + 93.84\,Living\ Area.$$

a) 이 집의 가격을 예측하라.

b) 이 집이 $135,000에 팔렸다면 잔차는 얼마인가?

c) 이 잔차로부터 이 주택거래는 어떻다고 할 수 있나?

15.2절

3. 영화의 수익을 예측할 수 있을까? 다음은 최근 몇몇 개봉작들의 미국 내 총매출액(US*Gross*), 제작비(*Budget*), 상영시간(*Run Time*), 그리고 평점(*Stars*)에 대한 자료이다.

영화	총매출액 ($백만)	제작비 ($백만)	상영시간 (분)	평점
White Noise	56.094360	30	101	2
Coach Carter	67.264877	45	136	3
Elektra	24.409722	65	100	2
Racing Stripes	49.772522	30	110	3
Assault on Precinct 13	20.040895	30	109	3
Are We There Yet?	82.674398	20	94	2
Alone in the Dark	5.178569	20	96	1.5
Indigo	51.100486	25	105	3.5

총매출액을 예측할 수 있는 회귀모형을 구하기 위해 엑셀 2010을 사용한 회귀분석 결과의 일부가 다음에 나와 있다.

Dependent variable is: USGross($)
R–squared = 47.4% R–squared(adjusted) = 46.0%
s = 46.41 with 120 − 4 = 116 degrees of freedom

Variable	Coefficient	SE(Coeff)	t–Ratio	P–Value
Intercept	−22.9898	25.70	−0.895	0.3729
Budget($)	1.13442	0.1297	8.75	≤0.0001
Stars	24.9724	5.884	4.24	≤0.0001
Run Time	−0.403296	0.2513	−1.60	0.1113

a) 다중회귀식을 구하라.

b) 이 모형에서 제작비(Budget)의 계수에 대해 설명하라.

15.3절

5. 연습문제 3번의 영화 매출 문제에서 다음은 총매출액(USGross) 대 제작비(Budget)의 산점도이다.

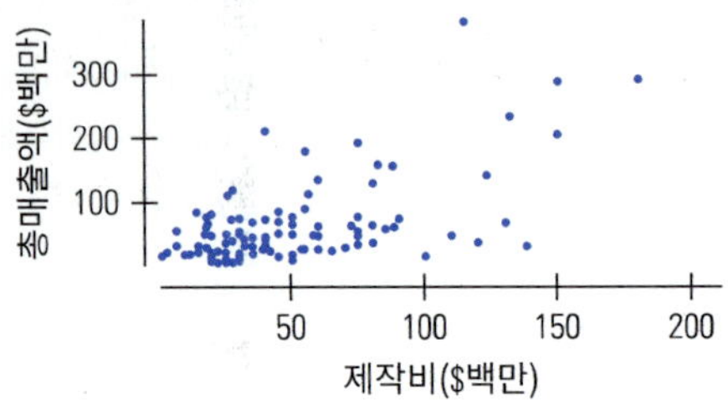

이 산점도로부터 다음의 가정과 조건들에 대해 (만약 있다면) 어떤 것을 알 수 있을까?

a) 선형성 조건
b) 등분산 조건
c) 정규성 가정

15.4절

T 7. 영화 문제의 회귀분석 결과표를 참조하여 답하라.

a) 평점(Stars)의 계수에 대한 귀무가설은 무엇인가?
b) 이 검정을 위한 t검정통계량을 구하라.
c) 이 검정통계량에 대한 P값은 얼마인가?
d) 가설검정 결과 귀무가설은 기각되는가?

15.5절

T 9. 연습문제 3번의 회귀모형에서

a) 결정계수 R^2은 얼마인가? 그 의미는?
b) 표에서 결정계수 "R-Square"와 수정결정계수 "Adjusted R-Square"가 다른 이유는 무엇인가?

단원 연습문제

T 11. 범죄율과 경찰관의 임금은 서로 관계가 있을까? 이를 위해 다음과 같은 변수들을 정의하자.

범죄율(Violent Crime)	(인구 10만 명당 범죄 수)
경찰관 임금 (Police Officer Wage)	(평균 달러/시간)
졸업률(Graduation Rate)	(%)

다음 자료는 배경지식을 위해 제시된 것이며, 2006년도 자료 수집이 가능한 주에 대해 조사한 것이다. 한 가지 자연스런 의문점은 경찰관의 임금이 범죄율과 어떤 관련이 있는가이다.

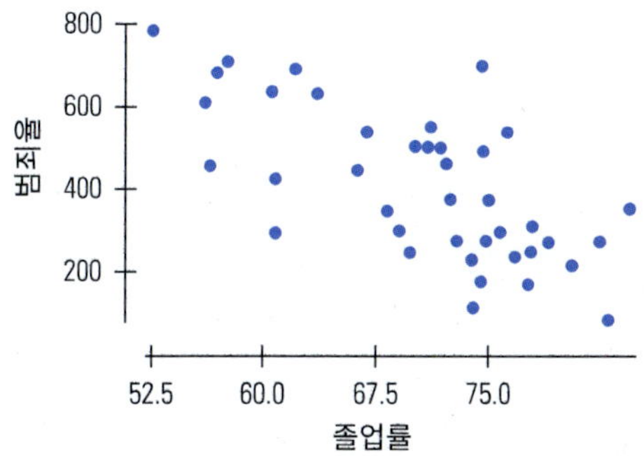

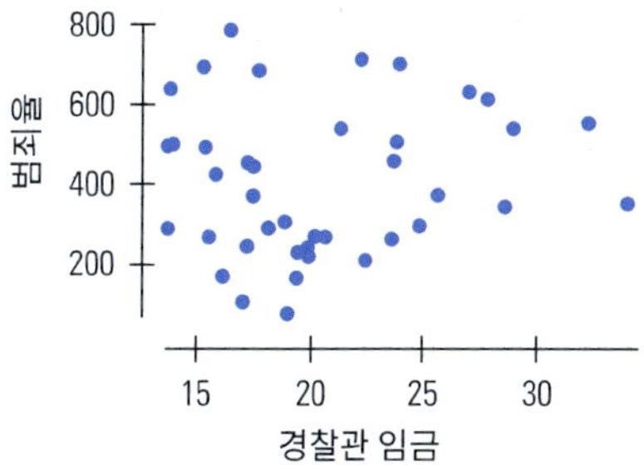

	상관계수		
	범죄율	졸업률	임금
범죄율	1.000		
졸업율	-0.682	1.000	
경찰관 임금	0.103	0.213	1.000

a) 회귀분석에 필요한 가정과 조건들에 대해 (가능한 한도까지) 확인해보라.
b) 경찰관 임금으로부터 범죄율을 예측할 수 있는 회귀식을 구했다면 이 경우 R^2은 얼마가 될까?

13. 다음은 연습문제 11번의 다중회귀분석 결과이다.

Dependent variable is: Violent Crime
R-squared = 53.0% R-squared (adjusted) = 50.5%
s = 129.6 with 37 degrees of freedom

Source	Sum of Squares	df	Mean Square	F-Ratio
Regression	701648	2	350824	20.9
Residual	621060	37	16785.4	

Variable	Coeff	SE(Coeff)	t-Ratio	P-Value
Intercept	1390.83	185.9	7.48	<0.0001
Police Officer Wage	9.33	4.125	2.26	0.0297
Graduation Rate	-16.64	2.600	-6.40	<0.0001

a) 회귀식을 구하라.
b) 이 회귀식의 경찰관 임금(Police Officer Wage)의 계수의 의미는 무엇인가?
c) 경찰관의 평균 시급이 $20이고 고교 졸업율이 70%인 주의 범죄율을 예측하라.
d) 이 예측은 제대로 잘한 예측으로 생각되는가? 그 이유는?

T 15. 연습문제 13번의 표를 참고하여 다음 질문에 답하라.

a) 경찰관 임금에 대한 t값 2.26은 어떻게 구한 것인가? (표에 나와 있는 숫자들을 이용하여 계산하라.)
b) 이 모형에 사용된 자료는 몇 개의 주로부터 얻은 것인가?

어떻게 알 수 있는가?

c) 졸업율의 t값이 음수인데 그 이유는 무엇인가?

17. 연습문제 13번의 표에서 경찰관 임금의 계수에 대해 생각해 보자.

a) 경찰관 임금 계수의 참값에 대한 귀무가설과 대립가설을 말하라.

b) $\alpha=0.05$로 가설을 검정하고 결론을 내려라.

c) 미 의회 상원의 보좌관이 당신의 결론에 대해 다음과 같이 반론을 제기하였다. 즉, 연습문제 11번의 산점도와 상관계수를 보면 경찰관 임금과 범죄율 사이에는 선형적인 관계가 전혀 없다. 따라서 당신의 결론은 부분적으로 잘못된 것임에 틀림이 없다. 이에 대해 이러한 상황이 모순이 아님을 설명하라.

19. 연습문제 17번의 보좌관이 당신의 설명에 수긍하는 한편, 그러면 경찰관 임금을 올리면 범죄율이 증가하는 것이 아니냐고 의문을 제기하였다. 이러한 해석은 회귀모형을 타당하게 이용하는 것이 아닌 이유를 설명하고 적절한 설명을 제시하라.

21. 다음은 연습문제 13번에 대한 잔차 산점도이다.

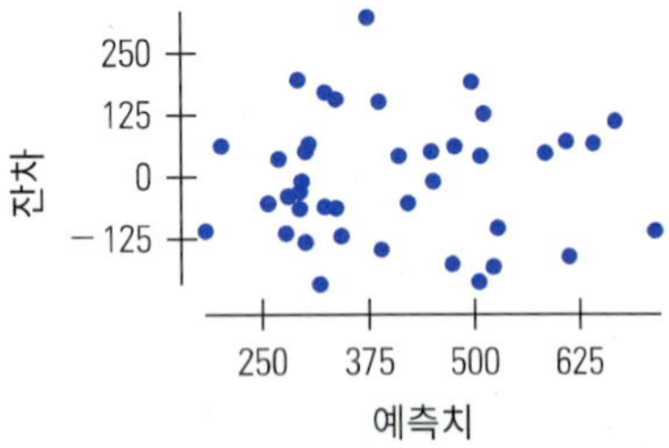

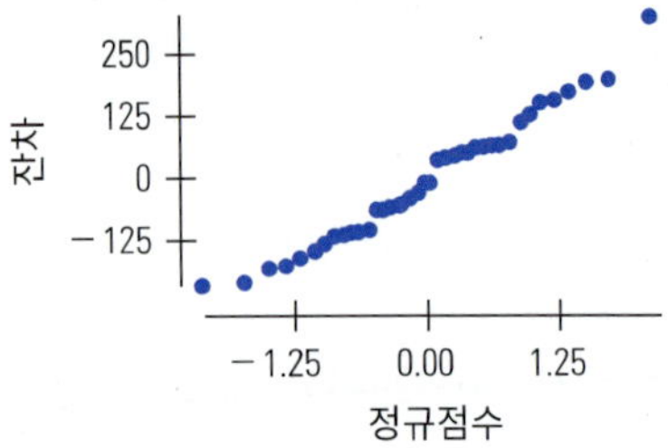

이 그림들로부터 회귀분석을 위한 어떤 조건들을 확인할 수 있는가? 이 조건들은 충족되는가?

23. 주택의 면적(Area), 대지면적(Lotsize) 및 나이(Age)로부터 가격(Price)을 예측하기 위한 회귀분석을 수행하였다. R^2은 92%였고 회귀식은 다음과 같다.

$$Price = 169{,}328 + 35.3\ Area + 0.718\ Lotsize - 6543\ Age$$

다음 중 하나만이 맞는 설명이다. 맞는 설명을 찾고, 다른 것들은 무엇이 잘못되었는지 설명하라.

a) 주택이 1년 지날 때마다 $6,543씩 떨어진다.

b) (주어진 대지면적과 나이에 대해) 주택면적이 1씩 증가할 때마다 평균적으로 가격은 $35.3씩 증가한다.

c) 가격이 $1 오를 때마다 대지면적은 0.718씩 증가한다.

d) 이 모형은 자료의 92%가 정확히 들어맞는다.

25. 가전업체에서 매출액(Sales)과 세 가지 광고 방식, 즉 TV, 잡지(Magazine), 라디오(Radio)와의 관계에 대해 분석하여 다음과 같은 회귀식을 도출하였다. 모든 값들의 단위는 $백만이다.

$$\text{Sales} = 250 + 6.75\ TV + 3.5\ Radio + 2.3\ Magazine$$

다음 중 하나만이 맞는 설명이다. 맞는 설명을 찾고, 다른 것들은 무엇이 잘못되었는지 설명하라.

a) 광고를 하지 않는다면 수입은 $250(백만)이 될 것이다.

b) 다른 것들은 동일하게 놓고 라디오에 $백만씩 지출할 때마다 매출액은 $3.5(백만)씩 증가한다.

c) 잡지에 $백만씩 지출할 때마다 TV 지출은 $2.3(백만)씩 증가한다.

d) 다른 광고 효과를 그대로 두고 TV광고에 $백만씩 지출할 때마다 매출액은 평균적으로 $6.75(백만)씩 증가한다.

27. 환경오염 방지비용은 중소기업에 얼마나 많은 재정적 충격을 줄까? 미국정부에서 이것을 연구하여 다음과 같은 관계식을 도출하였다.

$$\text{환경오염방지비용/종업원} = -2.494 - 0.431\ \ln(\text{종업원수}) + 0.698\ \ln(\text{매출액})$$

환경오염 방지비용은 종업원당 달러로 계산된다.

a) ln(종업원수)의 계수는 음수이다. 이 모형에서 이것의 의미는 무엇인가? ln(매출액)의 계수가 양수인 것의 의미는 무엇인가?

b) 이 모형에서는 두 예측변수에 대해 자연로그를 사용하고 있다. 이러한 변수변환은 두 변수가 환경오염 방지비용에 미치는 영향에 대해 어떤 의미를 갖는 것인가?

29. 주택가격에 영향을 미치는 요소는 주택의 면적, 대지면적, 욕실의 수 등 다양하다. 조지아 주의 Statesboro 지역에 나온 주택 매물에 대해 주택면적(Area)과 욕실의 수(Baths)에 대한 판매가격(Asking Price)의 회귀분석을 수행하여 다음과 같은

결과를 얻었다.

Dependent Variable is: Asking Price
s = 67013 R-Sq = 71.1% R-Sq(adj) = 64.6%

Predictor	Coeff	SE(Coeff)	t-Ratio	P-Value
Intercept	−152037	85619	−1.78	0.110
Baths	9530	40826	0.23	0.821
Area	139.87	46.67	3.00	0.015

Analysis of Variance

Source	DF	SS	MS	F	P-Value
Regression	2	99303550067	49651775033	11.06	0.004
Residual	9	40416679100	4490742122		
Total	11	1.39720E + 11			

a) 회귀식을 작성하라.
b) 판매가격의 변동의 몇 %가 모형에 의해 설명되는가?
c) 면적의 계수의 의미를 설명하라.
d) 건축회사의 사장이 이 모형을 본 후 욕실의 수가 주택가격에 영향을 주지 않는나는 짐에 대해 반론을 제기하였다. 그는 욕실을 추가하면 가치가 상승한다고 말한다. 욕실의 수가 주택가격과 관련이 없다는 것은 사실인가? (힌트: 집이 커지면 욕실도 많아지는가?)

31. 미국의 AFL-CIO(노동총연맹-산업별조합회의)에서 30명의 비서에 대한 연봉($천)을 조사하여 다음의 (잠재적) 변수들로부터 연봉을 예측하는 회귀분석을 실시하였다.

X1 = 재직 월수
X2 = 학력(년)
X3 = 평가점수
X4 = 타이핑 속도(분당 단어 수, wpm)
X5 = 받아쓰기 능력(분당 단어 수)

다중회귀분석 결과는 다음과 같다.

Variable	Coeff	Std. Error	t-Value
Intercept	9.788	0.377	25.960
X1	0.110	0.019	5.178
X2	0.053	0.038	1.369
X3	0.071	0.064	1.119
X4	0.004	0.0307	0.013
X5	0.065	0.038	1.734

s = 0.430 R-sq = 0.863

잔차의 산점도를 확인한 결과 선형회귀모형을 위한 조건들은 모두 충족되었다고 가정한다.

a) 회귀식을 작성하라.
b) 10년(120개월) 경력, 학력 9년, 평가점수 50점, 타이핑 속도 60, 그리고 받아쓰기 능력 30인 비서의 연봉은 얼마로 예측되는가?
c) 타이핑 속도(X4)의 계수가 0과 유의하게 다른지 $\alpha = 0.05$로 검정하라.
d) 어떻게 하면 이 모형을 개선할 수 있는가?
e) 나이와 연봉의 상관계수가 $r = 0.682$로 나타났고 산점도를 보면 상당히 강한 양의 선형관계가 관찰되었다. 그러나 X6 = 나이를 변수로 추가하였더니 나이의 계수가 $b_6 = -0.154$로 나타났다. 나이와 연봉 사이의 관계가 이렇게 분명하게 방향이 변하게 된 가능한 이유에 대해 설명하라.

33. 제14장의 연습문제 41번에서 Wilshire 5000 시장수익지수(Wilshire)와 뮤추얼펀드로의 자금흐름(Fund-Flows) 관계를 다룬 바 있다. 1990년 1월부터 2002년 10월까지의 이 월별 자료에는 각 달의 실업률 자료도 포함되어 있다. 원래의 회귀모형은 다음과 같았다.

Dependent variable is: Fund_Flows
R-squared = 17.9% R-squared (adjusted) = 17.3%
s = 10999 with 154 − 2 = 152 degrees of freedom

Source	Sum of Squares	df	Mean Square	F-ratio
Regression	4002044231	1	4002044231	33.1
Residual	18389954453	152	120986542	

Variable	Coeff	SE(Coeff)	t-Ratio	P-Value
Intercept	9599.10	896.9	10.7	<0.0001
Wilshire	1156.40	201.1	5.75	<0.0001

여기에 실업률(Unemployment)을 포함시켰더니 다음 결과가 얻어졌다.

Dependent variable is: Fund_Flows
R-squared = 28.8% R-squared (adjusted) = 27.8%
s = 10276 with 154 − 3 = 151 degrees of freedom

Source	Sum of Squares	df	Mean Square	F-Ratio
Regression	6446800389	2	3223400194	30.5
Residual	15945198295	151	105597340	

Variable	Coeff	SE(Coeff)	t-Ratio	P-Value
Intercept	30212.2	4365	6.92	<0.0001
Wilshire	1183.29	187.9	6.30	<0.0001
Unemployment	−3719.55	773.0	−4.81	<0.0001

a) 실업률(Unemployment) 계수의 의미를 설명하라.
b) 실업률에 대한 t값이 음수인 이유를 설명하라.

c) 실업률에 대한 가설검정을 수행하고 결론을 내려라.

Ⓣ **43.** 많은 패스트푸드점들과 마찬가지로 버거킹도 각 메뉴의 영양성분을 공개하고 있다. 다음은 버거킹 음식에 포함된 단백질(Protein), 총 지방(Total Fat), 탄수화물(Carbohydrate), 그리고 나트륨(Sodium)으로부터 열량(Calories)을 예측하는 다중회귀분석 결과이다.

Dependent variable is: Calories
R-squared = 99.8% R-squared (adjusted) = 99.8%
s = 8.498 with 111 − 5 = 106 degrees of freedom

Source	Sum of Squares	df	Mean Square	F-Ratio
Regression	4750485	4	1187621	16444
Residual	7655.51	106	72.2218	

Variable	Coeff	SE(Coeff)	t-Ratio	P-Value
Intercept	−0.227521	1.996	−0.114	0.9095
Fat(g)	9.15842	0.0933	98.1	≤0.0001
Carb(g)	3.82949	0.0497	77.1	≤0.0001
Protein(g)	3.71513	0.1224	30.4	≤0.0001
Sodium(mg)	0.00865	0.0028	3.14	0.0022

a) 이 모형은 새로운 버거킹 메뉴에 대해 열량을 잘 예측할 것으로 생각되는가? 그 이유는?

b) 열량의 평균은 455.5이고 표준편차는 217.5이다. 회귀분석 결과의 s값으로부터 모형이 자료에 잘 맞는지 여부를 설명하라.

c) R^2값이 거의 100.0%에 가깝다는 것은 잔차들이 모두 실질적으로 0이라는 의미인가?

확인문제 정답

1. 체지방률 변동의 58.4%가 키, 나이, 몸무게를 예측변수로 하는 다중회귀모형에 의해 설명되었다.
2. 동일한 키와 몸무게에 대해 나이가 1년 증가할 때마다 체지방은 평균적으로 0.137% 증가한다.
3. 다중회귀에서 계수는 다른 변수들의 값이 주어진 경우로 한정하여 해석된다. 즉, 동일한 몸무게와 나이를 갖는 사람들에 대해 키가 1인치 증가하면 체지방은 평균적으로 1.274% 감소한다는 것이다. 모든 몸무게와 키에 대해 이렇게 표현하면 안 된다.

APPENDIX 부록

통계표와 주요 공식들

행	난수표									
1	96299	07196	98642	20639	23185	56282	69929	14125	38872	94168
2	71622	35940	81807	59225	18192	08710	80777	84395	69563	86280
3	03272	41230	81739	74797	70406	18564	69273	72532	78340	36699
4	46376	58596	14365	63685	56555	42974	72944	96463	63533	24152
5	47352	42853	42903	97504	56655	70355	88606	61406	38757	70657
6	20064	04266	74017	79319	70170	96572	08523	56025	89077	57678
7	73184	95907	05179	51002	83374	52297	07769	99792	78365	93487
8	72753	36216	07230	35793	71907	65571	66784	25548	91861	15725
9	03939	30763	06138	80062	02537	23561	93136	61260	77935	93159
10	75998	37203	07959	38264	78120	77525	86481	54986	33042	70648
11	94435	97441	90998	25104	49761	14967	70724	67030	53887	81293
12	04362	40989	69167	38894	00172	02999	97377	33305	60782	29810
13	89059	43528	10547	40115	82234	86902	04121	83889	76208	31076
14	87736	04666	75145	49175	76754	07884	92564	80793	22573	67902
15	76488	88899	15860	07370	13431	84041	69202	18912	83173	11983
16	36460	53772	66634	25045	79007	78518	73580	14191	50353	32064
17	13205	69237	21820	20952	16635	58867	97650	82983	64865	93298
18	51242	12215	90739	36812	00436	31609	80333	96606	30430	31803
19	67819	00354	91439	91073	49258	15992	41277	75111	67496	68430
20	09875	08990	27656	15871	23637	00952	97818	64234	50199	05715
21	18192	95308	72975	01191	29958	09275	89141	19558	50524	32041
22	02763	33701	66188	50226	35813	72951	11638	01876	93664	37001
23	13349	46328	01856	29935	80563	03742	49470	67749	08578	21956
24	69238	92878	80067	80807	45096	22936	64325	19265	37755	69794
25	92207	63527	59398	29818	24789	94309	88380	57000	50171	17891
26	66679	99100	37072	30593	29665	84286	44458	60180	81451	58273
27	31087	42430	60322	34765	15757	53300	97392	98035	05228	68970
28	84432	04916	52949	78533	31666	62350	20584	56367	19701	60584
29	72042	12287	21081	48426	44321	58765	41760	43304	13399	02043
30	94534	73559	82135	70260	87936	85162	11937	18263	54138	69564
31	63971	97198	40974	45301	60177	35604	21580	68107	25184	42810
32	11227	58474	17272	37619	69517	62964	67962	34510	12607	52255
33	28541	02029	08068	96656	17795	21484	57722	76511	27849	61738
34	11282	43632	49531	78981	81980	08530	08629	32279	29478	50228
35	42907	15137	21918	13248	39129	49559	94540	24070	88151	36782
36	47119	76651	21732	32364	58545	50277	57558	30390	18771	72703
37	11232	99884	05087	76839	65142	19994	91397	29350	83852	04905
38	64725	06719	86262	53356	57999	50193	79936	97230	52073	94467
39	77007	26962	55466	12521	48125	12280	54985	26239	76044	54398
40	18375	19310	59796	89832	59417	18553	17238	05474	33259	50595

표준정규분포표(Z표)

표준정규분포표곡선 아래의 범위

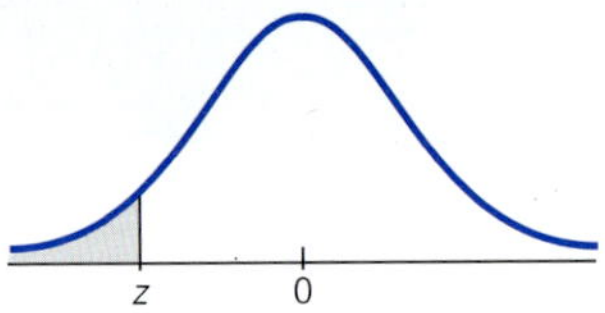

z값 (소수점 2자리까지)										
0.09	*0.08*	*0.07*	*0.06*	*0.05*	*0.04*	*0.03*	*0.02*	*0.01*	*0.00*	*z*
									0.0000[†]	*−3.9*
0.0001	0.0001	0.0001	0.0001	0.0001	0.0001	0.0001	0.0001	0.0001	0.0001	*−3.8*
0.0001	0.0001	0.0001	0.0001	0.0001	0.0001	0.0001	0.0001	0.0001	0.0001	*−3.7*
0.0001	0.0001	0.0001	0.0001	0.0001	0.0001	0.0001	0.0001	0.0002	0.0002	*−3.6*
0.0002	0.0002	0.0002	0.0002	0.0002	0.0002	0.0002	0.0002	0.0002	0.0002	*−3.5*
0.0002	0.0003	0.0003	0.0003	0.0003	0.0003	0.0003	0.0003	0.0003	0.0003	*−3.4*
0.0003	0.0004	0.0004	0.0004	0.0004	0.0004	0.0004	0.0005	0.0005	0.0005	*−3.3*
0.0005	0.0005	0.0005	0.0006	0.0006	0.0006	0.0006	0.0006	0.0007	0.0007	*−3.2*
0.0007	0.0007	0.0008	0.0008	0.0008	0.0008	0.0009	0.0009	0.0009	0.0010	*−3.1*
0.0010	0.0010	0.0011	0.0011	0.0011	0.0012	0.0012	0.0013	0.0013	0.0013	*−3.0*
0.0014	0.0014	0.0015	0.0015	0.0016	0.0016	0.0017	0.0018	0.0018	0.0019	*−2.9*
0.0019	0.0020	0.0021	0.0021	0.0022	0.0023	0.0023	0.0024	0.0025	0.0026	*−2.8*
0.0026	0.0027	0.0028	0.0029	0.0030	0.0031	0.0032	0.0033	0.0034	0.0035	*−2.7*
0.0036	0.0037	0.0038	0.0039	0.0040	0.0041	0.0043	0.0044	0.0045	0.0047	*−2.6*
0.0048	0.0049	0.0051	0.0052	0.0054	0.0055	0.0057	0.0059	0.0060	0.0062	*−2.5*
0.0064	0.0066	0.0068	0.0069	0.0071	0.0073	0.0075	0.0078	0.0080	0.0082	*−2.4*
0.0084	0.0087	0.0089	0.0091	0.0094	0.0096	0.0099	0.0102	0.0104	0.0107	*−2.3*
0.0110	0.0113	0.0116	0.0119	0.0122	0.0125	0.0129	0.0132	0.0136	0.0139	*−2.2*
0.0143	0.0146	0.0150	0.0154	0.0158	0.0162	0.0166	0.0170	0.0174	0.0179	*−2.1*
0.0183	0.0188	0.0192	0.0197	0.0202	0.0207	0.0212	0.0217	0.0222	0.0228	*−2.0*
0.0233	0.0239	0.0244	0.0250	0.0256	0.0262	0.0268	0.0274	0.0281	0.0287	*−1.9*
0.0294	0.0301	0.0307	0.0314	0.0322	0.0329	0.0336	0.0344	0.0351	0.0359	*−1.8*
0.0367	0.0375	0.0384	0.0392	0.0401	0.0409	0.0418	0.0427	0.0436	0.0446	*−1.7*
0.0455	0.0465	0.0475	0.0485	0.0495	0.0505	0.0516	0.0526	0.0537	0.0548	*−1.6*
0.0559	0.0571	0.0582	0.0594	0.0606	0.0618	0.0630	0.0643	0.0655	0.0668	*−1.5*
0.0681	0.0694	0.0708	0.0721	0.0735	0.0749	0.0764	0.0778	0.0793	0.0808	*−1.4*
0.0823	0.0838	0.0853	0.0869	0.0885	0.0901	0.0918	0.0934	0.0951	0.0968	*−1.3*
0.0985	0.1003	0.1020	0.1038	0.1056	0.1075	0.1093	0.1112	0.1131	0.1151	*−1.2*
0.1170	0.1190	0.1210	0.1230	0.1251	0.1271	0.1292	0.1314	0.1335	0.1357	*−1.1*
0.1379	0.1401	0.1423	0.1446	0.1469	0.1492	0.1515	0.1539	0.1562	0.1587	*−1.0*
0.1611	0.1635	0.1660	0.1685	0.1711	0.1736	0.1762	0.1788	0.1814	0.1841	*−0.9*
0.1867	0.1894	0.1922	0.1949	0.1977	0.2005	0.2033	0.2061	0.2090	0.2119	*−0.8*
0.2148	0.2177	0.2206	0.2236	0.2266	0.2296	0.2327	0.2358	0.2389	0.2420	*−0.7*
0.2451	0.2483	0.2514	0.2546	0.2578	0.2611	0.2643	0.2676	0.2709	0.2743	*−0.6*
0.2776	0.2810	0.2843	0.2877	0.2912	0.2946	0.2981	0.3015	0.3050	0.3085	*−0.5*
0.3121	0.3156	0.3192	0.3228	0.3264	0.3300	0.3336	0.3372	0.3409	0.3446	*−0.4*
0.3483	0.3520	0.3557	0.3594	0.3632	0.3669	0.3707	0.3745	0.3783	0.3821	*−0.3*
0.3859	0.3897	0.3936	0.3974	0.4013	0.4052	0.4090	0.4129	0.4168	0.4207	*−0.2*
0.4247	0.4286	0.4325	0.4364	0.4404	0.4443	0.4483	0.4522	0.4562	0.4602	*−0.1*
0.4641	0.4681	0.4721	0.4761	0.4801	0.4840	0.4880	0.4920	0.4960	0.5000	*−0.0*

[†] z값이 ≤ -3.90인 경우 확률은 소수 넷째자리까지 0.0000이다.

표준정규분포표(Z표) (계속)

표준정규분포표곡선 아래의 범위

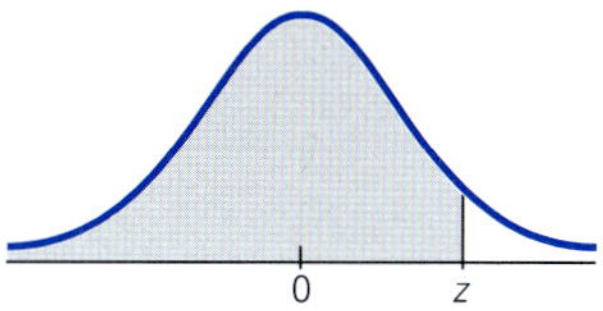

	z 값 (소수점 2자리까지)									
z	0.00	0.01	0.02	0.03	0.04	0.05	0.06	0.07	0.08	0.9
0.0	0.5000	0.5040	0.5080	0.5120	0.5160	0.5199	0.5239	0.5279	0.5319	0.5359
0.1	0.5398	0.5438	0.5478	0.5517	0.5557	0.5596	0.5636	0.5675	0.5714	0.5753
0.2	0.5793	0.5832	0.5871	0.5910	0.5948	0.5987	0.6026	0.6064	0.6103	0.6141
0.3	0.6179	0.6217	0.6255	0.6293	0.6331	0.6368	0.6406	0.6443	0.6480	0.6517
0.4	0.6554	0.6591	0.6628	0.6664	0.6700	0.6736	0.6772	0.6808	0.6844	0.6879
0.5	0.6915	0.6950	0.6985	0.7019	0.7054	0.7088	0.7123	0.7157	0.7190	0.7224
0.6	0.7257	0.7291	0.7324	0.7357	0.7389	0.7422	0.7454	0.7486	0.7517	0.7549
0.7	0.7580	0.7611	0.7642	0.7673	0.7704	0.7734	0.7764	0.7794	0.7823	0.7852
0.8	0.7881	0.7910	0.7939	0.7967	0.7995	0.8023	0.8051	0.8078	0.8106	0.8133
0.9	0.8159	0.8186	0.8212	0.8238	0.8264	0.8289	0.8315	0.8340	0.8365	0.8389
1.0	0.8413	0.8438	0.8461	0.8485	0.8508	0.8531	0.8554	0.8577	0.8599	0.8621
1.1	0.8643	0.8665	0.8686	0.8708	0.8729	0.8749	0.8770	0.8790	0.8810	0.8830
1.2	0.8849	0.8869	0.8888	0.8907	0.8925	0.8944	0.8962	0.8980	0.8997	0.9015
1.3	0.9032	0.9049	0.9066	0.9082	0.9099	0.9115	0.9131	0.9147	0.9162	0.9177
1.4	0.9192	0.9207	0.9222	0.9236	0.9251	0.9265	0.9279	0.9292	0.9306	0.9319
1.5	0.9332	0.9345	0.9357	0.9370	0.9382	0.9394	0.9406	0.9418	0.9429	0.9441
1.6	0.9452	0.9463	0.9474	0.9484	0.9495	0.9505	0.9515	0.9525	0.9535	0.9545
1.7	0.9554	0.9564	0.9573	0.9582	0.9591	0.9599	0.9608	0.9616	0.9625	0.9633
1.8	0.9641	0.9649	0.9656	0.9664	0.9671	0.9678	0.9686	0.9693	0.9699	0.9706
1.9	0.9713	0.9719	0.9726	0.9732	0.9738	0.9744	0.9750	0.9756	0.9761	0.9767
2.0	0.9772	0.9778	0.9783	0.9788	0.9793	0.9798	0.9803	0.9808	0.9812	0.9817
2.1	0.9821	0.9826	0.9830	0.9834	0.9838	0.9842	0.9846	0.9850	0.9854	0.9857
2.2	0.9861	0.9864	0.9868	0.9871	0.9875	0.9878	0.9881	0.9884	0.9887	0.9890
2.3	0.9893	0.9896	0.9898	0.9901	0.9904	0.9906	0.9909	0.9911	0.9913	0.9916
2.4	0.9918	0.9920	0.9922	0.9925	0.9927	0.9929	0.9931	0.9932	0.9934	0.9936
2.5	0.9938	0.9940	0.9941	0.9943	0.9945	0.9946	0.9948	0.9949	0.9951	0.9952
2.6	0.9953	0.9955	0.9956	0.9957	0.9959	0.9960	0.9961	0.9962	0.9963	0.9964
2.7	0.9965	0.9966	0.9967	0.9968	0.9969	0.9970	0.9971	0.9972	0.9973	0.9974
2.8	0.9974	0.9975	0.9976	0.9977	0.9977	0.9978	0.9979	0.9979	0.9980	0.9981
2.9	0.9981	0.9982	0.9982	0.9983	0.9984	0.9984	0.9985	0.9985	0.9986	0.9986
3.0	0.9987	0.9987	0.9987	0.9988	0.9988	0.9989	0.9989	0.9989	0.9990	0.9990
3.1	0.9990	0.9991	0.9991	0.9991	0.9992	0.9992	0.9992	0.9992	0.9993	0.9993
3.2	0.9993	0.9993	0.9994	0.9994	0.9994	0.9994	0.9994	0.9995	0.9995	0.9995
3.3	0.9995	0.9995	0.9995	0.9996	0.9996	0.9996	0.9996	0.9996	0.9996	0.9997
3.4	0.9997	0.9997	0.9997	0.9997	0.9997	0.9997	0.9997	0.9997	0.9997	0.9998
3.5	0.9998	0.9998	0.9998	0.9998	0.9998	0.9998	0.9998	0.9998	0.9998	0.9998
3.6	0.9998	0.9998	0.9999	0.9999	0.9999	0.9999	0.9999	0.9999	0.9999	0.9999
3.7	0.9999	0.9999	0.9999	0.9999	0.9999	0.9999	0.9999	0.9999	0.9999	0.9999
3.8	0.9999	0.9999	0.9999	0.9999	0.9999	0.9999	0.9999	0.9999	0.9999	0.9999
3.9	1.0000†									

† *z*값이 ≥3.90인 경우 확률은 소수 넷째자리까지 1.0000이다.

T표

t 값

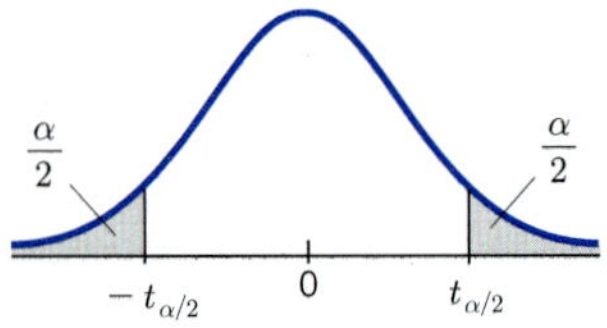

양측(two tails)

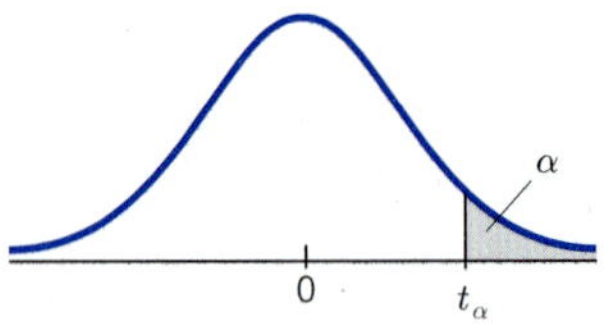

단측(one tail)

양측(Two-tail) 확률	0.20	0.10	0.05	0.02	0.01	
단측(One-tail) 확률	0.10	0.05	0.025	0.01	0.005	
df						자유도
1	3.078	6.314	12.706	31.821	63.657	1
2	1.886	2.920	4.303	6.965	9.925	2
3	1.638	2.353	3.182	4.541	5.841	3
4	1.533	2.132	2.776	3.747	4.604	4
5	1.476	2.015	2.571	3.365	4.032	5
6	1.440	1.943	2.447	3.143	3.707	6
7	1.415	1.895	2.365	2.998	3.499	7
8	1.397	1.860	2.306	2.896	3.355	8
9	1.383	1.833	2.262	2.821	3.250	9
10	1.372	1.812	2.228	2.764	3.169	10
11	1.363	1.796	2.201	2.718	3.106	11
12	1.356	1.782	2.179	2.681	3.055	12
13	1.350	1.771	2.160	2.650	3.012	13
14	1.345	1.761	2.145	2.624	2.977	14
15	1.341	1.753	2.131	2.602	2.947	15
16	1.337	1.746	2.120	2.583	2.921	16
17	1.333	1.740	2.110	2.567	2.898	17
18	1.330	1.734	2.101	2.552	2.878	18
19	1.328	1.729	2.093	2.539	2.861	19
20	1.325	1.725	2.086	2.528	2.845	20
21	1.323	1.721	2.080	2.518	2.831	21
22	1.321	1.717	2.074	2.508	2.819	22
23	1.319	1.714	2.069	2.500	2.807	23
24	1.318	1.711	2.064	2.492	2.797	24
25	1.316	1.708	2.060	2.485	2.787	25
26	1.315	1.706	2.056	2.479	2.779	26
27	1.314	1.703	2.052	2.473	2.771	27
28	1.313	1.701	2.048	2.467	2.763	28
29	1.311	1.699	2.045	2.462	2.756	29
30	1.310	1.697	2.042	2.457	2.750	30
32	1.309	1.694	2.037	2.449	2.738	32
35	1.306	1.690	2.030	2.438	2.725	35
40	1.303	1.684	2.021	2.423	2.704	40
45	1.301	1.679	2.014	2.412	2.690	45
50	1.299	1.676	2.009	2.403	2.678	50
60	1.296	1.671	2.000	2.390	2.660	60
75	1.293	1.665	1.992	2.377	2.643	75
100	1.290	1.660	1.984	2.364	2.626	100
120	1.289	1.658	1.980	2.358	2.617	120
140	1.288	1.656	1.977	2.353	2.611	140
180	1.286	1.653	1.973	2.347	2.603	180
250	1.285	1.651	1.969	2.341	2.596	250
400	1.284	1.649	1.966	2.336	2.588	400
1000	1.282	1.646	1.962	2.330	2.581	1000
∞	1.282	1.645	1.960	2.326	2.576	∞
신뢰수준	80%	90%	95%	98%	99%	

카이제곱(χ^2)분포표(X표)

t값

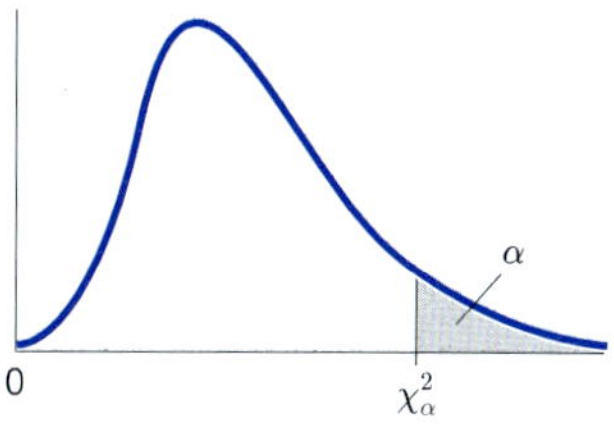

우측 확률	0.10	0.05	0.025	0.01	0.005
자유도					
1	2.706	3.841	5.024	6.635	7.879
2	4.605	5.991	7.378	9.210	10.597
3	6.251	7.815	9.348	11.345	12.838
4	7.779	9.488	11.143	13.277	14.860
5	9.236	11.070	12.833	15.086	16.750
6	10.645	12.592	14.449	16.812	18.548
7	12.017	14.067	16.013	18.475	20.278
8	13.362	15.507	17.535	20.090	21.955
9	14.684	16.919	19.023	21.666	23.589
10	15.987	18.307	20.483	23.209	25.188
11	17.275	19.675	21.920	24.725	26.757
12	18.549	21.026	23.337	26.217	28.300
13	19.812	22.362	24.736	27.688	29.819
14	21.064	23.685	26.119	29.141	31.319
15	22.307	24.996	27.488	30.578	32.801
16	23.542	26.296	28.845	32.000	34.267
17	24.769	27.587	30.191	33.409	35.718
18	25.989	28.869	31.526	34.805	37.156
19	27.204	30.143	32.852	36.191	38.582
20	28.412	31.410	34.170	37.566	39.997
21	29.615	32.671	35.479	38.932	41.401
22	30.813	33.924	36.781	40.290	42.796
23	32.007	35.172	38.076	41.638	44.181
24	33.196	36.415	39.364	42.980	45.559
25	34.382	37.653	40.647	44.314	46.928
26	35.563	38.885	41.923	45.642	48.290
27	36.741	40.113	43.195	46.963	49.645
28	37.916	41.337	44.461	48.278	50.994
29	39.087	42.557	45.722	59.588	52.336
30	40.256	43.773	46.979	50.892	53.672
40	51.805	55.759	59.342	63.691	66.767
50	63.167	67.505	71.420	76.154	79.490
60	74.397	79.082	83.298	88.381	91.955
70	85.527	90.531	95.023	100.424	104.213
80	96.578	101.879	106.628	112.328	116.320
90	107.565	113.145	118.135	124.115	128.296
100	118.499	124.343	129.563	135.811	140.177

주요 공식들(Formulas)

범위(Range) = 최대값(Max) − 최소값(Min)

사분범위(IQR) = $Q3 - Q1$

이상치 판정법 : $y < Q1 - 1.5 \times IQR$ 또는 $y > Q3 + 1.5 \times IQR$

$$\bar{y} = \frac{\sum y}{n}$$

$$s = \sqrt{\frac{\sum (y-\bar{y})^2}{n-1}}$$

$z = \dfrac{y-\mu}{\sigma}$(모형 기반)　　　$z = \dfrac{y-\bar{y}}{s}$(데이터 기반)

$$r = \frac{\sum z_x z_y}{n-1}$$

$\hat{y} = b_0 + b_1 x$　여기서 $b_1 = r\dfrac{s_y}{s_x}$,　$b_0 = \bar{y} - b_1\bar{x}$

$P(\mathrm{A}) = 1 - P(\mathrm{A}^C)$

P(A **또는** B) = P(A) + P(B) − P(A**와** B)

P(A**와** B) = P(A) × P(B | A)

$P(\mathrm{B} \mid \mathrm{A}) = \dfrac{P(\text{A와 B})}{P(\mathrm{A})}$

만약 A와 B가 독립적이라면, $P(\mathrm{B} \mid \mathrm{A}) = P(\mathrm{B})$

$E(X) = \mu = \sum x\, P(x)$　　　$Var(X) = \sigma^2 = \sum (x-\mu)^2\, P(x)$

$E(X \pm c) = E(X) \pm c$　　　$Var(X \pm c) = Var(X)$

$E(aX) = a\,E(X)$　　　$Var(aX) = a^2 Var(X)$

$E(X \pm Y) = E(X) \pm E(Y)$　　　$Var(X \pm Y) = Var(X) + Var(Y)$

X와 Y가 독립적인 경우에

기하학적 ; $P(x) = q^{x-1}p$　　　$\mu = \dfrac{1}{p}$　　$\sigma = \sqrt{\dfrac{q}{p^2}}$

이항식 ; $P(x) = {}_nC_x p^x q^{n-x}$　　　$\mu = np$　　$\sigma = \sqrt{npq}$

$\hat{p} = \dfrac{x}{n}$　　$\mu(\hat{p}) = p$　　$SD(\hat{p}) = \sqrt{\dfrac{pq}{n}}$

포아송 모델 : Poisson (λ)

λ= 평균사건 수

X= 사건 수

$$P(X=x) = \frac{e^{-\lambda}\lambda^x}{x!}$$

기대값 : $E(X) = \lambda$　　　표준편차 : $SD(X) = \sqrt{\lambda}$

$\bar{y}$의 표본 분포 :

n이 증가할수록, 표본 분포는 다음과 같이 정규모형에 근접해간다.

$$\mu(\bar{y}) = \mu_y \qquad SD(\bar{y}) = \frac{\sigma}{\sqrt{n}}$$

추 론(Inference) :

모수의 신뢰 구간 = **통계치 ± 임계값 × 표준오차(SE, 통계치)**

$$\text{통계치 검증} = \frac{\text{통계치} - \text{모수}}{\text{표준편차(통계치)}}$$

모수	통계치	표준편차(*SD*, 통계치)	표준오차(*SE*, 통계치)
p	$\hat{p}$	$\sqrt{\frac{pq}{n}}$	$\sqrt{\frac{\hat{p}\hat{q}}{n}}$
μ	$\bar{y}$	$\frac{\sigma}{\sqrt{n}}$	$\frac{s}{\sqrt{n}}$
$\mu_1 - \mu_2$	$\bar{y}_1 - \bar{y}_2$	$\sqrt{\frac{\sigma_1^2}{n_1} + \frac{\sigma_2^2}{n_2}}$	$\sqrt{\frac{s_1^2}{n_1} + \frac{s_2^2}{n_2}}$
μ_d	$\bar{d}$	$\frac{\sigma_d}{\sqrt{n}}$	$\frac{s_d}{\sqrt{n}}$
σ_ϵ	$s_e = \sqrt{\frac{\sum(y-\hat{y})^2}{n-2}}$	다중회귀에서는 $n-k-1$로 나누어라	
β_1	b_1	(단순 회귀)	$\frac{s_e}{s_x\sqrt{n-1}}$
μ_ν	$\hat{y}_\nu$	(단순 회귀)	$\sqrt{SE^2(b_1) \times (x_\nu - \bar{x})^2 + \frac{s_e^2}{n}}$
y_ν	$\hat{y}_\nu$	(단순 회귀)	$\sqrt{SE^2(b_1) \times (x_\nu - \bar{x})^2 + \frac{s_e^2}{n} + s_e^2}$

풀링(Pooling) : 두 비율 간 차이를 검증하기 : $\hat{p}_{pooled} = \frac{y_1 + y_2}{n_1 + n_2}$

평균 간 차이를 검증하기 : $s_p = \sqrt{\frac{(n_1 - 1)s_1^2 + (n_2 - 1)s_2^2}{n_1 + n_2 - 2}}$

위 예측치를 가정과 조건이 충족될 시 해당되는 표준오차(SE) 공식에 대입하시오.

카이제곱(Chi-square) : $\chi^2 = \sum \frac{(\text{관측치} - \text{예측치})^2}{\text{예측치}}$

추론을 위한 가정	가정들을 지지하거나 기각하는 조건들
비율 (z)	
• **단일 표본**	
1. 모든 개체는 독립적이다.	1. 단순 무작위 추출, 표본(n)은 모집단의 10% 미만.
2. 표본은 충분히 크다	2. 성공과 실패는 각각 10개 이상.
평균 (t)	
• **단일 표본** ($\mathrm{df}=n-1$)	
1. 모든 개체는 독립적이다.	1. 단순 무작위 추출, 표본(n)은 모집단의 10% 미만.
2. 모집단은 정규 모형을 가진다.	2. 히스토그램은 단봉형이며 대칭이다.*
• **대응 짝** ($\mathrm{df}=n-1$)	
1. 데이터는 짝을 이룬다.	1. (설계에 대해 생각해보라)
2. 모든 개체는 독립적이다.	2. 단순 무작위 추출, 표본(n)은 10% 미만이며 또는 임의 할당.
3. 차이의 모집단은 정규이다.	3. 차이의 히스토그램은 단봉형이며 대칭이다.*
• **두 독립 표본** (df는 기술로부터)	
1. 집단은 독립적이다.	1. (설계에 대해 생각해보라)
2. 각 집단의 데이터는 독립적이다.	2. 단순 무작위 추출, 표본(n)은 10% 미만이며 또는 임의 할당.
3. 양 모집단은 정규이다.	3. 양 히스토그램은 단봉형이며 대칭이다.*
분포/연관성 (χ^2)	
• **적합도** ($\mathrm{df}=$칸 수-1; 모집단 모형에 비교된 단일 변수, 단일 표본)	
1. 데이터는 계수이다.	1. (그런가?)
2. 표본의 데이터는 독립적이다	2. 단순 무작위 추출, 표본(n)은 모집단의 10% 미만
3. 표본은 충분히 크다.	3. 모든 예측 계수는 5 이상.
• **동질성** [$\mathrm{df}=(r-1)(c-1)$; 모든 집단은 단일 변수에 비교됨]	
1. 데이터는 계수이다.	1. (그런가?)
2. 집단 내 데이터는 독립적이다.	2. 단순 무작위 추출, 표본(n)은 모집단의 10% 미만 또는 임의 할당.
3. 집단들은 충분히 크다.	3. 모든 예측 계수는 5 이상.
• **독립성** [$\mathrm{df}=(r-1)(c-1)$; 단일 모집단으로부터 온 표본은 두 변수로 구분됨]	
1. 데이터는 계수이다.	1. (그런가?)
2. 데이터는 독립적이다.	2. 단순 무작위 추출, 표본(n)은 모집단의 10% 미만
3. 표본은 충분히 크다.	3. 모든 예측 계수는 5 이상.
k 예측변수의 회귀 (t, $\mathrm{df}=n-k-1$)	
• **연관성** (각 양적 예측 변수와 응답 변수 간 연관성)	
1. 선형 관계 형태를 가진다.	1. y와 x의 산점도는 충분히 직선이다. 잔차와 예측값의 산점도는 특별한 구조를 보여주지 않는다.
2. 오차는 독립적이다	2. 잔차와 예측치의 산점도는 뚜렷한 패턴을 가지지 않는다.
3. 오차의 변동성은 상수이다.	3. 잔차와 예측치의 산점도는 균등한 분포를 가지며, "두꺼워"지지 않는다.
4. 오차는 정규 모형을 따른다.	4. 잔차의 히스토그램은 대략적으로 단봉형이며 대칭이다, 또는 정규 확률 그래프는 상당히 직선이다.*

(* n이 증가할수록 덜 심해진다.)

계획			실행				보고
추론	단일 집단/양 집단	절차	모형	모수	추정치	표준오차	장 (Chapter)
비율	단일 표본	1비율 z신뢰구간	z	p	$\hat{p}$	$\sqrt{\frac{\hat{p}\hat{q}}{n}}$	9
		1비율 z검정				$\sqrt{\frac{p_0 q_0}{n}}$	10
평균	단일 표본	t신뢰구간 t검정	t df = $n-1$	μ	$\bar{y}$	$\frac{s}{\sqrt{n}}$	11
	두 독립 집단	2-표본 t검정 2-표본 t신뢰구간	t df는 기술로부터	$\mu_1 - \mu_2$	$\bar{y}_1 - \bar{y}_2$	$\sqrt{\frac{s_1^2}{n_1} + \frac{s_2^2}{n_2}}$	12
	대응 짝	대응 t검정 대응 t신뢰구간	t df = $n-1$	μ_d	$\bar{d}$	$\frac{s_d}{\sqrt{n}}$	12
분포 (단일 명목 변수)	단일 표본	적합도	χ^2 df = 칸-1	$\sum \frac{(관측치 - 예측치)^2}{예측치}$			13
	나수의 독립 집단	동질성 χ^2검정	χ^2 df = $(r-1)(c-1)$				
독립성 (두 명목 변수들)	단일 표본	독립성 χ^2검정					
연관성 (두 양적 변수들)	단일 표본	선형회귀 t검정 또는 β 신뢰도 구간	t df = $n-2$	β_1	b_1	$\frac{s_e}{s_x\sqrt{n-1}}$ (기술적 도움을 통해 계산)	14
		*μ_ν 신뢰도 구간		μ_ν	$\hat{y}_\nu$	$\sqrt{SE^2(b_1) \times (x_\nu - \bar{x})^2 + \frac{s_e^2}{n}}$	
		*y_ν 예측 구간		y_ν	$\hat{y}_\nu$	$\sqrt{SE^2(b_1) \times (x_\nu - \bar{x})^2 + \frac{s_e^2}{n} + s_e^2}$	
연관성 (k 양적 변수 모형에 따른 단일 양적 변수 적합도)	단일 표본	다중회귀 t검정 또는 각 β_j 신뢰 구간	t $df = n-(k+1)$	β_j	b_j	(기술로부터)	15
		회귀 모형을 위한 F검정	F $df = k$와 $n-(k+1)$	MST/MSE			15

INDEX

찾아보기

역자 소개

김정섭 jegongkim@daegu.ac.kr

(현)대구대학교 경영학과 교수

뉴욕주립대학교(빙햄턴) 경영대학 조교수 역임
미국 로체스터 대학교 경영학 박사
한국과학기술원 산업공학과 석사
서울대학교 산업공학과 학사

한국프로젝트경영학회 수석부회장
한국산업경영학회 이사
한국SCM학회 이사
한국경영과학회 이사, 편집위원 역임
한국품질경영학회 이사 역임
삼성전자 대리 역임

박종우

미국 George Washington University에서 경영학 전공 학사, 경영공학 전공 석사, 및 박사학위(Ph.D)를 받았다. 현재 숭실대학교 경영학부 교수로 재직 중이다.
저서로는 『경영학의 이해』, 『품질문화와 리더십』, 『기술혁신과 경영전략』이 있다.

안태호

고려대학교에서 독문학 전공으로 학사, 석사 학위를 받았으며 Pennsylvania State University에서 경영학석사(MBA), University of Florida에서 경영학박사(Ph.D) 학위를 받았다. 현재 숭실대학교 경영학부 교수로 재직 중이며 경영대학장과 한국프로젝트경영협회 이사를 역임하고 있다. *European Journal of Operational Research*, *Naval Research Logistics*, 한국경영공학회지 등 유수 저널에 다수의 연구 논문을 개제하였다.

유영관

강원도 원주의 한라대학교 경영학과에서 경영통계학, 생산관리, 경영과학 등을 가르치고 있다. 인하대학교에서 산업공학 학사학위를, KAIST에서 산업공학 석사 및 박사학위를 취득하였다.
가톨릭관동대학교 교수로 재직한 바 있으며, 미국 Rutgers대학교 산업공학과 및 OR센터 방문교수로 연구하였다. 주요 관심분야는 설비관리 및 신뢰성분석이며, 확률 및 통계학(9판, Pearson, 2011)과 핵심 확률 및 통계학(Pearson, 2012)을 공역하였다.

경영통계 Business Statistics

저 자 Norean R. Sharpe, Richard D. De Veaux
and Paul F. Velleman
역 자 김정섭 · 박종우 · 안태호 · 유영관
발행자 한헌주
발행처 도서출판 **경문사**
서울특별시 서대문구 독립문로 21-9
전화 738-7035 FAX. 722-4678
E-mail : kmsp@korea.com
홈페이지 : http://www.kmsp.co.kr
등 록 1995년 11월 9일 제300-1995-138호

2017년 3월 6일 인쇄
2017년 3월 13일 발행

정가 30,000원

ISBN 978 89-420-0864-3 93320